A
Nova Perspectiva
sobre Paulo

A
Nova Perspectiva
sobre Paulo

JAMES D. G. DUNN

A
Nova Perspectiva
Sobre Paulo

Santo André

2020

© Editora Academia Cristã
© 05 mohr siebeck Tübingen, Germany

Título original:
The New Perspective on Paul

Membros do Conselho Editorial:
Diretor-Geral: Dr. Ágabo Borges de Sousa
Mediador: Brian Gordon Lutalo Kibuuka

Conselheiros por área
Antigo Testamento:
Dr. Ágabo Borges de Sousa
Dra. Monika Ottermann

Novo Testamento:
Brian Gordon Lutalo Kibuuka
Dr. José Roberto Correia Cardoso

Teologia:
Dr. Marcos Antônio Farias de Azevedo

Tradução:
Monika Ottermann

Revisão:
Brian Gordon Lutalo Kibuuka

Capa:
James Valdana

Editoração:
Regino da Silva Nogueira

Assessoria para assuntos relacionados a Biblioteconomia:
Rafael Neves

Dunn, James D. G.
  A nova perspectiva sobre Paulo / James D. G. Dunn; [tradução: Monika Ottermann]. – Santo André (SP): Academia Cristã; São Paulo, 2011.

Título original: The New Perspective on Paul

Bibliografia

16x13, 752 páginas

ISBN 978-85-98481-46-3

1. Bíblia - Novo Testamento 2. Epístolas paulinas I. Título..

CDD 227.06

Índices para catálogo sistemático:

1. Bíblia - Novo Testamento – 225.1
2. Epístolas paulinas – 227.06

Editora Academia Cristã
Rua Mario Augusto do Carmo, 37 - Jardim Avelino
CEP 03227-070 - São Paulo, SP - Brasil
Tel.: (11) 3297-5730
E-mail: silvarico33@gmail.com
Site: www.editoraacademiacrista.com.br

Paulus Editora
Rua Francisco Cruz, 229
04117-091 - São Paulo - SP
Tels.: (11) 5087-3700
E-mail: editorial@paulus.com.br
Site: www.paulus.com.br

Sumário

Apresentação à Edição Brasileira 9

Prefácio 23

Capítulo 1: A Nova Perspectiva sobre Paulo: de onde, o quê, para onde?... 27

Capítulo 2: A Nova Perspectiva sobre Paulo 155

Capítulo 3: Obras da Lei e a maldição da Lei (Gálatas 3.10-14) 187

Capítulo 4: A Nova Perspectiva sobre Paulo: Paulo e a Lei 215

Capítulo 5: Qual foi o problema entre Paulo e "os da circuncisão"? 231

Capítulo 6: A Teologia da Carta aos Gálatas: a questão do nomismo da aliança 261

Capítulo 7: A Justiça de Deus: uma perspectiva renovada sobre a justificação pela fé 289

Capítulo 8: E mais uma vez – "As obras da Lei". Uma resposta 315

Capítulo 9: Ecos da polêmica intrajudaica na carta de Paulo aos gálatas... 335

Capítulo 10: O que era novo no evangelho de Paulo? O problema da continuidade e descontinuidade 361

Capítulo 11: Paulo era contra a Lei? A Lei em Gálatas e Romanos: um caso de teste para um texto em seu contexto 387

Capítulo 12: À procura do fundamento comum 413

Capítulo 13: "Nem circuncisão nem incircuncisão, mas..." 451

Capítulo 14: 4QMMT e a Carta aos Gálatas 487

Capítulo 15: A conversão de Paulo: uma luz para as discussões do século XX 497

Capítulo 16: Paulo e a justificação pela fé 525

Capítulo 17: O que aconteceu com as "obras da Lei"? 545

Capítulo 18: Jesus, o juiz: outros pensamentos sobre a cristologia e soteriologia paulinas 565

Capítulo 19: Noch einmal - Mais uma vez "obras da Lei": o diálogo continua 587

Capítulo 20: Tinha Paulo uma teologia da aliança? Reflexões sobre Romanos 9.4 e 11.27 609

Capítulo 21: Paulo e a Torá: o papel e a função da Lei na teologia do apóstolo Paulo 633

Capítulo 22: Filipenses 3.2-14 e a Nova Perspectiva sobre Paulo 663

Bibliografia 693

Artigos originais 709

Índice de Autores 711

Índice dos Textos Bíblicos 725

Para

Tom Wright

φίλος,
συνεργὸς καὶ συστρατιωτὴς ἐπίσκοπος

Bispo amigo,
cooperador e companheiro de combate

Apresentação à Edição Brasileira

Antigas e Novas Perspectivas sobre Paulo*

As pesquisas relacionadas a Paulo no Brasil e nos países de língua portuguesa têm estado à margem das várias publicações que, em vários aspectos, envolvem alguma referência à chamada "A nova perspectiva sobre Paulo" (NPP). Tal vertente inovadora nos estudos paulinos tem em James D. G. Dunn, autor desta obra, provavelmente o seu principal, mais influente e mais lúcido autor. Desde novembro de 1982, quando Dunn utilizou pela primeira vez a expressão "A nova perspectiva sobre Paulo" no título de sua conferência na "T. W. Manson Memorial Lecture", realizada na Universidade de Manchester, os antigos consensos a respeito das cartas de Paulo foram redefinidos ou tiveram de responder às novas questões por ele propostas, que mantinham proximidade crítica em relação às concepções de Krister Stendahl e E. P. Sanders. Posteriormente, N. T. Wright passou a dar a sua contribuição ao debate, inicialmente a partir das pressuposições e questões lançadas por Dunn. Desde então, desconhecer a NPP é, de alguma forma, desconsiderar uma parcela considerável de questões que são alvo das mais intensas discussões a respeito de Paulo e suas cartas nos últimos 30 anos.

Sendo assim, urge, para o tratamento das novas questões, que os aspectos do debate estejam fundamentados na análise dos antigos consensos e na forma como Paulo fora interpretado nas múltiplas recepções de seus textos e de suas concepções teológicas. Paulo é um autor cristão cuja importância é tão significativa que se pode dizer ter sido ele o "primeiro pensador teológico do cristianismo" de que se tem

---

* Artigo escrito em homenagem ao Prof. Dr. Ricardo de Souza Nogueira, amigo e mestre exemplar.

notícia.¹ E o fato do pensamento paulino não constituir uma repetição exata da pregação de Jesus, mas a pregação sobre Jesus segundo categorias próprias, é muito significativo – e o é a tal ponto que o querigma paulino, caracterizado pelas afirmações de ser Jesus o *kýrios* que concede a salvação inaugurada na sua morte, ressurreição e elevação, tornou-se um importante e forte testemunho. Ao mesmo tempo, o judaísmo de Paulo, manifestado nas categorias da justificação, eleição, graça etc., permitiu a conformação das suas ideias a respeito de Jesus em um corpo doutrinário coeso, coerente e facilmente transmissível aos contextos helenizados, marcados pela presença de judeus e pagãos. Tais inovações e conformações tornaram o pensamento paulino forte a ponto de se afirmar ser Paulo o verdadeiro fundador do cristianismo.² A profundidade, a abrangência e divulgação do evangelho paulino, assim como a biografia de Paulo, tiveram grande impacto na igreja, o que redundou na aceitação de 13 cartas vinculadas ao seu nome.³ A recepção das cartas de Paulo se deu mediante diferentes enfoques nos últimos dois mil anos. É para tal recepção que a nossa atenção se volta, no afã de oferecer um sumário da recepção de Paulo, sumário que explica as bases da mudança do paradigma na pesquisa dos escritos paulinos pela NPP. Fazendo assim nesta apresentação, esta-

---

[1] Kümmel, W. G. *Síntese teológica do Novo Testamento: de acordo com as testemunhas principais – Jesus, Paulo, João*. São Paulo: Teológica, 2003.

[2] Bornkamm, G. *Paulo: vida e obra*. São Paulo, Ed. Academia Cristã, 2008. p. 146. Há certo exagero em tal concepção, já que a atuação missionária de Paulo não fundou parcela considerável do cristianismo no mundo helenístico. Paulo não foi o fundador de igrejas importantes para o cristianismo posterior (Antioquia, Alexandria e outras cidades egípcias que tinham um cristianismo vigoroso, Roma entre outras), nem mesmo consistiu a principal conformação doutrinária do cristianismo antigo. Porém, é certo que as contribuições de Paulo foram indispensáveis para o pensamento cristão sobre Jesus em muitos contextos. Como afirmam Horsley e Silberman, "cada uma das comunidades paulinas encontrava a realização de suas esperanças mais profundas e seus ideais mais recônditos na imagem específica de Cristo que ela acalentava – e todas essas imagens se afastavam progressivamente dos fatos históricos comprováveis da vida de Jesus... Nesse sentido, nas aldeias, cidades e metrópoles da Galácia e da Macedônia surgiu um novo tipo de cristianismo." Horsley, Richard A. & Silberman, Neil Asher. *A mensagem e o Reino: como Jesus e Paulo deram início a uma revolução transformaram o Mundo Antigo*. São Paulo: Loyola, 2000. p. 172.

[3] Goppelt, L., *Teologia do Novo Testamento*. São Paulo: Ed. Teológica, 2003. p. 291-292.

mos indicando as razões pelas quais a publicação da obra "A nova perspectiva sobre Paulo" é tão importante para a pesquisa bíblica em língua portuguesa.

Após DESIDERIUS ERASMUS, MARTINHO LUTERO, bispo agostiniano e professor de exegese bíblica na Universidade de Wittenberg, afirmou a incapacidade humana de justificar-se do pecado, seguindo nisso o pensamento de Agostinho. Porém, a leitura de Romanos 1.17 o fez pensar na possibilidade de salvação através da "justiça de Deus". Tal reflexão o fez rejeitar o sistema de perdão e mérito mediante as indulgências, o que culminou em sua condenação formal na dieta de Worms, em 26 de maio de 1520.[4] Contra ERASMUS, porém, LUTERO afirmou ser a vontade humana escrava do pecado (na obra *De Servo Arbitrio*), indicando ser a epístola aos Gálatas a sua "epístola querida".[5]

O advento da Reforma com LUTERO constitui um importante marco na análise das cartas paulinas. A partir de LUTERO, a teologia da Reforma Protestante contrapôs as doutrinas paulinas da justificação pela fé, graça, eleição, glorificação, pecado, redenção, suficiência do sacrifício de Cristo e liberdade à leitura medieval da pregação de Paulo.[6] Quanto a CALVINO, ainda que ele não adotasse o pensamento paulino como *principium canonitatis*, ele assumiu a doutrina da justificação pela fé na divergência contra o catolicismo romano.[7]

A partir de então, a pesquisa neotestamentária se viu prisioneira do que DUNN chama de "influência negativa da conversão de LUTERO", na qual quatro elementos condicionaram as leituras de Paulo: a ideia de que a conversão de Paulo tinha de ser entendida como o *ápice de uma longa luta interior*; a explicação da justificação pela fé em termos *distintivamente individualistas*; a ideia de que a conversão de Paulo se tratava de uma conversão *do judaísmo*; e a ideia de que o judaísmo do tempo de Paulo era uma *religião degenerada*.

A análise liberal das epístolas paulinas, mesmo que tenha desconstruído vários consensos e posições tradicionais sobre os escritos

---

[4] McGrath, A. *Luther's Theology of the Cross: Martin Luther's Theological Breakthrough*. Oxford: Oxford Press, 1985. p. 38.
[5] Luther, M. Lectures on Galatians, 1519, Capítulos 1-6. In: Pelikan, J. *Luther's Works*. Saint Louis: Concordia, 1955-1976; 55 vols; vol. 27, pp. 151-410.
[6] Bakker, J. T. *Eschatologische Prediking bij Luther*. Kampen: Kok, 1964.
[7] Berkouwer, G. C. *Faith and Justification*. Grands Rapids: Eerdmans, 1954. p. 72-74.

de Paulo, diferiu muito pouco em relação às quatro perspectivas acima descritas. Tal começou ainda no séc. XIX, com as pesquisas de FERDINAND CHRISTIAN BAUR. As obras principais de BAUR sobre a tradição paulina são: *Paulus der apostel Jesu Christi*, de 1845 (traduzida para o inglês com o título *Paul, Apostle of Jesus Christ*, em 1876); *The Church History of the First Three Centuries*, de 1878; e *Vorlesungen über Neutestamentliche Theologie*, de 1864. O autor, fundador da chamada Escola de Tübingen, analisou os escritos paulinos sob o viés do historicismo supranaturalista de influência hegeliana. Na obra *Paulus der Apostel Jesu Christi*, BAUR parte da premissa que Paulo desenvolveu sua teologia na via contrária do cristianismo primitivo, ainda fortemente vinculado ao judaísmo. Para BAUR, ao se aproximar historicamente o texto paulino com os aspectos conjunturais e contextuais do restante do cristianismo do primeiro século, ficam claras as distinções entre ambos. BAUR, influenciado por HENGEL, partiu do princípio de que havia uma contraposição de duas facções rivais no cristianismo primitivo: a primeira facção, representada pelos seguidores de Pedro (judaizantes); e a segunda facção composta pelos paulinistas (de orientação gentílica). Este último é o "partido de Cristo", acusado pelos membros do partido de Pedro de não serem discípulos de Jesus (1Cor 1.12).[8] As concepções de BAUR reforçaram ainda mais os quatro pontos das "influência negativa de LUTERO". E a mesma linha de BAUR quanto ao tratamento da judaicidade de Paulo foi seguida por K. HOLSTEN,[9] H. LÜDEMANN e [10] O. PFLEIDERER.[11]

Porém H. J. HOLTZMANN, ainda no escopo da contribuição liberal, concedeu uma abertura para a modificação do antigo consenso. Em

---

[8] Baur, F. C. Die Christuspartei in der korinthischen Gemeinde, der Gegensatz des paulinischen und petrinischen Christentums in der ältesten Kirche, der Apostel Petrus in Rom. In: *Tübinger Zeitschrift für Theologie* 4, 1831. p. 61-63.

[9] Holsten, K. *Das Evangelium des Paulus*. Vol. I-II. Berlin: Reimer, 1880, 1898. A análise racionalista e psicológica de Holsten foi também aplicada no relacionamento entre os temas da teologia de Paulo e a sua conversão no artigo Das Christusvision des Paulus und die Genesis des paulinischen Evangeliums, publicado em ZWT em 1861 e republicado no livro *Zum Evangelium des Paulus und des Petrus*. Rostock: Stiller, 1868.

[10] Lüdemann, H. *Die Anthropologie des Apostels Paulus und ihre Stellung innerhalb seiner Heilslehre*. Kiel: Universitätsverlag, 1872.

[11] Pfleiderer, O. *Paulinism: The Contribuition to the History of Primitive Christian Theology*. London: Williams and Norgate, 1891.

sua obra *Lehrbuch der neutestamentlichen Theologie*, publicada em 1897, ele analisou os temas e motivos de Paulo segundo a antropologia grega. Segundo HOLTZMANN, apenas a experiência pessoal de Paulo poderia tornar as suas opções teológicas mais claras. Tais opções, uma vez assumidas, são expressas mediante categorias gregas que o influenciaram fortemente na formação de suas experiências e ideias. Para HOLTZMANN, Paulo assume os temas gregos sem abdicar daqueles que eram próprios à sua formação judaica, sendo o próprio apóstolo uma síntese entre os dois modos de pensar. Assim, ética e direito, idealismo e realismo, paradoxos aparentemente irreconciliáveis, fazem parte do pensamento do mesmo autor, tornando seu evangelho peculiar, único, singular.[12] Segundo HOLTZMANN, em lugar de um abismo entre Jesus e Paulo, o que há na verdade é uma transposição do pensamento de Jesus para o mundo grego a partir de um vetor fortemente influenciado pela mensagem cristã.[13] A pesquisa liberal de HOLTZMANN, no afã de desfazer o abismo que separava Jesus e Paulo na pesquisa que o precedia, acabou por estabelecer uma abertura para a afirmação da judaicidade de Paulo, ainda que ele tenha descrito Paulo nos termos de uma religião ético-mística, vinculada à forte experiência interior no caminho para Damasco – e nisto, a influência de LUTERO continuava a ser significativa.[14] Por tal razão, a conclusão de HOLTZMANN é que a teologia paulina seria uma expressão metafísica com vistas a alcançar os seus interlocutores gregos.[15]

A crítica W. WREDE na obra *Paul*, de 1904, acabou por distanciar novamente Paulo de sua judaicidade. WREDE teceu críticas em sua obra à dicotomia religião/teologia, afirmando a respeito de Paulo que a sua teologia é uma cristologia que tem seu centro na redenção executada por Cristo.[16] Tal redenção e a sua consumação são narradas por Paulo em termos mitológicos e judaicos, aplicados por Paulo a Jesus sem que ele tivesse consciência de que tais pressuposições modificavam de

---

[12] Holtzmann, H. J. *Lerhbuch der neutestamentlichen Theologie*. Freiburg: Leiden, 1897. p. 256-257.
[13] Ridderbos, Herman. *A teologia do apóstolo Paulo: a obra definitiva sobre o pensamento do apóstolo dos gentios*. São Paulo: Cultura Cristã, 2004. p. 18.
[14] Holtzmann, H. J., *idem*, p. 256-257.
[15] *Idem*, ibidem. p. 76-78.
[16] Wrede, W. *Paulus: Religionsgeschichtliche Volksbücher für die deutsche christliche Gegenwart*. Halle: Gebauer-Schwetschke,1904 . p. 103-104.

forma significativa a figura histórica de Jesus.¹⁷ Para WREDE, a diferença entre Jesus e Paulo é tão significativa que ele afirma: "daquilo que para Paulo é tudo, Jesus nada sabe".¹⁸ Daí por diante, WREDE abriu o caminho para que a nascente *religionsgeschichtliche Schule* encontrasse espaço para apontar as verossimilhanças entre os temas paulinos e aqueles que faziam parte das religiões pagãs do seu contexto. Os historiadores e filólogos F. CUMONT,¹⁹ A. DIETERICH²⁰ e R. REITZENSTEIN²¹ fizeram análises comparativas dos atos sacramentais das religiões de mistério, do judaísmo e de várias religiões pagãs. Em 1912, W. HEITMÜLLER, em sua investigação sobre os grupos distintos pertencentes ao cristianismo primitivo a partir da comparação entre religiões, afirmou existir uma terceira expressão do cristianismo primitivo para além das propostas pela Escola de Tübingen,²² as quais tinham certa aceitação até o início do séc. XX. HEITMÜLLER defendia a existência da comunidade primitiva palestinense, do cristianismo paulino propriamente dito e do chamado "cristianismo helenista".²³ O cristianismo helenista, radicado em Antioquia, evidenciaria a transição cultural e teológica que permitiria uma melhor caracterização da transição paulina, representando a migração de um dos grupos (Paulo era fariseu) para o outro pólo ("apóstolo dos gentios"). Entre um e outro, Paulo experienciou o cristianismo helenista de Antioquia da Síria.

---

¹⁷ *Idem, ibidem.* p. 95.
¹⁸ *Idem, ibidem.* p. 103.94.
¹⁹ Cumont, F. *Les religions orientales dans le paganisme modern: conférences faites au Collège de France.* Paris: Leroux, 1906.
²⁰ Dieterich, A. *Eine Mithrasliturgie.* Leipzig: Teubner, 1903.
²¹ Reitzenstein, R. *Poimandres: zur griechisch-ägyptischen und frühchristlichen Literatur.* Leipzig: Teubner, 1904. Ver também: *idem, Die hellenistischen Mysterienreligionen: Ihre Grundgedanken und Wirkungen.* Leipzig: Teubner, 1910.
²² Para Baur, o conflito entre os grupos divergentes era intenso, de forma que houve tentativas de mediação entre os partidos. Tais tentativas estão presentes em Tiago, 1 Pedro e 2 Pedro (principalmente 2Pd 3.15), culminando numa síntese final: a teologia joanina. Ainda assim, o pensamento paulino perdurou, pois formulou o conceito de doutrina. Segundo Baur, "o conceito paulino de doutrina é o momento mais significativo no desenvolvimento histórico do cristianismo primitivo" – Baur, F. C. *Vorlesungen über neutestamentliche Theologie.* Tübingen: Ludwig Friedrich Fues, 1864. p. 129.
²³ Heitmüller, W. Zum Problem Paulus und Jesus. In: *Zeitschrift für Neutestamentliche Wissenschaft und die Kunde der älteren Kirche*, 13, 191. p. 320-337.

ALBERT SCHWEITZER é outro importante teólogo bíblico, cuja pesquisa mais relevante é sobre o Jesus histórico, mas a esta segue uma importante contribuição sobre a interpretação de Paulo. Após a conclusão da obra *Von Reimarus zu Wrede*, em 1906, SCHWEITZER passou a escrever a respeito dos textos paulinos em oposição à pesquisa da *religionsgeschichtliche Schule*. O início das análises de SCHWEITZER a respeito de Paulo se dá quando o autor começa a lecionar sobre o ensino paulino a respeito do "estar em Cristo".[24] Em 1911, o autor publica a obra *Geschichte der Paulinischen Forschung von der Reformation bis auf die Gegenwart*. A obra é uma continuação da história da pesquisa crítica sobre a vida de Jesus exposta na obra de 1906, agora sob o ponto de vista da fé das comunidades primitivas, que assimilaram assuntos da teologia grega na mais antiga proclamação cristã.[25] SCHWEITZER chama as categorias da cultura grega de "misticismo", e afirma que houve adaptação da proclamação apocalíptica jesuânica para o contexto grego, o que tornou possível a sobrevivência do cristianismo em terras pagãs. Na obra *Die Mystik des Apostels Paulus*, de 1930, o autor afirma que tal procedimento feito por Paulo não apenas resguardou o cristianismo, mas modificou as tradições mais antigas advindas da Palestina, tornando-as mais assimiláveis para a utilização dos primeiros missionários cristãos.[26]

As pesquisas sobre as relações de Paulo com Jesus e a formação de um *kérygma* paulino com formas literárias peculiares e temas inovadores teve continuidade com R. BULTMANN. BULTMANN é o mais importante acadêmico da teologia bíblica do séc. XX. A primeira obra de BULTMANN sobre o pensamento paulino é *Der Stil der paulinischen Predigt und die kynisch-stoische Diatribe*, publicada em 1910. Nessa, BULTMANN discute formalmente as diatribes paulinas, iniciando assim as suas incursões na *Formgeschichtelische Schule*. Para BULTMANN, a pregação de Paulo utiliza formas literárias dos filósofos cínico-estóicos, sendo a diatribe uma delas.[27] Após a publicação

---

[24] Schweitzer, A. *My Life and Thought: An Autobiogrpahy* [from *Aus Meinem Leben und Denken* (Leipzig: Felix Meiner, 1931). London: George Allen & Unwin Ltd., 1933. p. 142.

[25] Schweitzer, A. *Geschichte der Paulinischen Forschung von der Reformation bis auf die Gegenwart*. Tübingen: Mohr, 1911. p. v.

[26] Schweitzer, A. *Die Mystik des Apostels Paulus*. Tübingen: Mohr, 1930.

[27] Bultmann, R. *Der Stil der paulinischen Predigt und die kynisch-stoische Diatribe*. Göttingen: Vandenhoeck & Ruprecht, 1910. p. 107.

por BARTH de *Der Römerbriefe*, BULTMANN recebe bem a teologia dialética, estabelecendo correspondência com o autor suíço.[28]

BULTMANN passou a publicar a partir do final da década de 1920, obras sobre a relação entre o *kérygma* de Jesus e Paulo. Em 1929, publicou *The Significance of the Historical Jesus for the Theology of Paul*, artigo em que BULTMANN afirma que Paulo reflete indiretamente a tradição sobre o Jesus histórico, principalmente em sua ética, de forma que o ensino de Jesus, importante na tradição sinótica, é irrelevante e praticamente inexistente em Paulo.[29] No artigo, o teólogo de Marburgo ainda afirmou que ambos, Jesus e Paulo, baseiam-se na lei: o primeiro, na lei do amor; o segundo, na situação do homem como pecador diante de Deus. Por sua vez, o artigo *Jesus and Paul*, publicado em 1936, continua a tratar da relação entre os dois principais personagens do cristianismo na concepção bultmanniana, juntamente com João.

A principal obra de BULTMANN é a Teologia do Novo Testamento, publicada entre 1948 e 1953 em dois volumes. Na obra, BULTMANN analisa o *kérygma*, enfatizando principalmente o pensamento e a teologia de Paulo, o que se vê pelo número de páginas dedicado ao tema. BULTMANN oferece em sua *magna opus* uma detalhada análise filológica, uma coerente análise teológica e uma exposição a partir de questões a respeito da existência humana, tendo por base a filosofia existencial de HEIDEGGER. BULTMANN assevera que há um ponto escatológico comum entre Jesus e Paulo: o apelo à decisão. Porém, a teologia paulina, em sua cristologia e eclesiologia, é condicionada pela *gnôsis*, assumindo por isso uma visão de mundo pessimista e uma tendência dualista que abrange todo o cosmos.[30] Tal visão dualista funde mito e apelo à decisão; funde narrativas de caráter mítico e asseverações éticas.[31] Sendo assim, o trabalho do intérprete moderno é demitologizar os conteúdos do *kérygma* paulino, para obter assim acesso ao conteúdo que serve à decisão e permite a vivência segundo a fé. As teses de BULTMANN não

---

[28] Jaspert, B. (ed.) *Karl Barth – Rudolf Bultmann Letters 1922-1966*. Grand Rapids: Eerdmans, 1981.

[29] Bultmann, R. The Significance of the Historical Jesus for the Theology of Paul. In: *Faith and Understanding*. London: SCM, 1969. p. 220-246.

[30] Bultmann, R. *Primitive Christianism in Its Contemporary Setting*. London: Thames and Hudson, 1956.

[31] Bultmann, R. *Kerygma and Mith: a Theological Debate*. New York: Harper & Row, 1953. p. 19-21.

apenas lançam Paulo em um nível ainda mais profundo de gentilismo – elas são muito importantes para a quase ausência de tratamento da judaicidade de Paulo na pesquisa em meados do séc. XX. A pesquisa de BULTMANN encontrou apoio em autores importantes como E. HAENCHEN, E. KÄSEMANN,[32] W. SCHMITHALS,[33] E. FUCHS,[34] G. BORNKAMM,[35] P. VIELHAUER[36] e E. BRADENBURGER.[37]

Mesmo as reações conservadoras a BULTMANN não passaram de tentativas de ordenação cronológica a partir de um esquema evolutivo do pensamento de Paulo. C. H. DODD, na obra *The Apostolic Preaching and Its Developments*, de 1936, aceitou a premissa de BULTMANN de que a pregação de Paulo é escatológica. Porém DODD afirmou ser escatologicamente relevante para Paulo a morte e ressurreição de Jesus, de forma que os conteúdos escatológicos formados a posteriori do evento crítico constituem uma escatologia realizada. SABATIER,[38] MACHEN,[39] MUNDLE,[40] C. H. DODD,[41] FASCHER,[42] DAVIES,[43] BRUNOT,[44] SCHCEPS[45] e AMIOT[46] chegaram à conclusão de que o pensamento paulino, longe de ser mono-

---

[32] Käsemann, E. Kritische analyse von Phil 2.5-11. In: *Exegetische Versuche und Besinnungen*, I, 1960. p. 69-71.
[33] Schmitals, W. *Gnosticism in Corinth: An Investigation of the Letters to the Corinthians*. Nashville: Abingdon Press, 1971. p. 87-89.
[34] Fuchs, E. *Die Freiheit des Glaubens, Römer 5-8 ausgelegt*. München: Kaiser, 1949. p. 18-21.
[35] Bornkamm, G. *Das Ende des Gesetzes: Paulusstudien*. München: Kaiser Verlag, 1952. p. 139-156.
[36] Vielhauer, P. Erlöser im Neuen Testament. In: *RGG*, II. p. 379-381.
[37] Bradenburger, E. *Adam und Christus: Exegetisch-religionsgeschichtliche Untersuchung zu Römer 5.12-21 (1Kor 15)* 1962. Neukirchen:Vluyn,1962. p. 12-14, 68-71.
[38] Sabatier, A. *L'apôtre Paul. Esquisse d'une histoire de as penseé*. Strasbourg: Treuttel et Wurtz, 1870.
[39] Machen, J. G. *The Origin of Paul Religion*. New York: Macmillan, 1921.
[40] Mundle, W. *Das religiöse Leben des Apostels Paulus*. Leipzig: 1923.
[41] Dodd, C. H. The Mind of Paul: (1) Psychological Approach; (2) Change and Development In: *Bulletin of the John Rayland Library*, 17, 1933. p. 91-105; 18, 1934. p. 69-110.
[42] Fascher, E. Paulus. In: *Pauly-Wissowa Suppl.*, 8, 1956. p. 431-466.
[43] Davies, A. P. *The First Christian: A Study of St. Paul and Christians Origins*. New York: Farrar, Straus and Cudahy, 1957.
[44] Brunot, A. *Saint Paul et son message*. Paris: Artheme Fayard, 1958.
[45] Schoeps, H.-J. *Paulus. Die Theologie des Apostels im Lichte der jüdischen Religionsgeschichtliche*. Tübingen: Mohr, 1959.
[46] Amiot, F. *Les idées maîtresses de saint Paul*. Paris: Lectio Divina, 1959. p. 24.

lítico, apresenta variação significativa, podendo ser dividido em: etapa das Epístolas aos Tessalonicenses, em que o pensamento paulino estava concentrado nas ênfases da tradição mais antiga, a tradição escatológica; etapa das grandes epístolas, oportunidade na qual o encontro com o helenismo exigiu a adaptação por parte de Paulo, que procurou tratar dos temas da libertação da Lei e dos princípios éticos pelas listas e lições morais; e, por fim, a etapa das Epístolas do Cativeiro, em que Paulo se concentra no tema da revelação do mistério de Cristo.[47]

A *Nova Perspectiva Sobre Paulo* (NPP)[48] é uma proposta de mudança na leitura dos textos paulinos segundo os critérios tradicionais dos autores protestantes, particularmente LUTERO e CALVINO, que analisam a teologia paulina como expressão de uma soteriologia de natureza forense. Tal leitura também privilegia os textos paulinos em detrimento aos demais textos canônicos.[49] E. P. SANDERS foi o primeiro, na década de 1970, a chamar a atenção para o pensamento judaico de Paulo, na obra *Paul and the Palestinian Judaism*.[50]

A NPP se tornou viável a partir da ruptura de certos consensos na descrição do judaísmo palestinense, particularmente aqueles que faziam parte da visão protestante tradicional, que de certa forma foi perpetuada nas pesquisas posteriores.

A soteriologia protestante tem ligações muito estreitas com a "teologia paulina", lida como pensamento oposto ao judaísmo. Tal fissura explica a divisão, no protestantismo tradicional entre fé e obras, lei e evangelho, judeus e gentios. Porém, tais dicotomias remontam à categorização do judaísmo feita no período medieval tardio. Os Reformadores aceitaram acriticamente tais categorizações e vincularam os conceitos negativos atribuídos aos judeus também aos católico-

---

[47] As três etapas podem ser encontradas em: Cerfaux, L. *O cristão na teologia de Paulo*. São Paulo: Teológica, 2003. p. 20-22.
[48] A expressão "Nova Perspectiva Sobre Paulo" (*New Perspective on* Paul) foi criada por J. Dunn. Ver: Dunn, J. D. G. The New Perspective on Paul. In: *Bulletin of the John Ryland's* Library, 65, 1983. p. 95 -122.
[49] Westerholm, S. *Perspectives Old and New on Paul.* Grand Rapids: Eerdmans, 2004. p. 3.
[50] Sanders, E. P. *Paul and the Palestinian Judaism: A Comparison of Patterns of Religion.* London: SCM Press, 1977.

-romanos.[51] Em seguida, as pesquisas dos sécs. XVIII, XIX e XX até BULTMANN, seus discípulos e seus opositores concordaram, em maior ou menor grau, com os quatro aspectos da "influência negativa da conversão de LUTERO". A descrição artificial a respeito do judaísmo começou a ser criticada com as contribuições de G. F. MOORE e C. G. MONTEFIORE. G. F. MOORE demonstrou que as fontes citadas pelos autores do séc. XX eram, em grande parte, textos cristãos com teor antijudaico, e que a religião de legalismo geralmente descrita pelos biblistas não corresponde ao judaísmo do primeiro século.[52] Seu texto clássico, intitulado *Judaism in the First Centuries of the Christian Era: The Age of Tannaim*, de 1927, representa uma importante crítica ao consenso formado em torno de WEBER. Quanto a MONTEFIORE, o autor publicou a obra *Rabbinic Literature and Gospel Teachings* em 1930, em que questionava a abrangência das fontes citadas por WEBER e a leitura que o mesmo fazia de tais fontes.[53]

A crítica a tais equívocos na leitura de Paulo continua a ser feita por E. P. SANDERS na obra *Paul and Palestinian Judaism*, de 1977. Na obra, SANDERS identifica a exposição equivocada do judaísmo nas obras que foram consultadas por expositores do pensamento paulino. E em sua reconstituição do judaísmo palestinense, o autor afirma que este não era, no primeiro século, uma religião de obras, feitas para a obtenção da aprovação por Deus e entrada no pacto. Para comprovar tal ideia,

---

[51] Stendahl, K. The Apostle Paul and the Introspective Conscience of the West. In: Meeks, W. A. (ed.). *The Writings of St. Paul*. New York: W. W. Norton & Company, 1972, p. 426.

[52] A descrição artificial a respeito do judaísmo perdurou praticamente intocada durante três séculos, encontrando, porém, uma sistematização no texto de F. Weber, intitulado *System der altsynagogalen palästinensischen Theologie*, de 1880. O texto de Weber tornou-se a base de consulta de biblistas influentes como E. Schürer, na obra *Geschichte des jüdischen Volkes im Zeitalter Jesu Christi*, de 1901; e W. Boisset na obra, de 1906. A reconstituição do *kérygma* primitivo foi empreendida por R. Bultmann. Porém, na reconstituição do judaísmo do primeiro século, Bultmann consultou as obras de Bossuet, Schürer que, entre outros, retomavam as conclusões de Weber. O resultado final foi a manutenção do esquema artificial que, desde a Reforma, pauta a investigação protestante, limitando-a a descrever Paulo como propagador de um antijudaísmo programático.

[53] Montefiore, C. G. *Rabbinic Literature and Gospel Teachings*. London: Macmillan, 1930.

recorre à literatura Tanaítica, aos Manuscritos do Mar Morto e aos Apócrifos e Pseudepígrafos. Em suas conclusões, SANDERS afirma que o judaísmo da época de Paulo compreendia a salvação como eleição e pacto, resultado da escolha de Deus por Israel. A lei observada pelos judeus era praticada para a manutenção da relação pactual com Deus, e não para a entrada no pacto. Sendo assim, o tema da paulino da justificação é um tema extraído da leitura judaica da Torá, e não oposto ao judaísmo da época.[54] O nome dado por SANDERS para a relação entre a eleição e a obediência à lei é "nomismo da aliança", pois o centro de toda a vida judaica consistia no pacto gracioso de Deus com o povo, sendo a lei o caminho de Deus com o mesmo, a manifestação da relação pactual entre ambos.[55]

E. P. SANDERS destaca que a ideia de justificação é própria da teologia judaica, não sendo, porém, mero ato judicial. Com tais comentários, SANDERS tece críticas ao *Theologisches Wörterbuch zum Neuen Testament* editado por GERHARD KITTEL, afirmando que os conceitos de 'obras' e 'justificação' da obra não encontram respaldo no pensamento de Paulo ou no judaísmo com que Paulo dialoga.[56] Fazendo assim, SANDERS objeta a interpretação tradicional das obras da lei em Gálatas e Romanos, afirmando que tais foram mal compreendidas.

É neste contexto que surge James D. G. DUNN, que contribui à pesquisa afirmando que Paulo compreendia a si mesmo como chamado/vocacionado (e não como convertido), de forma que ele se diferenciava dos gentios que aderiram às comunidades paulinas (1Ts 1.9-10). Quanto às obras da lei, DUNN cita os textos de Qumran para afirmar que tal temática é própria do judaísmo da época, sendo uma referência à circuncisão (Gl 2.3,7-9,12; 5.2), ao calendário religioso (Gl 4.10) e à observância das leis alimentares (Gl 2.12-14). Assim, são demarcadores de fronteiras entre judeus e pagãos.[57] DUNN destaca que o contexto social e histórico são insígnias do judaísmo, mas não percursos soteriológicos fechados. Sendo assim, Paulo entenderia que tais podem ser abdicadas

---

[54] Sanders, E. P. *Paul and Palestinian Judaism: A Comparison of Patterns of Religion*. Minneapolis: Fortress Press, 1977. p. 422. Na obra, o autor enumera sete aspectos
[55] Idem. *Judaism: Practice and belief 63 BCE-66 CE*. London: SCM, 1992. p. 262.
[56] Sanders, E. P. *Paul, the Law and the Jewish People*. Philadelphia: Fortress, 1983.
[57] Dunn, J. D. G., Jesus, *Paul and the Law: Studies in Mark and Galatians*. London: SCM, 1990. p. 27.

devido ao fato de que a tradição bíblica veterotestamentária já prevê a redenção dos gentios.[58]

A obra de James D. G. DUNN aqui apresentada, "A nova perspectiva sobre Paulo", é uma coletânea de artigos publicados entre 1983 e 2004, reunidos por DUNN e adicionados a dois artigos inéditos, feitos especialmente para esta edição. Nesta obra, DUNN permite ao leitor que ele participe de sua própria jornada na exploração de questões relacionadas com a teologia de Paulo, dando um panorama do surgimento de novas perspectivas dentro de sua própria perspectiva. Ele também esclarece confusões e equívocos de sua própria abordagem ao entrar em discussão crítica com alguns de seus críticos, bem como com alguns de seus amigos.

Este volume é um excelente testemunho das contribuições de DUNN para a discussão contemporânea sobre Paulo. E o lançamento desta obra certamente vai estimular novas pesquisas e posicionamentos críticos dos leitores em língua portuguesa. O que se espera, porém, com a publicação, é que os apelos de DUNN para a leitura de Paulo a partir do próprio texto paulino seja levada a sério por nós. E, de mais a mais, o que se pode dizer da obra está dito nela mesma. Então, mãos à obra: boa leitura!

Brian Gordon Lutalo Kibuuka

Membro do Centro de Estudos Clássicos e
Humanísticos da Universidade de Coimbra
Membro do Grupo de Pesquisa "Imagens,
Representações e Cerâmica Antiga - NEREIDA"/UFF
Membro do Grupo de Pesquisa "Discurso na
Antiguidade Grega: Texto, Contexto e Memória"/UFRJ

---

[58] Sanders, E. P. *Paul and Palestinian Judaism*. Philadelphia: Fortress, 1977. p. 43.

Prefácio

Escolher um título para um livro é sempre uma tarefa arriscada. Deve ser um título informativo, mas que chame também a atenção, em vez de ser insípido ou meramente descritivo. No entanto, quanto mais atrai a atenção, tanto mais pode causar algum mal-entendido ou algumas ideias distorcidas. Assim escolhi este título, *A Nova Perspectiva sobre Paulo*, com algumas apreensões.

Faço isto em primeiro lugar porque meu artigo homônimo (reproduzido *abaixo* como Cap. 2) é geralmente considerado o sinal de uma nova fase nos estudos paulinos ou uma nova maneira de olhar para a teologia e o evangelho de Paulo (ou particularmente para seu ensinamento sobre a justificação pela fé). Já que este livro consiste, em sua maior parte, de uma coletânea formada deste artigo e de mais 21 outros ensaios que se referem, de uma maneira ou de outra, à "nova perspectiva" ou procuram promovê-la, o título poderia ter sido *"A Nova Perspectiva sobre Paulo e outros ensaios"*. Mas isto não deixaria suficientemente claro que o primeiro e maior ensaio (Cap. 1) é totalmente novo e foi escrito para este volume, e que desejo atrair a atenção do leitor particularmente para o novo ensaio "A Nova Perspectiva sobre Paulo: de onde, o quê, para onde?". O último ensaio, sobre Fl 3.2-14, foi igualmente escrito para este volume, para mostrar uma nova apreciação da grande efetividade que este sumário bem acabado da teologia paulina tem para assuntos controversos.

Concretamente, para muitas pessoas, o título "A Nova Perspectiva" parece tanger um aspecto importante e parece ter-se estabelecido como a referência mais clara a essa maneira diferente ou nova de olhar para Paulo, especialmente entre pessoas que são críticas em relação à "nova perspectiva" (como mostra a bibliografia). Portanto, a referência é altamente reconhecível: as pessoas para as quais este volume foi composto saberão quase que imediatamente qual será o seu conteúdo.

Diante da controvérsia gerada pela "nova perspectiva sobre Paulo" poderá se perceber facilmente que este volume é destinado a ser minha tentativa de responder ao debate sobre a "nova perspectiva" e de oferecer um recurso para qualquer pessoa que possa achar útil ter um acesso direto ao leque completo de meus pensamentos e *insights* em desenvolvimento, que giram em torno desse assunto.

Sendo assim, eu preciso acrescentar que o título não deveria ser lido como "*a* nova perspectiva sobre Paulo", como se esta fosse a *única* "nova perspectiva" possível ou acessível a estudiosos de Paulo. Dada a breve história do título, teria sido mais enganador intitular o volume inteiro "Uma nova perspectiva sobre Paulo". Tampouco deve ser lido como "a *nova* perspectiva sobre Paulo", como se quisesse indicar que qualquer *antiga* perspectiva estaria agora obsoleta ou condenada à lixeira: muito pelo contrário, como deve mostrar o ensaio de abertura. E também não deve ser lido como a pretensão de fornecer uma afirmação definitiva acerca da "Nova Perspectiva sobre Paulo". Nas paginas a seguir, eu falo somente por mim e não como o representante de alguma espécie de "escola". Tampouco, devo acrescentar, é "a nova perspectiva" algum tipo de "dogma" que obriga de alguma maneira seus "adeptos"; não é assim que uma exegese crítica (inclusive autocrítica) e ciência histórica assumem adequadamente suas tarefas.

O título indica simplesmente minha contínua convicção de que "a nova perspectiva" forneceu novos e valiosos *insights* sobre a teologia de Paulo e continua a contribuir com uma apreciação mais coerente da missão e teologia do fariseu Saulo que se tornou o apóstolo cristão Paulo. Como o ensaio de abertura deve deixar claro, a discussão gerada pela "nova perspectiva" e em torno dela foi para mim geralmente estimulante e informativa, ocasionalmente corretiva, mas sempre esclarecedora e aguçadora de minha própria apreciação de Paulo. Portanto, este volume não é uma defesa apaixonada da "nova perspectiva", como se a "nova perspectiva" fosse um assunto de fé pelo qual se deveria morrer, ou como se qualquer crítica a algo que eu escrevera anteriormente precisasse ser refutada enfaticamente, como se tal fosse uma questão de honra. Em tudo o que eu escrevo, o meu objetivo é sempre o de contribuir com uma apreciação colegial e processual daquilo que é certamente uma teologia muito mais rica e plena do que uma só pessoa poderia formular, ou do que um só ensaio ou volume poderiam encapsular. Por esta razão, no presente caso, o ensaio de abertura procura explicar como cheguei à "nova perspectiva", esclarecer o que entendo por ela e levar a discussão adiante. E o ensaio final procura mostrar a riqueza e a plenitude da compreensão paulina da justiça salvífica de Deus, conforme ilustra uma passagem singular, a saber, Fl 3.2-14.

Estou grato a JÖRG FREY, o editor da série WUNT, pela sugestão original de que eu deveria reunir meus ensaios sobre a "nova perspectiva" e por me encorajar a escrever o ensaio de abertura. Também estou grato aos organizadores e editores dos artigos originais, pela permissão da reimpressão, e a HENNING ZIEBRITZKI da editora Mohr Siebeck que se encarregou de reimprimir artigos da fase pré-computador das minhas pesquisas sobre o assunto. Estou consideravelmente endividado com FRIEDRICH AVEMARIE, JOHN BARCLAY, KEVIN BYWATER, DON GARLINGTON, MICHAEL GORMAN, TERRY HALEWOOD, PETER O'BRIEN e MICHAEL THOMPSON pela ajuda com a bibliografia, e com HENNING ZIEBRITZKI que me permitiu ver uma antiga prova do segundo volume de CARSON, O'BRIEN e SEIFRID, *Justification and Variegated Nomism*. A página *web* sobre Paulo de MARK MATTISON (www.thepaulpage.com) é um excelente recurso para pessoas interessadas no debate que está em curso.

Contudo, meus agradecimentos principais são dirigidos àqueles colegas com os quais pude discutir uma parte ou o conjunto do tema do primeiro capítulo, ou que leram esboços anteriores de suas partes, ou mesmo o seu conjunto, e que contribuíram muitas vezes com valiosos comentários e conselhos – FRIEDRICH AVEMARIE, JOHN BARCLAY, PHILLIP ESLER, DON GARLINGTON, SIMON GATHERCOLE, BRUCE LONGENECKER, STEPHEN TAYLOR, MARK SEIFRID, PETER STUHLMACHER, FRANCIS WATSON e TOM WRIGHT. Nem sempre segui o conselho recebido, mas aproveitei muito do intercâmbio e introduzi muitas mudanças no texto, na esperança de que as respectivas reformulações produzissem um impacto mais irênico e positivo do conjunto. Como procuro deixar claro no primeiro capítulo, não considero "a nova perspectiva" algo que refuta ou substitui alguma ou qualquer "antiga perspectiva", mas a considero um *complemento* a outras perspectivas e uma contribuição na direção de uma compreensão mais plena e rica do evangelho e da teologia do primeiro e maior teólogo cristão. Se este volume promover esse objetivo, sua publicação valeu.

James D. G. Dunn
Hogmanay 2004

Capítulo 1

A Nova Perspectiva sobre Paulo: de onde, o quê, para onde?

1. Um relato pessoal

Como indiquei no prefácio de meu livro *Theology of Paul the Apostle*[1] (A teologia do apóstolo Paulo), meu interesse em Paulo remonta aos dias da minha última série do ensino médio, quando organizei para estudantes mais novos no intervalo do almoço um cursinho sobre as viagens missionárias de Paulo. Tal interesse aprofundou-se notavelmente ao longo dos meus anos de estudos universitários e se tornou uma fascinação durante minha pesquisa em Cambridge, em meados dos anos 60. Dessa maneira, não fiquei constrangido quando me confrontei, no meu primeiro cargo como professor universitário em 1970, em Nottingham, com a expectativa de oferecer um curso sobre a Carta de Paulo aos Romanos. E um ano depois, quando pude programar um curso mais ambicioso sobre "Os Inícios do Cristianismo", a teologia de Paulo teve naturalmente, desde o início, um lugar de destaque.

Muito cedo me surgiu um questionamento que se tornou um quebra-cabeça perturbador durante os últimos anos da década de setenta. É claro que sempre abordei o ensinamento de Paulo sobre a justificação pela fé, ou *através da* fé, como comecei logo a corrigir a mim mesmo. Isto era fundamental para o evangelho e central no âmbito das

---

[1] *The Theology of Paul the Apostle* (Grand Rapids: Eerdmans/Edimburgo: T. & T. Clark, 1998). Em Port. *A Teologia do Apóstolo Paulo*, São Paulo, Paulus Editora, 2008, 2ª edição.

tradições reformadas e evangelicais dentro das quais se tinha dado o meu próprio despertamento teológico e o meu desenvolvimento inicial. No entanto, qualquer estudo de trechos-chave paulinos deixava claro para mim que Paulo, em seu ensinamento sobre a justificação através da fé, estava reagindo contra algum outro ensinamento – "por fé, *separado das obras da Lei*" (Rm 3.28), "da fé em Cristo e *não das obras da Lei*" (Gl 2.16). Paulo estava reagindo contra o quê? O que eram essas "obras da Lei"? Os manuais e comentaristas forneciam simplesmente uma resposta padrão: Paulo estava reagindo contra o ensinamento judaico típico de que a justificação aconteceria pela realização das obras – isto é, ele estava reagindo contra a afirmação judaica característica de que a aceitação por Deus tinha de ser conquistada mediante o esforço pessoal de obter o mérito pelo bom comportamento.[2]

Algo bastante típico para minhas leituras iniciais foi o comentário sobre Rm 4.6ss por Franz Leenhardt, que nota "que a mentalidade jurídica dos rabis (e nisso, eles se assemelharam a todos os homens de todos os tempos) entendeu as relações que seus crentes tinham com Deus como uma conta que mostrava débito e crédito. O aspecto mais importante era que no lado do crédito deveriam constar mais boas obras do que más obras no lado do débito".[3] Numa nota de rodapé, ele cita a observação de J. Bonsirven *(Jud. Palest.* II, pp. 58-59) de que foi essa espécie de atitude que fez com que os fariseus ganhassem o apelido de "calculadores". Também W. Bousset: "Assim, a vida tornou-se um jogo de cálculos, uma constante inspeção das contas que o homem piedoso possuía no banco divino" *(Rel. Jud.* 3ª ed. 1926, p. 393). De grande influência foi a caracterização que Emil Schürer ofereceu do judaísmo no tempo de Jesus, como de "formalismo externo [...] extremamente afastado da verdadeira piedade".[4] Um efeito

---

[2] Como documenta H. B. P. Mijoga, *The Pauline Notion of Deeds of the Law* (São Francisco: International Scholars Publications, 1999), a tradição dominante considerava "obras da Lei" como indicação de "uma justiça de obras legalista" (p. 5-21). Um exemplo recente é R. N. Longenecker, *Galatians*. WBC 41 (Dallas: Word, 1990): "uma expressão importante para sinalizar todo o complexo legalista de ideias que têm a ver com ganhar o favor de Deus por meio de uma observância da Torá que acumula méritos" (p. 86).
[3] F. J. Leenhardt, *The Epistle to the Romans* (1957; ET Londres: Lutterworth, 1961), p. 115-116.
[4] E. Schürer, *The History of the Jewish People in the Time of Jesus Christ* (ET Edimburgo: T. & T. Clark, 5 volumes, 1886-1890): "Quando até a própria oração, aquele cen-

semelhante teve a descrição do farisaísmo por MATTHEW BLACK, como "o antepassado imediato da [...] religião amplamente árida dos judeus após a queda de Jerusalém", "uma religião estéril de tradição codificada que regulava cada parte da vida por uma *halacá* [...]".[5] Minha reação era compreensível: se sua religião era assim, é claro que Paulo experimentou sua conversão como uma libertação (Rm 8.2; Gl 5.1)!

Tudo isso parecia ser aceito como evidente e passou quase inteiramente sem questionamentos em minhas primeiras leituras acerca de Paulo e seu evangelho. Mas o quebra-cabeça, que rapidamente começou a perturbar, surgiu a partir de minhas sondagens iniciais acerca de uma expressão-chave no ensinamento paulino sobre a justificação – a expressão *"a justiça de Deus"*. Como alguém poderia deixar de tentar decifrar essa expressão quando se confrontava com a afirmativa temática de Rm 1.16-17? É aquele texto que diz: "O evangelho é o poder de Deus para a salvação de todas as pessoas que creem, primeiro o judeu, e também o grego, porque nele está revelado a justiça de Deus de fé para fé, como está escrito: 'o justo pela fé viverá' (Hab 2.4)". Considerei os respectivos verbetes de ELIZABETH E PAUL ACHTEMEIER no *Interpreter's Dictionary of the Bible* altamente elucidadores – mas igualmente provocadores de um quebra-cabeça.[6] Afinal, os Achtemeiers mostraram-me que a expressão central de Paulo foi tirada diretamente do Antigo Testamento e estava totalmente em sintonia com típicas ênfases judaicas. "Justiça" era um conceito relacional e devia ser entendida "como satisfazer as exigências de um relacionamento". O mesmo aplicava-se à "justiça de Deus": pressupunha a relação de aliança, construída com a humanidade segundo a iniciativa de Deus; Deus agia com justiça

---

tro da vida religiosa, estava amarrada às correntes de um mecanismo rígido, dificilmente podemos falar de piedade vital" (2/2.115). Característico foi também RUDOLF Bultmann, *Primitive Christianity in its Contemporary Setting* (Londres: Thames and Hudson, 1956), onde a descrição principal de "judaísmo" tem o título: "Legalismo judaico" (p. 59-71). F. Watson, *Paul and the Hermeneutics of Faith* (Londres: T. & T. Clark International, 2004) é provavelmente justo quando observa: "Torna-se inequivocamente claro que Bultmann pessoalmente não gosta do fenômeno histórico sobre o qual está escrevendo e que pretende comunicar esse desgosto aos seus leitores" (p. 7).

[5] M. Black, Verbete "Pharisees", in *IDB 3* (1962), p. 774-781, aqui: p. 781.
[6] E. R. Achtemeier, Verbete "Righteousness in the Old Testament" e P. J. Achtemeier, Verbete "Righteousness in the New Testament", in *IDB 4* (1962), p. 80-85; 91-99.

quando satisfazia as exigências desse relacionamento de aliança.[7] Daí o discurso (para mim) surpreendente (particularmente no Deuteroisaías e nos Salmos) da *justiça* de Deus como algo que caracteriza sua *ação salvadora* em relação a seu povo, sua *redenção* e *vindicação* até mesmo de um povo que errava.[8] Daí também o *insight* de que a justiça de Deus podia incluir o pensamento da *fidelidade* de Deus às promessas de sua aliança (Rm 3.3-5).[9]

O quebra-cabeça é óbvio, mas, naquela altura (nos anos 70), ele estava apenas me perturbando. Se "a justiça de Deus" se refere à ação justificadora de Deus, então como ela se correlaciona com a visão tradicional de que Paulo estava reagindo contra uma visão que ensinava que a justificação precisava ser merecida? Se "a justiça de Deus" pressupunha a eleição divina de um povo sem fé e expressava a fidelidade e preservação divinas desse povo, então onde entrava nesse quadro o pensamento da justificação que precisava ser alcançada por obras? Se Paulo podia recorrer à ênfase característica veterotestamentária no caráter gratuito da justiça de Deus como uma afirmativa de seu próprio evangelho, como ele podia ao mesmo tempo pressupor que o judeu típico entendia a justificação como um *status* que tinha de ser merecido? Alguma coisa saíra errada, em algum ponto, mas onde?

---

[7] Naquele tempo não apreciei a importância do trabalho anterior de H. Cremer, *Die paulinische Rechtfertigungslehre im Zusammenhange ihrer geschichtlichen Voraussetzungen* (Gütersloh: Bertelsmann, 1899, 2ª ed. 1900), p. 34-38, mas encontrei o *insight* confirmado pelas teologias do Antigo Testamento predominantes naquele tempo, de W. Eichrodt, *Theology of the Old Testament*, Vol. 1 (6ª ed. 1959; Londres: SCM, 1961), p. 239-249, e de G. von Rad, *Old Testament Theology*, Vol. 1 (1957; Edimburgo: Oliver & Boyd, 1962), p. 370-376. Assim agora, por exemplo, F. Hahn, *Theologie des Neuen Testaments, 1* (Tübingen: Mohr Siebeck, 2002), p. 247-248; J. Roloff, "Die lutherische Rechtfertigungslehre und ihre biblische Grundlage", in W. Kraus, K.-W. Niebuhr (org.), *Frühjudentum und Neues Testament im Horizont Biblischer Theologie*. WUNT 162 (Tübingen: Mohr Siebeck, 2003), p. 275-300: "A justiça de Deus não veio novamente ao mundo só com Cristo; ela já estava antes ativa em Israel" (p. 290).

[8] Portanto, pude simpatizar com a experiência de Lutero tal como a encontrei pela primeira vez em R. Bainton, *Here I Stand* (Londres: Hodder & Stoughton, 1951), p. 65, e como citada em "The Justice of God: A Renewed Perspective on Justification by Faith", in *JTS* 43 (1992): 1-22, aqui: 1, reproduzida *abaixo*, Cap. 7.

[9] Estes são os *insights* cruciais no meu comentário à Carta aos Romanos. WBC 38 (Dallas: Word, 1988), p. 41-42, 132-134.

O quebra-cabeça apenas aumentou quando percebi pela primeira vez o hino – agora famoso – no fim da Regra da Comunidade de Qumran (1QS 11.11-15):[10]

> Quanto a mim, (12) se eu tropeçar, as misericórdias de Deus serão minha salvação eterna. Se eu cambalear por causa do pecado da carne, minha justificação (*mshpti*) será pela justiça de Deus que dura para sempre. (13) [...] Ele me atrairá para sua graça, e por sua misericórdia trará minha (14) justificação (*mshpti*). Ele me julgará na justiça de sua verdade, e na grandeza de sua bondade, ele me perdoará (*ykpr*) todos os meus pecados. Através de sua justiça, ele me purificará da impureza dos homens (15) e do pecado das crianças dos homens (segundo a tradução de Vermes).[11]

Aqui estava um texto que falava claramente da graça, misericórdia e justiça de Deus como o fundamento da esperança, da asserção dos pecados perdoados.[12] Esse texto era tão *paulino* em seu caráter e em sua ênfase![13] Mas, não obstante, esse próprio documento (1QS) estava

---

[10] K. Kertelge, *"Rechtfertigung" bei Paulus: Studien zur Struktur und zum Bedeutungsgehalt des paulinischen Rechtfertigungsbegriffs* (Münster: Aschendorff, 1967), p. 29-33, foi o primeiro a chamar minha atenção para este texto. Semelhantemente 1QH 12(= 4).29-37; 13(= 5).5-6; 15(= 7).16-19; 1QM 11.3-4; sem mencionar Sl 103.10 e Dn 9.16-18 e sobretudo 4Esd 8.34-36.

[11] Dos pergaminhos publicados mais recentemente, cf. em especial 4Q507 e 4Q511, fragmentos 28 e 29. Cf. também H. Lichtenberger, *Studien zum Menschenbild in Texten der Qumrangemeinde* (Göttingen: Vandenhoeck und Ruprecht, 1980), p. 73-93.

[12] Nota-se que 1QH 12(= 4).29-31 e 17(= 9).14-15 fazem eco a Sl 143.2, sobre o qual também Paulo constrói sua doutrina da justificação (Rm 3.20; Gl 2.16).

[13] O paralelo foi notado cedo por David Flusser, "The Dead Sea Sect and Pre-Pauline Christianity" (1958), *Judaism and the Origins of Christianity* (Jerusalém: Hebrew University, 1988), p. 23-74, aqui: p. 33-35. Como observou N. Dahl, "The Doctrine of Justification: Its Social Function and Implications" (1964), *Studies in Paul* (Minneapolis: Augsburg, 1977), p. 95-120: "Alguns dos rolos de Qumran falam do pecado humano e da justiça de Deus de uma forma que parece surpreendentemente paulina, para não dizer luterana. [...] as crenças expressadas pelos membros da comunidade de Qumran correspondem a uma série de formulações da doutrina da justificação. [...] a terminologia de justificação [...] tem uma conexão positiva com uma linguagem religiosa ainda existente no judaísmo. [...] A semelhança com a doutrina paulina da justificação pela justiça salvífica de Deus é realmente notável" (p. 97,99-100).

sendo usado também como um exemplo daquele legalismo estreito e sectário que, como se presumia de modo geral, devia ter caracterizado o "judaísmo" do tempo de Paulo (Gl 1.13-14), ou pelo menos devia ter sido muito semelhante do farisaísmo, tão familiar a Paulo.[14] Como era possível conciliar a visão tradicional do legalismo judaico, que enfatizava o mérito e a recompensa, com o ensinamento veterotestamentário a respeito da justiça de Deus e da confiança total na graça de Deus, os quais garantiriam um julgamento favorável, que parecia estar expresso no hino de Qumran? Contra o que Paulo estava reagindo em seu próprio ensinamento sobre a justificação pela graça através da fé, um ensinamento tão veterotestamentário, tão qumrânico(!)?

No meu trabalho inicial em preparação de um comentário sobre a Carta aos Romanos, eu identificara o incidente em Antioquia (Gl 2.11-14) como a chave que poderia destrancar algo desses quebra-cabeças. E nos dois primeiros anos da década de 80, minha verificação daquele episódio e das relações entre Paulo e Jerusalém ajudou a esclarecer as tensões no trabalho missionário de Paulo que surgiram particularmente devido a sua vocação e seu compromisso com a missão aos gentios.[15] Contudo, ainda não estava claro como esses *insights* poderiam se encaixar em alguma solução do quebra-cabeça, embora esse período me tivesse oferecido também a oportunidade de estudar de perto a obra recém-publicada por E. P. SANDERS, *Paul and Palestinian Judaism* (Paulo e o judaísmo palestinense).[16] E foi ali que o quebra-cabeça se tornou uma questão que eu já não podia ignorar. Ela tinha de ser respondida: contra o que Paulo estava reagindo?

---

[14] O estudo influente de J. Jeremias, *Jerusalem at the Time of Jesus* (3ª ed. 1967; Londres: SCM, 1969), em Port.: *Jerusalém no tempo de Jesus*, São Paulo, Ed. Academia Cristã, Paulus, 2010, baseou-se no Documento de Damasco para completar sua compreensão de "padrões da vida comunitária como aqueles das regras farisaicas" (p. 259-260).

[15] J. D. G. Dunn, "The Incident at Antioch (Gl 2.11-18)", in *JSNT* 18 (1983): 3-57 (preleção ministrada pela primeira vez em 1980); também "The Relationship between Paul and Jerusalem according to Galatians 1 and 2", in *NTS* 28 (1982): 461-478; ambos republicados no meu livro *Jesus, Paul and the Law: Studies in Mark and Galatians* (Londres: SPCK, 1990), p. 129-174.108-126 (ambos com notas adicionais). O primeiro também foi reimpresso em M. D. Nanos (org.), *The Galatians Debate* (Peabody: Hendrickson, 2002), p. 199-234. O último foi acolhido bem por R. Schäfer, *Paulus bis zum Apostelkonzil*. WUNT 2.179 (Tübingen: Mohr Siebeck, 2004), p. 123-149,175-180,201-221.

[16] Com o subtítulo: *A Comparison of Patterns of Religion* (Londres: SCM, 1977).

SANDERS forneceu ao estudo do NT efetivamente uma *nova perspectiva sobre o judaísmo do Segundo Templo*. Afirmou sem quaisquer rodeios e de uma maneira bem polêmica que a perspectiva tradicional mantida pela academia cristã acerca do judaísmo estava simplesmente errada. Destacou que estudiosos judaicos estavam há muito tempo embaraçados diante de uma visão que parecia ser uma caricatura do judaísmo que lhes era familiar; como é que Paulo, o fariseu, podia caracterizar o judaísmo de seu tempo de uma forma que dava uma impressão tão errada (devemos lembrar aqui que eles estavam lendo Paulo nos termos tradicionais da academia cristã)?[17] SANDERS percebeu também que estudiosos do lado cristão, como, por exemplo, GEORGE FOOT MOORE e JAMES PARKES,[18] já tinham protestado há muito tempo contra a caracterização tradicional do judaísmo de Paulo como estreito e friamente legalista. Infelizmente, porém, seus protestos não tinham sido ouvidos,[19] e SANDERS estava decidido a fazer de tudo para que seu protesto não fosse ignorado.[20]

---

[17] "Ao ler Schechter e Montefiore, perguntamo-nos o que Paulo encontrou no judaísmo para ser atacado" (Sanders, *Paul and Palestinian Judaism*, p. 12), referindo-se a sua citação (p. 6) de S. Schechter, *Aspects of Rabbinic Theology* (Nova Iorque, 1961 = 1909): "Ou a teologia dos rabinos tem de estar errada, os seus conceitos de Deus têm de ser aviltantes, seus principais motivos, materialistas e grosseiros, e seus mestres precisar estar carentes de entusiasmo e espiritualidade, ou o apóstolo dos gentios é completamente ininteligível" (p. 18). Além disso, cf. S. Westerholm, *Perspectives Old and New in Paul: The "Lutheran" Paul and His Critics* (Grand Rapids: Eerdmans, 2004), sobre C. G. Montefiore e H. J. Schoeps (p. 118-128).

[18] Sanders, *Paul and Palestinian Judaism*, p. 6, cita J. Parkes, *Jesus, Paul and the Jews* (Londres: 1936): "[...] Se Paulo realmente estava atacando o 'judaísmo rabínico', então grande parte de sua argumentação é irrelevante, seu apelo é imerecido e seu conceito daquilo que estava atacando é inexato" (p. 120).

[19] Cf., além disso, Sanders, *Paul and Palestinian Judaism*, p. 33-59. Cf. a crítica a F. Weber por P. S. Alexander, "Torah and Salvation in Tannaitic Literature", in D. A. Carson et al. (org.), *Justification and Variegated Nomism. Vol. 1: The Complexities of Second Temple Judaism*. WUNT 2.140 (Tübingen: Mohr Siebeck, 2001), p. 261-301: "Seu relato está permeado por uma animosidade antijudaica determinada a descrever o judaísmo como nada mais que uma justiça de obras seca e legalista" (p. 271).

[20] Numa conversa privada comigo, Sanders observou que o protesto de Moore tinha sido escondido em sua grande obra *Judaism in the First Centuries of the Christian Era: The Age of the Tannaim* (Cambridge, 1927-1930) e ficou explícito apenas em seu artigo "Christian Writers on Judaism", in: *HTR* 15 (1922): 41-61

O argumento fundamental de SANDERS foi que o judaísmo não estava obcecado com a justiça segundo as obras como um caminho para assegurar um favor divino que não se conhecia antes. Muito pelo contrário, a teologia de salvação de Israel começou com a iniciativa de Deus e com o fato consumado da generosidade de Deus. Deus tinha escolhido Israel para ser seu povo e tinha concluído sua aliança com ele. Por esta razão, os membros da aliança não precisavam fazer nada para ganhar sua benevolência antes que pudessem se considerar propriamente aceitáveis diante de Deus; eles *já partiram* desta posição.[21] Ao mesmo tempo, esperava-se dos membros da aliança que obedecessem à Lei; a obediência era necessária para que pudessem *manter* sua posição de membros da aliança. Numa distinção famosa exigia-se obediência, mas para "permanecer" e não para "entrar": "a obediência mantém a posição de alguém na aliança, mas este alguém não merece a graça de Deus como tal", foi o resumo que SANDERS elaborou da consistente ênfase na literatura rabínica e do Segundo Templo que ele pesquisou.[22]

Crucial para a nova perspectiva que SANDERS desenvolveu acerca do judaísmo foi o reconhecimento de que, neste "padrão de religião", Deus não exigia perfeição, mas permitia falhas, ao fornecer meios de

---

– com a consequência de o *Judaism* de Moore ser muitas vezes citado em apoio à difamação do judaísmo, algo que teria horrorizado a Moore. Foi isso que determinou Sanders a fazer com que seu próprio protesto polêmico fosse "bem aberto" e sem deixar margem para qualquer mal-entendido. Esta observação proporciona também uma resposta à crítica e perplexidade de M. Silva, "The Law and Christianity: Dunn's New Synthesis", in *WTJ* 53 (1991): 339-53, aqui: 348.

[21] T. R. Schreiner, *Paul Apostle of God's Glory in Christ: A Pauline Theology* (Downers Grove: IVP, 2001): "Deus primeiro redime Israel do Egito *e depois* dá a Lei, de modo que a obediência à Lei é uma resposta à graça de Deus e não uma tentativa de ganhar justiça por obras (cf. Ex 19-20)" (p. 117-118).

[22] *Paul and Palestinian Judaism*, p. 420; "Paulo está de acordo com o judaísmo palestinense [...] a salvação é pela graça, mas o julgamento acontece conforme as obras; as obras são a condição de permanecer 'em', mas não garantem a salvação" (p. 543). Cf. já Moore: "'um quinhão no Mundo do porvir [...] no judaísmo rabínico [...] é garantido no fim a cada israelita, com base na eleição original do povo pela graça gratuita de Deus, alcançada não pelos seus méritos, coletivos ou individuais, mas unicamente pelo amor de Deus [...]. Esses fatos são ignorados quando o judaísmo é colocado em antíteses ao cristianismo [...]. Se o último é a graça, o primeiro também é graça" (*Judaism*, 2, p. 94-95).

expiação e perdão para quem se arrependesse de seus pecados. Daí, o balanço final da nova perspectiva, que se resume na mais famosa das sentenças de SANDERS, aquela que ele mesmo considerou claramente a fórmula-chave – "nomismo da aliança" *(covenantal nomism, Bundesnomismus, nomisme d'Alliance)* – e que indica o inter-relacionamento entre a iniciativa divina ("aliança") e a resposta humana ("nomismo") que ele considerou tão característica do judaísmo: "Nomismo da aliança é a visão de que o lugar de uma pessoa nos planos de Deus está estabelecido com base na aliança e que a exigência da aliança exige como resposta apropriada dos seres humanos sua obediência aos mandamentos da aliança, enquanto fornece meios para a expiação das transgressões".[23]

Entendi que SANDERS conseguiu comprovar sua hipótese e fiquei mais que agradecido pela correção que ele tinha fornecido à visão do judaísmo, tradicionalmente mais negativa.[24] Infelizmente, porém, sua abordagem de Paulo não conseguiu responder à minha própria pergunta-chave. De fato, ao colocar as coisas em seu devido lugar, à medida que se referiam ao judaísmo confrontado por Paulo, SANDERS apenas complicou o quebra-cabeça. Se o judaísmo da época de Paulo atribuía também esse lugar à eleição divina, expiação e perdão, então Paulo

---

[23] *Paul and Palestinian Judaism*, p. 75; cf. também p. 236,420,544; in "The New Perspective on Paul", in *BJRL* 65 (1983): 95-122, reimpresso em *Jesus, Paul and the Law*, p. 183-214 (reimpresso *abaixo*, Cap. 2). Percebo que J. Neusner, apesar de criticar a metodologia de Sanders, aceitou neste ponto a apresentação que Sanders faz do judaísmo rabínico como uma proposição "totalmente sadia [...] e evidente" (p. 204, nota 16; *abaixo*, p. 160, nota 16); notado também por C. Strecker, "Paulus aus einer 'neuen Perspektive': der Paradigmenwechsel in der jüngeren Paulusforschung", in *Kirche und Israel 11* (1996): 3-18 (aqui: 7); além disso, cf. meu livro *The Theology of Paul*, p. 338, nota 15. D. Garlington, *'The Obedience of Faith': A Pauline Phrase in Historical Context*. WUNT 2.38 (Tübingen: Mohr Siebeck, 1991) demonstrou a persistência do paradigma do nomismo da aliança nos apócrifos. R. Bergmeier, "Das Gesetz im Römerbrief", in *Das Gesetz im Römerbrief und andere Studien zum Neuen Testament*. WUNT 121 (Tübingen: Mohr Siebeck, 2000), p. 31-90, entendeu a argumentação de Sanders (p. 44-48).

[24] N. T. Wright, "The Paul of History and the Apostle of Faith", in *TynBul* 29 (1978): 61-88, foi o primeiro a reconhecer a importância da obra de Sanders e a oferecer "uma nova maneira de olhar para Paulo [...] (e) uma nova perspectiva sobre problemas paulinos" (p. 64,77-84). K. Stendahl, *Paul Among Jews and Gentiles* (Londres: SCM, 1976) referiu-se já antes a "uma nova perspectiva" (para a teologia sistemática e a teologia prática), aberta por seu próprio *insight* naquilo que impulsionou a teologia paulina (cf. *abaixo*, nota 31).

estava se voltando contra o quê?[25] A respeito desta pergunta, SANDERS não me ajudou a encontrar um sentido em Paulo. E sua própria solução em termos da inconsistência de Paulo não me parecia ser uma solução satisfatória do quebra-cabeça.[26] Além disso, mais tarde percebi que a caracterização que SANDERS oferece da soteriologia de Paulo em termos de "de solução para condição"[27] continuava a colocar as questões demasiadamente nos termos da visão protestante tradicional acerca de Paulo, contra a qual ele estava argumentando. Certamente, ele estava reagindo contra a tradição que realmente considerou a exposição paulina do evangelho em Romanos 1-3 um reflexo da experiência do próprio Paulo ("de condição para solução"). Mas será que a própria nova perspectiva de SANDERS sobre o judaísmo palestinense não pedia uma reconfiguração mais substancial das questões centrais na exposição paulina do evangelho?

Minha "Conferência T. W. MANSON" sobre "A Nova Perspectiva sobre Paulo" (1983) foi uma primeira tentativa de encontrar uma resposta melhor.[28] Encontrei-a no contexto que levou Paulo ao primeiro uso do termo-chave "obras da Lei" em Gl 2.16.[29] O contexto deixa muito claro que "obras da Lei" foi a expressão usada para caracterizar a insistência da parte de crentes judaicos em dizer que a obediência à Lei

---

[25] Morna Hooker colocou o problema de uma maneira nova: "Em muitos aspectos, o padrão que Sanders afirma ser a base do judaísmo palestinense cabe exatamente no padrão paulino da experiência cristã, de que a graça salvífica de Deus evoca como resposta a obediência humana" ("Paul and 'Covenantal Nomism'" [1982], *From Adam to Christ: Essays on Paul* [Cambridge: Cambridge University, 1990], p. 155-164 [aqui: p. 157]).

[26] Cf. "New Perspective", p. 186-188 (*abaixo*, pp. 160-163). A leitura atomística que H. Räisänen faz dos textos paulinos, para encontrar um Paulo alienado em seu livro *Paul and the Law*. WUNT 29 (Tübingen: Mohr, 1983), publicado aproximadamente no mesmo tempo que o segundo volume de Sanders, *Paul, the Law and the Jewish People* (Philadelphia: Fortress, 1983), pareceu-me igualmente insatisfatória (*Jesus, Paul and the Law*, p. 215; *abaixo*, p. 187).

[27] *Paul and Palestinian Judaism*, p. 474-475,497.

[28] *Abaixo*, Cap. 2. Como formula Henri Blocher: "A nova perspectiva sobre Paulo nasceu de uma nova perspectiva sobre o judaísmo do Segundo Templo" – "Justification of the Ungodly (*Sola Fide*): Theological Reflections", in D. A. Carson *et al.* (org.), *Justification and Variegated Nomism. Vol. 2: The Paradoxes of Paul* (Tübingen: Mohr Siebeck, 2004), p. 465-500 (aqui: p. 469).

[29] "New Perspective", p. 188-9 (*abaixo*, p. 162-163).

("nomismo") era uma razão necessária e suficiente para eles se "separarem" (Gl 2.12) de outros crentes e que era essencial para que pudessem ser "contados entre os justos" (Gl 2.16). As "obras da Lei" em questão eram claramente a circuncisão, a cuja observância "os falsos irmãos" tentaram "forçar" os crentes gentios (Gl 2.3-4), e as leis alimentares, a cuja observância Pedro e os outros crentes judaicos tentaram "forçar" crentes gentios se quisessem preservar a comunhão de mesa (Gl 2.14). No ano de 1984, em diálogo com Heikki Räisänen, ampliei minha argumentação ao procurar uma explicação para o versículo problemático de Gl 3.10 na *"função social"* da Lei: de que a Lei servia para delimitar, "separar" Israel das nações, de que, como tinha mostrado Gl 2.1-12, obras da Lei podiam funcionar como marcadores de fronteiras, rituais e práticas que distinguiam Israel das nações.[30] Será que isto poderia fornecer a chave para a objeção de Paulo? Será que, ao falar de "obras da Lei", Paulo pensava nessa função da Lei que marcava fronteiras e que separava? Isto certamente combinaria com a observação feita algum tempo antes por Krister Stendahl, de que "Paulo batia constantemente na tecla da doutrina da justificação pela fé por causa do objetivo muito específico e limitado de defender o direito de gentios convertidos de serem herdeiros plenos e genuínos das promessas do Deus de Israel".[31] E isto combinava muito bem com o papel atribuído à Lei na Carta de Aristeias 139-142:

---

[30] "Works of the Law and the Curse of the Law (Gal. 3.10-14)", in *NTS* 31 (1985): 523-542, reimpresso em *Jesus, Paul and the Law*, p. 215-41; e *abaixo*, Cap. 3. Räisänen caracterizou também "obras da Lei" como "algo que separa os judeus dos gentios" (*Paul and the Law*, p. 171; cf. *abaixo* outras referências a Sanders e Neusner: p. 191-192). Demorei para notar que, no mesmo ano em que foi publicado "The New Perspective", R. Heiligenthal, *Werke als Zeichen*. WUNT 2.9 (Tübingen: Mohr, 1983), chamou a atenção para a função delimitadora de obras em Gl 2 – "obras da Lei como sinais de pertença a um grupo" (p. 127-134); *"Wenn Paulus von den 'Gesetzeswerken' redet, denkt er konkret an Speisegebote und Beschneidung"* (Quando Paulo se refere a "obras da lei", ele pensa concretamente em leis alimentícias e na circuncisão; p. 133).

[31] Stendahl, *Paul Among Jews and Gentiles*, p. 2, retomando um dos temas-chave do seu artigo famoso "The Apostle Paul and the Introspective Conscience of the West", in *HTR* 56 (1963): 199-215, reimpresso no mesmo volume (p. 78-96): "Foi sua luta com a questão do lugar dos gentios na Igreja e no projeto de Deus [...] que o (isto é, Paulo) tinha levado àquela interpretação da Lei que seria sua de maneira singular" (p. 84).

Em sua sabedoria, o legislador (isto é, Moisés) [...] nos cercou de paliçadas fechadas e muros de ferro, para impedir nossa mistura com qualquer dos outros povos e em qualquer aspecto, mantendo-nos assim seguros no corpo e na alma [...]. Para impedir que fôssemos pervertidos pelo contato com outros, ao misturar-nos com influências más, ele nos cercou por todos os lados com estritas observâncias vinculadas a carne e bebida e toque e ouvido e vista, segundo a maneira da Lei. (CHARLESWORTH)

Realmente, observâncias da Lei como marcadores de fronteiras![32]
Meu trabalho contínuo sobre a Carta aos Romanos parecia mostrar que eu estava na pista certa.[33] O "gloriar-se" do "judeu" em Rm 2.17-23 deve certamente ser entendido como um gloriar-se por causa do privilégio da aliança em relação aos gentios menos favorecidos ou, melhor, negligenciados:[34] "gloriar-se" por causa de *Deus/da Lei* (Rm 2.17-23) é

---

[32] Como observou também Sanders: "Há algo que é comum à circuncisão, ao sábado e às leis alimentícias e que as separa das outras leis: elas criaram uma distinção social entre os judeus e outras raças do mundo greco-romano. Além disso, eram aspectos do judaísmo que atraíam a crítica e a ridicularização de autores pagãos" (*Paul, the Law and the Jewish People*, p. 102). Além disso, cf. "Works of the Law", p. 216-219 (*abaixo*, p. 189-193), com a observação semelhante de Neusner (p. 232 nota 16; *abaixo*, p. 193, nota 16), também "The New Perspective on Paul: Paul and the Law", em meu *Romans*, lxvii-lxxi, reimpresso *abaixo*, Cap. 4 (aqui: p. 219-225); também "What was the Issue between Paul and Those of the Circumcision?", in M. Hengel, U. Heckel (org.), *Paulus und das antike Judentum*. WUNT 58 (Tübingen: Mohr Siebeck, 1991), p. 295-312 (aqui: 298-305), reimpresso *abaixo*, Cap. 5 (aqui: p. 233-244); e "The Theology of Galatians: The Issue of Covenantal Nomism", in J. M. Bassler (org.), *Pauline Theology Volume I: Thessalonians, Philippians, Galatians, Philemon* (Minneapolis: Fortress, 1991), p. 125-146, aqui: p. 125-128 (*abaixo*, Cap. 6, aqui: p. 261-263).

[33] Já refletido em meu "Works of the Law" (p. 221-225; *abaixo*, p. 197-202). Assim como meu comentário sobre a Carta aos Romanos (*acima*, nota 9) penso em meu "Yet Once More – 'The Works of the Law'", in *ISNT* 46 (1992): 99-117, aqui: p. 104-114 (reimpresso *abaixo*, Cap. 8, aqui: p. 321-331).

[34] Sanders, *Paul, the Law and the Jewish People*, p. 33; semelhantemente Wright, "History", p. 82; também "The Letter to the Romans", in *NIB* 10 (2002): 446. Além disso, cf. meu *Romans*, p. 110-111,115; desenvolvo o argumento em "What was the Issue", p. 305-313 (*abaixo*, p. 244-256). A citação de Salmos de Salomão 17.1 e 2 Baruque 48.22-24 ("Sempre seremos abençoados. Pelo menos não nos misturamos com as nações. Porque somos todo um povo do Nome") capta bem o clima (U. Wilckens, *Der Brief an die Römer, 1*. EKK [Zurique: Benziger, 1978], p. 147-148; E. Lohse, *Der Brief an die Römer*. KEK [Göttingen: Vandenhoeck e Ruprecht, 2003], p. 109-110).

entendido em termos da confiança do "judeu", de que ele é "um guia aos cegos, uma luz às pessoas nas trevas, um instrutor dos insensatos, um mestre dos jovens, já que tinha a corporificação do conhecimento e da verdade na Lei" (19-20). Um "gloriar-se" de autoconfiança e autossegurança,[35] um "gloriar-se" na justiça autoalcançada (que eu tinha defendido anteriormente)[36] fica distante do contexto.[37] Da mesma maneira, em Rm 3.27-30, a sequência implica claramente que gloriar-se com base na Lei ou encorajado por ela equivale afirmar que Deus é somente o Deus dos judeus; a ideia das obras da Lei funciona de alguma maneira

---

[35] R. Bultmann, Verbete "kaucháomai", in *TDNT*, 3, p. 648-649; também *Theology of the New Testament* (Londres: SCM, 1952), p. 242-243: "A atitude autoconfiante do homem que põe sua confiança em sua própria força e naquilo que ele consegue controlar" (p. 240); H. Hübner, *Das Gesetz bei Paulus*, 2ª ed. FRLANT 119 (Göttingen: Vandenhoeck und Ruprecht, 1980), p. 93-104; R. H. Bell, *No One Seeks for God: An Exegetical and Theological Study of Romans 1.18-3.20*. WUNT 106 (Tübingen: Mohr Siebeck, 1998), defende a visão de Bultmann (p. 186-188,193).

[36] C. E. B. Cranfield, *Romans*. ICC (Edimburgo: T. & T. Clark, vol. 1, 1975), comenta também Rm 3.27: "O ato de afirmar um direito diante de Deus com base nas obras de uma pessoa, na afirmação de que fez Deus seu devedor" (p. 165).

[37] Cf. N. T. Wright, "The Law in Romans 2", in J. D. G. Dunn (org.), *Paul and the Mosaic Law*. WUNT 89 (Tübingen: Mohr Siebeck, 1996), p. 131-150 (aqui: p. 139-143): "Essa base da Torá, na qual ela [isto é, Israel] repousa (v. 17), não é a escada do mérito do legalista. É o caráter nacional de Israel". D. Moo, *The Epistle to the Romans*. NICNT (Grand Rapids: Eerdmans, 1996): "Dessa maneira, o 'gloriar-se em Deus' dos judeus não é errado em si – como exemplo do orgulho e arrogância humanas – mas como um orgulho e alegria legítimas no Deus que deu a Israel tantas coisas boas" (p. 160); compare, porém, seu tratamento de Rm 3.27 – "o orgulho em algo alcançado, a tendência do judeus de pensar que sua obediência à Lei constituía alguma forma de direito diante de Deus" (p. 247). C. G. Kruse, *Paul, the Law and Justification* (Leicester: Apollos, 1996): "O gloriar-se dos judeus que Paulo condenava não era que eles tinham ganhado sua salvação pela observância da Lei, mas antes como uma presunção de que, aos olhos de Deus, estavam numa situação melhor que os gentios porque eram judeus e porque tinham a Lei (Rm 2.17-20)" (p. 191-192). T. R. Schreiner, *Romans*. BECNT (Grand Rapids: Baker, 1998): "Neste contexto, o gloriar-se não é censurado" (p. 130). T. Eskola, *Theodicy and Predestination in Pauline Soteriology*. WUNT 2.100 (Tübingen: Mohr Siebeck, 1998): "Esse tipo de gloriar-se não pode ser identificado com a autoconfiança legalista" (p. 231). Semelhantemente, Haacker, *Der Brief des Paulus an die Römer*. ThHK 6 (Leipzig: Evangelische, 1999), p. 68.

para reforçar a pretensão exclusiva de Israel em relação a Deus.[38] Os versículos indicaram duas sequências lógicas alternativas/opostas:

não: por obras → justificação pelas obras → somente Deus dos judeus
gloriar-se
excluído pela Lei
mas: por fé → justificação através da fé → Deus também dos gentios → estabelece (um)a lei

E semelhantemente em Rm 9.30-10.4: a sequência de pensamento vincula a falha de Israel ao colocar uma falsa ênfase em obras *da* Lei (Rm 9.32)[39] como o "zelo" errado dos colegas judeus de Paulo (Rm 10.2),

---

[38] Além disso, cf. meu *Romans*, p. 184-185,190-191; Wilckens, *Römer* 1.244-245; M. A. Seifrid, *Justification boasting excluded by law by Faith: The Origin and Development of a Central Pauline Theme*. SuppNovT 68 (Leiden: Brill, 1992): "o kaúchēsis de Rm 3.27 significa privilégios judaicos" (p. 35-36); Mijoga, *Deeds of the Law*: "Paulo está atacando a autoconfiança do judeu como judeu e como membro do povo eleito por Deus" (p. 151); L. Thurén, *Derhetorizing Paul: A Dynamic Perspective on Pauline Theology and the Law*. WUNT 124 (Tübingen: Mohr Siebeck, 2000): "Em Rm 3.27-30, ele (isto é, Paulo) exclui o gloriar-se judaico do *status* que a Lei lhes conferiu" (p. 169); S. J. Gathercole, *Where is Boasting? Early Jewish Soteriology and Paul's Response in Romans 1-5* (Grand Rapids: Eerdmans, 2002): "O gloriar-se em 3.27 remete com toda lógica a 2.17-24" (p. 225); R. K. Rapa, *The Meaning of "Works of the Law" in Galatians and Romans* (Nova Iorque: Peter Lang, 2001), p. 249-251; Wright, "Romans", p. 480; cf. Haacker, *Römer*, p. 92-93. Schreiner erra quando afirma que a partícula [nota do tradutor: na verdade, conjunção] ἤ que abre o v. 29 indica "que é introduzido um argumento novo" (*Romans*, p. 205). A partícula denota simplesmente a continuação do mesmo argumento pela referência à Escritura (como em Rm 11.2; 1Cor 6,16), ou à convicção aceita (como em Rm 6.3; 1Cor 6.9.19), ou, como aqui, à crença judaica fundamental (*shema*). E mesmo se tivéssemos que reconhecer uma ruptura maior entre os vv. 28 e 29 (D. J. Moo, "Israel and the Law in Romans 5-11: Interaction with the New Perspective", in Carson *et al.*, *Justification and Variegated Nomism Vol.2*, p. 185-216 [p. 206]), subsiste o ponto argumentativo de Rm 3.29-30: justificação pela fé é uma maneira de dizer que Deus não é só o Deus dos judeus, mas também dos gentios, já que ele justifica a *ambos* pela fé, independentemente de obras da Lei (Rm 3.28) que são apenas para judeus.

[39] Para a possibilidade de que a metáfora da "perseguição" continue em Rm 9.30-10.4, cf. J. A. Fitzmyer, *Romans*. AB 33 (Nova Iorque: Doubleday, 1992), p. 584; no entanto, a crítica a obras não se dirige contra o "esforço humano" (Moo, "Israel and the Law", p. 210-11), já que perseguir "desde a fé" é positivo.

por um lado, com a suposição, por outro, de que justiça tinha de ser "estabelecida" como "própria deles", ou seja, (exclusivamente) deles mesmo, deles e não de outros (Rm 10.3).[40] A perspectiva é novamente em primeiro lugar de um *status* (aliança) que foi conferido exclusivamente a Israel e que separou Israel das (outras) nações e lhe conferiu privilégios sobre elas,[41] um *status* afirmado e preservado pelas obras da Lei que demonstraram e constituíram o fato de Israel ter sido colocada à parte para Deus. Paulo via agora essa atitude como uma falha de compreender o caráter da fé e de "absolutizar" a mesma.

De modo semelhante, meus estudos contínuos da Carta aos Gálatas ajudaram-me a construir uma imagem cada vez mais coerente da

---

[40] Além disso, cf. meu *Romans*, p. 582-583,587-588; Wright, "Romans", p. 649,654-655. Cf. B. Byrne, "The Problem of Nomos and the Relationship with Judaism in Romans", in *CBQ* 62 (2000): 294-309: "À luz daquilo que Paulo estabeleceu antes na carta (Cap. 3-4), 'sua própria justiça' [...] pode significar somente a justiça de Israel como um povo santo separado do resto pecador da humanidade, a justiça que as 'obras da Lei' procuravam promover e preservar" (p. 302); D. Marguerat, "Paul et la Loi: le retournement (Philippiens 3,2-4,1)", in A. Dettwiler *et al.* (org.), *Paul, une théologie en construction* (Genebra: Labor et Fides, 2004), p. 251-275 (aqui: p. 272-273). Devo o *insight* exegético acerca do significado de *ídios* a G. E. Howard, "Christ the End of the Law: The Meaning of Romans 10:4", in *JBL* 88 (1969): 331-337 (aqui: 336), que também persuadiu B. C. Wintle, "Justification in Pauline Thought", in D. A. Carson (org.), *Right With God: Justification in the Bible and the World* (Carlisle: Paternoster, 1992), p. 51-68 (p. 262, nota 31); Moo discute a interpretação (*Romans*, p. 634-645) com maior bibliografia (nota 22). Confesso com certa decepção que poucos perceberam o paralelo (no uso de "estabelecer") entre o ponto de vista criticado em 10.2-3 e aquilo que é exposto com tanta força em 1Mc 2.27 (Haacker, *Römer*, p. 204-205 é a exceção; Eskola, *Theodicy and Predestination*, p. 237, nota 7, pensa que eu exagero na interpretação de "estabelecido", mas ignora o vínculo no contexto com "zelo" e "seu próprio"; Gathercole, *Where is Boasting?*, p. 228-229, nota o paralelo, mas dá pouco valor ao vínculo macabeu entre "zelo" e "estabelecido", que é distintivo de Israel). Compare-se, por exemplo, o anterior R. H. Gundry, "Grace, Works, and Staying Saved in Paul", in *Biblica* 66 (1985): 1-38 (aqui: 17-19).

[41] Sanders, *Paul, the Law and the Jewish People*, p. 38; Wright, "Romans", p. 654. Wright cunhou a expressão "'justiça nacional', a crença de que a descendência carnal garanta a pertença ao verdadeiro povo da aliança de Deus" ("History", p. 65,71,82-83; e *abaixo*, p. 177, nota 36). B. W. Longenecker, *Eschatology and the Covenant: A Comparison of 4 Ezra and Romans 1-11*. JSNTS 57 (Sheffield: Sheffield Academic, 1991) preferiu o termo "aliancismo etnocêntrico" (*ethnocentric covenantalism*).

teologia paulina da justificação e de seu raciocínio. No meu trabalho sobre Rm 10.2 tornei-me ciente da tradição do "zelo" em Israel como uma *dedicação à tarefa de manter o* status *de Israel como uma nação que Deus separou para si*. Essa dedicação, exemplificada pelas histórias de Simão e Levi, Fineias, Elias e dos macabeus,[42] justificava o uso da força contra coisraelitas consideradas uma ameaça a esse *status* de separação.[43] Afinal, esse tipo de "zelo" era a contraparte do "ciúme" de Deus (é a mesma palavra!) (Ex 20.5; 34.14; Nm 25.11-13; Dt 4.24; 5.9 etc.). De fato, Nm 11.29 entende o zelo de Fineias como o reflexo direto do zelo de YHWH.[44] O "zelo" de Deus, exigindo que Israel devesse manter-se reservada unicamente para Deus, espelhava-se diretamente no "zelo" que defendia e reforçava as fronteiras que separavam Israel das (outras) nações. Isto me parecia a melhor interpretação possível do fato de Paulo atribuir sua própria perseguição violenta da "Igreja de Deus" a esse mesmo "zelo" (Fl 3.6; Gl 1.3-14). O zelo perseguidor de Paulo não foi simplesmente um zelo com o propósito de ser o melhor que ele pudesse (zelo pela Lei),[45] mas uma determinação severa de manter a santidade de Israel ao atacar – "procurando destruir"! (Gl 1.13.23) – aqueles judeus que (na visão de Paulo) estavam começando a romper as fronteiras de Israel.[46] Além disso, o fato de Paulo descrever sua con-

---

[42] Simão e Levi – Gn 34; Jt 9.2-4; Jub 30, Fineias – Nm 25.6-13; Eclo 45.23-24; 1Mc 2.54; 4Mc 18.12. Elias – 1Rs 18 (nota-se 18.40); Eclo 48.2-3; 1Mc 2.58. Os macabeus – 1Mc 2.23-27; Josefo, Ant 12.271; cf. 2Mc 4.2. Além disso, cf. *abaixo*, p. 516-518.

[43] *Romans*, p. 586-587; notado também por J. L. Martyn, *Galatians*. AB 33a (Nova Iorque: Doubleday, 1997), p. 155 (brevemente) e p. 161-163 (ignorando, porém, a lógica do zelo a exemplo de Fineias).

[44] "Como o zelo de Josué por causa de Moisés" (Nm 11.29), o zelo de Fineias por causa de Javé realiza o ciúme do próprio Javé [...] que, de outra forma, teria consumido todo Israel" (E. Reuter, Verbete *"qn'"*, in *TDOT*, 13.56). A. Stumpff já observou (*TDNT*, 2, p. 879) que o termo "zelo" é vinculado a "indignação" (Dt 29,20) e "ira" (Nm 25.11; Ez 16.38.42; 36.6; 38.19). Além disso, cf. *abaixo*, Cap. 22, nota 35.

[45] Gathercole está equivocado quando afirma que "Paulo não vê o 'zelo' a partir de seu próprio passado como piedade judaica" (*Where is Boasting?*, p. 208); "não como uma piedade *cristã*" faria mais sentido.

[46] J. Becker, *Paulus: Der Apostel der Völker* (Tübingen: Mohr Siebeck, 1989): *"Kann man überhaupt in der Zeit des Paulus von einem sachlich so nahen Eifern sprechen, ohne den Geist des Pinchas heraufzubeschwören?"* (Será que é sequer possível, no tempo de Paulo, falar de um zelo materialmente tão próximo sem conjurar o espírito de Fineias?; p. 72). T. Holland, *Contours of Pauline Theology* (Fearn,

versão em termos de um chamado para pregar Cristo entre as nações (Gl 1.15-16) implica claramente que Paulo foi realmente convertido: ele fez uma volta de 180 graus e se comprometeu com um evangelho para os gentios que ele tinha perseguido com tanta violência.⁴⁷

Também minha pesquisa sobre "Fariseus, Pecadores e Jesus", publicada no mesmo ano que meu comentário sobre a Carta aos Romanos, como resposta à interpretação que SANDERS fazia do termo "pecadores" na atuação de Jesus,⁴⁸ tinha me levado a perceber

---

Ross-shire: Mentor, 2004) deduz equivocadamente desse tipo de referências ao zelo de Paulo (efetivamente um "zelota" autoestilizado – Gl 1.14; At 22.3) que eu consideraria o Paulo pré-cristão um "zelota", isto é, que o associaria com os revolucionários políticos que lideraram a revolta contra Roma em 66 (p. 188-192), aparentemente ignorando que o termo "zelota" adquiriu esse tipo de significado político e titular apenas 25-30 anos depois da conversão de Paulo (cf. meu *Jesus Remembered* [Grand Rapids: Eerdmans, 2003], p. 272-273). Holland pensa também que a aceitação paulina de seu papel de evangelista aos gentios "foi a mudança mais natural de todas" (p. 190)! Ele pergunta com razão se uma missão aos gentios já tinha iniciado antes da conversão de Paulo (p. 195), embora ele ignore At 11.19-21 e a pergunta se Lucas atrasou sua narração do êxito helenista em Antioquia para inserir a história a conversão de Paulo (At 9) e para dar prioridade à conversão de Cornélio por Pedro (At 10-11).

⁴⁷ Abordei a questão plenamente em minha contribuição com a *Festschrift* de Peter Stuhlmacher: "Paul's Conversion – A Light to Twentieth Century Disputes", in J. Adna *et al.* (org.), *Evangelium – Schriftauslegung – Kirche* (Göttingen: Vandenhoeck und Ruprecht, 1997), p. 77-93; reimpresso *abaixo*, Cap. 15. A posição de Roloff é próxima à minha: "*Die Gewissheit, mit der Verkündigung Jesu speziell unter den Heiden betraut worden zu sein, war denn für ihn auch die entscheidende Erkenntnis aus dem Damaskusgeschehen*" (A certeza de ter sido engarregado com o anúncio de Jesus especialmente entre os gentios foi para ele também o aprendizado decisivo do evento de Damasco; "Lutherische Rechtfertigungslehre", p. 283-284). Seifrid afirma com razão que "a conversão de Paulo envolveu a reavaliação do papel da Torá e dos privilégios de Israel na atribuição divina da justiça" (*Justification*, p. 37), mas deixa de captar o sentido de "zelo" em sua tentativa de "reconstruir" a conversão de Paulo a partir de suas autorreferências (p. 136-146,255-257). J. Taylor, "Why did Paul persecute the church?", in G. N. Stanton, G. Stroumsa (org.), *Tolerance and Intolerance in Early Judaism and Christianity* (Cambridge: University Press, 1998), p. 99-120, também negligencia a luz que o motivo do "zelo" projeta sobre sua questão. U. Schnelle, *Paulus: Leben und Denken* (Berlim: de Gruyter, 2003) é suscetível da mesma crítica (p. 74-75), em Port. *Paulo Vida e Pensamento*, Ed. Academia Cristã/Paulus, 2010.

⁴⁸ E. P. Sanders, *Jesus and Judaism* (Londres: SCM, 1985), Cap. 6.

que o termo ("pecadores") podia e estava sendo usado num sentido fortemente *factual*.[49] É claro que o termo indica as pessoas que desconsideram a Lei, os transgressores da Lei, os ímpios. Mas para as pessoas "dentro da Lei", isto incluía também aquelas "fora da Lei"; gentios eram por definição pessoas "fora da lei", "pecadores".[50] E para quem faziam questão de dizer que a obediência à Lei exigia a aceitação de sua interpretação particular da Lei, os *judeus* que falharam em seguir essa interpretação eram igualmente transgressores da Lei, "pecadores".[51] Isto, por sua vez, trouxe muitos esclarecimentos para Gl 2.15: "Somos judeus por natureza e não 'pecadores gentios'". Aqui estava a mesma atitude tipicamente judaica em relação aos gentios. Paulo via evidentemente que os crentes judeus tratavam os crentes gentios em Antioquia no mesmo espírito condenatório ("pecadores"), que eles realmente demonstravam o mesmo espírito sectário contra o qual o próprio Jesus tinha protestado, e com base na mesma questão: a comunhão de mesa (Mt 11.19; Mc 2.17).[52] Disso segue que o uso da mesma palavra "pecadores" dois versículos depois (Gl 2.17) representa um protesto contra o mesmo espírito sectário: contestar como Paulo a interpretação rígida das

---

[49] "Pharisees, Sinners, and Jesus", in J. Neusner *et al.* (org), *The Social World of Formative Christianity and Judaism*. FS H. C. Kee (Philadelphia: Fortress, 1988), p. 264-289, reimpresso em *Jesus, Paul and the Law*, p. 61-86.
[50] Sl 9.17; Tb 13.6; Jub 33.23-24; Sabedoria de Salomão 1.1; 2.1-2; Mt 5.47/Lc 6.33; Gl 2.15.
[51] "Pharisees, Sinners, and Jesus", p. 73-77; também *The Partings of the Ways between Christianity and Judaism* (Londres: SCM/Philadelphia: TPI, 1991), p. 103-106; onde me refiro a 1Mc 1.34; 2.44.48; 1Hen 1.1,7-9; 5.6-7; 82.4-7; 1QpHab 5.5; 1QH 10(=2),10,12,24; 12(=4).34; Sabedoria de Salomão 1.8; 2.3; 7.2; 8.12-13; 17.5-8,23. O exemplo mais óbvio é a discussão sobre o calendário que atormentou o judaísmo do Segundo Templo nos dois séculos antes de Paulo: observar uma festa de acordo com o calendário errado significava *deixar de observar* a festa ou observar uma festa de gentios (Jub 6.32-35; 1Hen 82.4-7); cf. meu "Echoes of Intra-Jewish Polemic in Paul's Letter to the Galatians", in *JBL* 112 (1993): 457-477 (aqui: 470-473) (reimpresso *abaixo*, Cap. 9, aqui: p. 350-354). E, além disso, M. A. Elliott, *The Survivors of Israel: A Reconsideration of the Theology of Pre-Christian Judaism* (Grand Rapids: Eerdmans, 2000), p. 144-162.
[52] Cf. Seifrid: "Fontes que apresentam alguma forma de postura polêmica contra outros judeus são o ponto de partida apropriado para uma comparação com Paulo" (*Justification*, p. 62). Em *Theology of Paul* eu sugiro que Paulo estava ciente da tradição de que Jesus comeu com "pecadores" (p. 191-192).

leis alimentares, exigida por Pedro, significava chamar sobre si o epíteto condenatório de "pecador" e fazer de Cristo que aceita pecadores o servo do pecado (Gl 2.17)!⁵³

Voltando para meu artigo anterior, de 1984 (cf. *acima*), a "nova perspectiva" me mostrou que a melhor compreensão de "todos que são das obras da Lei" (Gl 3.10) era como referência às pessoas que insistiam num pleno nomismo da aliança (em vez de ganhar a salvação através de obras de justiça), as pessoas que tinham provocado a crise em Jerusalém e em Antioquia, e agora novamente na Galácia.⁵⁴ Além disso, comecei a perceber que o sentido de Lv 18.5 (Gl 3.12) provavelmente tinha sido mal-entendido. O texto serve para indicar a maneira pela qual a vida da aliança deveria ser vivida ("quem pratica essas coisas viverá por elas"), uma vida dentro a aliança, e não simplesmente a vida após a morte.⁵⁵ Isto também projetou uma luz sobre Gl 3.21: a Lei fora dada não para *dar* vida (somente Deus ou seu Espírito podiam fazer isto), mas para ordenar a vida do povo da aliança.⁵⁶ E o *insight* anterior, de que o gloriar-se que Paulo condenava tinha mais a ver com o orgulho sobre privilégios étnicos do que com orgulho sobre uma

---

⁵³ Além disso, cf. meu *The Epistle to the Galatians* (Londres: A. & C. Black, 1993), p. 132-134,141-142; também "Echoes of Intra-Jewish Polemic", p. 450-470 (*abaixo*, p. 336-351). *"Ein typischer judenchristlicher Einwurf"* (uma objeção tipicamente judeu-cristã; Becker, *Paulus*, p. 101). Cf. também E. H. Kok, *The Truth of the Gospel: A Study in Galatians 2:15-21* (Hong Kong: Alliance Bible Seminary, 2000); Schäfer, *Paulus bis zum Apostelkonzil*, p. 265-268; e cf. Martyn, *Galatians*, 254-255; e a tese mais elaborada de M. Winninge, *Sinners and the Righteous: A Comparative Study of the Psalms of Solomon and Paul's Letters*. CBNTS 26 (Estocolmo: Almqvist & Wiksell, 1995), aqui: p. 253. Por outro lado, J. Lambrecht, "Paul's Reasoning in Galatians 2:11-21", in Dunn (org.), *Paul and the Mosaic Law*, p. 53-74 (aqui: p. 56-58). A. A. Das, *Paul, the Law, and the Covenant* (Peabody: Hendrickson, 2001), também sente aqui falta dos tons faccionais subjacentes de "pecadores" (p. 169-170).

⁵⁴ *Galatians*, p. 170-174, embora a relação de 10a com 10b permaneça não esclarecida. Martyn traduz "aquelas pessoas cuja identidade deriva da observância da Lei" (*Galatians*, p. 308). Além disso, cf. meu "Theology of Galatians" (*abaixo*, Cap. 6).

⁵⁵ Além disso, cf. *abaixo*, 4.2(10).

⁵⁶ *Galatians*, p. 175-176.192-193. Cf. Westerholm, *Perspectives*: "nenhuma lei que exige atos de *dikaios* (*é isto* que leis fazem) pode ressuscitar mortos" (p. 282); "a função da Lei é mais limitada" (p. 319); "A Lei foi dada para regular, e não para transformar, esta vida de pecado" (p. 380). Martyn parece não perceber a distinção entre dar vida (Gl 3.21) e ordenar a vida (Gl 3.12) (*Galatians*, p. 359-360), mas nisso ele dificilmente é atípico.

autorrealização, parecia ser confirmado também por Gl 6.12-13: os missionários judeus iam zombar da carne dos *gálatas* se persuadissem os gálatas a deixar-se circuncidar na carne para conformar sua identidade incircuncisa à identidade circuncisa do povo da aliança (Gn 17.9-14).[57]

Um ano mais tarde, em 1994, fiquei muito animado pela publicação (até que enfim!) do texto sectário de Qumran, 4QMMT.[58] Eu estava sabendo do texto há algum tempo e estava intrigado pela notícia de que usava a expressão "as obras da Lei". Mas quando o vi pela primeira vez no Encontro da SBL (*Society of Biblical Literature*) naquele novembro de 1994, fiquei pasmo diante do paralelo surpreendente que oferecia para a Carta aos Gálatas.[59] Três paralelos eram especialmente notáveis.

1. A expressão "obras da Lei" é usada como referência a várias *halakhot* que a carta descreve anteriormente (cf. Gl 2.16); claramente implícita é a afirmação de uma pessoa observava a Lei nesses pontos adequadamente apenas quando seguia as interpretações qumrânicas da Lei.[60]

2. A convicção de que a Lei tinha de ser observada exatamente dessa maneira, de que essas obras da Lei tinham que ser realizadas, foi o motivo necessário e suficiente para que a seita de Qumran se "separasse" (de novo esta palavra!) do resto do povo (cf. Gl 2.12).[61]

---

[57] *Galatians*, p. 336.339-340; desenvolvo a questão em meu "'Neither Circumcision nor Uncircumcision, but ...' (Gl 5,2-12; 6,12-16; cf. 1Cor 7,17-20)", in A. Vanhoye (org.), *La foi agissant par l'Amour (Galates 4,12-6,16)* (Roma: Abbaye de S. Paul, 1996), p. 79-110 (aqui: p. 88-92), reimpresso *abaixo*, Cap. 13; cf. Martyn, *Galatians*, p. 561-562.

[58] E. Qimron, J. Strugnell, *Miqsat Ma'ase Ha-Torah*. DJD 10.5 (Oxford: Clarendon, 1994).

[59] "4QMMT and Galatians", in *NTS* 43 (1997): 147-153, reimpresso *abaixo*, Cap. 14. M. G. Abegg, "4QMMT C 27, 31 and 'Works Righteousness'", in *DSD* 6 (1999): 139-147, tirou conclusões semelhantes.

[60] Bell, *No One Seeks for God*, p. 230-233, é típico para quem não percebe o contexto faccional do uso que MMT faz dessa expressão. B. Witherington, *Grace in Galatia: A Commentary on Paul's Letter to the Galatians* (Edimburgo: T. & T. Clark, 1998), p. 176-178,353-354, parece não perceber a lógica óbvia: se é que obras da Lei são exigidas, então aquelas mencionadas em particular não podem ser dispensadas.

[61] Elliott as descreve como "leis definidoras" ou "questões de identidade" que "efetivamente servem para identificar ou destacar o eleito" (*Survivors of Israel*, p. 174-178). Além disso, cf. Bergmeier, *Gesetz*, p. 38-39.

3. A conclusão da carta mostra claramente que a justiça será computada (um eco de Gn 15.6) somente àquelas pessoas que realizam essas obras da Lei (cf. Gl 2.16).[62] Aqui estava um paralelo surpreendente com a situação enfrentada por Paulo em Antioquia e que levou à primeira formulação registrada de seu lema-chave: justificação pela fé e não por obras da Lei. Os judeus crentes em Antioquia, inclusive Pedro, estavam insistindo que gentios tinham que "judaizar" (Gl 2.14), isto é, que tinham que observar certas exigências, certas obras da Lei;[63] dessa maneira, na visão de Paulo, os judeus estavam fazendo dessas obras uma exigência adicional à fé (Gl 2.16).[64]

É isso que eu quis e ainda quero dizer quando me refiro à "nova perspectiva sobre Paulo", como procurei elaborar com mais pormeno-

---

[62] 4QMMT

		Gálatas
MMT C26-27	Obras da Lei enfocando na exigência geral de obedecer à Lei em certas questões específicas.	Gl 2.16
MMT C7-8	Insistência nessas obras da Lei como suficientes e necessárias para exigir a separação do povo.	Gl 2.12
MMT C31	Confiança de que as obras da Lei, como representadas por aquelas indicadas, resultarão em justificação.	Gl 2.16

[63] Para o significado de "judaizar", cf. *Galatians*, p. 15, nota 1 e 129. P. F. Esler, *Galatians* (Londres: Routledge, 1998), ignora essa evidência e argumenta que "judaizar" precisa incluir a exigência de ser circuncidado (p. 137-139). A observação de Martyn é mais pertinente: "Podemos ter certeza de que a mensagem (isto é, dos mensageiros de Tiago) não revogou direta e explicitamente a fórmula da conferência de Jerusalém com seu reconhecimento da missão isenta de circuncisão realizada pela Igreja de Antioquia. Se ela tivesse feito isso, Paulo certamente o teria destacado [...]. A questão da circuncisão não foi reaberta" (*Galatians*, p. 233). Assim como em seu anterior "Making and Breaking an Agreement Mediterranean Style: A New Reading of Galatians 2:1-14", in *BibInt* 3 (1995): 285-314, Esler supõe que a apreciação sociológica de possíveis considerações segundo o conceito de honra e vergonha lhe permite interpretar o episódio de uma maneira que desacredita inteiramente Pedro e Barnabé. Para a motivação de Tiago, cf., além disso, M. Bockmuehl, "Antioch and James the Just", in B. Chilton, A. Evans (org.), *James the Just and Christian Origins*. NovTSup 98 (Leiden: Brill, 1999), p. 155-198.

[64] Martyn caracteriza bem como Paulo permitiu que "seu discurso dirigido a Pedro se tornasse sem aviso um discurso dirigido aos Mestres na Galácia. [...] Os versículos 15 e 16 são uma sobreposição entre a observação algum dia dirigida a Pedro e o discurso contemporâneo dirigido aos Mestres" (*Galatians*, p. 230); semelhantemente meu *Galatians*, p. 132.

res alguns anos depois em minha *Theology of Paul* (em Port.: *Teologia do Apóstolo Paulo*)⁶⁵. Resumindo:

a) Ela constrói sobre a nova perspectiva de SANDERS acerca do judaísmo do Segundo Templo e sobre a reafirmação de SANDERS acerca da gratuidade básica que se expressa na maneira pela qual o judaísmo entende e pratica o nomismo da aliança.

b) Considera que uma função social da Lei era um aspecto integral do nomismo da aliança praticado por Israel, no qual se entendeu que o isolamento para Deus (santidade) exigia o isolamento das (outras) nações como o outro lado da mesma moeda, e que a Lei era entendida como o meio para conseguir ambas as coisas.

c) Denota que o próprio ensinamento de Paulo sobre a justificação enfoca ampla, se não principalmente, a necessidade de superar a barreira que a Lei erguia supostamente entre judeus e gentios, de modo que o "todos" da expressão "todos que creem" (Rm 1.17) significa em primeiro lugar: tanto gentios como judeus.

d) Sugere que "obras da Lei" se tornou um lema-chave na exposição que Paulo fez de seu evangelho da justificação, porque muitos dos outros judeus crentes ao lado de Paulo estavam insistindo em certas obras como indispensáveis para sua própria permanência (e a de outras pessoas?) dentro da aliança, portanto, como indispensáveis para a salvação.

e) Protesta contra a falha em reconhecer que essa maior dimensão da doutrina paulina sobre a justificação pela fé pode ter ignorado ou excluído um fator vital, ao combater o nacionalismo e racismo que tanto tem distorcido e assombrado o passado e o presente do cristianismo.

---

⁶⁵ *Theology of Paul* § 14, especialmente p. 338-340.354-366. Aproximadamente no mesmo tempo escrevi "Paul and Justification by Faith", in R. N. Longenecker (org.), *The Road to Damascus: The Impact of Paul's Conversion on His Life, Thought, and Ministry* (Grand Rapids: Eerdmans, 1997), p. 85-101, reimpresso *abaixo*, Cap. 16. O "Paulus aus einer 'neuen Perspektive'" de Strecker inclui uma das melhores tentativas de resumir minha visão (p. 11-13).

2. Esclarecendo confusões e mal-entendidos

Não demorou muito para que aparecessem críticas a essa nova perspectiva.⁶⁶ Quatro delas merecem a tentativa de uma resposta imediata, porque podem ajudar a esclarecer assuntos e possivelmente evitar maiores discussões que se preocupam demasiadamente com formulações particulares ou com as nuances que alguns ouvidos percebem, com razão ou sem. Talvez valha a pena dizer logo que a discussão deveria enfocar no aspecto central da questão e não se permitir desvios atraídos por expressões que poderiam ter sido escolhidas com mais cuidado ou por comentários de uma determinada direção que foram tirados de seu contexto.

1) A nova perspectiva teria sido estabelecida em antítese à tradicional doutrina da justificação pela fé, defendida pela Reforma, e como uma rejeição dessa doutrina.⁶⁷

---

⁶⁶ Para revisões recentes do debate sobre a nova perspectiva, cf. especialmente S. Westerholm, "The 'New Perspective' at Twenty-Five", in Carson *et al.*, *Justification and Variegated Nomism Vol. 2*, p. 1-38.

⁶⁷ Particularmente um *paper* lido na *Tyndale Fellowship*, Cambridge, in 2000, by Carl Trueman, "A Man More Sinned Against than Sinning? The Portrait of Martin Luther in Contemporary New Testament Scholarship: Some Casual Observations of a Mere Historian", acessível na *Paul Page* da internet; também Lee Gatiss, "Justified Hesitation? J. D. G. Dunn vs. The Protestant Doctrine of Justification", no e-journal *The Theologian* (2001) e em *Churchman* 115/1 (2001): 29-48. Semelhantemente B. Corley, "Interpreting Paul's Conversion – Then and Now", in Longenecker, *The Road to Damascus*, p. 1-17 – "um assalto frontal ao paradigma agostiniano-luterano, argumentando que aquela compreensão anterior era um mal-entendido drástico tanto do judaísmo como de Paulo" (p. 3). "Estudiosos de Paulo que trabalham no âmbito da 'nova perspectiva' têm rejeitado geralmente vários dos grandes temas da teologia de Paulo. Isto diz respeito especialmente ao ensinamento sobre a justificação" (Eskola, *Theodicy and Predestination*, p. 274). P. F. M. Zahl, "Mistakes of the New Perspective on Paul", *Themelios* 27/1 (Autumn 2001): 5-11: "a rejeição da Reforma [...] é uma ampla base da Nova Perspectiva" (p. 7). S. Kim, *Paul and the New Perspective: Second Thoughts on the Origin of Paul's Gospel*. WUNT 140 (Tübingen: Mohr Siebeck/ Grand Rapids: Eerdmans, 2002): "A Escola da Nova Perspectiva derruba em muitos aspectos a interpretação que a Reforma fez do evangelho de Paulo" (p. xiv). D. Macleod, "The New Perspective: Paul, Luther and Judaism", in *Scottish Bulletin of Evangelical Theology* 22.1 (2004): 4-31: "Se Stendahl, Dunn e Wright estão certos, Lutero e Calvino estavam profundamente errados" (p. 4-5).

2) Eu teria reduzido "obras da Lei" a alguns poucos "marcadores de fronteira".[68]

3) Eu teria reduzido a objeção paulina à Lei a uma mera "atitude" (judaica) em relação à Lei (ou atitude em relação a outras pessoas como resultado da Lei).[69]

4) Eu teria adiado a formulação paulina da doutrina da justificação até o momento de sua resposta ao incidente antioqueno e assim negado sua importância fundamental no evangelho de Paulo, e a teria reduzido ao *status* de uma solução pragmática para um problema de relacionamento entre cristãos.[70]

Devo dizer logo de uma vez que existe alguma justificativa para esses comentários críticos, porque minhas primeiras formulações não estavam suficientemente refinadas. Por isso, precisam aqui pelo menos de algumas afirmações revisadas.

2.1. Antiluterano?

A crítica de que meu trabalho sobre a "nova perspectiva" constituiria um repúdio fundamental à afirmação protestante central da justificação pela fé baseia-se principalmente no meu ensaio "*The Justice of God: A Renewed Perspective on Justification by Faith*" [*A Justiça de Deus: uma perspectiva renovada sobre a justificação pela fé*].[71] No centro da crítica está a acusação de que eu ataquei MARTINHO LUTERO, mas não demons-

---

[68] C. E. B. Cranfield, "'The Works of the Law' in the Epistle to the Romans". In *JSNT* 43 (1991): 89-101, reimpresso in Cranfield, *On Romans and Other New Testament Essays* (Edimburgo: T. & T. Clark, 1998), p. 1-14: "um sentido restrito especial" (p. 4); T. R. Schreiner, "'Works of Law' in Paul", in *NovT* 33 (1991): 217-244 (aqui: 225-31); Fitzmyer, *Romans*, p. 338; O. Hofius, "Zur Auslegung von Römer 9,30-33" (1993), in *Paulusstudien II*. WUNT 143 (Tübingen: Mohr Siebeck, 2002), p. 155-166 (aqui: p. 158-159, nota 26); Lohse, *Römer*, p. 126-127.

[69] H. Räisänen, "Galatians 2.16 and Paul's Break with Judaism", in *Jesus, Paul and Torah: Collected Essays*. JSNTS 43 (Sheffield: Sheffield Academic, 1992), p. 112-126 (aqui: p. 122); e seu aluno, K. Kuula, *The Law, the Covenant and God's Plan: Vol. I. Paul's Polemical Treatment of the Law in Galatians* (Göttingen: Vandenhoeck und Ruprecht, 1999): "Para Paulo, o problema da Lei não era que estava sendo *mal-interpretada* de um modo sectário, exclusivo. Não é uma interpretação errada o que o apóstolo contesta aqui, mas a própria Lei" (p. 59, nota 3, 76-7).

[70] Especialmente Kim, *Paul and the New Perspective*, p. 45-53.

[71] *JTS* 43 (1992): 1-22; reimpresso *abaixo*, Cap. 7.

trara no ataque um conhecimento imediato de seus escritos. Ora, admito francamente que não sou um *expert* em LUTERO e que minha familiaridade direta com seus escritos é limitada e vem particularmente de seus comentários sobre as cartas aos *Romanos* e aos *Gálatas*, bem como do livro de JOHN DILLENBERGER: *Martin Luther: Selections from his Writings* [*Martinho Lutero: seleções de seus escritos*].[72] Fora disso, meu conhecimento vem em detalhes maiores ou menores de citações e referências em biografias, estudos históricos e teológicos sobre LUTERO.[73] No ensaio *The Justice of God* refiro-me somente à obra de ROLAND BAINTON, *Here I Stand* [*Aqui estou*][74] que me influenciou profundamente em meus dias de estudante, e a M. SAPERSTEIN, *Moments of Crisis in Jewish-Christian Relations* [*Momentos de crise nas relações entre judeus e cristãos*][75] que cita diretamente segundo *Luther's Works*. Portanto, se minha intenção tivesse sido criticar LUTERO diretamente (ou envolver-me num estudo sobre a teologia da Reforma), eu estaria certamente aberto para essas críticas, mas minha preocupação principal foi a maneira pela qual LUTERO foi recebido e usado nos tempos modernos.[76] De fato, no ensaio

---

[72] Anchor Books; Nova Iorque: Doubleday, 1961. Cf. meu *The Theology of Paul's Letter to the Galatians* (Cambridge: Cambridge University, 1993), p. 140-143.

[73] Bem recentemente, D. K. McKim (org.), *The Cambridge Companion to Martin Luther* (Cambridge: Cambridge University, 2003), embora, para minha surpresa, não contenha um tratamento substancial da "justificação pela fé".

[74] Londres: Hodder & Stoughton, 1951.

[75] Londres: SCM 1989; refiro-me à citação que Saperstein oferece de Lutero, *Table Talk*, novamente em *Theology of Paul*, p. 337, nota 7.

[76] Ao contrário de Trueman (Gatiss faz a mesma acusação, mas de modo mais moderado), não atribuo a Lutero a visão de que o "eu" de Romanos 7 se refira ao *status* pré-cristão de Paulo. Trueman ignora evidentemente meu anterior "Rom 7.14-25 in the Theology of Paul", in *TZ* 31 (1975): 257-273, e *Jesus and the Spirit* (Londres: SCM, 1975), p. 314.444, nota 57, onde indico explicitamente que estou seguindo os passos de Lutero e Calvino ao interpretar Rm 7.14-25 como uma descrição da experiência contínua de Paulo como crente. No ensaio "Justice of God", a crítica referiu-se à crítica que W. G. Kümmel, *Römer 7 und die Bekehrung des Paulus* (Leipzig: Hinrichs, 1929) fez àquilo que se tinha tornado a forte interpretação protestante de Romanos 7 como um pedaço de autobiografia pré-cristã, e referiu-se particularmente à crítica de Stendahl àquilo que ele entendeu ser a interpretação da conversão de Lutero dentro de sua própria tradição luterana. A crítica exegética que ofereço não se volta contra o próprio Lutero, mas contra as pessoas que consideraram a conversão de Lutero paradigmática e uma chave para entender a conversão de Paulo (cf. também *abaixo*,

Justice of God critico diretamente LUTERO apenas num único aspecto: em relação a seu notável tratado *On the Jews and their Lies* [*Sobre os judeus e suas mentiras*], o qual, creio eu, ninguém quer defender nos dias de hoje⁷⁷ – embora eu deva admitir o uso por mim de uma linguagem mais livre (livre demais) ao escrever num nível mais popular em outras ocasiões.⁷⁸

Outro fator relevante que provavelmente mereça menção é que eu, sendo um presbiteriano formado para o ministério na Igreja da Escócia, tive como principal influência a teologia do séc. XVI de JOÃO

---

nota 89). Como já notou W. Wrede, *Paulus*, in K. H. Rengstorf, *Das Paulusbild in der neueren deutschen Forschung* (Darmstadt: Wissenschaftliche Buchgesellschaft, 1964), p. 1-97: "*die Seelenkämpfe Luthers haben für dies Bild des Paulus Modell gestanden*" (as lutas da alma de Lutero são o modelo para essa imagem de Paulo; p. 79). Semelhantemente V. Stolle, *Luther und Paulus: Die exegetischen und hermeneutischen Grundlagen der lutherischen Rechtfertigungslehre im Paulinismus Luthers* (Leipzig: Evangelische, 2002), Cap. 2: *Luthers autobiographsche Selbstvorstellung als "Paulus"*: 1. "*Luthers Selbstverständnis als ein Paulus seiner Zeit*" (a autocompreensão de Lutero como um Paulo de seu tempo). Da mesma maneira, a crítica de que eu acusaria Lutero de "pensar na justificação em termos distintivamente individualistas" deixa de apreciar que eu me refiro à maneira como a conversão de Lutero foi entendida – não digo pelo próprio Lutero. De fato, meu alvo principal foi a leitura existencialista altamente influente que Bultmann fez de Paulo; nota-se também a observação de Dahl, de que "ocorreu certo estreitamente. [...] O foco da doutrina chegou a ser a relação da pessoa individual com Deus" ("Doctrine of Justification", p. 118). "Individualista" foi simplesmente uma maneira de destacar que a dimensão de povos e não apenas de pessoas individuais está inerente ao lema-chave de Paulo – "primeiro ao judeu, mas também ao gentio ("gentios" = "nações") (cf. novamente *abaixo*, § 2.3). Minha preocupação geral tem seu eco em Roloff, "Die lutherische Rechtfertigungslehre und ihre biblische Grundlage", p. 277-282: "*Im Fall der Rechtfertigungslehre, die nach ihrem Selbstverständnis exemplarisch das Verständnis der Schrift als norma normans herausstellen wollte, hat sich de facto die Lehre der Kirche als norma normans etabliert*" [No caso da doutrina da justificação, que, segundo sua autocompreensão, desejava destacar *a compreensão da Escritura* como a *norma normans*, o que se estabeleceu *de facto* como *norma normans* foi *a doutrina da Igreja*], p. 278).

⁷⁷ Provavelmente é esse escrito que Stephen Westerholm tem em mente em sua observação de que "quando ele (isto é, Lutero) escreve polemicamente, seus termos e seu tom são muitas vezes monumentalmente lamentáveis" ("The 'New Perspective' at Twenty-Five", p. 38).

⁷⁸ Com Alan Suggate, *The Justice of God: A Fresh Look at the Old Doctrine of Justification by Faith* (Carlisle: Paternoster/Grand Rapids: Eerdmans, 1993), p. 13-14.

CALVINO e a tradição reformada, que moldaram meu primeiro teologizar – e não a tradição luterana. Por exemplo, desde cedo aprendi com a Confissão de Westminster que há uma única "aliança de graça" que perpassa ambos os Testamentos – "não duas alianças de graça que diferissem em sua substância, mas uma só considerada sob vários desígnios" – e que a "justificação de crentes sob o Antigo Testamento era [...] exatamente a mesma que a justificação dos crentes sob o Novo Testamento".[79] E em minhas primeiras reflexões sobre a teologia do batismo, eu fiquei muito impressionado com a insistência de CALVINO na continuidade entre os dois Testamentos e na semelhança estreita entre a circuncisão e o batismo em relação à promessa e ao efeito.[80] Imagino que esse pano de fundo pode ajudar a explicar algo que pode se ter tornado uma reação quase instintiva da minha parte contra uma ênfase demasiadamente forte na descontinuidade entre a religião nativa de Jesus, que foi pessoalmente "um servo da circuncisão" (Rm 15.8), e o cristianismo.

CARL TRUEMAN, porém, afirma que a nova perspectiva não é simplesmente uma rejeição do ensinamento luterano sobre a justificação, mas que chega a ser uma acusação "de que a totalidade da tradição cristã é básica e teimosamente errada a respeito da salvação, [e] que os Reformadores eram mais culpados do que muitos outros quando se trata da perversão do evangelho". Dado que essa crítica é dirigida contra mim pessoalmente, tenho que dizer simplesmente que não reconheço nada daquilo que ela afirma.[81] Estou completamente surpreso

---

[79] The Westminster Confession 7.3-6; 11.6.

[80] Institutes 4.16,10-16. Além disso, cf. F. Wendel, *Calvin: The Origins and Development of his Religious Thought* (1950; ET Londres: Collins Fontana, 1965), p. 208-214.325-326.

[81] Estou igualmente surpreso com os ataques ainda mais virulentos contra N.T. Wright, *What Saint Paul Really Said* (Grand Rapids: Eerdmans, 1997), no mesmo sentido, particularmente no *Presbyterian Church of America Web Magazine*, PCANews.com. G. P. Waters, *Justification and the New Perspectives on Paul* (Phillipsburg: Presbyterian e Reformed, 2004), empreende "ilustrar a maneira como a NPP (nova perspectiva sobre Paulo) desvia das doutrinas estabelecidas nos *Westminster Standards* (*p.ex.*); "as simpatias soteriológicas da NPP, se é que existem, não estão voltadas para o protestantismo, mas para o catolicismo romano" (*p.ex.*; semelhantemente p. 190). O capítulo 7 está dedicado a uma revisão insultuosa que suplica por fé: "No pensamento de Wright temos um preconceito inerente contra formulações doutrinais [...] uma predisposição contra a concepção da relação entre Deus e o homem em termos

por essa afirmação e me pergunto se TRUEMAN leu o que escrevi. É tanto mais intrigante que tive muito cuidado em destacar no início do meu ensaio sobre *"Justice of God"* (A Justiça de Deus) que a *afirmação central da doutrina da justificação pela graça através da fé é e permanece absolutamente fundamental para a fé cristã* – um ponto reafirmado mais uma vez na conclusão.[82] Por isso, à medida que meu ensaio sobre "A Justiça de Deus" possa ser considerado representativo para a nova perspectiva, não consigo ver como ele poderia ser usado para sustentar a condenação da nova perspectiva por TRUEMAN.[83]

Desde o início, minha preocupação tem sido sempre não agredir ou negar a doutrina cristã clássica da justificação pela fé. Minha preocupação tem sido sempre que a doutrina da justificação, da forma em que foi redescoberta (ou reafirmada) por LUTERO[84] e elaborada consistentemente no âmbito do protestantismo, negligenciou aspectos importantes, particularmente da formulação paulina original no contexto de sua missão.[85] No meu ensaio *"Justice of God"* [*Justiça de Deus*] protesto

---

verticais" (p. 121); "temos em Wright uma aversão contra conduzir a teologia da maneira como a Igreja concebeu a teologia classicamente" (p. 192); "seus escritos comprovaram-se um Cavalo de Tróia para a Igreja" (p. 198).

[82] "Justice of God", 1-2.21; *abaixo*, p. 155-314. Semelhantemente, *The Justice of God*, p. 8-9.10-13; e o anterior *Romans* lxv. Westerholm reconhece isto plenamente; também que minha crítica à interpretação "luterana" se volta contra suas "falhas" e o fato de que ela obscurece o *point d'appui* (termo meu) da afirmação paulina inicial da doutrina (*Perspectives*, p. 184 e nota 8).

[83] Numa agradável troca de e-mails (fevereiro de 2004), Dr. Trueman amavelmente reconheceu que seu artigo interpretou minha visão equivocadamente e expressou seu pesar de que este tenha chegado a ser publicado na internet; minha resposta mais completa está também disponível na *Paul Page* da internet. Infelizmente, as referências ao artigo original continuam, mais recentemente por T. George, "Modernizing Luther, Domesticating Paul: Another Perspective", in Carson *et al.*, *Justification and Variegated Nomism Vol. 2*, p. 437-463 (aqui: p. 439, nota 7).

[84] Talvez seja bom deixar claro que eu reconheço plenamente que o tema da "justificação pela fé" não foi absolutamente perdido de vista nos séculos antes de Lutero; cf. A. McGrath, *Iustitia Dei: A History of the Christian Doctrine of Justification*, 2ª ed. (Cambridge: Cambridge University, 1986; 1998), capítulos 2-5; T. C. Oden, *The Justification Reader* (Grand Rapids: Eerdmans, 2002).

[85] É esta dimensão ausente à qual me referi ao atribuir à teologia luterana da justificação "um mal-entendido significantivo em relação a Paulo" ("Justice of God", p. 2). Foi uma maneira enganosa e desnecessariamente provocadora de introduzir

contra a conclusão da interpretação tradicional de que Paulo teria afirmado sua doutrina contra um legalismo judaico degenerado.[86] Aponto para o fato de que o ensinamento paulino sobre a justificação é uma expressão de sua missão aos gentios e representa um protesto contra a presunção e o desdém nacionais ou étnicos em relação às (outras) nações; daí a ênfase inicial e efetivamente central da Carta aos Romanos, que afirma que o evangelho é "para *todas as pessoas* que creem, judeus primeiro, *mas também* gregos" (Rm 1.16). E argumento dizendo, em um aspecto mais amplo, "obras da Lei" era a preocupação em preservar o caráter distinto e separado de Israel em relação às (outras) nações, e que esse aspecto tem sido, mas não deveria ser, ignorado em nossas tentativas de explicar a formulação-chave de Paulo: "uma pessoa é justificada pela fé, sem as [separadamente das] obras da Lei" (Rm 3.28).[87] O problema, se posso formulá-lo assim, é que a distinção fundamental de LUTERO entre evangelho e Lei[88] estava demasiadamente centrada no

---

meu argumento (para que a audiência acordasse e notasse), ao que lamento. Um alvo mais apropriado para a crítica neste ponto poderia ser Francis Watson em sua antiga tese *Paul, Judaism and the Gentiles*. SNTSMS 56 (Cambridge: Cambridge University, 1986), que argumenta desde o início explicitamente que "a aproximação da tradição reformada a Paulo está fundamentalmente errada" (p. 1) e resume a tendência então corrente em certas alas de estudos paulinos como "o processo de 'desluteranizar Paulo'" (p. 18). No entanto, Watson renunciou publicamente a sua exuberância mais juvenil e criticou a nova perspectiva com igual fervor em um artigo apresentado na *British New Testament Conference* em Manchester em setembro de 2001, "Not the New Perspective", igualmente disponível na *Paul Page* da internet. N. Elliott, *The Rhetoric of Romans: Argumentative Constraint and Strategy and Paul's Dialogue with Judaism*. JSNTS 45 (Sheffield: Sheffield Academic, 1990), refere-se ao "cativeiro luterano" da Carta aos Romanos, mas reconhece que esta é uma descrição tendenciosa (p. 292-293). Também McGrath nota que "a 'doutrina da justificação' assumiu na teologia dogmática um sentido que é bem distinto de suas origens paulinas" (*Iustitia Dei*, p. 2-3).

[86] A resposta de Gatiss neste ponto não considera suficientemente a importância da conspurcação do judaísmo, que foi uma característica tão severa da teologia cristã na época moderna; a bibliografia em "The Justice of God", p. 5-6, notas 11-15 (*abaixo*, p. 294-295, notas 11-15) deve oferecer uma documentação suficiente.

[87] "Justice of God", p. 5-15; *abaixo*, p. 294-305. A quarta seção do ensaio (p. 15-21; *abaixo*, p. 307-312) não foi levada em conta, mas é diretamente relevante para a discussão *abaixo* (§§ 4.2-3).

[88] Como notado, por exemplo, por H. M. Müller, "'Evangelium latuit in lege': Luthers Kreuzespredigt als Schlüssel seiner Bibelhermeneutik", in C. Landmesser *et al.*

perigo da justiça autoalcançada pelas obras e foi transferida com demasiada rapidez para uma antítese entre cristianismo e judaísmo.[89]

Talvez eu deva repetir este ponto, já que a crença de que a nova perspectiva repudiaria o caráter fundacional da justificação pela fé e negaria o evangelho parece ser muito divulgada, particularmente em

---

(org.), *Jesus Christus als die Mitte der Schrift*. FS O. Hofius. BZNW 86 (Berlim: de Gruyter, 1997), p. 101-126: *"Die Unterscheidung von Gesetz und Evangelium [ist] aus der exegetischen Arbeit Luthers gleichsam im Gespräch mit dem Apostel erwachsen [...] Unterscheidung von Gesetz und Evangelium als Grundlage für die Lehre von der Glaubensgerechtigkeit"* [A distinção de Lei e evangelho surgiu no trabalho exegético de Lutero, por assim dizer, na conversa com o apóstolo [...] distinção entre Lei e evangelho como fundamento da doutrina da justiça na fé]. *"Nur wer diese Unterscheidung vornimmt und sein Denken von ihr leiten lässt, ist nach Luther ein guter Theologe"* [Somente quem realiza esta distinção e permite que seu pensamento seja conduzido por ela é, segundo Lutero, um bom teólogo; p. 101-102; também p. 107-109]. Além disso, cf. Bergmeier, *Gesetz*, p. 31-35, quem nota *inter alia* a observação de Harnack de que *"Die ganze Gesetzessphäre gehöre nach Luther religiös 'einer überwundenen Stufe an; wer das nicht erkennt, muss Jude bleiben'"* [Toda a esfera da Lei pertenceria, segundo Lutero, em termos religiosos "a um degrau superado; quem não reconhece isto, tem que permanecer judeu", p. 34]. Nota-se, porém, também o cuidado de B. Wannenwetsch, "Luther's Moral Theology", in McKim (org.), *Martin Luther*, p. 120-135: "A teologia da Lei de Lutero não pode ser equiparada à antinomia infâmia de Lei e evangelho" (p. 124-126).

[89] Cf. E. Lohse, *Paulus* (Munique: C. H. Beck, 1996): *"Berechtigt ist jedoch der Hinweis, aus Luthers scharfer Abgrenzung gegen mittelalterliche Werkgerechtigkeit dürfe man nicht auf einen entsprechend dunklen Hintergrund des Judentums zur Zeit des Paulus schliessen, wie es nicht selten in der älteren Diskussion geschehen ist"* [Justa, porém, é a observação de que a severa distinção de Lutero em relação à justiça medieval por obras não nos deve levar a deduzir um pano de fundo semelhantemente obscuro do judaísmo no tempo de Paulo, assim como tem acontecido não raras vezes na discussão mais antiga; p. 285]; P. Stuhlmacher, "Zum Thema Rechtfertigung", in *Biblische Theologie und Evangelium*. WUNT 146 (Tübingen: Mohr Siebeck, 2002), p. 23-65: Lutero *"hat die jüdischen und judenchristlichen Kontrahenten des Paulus ineins gesehen mit den katholischen Theologen seiner Zeit, während er selbst und seine Anhänger in der Rolle des Paulus und seiner Schüler erschienen. Diese Überblendung von historischen und aktuellen dogmatischen Perspektiven hat sich in der deutschen Paulusauslegung bis in die Gegenwart erhalten"* [identificou os contraentes judaicos e judeu-cristãos de Paulo com os teólogos católicos de seu tempo, enquanto ele mesmo e seus adeptos apareciam no papel de Paulo e seus discípulos. Essa junção de perspectivas dogmáticas históricas e atuais preservou-se na interpretação alemã de Paulo até o tempo presente; p. 39].

círculos norte-americanos e luteranos.⁹⁰ Afirmo como um ponto central da fé cristã que a aceitação divina de cada e qualquer pessoa se dá somente por sua graça e através da fé; eu esperava que meu capítulo sobre "Justificação pela Fé" (particularmente o item 14.7) em minha *Theology of Paul* (Teologia dp apóstolo Paulo) tivesse deixado isto bastante claro. Embora não seja a linguagem da tradição reformada,⁹¹ eu pessoalmente não tenho nenhum problema em afirmar que a doutrina da justificação (em sua expressão plena) é um *articulus stantis et cadentis ecclesiae* (com o qual se ergue e cai a Igreja). Estou surpreso

---

⁹⁰ Para a percepção entre estudiosos responsáveis, de que a nova perspectiva empreendeu o distanciamento de Paulo do Paulo "de Lutero" – "*die 'Entlutherisierung' des Apostels*" (a desluterização do apóstolo; Strecker, "Paulus aus einer 'neuen Perspektive'", p. 3-4) – cf., por exemplo, R. B. Matlock, "Almost Cultural Studies? Reflections on the 'New Perspective' on Paul", in J. C. Exum e S. D. Moore (org.), *Biblical Studies/Cultural Studies: The Third Sheffield Colloquium*. JSOTS 266 (Sheffield: Sheffield Academic, 1998), p. 433-459: "A nova perspectiva define a si mesma polemicamente contra aquilo que é tipicamente identificado como a leitura 'luterana' de Paulo, e essa autodefinição negativa fornece a unidade real para aquilo que em outros contextos é um conjunto de visões interiormente dividido e ainda em desenvolvimento" (p. 436); B. Byrne, "Interpreting Romans Theologically in a Post-'New Perspective' Perspective", in *HTR* 94 (2001): 227-241 (aqui: 228.230); Lohse, *Römer*, p. 140; a nova perspectiva considera "necessário resgatar Paulo das garras de Lutero se queremos entendê-lo corretamente" (George, "Modernizing Luther", p. 441); Blocher refere-se à nova perspectiva como "uma perspectiva em grande medida antiluterana" ("Justification of the Ungodly", p. 473). A resenha que T. L. Donaldson fez de meu *Theology of Paul* in *CRBR* 1998 tem o título "In Search of a Paul Neither Lutheran nor Idiosyncratic"; o subtítulo da obra de Westerholm, *Perspectives Old and New on Paul*, é *The "Lutheran" Paul and His Critics*; e o volume editado por M. Bachmann, *Lutherische und Neue Paulusperspektive*. WUNT (Tübingen: Mohr Siebeck, 2005), tinha inicialmente o possível título *Lutherische oder Neue Paulusperspektive*. Por outro lado, Sanders alerta que colocar a *sola gratia/sola fide* da Reforma em antítese a uma alegada "justiça de obras" judaica para interpretar Paulo dificilmente capta a intenção das afirmações paulinas. Este protesto está firmemente ganhando atenção no mundo alemão da pesquisa do NT, como indica K.-W. Niebuhr, "Die paulinische Rechtfertigungslehre in der gegenwärtigen exegetischen Diskussion", in T. Söding (org.), *Worum geht es in der Rechtfertigungslehre: das biblische Fundament der "Gemeinsamen Erklärung" von katholischer Kirche und lutherischem Weltbund* (Friburgo [Alemanha]: Herder, 1999), p. 106-130 (aqui: p. 118-121).
⁹¹ Cf. McGrath, *Iustitia Dei*, p. 188.225-226.

pela acusação – e a repudio inteiramente – de que "a nova perspectiva sobre Paulo" constituiria uma agressão e uma negação desse fundamento luterano. Quem lê isto em meus escritos está lendo o que deseja ver, e não o que está efetivamente escrito neles. O argumento que procuro apresentar é simplesmente de que há ainda outra dimensão (ou outras dimensões) na doutrina bíblica sobre a justiça de Deus e o ensinamento paulino sobre a justificação, uma dimensão que tem passado despercebida e negligenciada, e que é importante recuperar tais aspectos e refletir cuidadosamente e de modo qualitativamente novo sobre eles no âmbito das circunstâncias modificadas do mundo de hoje. Numa só palavra, não procuro diminuir e muito menos repudiar a doutrina da justificação (*mè génoito* [*de modo nenhum*]), mas trazer à luz de modo mais pleno suas riquezas que são muito maiores do que pensamos antigamente.

2.2. Obras da Lei

Já me arrependi pelo fato de ter usado em minha argumentação (sobre as "obras da Lei") uma formulação inicial que permitiu um mal-entendido de tal tamanho,[92] e gostaria de deixar mais uma vez bem claro que não tenho dúvida alguma de que "obras da Lei" se refere àquilo que a Lei exige, à conduta prescrita pela Torá.[93] Tudo o que a Lei exige

---

[92] Especialmente "New Perspective", p. 201-202 (*abaixo*, p. 182-283). Watson tem razão em me censurar neste ponto (*Hermeneutics of Faith*, p. 334-335, nota 41).

[93] M. Bachmann, "Rechtfertigung und Gesetzeswerke bei Paulus", in *TZ* 49 (1993): 1-33, e "4QMMT und Galaterbrief, *ma'ase hatorah* und *ERGA NOMOU*", in *ZNW* 89 (1998): 91-113, ambos reimpressos em *Antijudaismus im Galaterbrief. Exegetische Studien zu einem polemischen Schreiben und zur Theologie des Apostels Paulus*. NTOA 40 (Friburgo [Suíça]: Universitätsverlag, 1999), p. 1-31,33-56, argumenta que a expressão se refere somente aos preceitos da Lei ou às regras haláquicas. J. C. R. de Roo, "The Concept of 'Works of the Law' in Jewish and Christian Literature", in S. E. Porter, B. W. R. Pearson (org.), *Christian-Jewish Relations Through the Centuries*. JSNTS 192 (Sheffield: Sheffield Academic, 2000), p. 116-147, seguido por A. A. Das, *Paul and the Jews* (Peabody: Hendrickson, 2003), p. 40-41, insiste com igual veemência que a expressão se refere somente aos "atos" em distinção de "preceitos". Além disso, cf. Bergmeier, *Gesetz*, p. 40-42, e meu "Noch einmal 'Works of the Law': The Dialogue Continues", in I. Dunderberg, C. Tuckett (org.), *Fair Play: Diversity and Conflicts in Early Christianity*. Fs H. Räisänen (Leiden: Brill, 2002), p. 273-290, reimpresso *abaixo*, Cap. 19 (em forma revisada), aqui: § II (*abaixo*, p. 594-600).

pode ser descrito como "cumprir" a Lei, como as obras da Lei.⁹⁴ Eu espero ter deixado claro em publicações subsequentes que a expressão "obras da Lei" é uma maneira de descrever a observância da Lei, exigida a todos os membros da aliança e considerada um modo apropriado de preencher a primeira metade da fórmula de SANDERS, "*nomismo da aliança*".⁹⁵ Olhando para esse ponto desde a perspectiva de Paulo, nós

---

⁹⁴ Cranfield, "Works of the Law", p. 5; também por outros livros, por exemplo, T. R. Schreiner, *The Law and its Fulfilment: A Pauline Theology of Law* (Grand Rapids: Baker, 1993), p. 51-54; D. Flusser, "Die Gesetzeswerke in Qumran und bei Paulus", in P. Schäfer (org.), *Geschichte – Tradition – Reflexion, Band I Judentum*. FS M. Hengel (Tübingen: Mohr Siebeck, 1996), p. 395-403; Eskola, *Theodicy and Predestination*, p. 208-220; Bell, *No One Seeks for God*, p. 228-235; Mijoga, *Deeds of the Law 2*, p. 158-159 (também p. 65-67.74-77); F. Avemarie, "Die Werke des Gesetzes im Spiegel des Jakobusbriefs: A Very Old Perspective on Paul", in *ZTK* 98 (2001): 282-309; Gathercole, *Where is Boasting?*, p. 92-96.238-240.249; cf. também Martyn, *Galatians*, p. 260-263. Podemos nos referir a Ex 18.20 (*p.ex.*, meus "4QMMT and Galatians", p. 150, nota 19; *abaixo*, p. 492, nota 18; "Noch einmal", p. 280-281, *abaixo*, p. 594-595). Bergmeier refere-se também a Josefo, Ap 2,169.172 (*Gesetz*, p. 37 e nota 41); além disso, cf. p. 82-87. O argumento principal de Rapa em *Meaning* é que Paulo foi além da função de "obras da Lei" como marcadores de identidade para enfocar suas implicações soteriológicas, algo que não contesto. Já esclareci minha visão em 1986 em "Works of the Law", p. 223 (*abaixo*, p. 199-200) e reforcei o ponto em minha resposta a P. Stuhlmacher (*Jesus, Paul and the Law*, p. 210) e a Cranfield ("Yet Once More"; *abaixo*, Cap. 8). Esler deixou de perceber esse esclarecimento (*Galatians*, p. 182-183), mas Westerholm o reconhece novamente em seu resumo de minha contribuição (*Perspectives*, p. 189; "The 'New Perspective' at Twenty-Five", p. 12-13). Não aceito a alegação de T. Laato, de que eu teria mudado minha posição consideravelmente – T. Laato, "Paul's Anthropological Considerations: Two Problems", in Carson *et al.*, *Justification and Variegated Nomism Vol. 2*, p. 343-359 (aqui: p. 356, nota 71). A discussão por P. T. O'Brien, "Was Paul a Covenantal Nomist?", in Carson *et al.*, *Justification and Variegated Nomism Vol. 2*, p. 249-296, é em sua maior parte derivativa e deixa de discutir a evidência-chave (p. 277-282). H.-J. Eckstein, *Verheissung und Gesetz: Eine exegetische Untersuchung zu Galater 2,15-4,7*. WUNT 86 (Tübingen: Mohr Siebeck, 1996), p. 21-26, enfatiza que a expressão denota "estar sob a Lei" (4.21) e "cumprir toda a Lei" (5.3), mas sem referência a minha obra ou a 4QMMT. A tentativa de Waters, de colocar em minha boca e na de Wright que "as obras da Lei [...] estão exclusivamente relacionadas à identidade e de modo algum à *atividade*" (*Justification*, p. 195) é demasiadamente ridícula para que eu a responda.

⁹⁵ Daí a ênfase, por exemplo, em "What was the Issue" e "The Theology of Galatians" (*abaixo*, Cap. 5 e 6), de afirmar que o argumento paulino em Rm 2 e toda

podemos afirmar que ele disse claramente que a justificação acontece unicamente pela fé: considerar quaisquer "obras da Lei" essenciais (em adição à fé) mina o "somente pela fé". O princípio do evangelho é claro: "Ninguém é justificado pelas obras da Lei, mas somente (*eàn mê*)[96] através da fé em Jesus Cristo" (Gl 2.16).[97]

Ao mesmo tempo, o contexto que ocasionou a primeira proclamação desse princípio (Gl 2.1-16) lembra-nos que o princípio geral pode ser testado por meio de obras concretas da Lei.[98] É evidente que alguns

---

a Cartas aos Gálatas pode ser descrito apropriadamente como voltado contra um dupla interpretação errada do nomismo da aliança – de fato, parte da fórmula sobre "nomismo" não recebeu a ênfase *suficiente* (Rm 2) ou recebeu ênfase *exagerada* (Gálatas)! Gundry, "Grace, Work, and Staying Saved in Paul" já tinha mostrado que o problema em Gálatas não é "entrar em", mas "permanecer dentro de" (p. 8-12 – usando os termos de Sanders).

[96] Cf. *abaixo*, nota 148.

[97] Witherington mostra uma grave interpretação (ou compreensão) errada de minha visão de Paulo: "A teoria de Dunn, de que Paulo argumenta em favor da fé em Cristo mais observância dos inquilinos [em inglês: *tenants*] (*sic* – leia-se "*tenets*" = princípios) principais da Lei aliviada de seus aspectos restritivos e ritualistas" (*Grace in Galatia*, p. 162 – "fazendo Paulo soar mais que seus oponentes do que como ele mesmo"). O ensinamento de Paulo neste ponto *é claro*, sejam quais forem as qualificações que ele mesmo introduz em outros pontos (além disso, cf. *abaixo*, §§ 4.2.10 e 4.3.11).

[98] Stuhlmacher ignora o contexto do qual brotou Gl 2.16 e que determinou sua formulação. Também deixa de notar que "as obras da Lei" em 4QMMT C eram a base para a separação de Qumran da "multidão do povo" ("Rechtfertigung", p. 45-46). Semelhantemente, Fitzmyer (*Romans*, p. 338) e (surpreendentemente) Wright (*Romans*, p. 460) deixam de notar que o ponto de comparação com 4QMMT não é a referência "restrita" da expressão, mas o fato de que exigências específicas da Lei/*halakhot* (acerca da pureza ritual, do culto templar e de leis matrimoniais) eram estabelecidas como casos de teste da aceitabilidade de outras pessoas por Deus (cf. Mijoga, *Deeds of the Law*, p. 110-113, mas também p. 121-122,140-145); além disso, "Noch einmal", p. 284-287 (*abaixo*, p. 600-604). Também Lohse deixa de perceber o ponto decisivo: é claro que a confiança de Qumran na justiça divina não se dirigia contra os gentios, mas contra outros judeus (*Römer*, p. 144)! Já demonstrei esse ponto em "Yet Once More", p. 103-104 (*abaixo*, p. 320-321), em "Echoes of Intra-Jewish Polemic" (*abaixo*, p. 344-347) e em "4QMMT and Galatians", p. 150-151 (*abaixo*, p. 491-492); também "Paul et la Torah: le rôle et la fonction de la Loi dans la theologie de Paul l'apôtre", in A. Dettwiler, J.-D. Kaestli, D. Marguerat (org.), *Paul, une Theologie en construction* (Genebra: Labor et Fides, 2004), p. 227-249 (*abaixo*, Cap. 21), aqui: p. 243-245 (*abaixo*, p. 456-658).

judeus crentes queriam insistir na necessidade da circuncisão para quem cria no messias Jesus (isto é compreensível diante de Gn 17.9-14); esse desafio foi refutado com êxito (Gn 2.1-10). Mas, depois, a maioria dos judeus crentes, inclusive Pedro e Barnabé, reagiu segundo a crença de que ainda era necessário que judeus comessem separados de gentios; as leis sobre puro e impuro continuavam a ser essenciais (Gn 2.11-14).[99] Aos olhos de Paulo, atos dessa espécie consistiam rupturas com o princípio básico: insistir que as leis sobre puro e impuro eram ainda obrigatórias para judeus crentes era exigir obras da Lei em adição à fé em Cristo. Como diz Nils Dahl: "Para Paulo, a conduta de Pedro e Barnabé constituía a rejeição da doutrina da justificação pela fé".[100] Ao contrário disso podemos deduzir que a principal preocupação de Pedro e dos outros era menos ganhar méritos através dessa obediência. Era mais a convicção de que justamente essas refeições estavam ainda

---

Em contraste, C. Burchard, "Nicht aus Werken des Gesetzes gerecht, sondern aus Glauben an Jesus Christus – seit wann?", in H. Lichtenberger (org.), *Geschichte – Tradition – Reflexion. Band III, Frühes Christentum*. FS M. Hengel (Tübingen: Mohr Siebeck, 1996), p. 405-415 (aqui: p. 410-411), K. L. Yinger, *Paul, Judaism and Judgment According to Deeds*. SNTSMS 105 (Cambridge: Cambridge University, 1999), p. 169-174, e Rapa, *Meaning*, p. 54.143-144.172, nota 11; p. 173, nota 21 e p. 264 (com qualificações) entenderam o ponto de minha argumentação. Em "Yet Once More", p. 101 (*abaixo*, p. 316-319), observo que, na história do cristianismo, muitas vezes um princípio mais amplo pode ser enfocado em questões particulares, de modo que a infalibilidade do papa, o sacerdócio exclusivamente masculino, o batismo de crentes e a inerrância da Bíblia podem todos ser assuntos acrescentados à fé em Cristo como essenciais para o reconhecimento e cooperação mútuas.

[99] Em "The Incident at Antioch" procurei incluir todos os aspectos que motivaram Pedro a "se separar" da comunhão de mesa mista de judeus e gentios; para uma afirmação mais recente, cf. meu *Galatians*, p. 119-124, e ainda Lohse, *Paulus*, p. 92-93; Martyn, *Galatians*, p. 241-243; Schäfer, *Paulus bis zum Apostelkonzil*, p. 236-238. Rapa resume a atitude que provocou a repreensão de Paulo, embora ele a atribua aos "judaizantes" da Galácia: "As 'obras da Lei' eram as observâncias nomistas relacionadas à Lei judaica que os judaizantes afirmaram ser parte integral daquilo que significava ser um 'cristão'" (p. 138-139). Resumo uma situação mais complexa pela referência às "leis de puro e impuro", já que elas parecem fornecer a motivação básica (além disso, cf. *abaixo*, § 2.3).

[100] Dahl, Doctrine of Justification, p. 109; "*Paulus macht damit* (isto é, com o v. 16) *klar, welche schwerwiegenden Folgen sich aus der Aufkündigung der Tischgemeinschaft ergeben müssen*" (Com isto, Paulo deixa claro que consequências graves terão que surgir da abolição da comunhão de mesa; Lohse, Paulus, p. 94).

comprometendo todos os judeus: para serem fiéis a Deus, eles tinham que permanecer fiéis ao contrato que Deus tinha feito com seu povo e que incluía as leis sobre puro e impuro.[101]

Se o foco na circuncisão e nas leis alimentares parece ainda muito estreito para alguns, podemos observar como alternativa um terceiro elemento nessa equação: "viver como um judeu/judaizar" (*ioudaïzein* – Gn 2.14). Na visão de Paulo, Pedro e os outros judeus crentes estavam realmente demonstrando que gentios crentes deveriam observar as leis alimentares = judaizar = obras da Lei. Em outras palavras, a expressão "obras da Lei" era não só uma *maneira de descrever* o que membros da aliança tinham de fazer em virtude de sua pertença à aliança ("nomismo da aliança").[102] "Obras da Lei" denota também o modo de vida judaico, inclusive o modo de vida distintivamente judaico (daí também a objeção de Paulo em 5.3).[103] "Viver judaicamente" (*ioudaikôs zên*

---

[101] Além disso, cf. meu *Theology of Galatians*, p. 75-79; também *Theology of Paul*, p. 360, nota 104. F. Vouga, *An die Galater*. HNT 10 (Tübingen: Mohr Siebeck, 1998): "*Die Beschneidung und die Reinheitsgebote als Zeichen der Erwählung und der Heiligkeit sind Symbole des ganzen Gesetzes und der Zugehörigkeit zum Volk des Bundes*" [A circuncisão e os mandamentos de pureza como sinais da eleição e da santidade são símbolos da Lei inteira e da pertença ao povo da aliança], p. 58. Kim insiste em ler "obras da Lei" como "alcances humanos ou como boas obras realizadas para ganhar o favor de Deus" (*Paul and the New Perspective*, p. 59-60), o que dificilmente faz jus à preocupação que deve ter sido tão importante para Pedro no incidente de Antioquia. Contraste-se o tratamento mais simpático de I.-G. Hong, The Law in Galatians. JSNTSupp 81 (Sheffield: JSOT Press, 1993), p. 133-148, e Kruse, *Paul*, p. 41-42.186. Schnelle pensa que tais diferenciações (entre a Lei em geral e certas leis em particular) simplesmente não existem em Paulo (Paulus, p. 305, nota 52); o que dizer, então, de 1Cor 7,19?

[102] Cf. Westerholm, *Perspectives*, p. 367-370: "Portanto, para os defensores judeu-cristãos da circuncisão, a aliança e as leis judaicas ainda forneciam o quadro de referência dentro do qual o povo de Deus tinha que viver" (p. 368).

[103] Cf. J. B. Tyson, "'Works of Law' in Galatians", in *JBL* 92 (1973): 423-431; Eskola: "[...] 'obras da Lei' denota obediência e serviço a toda a Lei de Moisés. Esta era uma parte central da identidade judaica" (*Theodicy and Predestination*, p. 220). F. J. Matera, "Galatians in Perspective", in *Interpretation* 54 (2000): 233-245, expressa bem meu ponto argumentativo: "Em Gálatas, isto (isto é, "obras da Lei") se refere a certas obras específicas da Lei que, se adotadas, identificariam os gálatas como pessoas que tinham abraçado um modo de vida judaico" (p. 237). Watson repete sua observação mais antiga de que "obras da Lei" significa "o modo de vida do povo judeu, daquelas pessoas que estão dentro da aliança de Deus com Israel" (*Hermeneutics of Faith*, p. 69, nota 79). Que uma função

– 2.14) significa viver de acordo com a Lei, fazer o que a Lei manda (obras da Lei).[104] Por isso, não será surpresa alguma que o princípio mais profundo (fé e não obras) estava sendo atingido pela questão da comensalidade de judeus e gentios.[105]

Em poucas palavras, não quero reduzir "as obras da Lei" a questões-limite.[106] Mas é bastante óbvio que qualquer visão que insista em

---

da Lei era marcar e separar o povo de Deus foi reconhecido amplamente no *Symposium on Paul and the Mosaic Law* (p. 330); por exemplo, R. B. Hays, "Three Dramatic Roles: The Law in Romans 3-4": "A Lei define a identidade do povo judeu" (p. 151-154). Sugerir que minha observação sobre Gl 2.16 inserido em seu pré-contexto equivaleria "substituir a Lei" em Gl 3.21 por "regulamentações cerimoniais" (Blocher, "Justification of the Ungodly", p. 487) é tão "absurdo" como a própria sugestão.

[104] "[...] 'obras da Lei' equivalem 'viver como um judeu'"; "fazer o que exige a Lei é um sinal de adotar o modo de vida judaico [...] 'as obras da Lei', isto é, preservar um estilo de vida judaico"; "Paulo opõe-se em Gálatas às 'obras da Lei' porque elas representam a imposição de um estilo de vida judaico [...] sobre as pessoas que ele converteu na Galácia" (J. M. G. Barclay, *Obeying the Truth: A Study of Paul's Ethics in Galatians* [Edimburgo: T. & T. Clark, 1988], p. 78.82.239); "*ioudaïzein [bedeutet] jüdische Lebensweise [...], ioudaikos zen, jüdische Lebensweise, deren notae iusti sich definieren ex ergon nomou*" (*ioudaizein* [significa] modo de vida judaico [...], portanto, *ioudaikôs zên*, modo de vida judaico, cujas *notae iusti* se definem *ex érgōn nómou*; Bergmeier, *Gesetz*, p. 42). Semelhantemente, R. Liebers, *Das Gesetz als Evangelium: Untersuchungen zur Gesetzeskritik des Paulus* (Zurique: Theologischer, 1989), p. 54; M. Bachmann, *Sünder oder Übertreter: Studien zur Argumentation in Gal 2,15ff*. WUNT 59 (Tübingen: Mohr Siebeck, 1992), p. 93-94. Veja-se minha formulação mais antiga em *Partings*, p. 133.

[105] Neste ponto encontro-me agradavelmente próximo a Westerholm, *Perspectives*, p. 383-384: "Paulo não estava se dirigindo aos debates pelagianos ou do séc. XVI sobre obras, mas respondeu à insistência de que pessoas gentias deveriam ser circuncidadas, ao tematizar a questão fundamental de como seres humanos, não obstante seus pecados, podem experimentar vida no favor de Deus" (p. 384; além disso, cf. seu capítulo final, p. 440-445).

[106] Usei vários termos no "The New Perspective" – "marcadores de identidade", "crachás de pertença à aliança" (p. 192), bem como "definir fronteiras" e (p. 193) "marcadores de fronteiras" (p. 192-194; *abaixo*, p. 169-173). Wright usou o mesmo imaginário da circuncisão "como crachá da identidade nacional" ("History", p. 65) e o desenvolve da mesma maneira em *The Climax of the Covenant: Christ and the Law in Pauline Theology* (Edimburgo: T. & T. Clark, 1991), p. 240-244; semelhantemente *What Saint Paul Really Said*, p. 130-132. Cf. também W. S. Campbell, *Paul's Gospel in an Intercultural Context* (Frankfurt: Peter Lang, 1991), p. 126-127. Ao entender "marcadores de identidade" como se a caracterização

entender que *todas* as obras da Lei devem ser observadas naturalmente insistirá em dizer que, por isso e não obstante, *todas* as obras da Lei que são de alguma forma discutidas *têm que* ser observadas. E subsiste o fato de que esse problema, que causou a primeira afirmativa registrada do grande princípio da justificação somente pela fé, eram as obras da Lei pelas quais o judaísmo se distinguia e se mantinha separado das (outras) nações.[107] É isto que nos leva harmonicamente para o terceiro ponto do esclarecimento.

2.3. Uma atitude errada/um mal-entendido?

Até que ponto a "atitude" judaica em relação a gentios era o cerne do problema?[108] Será que trivializar o ensinamento de Paulo

---

fosse simplesmente uma nova versão da antiga ideia de "lei cerimonial" *versus* "lei moral", Zahl ("Mistakes", p. 9-10) deixa totalmente de contar com a dimensão social e étnica realçada pelo termo (além disso, cf. *abaixo*, § 2.3). E caracterizar a circuncisão como uma espécie de *"body-piercing"* (George, "Modernizing Luther", p. 457, seguindo Zahl, p. 9) demonstra uma lamentável ignorância acerca da função da circuncisão como o marcador de identidade mais crucial de Israel (*hē peritomḗ* = o judeu).

[107] A crítica de M. A. Seifrid, "Blind Alleys in the Controversy over the Paul of History", in *TynBul* 45 (1994): 73-95 (aqui: 77-75) está muito mais nuançada do que as outras (nota 94, *acima*): "Os *érga* (*nómou*) que pessoas circuncisas tinham que realizar marcavam a diferença entre pessoas justas e pessoas sem-Deus. Ao rejeitar *érga nómou* como garantia da salvação, Paulo rejeita uma superioridade moral conquistada mediante a obediência" (p. 84-85). Uma formulação dessa espécie constitui um meio-termo útil ("tanto ... como") que poderia fornecer uma base para uma síntese mais rica. Byrne aproxima-se também pacificamente da minha reformulação ("The Problem of Nomos", p. 299-301); como também, na maior parte, M. Silva, "Faith Versus Works of Law em Galatians", in Carson *et al.*, *Justification and Variegated Nomism* Vol. 2, p. 217-248 (aqui: p. 221-222). Em contraste, V. M. Smiles, *The Gospel and the Law in Galatia: Paul's Response to Jewish-Christian Separatism and the Threat of Galatian Apostasy* (Collegeville: Liturgical, Glazier, 1998), confunde simplesmente a questão quando insiste que "é a reivindicação da Lei em relação ao *mundo inteiro* que Paulo tem que contestar [...] a reivindicação fundamental da própria Lei de determinar para *toda a humanidade* a base da relação divino-humana que Paulo tem que expor" (p. 126-128).

[108] Räisänen (*acima*, nota 69) adotou minha linguagem em "Works of the Law", p. 231 (*abaixo*, p. 212-214) – a atitude acerca da Lei que exige aquelas observân-

sobre a justificação e sobre a maldição da Lei não significa considerar a crucial doutrina da justificação (simplesmente) algo relacionado com boas relações entre raças?[109] Será que não exagerei na ênfase da dinâ-

---

cias/obras que marcavam os judeus em distinção dos gentios e que exigiam a separação dos gentios. Ao realçar a importância que a inclusão de gentios tem para o evangelho de Paulo, Stendahl é efetivamente o pai da nova perspectiva (*acima*, nota 31).

[109] R. Y. K. Fung, *Galatians*. NICNT (Grand Rapids: Eerdmans, 1988), comenta uma de minhas expressões menos felizes ("a maldição de uma compreensão errada da Lei" – "Works of the Law", p. 229; *abaixo*, p. 209-210) como "inadequada para a ideia de Cristo como o portador da maldição" (p. 148, nota 60) – resposta anterior em *Jesus, Paul and the Law*, p. 237. Semelhantemente, Cranfield considera o pensamento de Rm 3.21-26 continuar "meramente a delinear as consequências para a autocompreensão do povo judeu" um "anticlímax intolerável"; a visão de Dunn "reduz o argumento de Paulo a uma polêmica contra o mal-entendido" ("Works of the Law", p. 8-9,13). Semelhantemente Das, *Paul, the Law and the Covenant*, p. 160 ("redenção a um mal-entendido meramente nacionalista"); Kim, *Paul and the New Perspective*, p. 133-134, e Lohse, *Römer*, p. 144-145. Ainda mais crítico é Westerholm, *Perspectives*, p. 317-319: "Uma visão tão limitada da expiação teria surpreendido até mesmo o teólogo mais dogmático de TULIP" (p. 317-318). R. B. Matlock, "Sins of the Flesh and Suspicious Minds: Dunn's New Theology of Paul", in *JSNT* 72 (1998): 67-90, exagera em sua atenção interpretação de meu termo "mal-entendido" em sua crítica a meu *Theology of Paul*; respondo em "Whatever Happened to Exegesis? In Response to the Reviews by R. B. Matlock e D. A. Campbell", in *JSNT* 72 (1998): 113-120 (aqui: 115-116). R. S. Smith, *Justification and Eschatology: A dialogue with "The New Perspective on Paul"*. Reformed Theological Review Supplement Series § 1 (2001), atribui a mim a visão de que a justificação "é menos uma doutrina teológica (isto é, uma questão de como uma pessoa se encontra na presença de Deus) do que uma doutrina sociológica (isto é, como judeus e gentios estão uns na presença dos outros)" (p. 9). Não! A questão era se ou em que termos *gentios* podiam estar *com* judeus na presença *de Deus*. O mal-entendido realça o perigo de pôr em antítese interpretações "sociológicas" e "teológicas", um perigo a que sucumbem vários (Smiles, *The Gospel and the Law*, p. 125-128; Thurén, *Derhetorizing Paul*, p. 139-140, cf. p. 150, nota 57; Marguerat, "Paul et la Loi", p. 265.270-271). Mas Smith admite a seguir a preocupação da "nova perspectiva" em reconhecer "que o ensinamento de Paulo sobre a justificação pela fé funciona tanto como um ataque contra a restrição nacional (judaica) como uma censura à separação judaica (judaico-cristã)" (p. 89-90). Schreiner retoma a observação de J. G. Machen "que o motivo pelo Paulo era devoto à justificação pela fé não era porque ela possibilitou a missão aos gentios, mas porque ela era verdade" (*Paul*, p. 195); no entanto, estas não são duas alternativas mutuamente exclusivas. Cf. também *abaixo*, nota 151.

mica social e nacional por trás da linguagem de Paulo e subestimei gravemente sua análise da radical impotência da situação humana e sua preocupação com a salvação individual?[110] Eu pessoalmente não tenho *nenhum* desejo de diminuir a gravidade das acusações de Paulo contra a humanidade, particularmente na análise devastadora de Rm 1.18-3.20, e espero que minhas obras precedentes tenham deixado isso claro.[111] Reconheço o perigo de reagir demasiadamente forte a algo que poderia ser uma ênfase individualista muito estreita, uma ênfase que, a meu ver, poderia ter sido encorajada tanto pelo existencialismo de RUDOLF BULTMANN como pelo evangelismo de BILLY GRAHAM. Ainda assim, é claro que não desejo absolutamente diminuir a importância de passagens extremamente pessoais como Rm 5.1-5 e Gl 2.19-20.[112] A única coisa que desejo é lembrar às pessoas interessadas que, na compreensão que o próprio Paulo tinha do evangelho, há *também* uma dimensão social e étnica.

Não deixa de ser verdade que Paulo formulou suas afirmações sobre a justificação somente pela fé e não por obras da Lei em vista de sua missão como apóstolo dos gentios e porque sua compreensão do evangelho foi desafiada por outros judeus (Gl 2.2-4; At 15.1.5). A questão que é o coração da teologia de Paulo é se e como os gentios

---

[110] Silva, "The Law and Christianity: Dunn's New Synthesis", p. 351-352; Moo, "Israel and the Law", p. 192-195; Byrne, "Interpreting Romans Theologically", p. 231-232. S. Westerholm, "Paul and the Law in Romans 9-11", in J. D. G. Dunn (org.), *Paul and the Mosaic Law*. WUNT 89 (Tübingen: J. C. B. Mohr, 1996; Grand Rapids: Eerdmans, 2001), p. 215-237: "Negar o contraste paulino entre 'fé' e 'obras' ou limitar seu significado a uma polêmica contra o particularismo judaico é deixar de apreciar o enfoque teocêntrico da visão religiosa de Paulo e a radicalidade com a qual ele vê o dilema humano e a redenção divina" (p. 236). "Quando alguém capta a força da visão de Paulo acerca do drama humano (assim como conseguiu Lutero), dificilmente é possível imaginar que ela foi eclipsada pela questão de judeus e gentios" (Blocher, "Justification of the Ungodly", p. 485-488. S. J. Gathercole, "Justified by Faith, Justified by his Blood: The Evidence of Romans 3:21-4:25", in Carson et al., *Justification and Variegated Nomism Vol. 2*, p. 147-184, critica quem "atribua importância exagerada à doutrina da justificação em sua relação à inclusão dos gentios" (p. 148).

[111] Cf. especialmente meu *Theology of Paul*, p. 79-127 (§§ 4 e 5).

[112] Mas estou perplexo com a insistência de Blocher de que Gl 2.20 "deveria ser entendido em relação à representação jurídica, não da união vital" ("Justification of the Ungodly", p. 499).

podem ser aceitos por Deus, a partir da convicção de que o evangelho da justiça de Deus é para *todas as pessoas* que creem, tanto gentios como judeus (Rm 1.16-17).[113] Esse assunto surgiu indubitavelmente porque Israel fora ensinado a se manter separado dos gentios; a crer que gentios constituíam uma ameaça à santidade de Israel; que, para ser separado *para* Deus, Israel tinha de ficar separado *das* (outras) nações.[114] Não há outra passagem do AT que deixasse isso mais claro que Lv 20.22-26: as leis que distinguem entre coisas e pessoas puras e impuras foram dadas como sinal da separação de Israel das nações, como uma maneira de reforçar essa separação (na qual Jub 22.16 insiste com mais força ainda).[115] *Obviamente, este foi o raciocínio teológico por trás da "separação" de Pedro de pessoas gentias em Antioquia (Gl 2.12).*[116]

---

[113] Niebuhr, "Paulinische Rechtfertigungslehre", p. 124-126.
[114] Aqui foi de grande influência o oráculo de Balaão – Israel como "um povo que habita sozinho e não se conta entre as nações" (Nm 23.9) – como explicita Fílon: o povo "que deve habitar sozinho, não contado entre as nações" não pode ser prejudicado "porque, em virtude de seus costumes peculiares, eles não se misturam com outros para não se afastarem dos caminhos de seus pais" (Mos 1.278). Eskola, *Theodicy and Predestination*, p. 218, não percebe o vínculo entre o ciúme divino (reservando Israel para si mesmo) e o zelo (de alguém como Fineias) que impede Israel de se misturar com outras nações que são idólatras (cf. *acima*, nota 42). Além disso, cf. F. Avemarie, *Tora und Leben: Untersuchungen zur Heilsbedeutung der Tora in der frühen rabbinischen Literatur* (Tübingen: Mohr Siebeck, 1996), p. 501-510. Não entendo por que Watson pensa que "a função social da Lei em estabelecer a separação de Israel", que eu identifico, é "uma corrupção secundária do conceito original de santidade" (*Hermeneutics of Faith*, p. 328-329). Ele confunde provavelmente a sequência da análise com uma sequência do propósito ou resultado. Meu ponto argumentativo é de que a santidade, a separação *para* Deus, envolveu inevitavelmente também a separação *de* outros – dois lados da mesma moeda.
[115] Hong refere-se a Dt 7.1-11 e Esd 10.11 (*Law in Galatians*, p. 147). Para a importância de Lv 20.26 na tradição rabínica, cf. Avemarie, *Tora und Leben*, p. 193-195, 446-447, 449-50, 503, 510-511.
[116] O ponto é reconhecido por I. H. Marshall, *New Testament Theology* (Downers Grove: InterVarsity, 2004), p. 211. Além disso, cf. meu "4QMMT and Galatians", p. 147-148 (*abaixo*, p. 487-488). Sejam quais forem os termos exatos em que Pedro e os outros cristãos tinham comido com crentes gentios em Antioquia, cf. agora J. G. Crossley, *The Date of Mark's Gospel: Insight from the Law in Earliest Christianity*. JSNTS 266 (Londres: T. & T. Clark International, 2004), p. 141-154 – era claramente a lógica da "separação de Israel" que tinha um peso decisivo para os judeus cristãos. Passagens como Rm 14.14; Juvenal, *Sátiras* 14.96-106

De modo semelhante, no centro da narrativa lucana sobre a reviravolta vivida por Pedro em relação ao centurião gentio Cornélio em At 10-11 está exatamente o reconhecimento de que a teologia de puro e impuro já não deveria prevalecer. Segundo Lucas, Pedro nunca antes tinha questionado as leis sobre puro e impuro (At 10.14; 11.8); elas eram simplesmente uma parte da mentalidade judaica. Mas ele aprendeu uma lição crucial com a visão que o chamou para comer carne impura (At 10.11-16; 11.5-10). Essa lição dizia que, dali em diante, ele não só precisava mudar seus costumes alimentícios, mas que não devia continuar a chamar nenhuma *pessoa* vulgar ou impura (At 10.28). O relato de Lucas nos mostra contra o que Paulo estava se voltando e o que o fez levantar-se contra o mesmo Pedro (!) em Antioquia. Como mostra claramente o trecho de Gl 2.15-17, *a "atitude" judaica em relação aos "pecadores" gentios era um ponto de "ou vai ou racha" para o evangelho, o evangelho da justificação pela fé.*[117]

Foi essa "atitude" caracteristicamente judaica em relação à Lei, ou aos gentios com base na Lei,[118] que fez Paulo considerar o desafio que era de suma importância para preservar o evangelho da justificação pela fé. Na visão de Paulo, havia realmente um "mal-entendido", mas não do papel da Lei quando se referia somente a Israel "antes da che-

---

e Tácito, Hist 5.5.2 deixam claro que judeus da diáspora (muitos ou tipicamente) criam que era necessário observar as leis de puro/impuro fora da Terra de Israel.

[117] Sobre a depreciação de gentios como "pecadores" *per se* cf. *acima,* notas 49.50. H. Merklein, "'Nicht aus Werken des Gesetzes...': Eine Auslegung von Gal 2,15-21", in *Studien zu Jesus und Paulus II.* WUNT 105 (Tübingen: Mohr Siebeck, 1998), p. 303-315: "*Sie* (isto é, *Judenchristen) sind 'von Natur Juden' und daher – von Haus aus – eben nicht Sünder wie alle Heiden*" [Eles (isto é, os judeu-cristãos) são "judeus por natureza" e por isso – por nascimento – justamente não pecadores como todos os gentios], p. 304.

[118] Para as "atitudes" de judeus em relação a gentios, cf., por exemplo, meu "Pharisees, Sinners, and Jesus", p. 73-74; também "Incident at Antioch", p. 142; H. D. Betz, *Galatians.* Hermeneia (Philadelphia: Fortress, 1979), p. 115; Longenecker, *Galatians,* p. 83. O fato de Paulo atribuir a crise ao medo "dos da circuncisão" (Gl 2.12), isto é, daqueles que derivam sua identidade básica de sua herança étnica (judaica)" (Martyn, *Galatians,* p. 234) sublinha a centralidade da divisão entre judeus e gentios. Não deveríamos esquecer que a circuncisão era também um marcador de separação: de acordo com Josefo, Deus ordenou a Abraão a praticar a circuncisão "com o intento de que sua posterioridade seria impedida de misturar-se com outros" (Ant 1.192); cf. também Jub 15.26.34; Tácito, Hist 5.5.2; e "Neither Circumcision", p. 82-92 (*abaixo,* p. 454-465).

gada da fé" (Gl 3.23), mas do papel agora que a fé tinha chegado, agora que o evangelho tinha de ser considerado como presente para gentios e também para judeus.[119] O mal-entendido era que as obras, que muito adequadamente podiam ser esperadas dos judeus como tais, eram agora também exigidas dos gentios, como condição para serem considerados aceitáveis a Deus – e isto mostrava o erro fundamental de exigir algo em adição à fé.[120]

A pesquisa sobre Paulo simplesmente não deveria diminuir a importância que o evangelho teve para Paulo como a força de Deus que derruba barreiras (sobretudo da Lei) entre judeus e gentios. Para Paulo, era central e essencial que o evangelho permitisse a povos tão diferentes a possibilidade de sentar e comer à mesma mesa. Ele até estava esperando isto deles, porque estava em jogo a "verdade do evangelho" (Gl 2.11-21).[121] O que foi exatamente o motivo da ira de Paulo em Antioquia? Qual foi o fato que lhe parecia uma ameaça tão grave à verdade fundamental da justificação pela fé? Exatamente a negação de um grupo de cristãos de aceitar plenamente outro grupo de cristãos! A afirmação da justificação que Paulo formulou na esteira do episódio de Antioquia (Gl 2.16) inclui, no mínimo, a mensagem de que "justificação" significa aceitar plenamente o outro crente que é diferente de você, que discorda de

---

[119] Além disso, cf. meu *Theology of Paul,* p. 137-150; "Noch einmal", p. 277-279 (*abaixo,* p. 592-594). Nota-se que Paulo via as duas crises, em Jerusalém por causa de Tito e em Antioquia por causa da comunhão de mesa, como uma só coisa. Em ambos os casos, "a verdade do evangelho" (Gl 2.5,14) estava ameaçada por tentativas judaicas de "compelir" (Gl 2.3,14) pessoas gentias a se conformar com distinções judaicas. Cf. G. Strecker, *Theologie des Neuen Testaments* (Berlim: de Gruyter, 1996): a intenção dos oponentes de Paulo na Galácia era *"mit der Beschneidungsforderung die Tora des Judentums in den christlichen Gemeinden Galatiens aufzurichten und die durch die Verkündigung des Apostels verursachte Infragestellung der Einheit von jüdischer Nationalität und Frömmigkeit rückgängig zu machen"* [estabelecer, através da exigência da circuncisão, a Torá do judaísmo nas comunidades cristãs da Galácia e reverter o questionamento da unidade de nacionalidade e piedade judaicas, causado pela proclamação do apóstolo], p. 151.

[120] Por isso, a expressão de Westerholm (*Perspectives,* p. 315): "O problema nas referências paulinas às obras da Lei é a Lei que exige atos, não a Lei em sua interpretação errada pelos judeus", que apresenta um "ou ... ou" no lugar em que deveria ter sido apresentada um "tanto ... como".

[121] Além disso, cf. meu *Theology of Paul's Letter to the Galatians,* p. 25-28, onde noto também a dimensão apocalíptica da questão (p. 46-52); cf. também *abaixo,* nota 124.

você.¹²² Evidentemente, essas duas dimensões estão intrinsecamente entreligadas – o vertical e o horizontal, a aceitação por Deus e a aceitação de outras pessoas. Não é possível estar certo com Deus enquanto alguém se nega de respeitar e aceitar aquilo que JONATHAN SACKS descreveu como a "dignidade da diferença".¹²³

Portanto, dificilmente é uma coincidência que a maior carta de Paulo, a aos Romanos, desemboque exatamente na discussão deste tema (Rm 14.1-15.6), resumido na exortação de "acolher uns aos outros, assim como Cristo vos acolheu" (Rm 15.7). Tampouco é uma coincidência que a carta tem seu auge na visão testemunhada pela Lei, pelos profetas e pelo salmista, que mostra os gentios adorando e glorificando Deus junto com o antigo povo de Deus (Rm 15.9-12), uma visão que estava se cumprindo através da missão do próprio Paulo. E tampouco devemos esquecer que Paulo considerou isto o grande "mistério" que fora ocultado dos séculos e das gerações, mas que foi agora revelado no evangelho: que, desde os primórdios, o projeto de Deus visava incluir os gentios em seu povo.¹²⁴ Especialmente na Carta

---

¹²² Smith reverte o argumento de Gl 2.11-17 quando conclui com base em Gl 4.21-31 que "para Paulo, quem foi justificado pela fé não pode ter companhia com quem procura ser justificadas em alguma base diferente" (*Justification and Eschatology*, p. 131).

¹²³ J. Sacks, *The Dignity of Difference* (Londres: Continuum, 2002). Lamentavelmente, o problema enfrentado por Paulo está vivo ainda hoje entre aqueles israelenses (e cristãos) que usam a promessa da terra a Abraão (Gn 13.15; 17.8 etc.) como justificativa de uma política de assentamentos no Território Palestino que na realidade procura repetir a ocupação da terra prometida, ao expulsar o povo nativo através da desapropriação de terras, destruição de olivais e propriedades, controle de abastecimento de água e restrições aniquiladoras na vida cotidiana. Esqueça-se convenientemente que algumas formas da aliança com os patriarcas (inclusive o momento sagrado da ratificação da aliança) lhes prometem a "terra desde o rio do Egito até o grande rio, o Eufrates" (Gn 15.18; Dt 1.7-8; 11.24; Js 1.3-4); sobre a extensão da promessa de abraçar a terra inteira(!), cf. Rm 4.13 e meu *Romans*, p. 213.

¹²⁴ Rm 11.25; (16.25-27); Ef 1.9-10; 3.3-6; Cl 1.26-27; 2.2; 4.3. Fico pasmo diante da acusação de R. W. Yarbrough, "Paul and Salvation History", in Carson *et al.*, *Justification and Variegated Nomism Vol. 2*, p. 297-342, de que sou hostil à perspectiva histórico-salvífica em Paulo, de que eu a "marginalizo" ou "desacredito" (p. 307-308,324,342), especialmente quando Yarbrough define "história da salvação" como "a atividade divina de redenção pessoal dentro da história humana para efetivar suas intenções eternas de salvação" (p. 297). Muito ao

aos Efésios, este é o mistério supremo dos séculos de cuja revelação e implementação Paulo fora encarregado: a revelação de que "os gentios se tornaram co-herdeiros, membros do mesmo corpo" (Ef 3.6). Cristo morreu para derrubar o muro, a Lei com seus mandamentos e prescrições, o muro que dividiu judeus de gentios (Ef 2.14-16).[125] Nele, os dois se tornaram um, e a Igreja é apresentada exatamente como uma grandeza que existe para ser o *lugar onde os povos separados se encontram como um* (Ef 2.17-22).[126] O alcance dessas antigas hostilidades não foi meramente um produto colateral do evangelho, e muito menos um desvio do verdadeiro sentido do evangelho, mas o *supremo cumprimento do evangelho*, o cumprimento dos propósitos de Deus desde o princípio dos tempos.[127]

---

contrário, entendo que o sentido central de Romanos e Gálatas é o argumento de que o evangelho para os gentios é o cumprimento e o ápice do propósito salvífico de Deus. Geralmente sou mais criticado por causa do realce das *continuidades* entre Paulo e a revelação de Deus para e através de Israel! Contraste-se a crítica mais sutil de Carson ("Mystery and Fulfilment", p. 434-435), com que eu me sintonizo em grande parte. Abordo a tensão entre histórica da salvação e apocalíptica em Paulo de forma mais ampla em meu "How New was Paul's Gospel? The Problem of Continuity and Discontinuity", in L. A. Jervis, P. Richardson (org.), *Gospel in Paul: Studies an Corinthians, Galatians and Romans*. FS R. N. Longenecker. JSNTS 108 (Sheffield: Sheffield Academic, 1994), p. 367-388, reimpresso *abaixo*, Cap. 10; e em "Neither Circumcision", p. 104-106 (*abaixo*, p. 479-481).

[125] A referência pode ser muito bem à barreira dentro do recinto templar de Jerusalém que excluía, sob pena de morte, pessoas gentias do pátio interno; cf., por exemplo, a lista em R. Schnackenburg, *Der Brief an die Epheser*. EKKNT 10 (Zurique: Benziger, 1982), p. 113-114. Para mais, cf. Arist 139.142, citado *acima* (p. 37).

[126] As preocupações de Paulo não são adequadamente resumidas em termos de "universalismo", embora J. M. G. Barclay, "'Neither Jew Nor Greek': Multiculturalism and the New Perspective on Paul", in M. G. Brett (org.), *Ethnicity and the Bible* (Leiden: Brill, 1996), p. 197-214, alerte legitimamente contra ecos na nova perspectiva que vêm da antítese de Baur entre "universalismo cristão" e "particularismo judaico" (197.200.202.204). Suas reflexões sobre "Paul and multiculturalism", em diálogo com D. Boyarin, *A Radical Jew: Paul and the Politics of Identity* (Berkeley: University of California, 1994), são conscienciosas e de grande valor (p. 209-214). Cf. também meu "Was Judaism Particularist or Universalist?", in J. Neusner, A. J. Avery-Peck (org.), *Judaism in Late Antiquity, Part III: Where We Stand: Issues and Debates in Ancient Judaism, Vol. 2*. Handbuch der Orientalistik (Leiden: Brill, 1999), p. 57-73.

[127] Por isso continuo em sintonia com Stendahl em sua resposta à crítica que Käsemann faz a seu ensaio "Introspective Conscience" ("Rechtfertigung und

Essas "atitudes" e "mal-entendidos" que preservam barreiras entre povos e raças, que rebaixam outras pessoas e as tratam como menos importantes diante de Deus, que negam o respeito a outros, que veem as coisas de modo diferente, não só teriam minado o ensinamento da justificação pela fé, mas teriam prejudicado e até mesmo destruído o cristianismo se não fossem assim combatidos. E os cristãos de hoje não deveriam hesitar em tirar as mesmas lições do ensinamento de Paulo ao confrontar o evangelho com os mesmo desafios: ver outras pessoas essencialmente como uma ameaça a meu *status* (ou direitos/privilégios) ou ao de meu povo sempre prejudicará e destruirá a aceitação e comunhão mútuas; insistir na ideia de que outras pessoas podem ser respeitadas e aceitas somente se compartilham a mesma lealdade tribal, se formulam a sua fé em palavras que nós reconhecemos ou se agem da forma que nós aprovamos, sufoca a graça de Deus e a verdade do evangelho de uma maneira que causaria a Paulo a mesma ira e indignação que ele experimentou em Antioquia. Em um exemplo extremo temos a mesma recusa de alguns cristãos de comer à mesma mesa (a mesa do *Senhor*!) juntamente com outros cristãos,[128] a mesma insistência de alguns cristãos em rejeitar o reconhecimento e a cooperação com outros cristãos, e tal se dá porque para os tais a justificação somente pela fé em Cristo é uma afirmativa insuficiente do evangelho! Ironicamente, até mesmo a própria insistência na doutrina da "justi-

---

Heilsgeschichte im Römerbrief", *Paulinische Perspektiven* [Tübingen: Mohr Siebeck, 1969], p. 108-139), quando ele sugere que "o próprio argumento da justificação pela fé funciona em Paulo dentro de suas reflexões sobre o plano de Deus para o mundo" (*Paul*, p. 131). Uma das características principais das contribuições de Wright é que ele valoriza muito o contexto narrativo do teologizar de Paulo, neste caso a narrativa dos propósitos que Deus tem para seu mundo e como ele lida com o mundo. Aceito a perspectiva, embora com cuidado; cf. meu "The Narrative Approach to Paul: Whose Story?", in B. W. Longenecker (org.), *Narrative Dynamics in Paul: A Critical Assessment* (Louisville/Londres: Westminster John Knox, 2002), p. 217-230.

[128] Cf. meu "Should Paul Once Again Oppose Peter to his Face?", in *The Heythrop Journal* 34 (1993): 58-65. Wright apresenta o mesmo argumento e apelo: a justificação "é a base para aquela unidade da Igreja que atravessa barreiras raciais e em favor da qual Paulo lutou tão duramente" ("Romans and the Theology of Paul", in D. M. Hay, E. E. Johnson (org.), *Pauline Theology Volume III Romans* [Minneapolis: Fortress, 1995], p. 30-67 [aqui: p. 66]); "a doutrina da justificação é de fato a grande doutrina *ecumênica*" (*What Saint Paul Really Said*, p. 158-159).

ficação pela fé e não obras" pode se tornar uma "obra" acrescentada que compromete e corrompe o evangelho da justificação somente pela fé![129] No outro extremo do leque basta destacar exemplos de *apartheid* ou de segregação racial nos Estados no sul dos EUA ou as tensões sociais na Irlanda do Norte ou os massacres dos tutsis em Ruanda ou as hostilidades mortíferas na antiga Iugoslávia – todas elas envolvem cristãos![130] E isto sem mencionar a revira-volta trágica quando a separação judaica foi ultrapassada horrivelmente pelo superssessionismo e antissemitismo do cristianismo.[131] A justificação pela fé volta-se contra todos esses fundamentalismos que usam textos bíblicos para justificar um tratamento injusto de outras pessoas, aprisionam a graça de Deus em alguma formulação sectária que insiste na origem divina de qualquer política ou prática que desrespeita o "gentio" ou que exige como condição da aceitação cristã mais do que a fé que opera através do amor (Gl 5.6).[132]

---

[129] Tom Wright lembrou-me da observação de Hooker, de que uma pessoa não é justificada pela fé ao crer na justificação pela fé, mas que a pessoa é justificada pela fé ao crer em Jesus Cristo.

[130] Timothy George ao mesmo tempo capta e deixa de captar o aspecto decisivo: "Racismo de qualquer espécie em qualquer cultura é incompatível com a verdade do evangelho, não porque leva à exclusão social, mas porque está em oposição à 'nova criação' que Deus está inaugurando: o corpo de Cristo não está baseado numa casta, cor, gênero ou condição social, mas unicamente na graça" ("Modernizing Luther", p. 458). O ponto central da minha argumentação é que a "exclusão social" nega a "nova criação" e o evangelho de "somente pela graça", e que foi por isso que Paulo protestou tão vigorosamente contra ela.

[131] Barry Matlock nota com razão que "nós modernos não temos uma preocupação típica tão grande com o pecado e com a culpa como temos com noções de comunidade, de modo que se reflete aqui nosso clima teológico" e se pergunta "se o Paulo de Lutero é mais prejudicado por não combinar com o século vinte do que com o primeiro" ("Almost Cultural Studies?", p. 439. 443); cf. Barclay, "Neither Jew Nor Greek", p. 204-206. Reconheço prontamente que a "nova perspectiva" se dirige a preocupações dos sécs. XX e XXI, assim como o Paulo "de Lutero" se dirigia a preocupações do séc. XVI. O ponto que me interessa é antes que as preocupações de ambos os períodos tornam leitores de Paulo mais sensíveis para dimensões de seu ensinamento sobre a justificação que têm sido negligenciadas ou entendidas equivocadamente.

[132] Neste ponto me pego muitas vezes refletindo sobre o grande hino de F. W. Faber, *"There's a wideness in God's mercy"* (Há uma amplitude na misericórdia de Deus), especialmente o quinto verso: "Mas estreitamos seu amor, por falsos limites de nós mesmos; e ampliamos sua severidade com um zelo que não é dele".

Repito que o ponto central para apreciar apropriadamente a nova perspectiva é reconhecer que a maneira de combater essas "atitudes", esses "mal-entendidos" da preocupação de Deus com "o outro", com a "pessoa marginalizada ou excluída", foi o evangelho paulino da justificação, da aceitação por Deus de *todas as pessoas* que creem, sem nenhuma condição – nem da etnicidade, nem da cor, nem da raça, nem da classe, nem da crença, nem da denominação. É crucial para a saúde das Igrejas que esse aspecto da doutrina paulina sobre a justificação somente pela fé não seja negligenciado, como tem sido negligenciado na história do cristianismo e ainda hoje está sendo negligenciado em muitas partes do "Ocidente Cristão". Há algo de irônico no fato de que tantos comentaristas, ao enveredar com tanta insistência para a necessidade mais fundamental da humanidade diante de Deus, ignorem ou diminuam a seriedade de um assunto que, na realidade, trouxe o ponto mais fundamental para a relevância tão vital e abrangente de Paulo.

Digo e repito mais uma vez que este é o sentido que a "nova perspectiva" tem para mim. Ela *não* coloca essa compreensão da justificação pela fé em antítese à justificação do crente individual pela fé. Ela *não* está em oposição à clássica doutrina reformada sobre a justificação. Ela simplesmente observa que a dimensão social e étnica fazia parte da doutrina desde sua primeira formulação, que ela era integral à primeira exposição e defesa registrada dessa doutrina – "judeus primeiro, mas também gregos". Estes são os lemas que deveríamos usar para resumir o evangelho de Paulo – "para todas as pessoas que creem, judeus primeiro, mas também gregos", "sem distinção entre judeus e gregos [...] para todas as pessoas que o invocam" (Rm 1.16; 10.12) – não a lógica dogmática de "condição para solução", e muito menos a antítese um tanto forçada de Sanders, de "solução para condição".[133] Esta é a dimensão perdida da doutrina que precisa ser colocada novamente no centro, *não* para rejeitar a doutrina tradicional, mas para enriquecer a doutrina a partir de suas raízes bíblicas e para recuperar a plenitude do ensinamento paulino sobre o assunto.[134]

---

[133] Zahl pensa que "solução para condição" é "uma âncora da Nova Perspectiva" ("Mistakes", p. 6.10), mas a ideia não ocorre em minha versão da "nova perspectiva".

[134] Desloco minha resposta para as acusações indicadas na nota 109, *acima*, em §§ 3.1-3, *abaixo*.

2.4. Um desenvolvimento tardio?

Será que digo ou dou a entender (como alega KIM)[135] que Paulo chegou à doutrina da justificação pela fé e não por obras somente em Antioquia, ou seja, muitos anos depois de sua conversão e pelo menos alguns anos depois de iniciar seu trabalho missionário e evangelizador? Aqui pode haver novamente pelo menos um mal-entendido que deva ser esclarecido.

A pergunta é se havia qualquer desenvolvimento na compreensão e expressão paulinas da justificação pela fé até e inclusive sua resposta ao incidente antioqueno em Gl 2.15ss. Em poucas palavras, minha resposta é que a compreensão que Paulo tinha da justificação pela fé era provavelmente clara e firme desde o início, mas que a *formulação antitética*, pela fé *e não pelas obras da Lei*, foi provavelmente o resultado de seu confronto com judeus crentes em Jerusalém e Antioquia (Gl 2.1-16). Eu *não* penso que Paulo precisasse da crise gálata para chegar à conclusão de que Deus aceitava *todas as pessoas* que criam no evangelho.[136] Minha argumentação continua a ser a mesma. Na medida em que consigo percebê-la, a compreensão paulina da justiça de Deus como uma justiça salvífica fazia parte da herança judaica/escriturística, como mostra Rm 1.16-17. A questão principal foi se essa preocupação da graça divina se estendia também a gentios – a todas as pessoas, tanto gentios

---

[135] Cf. *acima*, nota 70.
[136] Com licença de Strecker: "*Veranlasst durch die galatische Krise wird die Rechtfertigungsbotschaft des Paulus zum ersten Mal in Galaterbrief entfaltet*" (Ocasionada pela crise gálata, a mensagem paulina da justificação é desenvolvida pela primeira vez na Carta aos Gálatas; *Theologie*, p. 149); Schnelle, *Paulus*, p. 132-135,302-304: "*Paulus geht mit Gal 2,16 einen entscheidenden Schritt über die Vereinbarung des Apostelkonvents und den Streitpunkt des antiochenischen Zwischenfalls hinaus*" [Com Gl 2.16, Paulo dá um passo decisivo para além dos acordos da Concílio dos Apóstolos e do ponto polêmico do incidente antioqueno], p. 302; também, em certo sentido, Martyn entende a formulação paulina em Gl 2.16 como a interpretação que Paulo confere ao evangelho comum da justificação em resposta à interpretação nomista desse evangelho, levado aos gálatas pelos outros missionários ("os Mestres" na terminologia de Martyn; *Galatians*, p. 268-275); e, no mesmo sentido, até mesmo Westerholm: "Quando se dizia às pessoas convertidas por ele na Galácia que deveriam se circuncidar e submeter à Lei de Moisés, Paulo esclareceu pela primeira vez a relação entre a Lei de Israel e a fé da Igreja" (*Perspectives*, p. 442).

como judeus (Rm 1.16-17). O "zelo" pré-cristão de Paulo estava orientado para preservar o *status* "imaculado" dos judeus, inclusive uma santidade não maculada pelo contato com outras nações, e para perseguir as pessoas que ameaçavam essa separação sagrada (Fl 3.4-6).[137] Ele recordava sua conversão como algo que lhe abriu os olhos para reconhecer que também gentios eram objetos da graça salvífica de Deus, através de seu filho Jesus Cristo (Gl 1.12-16). Suponho que, *desde sua primeira atividade evangelizadora* como cristão, seja quando tenha sido,[138] ele já pregava a boa notícia de que a justiça salvífica de Deus era para todas as pessoas, primeiro judeus, mas também gentios – isto é, gentios enquanto gentios, sem exigir que se tornassem primeiro prosélitos.[139]

---

[137] Cf. *acima*, § 1, na nota 42; além disso, § 2.3.

[138] Será que Paulo já pregou na Arábia (Gl 1.17), como deduz, por exemplo, Kim (*Perspective*, p. 46)? Cf., por exemplo, a breve discussão em meu *Galatians*, p. 69-70; Schwemer, *Paulus zwischen Damaskus und Antiochien*. WUNT 108 (Tübingen: Mohr Siebeck, 1998), p. 174-184; *Paul Between Damascus and Antioch* (Londres: SCM, 1997), p. 106-113. Seja qual for a conclusão correta a ser tirada de Gl 1.17, o ponto que importa é que o trabalho evangelizador de Paulo começou bem antes do incidente de Antioquia (Gl 1.21-23; 2.7-9). Para a proposta improvável de que Gl 5.11 indique um período de missão paulina (cristã) em que ele "pregou a circuncisão", cf. T. L. Donaldson, *Paul and the Gentiles: Remapping the Apostle's Convictional World* (Minneapolis: Fortress, 1997), p. 278-284; Martyn, *Galatians*, p. 166-168.

[139] Kim cita Hengel e Schwemer, *Paul Between Damascus and Antioch*, p. 95-98, como apoio a sua tese (*Paul and the New Perspective*, p. 52), de modo geral adequadamente, embora a posição de Hengel pareça ser mais nuançada do que a de Kim: "*Es soll hier nicht versucht werden, die paulinische Lehre von der völligen Gnadenhaftigkeit des Heils oder der Rechtfertigung des Sünders allein aus Glauben in ihrer vollen und aspektreichen begrifflichen Entfaltung bereits in die Zeit seiner Bekehrung zurückzuverlegen. Wann und wie er die einzelnen Formulierungen ausbildete, können wir nur vermuten*" [Aqui não se procura atribuir a doutrina paulina do caráter inteiramente gratuito da salvação ou da justificação do pecador somente pela fé em seu desdobramento terminológico pleno e diversificado já ao tempo de sua conversão. Quando e como ele elaborou as distintas formulações pode apenas ser presumido], *Paulus*, p. 167. O ensaio mais breve de Hengel omite a nuance – "Die Stellung des Apostels Paulus zum Gesetz in den unbekannten Jahren zwischen Damaskus und Antiochien", in J. D. G. Dunn (org.), *Paul and the Mosaic Law*. WUNT 89 (Tübingen: Mohr Siebeck, 1996), p. 25-51 (aqui: p. 33-35.47.51). Descrever Gl 2.16 como "*mehr oder weniger zufällig*" [mais ou menos acidental] (p. 34), porém, é certamente diminuir injustificavelmente a importância do confronto com Pedro. Lohse sugere que Paulo levou o evangelho por ele pregado "a uma expressão concisa" (*knappen*) (*Paulus*, p. 94; além disso,

A história da primeira pregação aos gentios gera uma pergunta interessante e intrigante. Se Paulo e outras pessoas não exigiram desde o início a circuncisão, por que o assunto da circuncisão foi levantado apenas no fim dos anos 40, quando surgiu e foi formalmente resolvido pela primeira vez pelo "concílio" de Jerusalém (Gl 2.1-10; At 15)? Já procurei antes propor respostas a essa pergunta,[140] mas minhas sugestões tiveram pouco eco positivo em KIM. Repito aqui minha argumentação de forma resumida. Minha suposição é que os gentios crentes eram inicialmente considerados na mesma situação ambígua como os gentios tementes a Deus, isto é, gentios que eram adeptos da sinagoga local e tinham adotado algumas crenças e costumes judaicos, mas que não tinham aceitado a circuncisão.[141] Somente quando o número dos gentios começou a ultrapassar o número dos judeus crentes disparou o sinal de alarme. A exceção (tementes a Deus incircuncisos) estava se tornando a regra (gentios crentes). Este foi o problema discutido e satisfatoriamente resolvido em Jerusalém em relação à missão paulina (Gl 2.1-10). Evidentemente, porém, o problema mais amplo do nível da observância da Torá que se esperava de judeus crentes, especialmente em suas relações com esses gentios crentes, ainda não foi plenamente percebido, ou não ficou resolvido, ou ainda era uma questão ambígua em Jerusalém.[142] Daí o incidente em Antioquia, quando judeus crentes fizeram questão de preservar um nível (mais alto) da observância da

---

p. 209-214); e Hahn defende que o ensinamento paulino sobre a justificação chegou a apresentar uma "maior explicação", mas não "mudança" (*Wandlung*) ou "desenvolvimento" (*Entwicklung*) (*Theologie*, p. 1.245-1.246). Além disso, cf. a discussão em Burchard, "Nicht aus Werken des Gesetzes gerecht".

[140] Cf. meu *Partings*, p. 124-35; também "The Theology of Galatians" (p. 125-146; *abaixo*, Cap. 6); também, brevemente, "In Search of Common Ground", in Dunn (org.), *Paul and the Mosaic Law*, p. 309-334 (aqui: p. 315-317), reimpresso *abaixo*, Cap. 12 (aqui: p. 420-425).

[141] Detalhes suficientes se encontram em meus *Romans*, p. xlvii-xlviii, e *Partings*, p. 125. Além disso, cf. F. W. Horn, "Der Verzicht auf die Beschneidung im frühen Christentum", in *NTS* 42 (1996): 479-505; e sobre "tementes a Deus", B. Wander, *Gottesfürchtige und Sympathisanten: Studien zum heidnischen Umfeld von Diasporasynagogen*. WUNT 104 (Tübingen: Mohr Siebeck, 1998).

[142] "A Lei não é mencionada porque sua validade contínua é considerada evidente" (Martyn, *Galatians*, p. 267-268). Cf. também C. K. Barrett, "*Christocentricity at Antioch*". *On Paul: Essays on His Life, Work and Influence in the Early Church* (Londres: T. & T. Clark, 2003), p. 37-54 (aqui: p. 49-53).

Torá, que tornou a comensalidade com gentios crentes impossível (Gl 2.11-14).

Kim zomba, dizendo que essa tentativa de reconstrução histórica é *"incredible"* (incrível no sentido negativo de estar fora de qualquer lógica);[143] segundo Kim, não dá para acreditar que Paulo não teria, por tanto tempo, percebido os problemas que a circuncisão e as leis alimentares provocaram junto aos gentios que ele tinha convertido; para Kim, não dá para acreditar que um antigo fariseu, tão zeloso pela Lei, pudesse ter deixado de perceber esse problema imediatamente e não tivesse começado a resolvê-lo desde o início de seu trabalho missionário. Ao reagir com tanto desdém, Kim deixa de admitir a importante questão que se tem aqui: por que os problemas da circuncisão e depois da comensalidade não surgiram por tanto anos, mas depois apareceram concretamente? Ele ignora o fato de que as questões da circuncisão e das leis de puro e impuro não foram levantadas por Paulo, mas por *seus colegas judeus crentes.* Uma parte da resposta é provavelmente a seguinte: se as rupturas com as fronteiras impostas pela circuncisão tinham sido problemáticas para o perseguidor Saulo, para Paulo, o apóstolo, tais *já não* eram um problema; este foi justamente o aspecto do qual ele se tinha *convertido.* Formulando o meu argumento em palavras simples: foi o levantamento desses problemas que parece ter provocado a expressão da lógica teológica. Como observa Mark Seifrid: "Dificilmente podemos imaginar que o colega de Paulo na missão aos gentios, Barnabé, teria vacilado em Antioquia se ele tivesse sido exposto já antes ao pleno impacto da polêmica [eu poderia acrescentar: "e da teologia"] que Paulo emprega na Carta aos Gálatas".[144] O fato de ser tão profundamente desafiado forçou Paulo a formulações explícitas daquilo que seu evangelho significava tanto para crentes judeus como para crentes gentios.[145]

---

[143] A palavra (*"incredible"*, "incrível") é usada repetidamente por Kim, *Paul and the New Perspective,* p. 13-35.

[144] *Justification,* p. 180.

[145] Talvez eu deva acrescentar mais uma vez que não desenvolvi a hipótese por causa de alguma antipatia imaginária contra o caráter fundamental do ensinamento paulino sobre a justificação, mas somente como uma tentativa de encontrar o melhor sentido possível a partir dos dados do texto, ou seja, a partir da prática exegética responsável.

O centro do problema é bem ilustrado pela conduta de Pedro em Antioquia: também para Pedro não tinha existido nenhum problema; a situação começou a ser um problema somente com a chegada de "homens de Tiago" (Gl 2.2). Em meu ensaio "A Nova Perspectiva" observei com base na interpretação óbvia de Gl 2.15-16 ("nós judeus sabemos...") que Paulo entendeu seu evangelho da justificação pela fé em Cristo evidentemente como o chão comum com os outros judeus crentes.[146] Também argumentei que o *eàn mē* de Gl 2.16 indica um apelo à atitude de Pedro que era capaz de afirmar *tanto* que a justificação acontecia pela fé em Cristo *como* que ainda era necessário para judeus crentes observar obras da Lei (no caso concreto em questão, leis alimentares).[147] Não obstante as críticas e independente do significado exato de *eàn mē* ("exceto" ou "mas"),[148] minha afirmação central permanece: em Antioquia, Pedro agiu de uma maneira que mostra que ainda era

---

[146] "*Eine Konsensaussage antiochenischer Theologie*" (uma afirmação consensual da teologia antioquena; Becker, *Paulus*, p. 101); "uma doutrina importante defendida tanto por Paulo como por Cefas" (Kruse, *Paul*, p. 109-110); "uma visão padrão judaica" (Westerholm, *Perspectives*, p. 370); além disso, cf. M. Theobald, "Der Kanon von der Rechtfertigung (Gal 2,16; Röm 3,28)", in *Studien zum Römerbrief*. WUNT 136 (Tübingen: Mohr Siebeck, 2001), p. 164-225 (aqui: p. 182-92); Schäfer, *Paulus bis zum Apostelkonzil*, p. 253-265.

[147] "New Perspective", p. 189-191 e nota 25, p. 195-198 (*abaixo*, p. 165-166 e nota 25, p. 174-178). "*Wahrscheinlich haben viele Judenchristen ihre Hinwendung zu dem Messias Jesus gar nicht als soteriologische Alternative zum Prinzip der Gesetzeswerke gesehen*" [Provavelmente, muitos judeu-cristãos nem sequer entendiam sua volta para o Messias Jesus como uma alternativa soteriológica ao princípio das obras da Lei], Merklein, "'Nicht aus Werken'", p. 306. Além disso, cf. Martyn, *Galatians*, p. 264-268. Surpreendentemente, Silva julga isso uma "interpretação curiosa" ("Faith Versus Works", p. 217, nota 3).

[148] Respondo a críticas anteriores nas *Additional Notes* à "*The New Perspective*" (p. 207-209.212). A. A. Das, "Another Look at *ean mē* in Galatians 2:16", in *JBL* 119 (2000): 529-539, me apoia (a fórmula é deliberadamente ambígua; também seu *Paul and the Jews*, p. 31-32), embora ele deva lembrar que a crença descrita em 2.16 parece ser a fé colocada em prática em Antioquia por Pedro e os outros judeu-cristãos. Num *paper* sobre "Galatians 2:15-16" na *British New Testament Conference* em Edimburgo (setembro de 2004), M. C. de Boer ofereceu uma antecipação do seu futuro comentário sobre Gálatas (New Testament Library, Westminster John Knox), onde ele argumenta semelhantemente que Gl 2.15-16 é uma *captatio benevolentiae* usada por Paulo para ganhar a simpatia daquelas pessoas que discordaram com ele, ao usar o *eàn mē* ambíguo. Eckstein limita o sentido da *captatio*, da *concessio* retórica, a 2.15 (*Verheissung*, p. 7-9).

necessário para crentes (judeus) observar obras (certas obras-chave) da Lei, muito embora ele *já tivesse consentido* que a justificação acontecia pela fé em Cristo.[149] O ato de Pedro deixou claro (para Paulo) que aqui estava em jogo um problema crucial para o evangelho, e ele formulou Gl 2.16 correspondentemente e provavelmente com uma nitidez antitética – não fé "mais algo", não tanto fé como obras, mas unicamente pela fé.[150]

Resumindo, portanto: o problema de fé *versus* obras como tal parece ter emergido somente algum tempo depois do início da missão aos gentios. Foi evidentemente o êxito dessa missão que fez surgir a questão se a justificação pela fé em Cristo Jesus dependia de algum modo ou grau da observância da Lei, da realização das obras da Lei, da adoção de um modo de vida caracteristicamente judaico.[151] Enten-

---

[149] Citando novamente F. Mussner, *Der Galaterbrief*, 3ª ed. HTKNT 9 (Friburgo [Alemanha]: Herder, 1977): "Der Jude lässt die pln. Antithetik 'Glaube' – 'Werke des Gesetze' – nicht gelten, ja sie ist ihm unverständlich" (O judeu não aceita a antitética paulina "fé" – "obras da Lei", ela lhe é até mesmo incompreensível; p. 170).

[150] É Paulo quem acrescenta *ex érgōn nómou* a seu uso alusivo de Sl 143 (LXX 142).2 (Gl 2.16; Rm 3.20; além disso, cf. meu *Romans*, p. 153-154), um texto que era provavelmente chão comum para Paulo e Pedro ("sabemos que..."); para Paulo, o foco mais estreito (*ex érgōn nómou*) era uma consequência inevitável do princípio comum e mais fundamental. Cf. também Schäfer, *Paulus bis zum Apostelkonzil*, p. 253-265,483-484.

[151] Por isso, eu qualificaria a maneira como Stendahl colocou seu desafio, ainda mais do que as visões anteriores de Wrede e Schweitzer sobre a justificação, resumida por P. Stuhlmacher como "simplesmente uma doutrina polêmica formulada contra judaizantes (*Revisiting Paul's Doctrine of Justification* [Downers Grove: InterVarsity, 2001], p. 10); a formulação de Paulo nasceu a partir de sua missão aos gentios, mas sua relevância não estava limitada a essa missão. De fato, concordo com a própria formulação de Stuhlmacher: "*Am Galater-, Römer- und Philipperbrief wird zwar deutlich, dass die jüdischen und judenchristlichen Gegner des Apostels auf ihre Weise an der Rechtfertigungslehre des Paulus mitgeschrieben haben*" [Embora as Cartas aos Gálatas, Romanos e Filipenses mostrem que os adversários judeus e judeu-cristãos do apóstolo participaram, de sua maneira, da doutrina paulina da justificação]; "Rechtfertigung", p. 36. A descrição da visão da nova perspectiva como pleiteando que "justificação pela fé não está no centro da teologia de Paulo mas, em vez disso, representa uma tática pragmática para facilitar a missão aos gentios", por D. A. Hagner, "Paul and Judaism: Testing the New Perspective", in Stuhlmacher, *Revisiting*, p. 75-105 (aqui: p. 77), é também tendenciosa e insatisfatória como uma descrição daquilo que tenho

do o desenvolvimento observado no texto no sentido de que foi a insistência de crentes judeus tradicionalistas em afirmar que certas leis centrais ainda eram obrigatórias, o que obrigou Paulo a enfrentar a questão. O problema da circuncisão fora resolvido com uma boa dose de amabilidade.[152] Mas foi a insistência nas leis sobre puro e impuro em Antioquia que colocou em destaque a questão se a fé ainda precisava ser complementada por obras da Lei, quaisquer obras da Lei. Em outras palavras, a formulação paulina em Gl 2.16 foi, como sugere o contexto, formulada em resposta à crise em Antioquia. A fé de que a justificação vinha da fé em Cristo Jesus era a base comum. Os eventos em Antioquia mostraram a Paulo que o ensinamento tinha de ser específico – fé *e não obras*.[153]

3. Para levar o debate adiante

Outras críticas à nova perspectiva levantam substanciosas questões exegéticas que precisam de reflexões mais amplas e não simplesmente de afirmações reformuladas. Por isso reconheço nesta seção os benefícios do diálogo acadêmico da década passada e espero que ele tenha me levado a uma apreciação mais nítida e nuançada daquilo que estava em jogo para Paulo. Há outros quatro assuntos que pedem comentários.

---

dito sobre o assunto. O'Brien critica-me em termos semelhantes: "A justificação pela fé é efetivamente empurrada para a periferia do ensinamento de Paulo, não obstante as pretensões de Dunn acerca de sua centralidade" ("Was Paul a Covenantal Nomist?", p. 274.282). A meu ver seria mais correto dizer que a controvérsia sobre a missão aos gentios de Paulo o fez entender mais clara/agudamente a centralidade e o caráter da justificação pela fé. Além disso, cf. *acima*, § 2.3.

[152] Embora não para os "falsos irmãos" de Gl 2.4 e os missionários agitadores atacados pela Carta aos Gálatas; Paulo via a "verdade do evangelho" (Gl 2.5,14) como expressada no "evangelho para os circuncisos" – isto é, como não exigindo de gentios "viver como judeus" ou fazendo disso uma condição (2.14), isto é aqui efetivamente: tornar-se prosélitos.

[153] Semelhantemente Niebuhr, "Paulinische Rechtfertigungslehre", p. 113-114,128; cf. o argumento completo de Martyn (*Galatians*, p. 263-275) e a tese de Theobald em "Kanon".

5. Minha exegese de Gl 3.10-14 foi seriamente questionada.[154]
6. De tudo que podemos dizer sobre Gl 2.16 em seu contexto, Rm 3.20, 4.4-5 e 9.11-12 mostra que a "justiça por obras" era ainda o problema fundamental.[155]
7. Deixei de levar suficientemente a sério o rompimento de Paulo com a Lei.[156]
8. As cartas paulinas posteriores, particularmente Ef 2.8-10, mas também 2Tm 1.9-10 e Tt 3.5-6, mostram que a interpretação tradicional do ensinamento paulino sobre a justificação é uma interpretação intencionada por Paulo.[157]

3.1. (5) Voltando para Gálatas

Neste momento, não desejo defender todas minhas sugestões exegéticas sobre Gl 3.10-14, embora eu ainda pense que a chave para a interpretação de 3.10 é a solução da tensão entre a expressão que parece descrever as pessoas que *cumprem* a Lei ("aquelas que são das obras da Lei") e a acusação de que essas pessoas *falham em fazer tudo* que está escrito no livro da Lei.[158] Minha própria compreensão daquilo que Paulo

---

[154] "Tortuoso e improvável", segundo Wright, *Climax of the Covenant*, p. 153; B. W. Longenecker, *The Triumph of Abraham's God* (Edimburgo: T. & T. Clark, 1998), p. 136.

[155] Cranfield, "Works of the Law", p. 5-14; Moo, *Romans*, p. 211-217,581-582; Waters, *Justification*, p. 161-162.

[156] "A crítica de Paulo à Lei é muito mais radical do que afirma Dunn, e [...] não deveríamos hesitar em falar de sua 'ruptura' com o judaísmo" (Räisänen, "Galatians 2.16", p. 114-115).

[157] Cf. particularmente I. H. Marshall, "Salvation, Grace and Works in the Later Writings in the Pauline Corpus", in *NTS* 42 (1996): 339-358; também *New Testament Theology*, p. 447-448.

[158] Cf. Cap. 3, p. 331-334, e "Noch einmal", p. 282-283 (*abaixo*, p. 598-600). Cf. Stuhlmacher: "*Sünde bestand für Paulus seither nicht nur in allgemeiner Seinsverfehlung und einzelnen Gebotsübertretungen, sondern umschloss auch den widerchristlichen frommen Eifer um diese Gebote*" [Desde então, o pecado consistia para Paulo não só na falha geral acerca da existência e na transgressão de mandamentos concretos, mas incluía também o zelo piedoso anticristão acerca desses mandamentos], "*Rechtfertigung*", p. 32. Watson objeta a meu protesto contra a atribuição de uma ênfase exagerada no "cumprir" a Lei (*Hermeneutics of Faith*, p. 329), aparentemente sem perceber que meu protesto se voltou contra os comentaristas mencionados em meu *Galatians*, p. 176

estava confrontando continua a sugerir que a solução mais frutífera da tensão é supor um povo (ou grupo/facção) cujo modo inteiro de vida estava determinado pela Lei, que se identificava por seu estilo nomista da vida (viver judaicamente Gl 2.14),[159] mas que, não obstante, deixava de captar o que Paulo considerava vital – que a justificação acontecia (somente) pela fé. Penso que podemos dizer que "aqueles das obras da Lei" adquiriram sua identidade religiosa de maneira demasiadamente estreita da "vida" (*zḗsetai*) de Lv 18.5 (3.12), enquanto as "pessoas da fé (de Abraão)" adquiriram sua identidade religiosa da "vida" (*zḗsetai*) de Hab 2.4 (3.11).[160] Se estiver correto, isto apoia o argumento acerca da segunda metade de Gl 3, de que o papel da Lei nessa relação estava limitado ao período em que servia a Israel de *paidagōgós*, antes da vinda do Cristo. Depois dessa vinda, a possibilidade da fé em Cristo já não estava restrita ao Israel étnico (Gl 3.23-29).[161] "Os das obras da Lei" estavam simplesmente "atrasados" (Gl 4.1-10). No entanto, aqui tomaria muito espaço defender e desenvolver a exegese que ofereci em

---

("cumprir" como autoalcance). Para sua própria visão de Gl 3.10, cf. *Hermeneutics of Faith*, p. 434.

[159] "Aquelas pessoas cuja identidade é derivada da Lei" (Martyn, *Galatians*, p. 307), J. R. Wisdom, *Blessing for the Nations and the Curse of the Law: Paul's Citation of Genesis and Deuteronomy in Gal. 3.8-10*. WUNT 2.133 (Tübingen: Mohr Siebeck, 2001), p. 160-164; Silva, "Faith Versus Works", p. 223-226; cf. também *acima*, nota 104. Laato continua a interpretar Gl 3.10 à luz de 5.3 como indicação da visão de Paulo de que "cada pessoa que confia nas obras da Lei tem que cumprir todos os mandamentos (sem exceção!) até o mínimo detalhe". Contudo, o argumento que "toda a Lei" (*hólos ho nómos*) (5.3) se refere à "soma de mandamentos e proibições individuais" que o judeu é obrigado a cumprir (uma impossibilidade) e que é diferente de "toda a Lei" (*ho pâs nómos*) que o cristão é capaz de cumprir (5.14) ("Paul's Anthropological Considerations", p. 356-358) ignora o fato de que isto resume "toda a Lei" (*hólos ho nómos*) na versão do mandamento do amor em Mateus (a que 5.14 se refere). Cf. *abaixo*, nota 209 e, além disso, meu *Galatians*, p. 170-172, 265-267, 288-291. Cf. também M. Cranford, "The Possibility of Perfect Obedience: Paul and an Implied Premise in Galatians 3:10 and 5:3", in *NovT* 36 (1994): 242-258.

[160] É claro que o *zḗsetai* seria para os oponentes de Paulo em cada caso o mesmo; quem os divide é Paulo.

[161] Ao comentar Rm 9.30ss, Gathercole critica a nova perspectiva por atribuir a Paulo "uma teologia *ad hoc* embasada no fato de que Deus mudou de opinião sobre uma parte da Torá, porque Israel a abusou" (*Where is Boasting?*, p. 229), mas ele ignora a clareza do projeto divino apresentado por Paulo em Gl 3.

meu comentário sobre a Carta aos Gálatas a respeito da argumentação mais ampla.[162]

O que desejo afirmar aqui é simplesmente que Gl 3.10-14 deve ser lido em seu contexto, isto é, como parte de um argumento que perpassa a primeira metade do capítulo (Gl 3.1-14).[163] A passagem é claramente estruturada para reforçar o fato (e o significado dele) de que os gentios crentes gálatas já foram aceitos por Deus, como evidencia seu recebimento do Espírito através "do escutar com fé" e não "de obras da Lei" (Gl 3.2,5,14). A afirmação-chave dentro do argumento maior é que os crentes gálatas são "filhos de Abraão" em virtude de crer assim como criam (Gl 3.6-9).[164] Contudo, o que vincula o parágrafo final do trecho (Gl 3.10-14) ao argumento é o jogo de palavras com benção (Gl 3.8,14) e maldição (Gl

---

[162] Cf., porém, *Theology of Paul's Letter to the Galatians*, p. 83-92; e para uma afirmação mais recente, "Paul et la Torah", p. 231-236 (*abaixo*, p. 639-645). Continuo não persuadido pela tentativa de Kuula, construída sobre uma das teses principais de Martyn em *Galatians*, de argumentar que as perspectivas cristológicas e apocalípticas de Paulo inundaram qualquer ponto de vista salvífico-histórico vago (*Law*, Cap. 3). A continuidade de "promessa", "semente de Abraão" e "herança" eram claramente elementos mais importantes do evangelho de Paulo do que argumentos *ad hominem* com seus oponentes na Galácia (Gl 3.29-4.7); se não fosse assim, teria sido mais ajuizado colocar toda sua ênfase na obra de Cristo e no dom do Espírito e ignorar toda essa linguagem completamente. Cf. também *acima*, nota 124.

[163] Algo não observado, por exemplo, por Kim, *Paul and the New Perspective*, p. 20-21.

[164] À medida que diz respeito à Carta aos Gálatas, é a exposição inicial de Gn 15.6 em 3.6-9 que mostra claramente a fraqueza do argumento de *pístis Christoû* = "a fé de Cristo", atualmente tão popular na América do Norte e em outras partes. Pelo menos aqui deveria ser claro que a "fé" (*pístis*) mencionada em 3.7-9 deve ser entendida em termos do crer (*episteûsen*) de Abraão no texto do título (3.6); semelhantemente Schreiner, *Paul*, p. 212-216. Naturalmente, essa conclusão é importante para as referências subsequentes a *pístis* nos versículos subsequentes. Para o debate, cf. R. B. Hays, "PISTIS and Pauline Christology: What is at Stake?" e J. D. G. Dunn, "Once More, PISTIS CHRISTOU", in E. E. Johnson, D. M. Hay (org.), *Pauline Theology. Vol. IV: Looking Back, Pressing On* (Atlanta: Georgia, 1997), p. 35-60 e 61-81, respectivamente, reimpresso em R. B. Hays, *The Faith of Jesus Christ: The Narrative Substructure of Galatians 3:1-4:11*, 2ª ed. (Grand Rapids: Eerdmans, 2002), p. 272-297 e 249-271, respectivamente. Cf. também meu "In Search of Common Ground", p. 316-318 (*abaixo*, p. 422-426). A discussão mais recente por Moisés Silva é um esboço equilibrado de bom senso ("Faith Versus Works", p. 227-234; também p. 234-246); e para a expressão em Romanos, cf. Watson, *Hermeneutics of Faith*, p. 73-76.

3.10,13) – a benção prometida a Abraão (Gn 12.3; 18.18) e a maldição que é o ápice do nomismo da aliança no Deuteronômio (Dt 27-28).[165] O interesse de Paulo era afirmar a seus leitores que eles, ao receber o Espírito, já tinham experimentado as bênçãos prometidas a ou através de Abraão (Gl 3.8-9,14). Segundo a lógica da argumentação, isso incluía ou dependia evidentemente da remoção das maldições proferidas no Deuteronômio e que Cristo tinha cumprido na cruz (Gl 3.13).[166] Por isso é uma conclusão lógica que eram as maldições do nomismo da aliança (digo em termos abreviados) que impediram as bênçãos chegarem até os gentios.[167]

Nessa situação, será que é exagerado apresentar outra dedução e afirmar que o próprio nomismo da aliança do perseguidor zeloso Paulo, dos "falsos irmãos" de Gl 2.4, e dos missionários judeus que perturbaram tanto as comunidades da Galácia, era o principal obstáculo para que a benção de Abraão pudesse ser estendida aos gentios, como tinha mostrado o incidente de Antioquia e como os outros missionários agora demonstravam?[168] Se essa suposição não for exagerada, quem sabe, podemos dar outro passo e observar que o argumento de Paulo parece dizer que a insistência constante nas obras da Lei da parte de judeus crentes ("aqueles das obras da Lei") estava chegando a invocar a maldição da Lei sobre todos os transgressores, inclusive os gentios que fora da Lei estavam. É claro que isso apoiaria minha sugestão original de que a própria insistência nas "obras da Lei" era uma falha em observar *tudo* que está escrito na Torá (especialmente a promessa da bênção para as nações no Gênesis).

---

[165] Cf. especialmente Wisdom, *Blessing for the Nations*; e Watson, *Hermeneutics of Faith*, p. 185-193.

[166] Gl 3.10-13 "serve como ponte entre Gl 3.8, que contém a promessa de que os gentios compartilharão a bênção de Abraão pela fé; e Gl 3.14, que fala de seu cumprimento no dom do Espírito. Em outras palavras, a passagem explica como a benção de Abraão, a saber, a justificação pela fé, chegou até os gentios" (Hong, *Law in Galatians*, p. 133, referindo-se a Sanders, *Paul, the Law and the Jewish People*, p. 22). Minha própria sugestão acerca de Gl 3.13 (*Galatians*, p. 176-178) não teve grande influência no debate; cf., porém, agora Schäfer, *Paulus bis zum Apostelkonzil*, p. 116-120.

[167] Cf. T. L. Donaldson, "The 'Curse of the Law' and the Inclusion of the Gentiles: Galatians 3.13-14", in *NTS* 32 (1986): 94-112.

[168] Já mencionei que entendo a Carta aos Gálatas como a crítica do próprio Paulo ao "nomismo da aliança" dos agitadores (*acima*, nota 95); semelhantemente Kruse, *Paul*, p. 111-112.

No entanto, sem querer dizer que sou capaz de resolver todos os problemas exegéticos desses versículos, minha argumentação básica é válida: o principal sentido da primeira elaboração paulina do princípio formulado em Gl 2.16 se refere à maneira pela qual crentes gentios receberam merecidamente a benção prometida da justificação, sem necessidade de adotar um modo judaico de vida (obras da Lei).

3.2. (6) Para entender a Carta aos Romanos

Mesmo se nós pudéssemos aceitar que as obras da Lei em Gl 2.16 parecem se referir particularmente a questões de fronteira, como a circuncisão e leis alimentares, poucas pessoas estariam convencidas de que a referência inicial equivalente a obras da Lei em Rm 3.20 e a referência subsequente em Rm 9.11-12 em particular podem ser entendidas num sentido tão restrito. Antes de tudo, a referência óbvia de Rm 4.4-5 está relacionada a uma justiça de obras, a um entendimento de justiça como algo que se ganha por obras.[169] Novamente, não questiono aqui a afirmação fundamental do princípio que Paulo verbaliza nessas passagens. Contudo, novamente me pergunto se a conclusão de que Paulo estaria combatendo uma atitude de justiça pelas obras, uma atitude assumida por judeus de seu tempo, é tão bem fundamentada como a maioria pensa, ou se a intenção de Paulo não vai novamente um pouco mais longe.

Em Gl 3.19-20 parece-me que não há um reconhecimento suficiente do fato de que a condenação de Paulo se dirige "àquelas pessoas que estão sob a Lei" e que ela é o ápice de sua tentativa de demonstrar que *todos*, tanto os judeus como os gregos, estão sob o poder do pecado (Gl 3.9). Eram especialmente seus colegas judeus que precisavam ouvir que ninguém é justificado pelas obras da Lei.[170] E o que eram

---

[169] Especialmente S. Westerholm, *Israel's Law and the Church's Faith* (Grand Rapids: Eerdmans, 1988), a quem já respondi em *Jesus, Paul and the Law*, p. 237-240; T. Laato, *Paulus und das Judentum: Anthropologische Erwägungen* (Abo, 1991) – "legalismo egocêntrico" (p. 248).

[170] "Yet Once More", p. 105-109 (abaixo, p. 321-327). "*Für Paulus [ist] der Terminus ex ergōn nómou spezifisch für die* en nómō$_i$ (3.19; cf. 2.12)" [Para Paulo, o termo *ex érgōn nómou* é específico para os *en nómō$_i$* (3.19; cf. 2.12)]", Bergmeier, *Gesetz*, p. 55-56. Rapa (*Meaning*, p. 243-245), Gathercole (*Where is Boasting?*, p. 213-214; "Justified by Faith", p. 150), e Watson (*Hermeneutics of Faith*, p. 65-66) concor-

essas obras da Lei? Se houver aqui qualquer retrospectiva para a condenação anterior de Paulo, no sentido de ser um resumo e ápice dessa condenação, então aquilo que Paulo está resumindo quando se refere a "obras da Lei"[171] não pode ser o catálogo das transgressões da Lei em Gl 2.21-24, ao qual se refere também Gl 2.25,27. Uma violação da Lei jamais poderia ser descrita como "obras da Lei", como fazer o que a Lei exige.[172] Provavelmente e pela mesma razão não pode ser uma referência à infidelidade e impiedade de Israel (Gl 3.3-5) ou ao catálogo de pecados em Gl 3.10-18.[173] A única referência óbvia diz respeito à crítica

---

dam. "Os colegas judeus de Paulo não eram protopelagianos tentando erguer-se a si por sua própria força moral. Antes, estavam respondendo por gratidão ao Deus que elegera e chamara Israel para ser seu povo da aliança e que dera a Israel a Lei como um sinal dessa pertença à aliança e também como um meio de torná-la realidade" (Wright, *"Romans"*, p. 459-461).

[171] Curiosamente, a resposta inicial de Cranfield neste ponto ignora que a questão é aquilo a que Paulo podia ter-se referido ao falar tão sumariamente de "obras da Lei" em 3.20 ("Works of the Law", p. 5-6). Ele continua a identificar a expressão com "a obra (isto é, singular) da Lei" em Gl 2.15 e com o cumprir da Lei visado em Gl 2.13,14,25,26 ("Works of the Law", p. 6-7), sem tentar resolver a consequente confusão com 3.20 (segundo 2.13, tais "cumpridores da Lei" serão justificados!). Também Gathercole, ao enfatizar apropriadamente a condenação paulina do pecado em Rm 2, deixa de oferecer uma explicação adequada para a repentina referência a "obras da Lei" em 3.20 *(Where is Boasting?*, p. 203-205).

[172] Vários comentaristas parecem identificar as "obras da Lei" mencionadas em 3.20 com a *desobediência* à Lei que torna "o judeu" sujeito ao julgamento – Bell, *No One Seeks for God*, p. 228-235: obras da Lei em Gl 3.20 refere-se a um fazer da Lei que ninguém faz (cf. *abaixo*, nota 341); DAS: "as 'obras da Lei' (por assim dizer) que Paulo identifica são as falhas morais da parte dos judeus" *(Paul, the Law and the Covenant*, p. 190); Schreiner: "Pessoas são condenadas através das obras da Lei porque falham em observar a Lei" *(Paul*, p. 113); Westerholm: "as 'obras da Lei' que não justificam são as exigências da Lei que *não* são cumpridas" *(Perspectives*, p. 316.445 – grifos meus). Não! As obras da Lei são (por definição!) *"fazer"* o que a Lei exige, mas deixando de perceber que a aceitação por Deus não depende desse fazer. Respondo com isto à crítica de Matlock ("Sins", p. 78, mencionada por Westerholm, *Perspectives*, p. 314, nota 49).

[173] Naturalmente não nego que o peso da acusação de Paulo se volte contra a falha de Israel em obedecer à Lei ("Yet once More", p. 106; *abaixo*, p. 322-324); a questão aqui, porém, é a referência a "obras da Lei". Foi um ponto de acordo no Symposium sobre *Paul and the Mosaic Law* que a acusação de Paulo em Rm 2 incluía tanto o senso de privilégio como a efetiva transgressão da Lei por parte do "judeu" ("In Search of Common Ground", p. 320-321; *abaixo*, p. 429-430).

do gloriar-se de Israel em Gl 2.17-20,23: que eles conhecem e por isso podem fazer a vontade de Deus; que a Lei os instrui sobre aquilo que realmente conta para Deus, e que a circuncisão expressa seu compromisso de obedecer a isto (Gl 2.25).[174]

Penso que o fato de Paulo voltar a esse tema (Gl 3.27) assim de completar sua breve afirmação sobre o sentido da justiça justificadora de Deus (Gl 3.21-26) mostra que é isto que Paulo queria dizer com sua introdução do termo "obras". O que corta decisivamente o gloriar-se judaico é a exposição da justiça de Deus, e isso significa também que as obras que não impedem o gloriar-se (Gl 3.27), mas antes parecem dar motivo para o gloriar-se (Gl 4.2), e precisam ao menos incluir uma referência àquilo que deu motivo para o gloriar-se em Gl 2.17-29.[175]

Em poucas palavras: não tenho a intenção de questionar o peso teológico atribuído com razão a Rm 3.20: *"nenhuma carne* será justificada diante de Deus por obras da Lei". No entanto, ainda me parece impor-

---

[174] M. A. Seifrid, "Unrighteous by Faith: Apostolic Proclamation in Romans 1:18-3:20", in Carson *et al., Justification and Variegated Nomism Vol.* 2, p. 106-145, critica a nova perspectiva neste ponto (p. 130-132.135), mas reconhece que o problema é "a suposição equivocada de que eles (os judeus) possuíssem um conhecimento especial das exigências divinas" (p. 124), "certa compreensão judaica de privilégio e exclusividade" (p. 127-128), "uma reivindicação de uma vantagem presente e perceptível" (p. 134), considerando a circuncisão "uma garantia de salvação mediada pela Lei" (p. 135). Não dou grande valor ao termo "etnocentrismo", que evidentemente acode Seifrid (p. 141); para mim, a crítica de Paulo voltava-se contra a *presunção* judaica (a acusação principal e Rm 2), não contra o privilégio judaico (p. 141), mas o abuso desse privilégio (nesse ponto, Seifrid parece entender a nova perspectiva equivocamente). Fico plenamente feliz com a continuação de Seifrid: Paulo "somente nega a falsa segurança que supõe que a Lei transmite sabedoria e justiça aos seres humanos"; o termo "obras" em Rm 3.27 "está associado ao gloriar-se, exatamente a linguagem que Paulo usa referente às exigências da Lei em Rm 2.17,23 [...] 'obras da Lei' eram atos de obediência às exigências da Lei, consideradas como meio de garantir ou confirmar o favor divino" (p. 141).

[175] "Yet once More", p. 110-111 (*abaixo*, p. 326-328); cf. também *acima*, nota 38. Cf. Westerholm: "Que a questão dos marcadores de fronteiras compelia Paulo a formular a tese de que uma pessoa é declarada justa pela fé em Jesus Cristo, não pelas obras da Lei, é a ênfase totalmente apropriada da pesquisa recente"; "estar unicamente na posse da Lei leva facilmente à crença de que se está exclusivamente na posição de agradar a Deus por obedecer aos mandamentos da Lei" (*Perspectives*, p. 389.391, nota 112).

tante não perder de vista a situação específica que fez surgir esse teologúmeno crucial: ele foi motivado pelo orgulho de Israel sobre seu *status* privilegiado e incluía uma referência a ele, um *status* atestado e mantido contra as (outras) nações por suas obras da Lei.[176] A resposta de Paulo é concisa: o sentido da Lei não é garantir a justificação (final); nesse ponto, a função relevante da Lei é trazer a consciência acerca do pecado.

Em relação ao texto de Rm 4.4-5, ainda estou na dúvida sobre a intenção de Paulo – tais versos seriam uma acusação contra os outros judeus ou um apelo a um princípio que eles poderiam reconhecer com facilidade (como em Rm 3.30)?[177] Por um lado, Paulo faz essa afirmação como o primeiro passo na exposição de seu texto-chave, Gn 15.6 – "Abraão creu em Deus, e isto foi lhe imputado como justiça" (Rm 4.3). Hoje sabemos como esse versículo era interpretado no tempo de Paulo: 1Mc 2.52 e Tg 2.23 são uma evidência clara e suficiente para essa questão.[178] Foi entendido como uma referência à *fidelidade* de Abraão na obediência aos mandamentos de Deus (mesmo quando isto significava sacrificar seu filho Isaque);[179] e ninguém que tivesse familiaridade com o pensamento judaico teria qualquer dúvida de que as "obras" aqui mencionadas eram para Paulo uma forma abreviada para se referir às "obras da Lei" mencionadas pouco antes (Rm 3.27-28).[180] O pensamento

---

[176] Assim também Wright, "Romans", p. 461. "De uma maneira deliberadamente provocativa, ele (isto é, Paulo) procura desestabilizar uma posição arraigada que associa a Lei ao *status* privilegiado do povo eleito judeu" (Hays, "Three Dramatic Roles", p. 157-158). Esse detalhe é também reconhecido por Haacker, *Römer*, p. 83-84, e Byrne, "The Problem of Nomos", p. 302, embora o último me critique por conferir demasiada ênfase ao aspecto do "orgulho nacional" da "pecaminosidade de Israel".

[177] "In Search of Common Ground", p. 311-313; também *Theology of Paul*, p. 366-367; cf. também o anterior "Yet once More", p. 112-113 (abaixo, p. 329-331); cf. Yinger, *Paul, Judaism and Judgment*, p. 182-187.

[178] Cf. meu *Romans*, p. 200-202.

[179] Além disso, cf. B. Ego, "Abraham als Urbild der Toratreue Israels. Traditionsgeschichtliche Überlegungen zu einem Aspekt des biblischen Abrahambildes", in F. Avemarie, H. Lichtenberger (org.), *Bund und Tora: Zur theologischen Begriffsgeschichte in alttestamentlicher, frühjüdischer und urchristlicher Tradition*. WUNT 92 (Tübingen: Mohr Siebeck, 1996), p. 25-40; Gathercole, *Where is Boasting?*, p. 235-238.242-243; Watson, *Hermeneutics of Faith*, Cap. 5.

[180] Rapa, *Meaning*, p. 252; com licença de Schreiner, *Romans*, p. 217-218, apesar de seu reconhecimento das tradições elencadas na nota 178 (p. 215-217). Exatamente como o discurso sobre "obras" em 4QMMT B1-2 (cf. 1QH9(=1).26;

tipicamente judaico não entendia que Abraão estivesse *ganhando a justificação*, mas que ele *permanecia fiel* ao Deus que o chamou; nas palavras de SANDERS, o pensamento não se referia a um "entrar em", mas a um "permanecer em".[181] No entanto, o problema de Paulo neste ponto foi o reconhecimento *anterior* de Abraão por Deus, o fato de que ele *já tinha sido* considerado justo em Gn 15.6, isto é, antes de sua posterior circuncisão (Gn 17), como Rm 4.9-11 deixa claro. Incluir a obediência subsequente de Abraão (Gn 26.5), como fazia a tradição judaica, significava confundir o centro da questão-chave – se gentios podiam ser considerados e serem também igualmente aceitos por Deus. Aqui, não são tematizados os fatores que deveriam ser considerados em relação à justificação *final*.[182]

O reconhecimento da interpretação de Gn 15.6 exposta aqui por Paulo ajuda a encontrar o sentido do primeiro passo na contrainterpretação paulina de Gn 15.6. Afinal, é evidente que os versículos 4-5 funcionam como uma exposição do verbo "conta";[183] trata-se da imagem do proprietário ou administrador que "conta" (faz as contas) do pagamento com base nas horas trabalhadas, em contraste a uma livre dádiva de graça que não calcula a fidelidade e a piedade. Portanto, é esse tipo de "contar/calcular" que é excluído.[184] Se houver alguma

---

12(=4).31; e Tg 2.14-26) seria naturalmente entendido como ato em obediência à vontade de Deus expressada na Torá.

[181] G. W. Hansen, *Abraham in Galatians: Epistolary and Rhetorical Contexts*. JSNTS 29 (Sheffield: Sheffield Academic, 1989), conclui sua revisão de "Abraão na literatura judaica" (p. 175-199): "na literatura judaica, Abraão é retratado no contexto do nomismo da aliança" (p. 199).

[182] É um ímpeto principal da crítica de Gathercole à nova perspectiva em *Where is Boasting?* que a nova perspectiva ignora a teologia do judaísmo do Segundo Templo acerca da vindicação final do povo de Deus com base em sua obediência (*abaixo*, § 4.2[10]). Poderíamos dizer que o próprio Paulo também a ignorava, ou antes, a excluía de sua consideração neste ponto, em seu foco unilateral em Gn 15.6 como texto que mostra que Abraão foi inicialmente justificado unicamente com base na aceitação da promessa de Deus; além disso, cf. *abaixo* § 4.2(10).

[183] *Romans*, p. 197-198.202-205; cf. Moo, *Romans*, p. 263.

[184] M. Cranford, "Abraham in Romans 4: The Father of All Who Believe", in *NTS* 41 (1995): 71-88, especialmente 76-83: "Paulo usa o imaginário do operário para o propósito específico de explicar o termo *logízesthai*, não o termo *érga*, como pensam tipicamente intérpretes tradicionais [...]. A questão-chave não é fé *versus* obras, mas reconhecimento de acordo com a obrigação *versus*

referência à maneira pela qual a tradição judaica considerava a fidelidade de Abraão um fator a ser contado no reconhecimento de sua fidelidade,[185] então a posição de Paulo é negar que este seja um fator na justificação inicial de Abraão. O que se refere a Gn 15.6 não é a primeira parte da afirmação (v. 4), mas a segunda (v. 5). Não teria sido Abraão fiel a quem Deus dera a promessa, mas Abraão fora um tipo de idólatra sem-Deus e apenas um futuro prosélito.[186] O interlocutor judeu podia responder que Paulo estava separando a justificação inicial da justificação final de uma maneira não realista, e este é um problema ao qual precisaremos retornar (§ 4.2[10]). Neste momento, porém, está no centro a pergunta sobre como Abraão se tornou inicialmente o receptor da promessa divina e como ele já foi, naquele momento, considerado justo – pois este é o modo pelo qual Paulo explica como qualquer um, tanto o gentio sem Deus quanto o judeu (Rm 3.30), chega a ser aceito por Deus.

Mais uma vez, não tenho aqui a intenção de negar a profunda verdade evangélica entesourada nesses versículos.[187] Mas me pergunto quantos judeus, inclusive os interlocutores de Paulo, teriam negado o v. 4 em relação à eleição divina de Abraão e de Israel. Afinal de contas, a afirmação clássica no nomismo da aliança indicava com tanta

---

reconhecimento de acordo com o favor/a graça [...]. A metáfora do operário no v. 4 torna-se uma evidência em favor da posição luterana somente quando se pressupõe já a antítese de fé *versus* obras" (p. 80-81).
[185] Gathercole, *Where is Boasting?*, p. 244-246.
[186] Gathercole, *Where is Boasting?*, p. 245, ignora a outra corrente da interpretação judaica da história de Abraão que está por detrás da exposição de Paulo, de que Abraão era considerado o tipo do prosélito, o gentio que se voltou da idolatria para o único Deus verdadeiro (Jub 12.1-21; Josefo, Ant 1.155; ApAbr 1-8; além disso, cf. meu *Romans*, p. lxix-lxx e p. 204-205; N. Calvert-Koyzis, *Paul, Monotheism and the People of God: The Significance of Abraham Traditions for Early Judaism and Christianity*. JSNTSupp 273 [Londres: T. & T. Clark International, 2004], p. 123-136). Por isso, a pergunta sobre como ele recebeu essa aceitação inicial por Deus era decisiva para a teologia da justificação e missão paulinas.
[187] "In Search of Common Ground", p. 327-328 (*abaixo*, p. 440,444-447). O. Hofius, "'Rechtfertigung des Gottlosen' als Thema biblischer Theologie", in *Paulusstudien*, 2ª ed. WUNT 51 (Tübingen: Mohr Siebeck, 1989, 1994), p. 121-147, mostra que a *iusificatio impii* como tema da teologia paulina tem profundas raízes no Antigo Testamento.

clareza que a aliança com Israel era um ato da graça divina e não era absolutamente um desempenho deles (Dt 4.32-40; 6.10-12,20-23; 7.6-8; 8.17-18 etc.).[188] Da mesma maneira, pergunto-me se foi dada suficiente atenção à acusação contra uma fidelidade que era motivada, ao menos em parte, pela consideração de não-judeus são "sem Deus".[189] Contudo, reconheço plenamente que estamos aqui diante de um problema que pede maiores discussões – a relação entre a justificação inicial e a justificação final.[190]

Algo semelhante acontece com Rm 4.6-8. O problema central é novamente que o verbo-chave "reconhecer, contar" (*logízesthai*) foi usado em relação à justificação de Davi num contexto em que a vindicação

---

[188] Para uma expressão particularmente bela da confiança de Israel em sua eleição, cf. 1Cr 16.14-22 = Sl 105.7-15.

[189] O argumento de que "obras" em Rm 4.2 não tem nada a ver com "marcadores de fronteira" (Schreiner, *Romans*, p. 218-219; também *Paul*, p. 112; semelhantemente Watson, *Hermeneutics of Faith*, p. 181-182, nota 20), é de uma atratividade superficial, mas consiste do esquecimento de que a exposição de Gn 15.6 segue de 3.29-30, cita Abraão como "nosso antepassado" e já pressupõe a questão da circuncisão. O argumento ignora o fato de que Abraão era celebrado no judaísmo do Segundo Templo como o arquétipo do prosélito que rejeita a idolatria pelo monoteísmo (Calvert-Koyzis, *Paul, Monotheism*, p. 125,127,129,134-135). P. T. O'Brien, "Was Paul Converted?", in Carson *et al.*, *Justification and Variegated Nomism Vol. 2*, p. 361-391, deseja dividir o argumento de Paulo em duas partes – soteriológica (Rm 3.27-28; 4.1-8) e histórico-salvífica (3.29-30; 4.9-18), com a inclusão dos gentios ainda não em vista até o último de cada caso (p. 378, nota 57; seguindo Gathercole, *Where is Boasting?*, p. 230-232,245-247; também "Justified by Faith", especialmente p. 155-156.160); mas a referência ao "gloriar-se" (Rm 3.27) e a Abraão como "nosso antepassado" sugere que os dois assuntos estão muito estreitamente ligados no pensamento de Paulo para ser distinguidos com tanta facilidade. Como observa Cranford, Paulo usa a figura de Abraão em Romanos 4 como uma parte integral de seu argumento de que sempre tinha sido a intenção de Deus incluir os gentios em seu povo ("Abraham in Romans"); cf. ainda nota 191, *abaixo*. Reconhecer que "os sem Deus" pode se referir às pessoas fora da aliança dificilmente significa negar que "sem Deus" significa "um pecador diante de Deus" (com licença de Waters, *Justification*, p. 174); e a argumentação de Waters de que eu defino "fé" como "fidelidade" deixa-me sem saber o que dizer (p. 188).

[190] O comentário final de Gathercole (*Where is Boasting?*, p. 265-266) mostra que ele está ciente da necessidade de uma maior discussão sobre "a relação entre a justificação final (Rm 2.13) e a justificação presente-passada (Rm 4.3)", mas ele deixou de refletir suficientemente sobre essa relação em sua explicação de Rm 4.1-5.

final não estava incluída, e efetivamente "sem (separado) de obras". A observância das leis por Davi não foi um fator que fazia com que seu pecado não lhe fosse contado; as implicações para as pessoas incircuncisas (4.9-12) e as que "não eram da Lei" (Rm 4.13-16) eram óbvias para Paulo.[191]

Também Rm 9.11-12 é aqui altamente relevante: "Quando ainda não haviam nascido (isto é, Jacó e Esaú) e nada tinham feito de bem ou de mal, – a fim de que ficasse firme a liberdade de escolha de Deus, não das obras, mas daquele que chama [...]".

Uma interpretação óbvia do trecho é que as duas frases negativas ("ainda não [...] nada tinham feito de bem ou de mal" e "não das obras") são sinônimas e repetem o argumento em expressões equivalentes para enfatizá-lo.[192] Contudo, devo perguntar mais uma vez se essa interpretação é tão óbvia como parece à primeira vista. No mínimo, a equivalência é questionada pelo discurso sobre "fazer algo de bem ou de mal", já que, à medida que consigo percebê-lo, nenhuma definição de "obras" inclui o pensamento de que uma obra má poderia ajudar a ganhar algum mérito.[193] Uma interpretação mais adequada é

---

[191] Além disso, cf. meu *Romans*, p. 205-207. Gathercole é um tanto desajeitado quando observa que "os pecados de Davi obviamente não tinham nada a ver com marcadores de fronteira ou com a exclusão de gentios de promessa" (*Where is Boasting?*, p. 247; "Justified by Faith", p. 159,161), já que o ímpeto do argumento é tão claramente determinado pelo contraste entre os circuncisos e os incircuncisos, "as pessoas da Lei" e "as pessoas da fé (de Abraão)". Semelhantemente, seu comentário expresso pelos itálicos, "de que Davi, embora circunciso, observador de sábado e kosher, é descrito como sem obras devido a sua desobediência" (p. 247; N. da Tradutora: na citação de Dunn não constam itálicos) é enganador. Davi *tinha, sim*, obras (p. 246), exatamente assim como Abraão (*acima*, nota 179), mas elas não contam nesse caso em que ele recebe o perdão e é considerado justo – *chōrìs érgōn*, "à parte de obras", em vez de "com obras" (Rm 4.6). Schreiner simplesmente confunde a questão ao identificar as "obras" de Davi com os pecados a que se refere Rm 4.7-8 (*Romans*, p. 219).

[192] Cf. *acima*, nota 155. Westerholm, "Paul and the Law in Romans 9-11": "O que é excluído enfaticamente é a consideração de qualquer 'obra' humana na afirmação da graça de Deus: (Rm 9.12): uma exclusão que naturalmente inclui as 'obras' particulares intimados por Moisés" (p. 228); também *Perspectives*, p. 320; Moo, "Israel and the Law", p. 208-210.

[193] Schreiner, porém, conclui de Rm 9.11-12 que "obras pode ser definido como a realização de atos, tanto bons como maus" (*The Law and its Fulfilment*, p. 52). Vale a pena notar que em outros textos "fazer o bem ou fazer o mal" é um crité-

a de que os dois termos negativos são complementares em vez de sinônimos. O primeiro nega que a eleição tivesse algo a ver com o *status* ou com o alcance de pessoas eleitas – exatamente assim como o Deuteronômio insiste repetidamente (nos trechos citados *acima*) e Paulo tinha reafirmado em Rm 4.4-5 e novamente em 9.16. O segundo nega que o chamado divino antecipasse ou dependesse de uma espécie de obediência e modo de vida, ambos previstos pelo "nomismo da aliança" ("viver judaicamente" – Gl 2.14).[194] Em outras palavras, Paulo exclui *ambas* as alternativas que poderiam diminuir a soberana "arbitrariedade" da eleição divina: ela *não* depende de qualquer atividade humana de bem ou de mal *nem* da demonstração da fidelidade à aliança. Semelhantemente em Rm 11.6: a lealdade contínua do "resto" é uma prova da eficácia da "eleição por graça"; se dependesse de suas "obras", a "graça não seria mais graça".[195]

Em tudo isto, a única coisa que procuro na discussão dessas passagens é algum reconhecimento de que Paulo, quando falava de obras da Lei, pensava em como seus interlocutores judeus faziam aquilo que a Lei exigia, ou seja, viviam dentro da aliança da eleição divina e de acordo com as regras estabelecidas por Deus no Sinai (e antes). O pensamento de *ganhar* (*merecer*) a "eleição por graça" através de "obras" que deveriam ser realizadas (subsequentemente) pelo povo eleito está longe desse pensamento. O desafio para a missão paulina era, antes, que as pessoas que aceitam o evangelho e recebem o Espírito deveriam por isso fazer as obras da Lei, e que a falha em fazer essas obras significava a negação da aceitação dos termos da graça contratual de Deus.[196]

---

rio crítico no Juízo Final (Jo 5.29; cf. Rm 2.6-10), incluindo também o julgamento por Cristo (2Cor 5.10). Cf. também *acima*, nota 172.

[194] Além disso, cf. meu *Romans*, p. 543-544. Moo rejeita a suposição de Paulo usar aqui "obras" como abreviatura para "obras da Lei" (*Romans*, p. 581-582), presumivelmente esquecendo que Paulo usa a abreviatura também em Rm 4.2, onde é claro que estão em vista "obras da Lei" (cf., por exemplo, Bell, *No One Seeks for God*, p. 229.264; e *acima*, nota 180). Mijoga considera evidente que os *érga* em Rm 3.27; 4.2,6 e 9.12,32 são simplesmente uma "forma abreviada" para a fórmula mais plena *érga nómou* (Rm 3.20,28; Gl 2.16; 3.2,5,10) (*Deeds of the Law*, p. 1,53,146,153,155,157).

[195] Cf. novamente meu *Romans*, p. 639.

[196] Em "In Search of Common Ground", p. 319 (*abaixo*, p. 427), e mais detalhadamente em "Did Paul have a Covenant Theology? Reflections on Romans 9.4 and 11.27", in S. E. Porter, J. C. R. de Roo (org.), *The Concept of the Covenant in*

Era isto que estava em questão, e é isto que Paulo negou: a aceitação de Deus acontecia por graça somente, através da fé. Há ainda outros problemas que devem ser discutidos e que ultrapassam esses textos (cf. *abaixo*, § 4.2[10]). Minha afirmação importante aqui, porém, é que os textos em discussão se referiam todos – como gostaria de destacar mais uma vez – ao problema de como gentios não judaizantes (que não viviam judaicamente) podiam ser considerados aceitáveis a Deus e membros da Igreja de Deus aqui e agora.

3.3. (7) Será que Paulo "rompeu" com a Lei?

Nos últimos dez anos, eu procurei repetidamente enfrentar esse problema, de modo que basta aqui simplesmente resumir as abordagens mais amplas já oferecidas. Em minha contribuição no livro em homenagem a Lars Hartmann tematizei somente as Cartas aos Gálatas e aos Romanos.[197] Em meu livro *The Theology of Paul* (A teologia do apóstolo Paulo), eu abordei a complexidade que Paulo confere ao tratamento da Lei. Até mesmo para sequer *começar* a fazer jus a essa complexidade considerei necessário tratar o tema exaustivamente em três capítulos diferentes (6, 14, 23). E mais recentemente comentei de maneira abrangente os textos específicos (Cartas aos Gálatas, aos Coríntios, aos Romanos), na tentativa de chegar a uma maior clareza e elaboração de minha compreensão de Paulo em um tema tão debatido.[198] À luz dessas pesquisas, não posso considerar justificado falar de uma "ruptura" com a Lei quando se trata de resumir a atitude geral de Paulo em relação à ela.[199]

---

the Second Temple Period (Leiden: Brill, 2003), p. 287-307 (reimpresso *abaixo*, Cap. 20), noto que "aliança" não era uma categoria central ou principal dentro do próprio teologizar de Paulo (um tanto contra a linha argumentativa de Wright, *Climax of the Covenant*).

[197] "Was Paul against the Law? The Law in Galatians and Romans: A Test-Case of Text in Context", in T. Fornberg, D. HellHolm (org.), *Texts and Contexts: Biblical Texts in Their Textual and Situational Contexts*. FS L. Hartmann (Oslo: Scandinavian University Press, 1995), p. 455-475; reimpresso *abaixo*, Cap. 11; cf. também "In Search of Common Ground", p. 328-333 (*abaixo*, p. 441-447).

[198] "Paul et la Torah" (*abaixo*, Cap. 21), onde chamo a atenção para a maneira flexível como Paulo usava *nomos*.

[199] Cf. também Hahn, *Theologie*, 1, p. 234-242.289-292. Witherington critica-me por "limitar o foco daquilo que Paulo quer dizer por certos termos-chave no debate"

Ora, o que dizer da observação sobre a Lei que parece ser a mais negativa, a mais severa de todas as recriminações paulinas da Lei?

Na Carta aos Gálatas, Paulo afirma que "através da Lei morri para a Lei" (Gl 2.19). Em seu contexto concreto, porém, tal pensamento está relacionado ao ser chamado de "pecador" por aquelas pessoas que confiam que sua interpretação e realização da Lei comprovem que elas são "retas" (Gl 2.17),[200] mas tal está em contraste com a alternativa dele de abraçar novamente o estilo de vida nomista zeloso que ele tinha praticado antes de sua conversão (Gl 2.18). Portanto, em 2.19, Paulo se refere provavelmente à sua própria rejeição abrupta daquele modo de vida em sua conversão; a morte em questão é a morte para uma vida completamente determinada pela Torá (ou por uma série de regras haláquicas derivadas da Torá). Cristo substituiu a Torá como motivação e referência principais da vida de Paulo.

Distintamente de muitos outros, eu permaneço convencido de que a maneira pela qual devemos ler a resposta paulina à pergunta "Então, por que a Lei?" (Gl 3.19) implica na afirmação de um papel essencialmente positivo desempenhado pela Lei, como se tal fosse uma espécie de anjo da guarda para Israel antes da vinda do Cristo (Gl 3.19-22). Apenas a falha de seus colegas judeus em reconhecer que esse papel da Lei fora agora cumprido (Gl 3.23-25; 4.1-5) teria levado Paulo a igualar a continuidade de sua subordinação à Lei à escravidão aos espíritos elementares do mundo (Gl 4.3,8-10).[201] Contudo, isso não

---

(*Grace in Galatia*, p. 351-355), mas sua própria discussão breve está limitada a uma única corrente da discussão de Paulo sobre a Lei e ignora as nuances que pediriam uma exposição mais plena de tudo o que Paulo tem a dizer sobre o assunto e que eu procuro delinear nessa seção; cf., por exemplo, sua sugestão implausível de que "observar os mandamentos de Deus" em 1Cor 7.19 se referisse a "mandamentos"(!) "que são parte da Lei de Cristo, não simplesmente (*sic*!) aqueles encontrados na Lei de Moisés" (p. 370, nota 36).

[200] Cf. *acima*, nota 53.

[201] Além disso, cf. "Was Paul against the Law?", p. 457-465 (*abaixo*, p. 390-401), e "Paul et la Torah", p. 231-236 (*abaixo*, p. 639-645); cf. Esler, *Galatians*, p. 194-203. D. A. Carson, "Mystery and Fulfilment: Towards a More Comprehensive Paradigm of Paul's Understanding of the Old and the New", in Carson *et al.*, *Justification and Variegated Nomism Vol. 2*, p. 393-436: "O argumento histórico-salvífico de Paulo em Gálatas 3 não responde primeiramente aos apelos a marcadores de fronteira da Lei, mas a uma estimativa errada de seu lugar e função no propósito salvífico abrangente de Deus" (p. 412.435). O ponto que

significa que deveríamos diminuir a importância e muito menos que deveríamos negar a agudez da análise que Paulo faz do papel da Lei como um poder que efetivamente escraviza (Gl 4.9,24; 5.1) e do qual a chegada da fé e do Espírito lhe trouxe liberdade (Gl 3.25-26; 4.4-7,28-29; 5.13-26). Não obstante, o fato nos lembra de que a análise de Paulo vem da insistência dos agitadores na Galácia, e efetivamente enfoca o tempo todo nela, já que eles diziam que o modo de vida (o nomismo da aliança) exigido de Israel pela Torá continuava a ser um elemento normativo para judeus crentes e para todos os gentios que quisessem se unir à comunidade da fé no messias Jesus.

A referência à Lei como "o poder do pecado" em 1Cor 15.56 visa provavelmente o efeito da Lei de estimular o pecado ("a lei do pecado" em Rm 7.23,25; 8.2) e seu papel de condenar o pecado à morte (como em Rm 1.32); a teologia elaborada depois na Carta aos Romanos foi algo que Paulo pensara já anteriormente.[202] E em 2Cor 3 precisamos dar mais importância ao fato de Paulo usar o termo *grámma* e não Torá; portanto, a crítica dessa observação muito negativa (*grámma* como algo relacionado à morte) dirige-se à lei entendida de modo demasiadamente estreito, não à Torá como tal.[203]

Na Carta aos Romanos, a Lei é um subtema importante da exposição principal de Paulo. Ele deixa claro que a Lei tem – continua a ter! – um papel duplo. Primeiro, a Lei serve como a medida do pecado, define o pecado e torna pecadores conscientes de seu pecado, e fornece uma vara de medida pela qual o pecado será julgado. A repetição desse mesmo ponto mostra que ele era axiomático para Paulo (Rm 3.20; 4.15; 5.13; 7.13). É por esse motivo que o retrato do julgamento em termos da Lei em Rm 2.12-16 não pode ser considerado uma aberração ou uma referência a um papel agora já ultrapassado para Paulo.[204] Tampouco

---

desejo destacar é simplesmente que era a insistência (por Pedro e outros judeus crentes) em manter tais marcadores de fronteira que provavelmente fez Paulo entender que o papel da Lei diante de Israel tinha agora chegado a seu fim (Gl 3.25).

[202] Além disso, cf. "Paul et la Torah", p. 228 nota 5 (*abaixo*, p. 634, nota 5).

[203] Além disso, cf. "Paul et la Torah", p. 236-237 (*abaixo*, p. 645-647). Cf. também a discussão em S. J. Hafemann, *Paul, Moses, and the History of Israel*. WUNT 81 (Tübingen: Mohr Siebeck, 1995), p. 156-186.

[204] Além disso, cf. "Was Paul against the Law?", p. 466 (*abaixo*, p. 401s); "Paul et la Torah", p. 238-239 (*abaixo*, p. 648-649).

deveríamos entender que o *chōrìs nómou* de Rm 3.21 implicasse a eliminação ou exclusão total da Lei de todo esse processo.²⁰⁵ Muito ao contrário, *"Paulus versteht mit dem Judentum die Mose-Tora als den gültigen Ausdruck des Rechtswillen Gottes"* ["em sintonia com o judaísmo, Paulo entende a Torá de Moisés como a expressão válida da vontade legal de Deus"].²⁰⁶ Segundo, porém, Paulo parece entender que a Lei é perigosa e um poder tão perigoso e negativo como o pecado e a morte (Rm 5.20; 7.5).²⁰⁷ Contudo, também fica imediatamente claro aqui que Paulo levanta esta implicação possível somente para *negá-la* enfaticamente: a Lei *não* deve ser identificada com o pecado (7.7). Portanto, entenderemos Rm 7 errado se não reconhecermos que este capítulo, que é uma parte significativa dentro daquilo que Paulo deseja dizer, consiste de uma *defesa* da Lei.²⁰⁸ O verdadeiro culpado é o *pecado*, que usa e abusa da Lei para incitar desejo/prazer e para produzir o que é contrário à vontade de Deus (Rm 7.7-25).

Tudo isso deixa claro que a atitude de Paulo em relação à Lei e seu tratamento da mesma tinha nuances muito mais cuidadosas, o que permite perceber a simples antítese Lei *versus* evangelho. E quando acrescentamos o papel positivo que Paulo evidentemente continuava a atribuir à Lei (Rm 3.27-31; 8.1-4; 13.8-10 etc.),²⁰⁹ é evidente

---

²⁰⁵ Bergmeier, *Gesetz*, p. 37.
²⁰⁶ Bergmeier, *Gesetz*, p. 55, citando F. Lang, "Erwägungen zu Gesetz und Verheissung in Römer 10,4-13", in C. Landmesser *et al.* (org.), *Jesus Christus als die Mitte der Schrift*. FS O. Hofius. BZNW 86 (Berlim: de Gruyter, 1997), p. 579-602 (aqui: p. 582). Cf. também o ensaio anterior, dedicado a Friedrich Lang, por O. Hofius, "Das Gesetz des Mose und das Gesetz Christi", in *Paulusstudien*, 2ª ed. WUNT 51 (Tübingen: Mohr Siebeck, 1989,1994), p. 50-74, aqui: p. 56-63.
²⁰⁷ Cf. especialmente Hübner, *Gesetz*, p. 27-37.
²⁰⁸ Esse ponto foi apresentado repetidamente por Kümmel, *Römer* 7, e foi um ponto de acordo no Simpósio *Paul and the Mosaic Law*, p. 322-323 (*abaixo*, p. 431-432). Cf. também meu "Was Paul against the Law?", p. 467-469 (*abaixo*, p. 401-406); *Theology of Paul*, p. 156-159; Moo, *Romans*, p. 423. Seifrid objeta: em Rm 7, Paulo não está defendendo a Lei, mas "tentando persuadir sua audiência da validade de (sua) exclusão da Lei do propósito salvífico de Deus" (*Justification*, p. 2 27).
²⁰⁹ Além disso, cf. meu "Was Paul against the Law?", p. 469-473 (*abaixo*, p. 406-412); também *Theology of Paul*, § 23; também Das, *Paul and the Jews*, p. 155-180. Hofius ("Gesetz des Mose", p. 66-69) nega que Paulo tenha qualquer conceito de *tertius usus legis*, um uso ético contínuo da Lei Mosaica para cristãos, mas reconhece que, na visão de Paulo, a conduta cristã deveria "corresponder" a exigências da Torá (Rm 13.8-10), e praticamente não explica por que, se ele

que a antítese pode se tornar algo que despista seriamente. Talvez tal possa ser considerado outra indicação da necessidade de reconhecer que a reação de Paulo contra o seu judaísmo nativo não foi uma denúncia sumária, mas visava a indicação do equívoco relacionado ao papel exercido pelas obras no processo da salvação, o nomismo da aliança, o qual efetivamente excluía os gentios. Provavelmente não há passagem que deixe isso mais claro que 1Cor 7.19, um trecho em que Paulo tanto trata a circuncisão com indiferença, quanto como insiste no mesmo instante na importância de observar os mandamentos de Deus (e, claro, sabendo muito bem que seus contemporâneos judaicos entenderiam a circuncisão como um desses mandamentos).[210] *Somente alguém que, por algum motivo muito importante, fazia distinções*

(Hofius) tivesse razão, Paulo deveria insistir na "observância dos mandamentos" (1Cor 7.19) em vez de simplesmente obedecer a Cristo ou seguir o exemplo de Cristo (como em Rm 15.5). Kuula, *Law,* insiste em ler a abordagem paulina da Lei em Gálatas como inteiramente negativa, mas seus argumentos nesse ponto (p. 182-185) ignoram a continuidade da linguagem paulina de "cumprir toda a Lei" (Gl 5.14) com a apresentação de Jesus por Mateus como "cumprindo" a Lei e chamando à plena obediência a ela, e como "resumindo toda a Lei" no mandamento do amor (Mt 5.17-20; 22.40). Semelhantemente, P. F. Esler continua a manter a visão de seu *Galatians,* p. 203-204, de que "cumprimento da Lei" (Gl 5.14) significa a consumação da vontade de Deus bem à parte da Lei ("os padrões ou normas morais da Lei [...] já não possuem um propósito futuro para as pessoas que creem em Cristo"), em seu mais recente *Conflict and Identity in Romans: The Social Setting of Paul's Letter* (Minneapolis: Fortress, 2003) a respeito de Rm 13.8-10 (p. 333-335). Contudo, ele passa facilmente por cima do fato de que a mesma fórmula é expandida em 8.4, onde o que é "cumprido" é "a exigência justa da Lei" (p. 244); além disso, cf. *abaixo,* nota 301. Apesar de toda a argumentação um tanto tortuosa de Westerholm (*Perspectives,* p. 321-330), o sentido mais óbvio de Rm 3.27-31; 9.32 e 10.6-10, sem sequer mencionar Rm 8.4; Gl 5.6 etc., é que "a lei da fé" é uma abreviatura aceitável para a afirmação de Paulo de que aquilo que a Lei exige é (somente) cumprido por/de fé (além disso, cf. "Paul et la Torah", p. 240-242 [*abaixo,* p. 637,650-652], e *abaixo,* § 4.3[11]). Sua dedução de Fl 3.9 e Rm 10.3-5 "de que a justiça da Lei de Deus está oposta à de Deus" (p. 329) exagera a crítica de Paulo à "justiça que é da Lei" (a expressão efetivamente usada por esses textos). Particularmente, a aversão contínua de Paulo à idolatria e à liberalidade sexual pode ser explicada somente pela influência contínua da Lei sobre sua teologia e conduta (cf. novamente meu *Theology of Paul,* p. 690-692, 703-704); cf. *abaixo,* nota 335.

[210] Além disso, cf. meu "Neither Circumcision", p. 106-110; *abaixo,* p. 483-486.

entre as várias exigências da Lei, poderia escrever assim.[211] É evidente que a reação de Paulo contra a Lei tinha como alvo aquele aspecto da Lei em que a circuncisão se expressava de forma tão visível – a aceitação divina como contérmina com o Povo de Deus, cujos varões estavam circuncisos na carne.[212]

3.4. (8) O Paulo tardio

Podemos admitir francamente que a "nova perspectiva" dedicou em seus inícios muito pouca atenção aos escritos tardios do *corpus paulinum*,[213] provavelmente pelo motivo normal de que qualquer tentativa de se apreender o ensinamento de Paulo deve estar focado naquelas cartas cuja autoria paulina é indiscutível. Seja como for decidida a questão da autoria da Carta aos Efésios e das Cartas Pastorais, essas cartas mostram algo que podemos descrever simplesmente como a continuação da tradição paulina, e no mínimo podem ser consideradas interpretações mais antigas da tradição paulina mais antiga, ou seja, da tradição que tem absorvido nossa atenção até aqui.[214]

O texto-chave é Ef 2.8-10: "Pela graça fostes salvos, por meio da fé, e isso não vem de vós, mas como um dom de Deus, não das obras, para que ninguém se glorie, pois somos obras dele, criados em Cristo Jesus para boas obras que Deus já antes preparara para que nelas andássemos". Temos aqui os elementos essenciais da doutrina paulina da justificação – graça e fé, postas em antítese com obras e gloriar-se. Será que isto não é exatamente o mesmo argumento e a mesma antítese estabelecidas por Paulo em passagens como Rm 4.2-5 e 11.6?

---

[211] "Paul et la Torah", p. 237-238 (*abaixo*, p. 645-648).
[212] P. J. Tomson, "Paul's Jewish Background in View of His Law Teaching in 1Cor 7", in Dunn (org.), *Paul and the Mosaic Law*, p. 251-270, observa que as imagens de "prepúcio" e "circuncisão" são metônimos de ser gentio ou judeu, e que na Antiguidade não se conhecia o "judeu secularizado"; isto significa que alguém não era judeu, ou era um judeu praticante. Assim ele parafraseia 1Cor 7.19: "ser um judeu obediente à Lei ou viver como gentio não significa nada, mas observar os mandamentos de Deus" (p. 267).
[213] Marshall, "Salvation, Grace and Works", p. 341 e nota 9.
[214] No que segue, em parte retomo e em parte continuo desenvolvendo meu "Whatever Happened to 'Works of the Law?'", in *Epitoayto*. FS P. Pokorny (Praga: Mlyn, 1998), p. 107-120; reimpresso *abaixo*, Cap. 17.

Contudo, duas características das passagens em questão devem ser tratadas com atenção.

a) O texto refere-se à salvação como um ato completamente realizado ("fostes salvos"), enquanto o Paulo "primitivo" se referia à salvação como algo futuro (Rm 5.9-10; 13.11; 1Cor 3.15) e aos cristãos como "pessoas em processo de serem salvas" (1Cor 1.18; 2Cor 2.15). Ali, a metáfora de "salvação" cobria todo o processo de renovação e redenção final (Rm 8.23); aqui, a ideia é o caráter decisivo do início desse processo. É claro que Paulo se referiu em certa ocasião com uma ênfase quase igual a "ter sido justificado por meio da fé" (Rm 5.1), mas em nenhum outro texto ele usou a metáfora da salvação dessa maneira, considerando-a "já realizada". A ênfase no "ainda não", que tem a mesma importância em sua soteriologia, estava demasiadamente vinculada à metáfora da salvação.[215] Tal é uma indicação de que, no mínimo, há por trás da Carta aos Efésios uma perspectiva diferente ou em transformação.

b) O discurso mais antigo sobre "obras" referia-se quase sempre às "obras *da Lei*", aquelas que eram obrigatórias para judeus enquanto membros de Israel, o povo da aliança.[216] A pergunta prioritária era se essas obras eram obrigatórias (também) para crentes gentios. A resposta de Paulo foi clara: somente a fé era necessária; acrescentar as obras da Lei era uma subversão do evangelho da justificação somente pela fé (Rm 3.28; 9.30-32; Gl 2.15-16). Aqui, o pensamento parecer ter sido ampliado para uma referência ao esforço humano em geral que é inadequado em relação às exigências da salvação; a salvação podia ser alcançada "somente por graça somente por meio da fé".[217] No mínimo, isto implica que a compreensão que a Reforma tinha da teologia pau-

---

[215] Rm 8.24-25 não é uma exceção; cf. meu *Romans*, p. 475-476.
[216] Embora Paulo diga "obras" sem acrescentar "da Lei" em Rm 4.2,6; 9.12,32; 11.16, a implicação é que ele está usando uma abreviatura para a expressão mais completa, como reconhece Marshall ("Salvation, Grace and Works", p. 345). Cf. também *abaixo*, nota 194.
[217] A. T. Lincoln (com A. J. M. Wedderburn), *The Theology of the Later Pauline Letters* (Cambridge: Cambridge University, 1993), p. 135-136. "Muito antes de Agostinho e Lutero, o autor de Efésios já interpretou as expressões paulinas 'obras da lei' e 'obras' em termos do alcance humano geral" (Das, *Paul, the Law and the Covenant*, p. 272).

lina da justificação foi partilhada já pelo primeiro comentarista cristão dessa teologia.

No entanto, o assunto é um pouco mais complexo. Como já vimos, o teologúmeno mais profundo, que afirma que nenhuma pessoa e nenhum povo pode alcançar a aceitação por Deus por meio de seus próprios desempenhos, é claramente afirmada em Rm 4.4-5; 9.1,16; 11.6 (cf. *acima*, § 3.2 [6]). Trata-se da argumentação teológica que sustenta a afirmação mais específica de que obras da Lei não deveriam ser exigidas como essenciais para a justificação. Eu argumentei acima que essa compreensão mais profunda dos caminhos de Deus com a humanidade já era bem entendida na tradição judaica e que era um credo fundamental dentro de seu livro principal voltado para o nomismo da aliança, "o Livro da Lei", o Deuteronômio.[218] É por isso que Paulo podia recorrer a essa ideia (não precisava argumentar acerca do assunto) quando lidava com a ameaça mais específica de que obras da Lei consistiam uma ameaça ao princípio fundamental exposto.

Por isso, minha interpretação da situação enfrentada por Ef 2 é um tanto diferente. A questão da aceitabilidade de crentes gentios dentro de uma comunidade da salvação que ainda via o mundo através das lentes tradicionais do privilégio judaico (Ef 2.11-12)[219] já não era colocada em termos de "obras da Lei". Essa questão era antes vista de modo mais abrupto em termos de "a barreira do muro que separa", "a Lei com seus mandamentos e prescrições", cujo efeito era a criação de hostilidade entre judeus e gentios. Essa barreira tinha sido derrubada por Cristo que criou assim uma nova corporificação da comunidade da salvação e estabeleceu a paz (Ef 2.14-16). Este foi efetivamente o mesmo problema enfrentado por Paulo quando ele afirmou insistentemente que a justificação acontecia pela fé e independentemente de obras. Contudo, ao levar a questão para além do problema mais estreito de obras especificas da Lei, como, por exemplo, a circuncisão e as leis de puro e impuro, problemas que tinham provocado Paulo a escrever com tanta rispidez aos gálatas, o autor da Carta aos Efésios acaba por aguçar e, de tal modo, clarificar o problema, atribuindo este à concessão

---

[218] Como reconhece novamente Marshall ("Salvation, Grace and Works", p. 350-352, 357).

[219] Além disso, cf. T. L. Yee, *Jews, Gentiles and Ethnic Reconciliation: Paul's Jewish Identity and Ephesians*. SNTSMS 130 (Cambridge: Cambridge University, 2005).

de privilégio judeu. Segundo este autor, o judaísmo fora erroneamente protegido pela Lei e, assim, havia o risco de se manter uma situação de hostilidade entre judeus e gentios, contrariando a ideia de que em Cristo agora poderia haver paz.

Isto significa também que o outro problema grave, o da total incapacidade de qualquer pessoa de alcançar a salvação pelos próprios esforços, podia ser constatado aberta e inequivocamente (Ef 2.8-10), sem o perigo de confusão com o problema de obras da Lei em particular.[220] Da mesma maneira, o autor pôde continuar afirmando que boas obras eram esperadas das pessoas "salvas", sem qualquer perigo de as obras em questão serem confundidas com a exigência já ultrapassada de crentes judeus mais antigos, de que obras da Lei eram ainda necessárias para a salvação (final).

Resumindo: o debate em torno da nova perspectiva deveria estar muito grato à Carta aos Efésios, pois ela divide os dois problemas (justificação pela graça e não mediante a capacidade humana; justificação pela fé e não pelo proselitismo) que foram confundidos devido à formulação paulina (exigida devido à situação na Galácia) em dois teologúmenos separados em termos de "obras da Lei". A Carta aos Efésios mostra que a melhor maneira de identificar o desafio da nova perspectiva sobre a soteriologia de Paulo não é como "perspectiva luterana *ou* nova", mas como "perspectiva luterana *e* nova".

Os dois trechos nas Cartas Pastorais citados por MARSHALL não esclarecem muito o que Ef 2 significa.[221] 2Tm 1.9-10: Deus "que nos salvou e nos chamou com um santo chamado, não de acordo com nossas obras, mas de acordo com seu próprio propósito e graça, que nos foi dada em Cristo Jesus, antes dos tempos eternos". Tt 3.5-7: Deus "nos salvou não por causa de obras em justiça que tivéssemos realizado, mas de acordo com sua misericórdia [...] para que, tendo sido justificados por sua graça, pudéssemos nos tornar herdeiros de acordo com a esperança da vida eterna". O contraste é mais ou menos o mesmo, entre graça e obras, e enfatiza o argumento apresentado tão explicita-

---

[220] O mesmo é verdade para a crítica ao "gloriar-se" (Ef 2.9) que pode levar à crítica mais fundamental ao gloriar-se em 1Cor 1.29,31, sem ser confundida com o gloriar-se mais distintivamente judaico do privilégio da eleição (como em Rm 2.17-23).
[221] Além disso, cf. meu "Whatever Happened?", p. 113-116; *abaixo*, p. 556-561.

mente em Ef 2.8-9. O que falta é qualquer sentido das passagens dentro de seus contextos mais imediatos e, efetivamente, no âmbito das Cartas Pastorais como um todo, sentido que indicasse os problemas motivadores da Carta aos Gálatas, os quais tinham influenciado fortemente a Carta aos Romanos e estariam ainda presentes, consistindo uma ameaça. Até mesmo as preocupações de Ef 2.11-22 já não se evidenciam. Qualquer possível ameaça que pudesse ser descrita de alguma forma como "judaica" acaba por praticamente se perder em meio às advertências mais abrangentes que contêm apenas ecos de antigos debates, agora já muito distantes. E um chamado para "boas obras" pode ser lançado com uma regularidade que sugere a possibilidade de confundi-las com "obras da Lei" pertencente àquele passado distante.[222] Em poucas palavras, as Cartas Pastorais acrescentam pouco ou nada à nossa busca de esclarecimento da afirmação paulina de que "por obras da Lei nenhuma carne será justificada diante de Deus" (Rm 3.20).

Todos esses esclarecimentos e reflexões mais amplos são uma tentativa de reafirmar o que poderia ser chamado a dimensão judaica/gentia, tão integral à doutrina paulina da justificação, e uma tentativa de chamar mais uma vez a atenção para a amplitude da clarificação que a interpretação da expressão "obras da Lei" por uma "nova perspectiva" parece projetar sobre a exposição paulina da doutrina da justificação inicial, tanto na Carta aos Gálatas quanto na Carta aos Romanos. Faço essa tentativa, como devo dizer mais uma vez, não para oferecer uma *alternativa* às ênfases da doutrina clássica da justificação, e muito menos em *oposição* a elas, mas para pleitear o reconhecimento dessa dimensão em nossas próprias reafirmações dessa doutrina no séc. XXI, com total consciência de suas ramificações acerca de relações sociais, internacionais e ecumênicas. É a total gratuidade da ação de Deus ao justificar cada e qualquer pessoa que exclui qualquer orgulho: não só o gloriar-se por causa de alcances pessoais, mas também o gloriar-se por causa da identidade étnica e a tradição religiosa.

---

[222] Além disso, cf. minhas contribuição acerca das Cartas Deuteropaulinas em C. A. Evans, D. A. Hagner (org.), *Anti-Semitism and Early Christianity: Issues of Polemic and Faith* (Minneapolis: Fortress, 1993), p. 151-165 (aqui: p. 160-164); e em J. Barclay, J. Sweet (org.), *Early Christian Thought in its Jewish Context* (Cambridge: Cambridge University, 1996), p. 130-44 (aqui: p. 140-143).

4. Outras questões importantes

Espero que a discussão gerada pela nova perspectiva possa agora avançar. Se conseguíssemos passar para além das confusões e mal-entendidos, das falsas polarizações que põe lenha no fogo da polêmica; e ir além dos debates sobre os textos particulares que provavelmente não terminarão nunca, poderíamos nos engajar numa discussão dos problemas principais que surgiram em 25 anos de reflexão sobre a nova perspectiva de SANDERS acerca do judaísmo do Segundo Templo. Dessa maneira, o debate poderia ajudar a chegar a uma compreensão mais rica e plena do ensinamento de Paulo sobre a justificação e sobre suas implicações para a vida cristã.

Parece-me que surgiram quatro questões maiores. (9) SANDERS teria exagerado o aspecto/a linha da aliança presente numa soteriologia que é muito menos consistente?[223] (10) A atenção dispensada ao aspecto/linha da soteriologia do judaísmo do Segundo Templo, que entende a salvação (escatológica) como dependente da obediência à Lei, fora suficiente?[224] Por outro lado, as objeções à nova perspectiva deram a importância suficiente ao ensinamento do próprio Paulo sobre o tema da "obediência da fé" e do julgamento segundo as obras também para os cristãos?[225] (11) Seria a obediência que Paulo esperava dos cristãos distinta em modo ou caráter (possibilitada pelo espírito) da obediência

---

[223] A tese central de Avemarie em *Tora und Leben* é que, dentro do pensamento rabínico, a Torá e a obediência ativa eram de importância "soteriológica" muito maior (e de fato imediata) do que Sanders queria admitir (cf. especialmente p. 38-44.291-294.582-584; mas cf. também *abaixo*, nota 243); afirmada por Stuhlmacher, "Rechtfertigung", p. 44, e Alexander, "Torah and Salvation", p. 273; para a crítica a Sanders, cf. especialmente Westerholm, *Perspectives*, p. 341-351; também Waters, *Justification*, p. 35-58.152-153.

[224] Especialmente Gathercole, *Where is Boasting?*: "a evidência de um Juízo Final de acordo com as obras no judaísmo do Segundo Templo é arrasadora, e a negação ou falta de ênfase nessa doutrina da parte de estudiosos da Nova Perspectiva é injustificada" (p. 223).

[225] K. P. Donfried, "Justification and Last Judgment in Paul", in *ZNW* 67 (1976): 90-110, reimpresso em seu *Paul, Thessalonica and Early Christianity* (Londres: T. & T. Clark, 2002), p. 253-278; com maior reflexão: "Justification and Last Judgment in Paul – Twenty-Five Years Later" (p. 279-292); K. R. Snodgrass, "Justification by Grace – to the Doers: An Analysis of the Place of Romans 2 in the Theology of Paul", in *NTS* 32 (1986): 72-93; Yinger, *Paul, Judaism and Judgment*.

exigida de Israel?[226] (12) De muitas maneiras o problema mais crítico de todos: se o judaísmo do Segundo Templo e a soteriologia podem ser igualmente definidas em termos de "nomismo da aliança", então que necessidade temos de Cristo? A nova perspectiva dá suficiente importância à indispensabilidade e à obra de Cristo (Rm 8.33-34)?[227]

Estes são os problemas principais que pedem um debate mais extenso. Neste momento posso somente indicar as maneiras pelas quais minha própria compreensão e apreciação de Paulo estão em desenvolvimento constante e firme, como um dos resultados do debate que já está acontecendo.

4.1 (9) A questão da consistência

Concordo com AVEMARIE de que, neste assunto, SANDERS é sujeito a críticas. Mas há três pontos para uma defesa ao menos parcial.

a) Precisamos lembrar que SANDERS estava corrigindo uma falta de equilíbrio que dominava naquele momento a pesquisa do Novo Testamento sobre o judaísmo do Segundo Templo. Com base em meus próprios estudos durante a faculdade, eu posso afirmar que, em círculos cristãos, a visão dominante acerca do judaísmo era muito negativa. Acima (§1), referi-me ao impacto benéfico das primeiras páginas do livro *Paul and Palestinian Judaism* (*Paulo e o judaísmo palestinense*, de SANDERS); uma geração posterior que não experimentou as correntes de antijudaísmo ainda presentes nos anos 1950 e 1960 não deveria

---

[226] Cf., por exemplo, C. H. Talbert, "Paul, Judaism, and the Revisionists", in *CBQ* 63 (2001): 1-22.

[227] P. Stuhlmacher, "*Christus Jesus ist hier, der gestorben ist, ja vielmehr, der auch auferweckt ist, der zur Rechten Gottes ist und uns vertritt*" ["Aqui, Cristo Jesus é aquele que morreu, e mais ainda, aquele que também foi ressuscitado, que está à direita de Deus e nos defende"] in F. Avemarie, H. Lichtenberger (org.), *Auferstehung – Resurrection*. WUNT 135 (Tübingen: Mohr Siebeck, 2001), p. 351-361; meu "Response to Peter Stuhlmacher" (ver *abaixo*, nota 271) é voltado para a série de perguntas que ele faz à nova perspectiva. DAS, enquanto reconhecendo o significado e o valor da nova perspectiva, chama para uma "perspectiva mais nova" (*newer perspective*): "Paulo anula o quadro de referência gratuito de aliança, eleição e sacrifício em favor de um quadro de referência muito diferente, centrado em Cristo" *(Paul, the Law and the Covenant*, p. 268-271).

subestimar a importância do protesto de SANDERS. Meu próprio exemplo, frequentemente repetido, é o uso do termo *Spätjudentum* (alemão: judaísmo tardio) como referência ao judaísmo do Segundo Templo. Como o judaísmo do primeiro século poderia ser um judaísmo *tardio*? Além de todas as outras questões, o judaísmo está florescendo ainda vinte séculos mais tarde! No entanto, a lógica do termo "judaísmo tardio" é clara. Ela tem sua raiz na crença de que a única razão de ser do judaísmo era preparar o caminho para Cristo e para a Cristandade. Uma vez que Cristo tinha vindo, uma vez que a Cristandade tinha se formado, já não havia mais necessidade ou papel para o judaísmo no esquema divino das coisas. Por isso, o judaísmo do primeiro século era um judaísmo *tardio*, já que era o *último* judaísmo, o *fim* do judaísmo divinamente autorizado![228] O que eu gostaria de mostrar é simplesmente que uma visão tão restritiva, mas também tão denegridora e negativa do judaísmo era comum em livros de estudo na Alemanha ainda no fim do séc. XX. O protesto de SANDERS foi necessário.

b) A fórmula-chave de SANDERS, "nomismo da aliança", foi criticada de maneira particularmente dura (daí o tamanho dessa seção). A meu ver, porém, tal fórmula deveria receber também mais crédito do que lhe foi dado até agora, porque, como eu já disse, ela implica, como SANDERS observou claramente, um inter-relacionamento necessário entre a iniciativa e graça divinas (aliança) e a obediência humana à Lei (nomismo). Ora, é bem possível, e efetivamente é um fato, que algumas das afirmações de SANDERS são pouco equilibradas no sentido de sobreenfatizar o lado da aliança nesse inter-relacionamento.[229] Isto acontece com frequência quando se corrige uma falta

---

[228] Niebuhr, "Paulinische Rechtfertigungslehre", p. 117-118.
[229] "Sanders pertence a uma linha de intérpretes do judaísmo tanaítico que tenderam, muitas vezes em consciente rejeição de Weber, enfatizar seu lado 'liberal'" (Alexander, "Torah and Salvation", p. 271; além disso, p. 272-327). Mas a ênfase de Sanders de que, por exemplo, "a situação de Israel dentro da aliança exigia que a Lei fosse obedecida o mais plena e completamente possível" e que era possível que indivíduos se comportassem de tal maneira que podiam se excluir da aliança (*Paul and Palestinian Judaism*, p. 81, 266), dificilmente justifica o comentário depreciativo de Elliott de que, para Sanders, "observar a Lei é *meramente* uma maneira de [...] 'ficar dentro' da aliança" (*Survivors of Israel*, p. 53, grifos meus). Sanders estava também bem ciente das tensões sobre esse assunto dentro do judaísmo rabínico (p. 87-101): "Os rabis não tinham o problema pau-

de equilíbrio anterior (cf. item *a*), particularmente quando tentativas precedentes de corrigi-la foram amplamente ignoradas.²³⁰ O que quero dizer, porém, é que a própria fórmula-chave de SANDERS, "nomismo da aliança", já indicava que os *dois* lados do inter-relacionamento precisavam ser reconhecidos, e indicava também os amplos termos desse inter-relacionamento: a aliança como pressuposto do nomismo;²³¹ mas aliança como algo que num sentido importante ainda dependia do nomismo. Como observa AVEMARIE: *"Von der Tora zu reden heißt von der Tora Israels zu reden: Nicht dem Menschen schlechthin ist die Tora gegeben, sondem dem einen Volk Gottes [...] Die Tora ist Gottes Gabe und Anspruch an Israel"* [Falar da Torá significa falar da Torá de Israel: a Torá não foi dada ao ser humano como tal, mas ao único Povo de Deus (...). A Torá é ao mesmo tempo a dádiva e a exigência de Deus a Israel].²³²

Andrew Das fez um bom caminho para reconhecer esse inter-relacionamento no judaísmo primitivo,²³³ embora ele precise

---

lino/luterano da 'justiça de obras', e por isso não sentiam nenhum problema em dizer que o êxodo era merecido" (p. 100).

²³⁰ Cf. *acima*, nota 20. Numa antiga crítica a Sanders, D. A. Carson, *Divine Sovereignty and Human Responsibility* (Atlanta: John Knox, 1981), reconhece o ponto (p. 89). Enquanto antecipando a ampla gama de crítica revisada abaixo (*p.ex.*, p. 178-179), ele parabeniza Sanders por "sua obra que é, nos demais aspectos, excelente" e com cujas argumentações ele concorda (p. 121).

²³¹ Westerholm entendeu o argumento: "a verdade fundamental de que o judaísmo, como descrito em seus próprios termos, conhecia e dependia da graça de Deus e não promovia uma busca hipócrita da salvação por obras" (*Perspectives*, 444).

²³² Avemarie, *Tora und Leben*, p. 446.448; e ainda p. 530-576. Cf. também Avemarie, "Erwählung und Vergeltung. Zur optionalen Struktur rabbinischer Soteriologie", in *NTS* 45 (1999): 108-126, que enfatiza que na teologia rabínica tanto a eleição (*Erwählung*) como a retribuição (*Vergeltung*) eram um critério de valor igual para a participação no mundo por vir, embora pareçam princípios contrários, e que muitas vezes ocorrem independentemente um do outro.

²³³ Das, *Paul, the Law, and the Covenant*, p. 12-44; mas o argumento subsequente de que "o crescente foco nas exigências rigorosas da Lei é uma *consequência natural* do meio termo do equilíbrio cuidadosamente mantido entre a graça e a exigência nos escritos judaicos pré-70 EC" (p. 69, grifos meus), implica menos um equilíbrio e mais um legalismo latente no judaísmo do Segundo Templo.

reconhecer tanto um elemento de *eulogia* como de hagiografia em relação aos heróis do passado, os quais também eram esperados das pessoas que desejassem entrar em Israel (prosélitos), ou daquelas que ingressavam em uma seita e assumissem compromissos estritos (100%), como [a comunidade de] Qumran. Os volumes organizados por D. A. CARSON, P. T. O'BRIEN e M. A. SEIFRID começam a examinar o inter-relacionamento em detalhes muito mais sutis (como exigia a obra de SANDERS), e suas descobertas coincidem em grande parte: o inter-relacionamento precisa ser reconhecido, ainda que SANDERS não o tivesse constatado adequadamente em vários pontos. De fato, depois de ler o volume, tive a impressão de que, em vez de dar-lhe o presente título *Justification and Variegated Nomism*, teria sido mais apropriado intitulá-lo *Justification and Variegated Covenantal Nomism* (Justificação e Nomismo variegado da aliança)![234] Visto tal fato, a conclusão de CARSON no fim do volume e com base nas descobertas dos participantes do volume, de que a categoria do nomismo da aliança de SANDERS é "reducionista", "causa mal-entendidos" e é

---

[234] Por exemplo, com várias qualificações apropriadas a "nomismo da aliança variegado", P. Enns considera a compreensão que Sanders tem do judaísmo do Segundo Templo apoiada por 1 Esdras (p. 75), os acréscimos a Daniel (p. 79-80), Pseudo-Fílon (p. 92) e o Livro dos Jubileus (p. 97); R. Bauckham pensa o mesmo em relação a 1 Henoc (p. 148) e o Apocalipse de Sofonias (p. 158-160); R. A. Kugler o mesmo em relação aos Testamentos dos Doze Patriarcas (p. 190); D. E. Gowan o mesmo a respeito da literatura sapiencial (p. 238-239); M. Bockmuehl o mesmo, com qualificações, a respeito de 1QS (p. 412-414) – Seifrid (p. 435-438) simplesmente repete sua exegese anterior de 1QS 11.2-3, uma exegese crucial para seu argumento, não obstante a crítica penetrante dessa exegese anterior por Bockmuehl (p. 398-399, nota 60). Alexander sintoniza-se estreitamente com Avemarie, mas chama para ter cautela acerca da maneira como essa inconsistência deveria ser interpretada: "Avemarie enfatiza corretamente a inconsistência dos textos rabínicos. [...] Suspeito que o que está por trás disso seja simplesmente fidelidade à Escritura, o que é tão inconsistente como os rabis nesse ponto" ("Torah and Salvation", p. 273); nota-se também seu comentário sobre "legalismo e o fardo da Lei" (p. 279-283), e sobre "God as Merciful: Repentence and Atonement" e "Torah and Salvation in the Tannaitic Midrashim" (p. 286-297); "o judaísmo tanaítico sintoniza-se estreitamente com o pensamento teológico da escola deuteronomista. Falando de maneira geral, se houve uma teologia no judaísmo pós-bíblico primitivo, ela era a teologia do Deuteronômio" (p. 299).

"ocasionalmente errada"[235] é injustificadamente ríspida e indevidamente menosprezível. [236]

Por outro lado, num estudo que é forte em outros aspectos, WESTERHOLM deixa de captar o cerne da argumentação quando afirma que está respondendo a uma posição que estabeleceu uma alternativa entre "pertencer a uma aliança" e "fazer o que se deve", e assim evita a implicação óbvia de que "justiça" tinha para Israel claramente o significado de cumprir as obrigações decorrentes da pertença à aliança e de que a medida dessa justiça era a Lei.[237] E FRANCIS WATSON critica SANDERS por supor "dogmaticamente" que o judaísmo palestinense desse prioridade à graça divina e por supor que, na fórmula "nomismo da aliança", o elemento "aliança" sempre tivesse prioridade sobre o "nomismo".[238] Contudo, ele ignora (neste ponto) a frequência pela qual a "promessa" divina é citada como o fator motivador na lida de Deus com Israel em seus textos principais (particularmente o Deuteronômio), um fato estranho diante de sua própria ênfase no ponto em questão;[239] e ele ignora a grande medida que "permanecer em" significa cumprir todos os mandamentos da Lei (nomismo) como condição para desfrutar da vida.

SEIFRID é um dos que reagem fortemente à renovada ênfase na aliança que a obra de SANDERS conferiu à nova perspectiva.[240] Ele reco-

---

[235] "Summaries and Conclusions", p. 543-546; seguido por O'brien, "Was Paul a Covenantal Nomist", p. 252-255. É curioso que Carson considere necessário descrever a caracterização da religião do Segundo Templo em termos de "nomismo da aliança" e "doutrinária" (p. 548) e como exercendo "controle hegemônico" sobre a interpretação de Paulo ("Mystery and Fulfilment", p. 394-395), uma linguagem que possivelmente reflete antes as posições suas do que as da nova perspectiva; cf. o discurso de Kim sobre a "escola da Nova Perspectiva" com seu "dogma" (sic) de nomismo da aliança (Paul and the New Perspective, p. 83,294-295).

[236] Cf. a breve crítica de Das, Paul and the Jews, p. 11-12, nota 22.

[237] Westerholm, Perspectives, p. 287-289 (por algum motivo, ele introduz a categoria não judaica "virtude" – p. 290); semelhantemente, ele deixa de considerar que, em termos do "nomismo da aliança", gentios são inevitavelmente "pecadores" (Gl 2.15 – em contraste a "judeus por natureza"); simplesmente por estarem fora da aliança, eles não observam a Lei da aliança (p. 290-291).

[238] Watson, Hermeneutics of Faith, p. 7-13.323-328.

[239] Watson, Hermeneutics of Faith, p. 15, nota 28.

[240] M. A. Seifrid, "Righteousness Language in the Hebrew Scriptures and Early Judaism", in Carson et al., Justification and Variegated Nomism Vol. I, p. 415-442 (referências a p. 416.428); seguido por O'brien, "Was Paul a Covenantal Nomist?", p. 275-276.287.

nhece que há na Bíblia Hebraica "quatro vezes mais ocorrências de 'justiça salvífica' de Deus (64) do que [...] as que envolvem uma justiça divina punitiva (15)', mas argumenta que se deveria dar mais atenção às últimas. Ele inclui uma crítica à ênfase na justiça que tem a ver com "relacionamento", algo que, segundo seu argumento, não daria suficiente importância à justiça entendida como algo medido por uma "norma", "ordem reta" ou "aquilo que é moralmente certo". Infelizmente, ele força demasiadamente o seu argumento. Certamente o reconhecimento de um "contexto de aliança" não depende da ocorrência do termo "aliança"; portanto, ele deveria ter dado mais atenção à afirmação de SANDERS[241] de que "a natureza fundamental da conceituação da aliança é amplamente responsável pela relativa escassez do termo 'aliança'";[242] neste ponto, AVEMARIE está muito mais próximo a SANDERS do que aqueles que recorrem a ele para criticar aquilo que este parece apreciar.[243] E a linguagem de "norma" é efetivamente justificada (direito

---

[241] Sanders, *Paul and Palestinian Judaism*, p. 420-421; neste ponto, Sanders refere-se à literatura rabínica, mas a observação se aplica de modo muito mais amplo à literatura do judaísmo do Segundo Templo.

[242] Cf. a discussão de D. A. Carson "The Vindication of Imputation", in M. Husbands, D. J. Trier (org.), *Justification: What's at Stake in the Current Debates* (Downers Grive: InterVarsity Press, 2004), p. 46-78, sobre a "imputação da justiça de Cristo". Seifrid aceita esse ponto da argumentação; seu argumento é simplesmente de que a própria linguagem da justiça não deriva da esfera das ideias de aliança, embora tenha contato com a linguagem de aliança (correspondência privada).

[243] Cf. F. Avemarie, "Bund als Gabe und Recht: Semantische Überlegungen zu b^{e}rît in der rabbinischen Literatur", in F. Avemarie, H. Lichtenberger (org.), *Bund und Tora: Zur theologischen Begriffsgeschichte in alttestamentlicher, frühjüdischer und urchristlicher Tradition* (Tübingen: Mohr Siebeck, 1996), p. 163-216, onde ele conclui: "*Das Profil der rabbinischen Soteriologie, das E. P. Sanders in Paul and Palestinian Judaism gezeichnet hat, erfährt durch die Ergebnisse unseres Überblicks eine überraschend weitreichende Bestätigung. Überraschend deshalb, weil es zunächst so scheint, als sei die starke begriffliche Befrachtung, mit der Sanders die Kategorie des Bundes versieht, durch den rabbinischen Gebrauch von b^{e}rît nicht gedeckt. Es hat sich hier aber gezeigt, dass die rabbinische Rede vom 'Bund' tatsächlich etlichen der elementaren Vorstellungen zum Ausdruck verhilft, die Sanders unter dem Etikett des 'Bundesnomismus' zusammengefasst hat: Israels Erwählung, seine Bestimmung zum endzeitlichen Heil, seine Verpflichtung zur Erfüllung der Tora und Gottes unverbrüchliche Treue gegenüber seinem Volk. (...) Im Hinblick auf das, was die Rabbinen über die Väterverheissung, die Beschneidung, die Sinaioffenbarung, das*

divinamente determinado) enquanto a norma não é vista como algum ideal abstrato (isto foi criticado por aqueles que fizeram um jogo com a linguagem de "relacionamento"),[244] mas antes como uma norma concretizada numa relação (Deus e a criação, Deus e Israel, relações dentro do povo)[245] na qual as particularidades do relacionamento podem levar a julgar um ato como "reto", mesmo quando ele parece romper com uma norma que rege a sociedade (o caso em questão é Judá e Tamar em Gn 38.24,26).[246]

SEIFRID resume seu argumento e elabora sua relevância no artigo publicado depois no Volume 2 de *Justification and Variegated Nomism*.[247] Seu alerta de não *reduzir* o conceito hebraico de "justiça" para "fide-

---

endzeitliche Heil und die ganze wechselvolle Geschichte Israels mit Gott dachten und sagten, ist es durchaus angemessen, von einer rabbinischen 'Bundestheologie' zu sprechen" [O perfil da soteriologia rabínica, que E. P. Sanders esboçou em *Paul and Palestinian Judaism*, ganha uma confirmação surpreendentemente ampla através dos resultados de nosso panorama. Surpreendente porque parece inicialmente que a forte carga terminológica que Sanders confere à categoria da aliança não tivesse cobertura nos uso rabínico de *bᵉrît*. No entanto, aqui se mostrou que o discurso rabínico sobre a "aliança" ajuda efetivamente a expressar várias das ideias elementares que Sanders subsumiu sob o rótulo "nomismo da aliança": a eleição de Israel, sua destinação para a salvação escatológica, sua obrigação a cumprir a Torá e a fidelidade inquebrável de Deus em relação a seu povo. (...) Em vista daquilo que pensavam e diziam os rabinos sobre as promessas aos pais, a circuncisão, a revelação no Sinai, a salvação escatológica e toda a história turbulenta de Israel com Deus, é efetivamente adequado falar de uma "teologia da aliança" rabínica], p. 213-215.

[244] Eichrodt, *Theology*, 1, p. 240-241; Von Rad, *Theology*, 1, p. 371.

[245] "A duradoura discussão sobre se o sentido básico da raiz *sdq* é 'conformidade com uma norma' ou 'cumprimento mútuo de reivindicações que surgem de uma relação particular' pode ser desconsiderada se concordamos com Ziesler de que a 'norma' em questão são as exigências provenientes da relação de Deus com seu povo na aliança" (Moo, *Romans*, p. 79-80, referindo-se a J. A. Ziesler, *The Meaning of Righteousness in Paul*. SNTSMS 20 [Cambridge: Cambridge University, 1972], p. 36-39).

[246] Seifrid, "Righteousness Language", p. 420. Para o episódio de Tamar e Judá, cf. Von Rad, *Theology*, 1, p. 374.

[247] M. A. Seifrid, "Paul's Use of Righteousness Language Against its Hellenistic Background", in Carson *et al.*, *Justification and Variegated Nomism Vol. 2*, p. 39-74 (aqui: p. 40-44); "a linguagem de justiça nas escrituras hebraicas [...] (é) construída amplamente em torno do estabelecimento da justiça salvífica para os oprimidos" (p. 45).

lidade à aliança" ou "salvação" é justo.²⁴⁸ O fato de que a "justiça" de Deus para com as pessoas que ele criou inclua tanto a ira e o julgamento quanto a fidelidade e a salvação está claramente implícito nas sequências de Rm 1.16-18 e 3.3-6.²⁴⁹ Contudo, fora disso, não considero a tese do "nomismo da aliança" muito afetada pelos argumentos de SEIFRID.²⁵⁰

M. A. ELLIOTT comenta o "nomismo da aliança" de SANDERS a partir de outra perspectiva. Sua abordagem demasiadamente discursiva e prolífera tem como objetivo reconsiderar e desafiar o que ele chama de "visão nacionalista e de aliança da teologia da eleição". Ele se concentra no sectarismo evidente nos escritos do judaísmo do Segundo Templo, que "representaram uma reação profunda à ideia da identidade nacional focada no Israel étnico" ("um movimento de protesto que se expressava em termos *não nacionalistas*") e que "demonstrava uma visão altamente individualista e condicional da aliança que estava longe de ser uma evidência de uma teologia da aliança incondicional ou unilateral".²⁵¹ Contudo, se ELLIOTT teve a intenção de dar com sua caracterização de "uma teologia da aliança incondicional ou unilateral" uma descrição de SANDERS, ele não acertou seu alvo, já que SANDERS,

---

[248] Cf. também Seifrid, "Paul's Use of Righteousness Language", p. 51-52; seguido por Schreiner, *Paul*, p. 199. O alvo de Seifrid é Wright, que em seu "Romans and the Theology of Paul" repetidamente define a justiça como "a fidelidade à aliança da parte de Deus" (p. 33,38-9,43,56,65); também *What Saint Paul Really Said*, Cap. 6. Influente foi também S. K. Williams, "The 'Righteousness of God' in Romans", in *JBL* 99 (1980): 241-290 (aqui: 265-271). Em meu *Theology of Paul*, eu menciono termos que se sobrepõem – o termo "justiça" de Deus sobrepõe-se ao termo "fidelidade" de Deus (p. 342-344).

[249] Além disso, cf. meu *Romans* 42.132-135; Seifrid, "Paul's Use of Righteousness Language", p. 58-59.

[250] Ele concorda em certa medida com minha própria avaliação do primeiro volume (*acima*, nota 234): "certo número de ensaios [...] julgam que vários *corpora* das escrituras judaicas cabem perfeitamente no esquema de 'nomismo da aliança'" – já tendo concluído "que o apóstolo Paulo reconhece no judaísmo contemporâneo algo como um 'nomismo da aliança' descrito por Sanders" ("Unrighteous by Faith", p. 144). Curiosamente, porém, ele afirma também que as "obras da Lei" a que Paulo se refere eram "*não* a condição de permanecer 'na' (isto é, na aliança), mas o resultado dela" (p. 143, grifos meus), não obstante sua descrição anterior de "obras da Lei" como "atos de obediência às exigências da Lei que eram pensadas garantir ou confirmar o favor divino" (p. 141).

[251] Elliott, *Survivors of Israel*, citações das p. 11,241,353,639.

como vimos acima, entendia a possibilidade da exclusão do povo da aliança como muito real.

Além disso, parece-me que ELLIOTT se equivoca na avaliação da mentalidade sectária ou do "facciosismo" (termo meu) que – aqui concordo – está proeminente na literatura judaica da época do Segundo Templo.[252] A melhor maneira de descrevê-la não é um abandono da teologia nacionalista em favor de "uma visão altamente individualista da aliança". Muito ao contrário, o melhor modo de captá-la é no sentido de que *a esperança nacional enfocava na devoção de Israel*. O pensamento não gira em torno da desistência de pessoas justas em relação a Israel, mas de israelitas infiéis que abandonaram Israel e israelitas justos que herdam as promessas da aliança: somente nós fiéis à aliança de Israel somos "Israel".[253] Por exemplo, a comunidade de Qumran considerava a si mesma "a congregação de Israel" (1Q28a/Sa 1.1). Mais raro ainda é o pensamento de que pessoas individuais de *qualquer* povo se estabelecessem como "Israel"; trata-se antes de um grupo *dentro de Israel,* cuja autocompreensão pressupõe a eleição e a aliança divina com o Israel que (como o único grupo) permanência fiel (ou voltava a ser fiel) à aliança que, no princípio, estabelecera Israel como o eleito de Deus.[254] O cenário elaborado nas mentes e nas práticas de tais facções, sendo Qumran o exemplo mais óbvio delas, é aquele de Dt 30[255] que forneceu a

---

[252] Cf. meu "Pharisees, Sinners, and Jesus", p. 71-77; também "Jesus and Factionalism in Early Judaism", in J. H. Charlesworth, L. L. Johns (org.), *Hillel and Jesus: Comparisons of Two Major Religious Leaders* (Minneapolis: Fortress, 1997), p. 156-175. Elliott refere-se somente a meu *Partings*, p. 103-106.

[253] "O 'resto fiel' era o Israel verdadeiro que observava a Lei de Deus" (Eskola, *Theodicy and Predestination*, p. 40). É claro que Paulo argumenta de maneira análoga (Rm 9.6-10.13).

[254] Foi outro ponto de acordo no Simpósio sobre *Paul and the Mosaic Law* "que, enquanto podemos falar de salvação em termos individuais e corporativos no judaísmo do Segundo Templo, a questão do *status* da pessoa individual deriva da pertença ao povo da aliança" (p. 312; abaixo, p. 417; cf. também *abaixo*, p. 378-379).

[255] Reconhecido por Elliott, *Survivors of Israel*, p. 278. Surpreendentemente, Elliott não dedica atenção à afirmação regular de Wright de que "a estória que controlava" tudo e todos na escatologia do judaísmo do Segundo Templo era da "volta do exílio"; cf. especialmente N. T. Wright, *The New Testament and the People of God* (Londres: SPCK, 1992), p. 268-271,299-301.

base para o esquema de pecado – exílio – restauração, como mostra claramente CD 1.4-8.

O que mais chama a atenção é a dificuldade que ELLIOTT mostra em lidar com a evidência de que até mesmo os documentos mais sectários expressavam a esperança de uma restauração nacional. Basta pensar em passagens como 1Hen 90.34-38, Jub 1.15-25 e SlSal 17.21-46[256] para reconhecer que a aliança com o Israel nacional não era negada ou desapossada pelos faccionistas, mas reafirmada e reforçada na esperança de que israelitas apóstatas e dispersos retornariam e que a totalidade do povo seria novamente realizada. ELLIOTT tenta salvar sua tese ao observar que essas passagens se referem a um Israel "convertido". Mas claro! Esta é a implicação de Dt 30 e combina com o caráter do sectarismo – supor que o grupo de "retos" e "devotos" era o único fiel às obrigações da aliança (do *nomismo da aliança*), e que a restauração de Israel aconteceria somente quando os "pecadores" apóstatas reconhecessem que o grupo/facção/seita, afinal de contas, tinha razão![257] Efetivamente, apesar de todo o trabalho que se deu, ELLIOTT não comprovou uma soteriologia não nacionalista entre as facções do judaísmo do Segundo Templo,[258] mas simplesmente destacou a importância de *ambos* os elementos do resumo de SANDERS (nomismo da aliança) na soteriologia judaica, diversificada, mas característica da época.

Em poucas palavras, categorizar a soteriologia do judaísmo em termos de "nomismo da aliança" ainda parece ser um resumo geral justo, mesmo se sua afirmação inicial por SANDERS possa ter destacado pouco o lado nomista da fórmula e destacado muito a unanimidade do

---

[256] Abordado por Elliott, *Survivors of Israel*, p. 521-526,533-540,555-561; ele acha que a "esperança persistente pela eventual salvação das nações" era "talvez surpreendente" (p. 573).

[257] "O resto fiel do presente [...] acreditava firmemente que sua mensagem de protesto e seus ensinamentos sobre a verdadeira justiça fossem finalmente vindicados – especialmente [...] pela própria nação 'eleita' quando honrasse o resto e finalmente aderisse a sua causa" (Elliott, *Survivors of Israel*, p. 637). Não devemos ignorar o paralelo com Rm 11.25-32.

[258] Esta tese combina ainda menos com o judaísmo rabínico – Alexander: "Para a Mishná, a salvação parece ser antes de tudo nacional em vez de individual. [...] A Mishná fala da salvação também em termos individuais [...] mas essa salvação individual deve ser vista dentro do contexto da salvação nacional"; "Para o judaísmo tanaítico, a salvação é essencialmente nacional" ("Torah and Salvation", p. 274-275,300).

judaísmo do Segundo Templo acerca desse assunto, e não obstante a tentativa de SANDERS de tratá-lo como uma regra rígida ou de questioná-lo em seu caráter basicamente integrado. Apesar de tudo, ainda é possível, e efetivamente necessário, falar de "judaísmo", embora reconhecendo que uma descrição sociológica mais correta exija que se fale de judaísmos (no plural).[259] Como já mencionado, quando uso o termo em relação ao judaísmo do Segundo Templo, penso principalmente na teologia representada pelo Deuteronômio.[260] Um bom paralelo é o amplo consenso de que a soteriologia paulina se caracteriza por uma tensão de "já *versus* ainda não", mesmo que não haja consenso sobre os elementos e o caráter dessa tensão. O termo indica meramente o fato de que *existia* na soteriologia do judaísmo do Segundo Templo uma relação simbiótica entre eleição (aliança) e Torá (nomismo), mas não *o que* era essa relação ou *como* era percebida por diferentes autores e facções da época do Segundo Templo. O fato consumado da eleição e as decorrentes obrigações eram dois focos em torno dos quais se descrevia a elipse da soteriologia do judaísmo do Segundo Templo. Contudo, de acordo com o jogo de forças permitido pelo vínculo entre os dois focos, a circunferência poderia ser desenhada de forma mais ampla ou mais estreita. Eu gostaria de repetir tal ponto na esperança de evitar futuros mal-entendidos. Minha intenção não é a de defender a afirmação do próprio SANDERS acerca do "nomismo da aliança"; as críticas de AVEMARIE e de outros são justificadas. Em vez disso, eu afirmo que havia na soteriologia do judaísmo do Segundo Templo um inter-relacionamento entre a eleição existente e a obediência exigida, um inter-relacionamento que antes de SANDERS não fora suficientemente reconhecido e que agora pode ser caracterizado justa e efetivamente com a expressão "nomismo da aliança".

c) A discussão inteira mostra os perigos de i) sistematizar as afirmações de diferentes autores de diferentes períodos e em diferentes situações ou de ii) abstrair em justaposição crítica afirmações de diferentes gêneros literários e contextos retóricos.

Devemos dizer que, em certas circunstâncias (de orgulho e prosperidade), a dependência humana da prioridade e da gratuidade da

---

[259] Discuto esse assunto de modo bastante detalhado em *Jesus Remembered*, p. 255-292.
[260] Refiro-me novamente ao comentário *acima* citado de Alexander (nota 234). Cf. também *abaixo*, p. 235.

eleição divina será o ponto enfatizado; eu já mencionei, como exemplo, os capítulos iniciais do Deuteronômio. Em outras circunstâncias (de desobediência e de desprezo), o ponto enfatizado será a necessidade da obediência e os perigos da desobediência; Deuteronômio 28 é um exemplo igualmente apropriado. Será que isto é uma inconsistência ou é simplesmente o emprego de uma retórica variada e muito apropriada em diferentes circunstâncias ou até mesmo em diferentes secções de um mesmo livro?![261] Abaixo, eu dedicarei a minha atenção aos paralelos no cristianismo, inclusive nos escritos paulinos, que se prestam muito bem para documentar uma diversidade semelhante entre a ênfase na graça e na necessidade da obediência. Ora, será que Paulo é tão "inconsistente" como os textos judaicos, ou será que ambos simplesmente nos lembram de que os usos diferentes de modos discursivos são apropriados em circunstâncias diferentes?

Portanto, no judaísmo do Segundo Templo e no judaísmo rabínico havia quem parecesse ter distorcido algo que deveria ser uma tensão criativa entre os dois elementos no nomismo da aliança de Israel. Que surpresa! Então havia de fato grupos e facções que reforçavam a obrigação nomista em Israel, que mediam sua posição de "retos" por sua fidelidade às *halakhot* que outros criticaram, e que denunciaram como "pecadores" aquelas pessoas que não aceitaram tais *halakhot*[262]. Quando substituímos "*halakhot*" por termos como "inerrância", "criação de seis

---

[261] Por isso questiono a conclusão que Seifrid tira de Avemarie, de que muitas afirmações rabínicas representavam o "nomismo" que se distingue da "síntese todo-abrangente" proposta por Sanders (nomismo da aliança) (M. A. Seifrid, *Christ, our Righteousness: Paul's Theology of Justification* [Downer's Grove: IVP Apollos, 2000], p. 16. Será que um rabi insistiria que sua ênfase na obediência era independente da eleição precedente de Israel por Deus? (cf. a visão do próprio Avemarie sobre o assunto, citada *acima*, nota 243).

[262] A afirmação de que Paulo (e Jesus) estavam objetando não ao judaísmo, mas a uma visão faccional (visões faccionais) dentro do judaísmo do Segundo Templo tem uma consequência muito pouco notada: que o próprio Paulo (e Jesus) eram partes de uma discussão intrajudaica sobre como deveria ser alcançado o equilíbrio do nomismo da aliança. Waters comenta: "É difícil defender que uma religião promova a graça quando pelo menos alguns de seus mestres em algumas ocasiões proclamam que um adepto é finalmente aceito no tribunal do julgamento porque a soma total de seus atos bons é maior que de seus atos maus" (*Justification*, p. 57). Então, uma religião deve ser julgada por *algum* ensinamento de *alguns* extremistas; que Deus nos acuda!

dias", "infalibilidade papal", "observância do sábado", "substituição penal", "dominação masculina", o mesmo poderia ser dito em relação a muitas facções/grupos/tradicionalistas no âmbito do cristianismo. De fato, em cada um desses casos há o perigo de que a pureza da graça divina seja comprometida e que o zelo por Deus e pela lei/palavra de Deus faça emergir questões secundárias/*adiáforas* no *status* de essencialistas/fundamentalistas. Infelizmente, fundamentalistas de todos os tipos deixam de perceber que a justificação somente por fé se opõe a todos os fundamentalismos: *a justificação acontece unicamente pela fé e não por referências adicionais a* xiboletes *faccionais!* Contudo, nós deveríamos considerar uma expressão fundamentalista de uma religião uma expressão característica da mesma? E são as inconsistências entre as diferentes expressões do nomismo da aliança simplesmente isto ("inconsistências"), ou são elas uma demonstração de que a expressão "nomismo da aliança" é inadequada para caracterizar a soteriologia do judaísmo do Segundo Templo (algo de que duvido), ou mesmo uma indicação de que Paulo estava se dirigindo somente a um leque limitado de expressões dentro do judaísmo do Segundo Templo? Isto nos leva ao próximo ponto.

4.2. (10) A justificação final

Em relação à questão inteira da dimensão escatológica da justificação, destacada particularmente por STUHLMACHER[263] e GATHERCOLE[264], eu não tenho novamente nenhum problema em reconhecer que grande parte da crítica é justificada, embora tenha sido dada muito pouca atenção para o fato de que meu tratamento da soteriologia paulina no livro *The Theology of Paul* se estende sobre dois capítulos, intitulados "O início da salvação" e "O processo de salvação" (capítulos 5 e 6), e que a discussão da "justificação pela fé" no capítulo anterior (§ 14) é complementada pela discussão da "Tensão escatológica" no posterior (§18).[265] Também aqui, alguns esclarecimentos são necessários.

---

[263] *Revisiting*, p. 14-16,40-41.
[264] Cf. *acima*, nota 224.
[265] Cf. especialmente *Theology of Paul*, p. 467. Expus o tempo futuro da justificação/julgamento em meu livro "Jesus the Judge: Further Thoughts on Paul's Christology and Soteriology", in D. Kendall, S. T. Davis (org.), *The Convergence*

a) Devemos lembrar mais uma vez que o enfoque da primeira fase da "nova perspectiva" estava marcado pelo reconhecimento de que a formulação paulina da justificação pela fé e não por obras surgiu a partir da questão de como se poderia esperar que gentios, enquanto gentios, pudessem partilhar as bênçãos da aliança de Israel (STENDAHL).[266] Por esta razão, foi natural que a atenção fosse posta na questão de como os gentios "entram", tanto no (novo) povo da aliança de Deus, quanto na aceitação pelo Deus de Israel. Se eu estiver certo, a resposta de Pedro e dos outros judeus crentes em Antioquia estava em grande parte determinada pela preocupação de que eles mesmos precisavam "permanecer" dentro da aliança; mas o foco da discussão, também para Paulo, concentrava-se na aceitação plena *inicial* de gentios dentro das comunidades da fé em Cristo.[267] O mesmo se aplica à argumentação-chave de Paulo em relação a Abraão, tanto em Gl 3 quanto em Rm 4.[268] Paulo concentra-se exclusivamente naquilo que Gn 15.6 diz sobre o "reconhecimento como justo" que Abraão recebe ali e naquele momento; disso vem o aoristo enfático de Rm 5.1. A objeção de GATHERCOLE contra a nova perspectiva (de que ela negligenciaria a justificação final) poderia se voltar muito bem contra o próprio Paulo! Se eu estiver certo, foi o *interlocutor judaico* que estava pressionando a argumentação de que a justificação dependia (também) da obediência fiel, subsequente a Gn 15.6, e foi Paulo que insistiu em enfocar aquilo que podemos chamar de "justificação de conversão", principalmente para defender sua afirmação de que crentes gentios *já eram* reconhecidos como justos, exatamente assim como aconteceu com Abraão quando ele começou a crer.

Devemos lembrar igualmente que o enfoque tradicional na justificação pela fé tem sido também a aceitação inicial por Deus. A teologia cristã entendia o conceito de "justificação" tipicamente como algo que acontecia quando uma pessoa cria na justificação pela fé.[269] Daí a distinção clássica (embora mal-entendida) entre a justificação e a san-

---

of Theology. FS G. O'Collins (Nova Iorque: Paulist, 2001), p. 34-54, aqui: p. 40-43 (*abaixo*, Cap. 18, aqui: p. 571-576; como previamente, por exemplo, *abaixo*, p. 166s e p. 470, nota 47).

[266] Cf. *acima*, nota 31.
[267] Cf. *acima*, notas 99-101, 116-117.
[268] Cf. *acima*, § 3.2(6).
[269] Cf., por exemplo, Stuhlmacher: "Das Taufgeschehen ist Rechtfertigungsgeschehen" ("Rechtfertigung", p. 56; além disso, cf. p. 58-59).

tificação.²⁷⁰ A abordagem do próprio Paulo é um claro precedente da abordagem da "justificação" como o início do processo da salvação.²⁷¹ Eu repito que Rm 4 trata inteiramente da questão da justificação de Abraão (reconhecimento como justo) no início de seu encontro com Deus, não no fim. E o resumo paulino de seu evangelho em Rm 5.1 se refere explicitamente à justificação pela fé como algo já alcançado em sua vida e na vida de seus leitores. Por isso, é inteiramente compreensível que o debate iniciado por SANDERS e a nova perspectiva concentrasse a sua atenção em tal aspecto do tema, aspecto que é obviamente crucial. Para dizê-lo de outra forma, inicialmente, o tema da justificação *final* (a ser atribuída no Juízo Final) não estava no centro, mas nem sequer estava sendo discutido.²⁷² Contudo, com base em dados exegéticos, é inteiramente claro que a doutrina paulina da justificação não pode ser formulada apropriadamente sem a referência ao Juízo Final.

No entanto, não deveríamos inclinar a balança demasiadamente nessa direção: o entrelaçamento dos dois elementos no conceito de "nomismo da aliança" deve ser preservado. Lv 18.5 mostra isto.²⁷³ Inicialmente,

---

[270] Donfried, "Justification and Last Judgment in Paul", representa o modelo mais antigo: "A vida cristã é um processo que inicia na justificação, é realizada na santificação e é consumada com a salvação" (p. 265,267), mas ainda dá uma impressão exagerada de um processo sequencial – embora com alguns esclarecimentos subsequentes (p. 281).

[271] Daí minha própria abordagem no Cap. 5, "The Beginning of Salvation", em *The Theology of Paul,* embora eu lamente os mal-entendidos que essa decisão provocou a respeito do ensinamento paulino sobre a justificação; ao continuar sua crítica a mim nesse ponto, Stuhlmacher, "Rechtfertigung", p. 44-45, ignora a resposta que já lhe dei em 1999 a este e outros pontos, "A Response to Peter Stuhlmacher" in F. Avemarie, H. Lichtenberger (org.), *Auferstehung – Resurrection.* WUNT 135 (Tübingen: Mohr Siebeck, 2001), p. 363-368. Stuhlmacher também destaca que a justificação é um processo ("Rechtfertigung", p. 57-59).

[272] Peço licença para remeter a minhas referências anteriores ("New Perspective", p. 190; *abaixo*, p. 166-167) e às notas adicionais em *Jesus, Paul and the Law*, p. 208 (resposta a Räisänen) e p. 239-240 (resposta a Westerholm).

[273] No que segue respondo a S. J. Gathercole, "Torah, Life and Salvation: Leviticus 18.5 in Early Judaism and the New Testament", in C. A. Evans (org.), *From Prophecy to Testament: The Function of the Old Testament in the New* (Peabody: Hendrickson, 2004), p. 126-145. A questão foi a única que começou a emergir no Simpósio sobre *Paul and the Mosaic Law* (p. 312, nota 6; *abaixo*, p. 417, nota 7). Cf., porém, já W. C. Kaiser, "Leviticus 18:5 and Paul: 'Do This and You Shall Live' Eternally?)", in *JETS* 14 (1971): 19-28.

o versículo era entendido principalmente como relacionado ao modo pelo qual a vida deveria ser vivida no âmbito do povo da aliança, relacionado ao modo de vida que garante a preservação do *status* na aliança ao longo dos dias da vivência do povo na Terra (Ez 20.5-26 "por cuja observância o homem viverá"; cf. por exemplo Dt 4.1; 5.32-33; 6.24; 8.1; 30.15-20; Ne 9.29; Pr 3.1-2; 6.23; Sir 17.11; Br 3.9; 4.1; Arist 127; TestMos 12.10; Fílon, Cong 86-87; Pseudo-Fílon 23.10; 4Esd 7.21).[274] No entanto, sendo um pensamento proveniente de uma época em que a principal preocupação era a vida eterna, o elemento de promessa em Lv 18.5 tornou-se mais explícito.[275] Isto se tornou evidente já em Qumran:

---

[274] Já apresentei esse ponto em *Jesus, Paul and the Law*, p. 239, em resposta a Westerholm. Gathercole acusa-me de reduzir o pensamento de Lv 18.5 a "um sentido essencialmente tautológico" ("a pessoa que faz essas coisas as faz" ou "a pessoa que vive por essas coisas vive por elas") ("Torah, Life and Salvation", p. 127-128). No entanto, os textos elencados deveriam deixar claro que o pensamento é essencialmente o deuteronomista: "Escolha a vida para que tu e teus descendentes possam viver amando o Senhor vosso Deus, obedecendo-o e mantendo-vos firmemente junto a ele; para esse fim, vida a ti e duração de dias, para que possas viver na terra que o Senhor jurou de dar a teus ancestrais" (Dt 30.19-20) – obediência como o caminho para a vida e para afirmar uma vida longa do povo da aliança e dentro desse povo. É uma fraqueza da abordagem de Gathercole que ele restrinja a discussão às passagens onde é possível perceber um eco de Lv 18.5 – embora seja compreensível num artigo que trata de Lv 18.5! Watson nega que Lv 18.5 descreva "o modo de vida distinto do povo de Israel", sua própria formulação (p. 316): "Lv 18.5 deve ser entendido plausivelmente como uma promessa condicional de 'vida'" (*Hermeneutics of Faith*, p. 322). No entanto, também ele não dá atenção suficiente ao fato de que o pensamento é o deuteronomista da vida na terra. Para o uso rabínico de Lv 18.5, cf. Avemarie, *Tora und Leben*, p. 104-117.

[275] Baruch A. Levine, *The JPS Torah Commentary on Leviticus* (Skokie: Varda Books, 2004), p. 91: "O sentido simples da frase 'ele viverá por elas' é que uma pessoa deveria viver sua vida de acordo com as leis e mandamentos de Deus e que ela deveria obedecer a eles toda sua vida ou enquanto ela estiver viva. No entanto, essa frase estimulou outras interpretações que refletem sua sintaxe incomum e suas nuances semânticas. A sintaxe permite-nos entender essa frase como uma de resultado: 'as que o homem deve realizar para que ele (em resultado) adquirirá vida através delas'. A realização das leis e mandamentos de Deus gera a recompensa de vida, enquanto sua violação ameaça o homem com a morte. Essa interpretação é a base da compreensão tradicional de nosso versículo por comentaristas posteriores que afirmam que a observância dos mandamentos é recompensada por vida no mundo que vem."

1QS 4.6-8 – "paz abundante numa vida longa [...] alegria eterna com vida sem fim"; CD 3.20 – ele "adquirirá vida eterna"; 7.6 – "eles viverão mil gerações". Semelhante nos Salmos de Salomão:

> 1 O Senhor é fiel àqueles que o amam verdadeiramente,
>   àqueles que suportam a sua disciplina,
> 2 àqueles que vivem na justiça de seus mandamentos,
>   na Lei que ele mandou para nossa vida.
> 3 Os devotos do Senhor viverão por ela para sempre;
>   o paraíso do Senhor, as árvores da vida, são seus devotos.
> 4 Sua plantação está firmemente enraizada para sempre;
>   não serão desenraizados enquanto durar o céu.
> 5 Porque Israel é a porção e a herança de Deus.
>   [...]
> 10 Os devotos do Senhor herdarão a vida em alegria
>   (14.1-5,10; cf. também 3.11-12; 9.5).[276]

Semelhantemente em Sb 2.23 e 6.18 – o homem criado para a imortalidade, e a observância das leis como confirmação *(bebaíōsis)* da imortalidade; será que não é simplesmente uma ampliação da promessa de vida, dirigida às pessoas obedientes, para um conceito de imortalidade – "os justos viverão para sempre" (Sb 5.15)? E não devemos esquecer a pergunta que o jovem rico dirigiu a Jesus: "O que preciso fazer para herdar a vida eterna?" (Mc 10.17 e par.). O mesmo sentido tem Mishná Abbot 2.7: "Se (um homem) ganhou para si as palavras da Lei, ele ganhou para si a vida no mundo do porvir". Minha preocupação é novamente não polarizar as duas ênfases: a Torá foi tanto considerada "o caminho [modo] de vida como o caminho para a vida", e as ênfases gêmeas não devem ser justapostas.[277] FRIEDRICH AVEMARIE resume bem o inter-relacionamento apropriado:

---

[276] Gathercole insiste que "para nossa vida" (14.2) tem um sentido "prospectivo" de "até" *(eis)* ("Torah, Life, and Salvation", p. 133), mas esta é uma maneira estranha de formular ("para dentro de nossa vida [na era por vir]"), e Gathercole ignora o resto de 14.1-5.

[277] Cf. minha declaração mais recente em "Paul et la Torah", p. 241 *(abaixo*, p. 650-652). Gathercole, *Where is Boasting?*, p. 96-111, não dá atenção suficiente à implicação da continuidade entre a vida da aliança e a vida eterna na *Wirkungsgeschichte* (história da recepção) de Lv 18.5 – a vida eterna pode ser considerada já experimentada (além disso, cf. *abaixo*, nota 288) ou apenas realizada além da morte (mais típico no NT).

Não se discute que a Torá, desde que o ser humano a observe, leva à vida, mas os antigos rabinos não entenderam "vida" exclusivamente como a participação do mundo do porvir, nem pensaram que o caminho desde a obediência para a vida passasse necessariamente pelas etapas obtenção de méritos, mediante o computar de cumprimentos e de transgressões dos mandamentos, e da sentença final no juízo. Embora pudessem entender o alcançar da vida eterna efetivamente como uma consequência retribuidora da atuação humana,[278] quando se tratava dos motivos da atuação, eles levantaram contra a expectativa de recompensa sempre a objeção de que o verdadeiramente adequado seria, no fundo, somente a obediência por causa de Deus ou da própria Torá.[279]

Na questão do inter-relacionamento entre a justificação (inicial) e o julgamento final, e entre fé e obediência, é também importante reconhecer que o *ensinamento do NT tem o mesmo inter-relacionamento ou pelo menos um muito semelhante.*[280] Também dos crentes se exige obediência (Rm 1.5; 6.16,19; 15.18; 1Pd 1.2).[281] A insistência veterotestamentária na

---

[278] A tradução inglesa do ensaio de Lichtenberger (*abaixo*, nota 279; Grand Rapids: Eerdmans, 2001) traduz a expressão inadequadamente como "*a judgment on human deeds*" (um julgamento sobre atos humanos).

[279] Avemarie, *Tora und Leben*, p. 582, citado também por H. Lichtenberger, "Das Tora-Verständnis im Judentum zur Zeit des Paulus. Eine Skizze", in Dunn (org.), *Paul and the Mosaic Law*, p. 7-23 (aqui: p. 22-23). Avemarie resume a primeira secção de seu cap. 6 assim: "*Leben durch die Tora: 6.1 Die Tora als Mittel und Weg zum Leben*" (Vida através da Torá: 6.1 A Torá como meio e caminho para a vida; p. 376-399). Cf. Eskola: "De acordo com o conhecimento que temos de fontes contemporâneas do judaísmo, a religião de Israel não foi sempre escatológica. A salvação tinha mais a ver com o dia presente ('para que vivas') do que com o futuro" (*Theodicy and Predestination*, p. 54).

[280] Assim já Sanders, *Paul, the Law and the Jewish People*, especialmente p. 105-113; e argumentado agora especialmente por Yinger, *Paul, Judaism and Judgment*, p. 2-4.286-290. Yinger revisa tentativas anteriores de lidar com a tensão, seja por concluir que Paulo estava completamente inconsistente acerca do tema, seja ao procurar uma solução em termos de retórica ou ao subordinar uma ênfase à outra em medida substancial (p. 6-15).

[281] "Paulo insiste nos corolários e nas consequências da eleição e aceitação por Deus com tanta força como o Deuteronomista, com igual reconhecimento da parte de ambos de que a obediência necessária tem que ser de coração. Na mesma medida como para o Deuteronômio, também para Paulo, 'justiça' resume ambos os lados do nomismo da aliança, tanto a ação salvífica de Deus como a obrigação de obediência à essa justiça (*p.ex.*, Rm 6.18-19)" (Dunn, "In Search of

crença de que ninguém podia ser justo diante de Deus sem agir retamente em relação ao seu próximo (*p.ex.* Dt 24.10-22; Ez 18.5-9) permanece verdade para as pessoas que seguiram Jesus (*p.ex.* Lc 19.1-9; Rm 14.1-15.7).[282] Paulo esperava das pessoas convertidas por ele que elas "levassem uma vida digna de Deus" (1Ts 2.12); ele buscava na vida delas a "colheita ou os frutos da justiça" (2Cor 9.9-10; Fl 1.11).[283] Tanto Paulo quanto Mateus procuravam o "cumprimento" da Lei (Mt 5.17-20; Rm 8.4), para que os crentes produzissem "boas obras" (Mt 5.16; 2Cor 9.8; Cl 1.10). Ao se referir ao amor que cumpre a Lei, Paulo pensava evidentemente numa conduta muito específica (Rm 12.9-13.10; Gl 5.13-15).[284] "Observar" as exigências da Lei continuava a ser importante para Paulo (Rm 2.26-27; 1Cor 7.19).[285] O Juízo Final acontecerá "segundo as obras" (Mt 16.27; Jo 5.28-19; Rm 2.6-11; 1Cor 3.8; 2Cor 5.10; 11.15; Cl 3.25; Ap 20.11-15).[286] Não falta o imaginário de méritos

---

Common Ground", p. 328; *abaixo*, p. 440), notando também que F. Thielman, *Paul and the Law* (Downers Grove: IVP, 1994), p. 238-241, faz parte de um crescente consenso sobre este ponto (p. 328, nota 37).

[282] Além disso, cf. meu "Justice of God", p. 18-21 (*abaixo*, p. 310-313); infelizmente, esse aspecto da justiça procurada por Deus foi negligenciado no debate sobre a nova perspectiva.

[283] Como indica o tema de 2Cor 9, a preocupação reflete a preocupação característica do AT pela justiça nas relações humanas. O ponto é reconhecido por Schreiner, não obstante sua insistência de que Deus não torna alguém justo, mas o torna justo (*Paul*, p. 205.209).

[284] Bergmeier, *Gesetz*, p. 80-82. "Embora a verdadeira família de Abraão esteja livre do jugo da Lei, não está livre da obrigação de *trabalhar* – de traduzir sua fé em conduta amorosa" (Barclay, *Obeying the Truth*, p. 94).

[285] A tese de Thomson é que as instruções práticas de Paulo (na Primeira Carta aos Coríntios) têm caráter haláquico e precedente ("Paul's Jewish Background"); resumindo seu anterior *Paul and the Jewish Law: Halakha in the Letters of the Apostle to the Gentiles*. CRINT III/1 (Assen/Maastricht: Van Gorcum, 1990).

[286] Reconhecido por Gathercole, *Where is Boasting?*, p. 113-119,124-123, que nota também que Jesus em Lc 10.28 parece tornar a vida eterna dependente do "fazer" (p. 121-124). Gathercole é notavelmente inatingido por tudo isso (o capítulo tem o título "Soteriologia judaica no NT"), apesar da possível consequência de que a doutrina paulina da justificação estava *voltada contra outros autores do NT* e também contra a soteriologia do judaísmo do Segundo Templo. Sobre sua solução para a tensão dentro do pensamento do próprio Paulo, cf. *abaixo*, § 4.3(11). Bell simplesmente nega que o julgamento abordado em Romanos 2 se aplique aos cristãos (*No One Seeks for God*, p. 254-256; cf. também *abaixo*, notas 341-343). Contra Snodgrass que nota que "aproximadamente três quartos

ou bons atos (obras; *p.ex.* Mt 6.1-6; 10.41-42; 25.34-40; 1Cor 3.14; 9.24-25; Fl 3.14; Cl 3.24; 2Tm 4.8).[287] A salvação (vida eterna) é condicionada em certa medida à fidelidade (*p.ex.* Mc 13.13; Rm 8.13; 1Cor 15.2; Gl 6.8; Cl 1.23).[288] Será que isso significa que o cristianismo primitivo era tão "inconstante" em sua soteriologia quanto o judaísmo do Segundo Templo?[289] Como devemos distinguir a justificação "não por obras" da justificação final "de acordo com obras"?[290] Como Paulo pode

---

dos ditos de Paulo sobre o julgamento se referem ao julgamento de cristãos" ("Justification by Grace – to the Doers", p. 93, nota 101).
[287] E. Käsemann, *An die Römer*. HNT 8a (Tübingen: Mohr Siebeck, 1974), ao comentar Rm 2.7, não hesita em falar em termos de "recompensa": "*Das Ziel liegt transzendent ausserhalb des Bereichs irdischer Möglichkeiten, ist jedoch der Lohn einer darauf ständig ausgerichten Konzentration, welche in zēteîn und der damit verbundenen Präpositionalwendung angezeigt wird*" [A meta fica transcendentemente fora do âmbito das possibilidades terrestres, mas é a recompensa de uma concentração constantemente voltada para ela, que é indicada em zēteîn e na respectiva expressão preposicional], p. 55. Além disso, cf. Yinger, *Paul, Judaism and Judgment*, p. 207-215,277-278 que nota, entre outros detalhes, que enquanto "recompensa" em 1Cor 3.14-15 pode ser distinguida de salvação, em Cl 3.24 a recompensa é "a herança" (p. 234-235); cf., por exemplo, meu livro *Colossians and Philemon*. NIGTC (Grand Rapids: Eerdmans, 1996), p. 256-257.
[288] Cf. minha obra *Theology of Paul*, p. 497-498, e *abaixo*, nota 326. No entanto, é importante observar que assim como na reflexão do judaísmo sobre Lv 18.5, também para Paulo e João, "vida" pertence tanto ao "já agora" quanto ao "ainda não" (*p.ex.*, Jo 3.36; 5.24; 6.47-48,53-54; 10.28; 17.2-3; Rm 6.4; 8.2,6,10; 2Cor 4.12; 1Jo 5.13).
[289] Esta queixa está no coração da crítica de Räisänen a Paulo: "[...] seria possível afirmar que Paulo realmente ensina a salvação (ou pelo menos a recompensa) por obras! Se nós nos abstivermos (com toda razão) de tal afirmação, seria apenas prudente também não atribuí-la aos contemporâneos de Paulo. Há uma diferença na ênfase [...]; não é claro que o próprio padrão é muito diferente" (*Paul and the Law*, p. 186).
[290] A resposta de Hagner a Yinger é simplesmente perguntar: "Mas se Paulo não viu nenhum problema em justiça pelas obras, por que ele argumentou repetidamente com tanta força contra ela?" ("Paul and Judaism", p. 97, nota 69). No entanto, isto realça simplesmente a necessidade de esclarecer contra o que Paulo objetou em Gl 2.16; e se a nova perspectiva não oferecer nenhuma ajuda para esclarecer a questão, então Hagner tem que enfrentar a pergunta se Paulo estava falando sério quando caracterizava a justificação final como "de acordo com obras". Semelhantemente, a tentativa de O'Brien de questionar a observação de Hooker (*acima*, nota 25) é bastante simples ("Was Paul a Covenantal Nomist", p. 255-263), e sua resposta a Yinger (p. 263-270) não considera com suficiente

dizer tanto que a circuncisão não é importante como que observar os mandamentos é importante, e isto na mesma sentença (1Cor 7.19)?[291] Será que a nova perspectiva ainda oferece uma resposta viável ou ao menos parcial para tais enigmas – a ênfase negativa voltada contra a insistência em obras da Lei que discrimina e separa, e a ênfase positiva no encorajamento para obras que não significam uma diminuição da graça divina?[292]

b) O enfoque colocado por GATHERCOLE na justificação escatológica faz parte de uma crítica mais ampla à nova perspectiva que afirma estar no caráter *sinergista* do judaísmo o seu problema, segundo a concepção de Paulo.[293] A resposta reconhece a importância da aliança na soteriologia do judaísmo, mas argumenta que a insistência judaica na obediência implica uma compreensão da salvação na qual a cooperação humana (daí "sinergismo") era essencial em adição à graça divina, e na qual a justificação final acontecia segundo obras de mérito, ou seja, um judaísmo como "um nomismo da aliança com um elemento de justiça segundo as obras".[294] A formulação de P. ENNS resume bem

---

seriedade o nível de responsabilidade que a exortação de Paulo colocou sobre as pessoas convertidas por ele (cf. *abaixo*, p. 135-138).

[291] Seifrid comenta sobre 1Cor 7.19: "Não obstante a rejeição paulina de 'obras da Lei' podemos encaixar Paulo perfeitamente no 'nomismo da aliança'" ("Paul's Use of Righteousness Language", p. 65).

[292] Novamente vale talvez a pena notar aqui a diferença à apreciação clássica de Calvino (cf. Melanchthon) acerca do "terceiro uso da Lei": era a lei cerimonial que fora revogada ("não efetivamente, mas somente no uso"), mas a lei moral (os Dez Mandamentos) permanecia em vigor; dos cristãos exigia-se ainda obediência (*Institutas* II.7.12-17). Além disso, cf. Wendel, *Calvin*, p. 200-206.

[293] Como nota Eskola: "Em princípio, o sinergismo soteriológico é possível somente numa teologia escatológica" (*Theodicy and Predestination* p. 45).

[294] Kim, *Paul and the New Perspective*, p. 83-84; além disso, cf. p. 143-152. Gundry, "Grace, Works, and Staying Saved in Paul" foi o primeiro a argumentar isto contra Sanders (note-se especialmente p. 36); depois cf. especialmente Laato que enfatiza o "otimismo antropológico" do judaísmo (*Paulus und das Judentum*, p. 83-94,206,210); e Eskola, *Theodicy and Predestination*, p. 44-51,56-58,84-93. Zahl prefere referir-se ao "semipelagianismo" do judaísmo do Segundo Templo ("Mistakes", p. 7-8). A crítica de D. A. Hagner, "Paul and Judaism. The Jewish Matrix of Early Christianity: Issues in the Current Debate", in *BBR* 3 (1993): 111-130 (aqui: 122) é atualizada em "Paul and Judaism", p. 84-88 (com excelente bibliografia). E o argumento passa por várias contribuições em Carson *et al.*, *Justification and Variegated Nomism Vol. I*, e Gathercole, *Where*

essa posição: a salvação não deveria ser vinculada tão estreitamente à eleição, assim como propôs também SANDERS; "poderia ser menos confuso dizer que a *eleição* acontece por graça, mas a *salvação* por obediência".²⁹⁵ Nos termos usados por WESTERHOLM, "a própria essência do 'luteranismo' é que os seres humanos não podem contribuir nada com sua salvação [...]. Parece justo dizer que isto não se encontra no judaísmo assim como SANDERS o apresentou".²⁹⁶ Meu próprio orientador, C. F. D. MOULE, já tinha levantado um problema equivalente em relação à formulação do próprio SANDERS: já que o "permanecer dentro" depende da observância, MOULE pergunta "se o próprio 'nomismo da aliança' está tão distante de um 'legalismo' implícito".²⁹⁷ Semelhantemente TALBERT: "assim que se coloca o nomismo da aliança num contexto escatológico, ele se torna um nomismo legalista".²⁹⁸

---

is Boasting? Part I; semelhantemente Marguerat, "Paul et la Loi", p. 263-265. Mijoga, porém, insiste fortemente que falar de "mérito" em conexão com os *érga nómou* de Paulo é "importar para a expressão de Paulo um conceito teológico ocidental posterior" (*Deeds of the Law*, p. 77-88.112).

²⁹⁵ P. Enns, "Expansions of Scripture", in Carson *et al.*, *Justification and Variegated Nomism Vol.1*, p. 73-98 (aqui: p. 98); Enns continua: "Estar dentro acontece por nascimento, é nacionalista. Ficar dentro, porém, é um assunto do esforço pessoal. [...] o resultado final baseia-se em mais do que a inclusão inicial na aliança" (p. 98). Note-se, porém, a afirmação de Donfried de que a soteriologia de Paulo opera efetivamente com a mesma tensão entre "justificação" e "salvação" (*acima*, notas 225 e 270).

²⁹⁶ Westerholm, *Perspectives*, p. 341-351 (aqui: p. 351).

²⁹⁷ "Jesus, Paul and Judaism", in G. F. Hawthorne, O. Betz (org.), *Tradition and Interpretation in the New Testament*. FS E. E. Ellis (Tübingen: Mohr Siebeck/ Grand Rapids: Eerdmans, 1987), p. 43-52 (aqui: p. 48). Semelhantemente R. L. Reymond, *Paul Missionary Theologian* (Fearn: Mentor, 2000), refere-se ao "legalismo da aliança" (p. 461). Cf. a conclusão de Carson de que "o nomismo da aliança como uma categoria não é verdadeiramente uma alternativa à teologia do mérito [...] (e) inclui e batiza uma boa parte de teologia de mérito" ("Summaries and Conclusions", p. 544-545). Talvez devêssemos notar, de passagem, que, se o "nomismo da aliança" é em si sinergista, então a crítica de que Sanders teria ignorado o sinergismo da soteriologia judaica é infundada!

²⁹⁸ Talbert, "Paul, Judaism and the Revisionists", p. 4. "A motivação das pessoas que pensavam que pudessem ser justas por obras da Lei envolvia o legalismo, embora elas também apelassem à graça de Deus" (Schreiner, *The Law and its Fulfilment*, p. 95). "Se legalismo significa que observar as leis afeta a salvação escatológica, então o nomismo da aliança é por definição nomismo legalista" (Eskola, *Theodicy and Predestination*, p. 56). Em minha resposta a Cranfield noto

Aqui talvez valha a pena repetir que isto, como uma crítica à nova perspectiva, não acerta inteiramente o problema em questão, porque, como já dizíamos, a nova perspectiva, assim como Paulo em Gl 3 e Rm 4, dedicou sua atenção principalmente à pergunta de como Abraão foi inicialmente considerado justo, como modelo para a conversão de pessoas sem Deus, tanto judeus como gentios. A crítica está em curiosa sintonia com a crítica que Tg 2.14-26 faz à posição de "fé sem obras", porque esse argumento se volta claramente contra a estrutura do argumento usado em Rm 3.27-4.22.[299] Em outras palavras, Tiago 2 fornece uma espécie de confirmação da argumentação que acabo de usar – de que o argumento daquele trecho na Carta aos Romanos se limitava à justificação inicial de Abraão. À medida que dizia respeito à justificação inicial de Abraão e de outros prosélitos potenciais, Tiago usa o mesmo argumento que Paulo estava tentando negar ao preservar um enfoque estrito.

Portanto, à medida que isto diz respeito ao problema enfocado por Paulo em sua exposição da justificação, pelo menos em Rm 4 e Gl 3, não está absolutamente claro que Paulo tentava abordar o problema do sinergismo judaico numa perspectiva escatológica (da justificação final). Provavelmente ele estaria muito mais cauteloso acerca do tipo de coisas que ele dissera sobre o julgamento de acordo com as obras (Rm 2.6-11; 2Cor 5.10), sobre semear no Espírito e colher vida eterna (Gl 6.8) ou sobre o preço do chamado para o alto (Fl 3.14), se estivesse tão preocupado com uma compreensão sinergista da salvação. Aqui, a "controvérsia" de Paulo e Tiago sobre "fé sem obras" pode ser novamente instrutiva. A usual refutação da opinião de que houvesse neste ponto algum conflito entre Paulo e Tiago destaca muito apropriadamente que Paulo também acreditava na importância de obras e da fé que atua através do amor (Gl 5.6). Portanto, se Tiago 2 pode ser considerado complementar à justificação (somente) pela fé, será que as pessoas que insistem tanto na complementaridade deveriam ter a

---

também que a atitude do nomismo da aliança expressada por Pedro e os outros judeus cristãos em Antioquia (Gl 2.11-16) "não está muito longe da atitude do que obtém mérito segundo a interpretação do Professor Cranfield" ("Yet Once More", p. 113; *abaixo*, p. 331); cf. também "In Search of Common Ground", p. 312 (*abaixo*, p. 417).

[299] Cf. meu *Romans*, p. 197.

coragem de insistir, assim como o fazem, na antítese entre Paulo e seu interlocutor judaico? Pelo menos nesse assunto, LUTERO escapa de todas as acusações de inconsistência!

Permanece o fato de que tanto o judaísmo quanto Paulo viram claramente que o inter-relacionamento entre a graça divina e a resposta humana precisava ser preservado e expressado na vida cotidiana.[300] Ambos reconheceram, cada um à sua maneira, que sem a iniciativa divina não podia haver esperança de salvação, nem mesmo um início do processo. Contudo, ambos também creram que as pessoas que desfrutavam da graça de Deus tinham de cumprir as obrigações de uma Lei que lhes fora dada por seu fundador (Gl 6.2).[301] Ambos creram evidentemente que sem uma resposta humana ("obras") não podia haver uma base para o julgamento ("de acordo com obras") das pessoas que estavam atualmente no processo de serem salvas. A responsabilidade humana diante de Deus é algo que tanto Jesus como os cristãos reconhecem e afirmam. Paulo é o primeiro a dizer que Jesus é Salvador (Fl 3.20) e também Juiz (2Cor 5.10).[302]

Portanto, sendo realmente correto caracterizar a soteriologia judaica como sinergista, será que não deveríamos ler, para sermos justos, as exortações em passagens como Rm 12.9-21; Gl 6.1-5 e Cl 3.5-4.1 de uma maneira semelhante? Será que as expressões paulinas de "obras da fé e

---

[300] Minha apreciação das disputas desencadeadas pela Reforma (considerar justo *versus* tornar justo, imputar justiça *versus* infundir justiça, *tertius usus,* fé como uma obra etc.), longe de ser perfeita, leva-me a me perguntar se essas disputas, *mutatis mutandis,* espelham a mesma tensão entre a iniciativa divina e a resposta (responsabilidade) humana que encontramos no judaísmo entre eleição e obras da Lei.

[301] Cf., por exemplo, Barclay, *Obeying the Truth,* que atribui tanto Gl 5.14 como 6.2 à Lei Mosaica, mas continua a observar que "cristãos não 'observam' a lei, eles a 'cumprem', e eles a cumprem através do mandamento único do amor e assim como é definido como 'a lei de Cristo' [...] ambiguidade é o preço que Paulo tem que pagar por sua tentativa de aduzir a Lei em apoio de sua própria proposta para a moralidade cristã" (p. 141-144); Hong, *Law in Galatians,* p. 170-188; Longenecker, *Triumph of Abraham's God,* p. 83-88; cf. também *acima,* nota 209. "O cumprimento de certas leis, inclusive das aqui constatadas (Rm 13.8: Não cometerás adultério; Não assassinarás; Não furtarás; Não cobiçaras), implica a conduta na linha dessas leis, mesmo se Paulo não fale de cumpri-las ou observá-las" (Carson, "Mystery and Fulfilment", p. 429).

[302] Além disso, cf. "Jesus the Judge", p. 46-50 (*abaixo,* p. 580-585)

esforço do amor" (1Ts 1.3) ou "fé que opera através do amor" (Gl 5.6) ou "obediência da fé" (Rm 1.5) não eram, de sua própria maneira, tão sinergistas quanto o nomismo da aliança judaico?[303] Ou devemos entender que havia para Paulo uma diferença crucial entre a obediência judaica e a obediência cristã? Esta questão leva-nos à próxima parte.

4.3. (11) Julgamento segundo as obras

Se for correto que os cristãos, como membros da nova aliança, devem ser obedientes, assim como os membros da antiga aliança; e se for também correto que ambos serão submetidos ao julgamento, e que a vida eterna depende em algum grau daquela obediência (obras), o que tudo isto significa para o nosso debate?[304] Significa que Paulo é simplesmente tão inconsistente quanto aquelas pessoas que ele estava criticando? Ele estava criticando uma visão judaica contemporânea de que a vida eterna dependia do fazer obras da Lei; mas, ao mesmo tempo (embora com parceiros de diálogo diferentes) ele estava alertando os outros cristãos acerca do perigo de falhar no cumprimento de sua "corrida". Dizendo-o de modo alternativo, se a objeção de Paulo ao judaísmo se dirigisse ao sinergismo, inevitável (?) em *qualquer* fórmula do nomismo da aliança, então será que sua própria insistência de que as pessoas que se converteram deveriam obedecer, não estará sujeita à mesma crítica? Ou será que a sua compreensão da obediência cristã era diferente da obediência à Lei?

A presente discussão poderia repetir os debates mais antigos da Reforma sobre distinções entre "justificação" e "santificação" e entre "perseverança" e "preservação", sem falar de predestinação e livre árbitro.[305] Por exemplo, a fé que justifica é de alguma forma diferente da fé que santifica? Isto dificilmente parece provável diante de trechos

---

[303] De modo bem inesperado, meu apelo para levar mais a sério o fato de Paulo pedir obediência das pessoas que ele tinha convertido parece assemelhar-se à crítica que Avemaria faz a Sanders dizendo que ele não deu peso suficiente às exigências da obediência à Torá dentro da tradição rabínica (nota 223)!

[304] Donfried, "Justification and Last Judgment in Paul", p. 269-78, continua a ser importante; além disso, cf. nota 225 e os textos citados *acima*, nas p. 124-125.

[305] Reconheço que tanto nesta secção como na próxima reflito mais sobre preocupações expressadas nesses debates pelo lado reformado (McGrath, *Iustitia Dei*, p. 219-226).

como Gl 3.2-4 e Rm 3.31. Rm 4.17-21 e 14.23, pois tais implicam que a fé é a confiança total em Deus, sem a qual qualquer conduta é (passível de ser) "pecado".[306] Como já observamos, Paulo fala profusamente da "obediência da fé" (Rm 1.5) e não hesita em falar de "fé que opera pelo amor" (Gl 5.6).[307] Dizendo-o de modo alternativo, será que a justiça cristã nunca é algo mais do que imputada (protestante),[308] ou será que

---

[306] Além disso, cf. meus *Romans*, p. 828-829; *Galatians*, p. 270-272.

[307] Cf. D. B. Garlington, *Faith, Obedience and Perseverance*. WUNT 79 (Tübingen: Mohr Siebeck, 1994), p. 44-71, que entende os "cumpridores da Lei" em Rm 2.13 como cristãos e os "ouvintes da Lei", como Israel. "'Cumprir a Lei' não deve ser definido como 'justiça pelas obras' ou alcance humano por força própria; é, antes, 'obediência da fé', isto é, continuidade na relação de criador/criatura como articulada no evangelho cristológico de Paulo" (p. 71). "Justificação e santificação não são etapas sucessivas na vida dos cristãos, mas são simultâneas" (p. 159); "fé, obediência e perseverança são a mesma coisa" (p. 163).

[308] McGrath resume "as características principais decisivas de doutrinas protestantes da justificação:": "1. Justificação é definida como a *declaração* forense de que o crente é justo, em vez de focar o processo pelo qual ele *é tornado* justo, envolvendo uma mudança em seu *status* em vez de em sua natureza. 2. Faz-se uma distinção deliberada e sistemática entre *justificação* (o ato exterior pelo qual Deus declara o pecador justo) e *santificação* ou *regeneração* (o processo interior da renovação dentro do homem). [...] 3. Justiça justificadora [...] é definida como uma justiça alheia, ou seja, a justiça de Cristo, externa ao homem e lhe imputada, em vez de como uma justiça que lhe seja inerente, dentro dele, ou que de alguma forma possa ser entendida como pertencente a ele" (*Iustitia Dei*, p. 189). A pergunta discutida no volume organizado por Husbands e Trier é "se a justiça imputada é fictícia, forense ou transformadora" (*Justification*, p. 7). A redefinição famosa da justiça divina por E. Käsemann como uma dádiva com caráter de poder (*"Die Gabe hat demnach selber Machtcharakter"*) ("Gottesgerechtigkeit bei Paulus", in *Exegetische Versuche und Besinnungen, Zweiter Band*, 3ª ed. [Göttingen: Vandenhoeck und Ruprecht, 1970], p. 181-193 [aqui: p. 183]) foi uma tentativa de resolver a tensão entre "declarar justo" e "tornar justo" (p. 189). O argumento de Käsemann é adotado por Strecker, *Theologie*, p. 162-166; sua importância, reconhecida mais cedo, por exemplo, por P. T. O'Brien, "Justification in Paul and Some Crucial Issues in the Last Two Decades", in D. A. Carson (org.), *Right with God: Justification in the Bible and the World* (Carlisle: Paternoster, 1992), p. 69-95 (aqui: p. 70-78). Em contraste, Schreiner convenceu-se de que "justiça é forense em vez de transformadora" e trata o assunto diferentemente de seu *Romans (Paul*, p. 192, nota 2; p. 203-209); e Waters insiste que a justificação é inteiramente forense, e a justiça, inteiramente imputada (*Justification*, por exemplo, p. 171,180-181.187).

é (também) infundida (católica)?³⁰⁹ Ora, a fé em Cristo é o único cumprimento possível da Lei?³¹⁰ Será que a conduta e obediência cristãs nunca contam nada diante de Deus quando se trata da justificação final?³¹¹ Cristo é o único que cumpre a Lei, de modo que a justiça exigida e medida pela Lei pode ser somente aquilo que Cristo faz na e através da pessoa que crê?³¹² Já que todos os crentes continuam a ser pecadores, devemos considerar tanto a justificação final quanto a justificação

---

³⁰⁹ Caracteristicamente católica é a qualificação de Kertelge do "*sola fide*" da Reforma em seu "Glaube und Rechtfertigung": "*Der Glaube bedeutet bei Paulus immer Gehorsam gegen den Heilswillen Gottes und enthält insofern ein actives Element, als der Mensch dem Anspruch Gottes entspricht*" [A fé significa em Paulo sempre obediência à vontade salvífica de Deus e contém um elemento ativo no sentido de que o ser humano corresponde à pretensão de Deus]. Donfried chama a atenção para o equilíbrio alcançado no documento luterano – católico-romano *Joint Declaration on the Doctrine of Justification* (Grand Rapids: Eerdmans, 2000), como indicado na oração final: "Somente por graça, na fé na obra salvífica de Cristo e não por qualquer mérito de nossa parte, somos aceitos por Deus e recebemos o Espírito Santo, *que renova nossos corações enquanto nos equipa e nos chama para boas obras*" ("Justification and Last Judgment", p. 292; grifos meus).
³¹⁰ "[...] ao captar Cristo pela fé, pessoas são consideradas tendo realmente 'cumprido a Lei' [...] isto não significa que é a conduta cristã que cumpre a lei" (Moo, *Romans*, p. 483-485); "*Er erfüllt das Gesetz, indem er an Christus glaubt*" [Ele cumpre a lei ao *crer* em Cristo], Bergmeier, *Gesetz*, p. 79; R. H. Gundry, "The Nonimputation of Christ's Righteousness", in Husbands e Trier, *Justification*, p. 17-45: "o que Deus conta como justiça consiste em fé" (p. 25).
³¹¹ C. H. Cosgrove, "Justification in Paul: A Linguistic and Theological Reflection", in *JBL* 106 (1987): 653-670, tenta resolver o dilema ao distinguir entre justificação *por meio* de obras e justificação *com base* em obras (p. 662-664) e pode até mesmo afirmar: "A justificação passada não fornece a base para a isenção da ira futura nem o modelo para tal isenção" (p. 667).
³¹² B. Byrne, "Living out the Righteousness of God: The Contribution of Rom 6:1-8:13 to an Understanding of Paul's Ethical Presuppositions", in *CBQ* 43 (1981): 557-581: "é ao realizar plenamente ou, melhor, permitir que Cristo realize plenamente essa justiça dentro de alguém, que se ganha a vida eterna" (p. 558); P. Stuhlmacher, *Der Brief an die Römer*. NTD 6 (Göttingen: Vandenhoeck und Ruprecht, 1989), p. 111; "*Christus tut die guten Werke der Christen*" [Cristo faz as boas obras dos cristãos], Laato, *Paulus und das Judentum*, p. 203; "Cristo – a nova pessoa – está presente dentro da fé, realizando suas obras" (Seifrid, *Christ, our Righteousness*, p. 149). Garlington continua a primeira passagem, citada *acima*, na nota 307: "É *em Cristo* que alguém se torna um 'cumpridor da Lei'; e a obediência amorosa dos cristãos a Deus é nada mais do que a extensão a ele/ela da justiça amoroso do *próprio Cristo*" (*Faith*, p. 71).

inicial, justificações de pessoas sem Deus – e a única contribuição da pessoa crente com sua justificação é seu pecado? Neste caso, o julgamento crucial seria somente de crentes enquanto crentes, sem referência a qualquer caráter de vida na fé.

Ou, em termos mais recentes, será que a diferença entre a soteriologia judaica e a paulina é o fato de que a primeira é essencialmente otimista (otimismo antropológico), enquanto Paulo é essencialmente pessimista (pessimismo antropológico)? TIMO LAATO colocou essa distinção no centro de sua tese e conclui acerca do judaísmo: "A salvação exige a colaboração humana. Não se baseia em si na graça de Deus". Ele encontra "uma diferença fundamental entre as estruturas religiosas judaica e paulina. No primeiro caso, o 'entrar' baseia-se na decisão do ser humano graças a seu livre arbítrio, mas no segundo caso, na influência exercida por Deus através do evangelho".[313] TIMO ESKOLA formula semelhantemente que "a diferença mais crucial entre Paulo e sua tradição judaica é a de que ele radicalizou a sua antropologia". "Num contexto sinergista, uma antropologia totalmente negativa é impossível. Este é o motivo pelo qual o caráter original da teologia paulina é a radicalização do conceito de pecado." "Na soteriologia paulina não há espaço para o sinergismo."[314] DON HAGNER comenta no mesmo sentido: "Paulo abandonou o sinergismo da soteriologia judaica em troca de um monergismo de total dependência da graça de Deus em Cristo".[315]

No debate atual encontramos a resposta principal ao enigma no Espírito. À diferença da aliança antiga, que não conseguiu cumprir as exigências da Lei, os membros da nova aliança são capacitados ou empoderados a "cumprir as exigências da Lei" pelo Espírito (Rm 8.4); "as pessoas que têm o Espírito realmente observam a Lei."[316] Ao comentar

---

[313] Laato, *Paulus und das Judentum*, p. 190,194,210.
[314] Eskola, *Theodicy and Predestination*, p. 125-128,140,161-164.
[315] "Paul and Judaism", p. 92. Semelhantemente Seifrid: Paulo "já não via Deus como cooperando com o esforço humano dentro do quadro da aliança com Israel. Para Paulo, o ato atual de Deus em Cristo realizara a salvação em si" (*Justification*, p. 255).
[316] Schreiner, *Romans*, p. 404-407; "o Espírito, não o esforço próprio, produz obediência"; "a obra do Espírito numa pessoa produz obediência à Lei (Rm 2.26-29) [...] As obras necessárias para a salvação [...] são a evidência de uma salvação já dada" (*The Law and its Fulfilment*, p. 187-188, 203; além disso, Cap. 6); semelhantemente *Paul*, p. 281-282 (além disso, Cap. 12).

Rm 2.7-10, STUHLMACHER refere-se àquelas pessoas que receberam "uma nova existência em justiça e uma capacitação espiritual para fazer o que é justo."³¹⁷ E BERGMEIER comenta: "Portanto, a Torá encontra seu cumprimento verdadeiro somente no nível do Espírito [...]. No entanto, no sentido de Paulo, devemos falar aqui não de uma *nova obediência*, mas de uma obediência que ficou somente agora possível."³¹⁸ BRENDAN BYME sugere que a combinação de Jr 31.33 (a Lei escrita "em seus corações") e Ez 36.26 (colocar um novo espírito nos corações) "torna natural [para Paulo] falar [...] do espírito como a 'Lei'."³¹⁹ GATHERCOLE refere-se à "teologia paulina do empoderamento divino dos cristãos" – "o espírito oferece o poder de cumprir a Torá sob a nova aliança" – e assim não hesita em concluir que "para Paulo, a ação divina é tanto a fonte como a causa contínua da obediência para os cristãos", de modo que a fé na vindicação final com base na obediência pode ser afirmada também para Paulo.³²⁰ WESTERHOLM concorda com semelhante prontidão que as pessoas que receberam o espírito divino "para empoderar sua vida devem expressar a realidade de sua nova vida numa conduta adequada"; o Espírito de Deus "capacita-as a servirem a Deus de uma maneira nova [...] com uma fé que é ativa no amor, pois crentes que não estão sob a lei podem efetivamente cumprir a justiça exigida pela Lei."³²¹

---

³¹⁷ Stuhlmacher, *Römer*, p. 45.
³¹⁸ Bergmeier, *Gesetz*, p. 75-76, continuando a citar E. Reinmuth, *Geist und Gesetz*. ThA 44 (Berlim, 1985): "*Offensichtlich ist es die Funktion des Geistes, die in der Verurteilung der Sünde möglich gewordene Erfüllung der Gesetzesforderung zu verwirklichen*" [Aparentemente é a função do Espírito realizar o cumprimento da exigência da Lei possibilitado na condenação do pecado], *p.* 70; também O. Hofius, "*Gesetz und Evangelium nach 2. Korinther 3*" in *Paulusstudien*, 2ª ed. WUNT 51 (Tübingen, 1994), p. 75-120: "*Die Befreiung von dem Todesurteil der Tora ist [...] zugleich und in einem die Befreiung zu jenem neuen vom Geist Gottes bestimmten Leben, in dem gemäss der Verheissung von Ez 36,26f. der heilige Gotteswille allererst seine Erfüllung finden kann und findet*" [A libertação da sentença de morte da Torá é (...) ao mesmo tempo e juntamente a libertação para aquela nova vida determinada pelo Espírito de Deus na qual, de acordo com a profecia de Ez 36.26s, a santa vontade de Deus pode encontrar e encontra em primeiro lugar seu cumprimento], p. 120; semelhantemente Schnelle, *Paulus*, p. 559,633-635.
³¹⁹ Byrne, "The Problem of *Nomos*", p. 304-306; cf. também seu "Interpreting Romans Theologically", p. 237-238.
³²⁰ *Where is Boasting?*, p. 132.223.264.
³²¹ Westerholm, *Perspectives*, p. 431-434; "As 'obras' que Paulo poupa são as da 'carne' não redimida; o comportamento justo que ele exige é o 'fruto' do

Seria difícil negar o argumento central de exposições dessa espécie. Afinal, Paulo enfatiza a importância de uma conduta cristã que "caminha no Espírito" ou é "conduzida pelo Espírito" (Rm 8.4; 14; Gl 5.16,18,25). Ele diz implicitamente que isto é diferente de andar segundo a carne, das obras da Lei (Rm 7.6; Gl 5.18,23). Ele considera claramente o conhecimento da vontade de Deus dado de modo mais efetivo por uma mente renovada (Rm 12.2) do que pela Lei (Rm 2.18).[322] Distingue evidentemente a "fé que opera através do amor" como sendo de uma ordem diferente de "tudo que a Lei exige" (Gl 5.3,6).[323] Portanto, Paulo viu claramente um papel fundamental do Espírito na ética cristã; sendo assim, a sua ética pode ser descrita pelo menos como "ética carismática".

No entanto, a pergunta é: qual diferença há a partir disso? Será que o resultado que se intenciona é muito diferente do resultado procurado pelos profetas do AT? Será que isto realmente pode significar que Paulo era capaz de pensar simplesmente que cristãos poderiam (e de fato o fariam!) viver vidas perfeitas ou sem pecado, na força do Espírito? De fato, já foi alegado que Paulo nisto teria acreditado e ensinado.[324] Mas, em relação a si mesmo, Paulo nunca o afirmou (cf. 1Cor 9.26-27; Fl 3.12). E o fato de Paulo achar necessário exortar seus concristãos (*p.ex.*, Rm 6.12-19; 8.13; Cl 3.5-10,23-25)[325] e alertá-los sobre os perigos das falhas morais (1Cor 3.17; 10.12; 11.27-29; 2Cor 12.21; 13.5;

Espírito nascido nas pessoas que responderam com fé à manifestação divina da justiça" ("Paul and the Law in Romans 9-11", p. 236). Semelhantemente Seifrid: Paulo "entende que o evangelho opera a verdadeira obediência à Lei nas pessoas que creem" ("Unrighteous by Faith", p. 124-125); "O Espírito, e unicamente o Espírito, efetua obediência verdadeira [...] a obra do Espírito é justificação (inicial e final) em sua consequência" (correspondência privada); e Laato, *Paulus und das Judentum*, p. 165-167.

[322] Cf. meu *Romans*, p. 714-715.
[323] Além disso, cf. "Neither Circumcision", p. 101-104 (*abaixo*, p. 477-480).
[324] Mais recentemente por T. Engberg-Pedersen, *Paul and the Stoics* (Edimburgo: T. & T. Clark, 2000), p. 8-9,167-168,171-173,231-233. Para referências mais antigas, cf. meu *Jesus and the Spirit* (Londres: SCM, 1975), p. 317. Pode-se argumentar que a comunidade de Qumran também cria que a obediência pelo espírito expiasse pecados e capacitasse os membros de sua aliança a caminhar em perfeição nos caminhos de Deus (1QS 3.6-12).
[325] Smith elimina os imperativos quando interpreta Rm 8.13 e Gl 5.16 como se Paulo estivesse "enfatizando que aqueles que têm o Espírito *vão* matar os atos do corpo e não *vão* cumprir os desejos da carne" (*Justification and Eschatology*, p. 81, nota 91).

Gl 5.4; 6.7-8; Cl 1.22-23) mostra certamente que ele não pensava que cristãos vivessem uma vida irrepreensível.[326] Muito pelo contrário, a sua compreensão do caminho da salvação foi a de que ele era um *processo*, um desgaste da "pessoa exterior" e uma renovação da "pessoa interior" (2Cor 4.16), cujo destino era a completude, a maturidade/perfeição, e não um fato já consumado (Gl 3.3; Fl 1.6; Cl 1.28; 4.12).[327] Contudo, Paulo esperava, sim, que o processo produzisse um caráter testado e aprovado *(dokimē)* (Rm 5.4; 2Cor 2.9), cujo resultado final seria uma metamorfose para a imagem do criador (Rm 12.2; 2Cor 3.18; Cl 3.10). Portanto, na soteriologia de Paulo, a fé e o Espírito não reduzem ou removem a responsabilidade humana da obediência (Rm 1.5; 15.18; 16.19; 1Cor 11.16; 2Cor 10.5-6; Fl 2.12;[328] 2Ts 3.14), e o resultado esperado não é simplesmente uma justiça imputada, mas *pessoas transformadas*. Isto não precisa ser considerado uma negação do fato de que,

---

[326] Bell, porém, nega que esses alertas são reais: *sola gratia e sola fide* significam simplesmente que todos os cristãos serão salvos (*No One Seeks for God*, p. 252-256). Semelhantemente J. M. Gundry Volf, *Paul and Perseverance: Staying in and Falling Away*. WUNT 2.37 (Tübingen: Mohr Siebeck, 1990). Ora, se fosse assim, o famoso Sanhedrin 10.1 ("Todos os israelitas têm seu quinhão no mundo que vem") poderia ser relido como válido também para cristãos, sem qualquer qualificação! Cf. também a crítica de Yinger a Gundry Volf em *Paul, Judaism and Judgment*, p. 252, nota 171. Schreiner parece assumir uma forte posição calvinista: o decreto eterno não pode ser rompido; deserção mostra simplesmente que a fé nunca fora genuína (*Paul*, p. 276-279); no entanto, ele continua a introduzir uma qualificação através do resto do capítulo (p. 279-305). Para Waters, "a justificação é um ato decisivo e final nos estágios iniciais da experiência cristã [...] (e) a justificação final (se pudermos dizer assim) fica certa e inalterável pela justificação presente que Deus confere ao crente" (*Justification*, p. 210-211). Para 1Cor 10.1-13 em particular, cf. R. J. Oropeza, *Paul and Apostasy: Eschatology, Perseverance, and Falling Away in the Corinthian Congregation*. WUNT 2.115 (Tübingen: Mohr Siebeck, 2000).

[327] Além disso, cf. meu *Theology of Paul*, § 18. Faz-se necessário um novo estudo sobre a compreensão paulina de "perfeição/maturidade" em comparação com o mesmo conceito no judaísmo do Segundo Templo.

[328] Fl 2.12-13: "Operai vossa própria salvação com temor e tremor, porque é Deus que energiza em vós tanto para o querer como para o efetivar segundo seu prazer". Ao responder a pergunta se crentes contribuem com sua própria salvação, Westerholm comenta: Paulo "não poderia ser mais enfático sobre o fato de que tudo que eles fazem até mesmo como crentes permanece um produto da graça divina" e cita Calvino: "somos justificados não sem obras, mas não através de obras" (*Perspectives*, p. 402, nota 143).

para Paulo, a justiça que o Juízo Final finalmente considerará aceitável no crente será sempre uma "justiça externa".[329] Contudo, essa afirmação também não deveria ser vista como uma negação do fato de que se espera do crente, da pessoa que "anda pelo Espírito", que ela cumpra as exigências da Lei. Não ajuda muito insistir na ideia de a justificação ser totalmente intrínseca e forense,[330] quando ela estreita o processo da salvação para a metáfora singular da justificação e não dá suficiente atenção para a transformação que é igualmente parte desse processo.

Além disso, é sempre importante lembrar que o dom escatológico do Espírito era entendido no AT como o meio de garantir a obediência desejada à Lei (Dt 30.6; Ez 36.26-27; cf. Jr 31.31-34) e também que Paulo/os primeiros cristãos consideravam o dom do Espírito equivalente à prometida circuncisão do coração (Rm 2.28-29; 2Cor 3.3,6; Fl 3.3). Será que a implicação óbvia não era, portanto, que a conduta possibilitada pelo Espírito é a ação que responde à vontade de Deus na Torá? Paulo parece certamente ter pensado assim. Ele constata explicitamente que a meta da conduta cristã possibilitada pelo Espírito é o "cumprimento" da Lei (Rm 8.4).[331] A Lei pode ser descrita como a "Lei da fé", porque a fé "estabelece" a Lei (Rm 3.31). A fé que opera através do amor "cumpre" toda a Lei (Gl 5.6,14).[332] Até mesmo quando se pode considerar agora que a circuncisão é sem importância para a vontade de Deus que continua a mesma, observar os mandamentos de Deus permanece uma prioridade para cristãos (1Cor 7.19).[333]

---

[329] McGrath, *Iustitia Dei*, p. 189-190.
[330] Como faz Waters (*Justification*, p. 173.180-181).
[331] Gathercole é um tanto desajeitado quando segue Westerholm a escrever: "O cumprimento da Torá é antes um produto colateral do que a meta da obediência cristã. O crente cristão não se propõe a cumprir a Torá, mas a Torá continua vigente, não obstante ela seja cumprida nele: 'Paulo está descrevendo, não prescrevendo o comportamento cristão' quando fala do cumprimento da Torá" (*Where is Boasting?*, p. 128, citando Westerholm, agora *Perspectives*, p. 434). Mais realista é o comentário de J. Lambrecht, R. W. Thompson, *Justification by Faith: The Implications of Romans 3:27-31* (Wilmington: Glazier, 1989): "Paulo chama especificamente atenção para o comportamento humano. A exigência específica da Lei é somente cumprida em pessoas que realmente obedecem a Lei" (p. 68).
[332] "*Lebendiger Glaube konkretisiert sich notwendigerweise im Tun der Liebe*" [A fé viva concretiza-se necessariamente na prática do amor]", Hahn, *Theologie,1*, p.289-290).
[333] Cf. também "Paul and the Torah", § 3.2 (= *abaixo*, p. 645-647). Westerholm envereda para argumentações específicas quando comenta sobre 1Cor 7.19 que

Portanto, o resultado que se vislumbra é o mesmo – observar os mandamentos, obedecer à vontade de Deus que continua a se expressar na e através da Lei. É claro que Paulo entende a Lei como a Lei interpretada através da fé, como a Lei do amor, a Lei de Cristo.[334] Contudo, se eu estiver correto, ainda é a Lei. É obviamente verdade que, para Paulo, certas leis perderam em importância, particularmente a circuncisão. Mas "observar os mandamentos de Deus" permanece ainda importante para o cristão. Seja qual for a opinião de Paulo sobre a circuncisão e as leis de puro e impuro, e seja qual for a medida em que tais dependiam dele, as leis da idolatria e da conduta sexual ilícita permaneceram em pleno vigor.[335] Ou, nos termos mais gerais de Rm 2.6-11, ainda era imperativo que cristãos perseverassem em fazer o bem, em "operar o bem", já que o julgamento favorável contaria também para a qualidade da vida dos cristãos.[336] O fato de Paulo colocar uma ênfase tão forte na certeza de que também cristãos tinham que ser julgados, não obstante o efeito que Cristo e o Espírito tinham sobre suas condutas, não deveria ser minimizado, porque o julgamento implica na responsabilidade de obedecer, de fazer, de operar – e de ser julgado a partir da responsabilidade.

Ora, que diferença a vinda do Espírito escatológico faz em toda essa questão? No mínimo, a resposta apropriada parece ser a promoção mais efetiva da vontade de Deus. No entanto, será que faz alguma diferença para o consentimento paulino que o julgamento ocorra "segundo as obras"? Será que isto faz alguma diferença para a implicação de um grau de condicionalidade na compreensão paulina do julgamento dos crentes? Ele pode ter sido relativamente relaxado acerca da

---

"a afirmação não precisa significar mais do que simplesmente que é essencial submeter-se à vontade de Deus" (*Perspectives*, p. 435 nota 64); cf. também *acima*, nota 199.

[334] Além disso, cf. meu *Theology of Paul*, § 23.

[335] Além disso, cf. meu *Theology of Paul*, §§ 2.2 e 24.7, §§ 5.5 e 24; cf. a tese de Tomson (*acima*, nota 285). É digno de nota que Paulo não se refira à evitação da idolatria ou da *porneía* (liberdade sexual) como "obras da Lei", embora essa evitação seja o "cumprir a Lei"; o que reforça a sugestão de que "obras da Lei" era para Paulo uma caracterização negativa de um gama muito mais amplo de conduta religiosa, ética e social.

[336] Cf. Bergmeier, *Gesetz*, p. 52-54; "esses versículos constatam a visão pessoal de Paulo" (Gathercole, *Where is Boasting?*, p. 126).

questão em 1Cor 3.11-15: enquanto o fundamento (Jesus Cristo) permanece seguro, a própria salvação está segura. Mas em outros textos, como já observamos, permanece uma incerteza acerca da pergunta se a sua obra e a conversão que ele tinha promovido seriam "em vão" (1Cor 15.2; 2Cor 6.1; Gl 4.11; Fl 2.14-16; 1Ts 3.5).[337] Por isso, não é justo perguntar se a diferença entre a falha judaica em cumprir a Lei e o êxito cristão em cumpri-la é exagerada – com base no argumento, talvez, de que *tem de haver* uma diferença entre os dois sistemas de religião, e de que, à medida que a questão diz respeito à ética, a diferença pode ser encontrada no dom do Espírito escatológico, e que o Espírito *tem de ter feito* uma diferença, porque, de outra maneira, a distinção/antítese entre o cristianismo e o judaísmo não poderia ser mantida?[338] Pois, a não ser que cristãos efetivamente amassem mais do que os outros, e não amassem apenas Deus, mas também seus próximos como a si mesmos, não há como não se perguntar onde estaria e qual seria a diferença.

E no ponto crucial do debate, qual é a diferença? Quanto ao *insight* de que a soteriologia do judaísmo era sinergista, este significa que a salvação dependia ao menos em alguma medida da obediência à Lei, e então percebemos que Paulo esperava dos crentes que obedecessem a Lei e os admoestava no sentido de que morreriam se não cumprissem a Lei, mas continuassem a viver segundo a carne (Rm 8.4,13).[339] Será que *cada* ênfase na responsabilidade humana diante de Deus não corre o perigo de ser rejeitada como sinergista? – é um eco da antiga discussão sobre a própria fé, se ela é uma ação humana e

---

[337] Além disso, cf. meu "Jesus the Judge", p. 49-50 [= *abaixo*, p. 584] e *acima*, notas 287,326. Stuhlmacher deixa de atribuir o peso necessário a esse elemento condicional em tantas formulações de Paulo em "Rechtfertigung", p. 62-63; mas em seu *Römer* ele já notou: *"Falls ein Glaubender das Evangelium antastet oder verwirft, gibt es für ihn keine Rettung mehr (Gal 1,8; 2. Kor 11,4.13-15; Phil 3,18f.)"* [Se um crente tocar no evangelho ou o rejeitar, já não há salvação para ele], p. 45.

[338] Cf. os comentários concisos típicos de Räisänen (*Paul and the Law*, p. 118).

[339] Aqui, a tensão não pode ser resolvida ao categorizar as obras que são indispensáveis como "evidenciais" em vez de "instrumentais" (como por Smith, Justification and Eschatology, p. 113). Isto não confere o peso necessário aos elementos condicionais na parênese de Paulo; e se esse tipo de solução é aceitável para livrar a soteriologia de Paulo de uma inconsistência percebida, por que não é aceitável para resolver uma tensão semelhante no nomismo da aliança do judaísmo?

por isso é uma "obra".³⁴⁰ Neste ponto, fala alto a dificuldade sentida por comentaristas que tentaram encaixar Rm 2.6-11 em sua reconstrução da doutrina paulina da justificação pela fé. Pois se, por um lado, *ninguém faz nada* de bem, *ninguém se encaixa* na descrição de Rm 2.7 e 10, então Rm 2.6 e 10 são letras mortas que não se aplicam a ninguém³⁴¹ e é difícil evitar a conclusão de que Paulo estava sendo frívolo ao falar dessa maneira a respeito do mais solene de todos os temas.³⁴² Mas se, por outro lado, Paulo estiver falando sério com base no argumento de que a frase "cada pessoa que faz o bem" se refere somente aos cristãos,³⁴³ então a teologia paulina da justificação

---

³⁴⁰ Cf. o argumento de Bell, de que o arrependimento é uma "obra" (*No One Seeks for God*, p. 183). Westerholm não hesita em falar, tanto a respeito de Lutero como de Paulo, da fé como "uma coisa viva, operante, ativa, poderosa" ("The 'New Perspective' at Twenty-Five", p. 38), presumivelmente pensando, *inter alia*, nos comentários de Lutero sobre Gl 5.6 e Rm 14.23. Além disso, cf. Wannenwetsch, "Luther's Moral Theology", p. 128-130.

³⁴¹ Bell não mostra hesitação em argumentar que tanto o judeu piedoso quanto o gentio piedoso em vista em Rm 2.12-16.26-29 *não existem;* cristãos (gentios) não estão em vista em parte alguma de Rm 2, nem em 2.7; 2.14 nem mesmo em 2.26-29 (*No One Seeks for God*, p. 142,151-153,162,194-200,253)! Para quem considera Rm 2 parcial ou inteiramente hipotético, cf. Moo, *Romans*, p. 140-142; acrescente-se Eskola, *Theodicy and Predestination*, p. 133-135; Watson, *Hermeneutics of Faith*, p. 352-353, nota 57 (embora ele admita que "dentro do próprio texto de Romanos 2, ele [isto é, Paulo] deseja certamente que eles [isto é, seus gentios justos anônimos] soassem como pessoas reais"). O Simpósio sobre *Paul and the Mosaic Law* não chegou a um acordo sobre a questão ("In Search of Common Ground", p. 321; abaixo, p. 429-430).

³⁴² "No entanto, é difícil ver que sentido teria levantar um assunto tão irreal. Acima de tudo, esse tipo de gentio imaginário não seria útil para a polêmica paulina contra judeus. Como um gentio que não existe poderia 'condenar'?" (Räisänen, *Paul and the Law*, p. 103-104). C. K. Barrett, *The Epistle to the Romans*, 2ª ed. BNTC (Londres: A. & C. Black, 1957; 2ª ed., 1991) já observou: "Paulo não diz: se gentios tivessem que [...], mas: quando, sempre que [...] gentios fazem as coisas exigidas pela lei" (p. 49). 2.16 dificilmente sugere que Paulo pensasse de todo o processo descrito em 2.6-16 como irreal ou obsoleto devido ao evento da cruz; cf. também Yinger, *Paul, Judaism and Judgment*, p. 176-177, e, além disso, p. 150-166,178-181.

³⁴³ Há fortes argumentos para ler Rm 2.14-15 como uma referência a cristãos – cf., por exemplo, Wright, "The Law in Romans 2", p. 136-139,143-149; S. G. Gathercole, "A Law unto Themselves: The Gentiles in Romans 2.14-15 Revisited", in *JSNT* 85 (2002): 27-49; – mas os argumentos dificilmente podem impedir de

somente pela fé tem de ser qualificada como uma justificação final pela fé *e também* por obras, realizadas pelo crente no poder do Espírito. Portanto, se Paulo estiver vulnerável diante da acusação levantada contra ele, não obstante a sua insistência em outros textos onde ele diz que a justificação acontece somente pela fé e inteiramente na base da graça; então, no mínimo, as acusações levantadas contra o "nomismo da aliança" do judaísmo deveriam ser formuladas com muito menos ímpeto no afã de encontrar falhas. E se a resposta é a crença de Paulo na aceitação por Deus, que acontecia sempre e somente pela graça de Deus, totalmente separada da subsequente obediência do crente, será que a insistência de SANDERS acerca da primazia da aliança dentro da soteriologia do judaísmo não mereceria mais crédito do que aquele dado a ele nas críticas?

Críticos, por favor, observem: minha preocupação *não* é defender que a compreensão paulina da salvação era sinergista; meu desejo *não* é promover uma interpretação pelagiana ou semipelagiana de Paulo.[344] Não tenho dúvida alguma de que eu e outros crentes em Cristo diremos a "Oração da aproximação humilde" ao longo de nossas vidas e no final delas.[345] Em vez disso, minha preocupação é dupla:

a) questionar se o judaísmo deveria ser acusado de sinergismo com tanta certeza, quando partes da linguagem de Paulo parecem vulneráveis à mesma acusação;

---

incluir 2.6 e 2.10. Diferente Räisänen, *Paul and the Law*, p. 103-105 (Paulo fala de gentios que cumprem a lei fora da comunidade cristã).

[344] A acusação é de Waters, *Justification*, p. 186.

[345] "Senhor, chegamos a tua mesa, confiando em tua misericórdia e não em qualquer bondade de nossa parte. Não somos dignos nem mesmo de juntar as migalhas debaixo de tua mesa, mas é tua natureza ter sempre misericórdia, e disso dependemos." Ao mesmo tempo quero cantar com Charles Wesley:
"Caminho em teu nome, ó Senhor, para realizar meu trabalho de cada dia; resolvido de conhecer a ti, somente a ti, em tudo que penso ou digo ou faço. Deixa-me cumprir alegremente a tarefa que tua sabedoria me confiou, encontrar em todas as minhas obras tua presença e comprovar tua vontade boa e perfeita. Quero te colocar à minha direita, a ti, cujos olhos veem meu mais íntimo, e trabalhar a teu comando e oferecer todas as minhas obras a ti. Para ti alegremente empregar tudo que tua graça abundante me deu, e correr meu curso com firme alegria e caminhar bem perto de ti até o céu."

b) pedir a quem propõe um "monergismo" de Paulo que leve mais a sério e trate com a devida seriedade os outros ensinamentos e exortações paulinas às quais me referi acima.[346]

No âmbito do último conceito, eu devo enfatizar que são o ensinamento e a insistência do próprio Paulo que nos obrigam a tratar a questão. De acordo com 2Cor 5.10, o julgamento de cada pessoa será de acordo com o que *cada pessoa* fez. Mesmo quando algo é realizado por Cristo (que habita as pessoas) e no poder do Espírito, a pessoa que age é um indivíduo, e o julgamento será de acordo com o seu agir. Esta é a compreensão paulina do Juízo Final, a qual deve ser articulada com a compreensão paulina da justificação pela fé. Nem por um minuto suponho que Paulo não tivesse sido consciente do perigo de que uma ênfase exagerada na "obediência da fé", em "entregar as obras do corpo à morte" e expressões parecidas poderiam levar à confiança em méritos alcançados e ao orgulho por causa deles. No entanto, é claro que isto não o impediu de cobrar dos crentes essa responsabilidade. Essa articulação exigirá de ambos os lados do debate ocasionado pela nova perspectiva um trabalho duro em favor de sua preservação.

4.4. (12) Participação em Cristo

Efetivamente *há* uma diferença entre a soteriologia do judaísmo do Segundo Templo e a soteriologia de Paulo, e tal diferença resume-se obviamente a Jesus Cristo. A afirmativa é quase axiomática e dificilmente necessitará de argumentação. Mas a diferença não consiste no fato de que uma colocava a responsabilidade em relação à obediência nas pessoas às quais mostrava a perspectiva da salvação, enquanto a outra prometia salvação àquele indivíduo dotado de uma fé passiva em Cristo. Não é que uma chamava para uma transformação moral e uma obediência efetivamente vivida, enquanto a outra se limitava a uma vida de falhas morais, já que apenas a justiça salvífica de Cristo podia ser imputada. Não é que uma alertava sobre a possibilidade de perda da salvação em decorrência da desobediência, enquanto a outra

---

[346] *Acima*, p. 67-68,75-78. McGrath nota que a Fórmula de Concórdia não endossou o monergismo e modificou radicalmente o ensinamento do próprio Lutero (*Iustitia Dei*, p. 217-219).

apresentava uma afirmação incondicional à fé expressada no batismo no nome de Jesus. Então, o quê é?

Isto nos leva ao último e mais sério problema levantado na crítica à nova perspectiva – as implicações para a cristologia. Se o judaísmo do Segundo Templo e o cristianismo primitivo eram tão semelhantes no seu inter-relacionamento, a ponto de suas soteriologias estabelecerem relações entre a graça divina e a resposta humana, será que havia qualquer necessidade da vida e da morte de Cristo? Se a antiga aliança era tão efetiva, por que a necessidade da nova? – "se algo não tá quebrado, você não precisa consertá-lo!"[347] Ou, se a nova aliança era simplesmente uma renovação e uma implementação mais efetiva da antiga, a importância do dom do Espírito é clara (nota-se mais uma vez Ez 36.26-27), mas, por que Cristo, e por que sua morte?[348] Se o judaísmo e o cristianismo apresentam e oferecem versões tão pouco distintas do nomismo da aliança, então Cristo em vão morreu.[349]

---

[347] Assim, por exemplo, Eskola: "Em tal contexto, a justificação não significa absolutamente uma inauguração de algo novo [...]. Em vez disso, é a confirmação da antiga aliança" (*Theodicy and Predestination*, p. 224).

[348] F. Watson, "The Triune Divine Identity: Reflections on Pauline God Language, in Disagreement with J. D. G. Dunn", in *JSNT* 80 (2000): 99-124, está profundamente preocupado com a possibilidade de que eu possa estar correndo o risco de tornar a cristologia paulina "redundante" (p. 109); a preocupação é compartilhada por Gathercole ("Justified by Faith", p. 163-168); e também por Carson: "Para mim é menos claro que Dunn veja quão radicalmente cristocêntrico é realmente a interpretação paulina do Antigo Testamento ("Mystery and Fulfillment", p. 435).

[349] Kim acusa-me repetidamente de autocontradição e de ignorar e até mesmo obstinadamente rejeitar o reconhecimento dos *insights* cristológicos presentes na cristofania de Damasco (*Paul and the New Perspective*, por exemplo, p. 15-19,48-49). Contudo, sua própria leitura da maioria de meu trabalho anterior é tão tendenciosa, e ele consistentemente não capta o sentido de minhas preocupações (as margens do meu exemplar de seu livro estão repletas de pontos de exclamação!) que é provavelmente melhor deixar a avaliação de nosso desacordo para outras pessoas, se é que podem ser incomodadas com isto. Semelhantemente O'Brien: "De acordo com Dunn, Paulo não recebeu novas convicções sobre a cristologia ou a soteriologia ou *insights* novos sobre a Lei" ("Was Paul Converted?", p. 367-369). Considero isto uma surpreendente interpretação equivocada, especialmente diante do cuidado que dediquei a esse ponto em meu "Paul's Conversion", p. 81,83-84 (*abaixo*, p. 504,508-509). Protestar dizendo que o chamado de Paulo para se tornar um apóstolo para os gentios não tem

A questão é real e importante – mas não simplesmente para a nova perspectiva. Se Abraão fornece um modelo de fé que salva, então é uma fé que provavelmente ainda pode ser realizada em Deus, sem qualquer necessidade de Cristo. Se a própria parábola jesuânica do Filho Pródigo (Lc 15) é uma expressão adequada do evangelho, então deveríamos observar que falta nela o papel de um filho salvador. O problema é antigo e reside no coração do liberalismo do séc. XIX e do neoliberalismo do fim do séc. XX. Em ambos os casos, o papel de Jesus como mestre é contrastado ao evangelho paulino da cruz e ressurreição.[350] Será que a nova perspectiva não cai na mesma armadilha? Do mesmo modo que a busca liberal e neoliberal pelo Jesus histórico enfatiza o caráter judaico e sapiencial dos ensinamentos de Jesus e assim abre um abismo entre Jesus e a cristianidade de seus seguidores, assim a nova perspectiva, ao chamar a atenção para o caráter judaico do evangelho, pode correr o perigo de reduzir ou até mesmo negar seu elemento cristão mais próprio.

Particularmente PETER STUHLMACHER protestou dizendo que a nova perspectiva não confere peso suficiente a Rm 8.31-34:

> Ora, o que devemos dizer diante dessas coisas? Se Deus é por nós, quem é contra nós? Ele que efetivamente não poupou seu próprio Filho, mas o entregou por todos nós, como ele também não nos daria todas as coisas com ele? Quem acusará os eleitos de Deus? É Deus quem justifica. Quem está ali para condenar? É Cristo (Jesus) quem morreu, melhor, quem foi ressuscitado, quem está também à direita de Deus, quem também intercede por nós.

O ponto-chave para STUHLMACHER é que o texto mostra ser a justificação final inteiramente dependente da morte salvífica de Cristo; não apenas a justificação inicial (Rm 5.1), mas o julgamento final. Já que Paulo não considera haver algum cumpridor da Lei (Rm 3.9-18),

---

recebido a atenção suficiente no estudo da conversão de Paulo, como eu o faço, *não* significa negar que outros *insights* cristológicos ou soteriológicos eram dados a Paulo no mesmo tempo.

[350] Cf. as críticas em meu livro *Jesus Remembered*, especialmente p. 48-49,61-63; o contraste é claro nas ênfases características e constantes de Geza Vermes, *The Religion of Jesus the Jew* (Londres: SCM, 1993); também *The Authentic Gospel of Jesus* (Londres: Penguin, 2003).

a única chance de salvação tanto para judeus como para gentios é a fé em Cristo Jesus. Somente quando Cristo fala em favor de alguém diante do trono do juízo é que pode haver alguma esperança de um veredito de absolvição. "Já que todos os seres humanos são pecadores, eles não podiam ser reconhecidos como cumpridores justos de toda a Lei, nem mesmo ao praticar algum bem. Sem Cristo e sua intercessão, todos estão perdidos."[351] É claro que a questão levantada acima em § 4.3 (11) não levanta nenhum problema para essa interpretação. Porque ninguém, nenhum cristão, pode "cumprir" a Lei ou observar os mandamentos. À medida que a justificação final é atingida, o Espírito que habita os cristãos não faz nenhuma diferença! Dizer que cristãos são apresentados como "puros" (*hágnoi, eilikrinaí*), "impecáveis" (*ámōmoi, apróskopoi*), "imaculados" (*ámemptoi*), "irrepreensíveis" (*anénklētoi*) e "maduros/perfeitos") (*téleioi*) na vinda de Cristo não muda nada quando se trata do Juízo Final, apesar da clara implicação de passagens como 1Cor 1.8, 2Cor 11.2; Fl 1.6,10; Cl 1.22,28 e 1Ts 3.13; 5.23.[352]

---

[351] Correspondência pessoal com o professor Stuhlmacher, em maio de 2003. A exposição de Seifrid da compreensão de Lutero da justificação e sua reafirmação por Stuhlmacher é muito útil neste ponto ("Paul's Use of Righteousness Language", p. 67-74): a justificação "inclui em seu centro a salvação no Juízo Final. [...] Sem diminuir absolutamente a realidade da justiça que opera em nós, encontramos então a totalidade dessa justiça fora de nós em Cristo" (p. 74). Semelhantemente no ensaio anterior de Stuhlmacher, "Das Gesetz als Thema biblischer Theologie", in *Versöhnung, Gesetz and Gerechtigkeit: Aufsätze zur biblischen Theologie* (Göttingen: Vandenhoeck und Ruprecht, 1981), p. 136-165: "[...] hält Paulus ausdrücklich daran fest, dass die Fürsprache des gekreuzigten und auferstandenen Christus im Endgericht und die Endrechtfertigung den Glaubenden auch dann verheissen bleibt, wenn sie mit ihren Taten vor Gott scheitern (vgl. Röm 8,31ff; 1Kor 3,11-15)" [(...) Paulo afirma explicitamente que a intercessão do Cristo crucificado e ressuscitado no Juízo Final e na justificação final continua prometida aos crentes também quando estes fracassam com suas obras diante de Deus], p. 163. A refutação de Bell da "dupla justificação" (*No One Seeks for God*, p. 256) é em seu efeito equivalente: a primeira justificação (Rm 5.1) é decisiva e final.

[352] Seifrid: "O único ponto onde poderíamos desejar maior clareza é na insistência de Stuhlmacher na *conexão inerente* entre justiça 'imputada' e 'efetiva'" ("Paul's Use of Righteousness Language", p. 74). Cf. a crítica mais antiga de Donfried a Stuhlmacher ("Justification and Last Judgment", p. 257-260). A respeito da evidente preocupação de Stuhlmacher de ser fiel àquilo que ele considera o *insight* crítico da Reforma, Donfried levanta um dedo reprovador: "Trata-se de entender corretamente Paulo, não a Reforma" (p. 260).

Apresentar esse argumento não significa questionar a centralidade e o *sine qua non* (a necessidade indispensável) da graça divina e do fato de o crente depender totalmente de sua capacitação, que são elementos constantes do ensinamento paulino sobre tal tema em outros textos (Rm 6.22-23; 1Cor 15.10; Gl 2.20; Fl 2.13; 4.13). Contudo, segundo o mesmo argumento, o resultado que Paulo procurava e esperava ("impecáveis", "imaculados", "irrepreensíveis" etc.) não deveria ser posto de lado.

Uma resposta parcial é que Paulo esperava efetivamente a possibilidade de Cristo se tornar um adversário em vez de um advogado para quem deixasse de preservar a fé em Cristo (1Cor 15.2). Paulo diz isso implicitamente em Gl 5.4, e a ideia é coerente com o alerta do próprio Jesus (Lc 12.8-9 e par.). Nesse caso, qualquer ato de bondade realizado pela pessoa apóstata não contaria em seu favor enquanto a fé em Cristo for o critério decisivo da justificação, tanto inicial como final. Notemos bem que isto nos leva de volta à equivalente convicção judaica de que o israelita mantinha seu lugar na aliança pela fidelidade, mas o perdeu pela apostasia; ao voltar-se para outros deuses, já que os primeiros membros da aliança anularam a aliança à medida que ela dizia respeito da sua situação como membros dela. No Juízo Final, o fato de terem nascido membros do povo da aliança não contaria em seu favor. Portanto, ironicamente, a nova aliança seria entendida como algo que funcionava exatamente da mesma maneira que a antiga, com o porém de que a eleição *em Cristo* substituía a eleição *de Israel*.

No entanto, existe uma resposta mais profunda que me parece oferecer uma expressão melhor do inter-relacionamento entre a graça divina e a obediência da fé, ambas tão proeminentes nas cartas de Paulo. Tal resposta reside no reconhecimento de que o evangelho de Paulo é somente parcialmente expresso através da metáfora forense da justificação.[353] O evangelho expressa-se também em termos do dom do Espírito. Mas também em termos de identificação com Cristo.[354]

---

[353] Ao acusar-me de "nominalismo", Waters (*Justification*, p. 114-117,177,192) revela sua falha de apreciar o fato de que uma metáfora *não* é literal, mas *referencial* (cf., por exemplo, meu *Jesus Remembered*, p. 403).

[354] Daí os três capítulos-chave de meu *Theology of Paul*, §§ 14-16 – "Justificação pela fé", "Participação em Cristo" e "O dom do Espírito"; semelhantemente Schnelle, *Paulus*, p. 516-563. Aqui eu deveria talvez reconhecer novamente a influência maior de Calvino do que de Lutero (Wendel, *Calvin*, p. 234-242; McGrath, *Iustitia Dei*, p. 223-226). Neste ponto é importante evitar a polarização

O ponto decisivo não é simplesmente que a justificação acontece "em Cristo" (1Cor 1.30; Gl 2.17; Fl 3.9) – esta é uma ênfase que não recebeu a atenção necessária nesta discussão. A identificação com Cristo é antes um *processo* pelo qual a pessoa deve passar, e não simplesmente um *status* que deva ser aceito. Através e por meio dessa linha de sua teologia, Paulo expressa da maneira mais efetiva sua compreensão da salvação como um processo que se estende pela vida inteira; num certo contraste, "justificação" enfoca somente o início e o fim do processo. O elemento-chave no processo é "tornar-se como Cristo", ser moldado conforme a imagem de Cristo (Rm 8.29; 1Cor 15.49; 2Cor 3.18; Fl 3.21). Não é o caso aqui dos crentes serem "salvos" no momento em que começam a crer; a salvação está no ponto final de um processo de transformação (Rm 5.10; 13.11; 1Cor 1.18; 2Cor 2.15; 1Ts 5.8).[355] Resumindo, nós podemos dizer que tal processo pode ser caracterizado como uma conquista crescente ou um desprendimento da carne, um desgaste da "pessoa exterior", ao mesmo tempo em que a "pessoa interior" é renovada. É um processo de constante renovação pelo Espírito até que a pessoa inteira seja tomada por Deus, quando também o corpo será transformado em veículo do Espírito na ressurreição, um *sôma pneumatikón*, um "corpo espiritual" (Rm 8.11,23; 1Cor 15.44-50; 2Cor 4.16-5.5; Gl 6.8). Antes de tudo, é um processo de partilhar a morte de Cristo, de ser "conformado" à sua morte, com a previsão de uma participação plena de sua ressurreição (Rm 6.5; 8.17; 2Cor 4.17-18; 13.4; Gl 2.19).[356]

---

de "justificação" e "participação", encorajada pela afirmação bem conhecida de A. Schweitzer, *The Mysticism of Paul the Apostle* (Londres: Black, 1931) – "A doutrina da justificação pela fé é, por isso, uma cratera subsidiária que se formou dentro da borda da cratera principal – a doutrina mística da redenção por estar-em-Cristo" (p. 225) – que recebeu nova força por Sanders, *Paul and Palestinian Judaism*, p. 453-472.502-508,514,548-549; também Kuula, *Law*, p. 37-45. Laato expressa bem o ponto que interessa: "Em última análise, elas (isto é, as categorias jurídicas e participatórias) são como dois lados da mesma moeda. Separadas das categorias jurídicas, as categorias participatórias ameaçam gerar um interesse entusiasta na vida interior da própria pessoa. Por outro lado, independentes das categorias participatórias, as categorias jurídicas correm o perigo de se tornar nada mais do que uma doutrina vazia" ("Paul's Anthropological Considerations", p. 349).

[355] Daí a hesitação de atribuir Ef 2.8-10 ao próprio Paulo (*acima*, § 3.4[8]).
[356] Neste ponto refiro-me novamente a meu livro *Theology of Paul*, § 18, onde procuro preencher o que tem sido um aspecto muito negligenciado da teologia

Portanto, o tema é que Paulo esboçou a salvação como um *processo de transformação* do crente, não simplesmente do *status* do crente, mas a condição do crente como tal. O julgamento final será a medida dessa transformação, e central ao processo são a determinação moral e a obediência do crente. Fundamental ao processo é a capacitação, na motivação e na ação, pelo Espírito. Mas a transformação é "em Cristo", "para dentro de Cristo", "com Cristo", no "corpo de Cristo", e para a imagem de Cristo, a nova criação. Se for verdade que unicamente Cristo tinha/tem a "habilidade inata" de corresponder ao padrão que Deus desejou para a humanidade, então é tornando-se como Cristo que as pessoas "em Cristo" satisfarão a Deus na análise final. Não em um "estar em Cristo" como uma experiência mística ou em virtude de um rito eclesiástico. Não somente por ter a justiça imputada como uma "justiça alheia". E certamente não por um autoesforço pelagiano ou semipelagiano. Mas por uma transformação progressiva à semelhança de Cristo (2Cor 3.18), cujo ápice e plenitude é a transformação/ressurreição do corpo (2Cor 4.16-5.5). "Justificação" e "nova criação" andam de mãos dadas (2Cor 5.17; Gl 6.15).

Há um trecho em que Paulo estabelece, de modo mais claro do que em todos os outros, uma interação entre dois, senão três, de seus modelos de salvação – Fl 3.8-14.[357] Aqui fica claro que a "irrepreensibilidade" da qual ele dispunha sob a Lei como fariseu zeloso já não conta para nada, uma vez que ele chegou a conhecer Cristo. A "excelência de conhecer Cristo" tornou qualquer vantagem potencial nula e vã (Fl 3.6-8). No entanto, este é somente o princípio da história da salvação, porque

---

e do evangelho de Paulo. M. J. Gorman desenvolveu o tema em *Cruciformity: Paul's Narrative Spirituality of the Cross* (Grand Rapids: Eerdmans, 2001). Smith reconhece a importância tanto de "justificação" como de "participação" na soteriologia de Paulo, embora tente subordinar a última à primeira e deixe de perceber a profundidade do motivo de "ser conformado à morte de Cristo" (*Justification and Eschatology*, p. 109-112). Não obstante seu título, D. G. Powers, *Salvation through Participation: An examination of the Notion of the Believers' Corporate Unity with Christ in Early Christian Soteriology* (Lovânia: Peeters, 2001), está principalmente preocupado com as implicações corporativas da fórmula paulina "morrendo por" (cf., porém, aqui o cap. 5).

[357] Silva repreende-me não injustamente por dar atenção inadequada a Fl 3.9 em meu trabalho mais antigo ("Law and Christianity", p. 352). Cf., porém, agora o ensaio escrito para este volume, "Philippians 3.2-14 and the New Perspective on Paul" (*abaixo*, Cap. 22).

ele também quis ser "encontrado em Cristo", uma condição que ele elabora com suas metáforas centrais.

a) Ser "encontrado em Cristo" significa ter sua própria justiça, não aquela proveniente da Lei, mas a justiça que é através da fé em Cristo, que é de Deus para a fé. Mas significa também
b) conhecer o poder da ressurreição de Cristo (aqui podemos substituir o Espírito, sem mudar a substância do pensamento).[358] E significa também
c) compartilhar os sofrimentos de Cristo e ser conformado com ele em sua morte, "para talvez/de alguma forma" alcançar a ressurreição de entre os mortos. É esta terceira linha de pensamento que leva a discussão para além das opções discutidas acima em § 4.3 (11), a justificação como o modelo que abraça tudo e o adicional acréscimo totalmente apropriado da obediência possibilitada pelo Espírito.[359]

O elemento da condicionalidade não deveria ser ignorado ("se talvez/de alguma forma").[360] No entanto, aqui, a condição de alcançar a ressurreição, isto é, de alcançar o ápice e a completação do processo da salvação, não é uma vida impecável ou uma obediência/fidelidade preservada, mas a conformidade do crente (em caráter e conduta) com a autoentrega total da cruz. A "justificação" e o dom do Espírito podem marcar muito bem o início do processo, exatamente assim como a justificação final e a ressurreição pelo poder do Espírito podem marcar muito bem o fim do processo. Mas a *melhor maneira de caracterizar o*

---

[358] A equivalência e vínculo entre Rm 6.4b = 7.6b = 8.4 são óbvios.
[359] Embora eu esteja obviamente próximo à posição de Garlington *acima*, na nota 321. Wannenwetsch mostra a possibilidade de uma aproximação frutífera: "Somente em nosso ser-conformado a Cristo, em nosso ser-feito uma pessoa--como-Cristo, supera-se a função acusadora da Lei" ("Luther's Moral Theology", p. 126). Cf. F. Bovon, "The New Person and the Law According to the Apostle Paul", in *New Testament Traditions and Apocryphal Narratives* (Allison Park: Pickwick, 1995), p. 15-25: "[...] essa novidade que foi conferida [...] é vivida concreta, histórica e eticamente na participação dos sofrimentos de Cristo, isto é, no serviço dele, que assume a forma de sofrimento" (p. 22).
[360] Como já observado, é esse elemento de condicionalidade que mina o monergismo consumado que é pleiteado, por exemplo, por Hagner (*acima*, nota 315) como a resposta cristã e como contraste ao sinergismo judaico. Cf. também *acima*, nota 337.

processo constante da salvação é a transformação do pecador justificado pelo poder do Espírito que o habita, a transformação que o torna cada vez mais como Cristo, como Cristo em sua morte bem como em sua ressurreição. No âmbito desse processo, há mais espaço para a responsabilidade humana de preservação do compromisso, da preservação da obediência e da prática do bem – como Paulo deixa claro imediatamente quando aplica de novo a imagem do atleta dedicado, consciente de que muito da corrida ainda precisa ser realizada, atleta que emprega cada fibra do seu ser para alcançar a meta (Fl 3.12-14).[361]

Em resumo, se é verdade que, tanto em Paulo quanto no judaísmo, há uma tensão e inconsistência (potencial) entre a graça divina e a obediência humana, então a dissolução dessa tensão e inconsistência é fornecida, principalmente em Paulo, na sua compreensão da morte e ressurreição de Cristo não simplesmente como um evento ocorrido uma vez por todas, mas como um poder divino que opera constantemente no e através dos crentes individuais e corporativamente para transformá-los, para que se tornem cada vez mais semelhantes a Cristo, semelhantes à cruz (cruciformes), e assim completem o processo da salvação, da maturidade, da perfeição e da irrepreensibilidade, em cujo fim poderão enfrentar o julgamento final com confiança em Cristo.

Como fica o debate sobre a nova perspectiva diante dessa exposição? Por um lado, essas discussões nos lembram de que a tentativa de definir a "antiga perspectiva" simplesmente em termos do luteranismo ("o Paulo luterano", *a la* WESTERHOLM) significa negligenciar a contribuição reformada com a redescoberta da teologia paulina pela Reforma; LUTERO precisa ser complementado por CALVINO. Por outro lado, o debate lembra-nos de que é certo que a "nova perspectiva" estava certa em destacar o problema do orgulho judaico sobre a eleição e o *status* diante de Deus como os fatores fundamentais que explicam a formulação paulina em seu ensinamento sobre a justificação. Não obstante, também não devemos obscurecer o *insight* ainda mais fundamental de que ninguém pode ficar em pé diante de Deus por sua própria força. Mais importante ainda, à medida que concerne à própria teologia e evangelho de Paulo, a discussão lembra-nos que a compreensão paulina do processo da salvação como incorporação na conformidade com Cristo é tão central e importante em sua soteriologia

---

[361] Cf., além disso, "Philippians 3.2-14", *abaixo*, p. 688-691.

quanto a sua compreensão da justificação; as duas não podem e jamais devem ser jogadas uma contra a outra. E a respeito das relações entre judeus e cristãos podemos continuar, com crescente confiança, a afastar-nos de denegações como, por exemplo, a identificação da fidelidade à aliança com legalismo, e enfocar mais claramente a justificativa (ou algo assim) da pretensão cristã de que, em Jesus Messias/Cristo, as esperanças dos profetas e dos visionários judaicos foram cumpridas e de que, "em Cristo", a meta do "chamado divino para o alto" pode finalmente ser realizada.

5. Conclusões

Ora, como ficaram as coisas em resultado da "nova perspectiva" sobre Paulo, mas também à luz do debate que ela provocou? Há cinco pontos que foram certamente esclarecidos.

1. Com certeza, não há nenhuma possibilidade da pesquisa de tradição cristã voltar para o antigo retrato do judaísmo, tanto agora quanto no séc. I, alegando que o judaísmo seria uma religião árida, estéril e estreitamente legalista. Igualmente, com certeza, não pode haver o retorno para uma interpretação da doutrina paulina da justificação que dependa da aguçada antítese entre judaísmo e cristianismo, entre Lei e graça, entre obediência e fé, e que se alimente da vergonhosa tradição do antijudaísmo cristão, perpetuando-o.

2. Não devemos desconsiderar o fato de que a exposição paulina da justificação pela fé e não por obras emergiu no contexto de sua missão aos gentios e como uma defesa daquilo que lhe era de fundamental importância: que o evangelho era para todas as pessoas, tanto para gentios como para judeus, e sem exigir que os gentios se tornassem prosélitos ao adotar um estilo de vida judaico. Reconhecer isto *não* significa negar ou minimizar o fato fundamental de que ninguém pode permanecer de pé diante de Deus a não ser pela graça de Deus, que perdoa e justifica. Significa, *sim*, reconhecer que a justificação pela fé nunca dizia respeito simplesmente a indivíduos como tais. A teologia paulina da justificação tinha uma dimensão social e corporativa que

era integral. Ignorar o protesto de Paulo contra qualquer afirmação de que a aceitação divina é de alguma forma condicionada ao lugar em que alguém nasceu, à nação ou à raça que alguém pertença, ou pela cultura, ou mesmo pela classe que alguém tivera em sua criação, ou pelo fato de alguém adotar um padrão particular de vida, seja privada, seja comunitariamente, significa perder um dos aspectos mais importantes do evangelho de Paulo. As pretensões das superpotências, das supernações e da "civilização" ocidental precisam ouvir esse aspecto da doutrina de Paulo com tanta clareza hoje quanto foi outrora.

3. A justificação unicamente pela fé precisa ser reafirmada com a mesma firmeza empregada por Paulo, AGOSTINHO ou LUTERO. Reconhecer a total dependência de Deus, o Criador e Redentor, glorificar e adorar somente a ele, confiar nele e lhe dar graças é a única resposta apropriada da criatura diante do Criador. Mas seu alcance pleno deve ser reapreciado, porque a justificação pela fé se volta contra todas as tentativas de acrescentar *qualquer coisa* ao evangelho, que seria essencial para a salvação sem que se exija *qualquer coisa* adicional ao evangelho, que seria a base para que crentes possam comer e trabalhar juntos – sem inserir no evangelho definições particulares de sucessão apostólica, exclusividade eucarística, rejeição da ordenação de mulheres, afirmação da inerrância bíblica e outros *"extras"* do gênero. *Até mesmo a insistência* numa formulação particular da doutrina da "justificação somente pela fé" pode se tornar uma das "obras" pelas quais uma ortodoxia autoconcebida obscurece a verdade do evangelho! Hoje em dia, há ainda muitos Pedros que se mantêm "separados" de outros crentes na mesa do Senhor ou na missão, porque insistem em algo como essencial *em adição* ao evangelho da justificação pela fé, e que precisam ser confrontados com a compreensão paulina da libertação e liberdade daquele evangelho.

4. O interrelacionamento entre a justificação pela fé e o julgamento de acordo com as obras precisa ser preservado. É possível mostrar que o judaísmo do Segundo Templo é sinergista em sua compreensão da salvação. Contudo, mesmo assim, não seria uma compreensão adequada da resposta de Paulo negar que ele tenha chamado as pessoas que ele converteu à obediência à vontade de Deus, e que ele tenha tornado a salvação final em alguma medida dependente da vida dos crentes de acordo com o Espírito. Se Paulo tivesse esperado que ele

mesmo e as pessoas por ele convertidas fossem transformados para se tornarem como Cristo, então essa expectativa não poderia ser separada facilmente de sua própria autodisciplina rigorosa e de seu chamado a seus convertidos para serem obedientes à vontade de Deus. Afirmar neste ponto forçadamente uma diferença entre o cristianismo e o judaísmo consiste em correr o grave perigo de distorcer não só a soteriologia do judaísmo, mas também a soteriologia de Paulo. As tensões aqui presentes têm sido discutidas por muito tempo, mas a presente controvérsia sobre a nova perspectiva mostra que o debate tem ainda um longo caminho a percorrer.

5. O significado e a importância que Paulo via em Jesus Cristo permanecem como a principal diferença entre seu evangelho para todas as pessoas e a compreensão da salvação nas escrituras e tradições de Israel. O significado escatológico de Cristo remeteu a antiga aliança ao tempo passado e sinalizou a abertura da graça de Deus para *todas as pessoas que creem*, como cumprimento do propósito que Deus tinha para o mundo através de Israel. A possibilidade do coração circuncidado, de uma vida transformada para ser como Cristo, era agora uma realidade. Isto significa também que a profundidade da compreensão paulina da graça salvífica de Deus não pode ser captada adequadamente dentro dos limites de uma única metáfora, nem mesmo da metáfora forense da justificação. Contrapor a justificação pela fé e a participação em Cristo ou o dom do Espírito, ou tentar subsumir uma na outra, significa falhar em reconhecer a riqueza de cada uma e a limitação de cada uma. Mentes estreitas podem ficar aflitas com a pergunta sobre como Cristo pode ser tanto advogado quanto juiz, como Cristo poder estar "em nós" e nós "em Cristo", como ele pode ser nosso irmão maior no Espírito, o Senhor e o agente na criação, mas Paulo evidentemente não se sentia inibido quanto a tais assuntos. Ele tinha experimentado a luz do evangelho da glória de Cristo, imagem de Deus, como um evangelho para todas as pessoas, que dava a certeza da aceitação agora, uma firme esperança da transformação nessa imagem, até mesmo para os seres humanos pecadores, e a promessa da vindicação final – e isto lhe bastava.

Capítulo 2
A Nova Perspectiva sobre Paulo*

I

Quando converso com outros especialistas em Novo Testamento, menciono ocasionalmente que estou escrevendo um comentário sobre a carta de Paulo aos cristãos em Roma. A reação mais frequente é de surpresa, às vezes até de admiração – "Mais um!" A implicação subjacente é que já temos comentários suficientes sobre a Carta aos Romanos, que certamente não há nada de novo ou inédito que poderia ser dito sobre um documento tão bem abordado, que um comentarista novo terá de gastar a maior parte de seu tempo simplesmente repetindo os pensamentos de seus predecessores. Não posso dizer que eu fique particularmente surpreso com esse tipo de respostas, já que, quando fui convidado a escrever o comentário, minha própria reação inicial foi mais ou menos a mesma – uma sensação bastante desanimadora de que tudo já fora dito antes de mim, de que a interpretação da teologia Paulina tinha perdido muito vigor, e de que as fronteiras realmente interessantes e desafiadoras nos estudos do Novo Testamento se encontram em outras partes.

Eu não gostaria absolutamente de sugerir que um comentarista deveria se abster de expressar novamente as antigas verdades e os ricos *insights* dos dias passados e comentaristas prévios de Paulo. Dizer

---

* Palestra ministrada como *Manson Memorial Lecture*, na Universidade de Manchester, a 04/11/1982. Depois, foi ministrada de forma modificada como uma das palestras das *Wilkinson Lectures* no *Northern Baptist Theological Seminary*, Illinois, sob o título *"Let Paul be Paul"* (Deixem Paulo ser Paulo).

alguma coisa nova não é um mérito em si, e novidade por novidade, certamente não deveria se encorajar nenhum intérprete ou comentarista de qualquer texto a dizê-las. Como estudiosos de Paulo, todos nós seríamos mais pobres se estudiosos como F. F. BRUCE, OTTO KUSS ou HEINRICH SCHLIER tivessem se recusado de destilar os estudos de toda uma vida sobre Paulo num único volume, simplesmente porque não tinham alguma nova teoria revolucionária a anunciar.[1] Tampouco eu desejo dizer que estão faltando pensamentos novos sobre alguns pontos particulares da teologia Paulina, ou mesmo um debate vivo sobre trechos particulares dentro do *corpus paulinum*. Por exemplo, basta pensar nos anos passados para perceber que veio à lume mais do que uma reconstrução controversa da cronologia paulina.[2] Reavivaram-se com vigor e bons frutos ênfases mais antigas na importância que a conversão de Paulo teve para sua teologia subsequente e na importância do aspecto apocalíptico de seu ensinamento.[3] Houve uma reapreciação desafiante da maneira como Paulo foi entendido na Igreja Antiga.[4] Foram formuladas novas hipóteses interessantes sobre o desenvolvimento do pensamento Paulino entre a sua Carta aos Gálatas e a sua Carta aos Romanos,[5] e o levantamento de questões inspiradas pela sociologia produziu alguns importantes *insights* novos.[6] As antigas questões introdutórias sobre a ocasião e a situação enfocada por certas cartas continuam a provocar controvérsias acaloradas,[7] e podemos até mesmo

---

[1] F. F. Bruce, *Paul: Apostle of the Free Spirit* (Exeter, 1977); O. Kuss, *Paulus: die Rolle des Apostels in der theologischen Entwicklung der Urkirche* (Regensburg, 1971); H. Schlier, *Grundzüge einer paulinischen Theologie* (Friburgo/Basileia/Viena, 1978).

[2] A. Suhl, *Paulus und seine Briefe: ein Beitrag zur paulinischen Chronologie* (Gütersloh, 1975), R. Jewett, *Dating Paul's Life* (Londres, 1979); G. Lüdemann, *Paulus, der Heidenapostel Band I: Studien zur Chronologie* (Göttingen, 1980).

[3] S. Kim, *The Origin of Paul's Gospel* (Tübingen, 1981); J. C. Beker, *Paul the Apostle: the Triumph of God in Life and Thought* (Philadelphia, 1980).

[4] A. Lindemann, *Paulus im ältesten Christentum* (Tübingen, 1979).

[5] J. W. Drane, *Paul: Libertine or Legalist?* (Londres, 1975); H. Hübner, *Das Gesetz bei Paulus*, 2ª ed. (Göttingen, 1978, 1980).

[6] Cf. especialmente a obra de G. Theissen, *Studien zur Soziologie des Urchristentums* (Tübingen, 1979), parcialmente ET, *The Social Setting of Pauline Christianity* (Edimburgo, 1982).

[7] Cf., por exemplo, K. P. Donfried (org.), *The Romans Debate* (Minneapolis, 1977); R. McL. Wilson, "Gnosis in Corinto", in M. D. Hooker, G. Wilson (org.), *Paul and Paulinism: Essays in Honour of C. K. Barrett* (Londres, 1982), p. 102-114; G. Howard, *Paul: Crisis in Galatia* (Cambridge, 1979).

dizer que recentemente se abriu um travessão e *não* um hífen para uma nova subdivisão da crítica literária das cartas – a crítica retórica.[8] Como último exemplo, eu gostaria de expressar a esperança – e peço desculpas pela pretensão – de que um ou dois comentários úteis sobre a experiência religiosa, eclesiologia e cristologia de Paulo tenham saído da minha própria pena.[9]

No entanto, em nenhum desses casos eu poderia dizer confiantemente que eu pessoalmente tivesse percebido algo que chegaria a contribuir com uma nova perspectiva sobre Paulo. Em alguns casos, padrões antigos foram remexidos, e as peças foram colocadas de maneira um pouco diferente. Em outros casos, aspectos particulares dos escritos e pensamentos de Paulo receberam uma iluminação mais plena, ou conclusões anteriores ganharam um ponto de interrogação. Em outros, eu tenho a forte suspeita de que se desviou a atenção de coisas importantes em detrimento de perseguirem-se questões sem solução. Mas ninguém conseguiu – para usar uma expressão contemporânea – "quebrar paradigmas", ninguém conseguiu apresentar algo revolucionário para os estudos paulinos, ou mesmo sair dos padrões nos quais as descrições da obra e do pensamento de Paulo têm sido enquadrados regularmente por muitas décadas. Segundo a minha avaliação, durante os últimos dez ou vinte anos foi escrito somente uma única obra que merece esse elogio. Refiro-me ao volume intitulado *Paul and Palestinian Judaism* (Paulo e o judaísmo palestinense) de E. P. SANDERS da *McMaster University* em Canadá.[10]

---

[8] Cf. especialmente H. D. Betz, "The Literary Composition and Function of Paul's Letter to the Galatians", in *NTS* 21 (1974-1975): 353-379; também *Galatians*. Hermeneia (Philadelphia, 1979); W. Wuellner, "Paul's Rhetoric of Argumentation in Romans", in *CBQ* 38 (1976): 330-351, reimpresso em *The Romans Debate* (acima, nota 7), p.152-174; também "Greek Rhetoric and Pauline Argumentation", in W. R. Schoedel, R. L. Wilken (org.), *Early Christian Literature and the Classical Intellectual Tradition: in honorem R. M. Grant* (Paris, 1979), p. 177-188; R. Jewett, "Romans as an Ambassadorial Setter", in *Interpretation* 36 (1982): 5-20.

[9] Refiro-me particularmente a *Jesus and the Spirit* (Londres, 1975) e *Christology in the Making* (Londres, 1980).

[10] E. P. Sanders, *Paul and Palestinian Judaism: a Comparison of Patterns of Religion* (Londres, 1977). Cf. o reconhecimento de W. D. Davies no prefácio à 4ª edição de seu *Paul and Rabbinic Judaism* (Philadelphia, 1981): "uma obra de imenso estudo e penetração, uma pedra miliária principal na pesquisa de Paulo [...] de imenso significado potencial para a interpretação de Paulo" (p. xxix-xxx).

A afirmação básica de SANDERS é menos que Paulo foi entendido errado e mais que a imagem do judaísmo construída a partir dos escritos de Paulo é historicamente falsa, não simplesmente equivocada em suas partes, mas fundamentalmente errada. O que é usualmente considerado a alternativa judaica ao evangelho de Paulo dificilmente teria sido reconhecido como uma expressão do judaísmo pelos parentes de Paulo segundo a carne. SANDERS observa que estudiosos judaicos e expertos em judaísmo primitivo protestaram já há muito tempo seriamente contra esse problema e contrastaram o judaísmo rabínico, assim como eles o entenderam, com uma paródia ao judaísmo que Paulo parece ter rejeitado. Assim diz, por exemplo, SOLOMON SCHECHTER:

> Ou a teologia dos rabis tem de estar errada, com uma conceituação adulterada da imagem de Deus, com os principais motivos materialistas e vulgares, com mestres sem entusiasmo e espiritualidade, ou o Apóstolo aos Gentios é totalmente incompreensível;

ou, poucas linhas depois, JAMES PARKES:

> [...] se Paulo estava realmente atacando o "judaísmo rabínico", então muito de sua argumentação é irrelevante, suas injúrias não são merecidas e sua conceituação daquilo que ele estava atacando não era acurada.[11]

No entanto, parece que protestos desse tipo encontraram, na maioria dos casos, ouvidos surdos. Como observa SANDERS, já faz cem anos que a maioria dos estudiosos do Novo Testamento têm defendido uma antítese fundamental entre Paulo e o judaísmo, especialmente o judaísmo rabínico, e têm considerado essa antítese um fator central, geralmente um fator central na compreensão de Paulo, o judeu-que--se-tornou-cristão.[12]

---

[11] Sanders, *Paul*, p. 6. Cf. o levantamento mais completo "Paul and Judaism in New Testament scholarship", p. 1-12.

[12] Sanders rastreia a predominância dessa avaliação muito negativa do judaísmo na época de Paul até F. Weber, *System der altsynagogalen palästinischen Theologie aus Targum, Midrasch und Talmud* (1880), revisado como *Jüdische Theologie auf Grund des Talmud und verwandter Schriften* (Leipzig, 1897). Para o parágrafo que segue, cf. também Sanders, "The persistence of the view of Rabbinic religion as one of legalistic works-righteousness (*Paul*, p. 33-59).

O centro do problema é o caráter do judaísmo como religião de salvação. Para especialistas rabínicos, a ênfase que o judaísmo rabínico confere à bondade e generosidade de Deus, seu encorajamento do arrependimento e da oferta de perdão é totalmente óbvia, enquanto Paulo parece retratar o judaísmo como fria e calculadamente legalista, um sistema de "obras" de justiça, onde a salvação é *ganha* pelo *mérito* de boas *obras*. Olhando desde outra perspectiva, o problema é a maneira como Paulo foi entendido como o grande expoente da doutrina central da Reforma, da *justificação pela fé*. Como Krister Stendahl alertou há vinte anos, é decepcionantemente fácil ler Paulo à luz da busca agonizante de Lutero que procurava alívio para a sua consciência atormentada.[13] Já que o ensinamento paulino sobre a justificação pela fé parece falar de modo tão direto às lutas subjetivas de Lutero, era um efeito colateral natural ver os oponentes de Paulo em termos do catolicismo não reformado que fez oposição a Lutero, e ler o judaísmo do primeiro século através do "filtro" do sistema de mérito presente no catolicismo do séc. XVI. Ao longo dos séculos e num grau notável e efetivamente alarmante, o retrato padrão do judaísmo rejeitado por Paulo tem sido um reflexo da hermenêutica de Lutero. Vemos a extrema gravidade disso para a pesquisa do Novo Testamento quando lembramos que os dois estudiosos mais influentes do Novo Testamento nas duas gerações passadas, Rudolf Bultmann e Ernst Käsemann, ambos leram Paulo através de lentes luteranas e ambos fizeram dessa compreensão da justificação pela fé seu princípio teológico central.[14] E a mais recente abordagem completa dessa área da teologia paulina, sobre Paulo e a Lei, ainda continua a trabalhar com a imagem de Paulo como alguém

---

[13] K. Stendahl, "The Apostle Paul and the Introspective Conscience of the West", in *HTR* 56 (1963): 199-215, reimpresso em *Paul Among Jews and Gentile* (Londres, 1977), p. 78-96. Cf. também as várias contribuições recentes nessa área por W. D. Davies: "Paul and the People of Israel", in *NTS* 24 (1977-78): 4-39; também *Paul and Rabbinic Judaism*, p. xxvii-xxiii; também "Paul and the Law: Reflection on Pitfalls in Interpretation", in *Paul and Paulinism* (acima, nota 7), p. 4-16.

[14] Por exemplo, R. Bultmann, *Jesus Christ and Mythology* (Londres, 1960), "Desmitologizar é a aplicação radical da doutrina da justificação pela fé à esfera do conhecimento e pensamento" (p. 84); E. Käsemann, *Das Neue Testament als Kanon* (Göttingen, 1970): "*Die Rechtfertigung des Gottlosen [...] muss als Kanon im Kanon betrachtet werden [...]*" [A justificação do ímpio (...) deve ser considerada o cânon dentro do cânon (...), p. 405.

que rejeitava a tentativa pervertida de usar a Lei como um meio de ganhar a justiça por boas obras.[15]

SANDERS, porém, construiu uma apresentação diferente do judaísmo palestinense no tempo de Paulo. A partir de um estudo abrangente da maior parte da literatura judaica relevante daquele período, surge uma imagem bastante diferente. Ele mostrou particularmente com um grande conjunto de evidências que, para o judeu do primeiro século, a relação de aliança que Israel tinha com Deus era básica para o sentimento de identidade nacional do judeu e para sua compreensão da religião. À medida que podemos discernir hoje o judaísmo do primeiro século, tudo consistia de uma elaboração do axioma fundamental de que o único Deus elegeu a Israel para ser o povo de sua propriedade particular, para desfrutar de um relacionamento especial sob o seu governo. A Lei fora dada como uma expressão dessa aliança, para regular e preservar o relacionamento estabelecido pela aliança. Por isso, também a justiça tem de ser vista nos termos desse relacionamento como algo que se refere à conduta apropriada a essa relação, a conduta de acordo com a Lei. Isso significa que, no judaísmo, a obediência à Lei nunca foi pensada como um meio de *entrar* na aliança, de *conseguir* um relacionamento especial com Deus; era antes a questão de *manter* o relacionamento da aliança com Deus. A partir disso, SANDERS elabora sua expressão-chave para caracterizar o judaísmo palestinense do primeiro século, "nomismo da aliança". Ele a define assim:

> O nomismo da aliança é a visão de que o lugar de uma pessoa no plano de Deus é estabelecido com base na aliança e que esta requer como resposta adequada do homem a sua obediência aos seus mandamentos, ao mesmo tempo em que fornece os meios de expiação das transgressões [...]. *A obediência preserva a posição da pessoa na aliança, mas ela não faz ganhar a graça de Deus como tal* [...]. Justiça é, no judaísmo, um termo que implica na *preservação do* status dentro do grupo dos eleitos.[16]

---

[15] Hübner (*acima*, nota 5).
[16] Sanders, *Paul*, p. 75.420.544. Digno de nota é o fato de J. Neusner, embora crítico feroz da metodologia de Sanders, aceitar não obstante como válida sua compreensão do judaísmo em termos de "nomismo da aliança". Para Neusner, a afirmação de que as discussões rabínicas *pressupunham* a aliança e "estavam amplamente voltadas para a questão sobre como cumprir as obrigações da aliança" é uma "ideia totalmente adequada e [...] evidente". "À medida que Sanders

Foi STENDAHL que começou a romper o padrão das reconstruções do contexto teológico de Paulo no séc. XX, ao demonstrar o alto grau em que fora determinado pela busca de LUTERO por um Deus misericordioso, e foi SANDERS, graças a outras fontes, quem rompeu com ele inteiramente ao demonstrar quão diferentes essas reconstruções são daquilo que sabemos sobre o judaísmo do primeiro século. Todos nós fomos, em maior ou menor grau, culpados de modernizar Paulo. Mas, agora, SANDERS nos ofereceu uma oportunidade inédita de olhar para Paulo com novos olhos, de mudar nossa perspectiva do séc. XVI para o séc. I, de fazer algo que todo verdadeiro exegeta quer fazer – a saber, ver Paulo apropriadamente dentro de seu próprio contexto, ouvir Paulo nos termos de seu próprio tempo, deixar Paulo ser ele mesmo.

A característica mais surpreendente do escrito de SANDERS, porém, é que ele mesmo falhou em aproveitar a oportunidade que sua própria obra revolucionária ofereceu. Em vez de tentar explorar a medida em que a teologia de Paulo podia ser explicada em relação ao "nomismo da aliança" do judaísmo, ele permaneceu mais impressionado pela *diferença* entre o padrão que Paulo apresenta em seu pensamento religioso e o judaísmo do primeiro século. Concluiu rapidamente, rápido demais, a meu ver, que a religião de Paulo podia ser entendida somente como um sistema basicamente diferente do sistema de seus colegas judeus. No cristianismo, estava em operação um modo de justiça muito distinto do modo presente no judaísmo, uma justiça estabelecida através da fé em Cristo, "de Deus" e não "da Lei" (Fl 3.9). Paulo rompeu com a Lei pela simples razão de que seguir a Lei não o levou a estar "em Cristo". Cristo foi o fim da Lei (Rm 10.4). Foi essa mudança de "sistemas inteiros" que, para Paulo, tornou desnecessário falar sobre o arrependimento ou a graça que Deus mostrou ao dar a aliança.[17]

No entanto, essa apresentação de Paulo é somente um pouco melhor que a que ele rejeita. Há algo muito estranho na atitude de Paulo em relação a sua antiga fé. O Paulo de LUTERO foi substituído por um Paulo idiossincrático que se volta, de uma maneira arbitrária e irracional,

---

propõe demonstrar a importância de nomismo da aliança, eleição, expiação e elementos parecidos para todas as formas do judaísmo antigo, sua obra deve ser chamada um sucesso total." – "Comparing Judaisms", in *History of Religions* 18 (1978-79): 177-191 (aqui: 177,180).

[17] Cf. particularmente Sanders, *Paul*, p. 550-552.

contra a glória e grandeza da teologia da aliança do judaísmo e que abandona o judaísmo simplesmente porque este não é o cristianismo. Sem dúvida, é possível que Paulo estivesse fortemente impressionado por seu encontro com o Cristo ressuscitado perto de Damasco, e que essa experiência resultasse a partir desse momento numa visão preconceituosa, ciumenta e injusta, de sua primeira fé. No entanto, Paulo não foi absolutamente o único judeu que se tornou um cristão, e é difícil imaginar que um salto tão arbitrário de um "sistema" para outro se recomende aos outros judeus tanto como o fez obviamente naquele evento.

Em maior ou menor medida, as críticas a SANDERS também falharam inevitavelmente em aproveitar da nova perspectiva aberta pelo autor, porque discutiam o argumento principal da tese de SANDERS ou porque não sabiam muito bem o que fazer com Paulo quando olhavam para ele a partir dessa perspectiva. HANS HÜBNER, por exemplo, continua a argumentar amplamente dentro das categorias clássicas da Reforma, ao criticar SANDERS por ter deixado de ver que o ataque contra a "justiça legalista de obras" era central para a teologia de Paulo.[18] Por outro lado, HEIKKI RÄISÄNEN aceita as reservas de SANDERS acerca de Paulo: Paulo efetivamente representa falsamente e distorce o judaísmo de seus dias. Ele separou a Lei da aliança e adotou um ponto de vista gentílico. Ao ter se "tornado interiormente alienado dos aspectos rituais da Lei", ao longo dos anos, ele rotulou a "teologia da aliança de seus oponentes judaico-cristãos como salvação por obras da Lei" e assim atribuiu à Lei um papel diferente do que os próprios cristãos judaicos lhe atribuíam.[19] E MORNA HOOKER aponta o caráter estranho da conclusão de SANDERS de que o "padrão de religião" que emerge de seu estudo do judaísmo palestinense tem uma semelhança surpreendente com aquilo que é comumente atribuído à religião de Paulo, mas depois ela se esforça e obtém resultados apenas pouco mais expressivos que SANDERS ao explicar a razão, exatamente neste caso, de Paulo sentir a necessidade de se distanciar daquele judaísmo.[20]

---

[18] H. Hübner, "Pauli Theologiae Proprium", in *NTS* 26 (1979-1980): 445-473.
[19] H. Räisänen, "Legalism and Salvation by the Law", in S. Pedersen (org.), *Die Paulinische Literatur und Theologie* (Göttingen, 1980), p. 63-83.
[20] M. Hooker, "Paul and Covenantal Nomism", in *Paul and Paulinism* (*acima*, nota 7), p. 47-56.

O próprio SANDERS voltou ao assunto em uma monografia intitulada *Paulo, the Law and the Jewish People* (Paulo, a Lei e o povo judeu), cujo manuscrito ele me permitiu ler. Nela, SANDERS amplia a perspectiva sobre Paulo a partir da questão mais estreita de "entrar ou permanecer" na aliança, que fora a preocupação de *Paul and Palestinian Judaism* (Paulo e o judaísmo palestinense), e reafirma sua posição com mais detalhes. A imagem do judaísmo que emerge desse estudo mais completo de Paulo corresponde efetivamente ao judaísmo assim como este se manifestava em sua própria literatura. Paulo ataca o nomismo da aliança, a visão de que aceitar e viver segundo a Lei é o sinal e a condição de um *status* favorecido. Paulo argumenta que jamais fora a intenção de Deus que alguém aceitasse a Lei para se tornar um dos eleitos. "Seu ataque real ao judaísmo volta-se contra a ideia da aliança [...]. O que há de errado com a Lei e, portanto, com o judaísmo, é que ela não serve ao propósito último de Deus, o propósito de salvar o mundo inteiro através da fé em Cristo [...]".[21] Mas ele continua a dizer que Paulo rompeu com a Lei, continua a dizer que Paulo deu um salto arbitrário de um sistema para outro e que estabeleceu uma antítese entre a fé em Cristo e sua herança judaica de uma maneira tão aguda e incolor, que a ocasional defesa paulina da prerrogativa judaica (como em Rm 9.4-6) parece igualmente arbitrária e confusa, que seu tratamento da Lei e de seu lugar no propósito de Deus se torna inconsistente e ilógico, e que ficamos com uma descontinuidade abrupta entre o novo movimento centrado em Jesus e a religião de Israel – a qual faz pouco sentido, particularmente diante da alegoria paulina da oliveira, citada em Rm 11.[22]

Devo confessar que considero o Paulo de SANDERS um pouco mais convincente (e muito menos atraente) do que o Paulo de LUTERO. Não estou convencido de que já recebemos a leitura certa de Paulo pela nova perspectiva sobre o judaísmo palestinense do séc. I que o próprio SANDERS nos abriu de maneira tão útil. Ao contrário, acredito que a nova perspectiva sobre Paulo oferece um sentido melhor de Paulo do que SANDERS ou seus críticos perceberam até então. E peço licença para começar, naquilo que segue agora, uma exegese e descrição da teologia de Paulo a partir dessa perspectiva.

---

[21] Sanders, *Paul, the Law and the Jewish People*, p. 47.
[22] Cf. H. Räisänen, "Paul's Theological Difficulties with the Law", in E. A. Livingstone (org.), *Studia Biblica* 1978, *vol. III*. JSNT Supl. 3 (Sheffield, 1980), p.301-320.

II

Deixem-me tentar explicitar meu argumento enfocando particularmente num único versículo e tentando colocá-lo da maneira mais ampla possível em seu contexto histórico. Refiro-me a Gl 2.16. Este é o ponto mais óbvio para começar qualquer tentativa de lançar um novo olhar sobre Paulo a partir de nossa nova perspectiva. Nas cartas paulinas, o texto supracitado é provavelmente a primeira vez que se toca nesse tema principal da justificação pela fé. Sendo assim, a maneira pela qual o texto é formulado pode nos dizer muito, não somente sobre o tema como tal, mas também sobre as razões dele significar tanto para Paulo. Nossa esperança é reforçada pelo fato de que essa primeira afirmativa parece nascer da tentativa paulina de definir e defender sua própria compreensão da justificação, contra qualquer que fosse a visão defendida por seus colegas judeu-cristãos de Jerusalém e Antioquia. Também parece representar a afirmativa básica de seu evangelho, na qual ele constrói seu apelo aos gálatas, que foram admoestadas a preservar firmemente o evangelho assim como ele o proclamou entre elas.

Talvez seja útil esboçar o contexto imediatamente precedente deste versículo tão importante de forma mais específica. Paulo faz menção do infeliz incidente em Antioquia, que ocorreu em algum momento do passado. Em Antioquia, os gentios tinham sido plenamente aceitos no círculo daqueles judeus que criam ser Jesus o Ungido de Deus e que, embora ele fosse rejeitado pelos líderes de seu próprio povo, Deus o tinha ressuscitado dos mortos. Os principais apóstolos em Jerusalém já tinham concordado que esses gentios não precisavam ser circuncidados para serem contados plenamente como crentes (Gl 2.1-10). Em Antioquia, havia o costume de que todas as pessoas que fossem batizadas nessa fé em Jesus, o Cristo, partilhassem de uma refeição comum quando se reunissem – judeus junto com gentios. Mas, de repente, "certos indivíduos" tinham chegado da parte de Tiago em Jerusalém (Gl 2.11) e tinham evidentemente considerado inaceitável que os cristãos judeus agissem com tal desrespeito às leis alimentares estabelecidas por Moisés – as leis sobre alimentos puros e impuros, as leis sobre o abatimento correto dos animais cuja carne seria consumida, e provavelmente também os vários regulamentos que determinavam o dízimo, a pureza ritual e a abstinência de alimentos oferecidos aos ídolos, que já eram costumeiros entre os judeus mais devotos. Seja o que for que os homens de Tiago tenham dito ou feito, sua intervenção suscitou efeito. Pedro e todos os outros crentes judaicos, até mesmo Barnabé, o companheiro de Paulo, retiraram-se das refeições comunitárias, presumivelmente para demonstrar sua lealdade contínua à fé ancestral – de que crer em Jesus não fazia deles judeus menos devotos (Gl 2.12-13). Mas Paulo tinha confrontado Pedro e o acusado de hipocrisia, de não seguir o caminho reto do evangelho. Diante de toda a comunidade de crentes, ele apelou a Pedro: "Se tu, um judeu, vive como um gentio e não como um judeu, como podes obrigar os gentios a se judaizarem?" – isto é, obrigá-los a observarem as leis alimentícias e as prescrições para a mesa tiradas da Lei pelos judeus devotos (Gl 2.14).[23] Depois Paulo continua, provavelmente não repetindo as palavras exatas que usou com Pedro em Antioquia, mas provavelmente fazendo eco à linha argumentativa que tentou desenvolver naquela ocasião:[24] "Nós, que somos judeus por natureza e não pecadores gentios, sabemos que um homem não é justificado por obras da Lei, mas só através da fé em Cristo Jesus. E temos crido em Cristo Jesus, para que possamos ser justificados pela fé em Cristo e não por obras da Lei, porque pelas obras da Lei nenhuma carne será justificada" (Gl 2.15-16) – a última frase alude a Sl 143.2.

O que exatamente Paulo estava defendendo aqui? Quais eram as nuanças e mensagens que seus colegas judeu-cristãos teriam reconhecido e apreciado? A análise cuidadosa pode dar um bom resultado.

a) Portanto, primeiro: como Paulo queria ser entendido em seu discurso repentino e repetido de *"ser justificado"*? – "Sabendo que um homem não é justificado por obras da Lei [...] para que possamos ser justificados pela fé em Cristo [...] por obras da Lei, nenhuma carne será justificada." O formato de suas palavras mostra que ele está recorrendo a uma visão aceita por judeu-cristãos: "nós que somos judeus [...] sabemos [...]."[25] De fato, como já notamos, neste ponto Paulo recor-

---

[23] Cf. J. D. G. Dunn, "The Incident at Antioch (Gal. 2.11-18)", in *JSNT* 18 (1983): 3-57.
[24] "Incident at Antioch", p. 54, nota 116.
[25] É improvável que Paulo tenha escrito εἰδότες δέ.

da provavelmente (se não estiver na verdade repetindo-o) o que disse a Pedro em Antioquia. Mas não só isto, as palavras usadas mostram também que está realmente apelando a sensibilidades judaicas, podemos até mesmo dizer, aos preconceitos judaicos – "somos judeus por natureza e não pecadores (procedentes) dos gentios". Portanto, o significado da expressão "sendo justificado" é evidentemente judaico, algo que pertence aos judeus "por natureza", algo que os distingue dos "pecadores gentios."[26] No entanto, esta é a linguagem da aliança, a linguagem das pessoas conscientes de terem sido eleitas como um povo por Deus e separadas das nações circundantes. Além disso, as pessoas das quais o povo da aliança está assim separado são descritas não somente como gentios, mas como "pecadores". Também aqui temos a linguagem que provém da consciência de Israel de ser eleito. Os gentios são "pecadores" exatamente no sentido de que nem conhecem nem observam a Lei dada por Deus a Israel.[27] Por isso, Paulo insere antes de sua primeira menção de "sendo justificado" um apelo deliberado à crença judaica padrão, compartilhada também por seus colegas judeu-cristãos, de que os judeus como uma raça são o povo da aliança de Deus. Portanto, com grande certeza, também seu conceito de justiça, tanto no substantivo quanto no verbo (ser realizado ou feito

---

1. δέ é omitido tanto por P^{46} como por outros manuscritos importantes e foi provavelmente introduzido por um escriba que entendeu errado o fluxo do pensamento paulino e presumia que deveria ser acrescentada uma partícula adversativa.

2. Se Paulo tivesse desejado conferir um sentido adversativo, ele teria escrito provavelmente ἡμεῖς φύσει Ἰουδαῖοι [...] οἴδαμεν δέ [...] (contraste-se Rm 6.9 e 2Cor 4.14 com Rm 8.28). O que ele escreveu efetivamente é: "Nós judeus por natureza [...] sabendo que [...]" (cf. H. Schlier, Galater, 4ª ed. [Göttingen, 1965], p. 89). Que ele não realizasse a construção com plena consistência dificilmente é um traço atípico de Paulo.

3. O ἐὰν μή confirma que a intenção do v. 16a é expressar a compreensão judaica (judaico-cristã) da justificação através da fé (cf. abaixo, p. 178s).

[26] Clemente, Hom 11.16 – "O judeu crê em Deus e observa a Lei [...], mas aquele que não observa a Lei é manifestamente um desertor por não crer em Deus; e assim, não é um judeu, mas um pecador [...]". Cf. K. Kertelge, "Zur Deutung des Rechtfertigungsbegriffs im Galaterbrief", in BZ 12 (1968): 213; U. Wilckens, "Was heisst bei Paulus: 'Aus Werken des Gesetzes wird kein Mensch gerecht?'" (1969), in Rechtfertigung als Freiheit: Paulusstudien (Neukirchen, 1974), p. 87-8; F. Mussner, Galaterbrief, 3ª ed. (Friburgo/Basileia/Viena, 1977), p. 167-169.

[27] Cf. Dunn, "Incident at Antioch" (acima, nota 23), § 4.Ic (p. 27-28).

justo, ser justificado), é inteiramente judaico, com a mesma mensagem de natureza grave acerca da aliança – aquela espécie de utilização que encontramos particularmente nos Salmos e no Deuteroisaías, onde a justiça de Deus é exatamente a fidelidade de Deus à aliança, seu poder e amor salvíficos por seu povo de Israel.[28] A justificação de Deus é o reconhecimento divino de Israel como seu povo, seu veredicto em favor de Israel com base em sua aliança com Israel.

Disso seguem imediatamente duas consequências esclarecedoras.

1) Quando Paulo se refere aqui ao "ser justificado", não pensa num ato distintivamente *iniciatório* de Deus. A justificação de Deus não é seu ato de primeiro *concluir sua* aliança com Israel ou aceitar inicialmente alguém no povo da aliança. Antes, a justificação é o reconhecimento divino de que alguém está dentro da aliança – tanto num reconhecimento *inicial* como numa ação *repetida* de Deus (os atos salvíficos de Deus) ou em sua vindicação *final* de seu povo. Por isso não é uma surpresa que a segunda referência ao ser justificado em Gl 2.16 tenha uma implicação futura ("temos crido em Cristo Jesus para que possamos ser justificados [...]") e que a terceira referência seja diretamente no futuro ("por obras da Lei nenhuma carne será justificada"). Podemos mencionar também Gl 5.5, onde Paulo fala de "esperar a esperança da justiça". Portanto, em Paulo, "ser justificado" não pode ser tratado simplesmente como uma fórmula de entrada ou de iniciação;[29] tampouco é possível extrair uma clara linha divisória entre o uso paulino e o uso tipicamente judaico no ambiente da aliança. Ou seja, podemos observar que Paulo já aparece muito menos idiossincrático e arbitrário do que alega SANDERS.

2) Um fato talvez ainda mais notável e que também já está emergindo é que, neste ponto, Paulo está totalmente de acordo com seus colegas judeus quando afirma que a justificação acontece *por fé*. Isso significa: relacionado à própria ideia da aliança e à iniciativa divina constante de preservá-la é o profundo reconhecimento da iniciativa

---

[28] Cf. particularmente S. K. Williams, "The 'Righteousness of God' in Romans", in *JBL* 99 (1980): 260s. Para referências aos Escritos de Qumran, cf. Mussner, *Galaterbrief*, p. 168s.
[29] Sanders enfatiza repetidamente que "ser justificado" (em inglês: *righteoused*; sic!) em Paulo é "terminologia de transferência".

e da graça divinas em primeiro estabelecer e depois manter a aliança. A justificação pela fé não é um ensinamento distintivamente cristão. O apelo de Paulo dirige-se aqui não a *cristãos* que porventura fossem também judeus, mas a *judeus* cuja fé cristã é apenas uma extensão de sua fé judaica num Deus que elege e sustenta por graça. Em breve, nós teremos de voltar para este ponto, mas por ora podemos simplesmente notar que ignorar esta característica fundamental da compreensão que Israel tinha de seu *status* de aliança é pôr em perigo a possibilidade de uma exegese histórica apropriada. Muito pior ainda, começar nossa exegese aqui a partir do pressuposto da Reforma de que Paulo estava atacando a ideia de *obter* a absolvição de Deus, a ideia de obras meritórias, significa colocar todo o empreendimento exegético no trilho errado. Paulo pode não ter sido um judeu idiossincrático, mas ele foi muito menos ainda um protótipo imediato de LUTERO.

b) Ora, o que Paulo está acusando quando descarta a ideia de ser justificado *"por obras da Lei"* não menos que três vezes num único versículo: "[...] não por obras da Lei [...] não por obras da Lei [...] não por obras da Lei [...]"? A resposta que se recomenda por si mesma a partir do que já foi dito é que ele estava pensando em *obras da aliança*, obras relacionadas à aliança, obras realizadas em obediência à Lei da aliança. Isto é confirmado e esclarecido pelo contexto, tanto o imediato como o mais amplo.

A respeito do contexto imediato, o fator mais relevante é que Gl 2.16 segue imediatamente depois das disputas, podemos até dizer das crises, em Jerusalém e Antioquia, que se concentraram em dois problemas: em Jerusalém, a circuncisão, e em Antioquia, as leis alimentares judaicas, com toda a questão da pureza ritual não mencionada, mas claramente implícita. A resposta de Paulo a esses dois problemas é sua poderosa rejeição em considerar a justificação mediante as obras da Lei. Sua negação de que a justificação venha das obras da Lei é, mais precisamente, a negação de que a justificação dependa da circuncisão ou de alguma observância dos tabus judaicos acerca da pureza e da alimentação. Por isso podemos deduzir com boas razões que Paulo, ao usar "obras da Lei", queria que seus leitores pensassem em *observâncias particulares da Lei, com, por exemplo, circuncisão e leis alimentícias*. Seus leitores na Galácia podiam também pensar naquela outra área da observância da Lei à qual Paulo se refere com desaprovação mais tarde na mesma carta – sua observância de dias e festas particulares (Gl 4.10). No entanto, por que concretamente essas "obras da Lei"? O contexto mais amplo sugere uma razão.

Sabemos do contexto mais amplo oferecido pela literatura greco-romana da época que justamente *essas observâncias eram amplamente consideradas característica e distintivamente judaicas*. Escritores como Petrônio, Plutarco, Tácito e Juvenal estavam convictos de que particularmente a circuncisão, a abstenção da carne de porco e o sábado eram observâncias que distinguiam as pessoas que as praticavam como judaicas ou como pessoas muito atraídas pelos modos de vida judaicos.[30] É claro que estas não eram exclusivamente práticas judaicas – por exemplo, não só os judeus praticavam a circuncisão. Contudo, isto torna ainda mais notável o fato de que essas práticas eram amplamente consideradas características e distintivas dos judeus como raça – um fato que nos diz muito sobre a influência do judaísmo da diáspora no mundo greco-romano. Em outras palavras, está claro que justamente essas observâncias em particular funcionavam como marcadores de identidade. Serviam para identificar os que as praticavam como judeus aos olhos do público em geral; eram ritos peculiares que distinguiam os judeus como aquele povo peculiar.

Quando consideramos isto em conjunto com o judaísmo palestinense elucidado por SANDERS, a razão fica ainda mais clara. Podemos ver por que justamente essas observâncias eram consideradas tão distintivamente judaicas: os judeus consideravam-nas da mesma forma! A forte impressão de autores greco-romanos acerca das práticas religiosas que caracterizavam os judeus era simplesmente um reflexo da atitude típica e dominante dos próprios judeus. Esses marcadores de identidade identificavam o judeu, porque os próprios praticantes de tais marcadores os consideravam observâncias fundamentais da aliança. Funcionavam como um crachá para membros da aliança. Um membro do povo da aliança era, por definição, uma pessoa que observava particularmente essas práticas. Como isto poderia ser diferente, já que precisamente essas práticas pertenciam tão claramente às regras fundamentais básicas da aliança?

---

[30] Todos os detalhes em M. Stern (org.), *Greek and Latin Authors on Jews and Judaism* (Jerusalém: Israel Academy of Sciences and Humanities, Vol. I: 1976, Vol. II: 1980), §§ 195,258,281,301.

Se pensarmos na circuncisão, nenhum judeu leal poderia ignorar as exigências explícitas de Gn 17:

> Deus disse a Abraão: "Quanto a ti, observarás minha aliança, tu e teus descendentes depois de ti, por todas suas gerações. Esta é minha aliança que tu observarás, entre mim e ti e teus descendentes depois de ti: todo macho entre vós será circuncidado. Tu serás circuncidado na carne de teu prepúcio, e isto será um sinal da aliança entre mim e ti [...]. Assim, minha aliança será na tua carne uma aliança perpétua. Cada macho não circuncidado que não é circuncidado na carne de seu prepúcio será cortado de seu povo; ele violou minha aliança." (Gn 17.9-14)

O que poderia ser mais claro do que isto? Há algumas indicações de que alguns poucos judeus da diáspora evitavam o sentido literal desse mandamento ao espiritualizá-lo,[31] mas esses judeus eram notáveis justamente por serem tão excepcionais. Tanto aos olhos dos gentios como aos olhos dos próprios judeus, a circuncisão permanecia um marcador identificador do judaísmo, do pertencimento ao povo judeu.

As leis sobre alimentos puros e impuros não ocupam um lugar tão central na Torá (Lv 11.1-23; Dt 14.3-21). Contudo, sabemos que tinham ganhado crescente importância na vida popular e na autocompreensão judaicas, pelo menos desde o tempo dos macabeus. Os mártires macabeus eram lembrados exatamente como pessoas que "ficaram firmes e estavam decididas em seus corações de não comer alimentos impuros" e que "escolheram antes morrer do que serem conspurcados pelos alimentos ou de profanar a santa aliança" (1Mc 1.62-63). E os heróis dos contos populares estimados por várias gerações de judeus, Daniel, Tobias e Judite, demonstraram todos sua fidelidade a Deus exatamente através de sua recusa a comer "o alimento de gentios" (Dn 1.8-16; Tb 1.10-13; Jt 10.5; 12.1-20). Portanto, sem dúvida, o judeu devoto da época de Paulo considerava a observância de leis sobre alimentos puros e impuros uma expressão básica da fidelidade à aliança. Além disso, segundo nosso conhecimento sobre os fariseus no tempo de Paulo, sem falar dos essênios em Qumran, a preservação da pureza ritual, particularmente a pureza ritual da

---

[31] Cf. Fílon, Migr 89-93; cf. Qu. Ex., II.2.

mesa de refeições era a inquietação principal e a preocupação central.[32] Por isso, não é de se admirar que os homens de Tiago estivessem tão irritados pela despreocupação com que Pedro e os outros cristãos judeus em Antioquia demonstravam nestas questões. E não é de se admirar que Pedro e Barnabé não conseguissem resistir ao forte apelo à identidade nacional e à fidelidade à aliança, justamente por respeito a tais itens da Lei, tais práticas da aliança.

Acerca da observância de dias especiais, particularmente o sábado, basta lembrar que as escrituras judaicas tratam o sábado como uma lei fundamental da criação (Gn 2.3), que o sábado foi o único dia festivo estipulado no Decálogo (Ex 20.8-11; Dt 5.12-15) e que Isaías o tenha relacionado explicitamente com a aliança, como uma expressão decisiva da fidelidade à aliança que fornecia a base na qual gentios se uniriam aos judeus nos últimos dias, num culto comum ao Deus único (Is 56.6-8). Também aqui estava uma obra da Lei que tinha o mesmo caráter básico de definir os limites do povo da aliança, uma daquelas observâncias mínimas sem as quais era difícil alegar ser um bom judeu, leal à aliança dada a Israel pela graça de Deus.

Diante desse vínculo quase axiomático entre os regulamentos particulares da Lei e a pertença à aliança, não é um exagero dizer que, para um judeu típico do primeiro século d.C., particularmente o judeu palestinense, *teria sido virtualmente impossível conceber a participação na aliança de Deus, portanto, na justiça divina da aliança, sem essas observâncias, essas obras da Lei.* Para auxiliar a compreensão disto, nós podemos comparar tais práticas com o papel dos sacramentos (batismo e ceia do Senhor) no cristianismo de hoje. Eles têm em muitos aspectos o mesmo papel fundamental na autocompreensão cristã que a circuncisão, as regras de mesa e o sábado tinham na autocompreensão judaica nos dias de Paulo. Embora reconheçamos os quacres e o Exército de Salvação como entidades cristãs, qualquer tentativa de definir os marcadores de fronteira que identifiquem e distingam os cristãos darão quase sempre prioridade ao batismo e à ceia do Senhor. Se, para a maioria de nós, um cristão não batizado é uma contradição em termos, tanto mais o era um judeu que não praticava as obras da Lei – circuncisão, regras comensais e sábado.

---

[32] Cf. particularmente J. Neusner, *From Politics to Piety* (Englewood Cliffs, 1973), p. 80, 83-90.

Disto, segue a conclusão segura de que Paulo, quando negava a possibilidade de "ser justificado pelas obras da Lei", atacava precisamente esta autocompreensão judaica básica[33] – a ideia de que o reconhecimento do *status* da aliança por Deus estava vinculado à, e até mesmo dependia da observância destas regulamentações particulares – a ideia de que o veredicto divino da absolvição depende de qualquer forma do fato de a pessoa ter declarado sua pertença ao povo da aliança ao abraçar os ritos distintivamente judaicos.

Novamente, seguem disto duas consequências que elucidam:

1) "Obras de Lei", sendo que elas não são entendidas aqui, em texto algum, nem pelos interlocutores judaicos e nem pelo próprio Paulo, como obras que *ganham* o favor de Deus, como observâncias que acumulam méritos. Antes, são vistas como *sinais distintivos* ("crachás"): são simplesmente aquilo que identificam o povo da aliança, aquilo que distingue os judeus como o povo de Deus e que foi dado por Deus exatamente para demonstrar o *status* de aliança. Tais obras são a resposta apropriada à graça divina da aliança, o compromisso mínimo para os membros do povo de Deus. Em outras palavras, Paulo pensa exatamente naquilo que SANDERS chama de "nomismo da aliança". E o que Paulo rejeita é que a justificação por Deus depende do "nomismo da aliança", que a graça de Deus se estende somente àquelas pessoas que usam o crachá da aliança. Esta é uma conclusão histórica de certa importância, já que ela começa a esclarecer com maior precisão as continuidades e descontinuidades entre Paulo, seus colegas cristãos de origem judaica e seu próprio passado farisaico, à medida que dizem respeito à justificação e à graça, à aliança e à Lei.

2) Mais importante para a exegese da Reforma é a consequência de que "obras da Lei" *não* significa "boas obras" em geral, "boas obras" no sentido difamado pelos herdeiros de LUTERO, obras no sentido de autorrealização, "a busca autoempoderada do homem para garantir sua própria existência no esquecimento de sua existência criatural" (para citar uma definição famosa de BULTMANN).[34] A expressão "obras

---

[33] Kertelge (*acima*, nota 26): "*Die* erga nomou *in v. 16 sind also der Ausdruck des jüdischen Selbstbewusstseins von v. 15*" (Portanto, os *érga nómou* no v. 16 são a expressão da autocompreensão judaica do v. 15; p. 215).

[34] R. Bultmann, *Theology of the New Testament, 1*. ET (Londres, 1952), p. 254. Cf., por exemplo, H. Ridderbos, *Paul: an Outline of his Theology*, 1966. ET (Londres,

da Lei" em Gl 2.16 é de fato bastante restrita: refere-se exatamente aos mesmos marcadores de identidade descritos acima, obras da *aliança* – aquelas regulamentações prescritas pela Lei, que qualquer bom judeu consideraria simplesmente básico e normal para descrever o que um bom judeu praticava. Ser um judeu era ser membro da aliança, era observar a circuncisão, as leis alimentares e o sábado. Em resumo, Paulo parece mais uma vez muito menos um homem da Europa do séc. XVI e muito mais em estreito contato com a realidade do judaísmo do primeiro século, mais do que muitos pensaram.

c) Em contraste à justiça entendida em termos de obras da Lei, Paulo fala da justiça *através da fé em Jesus Cristo* – não simplesmente a fé como tal, mas a fé em Jesus Cristo, Jesus o Messias. Isto nos lembra imediatamente de que este é um debate cristão interno – entre Paulo e Pedro, dois judeus, mas judeus que são também crentes em Jesus. Paulo apela àquilo que era obviamente a crença fundacional comum do novo movimento. O que distingue Pedro, Paulo e os outros dos demais judeus é sua fé em Jesus como messias.

No entanto, precisamos ter certeza aqui daquilo que estamos dizendo. Será que é efetivamente essa fé em *Jesus* (como) messias que os distingue dos outros judeus, ou será que é sua fé na justificação pela *fé*, como foi presumido tantas vezes? Como já notamos, à luz das descobertas de SANDERS, é muito menos óbvio do que parecia antigamente que o judeu do primeiro século tivesse negado a justificação pela fé. A ênfase na graça eleitora de Deus, sua misericórdia em estabelecer a aliança e sua bondade amorosa, o próprio fato de um dos termos-chave de Paulo, "a justiça de Deus", ser extraído diretamente do Antigo Testamento, em forma e conteúdo – tudo isto provoca a pergunta: *qual é aqui o ponto em discussão?* Se não é a "justificação pela fé" como a iniciativa divina de se declarar em favor dos seres humanos, se não são as "obras de Lei" como boas obras que ganhavam méritos, então o que é? O que exatamente está envolvido no contraste paulino entre ser justificado por obras de Lei e ser justificado pela fé no Messias Jesus?

Nosso versículo sugere uma única resposta: Paulo argumenta exatamente que estas duas noções *são* alternativas – a justificação

---

1977), p. 139; E. Käsemann, *Romans*. HNT 1973, ET 1980 (Londres) p. 93.102.284; Hübner, *Gesetz*, p. 102; Beker, *Paul*, p. 247.

por obras de Lei e a justificação pela fé em Jesus são *opostos antitéticos*. Dizer que a ação favorável de Deus em relação a alguma pessoa depende em algum grau de obras da Lei é *contradizer* a afirmação de que o favor de Deus depende da fé, da fé em Jesus Cristo. De fato, é bem provável que Gl 2.16 reflita o passo pelo qual o pensamento de Paulo forjou as duas propostas acima na forma de antíteses bem definidas. Deixem-me tentar explicar como cheguei a essa conclusão.

De acordo com o v.16a, o chão comum (para Pedro e Paulo) é que "um homem não é justificado de obras de Lei, *a não ser* pela fé em Jesus Cristo". Notemos como ele expressa a última formulação – "a não ser pela fé em Jesus, o Messias". De acordo com o sentido gramatical mais óbvio, a frase descreve a fé em Jesus como uma *qualificação* para a justificação por obras de Lei, mas (ainda) não como uma alternativa antitética. Vista da perspectiva do cristianismo judaico da época, o sentido mais óbvio é que *a única restrição na justificação de obras de Lei é a fé em Jesus como Messias*. A única restrição para o nomismo da aliança é a fé em Cristo. *Contudo,* na primeira frase, o próprio nomismo da aliança não é desafiado ou posto em questão – restrito, qualificado, definido mais precisamente em relação a Jesus como Messias, sim, mas não negado. Já que, na autocompreensão judaica, o nomismo da aliança *não* é antitético à fé,[35] a única modificação para a qual chama o novo movimento neste ponto é que a tradicional fé judaica deve ser mais precisamente definida como fé em Jesus como Messias. Esta é evidentemente a visão aceita por judeus cristãos, para a qual Paulo apela.

O cerne da argumentação é, portanto, que o chão comum a partir do qual Paulo argumenta não precisa ser entendido como algo que estabelece uma antítese entre o nomismo da aliança e a fé em Cristo. Como fica abundantemente claro pela conduta de Pedro e dos demais crentes judeus em Antioquia, à medida que a situação dizia respeito ao cristão judeu, a fé em Jesus como Messias não exigia dele abandonar seu condição de judeu, devolver os crachás de sua religião nacional, questionar se as obras da Lei ainda eram a resposta necessária do judeu à aliança da graça divina. E por que não? Por que uma fé judaica

---

[35] Mussner, *Galaterbrief*. "Der Jude lässt die pln. Antithetik 'Glaube' – 'Werke des Gesetzes' nicht gelten, ja sie ist ihm unverständlich" [O judeu não aceita a antitética paulina "fé" – "obras da Lei", sim, ela lhe é até mesmo incompreensível], p. 170.

num messias judaico faria alguma diferença aos elementos distintivamente judaicos estabelecidos há tanto tempo?

Mas Paulo estava seguindo uma lógica diferente – a lógica da justificação pela fé: o que vem da graça através da fé não pode depender em qualquer sentido, em qualquer grau, de uma resposta ritual particular. Se o veredito de Deus em favor de alguma pessoa vem efetivamente através da fé dela, esse veredito depende de nada mais do que disso. Por esta razão, ao repetir o contraste entre a justificação por obras de Lei e a justificação através da fé em Jesus Cristo, Paulo o modifica significativamente: elementos inicialmente colocados lado a lado como complementares são colocados agora como alternativas agudas – "[...] sabendo que um homem não é justificado por obras de Lei, *a não ser* através da fé em Jesus Cristo, temos crido em Cristo Jesus para que possamos ser justificados pela fé em Cristo e *não* por obras de Lei [...]". Além disso, ao descrever a justificação pela fé em Cristo, Paulo varia levemente a fórmula: estamos justificados não somente *através* da fé em Cristo, mas também *pela* fé em Cristo – a implicação é muito provavelmente que a fé em Cristo é para Paulo a única resposta necessária e suficiente que Deus procura quando justifica alguém.

Em outras palavras, no v.16 Paulo transforma uma afirmação que começou como uma qualificação acerca do nomismo da aliança em uma antítese aguda. Se formos aceitos por Deus com base na fé, então é com base na fé que somos aceitos, e *não* através das obras. Portanto, este versículo talvez seja a primeira oportunidade em que a fé em Jesus, o Messias, começa a emergir não simplesmente como uma definição *mais estreita* da eleição de Deus, mas como uma definição *alternativa* da eleição de Deus. De sua posição como *um* dos marcadores de identidade para o judeus cristão ao lado de outros marcadores de identidade (circuncisão, leis alimentares, sábado), a fé em Jesus como Cristo passa a ser o principal marcador de identidade que torna os outros supérfluos.

Essa linha de argumentação pode ser demonstrada novamente de uma maneira levemente diferente, com maior ênfase no significado de Cristo para a história da salvação. A questão com a qual Paulo estava efetivamente lutando neste ponto é a seguinte: como nós, crentes judeus, podemos relacionar nosso nomismo da aliança, nossas obras de Lei, nossas obrigações sob a aliança com a nossa nova fé em Jesus como o Cristo? Ou, em termos um pouco mais abrangentes: que diferença faz a vinda de Jesus o Messias para nossa compreensão tradicional da aliança? A resposta de muitos crentes de Jerusalém parece ter sido: nenhuma, não há diferença; ainda é a aliança de Deus com Israel, dentro da qual gentios podem ser recebidos nas condições bem reconhecidas e bem estabelecidas. Outros, inclusive os principais apóstolos, estavam dispostos a dispensar os gentios da circuncisão como pré-requisito para entrar, mas quando chegava a hora da verdade, ainda esperavam efetivamente que os crentes gentios, para manter seu *status* dentro da aliança, vivessem como os que estavam tradicionalmente dentro dela, particularmente em conformidade com as regulamentações sobre os alimentos e a pureza que regem a mesa da refeição – até mesmo Pedro e Barnabé (Gl 2.12-14). Sua resposta acerca de tal questão era efetivamente: a vinda de Cristo fez alguma diferença, mas nas coisas do dia-a-dia não muita; o povo de Deus deve ainda ser definido em termos essencial e distintivamente judaicos. No entanto, exatamente neste ponto, Paulo começa a desenvolver uma resposta diferente.

Em resumo, a nova resposta de Paulo diz que o advento de Cristo introduziu as pessoas no tempo do pleno cumprimento, inclusive o cumprimento de seus propósitos a respeito da aliança. Desde o início, o propósito escatológico de Deus ao concluir a aliança tinha sido a bênção às nações: o evangelho já tinha sido proclamado quando Deus prometeu a Abraão: "Em ti serão abençoadas todas as nações" (Gl 3.8; Gn 12.3; 18.8). Portanto, agora que veio o tempo da plena realização, a aliança já não deveria ser concebida em termos nacionalistas ou raciais. Não há mais um privilégio exclusivamente judaico. Com isto, a aliança não é abandonada, antes, é ampliada da maneira como Deus tinha tencionado originalmente – com a graça de Deus que se expressa independentemente da restrição nacional e que é concedida livremente, sem considerar a raça ou a obra, assim como foi concedida no início. Este é basicamente o argumento de Gl 3-4, como é também desenvolvido depois em Rm 3-4.

A conclusão decisiva que Paulo viu e que ele não hesitou em chegar era que a aliança já não devia ser identificada ou caracterizada pelas observâncias distintivamente judaicas como a circuncisão, as leis alimentares e o sábado. O conceito de "obras da *aliança*" ficara muito diretamente identificado como observâncias *judaicas* e justiça da *aliança* como justiça nacional.³⁶ No entanto, preservar tais identificações significava ignorar a maneira como a aliança tinha começado e também o propósito que deveria cumprir no final. Continuar a insistir em tais obras da Lei significava ignorar o fator central para cristãos de que, com a vinda de Cristo, o propósito vinculado por Deus à aliança tinha alcançado seu estado final intencionado, no qual o marcador mais fundamental de identidade (a fé de Abraão) reafirmava sua primazia sobre os marcadores de identidade muito estreitamente nacionalistas de circuncisão, leis alimentícias e sábado.

Se essa compreensão de Gl 2.16 for correta, então temos efetivamente o privilégio singular de ver neste versículo veredito um desenvolvimento muito crucial para a história do cristianismo, o qual se dá diante de nossos olhos. Ou seja, estamos vendo nesse versículo a transição de uma autocompreensão basicamente judaica do significado de Cristo para uma compreensão distintivamente diferente, a saber, a transição de um messianismo judaico para uma fé que mais cedo ou mais tarde precisava se separar do judaísmo para existir independentemente em seus próprios termos.

Novamente duas consequências esclarecedoras.

1) Não deveríamos permitir que nossa compreensão da argumentação paulina voltasse para a antiga distinção entre fé e obras em geral, entre fé e "boas obras". Aqui, Paulo não argumenta em favor de uma fé que é totalmente passiva porque teme que ela se torne uma "obra". O que ele rejeita é a exigência de uma obra *particular* como expressão necessária da fé. Como ele o expressa depois na mesma carta: "Em Cristo Jesus nem circuncisão nem incircuncisão são de qualquer mérito, mas a fé que opera através do amor" (Gl 5.6).

2) Nós, tampouco, deveríamos forçar a distinção paulina entre fé e obras numa dicotomia entre fé e ritual, simplesmente porque as obras da Lei nas quais ele pensa pertencem a uma categoria que frequentemente tem sido chamada de lei ritual ou cerimonial. Efetivamente *existe* uma distinção entre exterior e interior, entre ritual e espiritual, mas não necessariamente uma antítese. Paulo não tem aqui a intenção

---

³⁶ Uma expressão que devo a N. T. Wright; cf. sua tese de doutoramento em filosofia, de Oxford: *The Messiah and the People of God: a study in Pauline Theology with particular reference to the argument of the Epistle to the Romans* (1980), p. 89s.

de negar a expressão ritual da fé, como, por exemplo, no batismo ou na ceia do Senhor. Aqui deveríamos novamente considerar as limitações exatas da distinção paulina entre fé em Cristo e obras de Lei. O que Paulo deseja excluir é a expressão *racial*, não a expressão *ritual* da fé; o que ele nega é o *nacionalismo*, não o "*ativismo*". Seja qual for sua base nas Escrituras, essas obras da Lei tinham chegado a ser identificadas como indicadores de judaicidade, como crachás que identificaram raça e nação – algo inevitável quando a raça e a religião estão tão intrinsecamente relacionadas, como eram e são no judaísmo. O que Jesus fez em sua morte e ressurreição, segundo a compreensão de Paulo, é libertar a graça de Deus na justificação de suas algemas nacionalistamente restritivas em favor de uma experiência mais ampla (para além do judeu circunciso) e de uma expressão mais plena (para além da preocupação com a pureza ritual).

d) Finalmente devemos nos voltar para a última parte de nosso versículo, na qual Paulo provavelmente alude ao Sl 143.2.[37] Nossa tese ajuda também a explicar por que Paulo teria usado o salmo da maneira como o fez, por que ele tanto modifica quanto completa as palavras do salmista. Em Sl 143.2 lemos a súplica:

> Não entre em julgamento com teu servo;
> porque nenhum homem vivo é justo diante de ti.

Paulo faz duas coisas com a segunda metade do versículo do salmo: adiciona "de obras de Lei" e substitui "todo vivo" por "toda carne". Onde o salmista diz:

> "nenhum (ser) vivo será justificado diante de ti",

Paulo reformula assim:

> "por *obras de Lei* nenhuma *carne* será justificada".[38]

---

[37] Não obstante as dúvidas de Mussner (*Galaterbrief*, p. 174s.), Paulo provavelmente tinha a intenção de aludir ao salmo, como confirma o paralelo com Rm 3.20, já que a alusão é aqui mais clara.

[38] A omissão de "diante de ti" de Sl 143.2 em Gl 2.16 não tem importância, como mostra a *retenção* da expressão na alusão de Rm 3.20 ao mesmo texto.

Como ele pode justificar a restrição da afirmação mais geral ao acrescentar "obras de Lei"? A resposta mais simples vem provavelmente pela substituição de "toda carne" por "todo vivo". "Toda carne" é um sinônimo bastante aceitável de "todo vivo". Contudo, para Paulo, isso tem o mérito de enfocar a inaceitabilidade do homem em sua carnalidade. É claro que Paulo não visa com isso um dualismo entre espírito e matéria, por mais dualista que sua antítese entre espírito e carne possa parecer depois, no cap. 5. Certamente, ele pensa na fraqueza do homem, sua corruptibilidade, sua dependência da satisfação de apetites meramente humanas (Gl 4.13-14; 5.16-17; 6.8). Mas a palavra "carne" abraça também o pensamento de uma relação meramente humana, de uma herança determinada pela descendência física, como na alegoria do capítulo 4 (Gl 4.23,29).[39] Isto quer dizer: ao falar de "toda carne", Paulo visa primeira e precisamente as pessoas que pensam que sua aceitabilidade por Deus e sua posição diante de Deus dependa de sua descendência física de Abraão, de sua identidade nacional como judeus. É exatamente tal atitude que coloca uma ênfase exagerada nas relações carnais e nos ritos carnais; é exatamente essa atitude que Paulo critica em seu lance inicial em Gl 6.12-13: "eles querem demonstrar uma boa aparência na carne ... eles querem a glória em vossa carne".

Tendo assim definido a referência ao salmo mais concretamente em termos de identidade física e nacional, o acréscimo "de obras de Lei" torna-se meramente esclarecedor e já não confere nenhum outro estreitamento à afirmação do salmista. Ao contrário, refere-se e enfatiza mais claramente a expressão "toda carne", porque obras da Lei, epitomadas na carta pela circuncisão, são exatamente os atos da carne. Insistir na circuncisão significa conferir primazia ao nível físico do relacionamento, algo que Paulo já não pode aceitar. Por colocar uma ênfase tão forte nesse tipo de marcadores de identidade racial, as "obras da *Lei*" são ironicamente o mesmo que as "obras da carne" (Gl 5.19), à medida que se trata da aceitabilidade diante de Deus – exatamente porque essas obras da Lei aprisionam efetivamente a justiça de Deus dentro de um quadro racial e nacional, isto é, carnal, enquanto as pessoas que pertencem a Cristo passaram, segundo a perspectiva de Paulo, por um ponto de partida diferente (o dom do Espírito – 3.3),

---

[39] Cf. J. D. G. Dunn, "Jesus-Flesh and Spirit: an Exposition of Romans 1.3-4", in *JTS* 24 (1973): 43-49.

crucificaram a carne (Gl 5.24), e a vida que agora levam na carne não é vivida em termos de ritos carnais ou de relacionamentos carnais, mas pela fé no Filho de Deus (Gl 2.20). O propósito de Deus e o povo de Deus expandiram-se agora para além do Israel segundo a carne e, por tal razão, a justiça de Deus já não pode ser restringida às obras da Lei, que enfatizam o parentesco no nível da carne.

Duas consequências finais, à guisa de esclarecimento.

1) Precisamos notar mais uma vez que são as *obras* da Lei que Paulo rebaixa, não a própria Lei ou a observação da Lei em geral. Na mais recente contribuição que SANDERS deu a essa discussão, ele reconhece o significado e a importância nacionalistas da circuncisão, das leis alimentares e do sábado,[40] mas continua a entender a expressão "obras da Lei" como se fosse simplesmente um sinônimo mais pleno de "Lei". À medida que se trata da opinião de SANDERS, "nenhum homem será justificado por obras de Lei" é exatamente o mesmo que dizer "nenhum homem será justificado pela Lei".[41] Mas Paulo faz tão pouca oposição à Lei *per se* como faz oposição às boas obras *per se*. Ele se volta contra a Lei entendida em termos de *obras* e como uma prerrogativa judaica e monopólio nacional. A Lei entendida em termos do mandamento de "ame teu próximo como a ti mesmo" é outra questão (Gl 5.4).

2) Portanto, repito – para o caso deste ponto ainda estar confuso: aqui, Paulo não rebaixa as obras em geral ou forja uma dicotomia entre um ritual exterior realizado na carne e uma graça interior que opera no Espírito. Mais uma vez, nós precisamos observar o alvo limitado que ele está visando. Ele faz objeção às obras que significam prerrogativas raciais, denuncia os atos realizados na carne porque a fé em Cristo é considerada insuficiente como crachá de um membro da aliança. Contra Pedro e os outros cristãos judaicos, Paulo insiste em afirmar que o veredito de Deus em favor dos crentes chega a seu cumprimento pela fé, desde o início até o fim, e que não depende absolutamente da observância de obras de Lei, o que até então tinha caracterizado e distinguido os judeus como o povo de Deus.

---

[40] Cf. *abaixo*, nota 46.
[41] Cf. também E. P. Sanders, "On the Question of Fulfilling the Law in Paul and Rabbinic Judaism", in C. K. Barrett, E. Bammel, W. D. Davies (org.), *Donum Gentilicum: New Testament Studies in Honour of David Daube* (Oxford, 1978), p. 103-126.

III

Vou até aqui sobre Gl 2.16. O tempo não me permite seguir o desenvolvimento da argumentação ao longo do restante da carta, embora eu acredite que isto ajudaria a resolver mais que uma *crux* nos capítulos subsequentes. Igualmente, a carta paulina posterior aos cristãos de Roma ganha consideravelmente em coerência quando é vista a partir da mesma perspectiva. Por exemplo, quando Paulo afirma que o gloriar-se é excluído em Gl 3.27, ele não está pensando no gloriar-se da autorrealização ou no gloriar-se das boas obras de alguém.[42] Trata-se do gloriar-se do judeu – o gloriar-se do relacionamento especial de Israel com Deus através da eleição, o gloriar-se da Lei como marca do favor de Deus, da circuncisão como o crachá da pertencimento a Deus (Rm 2.17-29). Entre outras coisas, isto significa que não há nenhum desenvolvimento significativo nos pensamentos de Paulo sobre este ponto particular, pelo menos entre a Carta aos Gálatas e a Carta aos Romanos. No entanto, qualquer exposição maior terá de esperar o comentário à Carta aos Romanos que mencionei no início e acerca do qual a redação – isto é algo que você pode gostar de ouvir – dispõe muito mais do meu entusiasmo do que aquele que eu tive quando fui procurado pela primeira vez.

Também seria prematuro construir extensas conclusões simplesmente com base em um único versículo. Não obstante, no fim de uma preleção como esta há certa obrigação de resumir as coisas e pelo menos esboçar os resultados preliminares que parecem surgir a partir da nova perspectiva sobre Paulo, mas que precisam evidentemente ser submetidos a maiores verificações.

a) Em Gl 2.16, Paulo refere-se ao judaísmo assim como o conhecemos no séc. I – um sistema de religião consciente de seu relacionamento especial com Deus e sensível às suas obrigações peculiares dentro desse relacionamento. Portanto, as críticas feitas a Paulo acerca de seu mal-entendido do judaísmo envolvem uma dupla falha na perspectiva. O que estudiosos judaicos rejeitam como o mal-entendido de *Paulo* acerca do judaísmo é por sua vez um mal-entendido de Paulo baseado

---

[42] Contraste-se a obras citadas *acima*, na nota 34.

na leitura padrão (errada) que o protestantismo faz de Paulo através das lentes da Reforma. Quando tiramos tais lentes da Reforma, Paulo não parece estar tão longe de seu contexto do primeiro século como pensa até mesmo SANDERS. SANDERS libertou a exegese de Paulo de seus óculos do séc. XVI, mas nos deixou ainda com um Paulo que teria tido pouco sentido para seus colegas judeus e cuja disposição de observar a Lei, constatado em outros textos (1Cor 9.19-23), deveria ter soado como a autocontradição mais flagrante.

b) O maior problema exegético da reconstrução que SANDERS faz da visão paulina da Lei (e naturalmente não só da paulina)[43] é a sua falha em perceber o significado e a importância da pequena expressão "obras da Lei". Ele reconhece corretamente que Paulo, ao rebaixar "obras da Lei", não esteja rebaixando as boas obras em geral, e muito menos que ele esteja pensando em boas obras como algo útil para obter algum mérito. Mas ao considerar "obras de Lei" o equivalente a "cumprir a Lei" em geral (a exegese normal), ele é levado à falsa conclusão de que Paulo, ao rebaixar "obras da Lei", estaria rebaixando a Lei como tal, portanto, que ele romperia com o judaísmo como um todo. Para sermos justos, nós devemos dizer que tal erro é natural, já que o próprio judaísmo tinha dado tanta importância às obras particulares, de modo que o teste da lealdade à aliança e à Lei era exatamente a observância da circuncisão, das leis alimentares e do sábado.[44] Contudo, ele pensa nas obras em particular, e pensa nelas exatamente porque tais tinham se tornado a expressão de uma conceituação muito estritamente nacionalista e racial da aliança, porque se tinham tornado um

---

[43] Não é justo destacar Sanders, já que esta é a visão comum acerca do assunto, habitualmente o resultado de um embasamento da exegese somente em Gl 3.11 e uma interpretação de 3.10 à luz disso, sem referência suficiente à afirmação enfática inicial de 2.16. Cf., por exemplo, N. A. Dahl, *Studies in Paul* (Minneapolis, 1977), p.106.170; U. Wilckens, "Zur Entwicklung des paulinischen Gesetzesverständnis", in *NTS* 28 (1982): 166-169; Mussner, *Galaterbrief*: *"Nur eine naive Exegese könnte [...] 'die Werke des Gesetzes' auf die rituellen Vorschriften des Judentums beschränken"* [Somente uma exegese ingênua poderia (...) reduzir "as obras da Lei" às prescrições rituais do judaísmo], p. 170. Cf., porém, também *abaixo*, nota 45.

[44] Podemos comparar a maneira como em círculos fundamentalistas as doutrinas da expiação vicária e da inerrância da Escritura foram consideradas as provas da ortodoxia, mesmo quando várias outras doutrinas são reconhecidas como de igual ou maior importância.

sinal não da fé de Abraão, mas do gloriar-se de Israel.[45] SANDERS vislumbra tal ponto com muita clareza em mais de uma ocasião,[46] mas sua falha de distinguir entre "obras da Lei" e "cumprir a Lei" o impedira de desenvolver esse *insight* adequadamente.[47]

A falha cometida por SANDERS teve sérias consequências para a sua tese mais ampla. Se ele tivesse delimitado com maior precisão o sentido da investida negativa de Paulo contra obras da Lei, poderia ter oferecido um relato mais adequado da atitude mais positiva de Paulo em relação à Lei em outras ocasiões. Particularmente, não teria que forçar tanto a distinção entre "entrar em" (não por cumprir a Lei) e "ficar em" (por observar a Lei), uma distinção que parece muito estranha justamente em Gl 2.16, onde o problema em Antioquia era a conduta no dia-a-dia daquelas pessoas que já tinham crido (Gl 2.14) e onde a preocupação de Paulo em relação aos gálatas se refere antes ao fim de-

---

[45] O mesmo aplica-se à distinção entre a lei ritual e a lei moral, frequentemente atribuída a Paulo. O fato é que Paulo não pressupõe ou desenvolve essa distinção em si. Sua atitude mais negativa acerca das prescrições rituais da Lei surge do fato de que é exatamente em e por esses rituais como tais que seus parentes judaicos se destacavam com maior clareza como o povo de Deus, os judeus – e eram identificados por outros como "aquele povo peculiar" (cf. *acima*, nota 30).

[46] Cf., por exemplo, *Paul, the Law and the Jewish People*, p. 33 – "Gloriar-se" em Rm 3.27 refere-se "à suposição de um *status* especial da parte dos judeus" (também p. 35); seu reconhecimento da importância da circuncisão, do sábado e das leis alimentícias (p. 101-102) – "o denominador comum mais óbvio dessas leis é o fato de que distinguem judeus de gentios" (p. 114); e sua citação de Gaston ("Israel como um todo interpretava a justiça de Deus como aquilo que estabelecia o *status* de justiça unicamente para Israel, excluindo os gentios") em suas notas (p. 61, nota 107). O artigo mais antigo de J. B. Tyson, "'Works of Law' in *Galatians*", in *JBL* 92 (1973): 423-431, compartilha forças e fraquezas semelhantes.

[47] Por exemplo: "Portanto, a explicação 'não por fé, mas por obras' é 'eles não acreditavam em Cristo' [...] a falha de Israel não é que não obedecem à Lei de maneira correta, mas que não têm fé em Cristo" (p. 37) – onde eu diria antes: "eles confiavam em seu *status* de aliança, como atestado pelas obras da Lei, em vez de em Cristo"; "Sua crítica a sua vida anterior não é que ele era culpado do pecado adicional da justiça própria, mas de ter colocado sua confiança em algo diferente da confiança em Cristo" (p. 44s) – *Tertium datur!*, [...] culpado de pôr sua confiança em seu ser judeu e seu zelo como judeu devoto; "A única coisa que está errada com a antiga justiça parece ser que ela não é a nova" (p. 140) – Não! que ela era de modo demasiado estreita e nacionalistamente judaica; "Na teoria paulina, judeus que entram no movimento cristão perdem nada" (p. 176) – exceto sua reivindicação de um monopólio judaico à justiça divina.

les do que ao seu início (Gl 3.3).⁴⁸ Em consequência, SANDERS também não teria necessidade de argumentar em favor de uma descontinuidade tão arbitrária e abrupta entre o evangelho de Paulo e o seu passado judaico, de acordo com a qual o Paulo de SANDERS dificilmente parece se referir ao judaísmo de SANDERS. Contudo, se Paulo realmente estiver argumentando contra uma compreensão demasiadamente estreita da promessa divina da aliança e da Lei em termos nacionalistas e raciais, como argumentei antes, torna-se possível uma reconstrução muito mais coerente e consistente das continuidades e descontinuidades entre Paulo e o judaísmo palestinense.

c) Tudo isto confirma a tese importante anterior de STENDAHL, de que a doutrina paulina da justificação pela fé não deveria ser entendida primeiramente como uma exposição da relação do indivíduo com Deus, mas primeiramente no contexto de Paulo, o judeu, que estava lutando com a questão de como judeus e gentios estão relacionados entre si dentro do propósito da aliança, a qual alcançou agora seu ápice em Jesus Cristo.⁴⁹ O problema residia exatamente no grau em que Israel tinha chegado a considerar a aliança e a Lei como equivalentes de Israel, como a prerrogativa especial de Israel. A solução de Paulo não exige que ele negue a aliança ou a Lei como a Lei de Deus, mas somente a aliança e a Lei como "usurpadas" por Israel. Os modelos do homem de fé são para Paulo os pais fundantes, Abraão, Isaac e Jacó, numa época em que o pertencimento à aliança não estava determinado nem pela descendência física (consanguinidade racial) nem dependia de obras de Lei (Rm 4; 9.6-13). Tal envolvia certamente algo relacionado a um procedimento hermenêutico arbitrário, no qual particularmente o exemplo de Abraão era tratado não só como

---

⁴⁸ Sanders tenta enfrentar esse ponto em sua primeira secção principal de *The Law and the Jewish People* (p. 52, nota 20), e efetivamente reconhece que a questão é "estar dentro" (no que diz respeito à pertença à aliança) em vez de uma distinção entre conseguir entrar e ficar dentro como tal. Os cristãos judaicos e os judaizantes não queriam simplesmente uma ação de "uma vez por todas" da parte dos crentes gentios, mas um estilo de vida contínuo de acordo com a Torá.

⁴⁹ Cf. Stendahl, *Paul among Jews and Gentiles, passim* – por exemplo, "[...] uma doutrina de fé era cunhada por Paulo para o propósito muito específico e limitado de defender os direitos dos convertidos gentios de serem herdeiros plenos e genuínos das promessas do Deus de Israel" (p. 2).

típico e normativo, mas também como a relativização das escrituras subsequentes que enfatizavam o lugar especial de Israel nas afeições de Deus. Contudo, Paulo está cada vez mais disposto a defender esse procedimento e a argumentar em favor dele do que simplesmente constatá-lo de uma maneira de "ou pega ou deixa", uma maneira "preto-no-branco".

Mais uma vez, porém, estamos começando a ultrapassar muito os limites deste presente ensaio, e preciso parar por aqui. Mas tenho a esperança de ter dito o suficiente para mostrar quão preciosa pode ser a nova perspectiva sobre Paulo quando se trata de receber os *insights* e as apreciações mais claras de Paulo e sua teologia.

Capítulo 3
Obras da Lei e a maldição da Lei (Gálatas 3.10-14)*

Os dois estudos mais recentes sobre Paulo e a Lei mostram ambos uma ampla concordância ao criticar a maneira pela qual Paulo trata a Lei como inconsistente e autocontraditória. E. P. SANDERS argumenta que o "rompimento" paulino com a Lei provocou várias questões e problemas, e que suas "diversas respostas, quando colocadas lado a lado, não formam um conjunto lógico".[1] Por exemplo, particularmente "o tratamento que Paulo confere à Lei no capítulo 2 (isto é, da Carta aos Romanos) não pode ser harmonizado com nenhuma das várias coisas que Paulo diz sobre a Lei em outras partes"; em Romanos 2, "Paulo passa além de uma mera inconsistência ou variedade de argumentação e explicação e chega a uma verdadeira autocontradição".[2] Mais conscencioso é H. RÄISÄNEN, que consegue ver uma única maneira de lidar com aquilo que Paulo diz: "Contradições e tensões têm que ser *aceitas* como características *constantes* da teologia paulina da Lei".[3] Constantemente, ele se sente impelido à conclusão de que Paulo contradiz a si mesmo. Assim, por exemplo, em Rm 13.8-10: "Parece que Paulo esqueceu aqui simplesmente o que ele escreveu no cap. 7 ou em

---

[1] E. P. Sanders, *Paul, the Law and the Jewish People* (Philadelphia: Fortress, 1983), p. 3-4.
[2] Sanders, *Law*, p. 123,147.
[3] H. Räisänen, *Paul and the Law*. WUNT 29 (Tübingen: Mohr, 1983), p. 10-11 (grifos do autor).
* Original: *paper* (mais breve) apresentado no Seminário "Paulo e Israel", na Conferência SNTS em Basileia, agosto de 1984.

10.4"; "(Romanos) 2.14-15,26-27 está numa completa contradição à tese principal da seção"; Paulo formula "teorias artificiais e conflitantes sobre a Lei".[4] A artificialidade e a tensão são evidentes não só em Gl 3.10-12, onde RÄISÄNEN encontra o argumento de Gl 3.10 numa contradição ao argumento de Gl 3.11-12.[5]

Pessoalmente falando, eu considero explicações assim muito insatisfatórias. É claro que não devem ser excluídas a princípio, mas, como formas de encontrar um sentido no texto, precisam ser classificadas como hipóteses de último recurso, inferiores somente a correções especulativas do texto, às quais também não combinam com uma boa exegese. O fundamento básico para uma boa exegese é o respeito pela integridade do texto e, no caso de alguém como Paulo, o respeito por seu calibre intelectual e pela sua competência teológica. Esse respeito exige que consideremos constantemente a possibilidade ou até mesmo a probabilidade de que as situações enfrentadas por Paulo eram mais complexas do que poderíamos perceber hoje, ou incluíam importantes aspectos que são hoje invisíveis para nós. Portanto, antes de recorrer a essa espécie de conclusão, eu gostaria de estar totalmente convencido de que penetrei no máximo possível na mente e no contexto dos escritos de Paulo. E é neste aspecto que me parece que tanto SANDERS quanto RÄISÄNEN deixam a desejar. Apesar do árduo trabalho que dedicaram ao tema, e apesar da iluminação que SANDERS trouxe para nossa compreensão do judaísmo palestinense em relação a Paulo, e ainda apesar do impressionante cuidado que RÄISÄNEN demonstrou em sua discussão com a literatura secundária sobre o tema, ambos deixaram de penetrar suficientemente na situação social à qual pertenciam "Paulo e a Lei". Não obstante seu mérito de terem voltado com toda razão as costas à uma exegese individualizante da teologia paulina da justificação, eles deixaram de captar o sentido e a importância plenas da *função social da Lei* no tempo de Paulo e da maneira como essa determina e influencia tanto o problema enfrentado por Paulo como a sua resposta.

---

[4] Räisänen, *Paul*, p. 65,103,154.
[5] Räisänen, *Paul*, p. 94-96,109.

A função social da Lei

Antropólogos e sociólogos nos fizeram entender que qualquer agrupamento social possui inevitavelmente vários traços e características que fornecem a autodefinição do grupo (consciente ou inconscientemente) e que o distinguem de outros grupos. Membros do grupo tenderão naturalmente a pensar a respeito de si e compartilharão o mesmo código de pertença nos termos dos traços e características comuns, inclusive em relação às práticas e às crenças distintivas. Aqui, duas são as palavras-chave: *identidade e fronteira*. Particularmente o ritual (uma ampla variedade de rituais) desempenha um papel importante em fornecer a coesão do grupo e manter a sua identidade. Diz HANS MOL:

> Ritos expressam e reiteram um sistema de sentido e protegem-no do perigo de se perder de vista [...]. Restauram, reforçam ou redirecionam a identidade. Maximizam a ordem ao fortalecer o lugar do indivíduo no grupo ou na sociedade e vice-versa, ao fortalecer os laços de uma sociedade em relação à pessoa. Unificam, integram e sacralizam.[6]

Semelhantemente, em seu estudo influente *Purity and Danger* (Pureza e Perigo), MARY DOUGLAS fala do "ritual como uma tentativa de criar e preservar uma cultura particular".

> Os rituais são uma *performance* da forma das relações sociais, e ao conferir a tais relações uma expressão visível, capacitam as pessoas a conhecerem a sua própria sociedade.[7]

O conceito de "fronteira" está estreitamente ligado ao conceito de "identidade". Como indica MOL, "é exatamente a fronteira [...] que fornece o sentido de identidade".[8] De modo particular, quanto mais um grupo ou uma sociedade se sente ameaçada, tanto mais terá a tendência de enfatizar suas fronteiras. MARY DOUGLAS notou que "o corpo é um modelo que pode representar qualquer sistema dotado de

---
[6] H. Mol, *Identity and the Sacred* (Oxford: Blackwell, 1976), p. 233.
[7] M. Douglas, *Purity and Danger* (Londres: Routledge e Kegan Paul, 1966), p. 128; cf. também antes p. 62-65.
[8] Mol, *Identity*, p. 57-58.

vínculos". Por isso não é uma surpresa que a preocupação em torno da pureza do corpo e daquilo que entra nele e sai dele seja enfatizada em tempos de perigos para o grupo. Ela sugere que

> quando rituais expressam ansiedade em relação aos orifícios do corpo, a contrapartida sociológica dessa ansiedade é uma preocupação de proteger a unidade política e cultural do grupo [...]. A ansiedade acerca dos limites do corpo expressa um perigo para a sobrevivência do grupo.[9]

Deve ficar imediatamente evidente que tal análise combina muito bem com o judaísmo dos dias de Paulo. A própria MARY DOUGLAS exemplifica seu argumento ao referir-se à história dos israelitas em geral, já que eram sempre "uma minoridade sob forte pressão".[10] No entanto, é particularmente no período do pós-exílio e igualmente no período dos macabeus que esse ponto se torna mais claro, já que a ameaça da assimilação síria no séc. II a.C. se concentrava com particular intensidade naqueles rituais corporais que conferiam ao judaísmo sua identidade distintiva e marcavam suas fronteiras.

> Quanto às mulheres que haviam feito circuncidar seus filhos, eles, cumprindo o decreto (isto é, de Antíoco), executavam-nas com os mesmos filhinhos pendurados a seus pescoços, e ainda com seus familiares e com aqueles que haviam realizado a circuncisão. Apesar de tudo, muitos em Israel ficaram firmes e resolveram em seus corações não comer alimento impuro. Escolheram antes morrer do que se contaminar com os alimentos e profanar a aliança sagrada, e de fato morreram. (1Mc 1.60-63)

Aqui, os marcadores de identidade e de fronteiras são claros – circuncisão e as leis de alimentos puros e impuros. Portanto, não é uma surpresa que as duas principais questões abordadas por Paulo na Carta aos Gálatas sejam precisamente as duas mesmas áreas da preocupação – circuncisão e leis alimentares (Gl 2.1-14). Pois, desde o período dos macabeus, esses dois conjuntos de exigências legais tinham sido fundamentais para a identidade do devoto como judeu, como membro do povo que Deus escolhera para si e com o qual ele concluíra uma aliança; essas duas *performances* rituais desempenhavam um papel

---

[9] Douglas, *Purity*, p. 124.
[10] Douglas, *Purity*, p. 124.

central em marcar e distinguir Israel das nações circundantes. Uma vez que os eventos descritos em Gl 2 se deram num tempo de uma renovada e escalada ameaça à identidade nacional e religiosa do judaísmo – já que se seguiram à tentativa de Calígula de profanar o templo (40 d.C.) e à situação deteriorada na Palestina.[11] É claro que se tratava para o judeu devoto principalmente de permanecer fiel às obrigações da aliança, claramente registradas na Torá (particularmente em Gn 17.9-14; Lv 11.1-23; Dt 14.3-21). Mas a partir de uma perspectiva social e antropológica, é também claro que estava em jogo a identidade e auto-compreensão de um povo, e que esses rituais eram importantes, principalmente porque serviam como marcadores de fronteira tão claros. Isto é corroborado por vários comentários de autores greco-romanos da época que indicam que, desde a perspectiva de pessoas de fora, dois dos marcadores distintivos da etnia judaica eram a circuncisão e as leis alimentares.[12] De modo muito apropriado, WAYNE MEEKS cita Fílon no mesmo contexto:

> Israel não pode ser prejudicado por seus oponentes enquanto é um "povo que mora sozinho" (Nm 23.9), "pois em virtude da distinção de seus costumes peculiares, eles não se misturam com outros, para não se desviarem do caminho de seus pais" (Mos 1.278);

e cita como os mais importantes "costumes peculiares" a circuncisão, a *kashrut* (hebraico: leis alimentares), a observância do sábado e a abstenção de rituais cívicos que implicavam no reconhecimento de deuses pagãos.[13] SANDERS reconhece o mesmo ponto quando observa que a circuncisão, o sábado e as leis alimentares "criaram uma distinção social entre judeus e outras raças no mundo greco-romano"; semelhantemente RÄISÄNEN – "obras da Lei são algo que *separa* o

---

[11] Além disso, cf. meu "The Incident at Antioch (Gal 2.11-18)", in *JSNT* 18 (1983): 7-11.
[12] Todos os detalhes em M. Stern (org.), *Greek and Latin Authors on Jews and Judaism* (Jerusalém: Israel Academy of Sciences and Humanities, Vol. 1 1974, Vol. 2 1980) – circuncisão: Timágenes, Horácio, Pérsio, Petrônio, Marcial, Tácito, Juvenal, Suetônio (§§ 81; 129; 190; 194-195; 240-241; 281; 301; 320); leis alimentares: Erociano, Epíteto, Plutarco, Tácito, Juvenal, Sexto Empírico (§§ 196; 253; 258; 281; 298; 334).
[13] W. A. Meeks, *The First Urban Christians* (Yale, 1983), p. 97.

judeu do gentio".[14] Mas ninguém deles segue esse *insight* na medida necessária.

Já que é importante para a discussão que segue, devemos também observar que não eram simplesmente rituais particulares como tais que tinham essa função de afirmar a identidade e marcar as fronteiras. A própria Lei cumpria esse papel.[15] Afinal de contas, será que a Lei não fora dada a Israel como a prerrogativa especial de Israel, dada ao povo eleito como um marcador do favor de Deus e, dessa forma, para distingui-lo das outras nações? Uma boa expressão desse sentido de privilégio é a afirmação de Baruque de que a Sabedoria divina, que ninguém mais conhece, foi dada a Israel:

> Ela é o livro dos preceitos de Deus
>   e a Lei que subsiste para sempre:
> todos os que a agarram viverão,
>   e os que a abandonam morrerão.
> Volta-te, Jacó, e recebe-a;
>   caminha para o esplendor de sua luz.
> Não cedas a outrem tua glória
>   ou teus privilégios a um povo estranho.
> Felizes somos nós, ó Israel,
>   porque sabemos o que agrada a Deus. (Br 4.1-4)

E não há outro texto que deixasse mais clara a função delimitadora da Lei que Aristeias 139.142:

> (Moisés) nos encerrou de baluartes inexpugnáveis e muros de ferro, para que não nos misturássemos absolutamente com qualquer uma das outras nações, mas permanecêssemos puros de corpo e alma [...] ele nos cercou por todos os lados por regras de pureza, acerca do que comemos ou bebemos ou tocamos ou ouvimos ou vemos.

Naturalmente, a mesma atitude foi uma característica proeminente de dois dos principais subgrupos dentro do judaísmo, dos fariseus e dos essênios, já que podemos dizer com razão que ambos

---

[14] Sanders, *Law* 102; Räisänen, *Paul*, p. 171-172.
[15] No mundo antigo, o respeito pelos costumes ancestrais (τὰ πάτρια) era uma característica muito divulgada de grupos sociais e nacionais; cf. LSJ, πάτριος; R. MacMullen, *Paganism in the Roman Empire* (Yale, 1981), p. 2-3.

procuravam afirmar e fortalecer a identidade do povo de Deus exatamente ao enfatizar os rituais distintivos e com caráter de fronteira inerentes à Lei.[16]

Em poucas palavras, então, as regulamentações particulares da circuncisão e das leis alimentares eram importantes não em si mesmas, mas porque *focavam* no caráter distintivo de Israel, tornavam visíveis as pretensões de Israel de ser um povo que foi separado e porque eram os pontos mais claros que diferenciavam os judeus das nações. A Lei era uma parte e parcela da identidade de Israel, tanto em termos de nação como de religião. A Lei era idêntica ao judaísmo. Na época de Paulo era impossível conceber o judaísmo sem a Lei, e dificilmente era possível que um judeu concebesse a pertença ao povo da aliança independentemente da Lei. A grande maioria dos judeus deve ter considerado tudo isso natural, porque era uma parte absolutamente integral à atitude pressuposicional da autocompreensão judaica. Assim que se capta esse ponto, fica imediatamente óbvio que o ensinamento de Paulo sobre a Lei e a circuncisão deve ter posto uma severa ameaça à autocompreensão e identidade da maioria de seus compatriotas, não como indivíduos, mas como judeus, como membros do povo separado pela Lei como propriedade peculiar de Deus. Se não captarmos nitidamente essa dimensão social, a respeito da qual poderíamos dizer até mesmo nacional e racial, dimensão dos problemas enfrentados por Paulo, será quase impossível chegar a uma exegese do tratamento paulino da Lei que trate o contexto histórico com o devido respeito.

---

[16] "O que marca perenemente o Antigo Israel como distinto é sua preocupação em definir a si mesmo. De uma maneira ou outra, Israel procurou meios de se declarar distinto de seus vizinhos. [...] O estresse constante acerca da diferenciação, que provocou uma preocupação com a autodefinição [...]. A literatura da Torá [...] levantou altos muros de separação [...]." – "Essas leis formavam uma fronteira protetora, mantendo dentro os que estavam dentro e mantendo fora os que não estavam" (J. Neusner, *Judaism: The Evidence of the Mishnah* [University of Chicago, 1981], p. 69-75). Daí o enfoque dos fariseus na pureza ritual, para o qual Neusner chamou atenção particular (*From Politics to Piety* [Englewood Cliffs: Prentice-Hall, 1973], p. 80.83-90; também *Judaism*, p. 49-52) e a intensificação das normas rituais em Qumran (*p.ex.*, 1QS 3.8-12; 5.8; CD 10.14-11.18; além disso, cf. J. Riches, *Jesus and the Transformation of Judaism* [Londres: Darton, 1980], p. 122-128).

Obras da Lei

O que pleiteei é uma mudança de perspectiva – de uma perspectiva dominada pelas categorias dos debates da Reforma para uma perspectiva inserida apropriadamente no horizonte do mundo social do judaísmo do primeiro século. Quando essa mudança é realizada plenamente, ela libera jatos de nova luz sobre as questões enfrentadas por Paulo e sobre a resposta dada por ele. Um exemplo-chave é a expressão τὰ ἔργα τοῦ νόμου, "as obras da Lei". Os comentaristas reconhecem geralmente que Paulo a usa somente no contexto de sua discussão com outros judeu-cristãos (ou judeus).[17] No entanto, mais cedo ou mais tarde (normalmente mais cedo), a perspectiva muda, e a exegese começa a ser dominada pela suposição de que Paulo se refere com "obras da Lei" à tentativa de ganhar o favor de Deus através de empreendimentos humanos ou algo desse gênero. Até mesmo SANDERS e RÄISÄNEN, que se distanciam conscientemente de categorias da Reforma e que demonstram uma sensibilidade muito maior do que outros em relação às considerações acima expostas, voltam no fim das contas para outras variáveis da antítese clássica da Reforma. SANDERS, aplicando sua distinção bastante superestimada entre "entrar em" e "permanecer em" afirma que ἐξ ἔργων νόμου [proveniente de obras da Lei] se refere a requerimentos de "entrada", e RÄISÄNEN, ao referir-se à mesma expressão, argumenta que Paulo apresenta o judaísmo de modo equivocado, "ao sugerir que, dentro dele, a salvação é através de obras [...]".[18]

A meu ver, porém, "obras da Lei" é exatamente a expressão escolhida por Paulo (como algo já familiar a seus leitores ou evidente em seu significado) para negar aquelas obrigações prescritas pela Lei que apresentam o indivíduo preocupado com o código de pertença à Lei, obrigações que destacam os praticantes como membros do povo

---

[17] Cf., por exemplo, Räisänen, *Paul*, p. 187 (também *abaixo*, nota 54), com outras referências em sua nota 121. O debate sobre se Paulo está atacando nessas passagens a atitude de judaizar ou cristãos judaicos é importante, mas aqui, esta não é a questão mais decisiva, porque é a atitude *judaica* dos cristãos judeus que Paulo critica.

[18] Sanders, *Law*, p. 105.147 (embora ele tratasse em outras partes essa expressão de uma maneira menos restritiva – p. 46.158-159); Räisänen, *Paul*, p. 188-189. Cf. também U. Wilckens, "Zur Entwicklung des paulinischen Gesetzverständnis", in *NTS* 28 (1982): 154-190.

da Lei, do povo da aliança, da nação judaica. Ofereci uma primeira versão desse argumento na minha preleção "*Manson Memorial Lecture*" de 1982.[19] O presente *paper* representa uma tentativa de ampliar e aprofundar esse argumento.

a) Um aspecto importante é que a construção do genitivo "obras da Lei" tem sido muito pouco considerado e o significado atribuído a ele foi considerado demasiadamente óbvio. Contudo, como argumentou E. LOHMEYER, a melhor maneira de traduzir a expressão ἔργα νόμου é como "serviço da Lei", "*Dienst des Gesetzes*" no original alemão, ou, na tradução de J. B. TYSON, "serviço nomista" (inglês: "*nomistic service*").[20] Isto significa "serviço" não tanto no sentido de atos particulares já realizados, mas no sentido de obrigações estabelecidas pela Lei, o sistema religioso determinado pela Lei. A expressão não se refere ao esforço de um indivíduo por um melhoramento moral, mas a um modo de existência religioso, um modo de existência marcado em seu caráter distinto como determinado pela Lei, pelas práticas religiosas que demonstram a "pertença" da pessoa ao povo da Lei.

O *insight* de LOHMEYER é apoiado pela maneira como a expressão equivalente é usada nos escritos de Qumran, מעשי תורה "atos da Lei". A pertença de uma pessoa à aliança era atestada exatamente por meio da referência a tais "atos", a sua "observância da Lei" como ela foi entendida dentro da comunidade em sua vida de dia-a-dia, de ano-a-ano (1QS 5.21,23; 6.18). Da mesma forma, eram os מעשי תורה que caracterizavam a comunidade dos últimos dias em seu caráter distinto em relação às pessoas de fora e aos inimigos (4QFlor 1.1-7).

Portanto, nos termos introduzidos por SANDERS, "obras da Lei" é outra maneira de dizer "nomismo da aliança" – aquilo que caracterizava o "estar na" aliança e não simplesmente o "entrar na" aliança (como o expressa o próprio SANDERS).[21] E em termos da análise precedente,

---

[19] "The New Perspective on Paul", in *BJRL* 65 (1983): 95-122 (= *acima*, Cap. 2). Cf. também K. Kertelge, "Gesetz und Freiheit im Galaterbrief", in *NTS* 30 (1984): 382-394, especialmente 391.

[20] E. Lohmeyer, *Probleme paulinischer Theologie* (Stuttgart: Kohlhammer, sem data), p. 33-74 (aqui: 67); J. B. Tyson, "'Works of Law' in Galatians", *JBL* 92 (1973): 423-431 (aqui: 424-425).

[21] Acima, nota 18. Note-se também a tentativa de Sanders de esclarecer sua formulação anterior em *Law*, p. 165-166, nota 38.

"obras da Lei" é a maneira usada por Paulo para descrever particularmente a identidade e os marcadores de identidade que os oponentes judeus (judeu-cristãos) de Paulo consideravam. E eles se sentiram – com razão – ameaçados pela compreensão paulina do evangelho.

b) Como observei na minha *Manson Lecture*, essa compreensão de "obras da Lei" é a melhor maneira de interpretar o uso da expressão nos contextos em que Paulo a introduz. Em Gl 2.16, onde ele a introduz pela primeira vez (em seus escritos preservados) e a usa não menos que três vezes, é inteiramente óbvio que ἔργα νόμου se refere às questões no centro das controvérsias precedentes – circuncisão e leis alimentares.[22] Este foi o problema em questão – se ser justificado pela fé em Jesus Cristo requer também a observância a essas "obras" (como deixa claro a discussão subsequente), é possível conceber o pertencimento ao povo da aliança sem que sejam caracterizadas justamente por essas obras. Os cristãos de Jerusalém, ao terem aceitado o argumento acerca da circuncisão e à medida que se tratava de "entrar em", passaram para a linha das leis alimentares: para eles, pertencer ao povo eleito sem incluir a fidelidade às leis alimentares e aos rituais da pureza na mesa da refeição era uma contradição conceitual inconcebível. Pedro, Barnabé e os demais cristãos judeus em Antioquia evidentemente concordaram, seja com relutância ou não – que a ameaça à identidade judaica era demasiada grande para ser ignorada.[23]

O mesmo vale para a Carta aos Romanos. Paulo introduz a expressão, de maneira um tanto estranha, na conclusão da primeira parte principal de sua exposição (Rm 3.19-20). Novamente, isto deve significar que seu sentido (ou referência) era bem conhecido ou evidente. Já que a segunda metade da discussão precedente era uma refutação da pretensão judaica acerca de seu *status* privilegiado como povo da Lei, a expressão "obras da Lei" deve ter sido uma maneira abreviada de se referir àquilo em que o judeu típico depositava sua confiança, a observância da Lei que documentava que ele pertencia à aliança, sua justiça como membro leal dela. Isto é confirmado pela maneira como o parágrafo seguinte relaciona as "obras da Lei" com o "gloriar-se" (Rm

---

[22] Assim corretamente Räisänen, *Paul*, p. 259.
[23] Cf. K. Kertelge, "Zur Deutung des Rechtfertigungsbegriffs im Galaterbrief", in *BZ 12* (1968): 215.

3.27-28; 4.2) e, sendo assim, lembra explicitamente da passagem anterior, na qual Paulo ataca especificamente a presunção de seu próprio povo de ser o povo da Lei (Rm 2.17-20,23), e onde a circuncisão serve novamente como o sinal distintivo "do judeu" (Rm 2.25-29).

c) O mesmo ponto surge a partir da outra expressão preposicional que Paulo usa quando fala da Lei. Em Rm 2.12, a antítese ἐν νόμῳ/ ἀνόμως [na lei/sem lei] tem claramente o sentido de "dentro da Lei", "no interior da Lei" e "sem a Lei", "no exterior da Lei". Isto é apoiado pelo fato de Paulo continuar no v. 14 com a definição equivalente dos gentios como "aqueles que não têm a Lei". Em outras palavras, Lei e povo judeu são contermos; a Lei identifica o judeu como judeu e constitui a fronteira que o separa dos gentios. Semelhantemente encontramos em Rm 3.19-21 a distinção ἐν τῷ νόμῳ [na lei] e χωρὶς νόμου [separado da lei]: a Lei destaca as pessoas dentro de suas fronteiras, sua religião e seu estilo de vida (obras da Lei), isto é, separa-as das pessoas fora da Lei.

A expressão ὑπὸ νόμον [sob a lei] tem o mesmo sentido, particularmente em 1Cor 9.20 e Gl 4.5, onde Paulo se refere aos judeus como οἱ ὑπὸ νόμον, "aqueles sob a Lei", aquelas pessoas cujas vidas como povo estão caracterizadas pela autoridade da Lei, por "obras da Lei", pelo serviço nomista – a Lei como uma bandeira e a lealdade a ela como aquilo que lhes confere sua identidade e unidade nacionais, a Lei como aquilo que demarca a extensão e as fronteiras do povo da aliança. Por isso, não é uma surpresa ver em 1Cor 9.20-21 a mesma distinção entre judeus e gentios definida como entre οἱ ἐκ νόμου [os da Lei] e οἱ ἄνομοι [os sem Lei], as pessoas sob a Lei e aquelas sem Lei.[24]

Assim, fica mais claro que o contraste entre οἱ ἐκ νόμου [os da Lei] e οἱ ἐκ πίστεως [os da Fé] em Rm 4.14,16 é uma distinção tanto sociológica quanto teológica. Não é uma distinção entre dois grupos de indivíduos fortuitos, um grupo que pensa que sua relação com Deus depende de

---

[24] Cf. também Gl 4.4 – Jesus "nasceu sob a Lei", isto é, judeu; Gl 4.21 – (alguns dos) gálatas desejam estar "sob a Lei", isto é, efetivamente, tornar-se judeus. Não estou convencido por L. Gaston, "Paul and the Torah", in A. T. Davies (org.), *Antisemitism and the Foundations of Christianity* (Nova Iorque: Paulist, 1979), p. 48-71, que argumenta que Paulo usa a expressão "sob a Lei" "para designar a situação gentia" (p. 62-64).

atos humanos e outro formado por pessoas justificadas pela fé. Em vez disso, é uma distinção entre as duas definições de como deve ser caracterizado o descendente judeu, o povo prometido a Abraão. A questão enfrentada por Paulo é esta: será que os herdeiros de Abraão são nada mais e nada menos que o povo separado pela Lei, o povo cuja existência inteira como Povo de Deus surge a partir da Lei, cuja identidade nacional inteira vem da Lei? Ou será que são simplesmente separados pela fé, simplesmente identificados pela fé?

Em todos os casos supracitados, uma falha em apreciar as dimensões sociais e as ramificações nacionais daquilo que Paulo ataca e daquilo que afirma resultará inevitavelmente numa conceituação equivocada de seu ensinamento sobre a Lei.

d) Para completar este esboço da língua matriz à qual pertence a expressão "obras da Lei", nós devemos notar também as ideias a ela associadas. Aqui vou me referir particularmente a quatro.

(i) Como eu já observei acima (b), Paulo associa as "obras da Lei" com o "gloriar-se" de seu interlocutor judaico na Carta aos Romanos (3.27-28; 4.2), lembrando claramente o gloriar-se do "judeu" em 2.17,23. A abordagem influente que BULTMANN dispensou ao tema entendeu isto em termos muito individualistas como um gloriar-se de "autoconfiança"; e KÄSEMANN continuou a linha desta interpretação ao descrever o judeu que se gloria como o tipo clássico do indivíduo piedoso que confia naquilo que ele mesmo alcançou.[25] No entanto, Paulo se refere claramente à confiança do judeu enquanto pertencente ao judaísmo, membro do povo que Deus escolheu como seu e para quem ele deu a Lei. Ele se gloria da Lei considerando-a um marcador há muito estabelecido do favor divino a seu respeito.[26]

(ii) Por isso, também a expressão ἐν τῷ φανερῷ [no que é manifesto] descreveu geralmente "o judeu", e a circuncisão em Rm 2.28 tem sido interpretada em termos individualistas, sem referência ao contexto social, simplesmente como o exterior em oposição ao interior. Mas o que

---

[25] R. Bultmann, *TDNT*, 3, p. 648-649; também *New Testament Theology*, 1 (Londres: SCM, 1952), p. 242-243; E. Käsemann, *Commentary on Romans* (Londres: SCM, 1980), p. 102; a posição de Bultmann é defendida por H. Hübner, *Das Gesetz bei Paulus*, 2ª ed. (Göttingen: Vandenhoeck, 1980), especialmente p. 102.

[26] Cf. particularmente Sanders, *Law*, p. 33.155-157.

Paulo tem em mente é o judeu visivelmente marcado como tal, a circuncisão como o ato ritual público que lhe confere o lugar individual no povo assim marcado e separado. O que está em questão é a função social do ritual, a circuncisão como um crachá da identidade judaica. Exatamente por ser uma marca exteriormente visível, a circuncisão serve com grande eficácia como um marcador de fronteira entre judeus e gentios. Portanto, também quando se refere à Lei como γράμμα, Paulo pensa exatamente na Lei como a definição visível do povo da aliança (Rm 2.27,29; 7.6; 2Cor 3.6-7).

(iii) Semelhantemente, a expressão ἐν σαρκί [em carne], usada no mesmo trecho (Rm 2.28), denota não meramente o físico como oposto ao espiritual, mas também o povo de Israel em termos de identidade física e parentesco racial.[27] Da mesma maneira, "não da carne" está em paralelo a "não de obras" in Rm 9.8,11, exatamente porque as obras da Lei demonstram a identidade nacional, constituem a justiça nacional, a justiça daquelas pessoas que preservam fielmente os costumes dados a Israel por Moisés. E em Gl 6.13, o gloriar-se na carne que Paulo ataca é o gloriar-se de um povo cujo orgulho é que sua identidade nacional foi reforçada pelo desejo de outras etnias de submergir sua condição distintiva social e religiosa nessa identidade.

(iv) Finalmente podemos notar outras críticas de Paulo em relação a seu próprio povo – que "eles procuraram estabelecer sua própria justiça" (Rm 10.3). Também aqui, a expressão "sua própria" é normalmente entendida no sentido de "sua própria" como alcançada por eles, "um *status* de justiça devido a seu próprio merecimento".[28] Contudo, o ἴδιος tem antes o sentido de "pertencente a eles, peculiar a eles". Ou seja, o que se discute aqui é uma justiça que é *deles e de mais ninguém*, "justiça coletiva que exclui os gentios",[29] justiça de aliança, a justiça de ser o povo de Deus. Eles procuram *"estabelecer"* sua justiça, não criá-la ou alcançá-la, mas confirmar e garantir (στῆσαι) o que já é seu. Aqui temos uma boa expressão de "nomismo da aliança", da pretensão de ter uma relação especial com Deus, segura para todas as pessoas que per-

---

[27] Cf., além disso, J. D. G. Dunn, "Jesus – Flesh and Spirit: an Exposition of Romans 1.3-4", in *JTS* 24 (1973): 44-49.
[28] C. E. B. Cranfield, *Romans, 2*. ICC (Edimburgo: T. & T. Clark, 1979), p. 515.
[29] G. Howard, "Christ the End of the Law: the Meaning of Romans 10.4", in *JBL* 88 (1969): 331-337 (aqui: 336); semelhantemente Gaston, p. 66; Sanders, *Law*, p. 38.

maneçam fiéis à aliança. Não é uma surpresa que a expressão ἐξ ἔργων νόμου apareça mais uma vez no mesmo contexto (Rm 9.32) como uma maneira equivalente de descrever seu erro. Assim, fica mais uma vez evidente que as "obras da Lei" é o que os judeus fazem para demonstrar e preservar seu *status* com Deus como algo particular a Israel.

Em resumo, a expressão τὰ ἔργα τοῦ νόμου pertence a um complexo de ideias nas quais a função social da Lei é proeminente. A Lei serve para identificar Israel como o povo da aliança, para marcá-lo e separá-lo como povo distinto das (outras) nações. "Obras da Lei" denota tudo que a Lei exige do judeu devoto. Contudo, exatamente porque se trata aqui da Lei como identidade e marcadora de fronteiras, a Lei como a Lei de Israel enfoca naqueles ritos que expressam da maneira mais clara a distinção judaica. Desta maneira é que se confirma a conclusão da seção prévia: as "obras da Lei" referem-se, não exclusiva, mas particularmente, àqueles requerimentos que colocam o caráter distinto da identidade de Israel num foco nítido. Por causa do fato de desempenharem um papel tão crucial em definir o "ser judeu", a participação no povo da aliança, a circuncisão e as leis alimentares são tão proeminentes na discussão sobre as obras da Lei e sobre a justiça. O que está por detrás de muitos aspectos do debate é a crise de identidade que o trabalho de Paulo entre os gentios provocou em seus colegas judeu-cristãos.[30]

Uma maior confirmação de estarmos na pista certa vem da maneira como essa perspectiva ajuda a "aplainar" duas das saliências mais enigmáticas no tratamento paulino da Lei, para as quais particularmente Räisänen chamou a atenção.[31]

---

[30] O cristianismo do séc. XX oferece um paralelo útil. O pentecostalismo clássico concordará geralmente que falar em línguas e a compreensão pentecostal do batismo *não* são os elementos mais importantes da fé. No entanto, a maior parte dos escritos apologéticos e da discussão do pentecostalismo deu de fato uma considerável proeminência aos dois ensinamentos pentecostais. Este é também o motivo da proeminência da circuncisão e das leis alimentares em Gl 2: em ambos os casos estamos lidando com as características distintivas do grupo – com aquilo que o marca e separa de outros grupos, até mesmo estreitamente vinculados. Para qualquer pessoa que desejasse identificar-se com o pentecostalismo clássico na primeira metade do séc. XX, a questão de "ou vai ou racha" era falar em línguas.

[31] Minha crítica em "The New Perspective" enfocava principalmente Sanders (particularmente p. 201-202 = p. 182-184 *acima*).

1) A tensão na linguagem de Paulo entre a Lei como um fator negativo e sua abordagem constantemente positiva da Lei (contraste particularmente em Rm 2.13-15; 3.27,31; 7.12; 8.4; 9.31-32; 13.8-10).[32] A solução sugerida pelas análises acima apresentadas sugere que é a Lei em sua função social que atrai uma ampla parte da crítica de Paulo.[33] O que Paulo ataca nas passagens acima mencionadas é a Lei como algo que fixa uma identidade social particular, como algo que encoraja um sentido de superioridade nacional e presunção de favor divino em virtude da pertença a um povo particular. Desvinculada desta perspectiva, a Lei, entendida em termos de fé em vez de obras, pode continuar a desempenhar um papel positivo. As autocontradições que SANDERS e RÄISÄNEN encontraram são o resultado de uma perspectiva demasiadamente reduzida da parte deles, mas não da parte de Paulo.

2) O quebra-cabeça do motivo pelo qual outras explorações que propõem distinções no interior da Lei (Lei moral e cerimonial, Lei interior e exterior, núcleo da Lei e Lei *in toto*) parece fornecer soluções parciais, mas apenas parciais, da tensão entre as diversas afirmações de Paulo.[34] Tais explorações são incompletas exatamente porque deixaram de levar em conta a função social da Lei e a maneira como essa função enfoca exigências rituais particulares. Paulo *não* defende sua posição ao dividir a Lei em elementos aceitáveis e inaceitáveis, pois o que ele está atacando é uma *atitude* particular em relação à Lei como tal, a Lei como um *todo* em sua função social daquilo que distingue o judeu do gentio. Visto de um ângulo *diferente*, o ponto argumentativo da Lei como um todo será enfocado de outras maneiras, particularmente na fé ("a Lei da fé" – Rm 3.28; 9.31-32) e no amor ao próximo (Rm 13.10). E algo que tem a mesma importância: as exigências que obscurecem esse ponto ficarão com uma relevância secundária, como *adiáfora*.

A partir dessa perspectiva, até mesmo a coerência que trechos como 2Cor 3 e Rm 2 apresentam dentro da teologia paulina da Lei torna-se mais clara. Quando Paulo se refere à "letra" que mata, ele não está pensando na Lei como tal, ou até mesmo na Lei entendida literal-

---

[32] Räisänen, *Paul*, p. 62-73,101-118.
[33] Deve-se notar que eu digo "grande parte de sua crítica"; nesse ensaio não procuro tratar outros aspectos da função da Lei no pensamento de Paulo (particularmente Rm 5.20; 7.7-11).
[34] Cf. particularmente a discussão de Räisänen (*Paul*, p. 23-28).

mente, mas na Lei definindo o povo da aliança com o rito físico visível da circuncisão (como em Rm 2.29). É a Lei entendida dessa maneira que é tão destrutiva para a vida do Espírito.[35] E o que Paulo visa em Rm 2 quando fala de gentios que fazem a Lei não é algum cerne da Lei como tal. Seu objetivo é antes minar a confiança judaica de que sua posição diante de Deus no Juízo Final estaria garantida por *ter* a Lei, por permanecer *dentro* da Lei. O fato de poder haver entre os gentios um cumprimento efetivo da Lei, um compromisso efetivo com o sentido da Lei (Rm 2.14-15,26-27) revela que tal confiança está equivocada e deslocada. Ou, dito de maneira contrária, o gloriar-se judaico na Lei deveria ser anulado verdadeiramente pelo fato de que há judeus que desobedecem completamente a algumas exigências da Lei (Rm 2.21-23 – *não* as "obras da Lei" que definem as fronteiras) enquanto ainda são judeus e ainda preservam (presumivelmente) sua identidade da aliança.[36]

Em poucas palavras, um reconhecimento da função social da Lei e de "obras da Lei" como uma expressão sumária da função da Lei segundo a visão interna do judaísmo significa um excelente caminho rumo à remoção e solução das contradições e tensões que pareciam tão complicadas para SANDERS e RÄISÄNEN.

Gl 3.10-14 – *um caso de teste*

Em *"The New Perspective on Paul"* estive consciente de que a minha argumentação chegou a ser pouco mais que uma exegese de Gl 2.16.[37] Em várias reações, colegas observaram que minha tese, para ganhar em credibilidade, teria de encontrar também um sentido para Gl 3.10-14. De fato, Gl 3.10-14 oferece um caso de teste substancial, e abordaremos agora este texto.

---

[35] A crítica de Räisänen neste ponto volta-se diretamente contra a visão igualmente inadequada de que "γράμμα significa o legalismo judaico em vez de a Torá", mas ele não considerou a função social da Torá como um todo (*Paul*, p. 44-46).

[36] A discussão de Sanders não acerta a questão e mina assim a sua própria crítica (*Law*, p. 123-132). Semelhantemente Räisänen (*Paul*, p. 98-101); Paulo ataca a típica presunção judaica de que ter a Lei, estar dentro da Lei, dá a certeza da justificação (como Räisänen reconhece depois – p. 170); é essa atitude que Paulo acusa em Rm 2.17-24, não "cada judeu individual sem exceção" (*Paul*, p. 100).

[37] "New Perspective", p. 200-201 (*acima*, p. 180-182).

Nos parágrafos anteriores, Paulo lembrou seus leitores de como eles começaram sua vida cristã. Ele enfatiza novamente o contraste entre "obras de Lei" e "fé". Essas pessoas deveriam saber muito bem que tinham recebido o Espírito e entrado na experiência permanente do Espírito ἐξ ἀκοῆς πίστεως e não ἐξ ἔργων νόμου, isto é, por uma resposta de fé que não estava vinculada ou expressa pelas observâncias (rituais) que caracterizam o judaísmo (Gl 3.2,5). O alerta é claro: assim como iniciaram, deveriam continuar (Gl 3.3). Isto quer dizer, não deveriam pensar que a *continuação* de sua vida no Espírito dependesse mais do serviço nomista, do nomismo da aliança, do que seu início. Também aqui está implícito ao argumento a associação de "obras da Lei" com "carne" (ἐξ ἔργων νόμου nos v. 2,5, paralelo a σαρκί No v. 3). E, novamente, nada disso deveria ser reduzido a um esforço individualista de autorrealização. Muito ao contrário, como já aprendemos a esperar, ambos os termos visam o nacionalismo da compreensão tipicamente judaica da promessa divina da aliança – o Espírito dado aos filhos e filhas de Abraão, entendidos naturalmente como a entidade nacional de Israel, separados como herdeiros de Deus pela Lei e pela circuncisão da carne. Os leitores gentios de Paulo, porém, sabiam por experiência própria que gozar dessa promessa não dependera e não dependia de seu alinhamento visível e físico com os judeus nativos por meio da aceitação dos costumes judaicos ancestrais.

O testemunho de sua própria experiência é confirmado pela Escritura, que vincula a fé de Abraão à promessa a Abraão, promessa que mostrava, desde o início de sua relação de aliança com Abraão, que o propósito de Deus era abençoar os gentios. Já que foi em primeiro lugar a fé de Abraão que estabeleceu a aliança, os que são ἐξ πίστεως podem se considerar muito apropriadamente filhos e filhas de Abraão, e ao receber o Espírito ἐξ πίστεως, podem saber que esta é a benção que Deus lhes destinou desde o primeiro momento em que aceitou Abraão numa relação de aliança (Gl 3.6-9). Contudo, se a fé é a marca distintiva do povo dessa promessa, o que dizer da Lei? E o que dizer daquelas pessoas que sempre consideravam normal que fossem a Lei e as obras da Lei os elementos distintivos que separavam o povo da aliança divina? Esta é a questão para a qual Paulo se volta depois, em Gl 3.10-14.

V. 10: "Porque todos que são ἐξ ἔργων νόμου estão sob uma maldição, pois está escrito: 'Maldito todo aquele que não permanece dentro de tudo que está escrito no Livro da Lei para ser praticado'" (Dt 27.26).

A lógica básica do texto está clara: todas as pessoas que são ἐξ ἔργων νόμου estão sob uma maldição, *porque* não permanecem em tudo o que está escrito na Lei. Isto nos diz imediatamente algo sobre ἐξ ἔργων νόμου na perspectiva de Paulo:

1) ser ἐξ ἔργων νόμου não é o mesmo que permanecer na Lei;
2) ser ἐξ ἔργων νόμου é algo que não alcança a qualidade de permanecer em tudo que está escrito na Lei.

O que Paulo pode querer dizer aqui? A resposta costumeira segue pelas seguintes linhas: ἐξ ἔργων νόμου refere-se a todas as pessoas que procuram alcançar sua própria justiça diante de Deus; e ao citar Dt 27.26, Paulo pressupõe que é impossível cumprir as exigências da Lei.[38] Isto quer dizer que Paulo acusa seus colegas judeus/judeu-cristãos[39] de pensarem que, ao observar a Lei, poderiam exigir algo de Deus, e isto simplesmente é impossível. No entanto, tal exegese está prejudicada por vários fatores.

a) A primeira expressão já não pode ser entendida como um ataque à autorrealização. ἐξ ἔργων νόμου são os judeus como um todo, precisamente à medida que entendem a si mesmos nos termos da Lei, que veem suas vidas como membros do povo da aliança divina caracterizada pelo serviço prescrito pela Lei.[40]

---

[38] Entre as discussões recentes, cf. H. Hübner, "Gal. 3.10 und die Herkunft des Paulus", in *KuD* 19 (1973): 215-231; também *Gesetz*, p. 19-20; A. Oepke, J. Rohde, *Galater*. THNT (Berlim: Evangelische, 1973), p. 105; F. Mussner, *Galaterbrief*, 3ª ed. (Friburgo [Alemanha]: Herder, 1977), p. 225-226; J. Becker, *Galater*. NTD (Göttingen: Vandenhoeck, 1976), p. 36-37; R. Smend, U. Luz, *Gesetz* (Stuttgart: Kohlhammer, 1981), p. 94-95; D. Hill, "Gal. 3.10-14: Freedom and Acceptance", in *ExpT* 93 (1981-1982): 197; F. F. Bruce, *Galatians*. NIGTC (Exeter: Paternoster, 1982), p. 157-160; Räisänen, *Paul*, p. 94. Referências mais antigas estão em J. Eckert, *Die urchristliche Verkündigung im Streit zwischen Paulus und seinen Gegnern nach dem Galaterbrief* (Regensburg: Pustet, 1971), p. 77, nota 3.
[39] Cf. *acima*, nota 17.
[40] Cf. *acima*, p. 197. Mussner nota com razão que a pesquisa recente reconhece "*wie sehr man gerade im Frühjudentum Bund und Gesetz zusammengedacht hat*" (a grande medida em que justamente o judaísmo primitivo pensou a aliança e a Lei juntas; *Galaterbrief*, p. 229, nota 85, referência a Jaubert e Limbeck; e agora particularmente a Sanders).

b) A ideia de que Paulo ao citar Dt 27.26 pressupõe a impossibilidade de cumprir a Lei é dificilmente evidente e tem que ser inserida no argumento.[41]

c) A exegese se torna ainda mais precária quando percebemos que contradiz ideias que Paulo afirma em outros textos – como nos vv. 11-12, diz Räisänen;[42] e certamente em 5.14, onde Paulo implica claramente que "toda a Lei" *pode* ser "cumprida" ao amar seu próximo como a si mesmo.[43]

O caminho mais promissor para uma exegese apropriada do v. 10 é o reconhecimento de que Paulo nega deliberadamente o que seus compatriotas (e os judaizantes) consideravam natural, ao questionar o que eles equiparavam. Isto quer dizer, a maioria dos judeus do tempo de Paulo presumia simplesmente que ser ἐξ ἔργων νόμου é permanecer dentro de tudo que a Torá estabelecia, *é* realmente fazer o que a Lei exige.[44] Mas Paulo rejeita essa equação. Ser das obras da Lei *não* é o mesmo que cumprir a Lei, é *menos* do que aquilo que a Lei exige e, dessa maneira, cai sob a maldição da própria Lei. Por que isso? A resposta está em nossa explicação anterior de "obras da Lei". As pessoas que são ἐξ ἔργων νόμου são as que compreenderam o âmbito do povo da aliança divina como Israel *per se*, como aquele povo que é definido pela Lei e distinguido e separado por suas exigências distintivas.[45] Esse entendi-

---

[41] Cf. H. Schlier, *Galater*, 13ª ed. KEK (Göttingen: Vandenhoeck, 1965), p. 132; H. Betz, *Galatians*. Hermeneia (Philadelphia: Fortress, 1979), p. 145; e o argumento altamente individual de Sanders (*Law*, p. 20-25).

[42] Cf. *acima*, nota 5.

[43] Cf. também a revisão que Betz oferece das opções habitualmente debatidas para o v. 10 (*Galatians*, p.145-146). A própria reconstrução que Betz faz do raciocínio de Paulo (a Lei foi dada para ser violada e para gerar pecado) dificilmente é óbvia segundo o texto (mesmo considerando 3.19). Dificilmente teria muito êxito junto a seus leitores, e neste ponto, Paulo dificilmente podia simplesmente supor que seus leitores compartilhassem suas pressuposições (cf. a observação do próprio Betz na p. 141). Além disso, como mostra Hübner, esse tipo de teologia atribui um motivo muito perverso a Deus ao dar a Lei (*Gesetz*, p. 27); é difícil imaginar que Paulo não estivesse consciente dessa consequência ou que ele a tivesse aceito deliberadamente.

[44] Como argumentou Sanders, é exatamente a preocupação de "ficar dentro" do quadro da aliança que está no coração do "nomismo da aliança".

[45] A falha de Sanders de apreciar o sentido pleno de Ὅσοι γὰρ ἐξ ἔργων νόμου reflete-se no resumo fraco que oferece: "em 3.10, Paulo entende que as pessoas que *aceitam* a Lei são malditas" (*Law*, p. 22, grifos meus).

mento da aliança e da Lei confere inevitavelmente um peso exagerado a fatores físicos e nacionais, a atos exteriores e visíveis, e confere pouco peso ao espírito, à fé e ao amor que vem do coração. Esse entendimento do povo de Deus resulta inevitavelmente num conjunto equivocado de prioridades. Com base em tal entendimento da Lei, seu cumprimento será inevitavelmente julgado em termos de tais prioridades. Como Paulo sabia bem de seu próprio passado, era muito fácil para um judeu devoto e leal pensar de si mesmo como "irrepreensível" (Fl 3.6), exatamente por ser um judeu devoto e leal, exatamente por ser zeloso em sua observância dos costumes ancestrais (Gl 1.14). No entanto, Paulo vê agora com clareza absoluta que esse entendimento da Lei *não* é tudo o que a Lei exige. Livre dos pressupostos que anteriormente determinaram sua própria autocompreensão e que ainda estavam determinando a autocompreensão da grande maioria de seu povo, Paulo conseguiu ver agora que o cumprimento da Lei tem que ser entendido em termos diferentes, como algo que gentios podem fazer sem qualquer referência ao estar dentro da Lei ou fora da Lei (cf. Rm 2.14-16,26-29). Agarrar-se de maneira desafiadora à visão mais antiga seria equivalente a rebaixar a Lei, a distorcer a aliança e efetivamente destruir a sua promessa. Entender a Lei equivocadamente, ao dar primazia a assuntos que eram, no melhor dos casos, de importância secundária, seria equivalente a não alcançar aquilo que a Lei exigia e, por isso, cair sob a maldição da própria Lei (Dt 27.26). Paulo podia supor que seus leitores reconhecessem este aspecto de seu pensamento, exatamente porque aquilo que chamamos hoje de "função social da Lei" era uma parte do quadro perceptivo de qualquer pessoa razoável e bem informada do tempo de Paulo, quando esta se deparava com o judaísmo, exatamente porque o caráter distinto do ser ἐξ ἔργων νόμου, em termos nacionalistas e visíveis, era bem reconhecido nas relações entre judeus e gentios. Tal caráter restritivo tinha se tornado o enfoque a respeito da circuncisão em Jerusalém (Gl 2.1-10) e a respeito das leis alimentares em Antioquia (Gl 2.11-18). No contexto da situação na Galácia, o desenvolvimento da argumentação de Gl 2.16 para 3.10 não é difícil de acompanhar.[46]

---

[46] G. Howard, *Paul: Crisis in Galatia.* SNTSMS 35 (Cambridge, 1979) reconhece o caráter estreito do enfoque paulino em seu discurso de "obras da Lei" e a preocupação de Paulo de que a Lei separa judeus de gentios (especialmente p. 53,62), mas ele enfraquece sua exposição ao argumentar que "estar sob a Lei"

Vv. 11-12: "E é claro que ninguém ἐν νόμῳ é justificado com Deus, porque 'o justo ἐκ πίστεως viverá' (Hab 2.4). E a Lei não é ἐκ πίστεως, mas 'quem faz o mesmo viverá ἐν αὐτοῖς'" (Lv 18.5).

Mais uma vez, Paulo coloca em antítese o que a maioria de seus colegas judeus semelhantemente considerava:

ἐν νόμῳ   ἐκ πίστεως
ἐκ πίστεως   ἐν αὐτοῖς

Na autocompreensão judaica, estar ἐν νόμῳ era viver ἐκ πίστεως (pela fé)[47] – em ambos os casos considerava-se o homem que era justo diante de Deus, sua justiça sendo definida e documentada exatamente pelas duas expressões (ἐν αὐτοῖς, ἐκ πίστεως).[48] Fazer o que a Lei especifica para o povo da aliança é viver ἐν αὐτοῖς, é viver ἐκ πίστεως. E, mais uma vez, a chave exegética é a percepção do caráter restritivo implicado nas duas expressões. Elas podem ser traduzidas por "em, na" ou por "por, pela" ou de modo mais vago por "em termos de" – o resultado é o mesmo: Paulo refere-se à típica autocompreensão judaica do povo de Deus, como circunscrita e definida pela Lei, como caracterizada pela prática das características distintivas da Lei.[49]

No entanto, Paulo contrasta ἐκ πίστεως com as duas expressões com ἐν. Assim, libera a expressão de sua mera função de definir uma vida ἐν νόμῳ e lhe confere um sentido independente, como fé,

---

poderia ser dito tanto de gentios como de judeus (p. 60-61); em contraste, cf. *acima*, p. 197.

[47] A compreensão habitual de Hab 2.4 TM – "[...] viverá por sua fidelidade". A presente discussão não precisa resolver a questão se Paulo entendia que ἐκ πίστεως pertencia a ὁ δίκαιος ou a ζήσεται. Cf., por exemplo, a discussão por H. C. C. Cavallin, "The Righteous Shall Live by Faith", in *St.Th.* 32 (1978): 33-43.

[48] Que ἐν νόμῳ (v. 11) equivale ἐξ ἔργων νόμου (v. 10) é claro (Bruce, *Galatians*, p. 161), como confirma também o paralelo entre Gl 3.11 e 2.16.

[49] Cf. *acima*, p. 197. Lv 18.5 "contém uma das doutrinas fundamentais do Antigo Testamento e do judaísmo" (Betz, *Galatians*, p. 148). Por ὁ νόμος, Paulo entende a Lei compreendida dessa maneira, como mostra Lv 18.5. O termo não deveria ser ampliado para significar "a lei" em toda e qualquer compreensão da lei. De fato, o *mesmo* contraste é estabelecido subsequentemente por Paulo entre "a lei da fé" e a "lei de obras" (Rm 3.27; cf. 9.31-32), exatamente porque νόμος é aqui uma abreviatura de ἔργα νόμος (cf. também *acima*, nota 48).

como confiança em Deus e abertura para ele, que vêm da palavra da pregação, sem qualquer referência à Lei ou às suas obras. Paulo não precisa dizer mais nada, nem sobre a "fé", nem sobre sua independência da função social da Lei, porque seus leitores tinham experimentado pessoalmente ambas as coisas em abundância (Gl 3.2-5).[50]

Ao estabelecer aqui esse tipo de contraste entre a fé e a Lei,[51] Paulo não quer que sejam compreendidas como mutuamente excludentes, nem quer rebaixar a ideia de "cumprir a Lei" como tal (compare-se Rm 2.13 e 2.26-27 com Gl 5.14 e 6.2).[52] Novamente se trata de uma questão de prioridade, pois, para seus parentes judeus, a Lei era o aspecto mais dominante dos dois conceitos e determinava o significado de πίστις como "fidelidade" – fidelidade na observância das obras da Lei. Para Paulo, porém, a fé é a principal categoria e o fator determinante (como confirmava a própria experiência dos gálatas). Subjugar a fé novamente ao ditado do nomismo da aliança significaria negar suas próprias experiências, afirmadas pela Escritura. A vida de serviço nomista, validada por Lv 18.5, precisa ser substituída pela vida escatológica de fé, como prenunciada antitipicamente por Hab 2.4.

Vv. 13-14: "Cristo nos redimiu da maldição da Lei, tornando-se ele mesmo maldição em nosso favor – como está escrito: 'Maldito é todo aquele que é suspenso no madeiro' (Dt 21.23 com 27.26) – para que a benção de Abraão venha até os gentios em Cristo Jesus, para que recebamos a promessa do Espírito através da fé".

---

[50] No contexto de Rm 3.1-9, πίστις tem de se referir principalmente à fé exercida por seres humanos e não à fidelidade de Deus (contra Howard, *Paul*, p. 63-64), embora uma alusão secundária ao último não pode ser excluída com certeza, devido a Hab 2.4 LXX. Que Paulo vincule Hab 2.4 com Cristo (R. B. Hays, *The Faith of Jesus Christ*. SBL Dissertation Series 56 [Chico: Scholars, 1983], p. 150-157) é ainda menos provável: 3.10-12 é uma exposição do contraste entre οἱ ἐκ πίστεως (v. 9) e Ὅσοι γὰρ ἐξ ἔργων νόμου (v. 10).

[51] Uma interpretação cristológica de 3.12 (Lv 18.5 foi cumprido através de Cristo) ignora o contraste claramente intencionado aqui e atribui ao texto um sentido exagerado (K. Barth, *CD* II/2, p. 245; R. Bring, *Galatians* [Philadelphia: Muhlenberg, 1961], p. 128-142; Cranfield, *Romans, p.* 522, nota 2).

[52] Contra Schlier, *Galater*, p. 132-135. Como notaram U. Luz e outros, não é o *fazer*, e sim o *não* fazer que está sob a maldição da Lei (*Das Geschichtsverständnis des Paulus* [Munique: Kaiser, 1968], p. 149).

O pensamento remete claramente ao v. 10, como confirma a formulação da passagem escriturística que o alinha com a citação escriturística no v. 10.⁵³ Paulo deseja que se entenda "a maldição da Lei" à luz do v. 10. Isto quer dizer, a maldição da Lei não é simplesmente a condenação que cai sobre qualquer transgressão e sobre todas as pessoas que falham em cumprir todas as exigências da Lei. Paulo tem em mente a falha do típico judeu contemporâneo, a maldição que cai sobre todas as pessoas que restringem a graça e a promessa de Deus em termos nacionalistas, que tratam a Lei como um marcador de fronteiras que distingue e separa o povo de Deus dos gentios, que conferem uma falsa prioridade aos marcadores rituais. Aqui, a maldição da Lei diz respeito, em primeiro lugar, a essa atitude que confina a promessa da aliança aos judeus enquanto judeus: ela recai sobre aquelas pessoas que vivam dentro da Lei de tal maneira que excluam dessa promessa os gentios enquanto gentios. Isto é confirmado pela segunda metade da formulação paulina nos vv. 13-14: o objetivo da redenção da maldição da Lei operada por Cristo é exatamente o que esperaríamos (agora) – a saber, a extensão da benção da aliança para os gentios.⁵⁴ Portanto, a maldição removida pela morte de Cristo foi a maldição que tinha previamente impedido que essa benção se estendesse até os gentios, a maldição de uma falsa compreensão da Lei. Era uma maldição que se abatia primeiro sobre o judeu (Gl 3.10; 4.5), mas enquanto dominava esse mal-entendido da aliança e da Lei, também gentios eram por ela atingidos.⁵⁵

---

⁵³ Cf. M. Wilcox, "'Upon the Tree' – Deut. 21.22-23 in the New Testament", in *JBL* 96 (1977): 87.

⁵⁴ "O sumário em 3.14 mostra onde cai a ênfase da argumentação em 3.1-13" (Sanders, *Law*, p. 22). A fraqueza da exegese atomística de Räisänen é ilustrada pela fraqueza de sua abordagem de 3.13, que ignora a conexão entre os v. 13 e 14 (*Paul*, p. 59-61,249-251). Isto não obstante o fato de ele notar a seguir: "É surpreendente quantas vezes a polêmica contra a Lei como o caminho para a salvação é encontrada num contexto onde o problema mais importante é a questão da *inclusão dos gentios* (Gl 2-3, Rm 3-4, Rm 9-10)" (*Paul*, p. 176; semelhantemente p. 187).

⁵⁵ Comentaristas estão divididos sobre se ἡμᾶς deve ser entendido somente em relação a cristãos judeus (*p.ex.*, Betz, *Galatians*, p. 148) ou também em relação a gentios (*p.ex.*, B. Byrne, *'Sons of God' – 'Seed of Abraham'*. AnBib 83 [Rome: Biblical Institute, 1979], p. 153). Naturalmente, Paulo poderia pensar que os gentios estivessem também sob a maldição da Lei, independentemente da maldição

Foi a esta maldição que Jesus trouxe a redenção através de sua morte.

Isto pode parecer no início uma compreensão surpreendentemente estrita do efeito redentor da morte de Cristo, especialmente quando uma teologia sistematizada da expiação tende a enfatizar a salvação do poder do pecado (e da condenação pela transgressão). Mas o sentido e a intenção de Paulo são aqui de fato muito estritos e específicos.

1) Ele já usou Dt 27.26 num sentido muito específico e estrito (v. 10), e o significado original de Dt 21.23 é também muito estrito e particular. Simplesmente, pelo fato de ambos se referirem a uma maldição e ambos o fazerem em referência à herança da aliança (Dt 21.23; 27-28), Paulo se sentiu indubitavelmente autorizado a juntá-los como uma maneira de entender a morte de Jesus: como concordariam seus contemporâneos judaicos, seria possível relacionar apropriadamente a morte de Jesus com Dt 21.23,[56] portanto, entendê-la como sujeita à maldição de Deus e consequentemente relacionada com a maldição de Dt 27.26.[57]

2) O paralelo com Gl 4.4-5 confirma claramente que o pensamento de Paulo em ambas as passagens se move de acordo com linhas tão específicas e circunscritas de maneira muito estreita:

Cristo tornou-se uma maldição para redimir da maldição da Lei para que possamos receber o Espírito.	Cristo tornou-se submetido à Lei para redimir aqueles submetidos à Lei para que possamos receber a adoção.[58]

---

voltada para a restrição judaica, já que também gentios, de sua própria maneira, não conseguem fazer tudo que a Lei exige (cf. Rm 1.18-31). No entanto, aqui, esse tipo de pensamento não está no primeiro plano da mente de Paulo (cf., porém, Gl 4.8-10). Não obstante, o efeito maligno que o mal-entendido judaico da Lei tinha sobre os gentios poderia ser incluído sem exatidão exagerada no pensamento único de que tanto judeus como gentios precisavam de redenção da maldição da Lei, equivocadamente entendida no sentido de excluir gentios por serem gentios. Por isso, afirmar neste ponto um "conceito oscilante da Lei" (Räisänen, *Paul*, p. 19-20) é injustificável.

[56] Cf. 4QpNah 1.7-8; 11Q Rolo do Templo 64.6-13 e a discussão cuidadosa de J. A. Fitzmyer, "Crucifixion in Ancient Palestine, Qumran Literature and the New Testament", in *CBQ* 40 (1978): 493-513, reimpresso em *To Advance the Gospel* (Nova Iorque: Crossroad, 1981): p. 125-146, especialmente p. 129-135,138-139.

[57] Cf. Bruce, *Galatians*, p. 164; também "Curse of the Law", p. 31.

[58] Cf. D. R. Schwartz, "Two Pauline Allusions to the Redemptive Mechanism of the Crucifixion", in *JBL* 102 (1983): 260-263. Não há nenhuma "discrepância"

Ao lembrarmos que "aqueles sob a Lei" estão sob a maldição da Lei (v. 10), percebemos que o objetivo da obra redentora de Cristo pode ser especificado de modo muito nítido como a remoção *daquela* maldição, como a salvação dos herdeiros da promessa da aliança dos efeitos doentios de uma compreensão demasiadamente estreita da aliança e da Lei, defendida pela maioria dos contemporâneos judaicos de Paulo, de modo que tanto judeus como gentios podem agora entrar no âmbito mais amplo da promessa da aliança. Lembremos que Ef 2.13-16 especifica essa compreensão da cruz em termos muito explícitos – uma confirmação por parte de uma pessoa que tinha a maior estima pelo tesouro da tradição paulina (ou da parte do próprio Paulo) e que afirma que essa doutrina muito específica da cruz é um dos elementos principais da teologia de Paulo.

3) Deveríamos também notar que tudo isto combina muito bem com aquilo que o próprio Paulo afirma como o impacto predominante de sua conversão – a convicção de que ele deveria pregar Cristo entre os gentios. Ao contrário de numerosas especulações, a linha do pensamento de Paulo parece não ter sido: Deus ressuscitou Jesus da morte – por isso, ele não pode ter morrido merecidamente – logo, a Lei que o condena, condena a si mesma, e a sua morte liberta as pessoas que creem nele de qualquer obrigação de obedecer à Lei.[59] Os escritos de Paulo não evidenciam absolutamente tal linha de pensamento.[60] Ele mesmo confere um lugar central à convicção de que, em Cristo, a promessa de Deus estava agora aberta para os gentios (Gl 1.15-16). Isto sugere que a linha de seu pensamento era antes: em sua morte, Cristo colocou a si mesmo sob a maldição e fora da benção da aliança (cf. Dt 11.26; 30.19-20) – isto é, ele se colocou no lugar dos gentios! E mesmo assim, Deus o vindicou! Por isto, Deus está *em favor* dos gentios, e, consequentemente, a Lei já não podia mais servir como uma fronteira para separar judeus de gentios. Resumindo: em

---

entre 4.4-5 e 3.13, como afirma Betz (*Galatians,* p. 144 nota 57); ambos os trechos estão principalmente direcionados para o efeito soteriológico da morte de Cristo (cf. J. D. G. Dunn, *Christology in the Making* [Londres: SCM. 1980], p. 41-42). Além disso, cf. Hays, *Faith,* cap. III.

[59] Assim, por exemplo, o estudo mais recente de H. Weder, *Das Kreuz Jesu bei Paulus* (Göttingen: Vandenhoeck, 1981), p. 187-193.

[60] Cf. especialmente Sanders, *Law,* p. 25-26; Räisänen, *Paul,* p. 249-251 (cf., porém, também *acima,* nota 54).

sua morte, Cristo aboliu efetivamente essa desqualificação ao desqualificar-se a si mesmo. O que vemos se desenvolvendo na esteira dos incidentes descritos em Gl 2 é a elaboração dessa linha de pensamento, e seu ápice está em 2.21: "Se a justiça vem através da Lei, então Cristo morreu em vão". Na perspectiva de Paulo, a morte de Cristo tinha um efeito real, justamente porque rompeu com o caráter restritivo da compreensão que o judeu típico tinha da justiça de Deus e demonstrava que a graça de Deus podia ser experimentada independentemente da Lei.[61]

Para resumir: Gl 3.10-14 não contradiz a tese elaborada nas primeiras duas secções deste *artigo*. Ao contrário, a tese nos capacita a captar o sentido e a conexão dos pensamentos em Gl 3.10-14 melhor do que segundo qualquer alternativa existente, e mostra que a tensão que RÄISÄNEN percebe neste trecho resulta antes de sua perspectiva embaçada do que a partir do pensamento do próprio Paulo.

Conclusão

1. Qualquer tentativa de aproximar-se adequadamente do contexto do ensinamento paulino sobre a Lei deve levar em consideração a função social da Lei naquele tempo. Uma suposição básica da autocompreensão judaica era a afirmação de que a Lei servia para *identificar* o povo judeu como o povo eleito pelo Deus único, como sua propriedade, e que ela servia como uma *fronteira* para separar esse povo de todas as (outras) nações. A partir desta perspectiva sociológica, fica também evidente que os judeus (inclusive os cristãos judeus) estavam particularmente sensíveis nos pontos onde tal fronteira parecia ameaçada e, consequentemente, onde a sua própria identidade estava desafiada. Então, não é uma surpresa que a controvérsia maior em Gálatas 2 se concentrasse exatamente na circuncisão e nas leis alimentares, dois dos marcadores de fronteira mais óbvios.

---

[61] Vale a pena contrastar a artificialidade da reconstrução que Räisänen faz do raciocínio de Paulo: o "ponto de partida de Paulo é a convicção de que a Lei *não deve* ser cumprida fora das comunidades cristãs, para que Cristo não tenha morrido em vão" (*Paul*, p. 118).

2. Dentro deste contexto, a expressão "obras da Lei" era entendida não simplesmente como "boas obras" em geral, mas como aquelas observâncias da Lei que expressavam uma compreensão da Lei, o serviço nomista, o nomismo da aliança, as observâncias da Lei destinadas a caracterizar o bom judeu e a separá-lo do gentio, revelando que ele está "dentro da Lei", "sob a Lei", que toda a sua existência está determinada "pela Lei". É essa atitude que Paulo ataca quando critica o "gloriar-se" judaico, sua ênfase equivocada no exterior e físico, sua pretensão acerca de uma justiça exclusivamente judaica. É essa atitude que Paulo considera uma compreensão atrofiada e distorcida daquilo que a Lei exige e que, consequentemente, está sob a maldição da Lei (Gl 3.10). É uma atitude que está em contradição com a fé de Abraão e com a fé através da qual os gálatas entraram na benção prometida a Abraão (Gl 3.11-12).

3. Reconhecer ser o ataque de Paulo dirigido à uma compreensão particular e restritiva da Lei, o que fornece a chave para muitas tensões percebidas nos escritos paulinos sobre a Lei. Libertado da compreensão demasiadamente estrita da Lei, o cristão judeu (e o gentio) é capaz de reconhecer que a Lei continua a desempenhar um papel positivo e que deve ser cumprida no amor ao próximo. E quando se enxerga a Lei em sua função de recomendar e confirmar as prioridades corretas, a saber, a fé em Deus (e em seu Cristo) e o amor ao próximo, as demais prioridades que enfatizam o caráter distinto nacional podem ser identificadas como prioridades falsas, e as correspondentes práticas rituais podem ser abandonadas como assuntos indiferentes, cuja observância não deveria ser exigida de ninguém que pratica a fé de Abraão e se rejubila na promessa dada a Abraão.

4. Não menos importante é a maneira como nossa exegese confirma a predominância da questão de judeu/gentio em todo o pensamento de Paulo. Em seu ensinamento mais antigo preservado sobre a morte de Jesus, ele afirma que o único sentido da morte de Jesus na cruz foi remover a fronteira da Lei e sua consequente maldição, para que todas as pessoas pudessem gozar da benção prometida a Abraão (Gl 2.21; 3.13-14). Percebemos agora que o ensinamento paulino sobre a justificação pela fé estava voltado para a questão específica de como a justiça de Deus poderia ser conhecida tanto por gentios como por

judeus, independentemente da reflexão sistemática posterior sobre a doutrina que o ampliou e estendeu.⁶² Da mesma maneira, precisamos reconhecer que seu ensinamento inicial sobre a cruz estava também voltado especificamente para o mesmo problema, independentemente da posterior reflexão cristã justificada que o ampliou e estendeu para a doutrina da expiação. Como mostra Gl 1.15-16, o elemento central do pensamento teológico de Paulo foi a convicção de que o propósito de Deus abraçava tanto os gentios como os judeus, e não a questão de como um homem culpado podia se encontrar com um Deus misericordioso. Foi em torno de tal convicção e como uma expressão dela que as outras ênfases centrais da teologia de Paulo adquiriram sua primeira forma.⁶³

---

[62] Remeto particularmente a K. Stendahl, "The Apostle Paul and the Introspective Conscience of the West", in *HTR* 56 (1963): 199-215, reimpresso em seu *Paul Among Jews and Gentiles* (Londres: SCM, 1977), p. 78-96; cf. também N. A. Dahl, "The Doctrine of Justification: its Social Function and Implications", in *Studies in Paul* (Minneapolis: Augsburg, 1977), p. 95-120; W. D. Davies, "Paul and the People of Israel", in *NTS* 24 (1977-1978): 4-39, reimpresso em seu *Jewish and Pauline Studies* (Londres: SPCK, 1984), p. 123-152 (aqui especialmente p. 128); também sua revisão do comentário de Betz, reimpressa na mesma coleção, p. 172-188; Gaston (como nota 24); e, certamente, E. P. Sanders, *Paul and Palestinian Judaism* (Londres: SCM, 1977).

[63] Para a crítica; Donaldson, 'Curse', cf. *Jesus, Paul and the Law*, p. 236, nota 66.

Capítulo 4
A Nova Perspectiva sobre Paulo: Paulo e a Lei

1. Introdução

Uma aproximação qualitativamente nova a Paulo e particularmente à Carta aos Romanos tornou-se possível e necessária devido à nova perspectiva sobre Paulo fornecida por E. P. SANDERS.[1] SANDERS teve êxito ao trabalhar um argumento que outros tinham apresentado antes dele,[2] mas que tinha sido pouco "ouvido" dentro da comunidade dos estudiosos do NT. O argumento é que a exegese protestante permitiu por muito tempo uma ênfase tipicamente luterana acerca da justificação pela fé, impondo ao texto da Carta aos Romanos certo

---

[1] *Paul and Palestinian Judaism* (Londres: SCM, 1977), p. 1-12 e Parte 1. Também devemos mencionar a crítica anterior à apresentação negativa da Lei na pesquisa do AT e do "intertestamento" por M. Limbeck, *Die Ordnung des Heils: Untersuchungen zum Gesetzesverständnis des Frühjudentums* (Düsseldorf: Patmos, 1971). Cf. também especialmente L. Gaston, "Paul and the Torah", in A. T. Davies (org.), *Antisemitism and the Foundations of Christianity* (Nova Iorque: Paulist Press, 1979), p. 48-71 (aqui: p. 48-54); e F. Watson, *Paul, Judaism and the Gentiles*. SNTSMS 56 (Cambridge: University Press, 1986), p. 2-18. Para exemplos da discussão em categorias mais antigas, cf. O. Kuss, "Nomos bei Paulus", in *MTZ* 17 (1966): 173-226; e H. Hübner, *Law in Paul's Thought* (Edimburgo: T. & T. Clark, 1984).

[2] K. Stendahl, "The Apostle Paul and the Introspective Conscience of the West", in *HTR* 56 (1963): 199-215, reimpresso em *Paul among Jews and Gentiles* (Londres: SCM, 1977), p. 78-96; N. A. Dahl, "The Doctrine of Justification: Its Social Function and Implications", in *Studies in Paul* (Minneapolis: Augsburg, 1977), p. 95-120.

aprisionamento hermenêutico.³ É uma ênfase importante afirmar que é Deus quem justifica os ímpios (Rm 4.5), e é compreensível que esse *insight* tenha se tornado, com tremenda força, um enfoque integral da teologia luterana. O problema, porém, reside no elemento em cuja oposição essa ênfase foi colocada. A antítese à "justificação pela fé" – da qual Paulo fala – com a expressão "justificação pelas obras" – foi compreendida em termos de um sistema no qual a salvação era *adquirida através do mérito de boas obras*. Tal posição baseava-se em parte na comparação sugerida no mesmo trecho (Rm 4.4-5) e em parte na rejeição que a Reforma dispensou a um sistema no qual as indulgências podiam ser compradas e os méritos, acumulados. O protesto era necessário e justificado, e teve também uma importância duradoura. Não obstante, ocorreu um erro hermenêutico ao retroprojetar esta antítese para o tempo do NT, ao assumir que o protesto de Paulo contra o judaísmo farisaico era justamente o mesmo protesto de LUTERO na Igreja pré-Reforma. Em outras palavras, ocorreu um erro ao se entender que o judaísmo dos dias de Paulo era apenas legalista, um erro ao se entender que tal judaísmo promovia em seus ensinos um sistema de obtenção da salvação pelo mérito proveniente de boas obras, com pouco ou nenhum espaço para o perdão e a graça incondicionais de Deus ("o judaísmo rabínico imaginário, criado por estudiosos cristãos para inventar um pano de fundo convenientemente lúgubre para as epístolas de São Paulo").⁴

Foi esse retrato do judaísmo do primeiro século que SANDERS desmascarou – ele revelou que tal retrato era uma caricatura grosseira que, lamentavelmente, teve um papel importante em nutrir uma corrente perversa do antissemitismo cristão. Como SANDERS demonstrou clara e suficientemente, o contrário é verdadeiro: toda a autocompreensão religiosa do judaísmo estava baseada na premissa da graça – na premissa de que Deus elegera Israel livremente e concluíra sua aliança com Israel para ele ser seu Deus e eles, seu povo. Tal relação de aliança

---

³ Cf., por exemplo, a maneira como G. Bornkamm, *Paul* (Londres: Hodder & Stoughton, 1971) organiza sua discussão do assunto (p. 137).

⁴ C.-G. Montefiore, *Judaism and St. Paul* (1914; reproduzido em Nova Iorque: Arno, 1973), p. 65. Além disso, os exemplos citados por Sanders, *Paul*, e Watson, *Paul*; cf., por exemplo, F. J. Leenhardt, *Romans*. CNT (1957; ET Londres: Lutterworth, 1961), *passim*, e H. Ridderbos, *Paul: An Outline of his Theology* (Grand Rapids: Eerdmans, 1975), p. 130-135.

era regulada pela Lei, não como uma maneira de adquirir a aliança ou de obter méritos, mas como uma maneira de viver *dentro* da aliança. Isto incluía o recurso ao sacrifício e à expiação em favor das pessoas que confessassem seus pecados e se arrependessem. O próprio Paulo mostra claramente a necessidade de tal atitude em sua citação de Lv 18.5 em 10.5 – "a pessoa que faz essas coisas [exigidas pela Lei] viverá por elas". Sanders caracteriza tal atitude pela expressão agora já bem conhecida "nomismo da aliança" – isto é, "a preservação do *status*" dentro do povo eleito de Deus pela observação da Lei dada por Deus como uma parte da relação de aliança.[5] A revisão de Sanders não abrange toda a literatura judaica disponível do período em questão, mas o trabalho de um de meus próprios estudantes de pós-graduação, Don Garlington, confirmou o resultado e demonstrou a consistência do padrão do "nomismo da aliança" em todos os escritos judaicos contidos nos "apócrifos".[6]

Infelizmente, Sanders não seguiu seu *insight* na medida necessária ou com a consistência desejável. Em vez de inserir Paulo de forma mais completa no contexto do judaísmo assim entendido, ele passou para a tese de que Paulo tivesse saltado arbitrariamente (em resultado de seu encontro na estrada para Damasco) de um sistema (nomismo da aliança) para outro (cristianismo).[7] Isto teria deixado sua teologia, particularmente a respeito da Lei, incoerente e contraditória.[8] Acerca deste último ponto, Sanders recebeu forte apoio de Heikki Räisänen,[9] que também argumenta que Paulo "teve a intenção de retratar o judaísmo

---

[5] Sanders, *Paul*, p. 544; além disso, cf. J. D. G. Dunn, "The New Perspective on Paul", in *BJRL* 65 (1983): 95-122 (= *acima*, Cap. 2); semelhantemente Limbeck, *Ordnung*, p. 29-35; cf. J. A. Ziesler, *The Meaning of Righteousness in Paul*. SNTSMS 20 (Cambridge: University Press, 1972), p. 95.

[6] *"The Obedience of Faith": A Pauline Phrase in Historical Context*. WUNT 2.38 (Tübingen: Mohr Siebeck, 1991). Cf. também J. J. Collins, *Between Athens and Jerusalem: Jewish identity in the Hellenistic Diaspora* (Nova Iorque: Crossroad, 1983), que nota, porém, que o padrão não é tão consistente em toda a literatura da diáspora (p. 14-15,29,48,77,141,167,178-181,236-237). Para a importância da aliança no judaísmo imediatamente antes de Paulo e em seu tempo, cf. especialmente A. Jaubert, *La notion d'alliance dans le Judaisme* (Editions du Seuil, 1963).

[7] Sanders, *Paul*, p. 550-552.

[8] E. P. Sanders, *Paul, the Law and the Jewish People* (Philadelphia: Fortress, 1983).

[9] H. Räisänen, *Paul and the Law*. WUNT 29 (Tübingen: Mohr Siebeck, 1983).

como uma religião de mérito e obras realizadas",[10] e que Paulo, fazendo assim, "fornece uma imagem totalmente distorcida da religião judaica".[11] Igualmente perturbador, mas desde uma perspectiva diferente, é o fato de que o "nomismo da aliança" do judaísmo palestinense, assim como descrito por SANDERS, tem uma surpreendente semelhança com aquilo que comumente foi entendido como a religião do próprio Paulo (boas obras como o fruto da precedente aceitação pela graça de Deus).[12] Ora, o que pode ser aquilo que Paulo rejeita?

2. Questões exegéticas

As questões exegéticas aqui apresentadas enfocam sobretudo o tema a respeito da relação entre Paulo e a Lei.[13] É um assunto importante, já que a Lei atualmente representa um dos principais temas secundários da carta, numa medida que geralmente não é percebida.[14] A maneira como Paulo desenvolve regularmente, na Carta aos Romanos, as partes de sua discussão antes de tematizar a Lei é extremamente notável (Rm 2.12ss; 3.27ss; 4.13ss; 5.20; cap. 7), enquanto, em outras partes centrais, é o papel da Lei que fornece o vínculo crucial da argumentação (Rm 3.19-21; 8.2-4; 9.31-10.5). Já que tais referências, em seu conjunto, abrangem a argumentação completa dos capítulos 1-11 em

---

[10] "Paul's Conversion and the Developments of his View of the Law", in *NTS* 33 (1987): 404-419.

[11] "Legalism and Salvation by the Law: Paul's Portrayal of the Jewish Religion as a Historical and Theological Problem", in S. Pedersen (org.), *Die Paulinische Literatur und Theologie* (Aarhus: Aros/Göttingen: Vandenhoeck und Ruprecht, 1980), p. 63-83 (aqui: p. 72), reimpresso em *The Torah and Christ* (Helsinki: Finnish Exegetical Society, 1096), p. 25-54; de acordo com H. J. Schoeps, *Paul: the Theology of the Apostle in the Light of Jewish Religious History* (Londres: Lutterworth 1961), p. 200; embora com uma concessão importante em Räisänen, *Torah*, p. 183.

[12] M. D. Hooker, "Paul and 'Covenantal Nomism'", in M. D. Hooker, S. G. Wilson (org.), *Paul and Paulinism*. FS C. K. Barrett (Londres: SPCK, 1982), p. 47-56.

[13] Daí, e não para nossa surpresa, os títulos dos livros de Sanders (nota 8) e de Räisänen (nota 9), como também de Hübner (nota 1).

[14] F. Hahn, "Das Gesetzesverständnis im Römer- und Galaterbrief", in *ZNW* 67 (1976): 29-63: "um motivo contíguo indispensável".

todas as suas fases, pode haver pouca dúvida de que há tensões entre seu evangelho e a Lei, e que há preocupação por parte de Paulo de resolver tais tensões, o que é uma das principais motivações de Paulo ao redigir a carta.

Além disso, é improvável que seja mera coincidência o fato de que vários dos problemas exegéticos mais cruciais da Carta aos Romanos estejam vinculados ao tema secundário central da carta. Por isso é significativo que SANDERS e RÄISÄNEN não estejam em condições de integrar o tratamento que Paulo dispensa à Lei no cap. 2 no restante de sua teologia.[15] O uso de *nómos* em Rm 3.27-31 causou uma infinita perturbação: será que devemos entender *nómos* no v. 27 como uma referência à Lei, ou devemos traduzir a palavra por "princípio"? E como pode Paulo no v. 31 afirmar que está "estabelecendo a Lei"? A centralidade da Lei no cap. 7 foi reconhecida, mas como e se este *insight* facilita a exegese de Rm 7.14-25 em particular é uma controvérsia não resolvida, já que o sentido de *nómos* em Rm 7.23 e 8.2 é passível de discussão, da mesma maneira como em Rm 3.27. Na seção obviamente crucial e sintetizadora de Rm 9.30-10.4 há uma controvérsia semelhante a respeito do significado de *nómos dikaiosýnēs*, "Lei de justiça" (Rm 9.31), e *télos nómou*, "fim da Lei" (Rm 10.4). E na seção parenética, a afirmação de que o amor ao próximo é um cumprimento da Lei (Rm 13.8-10) causa mais confusão àqueles que pensam ser Paulo alguém que voltou as costas ao judaísmo e à Lei. Como é destacado na crítica perspicaz de RÄISÄNEN,[16] o problema da união de afirmações positivas e negativas a respeito da Lei em um conjunto integrado em Romanos não teria recebido uma solução satisfatória. No entanto, o tratamento atomístico que o próprio RÄISÄNEN dedica ao texto é também um obstáculo para o estabelecimento de um panorama integral e coerente do tema.

Portanto, é claro que o motivo secundário principal da carta apresenta problemas de suma importância para a nossa compreensão da carta. É bem possível que todos eles estejam interligados, e uma solução correta de um possa trazer consigo a solução de outros. Para todos

---

[15] Sanders, *Law*, p. 147 – "verdadeira autocontradição"; Räisänen, "Paul's Theological Difficulties with Law", in E. A. Livingstone (org.), *Studia Biblica* 1978, Vol. III. JSNTSup 3 (Sheffield: JSOT Press, 1980), p. 301-320 (reimpresso em *Torah*, p. 3-24) – "linhas de pensamento contraditórias", p. 307; também *Law*.

[16] *Law*, p. 23-28,42-83.

os efeitos, será necessário chegar a uma visão mais clara do papel da Lei no judaísmo do primeiro século, antes que possamos nos aventurar na interpretação da própria carta. Somente quando considerarmos com clareza o que Paulo e seus leitores consideravam evidente em relação à Lei e à sua função, nós estaremos em condições de ouvir as alusões que ele fez e de entender os argumentos que ele ofereceu. A confusão e a discordância que ainda permanecem em relação às passagens acima elencadas sugerem fortemente que o papel da Lei ainda não foi percebido adequadamente, tanto dentro do judaísmo contra o qual Paulo estava reagindo, quanto dentro da nova perspectiva sobre Paulo. Portanto, tentarei a seguir e brevemente "montar o cenário" para que se alcance o entendimento deste tema integrador da carta.

3. *Nómos* como equivalente de Torá

Antes de tudo devemos esclarecer um ponto que tem causado certo mal-entendido e confusão, a saber, se *nómos/Lei* é apropriado como tradução equivalente ou como "sentido" de *torah/Torá*. Desde S. SCHECHTER[17] e C. H. DODD[18] foi frequentemente afirmado que *torah* não significaria *nómos* ou "Lei", mas simplesmente "instrução" ou "ensinamento", e que *a* Torá (o Pentateuco ou todo o conjunto das Escrituras) incluiria mais que "lei". De acordo com um grupo de opiniões influentes, essa equação de *torah/Torá* com (a) Lei/lei, assim como se encontra na LXX na tradução de *torah* pela palavra *nómos*, que tem um sentido mais estreito, contribuiu posteriormente com a compreensão "distorcida" de Paulo acerca da fé de seus antepassados e está na raiz da caracterização moderna do judaísmo como "legalista".[19] No entanto, STEPHEN WESTERHOLM mostrou agora claramente:

---

[17] *Aspects of Rabbinic Theology* (1909; Nova Iorque: Schocken, 1961).
[18] "The Law", in *The Bible and the Greeks* (Londres: Hodder & Stoughton, 1935), p. 25-41.
[19] Por exemplo, Dodd, "Law", p. 34; Schoeps, *Paul*, p. 29; S. Sandmel, *The Genius of Paul* (1958; Philadelphia: Fortress, 1979), p. 47-48; citados por S. Westerholm, "Torah, Nomos and Law: A Question of Meaning", in *SR* 15 (1986): 327-336 (aqui: 330-331); também P. Lapide, P. Stuhlmacher, *Paul: Rabbi and Apostle* (Minneapolis: Augsburg, 1984), p. 39.

1) que *nómos* pode ser uma tradução apropriada de *torah* (*p.ex.* Gn 26.5; Ex 12.49; Lv 26.46);

2) que o uso técnico de "*torah* para se referir a uma coleção que traduz as obrigações da aliança de Israel remonta ao Deuteronômio, que aproveita da base de Torá = *nómos* = Lei como um título apropriado para o Pentateuco (*p.ex.* Dt 4.8; 30.10; 32.46);

3) que o uso paulino de *nómos* para resumir as obrigações de Israel estabelecidas por Moisés está "inteiramente na linha do uso hebraico de *torah*" (compare-se, *p.ex.*, Rm 2.12,17-18; 7.2; 10.5 com 1Rs 2.3; Esd 7.6,10,12,14,26; Ne 8.14; 9.14,34 e Jr 32.23).

Particularmente a compreensão básica de "nomismo da aliança" é mais ou menos evidente no ato fundacional de Israel como uma nação – o êxodo do Egito e a dádiva da Lei no Sinai. Como expressam Ex 20 e Dt 5 de modo quintessencial, a Lei (aqui: os Dez Mandamentos – compare-se Dt 4.8 com 5.1) vem somente depois do primeiro ato da iniciativa divina ("Eu sou o Senhor teu Deus que te tirou da terra do Egito [...]"). A obediência a essa Lei é a resposta de Israel à graça divina, não uma tentativa de ganhar o favor de Deus que seria entendido como algo dado de modo invejoso e dispensado de modo calculista. Como já ficou claro, a expressão mais plena e substancial do teologúmeno básico do judaísmo é o Deuteronômio, a afirmação clássica da teologia da aliança de Israel: os estatutos e prescrições da Lei (cap. 5-28), estabelecidas explicitamente como a aliança que Deus fez com Israel (Dt 5.2-3; 9,1ss), tendo a promessa (e o alerta) repetidamente reafirmada em numerosas variações no "Faze isto e viverás" (*p.ex.* 4.1,10,40; 9.29-33; 6.1-2,18,24; 7.12-13 etc.).[20] Não é uma surpresa que Paulo interaja na Carta aos Romanos com maior frequência com o Deuteronômio do que com qualquer outra parte do Pentateuco, e que sua exposição de Dt 30.12-14 esteja no centro de seu esforço de explanar o significado permanente e mais amplo da Lei de uma maneira tal que resgate a Lei de uma compreensão demasiadamente definida do "Faze isto e viverás" (Rm 10.5-13).

Não é necessário entrar no debate sobre a profundidade do enraizamento dessa compreensão de aliança e Lei na religião pré-exílica

---

[20] Cf. também meu livro *Romans*. WBC 38 (Dallas: Word, 1988), sobre Rm 2.13 e 10.5.

de Israel.²¹ Sejam quais forem os fatos atuais nesse caso, a atitude do nomismo da aliança recebeu certamente sua forma determinante pelas reformas de Esdras no período pós-exílico, com sua política deliberada de segregação nacional e cúltica imposta pela Lei (Esd 9-10). Essa tendência foi maciçamente reforçada pela crise macabeia, na qual estava em jogo exatamente a identidade de Israel como o povo da aliança, o povo da Lei (1Mc 1.57; 2.27,50; 2Mc 1.2-4; 2.21-22; 5.15; 13.14), e na qual o "zelo pela Lei" se tornou a "senha" da resistência nacional (1Mc 2.26-27,50,58; 2Mc 4.2; 7.2,9,11,37; 8.21; 13.14).²² Da mesma maneira, no período depois da crise macabeia, o vínculo entre eleição, aliança e Lei permaneceu um tema fundamental e persistente da autocompreensão judaica, como mostram o Eclesiástico,²³ o Livro dos Jubileus²⁴, o Documento de Damasco²⁵ e Pseudo-Fílon.²⁶ Podemos notar particularmente a elaboração disso tudo em dois dos principais grupos do judaísmo palestinense no tempo de Jesus e Paulo. A comunidade de Qumran definia o pertencimento à aliança da graça nos termos da observação dos preceitos de Deus e da atenção aos mandamentos de Deus (1QS 1.7-8; 5.1-3). O compromisso com a Lei tinha que ser total e examinado todo ano, sendo que qualquer falha era severamente punida (1QS 5.24; 8.16-9.2). E os fariseus eram conhecidos por sua *akríbeia*, "acribia, severidade", em observar a Lei,²⁷ e evidentemente também por sua preocupação em manter um nível de pureza em seu cotidiano em um nível exigido pela Lei somente para o próprio culto no Templo.²⁸ A respeito das tradições rabínicas sobre a relação particular de Israel com a Lei podemos nos limitar a duas citações disponibilizadas por Schoeps:

SifreDt 53b-75b – Deus dirige-se a Israel com as palavras: "Que seja claro devido a tua observância dos mandamentos que tu és um

---

²¹ Cf., por exemplo, E. W. Nicholson, *God and his People: Covenant and Theology of the Old Testament* (Oxford: Clarendon, 1986).
²² Além disso, cf. meu livro *Romans* sobre 10,2.
²³ Eclo 17.11-17; 24.23; 28.7; 39.8; 42.2; 44.19-20; 45.5,7,15,17.24-25.
²⁴ Jub 1.4-5,9-10,12,14,29; 2.21; 6.4-16; 14.17-20; 15.4-16,19-21,25-29,34; 16.14; 19.29; 20.3 etc.
²⁵ CD 1,4-5,15-18,20; 3.2-4,10-16; 4.7-10; 6.2-5 etc.
²⁶ *LAB* 4.5,11; 7.4; 8.3; 9.3-4,7-8,13,15; 10.2; 11.1-5 etc.
²⁷ Cf. meu livro *Romans*, p. xl.
²⁸ Cf. novamente meu livro *Romans* sobre 14.14.

povo santo para mim"; e *MekExod* 20.6 – "Aliança significa nada mais que Torá".[29]

3.1. A Lei se tornou uma expressão básica do *caráter distinto* de Israel como o povo especialmente eleito por Deus (pelo Deus único) para ser seu povo. Em termos sociológicos, a Lei funcionava como um "marcador de identidade" e como "fronteira", reforçando a autopercepção de Israel de ser distinto, distinguindo Israel das nações circundantes.[30] Tal senso de separação estava profundamente enraizado na consciência nacional de Israel (*p.ex.* Lv 20.24-26; Esd 10.11; Ne 13.3; SlSal 17.28; 3Mc 3.4) e se expressa poderosamente em Jub 22.16:

> Separa-te dos gentios
>   e não coma com eles
>   e não faça obras como as deles.
> E não te associe a eles.
> Porque suas obras estão corrompidas,
>   e todos os seus caminhos são contaminados,
>   desprezíveis e abomináveis.

A Carta de Aristeias 139-142 expressa a mesma convicção em termos que reforçam o *insight* sociológico:

> Em sua sabedoria, o legislador (isto é, Moisés) [...] nos cercou de paliçadas fechadas e muros de ferro, para impedir nossa mistura com qualquer dos outros povos e em qualquer aspecto, mantendo-nos assim seguros no corpo e na alma [...].Para impedir que fôssemos pervertidos pelo contato com outros ao misturar-nos com influências más, ele nos cercou por todos os lados com estritas observâncias vinculadas à carne, e à bebida, e ao toque, e ao ouvido, e à vista, segundo a maneira da Lei.

Semelhantemente Fílon, Mos 1.278: Israel será um povo

---

[29] Schoeps, *Paul*, p. 195, 216; além disso, cf. *Str-B, 3*, pp 126-133.
[30] J. Neusner, *Judaism: The Evidence of the Mishnah* (Chicago: University Press, 1981), p. 72-75; W. A. Meeks, *The First Urban Christians: The Social World of the Apostle Paul* (New Haven: Yale University, 1983), p. 97; J. D. G. Dunn, "Works of the Law and the Curse of the Law (Galatians 3.10-14)", in *NTS* 31 (1985): 523-542 (524-527) (= *acima*, Cap. 3 [p. 189-193]).

que deve morar sozinho, não contado entre outras nações [...], pois, em virtude da distinção de seus costumes peculiares, eles não se misturam com outros para não se desviar dos caminhos de seus pais.

Uma inscrição funerária da Itália elogia uma mulher "que viveu uma vida graciosa dentro do judaísmo" *[kalôs biósasa en tô$_i$ Idaïsmô$_i$]*[31] – judaísmo entendido como "uma espécie de área cercada dentro da qual se realiza a vida judaica".[32]

Condizente é uma caracterização dos gentios como *ánomos* e de suas obras, como *anomía:* eles estavam, por definição, "sem a Lei, fora da Lei", isto é, fora da área (ou seja, Israel) contérmina com a Lei, demarcada pela Lei; assim já nos Salmos[33] e em 1 Macabeus,[34] bem como na equação evidente "gentio = pecador".[35] Não é de se admirar que o desejo de viver dentro da Lei e de se distinguir e se separar dos sem Lei e dos pecadores fosse uma preocupação predominante no faccionalismo característico do judaísmo no período que vai dos macabeus até o surgimento do judaísmo rabínico, facção mais poderosa dentro do judaísmo pós-70 d.C. Tal desejo se expressava nas frequentes queixas dos "retos" e "devotos" contra aquelas pessoas (dentro de Israel) que eles caracterizavam como "pecadores".[36]

3.2. Outro aspecto mais ou menos inevitável do senso de distinção e separação foi o senso de *privilégio*, advindo exatamente da ideia de que a nação tinha sido particularmente eleita pelo Deus único e favorecida por ele pela dádiva da aliança e da Lei. Isto se manifesta com especial clareza em escritos que não podiam simplesmente ignorar e descartar gentios como pecadores, mas que precisavam tentar elaborar alguma forma de apologia devido às pretensões de Israel diante de um

---

[31] Nota do revisor: a tradução literal seria "tendo vivido belamente no judaísmo".
[32] Y. Amir, "The Term *Ioudaismos:* A Study in Jewish-Hellenistic Self-Definition", in *Immanuel* 14 (1982): 34-41 (aqui: 35-36.39-40).
[33] Sl 28.3; 37.28; 55.3; 73.3; 92.7; 104.35; 125.3.
[34] 1Mc 3.5-6; 7.5; 9.23,58,69; 11.25; 14.14.
[35] Como em Tb 13.6[LXX 8]; Jub 23.23-24; SlSal 1.1; 2.1-2; 17.22-25; Mt 5.47/Lc 6.33; Gl 2.15.
[36] Como em SlSal 2-5; Jub 6.32-35; 23.16,26; 1Hen 1.1,7-9; 5.6-7; 82.4-7; 1QS 2.4-5; 1QH 10[=2].8-19; CD 1.13-21; SlSal 3.3-12; 4.8; 13.5-12; 15.1-13; "fariseus" provavelmente = "os separados"; cf. também meu livro *Romans* sobre 3.7; 4.5,7-8 e 9.6.

mundo gentio muito mais poderoso. Por tal razão, tanto Fílon quanto Josefo falam com orgulho exagerado, embora compreensível, do desejo muito divulgado entre os gregos e bárbaros de adotar costumes e leis judaicas. Fílon, Mos 2.17-25:

> [...] eles atraem e ganham a atenção de todos [...]; a santidade de nossa legislação tem sido uma fonte de admiração não somente para judeus, mas também para todos os outros.

Josefo, Ap 2.277-286:

> Há muito tempo, as massas têm demonstrado um desejo vivo de adotar nossas observâncias religiosas [...]. Se nós mesmos não estivéssemos cientes da excelência de nossas leis, certamente a multidão de seus admiradores teria nos levado a nos orgulharmos [*méga phroneîn*] delas.

Uma expressão do mesmo orgulho sobre a Lei de Moisés foi a tentativa bastante substancial na apologética judaica de apresentar Moisés como "o primeiro homem sábio" que teria sido o professor de Orfeu e que teria, pelos seus escritos, ensinado muito da sua sabedoria a Platão e Pitágoras.[37]

O orgulho a partir da ideia da Lei como o sinal do favor especial de Deus para com Israel é bem ilustrado na identificação da sabedoria divina com a Lei, na afirmação de que a sabedoria universalmente desejável, imanente à criação, porém oculta aos olhos humanos, tomou corpo no "livro da aliança do Deus Altíssimo, a Lei que Moisés nos mandou observar como herança para a congregação de Jacó" (Sir 24.23). A mesma pretensão é expressa com maior força ainda em Br 3.36-4.4:

> 36 [...] (ele) a deu a Jacó seu servo e a Israel a quem amou
> [...]
> 1 Ela é o livro dos mandamentos de Deus,
>   a Lei que perdura para sempre.

---

[37] Eupolemo, Frag. 1; Artapanos, Frag. 3; Aristóbulo, Frag. 3-4; de Eusébio: Praep-Evang 9.26,1; 9.27,3-6; 13.12,1-4; textos em J. H. Charlesworth (org.), *The Old Testament Pseudepigrapha*, Vol. 2 (Londres: Darton, Longman & Todd, 1985).

Todas as pessoas que a preservam viverão,
    mas quem a abandona morrerá.
2 Volta, ó Jacó, e a toma;
    caminha em direção a sua luz brilhante.
3 Não dê sua glória [τὴν δόξαν σου] a outro
    ou tuas vantagens [τὰ συμφέροντα] a um povo alheio.
4 Felizes e abençoados somos nós, ó Israel,
    porque o que agrada a Deus é conhecido [γνωστά] por nós.

Para as pessoas confrontadas com a notícia da invasão de Roma na Palestina era difícil preservar tal ideia de privilégio. Os Salmos de Salomão encontraram uma solução ao reforçar a antiga distinção entre disciplina (correção) e castigo (particularmente SlSal 3; 10 e 13) – assim afirma 13.6-11:

A destruição do pecador é terrível,
    mas nada de tudo isso fará mal ao justo,
pois a disciplina do justo (para coisas feitas) em ignorância
    não é a mesma que a destruição de pecadores.
[...]
Pois o Senhor poupará seus devotos,
    e ele apagará seus erros pela disciplina.
Porque a vida do justo (dura) para sempre,
    mas os pecadores serão levados embora para a destruição [...].

Mais difícil ainda era satisfazer o autor de 4 Esdras que, assim como seus colegas judeus, considerava a Lei dada a Israel uma marca do favor divino (4Esd 3.19; 9.31), mas não conseguia entender como Deus podia poupar as nações pecadoras e, ainda por cima, permitir que o seu povo, o qual observara a Lei, fosse tratado com tanta dureza (4Esd 3.28-36; 4.23-24; 5.23-30; 6.55-59).

3.3. Uma perspectiva sociológica é útil na compreensão de como a convicção da eleição privilegiada e a prática do nomismo da aliança se expressavam quase inevitavelmente nos pontos focais do ser distinto e do ser diferente, das leis particulares e especialmente das práticas rituais que reforçavam o senso de uma identidade distinta e que marcavam e separavam Israel com extrema clareza em relação às outras nações. No caso específico dito acima, três das leis de Israel ganharam uma proeminência particular por serem especialmente distintivas – a circuncisão, as leis alimentares e o sábado.[38] Estas não eram as únicas crenças e práticas que separavam e distinguiam judeus, mas, desde o tempo dos macabeus, ganharam importância crescente dentro e fora do judaísmo como características particularizantes e distintivas do judaísmo. Não que fossem intrinsecamente mais importantes do que as outras leis; simplesmente tinham se tornado pontos de sensibilidade particular na compreensão nacional judaica e eram casos de teste a respeito da fidelidade à aliança. Uma vez que já que forneci a documentação necessária, não preciso dizer aqui nada mais.[39]

4. Paulo e a Lei na Carta aos Romanos

Este, portanto, é o contexto em que e contra o qual nós devemos observar o tratamento que Paulo dispensa à Lei na Carta aos Romanos. Os judeus, os prosélitos e os gentios tementes a Deus estavam entre os leitores de Paulo, e leriam aquilo que ele estava dizendo sobre a Lei à luz da conexão que havia na teologia judaica entre a eleição de Israel, a aliança e a Lei. Tais leitores poderiam, creio eu, reconhecer que a preocupação de Paulo era o fato de que a promessa da aliança e a Lei foram identificadas de maneira demasiadamente inseparável com o Israel étnico, com o povo judeu separado em seu caráter nacional, distinto dos outros povos pelas suas práticas – e de modo especial, pela circuncisão, pelas leis alimentares e pelo sábado.[40] Tais leitores reconheceriam que o objetivo de Paulo era libertar tanto a promessa quanto a Lei para um conjunto mais amplo de receptores, eles mesmos libertos das limitações étnicas, consideradas por Paulo um limitador da graça de Deus, um fator a desviar o propósito salvífico de Deus através de seu veículo principal de irradiação da graça – Cristo.

Algo não menos importante é que, ao inserir o tratamento paulino da Lei em tal matriz, estamos em condições de oferecer uma solução

---

[38] Cf. Limbeck, *Ordnung*, p. 34; Meeks, *First Urban Christians*, p. 36-37. 97; Sanders, *Law*, p. 102.
[39] Cf. meu livro *Romans*, sobre 2.25 e 14.2,5.
[40] N. T. Wright, *The Messiah and the People of God*. (University of Oxford, tese de doutoramento, 1980); o Cap. 2 cunha apropriadamente a expressão "justiça nacional".

para a série de problemas e disputas exegéticas acima apresentadas (§ 2). Portanto, não deveria causar surpresa que Rm 2 se revele como uma crítica em desenvolvimento exatamente a essas características da teologia judaica da aliança que esboçamos acima (§ 3) – a Lei estava separando o judeu do não judeu, os que tinham algo dos que não tinham nada, os de dentro dos de fora (Rm 2.12-14); a Lei era uma fonte de orgulho étnico para o típico judeu devoto (Rm 2.17-23); e a circuncisão era o ponto fulcral desta distinção privilegiada (Rm 2.25-29).[41] Paulo alerta regularmente contra "as obras da Lei", não contra as "boas obras" em geral, mas contra o afã de promover a ideia de que indivíduos devessem acumular méritos por si mesmos; antes, via a Lei como um padrão de obediência pelo qual "os justos" preservavam seu *status* dentro do povo da aliança, o que é evidenciado através de sua dedicação a questões de "teste" tão sensíveis: o sábado e as leis alimentares.[42]

Da mesma maneira argumento que uma importante chave hermenêutica para trechos tão cruciais como Rm 3.27-31; 7.14-25 e 9.30-10.4 é o reconhecimento de que o ímpeto negativo de Paulo contra a Lei é dirigido contra a ideia de Lei como uma propriedade plena de Israel, Lei que é vítima de uma compreensão equivocada devido à ênfase errada em rituais que demarcavam fronteiras, Lei que tinha se tornado uma ferramenta do pecado em sua identificação demasiadamente íntima com os assuntos da carne, Lei desviada para um foco caracterizado pelo zelo nacionalista. Liberta das perspectivas demasiadamente judaicas, a Lei ainda tinha um papel importante a desempenhar na "obediência da fé". E a seção parenética (Rm 12.1-15.6) pode ser entendida como a tentativa paulina de fornecer diretrizes básicas para a vida social, a Lei redefinida para o povo escatológico de Deus em lugar da Lei incompreendida devido à submissão dela aos termos judaicos demasiadamente estritos, com seu ápice compreensivelmente focalizado em um tratamento dos dois casos de teste mais antigos, as leis alimentares e o sábado (Rm 14.1-15.6). Faz parte de minha convicção que somente tal compreensão fará justiça adequada tanto ao ímpeto

---

[41] L. Hartmann, "Bundesideologie in und hinter einigen paulinischen Texten", in Pedersen (org.), *Paulinische Literatur und Theologie* (*acima*, nota 11), p. 103-118, chama a atenção para a corrente consistente da "teologia da aliança" nesses capítulos e por trás deles.
[42] Além disso, cf. meu livro *Romans*, sobre 3.20 e 14.2,5.

positivo, quanto ao negativo do tratamento paulino da Lei na Carta aos Romanos, e que uma falha em apreciar a "função social" da Lei (assim como descrita *acima*) é uma fraqueza fatal tanto das tentativas alternativas,[43] quanto da crítica de RÄISÄNEN.

Em resumo, quando entendemos adequadamente o tratamento paulino da Lei que para tantos comentaristas parece ter sido tão confuso e incoerente, ele se torna na verdade uma das linhas integrantes principais que fazem da carta inteira um tratamento coeso e poderoso da teologia judaica da aliança à luz de Cristo.

---

[43] Por exemplo, C. E. B. Cranfield, "Paul and the Law", in *SJT* 17 (1964): 43-68; Hahn (*acima*, nota 14); Hübner (*acima*, nota 1).

Capítulo 5

Qual foi o problema entre Paulo e "os da circuncisão"?

A expressão "os da circuncisão" [οἱ ἐκ περιτομῆς] aparece no NT como um grupo ou corpo de indivíduos que tinham uma profunda desconfiança em relação à missão aos gentios que estava acontecendo e que se opunham particularmente a Paulo.

At 11.2 – Quando Pedro subiu a Jerusalém (depois de pregar ao centurião Cornélio e de batizá-lo), os da circuncisão começaram a discutir com ele [διεκρίνοντο πρὸς αὐτὸν οἱ ἐκ περιτομῆς], dizendo: "Por que foste aos homens incircuncisos e comeste com eles"?

Gl 2.12 – Antes que certos homens viessem da parte de Tiago, ele (Cefas/Pedro) comeu com os gentios; mas quando eles vieram, ele se retirou e se separou, temendo os da circuncisão [τοὺς ἐκ περιτομῆς].

Tt 1.10 – Há muitos homens insubordinados, faladores vazios e enganadores, especialmente os da circuncisão [οἱ ἐκ τῆς περιτομῆς].

Também é claro falar "os da circuncisão" trata-se de uma maneira de designar os judeus. Quanto a se nós deveríamos falar mais precisamente de judeus em sua suspeita e oposição contra os tais de uma maneira geral, ou se deveríamos falar de judeus crentes (cristãos) e/ou judeus não crentes,[1] estas são questões que nós não precisamos abordar neste momento.

A questão que está posta diante de nós é: por que os da circuncisão eram tão desconfiados e hostis? Qual foi o problema? O que estava em jogo? Uma resposta parcial, ou mesmo uma parcela significativa

---

[1] Cf., por exemplo, comentários sobre Gl 2.12.

da resposta a questão como um todo, enfoca evidentemente a própria circuncisão. Em parte, tais indivíduos são descritos como "os da circuncisão" porque a circuncisão era, pelo menos, um problema ou até mesmo a chave para a sua desconfiança e oposição. Tal fato é suficientemente óbvio devido àquelas cartas e passagens nas quais Paulo confronta com grande severidade aquilo que poderíamos chamar por ora de "a questão judaica/gentílica". Esta questão estava relacionada com o significado e o valor da circuncisão (Rm 2.25-3.1). O caráter desejável e/ou necessário da circuncisão por gentios convertidos estava no centro do problema (Gl 2.3; 5.2-12). A pergunta em questão era: "Quem são os da circuncisão?", e Paulo sentia que era necessário dar uma resposta e que ele estava em condições de dá-la (Fl 3.3). Contudo, esta informação somente fornece um primeiro passo rumo à resposta para a nossa pergunta principal e serve simplesmente para enfocar a questão mais nitidamente a partir da própria circuncisão. Por que a circuncisão era tão importante? Por que era um ponto tão central de disputa, de apologia e de polêmica? Qual era o problema, a questão e o que estava em jogo com tudo isso?

Dificilmente será necessário lembrar vocês da resposta clássica que a Reforma deu: Paulo contestou a necessidade da circuncisão porque ela era um exemplo primário de obras meritórias, de salvação autoalcançada, algo impossível para uma criatura e para um pecador em seu afã de permanecer diante do Deus criador e salvador. Paulo foi questionado por um judaísmo legalista, que ele enfrentou e contestou como o defensor da justificação pela fé. Tampouco é necessário lembrar que esse tipo de opinião judaica ou particularmente do judaísmo como um todo tem sido radicalmente questionado – inicialmente por estudiosos judaicos que consideraram essa interpretação de Paulo tanto desconcertante quanto defensiva, e posteriormente por cristãos.[2]

---

[2] Bem recentemente por M. Limbeck, *Die Ordnung des Heils: Untersuchungen zum Gesetzesverständnis des Frühjudentums* (Düsseldorf: Patmos, 1971), e com grande importância e influência, pelo menos na pesquisa de língua inglesa, E. P. Sanders, *Paul and Palestinian Judaism* (Londres: SCM, 1977). Cf. também especialmente L. Gaston, "Paul and the Torah" (1979), *Paul and the Torah* (Vancouver: University of British Columbia, 1987), p. 15-34; F. Watson, *Paul, Judaism and the Gentiles*. SNTSMS 56 (Cambridge University, 1986), p. 2-18. Para exemplos da discussão em categorias mais tradicionais, cf. O. Kuss, "Nomos bei Paulus", in *MTZ* 17 (1966): 173-226, e H. Hübner, *Law in Paul's Thought* (Edimburgo: T. & T. Clark, 1984).

Tampouco tentarei aqui seguir o debate no qual me envolvi em outra ocasião[3] e que já foi objeto de várias revisões.[4]

No entanto, é claro que precisamos de um olhar novo sobre a questão antiga especialmente um olhar novo que coloque a questão firmemente dentro do contexto do judaísmo (ou dos judaísmos)[5] do período. Demasiadas exposições sobre Paulo contentaram-se em seguir a lógica que perceberam no argumento acima exposto, sem qualquer enraizamento ou verificação suficientes em relação ao quadro mais pleno que temos hoje acerca do judaísmo do primeiro século. Muitas vezes, a citação de fontes judaicas dependeu demasiadamente de uma visão e de um uso unilaterais de tradições rabínicas e/ou de textos selecionados que comprovaram a opinião do autor (particularmente 4 Esdras). As consequentes tensões e contradições dentro da exposição da teologia paulina (assim como de outro material de fontes judaicas) foram coerentemente apresentadas por H. RÄISÄNEN.[6]

É obviamente impossível oferecer num único texto um panorama adequado do judaísmo do tempo de Paulo e do significado que a circuncisão tinha naquele período. Mas, quem sabe, será possível esbo-

---

[3] Cf. especialmente J. D. G. Dunn, "The New Perspective on Paul", in *BJRL* 65 (1983): 95-122 (= acima, Cap. 2) e "Works of the Law and the Curse of the Law (Galatians 3:10-14)", in *NTS 31* (1985): 523-542 (= acima, Cap. 3), ambos reimpressos em Dunn, *Jesus, Paul and the Law* (Londres: SPCK/Philadelphia: Westminster, 1990), com maiores respostas e contribuições para o debate, que deveriam deixar claro tanto minha dívida com Sanders em particular como a extensão de meu desacordo com ele.

[4] Cf., por exemplo, J. M. G. Barclay, "Paul and the Law: Observations on Some Recent Debates", *Themelios* 12.1 (1986): 5-15; F. F. Bruce, "Paul and the law in recent research", in B. Lindars (org.), *Law and Religion. Essays on the Place of the Law in Israel and Early Christianity* (Cambridge: James Clarke, 1988), p. 115-125; O. KLEIN, "Ein Sturmzentrum der Paulusforschung", in *VuF* 33 (1988): 40-56; J. Lambrecht, "Gesetzesverständnis bei Paulus", in K. Kertelge (org.), *Das Gesetz im Neuen Testament* (Friburgo [Alemanha]: Herder, 1986), p. 88-127; D. J. Moo, "Paul and the Law in the Last Ten Years", in *SJT* 40 (1987): 287-307; A. J. M. Wedderburn, "Paul and the Law", in *SJT 38* (1985): 613-22; S. Westerholm, *Israel's Faith and the Church's Faith. Paul and His Recent Interpreters* (Grand Rapids: Eerdmans, 1988).

[5] Como apontado frequentemente J. Neusner, o plural pode ser a descrição mais correta da realidade histórica.

[6] *Paul and the Law*. WUNT 29 (Tübingen: Mohr, 1983).

çar as linhas gerais de um quadro mais detalhado, com documentação suficiente para demonstrar sua autenticidade. Buscarei realizar essa tarefa mais modesta, mas ainda ambiciosa, ao recorrer principalmente à assim chamada "literatura intertestamentária" (inclusive os Escritos de Qumran), que tem a melhor chance de falar em nome de pelo menos alguns dos judaísmos da época de Paulo.

Para entender a importância da circuncisão para a grande maioria dos judeus contemporâneos de Paulo é evidentemente necessário inseri-la em seu próprio contexto. Isto pedirá uma breve consideração de dois de seus correlatos mais imediatos – "aliança" e "Lei". Mais tarde, a extensão plena dessa correlação ficará clara. Por ora é suficiente notar que a circuncisão surgiu na tradição judaica pela primeira vez em conexão com a aliança concluída com Abraão (Gn 17), e que a interligação entre a aliança e a circuncisão é central para a discussão de Paulo (Gl 3-4; Rm 4).[7] A circuncisão podia ser vista igualmente como a expressão-chave da Lei: a formulação paralela de Rm 4.12 e 16 é uma indicação suficiente de que as expressões οἱ ἐκ περιτομῆς [os da circuncisão] e οἱ ἐκ τοῦ νόμου [os da lei] são quase sinônimas, pelo menos na perspectiva de Paulo. Como ainda veremos, no centro do problema enfrentado por Paulo estava de fato a dupla relação da circuncisão com a aliança e com a Lei. Tampouco é insignificante que E. P. SANDERS tenha conseguido resumir a atitude judaica dominante daquele período como "nomismo da aliança" – a preocupação de preservar o *status* da aliança através da observância da Torá;[8] dentro dessa perspectiva, a circuncisão corpórea era o primeiro ato da observância da Torá (do nomismo da aliança), tanto para judeus natos quanto para prosélitos.[9] Como veremos, no centro do problema enfrentado por Paulo estava aqui novamente a correlação, evidente para a maioria dos judeus, entre a aliança e a Lei que se encontrou epitomada na circuncisão. Consequentemente, precisaremos começar com um breve esboço da autocompreensão judaica acerca de aliança e Lei, bem como de "nomismo da aliança".

---

[7] Rm 4 lembra que a discussão sobre a "teologia da aliança" não depende da própria palavra "aliança" ou de seu uso. Para maiores comentários, cf. *abaixo*.

[8] Sanders, *PPJ*, por exemplo, p. 544; semelhantemente Limbeck (nota 2), p. 29-35.

[9] Cf. P. Borgen, "Debates on Circumcision in Philo and Paul"; *Paul Preaches Circumcision and Please Men* (Trondheim: Tapir, 1983), p. 18.

II

Sem abordar aqui a história da tradição que está por trás das várias redações do Pentateuco e sua influência sobre as demais escrituras judaicas, é suficientemente claro que o modelo deuteronômico imprimiu à autocompreensão judaica um caráter fundamental e duradouro.[10] Em tal modelo, a conexão entre a aliança e a Lei é central, e o padrão do nomismo da aliança é claro. O coração do livro (Dt 5-28) é formulado como uma reafirmação da aliança concluída no Horeb/Sinai (Rm 5.2-3), e 29.1 é o resumo de todo o bloco do ensinamento: "Estas são as palavras da aliança que o Senhor ordenou que Moisés concluísse com o povo de Israel na terra de Moab, ao lado da aliança que ele concluíra com eles no Horeb". No livro inteiro, a ênfase ao nomismo da aliança é estabelecida e reforçada em numerosas reafirmações da promessa (e alertas): "Faze isto e vive" (Rm 4.1; 10.40; 5.29-33; 6.1-2,18,24; 7.12-13 etc.). Assim, o Deuteronômio oferece a declaração clássica da teologia judaica da aliança.

Há uma observação frequentemente repetida de que o termo תּוֹרָה [Torá] pertença a uma categoria muito mais ampla do que νόμος, e que a tradução do primeiro termo pelo segundo na LXX distorceu o pensamento judaico e forneceu um fundamento não justificado à percepção do "legalismo" judaico.[11] Diante disso é importante perceber que a equação *Torá* = Lei está firmemente enraizada no próprio Deuteronômio. No Deuteronômio, תּוֹרָה denota a coleção de prescrições/mandamentos/estatutos que especificam as obrigações de Israel em consequência da aliança – "toda essa Lei", כָּל הַתּוֹרָה (Rm 4.8), "todas as palavras dessa Lei", כָּל־דִּבְרֵי הַתּוֹרָה (Dt 32.46), e a base da equação *Torá* = Pentateuco já é firmemente estabelecida (Dt 30.10 – "este livro da Lei"). Isso *não* apoia a associação injustificada mais ampla de νόμος com um legalismo – outra elaboração da tradicional difamação do "judaísmo tardio". No entanto, significa, sim, que o uso que Paulo faz de νόμος

---

[10] Cf. especialmente E. W. Nicholson, *God and His People: Covenant and Theology in the Old Testament* (Oxford: Clarendon, 1986).
[11] Cf. S. Schechter, *Aspects of Rabbinic Theology* (1909) (Nova Iorque: Schocken, 1961), p. 117; C. H. Dodd, "The Law", *The Bible and the Greeks* (Londres: Hodder, 1935), p. 25-41; H.-J. Schoeps, *Paul: The Theology of the Apostle in the Light of Jewish Religious History* (Londres: Lutterworth, 1961), Cap. 5.

para resumir as obrigações de Israel como estabelecidas por Moisés não pode ser descartado como uma distorção da herança veterotestamentária pela Septuaguinta devido à conformação da mesma ao judaísmo helenista. Significa também que o argumento teológico de Paulo estava interagindo com uma corrente muito importante da vida e do pensamento judaicos.[12]

Sem tentar delinear o curso do desenvolvimento teológico que se seguia à publicação do Deuteronômio ou avaliar o impacto do exílio e das reformas de Esdras, é suficiente aqui perceber que o padrão deuteronômico (e deuteronomista) foi maciçamente reforçado pela crise macabeia. Naquela crise, estava em jogo exatamente a identidade de Israel como o povo da aliança, o povo da Lei (1Mc 1.57; 2.27,50; 2Mc 1.2-4; 2.21-22; 5.15; 13.14). A resposta a essa crise expressou-se em termos do "zelo pela Lei" como senha e palavra de ordem da resistência nacional (1Mc 2.26-27,50,58; 2Mc 4.2; 7.2,9,11,37; 8.21; 13.14). Tais passagens deixam claro que, na piedade cristalizada e cultivada entre os macabeus e seus sucessores, o zelo pela Lei, a devoção à aliança e a lealdade à nação tinham se tornado um emaranhado inextricável.

Também no período que se seguia à crise macabeia, a íntima conexão entre eleição, aliança e Lei permanecia o tema fundamental e persistente da autocompreensão judaica. Ben Sirac, por exemplo, faz eco tanto à pretensão do Deuteronômio de que a soberania de YHWH é universal como à afirmação de sua eleição especial de Israel na aliança (Dt 32.8-9; Sir 17.11-17). E Ben Sirac é o primeiro a identificar claramente a sabedoria divina universal com "o livro da aliança do Deus Altíssimo, a Lei que Moisés nos ordenou observar como herança para a congregação de Jacó" (24.23). Em outros textos, Ben Sirac refere-se com naturalidade à Lei e à aliança com a mesma expressão – "a Lei da aliança" (39.8; cf. também 28.7; 42.2; 44.19-20; 45.5). O Livro do Jubileu é outra expressão clássica do nomismo da aliança, com suas repetidas ênfases nas alianças concluídas por YHWH e nas obrigações estatuárias que seguem delas e da eleição especial de Israel de entre as nações (*p.ex.* 1.4-5; 2.21; 6.4-16; 15; 22.15-16; 23.19 – "a Lei e a aliança"). Semelhante é a situação da comunidade de Qumran; ser membro da aliança era entendido exatamente em termos de observar os preceitos de Deus e

---

[12] Cf. especialmente S. Westerholm, "Torah, Nomos, and Law: A Question of 'Meaning'", in *Studies in Religion* 15 (1986): 327-336.

de preservar firmemente seus mandamentos (*p.ex.* CD 1.15-18,20; 3.10-16; 1QS 1.7-8; 5.1-3). Pseudo-Fílon não é diferente, porque considerava igualmente axiomático o vínculo entre a aliança e a Lei, ou, o que é o mesmo, entre a eleição e os mandamentos (de Israel; 9.7-8; 23.10; 30.2; 35.2-3). Portanto, quando SlSal 10.4 fala "da Lei da eterna aliança", ou quando lemos em MekhExod 20.6 "Por aliança entende-se nada senão a Torá", podemos ter certeza de que estamos em contato com uma das correntes mais fundamentais da autocompreensão judaica.

Portanto, apesar da variedade do(s) judaísmo(s) representado(s) pela literatura acima apresentada e com surpreendentemente poucas exceções, podemos dizer que há um padrão comum de "nomismo da aliança" que era característico do judaísmo dos dias de Paulo[13]. Isto quer dizer, crer que Deus tinha concluído uma aliança particular com Israel para ser sua propriedade peculiar fazia parte do quadro básico de referências e era considerado natural por muitos ou pela maioria dos judeus, que criam também que um elemento integral dessa aliança dada a Israel era a Lei, para oferecer a Israel os meios de viver dentro da aliança.

III

Desse axioma básico do nomismo da aliança seguem várias consequências. Duas delas se referem ao tema geral da característica autocompreensão judaica da época e merecem um comentário maior, porque são de especial relevância para nossa questão mais ampla.

---

[13] Para a importância da aliança no judaísmo "intertestamentário", cf. especialmente A. Jaubert, *La notion d'alliance dans le Judaisme* (Editions du Seuil, 1963). A predominância do padrão de "nomismo da aliança" foi estabelecida por Sanders, *PPJ*, embora sua obra tenha que ser complementada por D. Garlington, *"The Obedience of Faith": A Pauline Phrase in Historical Context*. WUNT 2.38 (Tübingen: Mohr Siebeck, 1991), que demonstrou a presença do padrão em todo o conjunto dos "apócrifos", e J. J. Collins, *Between Athens and Jerusalem: Jewish Identity in the Hellenistic Diaspora* (Nova Iorque: Crossroad, 1983), que nota, porém, que esse padrão não é tão constante em toda a literatura da diáspora. A literatura "intertestamentária" pode não ser a única testemunha para o(s) judaísmo(s) nos dias de Paulo, mas certamente é uma testemunha principal, e qualquer descrição do judaísmo do primeiro século não deveria diminuir a consistência desse testemunho ao contrastá-lo com literatura pré-exílica ou rabínica.

A primeira é que a Lei assim entendida se tornou a expressão básica do *caráter distinto* de Israel como o povo especialmente eleito pelo Deus único para ser seu povo. Em termos sociológicos, a Lei funcionou como um "marcador de identidade" e como "fronteira", ao reforçar a pretensão da distinção de Israel e distinguindo Israel das nações circundantes.[14] Tal senso de ser um povo separado estava profundamente enraizado na consciência nacional de Israel (Lv 20.24-26; Ez 44.9; Jl 3.17; SlSal 17.28). Recebeu sua expressão nítida e prática nos divórcios forçados das reformas de Esdras (Esd 10; 11; Ne 13.3), foi reforçada pelo exemplo dos heróis e heroínas da época (Dn 1.3-16; 10.3; Tb 1.10-12; Jt 12.2; 19; AddEst 14.17; JosAs 7.1; 8.5; 3Mc 3.4) e chegou particularmente a uma expressão poderosa em Jub 22.16:

> Separa-te dos gentios
>   e não coma com eles
>   e não faça obras como as deles.
> E não te associe a eles.
> Porque suas obras estão corrompidas,
>   e todos os seus caminhos são contaminados
>   desprezíveis e abomináveis.

A Carta de Aristeias 139-142 expressa a mesma convicção em termos que reforçam o *insight* sociológico:

> Em sua sabedoria, o legislador (isto é, Moisés) [...] nos cercou de paliçadas fechadas e muros de ferro, para impedir nossa mistura com qualquer dos outros povos e em qualquer aspecto, mantendo-nos assim seguros no corpo e na alma [...]. Para impedir que fôssemos pervertidos pelo contato com outros ao misturar-nos com influências más, ele nos cercou por todos os lados com estritas observâncias vinculadas a carne e bebida e toque e ouvido e vista, segundo a maneira da Lei. (Arist 139; 142)

Semelhantemente Fílon, VitMos 1.278: Israel será um povo "que deve morar sozinho, não contado entre outras nações [...], pois, em

---

[14] J. Neusner, *Judaism: The Evidence of the Mishnah* (University of Chicago, 1981), p. 72-75; W. A. Meeks, *The First Urban Christians: The Social World of the Apostle Paul* (Yale University, 1983), p. 97; Dunn, "Works of Law", (nota 3) p. 524-527 (*acima*, p. 189-193).

virtude da distinção de seus costumes peculiares, eles não se misturam com outros para não se desviarem dos caminhos de seus pais". Uma inscrição funerária da Itália elogia uma mulher "que viveu uma vida graciosa dentro do judaísmo" [καλῶς βιώσασα ἐν τῷ 'Ιουδαϊσμῷ]¹⁵ – judaísmo entendido como "uma espécie de área cercada dentro da qual se realiza a vida judaica".¹⁶ Tais características da autocompreensão e prática social judaicas não passaram despercebidas por outros e fazia parte da polêmica antijudaica de intelectuais romanos, como ela se expressa com forte ênfase em Tácito, Hist, particularmente em 5.5,2.

Consistente com essa atitude é uma caracterização dos gentios como ἄνομος [sem lei] e de suas obras como ἀνομία [anomia], eles estavam, por definição, "sem a Lei, apartados da Lei", isto é, fora da área (Israel) contérmina com a Lei, demarcada pela Lei; assim já nos Salmos (28.3; 37.28; 55.3; 73.3; 92.7; 104.35; 125.3), em 1 Macabeus (gentios e apóstatas – 3.5-6; 7.5; 9.23,58,69; 11.25; 14.14) e na evidente equação de gentio = "pecador" (como em 1Mc 2.44,48; Tb 13.6 [LXX 8]; Jub 23.23-24; SlSal 1.1; 2.1-2; 17.22-25; Mt 5.47/Lc 6.33; Gl 2.15). Não é uma surpresa que esse desejo de viver dentro da Lei e de estar demarcado e separado dos sem Lei e dos pecadores se tornasse uma preocupação predominante no faccionalismo que era característico do judaísmo no período desde os macabeus até o surgimento do judaísmo rabínico como facção mais poderosa dentro do judaísmo pós-70 a.C. – o que era expresso nas frequentes queixas dos "retos" e "devotos" contra aquelas pessoas (dentro de Israel) que eles caracterizavam como "pecadores" (como em Sb 2-5; Jub 6.32-35; 23.16,26; 1Hen 1.1,7-9; 5.6-7; 82.4-7; 1QS 2.4-5; 1QH 10[=2].8-19; CD 1.13-21; SlSal 3.3-12; 4.8; 13.5-12; 15.1-13; fariseus provavelmente = "os separados").¹⁷

Outro aspecto mais ou menos inevitável do senso de distinção e separação foi o senso de *privilégio*, advindo exatamente da ideia de que a nação tinha sido particularmente eleita pelo Deus único e favorecida por ele pela dádiva da aliança e da Lei. Isto se manifesta com especial

---

[15] Nota do revisor: a tradução literal seria "tendo vivido belamente no judaísmo".
[16] Y. Amir, "The Term 'Ιουδαισμός: A study in Jewish-Hellenistic Self-Identification", in *Immanuel* 14 (1982): 35-36.39-40.
[17] Além disso, cf. J. D. G. Dunn, "Pharisees, Sinners and Jesus", in P. Borgen *et al.* (org.), *The Social World of Formative Christianity and Judaism*. FS H. C. Kee (Philadelphia: Fortress, 1988), reimpresso em *Jesus, Paul and the Law* (nota 3), cap. 3.

clareza em escritos que não podiam simplesmente ignorar e descartar gentios como pecadores, mas que precisavam tentar elaborar alguma forma de apologia devido às pretensões de Israel diante de um mundo gentio muito mais poderoso. Por tal razão, tanto Fílon quanto Josefo falam com orgulho exagerado, embora compreensível, do desejo muito divulgado entre os gregos e bárbaros de adotar costumes e leis judaicas (Fílon, VitMos 2.17-25 – "elas atraem e ganham a atenção de todos [...]; a santidade de nossa legislação tem sido uma fonte de milagres não somente para judeus, mas também para todos os outros"; Josefo, Ap 2.277-286 – "Há muito tempo, as massas têm mostrado um desejo vivo de adotar nossas observâncias religiosas [...]. Se nós mesmos não estivéssemos cientes da excelência de nossas leis, certamente a multidão de seus admiradores teria nos levado a nos orgulhar [μέγα φρονεῖν] delas."). Uma expressão do mesmo orgulho sobre a Lei de Moisés foi a tentativa bastante substancial na apologética judaica de apresentar Moisés como "o primeiro homem sábio" que teria sido o professor de Orfeu e que teria, pelos seus escritos, ensinado muito da sua sabedoria a Platão e Pitágoras. (Eupolemo, Fragm. 1; Artapano, Fragm. 3; Aristóbulo, Fragm. 3-4; de Eusébio, Praeparatio Evangelica 9.26,1; 9.27,3-6 e 13.12,1-4).[18]

O orgulho a partir da ideia da Lei como o sinal do favor especial de Deus para com Israel é bem ilustrado na identificação da sabedoria divina com a Lei, na afirmação de que a sabedoria universalmente desejável, imanente à criação, porém oculta aos olhos humanos, tomou corpo no "livro da aliança do Deus Altíssimo, a Lei que Moisés nos mandou observar como herança para a congregação de Jacó" (Sir 24.23). A mesma pretensão é expressa com maior força ainda em Br 3.36-4.4:

> 36 [...] (ele) a deu a Jacó seu servo e a Israel a quem amou
> [...]
> 1 Ela é o livro dos mandamentos de Deus,
>   a Lei que perdura para sempre.
> Todas as pessoas que a preservam viverão,
>   mas quem a abandona morrerá.

---

[18] Textos em J. H. Charlesworth (org.), *The Old Testament Pseudepigrapha*, Vol. 2 (Londres: Darton, 1985). Cf. também J. G. Gager, *Moses in Greco-Roman Paganism*. SBLMS 16 (Nashville: Abingdon, 1972), cap. 1.

2 Volta, ó Jacó, e a toma;
  caminha em direção a sua luz brilhante.
3 Não dê sua glória [τὴν δόξαν σου] a outro
  ou tuas vantagens [τὰ συμφέροντα] a um povo alheio.
4 Felizes e abençoados somos nós, ó Israel,
  porque o que agrada a Deus é conhecido [γνωστά] por nós.

Para as pessoas confrontadas com a notícia da invasão de Roma na Palestina era difícil preservar tal ideia de privilégio. Os Salmos de Salomão encontraram uma solução ao reforçar a antiga distinção entre disciplina (correção) e castigo (particularmente SlSal 3; 10 e 13) – assim afirma 13.6-11:

A destruição do pecador é terrível,
mas nada de tudo isso fará mal ao justo,
pois a disciplina do justo (para coisas feitas) em ignorância
não é a mesma que a destruição de pecadores.
[...]
Pois o Senhor poupará seus devotos,
e ele apagará seus erros pela disciplina.
Porque a vida do justo (dura) para sempre,
mas os pecadores serão levados embora para a destruição [...].

Mais difícil ainda era satisfazer o autor de 4 Esdras que, assim como seus colegas judeus, considerava a Lei dada a Israel uma marca do favor divino (4Esd 3.19; 9.31), mas não conseguia entender como Deus podia poupar as nações pecadoras e, ainda por cima, permitir que o seu povo, o qual observara a Lei, fosse tratado com tanta dureza (4Esd 3.28-36; 4.23-24; 5.23-30; 6.55-59).

Em resumo, era característico do judaísmo primitivo o senso da distinção e do privilégio de Israel como o povo eleito por Deus e separado das outras nações pela sua relação de aliança, e pela prática da Torá por aqueles que eram fiéis à aliança (e assim, a Deus). Não é necessário documentar tal convicção a partir de cada corrente do judaísmo; basta dizer que uma ampla gama dentro do judaísmo primitivo compartilhava essas convicções como integrais à sua autocompreensão e como fundamentais para a percepção de seu mundo social.

IV

Dentro desse conjunto de crenças e cosmovisões, a circuncisão desempenhou um papel central, e não podemos esperar "entrar" em tal conjunto de crenças e cosmovisões sem a compreensão do papel central da circuncisão dentro do judaísmo.

Isto estava enraizado na clara afirmação de Gn 17 – o documento constitucional da circuncisão dentro da aliança. Ali (Gn 17.9-14), a aliança concluída com Abraão e seus descendentes é expressa exclusivamente em termos de circuncisão, nas palavras de Deus – "Esta é minha aliança que tu observarás, entre mim e ti e teus descendentes depois de ti: cada macho entre vós será circuncidado". A circuncisão é descrita como "o sinal da aliança entre mim e ti". Deus continua: "Assim, minha aliança será em tua carne uma aliança eterna. Cada macho circunciso que não é circuncidado na carne de seu prepúcio será cortado fora de seu povo; ele violou a aliança". Aqui se apresenta a circuncisão em termos explícitos como um fator central e fundamental para a aliança e a identidade dos descendentes de Abraão como povo de Deus; desde esse tempo primitivo, isto é, desde o tempo em que essa tradição foi estabelecida em Gn 17, a circuncisão era percebida como algo que marcava a fronteira, distinguindo as pessoas dentro da aliança daquelas que estavam fora dela.

O fato de que Gn 17 fora lido assim dentro do judaísmo antes de Paulo é claramente indicado por Jub 15.25-34, que segue Gn 17 em estreita sintonia, mas não hesita em reforçar o ponto central: "Cada pessoa que nasce e cuja carne do prepúcio não é circuncidada no oitavo dia, não pertence aos filhos e filhas da aliança que o Senhor fez com Abraão, mas às filhas e filhos da destruição". Também 1QH 14[=6].20-21 identifica pessoas "incircuncisas" como "impuras ou violentas", igualmente fora da aliança e inaceitáveis a Deus. E ao assumir, bem compreensivelmente, que Moisés era desde o início circunciso, Pseudo-Fílon podia descrever a aliança como "a aliança de Deus" e ao mesmo tempo como "a aliança da carne" (Gn 9.13,15), tão óbvio era o fato de a circuncisão ser a essência da aliança. "A aliança com Abraão, a circuncisão, determinava a identidade do povo judeu."[19]

---

[19] L. H. Schiffman, "The Rabbinic Understanding of Covenant", in *Rev Exp* 84 (1987): 289-298; aqui: 297, com referência à Mishná. Ele nota também que "filhos

Como aconteceu também com outras características da teologia da aliança de Israel, a crise macabeia ajudou a reforçar a associação entre aliança e circuncisão, a circuncisão expressando *por excelência* a identidade de aliança e marcando as fronteiras da aliança. Sendo assim, a crise tornou-se aguda, porque alguns jovens judeus "removeram a marca da circuncisão e abandonaram a santa aliança. Eles se juntaram aos gentios [...]" (1Mc 1.15). Os patriotas macabeus levaram Gn 17 extremamente a sério: remover a circuncisão era deixar de ser membro da aliança; significava deixar de ser membro do povo da aliança, consistia em deixar de ser um judeu e se tornar um gentio, e, *ipso facto*, fora das fronteiras do favor da eleição de Deus. Portanto, a circuncisão tornou-se o teste da lealdade à aliança quando Antíoco tentou impedi-la (1Mc 1.48,60-61; 2Mc 6.10) e os macabeus insistiram com igual ferocidade na circuncisão de todos os meninos dentro das fronteiras de Israel (1Mc 2.46). Portanto, também quando os hasmoneus estenderam suas fronteiras, considerava-se óbvio que os que eles conquistaram e incorporaram a seu território tinham que ser circuncidados; não podiam pertencer ao povo da aliança, ao povo da terra, sem serem circuncidados (Josefo, Ant 13,257-258,318).[20]

Essa autopercepção da maioria dos judeus daquela época reflete-se em vários comentários sobre o tema da circuncisão, emitidos por autores greco-romanos, que também consideravam óbvio que isto era um rito distintivamente judaico. Embora se soubesse muito bem que também outros povos praticavam a circuncisão (samaritanos, árabes, egípcios – cf. Jr 9.25-26; Fílon, SpecLeg 1.2), a circuncisão era, não obs-

---

da aliança" = israelitas é um uso que se encontra no *corpus* inteiro da literatura rabínica, sem qualquer mudança de sentido.

[20] É verdade que as questões acerca da necessidade da circuncisão foram levantadas em alguns poucos casos, provavelmente atípicos (Fílon, Migr 92; Josefo, Ant 20.38-42); mas em cada um dos casos, a resposta dada foi que o rito da circuncisão era demasiadamente fundamental para ser dispensado (Fílon, Migr 93-94; Josefo, Ant 20.43-48). Para todos os efeitos, a evidência do texto acima citado deve ser considerada a amostra de uma imagem mais ampla e mais representativa do judaísmo primitivo. Além disso, cf. J. Nolland, "Uncircumcised Proselytes?", in *JSJ* 12 (1981): 173-194; E. Schürer, *The History of the Jewish People in the Age of Jesus Christ*, Vol. 3, rev. e ed. por G. Vermes *et al.* (Edimburgo: T. & T. Clark, 1986), p. 169; contra N. J. McEleney, "Conversion, Circumcision and the Law", in *NTS* 20 (1973-1974): 319-341.

tante, considerada o rito que marcava especialmente os judeus. Assim, por exemplo, Tácito, Hist 5.5,2 – os judeus "adotaram a circuncisão para distinguir-se de outros povos por essa diferença" [*circumcidere genitalia instituerunt ut diversitate noscandetur*].[21] Em termos sociológicos, a circuncisão funcionava claramente como um caracterizador central e efetivo de identidade e de fronteira, particularmente para as minorias judaicas nas cidades da diáspora. Ela não foi o único desses marcadores,[22] mas, para a maioria dos judeus do tempo de Paulo, estava destinada a ser *a* marca por excelência do povo da aliança, já que era uma característica tão distintiva dentro de um ambiente helenista, já que fora tão integralmente vinculado à aliança desde o início, e já que se tornara um caso de teste tão essencial para a lealdade nacional para todas as pessoas que consideravam a si mesmas herdeiras da herança macabeia.

É claro que, para além da circuncisão, havia muito mais elementos que faziam parte do nomismo da aliança. Mas, dentro de um sistema mais complexo, algumas características se destacam em geral como particularmente distintivas, como casos que servem para testar o sistema em sua totalidade. Em tais casos, o sistema inteiro pode ser visto ou pode ser enfocado a partir de uma ou outra característica específica, e atitudes em relação ao sistema podem ser medidas pela atitude em relação à característica específica enfocada. O sistema como um todo pode ser pensado como preservado ou derrubado através dessa única característica. Este parece ter sido o caso da circuncisão dentro do judaísmo, tanto que a maioria dos judeus simplesmente considerava totalmente claro: "sem circuncisão não há aliança". Não teria sido um ponto de desacordo ou disputa em quase cada caso. Assim como o Senhor era um Deus único, como Israel era seu povo, assim a circuncisão era o sinal e o selo do vínculo da aliança entre Deus e seu povo. Assim como a escravatura era totalmente normal e parte do mundo econômico e social daqueles dias, o ponto de partida para qualquer descrição

---

[21] Texto em M. Stern, *Greek and Latin Authors on Jews and Judaism*, 3 vols. (Jerusalém: Israel Academy of Sciences and Humanities, 1976,1980,1984), § 281. Outros exemplos incluem Petrônio, Sat 102.14, Frag. 37, e Juvenal, Sat 14.99 (textos em Stern, §§ 194,195,301).

[22] Os outros marcadores proeminentes eram o sábado e as leis alimentares; além disso, cf. Limbeck, (nota 2) p. 34; Meeks (nota 14) p. 36-37,97; E. P. Sanders, *Paul, the Law, and the Jewish People* (Philadelphia: Fortress, 1983), p. 102; Dunn (nota 3).

ou definição do judeu do séc. I era a ideia de que cada judeu do sexo masculino tinha de ser circuncidado. Aliança, Lei, identidade étnica judaica e circuncisão eram categorias mutuamente interdependentes, cada uma inconcebível sem a outra.

V

Temos que verificar nossa questão principal tendo diante dos olhos o pano de fundo acima exposto. Dada a autocompreensão do judaísmo primitivo acima retratada, e dado o papel fundamental que a circuncisão desempenhava dentro dela, qual foi o problema entre Paulo e "os da circuncisão"?

Podemos supor que a resposta se expressará mais claramente em passagens em que Paulo lida de maneira explícita com as questões de aliança e circuncisão, particularmente Rm 4 e talvez também Gl 3. E, de fato, a resposta encontra-se em tais trechos. Mas seria um erro voltar-se a eles imediatamente, porque ambos os capítulos contêm argumentos muito específicos que podem facilmente ser isolados de seu contexto e que precisam ser entendidos dentro da sequência da linha do pensamento de Paulo. Somente à luz de Rm 2 (sem sequer mencionar Rm 3) podemos esperar uma compreensão plena de Rm 4. De fato, é um tanto surpreende que os elementos que apontam com a maior clareza respostas se encontrem em Rm 2. À guisa de contraste, nós podemos ainda sugerir que a dificuldade que esta passagem sempre significou para a doutrina clássica da "justificação pela fé"[23] e a confusão em que as respostas mais polêmicas à doutrina deixaram[24] são outras indicações de que a história da exegese de Paulo tem sido notavelmente mal sucedida em suas tentativas de entender a linha de pensamento de Paulo e sua discussão com "os da circuncisão" dentro do seu contexto histórico.

---

[23] Cf., por exemplo, a tentativa recente de resolver o antigo dilema (com referência à literatura antiga) por K. R. Snodgrass, "Justification by Grace – to the Doers: An Analysis of the Place of Romans 2 in the Theology of Paul", in *NTS* 32 (1986): 72-93.

[24] Refiro-me especialmente a Sanders (nota 21), p. 123-135, e Räisänen (nota 6), p. 101-109.

Algo particularmente notável para nós é a maneira como Rm 2 combina efetivamente com as fases da exposição acima oferecida.[25]

a) Em 2.1-11, Paulo aborda a teologia do nomismo da aliança positivamente, mas mesmo assim, coloca um importante ponto de interrogação em uma das principais suposições subjacentes à compreensão tipicamente judaica do nomismo da aliança.

Por um lado, dois axiomas fundamentais da compreensão judaica acerca do modo como Deus lida com a humanidade são considerados por Paulo igualmente axiomáticos para si mesmo. 2.6: "Deus retribuirá a cada qual segundo suas obras" (Sl 62.12; Pr 24.12). Este texto não contém "uma teologia rabínica de obras",[26] mas parte do reconhecimento de que Deus é juiz e revela uma doutrina de julgamento muito explícita, compartilhada por judeus[27] e cristãos.[28] 2.11: "Em Deus não há acepção de pessoas." Tal afirmação é essencial no argumento de Paulo,[29] e consiste também no teologúmeno judaico no qual Deus é consistentemente apresentado como modelo de imparcialidade.[30] É importante perceber que Paulo se encontra neste ponto inteiramente dentro da tradição bíblica e judaica. O Deus criador espera que suas criaturas lhe obedeçam. O Deus da aliança espera que seu povo lhe obedeça (nomismo da aliança). Deus, o juiz final, contabilizará de forma justa e imparcial o Bem e o Mal humanos.

---

[25] Este foi um aspecto que surgiu durante a preparação deste artigo. Como mostra meu livro *Romans*. Word Biblical Commentary 38 (Dallas: Word, 1988), p. lxix-lxxi, eu já tinha percebido que a típica autocompreensão judaica acerca de aliança, Lei e circuncisão se encaixava naturalmente no padrão da análise acima oferecida, antes que eu me desse conta da grande proximidade das concordâncias com Rm 2. Para uma exposição mais plena de Rm 2, cf. meu comentário a este capítulo em *Romans*.
[26] Como E. Synofzik, *Die Gerichts- und Vergeltungsaussagen bei Paulus* (Göttingen: Vandenhoeck, 1977), p. 81.
[27] Cf. também Jó 34.11; Jr 17.10; Os 12.2; Eclo 16.12-14; 1Hen 100.7; JosAs 28.3; Pseudo-Fílon 3.10.
[28] Cf. Mt 16.27; 2Cor 5.10; Cl 3.25; 2Tm 4.14; 1Pd 1.17; Ap 2.23.
[29] J. M. Bassler, *Divine Impartiality: Paul and a Theological Axiom*. SBLDS 59 (Chico: Scholars Press, 1982).
[30] Dt 10.17; 2Cr 19.7; Eclo 35.12-13; Jub 5.16; 21.4; 30.16; 33.18; SlSal 2.18; 2Br 13.8; 44.4; 1Hen 63.8; Pseudo-Fílon 20.4.

Ao mesmo tempo, porém, há mais que uma dica de que Paulo esteja citando axiomas judaicos contra seu próprio povo ou, mais precisamente, contra uma suposição compartilhada pela maioria das pessoas, de que o julgamento operará naturalmente em favor do povo de Deus, Israel. A implicação de Paulo estar discutindo (mas não questionando) o significado desses teologúmenos está presente no próprio estilo que ele usa – a diatribe, que caracteriza o debate dentro da casa, dentro da própria escola,[31] o que revela ser este um debate intrajudaico. Contudo, ele concebe sua expressão mais clara num trecho que é provavelmente um eco deliberado de Sb 15.1ss em 2.4.[32] Sb 15.1-6 levanta a suposição de que o povo de Deus está isento dos pecados mais grosseiros dos gentios e que qualquer pecado judaico é insuficiente para perturbar o *status* privilegiado de Israel como o povo eleito por Deus.[33] É esta suposição, exatamente, que era reforçada pela polêmica tipicamente judaico-helenística contra a idolatria gentílica em Rm 1.18-32, e que o interlocutor do cap. 2 deveria compartilhar (Rm 2.1-3).

Em consequência disso devemos provavelmente reconhecer que Paulo visava em Rm 2.6 a suposição judaica (provavelmente muito difundida) de que suas obras, sua prática da Lei (nomismo da aliança) seriam reconhecidas por Deus, o juiz, como aquilo que ele tinha exigido de seu povo (cf. particularmente Tb 4.9-11; SlSal 9.3-5). Da mesma maneira, era possível ler algumas afirmações judaicas sobre a imparcialidade de Deus inteiramente dentro do contexto do nomismo da aliança (*p.ex.* Dt 10.17-19; Jub 5.17-18; 33.16-20), e SlSal 12.18 parece ser

---

[31] S. K. Stowers, *The Diatribe and Paul's Letter to the Romans.* SBLDS 57 (Chico: Scholars, 1981), p. 75-78.
[32] Comentaristas reconhecem amplamente que Paulo faz em Rm 1-2 frequentemente eco a essa seção de Sabedoria.
[33] Sb 15.1-6:
Mas tu, nosso Deus, és bom e verdadeiro [κρηστὸς καὶ ἀληθής];
tardio para a ira [μακρόθυμος], governas o universo com misericórdia.
Mesmo pecando somos teus,
pois reconhecemos tua soberania,
mas não pecaremos, sabendo que te pertencemos.
Conhecer-te é a justiça integral,
e reconhecer tua soberania é a raiz da imortalidade.
Não nos extraviaram as perversas artes, invenções humanas,
nem o trabalho estéril dos pintores [...].

uma expressão da confiança, com base na aliança, de que Deus não falhará em recompensar as nações por sua espoliação de Jerusalém (Rm 2.18ss; cf. 8.25-32).

Portanto, Rm 2.1-11 tem certo caráter de acusação "dupla" – com a intenção tanto de manter o parecer favorável daquele que está sob acusação, quanto de levá-lo pouco a pouco à consciência de que sua própria suposição de segurança é falsa.[34]

b) Em Rm 2.12-16, Paulo introduz a Lei. O ponto em que muitas exegeses erraram o caminho e se permitiram desviar para o equívoco é a falha em reconhecer que o argumento de Paulo está inteiramente determinado pela função delimitadora da Lei. O parágrafo não é a discussão sobre a justiça por obras ou uma exposição da Lei natural como tal. Ele gira inteiramente em torno da suposição judaica de que a Lei é uma fronteira que demarca e separa as pessoas de dentro das de fora, e que este é o fator decisivo no Juízo Final.

Por isso, ele inicia com uma distinção que questiona imediatamente (Rm 2.12) – a distinção entre estar "na Lei/dentro da Lei" [ἐν νόμῳ] e "sem Lei/fora da Lei" [ἀνόμως], entre aquelas pessoas que têm a Lei e aquelas que não têm a Lei (Rm 2.14). Dificilmente, a função da Lei como fronteira, como aquilo que demarca e separa os judeus (dentro das fronteiras da Lei, tendo a Lei) em relação aos gentios (fora da Lei, não tendo a Lei), poderia ser expressa com maior clareza. O argumento de Paulo não é simplesmente substituir esta distinção pela distinção entre *cumprir a Lei* e *ouvir* a Lei: a ênfase na necessidade de *cumprir a Lei* é de novo caracteristicamente judaica,[35] e exortações no mesmo sentido podem facilmente ser documentadas em fontes judaicas.[36] O ponto central do argumento de Paulo é antes que não se pode levantar a suposição de que "ter" a Lei e "cumprir" a Lei acaba sendo a mesma coisa. Há pessoas fora da Lei, mas também há pessoas que não a tem e que "praticam as coisas da Lei" (Rm 2.14).

---

[34] Esta observação reforça naturalmente a visão majoritária, mas de modo algum unânime, de que Paulo pensa no cap. 2 desde o início num interlocutor especificamente judaico (mesmo quando ele se expressa em termos que são mais abertos).
[35] Por exemplo, Dt 4.1,5-6,13-14; 30.11-14; 1Mc 2.67; 13.48; 1QpHab 7.11; 12.4-5.
[36] Por exemplo, Fílon, Cong 70; Praem 79; Josefo, Ant 20.44; mAbot, 1.17; 5.14.

Aqui, a exegese precisa novamente evitar ser desviada para questões acerca do tipo de gentios que Paulo tinha em mente (somente cristãos?). Ele pode não ter pensado em quaisquer gentios específicos; seu argumento não depende da identificação de qualquer gentio particular que observasse a Lei. Sua argumentação é simplesmente esta: se existe algum gentio que faz o que a Lei exige (seja qual for a forma dessa observância da Lei), tal fato é suficiente para questionar o sentido da função de fronteira atribuída à Lei quando se trata do Juízo Final. O interlocutor não pode supor que somente as pessoas dentro da Lei (judeus) podem realizar ou efetivamente realizam a observância da Lei. Ele não pode supor que "estar na Lei" é o pressuposto necessário para uma prática da Lei que Deus vindicará. Viver como judeu (dentro da Lei) não é sinônimo de praticar a Lei. Um gentio, mesmo enquanto ainda gentio (não tendo a Lei), pode ser aceito por Deus.[37]

c) Em Rm 2.17-24, Paulo aborda o tema do privilégio judaico. Já que Rm 2.12-16 pressupõe o senso judaico de ser distinto, determinado pela Lei judaica, Rm 2.17-24 pressupõe um senso judaico de privilégio na eleição de Israel e particularmente na Lei. Assim, identifica-se pela primeira vez o interlocutor explicitamente como judeu (Rm 2.17) – isto é, um judeu como ente distinto de um gentio.[38] E depois, segue uma sequência de expressões que captam bem o que pode ser descrito apropriadamente como uma suposição tipicamente judaica, a saber, que a escolha divina de Israel e a dádiva da Lei dada a este povo deram aos judeus uma posição de vantagem sobre os gentio, que são menos afortunados. O judeu "descansa na Lei" (2.17). Isto não deve ser considerado um gloriar-se "ilusório" ou confundido com um conceito de mérito.[39] Simplesmente caracteriza a confiança judaica de que a posse da Lei, que demarca e separa Israel em relação às nações, é um sinal

---

[37] É atraente a sugestão de N. Dahl de que Paulo refuta em 2.15 a reivindicação judaica de que a Lei e seus mandamentos confeririam a Israel advogados especiais que deporiam em seu favor (ou contra ele) no Juízo Final; da mesma maneira, gentios terão os advogados da consciência e dos pensamentos (retomado por Bassler) [nota 28], p. 148.

[38] Devemos lembrar que Ἰουδαϊσμός surgiu no período macabeu (primeiro em 2Mc 2.21; 8.1; 14.38) como uma designação da religião nacional dos judeus em sua autoconsciente distinção e lealdade feroz à Lei e aos costumes tradicionais.

[39] Como tipicamente por Hübner (nota 2), p. 113.

seguro do favor de Deus – uma atitude bem exemplificada em 2Br 48.22-24. Ele se "gloria em Deus" (2.17)[40] – isto é, numa implicação clara, em Deus como o Deus de Israel, o Deus único, o Deus cuja eleição de Israel demarcou e separou Israel em relação ao resto do mundo – uma exclusividade (o Deus nosso e não deles) que Paulo questiona ainda mais severamente em Rm 3.27-9 e 10.3. Em virtude de sua instrução regular na Lei, ele conhece a vontade de Deus (Rm 2.18; cf. Br 4.4; Sb 15.2-3; 4Esd 8.12), sabe o que realmente é importante. Está confiante de que o privilégio da Lei lhe dá compreensão, de modo que está numa posição de agir como guia do gentio não tão privilegiado (Rm 2.19);[41] que lhe dê luz, de modo que ele mesmo possa fornecer luz àquelas pessoas fora dos limites da iluminação fornecida pela Lei (2.19)[42] e assim em diante. Não é difícil perceber que Paulo capta em tudo isso o tom autêntico da convicção judaica acerca do privilégio da aliança.

É tal suposição que Paulo está atacando agora. A lista de desafios que se segue ("Tu furtas? [...] Cometes adultério? [...] Cometes sacrilégio?") foi frequentemente mal-entendida, como se Paulo estivesse fazendo acusações selvagens contra todos os judeus ou como se estivesse usando alguns poucos incidentes isolados para condenar aquele povo.[43] No entanto, acusações assim são simplesmente parte da retórica da exortação moral,[44] aparecendo em Paulo da mesma forma que aparecem tanto na tradição profética quanto na rabínica.[45] Devemos notar particularmente os paralelos em Sl 50.16-21, SlSal 8.8-14, Fílon,

---

[40] Cf. Dt 10.21; Sl 5.11; 89.17; Jr 9.23-4; Eclo 50.20; SlSal 7.1.
[41] Cf. Is 42.7; 1Hen 105.1; OrSib 3.195; Josefo, Ap 2.291-295; Fílon, Abr 98.
[42] Cf. Is 42.6-7; 49.6; Sl 119.105; Sb 18.4; Eclo 24.27; 45.17; TestLev 14.4 1QSb 4.27; Pseudo-Fílon 23.10.
[43] Cf., por exemplo, Räisänen (nota 6), p. 100 – "uma peça de denigração propagandística" (p. 101); É. Trocmé, "The Jews as Seen by Paul and Luke", in J. Neusner *et al.* (org.), *"To See Ourselves As Others See Us": Christians, Jews, "Others" in Late Antiquity* (Chico: Scholars, 1985), p. 153.
[44] A. Fridrichsen, "Der wahre Jude und sein Lob: Röm 2:28f.", in *Symbolae Arctoae* 1 (1927): 39-49; desafios semelhantes são notados em relação às pessoas que se consideram estóicas, como pode ser notado em Epíteto (2.19,19-28; 3.7,17; 3,24.40); quase "um exemplo clássico de acusação por um filósofo pretensioso" (Stowers [nota 30], p. 96-97).
[45] Por exemplo, Is 3.14-15; Jr 7.8-11; Ez 22.6-12; Ml 3.5; (H. L. Strack;) P. Billerbeck, *Kommentar zum Neuen Testament aus Talmud und Midrasch, 3* (Munique: 1926), p. 105-111.

Conf 163, TestLev 14.4-8 e CD 6.16-17. Portanto, também a tentativa de interpretar a passagem nas linhas de Mt 5.21-48 deixa de captar sua intenção,[46] porque o alvo de Paulo não é nenhum judeu em particular ou todos os judeus como indivíduos. Antes, seu alvo é a confiança típica do judeu de estar em uma posição de privilégio e de superioridade éticas, em virtude de ter a Lei. O fato de que há alguns chamados "judeus", que pertencem ao povo da aliança, que "têm a Lei", e que não obstante furtam, cometem adultério ou roubam templos,[47] é suficiente para questionar a suposição de que ser um membro do povo da aliança, ter a Lei, seja suficiente para alçar "o judeu" para uma posição privilegiada. O que Paulo procura minar, o ápice da acusação, é o típico "gloriar-se na Lei" judaico (Rm 2.23) – isto é, o orgulho existente no nomismo da aliança de que, vivendo dentro da Lei, preservando a identidade da aliança (o ser distinto judaico), não obstante pecados individuais, preserva-se a posição privilegiada judaica diante de Deus.

d) Para quem acompanhou a lógica do argumento de Paulo (ou ainda da exposição acima apresentada) não é uma surpresa que, no parágrafo final, Paulo tenha voltado sua atenção para a circuncisão em particular (Rm 2.25-9), já que, como vimos, o senso tipicamente judaico de ser distinto e privilegiado tinha seu foco particular no rito da circuncisão. Isto se revela na própria linguagem, no fato de que os termos "circuncisão/incircuncisão" podem ser usados como pleno equivalente de "judeu/gentio" (Rm 2.26; também 3.30; 4.9; Gl 2.7-9; Fl 3.3; Cl 3.11). Portanto, esse foi claramente o ponto principal de diferenciação, o marcador de identidade mais distintivo. A distinção entre judeu e gentio podia ser reduzida ou resumida na circuncisão judaica – tanto devido ao rito físico, quanto por causa da importância nacional e religiosa que o rito representava. Até mesmo é possível que περιτομή e ἀκροβυστία fossem apelidos usados por diferentes facções em relação

---

[46] C. K. Barrett, *Romans* (Londres: Black, 1957), para o versículo.
[47] Os leitores romanos de Paulo seriam provavelmente capazes de lembrar o caso notório, narrado por Josefo, Ant 18.81-84, de um judeu em Roma que desviou os fundos e os donativos destinados ao templo, um escândalo que provocou a expulsão da comunidade judaica de Roma no ano 19 d.C.

a seus oponentes,[48] e que os antagonistas se aproveitassem, como acontece tantas vezes, da característica distintiva mais proeminente dos seus adversários. Em tal caso, estes seriam apelidos escolhidos pelos judeus, que enfocavam em sua autocaracterização a marca concreta de identificação, que simbolizava sua pretensão de ser o povo de Deus e que, em contrapartida, permitia a caracterização dos gentios mediante a *ausência* da marca distintiva.

O argumento de Rm 2.25-9 confirma plenamente a linha da exegese acima desenvolvida, pois o que está claramente sob ataque em Rm 2.25-7 é a suposição de que a circuncisão *per se* dá à pessoa circuncisa a posição de vantagem sobre a pessoa incircuncisa. Novamente, tal ponto não deveria ser construído equivocadamente. Paulo não está atacando a circuncisão em si: "circuncisão é um benefício [...]" (Rm 2.25). Seu alvo é a função dada à circuncisão, que é marcar fronteiras, e a suposição de que as pessoas dentro das fronteiras (como indicado pelo fato de sua circuncisão) estão, por isso, numa posição de aceitabilidade por Deus, com equivalente negação de tal aceitação àqueles que estão para além de tais fronteiras. O ponto é expresso em Rm 2.28-29, onde Paulo designa a circuncisão com as expressões ἐν τῷ φανερῷ, ἐν σαρκί e ἐν γράμματι. Novamente, não há aqui e nem se deve pensar que haja um ataque ao literalismo ou ao ritual como tal. O que está em jogo é antes a função da circuncisão como marca exterior visível que, como tal, fornece uma clara divisão entre diferentes grupos, seja de povos, seja de pessoas (circuncisas e incircuncisas). A circuncisão identifica que a carne circuncidada é uma carne *judaica*, sendo ela mesma e o código escrito resumidos no rito da circuncisão como aquilo que denota a distinção e o privilégio étnicos. O alvo de Paulo é a identificação demasiadamente estrita feita entre a aliança e a Lei com o *judaísmo*, a compreensão do judaísmo como *essencialmente* uma religião nacional. A definição de "judeu", alguém louvado por Deus (Rm 2.19), não pode ser restrita de tal forma e não deveria ser pervertida assim.

Então, torna-se progressivamente claro em Rm 2 que Paulo procura minar a suposição judaica de distinção e privilégios nacionais, como documentei acima em seções anteriores. A presunção por trás da

---

[48] Assim argumenta J. Marcus, "The Circumcision and the Uncircumcision in Rome", in *NTS* 35 (1989): 67-81. De modo semelhante, os apelidos "fraco" e "forte" em 14.1-15.6 revelam uma perspectiva gentia.

compreensão e da prática tipicamente judaicas do nomismo da aliança, que se expressava da maneira mais clara no significado crucial da circuncisão, é considerada por Paulo algo "sob o poder do pecado" (Rm 3.9) e sujeito à ira de Deus (1.18), exatamente como os outros pecados de presunção da parte de uma criatura, geralmente associados (por judeus) aos gentios (Rm 2.1-11). Diante do poder do pecado e do julgamento de Deus, a posse da Lei não é nenhuma garantia (Rm 2.12-16); o *status* da aliança não é nenhuma segurança (Rm 2.17-24); a circuncisão não fornece nenhuma garantia (Rm 2.25-9).

A linha desta exegese é claramente confirmada por Rm 3. A crítica de Paulo levanta imediatamente a pergunta: "Qual é a vantagem do judeu, ou qual é o valor da circuncisão?" (Rm 3.1). Portanto, o que Paulo questiona aqui é obviamente a vantagem de ser um judeu, o valor da circuncisão como a marca mais distintiva e visível da judaicidade. A suposição era que a aliança de Deus fosse concluída com "o judeu", com "o circunciso", de modo que a acusação de Paulo parece questionar a fidelidade de Deus a sua aliança (Rm 3.3). A resposta de Paulo diz que a fidelidade de Deus não está absolutamente sendo questionada; sua acusação indica antes que a restrição judaica da aliança, em termos estreitamente nacionais e étnicos, deve ser designada como infidelidade (em vez de fidelidade à aliança).[49]

Se tivéssemos tempo e espaço, poderíamos continuar para demonstrar como Paulo leva adiante seu debate com a autocompreensão judaica mais característica de seu tempo. Veríamos como o uso do conceito "obras da Lei" tem seu sentido pleno dentro deste contexto – obras da Lei como mais ou menos equivalente a "nomismo da aliança" (Rm 3-4).[50] E poderíamos explorar o equilíbrio delicado que Paulo procura alcançar em Rm 9-11 entre a reafirmação da fidelidade divina à aliança com Israel e a negação de que a aliança tem sido entendida

---

[49] A ἀπιστία de Israel não deveria ser interpretada no sentido de descrença (no Messias Jesus), como o fizeram recentemente C. E. B. Cranfield, *Romans*. ICC vol. 1 (Edimburgo: T. & T. Clark, 1975), sobre o versículo; H. Räisänen, "Zum Verständnis von Röm 3:1-8", in *The Torah and Christ* (Helsinki: Finnish Exegetical Society, 1986), p. 185-205; C. H. Cosgrove, "What if Some Have Not Believed? The Occasion and Thrust of Romans 3:1-8", in *ZNW* 78 (1987): 90-105. O pensamento de 3.1ss continua claramente determinado pelo argumento do cap. 2, como confirma 3.1 fora de qualquer discussão razoável.

[50] Cf. ainda Dunn (nota 3).

em termos explicitamente étnicos e a justiça, como justiça nacional, a justiça do judeu enquanto judeu contra o gentio enquanto gentio (Rm 10.3), sem sequer mencionar a Carta aos Gálatas. Mas o que foi dito acima terá de ser suficiente.

VI

Ora, qual foi a questão entre Paulo e "os da circuncisão"? Espero que a resposta já tenha sido esclarecida. A própria descrição do grupo denota o conjunto de crenças que Paulo denunciou em Rm 2. A expressão οἱ ἐκ περιτομῆς [os da circuncisão], assim como seu sinônimo próximo, οἱ ἐκ τοῦ νόμου [os da lei], define uma entidade social marcada, separada e vinculada pela Lei e pela circuncisão em particular. Tais expressões denotam a identidade étnica; a autoidentidade do grupo surge de [ἐκ] sua prática da Lei e do fato da circuncisão (nomismo da aliança). Mas isso significa que os defensores de tais concepções fazem parte de um grupo que considera a graça da aliança restrita à unidade étnica, dependente do estar dentro das fronteiras da Lei denotadas antes de tudo pela circuncisão. A objeção de Paulo volta-se contra essa compreensão. A resposta da fé à graça que elege não pode ser tão restrita e determinada por fronteiras nacionais e étnicas. Esse *insight* não põe em questão a eleição de Israel; ao contrário, mostra como a eleição opera. O que Paulo procura expor é a falha de compreensão de Israel e o consequente abuso de seus privilégios relacionados à aliança. Ele questiona se a graça de Deus é *para* Israel exclusivamente, sem os gregos, ou se é antes *através de* Israel e com gregos, os quais estão também incluídos. Questiona se a Lei deve ser entendida como uma fronteira que confina a graça dentro de Israel ou se deve ser entendida antes como coordenada com a fé. Questiona se a importância e o efeito principal da circuncisão é distinguir e separar judeus de gentios. Este é o problema e a questão entre Paulo e "os da circuncisão."

Pós-escrito

Há claramente vários pontos de incompreensões e discordâncias entre os estudiosos de fala inglesa que abordam Paulo a partir daquilo que poderíamos chamar a "Nova Perspectiva" pós-SANDERS,[51] e seus colegas alemães. Eu gostaria de dizer tão francamente quanto for possível: analisar a questão enfrentada por Paulo, ou entre Paulo e "os da circuncisão", nos termos usados no ensaio acima apresentado, *não* significa negar que ela envolva também outras dimensões, e de fato dimensões mais profundas – nada menos que a teologia paulina da cruz, toda a sua análise da raça humana em termos adâmicos e as ênfases que têm caracterizado a melhor explicação de "fé e obras" desde a Reforma até hoje. Minha preocupação é antes afirmar que a questão mais estrita, assim como explicitada acima, é uma parte *fundamental* de uma questão mais ampla ou mais plena, e que foi demasiadamente negligenciada na exposição mais tradicional de Paulo. Procurei apontar isto exatamente ao concentrar a atenção em Rm 2, passagem que tem causado muitos problemas dessa natureza nas exposições tradicionais. Ao tentar entender Rm 2 sem um recurso imediato a Rm 3.21ss, 4.4-5 ou 5-8, é claro que não procuro uma exposição completa do evangelho de Paulo, nem mesmo nego a importância central de tais passagens para uma exposição mais plena do evangelho de Paulo. Antes, desejo chamar a atenção para a importância do fato de Paulo introduzir a questão confrontando a si mesmo e enfocando os problemas em termos que combinam tão bem com aquilo que encontramos em outras correntes do judaísmo primitivo. A importância do reconhecimento deste ponto é que a questão permanece nestes termos, sendo um assunto de preocupação central para Paulo, como mostra Rm 9-11 (o ápice teológico da argumentação da Carta aos Romanos), principalmente ao voltar para as questões de Rm 3.1-8; questões, por assim dizer, levantadas exatamente pelas afirmações a partir de Rm 2. Estou convencido de que estamos em condições de integrar o capítulo (que, de outra forma, permanece difícil) e os capítulos 9-11, especialmente em nossa compreensão da teologia paulina – tanto na descrição histórica daquilo que ele estava tentando dizer, quanto em nossa atual apropriação dessa teologia – e isto somente quando Rm 2 é entendido nos termos acima esboçados.

---

[51] Cf. ainda meu *Jesus, Paul and the Law* (nota 3).

Discussão

O. BETZ lembra que o vínculo estreito entre aliança, circuncisão e Lei, afirmado na palestra, não existe assim no Antigo Testamento. Embora Gn 17 trate da circuncisão, não trata da Lei. Por outro lado, a circuncisão não é mencionada diretamente no Deuteronômio, apenas a circuncisão do coração (Dt 10.16; 30.6). Ex 19s trata da Lei e da aliança, mas não da circuncisão. Esta ganha sua grande importância apenas no Escrito Sacerdotal [Priesterschrift].

Em Qumran, o acento está na Lei e na aliança, mas Qumran menciona a circuncisão somente de maneira figurada ("circuncisão do coração"). Israel enquanto nação não tem nenhuma importância para a salvação.

Por outro lado, os rabinos davam grande valor à obediência à Lei, porém davam pouca importância à aliança. Assim como Paulo, pensam de modo universal. Um gentio que cumpre a Lei está mais próximo a Deus do que um judeu que não a pratique, ainda que pertença pelo nascimento à aliança. O privilégio de Israel é, segundo Rabi Aqiba (Abot 3.14), a dádiva da Torá, não a circuncisão. Ainda que Paulo elenque em Rm 9 os privilégios de Israel, não menciona a circuncisão. O mesmo aplica-se até a Rm 3.2, onde Paulo fala a respeito das λόγια τοῦ θεοῦ [palavras de Deus], das promessas como o privilégio de Israel, mas não fala da circuncisão.

O CONFERENCISTA responde que sua abordagem está baseada nas fontes intertestamentárias da época pós-macabeia, não em textos do Antigo Testamento nem em textos rabínicos, já que seu objetivo era reconstruir a situação à qual se refere Paulo.

Que Qumran não dava importância à circuncisão tem seu motivo no fato de se tratar de uma seita intrajudaica [*internal sect*], que não se define através de delimitações em relação a um mundo gentio exterior (*not a boundary sect*). Por isso, a circuncisão não tem nenhuma importância para a definição da própria identidade, já que a circuncisão é a marca da distinção entre judeus e gentios, e não entre judeus e judeus. Ao contrário disso, em Paulo (Gálatas e Romanos), a circuncisão *é* o ponto debatido, e isto pelo mesmo motivo.

O. HOFIUS duvida que o termo "nomismo da aliança" seja adequado para a interpretação de textos judaico-primitivos e útil para a exegese de Paulo. Acerca da Carta aos Romanos concorda com o palestrante, afirmando que as colocações do cap. 2 (particularmente o v. 13!) devem ser entendidas efetivamente ao pé da letra; mas ele considera as explanações do item V da palestra equivocadas. É preciso ler as afirmações de Rm 2 no contexto de Rm 1.18-3.20, já que devem ser entendidas estritamente a partir de sua função naquele contexto. Paulo explica que *todos* os seres humanos, sem exceção, tanto judeus como gentios, são "sem Deus" e por isso sujeitos ao iminente juízo da ira de Deus (Rm 1.18ss; 3.9ss). Para Paulo não existe um "cumpridor da Lei" (Rm 2.13) que receberia a salvação ἐξ ἔργων νόμου [de obras da lei] – isto é, com base em sua obediência perfeita à Torá (Rm 3.19s!). E *não pode* existir, já que, desde Adão, todos os seres humanos estão ὑφ' ἁμαρτίαν [sob pecado] 3.9. Sendo assim, o problema abordado em Rm 1.18-3.20 e também em Rm 2 não é absolutamente a pergunta se e como os gentios podem ganhar e também participarem da salvação de Israel. Ao contrário, é de modo muito mais radical e elementar a pergunta: diante da ἀσέβειαν que caracteriza todas as pessoas, como é que pode existir salvação para gentios e judeus?

O CONFERENCISTA, em relação à pergunta pela função de Rm 2 dentro do contexto presente na Carta aos Romanos, concorda que se trata da ideia de subsumir o gentio e o judeu sob a acusação comum. Além disso, porém, era seu objetivo elaborar a percepção vivencial do judeu caracterizado em Rm 2. Tal sensação pode ser descrita mais concretamente como presunção devido aos privilégios dados pela aliança e pela Torá presentes na suposição de que a vida segundo a Torá garante a salvação. O termo "obras da Lei" refere-se a tudo o que a Lei exige. As obras da Lei, porém, têm seu foco na circuncisão e na aliança; outras "obras da Lei", por meio de cuja realização o "judeu" preserva sua identidade como membro do povo de Deus, destacam a distinção em relação às pessoas incircuncisas. É exatamente tal presunção de um privilégio com base na posse da Lei e da circuncisão que Paulo ataca em Rm 2.

P. STUHLMACHER opina que a palestra apresentou corretamente um aspecto do assunto debatido em Rm 2 e pergunta pelos demais aspectos: o que significa Rm 2.16 no contexto de Rm 2? Em Rm 2 trata-se também da justificação diante do Juízo Final, no qual o juiz será Cristo.

Como é que o ser humano alcança a justificação diante de tal tribunal? A palestra não levou esse tema suficientemente a sério.

Um segundo ponto: a pergunta pela circuncisão surge para Paulo de modo agudo, devido à disputa com os adversários na Galácia, e tem seu eco também na Carta aos Romanos: será que o gentio precisa da circuncisão, precisa se tornar um membro da aliança abraâmica para poder participar da salvação?

E a partir desse aspecto surge, por sua vez, a pergunta: para que adianta aos judeus diante do Juízo Final os seus privilégios, que Paulo nem sequer nega, mas os sublinha em Rm 3 e Rm 9?

J. D. G. DUNN responde que Rm 2.16 deve ser entendido no contexto de Rm 2.12ss. Em tal contexto, Rm 2.14s deixa claro que existem, sim, cumpridores da Lei que não estão sob a Torá; é um cumprimento da Lei que não depende do fato de se encontrar dentro do espaço da Lei, da aliança. No juízo a que se refere Rm 2.16, fica claro que não adianta possuir a Lei, mas sim cumprir a Lei. Aqui há certamente pontos de contato com a teologia de Qumran, quando esta se refere à circuncisão do coração. Visto dessa forma, Rm 2.16 não desacredita a tese exposta na palestra.

Com toda certeza não se pode negar que tanto a Carta aos Romanos como a Carta aos Gálatas tematizam a justificação pela fé. Contudo, o tema encontra sua expressão aqui na pergunta pela relação entre os judeus e os gentios, uma pergunta que tem seu enfoque em última análise na pergunta pelo significado da Lei.

P. STUHLMACHER não está contente com a resposta: aqui não se trata somente da relação entre judeus e gentios, não só da função delimitadora e separadora da Lei em relação aos gentios, portanto, também não, em última análise, de um problema social, mas da pergunta teológica: o que tanto o judeu quanto o gentio precisam diante do Juízo Final?

J. D. G. DUNN não duvida que seja esse o ponto central. O tema do Juízo Final e da justificação final está subjacente à grande parte da argumentação da Carta aos Romanos, como está claro em 2.16, 3.4 e depois 9-11. Mas o interesse de Paulo em Rm 2 é mostrar que os "judeus", embora na posse da Lei e da circuncisão, estão submetidos ao

Juízo Final nas mesmas condições que os gentios. Uma resposta mais pormenorizada da pergunta exigiria uma abordagem mais detalhada da Carta aos Romanos, abordagem que não pode ser oferecida aqui. (Cf. para isto agora o comentário escrito por DUNN: *Romans*. Word Biblical Commentary 38, Dallas: Word 1988).

P. SCHÄFER volta para a primeira parte da palestra e constata que ali foi desenhada uma imagem muito uniforme do judaísmo, enquanto será necessário considerar naquela época efetivamente "judaísmos" diferenciados. Por exemplo, na época helenista havia pessoas que se submeteram ao assim chamado ἐπισπασμός, para assim driblar as fronteiras do judaísmo, uma prática que podemos observar até mesmo em um tempo posterior como, por exemplo, Bar Kochba. Nos anos após 175 d.C. existem sacerdotes que estão ativos no ginásio de Jerusalém. Isto não combina com a imagem de um judaísmo uniforme naquele tempo.

O CONFERENCISTA esclarece que não se trata de desenhar uma imagem sintética do judaísmo. Sua intenção era chamar a atenção para uma corrente muito forte que é talvez a mais importante no judaísmo daquele tempo, justamente aquela corrente que se entende a partir da atitude descrita na palestra. Para os judeus descritos neste escopo, os pecadores não são somente os gentios, mas também os apóstatas judeus. Na literatura desde a época dos macabeus, no Livro dos Jubileus, nos Salmos de Salomão e nos textos de Qumran tal atitude é expressa. Não se nega que existam ao seu lado outras correntes no judaísmo.

E. OSBORN pergunta-se se faz sentido perguntar pelo pano de fundo concreto da argumentação de Rm 2, já que o interesse de Paulo foi uma constatação muito mais fundamental, a saber, que a pessoa que toma o caminho da circuncisão tem que tomá-lo até o fim, a saber, cumprir toda a Lei. A consequência da circuncisão é a obrigação de obediência total à Lei. A argumentação de Paulo é coesa em si e totalmente independente da situação concreta ou de um determinado pano de fundo.

J. D. G. DUNN não está convencido de que a compreensão exposta a respeito de Paulo esteja correta e se pergunta se esta é a interpretação correta de Gl 3.10. Quando Paulo diz a seu respeito que era irrepreensível segundo a Lei em Fl 3.6, não afirma sobre si que jamais tivesse transgredido a Lei, mas apenas que viveu dentro da Lei, dentro das prescrições determinadas pela Lei, inclusive da possibilidade salvaguardada pela Lei de obter expiação pelos pecados cometidos. Portanto, é correto afirmar que Gl 5.3 enfatiza ser a pessoa que circuncidada alguém comprometido com um modo de vida inteiramente judaico, com uma vida sob a Lei. No entanto, isto não visa o perfeccionismo da Lei, mas a obtenção de uma identidade social. Observar toda a Lei significa viver dentro do judaísmo.

M. Hengel constata, em relação aos aportes de Betz e Schäfer, que, depois da época dos macabeus, a circuncisão era, na Palestina, a característica decisiva da identidade judaica e, como tal, indissoluvelmente vinculada à aliança e à Lei. O fato de o Deuteronômio não mencionar a circuncisão não significa nada para o leitor judeu, já que ele lia e entendia a Torá como um todo.

A Mekhilta expressa tal compreensão da identidade judaica quando diz que a aliança é a Torá e quando considera a circuncisão o selo da aliança. Juntos formam uma unidade indissolúvel.

Quem desfaz a circuncisão é um apóstata, cai fora da aliança. O piedoso reza por sua aniquilação na Oração das 18 Preces. A circuncisão compulsória na época dos macabeus, e também o fato de Herodes ter renunciado aos melhores pretendentes de suas filhas quando um governante gentio não aceitava a circuncisão, mostram a absoluta centralidade da circuncisão para todas as correntes judaicas na Palestina. Que os essênios não tenham comentado a circuncisão tem seu motivo no fato de que ela era para eles totalmente evidente.

K. W. M.

Capítulo 6
A Teologia da Carta aos Gálatas: a questão do nomismo da aliança

Minha tese é que a Carta aos Gálatas é a primeira tentativa substancial de Paulo de lidar com a questão do nomismo da aliança. O argumento de Paulo é, basicamente 1) que a elaboração do poder salvífico de Deus será consistente com sua expressão inicial decisiva; 2) que a expressão inicial do propósito da aliança de Deus foi formulada em termos de promessa e fé, e sempre estiveram inclusos em tal propósito os gentios, e 3) que foi atribuído à Lei um papel distorcido, e tal compreensão está em conflito com a expressão inicial.

Começarei por lembrar o que significa "nomismo da aliança" e por que razão este era tão importante no tempo de Paulo. A seguir tentarei demonstrar exegeticamente que o nomismo da aliança é a questão subjacente ao argumento paulino em Gálatas e como Paulo lida com ela numa argumentação que, para mim, segue em três linhas distintas. Finalmente, tentarei indicar por que penso que Gálatas é a primeira tentativa paulina abrangente de lidar com esta questão. Em tudo o que direi, eu presumo como ponto pacífico que, não obstante nossas maneiras divergentes de falar da "teologia de Gálatas", nós precisamos começar perguntando o que Paulo estava dizendo dentro do contexto de seu tempo, de sua missão e em relação à situação específica na Galácia, e o que ele desejava que seus leitores e a sua audiência na Galácia escutassem e entendessem daquilo que ele escreveu. No espírito do seminário, limitarei minha discussão à própria Carta aos Gálatas e não tentarei fundamentar ou desenvolver a parte principal da tese por meio de referências a outros textos paulinos.[1]

I

"Nomismo da aliança", assim como E. P. SANDERS cunhou o termo, é uma expressão muito adequada para caracterizar a autocompreensão judaica ou, mais precisamente, a compreensão da relação entre Deus e seu povo Israel, como ela se expressa consistentemente (embora não uniformemente) na literatura judaica, particularmente a partir do Deuteronômio.[2] Fundamental para o senso de identidade do judaísmo era a convicção de que Deus tinha concluído uma *aliança* especial com os patriarcas, cuja característica central era a eleição de Israel para ser o povo exclusivo de Deus (*p.ex.* Dt 4.31; 2Mc 8.15; SlSal 9.10; CD 6.2; 8.18), e que tinha dado a *Lei* como uma parte integral da aliança, tanto para mostrar para Israel como viver dentro da aliança ("Faze isso e viverás"; Dt 4.1,10,40; 5.29-33; 6.1-2.18,24 etc.) como para capacitá-los de "fazer isso" (o sistema de expiação).[3] Portanto, na expressão "nomismo da aliança", a segunda palavra enfatiza a graça proveniente de Deus, e a primeira não pode e não deveria ser confundida com legalismo ou com qualquer ideia relacionada a "ganhar" a salvação.

O conjunto das crenças típicas do nomismo da aliança incluía um forte senso de privilégio especial e prerrogativa em relação a outros povos (*p.ex.*, Br 3.36-4.4; SlSal 13.6-11; Fílon, VitMos 2.17-25; Josefo, AgAp 2.38,277-286). Mas significava também e inevitavelmente um re-

---

[1] Esta é uma versão retrabalhada do artigo apresentado ao *Pauline Theology Group* (Grupo de Trabalho Teologia Paulina) da SBL (*Society of Biblical Literature*) em seu encontro de 1988 em Chicago. Gostaria de expressar minha gratidão aos membros do grupo pela discussão extremamente valiosa do primeiro esboço, particularmente a J. Louis Martyn, de quem foi a reação principal. Espero que a revisão reflita algo do benefício que essa discussão me proporcionou. Uma versão mais completa está disponível em *Jesus, Paul and the Law* (Londres: SPCK; Philadelphia: Westminster, 1990).

[2] E. P. Sanders, *Paul and Palestinian Judaism* (Philadelphia: Fortress, 1977), p. 75,420,544; J. J. Collins, *Between Athens and Jerusalem: Jewish Identity in the Hellenistic Diaspora* (Nova Iorque: Crossroad, 1983); cf. o índice, verbete "*Covenantal nomism*".

[3] Enfatizado com razão por Sanders (*Paul and Palestinian Judaism*, p. 422).

forço do senso de identidade nacional e da separação de outras nações (*p.ex.*, Jub 22.16; Arist 139; 142; Fílon, VitMos 1.278).⁴ Este é evidentemente o maior fator motivador para a reconstituição de Judá depois do exílio (Es 9-10), e o senso de uma necessidade básica de permanecer leal às obrigações da aliança era obviamente um dos fatores mais poderosos na tentativa macabeia de restaurar a integridade nacional e de preservar a identidade nacional. Naquele tempo, as obrigações do nomismo da aliança enfocavam aquelas características da vida nacional e religiosa que marcavam o caráter distinto do povo judeu – circuncisão e leis alimentares (1Mc 1.60-63). Isso se dava porque as exigências da Lei tinham se tornado o principal alvo da perseguição síria – e tal se deu porque tais exigências impediam a assimilação e a integração em um conjunto internacional e religioso maior. Ao mesmo tempo, o "judaísmo" aparece pela primeira vez na literatura exatamente como um protesto contra as pressões helenizantes (2Mc 2.21; 8.1; 14.38), isto é, como uma forma de marcar e separar a autoidentidade judaica de um helenismo que a tinha invadido a identidade nacional e que ameaçava a obstruí-la. O verbo "judaizar" é cunhado para indicar aquelas pessoas gentias que optaram por viver suas vidas de acordo com os costumes e práticas ancestrais distintivos da nação judaica (Esd 8.17 LXX; Josefo, Guerra 2.17.10,454; 2.18.2,462-463).⁵

Também é evidente que as preocupações tão claramente moldadas pela crise nacional macabeia continuavam a ser um fator dominante no período subsequente. Toda a literatura a partir dessa época e através dos dois séculos seguintes manifesta uma preocupação de afirmar, definir e defender as fronteiras da aliança. Diferentes grupos reivindicavam que *seu* entendimento e prática eram o nomismo da aliança *correto*, que (somente) eles eram os "retos" e "devotos", e que os outros, não praticantes, eram "pecadores" desleais à aliança – ou mesmo apóstatas – devido à sua falha em observar a Lei como ela deveria ser observada (*p.ex.*, Sb 2-5; Jub 6.32-35; 1Hen 1.1,7-9; 1QS 2.4-5; SlSal 3.3-12; 13.5-12).⁶

---

⁴ Além disso, cf. meu livro *Romans*. WBC 38 (Dallas: Word, 1988), p. lxvii-lxxi (= *acima*, p. 219-225).
⁵ Textos citados em meu artigo "Incident at Antioch (Gal 2.11-18)", in *JSNT* 18 (1983): 26-27, reimpresso em meu livro *Jesus, Paul and the Law*, Cap. 6.
⁶ Além disso, cf. meu artigo "Pharisees, Sinners and Jesus," in J. Neusner *et al.* (org.), *The Social World of Formative Christianity and Judaism: Essays in Tribute to Howard Clark Kee* (Philadelphia: Fortress, 1988), p. 264-89, reimpresso em *Jesus, Paul and the Law*, Cap. 3.

Nesse período, a circuncisão e as leis alimentares, junto com outros mandamentos específicos como o sábado e as festas, permaneceram os marcadores mais claros de identidade e fronteira do judaísmo como um todo, como indicam as evidências tanto dentro quanto fora do *corpus* dos escritos judaicos.[7]

Tudo o que dissemos até aqui está mais ou menos isento de controvérsias: a evidência é clara e consistente. Enfatizo tais detalhes somente como introdução ao estudo particular da Carta aos Gálatas pelo motivo óbvio de que a intensidade da argumentação de Paulo em relação a essas duas características, aliança e Lei, não pode ser entendida sem uma ideia adequada da *natureza evidente e normal do nomismo da aliança dentro de círculos judaicos*. A extensão em que Paulo se volta efetivamente para o nomismo da aliança ainda deve ser estabelecida, mas onde estava envolvida tal espécie de conjunto fundamental de crenças, qualquer discussão de aliança e Lei em relação ao judaísmo estava fadada a estar influenciada em uma medida significativa por essas crenças, especialmente pelo fato delas serem consideradas naturais.

Suponho que duas afirmações adiantadas por mim em outra ocasião sejam mais controversas, embora me pareça que ambas sigam inevitavelmente aquilo que eu disse acima.[8] A primeira afirmação é que o nomismo da aliança estava tão estreitamente vinculado ao senso da identidade nacional ou étnica que a Lei se tornou sinônimo de Israel, destacando e separando os judeus em seu caráter distinto como o povo de Deus e em sua distinção e separação de outros (gentios = não povo de Deus).[9] Isto

---

[7] Cf., por exemplo, os textos citados em meu artigo "New Perspective on Paul", in *BJRL* 65 (1983): 107-110, reimpresso em *Jesus, Paul and the Law*, Cap. 7 (= *acima*, Cap. 2, aqui: p. 167-172).

[8] "New Perspective" e "Works of the Law and the Curse of the Law (Galatians 3:10-14)", in *NTS* 31 (1985): 523-542, reimpressos em *Jesus, Paul and the Law*, Cap. 8 (= *acima*, Cap. 3). Os pontos foram captados bem por J. M. G. Barclay, *Obeying the Truth: A Study of Paul's Ethics in Galatians* (Studies of the New Testament and Its World; Edimburgo: T. & T. Clark, 1988), p. 78,82.

[9] Cf. também T. D. Gordon, "The Problem at Galatia", in *Int* 41 (1987): 32-43, especialmente p. 38 e os autores por ele citados; e P. Alexander, "Jewish Law in the Time of Jesus: Towards a Clarification of the Problem", in B. Lindars (org.), *Law and Religion: Essays on the Place of the Law in Israel and Early Christianity* (Cambridge: James Clarke, 1988). Alexander nota que "a centralidade da Torá e de Moisés para o judaísmo era a centralidade de uma bandeira nacional" (p. 56).

quer dizer que, por mais universais possam ter sido as reivindicações acerca da Lei,[10] ela jamais deixou de ser a Lei judaica. Seu apelo religioso (evidente nas muitas pessoas que eram tementes a Deus e que se vinculavam em graus diferentes às sinagogas da diáspora)[11] jamais foi um apelo que pudesse ser divorciado de sua função nacional como código civil e criminal dos judeus, considerados por si mesmos uma entidade étnica distinta. Creio que era essa a "função social da Lei", a qual é importante para a nossa compreensão mais plena do conjunto de crenças com que Paulo se confrontou em Gálatas.

A segunda afirmação é que a expressão "obras da Lei" era uma maneira de descrever o mesmo conjunto de crenças determinado pelo nomismo da aliança; isto é, "obras da Lei" refere-se à prática que a Lei da aliança impôs a um membro da aliança. Isto fica claro pelo uso de uma expressão equivalente, "atos da Lei", nos Escritos de Qumran, onde a expressão descreve as obrigações impostas ao sectário por causa de seu pertencimento à comunidade de Qumran (1QS 5.21,23; 6.18; 4QFlor 1.1-7; e um texto não publicado da Gruta 4), embora não possamos dizer se tais atos tinham uma validade mais ampla ou se era simplesmente a maneira natural de expressar as obrigações da aliança. Foi provavelmente tal senso de obrigação em particular que encontrava uma expressão particular naqueles mandamentos que enfocavam o caráter distintivo das pretensões dos judeus de serem um povo que o próprio Deus único separara para si. Na crise macabeia, isto significava especificamente a circuncisão e as leis alimentares, e depois dela temos indicações suficientes de que o assunto do nomismo da aliança enfocaria nesses mesmos mandamentos e em quaisquer outros que reforçassem o fato de que os judeus eram distintos, e isto sempre que a identidade judaica estivesse em questão. Tais atos/obras da Lei tornaram-se como que testes para aferir a fidelidade ao judaísmo.[12]

Tendo assim esclarecido um dos nossos termos-chave, podemos nos voltar agora para a Carta aos Gálatas e tentar explicar a linha do

---

[10] Cf. N. A. Dahl, "The One God of Jews and Gentiles", in *Studies in Paul* (Minneapolis: Augsburg, 1977), p. 178-191.
[11] Para detalhes, cf. meu artigo "Incident at Antioch", p. 21-23; cf. também meu livro *Romans*, p. xlvii-xlviii.
[12] Destaco o esclarecimento de minha afirmação mais antiga a respeito dessa conclusão em *Jesus, Paul and the Law*, especialmente cap. 7, nota adicional 6.

argumento e da ênfase que Paulo emprega ao lidar com o desafio à sua compreensão do evangelho, feito por pessoas que ele tinha convertido na Galácia, o qual foi enfrentado mediante a exposição de seu entendimento do evangelho.[13]

II

Paulo estava preocupado com a questão do nomismo da aliança por causa da maneira como ela estava afetando as pessoas por ele convertidas na Galácia. Isso fica claro no enfoque constante que Paulo confere àquilo que poderíamos chamar a "segunda fase". Sua expressão mais explícita está em Gl 3.3: quais sãos as consequências da opção inicial feita por eles? Como os gálatas pensam que será alcançado o pleno cumprimento da obra salvífica de Deus? A mesma preocupação está por trás de quase cada parágrafo da carta, numa série rica em variações. Qual é a consequência do evangelho e de sua aceitação (Gl 1.6-7; 2.14)? Qual é o efeito da graça de Deus (1.6)?

Para Paulo, seu apostolado era para os gentios (Gl 1.16; 2.9), para as pessoas que ele enfrentara, o mais importante era evidentemente a Lei (Gl 2.21; 5.4). Já que a questão da circuncisão dos gentios estava resolvida, o que dizer da questão do estilo de vida, questão enfocada por eles (assim como para os fariseus)[14] na comunhão de mesa (Gl 2.11-14)?

O argumento mais persistente de todos diz respeito à relação entre a fé e a Lei. Como a (expressão inicial da) fé deve ser correlacionada com "obras da Lei"? A implicação do ἐὰν μή em Gl 2.16a, especialmente em seu contexto, que é alusivo à volta para a questão das leis alimentares em Antioquia (Gl 2.11-14), é que os cristãos de origem judaica pensavam que as obras da Lei (p.ex., a observância de leis alimentares) eram compatíveis com a fé em Cristo e ainda uma

---

[13] Isto não significa que Paulo tenha aceitado o quadro de referência de seus oponentes na Galácia (uma crítica que J. L. Martyn fez ao primeiro esboço deste artigo no seminário da SBL em Chicago), mas simplesmente que o ensinamento na Carta aos Gálatas estabeleceu uma agenda e levantou uma questão à qual Paulo teve que reagir; cf. *abaixo*, Secção III.

[14] J. Neusner, *From Politics to Piety* (Englewood Cliffs: Prentice Hall, 1973); cf. também seu *Judaism, The Evidence of the Mishnah* (Chicago: University of Chicago Press, 1981).

obrigação (de aliança) necessária para judeus que criam no Messias Jesus.[15] Mas Paulo faz de tal distinção (fé em Cristo e obras da Lei) uma verdadeira antítese (Gl 2.16bc;[16] 3.2,5,10-12): considerar a Lei (nomismo da aliança) como a expressão da fé é regressivo, um passo para trás da liberdade dos filhos e filhas de Deus para uma infância imatura e uma escravidão (Gl 3.23-4.11; 4.21-31). A expressão da fé tem que ser elaborada em termos diferentes das obras da Lei (circuncisão etc.): isto é, nos termos do espírito, como algo que é contrário às obras da carne (Gl 5.16-26; 6.7-9), um enfoque em características físicas que incluiriam uma avaliação nacionalista da circuncisão (Gl 3.3; 4.21-31; 6.12-13). Tal expressão pode ser concebida em termos da Lei, não a Lei responsável por focalizar as distinções judaicas como a circuncisão, mas a Lei que enfatiza o amor ao próximo (Gl 5.6,13-14), como exemplificado por Cristo (Gl 6.1-4).[17]

A questão subjacente a todo esse nomismo da aliança, isto é, questão se aqueles gentios que tinham chegado à fé no messias dos judeus e que reivindicavam por isso seu quinhão nos benefícios da aliança que Deus tinha realizado com Israel, precisavam viver de acordo com a Lei de Israel – seja seguindo costumes judaicos ("judaizarem-se"), seja tornando-se prosélitos – para sustentar tal reivindicação.[18] A percepção de que o problema é este foi obscurecida por vários fatores. Um é o fato de que o nomismo da aliança era considerado tão natural e normal para o conjunto de crenças tipicamente judaico que não precisava ser explicitado de nenhuma forma mais clara do que já era.[19] Um segundo fato é que o termo "obras da Lei" tinha sido entendido por muito tempo como "boas obras pelas quais uma pessoa tenta ser aceito por Deus". O mal-entendido fundamental entortou toda a exegese da carta e distorceu ou ocultou o reconhecimento judaico (assim como o cristão) da prioridade da graça de Deus, bem como nos fez perder de

---

[15] Cf. meu esclarecimento sobre a exposição de Gl 2.16 em *Jesus, Paul and the Law*, cap. 7, nota adicional 9.
[16] Além disso, cf. *abaixo*; cf. também *Jesus, Paul and the Law*, Cap. 7, nota adicional 3.
[17] Cf. especialmente Barclay, *Obeying*, p. 125-142.
[18] Eu tinha formulado tal tese antes de ler C. K. Barrett, *Freedom and Obligation: A Study of the Epistle to the Galatians* (Philadelphia: Westminster, 1985), p. 10: a teologia dos judaizantes "parece-me assemelhar-se de forma notável (embora não como um todo) ao nomismo da aliança de E. P. Sanders".
[19] Cf. *acima*, p. 261-265.

vista a dimensão coletiva da discussão ao colocar o foco na doutrina individualista da justificação pela fé.[20] Terceiro, a refutação da ênfase equivocada feita por SANDERS obscureceu a questão ao afirmar uma distinção exagerada entre a entrada na aliança e a continuação ou preservação do *status* dentro dela. "Justificação" (ser justo") era classificada como uma "terminologia de transferência",[21] com a implicação de que ela fosse também o ponto fulcral da ênfase que o próprio Paulo teria conferido à fé, isto é, somente na questão da entrada e não na questão da permanência. (Contudo, Gl 5.4-5 indica que a justificação tem muito a ver com a continuação e o resultado final!) Consequentemente, a questão *do* continuum *entre a fé e as suas consequências estava obscurecida:* será que a fé (da aliança) se expressa (necessariamente, inevitavelmente?) em obras (da aliança) da Lei ou será que continua a ser a base tanto da permanência como da entrada, ou o quê?[22] A última confusão citada acima foi a mais plausível, já que tantos aspectos da questão em Gálatas enfocam a circuncisão, o que parece reforçar a distinção estabelecida entre a "entrada na aliança" e a "preservação do *status*". No entanto, a questão das obras da Lei expressa-se primeiro como um resultado do incidente de Antioquia (Gl 2.11-16), onde a preocupação era claramente a preservação do *status* da aliança por parte dos judeu-cristãos em Antioquia, através da fiel observância das leis alimentares. Além do mais, os convertidos da Galácia não eram instruídos a meramente circuncidarem-se, mas a circuncisão era como o início da observância da Lei que se esperava de todos os membros devotos da aliança (Gl 4.10; 5.3). Neste ponto, é útil lembrar que a circuncisão não era considerada no judaísmo propriamente um rito de entrada na aliança, mas como um dos mandamentos por cuja observância a pessoa expressava seu *status* de judeu (ou prosélito)[23] – o primeiro ato, poderíamos dizer, do nomismo da aliança.

---

[20] Além disso, cf. *Jesus, Paul and the Law*, Cap. 7 (= *acima*, Cap. 2).
[21] E. P. Sanders, *Paul, the Law, and the Jewish People* (Philadelphia: Fortress, 1983).
[22] Além disso, cf. *Jesus, Paul and the Law*, Cap. 7, nota adicional 8.
[23] P. Borgen, "Observations on the Theme 'Paul and Philo'," in S. Pedersen (org.), *Die paulinische Literatur und Theologie*. Teologiske Studier 7 (Aarhus: Aros, 1980), p. 85-102. Borgen observa que "a compreensão de Fílon e Hillel era, portanto, de que a circuncisão corpórea não era a exigência para entrar na comunidade do judaísmo, mas um dos mandamentos que tinham de observar ao receber o *status* de judeu" (p. 88).

III

A lógica argumentativa principal que Paulo desenvolve contra o nomismo da aliança tem três linhas.

1) *A expressão da vida dentro da aliança deveria ser consistente com o seu início.* Isto fica evidente devido ao apelo inicial que Paulo dirige a seus leitores: o que estão fazendo é abandonar a graça de Deus que os levou inicialmente à fé em favor de um evangelho diferente (Gl 1.6-9). O apelo é repetido regularmente ao longo do restante da carta (Gl 3.1-5; 4.8-11; 5.1-12). Foi pela fé que eles se tornaram participantes das promessas de Deus; seu *status* duradouro como participantes das promessas seria preservado da mesma maneira. Paulo vê a sua própria experiência da missão do evangelho à mesma luz (Gl 1.11-2,10; 2.18-20). Seja qual for a sua relação com Jerusalém depois de sua conversão e seja o que for que tenha acontecido ali entre ele e os apóstolos-colunas em suas duas visitas a Jerusalém, o fato crucial é que os apóstolos não acrescentaram nada, mas lhe deram pleno reconhecimento acerca da graça de Deus, a qual era a prova manifesta de seu chamado original (Gl 2.6-9). Semelhantemente, ele faz questão de deixar claro que resumir a completa observância das leis alimentares na comunhão da mesa significaria construir de novo aquilo que a morte de Cristo e seu chamado concreto tinha derrubado (Gl 2.14-21). O mesmo ponto encontra-se no coração de seu argumento no cap. 3: a Lei não anula nem altera os termos da promessa de aliança original dada a Abraão (Gl 3.15-20). Isto quer dizer, a promessa original dada a Abraão, baseada na fé, continua a caracterizar a aliança e a relação com Deus que ela sustenta; afirmar que o nomismo da aliança, com seus pontos centrais e agora tradicionais, era para os herdeiros da promessa a única maneira de viver, significava tornar a promessa nula. Sem dúvida, continua necessário saber como a fé funciona na prática. Uma orientação sobre o estilo e a prática de vida é ainda necessária: por tal razão faz-se a exortação final em Gl 5.13-6.10. Ali, Paulo mostra claramente que ele vê a Lei como algo que ainda tem uma função. Ele ainda crê numa espécie de "nomismo da aliança"! Mas tal nomismo tem marcadores diferentes dos costumes ancestrais dos judeus – amor e espírito, não circuncisão.[24]

---

[24] Cf. particularmente a tese central de Barclay, *Obeying*: que Paulo aborda tanto a questão da identidade quanto a dos padrões de comportamento, que "um ingrediente principal no debate de Gálatas é a pergunta sobre como deviam viver

Portanto, o argumento de Paulo é claro. *A continuação da prática tem de ser a expressão constante da fé pela qual seus leitores começaram a viver dentro da promessa e do propósito da aliança de Deus* – um começo cujo caráter de dádiva divina era evidente tanto para Paulo quanto para seus leitores. Colocado assim, o argumento certamente está aberto a uma crítica aguda: também a Lei foi dada por Deus; por que as obras da Lei deveriam ser consideradas uma antítese da fé? Dificilmente precisamos de Tg 2.18-26 para explicitar essa linha da crítica. Mas, pelo menos, a lógica de Paulo está clara, e ela é somente parte do argumento completo.

2) A segunda linha do argumento de Paulo é que, *desde o início, a promessa de Deus sempre considerava os gentios.* Este é obviamente o ponto argumentativo de Gl 3.6-9, no qual o evangelho é enfocado na promessa original a Abraão: "Em ti todas as nações serão abençoadas" (Gl 3.8 LXX).[25] O argumento é claro: a promessa deve ser oferecida às pessoas originalmente previstas nela e nos termos originais – aos gentios e pela fé. A promessa da aliança não se dirigia somente a judeus.[26]

Os versículos que se seguem (Gl 3.10-14) foram objetos de muita disputa e foram muito mal-entendidos, mas eles precisam ser obviamente compreendidos como uma referência a uma maldição decorrente do estado sem a Lei e, por isso, como uma maldição que a Lei colocou entre os gentios (sem Lei) e os participantes da promessa. Logo, toda a argumentação do parágrafo é a abertura da bênção de Abraão para os gentios, alcançados por Cristo, que removeu a maldição através da sua morte (Gl 3.13-14). Portanto, não obstante os outros objetivos, Pau-

---

os membros do povo de Deus" e que a exortação de Gl 5.13-6.10 "se desenvolve a partir de seus argumentos anteriores e os conclui" (p. 216). Cf. também meu *Romans*, p. 705-706.

[25] Cf. F. F. Bruce, *Galatians*. NIGTC (Exeter: Paternoster, 1982), p. 156-157.

[26] Em sua reação à versão que esse artigo tinha em Chicago, J. L. Martyn ignora amplamente e deixou de levar em conta essa dimensão horizontal da *Heilsgeschichte* (história da salvação) inerente à discussão inteira. Contraste-se isso com B. R. Gaventa, "The Singularity of the Gospel: A Reading of Galatians" e R. B. Hays, "Crucified with Christ: A Synthesis of the Theology of 1 and 2 Thessalonians, Philemon, Philippians, and Galatians", in Bassler (org.), *Pauline Theology Vol I.*, p. 159 e 231-234, respectivamente; cf. também os artigos de R. Scroggs e D. J. Lull no mesmo volume.

lo pensa quase com certeza na função da Lei, que rotula o gentio em si mesmo como "pecador" (Gl 2.15) – fora de Israel, fora da Lei, e por tal razão pecador ou transgressor e sob uma maldição. *A maldição da Lei, posta sobre o gentio, é exatamente a consequência do nomismo da aliança assim como ele fora entendido na presunção nacionalista judaica* (nós somos os "retos", eles são os "pecadores") *e na restrição étnica* (a herança é limitada aos judeus e prosélitos – οἱ ἐξ ἔργων νόμου [os das obras da lei]) *agora contestada por Paulo*.[27]

Há um padrão semelhante no argumento acerca de Cristo como "semente" de Abraão de acordo com a promessa (Gl 3.16). O ponto central desse argumento permite a Paulo a afirmação de que os gentios se tornaram participantes da promessa "em Cristo" (Gl 3.14,28-29)[28] através do Espírito (Gl 3.14). Evidentemente, Paulo não precisa debater questões mais fundamentais da cristologia. A centralidade que Cristo e sua morte têm para o evangelho (Gl 1.4; 2.19-21; 3.1; 4.4-5; 6.12) e a necessidade de ter fé nele (Gl 2.16; 3.22-24,26) eram ênfases que ele compartilhava com seus leitores e efetivamente também com os "judaizantes".[29] O que Paulo tinha de enfatizar era algo que poderíamos chamar de a dimensão gentia de sua cristologia e seu evangelho (Gl 1.15-16; 2.2-5,7-8,15-17; 3.8,13-14,16,27-29; 5.6,11; 6.14-15), a saber, que a fé em Cristo *continua* a ser o meio pelo qual se preserva a participação *permanente* na promessa e na herança de Abraão. A preocupação de Paulo era de que o evangelho, considerado por ele o ponto de partida comum, ficava, na verdade distorcido em seus aspectos fundamentais se não fossem observadas estritamente tais ênfases, que eram as consequências do evangelho e da cristologia. Pois, se os crentes da Galácia aceitassem o nomismo da aliança reivindicado pelos judeu-cristãos em Antioquia (Gl 2.12-14), eles perderiam o evangelho e Cristo (Gl 1.6-9; 5.4).

---

[27] Cf. *Jesus, Paul and the Law*, Cap. 8, e a nota adicional 1. Cf. também a tese principal de G. Howard, *Paul: Crisis in Galatia*. SNTSMS 35 (Cambridge: Cambridge University Press, 1979), embora eu discorde de vários aspectos secundários da argumentação de Howard.

[28] Cf. J. C. Beker, *Paul the Apostle: The Triumph of God in Life and Thought* (Philadelphia: Fortress, 1980), p. 50-52.96; J. L. Martyn, "Paul and His Jewish-Christian Interpreters", in *USQR* 42 (1987-88): 3-4.

[29] R. B. Hays nota com razão que a cristologia "não é o problema" em Gálatas ("Christology and Ethics in Galatians: The Law of Christ", in *CBQ* 49 [1987]: 276).

Portanto, evidentemente, também Paulo não sentia a necessidade de enfatizar que a dádiva do Espírito era o cumprimento da promessa dada a Abraão. E tem de ser assim, porque o dom do Espírito dado aos gentios era tanto reconhecido entre os primeiros cristãos quanto aceito como a clara indicação do ato aceitador/justificador de Deus (assim Gl 3.2-5; 4.6,29; 5.5; cf. também At 10.44-48; 11.15-18; Rm 8.9,14).[30] "Esse recebimento do 'Espírito' é o dado fundamental para as Igrejas cristãs na Galácia."[31] Também aqui, o que Paulo tinha de enfatizar era a dádiva e a experiência permanente do Espírito, operando independentemente de considerações no âmbito da Lei e da etnia (da carne; Gl 3.2-5; 4.3-7,29; 5.5-6; 6.8).[32] Em ambos os casos, a cristologia e a pneumatologia da carta pressupõem fundamentalmente uma teologia mais rica e mais plena; mas na própria carta, Paulo desenvolve somente aqueles aspectos que são de importância imediata para a situação de seus leitores.

Podemos também notar simplesmente que muito da autocompreensão paulina de sua missão e de seu chamado (isto é, de toda a sua existência como cristão) estava vinculada à convicção de que estava na hora de ir até os gentios e de trazê-los para dentro, em termos iguais aos dos judeus (isto é, sem que eles deixassem de ser "gregos", pessoas distintas dos "judeus"). Por tal razão ele enfatiza, tanto nas descrições de sua própria conversão, quanto na sua vocação, que ele foi "chamado [...] para pregar o Filho de Deus entre os gentios" (Gl 1.15-16).[33]

---

[30] Além disso, cf. meu livro *Baptism in the Holy Spirit: A Reexamination of the New Testament Teaching on the Gift of the Spirit in Relation to Pentecostalism Today*. SBT 2/15 (Londres: SCM, 1970).

[31] H. D. Betz, "Spirit, Freedom and Law: Paul's Message to the Galatian Churches", in *SEA* 39 (1974): 145. Cf. também D. J. Lull, *The Spirit in Galatia: Paul's Interpretation of Pneuma as Divine Power*. SBLDS 49 (Chico: Scholars Press, 1980); S. K. Williams, "Justification and the Spirit in Galatians", in *JSNT* 29 (1987): 91-100; idem, "*Promise* in Galatians: A Reading of Paul's Reading of Scripture", in *JBL* 107 (1988): 709-720. Williams argumenta que a promessa a Abraão é a promessa do Espírito.

[32] Cf. Barclay, *Obeying*, especialmente cap. 4, "The Sufficiency of the Spirit".

[33] Além disso, cf. meu artigo "'A Light to the Gentiles': The Significance of the Damascus Road Christophany for Paul", in L. D. Hurst, N. T. Wright (org.), *The Glory of Christ in the New Testament: Studies in Christology in Memory of G. B. Caird* (Oxford: Clarendon. 1987), p. 251-266, reimpresso em *Jesus, Paul and the Law*, cap. 4. Cf. também Gordon, "Problem at Galatia", p. 35. Uma consequência disso é que a preocupação principal de Paulo em Gl 1-2 não era a de defender

É claro que sua convicção de que ele fora chamado desde o primeiro momento para ir até os incircuncisos estava vinculada a seu entendimento de que os gentios estavam dentro do propósito divino desde a primeira expressão da promessa da aliança. Agora, é impossível dizer qual desses dois veio primeiro e fez surgir o outro.

3) Qual, então, era o *propósito da Lei?* A questão surge inevitavelmente da linha de argumentação acima esboçada. O fato de que a questão se manifesta também em Rm 3.19 e 3.21 pode ser avaliado pelo menos como certa confirmação de que a nossa análise da argumentação de Paulo está, por enquanto, nos trilhos certos. Tal questão levanta-se obviamente porque o tratamento paulino da Lei como esboçado até aqui tinha fortes características pejorativas. "Obras da Lei" é considerado por ele de uma forma muito negativa (Gl 2.16; 3.2,5,10). A Lei é entendida como algo que condena os gentios como "pecadores" (Gl 2.15), algo que põe uma maldição sobre as pessoas apartadas da Lei, e que as proíbe de participarem da promessa da aliança (Gl 3.10-14). No entanto, ele está vendo efetivamente um papel positivo para a Lei, pelo menos no sentido de falar do amor ao próximo como cumprimento de toda a Lei (Gl 5.14). Ora, contra o quê, afinal, Paulo objeta com tanta insistência?

A resposta já foi sugerida pelo tratamento da maldição da Lei: Paulo objeta ao nomismo da aliança, compreendido como ele foi consistentemente entendido por todos os judeus – nomismo da aliança como restrição da aliança às pessoas situadas dentro das fronteiras demarcadas pela Lei, isto é, limitadas aos judeus e aos prosélitos.[34] Isto é confirmado pela ênfase dada a outra palavra usada com fortes tons negativos – "carne" (Gl 3.3; 5.19,24; 6.8). "Carne" caracteriza também

---

seu apostolado ou a sua autoridade de apóstolo como tal (ver G. Lüdemann, *Paulus, der Heidenapostel: Band II, Antipaulinismus in frühen Christentum* [Göttingen: Vandenhoeck und Ruprecht, 1983], p. 145); cf. B. R. Gaventa, "Galatians 1 and 2: Autobiography as Paradigm", in *NovT* 2S (1986): 309-326; e B. Lategan, "Is Paul Defending his Apostleship in Galatians?", in *NTS* 34 (1988): 411-430.

[34] Cf. também o argumento de Paulo em Gl 2.21: se a justiça se dava ainda em termos da Lei e ainda incluía uma distinção entre "nós e eles", entre judeus e gentios segundo o nomismo da aliança, então a morte de Cristo foi "em vão", já que não pôs um fim à função da Lei no sentido do nomismo da aliança, uma função como linha divisória que excluía os gentios das bênçãos da promessa da aliança por serem gentios.

uma relação mal-entendida com Abraão, ou, melhor, uma relação com Abraão na qual a ênfase fora colocada no lugar errado. Daí provém a alegoria de Gl 4.21-31: há uma linha descendendo de Abraão, entendida em termos da carne – uma identidade racial ou étnica ou nacional – e esta não é a linha da promessa.[35] Limitar a participação da promessa a uma relação κατὰ σάρκα [segundo a carne] é entender a promessa equivocadamente.[36] Disso vem também o argumento de Gl 6.12-13: o gloriar-se na carne condenado por Paulo é um gloriar-se não de um esforço ou de um ato ritual humanos, mas da identidade étnica.[37] Insistir que gentios têm de ser circuncidados é assumir que o propósito de Deus significa o triunfo de Israel como um Estado, cuja supremacia é reconhecida pelas pessoas que procuram fazer parte dele ao cruzar as fronteiras rituais que separam os gentios e os judeus.[38]

---

[35] O fato de Paulo se referir em Gl 4.21-31 às *duas* alianças é uma variante interessante na continuidade/descontinuidade que Paulo vê na história da salvação. Estritamente falando, o "nomismo da aliança" a que Paulo objeta se refere somente à aliança de escravidão; o correlato da aliança da promessa é a liberdade do Espírito (Gl 3.2-5 etc.).

[36] Cf. especialmente J. L. Martyn, "A Law-Observant Mission to Gentiles: The Background of Galatians," in *Michigan Quarterly Review* 22 (1983): 221-236, especialmente p. 231-232; reimpresso em *SJT* 38 (1985): 307-324, especialmente p. 318-320; IDEM, "Apocalyptic Antinomies in Paul's Letter to the Galatians", in *NTS* 31 (1985): 410-424. Minha exegese não exclui a possibilidade de que Paulo estivesse reagindo neste ponto a seus "oponentes" (assim defendido por Martyn, Barclay [*Obeying*, p. 91], e antes por C. K. Barrett ["The Allegory of Abraham, Sarah, and Hagar in the Argument of Galatians", in *Essays on Paul* (Londres: SPCK, 1982), p. 154-70]). Barrett cita muito apropriadamente Jub 16.17-18 como uma indicação daquela espécie de exposição que eles provavelmente teriam usado (nota-se também 1Mc 2.16). Cf. agora especialmente G. Bouwman, "Die Hagar- und Sara-Perikope (Gal 4:21-31)", in *ANRW* 11,25,4 (1987): 3135-3155; e mais genérico J. M. G. Barclay, "Mirror-Reading a Polemical Letter: Galatians as a Test Case", in *JSNT* 31 (1987): 73-93.

[37] Aqui se desintegra a hipótese muito fraca de W. Schmithals, devido a seu argumento de que o "gloriar-se na carne" se expressaria em um "desprezo pela carne" gnóstico ("The Heretics in Galatia", in *Paul and the Gnostics* [Nashville: Abingdon, 1972], p. 55). Neste ponto, o problema não é a identidade gnóstica, mas étnica.

[38] Esta avaliação equivocada de circuncisão e carne significa também a falha de reconhecer a função própria da Lei (Gl 3.19; 4.8-10), portanto, também de preservá-la (3.10; 6.13; cf. também Rm 2.17-29). Cf. também *Jesus, Paul and the Law*, cap. 8 (= *acima*, Cap. 3), e a nota adicional 1.

Suspeito que o que foi dito acima forneça também a chave para a afirmação perturbadora em 3.19, de que a Lei fora dada através de anjos (à luz da oração seguinte, "na mão de um mediador" é provavelmente um aposto para "ordenado através de anjos"). Qualquer pessoa familiarizada com a compreensão judaica daquilo que o Deus único determinara como ordem de sua criação e das nações dentro dela estaria também familiarizada com a ideia de que Deus determinou anjos da guarda para cada Estado (Dt 32.8-9; Sir 17.17; Jub 15.31-32; 1Hen 20.5; Targum de Pseudo-Josefo para Gn 11.7-8).[39] A consequência que o pensamento judaico tirava normalmente era a de que Deus, tendo designado anjos sobre as outras nações, reservou Israel para si mesmo, com nenhum outro mediador entre ele e Israel. O argumento que Paulo provavelmente utiliza é que tratar a Lei de uma maneira tão exclusiva e restritiva equivale a tratar a Lei como se ela fosse dada através dos anjos da guarda de Israel, ou efetivamente como se a própria Lei fosse um anjo da guarda de Israel (a implicação de Gl 4.8-10, já que se segue no fim de 3.23-4,10; daí também a definição do estado característico do judeus "sob a Lei", como um poder que o governa [Gl 3.23; 4.4-5,21; 5.18]).[40] Portanto, considerar a Lei como um marcador da identidade

---

[39] R. Meyer, Verbete "λαός", in *TDNT*, 4, p. 39-41. Cf. também T. Callan, "Pauline Midrash: The Exegetical Background for Gal 3:19b", in *JBL* 99 (1980): 549-567.

[40] Discuto aqui visões como a de J. W. Drane, de que 3.19 chega a ser uma "negação categórica da origem divina da Torá" (*Paul: Libertine or Legalist?: A Study in the Theology of the Major Pauline Epistles* [Londres: SPCK, 1975], p. 34), ou de H. Hübner, de que 3.19 significa que a Lei "é o produto de poderes angélicos demoníacos" (*Law in Paul's Thought* [Edimburgo: T. & T. Clark, 1984], p. 24-36), porque ambas encontram no texto mais do que ele contém e ignoram o contexto do pensamento judaico, no qual a associação de anjos com a dádiva da Lei era muito familiar e não representava uma ameaça (Dt 33.2 LXX; Jub 1.29ss; Fílon, Somn 1.143; Josefo, Ant 15.5.3,136; cf. também At 7.38,53; Hb 2.2); cf. também S. Westerholm, *Israel's Law and the Church's Faith: Paul and His Recent Interpreters* (Grand Rapids: Eerdmans, 1988), p. 176-179. A. J. M. Wedderburn critica-me por negar que Paulo está contra a Lei em si, referindo-se a Gl 3.19, porque entende que o versículo "parece expressar oposição à Lei *per se*", embora não ofereça maiores explicações ("Paul and the Law", in *SJT* 38 [1985]: 618, nota 11). Também tenho que registrar minha dissensão de Howard (*Paul*, p. 60-61) e L. Gaston ("Paul and the Torah", in A.T. Davies (org.), *Antisemitism and the Foundations of Christianity* [Nova Iorque: Paulist, 1979], p. 62-64), que afirmam que "sob a Lei" podia incluir, ou até mesmo designar especificamente, a situação gentia, e de Martyn, que afirmou no

nacional, como uma fronteira que separa o judeu do gentio, é efetivamente negar a unicidade de Deus.

Até mesmo tal tratamento da Lei não é inteiramente negativo. Havia um lado positivo no fato de a Lei ter sido dada a Israel, que oferecia ao povo da aliança uma maneira de lidar com o pecado no período que antecede a vinda de Cristo (Gl 3.19).[41] A Lei (anjo de guarda) servia para guiar, governar e proteger Israel até que a promessa pudesse ser cumprida em Cristo (Gl 3.23-4.7).[42] Mas agora que Cristo veio, a promessa está aberta tanto para gentios como para judeus, nas condições originais. Consequentemente, voltar a estar sob o controle da Lei, aceita-la em seu papel de guardiã dos direitos e prerrogativas nacionais, é retornar a uma subserviência e servilidade infantis e negar o cumprimento e a plenitude da promessa. A conclusão é que Paulo pode apresentar uma alternativa diferente daquela apresentada geral-

---

seminário de Chicago que a expressão "estar sob" significa estar "sob o poder tirânico de algo". Cf., porém, *abaixo*, nota 42.

[41] Não vejo nessa fase da argumentação paulina uma base para interpretar 3.19 ("a lei foi acrescentada por causa das transgressões") em termos de *multiplicar* as transgressões (assim, por exemplo, Barrett, *Freedom*, p. 33; Westerholm, *Israel's Law*, p. 178.182). Tal leitura de Gl 3.19 é demasiadamente influenciada pelo argumento diferente e mais cuidadosamente formulado de Rm 5.20. Aqui, Paulo explica o lado positivo do nomismo da aliança no tempo antes de Cristo (cf. ainda *abaixo*, nota 42). Igualmente, o ponto argumentativo de Gl 3.21 não é dispensar a Lei totalmente; Paulo apenas reage ao erro da suposição de que a Lei cumprisse o papel da promessa (*dar* vida) bem como seu papel próprio (*regular* a vida dentro da aliança [2.12], particularmente no tempo antes de Cristo).

[42] Cf. especialmente D. J. Lull, "'The Law Was Our Pedagogue': A Study in Galatians 3: 19-25", in *JBL* 105 (1986): 481-498; N. H. Young, "*Paidagogos:* The Social Setting of a Pauline Metaphor", in *NovT* 29 (1997): 150-176; T. D. Gordon, "A Note on ΠΑΙΔΑΓΩΓΟΣ in Galatians 3:24-25", in *NTS* 35 (1989): 150-54. Young vê a ênfase de Gl 3.23-24 "naquilo que confine e restringe em vez de na função ou corretiva ou protetora de um pedagogo" (p. 171). Ele conclui: "Assim, a Lei é 'nosso pedagogo' no sentido de que os regulamentos restritivos que separavam judeus e gentios, epitomados pelo Sinai, eram apenas temporários. Exatamente como o papel de um pedagogo termina quando uma criança chega à maturidade, assim a separação legal de judeus e gentios terminou com a chegada da nova era em Cristo" (p. 176). Gordon vê a função do *paidagōgós* como guardião e protetor de Israel "em relação à idolatria poluidora dos gentios, que preservava uma comunidade que propagava a fé no Deus de Abraão, até que a promessa feita a Abraão se tornasse uma realidade histórica" (p. 154).

mente pelo judaísmo. O judaísmo afirmava: dentro da Lei = dentro da aliança. Paulo, em contraste, afirma: dentro de Cristo = dentro da aliança; dentro da Lei = fora de Cristo (Gl 5.4).[43]

Em resumo, a atitude de Paulo em relação à Lei em Gálatas tem sido constantemente mal-interpretada como muito mais irredutivelmente negativa do que ela realmente é. O mal-entendido baseou-se na interpretação equivocada de "obras da Lei" como "boas obras" e de Gl 3.10 como afirmação que requer um cumprimento perfeito da Lei.[44] Mas uma vez que se entendeu que o principal alvo de Paulo é o nomismo da aliança entendido em termos restritivamente nacionalistas – "obras da Lei" como a preservação da identidade judaica e "a maldição da Lei" como aplicado às pessoas sem Lei para excluir gentios como tais da promessa da aliança – fica claro que as observações negativas de Paulo tinham um sentido mais limitado e que, enquanto a Lei não era mal-entendida de semelhante maneira como definindo e defendendo as prerrogativas de um grupo particular, ela ainda tinha um papel positivo a desempenhar na expressão do propósito e da vontade de Deus.[45]

---

[43] Cf. J. H. Neyrey, "Bewitched in Galatia: Paul and Cultural Anthropology", in *CBQ* 50 (1988): 72-100, especialmente 80-83.

[44] Este é o ápice da constante interpretação equivocada que Hübner confere ao tratamento paulino da Lei na Carta aos Gálatas. Sua insistência em dizer que 3.10 visa "a exigência primeiramente *quantitativa* da Lei de que [...] todas as suas prescrições devem ser respeitadas, de modo que qualquer pessoa que transgredisse uma só dessas prescrições seria maldita" (*Law*, p. 38) ignora o fato de que "fazer o que exige a lei" inclui a provisão da expiação de falhas (cf. *acima*, nota 3) e que Paulo espera igualmente que os crentes "cumpram toda a Lei" (5.14). Cf. também a crítica que Barclay faz a Hübner nesse ponto (*Obeying*, p. 136-137). A variante de Hübner é, naturalmente, uma variante da interpretação normal de 3.10 (cf. *Jesus, Paul and the Law*, cap. 8, nota 38).

[45] F. Watson põe as preocupações de Paulo de pernas para o ar. Longe de rejeitar um nomismo da aliança que significa inevitavelmente um reforço à fronteira entre judeus (judeu-cristãos) e gentios (gentio-cristãos), Watson pensa que o objetivo de Paulo era "que a Igreja deveria se separar da comunidade judaica" (*Paul, Judaism and the Gentiles: A Sociological Approach*. SNTSMS 56 [Cambridge: Cambridge University Press, 1986], p. 64). Essa tese reconhece somente as descontinuidades na visão que Paulo tece da *Heilsgeschichte* (história da salvação; promessa/Lei, duas alianças) e deixa de reconhecer a continuidade da semente de Abraão, do "nós" que inclui judeus e gentios (Gl 3.14; 4.5), de uma filiação que chega a sua maturidade (Gl 3.23-4.5) e da Lei cumprida com fé e amor

IV

A última parte principal de minha tese é a afirmação de que *a Carta aos Gálatas é a primeira tentativa substancial de Paulo de lidar com a questão do nomismo da aliança dentro do novo movimento chamado cristianismo*. A base principal desta afirmação é que o nomismo da aliança parece não ter sido um problema antes do incidente antioqueno (Gl 2.11-14). Aqui é importante a relação entre Gl 2.1-10 e 2.11-14. O que fora resolvido em Jerusalém (Gl 2.1-10) foi a questão da circuncisão. O que emergiu em Antioquia (Gl 2.11-14) foi uma questão diferente – leis alimentares. No centro da discordância estava exatamente o problema da grande diferença entre as duas questões.

Se supusermos que os "certos indivíduos da parte de Tiago" (Gl 2.12) tinham aceitado o acordo de Jerusalém de não exigir a circuncisão de convertidos gentios (não obstante de sua eventual resistência), então se segue disso que eles devem ter considerado o acordo como algo que permitia uma concessão e não como algo que concedera um princípio prático. Eles podem ter considerado tal acordo efetivamente como uma simples extensão do grau de hospitalidade concedido aos tementes a Deus, praticado até então regularmente pelo judaísmo da diáspora (especialmente na Síria; cf. Josefo, *Guerra* 2.18.2,462-63; 7.3.3,50-51). 2.10 indica provavelmente que não consideraram o princípio do nomismo da aliança atingido por isso, já que dar esmolas era uma dessas expressões tão fundamentais da justiça de aliança (Dn 4.27;

(Gl 5.6,14). O outro problema maior na tese de Watson é que ele usa "comunidade judaica" num sentido demasiadamente indiferenciado e inclusivo. Havia judeus para os quais o argumento e o evangelho de Paulo significariam uma separação total, mas havia outros – cristãos judaicos ainda contados como judeus na liturgia sinagogal – que concordariam com Paulo (que era, ele mesmo, um cristão judeu). E, sem dúvida, havia ainda outros judeus e cristãos judaicos com visões ambivalentes entre as duas posições. Não se tratava de Paulo aceitar das fronteiras (circuncisão, leis alimentares etc.) como imóveis e simplesmente sair delas (contraste 1Cor 9.20-21); ele estava tentando retraçar as fronteiras com os cristãos gentios do lado de dentro! Cf. também minha crítica a Watson em *Romans*; cf. no índice o verbete "Watson"; também minhas respostas a P. F. Esler e H. Räisänen em *Jesus, Paul and the Law*, cap. 6, nota adicional 7 e cap. 7, nota adicional 4, respectivamente.

Sir 29.12; 40.24; Tb 4.10; 12.9; 14.10-11)[46] que a disposição paulina de preservar a prática podia facilmente ser interpretada como uma expressão de sua própria disposição de manter o princípio do nomismo da aliança. Além disso, já que a tradição de simpatizantes gentios espontaneamente dispostos a abraçar os costumes ancestrais dos judeus ("judaizar") estava tão bem estabelecida,[47] os homens de Tiago podem ter suposto efetivamente que a comunhão de mesa em Antioquia acontecia numa base judaizante. Isso seria suficiente para explicar por que a questão não tinha emergido mais cedo, do lado de Jerusalém.[48]

Do lado de Paulo, o acordo realizado em Jerusalém era provavelmente entendido como uma questão de princípio. Paulo entendia a circuncisão em termos que consideraríamos hoje característicos do nomismo da aliança: não era simplesmente um rito de entrada, mas o primeiro ato de um cumprimento permanente da Lei. O acordo em Jerusalém era entendido por ele como um precedente para diminuir a importância dos outros mandamentos que definiam fronteiras e excluíam gentios. Contudo, se 2.10 é novamente algo que pode ajudar aqui, para ele, a questão ainda não estava definida com a clareza suficiente. Ele concordou prontamente com uma ênfase contínua na doação de esmolas, sem considerá-la uma qualificação do acordo sobre a circuncisão. Talvez tenha sido o alívio de ter ganhado o dia acerca de seu principal objetivo que o deixou disposto a aceitar esse único pedido (exigência?), sem refletir suficientemente sobre como tal pedido seria compreendido em Jerusalém. Ou talvez o vínculo entre o nomismo da aliança e a identidade étnica judaica ainda não tivesse ficado suficientemente nítido; afinal, qualquer prática gentílica de dar esmolas a judeus podia ser facilmente entendida como um elemento de tal conjunto de crenças, fazendo parte do reconhecimento gentílico da hegemonia judaica (Is 45.14; 60.5-17; 61.6; 1Mc 4.13; Tb 13.11; 1QM 12.13-15).

Sejam quais forem os fatores exatos em cada lado, e sejam quais forem as compreensões compartilhadas ou divergentes do acordo de

---

[46] Além disso, cf. K. Berger, "Almosen für Israel: Zum historischen Kontext der paulinischen Kollekte", in *NTS* 23 (1976-1977): 80-204.
[47] Cf. *acima*, nota 5.
[48] Para as pressões que levaram à exigência dos homens de Tiago, cf. meu "Incident at Antioch", § 2.2, com uma referências especial a R. Jewett, "The Agitators and the Galatian Congregation", in *NTS* 17 (1970-71): 204-206.

Jerusalém,[49] o próprio incidente de Antioquia parece ter sido uma surpresa para ambos os lados – os homens de Tiago estavam surpreendidos diante de tanta desconsideração das leis alimentares por parte dos cristãos judaicos; e Paulo estava surpreendido diante do fato de ainda haver aqui um problema. Em todo caso, o incidente antioqueno parece ter sido a primeira disputa de maior amplitude a respeito da questão das leis alimentares ou, em termos mais gerais, sobre a pergunta se o nomismo da aliança, como entendido até então, era ainda normativo para os judeu-cristãos.

Gl 2.14-16 dá a impressão de que Paulo está definindo um passo além da posição previamente combinada. Para ser mais preciso, Paulo parece explicitar nesses versículos uma lógica teológica que ele anteriormente pode ter considerado pacífica (e que ele, por esta razão, não a tinha formulado anteriormente), mas que outros (até mesmo colegas muito próximos) não tinham reconhecido ou aceito, como mostrou o incidente antioqueno. O que ele agora estava vendo com clareza era que o evangelho relativizava a expressão nacionalista do nomismo da aliança, e foi isso que ele (provavelmente pela primeira vez) expressou em Antioquia frente a Pedro. Já que Pedro e os outros cristãos judaicos em Antioquia provavelmente não aceitaram naquele tempo o argumento de Paulo,[50] Paulo aproveita da oportunidade de redigir a carta à Galácia para reafirmar e presumivelmente reforçar o argumento que usou naquele momento.

A questão é claramente colocada em termos étnicos: judeus e gentios, "viver como gentios", "judaizar" (Gl 2.14). Aqui são abordados os parâmetros tradicionais do nomismo da aliança: eles podem ser definidos simplesmente como "não viver como os gentios" (cf., por exemplo, Jub 6.35; 15.34; SlSal 8.13). Igualmente evidente está o estilo de vida tradicional dos tementes a Deus – "judaizar". A suposição dos homens

---

[49] Duvido que seja correto falar de uma "reversão unilateral de um acordo anterior" da parte de Tiago (assim, P. J. Achtemeier, *The Quest for Unity in the New Testament Church* [Philadelphia: Fortress, 1987], p. 54; cf. também Watson, *Paul*, p. 53-56). A formulação de Barrett é provavelmente mais bem acertada: "O acordo que deve ter existido foi provavelmente refletido inadequadamente" (*Freedom*, p. 12).

[50] Que o apelo de Paulo a Pedro ficou sem êxito é hoje aceito pela maioria dos comentadores. Cf., por exemplo, Achtemeier, *Quest*, p. 59, e aqueles citados por ele nas notas 8-9; além disso, cf. *abaixo*.

de Tiago e de Pedro e dos outros cristãos judaicos está claramente implicada: para que o judeu (o judeu-cristão) possa continuar a praticar seu nomismo da aliança, o gentio temente a Deus/cristão deve estar preparado para se judaizar, para viver como judeu. O que Paulo não consegue engolir, porém, é que isto deva se tornar uma exigência para a fé. O uso do mesmo verbo em Gl 2.3 e 2.14 ("compelir") não é acidental. O alvo da objeção de Paulo é que o acordo realizado em Jerusalém está sendo anulado pela compulsão fática do comportamento dos judeu-cristãos em relação à comunhão de mesa em Antioquia.

O senso de fronteiras étnicas e de distinção está novamente enfocado no v. 15: – "judeus por natureza", "gentios pecadores". E já que "pecador" indica uma pessoa sem Lei (cf., por exemplo, Sl 27.2; 54.3; 1Mc 1.34; 2.44), a clara implicação é novamente que a questão em foco diz respeito à função da Lei como definidora do gentio em si como "pecador" (Sl 9.17; 1Mc 2.48; SlSal 1.1; 2.1-2; Lc 6.33/Mt 5.47).[51] Deve-se notar o fato de que Paulo se expressa em termos tradicionalmente judaicos ("somos judeus por natureza"). *Ele fala como alguém que está conscientemente dentro do judaísmo* e que está consciente de que é distinto do gentio; fala como alguém dentro da Lei que considerou o gentio tradicionalmente fora das fronteiras demarcadas pela Lei – e assim, por definição, entendeu-o como "pecador". Já que é esta distinção que ele questionará, devemos supor que Paulo está tentando argumentar a partir de uma posição e perspectiva pacífica dentro do judaísmo em favor de uma nova posição e perspectiva. Devemos entender provavelmente também que o movimento de autocompreensão que ele assim procura encorajar era um reflexo de sua própria autocompreensão – autocompreensão que passara por mudanças. Mas ele permanece um judeu; *ainda se trata de um debate intrajudaico.*[52] Paulo ainda pode se

---

[51] A. Suhl ignora essa dimensão inteira do contexto histórico quando procura defender a paráfrase "Nós, claramente judeus por natureza e não descendentes dos gentios, somos não obstante pecadores (como eles)" ("Der Galaterbrief – Situation und Argumentation", in *ANRW* 11.25.4 (1987): 3102-3106).

[52] Além disso, cf. K. Haacker, "Paulus und das Judentum im Galaterbrief", in E. Brocke, J. Sein (org.), *Gottes Augapfel: Beiträge zur Erneuerung des Verhältnisses von Christen und Juden* (Neukirchen-Vluyn: Neukirchener Verlag, 1986), p. 95-111; e a revisão crítica por W. D. Davies de H. D. Betz, *Galatians: A Commentary on Paul's Letter to the Churches in Galatia*. Hermeneia (Philadelphia: Fortress, 1979) in *Jewish and Pauline Studies* (Londres: SPCK, 1984), p. 172-188.

identificar com o conjunto de crenças mais antigo, que sugere serem as implicações plenas a partir de sua própria perspectiva transformada, as quais estão apenas começando a ficar claras.

Isto projeta uma luz sobre a abertura muito mal-entendida para Gl 2.16. Continuo a pensar que ela deve ser entendida como segue: "Somos judeus por natureza [...] sabendo que uma pessoa não é justificada pelas obras de Lei exceto [ou, senão] pela fé em Jesus Cristo [...]".[53] Paulo continua a localizar a si mesmo dentro do conjunto de crenças judaicas, mas agora, a perspectiva tradicional judaica é qualificada ao conferir à "fé em Cristo" o papel decisivo.[54] *O que se expressa aqui é o ponto de vista de Pedro e dos outros cristãos judaicos em Antioquia.* Eles partilham todos de uma só opinião quando se trata do chamado do evangelho para a fé em Jesus Cristo. A compreensão dos cristãos judaicos é que, embora esta seja uma redefinição fundamental do nomismo da aliança, a vida de justiça *dentro da* aliança é ainda definida pelas obras da Lei. Contudo, isto, assim creem os judeu-cristãos agora, não é decisivo para a aceitação por Deus e para auxílio no jul-

---

[53] Além disso, cf. meu artigo "New Perspective", in *Jesus, Paul and the Law*, com as notas adicionais 3 e 9; e Watson, *Paul*, p. 197, nota 73.

[54] Permaneço inteiramente desconvencido pelo argumento agora novamente popular de que *"the faith of Christ"* significaria "a fé de Cristo" em vez de "fé em cristo". O segundo está inteiramente de acordo com a intenção geral da carta, inclusive a distinção fundamental entre fé (humana) e obras (humanas), enquanto o primeiro introduz um acento bem diferente. Na abordagem recente mais completa, R. B. Hays, por exemplo, inclina-se para o argumento de que realmente todas as referências-chave com πίστις em Gl 3.1-14 denotam a fidelidade de Cristo (*The Faith of Jesus Christ*. SBLDS 56 [Chico: Scholars Press, 1983], cap. 4). Mas as referências relevantes de πίστις em 3.7-9 estão emolduradas pelo discurso sobre aquilo que Abraão acreditava e a πίστις de Abraão (v. 6,9), e é mais natural entendê-las como tendo o mesmo sentido que πίστις. Além disso, é mais natural entender 3.14 como uma referência à maneira como se *recebe* ("através da fé") do que à maneira como se *concede* a fé. O problema da interpretação de *"the faith of Christ"* é que ela, para poder ser sustentada, precisa envolver a maioria das outras ocorrências de πίστις e deixar a referência verbal à fé humana sem um substantivo correspondente em pontos importantes da argumentação, portanto, deixar a maneira da recepção humana não especificada, e referências como Gl 5.5-6 numa certa confusão. No encontro em Chicago, o debate sobre essa expressão foi postergado até que o Grupo de Teologia Paulina tivesse alcançado a Carta aos Romanos. Cf., porém, agora também Barclay, *Obeying*, p. 78, nota 8; e Westerholm, *Israel's Law*, p. 111-112, nota 12.

gamento final. A fé no messias de Deus é uma necessidade primária. "Ninguém é justificado por obras de Lei se não crê também no Messias Jesus."

Este é o ponto de partida de Paulo, assim como o foi sua própria identidade judaica no v. 15, mas ele continua a sublinhar o fato igualmente evidente de que a fé em Cristo Jesus foi praticada e foi plenamente efetiva *sem* obras da Lei. A experiência mostrou que a aceitação por Deus não está condicionada pelo nomismo da aliança, o que certamente se entendia de modo geral. A experiência da graça deu prova suficiente de que "ninguém será justificado diante de Deus" (Sl 143.2), e isto precisa incluir todas as pessoas que dependem de seu *status* e prática judaicos para a justificação, ou que pensam em si mesmas como justas porque vivem de acordo com os costumes ancestrais. Judeu-cristãos e gálatas deveriam praticar o *insight* básico através de uma vida que continua a ser partilhada, e não deveriam voltar às questões de distinções étnicas ("carne") e religiosas ("pecadores").

Portanto, aqui há novamente a própria estrutura do argumento que parece indicar uma transição no pensamento e na perspectiva do próprio Paulo. Parece que estamos vendo Paulo elaborar as implicações de seu entendimento do evangelho, estamos vendo como Paulo, forçado pelos eventos em Antioquia, procura encontrar uma expressão clara das consequências e corolários que ele outrora tinha praticado sem que fosse necessário explicitar todo o seu raciocínio teológico.

Outra indicação de que houve algum desenvolvimento na posição do próprio Paulo, ou pelo menos em sua expressão em relação às perspectivas judaicas mais tradicionais, é a mudança na atitude que Paulo demonstra diante dos apóstolos de Jerusalém, como fica evidente em Gl 2.1-10. Na passagem, a tensão entre a prontidão de aceitar a autoridade e um claro distanciamento de Paulo é muito evidente.[55]

Por um lado, ele reconhece prontamente que a recepção dada a sua compreensão do evangelho determinaria se sua obra fora ou era vã (Gl 2.2). Ele se expressa com grande cuidado quando descreve como encontro em Jerusalém aconteceu realmente (Gl 2.3s), mas a implicação

---

[55] No parágrafo seguinte recorro ao meu artigo "Relationship between Paul and Jerusalem according to Galatians 1 and 2", in *NTS* 28 (1982): 461-478, reimpresso em *Jesus, Paul and the Law,* cap. 5.

do v. 3 é que Paulo reconhece o direito das autoridades de Jerusalém de exigir a circuncisão se assim desejarem. Seu alívio de que eles não "compeliram" Tito a se circuncidar é muito evidente, bem como seu alívio de que "não acrescentaram nada" (Gl 2.6) acerca de seu entendimento e sua pregação do evangelho. No entanto, a implicação é a mesma: com isso, Paulo reconheceu que eles tinham o direito de fazer esse tipo de exigência. De fato, pode ser isto que estava por trás de sua prontidão em aceitar o encargo que efetivamente foi registrado no v. 10, a saber, a obrigação de se lembrar dos pobres. Uma implicação do seu respeito pelos apóstolos-colunas era o fato de Paulo ter reconhecido que eles tinham autoridade para confirmar sua missão aos gentios. Este parece ter sido, em todo caso, o sentido da "mão direita" dada em sinal de concordância com o projeto que previa que Barnabé e Paulo fossem até os gentios, do mesmo modo como Pedro e os outros fossem até os circuncidados (Gl 2.9).

Ao mesmo tempo, Paulo deseja também claramente se distanciar das autoridades de Jerusalém. Ele as descreve como "aqueles considerados de ter certa importância", "aqueles considerados colunas" (Gl 2.6,9), expressões escolhidas nitidamente para indicar que eles eram altamente estimados, mas não necessariamente por ele. No v. 10, ele omite timidamente o verbo que teria sido o mais apropriado para descrever a obrigação que lhe fora imposta pelos apóstolos-colunas, aparentemente na intenção de não mostrar que ele tinha concordado com o pedido deles em relação a um elemento do tradicional nomismo da aliança. O indício mais claro disso é a parêntesis inserida no v. 6, "o que eles [os apóstolos-colunas] eram antes não me interessa; Deus não considera a avaliação humana de *status*". Aqui, Paulo é quase explícito, permitindo perceber que ele um dia tinha atribuído aos apóstolos de Jerusalém uma autoridade que já não reconhecia mais e à qual já não estava mais disposto a se submeter.

A melhor maneira de explicar a tensão entre as atitudes de Paulo, as quais são bastante diferentes em relação às autoridades de Jerusalém, é supor que elas refletem diferentes estágios na própria carreira e missão de Paulo. Houve um período em que ele reconheceu a autoridade de Pedro e dos outros e estava disposto a submeter-se à mesma. Este foi provavelmente o período em que ele estava ativo como membro da Igreja em Antioquia, ou seja, durante o tempo em que ele estava atuando como mestre em Antioquia (se aceitarmos At 13.1) e também como missionário enviado por Antioquia (At 13.2-3).⁵⁶ O fato decisivo é aqui provavelmente que Antioquia se considerava uma filha da Igreja de Jerusalém. Portanto, Paulo aceitou a indicação de Jerusalém (Gl 2.1-10) provavelmente porque era um delegado de Antioquia. Durante todo o período e imediatamente depois, ele reconheceu os termos das autoridades de Jerusalém e trabalhava dentro dos mesmos. O grau de aceitação mútua mostra que o nomismo da aliança como tal ainda não tinha se tornado um problema.

O problema emergiu somente no incidente de Antioquia (Gl 2.11-14). Não podemos dizer que o problema eclodiu por causa do desacordo direto em Jerusalém, como se os apóstolos tivessem realmente tentado "compelir" Tito a se circuncidar. A resposta é, muito provavelmente, sim. Paulo tinha uma convicção suficientemente clara acerca da questão da circuncisão, a ponto de lutar em favor de sua posição com todas as forças (Gl 2.5). *Mas a aceitação de seu argumento naquele momento era provavelmente suficiente para evitar que a questão emergisse em termos de possibilidades mutuamente exclusivas: ou* nomismo da aliança *ou* fé. Contudo, quando os homens de Tiago exerceram tal tipo de compulsão e quando Pedro e os outros judeu-cristãos concordaram com as suas exigências, chegou claramente o ponto em que Paulo traçou uma linha divisória (Gl 2.14ss). Sua rejeição das exigências do nomismo da aliança, no que tange aquilo que elas afetam os cristãos gentios, significava a rejeição das autoridades de Jerusalém que as tinham definido. Portanto, temos aqui novamente uma indicação suficiente de que o incidente de Antioquia fora um fato decisivo no desenvolvimento do entendimento paulino do evangelho, tanto da maneira como o último se relacionava com o nomismo da aliança, quanto do significado de tal ocorrência para os crentes gentios em relação à suposição até então inquestionável de que a pertença à aliança estava, antes de tudo, vinculada à identidade étnica judaica.⁵⁷

---

⁵⁶ Entendo "apóstolos" em At 14.4,14 no sentido de emissários ou missionários de Antioquia (cf. 2Cor 8.23; Fl 2.25), já que, de acordo com At 1.21-22, nem Paulo nem Barnabé podiam ser contados como apóstolos no sentido de testemunhas da ressurreição de Cristo (como Paulo afirma para si em 1Cor 9.1; 15.7-11).

⁵⁷ Watson argumenta que a missão aos gentios começou como uma resposta ao fracasso da congregação cristã judaica de Antioquia em sua pregação entre judeus e que ela "envolveu uma separação mais ou menos completa da comunidade judaica" (*Paul*, 31-32.36-38). Isto ignora a evidência de Gl 2,9, que mostra

Para completar o argumento, eu incluo aqui uma breve resposta àquelas pessoas que afirmam que a atitude paulina a respeito da Lei (e também a respeito do nomismo da aliança) era uma consequência mais ou menos imediata de sua conversão na estrada para Damasco.[58]

Em primeiro lugar, eu não encontro nenhuma evidência que indicasse que os helenistas já tivessem "abandonado" a Lei. O único material que expressa explicitamente perspectivas helenistas (At 7) se volta contra o templo e não contra a Lei. Em At 7 há uma atitude positiva frente à Lei (7.38,53). No entanto, é obviamente certo que o templo e a Lei estavam estreitamente vinculados (leis de sacrifício etc.), de modo que a acusação contra Estêvão em At 6.14 é formulada em termos de ambas. Mas é desnecessário comprovar que a Lei podia ser altamente estimada, mesmo quando o templo estava sendo severamente criticado ou, posteriormente, quando o templo deixou de ser um fato na vida e prática do judaísmo. Por isso, não podemos supor que aquilo para o que Paulo tinha se convertido era para a rejeição helenista da Lei.

A perseguição da Igreja por Paulo foi certamente uma expressão de seu zelo pela Lei (Gl 1.13-14; Fl 3.6). Não se deve entender tal zelo como uma rejeição generalizada da Lei pelos helenistas que estavam sendo perseguidos. A palavra-chave é aqui "zelo". Ela indica a atitude de uma pessoa zelosa, uma pessoa que desejava definir as fronteiras em torno da aliança de modo mais nítido, para distinguir com maior clareza o justo do pecador. Expressa uma atitude que está evidente em escritos como 1Hen 1-5, nos Salmos de Salomão ou nos Escritos de Qumran, e parece-me que também entre os fariseus – uma atitude faccional ou até mesmo sectária, preparada para condenar e até mesmo perseguir outros judeus, cuja lealdade às tradições ancestrais não

---

que havia uma missão conjunta entre judeus e gentios, e de Gl 2.12a, que mostra que havia pelo menos inicialmente em Antioquia uma continuidade de judeus, judeu-cristãos e cristãos gentios. Também trata 1Cor 9,21-22 (tempo presente) e 2Cor 11.24 de maneira altamente tendenciosa, sem mencionar a intenção principal de Rm 9-11. A implicação é que Paulo continuou a trabalhar dentro do contexto da sinagoga à medida do possível e procurou manter a continuidade. Cf. também *acima*, nota 45.

[58] Especialmente S. Kim, *The Origin of Paul's Gospel*. WUNT 2/4 (Tübingen: Mohr [Siebeck], 1981); e C. Dietzfelbinger, *Die Berufung des Paulus als Ursprung seiner Theologie*. WMANT 58 (Neukirchen-Vluyn: Neukirchener Verlag, 1985). O que segue completa minha discussão em *Jesus, Paul and the Law*, cap. 4.

estava tão firme e cuja prática parecia questionar e, portanto, ameaçar as fronteiras mais estreitamente demarcadas.[59] Portanto, devemos provavelmente imaginar uma perseguição paulina de judeus que, *segundo a própria compreensão deles*, estavam observando apropriadamente aquilo que a Lei exigia – uma condenação de outros judeus que equivalia àquela dos fariseus pelos membros da aliança de Qumran, ou dos saduceus através dos Salmos de Salomão, ou posteriormente dos tementes zelotas.[60]

A visão que o próprio Paulo tinha de sua conversão não era de uma *conversão como tal* – não uma conversão em sua atitude acerca da Lei, muito menos uma conversão do judaísmo – mas de uma missão para ir até os gentios (Gl 1.15-16).[61] Seu reconhecimento do Crucificado como Senhor não o levou imediatamente à conclusão do descrédito e negação por Deus da Lei que considerava o crucificado um maldito. Tal linha de raciocínio não aparece em nenhum lugar dos escritos paulinos. Em vez disso, a lógica teológica tem centro na relação entre a maldição da Lei e o gentio, porque a morte do Cristo, de alguém amaldiçoado pela Lei, significava que ele tinha sido posto para fora da aliança, e que ele chegara a se tornar, efetivamente, um gentio. Portanto, o fato de Deus ter vindicado o Cristo significava que a linha de demarcação entre gentio e judeu já não contava com a aprovação de Deus. Deus tinha aceitado o excluído; agora, sua promessa podia ser aceita pelos gentios sem que eles precisassem passar para dentro das fronteiras da Lei (Gl 3.13-14).[62] Sendo assim, a semente e o princípio de toda a teologia paulina da justificação estava presente desde o primeiro momento, e é por isso que ele põe na Carta aos Gálatas tanta ênfase na expressão "revelação de Cristo" (Gl 1.12). No entanto, é óbvio que as implicações plenas de tudo isso não foram elaboradas e não ficaram

---

[59] Cf. Haacker, "Paulus und das Judentum", p. 104-107; meu *Romans*, p. 586-587; e *Jesus, Paul and the Law*, cap. 4, nota adicional 1. Embora Sanders rejeitasse a afirmação de que a perseguição da Igreja por Paulo tivesse ligação com sua convicção de fariseu, o contrário parece provável, já que Paulo usa a palavra "zelo" para caracterizar tanto seu compromisso com os costumes ancestrais de seu povo (isto é, como um fariseu [Gl 1.14]) como sua energia de perseguição (Fl 3.6).

[60] Cf. também *Jesus, Paul and the Law*, cap. 3.

[61] Ibidem, cap. 4 nota 1.

[62] Cf. a apresentação mais completa em *Jesus, Paul and the Law*, cap. 4, e cap. 8, nota 56a.

claras nos primeiros anos, presumivelmente porque a ambiguidade dos tementes a Deus e dos prosélitos que criam em Jesus e também estavam dispostos a judaizar em alguma medida (assim como fizeram antes de ouvir falar de Jesus) significava que a questão ainda não estava no centro da atenção. Certamente, é difícil acreditar que os judeus e os gentios crentes no Messias Jesus tivessem abandonado a Lei completamente em Antioquia uma década ou mais antes que este passo chamasse a atenção dos irmãos mais conservadores na Judeia, ou que causasse alguma forma de surpresa ou comentário.[63]

Em resumo, a evidência da Carta aos Gálatas parece indicar que uma situação mais desenvolvida na Antioquia e uma dupla confrontação com aquilo que até então fora geralmente considerado central no nomismo da aliança deixou claro para Paulo algo que ele percebia agora como sempre implícito em seu chamado inicial de ir até os gentios. É tal implicação em relação ao nomismo da aliança que ele elabora agora, provavelmente pela primeira vez com tantos detalhes, em sua carta dirigida às pessoas que ele converteu na Galácia.

---

[63] Ibidem, cap. 6, nota adicional 1.

Capítulo 7

A Justiça de Deus: uma perspectiva renovada sobre a justificação pela fé

I

Por volta do ano 1515 ou 1516, MARTINHO LUTERO fez a grande descoberta que originou a Reforma e que, desde então, é central para a teologia protestante, particularmente a luterana. Ele descobriu a "justificação pela fé". Lembremo-nos desse momento fulcral nas próprias palavras de LUTERO.[1]

> Desejei profundamente entender a Epístola de Paulo aos Romanos, e nada estava impedindo-o, a não ser esta única expressão, "justiça de Deus". Entendi que significava aquela justiça pela qual Deus é justo e age com justiça quando pune o injusto. Minha situação era que eu, embora fosse um monge irrepreensível, estava diante de Deus como um pecador de consciência perturbada e não tinha confiança de que meu mérito o agradaria. Por isso não amei um Deus justo ou irado, mas antes o odiei e murmurei contra ele. Ainda assim, apreciei o querido Paulo e tive grande desejo de saber o que ele quis dizer.
> Noite e dia ponderei, até que vi a conexão entre a justiça de Deus e a afirmação de que "o justo viverá pela fé" (Rm 1.17). Depois entendi que a justiça de Deus é aquela justiça pela qual, através da graça e pura misericórdia, Deus nos justifica através da fé. Com isso, eu senti que nasci de novo e que passei por portas abertas para o paraíso. A Escritura inteira ganhou um novo sentido, e se antes a "justiça de Deus" tinha me

---

[1] A citação é de Roland Bainton, *Here I Stand* (Londres: Hodder & Stoughton, 1951), p. 65, levemente adaptada.

enchido de ódio, agora ela se tornou para mim inexprimivelmente doce em maior amor. Tal passagem de Paulo tornou-se para mim a porta para o céu [...].

Este foi o momento, podemos dizer, em que a fé da pré-Reforma na "justiça de Deus" cedeu à fé reformada na "justificação pela fé".

O *insight* nas relações divino-humanas assim cristalizadas pela experiência de conversão de LUTERO é fundamental e de amplo alcance: que a graça de Deus é sempre antecedente, a única base sobre a qual podemos estar de pé diante dele; que a ideia de poder fazer alguma reivindicação a Deus mediante a virtude daquilo que alguém possui ou controla ou faz é, para qualquer criatura humana, uma presunção totalmente insensata; que a religião pode muito rapidamente ser pervertida em um sistema que sustenta um orgulho autoilusório acerca da piedade. Entendida e apresentada dessa maneira, a "justificação pela fé" tem sido uma espada poderosa que corta de todas as maneiras todos os tipos de autoengano e os princípios equivocadamente aplicados, é um poderoso *xibolete* para distinguir entre a teologia que pensa corretamente, a espiritualidade reconhecida por Deus, e qualquer falsificação. Basta lembrar como RUDOLF BULTMANN lançou neste século seu programa de desmitologização com base nela,[2] e como ERNST KÄSEMANN e outros defenderam a "justificação pela fé" como o "cânon dentro do cânon", o principal teste pelo qual podemos discernir os espíritos e reconhecer a palavra de Deus hoje.[3]

Ao mesmo tempo, porém, a transição de "justiça de Deus" para "justificação pela fé" não foi inteiramente positiva. A experiência de conversão de LUTERO e o *insight* que ela lhe ofereceu inauguraram também uma tradição de interpretação bíblica que resultou, em muitos aspectos, na perda ou negligência de outros *insights* bíblicos cruciais, vinculados ao mesmo tema da justiça divina. Particularmente no caso

---

[2] R. Bultmann, *Kerygma and Myth*, publicado por H. W. Bartsch (Londres: SPCK, 1957), p. 210-211; IDEM, *Jesus Christ and Mythology* (Londres: SCM, 1960), p. 70.

[3] E. Käsemann, *Das Neue Testament als Kanon* (Göttingen: Vandenhoeck, 1970), p. 405. Semelhantemente acerca da eclesiologia: "A doutrina paulina dos *charísmata* deve ser entendida como a projeção da doutrina da justificação pela fé para dentro da eclesiologia e exclui a possibilidade de uma interpretação puramente individualista da justificação" ("Ministry and Community in the New Testament". *Essays on New Testament Themes* [Londres: SCM, 1964], p. 75-76).

de Paulo, a descoberta da "justificação pela fé" por LUTERO e o ímpeto teológico que ela conferira especialmente à teologia luterana incluíram um mal-entendido significativo de Paulo, e não por último em relação à própria "justificação pela fé". Desenvolver e defender tal afirmação é o propósito principal do presente artigo.

Antes de entrar plenamente em nosso tema, devo talvez enfatizar que aquilo que digo não deveria ser entendido como um ataque à doutrina protestante da justificação. Esta inferência seria inteiramente injustificada. A doutrina protestante da justificação tem sido uma reafirmação de *insights* bíblicos centrais de influência incalculável e valor infinito. Ao chamar a atenção para os aspectos de uma doutrina mais ampla e ainda mais rica, não tenho a intenção de diminuir ou rebaixar o aspecto que tem sido tão proeminente na exegese e no ensinamento inspirado pela Reforma. No entanto, é importante que outros aspectos sejam apresentados com mais clareza, para que seu valor possa ser novamente apreciado, e para que sua influência seja sentida com maior impacto.

II

A influência mais negativa da conversão de LUTERO e de sua redescoberta da justificação pela fé pode ser caracterizada de quatro maneiras – todas elas efeitos da reflexão sobre Paulo a partir da experiência de LUTERO, em certa medida efetivamente assim como aconteceu na conversão de Agostinho mais que onze séculos antes. Não surpreende que houvesse essa reflexão voltada para trás, já que foi Paulo que deu a LUTERO a chave que ele tinha procurado arduamente por tanto tempo. E a chave foi claramente uma das categorias principais do próprio Paulo, a "justificação pela fé". Portanto, não é de se admirar que a própria conversão de Paulo fosse lida à luz da conversão de LUTERO. E não é de se admirar que LUTERO e as pessoas que se juntaram a ele primeiro supusessem que a descoberta de LUTERO tinha sido antes a descoberta de Paulo.

1. O que isto significava, antes de tudo, era que a conversão de Paulo tivera entendida como o *ápice de uma longa luta interior*, durante a qual Paulo tinha lutado com as dores de uma consciência perturbada – exatamente assim como LUTERO. Imagens impressionantes das tem-

pestades interiores de Paulo depois do linchamento de Estevão, de sua atitude de fechar os ouvidos à voz da consciência e de seguir ainda mais ferozmente em seu papel de perseguidor, e de sua recalcitração dos aguilhões (At 26.14) podiam ser desenhadas em cores vivas por exegetas e pregadores.

Os gritos de uma angústia autoperplexa em Rm 7.14-25, "Não faço o que quero, mas faço exatamente o que odeio" (7.15), "Quem me libertará desse corpo de morte?" (7.24), podiam desenhadas como numa autoconfissão do Paulo pré-cristão. Assim como Lutero, e antes dele Agostinho,[4] podia se supor que Paulo tinha encontrado a justificação pela fé como resposta a seu próprio tormento espiritual, a fé como a paz proveniente de Deus, que segue ao reconhecimento de que a aceitação por Deus não depende do esforço humano.

O problema era que, em trechos nos quais Paulo fala explicitamente de sua experiência antes da conversão, não há nenhuma indicação de alguma agonia de sua consciência. Em Gl 1.13-14, ele recorda, ainda como eco de sua confiança anterior, como "progredia no judaísmo mais do que muitos compatriotas de minha idade, tão extremamente zeloso eu era pelas tradições de meus pais". E, de modo ainda mais impressionante, ele nota em Fl 3.6 que, antes de seu encontro com Cristo na estrada para Damasco, e "como exige a justiça sob a Lei", ele tinha sido "irrepreensível". Aqui não se manifesta nenhum sinal de uma consciência perturbada. No entanto, foi apenas no fim da terceira década deste século que Werner Georg Kümmel minou efetivamente a interpretação mais tradicional de Rm 7, evitando que o texto fosse usado como parte de uma autobiografia pré-cristã.[5] Igualmente, foi apenas por volta da última década que a crítica de Krister Stendahl, "*The Apostle Paul and the Introspective Conscience of the West*" (O apóstolo Paulo e a consciência introspectiva do Ocidente), primeiro publicado em 1963, recebesse a atenção e a consideração merecidas.[6]

---

[4] Agostinho, *Confissões* 8.5, é o exemplo clássico de leitura de uma experiência anterior à conversão à luz de Rm 7.
[5] W. G. Kümmel, *Römer 7 und die Bekehrung des Paulus* (Leipzig: Hinrichs, 1929).
[6] K. Stendhal, "The Apostle Paul and the Introspective Conscience of the West", in *HTR* 56 (1963): 199-215; reimpresso em *Paul among Jews and Gentiles* (Philadelphia: Fortress/Londres: SCM, 1977), p. 78-96; por exemplo, "Paulo nunca pressiona os judeus a encontrar em Cristo a resposta para a angústia de uma consciência pesada"; "A famosa fórmula '*simul justus et pecator*' [...] não pode

Portanto, seja qual for o nosso entendimento da conversão de Paulo, esta não foi uma conversão como a de LUTERO. Daí segue consequentemente que uma interpretação do ensinamento de Paulo sobre a justificação pela fé não deveria ser afirmada com base na suposição de que tal fora como a de LUTERO.

2. Uma segunda consequência da justaposição da conversão de Paulo e de LUTERO é o entendimento da justificação pela fé em termos *distintivamente individualistas*. Justificação tinha a ver com encontrar individualmente a paz com Deus, exatamente como LUTERO – e Paulo. É claro que o evangelho era para todo mundo, mas ele é também para cada pessoa em sua própria individualidade. Tal impressão era reforçada, de forma muito compreensível, pelo fato de que o indivíduo Abraão fora apresentado por Paulo como o grande arquétipo da justificação pela fé (Gl 3 e Rm 4), e pela linguagem altamente pessoal numa passagem arquetípica como Rm 5.1: "Por isso, já que somos justificados pela fé, temos paz com Deus através de nosso Senhor Jesus Cristo".

Mais cedo neste século, houve tentativas de mudar o enfoque do ensinamento tradicional sobre a justificação. WILLIAM WREDE chamou-a de "*doutrina polêmica* de Paulo (que) pode ser entendida somente pela luta de sua vida, sua controvérsia com o judaísmo e o cristianismo judaico, e que é somente dirigida a estes".[7] E ALBERT SCHWEITZER defendeu que a doutrina da justiça pela fé era apenas um elemento subsidiário dentro da doutrina mística mais fundamental do estar em Cristo.[8] No entanto, esse tipo de protestos foi anulado pela tremenda influência da interpretação existencialista de Paulo por BULTMANN, já que esta reforçou a interpretação mais tradicional, individualista, e originou dentro da escola de BULTMANN poderosas reafirmações da doutrina clássica luterana.[9] Podemos também notar sua elaboração no individualismo e na privatização da religião que se tornou uma importante característica da filosofia política que predominava os anos 80 neste país.

---

ser comprovada como o centro da atitude consciente de Paulo em relação a seus pecados pessoais" (p. 81-82).
[7] W. Wrede, *Paul* (Londres: Philip Green, 1907), p. 122-128; grifos do autor.
[8] A. Schweitzer, *The Mysticism of Paul the Apostle* (Londres: Black, 1931), p. 219-226.
[9] Cf. *abaixo*, notas 30 e 31.

Aqui foi novamente KRISTER STENDAHL, outro luterano, cujo protesto, inicialmente solitário, indicado no mesmo artigo, mas elaborado em conferências publicadas em 1977, ganhou aos poucos ouvidos. Ali, ele afirma "que as linhas principais da interpretação de Paulo [...] têm estado por muitos séculos sem contato com uma das questões e preocupações mais básicas que moldaram o pensamento de Paulo em primeiro lugar: a relação entre judeus e gentios". Em particular, a "doutrina da justificação pela fé foi forjada por Paulo com o objetivo muito específico e limitado de defender os direitos de convertidos gentios de serem herdeiros plenos e genuínos das promessas que Deus deu a Israel".[10] O protesto de STENDAHL ganhou força quando, na esteira do Holocausto, as relações entre judeus e cristãos começaram a subir novamente até ao topo da agenda teológica.

3. Em terceiro lugar, vinculada à compreensão que LUTERO tinha da conversão de Paulo estava a ideia de que se tratava de uma conversão *do judaísmo* – como, de fato, podia implicar uma passagem como Gl 1.13-14 (onde Paulo se refere à sua antiga maneira de vida "dentro do judaísmo"). Infelizmente, porém, tirou-se mais uma consequência: que o judaísmo era a antítese do cristianismo, e que Paulo fora salvo dele. Uma visão dessa espécie foi proeminente no cristianismo, pelo menos desde a Carta de Barnabé, e se encaixava muito bem na longa corrente do antissemitismo que teve um efeito tão desfigurador sobre a atitude cristã em relação aos judeus e ao judaísmo na Idade Média, uma atitude que o próprio LUTERO expressou com um ímpeto característico em seu infame "*Sobre os judeus e suas mentiras*".[11] Tragicamente, porém, reforçou-se a suspeita, para não dizer o ódio, acerca do judaísmo, que chegou à sua expressão mais terrível no Holocausto. Em círculos acadêmicos, a ideia de que o judaísmo era a antítese do cristianismo tinha, até meados deste século, sua clara expressão na apresentação do judaísmo como simples precursor do

---

[10] Stendahl, *Paul Among Jews and Gentiles*, 1-2; cf. o artigo mais antigo: "Onde Paulo estava preocupado com a possibilidade da inclusão de gentios na comunidade messiânica, suas afirmações são agora lidas como respostas para a busca por segurança acerca da salvação do homem, a partir de um predicamento humano geral" (p. 86).

[11] Cf., por exemplo, M. Saperstein, *Moments of Crisis in Jewish-Christian Relations* (Londres: SCM/Philadelphia: TPI, 1989), p. 33-35.

cristianismo, de modo que o judaísmo pré-cristão era simplesmente o judaísmo "tardio"[12] (onde foi parar o judaísmo dos dezenove séculos seguintes era uma questão nem sequer considerada). E ainda hoje há estudiosos alemães que se referem ao judaísmo como algo que foi resolvido por Jesus.[13] Até mesmo JÜRGEN MOLTMANN, com toda a sensibilidade de sua resposta ao Holocausto,[14] não está imune a críticas neste ponto.[15] E E. P. SANDERS, por mais que minasse outros estereótipos pejorativos, como veremos, não ajudou neste ponto ao caracterizar o cristianismo e o judaísmo como formas ou padrões distintos de religião.[16]

Finalmente, porém, um argumento levantado por muitos está começando a ser considerado em suas implicações mais profundas: que o próprio Paulo jamais viu aquilo que experimentou na estrada para Damasco como uma *conversão*, e certamente não experimentou uma conversão *do judaísmo*, da religião de seus pais. Para ele, aquele evento se tratou de um *chamado* como aquele anteriormente experimentado por Jeremias (compare-se Gl 1.15 com Jr 1.5), uma incumbência ou missão de cumprir o papel de Servo de Javé ao levar o evangelho até os gentios (Is 49.1-6), uma abertura, desde a promessa dada a Abraão, para uma bênção às nações, o que sempre fora a intenção de Deus (Gn 12.3 etc.).[17]

---

[12] Exemplos em C. Klein, *Anti-Judaism in Christian Theology* (Londres: SPCK/ Philadelphia: Fortress, 1978), cap. 2.

[13] Estou fazendo eco às palavras de W. Pannenberg, *Jesus: God and Man* (Philadelphia: Westminster/Londres: SCM, 1968), p. 255; cf. as críticas de R. J. Neuhaus, "Introduction" to Pannenberg's *Theology and the Kingdom of God* (Philadelphia: Westminster, 1969), p. 35-36; e J. T. Pawlikowski, *Christ in the Light of the Christian-Jewish Dialogue* (Nova Iorque: Paulist, 1982), p. 37-42. Semelhantemente M. Noth, *The History of Israel*, 2ª ed. (Londres: Black, 1960), p. 432, citado por Klein, p. 26; L. Goppelt, *Theology of the New Testament, Vol. 1. The Ministry of Jesus in its Theological Significance* (1975; Grand Rapids: Eerdmans, 1981), p. 97.

[14] *The Crucified God* (Nova Iorque: Harper & Row/Londres: SCM, 1974).

[15] Cf. Pawlikowski, p. 424-427; e, além disso, I. Wollaston, *Comparative Study of Jewish and Christian Responses to the Holocaust* (Durham University, tese de doutoramento, 1989).

[16] E. P. Sanders, *Paul and Palestinian Judaism. A comparison of Patterns of Religion* (Londres: SCM, 1977).

[17] Este ponto foi notado por estudiosos como J. Knox, *Chapters in a Life of Paul* (Londres: Black, 1954), p. 117 (outros em meu *Jesus, Paul and the Law* [Londres: SPCK/Louisville, Westminster, 1990] p. 101, nota 1), mas suas implicações mais

Como argumenta Alan Segal, ainda podemos nos referir apropriadamente em termos psicológicos ou sociológicos a uma "conversão de Paulo", mas não a uma conversão *do* judaísmo. Se é que foi algum tipo de conversão, esta foi uma conversão *dentro* do judaísmo.[18] As implicações plenas que tudo isto tem para nossa apreciação da relação pós-conversão de Paulo com o judaísmo do Segundo Templo, e para qualquer reafirmação da justificação pela fé, continuam a ser assuntos de debate dentro de uma comunidade de especialistas na área.

4. Finalmente, a mais traiçoeira de todas as leituras diz respeito à maneira como a interpretação do ensinamento paulino sobre a justificação pela fé à luz da experiência de LUTERO reforçou a impressão de que o judaísmo, e não por último, o judaísmo dos dias de Paulo, era uma *religião degenerada*. LUTERO tinha se esforçado para agradar a Deus com seus atos de penitência e suas boas obras. A Igreja de seus dias ensinava que a salvação podia ser obtida pelo mérito, o mérito dos santos, que o tempo que se passaria no purgatório poderia ser encurtado pela aquisição de indulgências. Foi disto que a descoberta da justificação pela fé o libertou, e foi muito fácil ler também a experiência de Paulo através do mesmo filtro. Aquilo de que LUTERO foi libertado foi também aquilo de que Paulo fora libertado. Assim como a Igreja medieval ensinava a salvação pelo mérito e pelas boas obras, assim deve ter sido no judaísmo dos dias de Paulo.[19] O judaísmo fora uma religião degenerada exatamente por ser legalista, dependente de esforços humanos e satisfeita com os próprios resultados. E os fariseus

---

amplas e importância plena não foram inteiramente apreciadas. Também neste ponto, a exceção mais importante e mais influente foi novamente Stendahl (*Paul*, p. 7-11.84-85).

[18] A. Segal, *Paul the Convert: The Apostolate and Apostasy of Saul the Pharisee* (New Haven: Yale, 1990).

[19] O próprio Lutero fez o vínculo explícito: a Igreja estava infestada pelo "legalismo judaico"; as "regras e regulamentos [dos "católicos"] lembram-me os dos judeus, e efetivamente se tomou muito do judaísmo"; a compreensão católica dos sacramentos é essencialmente a mesma que a visão dos judeus acerca da circuncisão; sobre fé e obras, a doutrina da Igreja era uma variação do erro judaico de que meros atos pudessem ganhar o favor diante de Deus (Saperstein, p. 30).

eram os piores de todos – pois eram adeptos de um rigorismo legalista, dotados de uma mente estreita.[20]

Estudiosos judaicos podiam protestar em vão que este não era o judaísmo que eles conheciam.[21] Podia ser outra forma de um judaísmo primitivo que não deixara rastros – na diáspora, de onde veio Paulo, talvez. Mas não o judaísmo tradicional, com sua ênfase exatamente no arrependimento (uma categoria notavelmente ausente em Paulo) e na expiação – isto é, na provisão divina em favor dos pecadores. Para um judeu como Solomon Schechter, o apóstolo dos gentios era incompreensível – ou será que deveríamos dizer: o Paulo protestante? Ainda em 1969, Samuel Sandmel teve de protestar contra um artigo sobre os "fariseus" no *Interpreter's Dictionary of the Bible* que caracterizou o farisaísmo como "o ancestral direto do judaísmo rabínico (ou normativo), a religião árida e estéril dos judeus depois da queda de Jerusalém".[22]

No lado não-judaico, o protesto foi formulado por muito tempo por G. F. Moore, R. T. Herford e James Parkes.[23] Mas apenas com a publicação do *Paul and Palestinian Judaism* por E. P. Sanders[24], a mensagem pelo menos chegou aos estudiosos anglófonos do Novo Testamento: que o judaísmo é, em primeiro lugar e antes de tudo, uma religião da graça, com a obediência humana sempre entendida como resposta à graça. A aliança foi dada pela iniciativa divina, e a Lei fornecia o quadro para a vida dentro da aliança, os meios de viver dentro da aliança, e *não* um meio para, antes de tudo, chegar a ser aceito na aliança. Não é acidental que os Dez Mandamentos sejam precedidos pelas palavras: "Eu sou o Senhor teu Deus que te tirou da terra do Egito, da casa da escravidão". Surpreendentemente, de certa forma, a

---

[20] Além disso, cf. Klein, cap. 3 e 4.
[21] Recorro aos exemplos seguintes que se referem a C. G. Montefiore, H. J. Schoeps e S. Schechter, em Sanders, *Paul and Palestinian Judaism* (Londres: SCM, 1977), p. 4-8.
[22] S. Sandmel, *The First Christian Century in Judaism and Christianity. Certainties and Uncertainties* (Nova Iorque: Oxford University, 1969), p. 101, que se refere ao artigo de M. Black.
[23] G. F. Moore, "Christian Writers on Judaism", in *HTR* 14 (1922): 197-254; R. T. Herford, *Judaism in the New Testament Period* (Londres: Lindsey, 1928); J. Parkes, *The Conflict of the Church and the Synagogue. A Study in the Origins of Antisemitism* (Jewish Publication Society of America, 1934).
[24] Sanders, *Paul*; cf. principalmente sua crítica à visão persistente de que o judaísmo rabínico é uma religião de justiça legalista pelas obras (p. 33-59).

imagem que SANDERS esboçou daquilo que ele chamou de "nomismo da aliança" assemelha-se notavelmente à teologia clássica de obras da Reforma – que boas obras são a consequência e o resultado da graça divina e não o meio pelo qual a graça é primeiramente alcançada.[25]

Efetivamente é um resultado notável que seja possível tirar esse tipo de conclusão. A roda da percepção acadêmica acerca do judaísmo do primeiro século deu uma guinada de 180 graus para um ponto exatamente oposto daquele em que ela começou. O judaísmo que SANDERS batizou de "nomismo da aliança" pode ser visto agora como algo que prega a sã doutrina protestante: que a graça é sempre o primeiro; que o esforço humano é sempre a resposta à iniciativa divina; que as boas obras são o fruto e não a raiz da salvação. No entanto, se for assim, em que situação fica Paulo? E onde fica a justificação pela fé? Paulo, ao formular seu próprio ensinamento sobre o tema, estava protestando contra o quê?

III

O indício principal já fora encontrado por WREDE e STENDAHL: a discussão de Paulo sobre o tema da justificação pela fé restringe-se a duas de suas cartas principais – Gálatas e Romanos. Cada uma delas está dominada pela questão das relações entre judeus e gentios. Em cada caso, Paulo lida acima de tudo com a pergunta: como é que os gentios podem ser aceitos por Deus da mesma forma que os judeus? O ensinamento de Paulo sobre a justificação pela fé é formulado exatamente como resposta a esta pergunta. A suposição era que Israel seria o povo eleito de Deus, a única nação entre todas que ele teria escolhido para si mesmo;[26] e que os gentios seriam, nas palavras da Carta aos Efésios, "alienados da cidadania de Israel, estrangeiros às alianças da promessa, tendo nenhuma esperança e estando sem Deus no mundo" (Ef 2.12). A exata afirmação de Paulo é que essa linha de demarcação foi removida; "a barreira formada pelo muro de divisão" entre judeu e

---

[25] Cf. M. D. Hooker, "Paul and 'Covenantal Nomism'", in M. D. Hooker, S. G. Wilson (org.), *Paul and Paulinism. Essays in Honour of C. K. Barrell* (Londres: SPCK, 1982), p. 47-56.
[26] Por exemplo, Dt 32.8-9; Eclo 17.17; Jub 15.30-32.

gentio fora derrubada (Ef 2.14).²⁷ Neste ponto, não há distinção: a graça justificadora de Deus é tanto para os gentios como para os judeus, já que é recebida pela fé que pode ser praticada por ambos.

É claro que a exegese dentro da tradição da corrente principal da Reforma reconheceu esta dimensão no ensinamento de Paulo, mas seu significado foi muito rapidamente e muito frequentemente esquecido. Quando Paulo enfatizou o alcance universal da graça salvadora de Deus – "para todos que creem" (Rm 3.22; 4.11; 10.4), "para todos os descendentes de Abraão" (Rm 4.16), "todos vós sois filhos de Deus" (Gl 3.26) – traduziu-se o "todos" demasiadamente rápido por "cada pessoa individual", enquanto esse "todo" significava para Paulo em primeiro lugar "todos, isto é, tanto gentios quanto judeus". Não que o "todos, no sentido de: cada pessoa" fosse uma interpretação errada. Longe disso. Não obstante, quando o ensinamento de Paulo sobre a justificação para todas as pessoas foi abstraído de seu contexto histórico, perdeu-se uma dimensão importante desse ensinamento. Eu gostaria de ilustrar e documentar tal ponto ainda melhor, pela indicação dos três motivos que poderiam ter nos alertado para a dimensão que nos faltava, mas cujo significado foi desconsiderado e interpretado inadequadamente.

1. Nas duas passagens em que Paulo descreve seu próprio passado antes de sua conversão-para-a-missão, ele fala de seu *"zelo"*. Gl 1.14: "Eu progredia no judaísmo mais do que muitos compatriotas de minha idade, tão extremamente zeloso eu era pelas tradições de meus pais". Fl 3.5-6: "um fariseu segundo a Lei, um perseguidor da Igreja segundo o zelo [...]". Em Rm 10.3, ele usa a mesma palavra ao testemunhar acerca de seu povo: "eles têm um zelo por Deus" (Rm 10.3) – e aqui há provavelmente também algo de um autotestemunho que reflete seu próprio passado pré-cristão.

Ora, sabemos que "zelo" tem sido uma característica da piedade judaica,²⁸ como evidencia a preocupação prevalecente de fazer a vontade de Deus. Ele correspondia ao "zelo" ou ao "ciúme" de Deus, isto é, à exclusividade da pretensão e relação de Deus a respeito de

---

²⁷ Cf. especialmente M. Barth, *Ephesians*. Anchor Bible 34 (Nova Iorque: Doubleday, 1974), p. 282-291.
²⁸ A. Stumpff, in *TDNT*, 2, p. 878.

Israel: não terás outros deuses, porque sou um Deus ciumento/zeloso (Ex 20.4-5; 34.12-16; Dt 4.23-4; 5.8-9; 6.14-15; Js 24.19-20). Consequentemente, era a palavra usada com grande aprovação por aquelas pessoas que demonstravam tal zelo divino ao lutar para defender tal exclusividade, ao preservar a distinção de Israel como o povo peculiar de Deus contra as outras nações, os gentios. Há particularmente vários heróis no passado de Israel que eram lembrados dentro da tradição exatamente por seu zelo nesse sentido.

Por isso, tanto Judite (9.4) quanto o Livro dos Jubileus (30.5-20) recomendam o zelo de preservar a pureza e santidade da relação de Israel com o Senhor, mostrado por Simeão e Levi ao assassinar os siquemitas que desonraram sua irmã Dina (Gn 34). Ben Sirac e 1 Macabeus elogiam tanto Fineias (Sir 45.23-24; 1Mc 2.54) quanto Elias (Sir 48.2; 1Mc 2.58) como modelos do zelo por Deus, "zelo pela Lei", porque eles defenderam com violência a separação de Israel – Fineias pelo assassinato do israelita que trouxe uma mulher midianita para sua tenda (Nm 25.10-13), e Elias ao matar todos os profetas de Baal depois de sua vitória na competição no Monte Carmelo (1Rs 18.40). E tanto 1Mc quanto Josefo lembram-se do grito de guerra de Matatias, o primeiro líder da revolta macabeia – "Que cada pessoa que for zelosa pela Lei e quiser estabelecer a aliança venha atrás de mim!" (1Mc 2.27; Josefo, Ant 12.271) – depois que ele, animado por causa do zelo de Fineias outrora, matou o judeu que estava para oferecer um sacrifício no altar sírio (1Mc 2.23-26). Também a Mishná lembra:

> Se um homem furtar uma vasilha sagrada [...] ou tornar uma mulher aramaica sua amante, que os zelotas caiam sobre ele. Quando um sacerdote servia (no altar) num estado de impureza [...], os homens jovens entre os sacerdotes o levavam para fora do pátio do templo e arrebentavam seu cérebro com porretes. (mSanh 9.6)

Não é difícil perceber que Paulo viu a si mesmo como alguém dentro dessa tradição de zelo sagrado: "segundo o zelo, um perseguidor da Igreja" (Fl 3.6); "Persegui a Igreja de Deus violentamente e tentei destruí-la [...], tão extremamente zeloso eu era pelas tradições de meus pais" (Gl 1.13-14). Assim como os zelotas depois dele,[29] também Paulo

---

[29] Cf. especialmente M. Hengel, *The Zealots*, 2ª ed. (1976) (Edimburgo: T. & T. Clark, 1989), p. 149-177.

fora instigado pelo zelo de Fineias e estivera pronto para usar meios violentos para defender a prerrogativa de Israel de ser santo para o Senhor, separado das nações. A abertura do evangelho aos gentios, realizada pelos evangelistas helenistas, era evidentemente entendida pelo Paulo pré-cristão como uma ameaça à distinção de Israel como o povo eleito, peculiar a Deus, como uma diluição da sagrada separação de Israel, como uma brecha perigosa no sentido daquilo que a Carta de Aristeias chama as "paliçadas e muros de ferro" formados pelas leis severas para evitar que Israel se misturasse com outras nações (Aristeias 139.142).

É esse fato que serve também muito bem para explicar por que Paulo considerou aquilo que nós chamamos sua conversão principalmente como um chamado – e justamente como um chamado de levar o evangelho até os gentios. Assim, Paulo é muito consistentemente em relação às três narrativas que Atos oferece de sua conversão (At 9.15; 22.14-15; 26.16-18). E assim, em seu próprio autotestemunho em Gálatas: "Agradou a Deus, que me separou desde o ventre de minha mãe e que me chamou por sua graça, revelar seu Filho em mim *para que eu o pregasse entre os gentios*" (Gl 1.15-16). Não é uma surpresa que aquilo para o que Paulo se converteu foi aquilo que ele outrora tinha atacado tão violentamente como perseguidor. Para Paulo, a justificação pela fé tinha tanto, se não mais, a ver com a queda da exclusividade racial e nacional das pretensões da aliança de Israel, quanto com sua própria experiência pessoal de graça, ainda que ele fosse perseguidor da Igreja de Deus.

2. O segundo motivo na carta de Paulo, cujo significado pleno foi perdido de vista, é o do *gloriar-se*. Tal ponto é importante, já que é exatamente "o gloriar-se" que Paulo exclui a partir da compreensão correta da justificação pela fé (Rm 3.27; 4.2). BULTMANN, em especial, tomou proveito do conceito, que apontava para o coração da mensagem de Paulo. "Para Paulo, καυχᾶσθαι revela que a atitude básica do judeu é de uma autoconfiança que procura a glória diante de Deus e que confia em si mesmo"; "autoconfiança pecaminosa".[30] E KÄSEMANN, neste ponto, universalizou em seu comentário a ideia do judeu em relação a

---

[30] R. Bultmann, *TDNT*, 3, p. 648-649; também *Theology* of the *New Testament*, 1 (Londres: SCM, 1952), p. 242-243.

Deus como a forma clássica de piedade que se gloria de seus alcances próprios.[31] Em tais reafirmações da teologia protestante clássica, a teologia paulina da justificação é entendida como uma arma direcionada precisamente contra a religião da autoconfiança e do autoalcance.

A exegese mais recente, porém, dedicou maior atenção ao contexto em que Paulo fala do gloriar-se. Por um lado, o versículo no fim de Rm 3 lembra claramente da dupla referência ao gloriar-se judaico no capítulo 2. Ali, a pessoa que chama a si mesma de "judeu" é caracterizada como alguém que se "gloria em Deus" e que se "gloria na Lei" (Rm 2.17,23). O fluxo da argumentação no capítulo 2 mostra a que Paulo se refere: a saber, a confiança daquelas pessoas que estão conscientes de seu privilégio de "ter a Lei" (Rm 2.12,14), e por isso, estão em uma posição de vantagem sobre as outras – sabendo a vontade de Deus, capazes de discernir o que é importante, guias de cegos, luz para quem está nas trevas, mestre para os insensatos etc. (Rm 2.17-20). Em outras palavras, o gloriar-se não é o gloriar-se da *autoconfiança*, mas da confiança *judaica*, o gloriar-se de alguém que está consciente de seu privilégio como membro do povo de Israel.

Por outro lado, o argumento que Paulo emprega imediatamente ao se lembrar do tema do gloriar-se em 3.27 destaca o mesmo ponto. A consequência lógica do gloriar-se é afirmar que Deus é exclusivamente o Deus dos judeus, e não também dos gentios. "Não", diz Paulo, "Deus dos gentios também"; de outra forma, o credo judaico fundamental, "Deus é um", não poderia ser mantido; seria necessário presumir outros deuses, deuses dos gentios. Mas se Deus é um só, então, deduz Paulo, tal fato deve significar que ele justifica da mesma forma tanto os circuncisos quanto os incircuncisos – desde a fé ou através da fé (Rm 3.29-30). Em outras palavras, a justificação pela fé é uma consequência do monoteísmo judaico, estando dirigida prioritariamente contra a exclusividade da própria reivindicação de Israel em relação ao Deus único.

---

[31] E. Käsemann, *Romans* (Grand Rapids: Eerdmans/Londres: SCM, 1980), p. 102. Semelhantemente G. Bornkamm, *Paul* (Londres: Hodder, 1971): "De certa maneira, o judeu simboliza o homem em suas potencialidades mais altas, representa o 'homem religioso' [...]." Assim também, por exemplo, F. J. Leenhardt, *Romans* (Londres: Lutterworth, 1961), p. 108-109; G. E. Ladd, A *Theology of the New Testament* (Londres: Lutterworth, 1974), p. 447.

Uma confusão semelhante surgiu da interpretação de Rm 10.3 com algo que poderíamos chamar "lentes da Reforma": "Israel ignorava a justiça de Deus e procurava estabelecer sua própria justiça [...]". Não é uma surpresa que o discurso de Paulo sobre a "própria justiça deles" provocasse a polêmica familiar da Reforma. Assim, é novamente BULTMANN que transforma a expressão em "justiça que o homem procura alcançar sozinho".³² E semelhantemente, CHARLES CRANFIELD: "um *status* justo de seus próprios méritos".³³ Mas o grego ἴδιος não é bem adequado para expressar o sentido de "meu, alcançado por mim". Antes, denota "meu" como algo que pertence a mim, em contraste a algo que outra pessoa pode reclamar como sua posse, "meu" como "peculiar a mim".³⁴ Em outras palavras, a expressão designa novamente a consciência que Israel tinha da aliança, sua presunção da relação especial com Deus, da justiça que é peculiarmente sua, sob exclusão dos gentios. Além disso, o discurso de Paulo de que Israel procura "estabelecer justiça por conta própria" provavelmente faz eco ao grito de guerra de Matatias, já mencionado acima: "Que cada pessoa que for zelosa pela Lei e quiser estabelecer a aliança venha atrás de mim!" (1Mc 2.27).³⁵ Novamente, a crença contra a qual se volta a justificação pela fé é a crença de que o privilégio e a prerrogativa de Israel como o povo eleito de Deus tinham de ser estabelecidos e defendidos contra a usurpação dos gentios.³⁶

3. Finalmente podemos notar a necessidade de rever a polêmica paulina contra *"obras da Lei"*. Este é um elemento crucial na discussão,

---

³² Bultmann, *Theology*, 1, p. 285.
³³ C. E. B. Cranfield, *Romans*. ICC (Edimburgo: T. & T. Clark, 2 volumes, 1975.1979), p. 515.
³⁴ *BAGD*, Verbete "ἴδιος".
³⁵ Além disso, cf. meu *Romans*. WBC 38 (Dallas: Word, 1988), p. 587-588.
³⁶ O contraste em Fl 3.9 que soa semelhante ("não tendo minha própria justiça que é da Lei, mas aquela que é através da fé em Cristo, a justiça de Deus para a fé") é geralmente entendido como voltado contra a justiça autoalcançada (*p.ex.*, G. F. Hawthorne, *Philippians*. WBC 43 [Waco: Word, 1983], p. 141). Mas a ideia do *autoalcance* não se encontra no texto; "minha própria justiça da Lei" está bem aberto para outras interpretações, nas linhas esboçadas em Rm 10.3 ou em continuidade com Fl 3.4ss, em termos de confiança em "minha justiça" como um judeu (ou fariseu).

já que é exatamente a antítese entre a justificação através da fé e a justificação através de obras que caracteriza a abordagem mais importante que Paulo confere ao tema: "sabendo que nenhum ser humano é justificado de obras da Lei, mas somente através da fé em Jesus Cristo" (Gl 2.16); "porque afirmamos que alguém é justificado pela fé, sem obras da Lei" (Rm 3.28). aqui, a exegese protestante tradicional é consistente: a expressão "obras da Lei" pode ser glosada como "boas obras", a expressão da "procura arrogante do homem por justiça própria",[37] o fundamento sobre o qual a justiça autoalcançada o leva a gloriar-se. Mas já vimos razões suficientes para questionar tal interpretação. Se a ideia da justiça autoalcançada tem que ceder a uma exegese mais sadia da justiça judaica ou nacional, então também a expressão "obras da Lei" deve ser revisada.

O paralelo mais próximo à expressão de Paulo vem dos escritos de Qumran – "atos da Lei" (מעשי תורה). Em 4QFlor 1.1-7, "atos da Lei" é aquilo que caracterizava a comunidade de Qumran em sua distinção de pessoas de fora e de inimigos. Em 1QS 5.20-24 e 6.18, "atos em referência à Torá" é aquilo acerca do qual o membro da comunidade deve ser testado cada ano. E o escrito 4Q *Miqsat Ma'aseh Ha-Torah* (4QMMT), ainda não publicado, consiste numa sequência de regulamentos haláquicos sectários.[38] Em outras palavras, os "atos da Lei" denotam as interpretações da Torá que caracterizavam tanto a comunidade de Qumran como distinta, quanto as obrigações que os membros assumiam como membros e pelas quais preservavam seu *status*.

Isto combina também bem com o uso paulino. Quando ele usa a expressão pela primeira vez em Gl 2.16, é obviamente uma referência a questões levantadas pelos episódios imediatamente precedentes em Jerusalém e Antioquia: a questão de "obras da Lei" é tipificada pelas questões se o gentio Tito deve ser circuncidado (Gl 2.1-10) e se deve ser esperado dos cristãos gentios que observem as leis alimentares judaicas (Gl 2.11-15). A questão da circuncisão dos cristãos gentios, ou se tais cristãos deveriam observar as leis alimentares, trouxe evidentemente um enfoque nítido à questão das "obras da Lei" e provavelmente

---

[37] G. Bertram, *TDNT* 2, p. 651; Bultmann, *Theology*, p. 263-264.
[38] Cf. L. H. Schiffman, "The Temple Scroll and the Systems of Jewish Law of the Second Temple Period", in G. H. Brooke (org.), *Temple Scroll Studies* (Sheffield: JSOT, 1989), p. 239-255, aqui: p. 245-250.

tornou-as um problema que não tinha sido posto assim anteriormente. É exatamente isto que esperaríamos em um contexto marcado pela presença de judeu-cristãos que olhavam com orgulho para a revolta macabeia, já que eram exatamente essas duas questões, a circuncisão e as leis alimentares, que tinham se tornado naquela época evidências da aliança e da identidade nacional (1Mc 1.60-63). Isto significa que "atos ou obras da Lei" era a maneira de caracterizar a mesma preocupação intensa, compartilhada por muitos judeus da época, de preservar a distinção de seu relacionamento com Deus, e isto contra os gentios. Ao cumprir "as obras da Lei", o judeu devoto preservava o seu *status* na aliança e marcava a separação de Israel em relação às outras nações. A compreensão qumrânica dos "atos da Lei" era simplesmente uma expressão sectária e mais particularista da convicção judaica muito divulgada de que eram as "obras da Lei" que distinguiam judeus de "gentios pecadores" (Gl 2.15).

Não é possível desenvolver tal ponto com maior profundidade dentro do objetivo deste artigo. Então, devo esperar que a evidência aduzida seja suficiente para o meu propósito[39] e que o ponto em si esteja claro. Quando Paulo diz que "todos são justificados pela fé e não por obras", ele *não* quer dizer "cada pessoa deve deixar de fazer sua própria parte e simplesmente confiar na aceitação de Deus", por mais legítimo e importante que fosse essa interpretação de suas palavras. O que ele quis dizer foi "a justificação não está restrita aos judeus enquanto pessoas caracterizadas por suas obras distintivas; ela está aberta para todas as pessoas, tanto a gentios quanto a judeus, através da fé".

---

[39] Além disso, cf. meu *Romans*, p. 153-155; também *Jesus, Paul and the Law* (Londres: SPCK/Louisville: Westminster, 1990), capítulos 7-8 (= *acima*, Cap. 2 e 3); também *The Partings of the Ways* (Londres: SCM, 1991), cap. 7. Ali noto que a expressão "obras da lei" em Rm 3.20 resume e olha de volta de maneira semelhante para a confiança na Lei e particularmente na circuncisão que Paulo tinha criticado já em 2.17ss. Argumento também que Rm 4.4-5 é o primeiro passo numa tentativa de definir o sentido de "contado" (Gn 15.6), e que o faz simplesmente ao contrastar os arranjos contratuais humanos com a generosidade surpreendente de Deus. Não obstante a suposição geral do contrário, em Rm 4.4-5 *não há* nenhuma indicação de que os judeus contemporâneos de Paulo tivessem pensado em sua relação de aliança com Deus como algo que fosse um contrato entre um empregador e um empregado humanos.

Em poucas palavras, a fraqueza do entendimento protestante clássico da justificação, vista como o reflexo direto da descoberta pelo próprio LUTERO, é que ela deixou de perceber ou que diminuiu aquilo que era provavelmente o aspecto mais importante da doutrina para o próprio Paulo. Em outras palavras, ele deixou de perceber a crítica fundamental à tendência israelita de presunções nacionalistas, sem sequer falar do orgulho racial – uma crítica já formulada no interior da tradição judaica por figuras como Jonas, Amós (9.7) e João Batista (Mt 3.9), além do próprio Jesus (Mt 8.10-12). Para Paulo, a justificação significa que Deus aceita as pessoas sem qualquer referência ao seu nascimento dentro de uma etnia particular (Rm 9.6-8) e sem referência à preservação dos costumes tradicionais e distintivos daquela raça (Rm 9.9-11; 11.6). A justificação dá-se exclusivamente pela fé (Rm 3.28; 9.30-32).

Não podemos deixar de nos perguntar se a história europeia ao longo do século passado não teria sido radicalmente diferente, se particularmente a Alemanha luterana tivesse sido capaz de preservar mais plenamente tal compreensão da justificação pela fé. E uma arma inestimável contra o *apartheid* também foi perdida de vista demasiadamente na África do Sul, outro país que se orgulha de sua herança bíblica e de suas raízes na Reforma. Não que a Bretanha anglo-saxônica e a América do Norte pudessem se arriscar a assumir posturas de juízo acerca desse assunto, dada a tendência de tantas Igrejas em países ricos de identificar a civilização cristã, por exemplo, com a cultura vitoriana ou o *way of life* norte-americano. A justificação pela fé é uma bandeira levantada por Paulo contra toda e qualquer presunção de *status* privilegiado diante de Deus, em virtude da etnia, da cultura ou da nacionalidade, contra toda e qualquer tentativa de preservar essas distinções espúrias mediante práticas que excluem e dividem.

IV

Há, porém, uma dimensão mais ampla que também deve ser abordada aqui. Até este momento tentamos dar um passo para a situação anterior à doutrina clássica protestante da "justificação pela fé", em direção ao contexto de Paulo, ao seu próprio tratamento do tema. Agora precisamos dar outro passo para trás – para os recursos do *insight*, da linguagem e da tradição às quais o próprio Paulo recorreu. Ou seja, fizemos um movimento de LUTERO para Paulo; agora, movemo-nos a partir de Paulo para o Antigo Testamento.

É natural que a discussão até aqui tenha acontecido quase exclusivamente no plano do Novo Testamento e de Paulo em particular, já que a doutrina cristã da justificação pela fé tem dependido tão fortemente de Paulo. O que foi esquecido rápido demais ou ficou relegado a um segundo plano é o fato de que o próprio ensinamento de Paulo está baseado no Antigo Testamento ou, mais precisamente, nas Escrituras judaicas. Isto aconteceu, embora seja de conhecimento comum que o ensinamento de Paulo depende totalmente da exposição de textos-chave como Gn 15.6 e Hb 2.4. O que deve ser particularmente surpreendente para qualquer pessoa criada na tradição que põe a cristandade e o judaísmo em antítese, ou ainda, o Novo Testamento e o Antigo Testamento em contraste, é o alto grau de judaicidade da compreensão paulina da justificação, que é inteiramente veterotestamentária. Dois pontos em especial merecem a nossa atenção.

1. Primeiro, o pensamento do Antigo Testamento acerca da "retidão" é um conceito relacional. Para poder apreciar a força e o significado de tal concepção, nós, da tradição europeia, precisamos dar um passo consciente para além ou para trás do pensamento greco-romano, que ainda é tão fundamental para a nossa maneira de pensar. Na tradição greco-romana, a "retidão" e a "justiça" eram conceitos ideais ou normas éticas absolutas, diante das quais se podiam medir pretensões e obrigações particulares.[40] A falha de corresponder ao padrão das normas envolvia suscetibilidade ética ou criminal. A justiça funcionava como um princípio quase divino, tendo de ser sustentada e aceita com o propósito de evitar que prevalecessem a desordem e a anarquia. Ainda hoje, nós temos ecos desta concepção quando nós dizemos algo como "as exigências da justiça devem ser satisfeitas".

No entanto, desde o importante estudo de H. CREMER na virada do século,[41] tem crescido firmemente o reconhecimento de que, no pensamento do judaísmo, a retidão é um conceito de *relação*. Retidão não

---

[40] Cf., por exemplo, G. von Rad, *Old Testament Theology*, 1 (Edimburgo: Oliver & Boyd, 1962), p. 370-371.
[41] H. Cremer, *Die paulinische Rechtfertigungslehre im Zusammenhange ihrer geschichtlichen Voraussetzungen*, 2ª ed. (Gütersloh: Bertelsmann, 1900).

é algo que um indivíduo tenha por si mesma, independentemente de outras pessoas, como podia ser o caso no conceito greco-romano – "retidão" é algo que corresponde ao padrão estabelecido pelo ideal de "justiça". No pensamento dos hebreus, porém, a retidão é algo que uma pessoa tem exatamente em suas relações como ser social. Pessoas são retas quando correspondem às pretensões que as outras pessoas têm em virtude da relação existente.[42] A responsabilidade do juiz é particularmente a de reconhecer suas diversas obrigações dentro do povo e julgar os indivíduos de acordo com as relações, esclarecendo o inocente e não se curvando diante do grande (*p.ex.*, Ex 23.7-8; Lv 19.15; Is 5.23).[43] E Saul confessa que Davi é mais reto que ele porque tinha permanecido fiel à sua responsabilidade diante de si como o ungido de Deus, enquanto o próprio Saul tinha abusado da responsabilidade de seu *status* e poder superiores (1Sm 24.17).

O mesmo é verdadeiro para a retidão de Deus. Aqui, a relação é a aliança que Deus estabeleceu com Israel quando o elegeu para ser seu povo. Isto quer dizer que Deus não é reto porque satisfaz algum ideal de justiça que lhe é externo. Deus é reto porque cumpre as obrigações que assumiu ao se tornar o Deus de Israel. Ou seja, ao salvar Israel e ao punir os seus inimigos (*p.ex.*, Ex 9.27; 1Sm 12.7; Dn 9.16; Mq 6.5). Nós não devemos ignorar o fato importante de que a retidão divina é entendida aqui integralmente nos termos da graça – Deus entra livremente numa aliança com Israel e assume livremente responsabilidades em relação às pessoas que ele elegeu livremente. A "preveniência" da graça está no coração da autocompreensão judaica, como mostra mais uma vez o início do Decálogo: "Eu sou o Senhor teu Deus que te tirou da terra do Egito, da casa da escravidão" (Ex 20.2; Dt 5.6). E particularmente no Livro dos Salmos e no Segundo Isaías, a lógica da graça proveniente da aliança é aplicada consequentemente, implicando que a retidão e a salvação se tornam virtualmente sinônimos: a retidão de Deus é análoga à ação de Deus de restaurar os seus e sustentá-los no escopo da aliança, apesar das suas repetidas falhas (*p.ex.*, Sl 31.1; 35.24; 71.15; 143.11; Is 45.21; 51.5,6,8; 62.1-2).[44]

---

[42] Cremer, p. 34-38.
[43] Cf. também W. Eichrodt, *Theology of the Old Testament, 1* (Londres: SCM, 1961), p. 240-241.
[44] Além disso, meu *Romans*, p. 41.

É claramente este o sentido de retidão de Deus que Paulo assumiu em sua própria discussão da justificação da fé – a retidão de Deus que é o poder salvífico de Deus para a fé (Rm 1.16-17). Portanto, é lamentável que a dependência de Paulo em relação a tais categorias plenamente veterotestamentárias, ou seja, judaicas, da retidão e da teologia da justificação, não tenham encontrado uma apreciação maior neste século, apesar do estudo de CREMER sobre as pesquisas do Antigo Testamento. Independentemente de todo o resto, reconhecer este ponto teria proporcionado um curto-circuito às antigas discussões da Reforma que ainda perduram: a expressão "retidão de Deus" é um *genitivus subjectivus* ou um *genitivus objetivus*, uma atitude de Deus ou algo que ele faz?[45] E o verbo equivalente, "justificar", significa *"tornar* reto" ou *"contar* (= considerar) reto"? – o objeto clássico do debate entre os católicos e os protestantes.[46] Pois, uma vez que reconheçamos que retidão e justificação pertencem à linguagem das relações, fica evidente que ambas as disputas empurram injustificadamente para uma resposta de "ou isso... ou aquilo". Na realidade, a relação tematizada nelas é algo dinâmico e pressupõe que o parceiro divino atue em, em favor de e com os parceiros humanos deficientes, levando-os para a relação, sustentando-os dentro dela e absolvendo-os no Juízo Final.

Naturalmente, o outro lado de tais concepções são as obrigações que os parceiros humanos da aliança assumem ao aceitarem-na – a obrigação de cumprir a Lei, de caminhar segundo os estatutos e as ordens de Deus. O Senhor Deus único, que tinha elegido Israel para ser seu povo, deu-lhe a Lei exatamente para mostrar-lhe como viver como povo seu. Daí, novamente, observa-se tal ideia nos Dez Mandamentos: "Eu sou o Senhor teu Deus que te tirou da terra do Egito [...]. (Por isso), não terás outros deuses diante de mim" e assim por diante (Ex 20.2s; Dt 5.6s). Daí também a expressão clássica da teologia e a obrigação da aliança no Deuteronômio, que efetivamente diz: eis aqui como deves viver à luz da aliança que Javé concluiu contigo; faze isto e viverás. É exatamente isto que SANDERS quis dizer quando cunhou a expressão "nomismo da aliança" – a Lei entendida como aquilo que rege a vida dentro do povo da aliança, obediência à Lei entendida como a própria

---

[45] Cf., por exemplo, Cranfield, *Romans*, p. 92-99.
[46] Cf., por exemplo, J. Reumann, *Righteousness in the New Testament* (Philadelphia: Fortress/Nova Iorque: Paulist, 1982).

expressão do pertencimento à aliança. Qualquer ideia de usar a Lei para ganhar acesso àquela relação de aliança com Deus é totalmente deficitária e completamente antitética ao espírito da teologia da aliança, estabelecida de forma clássica no Deuteronômio. Ninguém pensaria em acusar um cidadão de hoje que obedece à lei de tentar ganhar o favor das autoridades ou de tentar obter direitos de cidadão. Da mesma maneira, o nomista de aliança do passado ou do presente não deveria ser acusado de procurar obter o favor de Deus.

Portanto, novamente, o grau em que a teologia judaica da aliança paraleliza as doutrinas clássicas protestantes da perseverança e das boas obras é totalmente óbvio. Espero não precisar dar maior elaboração a este ponto. O ponto importante que devemos sublinhar aqui é que essas doutrinas decorrem tão diretamente da teologia judaica da aliança como decorrem da teologia clássica protestante da justificação pela fé. O motivo pelo qual o cristianismo e o judaísmo rabínico se enveredaram por caminhos separados não está relacionado à qualquer disputa a respeito dos princípios fundamentais da graça, da fé e da obediência humana; sem dúvida, houve uma disputa sobre os elementos particulares e elaborados dos princípios acima elencados, mas não a respeito dos princípios em si. Caracterizar o judaísmo *per se* como uma religião de autoalcance não é apenas inconveniente, é simplesmente uma má exegese.

2. Isto nos leva a um segundo ponto que decorre diretamente da ênfase tipicamente veterotestamentária sobre o tema da retidão e que merece uma atenção maior do que recebeu recentemente. Pois se esperava dos destinatários da retidão divina que eles respondessem apropriadamente diante de Deus, e também se esperava que tais destinatários respondessem bem em relação aos seus próximos. A dimensão vertical da retidão (a obrigação dos membros da aliança em relação a Deus) estava intimamente vinculada à dimensão horizontal da justiça (a obrigação dos membros da aliança em relação uns aos outros). A responsabilidade em relação ao próximo surgia diretamente da relação de aliança que Israel tinha com Deus. Isto quer dizer, uma pessoa não podia ser reta em relação a Deus sem também ser reta em relação ao seu próximo; a obrigação em relação a Deus era incompleta quando a obrigação em relação ao próximo era deficitária.

O ponto digno de repetição é que as duas responsabilidades caminham juntas – a vertical e a horizontal. As duas tábuas do Decálogo são interdependentes – uma relação reta com Deus, uma relação reta com o próximo. Os autores bíblicos concordam em suas insistências de que não é possível ter uma sem a outra. Daí advém a agressividade da denúncia feita pelos profetas contra aqueles que pensavam ser aprovadas por Deus enquanto, ao mesmo tempo, desrespeitavam suas obrigações para com os pobres. Esse ponto é apresentado com notável eloquência em passagens como Is 5; Am 5 e Mq 3. Um dos melhores exemplos é Ez 18.5-9:

> Se um homem é reto e pratica o direito e a justiça, não come sobre os montes e não eleva seus olhos para os ídolos imundos da casa de Israel, nem desonra a mulher de seu próximo, nem se une com uma mulher durante sua impureza, nem explora a ninguém, se devolve o penhor de uma dívida, não comete furto, dá seu pão ao faminto e veste ao quem está nu, não empresta com usura, não aceita juros, abstém-se do mal, julga com verdade entre homens e homens, se age de acordo com meus estatutos e observa minhas normas, praticando fielmente a verdade: este homem será justo e viverá, diz o Senhor Javé.

Particularmente notável é o forte senso de que as obrigações em relação a Deus e ao próximo incluem especialmente as pessoas desfavorecidas – o órfão, a viúva, o estrangeiro, o pobre. Assim, por exemplo, em Zc 7.9-10:

> Assim fala Javé dos Exércitos: Fazei um julgamento verdadeiro, praticai o amor e a misericórdia, cada um com seu irmão. Não oprimais a viúva, o órfão, o estrangeiro e o pobre, não trameis o mal em vossos corações.

A preocupação com as pessoas desfavorecidas não deveria ser confundida com a caridade individualista; ela estava garantida na lei civil, reconhecida como a responsabilidade de toda a sociedade. A expressão clássica é o Deuteronômio, particularmente Dt 24.10-22. Notemos, particularmente, a praticidade das regras ordenadas:

> Quando fizeres algum empréstimo a teu próximo, não entrarás em sua casa para lhe tirar o penhor. [...] Se for um pobre, porém, não irás dormir conservando seu penhor; ao pôr do sol deverás devolver sem falta

o penhor, para que ele durma com seu manto e te abençoe. E, quanto a ti, isso será um ato de justiça diante de Javé teu Deus.

Não oprimirás um assalariado pobre, necessitado, seja ele um de teus irmãos ou um forasteiro que mora em tuas cidades. Pagar-lhe-ás o salário de cada dia, antes que o sol se ponha. [...]

Não perverterás o direito do estrangeiro e do órfão, nem tomarás como penhor a roupa da viúva. Recorda que foste escravo na terra do Egito, e que Javé teu Deus de lá te resgatou. É por isso que eu te ordeno agir deste modo.

Quando estiveres ceifando a colheita em teu campo e esqueces um feixe, não voltes para pegá-lo: ele é do estrangeiro, do órfão e da viúva, para que Javé teu Deus te abençoe em todo trabalho de tuas mãos. Quando sacudires os frutos de tua oliveira, não repasses os ramos: o resto será do estrangeiro, do órfão e da viúva. [...] Recorda que foste um escravo na terra do Egito. É por isso que eu te ordeno agir deste modo.

Importante é também o imaginário familiar usado tanto no Deuteronômio quanto em Zacarias – o pobre não é simplesmente um próximo, mas é um irmão (Dt 15.11; Zc 7.9-10). A autocompreensão de filiação que Israel tinha na sua relação com Deus, seu pai, era interdependente do reconhecimento como irmãos dos outros membros da aliança, particularmente dos membros desfavorecidos da aliança. No entanto, é igualmente importante lembrar que a obrigação em relação ao próximo abraça não somente os concidadãos, mas também os forasteiros, os estrangeiros residentes (Lv 19.18,34). E, poderíamos acrescentar, os cristãos jamais devem se esquecer de que Jesus chamou também o inimigo de próximo (Mt 5.43-48).

Tudo isto é parte e elemento integral da compreensão veterotestamentária de "retidão" – portanto, também parte e elemento integral do pano de fundo veterotestamentário a que Paulo recorreu ao formular seus ensinamentos sobre a justificação pela fé. A relativa ausência de dimensões sociais mais plenas no ensinamento de Paulo (nota-se, porém, Rm 12.9-21; 14.1-15.9; 2Cor 9.6-12) não deveria nos cegar para esse fato, nem a facilidade com a qual traduzimos os ensinamentos de Paulo sobre a justificação em termos individualistas ou pietistas. Quanto mais plenamente reconhecermos que o ensinamento paulino sobre a retidão é inteiramente veterotestamentário, tanto mais deveremos também reconhecer o caráter da retidão como algo que convoca para uma resposta social em seu caráter, que dê suma prioridade ao sustento das pessoas desfavorecidas na sociedade. Se os dois aspectos reconhecidos no pensamento do Antigo Testamento não forem captados firmemente, o conceito de retidão estará fadado à distorção: a retidão envolve essencialmente as relações, emerge a partir das relações, é expressa em relações; e a retidão, tanto horizontal quanto vertical, envolve a responsabilidade em relação ao próximo como parte e elemento integral da responsabilidade que nós temos diante de Deus. No pensamento judaico jamais seria possível que uma pessoa fosse reta fora dessa responsabilidade individual em relação aos outros, ou sem qualquer referência a tais responsabilidades; jamais seria possível ser reto diante de Deus e permanecer envolvido em relações injustas diante dos outros. Central em tal entendimento de retidão é o reconhecimento das responsabilidades que a sociedade tem em relação às pessoas desfavorecidas e a preocupação de adequar as relações sociais ao modelo da família que cuida de seus membros.

Em resumo, a descoberta da dimensão horizontal e social da justificação pela fé indica que as preocupações sociais estão no coração desta doutrina, que é tão característica e fundamentalmente cristã e protestante. Isso significa também que há obrigações relacionadas a tais preocupações sociais e políticas, e tais obrigações estão no cerne de nossa fé.

V

À luz de tudo que foi dito, a conclusão é óbvia. Depois de fazer um caminho reverso, de Lutero para Paulo e de Paulo para o Antigo Testamento, estamos agora numa posição a partir da qual podemos ir novamente para frente e reafirmar uma doutrina da justificação que é mais coesa, mais rica e mais bíblica. Ao fazer assim, não há nenhum apelo para que se ponha de lado os *insights* muitas vezes penetrantes da reafirmação que a doutrina da justificação pela fé recebeu na Reforma e no protestantismo. Mas o que é necessário, sim, é complementá-los com uma firme reafirmação das implicações corporativas e sociais da doutrina plena – tanto em termos daquilo que ela afirma a respeito das presunções nacionalistas e étnicas, quanto daquilo que ela afirma sobre a responsabilidade cívica e política acerca das pessoas desfavorecidas numa sociedade que estime sua herança bíblica.

Ofereço como *leitmotiv* ou conceito integrante de tal reafirmação o título deste artigo – a justiça de Deus. É claro que o tema em questão é muito mais amplo, exigindo muito mais do que eu possa apresentar aqui ou em outra parte. Minha preocupação é simplesmente indicar que o deslocamento do conceito de "justiça de Deus" para o de "justificação pela fé" feito por Lutero precisa agora, em alguma medida, ser revertido. Não quero dizer, como motivo orientador, que o vocábulo "justiça" deveria ser (completamente) substituído por "justificação". Sobretudo porque "justiça" serve muito pouco para destacar o caráter relacional do tema; mas, pelo menos, o termo evita a fatal disjunção da terminologia resultante da necessidade de traduzir para outra língua algo que, tanto em hebraico quanto em grego, são conceitos integrados – justificar, reto, retidão, justiça.[47] Também evita a linguagem demasiadamente técnica de "justificar" e "retidão" que, fora da teologia protestante, já não tem muita ressonância.

E acima de tudo, destaca uma das conclusões-chave e questões-chave levantadas pela abordagem acima oferecida. Primeiro, que tal categoria fundamentalmente protestante e fundamentalmente paulina é também uma categoria fundamentalmente judaica. Segundo, que uma questão central tanto para judeus como para cristãos é a correlação do reconhecimento da justiça e da fidelidade de Deus com o reconhecimento de que o Deus criador, que é um só, é tanto Deus de gentios quanto de judeus (o problema central da carta que Paulo escreveu aos romanos). E terceiro, que a aceitabilidade diante do Deus justo e misericordioso é inseparável da responsabilidade vivida em relação ao próximo desfavorecido e ao inimigo. Com essa reafirmação, a doutrina da justificação pela fé pode novamente reemergir em seu pleno poder como um meio para a salvação tanto dos indivíduos quanto das comunidade.

---

[47] Em hebraico principalmente a raiz צדק, especialmente onde começa a se sobrepor ao conceito de משפט; em grego a raiz δικ-.

Capítulo 8

E mais uma vez – "As obras da Lei". Uma resposta

Meu vizinho próximo em Durham, CHARLES CRANFIELD, honrou-me com um recente ensaio para refutar minha exegese de ἔργα νόμου [obras da lei].[1] Estou grato por suas amáveis observações e sua crítica substanciosa. De fato, a alguns dos pontos por ele levantados já respondi nas notas adicionais [*Additional Notes*] acrescentadas à republicação dos dois ensaios que ele cita.[2] Além disso, desde então tentei elaborar até mesmo algo como uma nova afirmação de minha posição.[3] No entanto, a crítica do Professor CRANFIELD é tão detalhada que seria injusto ignorá-la, embora, no espaço disponível, eu tenha que me limitar aos pontos principais levantados por ele e remeter às minhas abordagens anteriores para uma demonstração mais cuidadosa de argumentos particulares. Ao mesmo tempo pode ser apropriado continuar o diá-

---

[1] C. E. B. Cranfield, "'The Works of the Law' in the Epistle to the Romans", in *JSNT* 43 (1991): 89-101. Ele reponde particularmente a meu comentário à Carta aos Romanos, *Romans*. WBC 38 (Dallas: Word, 1988); cf. também *abaixo*, nota 2. Cf. também a crítica mais nuançada, mas em seu resultado semelhante de R. N. Longenecker, *Galatians*. WBC 41 (Dallas: Word, 1990), p. 85-86, e D. Moo, *Romans 1-8*. Wycliffe Exegetical Commentary (Chicago: Moody, 1991), p. 210-211.214-215.
[2] "The New Perspective on Paul", in *BJRL* 65 (1983): 95-122 (= *acima*, Cap. 2); "Works of the Law and the Curse of the Law (Galatians 3.10-14)", in *NTS* 31 (1985): 523-542 (= *acima*, Cap. 3); reimpresso com notas adicionais em *Jesus, Paul and the Law. Studies in Mark and Galatians* (Londres: SPCK/Louisville: Westminster, 1990), p. 183-214 e 215-241, respectivamente.
[3] The Partings of the Ways between Christianity and Judaism (Londres: SCM/Philadelphia: TPI, 1991), cap. 7.

logo com um ou dois outros que já responderam ao esclarecimento de minhas afirmações iniciais (n. 2),[4] já que solicitei as respostas e que estou ansioso para aproveitar qualquer diálogo que ofereça a esperança de esclarecer o objeto em questão e meu próprio entendimento dele.

1. *ÉRGA NÓMOU*

1.1. Um dos esclarecimentos oferecidos por minhas respostas anteriores é que a expressão "obras da Lei" não deve ser entendida como restrita à circuncisão, às leis alimentares e às questões relacionadas ao sábado. Infelizmente, a maior parte da crítica do Professor CRANFIELD baseia-se efetivamente na interpretação equivocada de minhas apresentações mais antigas. No entanto, não pleiteio um "sentido restrito especial"[5] para a expressão. Pelo contrário, assim como eu entendo o uso, "obras da Lei" caracteriza todo o conjunto de crenças de "nomismo da aliança" – isto é, a convicção de que o *status* dentro da aliança

---

[4] Particularmente T. R. Schreiner, "'Works of Law' in Paul", in *NovT* 33 (1991): 217-244. A crítica de Schreiner a minha posição segue nas p. 225-231. Também M. Silva chamou gentilmente minha atenção a sua resenha de meu livro *Jesus, Paul and the Law* – "The Law and Christianity: Dunn's New Synthesis", in *Westminster Theological Journal* 53 (1991): 339-353.

[5] Cranfield, p. 91.92. Esta é a expressão sumária de Cranfield para a apresentação mais plena que ele oferece da forma mais antiga de meu argumento: "Por 'as obras da Lei' [...] Paulo não entendeu a obediência à Lei de modo geral, mas de modo especial, pensa ele (isto é, Dunn), coincidindo com a adesão àquelas práticas prescritas pela Lei que mais obviamente distinguiam judeus de seus vizinhos gentios, particularmente a circuncisão, a guarda do sábado e a observância das leis alimentares; e, quando Paulo declarou que nenhuma carne será justificada diante de Deus por obras da Lei, ele não quis dizer que ninguém fosse justificado com base em sua obediência à Lei, porque homens e mulheres caídos não chegam de modo algum próximos de uma obediência verdadeira, mas estava polemizando contra a confiança complacente que seus contemporâneos judaicos depositavam em seu *status* privilegiado como o povo da aliança de Deus e sua exclusividade em relação aos gentios" (p. 89-90). É isto que ele oferece como resumo de meu livro *Romanos*, p. 153-155,158-159, mas que dificilmente reflete a nuança da exegese nesse ponto – Rm 3.20 (voltaremos ao significado de Rm 3.20 *abaixo*, no § 2).

(= justiça) é preservado ao fazer o que a Lei exige ("obras da Lei").⁶ A circuncisão e as leis alimentares em particular entraram em jogo simplesmente (!) porque ofereciam os casos-chave do teste para a maioria dos judeus no tempo de Paulo. À medida que o tema diz respeito aos "falsos irmãos" de Gl 2.4, ninguém poderia ser considerado membro do povo da aliança sem a circuncisão. E para Tiago e os judeu-cristãos de Antioquia, a fidelidade à obrigação da aliança, e assim à justiça, simplesmente não podia ser preservada sem a observância constante das leis alimentares (Gl 2.11-14). Tais problemas certamente estão em foco na primeira menção paulina de "obras da Lei" (Gl 2.16). Sejam quais forem os outros pontos que Paulo possa ter atacado, ele estava certamente atacando uma atitude diante da Lei (que prevalecia entre os judeu-cristãos em Jerusalém e Antioquia), atitude que enfatizava a exigência da Lei da prática da circuncisão e/ou das leis alimentares. Portanto, *não* com um sentido restrito especial, mas com um sentido geral, porém com peso específico atribuído por certas questões e debates particulares.

Confesso que eu estou um pouco surpreso pela dificuldade aparentemente experimentada por algumas pessoas que me responderam no esforço de tentar entender como a expressão ἔργα νόμου [obras da lei] pode denotar aquilo que a Lei exige, mas com especial referência a tais questões cruciais. Em termos gerais, dentro de um conjunto mais amplo de crenças ou convicções (a respeito de conduta, oração e liturgia etc.) acontece frequentemente que as circunstâncias conferem forçadamente uma proeminência a certos itens desse conjunto. Tais itens podem não ser fundamentais no sentido de fornecer o fundamento para o restante das crenças e convicções. Mas as circunstâncias obrigam os que creem a tornarem tais itens fundamentais no sentido de epitomarem ou cristalizarem o caráter distintivo de si mesmos em relação aos demais grupos. É fácil citar exemplos: a infalibilidade do papa para os católico-romanos,⁷ o sacerdócio exclusivamente masculino para

---

⁶ No capítulo final de *Jesus, Paul and the Law* (assim também no Cap. 6 *acima*) argumento que a Carta aos Gálatas foi a primeira tentativa substancial de Paulo de lidar com o assunto do "nomismo da aliança" —expressão descritiva, deselegante, porém útil, que E. P. Sanders introduziu na revisão do judaísmo da época de Paulo, que ele utiliza em sua obra (isto é, na obra de Sanders).
⁷ Recentemente reafirmada na resposta inflexível da Santa Sé ao relatório da Comissão Católica Anglicana Internacional (ARCIC).

muitos católicos anglicanos, o batismo dos crentes para os batistas, o falar em línguas como a "evidência de partida" do batismo pelo Espírito para os pentecostais clássicos, a "inerrância" para fundamentalistas protestantes. Tais crenças/convicções tornam-se cruciais para essas denominações/grupos porque marcam a identidade distintiva de tais denominações/grupos. São marcadores de fronteiras que distinguem as denominações/grupos de outros, são os *xiboletes* que mostram imediatamente de onde provem aqueles que os pronunciam. São os casos vitais de prova, questões que decidem se "vai ou racha", que são suficientes em si mesmas para demonstrar a lealdade ou a apostasia em relação ao grupo (pelo menos aos olhos daqueles membros da denominação/grupo que patrulham as fronteiras da denominação/grupo com diligência e zelo, para garantir que os marcadores de fronteiras sejam mantidos em seu lugar e sejam preservados em seus efeitos). Minha afirmação é simplesmente que a circuncisão e as leis alimentares em particular funcionavam assim nas controvérsias refletidas particularmente em Gl 2.1-14.

Repito: isso não quer dizer que as ἔργα νόμου [obras da lei] se reduzam ou devam ser "restringidas" em seu sentido a tais exigências particulares. A expressão ἔργα νόμου continua a denotar aquilo que se exige dos membros do povo da aliança, daquelas pessoas para as quais a Lei foi dada para lhes mostrar como viver como povo de Deus, que foram redimidas por ela da "casa da escravidão". Contudo, as circunstâncias da crise macabeia em particular levaram a questão mais ampla das exigências feitas ao judeu leal para um enfoque nítido posto sobre as questões específicas da circuncisão e das leis alimentares (como indica tão vivamente 1Mc 1.60-63). E a partir desse período, sempre que a necessidade de preservar a identidade distinta de Israel se tornasse uma questão em relação às usurpações gentias, *era inevitável que a circuncisão e as leis alimentares reemergissem como caso crucial de teste, do qual dependia supostamente a identidade de Israel como o povo de Deus.*

1.2. Explicando o mesmo ponto de outra maneira, devo dizer que o Professor CRANFIELD parece ignorar, mais ou menos completamente, o contexto e as ramificações socais desta visão da Lei e de suas exigências. Tal dimensão da função da Lei fica evidente no mesmo contexto na Carta aos Gálatas, no uso da descrição depreciativa "pecadores gentios" (Gl 2.15). A atitude que ganhava sua expressão numa insistência em "obras da Lei" era uma atitude que considerava gentios *ipso facto* como "pecadores", isto é, como ignorantes e sujeitos à anomia, e por isso fora dos domínios da justiça.[8] Os judeu-cristãos que ignoravam as leis alimentares, como fizeram em Antioquia, tornavam-se claramente "pecadores" aos olhos dos "homens de Tiago", isto é, eles eram efetivamente colocados no mesmo *status* diante de Deus que os "pecadores gentios" (daí, Gl 2.17). É esta a visão que Paulo contesta tão vigorosamente ao insistir na lógica da "justificação pela fé" (Gl 2.16s); Paulo é contra a barreira entre os judeus e os gentios, barreira que foi derrubada pela graça de Deus na morte de Cristo (Gl 2.19-21; 3.13-14) – lógica que Ef 2.11-22 percebeu e expressou com tanta clareza.

Em tudo o que eu disse acima houve uma apreciação muito deficitária do significado do fato de que Paulo pôde descrever judeus em geral como "(a) circuncisão" e gentios em geral como "(a) incircuncisão" – não "os circuncisos" e "os incircuncisos" (Rm 2.26; 3.30; 4.9; Gl 2.7-9) – ἡ περιτομή [a circuncisão], *não* οἱ περιτετμημένοι [os incircuncisos] Como um substantivo que denota um ato ritual particular pode passar a designar todo um povo? A resposta é óbvia: porque tal ato ritual era entendido como aquilo que resumia esse povo, que o distinguia de forma mais evidente. Novamente, paralelos na história do cristianismo são óbvios, casos em que uma crença ou um ato particular caracterizam um grupo com tanta força que o grupo pode ser nomeado e definido pela sua crença ou pelas suas atitudes – católicos *romanos*, (ana)batistas, quacres e assim por diante. Também devemos notar o fato de que os apelidos usados por Paulo ("a circuncisão", "a incircuncisão") revelam uma determinada perspectiva judaica: são as pessoas que têm em grande estima a circuncisão, a ponto de designarem aqueles que não a possuem como "a incircuncisão". Portanto, os próprios epítetos são em si a prova do alto grau em que todas as diferenças entre judeus e gentios podiam chegar a ser resumidas no ato ritual específico da circuncisão, do *alto grau em que todas as obras da Lei podiam ser epitomadas por uma única exigência da Lei.*

1.3. Talvez, o mais surpreendente seja a rejeição muito superficial com que o Professor CRANFIELD trata a evidência dos textos

---

[8] Cf. minha abordagem mais completa novamente em *Jesus, Paul and the Law*, Cap. 3; com maiores afirmações em *Partings*, cap. 6-7.

de Qumran.[9] Isto é certamente pouco prudente, uma vez que tais referências (particularmente 4QFlor 1.1-7) constituem o único paralelo imediato em uso daquela época da expressão paulina. O mais significativo é que tal uso parece claramente expressar uma atitude sectária muito semelhante àquela atacada por Paulo: apenas os observantes dos "atos da lei" podem ser contados entre os membros fiéis da aliança.

O ponto importante é este: a expressão מעשי תורה [atos da Lei] era evidentemente entendida pelos pactuantes de Qumran como tudo aquilo que a Lei exige de um membro leal da aliança. Mas "tudo o que a Lei exigia do membro leal da aliança" significava na prática efetivamente o entendimento sectário qumrânico daquilo que a Lei exigia. Em outras palavras, *"atos da Lei" era uma expressão que denotava exatamente aquele entendimento das exigências da Lei, entendimento que distinguia os membros da aliança de Qumran dos outros judeus.* Isto é confirmado pelo Rolo do Mar Morto a ser publicado em breve, 4QMMT, um documento que recebeu seu nome da própria expressão (4Q *Miqsat Ma'aseh Ha-Torah*), e que deixa claro que a expressão מעשי תורה [atos da lei] ganha seu enfoque em debates haláquicos particulares – naqueles pontos do debate haláquico acerca dos quais os membros da aliança de Qumran diferiam de outros judeus, inclusive, como parece, dos fariseus em particular,[10] que, aparentemente, são chamados em outros textos dos Rolos de "aqueles que procuram facilitar as coisas".

É claro que a circuncisão não era uma questão de fronteira para um debate *dentro* das fronteiras de Israel, entre diferentes facções dentro do judaísmo do Segundo Templo; em contraste, as leis de pureza que afetavam a mesa da refeição ofereciam tanto uma série de fronteiras internas entre as diferentes αἱρέσεις [seitas] do judaísmo do Segundo Templo, quanto uma série de marcadores de fronteiras externas que separavam os judeus dos gentios. Mas a atitude em cada caso é a mesma, e basta transpor simplesmente a atitude expressa no uso qum-

---

[9] "As passagens nos textos de Qumran às quais ele (isto é, Dunn) recorre [...] não nos parecem oferecer um apoio muito claro" (Cranfield, p. 92, nota 4).

[10] As prescrições haláquicas em 4QMMT são resumidas bem por L. H. Schiffman, "The Temple Scroll and the Systems of Jewish Law of the Second Temple Period", in G. J. Brooke (org.), *Temple Scroll Studies*. JSPS 7 (Sheffield: Sheffield Academic, 1999), p. 239-255, aqui: p. 245-250.

rânico de מעשי תורה da discussão judaica interna sobre regras haláquicas particulares para o uso em que a fronteira passava a demarcar os limites entre os judeus e os gentios, para encontrar as ἔργα νόμου no sentido de atribuição da ênfase particular na circuncisão. Em resumo, no debate atual, nós devemos destacar, e não diminuir, a importância do fato de que temos, no discurso de Qumran sobre os "atos da Lei", um paralelo muito próximo do discurso paulino a respeito das "obras da Lei".

1.4. Esperemos que esse esclarecimento adicional de meu entendimento sobre as "obras da Lei" desencoraje futuros parceiros de diálogo a basearem qualquer crítica em formulações anteriores desse entendimento.

2. A função de ἔργα νόμου [obras da lei] em Rm 3.20ss

2.1. Um dos pontos principais da crítica do Professor CRANFIELD é que, em minha exposição de Rm 3.20, eu teria "perdido de vista o argumento de Paulo". Rm 3.20 resume toda a acusação a partir de Rm 1.18, não apenas a partir de 2.1; o versículo resume uma acusação universal ("todos os seres humanos são pecadores" – Rm 3.23), não apenas uma acusação de judeus em particular.[11]

Confesso ter ficado um pouco confuso com esta crítica; porque, de modo algum, desejo negar que Rm 3.20 resuma a universalidade da acusação de 1.18-32. O ponto ignorado pelo Professor CRANFIELD, porém, é a maneira como Paulo procede para montar a sua acusação universal. Ele faz isso, primeiro, pela acusação da humanidade como tal (Rm 1.18-32), mas em termos que são característicos da polêmica judaica contra a idolatria e sexualidade gentias em particular. A partir daqui, porém, sua preocupação principal é demonstrar que o "judeu" se enquadra na mesma acusação; *judeus não são isentos da condenação que eles veem se abater sobre os gentios.* Este é claramente o cerne de argumentação a partir de 2.1, quando o interlocutor que pensa estar livre

---
[11] Cranfield, p. 93.

da condenação divina é claramente revelado como "judeu". Daí, a perturbadora questão de 3.1 ("Qual, então, é a vantagem do judeu?"). Daí, também, a série de textos em Rm 3.10-18 nos quais Paulo lança mão de uma sequência de versículos em que o reto (Israel) pleiteia contra o ímpio (gentio), usando-os para resumir sua acusação universal; e tal acusação é universal exatamente porque tais versículos se aplicam tanto a judeus como *também* a todas as outras pessoas.[12]

O mais claro e mais significativo nisso tudo é o modo como Paulo introduz Rm 3.20. A acusação sumária (em termos de "obras da Lei") de Paulo dirige-se *particularmente aos judeus:* "Sabemos que tudo que a Lei diz, ela diz às pessoas dentro da Lei, a fim de que cada boca se cale [...]" (Rm 3.19). *O único sentido da segunda parte da acusação é assegurar que judeus reconheçam a si mesmos como incluídos dentro da acusação universal* – isto é, tanto os judeus quanto os gentios, ou, em termos de uma expressão temática em tais capítulos, "o judeu primeiro, mas também o gentio". E é isto que é resumido aqui.

Assim acontece também com o próprio versículo Rm 3.20. Quando Paulo fala de "justificação pelas obras da Lei", *ele pode ter em mente somente um único povo* – Israel, os judeus em geral.[13] A única Lei em vista é a Lei judaica.[14] Somente os judeus (em geral) estimavam essa Lei; somente eles pensavam em termos de "obras da Lei" e de "justificação" nos termos da Lei. Portanto, quando Paulo diz que "nenhuma carne" é justificada pelas obras da Lei, ele quer claramente assegurar que seus colegas judeus reconheçam que *especificamente* eles *não* estão isentos. A ênfase na "carne" é adequada, já que ele deveria lembrar o "judeu" de sua confiança particular na carne (Rm 2.28-29; cf. Fl 3.4).

Portanto, em resumo, não discordo de maneira alguma de que a acusação de Rm 1.18-3.20 seja universal. No entanto, deveria estar cla-

---

[12] Para detalhes, cf. meu livro *Romans*. WBC 38 (Dallas: Word, 1988), p. 149-151,157.

[13] Cf. J. Ziesler, *Romans* (Londres: SCM/Philadelphia: TP1, 1989), p. 105-106.

[14] A partir de seu próprio comentário, suponho que Cranfield concorde; cf. seu *Romans*. ICC (Edimburgo: T. & T. Clark, vol. 1, 1975) p. 158,195. Rm 2.15 é complexo demais para ser aqui analisado exegeticamente; cf. meu livro *Romans*, p. 98-100; contra a exegese implausível de Cranfield de 2.14 (*Romans*, particularmente p. 156-157). No entanto, já que não contesto que "obra(s) da Lei" significa "obra(s) exigida(s) pela Lei", para qualquer efeito, a crítica de Cranfield (p. 94) perde seu sentido.

ro que Paulo, para tornar sua acusação universal, tem de demonstrar que o "judeu" em geral está incluído, que sua confiança na carne e nas obras da Lei é equivocada, caso ele pense que escapará por causa da sua confiança da acusação universal.

2.2. Ora, o que significa efetivamente a acusação do "judeu" em Rm 2? Suponho que aqui seja necessário algum esclarecimento de minhas tentativas anteriores de explicar a linha do pensamento de Paulo, e estou particularmente grato pela crítica de Dr. Schreiner que me alertou sobre isso. Por tal razão, peço licença para dizer logo aqui que, em Rm 2, particularmente em 2.21-27, Paulo está claramente falando de uma desobediência real, de uma brecha real na Lei. Ele não está criticando os outros judeus simplesmente por causa de sua atitude diante da Lei. Dr. Schreiner formula a crítica com maior severidade: "Aqui (isto é, Rm 3.20) não se diz nada sobre uma atitude errada ou um espírito exclusivo; o problema é a desobediência".[15] Segundo minha avaliação, porém, seria mais correto concluir que Paulo está condenando ambas as coisas – a desobediência real e a atitude tipicamente judaica diante da Lei. Deixem-me explicar isto.

Em Rm 2, Paulo pensa tanto na desobediência quanto na *suposição do "judeu" de que tal desobediência não é tão séria como o estar-sem-Leis, como se fosse um não judeu.* Isto fica claro particularmente na primeira seção de Rm 2. Podemos observar de passagem que um dos motivos principais das dificuldades experimentadas por tantos exegetas em lidar com Rm 2 é a falha dos mesmos em integrar todas as seções de Rm 2, sua falha em seguir o movimento do pensamento ao longo de todo o capítulo de Rm 2. Já procurei uma exposição mais completa em meu livro *Romans* e uma explicação um tanto refinada num artigo subsequente.[16] Aqui, basta que eu simplesmente recorde os pontos que seguem.

a) A suposição que é atacada nos primeiros versículos de Rm 2 é claramente a defendida pelo interlocutor, de que ele[17] "escaparia do

---

[15] Schreiner, p. 228; semelhantemente Moo, p. 215.
[16] "What was the Issue between Paul and 'Those of the Circumcision'?", in M. Hengel, U. Heckel (org.), *Paulus und das antike Judentum*. WUNT (Tübingen: Mohr, 1991), p. 295-317 (= *acima*, Cap. 5).
[17] Sigo o grego ao usar pronomes masculinos, sem distinguir as questões de gênero.

julgamento de Deus" (Rm 2.3). O fato de que o "judeu" está em vista é amplamente reconhecido e bastante óbvio devido a duas características em particular.

i) Devido ao alto grau de semelhança entre 1.18s e a condenação tipicamente judaico-helenista da religião e conduta gentias. Qualquer pessoa que conheça os estreitos paralelos entre Rm 1.18 e Sb 11-15 em particular reconhecerá também que Paulo estava "tocando uma música para um público judeu" em Rm 1.1s, e que 2.1 é o ponto em que Paulo se vira para falar com o seu público.

ii) Devido aos ecos de SlSal 15.8 e Sb 15.1s em Rm 2.3-4.[18] Paulo continua aqui a se referir à mesma suposição: que os judeus são diferentes dos gentios; que não são "pecadores" como os gentios; que não pecam como os gentios, ou, se o fizessem, seu pecado não seria tão sério. Sendo assim, Israel é disciplinado (corrigido), mas os outros é que são punidos; Israel é castigado, mas outros é que são açoitados; Israel é testado, mas os sem Deus é que são condenado; Israel espera misericórdia, mas apenas seus oponentes é que podem esperar a ira (SlSal, *p.ex.* 3.4-16; 7.1-10; 8.27-40; 13.4-11; Sb 11.9-10; 12.22; 16.9-10). Esta é a atitude que Paulo chama de "impenitência" e "dureza de coração" (Rm 2.5); *o interlocutor (judaico) falhou por não ter levado o pecado suficientemente a sério.*

Portanto, o alvo de Paulo em Rm 2.1ss é o "judeu" que pensa estar seguro em relação à condenação por Deus. Isto é, a suposição do interlocutor *não é* que ele nunca peca, mas antes que ele, por pertencer à aliança e ao povo de Deus, será tratado por Deus de maneira mais favorável. Mesmo se ele pecar como os gentios, ele será poupado por pertencer à aliança (mas não definitivamente, porque o sacrifício operará a expiação dos seus pecados). Esta atitude se expressa repetidamente nos Salmos de Salomão – por exemplo, 3.9; 5.7-9; 9.11-15; 13.4,6,9; 16.11-15. Em outras palavras, aqui há uma distinção entre "os de fora" e "os de dentro": o de fora é castigado, o de fora é condenado. Não precisamos supor que Paulo estivesse pensando nos Salmos de Salomão. Mas parece extremamente provável que ele estivesse combatendo a mesma atitude que se expressa nos Salmos de Salomão.

---

[18] Compare-se também em parte SlSal 8.27-35 com Rm 3.3-4.

b) Rm 2.12-16 confirma que a questão é a atitude dos de dentro em relação aos de fora. Aqui, Paulo elabora-a nos termos da Lei. A distinção é entre as pessoas "dentro da Lei" e aquelas que estão apartadas dela (Rm 2.12), entre aquelas que "têm a Lei" e aquelas que não a têm (Rm 2.14). A presunção sob ataque é mais uma vez que "ter a Lei" faz diferença. Muito pelo contrário, insiste Paulo, as pessoas dentro da Lei serão julgadas com tanta certeza quanto as pessoas que estão dela apartadas; ser um membro do povo da Lei não dará ao "judeu" uma posição de vantagem no julgamento; a medida do "cumprir a Lei" será a mesma, tanto para os judeu quanto para os gentios.

c) Em Rm 2.17-24 está claro, para além de qualquer discussão, que *no centro da atenção de Paulo está o senso judaico de privilégio e vantagem em relação aos outros povos*. Mas, responde Paulo, já que o "judeu" faz coisas que são tão más quanto as obras de qualquer gentio, ele não pode presumir que a sua posição privilegiada o salvará.

d) A mesma implicação está clara em Rm 2.25-29: o trecho visa, pelo menos parcialmente, o senso judaico de que a circuncisão dá ao "judeu" diante de Deus um lugar de privilégio em relação às outras pessoas. Já que Paulo elogia a pessoa "incircuncisa" que observa a Lei contra a "circuncisa", que falha em observar a Lei, ele deve se referir ao "judeu" como alguém que pensa que sua circuncisão seja uma profilaxia contra um pecado sério. Certamente, não pode significar que ele se referisse ao "judeu" como uma pessoa que simplesmente se gloria de sua observância da Lei (esta considerada como algo que atribui mérito); mas antes, ao "judeu" como uma pessoa que se gloria de seu *status justo* (com certeza documentado e mantido pelas "obras da Lei"), que garante que qualquer falha em observar a Lei não é considerada suficiente para perturbar tal *status*.[19]

Em resumo, não podemos dizer que Paulo esteja atacando em Rm 2-3 somente a atitude errada em relação à Lei.[20] Mas tampouco podemos dizer que ele esteja acusando somente os atos de desobediência à Lei. Ele se refere a *ambas*. Ele precisa convencer seu interlocutor judaico de que a sua falha em obedecer à Lei é tão séria quanto os pecados

---

[19] Veja-se novamente os Salmos de Salomão, mencionados *acima*.
[20] Espero não ter dito isso em parte alguma, mas se alguém tiver entendido assim, estou feliz em poder corrigir a questão aqui.

dos gentios. O problema é que a Lei previne o "judeu" de reconhecer a seriedade de seu pecado. Nesse sentido, o problema principal *é efetivamente* a atitude judaica diante da Lei, simplesmente porque o senso de diferença e de privilégio inculcado por ela anestesia o senso de seriedade do pecado cometido.

É isto que Paulo pensa evidentemente quando resume sua acusação em 3.20 nos termos das ἔργα νόμου [obras da lei]. A atitude de confiança expressada em "obras da Lei" é a presunção do "judeu" de que ele será inocentado no Juízo Final, enquanto os outros (gentios) serão condenados. *Não é* uma presunção de estar isento do pecado, ou de observar a Lei com perfeição; mas *é, sim*, a presunção de que seu *status* dentro do povo da aliança, como atestado por suas "obras da Lei", vai lhe garantir sua absolvição final. *Não é* uma presunção de que as suas "obras da Lei" lhe garantem a salvação ou que pesam mais que seus pecados.[21] Mas *é, sim*, a presunção de que, sejam quais forem seus pecados, eles não serão suficientemente sérios para privá-lo da vida no *eón* que virá. É a presunção de que essa obediência às exigências da aliança ("obras da Lei") e não por último sua observância do culto sacrifical, cobrirão seus pecados; que, portanto, não há necessidade alguma de um arrependimento mais radical. Num contraste aguçado e quase explícito, Paulo constata que o papel da Lei é trazer a consciência do pecado, mas não anestesiar a consciência (3.20b).[22]

Em resumo, eu penso que está acima de qualquer discussão que as ἔργα νόμου em Rm 3.20 constituem o resumo da acusação de 1.18-3.20. No entanto, o que tantos exegetas entendem de maneira inteiramente equivocada é o ímpeto dessa acusação. Quando é lida contra o pano de fundo da polêmica judaica contra a religiosidade gentílica e contra o "gentio" como "pecador", como penso que tem de ser, deveria ficar claro que as "obras da Lei" não denotam nenhuma tentativa de ganhar o favor de Deus. Na acusação não há nada disso. O que há, sim, e há em abundância, é a presunção judaica do *status* de "nação favorecida" e a consequente presunção de que, até mesmo quando judeus pecam, seu pecado não é tão sério quanto o pecado dos gentios. É *tal* atitude e

---

[21] Assim ainda entre comentários recentes W. Schmithals, *Der Römerbrief* (Gütersloh: Gütersloher, 1988), p. 114.
[22] Por isso o "por" que introduz 3.20b, acerca do qual Cranfield me critica dizendo que eu o tivesse ignorado (p. 93).

compreensão equivocada que Paulo resume como a confiança da justificação pelas obras da Lei, e a clara implicação é que *são as suas "obras da Lei"* (já que elas preservam o *status* da aliança e documentam a distinção entre os judeus e os pecadores gentios) *que dão ao "judeu" a falsa confiança e mascaram a seriedade de seu pecado.*

2.3. Esta linha de exegese, ou alguma muito parecida, é certamente confirmada por Rm 3.27ss, já que a breve seção central do argumento (3.21-26) está emoldurada pelas seções que tratam das implicações do evangelho paulino para os judeus (Rm 2.1-3.20 e 3.27-4.25). E 3.27s é claramente pensado por Paulo como a consequência mais imediata que deve ser tirada desta seção central. Aqui devo confessar de novo que estou muito surpreso com a tentativa do Professor CRANFIELD de argumentar de forma distinta.[23] Ele descreve a preocupação de Paulo com a elaboração de seu evangelho de acordo com o entendimento que seu próprio povo tem da Lei e de Deus como "um anticlímax intolerável". Isto demonstra uma grave falha de sintonia com a profundidade da preocupação paulina justamente neste ponto (cf. Rm 9.1-3), e uma grave falha de compreensão da centralidade que justamente a posição dos outros judeus tinha para toda a exposição paulina. Sendo judeu, ele não tinha problema algum com o pensamento de que gentios eram "pecadores" que precisavam da salvação (cf. novamente Gl 2.15). Contudo, eram os seus colegas judeus que precisavam ser convencidos de que a sua necessidade era a mesma. Era a presunção judaica, por outro lado, contrário que tinha de ser desmontada. Fazer isto deve ter sido, inevitavelmente, um objetivo central para a exposição do evangelho por Paulo.

Sendo assim, a conclusão imediata que deve ser tirada de Rm 3.21-26 está relacionada ao gloriar-se. Não obstante a objeção do Professor CRANFIELD, este *tem de ser* um gloriar-se judaico.

---

[23] A exegese de Dunn é "uma limitação totalmente injustificada da preocupação de Paulo. Como podia Paulo, imediatamente depois dos vv. 21-26 [...], continuar e meramente apresentar as consequências para a autocompreensão do povo judeu? Neste ponto em particular, qualquer coisa abaixo da apresentação das consequências para a autocompreensão de seres humanos como tais seria um anticlímax inaceitável. O que está incluído aqui não é só o gloriar-se judaico [...], mas todo gloriar-se humano diante de Deus" (Cranfield, p. 96).

i) É um gloriar-se relacionado à expressão "obras da Lei" (a mesma expressão, a mesma Lei como em Rm 3.19-20);

ii) assim, ele claramente ecoa o gloriar-se de Rm 2.17 e 2.23 ("gloriar-se na Lei"), o único gloriar-se previamente mencionado na carta;

iii) como se confirma em Rm 3.27, há aqui a retomada do estilo de diatribe que Paulo usa nos capítulos em que sua discussão pressupõe um interlocutor de origem judaica.

De fato, justifica-se parafrasear 3.27 assim: "Onde, então, está esse gloriar-se? " [ἡ καύχησις, e não καύχησις], isto é, *o* gloriar-se comentado em Rm 2.17 e 2.23.[24] Certamente é muito difícil evitar a conclusão óbvia: que *é exatamente o gloriar-se judaico na Lei que é excluído pelo evangelho afirmado em* Rm 3.21-26. Isto é, trata-se da presunção judaica do *status* privilegiado, utilizado contra os gentios, da presunção judaica de que a Lei oferece uma salvaguarda efetiva para quem estava dentro de suas fronteiras e estava realizando suas obras, em oposição aos próprios pecados que resultariam na condenação e destruição dos gentios.[25]

Esta conclusão é claramente confirmada por Rm 3.29-30 ("Será que ele é somente o Deus dos judeus?"). A falsa presunção resumida no gloriar-se de Rm 3.27 é que Deus é somente o Deus do povo judeu. Conhecemos bem tal presunção (Dt 32.8-9; Sir 17.17; Jub 15.31-32). É tal falsa presunção que foi evidentemente minada pela argumentação paulina desde Rm 3.19 (ou talvez melhor, desde 2.1). *Não obstante qualquer outro interesse que também possa estar em jogo, o evangelho paulino da justificação pela fé está claramente voltado para a presunção judaica baseada em um* status *privilegiado diante de Deus.*

Portanto, o verdadeiro debate entre o Professor Cranfield e mim se reduz à seguinte questão: onde se encaixam as "obras da Lei"? Ele afirma efetivamente que "obras da Lei" denota um *status* privilegiado *obtido* pela obediência à Lei;[26] eu estou convencido de que "obras da Lei" denota o *status* privilegiado *atestado e preservado* pela obediência à Lei. Já que, até este ponto, a Carta aos Romanos não disse nada sobre como se pode obter esse privilégio, e já que o gloriar-se de Rm 2.17-20 se dá *inteiramente* nos termos do *status* privilegiado fornecido pela Lei,

---

[24] Como é reconhecido pela maioria, cf. agora, por exemplo, Schmithals, p. 129.

[25] "O gloriar-se é de quem pensa ter um *status* especial por ser judeu" (Ziesler, p. 117).

[26] Cranfield, p. 96.

tenho de afirmar que o fluxo da argumentação e o contexto apoiam fortemente a segunda alternativa.

2.4. O fluxo da argumentação passa naturalmente para Rm 4. Para as pessoas cientes da exaltação tipicamente judaica, naquele tempo, da figura de Abraão como o modelo por excelência da piedade judaica, não deveria ser difícil entender por que Paulo recorreu a Abraão e a Gn 15.6 em particular.[27] Somente alguém que não esteja disposto a ver que a exposição paulina de Gn 15.6 se volta contra a interpretação predominante de Gn 15.6 (refletida também em Tg 2.23!) pode deixar de perceber que a espiritualidade judaica estava efetivamente em condições de retratar Abraão como alguém que realizou "obras da Lei", no sentido de fazer o que a Lei exigia e assim dando testemunho de sua fidelidade à aliança.[28] Daí, a linha principal da argumentação na segunda metade de Rm 4: o "crer" de Abraão deveria ser entendido *não como* fidelidade (à aliança; como em Sir 44.20; 1Mc 2.52; Jub 17.15-18; 18.16; 19.8), mas como fé, como uma fé nua e crua (Rm 4.18-22).

O único ponto onde essa linha de exegese realmente é questionada é Rm 4.4-5, e aqui minha exegese parece ser muito vulnerável. Ora, será que essa passagem não fala de trabalhar por salário? E já que se opõe àquele modelo de "contar" com o perdão da graça divina, será que a implicação não é que Paulo está opondo seu evangelho da justificação pela graça através da fé a uma doutrina judaica da justificação como recompensa por obras? Assim deduz a maioria das pessoas, com a consequência de que qualquer tentativa de negar que Paulo estivesse atacando a doutrina da salvação merecida por boas obras estava fadada a falhar.[29]

No entanto, em minha opinião, tal conclusão e a implicação da mesma foram tiradas com demasiada pressa e por acaso. Por um lado,

---

[27] Permitam-me remeter para a documentação completa simplesmente a meu livro *Romans*, p. 198-202.
[28] Esta base para apresentar Abraão como o modelo da pessoa que guarda a aliança já foi colocada em Gn 26.5!
[29] Assim, por exemplo, Schreiner, p. 229; Silva, p. 351-352; abordado apenas brevemente por Cranfield, p. 97. Assim também particularmente S. Westerholm, *Israel's Law and the Church's Faith. Paul and his Recent Interpreters* (Grand Rapids: Eerdmans, 1988), a quem respondi em meu livro *Jesus, Paul and the Law*, p. 237-241. Diferente Ziesler: "O alvo [...] não é a justiça própria judaica, mas a pretensão judaica de privilégios" (p. 125).

a ilustração de trabalhar por salário é provocada não simplesmente pelo discurso relativo às obras/trabalhos; antes, é usada para o propósito principal de demonstrar o sentido de λογίζεσθαι [calcular]. Quase com certeza foi a ocorrência deste termo específico em Gn 15.6, palavra bem conhecida como termo técnico para negócios comerciais, que sugeriu a ilustração relativa ao trabalho e ao negócio. No uso normal, o termo denotava o cálculo da recompensa por serviços prestados, mas este é um sentido que Paulo considera inapropriado para as relações divino-humanas. É contra *isto* que Paulo está reagindo – ou seja, contra o sentido comercial mais usual da palavra. Para conferir um sentido à ilustração dentro do argumento é desnecessário buscar nela os outros sentidos secundários. Em particular, o vocábulo não diz necessariamente que, em consequência da exegese de Gn 15.6, o "judeu" (interlocutor da diatribe de Paulo) via as relações de Deus com Israel no modelo das relações de negócios humanos ou algo parecido – pelo menos não em termos do entendimento da salvação como algo que pudesse ser comprado.

Por outro lado, não deveríamos pensar rápido demais que ἐργάζεσθαι [trabalhar] em 4.4-5 seja inteiramente equivalente a ἔργα νόμου [obras da lei]. Não é assim, absolutamente. Em Paulo, o verbo é uniformemente neutro ou positivo. Nunca tem um sentido negativo em si mesmo. Em vez disto, o sentido negativo em "obras" na teologia de Paulo refere-se exclusivamente ao composto "obras *da Lei*".[30] Isto não deveria causar nenhuma surpresa: é totalmente normal que uma palavra, até mesmo uma mesma palavra, tenha uma conotação claramente negativa somente em determinados contextos muito bem definidos. Nos escritos do NT podemos pensar, por exemplo, em ἐπιθυμία [desejo] e κόσμος [mundo]. Assim também aqui: o tom negativo não diz respeito a ἐργάζεσθαι [trabalhar], nem a ἔργον [obra], nem mesmo a ἔργον νόμου [obra da lei] (2.15), mas somente a ἔργα νόμου [obras da lei].[31]

---

[30] A expressão plena é ou explícita (Rm 3.20; Gl 2.16; 3.2,5,10) ou implícita (Rm 3.27; 4.2,6; 9.12; 11.6).

[31] Cf. a ideia de "amor próprio". O fato de que este é geralmente um conceito negativo não acarreta a consequência de que cada elemento do composto é negativo quando usado separadamente; e há casos em que "amor próprio" pode ser apresentado como algo relativamente positivo – como no caso do amor ao próximo como a si mesmo.

Por isso duvido muito que seja correto entender Rm 4.4-5 como uma acusação de Paulo contra os outros judeus, os quais pensariam em poder comprar ou obter a aceitação de Deus por meio de seus próprios esforços e do seu trabalho duro. O conjunto de crenças tipicamente judaico se referia às pessoas que percebiam a si mesmas como pertencentes às fronteiras da graça divina da aliança. Por isso, não havia nada a ser ganho em tal sentido crucial! Mas certamente era um *status* que deveria ser documentado e mantido contra os pecadores gentios mediante as obras da Lei. Tal atitude não está muito distante da atitude do ganhador de méritos da interpretação do Professor CRANFIELD. Mas as duas atitudes *não* são a mesma coisa, e a grande extensão do desacordo entre o Professor CRANFIELD e eu revela a grande distância que há efetivamente entre ambas as concepções.

2.5. Talvez eu deva simplesmente acrescentar a respeito de Rm 9.30-10.4 que o Professor CRANFIELD ignora totalmente a exegese cuidadosa que ofereço desta seção importante, particularmente a exegese de Rm 10.2-3.[32] À luz desta passagem, parece-me muito claro que Paulo ataca uma ideia de que a justiça (judaica) é exclusivamente própria deles (pertencendo a judeus e não a gentios), que ela deveria ser defendida com "zelo" à moda macabeia – como o próprio Paulo tinha tentado anteriormente argumentar (Gl 1.13-14). A ferocidade da perseguição (ele tinha tentado "destruir" a Igreja) é certamente uma indicação suficientemente clara da profundidade e importância que tais questões tinham para Paulo.

3. ἔργα νόμου [obras da lei] na Carta aos Gálatas

Pelo bem da completude desta exposição, devo talvez acrescentar ainda dois comentários sobre passagens-chave de Gálatas, relacionadas ao assunto.

3.1. Gl 2.16. Sejam quais forem as traduções deste versículo,[33] fica claro, sem dúvidas, para além de qualquer discussão sensata: i) que

---

[32] Cranfield, p. 97-98; referindo-se a meu livro *Romans*, especialmente p. 586-588.
[33] Silva considera minha resposta a F. F. Bruce em *Jesus, Paul and the Law*, p. 198, "um comentário bastante confuso" (p. 346), mas devo confessar que sua resposta não me proporcionou nenhuma clareza.

Paulo estava aqui respondendo à crença (implícita no incidente de Antioquia) de que a fé pode e deve caminhar junto com obras da Lei; e ii) que ele dá esta resposta ao colocar fé e obras de Lei em antítese. Minha única preocupação foi mostrar que Gl 2.16 pode ser entendido como argumentação contra tais pontos. Em discussão está somente a maneira como ele parte de um e chega ao outro.

Um ponto central da crítica presente em minha exegese foi que Paulo usa καί, em vez de ἀλλά, para conectar as duas orações principais.[34] A única solução que posso oferecer é que Paulo usa a primeira para indicar que ele se percebe em continuidade com a visão de Pedro, não obstante sua intenção seja a de contestar a visão compartilhada, enunciada na primeira oração principal: colocar a fé e as obras da Lei como antítese, e não como mutuamente compatíveis, é a única consequência apropriada ou inevitável da ênfase que o evangelho confere à fé. Afinal, Paulo já tinha acusado Pedro de não caminhar retamente em relação à verdade do evangelho (Gl 2.14). Em outras palavras, a halacá de Pedro (obras da Lei como compatíveis com a fé em Cristo e como expressão dela) deve ser vista (agora) como algo contra a verdade do evangelho.

3.2. Gl 3.10. A pressuposição fundamental de toda a posição do Professor CRANFIELD é que Paulo acreditava ser impossível observar toda a Lei, ou seja, é impossível os seres humanos alcançar a verdadeira ou completa obediência da Lei; é impossível evitar ficar aquém do padrão estabelecido por Deus na Lei.[35] No entanto, a afirmação (se é que ela for feita) é normalmente baseada em Gl 3.10.[36] Estendo minha resposta a tal ponto e a este versículo simplesmente para observar que o entendimento da lógica de Paulo, esboçado acima (§ 2.2 – em relação a Rm 2), também nos oferece uma dica útil para nosso entendimento

---

[34] "Somos judeus por natureza e não pecadores gentios, sabendo que uma pessoa não é justificada (através) das obras da Lei, mas somente através da fé em Jesus Cristo, e temos crido em Jesus Cristo, para que fossemos justificados (através) da fé em Cristo e não (através) de obras da Lei [...]".

[35] Cf., por exemplo, Cranfield, p. 97; assim também Schreiner, p. 226-228; Moo, p. 215.

[36] Cf., por exemplo, aqueles citados em meu livro *Jesus, Paul and the Law*, p. 234, nota 41; também J. Rohde, *Galater*. ThHNT 9 (Berlim: Evangelische, 1988), p. 141; Longenecker, p. 118.

de Gl 3.10. O que Paulo tem em mente também aqui não é a inabilidade humana de observar a Lei, mas o mesmo problema da desobediência judaica tratada com demasiada leveza e desconto pela própria confiança de que viver dentro da aliança oferecesse uma proteção completa em relação ao pecado.

a) Acredito que o discurso de "permanecer dentro de tudo no livro da Lei para cumpri-los" (Gl 3.10 citando Dt 27.26) foi entendido errado em termos de *obediência* total, isto é, perfeita. O que Paulo tinha em mente era antes um *estilo de vida* completo – vivido totalmente dentro da aliança, totalmente dentro da Lei, totalmente em termos de suas exigências (como também em Gl 5.3), isto é, um modo de viver que era totalmente judaico. Era esse tipo de vida que Paulo tinha levado antigamente (Gl 1.13-14). E tal vida podia ser chamada por ele de "irrepreensível" (Fl 3.6), *não* porque ele observava a Lei perfeitamente, mas simplesmente porque ele vivia totalmente em termos da Lei – inclusive suas provisões de sacrifícios e expiação pelo pecado.

b) O problema era que tal autocompreensão significava "confiar na carne" (a conexão entre esta atitude e a carne fica clara devido a Rm 2.28-29; 9.8 e Fl 3.3-4, como também devido a Gl 3.3 e 6.13). Daí, nós vemos a atitude de um versículo relacionado que trata efetivamente da impossibilidade de agradar a Deus (Rm 8.8). Os indivíduos incapazes são "aquelas na carne". Mas isto incluía, na perspectiva cristã de Paulo, o típico "judeu" (conhecido por "confiar na carne"), e o judeu típico está relacionado a Gl 3.10, porque a tensão ali presente no pensamento tem um estreito paralelo na tensão entre Rm 8.7 e 8.8. Se a expressão "aqueles na carne" inclui judeus, então a linha de pensamento que leva de Rm 8.7 para 8.8 implica que (tais) judeus não são, e efetivamente não podem ser, sujeitos à Lei de Deus. Em outras palavras, na autocompreensão básica dos judeus há algo que os impede efetivamente a sujeitarem-se (apropriadamente) à Lei de Deus. Paulo expressa isto em Gl 3.10 ao indicar que o conjunto de crenças acerca das "obras da Lei" coloca as pessoas que as observam sob a maldição que recai sobre quem falha de fazer o que a Lei exige.

c) Ironicamente, Paulo *não* pensa que a obediência à Lei seja possível – como fica evidente na leitura de Gl 5.14-15; Rm 8.4 e 13.8-10.

A diferença é a base ou o conjunto de crenças diferentes – fé (1.5) e amor (Gl 5.6). É isto que Paulo contrasta ao conjunto de crenças que ele mantinha antigamente – caracterizado pelas "obras da Lei". Em outras palavras, mais uma vez há a implicação clara de que, na perspectiva de Paulo, uma atitude errada estava impedindo os outros judeus de reconhecer que estavam efetivamente numa perigosa infração da Lei e que precisavam de alguém que lhes mostrasse que a maneira de cumprir a Lei não se dava em termos de "obras", mas, do início até o fim, através da fé.

Em resumo, a diference entre a minha exegese e a do Professor CRANFIELD se reduz a duas questões-chave:

1) Paulo acusou seus colegas judeus de estarem procurando ganhar a salvação pelas obras da Lei ou de *estarem procurando preservar seus privilégios da aliança como os únicos retos de Deus (contra os pecadores gentios) mediante as obras da Lei?*

2) Paulo pensava que a Lei não podia ser obedecida e que o erro de Israel era supor que podia ou pensava que Israel estava obedecendo a Lei de maneira errada, ao *tratar o reino da justiça como um território exclusivamente judaico (marcado e separado pelas obras da Lei), e consequentemente falhando em reconhecer a seriedade de seu pecado e o fato de Israel (da mesma maneira como qualquer gentio) estar sob a maldição da Lei?* Deve ter ficado claro que eu penso que, em cada um dos dois casos, a segunda alternativa está muito mais próxima do coração do evangelho e da teologia de Paulo.

Mais uma vez estou grato àquelas pessoas que aceitaram meu pedido de um diálogo continuado, particularmente pelo estímulo que suas respostas me proporcionaram de ler novamente e refletir cuidadosamente sobre nossa herança comum. Espero que o diálogo continue.

Capítulo 9

Ecos da polêmica intrajudaica na carta de Paulo aos gálatas

Não precisamos lembrar a ninguém que a Carta aos Gálatas é um dos documentos mais polêmicos da Bíblia. O típico agradecimento gentil da abertura de cada carta normal foi substituído pela indignação e pelo feroz anátema de Gl 1.6-9. A liderança cristã de Jerusalém é quatro vezes tratada pela fórmula distanciadora οἱ δοκοῦντες (Gl 2.2,6,9) e descartada com desdém – "o que eles eram no passado não faz diferença para mim". A oposição de Jerusalém é descrita com uma série de termos depreciativos – "falsos irmãos infiltrados que penetraram para espiar nossa liberdade" (Gl 2.4). A própria Jerusalém é identificada com Agar e nas duas colunas opostas de Gl 4.21-27 registrada na coluna da escravidão, e os gálatas são encorajados a expulsar os outros missionários como Sara encorajou a Abraão de expulsar Agar e Ismael, ambos excluídos da herança de Abraão (Gl 4.30). O tom agudo da polêmica coloca Cristo e a circuncisão, a graça e a Lei como antíteses mutuamente exclusivas (Gl 5.2-5) e chega a seu clímax no humor sexual de tônus vulgar em Gl 5.12. E até mesmo no pós-escrito, Paulo não consegue se abster de rebaixar os motivos de seus oponentes e de negar sua integridade (Gl 6.12-13).

Tal espécie de linguagem e tática é típica da polêmica faccional no mundo inteiro. Pelo menos em espírito e tom, não é particularmente judaica ou cristã.[1] Ao mesmo tempo, há alguns elementos que parecem refletir uma polêmica mais especificamente intrajudaica, e é nestes elementos que se concentra este artigo. PETER VON DER OSTEN-SACKEN

---

[1] Cf., por exemplo, L. T. Johnson, "The New Testament's Anti-Jewish Slander and the Convention of Ancient *Polemic*, in *JBL* 108 (1989): 419-441.

já notou o paralelo entre Gl 1.6-7 e CD 1.14-17 com sua polêmica feroz contra "a congregação dos traidores" e "os zombadores".[2] Contudo, outros são ainda mais notáveis e pedem mais atenção do que tem recebido até então. Será suficiente apresentar a passagem mais notável e ainda duas outras.

1. Gálatas 2.11-17

1.1. Indícios de polêmica intrajudaica

O caráter polêmico da seção está claro desde o início. Dizer que Cefas "foi condenado" (Gl 2.11) significa naturalmente condenado desde a perspectiva de Paulo: típico para a polêmica é a tentativa de atingir a audiência mediante sugestão de que a visão proposta tenha validade universal. No entanto, as indicações de um caráter mais especificamente judaico começam logo a aparecer.

a) Gl 2.12 – Cefas "separou-se". Será que temos aqui um eco do apelido pelo qual se designou comumente uma das "seitas" principais dentro judaísmo contemporâneo (fariseus = "os separados")?[3] Fariseus e essênios eram conhecidos dentro de círculos judaicos como aqueles que se separavam de outros exatamente em assuntos de comunhão da mesa, por motivos de pureza – e até mesmo de outros que consideravam a si mesmos, sem dúvida, fiéis à Torá, mas que não eram considerados assim pelos essênios e fariseus.[4] Cefas, assim como as outras

---

[2] P. von der Osten-Sacken, *Die Heiligkeit der Tora. Studien zum Gesetz bei Paulus* (Munique: Kaiser, 1989), p. 142.

[3] Cf., por exemplo, E. Schürer, *The History of the Jewish People in the Age of Jesus Christ*, 2, revisado e publicado por G. Vermes *et al.* (Edimburgo: Clark; 1979), p. 396-397; A. J. Saldarini, *Pharisees, Scribes and Sadducees in Palestinian Society* (Edimburgo: Clark, 1988), p. 215,220-221. Que o uso paulino da mesma palavra em 1.5 traz um eco semelhante foi sugerido, por exemplo, por T. Zahn, *Der Brief des Paulus an die Galater* (Leipzig: Deichert, 1905), p. 61-62, e F. Mussner, *Der Galaterbrief*, 3ª ed. HTKNT (Friburgo [Alemanha]: Herder, 1977) p. 83, nota 31.

[4] Esta questão é discutida em todos os seus detalhes, mas a situação em geral dificilmente pode ser discutida. Além dos autores citados na primeira parte da nota 2 *acima*, cf. também, por exemplo, A. E. Segal, *Rebecca's Children. Judaism*

facções dentro do judaísmo do Segundo Templo, tinha transformado a comunhão da mesa em uma prova quanto a identidade e a fidelidade em relação à aliança. E ao concluir que os crentes de origem gentílica falharam no teste (ou, melhor, que a companhia deles fez com que *ele* falhasse no teste), ele tinha se retirado da comunhão da mesa com eles. Em uma discussão entre judeus sobre o assunto da comunhão da mesa, esse tipo de eco não seria difícil de ouvir. Até mesmo podemos parafrasear: "Cefas bancou o fariseu".

b) Gl 2.12 – "porque ele temeu os da circuncisão". Aqui, o verbo tem pelo menos em parte um sentido polêmico: até mesmo se Pedro estivesse efetivamente preocupado com sua segurança pessoal, a redução de seus possíveis motivos somente ao medo é um estratagema polêmico para desacreditar a ação assim descrita. Contudo, mais notável aqui é a descrição dos que são por ele "temidos" como "os da circuncisão". É notável que Paulo possa descrevê-los assim de uma maneira sumária pela referência ao ato e ao fato da "circuncisão". Em outras cartas, Paulo pode descrever os judeus em geral como "a circuncisão", em contraste com o resto da humanidade, caracterizado simplesmente como "a incircuncisão" (Gl 2.7-8; semelhantemente Rm 2.25-27; 3.30; 4.9-12). Tal caracterização indica claramente uma identidade determinada pelo ato e fato da circuncisão ou enfocada nela. Daí o metônimo "a circuncisão", não "os circuncisos" – a circuncisão entendida como aquilo que fornece um princípio fundamental e suficiente para uma classificação. E com clareza igual, a circuncisão indicava uma perspectiva judaica: "a incircuncisão" dificilmente seria uma autodesignação formulada por gentios. Aqui, no entanto, o termo é usado por um judeu em referência a outro judeu, e indica ainda outros judeus, distinguidos de homens como Pedro e Paulo de uma maneira análoga à distinção entre os judeus e os gentios. Isto significa que eles eram uma facção dentro do judaísmo, facção que colocava grande ênfase na circuncisão de forma a distinguir os outros judeus, chamando-os de "a circuncisão".

c) Gl 2.13 – "a hipocrisia deles". Em grego, o verbo significa simplesmente "representar um papel (como no teatro)". No entanto, no

---

and Christianity in the Roman World (Harvard: Harvard University Press, 1986), p. 124-128; S. J. D. Cohen, *From Maccabees to the Mishnah* (Philadelphia: Westminster, 1987), p. 119.129-132.154-159.162, e várias contribuições de J. Neusner para o assunto.

uso judaico adquiriu um sentido geral negativo – "pretender, enganar" (como em Sir 32.15; 33.2; SlSal 4.20,22). Um paralelo particularmente conciso é a memória de Eleazar, do mártir macabeu, que *se negou* a partilhar da alimentação com carne de porco e alimentos sacrificados aos ídolos, que constituía uma forma de escapar da execução (2Mc 6.21,24; 4Mc 6.15,17).[5] Se Paulo, ao dirigir-se a Pedro, estava enxergando por cima dos seus ombros o "grupo (que veio) de Tiago", ele poderia ter muito bem a intenção de evocar tal exemplo clássico da fidelidade à aliança. Pedro e os outros judeu-cristãos deveriam ter a força de caráter (de resistir à tentação de abandonar a verdade do evangelho) demonstrada por Eleazar. Já que esperaríamos antes que o exemplo de um mártir macabeu fosse citado pelo pessoal de Tiago em vez de ser citado por Paulo, há aqui pelo menos certa sugestão de Paulo estar tentando rebater uma modalidade de argumentos faccionais que, nos dois séculos que se seguiam à revolta macabeia, deve ter apelado regularmente ao exemplo dos mártires macabeus.

d) Gl 2.13 – "[...] a hipocrisia deles". A acusação é de novo evidentemente polêmica: na polêmica, um desacordo genuíno pode facilmente ser representado como hipocrisia por aqueles que veem as questões de modo diferente ou mais intenso. Acerca da questão imediata, WILCKENS nota que ὑπόκρισις era usado no judaísmo da diáspora como equivalente do hebraico חנף que denotava "uma impiedade que aliena de Deus".[6] Aqui, devido ao contexto de amarga denúncia, para Paulo e seus parceiros judaicos tal nuance pode ter estado presente no debate.

e) Gl 2.14 – "eles não estavam caminhando retamente em direção à verdade do evangelho". Por aquele tempo, o verbo (ὀρθοποδεῖν) é um *hápax legómenon*, mas o imaginário é óbvio e dificilmente seria entendido equivocadamente. Mais significativo é aqui o fato de que tal metáfora, "caminhar" = comportar-se, era tipicamente judaica (הלך) e atípica no pensamento grego. Além disto, o uso caracteristicamente judaico era a recomendação de "caminhar na Lei/estatutos/prescrições/caminhos de Deus" (disso vem o conceito de *"halacá"*).[7] Num

---

[5] Cf. também U. Wilckens, Verbete "ὑποκρίνομαι", in *TDNT*, 8, col. 563-565, e H. D. Betz, *Galatians*. Hermeneia (Philadelphia: Fortress, 1979), p. 109-110.
[6] Verbete "ὑποκρίνομαι", in *TDNT*, 8, p. 564.
[7] Cf., por exemplo, os dados ilustrados em meu *Romans*. WBC 38 (Dallas: Word, 1988), p. 315-316.

contraste indubitavelmente intencional, Paulo fala de um caminho em direção à verdade do evangelho. Evidentemente, ele estava entendendo, com intenção polêmica, que "a verdade do evangelho" oferecia uma orientação diferente e superior da conduta; mas, na realidade, ele estava engajado num debate haláquico.

f) Gl 2.14 – "como é que vocês compelem gentios a judaizar?". "Judaizar" era uma expressão muito familiar, no sentido de "viver como judeu", "adotar um modo de vida distintivamente judaico" – uma referência aos gentios que assumiram costumes judaicos como a observância do sábado.[8] A conotação polêmica ressoa no verbo "compelir". O judaísmo daquele tempo estava notavelmente desinteressado na evangelização, embora estivesse aberto para aceitar os gentios tementes a Deus e prosélitos.[9] O elemento da compulsão entrava porque havia gentios que reivindicavam, ou acerca dos quais eram levantadas reivindicações, de entrar naquilo que gerações de judeus tinham sempre considerado seus privilégios exclusivos (em termos do argumento de Gálatas, entrar na linha direta da herança de Abraão). Para salvaguardar o caráter de tais privilégios, considerava-se evidentemente necessário afirmar que pessoas com tais reivindicações se conformassem plenamente às notas tradicionais do povo da aliança.[10] É isto que Paulo considera uma compulsão. Sem dúvida há um eco do uso anterior em Gl 2.4, e há a implicação de que Pedro, numa questão equivalente, estava coercivo tanto quanto os "falsos irmãos", aqueles contra os quais o próprio Pedro outrora tinha resistido em Jerusalém.

No melhor dos casos, tudo o que se disse até aqui são apenas indícios. Em si mesmo, tais não seriam suficientes para demonstrar que Paulo estava usando e ecoando uma polêmica caracteristicamente intrajudaica. No entanto, há indícios mais claros de que estes, quando são contemplados juntos, revelam que a argumentação adotada é a mais provável.

---

[8] Cf. os dados, por exemplo, em meu *Jesus, Paul and the Law. Studies in Mark and Galatians* (Londres: SPCK/Louisville: Westminster, 1990), p. 149-150.

[9] Cf. especialmente S. McKnight, *A Light Among the Gentiles. Jewish Missionary Activity in the Second Temple Period* (Minneapolis: Fortress, 1991); P. Fredriksen, "Judaism, the Circumcision of Gentiles, and Apocalyptic Hope: Another Look at Galatians 1 and 2", in *JTS* 42 (1991): 532-564, aqui: 537-540.

[10] É claro que o paralelo clássico é o episódio de Izates em Josefo, Ant 20,38-46.

1.2. Ecos da polêmica intrajudaica

a) Gl 2.15 – O mais óbvio deles é a referência em 2.15 aos "pecadores gentios". A palavra "pecador" é evidentemente de linguagem característica judaica – רָשָׁע = "a pessoa culpada de pecado, o ímpio".[11] Como regularmente nos salmos (*p.ex.*, Sl 50.16-20; 109.2-7; 119.53.155), denota aquelas pessoas que desconsideravam a Lei e cuja conduta era condenada por ela. Foi por isso que o termo poderia ser utilizado, como de fato o foi aqui, mais ou menos como sinônimo de "gentios" (Sl 9.17; Tb 13.6; Jub 33.23-24; SlSal 2.1-2; Mt 5.47/Lc 6.33).[12] Pois os gentios eram por definição pessoas "sem-lei", apartadas (fora) da Lei e, em consequência, sua conduta era inevitavelmente uma violação da Lei (pecaminosa).

Mais importante para o ponto aqui discutido, porém, é o fato de que o mesmo epíteto era frequentemente usado em debates faccionais intrajudaico, que parecem ter prejudicado significativamente os últimos duzentos anos do judaísmo do Segundo Templo, pelo menos se as nossas fontes do período forem confiáveis. Seria típico que uma facção reivindicasse ser "reta" em si mesma e condenasse as outras como "pecadoras" (*p.ex.*, 1Mc 1.34; 2.44,48; 1 Hen 5.4-7; 82.4-5; 1QH 10[=2].8-12; 1QpHab 5.4-8; SlSal 4.8; 13.6-12). Aqui, o uso era claramente polêmico, pois, uma vez que o termo "pecador" ainda denotava a acusação de desconsideração e violação essencial da Lei, a desconsideração e a violação eram, evidentemente e muitas vezes, atos que aconteciam diante dos olhos. Isto fica ainda mais claro quando lembramos que o alvo deste tipo de crítica nos textos que acabei de citar incluía, pelo consenso

---

[11] Cf., por exemplo, *BDB*, Verbete "רָשָׁע".
[12] Cf. K. H. Rengstorf, Verbete "ἁμαρτωλός", in *TDNT*, 1, p. 325-326.328. A associação (evidente para judeus) das palavras "gentio" e "pecador" mina a tentativa de H. Neitzel, "Zur Interpretation von Galater 2.11-21", in *TQ* 163 (1983): 15-39.131-149, aqui:16-30, e A. Suhl, "Der Galaterbrief – Situation und Argumentation", in *ANRW* 11.25.4 (1987): 3067-3134, aqui: 3099-3106, de introduzir uma ruptura entre ἐξ ἐθνῶν e ἁμαρτωλός – "Nós, naturalmente judeus por natureza e não descendentes dos gentios, somos não obstante pecadores (assim como eles)" (Suhl). No contexto histórico, a antítese é entendida com muito mais naturalidade como uma antítese entre "*judeus* por natureza" e "*pecadores* gentios", um contraste de *status* por motivo de origem – judeus por nascimento, pecadores por serem gentios.

geral, os partidos dos saduceus e dos fariseus.[13] Em outras palavras, o tema em discussão era a interpretação sectária (ou faccional) da Lei, um debate haláquico de uma intensidade tal que as questões eram consideradas pelos "retos", sujeitas à radicalidade do "ou vai ou racha", sendo determinantes acerca da aceitabilidade ou inaceitabilidade dos outros grupos por Deus.

Uma dessas grandes questões era aquilo que pode ser resumido muito facilmente como a questão da comunhão da mesa – o que não é uma surpresa, já que uma série de preocupações acerca de alimentos puros e impuros, consumo de sangue, alimentos contaminados pela idolatria e outras questões potencialmente vinculadas à pureza tinha seu enfoque na mesa da refeição. Basta lembrar-se da maneira como a crise macabeia destacou tais preocupações como testes da lealdade à aliança (1Mc 1.62-63), e o alto grau em que os heróis e as heroínas do período do Segundo Templo eram celebrados na literatura popular da época exatamente por sua recusa de comer "a comida dos gentios" (Dn 1.8-16; Tb 1.10-13; Jt 10.5; 12.1-20; Est 14.17 LXX; JosAs 7.1; 8.5). A clara implicação para as pessoas que usavam esse vocabulário era que os judeus mantenedores de tais padrões eram "os justos", e aqueles outros judeus que falharam em manter tais padrões, que falharam a respeito das questões de teste levantadas pela comunhão da mesa, eram "pecadores".

Evidentemente, o próprio Jesus tinha sido envolvido em debates nessa área e caiu sob o chicote das críticas dos "retos". Acusar (o acento está na acusação e na crítica) alguém do erro de "comer com pecadores" e de ser um "amigo de pecadores" (em referência à comunhão da mesa), como ocorre nas tradições presentes em Mc 2.16 e Mt 11.19/Lc 7.34, era acusar tal pessoa de confraternizar-se com as pessoas consideradas pelos críticos violadoras da Lei. Novamente devemos notar o fato de que a acusação é uma polêmica faccional: entre as pessoas assim acusadas, podiam muito bem ter estado indivíduos que eram totalmente fiéis à Lei aos seus próprios olhos; mas já que esses indivíduos não se conformavam à halacá de seus críticos na questão sensível das leis alimentares e da pureza, eram categorizadas como "pecadores", não menos que os obviamente "ímpios". Também a implicação está clara: Jesus confraternizou com esse tipo de gente exatamente na

---

[13] Cf., por exemplo, R. B. Wright, "Psalms of Solomon", in *OTP*, 2, p. 642, e os autores citados em Saldarini, *Pharisees*, p. 279, nota 6.

área de grande sensibilidade haláquica (a comunhão da mesa), o que fazia dele em relação aos pecadores "farinha do mesmo saco" – um "pecador" por associação, igualmente desconsiderador de importantes *halakhot*.[14]

Basta lembrar simplesmente a evidência de At 10-11, texto no qual é possível observar que a questão da comunhão da mesa tinha sido também muito complicada entre os primeiros cristãos de Jerusalém (At 10.14; 11.3). Por tal razão, seja qual for o conteúdo do acordo anterior em Jerusalém (Gl 2.6-9), provavelmente ele não tinha esclarecido, ou pelo menos não suficientemente, as questões a respeito da comunhão da mesa. Somente em Antioquia ficou claro para os crentes mais conservadores de Jerusalém o que estava acontecendo – que outros judeus levavam uma das tradições centrais da piedade da Torá pouco a sério ou estavam efetivamente abandonando-a, uma tradição que fora santificada pelo sangue dos mártires e plenamente sancionada pelo exemplo dos grandes heróis e heroínas da história de Israel.

Portanto, este é o contexto do incidente em Antioquia,[15] e tal incidente explica plenamente a atmosfera de suspeita, de acusação amarga e de denúncia selvagem. A linguagem ("pecadores gentios") é a linguagem dos judeus que consideram a Lei definitiva para a justiça e que, por isso, consideravam natural e garantido que os gentios "por natureza" estivessem excluídos da Lei, pois eram sem-lei e, por tal razão, "pecadores", condenados desde o início à não-aceitação por Deus. Sendo assim, dificilmente pode ser provado que a linguagem fora escolhida pelo próprio Paulo, já que conhecemos sua própria postura,

---

[14] Para uma abordagem mais plena desse e de outros pontos relacionados, remeto a meu artigo "Pharisees, Sinners and Jesus", in *Jesus, Paul and the Law*, cap. 3; também *The Partings of the Ways between Christianity and Judaism* (Londres: SCM/Philadelphia: Trinity, 1991), Cap. 6. Talvez devamos notar que E. P. Sanders ainda não respondeu minha crítica a sua abordagem de Jesus e os "pecadores" em seu *Jesus and Judaism* (Londres: SCM, 1985), cap. 6. Em contraste, não obstante as críticas em pontos específicos, Sanders concorda com a linha principal de minhas análises mais antigas do incidente de Antioquia (cf. *abaixo*, nota 15), em seu "Jewish Association with Gentiles and Galatians 2:11-14", in R. T. Fortna, B. R. Gaventa (org.), *Studies in Paul and John In Honor of J. Louis Martyn* (Nashville: Abingdon, 1990), p. 170-188.

[15] Além disso, cf. meu artigo "The Incident at Antioch (Gal 2:1 1-18)", in *Jesus, Paul and the Law*, cap. 6.

que era muito mais pró-gentia. Portanto, quase com certeza, é possível inferir que ele está fazendo eco à linguagem de judeus mais tradicionais. E no caso em questão (o incidente de Antioquia), provavelmente ele está usando a linguagem do grupo de Tiago. Aqui, em outras palavras, Paulo está provavelmente fazendo eco, de forma irônica, às acusações e às críticas levantadas pelo pessoal de Tiago contra Pedro e outros judeu-cristãos em Antioquia: "Como você, Pedro, sendo um judeu nato legítimo, pode comer com pecadores gentios?"

Nós devemos novamente notar o fato de que, como no caso de Jesus, a acusação foi levantada por alguns judeus contra outros judeus. Embora a linguagem se referisse aos não judeus ("pecadores gentios"), a questão era ainda intrajudaica – a questão da lealdade à aliança, da piedade de Torá, de evitar a contaminação dos judeus pelos "pecadores". E já que a questão envolvia o desacordo entre judeus sobre o que era e o que não era permitido na associação junto aos gentios, o problema era de fato um debate faccional intrajudaico. A questão e a linguagem usada eram iguais à linguagem e à polêmica presentes em textos como 1 Macabeus e Salmos de Salomão, onde o termo "pecador" pode ser usado tanto para os gentios quanto para os outros judeus, considerados pelos autores apóstatas, mas que eram, na verdade, de outras facções judaicas. O conflito de Antioquia podia incluir tais ecos da polêmica intrajudaica, exatamente porque era mais um exemplo do mesmo tipo de polêmica intrajudaica característica daquele tempo.

Finalmente, nós deveríamos observar aqui a probabilidade de que a mesma linguagem do grupo de Tiago tenha provavelmente seu eco em Gl 2.17 – "quando, ao procurar ser justificados em Cristo, percebemos que também nós somos 'pecadores' [...]". Evidentemente, a insistência da facção de Tiago em afirmar que os crentes gentios em Antioquia deviam ainda ser categorizados como "pecadores" teve como consequência óbvia e típica a todas as facções judaicas representadas, que aqueles judeus que confraternizavam com os "pecadores" e se comportavam de maneira repugnante, na opinião dos legalistas da Torá, eles seriam igualmente considerados "pecadores" pelos judeus "retos".[16] E, explica Paulo, em tal caso, Cristo, que acolhera pela fé

---

[16] O ponto é captado, por exemplo, por E. D. Burton, *Galatians*. ICC (Edimburgo: Clark, 1921), p. 125.129; H. Feld, "'Christus Diener der Sünde'. Zur Auslegung

gentios (pecadores) deveria ser descrito como "um servo do pecado"![17] Impossível!

Em resumo, a melhor maneira de explicar o uso paulino do termo "pecadores" em Gl 2.15 e 2.17 é como um eco à linguagem usada pelo grupo de Tiago quando eles persuadiram com êxito a Pedro a retirar-se e separar-se da comunhão da mesa dos cristãos gentios em Antioquia. E o próprio termo é claramente usado com o mesmo ímpeto polêmico, como o fora na polêmica faccional intrajudaica da época.

b) Gl 2.16 – Um segundo eco bastante claro de uma polêmica faccional intrajudaica está presente na expressão "obras da Lei". Nós não precisamos lembrar aqui em detalhes de como tal expressão tem sido entendida tradicionalmente por comentaristas cristãos – como uma descrição de esforços e alcances humanos.[18] Explanei este ponto em outra parte, e espero que esteja suficientemente clara a minha afirmação de que a expressão denota para Paulo os atos de obediência exigidos pela Lei para todos os judeus fiéis, atos devidos a todos os membros do povo com quem Deus tinha realizado a aliança do Sinai – uma autocompreensão e uma obrigação aceitas por judeus praticantes, que E. P. SANDERS captou de modo muito eficiente na expressão "nomismo da aliança".[19]

---

des Streites zwischen Petrus und Paulus", in *TQ* 153 (1973): 119-131, aqui: 126; Mussner, *Galaterbrief*, p. 176, nota 41; e J. Rohde, *Der Brief des Paulus an die Galater*. THNT 9 (Berlim: Evangelische Verlagsanstalt, 1988), p. 113. Enquanto J. Lambrecht, "The Line of Thought in Gal 2:14b-21", in *NTS* 24 (1977-1978): 484-495, aqui: 493; E. F. Bruce, *Commentary on Galatians*. NIGTC (Exeter: Paternoster, 1982), p. 140-141, e Suhl, "Galaterbrief", p. 3108-3109, afirmam precipitadamente que a questão é simplesmente a justificação pela fé em seus termos clássicos.

[17] A possibilidade de que Paulo e os gálatas estivessem cientes da tradição que afirmava que Jesus comeu com "pecadores" não pode ser absolutamente excluída, especialmente em vista de outras possíveis alusões ao papel de "servo" que Jesus assumiu livremente no mesmo versículo (Mc 10.45 parr; Rm 15.2-3,7-8).

[18] Por exemplo, Betz, *Galatians*, p. 117 – "todas e quaisquer obras como obras-de-mérito"; R. N. Longenecker, *Galatians*. WBC 41 (Dallas: Word, 1990), p. 86 – "observância da Torá que acumula méritos"; D. Georgi, *Theocracy in Paul's Praxis and Theology* (Minneapolis: Fortress, 1991), p. 38, "alcances sociais e culturais [...] trazidos pela Lei – em princípio, por qualquer lei".

[19] Cf. meus textos "The New Perspective on Paul" e "Works of the Law and the Curse of the Law (Gal 3:10-14)" (= *acima*, Cap. 2 e 3), ambos com notas adicionais em *Jesus, Paul and the Law*, cap. 7 e 8; também *Romans*, p. 153-155; *Partings*, p. 135-138, e *abaixo*, nota 21. A referência é a E. P. Sanders, *Paul and Palestinian Judaism* (Londres: SCM, 1977), p. 75.420.544. Cf. também R. Heiligenthal, "Soziologische

No contexto imediato, é evidente que a expressão visava as obrigações aceitas pelo grupo de Tiago e assumidas por eles como obrigatórios para todos os judeus – isto é, em particular as leis alimentares e todas as outras tradições em torno da prática da comunhão à mesa em um contexto judaico. O que Pedro e os outros cristãos judaicos estavam de fato afirmando – que a observância de tais obrigações ("obras da Lei") permanecia uma necessidade para eles (daí sua conduta em Gl 2.12-13) –, Paulo nega agora, e o faz enfaticamente (2.16).[20] Isto não quer dizer – como algumas pessoas pensam que eu tivesse dito – que Paulo quis se referir com "obras da Lei" somente a obrigações como as leis alimentares (e a circuncisão e a observância do sábado).[21] Simplesmente acontece que o sentido e o compromisso mais amplos da obrigação de viver dentro dos termos estabelecidos pela própria Lei para realizar "obras da Lei" chegaram a um enfoque particular em casos de teste como a circuncisão e as leis alimentares (como aqui).[22]

Implikationen der paulinischen Rechtfertigungslehre im Galaterbrief am Beispiel der 'Werke des Gesetzes'", in *Kairos* 26 (1984): 38-53; J. Lambrecht, "Gesetzesverständnis bei Paulus", in K. Kertelge (org.), *Das Gesetz im Neuen Testament* (Friburgo [Alemanha]: Herder, 1986), p. 88-127, aqui: p. 114-115; J. Barclay, *Obeying the Truth. A Study of Paul's Ethics in Galatians* (Edimburgo: Clark, 1988; Minneapolis: Fortress, 1991), p. 78.82; G. W. Hansen, *Abraham in Galatians. Epistolary and Rhetorical Contexts*. JSNTSup 29 (Sheffield: JSOT, 1989), p. 102-103,114. Em 1968, K. Kertelge era uma voz solitária em afirmar que "obras da Lei" era uma expressão da "consciência judaica da eleição" – "Zur Deutung des Rechtfertigungsbegriffs im Galaterbrief", in *BZ* 12 (1968): 211-222, aqui: 215-216, reimpresso em seu *Grundthemen paulinischer Theologie* (Friburgo [Alemanha]: Herder, 1991), p. 111-122, aqui: p. 115-116.

[20] Seja qual for a sintaxe de 2.16, a preocupação de Paulo foi evidentemente levar o argumento de uma posição onde "obras da Lei" era algo em que se podia insistir (como em Antioquia) para uma posição onde fé e obras pudessem ser vistas em antítese. Cf. também meu livro *Jesus, Paul and the Law*, p. 212, e "Yet Once More – The Works of the Law. A Response", in *JSNT* 46 (1992): 114 (= acima, p. 330-332).

[21] Como especialmente por C. E. B. Cranfield, "'The Works of the Law' in the Epistle to the Romans", in *JSNT* 43 (1991): 89-101; D. Moo, *Romans 1-8*. Wycliffe Exegetical Commentary (Chicago: Moody, 1991), p. 210-211.214-15; F. Thielman, *From Plight to Solution. A Jewish Framework for Understanding Paul's View of the Law in Galatians and Romans* (Leiden: Brill, 1989), p. 63.

[22] Cf. agora meu artigo "Yet Once More", p. 100-102 (= acima, p. 315-317s). Há questões de nosso tempo que funcionam da mesma maneira, enfocando atitudes

Aqui, porém, são os tons faccionais subjacentes da expressão que mais chamam a atenção. Porque hoje em dia é claro que os paralelos mais próximos à expressão paulina se encontram na literatura de Qumran, na expressa "מעשי התורה", "atos da Torá", e outras semelhantes. Presumivelmente, como no caso da expressão "obras da Lei", a expressão de Qumran denota as obrigações colocadas pela Torá sobre os pactuantes de Qumran. O que é significativo para a presente discussão, porém, é que tais expressões são, na realidade, usadas para identificar as obrigações específicas colocadas sobre os pactuantes por estarem nesta condição (em Qumran); ou, para ser mais exato, as interpretações que os pactuantes de Qumran conferiram à Torá, leituras que os destacavam e separavam em seu caráter distinto de outros judeus e facções judaicas. Logo, pela referência aos seus "atos", seus "atos em relação à Lei" (מעשיו בתורה), sua "observância da Lei" como era entendida dentro da comunidade, testava-se a pertença de um indivíduo à aliança (1QS 5.21,23; 6.18; cf. 4QFlor = 4Q174 1.1-7). O fato mais notável de todos é que o documento recentemente publicado 4QMMT, intitulado התורה מקצת מעשי, "Alguns dos atos da Torá", contém uma série de prescrições haláquicas que são distintivas.[23] Portanto, "atos ou obras da Lei" eram evidentemente expressões que representavam a afirmação de que a conduta nela solicitada era exigida pelo próprio Deus, bem como a negação de que uma conduta alternativa seria aceita por Deus. Dito de outra forma, o texto representa a afirmação de que a interpretação que o grupo fazia da Torá em pontos passíveis de discussão era a realização correta e unicamente legítima daquilo que a Torá registrava acerca de tais pontos.

No entanto, é exatamente tal situação que nós encontramos no debate em Antioquia entre Paulo e Pedro, tendo como pano de fundo as demandas da facção de Tiago – um debate sobre o que a Lei essencialmente exigia para a seita judaica dos nazarenos. Não é preciso comprovar que Paulo ou o grupo de Tiago estavam influenciados pelo

---

e perspectivas mais amplas que incluem a ordenação de mulheres, a inerrância papal e o falar em línguas.

[23] No momento em que eu escrevo este artigo, o rolo ainda não se encontra publicado, mas uma descrição já foi disponibilizada por L. H. Schiffman, "The Temple Scroll and the Systems of Jewish Law of the Second Temple Period", in G. J. Brooke (org.), *Temple Scroll Studies*. JSPSup 7 (Sheffield: Sheffield Academic Press, 1989), p. 239-255, aqui: p. 245-250.

uso qumrânico.²⁴ É suficiente entender que o uso das concepções de Qumran expressa uma atitude semelhante em circunstâncias análogas de debate haláquico. Não é preciso determinar a amplitude da expressão, porque, de um modo ou de outro, permanece significativo que Paulo, exatamente em tal contexto de debate sobre a extensão e sobre os detalhes da maneira pela qual as obrigações da Torá eram normativas para os judeu-cristãos, usa a expressão, a qual outrora era utilizada em outros ambientes do judaísmo da época em debates faccionais intrajudaicos a respeito de pontos da halacá.

Em resumo, também aqui nós captamos um nítido eco de um conjunto de reivindicações faccionais intrajudaicas e de contrarreivindicações que evidentemente eram características nesse período do judaísmo do Segundo Templo. O que Paulo caracteriza por tal expressão é, em outras palavras e efetivamente, uma interpretação sectária das obrigações que a Lei estabelecia para os membros do povo da aliança – uma tentativa de definir de maneira demasiadamente estrita, na visão de Paulo, quais as necessárias implicações de se pertencer à semente de Abraão.

c) Gl 2.14 – O terceiro eco e o mais interessante da polêmica intrajudaica vem na expressão "viver como um gentio" – são exatamente estas as palavras que Paulo disse a Pedro na confrontação em Antioquia: "Quando tu, um judeu, vives como um gentio e não como um judeu [...]". Duas características têm se comprovado difíceis para muitos de comentadores. A primeira é o tempo presente do verbo: porque Paulo fala como se Pedro estivesse ainda "vivendo como um gentio" quando, naquele momento, Pedro já se tinha retirado da companhia dos gentios? A segunda é o significado da expressão: será que Paulo quer dizer que Pedro tinha abandonado totalmente todas as práticas judaicas características e distintivas?

Algumas pessoas tentaram explicar o tempo presente no sentido literal como referência à conduta continuada de Pedro no momento em que Paulo falou com ele, depois dele abandonar a comunhão da mesa mista. Particularmente ZAHN, KIEFER e HOWARD sugeriram que, mesmo depois de se retirar da comunhão da mesa, Pedro teria continuado a

---

²⁴ O próprio fato de Paulo usar a expressão com sentido evidente sugere que ela não era peculiar dos pactuantes de Qumran.

"viver como um gentio" em outros aspectos.²⁵ No entanto, já que o modo de vida judaico era um pacote completo aos olhos dos judeu-cristãos conservadores, dificilmente o meio termo teria sido suficiente para satisfazer o grupo de Tiago. A perspectiva judaica característica neste ponto é oferecida pela citação de Dt 27.26 em Gl 3.10 e era quase com certeza compartilhada pelos cristãos judeus de Jerusalém, se é que podemos nos orientar por Mt 5.18-19 e Tg 2.10.

A segunda característica surpreendente, de que Pedro "estava vivendo como um gentio", tem sido considerada como uma refutação decisiva de qualquer suposição de que comunhão da mesa em Antioquia tenha sido mantida juntamente com algum respeito pelos principais escrúpulos judaicos antes da chegada do pessoal de Tiago, especialmente em relação ao consumo de sangue e de carne de porco. Contra minha própria tese anterior sobre este ponto, podemos perguntar com boas razões: seria possível aceitar que até mesmo um grau modesto de observância da Torá na área das leis alimentares acarretaria na acusação de "viver como um gentio"?²⁶ Como já disse D. R. CATCHPOLE: "Seria totalmente impossível descrever a existência, sob o Decreto (Apostólico), de um modo de vida gentílico".²⁷

A solução para ambas as dificuldades está provavelmente nas linhas da presente tese: a linguagem é proveniente da polêmica faccional, e ao utilizá-la, Paulo estava novamente fazendo eco àquilo que o grupo de Tiago tinha dito a Pedro. O fato é que as acusações feitas por um grupo de judeus contra os outros judeus, dizendo que os atos dos últimos eram como os atos dos gentios, não eram incomuns dentro de debates faccionais intrajudaicos. Por isso, o(s) autor(es) do Livro

---

²⁵ Zahn, Galater, p. 118; R. Kieffer, Foi et Justification a Antioche. Interprétation d'un conflit (Ga 2.14-21) (Paris: Cerf, 1982), p. 33; G. Howard, Paul: Crisis in Galatia. A Study in Early Christian Theology, 2ª ed. SNTSMS 35 (Cambridge University, 1990), p. xxi-xxii.

²⁶ T. Holtz, "Der antiochenische Zwischenfall (Galater 2:11-14)", in NTS 32 (1986): 344-361, aqui: 351-352.

²⁷ D. R. Catchpole, "Paul, James and the Apostolic Decree", in NTS 23 (1976-1977): 428-444, aqui: 441. P. C. Bottger, "Paulus und Petrus in Antiochien. Zum Verständnis von Galater 2.11-21", in NTS 37 (1991): 77-110, aqui: 80-81, abandona a tentativa de entender a expressão em seu contexto neste ponto (em relação à comunhão da mesa) e tenta encontrar uma solução muito implausível pela referência a 1Ts 4.5.

dos Jubileus condena(m) os filhos de Israel que deixam de circuncidar seus filhos, "fazendo-se como os gentios", e também condena(m) aqueles judeus que usam um calendário diferente para calcular os dias das festas, "esquecendo das festas da aliança e caminhando nas festas dos gentios, segundo os erros e a ignorância deles" (15.33-34; 6.35). E os Salmos de Salomão condenam seus oponentes (provavelmente saduceus) em termos que são ainda mais fortes: "Seus atos ímpios (sem-lei) ultrapassaram os atos dos gentios que os antecediam"; "Não havia pecado que eles não deixassem de praticar e que não ultrapassassem os gentios" (1.8; 8.13).[28]

Nada disso deveria provocar surpresa. Como a experiência de disputas religiosas sectárias de todos os períodos da história revela, os sentimentos e os ânimos a respeito das questões particulares de prova podem ficar tão acirrados, que a falha em se conformar a alguma interpretação a respeito do que uma seita faz em relação aos pontos debatidos pode facilmente resultar numa denúncia total e sumária das pessoas que defendem uma interpretação "errada". De fato é característico da polêmica sectária em geral que, quando as fronteiras de um grupo são ameaçadas, uma resposta totalmente natural seja o ataque daqueles que causam a ameaça, acusando-os de ímpios consumados, diametralmente opostos, com o objetivo de reforçar assim a própria identidade e as próprias fronteiras do grupo. Assim, por exemplo, a tendência da direita conservadora de todos os tempos (seja política ou teológica) tem sido caracterizar todos aqueles que não concordam com ela como pertencentes à extrema esquerda – na polêmica moderna, como "comunistas" e "liberais".

Da mesma maneira, aqui, a chave para a solução mais plausível dessa expressão "viver como um gentio" está provavelmente no reconhecimento de que isto *não* era a linguagem da descrição objetiva, mas, novamente, a linguagem do debate faccional interjudaico. Para os tradicionalistas entre os do grupo de Tiago, o comportamento de Pedro de comer com gentios chegou a ser o mesmo que viver como um gentio: na perspectiva deles, Pedro tinha abandonado características distintivas que (na perspectiva deles) deveriam continuar a marcar e separar o judeu do gentio. Em outras palavras, quando Paulo diz:

---

[28] Podemos comparar CD 12.8-11 e 13.14-16, onde o comércio com "os filhos da Fossa" está sendo controlado quase com a mesma rigidez que o comércio com gentios.

"Quando você, um judeu, vive como um gentio e não como um judeu", ele estava provavelmente usando deliberadamente as palavras realmente usadas pelo grupo de Tiago em sua repreensão contra Pedro, "Como pode você, Pedro, um judeu, viver como um gentio?"

Podemos concluir muito simplesmente ao ler Gl 2.11-17 com as características polêmicas em itálico e os ecos da linguagem do grupo de Tiago em negrito:

> No entanto, quando Cefas veio a Antioquia, eu o enfrentei na cara, porque ele estava *condenado*. Porque, antes que certos indivíduos viessem da parte de Tiago, ele costumava comer com os gentios. Mas quando eles vieram, ele gradualmente recuou e *se separou, temendo* aqueles da circuncisão. E também os outros judeus se juntaram a ele, *bancando o hipócrita*, de modo que até mesmo Barnabé fosse arrastado por *sua hipocrisia*. Contudo, quando eu vi que eles *não estavam caminhando retamente* em direção à verdade do evangelho, eu disse a Cefas na frente de todos: "Se **'você, sendo um judeu, vive como um gentio e não como um judeu'**, como é que você *compele* gentios a judaizar?" Nós somos **"judeus por natureza"** e não **"pecadores gentios"**, sabendo que nenhum ser humano é justificado pelas **obras da Lei**, mas somente através da fé em Jesus Cristo; então temos crido em Cristo Jesus para que pudéssemos ser justificados em Cristo e não por **obras da Lei**, porque por **obras da Lei** nenhuma carne será justificada. No entanto, quando, procurando sermos justificados em Cristo, descobrimos que também nós somos **"pecadores"**, será que Cristo é então um servo do pecado? Certamente não.

2. Gálatas 4.10

Gl 2.11-17 oferece os ecos mais plenos da polêmica faccional intrajudaica. No entanto, duas outras passagens merecem ser abordadas nessa mesma conexão. A primeira é 4.10 – a repreensão paulina dos gálatas por "observar dias e meses e tempos especiais e anos". Também aqui não se deu peso suficiente a dois fatores: que Paulo pensava claramente em festas particularmente judaicas e que desacordos a respeito da observância própria de tais festas eram uma característica regular do debate faccional intrajudaico. Tais afirmações são de fácil documentação.

Sem dúvida, com "dias", Paulo refere-se particularmente ao sábado, mas também a outros dias especiais, como o Dia da Expiação.

O sábado era outra das leis judaicas que caracterizava e separava Israel como distinto e que funcionava como marcador de fronteira entre judeus e gentios (*p.ex.*, Ex 31.16-17; Dt 5.15; Is 56.6). De fato, era provavelmente uma das principais "obras da Lei", às quais Paulo se referiu presumivelmente antes (2.16). Já antes da crise macabeia, pelo menos desde a perspectiva de Josefo no séc. I a.C., "violar o sábado" figurava junto com "comer comida impura" como uma das duas principais marcas da deslealdade à aliança (Josefo, Ant 11.346). E a halacá elaborada em medida crescente e atestada em Jub 2.17-33; 50.6-13, no Documento de Damasco (CD 10.14-11.18) e nos Evangelhos (Mc 2.23-3.5 e par.) indica a importância do sábado como um teste para aferir a justiça de aliança dentro do faccionalismo da última fase do judaísmo do Segundo Templo.[29]

A alusão aos "Meses" refere-se quase com certeza à festa da lua nova, que era parte do culto judaico (Nm 10.10; 28.11; 2Rs 4.23; Sl 81.3; Ez 46.3,6-7),[30] como confirma o paralelo em Cl 2.16. Já que a lua era uma das "forças elementares" (e inclusive os planetas [parte do cosmo] – 4.3), pode-se chegar facilmente em um paralelo entre as práticas religiosas pagãs[31] e uma atitude segundo o nomismo da aliança.[32] Os "tempos especiais" eram provavelmente as "festas destacadas" (regularmente vinculadas aos "sábados e luas novas" em 1Cr 23.31; 2Cr 2.4; 31.3; Ne 10.33; Is 1.13-14; Os 2.11), isto é, as três festas de peregrinação em particular, presumivelmente chamadas "tempos (especiais)", ou "estações festivas", a partir do uso regular no Pentateuco (Ex 13.10; 23.14,17; 34.23-24; Lv 23.4; Nm 9.3). Já que ainda se discute o grau em que o judaísmo da diáspora observava as festas (quase ninguém poderia realizar as três peregrinações anuais a Jerusalém), esse texto fornece uma indicação preciosa de que alguma observância era cumprida na diáspora (cf. Cl 2.16). Mais perturbadora é a referência ao último item da lista – "anos". O ano sabático de Lv 25.1-7 é improvável: fora da Palestina dificilmente seria relevante, embora possa ter tido possivelmente uma relevância como parte de um debate sectário (cf. 1QS 10.6-8). Mas a analogia possível com os "meses" para as festas da lua nova sugere que estava se pensando em

---

[29] Além disso, cf., por exemplo, meu *Romans*, p. 805-806.
[30] Cf. G. Delling, Verbete "μήν", in *TDNT*, 4, p. 639-641.
[31] Delling, p. 638-639.
[32] Cf. também Bruce, *Galatians*, p. 204.

festas anuais, presumivelmente (caso a analogia entre "ano" e "mês" seja com a referência ao "primeiro dia do mês") a festa de Ano Novo, que estava sob discussão (cf. 1QS 10.6).[33]

Aqui, nós devemos destacar novamente que, como no caso do sábado, a questão da reta observância das festas era um assunto de debate sectário dentro do judaísmo da época. Isto se deu principalmente porque o calendário pelo qual se calculava as datas das festas (solar ou lunar) não era pacífico entre os partidos. Daí a denúncia polêmica já notada acima: observar uma festa na data errada significava *não* observar a festa, mas "esquecer-se das festas da aliança e participar das festas dos gentios, segundo seus erros e sua ignorância" (Jub 6.32-35), cometer "pecado como um pecador" (1Hen 82.4-7; cf. também 1QS 1.14-15; CD 3.14-15). Que tal desacordo está por trás da presente passagem é sugerido por paralelos como Jub 2.9:

> O Senhor estabeleceu o sol (isto é, o calendário solar) como um grande sinal na terra para dias, sábados, meses, festas (dias festivos), anos [...] e para todos os tempos (apontados) dos anos;

e 1Hen 82.7,9

> Verdadeiro é o assunto da computação exata daquilo que foi registrado [...] a respeito das luminárias, dos meses, das festas, dos anos e dos dias [...]. Estas são as ordens das estrelas que estabelecem em seus lugares estações, festas e meses.[34]

Segundo a passagem de 1 Henoque, é também significativo que o verbo usado ("observar") tivesse geralmente o sentido de "observar cuidadosamente, observar de perto, observar escrupulosamente".[35] Portanto, Paulo pode ter escolhido tal verbo para evocar os cálculos cuidadosos das datas das festas ("piedade baseada no calendário")[36]

---

[33] Além disso, cf., por exemplo, Burton, *Galatians*, p. 234; Rohde, *Galater*, p. 181-182; J. Morgenstern, Verbete "New Year", in *IDB*, 3, p. 544-546; Schürer, *History* 3.2 (1987), índice: "New Year".

[34] Além disso, cf. H. Schlier, *Der Brief an die Galater*, 4ª ed. KEK (Göttingen: Vandenhoeck, 1965), p. 204-205; Mussner, *Galaterbrief*, p. 298-301.

[35] J. B. Lightfoot, *Saint Paul's Epistle to the Galatians* (1865; 1890 – 10a ed.; Londres: Macmillan), p. 172; *BAGD*, Verbete "παρατηρέω"; Schlier, *Galater*, p. 203, nota 3.

[36] Mussner, *Galaterbrief*, p. 301.

que o debate acarretava.³⁷ Para nós, tem relevância particular a evidente integração entre a "piedade de Torá" e "piedade baseada no calendário", desenvolvida dentro de tais grupos judaicos, e a importância dos corpos celestes na determinação das datas corretas da observância da Torá (Josefo pôde até mesmo afirmar que os essênios faziam preces ao sol – Guerra 2.128). Contra um pano de fundo desse tipo, a associação que Paulo faz entre a Torá e "as forças elementares do mundo" torna-se um comentário convidativo e plausível: "sob a Lei" = demasiadamente dependente dos movimentos dos corpos celestiais.

Portanto, também aqui, assim como em Gl 2.14-15, devemos provavelmente supor que um elemento do faccionalismo judaico tenha desempenhado um papel na crise galaciana.³⁸ Particularmente, a observância correta das festas na diáspora, cuja hora correta dependia do aparecimento da lua nova,³⁹ acrescentava provavelmente outro aspecto aos debates refletidos em 1 Henoc e Jubileus (*acima*), embora a tradição afirme também que a responsabilidade de determinar as datas durante as últimas décadas da época do Segundo Templo fosse d o Sinédrio (*m. Ros. Has* 2.5-3.1). Em outras palavras, Paulo não estava confrontando necessariamente uma posição judaica uniforme acerca de tais assuntos. Sua alternativa era uma entre muitas outras (observância não necessária), oferecida *dentro* de uma série de opiniões provenientes do judaísmo e, como o próprio Paulo teria afirmado, a sua alternativa fazia parte do faccionalismo que grassava as últimas décadas do judaísmo do Segundo Templo.

Se tais *insights* acerca do ápice da linha argumentativa de Paulo em Gl 3.19-4.11 forem pertinentes, ajudarão também a explicar a linha do argumento paulino na seção inteira. Como já indicamos, Paulo estava de fato argumentando que, para os cristãos gentios na Galácia, colocar-se "sob a Lei" era o mesmo que voltar a sua antiga posição (gentílica) de escravidão, submetendo-se às forças elementares (4.9). Em outras palavras, Paulo estava fazendo exatamente o que faziam

---

[37] Josefo, porém, usa-o também para a observância do sábado e de dias festivos (Ant 3.91; 11.294; 14.264)

[38] Cf. Schlier, *Galater*, p. 205-207: H. Riesenfeld, Verbete "(παρα)τηρέω", in *TDNT*, 8, p. 148; Mussner, *Galaterbrief*, p. 301-302; a possibilidade é descartada muito rapidamente por Bruce, *Galatians*, p. 205.

[39] T. C. G. Thornton, "Jewish New Moon Festivals, Galatians 4:3-11 and Colossians 2:16", in *JTS* 40 (1989): 97-100.

outras facções judaicas daquele tempo: ele estava acusando aqueles que discordavam do seu entendimento a respeito do propósito de Deus e da Lei de Deus de "viver como gentios", isto é, nesse caso, de voltar para seu antigo *status* no gentilismo (cf. *acima* o comentário sobre Gl 2.14).

Isto, por sua vez, nos permite ver com maior clareza o sentido do argumento anterior de Paulo em 3.19ss, pois ali ele estava afirmando que a Lei exercia o papel de uma força celestial em relação a Israel: os judeus estavam "sob a Lei", "sob a custódia de um escravo", "sob capatazes (escravos)".[40] Na perspectiva de Paulo, este papel exercido pela Lei era um papel essencialmente positivo (Gl 3.19,23,24; 4.1-2).[41] Sua crítica, porém, era que Israel tinha exagerado nesta ênfase: o povo tinha se agarrado demasiadamente à Lei, em vez de amadurecer para uma herança mais plena de herdeiros (Gl 4.1-7), tratando a Lei como uma espécie de anjo da guarda que defendia e mantinha Israel separado das outras nações. Parece que Paulo estava usando também aqui um teologúmeno judaico tradicional e reinterpretando-o para os seus próprios objetivos de uma maneira polêmica. Israel estava acostumado ao pensamento de que Javé tivesse estabelecido anjos sobre as *outras* nações, mas que teria reservado Israel para si mesmo (Dt 32.8-9; Sir 17.17; Jub 15.31-32; 1 Hen 20.5; TgPsJ sobre Gn 11.7-8). O argumento de Paulo serve para afirmar que a supervalorização da Lei por parte de Israel a tinha imposto entre Deus e Israel e, longe de distinguir Israel das outras nações, simplesmente tinha feito de Israel uma nação como as outras, sob um poder celestial que o limitava e o impedia de entrar na plena maturidade da filiação de Abraão e de Deus.[42]

Embora muitos pontos concretos do que expus acima possam estar abertos para o debate, um ponto básico parece estar suficientemente certo: que o caráter polêmico do argumento de Gl 3.19-4.11, particularmente em seu ápice em 4.10, reflete os elementos típicos do debate faccional intrajudaico da época e é por sua vez um elemento de um tal debate.

---

[40] D. B. Martin, *Slavery as Salvation. The Metaphor of Slavery in Pauline Christianity* (New Haven: Yale, 1990), p. 15-17, nota que, no Império Romano como um todo, naquela época, os οἰκονόμοι eram habitualmente de origem escrava.

[41] Além disso, cf. meu livro *Jesus, Paul and the Law*, p. 262, notas 41 e 42.

[42] Para uma abordagem mais plena desse trecho muito discutido preciso remeter a meu comentário sobre Gálatas, a ser publicado em um futuro próximo: *Galatians*. Black NT Commentary (Londres: Black, 1993).

3. Gálatas 4.17

A outra passagem que pode ser iluminada pelo reconhecimento dos ecos da polêmica faccional é 4.17 – "Eles (os outros missionários, oponentes de Paulo) são zelosos em relação a vós por motivos que não são bons, mas desejam fechar-se e deixar-vos fora, para que vós sejais zelosos em relação a eles". O quebra-cabeça esconde-se no verbo duas vezes repetido: ζηλοῦσιν ὑμᾶς (...) ἵνα αὐτοὺς ζηλοῦτε. Bauer oferece os significados possíveis para o verbo, "esforçar-se, desejar, empenhar-se seriamente"; e, no sentido pessoal, pode significar "estar profundamente preocupado com, almejar o favor de alguém"; ou então, negativamente, pode significar "estar cheio de ciúme ou inveja em relação a alguém" – e as traduções modernas seguem esta pista.[43] No entanto, o tom negativo que o verbo contém em relação aos legalistas da Torá na Galácia e o uso do substantivo correspondente ("zeloso/zelota") em 1.14 para caracterizar uma atitude característica dos legalistas da Torá, que o próprio Paulo um dia tinha abraçado, sugere a forte possibilidade de que Paulo pensava aqui na mesma atitude. Nós podemos também notar o paralelo com Rm 10.2, que apresenta uma qualificação semelhante:

Gl 4.17 – Eles são zelosos em relação a vós por motivos que não são bons.
Rm 10.2 – Eles têm um zelo em relação a Deus, mas não de acordo com o conhecimento.

É possível até mesmo que a linguagem empregada tenha sido usada pelos outros missionários: em At 21.20, "zeloso/zelota" é usado por Tiago efetivamente como autodefinição, exatamente como Paulo o tinha usado em sua autodefinição em Gl 1.14.

Em outras palavras, Paulo pode ter pensado num tipo de zelo que caracterizava uma relação singular, cuja existência Israel alegou em relação a Javé e seu povo – o zelo de Israel por Javé, que correspondia ao zelo (ciúme) do próprio Javé em relação a Israel (Ex 20.5; 34.14; Dt 4.24; 5.9; 6.15) – em cada um dos casos denotando um ardente desejo de preservar a unicidade de tal relação. Na tradição judaica, tal zelo

---

[43] *BAGD*, Verbete "ζηλόω". Refiro-me particularmente às traduções de RSV/NRSV, NEB e REB, NJB, NIV.

por Deus se exemplificava da melhor maneira por Simeão e Levi (Gn 34; Jt 9.2-4; Jub 30.5-20), por Fineias (Nm 25.6-13; Sir 45.23-24; 1Mc 2.54; 4Mc 18.12), por Elias (1Rs 19.10,14,40; Sir 48.2; 1Mc 2.58) e por Matatias, o pai da rebelião macabeia (1Mc 2.19-27; Josefo, Ant 12.270-271). Os rebeldes macabeus tinham grande estima por tal "zelo pela Lei", e eles mesmos o epitomaram (1Mc 2.26,27,50,58; 2Mc 4.2), assim como fizera Paulo em sua perseguição contra a "Igreja de Deus" (Gl 1.13-14; Fl 3.6). O denominador comum em cada um desses casos era a recusa intransigente de permitir que fosse comprometido o caráter distinto de Israel como propriedade exclusiva de Javé, seja pelos casamentos mistos que corrompiam a identidade étnica de Israel, seja pelas influências sincretistas que diluíam a dedicação exclusiva de Israel a Javé e a sua pureza cúltica. Evidentemente, é tal temor quanto aos meios-termos e comprometimentos parciais, possíveis na difusão do ensinamento do nazareno entre os gentios, que tinha provocado a tentativa de Paulo, inspirada pelo zelo, de eliminar a ala helenista da nova seita.

Por tal razão, parece ser uma sugestão óbvia que Paulo via os outros missionários na Galácia como que motivados pelas mesmas preocupações zelosas de preservar e defender a aliança e as prerrogativas judaicas que outrora foram suas.[44] A reivindicação em favor e da parte dos gentios da Galácia de participarem plenamente da aliança de Israel, sem necessariamente considerarem as "obras da Lei" distintivas, seria exatamente o desafio capaz de suscitar zelo semelhante ao de Fineias – um desafio assumido, no caso dos outros missionários, pela tentativa de eliminar as brechas nas fronteiras da aliança pela incorporação plena dos convertidos gentios.[45] O uso de um verbo geralmente intransitivo em sua regência transitiva ("ser zeloso em relação a") não causaria nenhum problema para os leitores de Paulo.[46]

O caso, porém, não depende unicamente da ocorrência do motivo do "zelo" e, de fato, não seria muito forte se fosse apenas isto, já que os outros possíveis significados do verbo oferecem um sentido mais

---

[44] A possibilidade é novamente descartada muito rapidamente por Bruce, *Galatians*, p. 211.
[45] Como nota A. Oepke, *Der Brief des Paulus an die Galater*, 2ª ed. THNT 9 (Berlim: Evangelische Verlagsanstalt, 1957), p. 107, a descrição exclui a hipótese de que os líderes da oposição a Paulo eram gentios.
[46] Cf. *BDF*, § 148.

imediato. No entanto, o caso torna-se incomensuravelmente mais forte assim que as outras partes do versículo são incluídas na consideração – "eles desejam se fechar e vos deixar de fora". À primeira vista, o objetivo parece surpreendente: será que a meta dos outros missionários não era exatamente o contrário, ou seja, levar as pessoas da Galácia mais plenamente *para dentro* do povo de Israel através da circuncisão? A chave, porém, está no objetivo declarado: "fechar e deixar fora". A maioria das pessoas ignora tal sentido ou o acha difícil e opta, em vez disso, pelo sentido de "excluir-vos (de Paulo e dos outros cristãos gentios)",[47] ou "que vós excluísseis Paulo".[48] No entanto, em tal ato está envolvido um uso menos natural da metáfora, ou um sentido impróprio para o sentido em língua grega,[49] porque a metáfora significa claramente estar diante de um espaço fechado ou ser excluído, como de uma cidade ou de uma aliança,[50] e é de fato complementar à metáfora usada em Gl 3.23: a lei que "vigiava sobre, guardava (a cidade)" era a Lei que deixaria os alheios do lado de fora.

Assim, a metáfora é muito adequada para descrever a atitude típica do judeu zeloso – a saber, ensejar seu ardente desejo de defender o caráter distinto de Israel ao rejeitar qualquer linha que estabeleça uma fronteira nítida e clara entre os membros da aliança, para assim excluir aqueles que não pertencem a Israel; ou, em particular, os que não pertenciam ao grupo formado de judeu-cristãos zelosos – excluir todos os outros gentios que fossem prosélitos em Cristo, o messias judeu, que fossem parte da comunidade escatológica do seu povo.[51] De fato, era outra maneira de descrever a consequência da ação de Pedro e dos

---

[47] Assim NJB e NIV e, por exemplo, H. Lietzmann, *An die Galater*, 3ª ed. HNT 10 (1932; 1971; Tübingen: Mohr), p. 29; Mussner, *Galaterbrief*, p. 311; R. Y. K. Fung, *The Epistle to the Galatians*. NICNT (Grand Rapids: Eerdmans, 1988), p. 200; Rohde, *Galater*, p. 188; Longenecker, *Galatians*, p. 194.

[48] Cf. Betz, *Galatians*, p. 230-231.

[49] Como nota Burton, *Galatians*, p. 246.

[50] *LSJ*, Verbete "ἐκκλείω"; assim RSV/NRSV e NEB.

[51] Cf. Lightfoot, *Galatians*, p. 177; M.-J. Lagrange, *Épitre aux Galates*, 3ª ed. EB (Paris: Gabalda, 1926), p. 116; P. Bonnard, *L'Épitre de saint Paul aux Galates*. CNT (Neuchâtel: Delachaux, 1953), p. 94; Schlier, *Galater*, p. 212-213; J. L. Martyn, "A Law-Observant Mission to Gentiles: The Background of Galatians", in *SJT 38* (1985): 307-324, aqui: 316. J. Bligh, *Galatians* (Londres: St Paul, 1969), p. 388, nota 27, sugere uma alusão ao imaginário das bodas como em Mt 25.10-12.

outros em Antioquia: ao retirarem-se da comunhão da mesa, pois eles excluíram efetivamente os cristãos gentios da comunidade da aliança (2.11-14). Nas Igrejas da Galácia, a tática dos outros missionários tinha sido restabelecer claramente tais fronteiras rígidas estabelecidas pela Torá, com o propósito de apontar a consequência inevitável (para eles): que os convertidos gentios ainda estavam apartados.

A esperança de Paulo e Pedro, porém, não era tão negativa como ocorria no modelo clássico de tal "zelo"; afinal, eles eram missionários! A intenção era a de levantar as barreiras entre os judeus e os gentios "para que vós fosseis zelosos em relação a eles". Ou seja, ao demonstrar o que incluía realmente o pertencimento ao povo da aliança ("as obras da Lei"), eles esperavam incitar um desejo piedoso por tal pertencimento naquelas pessoas cujo temor a Deus já tinha sido demonstrado, bem como a seriedade de seu desejo de serem contadas entre os herdeiros de Abraão. Eles esperavam converter as pessoas na Galácia não simplesmente ao judaísmo, mas ao judaísmo como eles o entendiam. Ao demonstrar o "zelo pela aliança" a partir de si mesmos, eles esperavam despertar um zelo equivalente entre as pessoas da Galácia.[52] Ou, mais precisamente, ao demonstrar seu zelo em relação aos gálatas, a sua esperança era de que os gálatas chegassem a demonstrar um zelo semelhante ao deles – de modo que, além de tudo, cada indivíduo pudesse compartilhar plenamente da comunhão da mesa uns com os outros, sem que isso comprometesse os demais, e de uma maneira mutuamente sustentada. Tal interpretação confere mais peso à linguagem paulina e reconhece de forma mais plena a lógica de sua argumentação, mais do que a maioria das alternativas usualmente apresentadas.

Em resumo, o uso paulino do termo "zelo" e a sua descrição do zelo dos outros missionários, como que desejando "excluir" os crentes da Galácia, sugerem aqui uma estranha, mas poderosa mistura de dedicação e desconfiança, que é muito frequentemente uma característica que os legalistas confirmados mostram em relação à sua causa, e que era evidentemente uma característica de pelo menos algumas das facções dentro do judaísmo do Segundo Templo. O próprio

---

[52] Já que pessoas convertidas para uma religião ou um movimento se colocam frequentemente entre seus membros mais comprometidos e até mesmo tornam-se extremistas, a estratégia e a esperança dos outros missionários eram bem realistas.

debate entre os dois grupos de cristãos judeus (Paulo e os outros missionários) fazia parte dos argumentos faccionais intrajudaicos sobre o significado que tinha a relação singular entre Israel e Deus para as relações com os não-judeus em particular.

4. Conclusões

Agora, a imagem está tão clara quanto é possível no campo da exegese. Particularmente em Gl 2.11-17, em que Paulo lembra o incidente em Antioquia, mas também em outros pontos, o argumento e o apelo de Paulo refletem as preocupações e a linguagem da polêmica intrajudaica. Em cada um de tais pontos, a preocupação básica é a mesma: um medo judaico de que a pureza das relações de Israel com Deus poderia ser comprometida ou adulterada – especialmente ao comer com gentios e falhar ao observar as festas prescritas. Em cada ponto, a resposta (tanto para o grupo de Tiago quanto para os outros missionários na Galácia) era a mesma: reforçar as fronteiras entre os judeus e os gentios, seja pela retirada da comunhão da mesa com "pecadores gentios", seja pela insistência de que os gentios convertidos para o movimento de Jesus se colocassem plenamente "sob a Lei", seja ao provocar possíveis participantes da herança de Abraão a um maior "zelo" através do reforço das barreiras da exclusão.

Deve-se notar o fato de que tais debates ferozes não ocorriam entre os argumentos judaicos *versus* os argumentos cristãos. Os argumentos eram todos feitos entre os judeus, embora evidentemente tais fossem judeu-cristãos, não apenas judeus – inclusive nas discussões da própria Carta aos Gálatas, nas quais o alvo verdadeiro da polêmica de Paulo são os outros missionários (judeus). E as questões (ainda) não são questões judaicas *versus* questões cristãs. Referem-se à pergunta sobre o que significava ser um judeu praticante, o que significava ser um herdeiro de Abraão, quais as diferenças que a vinda do Messias Jesus trazia para a autocompreensão de Israel e para as relações entre judeus e gentios. Tais "ecos da polêmica intrajudaica" são uma clara indicação de uma série de questões inteiramente pertencentes ao judaísmo do Segundo Templo, da consciência de que aquilo que estava em jogo era de fato o caráter e a continuidade da eleição e do propósito de Deus acerca de Israel.

A questão inteira requer certamente uma análise mais extensa do que é possível ou apropriado aqui. Em particular, é necessário continuar o debate com J. L. MARTYN,[53] porque ele vê tal tipo de linha exegética efetivamente como uma rendição à teologia dos outros missionários (que ele chama de "os Mestres"), já que a cruz significou para Paulo um *quantum* condutor para uma perspectiva totalmente nova e diferente (especialmente Gl 6.14-15). De fato, MARTYN provoca a nos determos em vários pontos (especialmente no uso paulino da teologia da "aliança" em Gálatas). Também é verdade que o argumento de Paulo contra a preservação das antigas fronteiras entre os judeus e os gentios está em um desacordo radical com as tentativas de seus colegas judeu-cristãos de preservá-las. Não obstante, permanece o fato de toda a discussão acontecer inteiramente em termos judaicos. Além disso, os cap. 3-4 deixam claro que o caráter desejável e necessário da partilha da filiação de Abraão e da sua bênção (Gl 3.6-14.29) era o fundamento comum para todos os partidos na controvérsia da Galácia (fosse quem fosse o responsável por introduzir esse tópico específico). E nossas descobertas acima apresentadas indicam efetivamente um movimento que está ainda em processo de chegar a um acordo consigo mesmo sobre a identidade dos herdeiros das promessas de Abraão, em quem as diferenças entre os judeu-cristãos eram do mesmo caráter e da mesma extensão dos debates polêmicos entre as outras facções do judaísmo do Segundo Templo.

Portanto, não deve ter sido acidental que Paulo concluísse a sua carta mais polêmica com uma bênção sobre "o Israel de Deus" (Gl 6.16), já que tal expressão é um tiro polêmico final que resume sua afirmação (cap. 3-4) de que o Israel da promessa da aliança é o Israel definido pela promessa que inclui tanto os gentios quanto os judeus.[54] Sendo assim, os "ecos da polêmica intrajudaica na carta que Paulo escreveu às pessoas na Galácia" confirmam que os debates mais ferozes dentro da primeira geração cristã se deram entre os judeus (cristãos) conscientes dos tradicionais marcadores das fronteiras que separavam os judeus dos gentios, debates a respeito da questão se ou em que medida tais fronteiras ainda deveriam ser preservadas.

---

[53] Cf., por exemplo, seu "Events in Galatia", in J. M. Bassler (org.), *Galatians, Philemon* (Minneapolis: Fortress, 1991), p. 160-179. Para a interação mais plena com Martyn, cf. meu livro *The Theology of Galatians* (Cambridge: Cambridge University Press, 1993).

[54] Cf. Schlier, *Galater*, p. 283; Longenecker, *Galatians*, p. 298-289.

Capítulo 10

O que era novo no evangelho de Paulo?

O problema da continuidade e descontinuidade

Uma das questões mais importantes que surgiu nas discussões atuais sobre a teologia paulina é a questão da novidade de seu evangelho. Em última análise, será que o evangelho de Paulo foi simplesmente reexpressão das antigas mensagens que Deus tinha dirigido a Israel? Ou será que constituiu uma ruptura decisiva com tudo o que tinha acontecido antes? A primeira pergunta sugere o que se convencionou chamar de perspectiva da *heilsgeschichtliche* [alemão: histórico-salvífica], em que a ênfase está na linha da continuidade de Abraão, através Moisés, Davi e os profetas, com seu ápice em Jesus, e dali para Paulo – dito de modo alternativo, a linha da promessa e do cumprimento. Em contraste, a segunda pergunta sugere uma perspectiva mais *apocalíptica*, em que a ênfase está na descontinuidade entre o antigo e o novo, na ruptura causada pela irrupção do escatológico, da nova criação.

Nos últimos anos, a questão ganhou em importância como uma consequência do choque, no séc. XX, entre duas tendências novas ou revitalizadas da discussão sobre Paulo. Uma é a reação bastante recente contra a típica ênfase da teologia luterana que coloca o evangelho e a Lei, e assim também o cristianismo e o judaísmo, numa severa antítese. Onde tal ênfase recebeu um peso hermenêutico determinante, a inferência quase inevitável tem sido a de uma descontinuidade entre o evangelho de Paulo e aquilo que veio antes. "A nova perspectiva sobre

Paulo",[1] porém, causou uma nova abordagem da relação entre Paulo e a sua herança (como expressada na época no judaísmo do Segundo Templo), estabelecendo uma ênfase oposta e destacando a continuidade entre ambas.[2]

A outra tendência é também uma reação, no caso, contra a desapocaliptização do evangelho de Paulo. A revolução apocalíptica/escatológica[3] nos estudos do NT na virada do século teve seu impacto mais característico sobre estudos paulinos em obras por A. FRIDRICHSEN e E. KÄSEMANN.[4] No entanto, a pesquisa dominante parece ter favorecido uma diminuição da importância do apocalíptico/escatológico em favor da ênfase na "escatologia realizada" ou no "messianismo cumprido".[5] Assim, a reação foi liderada por J. C. BEKER em sua afirmação de que a apocalíptica oferece o tema coerente do evangelho de Paulo, já que o evangelho paulino traduz-se em particularidades contingentes de diferentes situações humanas.[6] Aqui, em contraste à primeira, a tendência tem sido enfatizar as descontinuidades da nova era, rompe com a antiga, ultrapassando-a e substituindo-a.

---

[1] Esta foi minha própria tentativa de caracterizar o impacto da obra de E. P. Sanders, *Paul and Palestinian Judaism* (Londres: SCM, 1977), numa palestra sob o mesmo título, in *BJRL* 65 (1983): 95-122 (= acima, Cap. 2), levemente revisada em meu livro *Jesus, Paul and the Law. Studies in Mark and Galatians* (Londres: SPCK/Louisville: Westminster, 1990), p. 183-206 (notas adicionais nas p. 206-214).

[2] Cf., por exemplo, meu *The Partings of the Ways between Christianity and Judaism* (Londres: SCM/Philadelphia: TPI, 1991), com bibliografia.

[3] Os termos têm sido usados geralmente, e infelizmente, de modo intercambiável. Eu uso "apocalíptico" no sentido costumeiro da maioria das discussões – isto é, como termo que inclui as diferenciações entre "apocalipse", "ideias apocalípticas" e "apocalipcismo", exigidas por uma discussão mais analítica. Cf., por exemplo, J. J. Collins, *The Apocalyptic Imagination. An Introduction to the Jewish Matrix* of Christianity (Nova Iorque: Crossroad, 1984), cap. 1.

[4] A. Fridrichsen, *The Apostle and his Message* (Uppsala: Lundequistska, 1947); E. Käsemann, "Primitive Christian Apocalyptic", in *New Testament Questions of Today* (Londres: SCM, 1969), p. 108-137 (especialmente p. 131-137).

[5] Cf., por exemplo, J. A. Fitzmyer, *Paul and his Theology. A Brief Sketch* (Englewood Cliffs: Prentice Hall, 1989), p. 46-49; R. N. Longenecker, "The Nature of Paul's Early Eschatology", in *NTS* 31 (1985): 85-95, que assume a expressão "messianismo cumprido" de W. D. Davies (p. 86).

[6] J. C. Beker, *Paul the Apostle. The Triumph of God in Life and Thought* (Philadelphia: Fortress, 1980).

O choque das duas tendências é uma característica da atual discussão sobre a teologia paulina. Representativos para a *perspectiva da heilsgeschichtliche* são R. B. HAYS e N. T. WRIGHT,[7] pois ambos enfatizam ser a história contínua de Israel subjacente aos ensinamentos de Paulo. Representantes da perspectiva apocalíptica são J. L. MARTYN, com sua ênfase nas "antinomias apocalípticas na carta de Paulo aos gálatas",[8] e J. BASSLER, que argumenta num artigo recente que a ressurreição de Jesus era para Paulo "um evento apocalíptico que marcava o fim da era antiga e, dessa maneira, o fim das estruturas religiosas que a tinham definido".[9]

A questão é importante porque dela depende amplamente, por um lado, nossa compreensão da necessidade e do caráter do evento-Cristo, particularmente em relação à cruz e à ressurreição; e, por outro lado, a relação do cristianismo com Israel e a religião do AT. E já que tais questões têm a ver com o centro das preocupações na pesquisa do NT realizada por DICK LONGENECKER, desde sua obra original e muito negligenciada *Paulo, Apostle of Liberty*,[10] até seu excelente comentário sobre Gálatas,[11] parece que a questão é bem apropriada para um ensaio escrito em sua homenagem.

Começamos com um esboço das duas correntes nas afirmações que Paulo faz em seu evangelho e que parecem se mover em diferentes direções, antes de continuar a investigar se, e se for o caso, como essas duas correntes podem ser mantidas juntas numa compreensão única

---

[7] R. B. Hays, *The Faith of Jesus Christ: An Investigation of the Narrative Substructure of Galatians 3.1-4,11* (SBLDS 56; Chico: Scholars, 1983); também "Salvation history: The Theological Structure of Paul's Thought (1 Thessalonians, Philippians and Galatians)", in J. Bassler (org.), *Pauline Theology. Vol. 1: Thessalonians, Philippians, Galatians, Philemon* (Minneapolis: Fortress, 1991), p. 227-246; N. T. Wright, *The Climax of the Covenant* (Edimburgo: T. & T. Clark, 1991).

[8] J. L. Martyn, "Apocalyptic Antinomies in Paul's Letter to the Galatians", in *NTS* 31 (1985): 410-424. Cf. também seu "Events in Galatia: Modified Covenantal Nomism versus God's Invasion of the Cosmos in the Singular Gospel", in J. Bassler (org.), *Pauline Theology. Vol. 1: Thessalonians, Philippians, Galatians, Philemon* (Minneapolis: Fortress, 1991), p. 160-179.

[9] J. Bassler, "The Theology of Rom. 1.18-4.25, A Response to Andrew T. Lincoln", artigo apresentado no *Theology of Paul's Letters Group* no encontro anual da SBL em Washington, DC, novembro de 1993.

[10] (Nova Iorque: Harper & Row, 1964).

[11] *Galatians* (WBC 41; Dallas: Word, 1990).

integrada da teologia e do evangelho de Paulo. Não nos surpreende que a questão esteja mais nítida nas cartas que Paulo escreveu aos gálatas e aos romanos.

1. A continuidade do evangelho

De muitas maneiras, esta é a característica mais óbvia do evangelho de Paulo, de modo que causa certa surpresa pensar que faria sentido questioná-lo quanto a isto. O ponto em questão pode facilmente ser demonstrado, mesmo se nós mantivermos um foco muito mais estrito, abordando o termo "evangelho".

Primeiro, nós devemos notar que o termo "evangelho" contém em si mesmo uma implicação de continuidade com e em cumprimento de esperanças bem mais antigas. No debate entre STRECKER e STUHLMACHER, o primeiro argumentou que o termo era de fato adotado no culto ao imperador.[12] Se este fosse o caso, a inferência seria que o primeiro "evangelho" cristão, propriamente falado, era a consequência do confronto entre a nova fé em Jesus e uma forma proeminente de religião cívica, ocorrido quando a fé cristã se difundia no mundo helenista. Portanto, a descontinuidade seria clara. No entanto, STUHLMACHER oferece uma argumentação mais forte[13] quando afirma que o termo no pensamento e na reflexão cristãs mais antigas era derivado do uso que o próprio Jesus fazia de Is 61.1-2 (Mt 11.5/Lc 7.22; Lc 4.18; At 10.36; cf. Lc 6.20-21/Mt 5.3-4), uma passagem que influenciara evidentemente outras correntes do judaísmo do Segundo Templo (SlSal 11.1; 1QH 23[= 18].14; 11QMel 18). É verdade que a adoção de um uso do substantivo no singular ("o evangelho") para descrever a mensagem sobre

---

[12] G. Strecker, "Das Evangelium Jesu Christi", in *Eschaton und Historie. Aufsätze* (Göttingen: Vandenhoeck, 1979), p. 183-228; também *EDNT 2*, p. 70-74 – "a dependência principal do substantivo (εὐαγγέλιον) de tradições greco-helenistas é evidente" (p. 180).

[13] P. Stuhlmacher, *Das paulinische Evangelium* (Göttingen: Vandenhoeck, 1968); também "'The Theme: The Gospel and the Gospels' and 'The Pauline Gospel'", in P. Stuhlmacher (org.), *The Gospel and the Gospels* (Grand Rapids: Eerdmans, 1991), p. 1-25 (especialmente p. 19-24) e p. 149-172 (especialmente p. 160-166 sobre Is 52.7, citado por Paulo em Rm 10.15).

Jesus era por si só um novo passo, mas o fato de se escolher esta palavra reflete claramente uma antiga convicção dos cristãos de que a sua mensagem sobre Jesus era um cumprimento e um desenvolvimento direto da esperança isaiânica mais antiga da restauração de Israel.

Segundo, devido a Rm 1.16-17 e Gl 2.14-16 é igualmente claro que o conteúdo do evangelho, ou, como Paulo afirma numa passagem posterior, "a verdade do evangelho", assume um enfoque particular de "justiça de Deus a partir da/pela fé" (Rm 1.17), ou, dito de modo alternativo, no fato de uma pessoa ser justificada através/a partir da fé em Jesus Cristo (Gl 2.16). O ponto importante é mais uma vez que a linguagem e a teologia da justiça divina e do ato de justificação (por Deus) estão totalmente enraizadas na mesma linguagem e expressam a mesma teologia que se encontra particularmente nos Salmos e no Segundo Isaías. Em ambos os casos, a lógica da fidelidade da aliança mostrada por Deus é que a sua justiça consiste exatamente em sua ação salvífica e sustentadora em favor de Israel (Sl 31.1; 35.24; 51.14; 65.5; 71.2,15; 98.2; 143.11; Is 45.8,21; 46.13; 51.5,6,8; 62.1-2; 63.1,7). Portanto, para Paulo é parte integrante do evangelho que ele deva ser entendido como dirigido primeiro aos judeus, o que também é uma consequência do oráculo em Habacuque (2.4): "A pessoa justa da fé viverá" (Rm 1.16-17).[14] A ideia de que essa fé deve ser agora experimentada como "fé em Cristo Jesus" (Gl 2.16) introduz naturalmente um elemento adicional e distintivamente cristão,[15] mas o próprio título ("Cristo") nos lembra de que a fé cristã começou pelo menos como a fé em Jesus como Messias, isto é, naquele que cumpriu exatamente a esperança judaica, e não como algo que deturpava e se afastava da esperança e herança de Israel.[16]

---

[14] Cf., além disso, meu *Romans* (WBC 38; Dallas: Word, 1988), p. 40-46.

[15] Tal argumento é mais forte para quem entende a expressão πίστις Χριστοῦ no sentido de "a fé de Jesus" = a fé vivida por Jesus ou a fidelidade (a Deus e sua promessa de aliança) que Jesus mostrava e corporificou – uma visão defendida pelo homenageado (cf., por exemplo, seu *Paul*, p.150-151), mas cf. abaixo, nota 17, e ainda meu *"Once More. PISTIS CHRISTOU"*, in E. H. Lovering (org.), *SBL 1991 Seminar Papers* (Atlanta: Scholars, 1991), p. 730-744.

[16] Cf. especialmente N. A. Dahl, "'The Crucified Messiah' and 'The Messiahship of Jesus', em seu *The Crucified Messiah and Other Essays* (Minneapolis: Augsburg, 1974), p. 10-47; reimpresso em seu *Jesus the Christ. The Historical Origins of Christological Doctrine* (Minneapolis: Fortress, 1991), p. 15-47. Cf. também meu

Terceiro e igualmente notável é a maneira como Paulo descreve o "evangelho" em sua referência inicial no início da Carta aos Romanos – "o evangelho de Deus, que ele já tinha prometido antes através de seus profetas nas escrituras sagradas" (Rm 1.1-2). O próprio fato de Paulo poder falar de evangelho como "o evangelho de Deus" (também Rm 15.16; 2Cor 11.7; 1Ts 2.2,8,9), e não somente como "o evangelho de Cristo/seu Filho" (Rm 1.9; 15.19; 1Cor 9.12; 2Cor 2.12; 9.13; 10.14; Gl 1.7; Fl 1.27; 1Ts 3.2; 2Ts 2.14) contém em si a implicação de um evangelho definido em termos de sua continuidade com as Escrituras, já que a suposição (habitualmente não verbalizada) na teologia paulina de Deus é que este é o Deus único que Israel sempre tinha confessado (Rm 3.30; 1Cor 8.6). Com o mesmo resultado, nós lemos no versículo-chave de Rm 3.21 que "a justiça de Deus foi revelada, como atestado pela Lei e pelos profetas". Isto confirma simplesmente o ponto argumentativo já levantado, de que o conteúdo-chave do evangelho ("a justiça de Deus") era para Paulo inteiramente adotado das categorias e da teologia de "a Lei e os profetas".

Semelhantemente, Paulo pode até mesmo dizer em Gl 3.8 que "o evangelho era pregado antes a Abraão". O pensamento é um pouco diferente da abertura da Carta aos Romanos – não simplesmente *prometido* antes (προεπηγγείλατο), mas *pregado* antes (προευηγγελίσατο). Em um sentido muito real para Paulo, o evangelho já existia, ou pelo menos já estava em vigor, no tempo de Abraão. É claro que Paulo está apresentando uma linha concreta: o evangelho consiste primeira ou essencialmente na promessa a Abraão de que as nações seriam abençoadas nele (Gn 12.3; 18.18). No entanto, era de importância central para Paulo que essa promessa fosse parte integral da tríplice promessa dada originalmente a Abraão (de semente, terra e bênção), a promessa da aliança sobre a qual foi fundada a própria autocompreensão de Israel. Dificilmente a linha da continuidade poderia ser mais clara.

Isto nos lembra, em quarto lugar, que um elemento-chave na argumentação de Paulo é que a justificação pela fé não era nada de novo. Muito pelo contrário: para Paulo, o exemplo definitivo de uma pessoa justificada era Abraão (Rm 4; Gl 3). Porém, nós não devemos entender o fato de que as duas cartas que são mais plenamente dedicadas

---

"How Controversial was Paul's Christology?", in M. C. de Boer (org.) *From Jesus to John. Essays on Jesus and New Testament Christology in Honour of Marinus de Jonge* (JSNTS 84; Sheffield Academic, 1993), p. 148-167 (aqui: p. 150-155).

à exposição do evangelho de Paulo (Romanos e Gálatas) sigam essencialmente a mesma linha de argumentação porque tal seja um indício de falta de inventividade teológica por parte de Paulo. Antes, tal fato indica simplesmente que o paradigma oferecido por Abraão era altamente crucial para a compreensão paulina do evangelho.

Parte integrante deste argumento é a afirmação de que os centres gentios são "herdeiros de Abraão" tanto quanto qualquer judeu. A característica definidora de Abraão como receptor da promessa fora a sua aceitação dela pela fé.

Consequentemente, a linhagem que provem de Abraão em termos de filiação e de promessa deve ser definida igualmente nos termos da fé. A exposição de Gn 15.6 (Gl 3.6-29) está emoldurada exatamente pela afirmação repetida: "Sabei, portanto, que as pessoas da fé,[17] elas são filhos de Abraão [...]. E se vós sois de Cristo, então sois semente de Abraão, herdeiros de acordo com a promessa" (Gl 3.7,29).[18] Fundamental para a autocompreensão cristã expressada por Paulo neste capítulo é, portanto, a afirmação da continuidade, a afirmação de que o evangelho não pode ser preservado, não pode ser entendido adequadamente como o evangelho de Cristo se não for entendido como o cumprimento do propósito divino que começou a se desdobrar com Abraão.

O mesmo argumento é apresentado no capítulo da Carta aos Romanos que apresenta uma temática equivalente, em que a linguagem de Paulo parece atropelar a si mesma quando ele tenta manter tanto o caráter definitivo da fé quanto, ao mesmo tempo e da forma mais forte e plena possível, uma linha de continuidade da fé com a promessa a Abraão segundo a semente – "pai de circuncisão para quem não é somente homem de circuncisão, mas que também segue as pegadas da fé de nosso pai Abraão, que ele tivera na incircuncisão [...], para que a promessa possa ser certa para toda a semente, não somente para quem é da Lei, mas também para quem é da fé de Abraão" (Rm 4.12,16).[19]

---

[17] O fato de "as pessoas da fé" ser uma generalização depois do mais específico "Abraão cria em Deus" imediatamente antes exclui qualquer outra sugestão de que "os da fé" significa "aquelas pessoas cuja relação com Deus derivava da fidelidade de Jesus Cristo" (cf. *acima*, nota 15).

[18] Cf. ainda meu livro *Galatians*. BNTC (Londres: A. & C. Black, 1993), para o versículo.

[19] Para as dificuldades de interpretar essa passagem, particularmente 4.12, cf. meu livro *Romans*, para o versículo.

Os problemas exegéticos da passagem surgem precisamente porque Paulo estava tentando insistir numa linha tão forte de continuidade entre o evangelho e a promessa a Abraão, e o fez com tanta força, que acabou por evocar a pergunta inevitável: se os crentes gentios são provenientes da semente de Abraão, então o que acontece com "aqueles da circuncisão", cuja reivindicação de uma linha não rompida de descendência de Abraão é, em outras partes, muito mais clara e direta?

Finalmente, essa linha de reflexão leva, por sua vez, ao lembrete de que a continuidade de Israel era para Paulo uma parte integral da compreensão que ele tinha do evangelho. Está implícita na benção final muito discutida em Gálatas – a paz e a graça estejam "também sobre o Israel de Deus" (Gl 6.16) –, onde a inferência mais óbvia é entender "Israel" como um povo definido pela promessa a Abraão (e Jacó/Israel), isto é, como consequência de uma promessa recebida pela fé e que inclui bênçãos para as nações (Gn 28.13-14).[20] Mas mesmo se o significado e a importância de Gl 6.16 estivessem mais abertos para o debate, a posição em Rm 9-11 estaria certamente mais do que clara. Ali, Paulo inicia com a reafirmação da riqueza das bênçãos contínuas de Israel (Rm 9.4-5) e termina com a afirmação mais forte de que o propósito divino para Israel está ainda em processo de desdobramento e em breve (assim espera Paulo) ele alcançará seu ápice (Rm 11.25-32). Novamente é parte integrante da esperança a compreensão de que os crentes gentios passaram a ser participantes das bênçãos ao serem enxertados na oliveira de Israel (Rm 11.16-24). Devemos notar o fato de que Paulo *não* estava pensando em termos de duas entidades separadas, Israel e a Igreja,[21] entidades que ele precisava tentar manter em equilíbrio ou integrar de alguma forma, mas que ele estava pensando somente em um único organismo vivo, Israel, dentro do qual cada pessoa recebia e mantinha seu lugar pela graça através da fé.[22] Talvez seja este o texto em que a integração entre "evangelho" e "Israel", em que a linha con-

---

[20] Cf., além disso, meu livro *Galatians*, p. 344-346.
[21] Devemos lembrar que, naquela fase, ἐκκλησία em Paulo ainda denotava uma Igreja local ou uma Igreja numa área (cf., por exemplo, J. Hainz, *Ekklesia. Strukturen paulinischer Gemeinde-Theologie und Gemeinde-Ordnung* [Regensburg: Pustet, 1972], p. 229-239.250-255); o pensamento de "a Igreja" como algo universal e assim como algo que ultrapassasse e substituísse "Israel" ainda não tinha surgido.
[22] Cf., além disso, meu livro *Romans*, p. 520,539-540.

tínua que vai de Abraão até os crentes gentios ganha a sua expressão mais clara. Se *Heilsgeschichte* [alemão: "história da salvação"] é ou não é a melhor maneira de descrever essa assertiva teológica, tal ponto está aberto à discussão; no entanto, parece estar claro que Paulo tem em vista uma continuidade direta do propósito salvífico divino operando na e através da história.

Resumindo. Outros aspectos dessa linha de reflexão teológica poderiam ser levantados, mas espero que tenha sido dito o suficiente para colocar este ponto fora de discussão. A linha da continuidade, cujo início mais claro estava em Abraão, era para Paulo parte integrante do evangelho. O próprio Abraão não era somente o início do evangelho e o exemplo arquetípico de uma pessoa "justificada pela fé", mas também o próprio evangelho podia ser entendido adequadamente por Paulo como a consequência das promessas feitas a Abraão. De fato, a linha da continuidade e cumprimento era tão central para o evangelho que Paulo teria julgado que o próprio evangelho teria falhado se tal linha tivesse sido definitivamente interrompida.

2. A descontinuidade do evangelho

O elemento da descontinuidade é mais difícil de estabelecer – ou é pelo menos assim que parece à primeira vista. Não obstante, pode-se argumentar com facilidade que tal descontinuidade seja um elemento do evangelho de Paulo, de maneira análoga, ou mesmo de maneira mais fundamental do que a continuidade.

Central para o evangelho de Paulo são a morte e a ressurreição de Jesus. Por tal razão, é surpreendente que Paulo se refira à cruz em termos tão apocalípticos. Sendo assim, em uma de suas primeiras cartas, ele já pode falar de Cristo na cruz como o meio pelo qual "o mundo foi crucificado para mim, e eu, para o mundo", de modo que aquilo que conta agora é "a nova criação" (Gl 6.14-15). Aqui podemos falar efetivamente, como mostrou MARTYN, de "dois mundos distintos"[23] – a cruz funcionando como uma espécie de ponto de ruptura na história, de forma que a antiga criação fosse substituída pela nova. A mesma

---
[23] Martyn, "Antinomies", p. 412.

associação de pensamentos está subjacente à poderosa afirmação em 2Cor 5.16-21: no coração do evangelho e do ato divino de reconciliação na e através da morte de Cristo está a "nova criação; a antiga passou; eis que veio a nova" (2Cor 5.17). O mesmo pensamento expressa-se no discurso de Paulo em outras partes a respeito do morrer com Cristo. Paulo diz que ele mesmo "morreu para a Lei" quando foi crucificado com Cristo (Gl 2.19). Já aconteceu a mudança decisiva, uma mudança escatológica através da morte para a vida (Rm 6.3-6); as antigas relações foram rompidas e finalizadas por essa morte, de modo que uma nova relação pode assumir o lugar delas (Rm 7.4-6).

Vislumbramos o mesmo ponto na ênfase ainda mais forte que Paulo confere à ressurreição de Cristo (*p.ex.*, Rm 10.9; 1Cor 15.17), pois a própria ressurreição dos mortos é uma categoria apocalíptica (como expressada tipicamente em passagens como Dn 12.2; 1 Hen 51.1-2; Ap-Mos 13.3; 28.4; 41.3; 43.2; 2 Br 50.2; Mt 27.52-53). Afirmar que na ressurreição de Cristo isto já aconteceu, e até mesmo "a ressurreição dos mortos" (Rm 1.4 – não simplesmente a ressurreição de Jesus de entre os mortos), significa afirmar novamente que o curso normal da historia foi completamente rompido; entrou em cena uma dimensão da realidade totalmente nova e qualitativamente diferente, uma dimensão que deixa a antiga completamente para trás. "Cristo, tendo sido ressuscitado de entre os mortos, já não morre; a morte já não exerce seu senhorio sobre ele" (Rm 6.9).

Vemos que não somente o centro do evangelho de Paulo é apocalíptico, mas toda a estrutura o é em seu caráter. Assim, no ponto da introdução à Carta aos Gálatas que corresponde a Rm 1.3-4, Paulo cita novamente algo que parece ser uma fórmula estabelecida que indica o quadro de referência da perspectiva teológica, à qual Paulo pode se referir de modo tão breve porque ele supunha que tal quadro era evidente[24] – Jesus Cristo, "que entregou a si mesmo por nossos pecados para nos resgatar da presente era má" (Gl 1.4). Esta é uma clara expressão daquilo que geralmente é considerado a clássica crença apocalíptica de duas eras, a era (o tempo) presente e a era por vir. Esta crença assumiu a sua expressão plena apenas em apocalipses mais tardios como 4 Esdras e 2 Baruc (4Esd 6.9; 7.12-13,50,113; 8.1; 2 Br 14.13; 15.8; 44.11-15). No entanto, tal ideia já estava implícita nas visões de Dn 2 e 7; e a

---

[24] Cf., por exemplo, meu livro *Galatians*, p. 34-35.

doutrina apocalíptica das duas eras está presente na tradição de Jesus (Mt 12.32; Mc 10.30; Lc 20.34-35), o que é mais importante para nosso ponto. O notável aqui, porém, é não só a confirmação de que o pensamento cristão mais antigo estava claramente marcado pelas categorias apocalípticas, mas também que, para os cristãos, a era presente estava marcada como uma era do mal, escravizada sob os poderes malignos (assim também em 1Cor 1.20; 2.6,8; 2Cor 4.4; cf. Ef 5.16). Neste ponto, o dualismo apocalíptico que estrutura o evangelho paulino é tão nítido e tão pessimista quanto o discurso de Qumran do "tempo do mal [da impiedade]" (CD 6.10,14; 12.23; 1QpHab 5.7).

Contemplado em conjunto com o discurso da "nova criação" e da "ressurreição" já abordados acima, parece difícil evitar a conclusão de que, para Paulo, o evangelho não significava a extensão para frente e no interior do tempo da linha contínua da história da salvação, mas uma ruptura dessa linha, a irrupção de uma era totalmente nova e diferente depois da antiga; e significava que a primeira (a antiga era) tinha que ser vista agora não como uma era de graça antecedente ou proléptica, mas como uma era caracterizada pelo mal para o qual o evangelho fornece o meio de resgate.

Uma vez captado o quadro de referência apocalíptica do evangelho de Paulo, muitos outros elementos em sua teologia se encaixam naturalmente em seu lugar. Por exemplo, o fato de ele descrever sua "conversão" em termos apocalípticos, afirmando-a ser uma "revelação" (Gl 1.12,16) – isto é, não só como um desvendamento do/a partir do céu, mas como um desvendamento com significado escatológico que desvelou o mistério até então oculto do propósito de Deus (cf. o dualismo apocalíptico de 2Cor 4.4-6). Daí também o uso paulino do próprio termo "mistério", caracteristicamente apocalíptico (Dn 2.18-19. 27-30; 1QS 3.23; 4.18; 1QpHab 7,5; 1 Hen 103.2; 106,19; 2 Hen 24.3; 4 Esd 10.38; 14.5; Ap 10.7) para descrever seu próprio senso da revelação escatológica final e da missão a ele confiada (nas cartas paulinas não debatidas, o termo ocorre explicitamente só em Rm 11.25; no entanto, está implícito em 1Cor 2.7 e é central em Cl 1.26-27; 2.2; 4.3; Ef 1.9; 3.3-4.9; "o mistério do evangelho" – 6.19). Daí também a compreensão paulina característica de seu apostolado, para a qual FRIDRICHSEN chamou a atenção, como um apostolado escatológico (1Cor 15.8), o último ato no desfecho do propósito de Deus (1Cor 4.9; cf. Rm 13.11-12; 1Cor 7.29-31), um meio pelo qual se chegaria a ressurreição final (Rm 11.13-15).

O fato de que o quadro de referência apocalíptico do evangelho de Paulo obriga o estudioso das cartas de Paulo a contar com uma forma muito severa da descontinuidade é expresso mais claramente nas "antinomias apocalípticas" de Gálatas.[25] Ali, particularmente em Gl 4.21-31, Paulo parece abandonar seu caminho para ressaltar a gravidade da distinção e oposição entre a aliança do Sinai e a aliança da promessa. Nesse trecho, a correspondência entre os elementos nas duas colunas[26] não é de *heilsgeschichtliche* continuidade (histórico-salvífica), mas de uma oposição antitética. A Jerusalém da visão apocalíptica ("a Jerusalém do alto") é reivindicada pelo evangelho paulino e negada aos habitantes da Jerusalém terrestre, e a promessa é reivindicada exclusivamente para as pessoas "nascidas de acordo com o Espírito", como os crentes da Galácia (cf. 3.3,14), e negada aos descendentes étnicos de Abraão. A descontinuidade dificilmente poderia ser mais acentuada. Daí negar-se o próprio termo "evangelho" àqueles para os quais aquela outra compreensão da linha da descendência de Abraão permanecia fundamental e de validade contínua em termos de promessa (Gl 1.6-9), sendo a linguagem paulina para afirmar a validade exclusiva de seu próprio evangelho novamente apocalíptica (1.11): "dar a conhecer" [γνωρίζω], como se fosse um mistério celestial (DnT 2.23,28-3.45; 5.7-

---

[25] Cf. Martyn, como *acima*, na nota 8.
[26] Para o sentido de συστοιχεῖ em Gl 4.25, cf. meu *Galatians*, p. 252. A tabela que segue foi tirada da p. 244:

duas alianças

(primeira aliança)	(segunda aliança)
moça escrava	mulher livre
dá à luz segundo a carne	dá à luz através da promessa
Monte Sinai	(promessa)
pare crianças para a escravidão	mãe (dos livres)
Agar	Sara
a Jerusalém atual	a Jerusalém do alto
em escravidão	livre
esposa com poucas crianças com muitas crianças	esposa abandonada, estéril,

dois filhos

nascido segundo a carne	nascido segundo o Espírito
persegue	criança da promessa
a ser expulso – sem herança	herda sozinho
nascido de uma moça escrava	nascido de uma mulher livre

8,15-17 etc.; 1QpHab 7.4-5; 1QH 12[= 4].27-28; 15[=7].27; Cl 1.27; Ef 1.9; 3.3-5.10; 6.19). Daí também o fato de que o contraste acentuado entre a duas eras pode se tornar uma antítese aguda entre vida "na carne" e vida "no Espírito (escatológico)" (Rm 7.5; 8.9), ou entre a vida "sob a Lei" e a vida "sob a graça" (Rm 6.14-15; Gl 3.23-24,27). Aqui, a perspectiva apocalíptica do evangelho de Paulo transforma novamente sua formulação em uma antítese aguda, a partir da qual cresceu, de modo muito compreensível, a aguda antítese entre o cristianismo e o judaísmo na subsequente teologia cristã.

Também aqui poderíamos dizer mais para desenvolver o argumento em maiores detalhes, mas espero que o ponto já esteja claro e acima de qualquer discussão: que o evangelho de Paulo era fundamentalmente moldado numa perspectiva apocalíptica, o que era inevitável diante da força constitutiva da ressurreição e do Espírito derramado na autocompreensão cristã; e que isto provocou inevitavelmente uma ênfase na descontinuidade entre a antiga e a nova eras, nas quais o senso de pertencer ao escatologicamente novo relegou todo o resto, inclusive a história de Israel, para o antigo e o pintou com as sombras não só da promessa não cumprida, mas também da dominação pela carne e pelos poderes malignos.

3. Esquadrinhando o círculo

Até aqui, nós concluímos que estão presentes nas cartas paulinas ambas as perspectivas, tanto a que pode ser caracterizada sob o título de *Heilsgeschichte* [história da salvação], quanto a que pode ser caracterizada sob o título de "apocalíptica". De fato, ambas não só estão presentes, mas também são constitutivas para a teologia de Paulo, em especial como ela se expressa em Romanos e Gálatas. *Ambas* são integrantes do evangelho proposto em tais cartas.

Ao mesmo tempo, porém, nós devemos reconhecer que ambas as ideias parecem ser contraditórias – a primeira propõe uma continuidade que parece ser rompida pela descontinuidade presumida pela outra, e a segunda implica um início radicalmente novo que parece questionar fundamentalmente o que outrora tinha acontecido.

Como nós devemos lidar com tal tensão dentro da teologia do evangelho de Paulo? Há três estratégias possíveis. Uma é aceitar que a tensão chega a ser destrutiva e irresolúvel, para depois tentar lidar com ela nos termos aceitos. A segunda é tentar lidar com a tensão em termos que poderiam ser chamados aproximadamente de "retóricos": a tensão seria, no caso, uma expressão do estilo apologético de Paulo. A terceira tentativa consiste na procura de uma solução em termos mais teológicos: a própria tensão é efetivamente também constitutiva do evangelho; as duas perspectivas juntas seriam integrais à coerência do evangelho de Paulo.

3.1. A primeira estratégia sugere como dedução mais óbvia que Paulo não seria um pensador sistemático; ele não tinha ciência de que as duas perspectivas podiam se contradizer tanto: sugere que ele formulava a sua teologia de maneira *ad hoc*, no afã de lidar com as diferentes crises ou questões sem se preocupar com qualquer grau de contradição que tivesse despontado em sua argumentação. Esta é a solução de E. P. SANDERS e H. RÄISÄNEN a respeito do tratamento paulino da Lei em particular.[27] No entanto, já que a atitude de Paulo diante da Lei é somente a expressão mais aguda da tensão (contrastemos, por exemplo, a expressão de caráter negativo ὑπὸ νόμον [sob a lei] de Rm 6.14-15 e Gl 3.23 com o discurso de caráter positivo dos cristãos "cumprindo" a Lei, presente em Rm 8.4 e Gl 5.14), a conclusão deles a respeito da Lei se aplica de forma mais ampla. O conflito no tratamento paulino da Lei indica simplesmente a questão que gera o conflito mais óbvio entre as duas perspectivas.

Esta poderia ser efetivamente a conclusão que nós somos forçados a tirar. No entanto, aceitá-la desde o início seria uma exegese descortês. Quanto mais se acentuar uma afirmação contraditória e incoerente, mais nós devemos nos perguntar se a afirmação está bem fundamentada, e se este for o caso, nós devemos nos perguntar por que o próprio Paulo não estava ciente da contradição. O desafio de discernir o raciocínio do evangelho de Paulo em seus próprios termos judaicos/cristãos do séc. I pode ser demasiado para os críticos ocidentais do séc. XX, mas não deveria ser descartado despreocupadamente. SANDERS pode estar contente em ter desenterrado um Paulo da sua imagem de alguém que podia viver bastante feliz com as suas incoerências teológicas.

---

[27] E. P. Sanders, *Paul, the Law and the Jewish People* (Philadelphia: Fortress, 1983); H. Räisänen, *Paul and the Law* (WUNT 29; Tübingen: Mohr, 1983).

No entanto, no caso dos teólogos preocupados com a coerência de sua própria teologia, é pouco provável que eles possam se convencer de que Paulo era muito diferente deles. E Räisänen não deve se surpreender quando a exegese atomística resulta na descoberta de uma teologia atomística em Paulo. Quando se dá tão pouca atenção à coerência do movimento do pensamento nas cartas, dificilmente causa surpresa que a maior descoberta em tais cartas seja a incoerência.

Tampouco se pode resolver o problema cortando o nó górdio – isto é, aceitando que as duas perspectivas são tão contraditórias que a única solução é negar uma ou outra das perspectivas do próprio Paulo. Martyn argumenta assim a respeito de Gálatas: a teologia de Paulo é tão completamente apocalíptica que o argumento *heilsgeschichtliche* [histórico-salvífico] acerca da filiação de Abraão pode ser explicado somente como o argumento proveniente dos "mestres" da Galácia, isto é, o argumento que Paulo na verdade rejeita em sua carta.[28] Mas ao ler assim o argumento de Gl 3, ou seja, abraçando, como Paulo, um argumento com o qual ele basicamente discorda, distorce-se efetivamente o argumento – particularmente quando ele, ao se dirigir a uma situação que parece ser bastante diferente em Roma, usa mais ou menos o mesmo argumento em relação a si mesmo (Rm 4). Os dados e considerações apresentados acima, no Item 1, não podem ser descartados com tanta facilidade em tentativas de reafirmação do evangelho de Paulo. Por outro lado, pode ser possível demonstrar que Paulo "desapocaliptizou" em certa medida a escatologia do evangelho,[29] principalmente ao transferir pelo menos alguma coisa do sentido escatológico de volta para o evento passado da (primeira) vinda e ressurreição de Cristo. No entanto, é importante reconhecer que a estrutura apocalíptica de seu evangelho permanece intacta.[30] O evangelho de Paulo não pode ser separado da perspectiva apocalíptica (§ 2) mais do que pode ser separado da perspectiva da *heilsgeschichtliche* (histórico-salvífica) (§ 1). A tensão subsiste.

3.2. A segunda estratégia é verificar se a tensão pode ser explicada em termos retóricos. Não poderia ser possível que a tensão entre a pers-

---

[28] J. L. Martyn, "A Law-Observant Mission to Gentiles: The Background of Galatians", in *SJT* 38 (1985): 307-324; também "Events in Galatia" in Bassler (*acima*, nota 8).
[29] Cf. J. Baumgarten, *Paulus und die Apokalyptik* (Neukirchen: Neukirchener, 1975).
[30] Beker, *Paul*, Cap. 8.

pectiva histórico-salvífica e a perspectiva apocalíptica fosse o produto da técnica apologética ou da estratégia evangelizadora de Paulo?

Por exemplo, podemos argumentar que as duas perspectivas são simplesmente formas *metafóricas* alternativas de conceitualizar o evangelho em seu significado mais abrangente do que individual. Quando Paulo tenta descrever o impacto do evangelho em outros textos, ele usa regularmente uma ampla gama de metáforas vivas, e tais metáforas estão, com grande frequência, em conflito entre si. Por exemplo, ele pode descrever a conversão pelas metáforas tanto do nascimento quanto da adoção (1Cor 4.15; Gl 4.6), tanto do casamento quanto do noivado (1Cor 6.17; 2Cor 11.2); a pregação eficaz do evangelho pode ser tanto uma semeadura quanto um enxerto ou colheita (1Cor 3.6-8; Rm 11.17-24; 8.23); ou a mesma metáfora (da adoção) pode ser usada tanto para se referir à conversão quanto à consumação final (Rm 8.15,23). Em cada caso, um determinado uso metafórico contradiz o outro.[31] É assim que provavelmente acontece com as metáforas da "história de salvação" e da "apocalíptica". A questão é que, ao usar uma metáfora, nós não estamos procurando a precisão de uma definição, mas oferecendo uma imagem elucidativa, cujo êxito como metáfora pode ser antes mais evocativo e emotivo do que definidor. Em tal caso, uma mesma metáfora enfatiza a continuidade e o cumprimento, tanto uma quanto o outro, a irrupção e a revelação do alto; mas, poderíamos argumentar, o problema da inconsistência viria mais do excedente metafórico do que dos pontos enfatizados.

Outra maneira de explicar a inconsistência é argumentar que a ênfase apocalíptica vem da autocompreensão que o próprio Paulo tinha acerca de seu papel *pessoal* em relação ao evangelho, no qual a perspectiva histórico-salvífica está mais ativa quando ele considera a dimensão *corporativa* do evangelho. É possível notar que muitas passagens com forte coloração apocalíptica, citadas na segunda secção acima (§ 2), são de fato passagens de autotestemunho. Assim, em particular, a revelação recebida por Paulo fora recebida pessoalmente (Gl 1.12,16); "eu" morri para a Lei e fui crucificado com Cristo (Gl 2.19). A ideia da "nova criação" segue diretamente do discurso de Paulo sobre si mesmo como crucificado para o mundo e vice-versa (Gl 6.14-15), exatamente como o

---

[31] Cf. a ampla gama de metáforas eclesiológicas em P. S. Minear, *Images of the Church in the New Testament* (Philadelphia: Westminster, 1960).

mesmo pensamento está vinculado em outros textos ao senso do próprio Paulo de ter sido encarregado de uma missão (2Cor 5.17-21). Ou, novamente, é a missão do próprio Paulo como apóstolo aos gentios, que oferecerá a ignição inicial para os eventos finais da restauração judaica e da ressurreição no fim dos tempos (Rm 11.13-15); o mistério do propósito final de Deus fora revelado a Paulo pessoalmente (Rm 11.25). Por isso, a diferença em sua perspectiva poderia ser a diferença entre a memória que Paulo tinha de sua conversão como um apocalipse pessoal, que deturpa e rompe padrões, e sua compreensão mais reflexiva a respeito da maneira como o propósito de Deus estava se dando em relação ao povo de Israel. Dito de outra forma, a tensão se dá na própria autocompreensão de Paulo como alguém que era tanto um israelita, quanto um chamado a levar o evangelho aos gentios.

Uma terceira solução possível seria argumentar que as diferentes ênfases são resultantes de Paulo se dirigir *a diferentes situações*. Esta é uma solução comum, utilizada para explicar outras tensões parecidas em Paulo. Tal solução tem se demonstrado uma consideração eficaz no debate sobre a escatologia paulina em desenvolvimento e o atraso da *parousía*.[32] O mais interessante para nossa questão é que o próprio Paulo indica o potencial desta solução através da famosa descrição de sua estratégica evangelizadora (1Cor 9.19-23).[33] Não é possível que a tensão entre a apocalíptica e a história da salvação seja semelhante à, ou mesmo uma expressão da disposição paulina em praticar estilos de vida autocontraditórios – o que deve ter parecido a muitos –, de praticar tanto a vivência "sob a Lei", consistente com a perspectiva histórico-salvífica, quanto a vida "fora da Lei", consistente com a perspectiva apocalíptica? Disto pode seguir muito bem que a perspectiva apocalíptica era mais "autenticamente" paulina, mais indicativa das prioridades do próprio Paulo (cf. Rm 14.14,20). No entanto, disto poderia se concluir também que a perspectiva histórico-salvífica era igualmente uma expressão da determinação pessoal de Paulo em preservar a

---

[32] Cf., por exemplo, C. F. D. Moule, "The Influence on Circumstances on the Use of Eschatological Terms", in *JTS* 15 (1964), reimpresso em seu *Essays in New Testament Interpretation* (Cambridge University, 1982), p. 184-199 – conforme me lembro, um ensaio muito estimado por Dick Longenecker.

[33] Cf. H. Chadwick, "All Things to All Men (1Cor 9.22)", in *NTS* 1 (1954-1955): 261-275.

continuidade entre o evangelho e os seus antecedentes patriarcais e proféticos, seria expressão da sua preocupação pastoral em apoiar os membros judeus de suas Igrejas (cf. Rm 14.14,20!). Será que a solução para a tensão poderia ser simplesmente que, onde se subestimava o significado escatológico da obra de Cristo em favor da continuidade do propósito divino, Paulo enfatizava o caráter apocalíptico do evangelho, enquanto que, onde ele percebia uma ênfase exagerada na novidade descontinuadora do evangelho, ele preferia enfatizar sua continuidade histórico-salvífica com aquilo que outrora tinha acontecido? Dito de modo alternativo, a teologia de Paulo não era um argumento matemático, mas um palanque onde era necessário falar eventualmente com uma mensagem e com um tom de voz, e em outra circunstância, com palavras e ênfases diferentes. Quando os comentaristas modernos pedem mais consistência, eles requerem um Paulo que jamais poderia ter existido no mundo real.

Qualquer uma das explicações acima ou todas elas podem ter sido efetivamente fatores na evidente tensão da afirmação e defesa do evangelho de Paulo. No entanto, será que elas não resolvem o problema com demasiada facilidade? Estou bem ciente de que, em círculos onde floresce uma crítica literária mais aberta, uma explicação em termos de retórica pode ser considerada suficiente. Aqui, contudo, o maior desafio vem de um plano teológico, não somente do plano da palavra falada ou da estratégia missionária. A pergunta é se o evangelho que Paulo pregava era para ele "novo" – novo em conteúdo e caráter, novo na graça que ele afirmava incorporar (Gl 1.6), novo no poder da salvação que se tornou efetiva (Rm 1.16) – ou se ele era simplesmente uma reciclagem de antigas verdades e de antigas afirmações em uma linguagem diferente. A pergunta que se põe assim não pode ser respondida satisfatoriamente a não ser por uma resposta teológica.

3.3. A explicação teológica da tensão entre as perspectivas histórico-salvífica e apocalíptica do evangelho de Paulo tem de começar com a percepção de que ambas as perspectivas eram caracteristicamente judaicas. Isto quer dizer, a perspectiva apocalíptica de Paulo era parte da própria herança judaica de Paulo, parte do que poderíamos chamar de continuidade histórico-salvífica entre o judaísmo do Segundo Templo e o cristianismo. É desnecessário demonstrar que a "apocalíptica",[34] pelo

---

[34] Nota-se novamente *acima*, nota 3.

menos à medida que ela diz respeito à nossa discussão, era, por sua vez, um produto que nascera dentro do judaísmo do Segundo Templo (os Apocalipses de Henoc, Daniel etc.). Em outras palavras, a apocalíptica era uma perspectiva para a qual muitos judeus antes de Paulo se sentiam atraídos.

O ponto importante é, sem dúvida, que esses judeus, ao abraçarem uma perspectiva apocalíptica, não estavam por isso abandonando a perspectiva histórico-salvífica, nem estavam negando sua herança como israelitas. Muito pelo contrário, um apocalipse era em si mesmo uma maneira de reafirmar a continuidade entre o passado e o futuro, sendo ambos provenientes de Deus. Com certeza, o grupo cuja perspectiva se expressava num apocalipse se sentia evidentemente isolado, sob grave ameaça, e via-se como vítima de maus poderes. O próprio pessimismo caracteristicamente dualista da perspectiva apocalíptica acerca da era presente era uma expressão da pressão sob a qual esses grupos se encontravam.[35] No entanto, fundamental para essa mesma perspectiva era a afirmação dos apocalípticos e daqueles que eles representavam, de encarnarem *eles mesmos* a continuidade do propósito salvífico de Deus desde o passado até o futuro. Eles podiam ser somente remanescentes, o resto de Israel podia ter-se tornado apóstata; mas neles era preservada pelo menos uma linha do propósito salvífico de Deus. Além disso, a visão do futuro revelava muito bem que a escuridão do presente era meramente temporária e que o antigo ciclo pecado, exílio e restauração (Dt 29-30) se realizariam novamente para a salvação de Israel como um todo.[36] Em resumo, quando os fiéis estavam sofrendo perseguição e não conseguiam ver outra maneira de sustentarem a aliança e as suas promessas, a perspectiva apocalíptica era uma maneira de se afirmar a continuidade histórico-salvífica.

Um exemplo clássico disso é a perspectiva apocalíptica dos essênios, particularmente na forma que podemos agora ter acesso através dos Escritos de Qumran[37] Eles se consideravam o verdadeiro Israel, o novo povo

---

[35] Além disso, cf. P. D. Hanson, "Apocalypticism", in *IDBSupp*, p. 28-34.
[36] Além disso, cf. a discussão de E. P. Sanders, *Paul and Palestinian Judaism* (Londres: SCM, 1977), p. 240-257; também p. 361,367-374,378 (Jubileu) e p. 398-406,408 (Salmos de Salomão).
[37] Cf., por exemplo, P. D. Hanson, *The People Called. The Growth of Community in the Bible* (São Francisco: Harper & Row, 1986), p. 364-372.

da aliança (*p.ex.*, 1QS 8.4-9), mas também se consideravam constantemente ameaçados pelo espírito da impiedade (1QS 3.13-4.26) e em preparação para a batalha final entre os filhos da luz e os filhos das trevas (1QM). Podemos dizer que, nos Escritos de Qumran, as perspectivas da *heilsgeschichtliche* (histórico-salvífica) e apocalíptica estavam bem (mas não plenamente) integradas e se alimentavam mutuamente. A tensão entre a duas perspectivas, presente num documento como 1QpHab, é de fato mais aguda do que qualquer coisa que possamos encontrar em Paulo.

Assim acontece também quando nos voltamos para Paulo. A compreensão apocalíptica da morte e ressurreição de Cristo, que veio até Paulo em seu apocalipse pessoal na estrada para Damasco, não separou totalmente Paulo de seu passado. É claro que isto lhe deu uma nova perspectiva a respeito de seu passado como fariseu e ele teve de redefinir sua relação com o judaísmo (1Cor 15.8-9; Gl 1.13-14), mas isto não o fez renunciar à sua herança como israelita. Muito pelo contrário, a revelação foi, para Paulo, algo que lhe mostrou como seriam cumpridas as antigas promessas e esperanças. Ela era nova no sentido de ter foco em Jesus, mas o novo evangelho era também a maneira prenunciada de completar o propósito antigo. Em particular, a revelação na estrada para Damasco mostrou a Paulo como as antigas promessas dadas aos patriarcas deveriam ser cumpridas – não simplesmente a promessa de semente e terra, mas a promessa de bênçãos para as nações (Gl 1.15-16; Gn 12.3; 18.18). Foi necessário um salto a partir do *quantum* da revelação (apocalíptica) para fazer Paulo entender isto; e a revelação dada foi a de Jesus, meio pelo qual as promessas deveriam ser cumpridas – Jesus entendido como o conteúdo da nova revelação e também como a dobradiça que estabelece a continuidade entre o antigo e o novo.

É relevante notar aqui que a novidade da revelação a Paulo causou uma tensão não somente com o judaísmo anterior a Paulo, mas também com os primeiros cristãos de Jerusalém. A questão aqui subjacente ganha seu enfoque não simplesmente na relação entre o judaísmo e o cristianismo, mas na relação entre Jesus e Paulo, entre o evangelho como foi entendido pelos primeiros seguidores de Jesus e o evangelho de Paulo.[38] Quanto mais o próprio Jesus for reconhecido como um

---

[38] Cf. meu "The Relationship between Paul and Jerusalem according to Galatians 1 and 2", in *NTS* 28 (1982): 461-478; reimpresso em meu *Jesus, Paul and the Law* (Londres: SPCK/Louisville: Westminster, 1990), p. 108-126.

judeu entre judeus,[39] e quanto mais os primeiros crentes (pós-pascais) forem vistos em continuidade direta com o Jesus pré-pascal, mais a tensão entre a história da salvação e a apocalíptica tenderá a separar Jesus e Paulo, com efeitos catastróficos para nossa avaliação da relação que o "cristianismo" histórico tinha com aquele que foi nomeado o seu fundador (Jesus). No entanto, se aceitarmos, em contraste, a assertiva de Paulo de que seu evangelho estava em continuidade com a primeira proclamação de Cristo (particularmente 1Cor 15.1-12), e se aceitarmos que o "extra" apocalíptico tem centro na ênfase do "aos gentios" presente no evangelho de Paulo (Gl 1.15-16),[40] então se torna necessário manter sem vacilar a tensão entre a história da salvação e a apocalíptica no evangelho de Paulo. De fato, é exatamente a dinâmica de tal tensão que impele Paulo, o judeu, ao seu apostolado às nações, e é exatamente tal tensão a causa de tantos mal-entendidos entre Paulo e seus colegas judeus que se tornaram cristãos.

Em resumo, o grau de integração entre as duas perspectivas (histórico-salvífica e apocalíptica) dentro do judaísmo pré-cristão nos leva a perguntar se a tendência de entender as duas perspectivas como mutuamente exclusivas não é simplesmente uma interpretação equivocada de Paulo por técnicos que perderam de vista o contexto histórico dentro do qual Paulo moldou e pregou seu evangelho. Certamente, nós precisamos ter cuidado acerca da simples definição do cristianismo paulino como um tipo de judaísmo (continuidade); no entanto, nós temos, igualmente, que ter cuidado para não cair na antiga armadilha de pensar que o cristianismo pudesse ser definido somente em oposição ao judaísmo (descontinuidade).

3.4. Se dermos agora um passo para trás do foco mais estreito de nossa discussão realizada até aqui, será possível perceber a nossa questão particular dentro de um quadro teológico mais amplo. A tensão entre a história da salvação e a apocalíptica no evangelho de Paulo pode ser entendida como simplesmente outra expressão da tensão que

---

[39] Cf., por exemplo, J. H. Charlesworth (org.), *Jesus' Jewishness. Exploring the Place of Jesus in Early Judaism* (Nova Iorque: Crossroad, 1991).
[40] Cf. também meu *Unity and Diversity in the New Testament* (Londres: SCM, 1977, 2ª ed., 1990), p. 66-67, em Port. *Unidade e diversidade no Novo Testamento*, São Paulo, Academia Cristã, 2009.

existe inescapavelmente em cada soteriologia teísta. Sempre que a teologia permite uma intervenção divina ou uma interação com as continuidades entre a história e a natureza, ela apresenta inevitavelmente tal de tensão.

A tensão pode se expressar de varias maneiras. É a tensão do cosmos entendido como criação, da criação entendida como falha, mas ainda de Deus e ainda um instrumento de seus propósitos. Quando um evangelho de salvação se segue à estória da criação, a tensão se torna aguda e, por enquanto, a teologia humana entende ser possível preservá-la como uma tensão frutífera somente por meio do mito.

Novamente, aqui há a tensão de um único povo (Israel), eleito para viver separado de todas as nações pelo Deus único, cujos propósitos para sua criação como um todo são, não obstante, bons. A tensão presente nas promessas aos patriarcas, que se expressa, em si mesma e fundamentalmente, na tensão entre o particularismo (semente e terra) e o universalismo (todas as nações) (§ 1 *acima*). É por isso que Paulo podia fazer um uso tão efetivo dela ao afirmar que a revelação que lhe fora dada era simplesmente sobre como a antiga promessa deveria ser cumprida, como a antiga tensão deveria ser finalmente resolvida. Ao inserir a eleição de Israel dentro do propósito mais amplo do Deus criador, a tensão entre a "graça particular" e a "graça geral", ou entre a salvação e a providência, poderia se tornar fértil em boas novas.

Novamente, o que há é a tensão entre a tradição e a revelação, entre a autoridade reivindicada para a revelação passada e a reivindicação da revelação nova. Esta é também a tensão que perpassa a Bíblia cristã e vai para além dela; não é simplesmente a tensão entre o "Antigo Testamento" e o "Novo Testamento". Ela já está presente na remolduração da religião patriarcal pelo javismo.[41] Já está presente no impacto que as reformas deuteronomistas e de Esdras tiveram sobre a forma da religião israelita. Ela está implícita na formação do "judaísmo" como ele se desenvolveu no período macabeu e pós-macabeu, embora a tensão esteja ali mais evidente em escritos não-canônicos dos apócrifos e pseudepígrafos (inclusive, claro, os diversos apocalipses). Está presente na tensão entre Jesus, o judeu, o profeta escatológico judaico percebido como o Cristo ressuscitado da morte e exaltado para

---

[41] Cf. R. W. L. Moberly, *The Old Testament of the Old Testament* (Minneapolis: Fortress, 1992).

ser o Senhor à direita de Deus; e, como nós já vimos, o evangelho de Paulo aos gentios, que é também o evangelho de Deus, o evangelho de Cristo, o evangelho daqueles que pregam Jesus como o Cristo. E está presente na subsequente tensão entre a Escritura e a Tradição, que foi frutífera em controvérsias no cristianismo no decorrer da história. É claro que, para os cristãos, a tensão entre o Antigo Testamento e o Novo é peculiarmente aguda. A importância revelatória do evento-Cristo tem uma qualidade fundamental e definitiva, que o destaca em relação a todas as outras reivindicações acerca dos seus significados revelatórios. Não obstante, subsiste o fato de que a revelação de Cristo pressupõe a continuidade com a revelação passada (e futura), sem a qual o evangelho não seria o evangelho de Jesus Cristo.

Não por último, a tensão se expressa como a tensão integral de um processo de salvação no próprio evangelho de Paulo. Pois é o próprio evangelho que está estendido entre os dois pólos, entre aquilo que já ocorreu e aquilo que ainda deve ocorrer, ou seja, em termos familiares aos estudos paulinos, entre o "já" e o "ainda-não". O Cristo veio, mas ainda está por vir. O Espírito foi dado, mas somente como o início da redenção completa.[42] Para expressar a questão de modo mais agudo, a própria ruptura apocalíptica com o passado é rompida; os aoristos que descrevem a entrada na fé têm de ser acompanhados por exortações no imperativo e por promessas feitas no tempo futuro (caracteristicamente em Rm 6-8). Ironicamente, a descontinuidade escatológica precisa ser rompida e se tornar uma perspectiva contínua, que dê espaço à continuidade do corpo, da sociedade corporativa e do cosmos caído, todos junto, esperando a libertação efetivada na consumação (Rm 8.18-23), sem não sucumbir a uma revolução milenarista ou a um quietismo escapista.

É exatamente neste ponto que a própria descontinuidade entre o cristianismo e o judaísmo que o antecedeu é relativizada dentro da continuidade mais fundamental – como podemos ver com absoluta clareza em Gl 4. Ali, as "antinomias apocalípticas" estão apresentadas da forma mais aguda possível (Gl 4.21-31); ali, a própria vinda do Filho de Deus é a indicação da plenitude e da finalidade escatológica (τὸ πλήρωμα τοῦ χρόνου [a plenitude do tempo] – 4.4). Ainda no mesmo

---

[42] Cf., por exemplo, meu *Jesus and the Spirit* (Londres: SCM/Philadelphia: Westminster, 1975), p. 308-342.

contexto, a descontinuidade se dá exatamente como a do herdeiro que é menor, em contraste com o filho adotivo que já está entrando na herança (Gl 4.1-7). Além disso, a própria entrada posterior é somente antecipatória em relação à transformação completa (Gl 4.19), em relação à herança plena (Gl 5.21). O fato é que *tanto* o judeu *quanto* o cristão (para usar a distinção que ainda é um tanto anacrônica) são herdeiros, e *ambos* ainda não entraram na (plena!) herança que lhes foi prometida. O novo início só pode ser decisivo como a plenitude escatológica da antiga esperança, mas, assim como a plenitude escatológica, o novo início ainda está incompleto.

Em resumo, a tensão entre uma perspectiva da *heilsgeschichtliche* [histórico-salvífica] e uma perspectiva apocalíptica no evangelho de Paulo é inevitável, exatamente porque ele, ao moldar seu evangelho e sua teologia, levou muito a sério todas as diversas tensões. Não é que a revelação na estrada para Damasco tivesse resolvido as tensões que ele tinha conhecido como fariseu e perseguidor da Igreja. Antes, a nova revelação de Cristo introduziu tal tensão ou a fez surgir de maneira nova e com uma nova intensidade, tensão que sempre tinha estado presente em sua religião ancestral e na fé que ele tinha perseguido vigorosamente. É a tensão de seu evangelho, simplesmente porque é a tensão de sua teologia, simplesmente porque qualquer teologia está fadada a encontrar em si mesma tal tensão.

4. Conclusão

Ora, em que sentido o evangelho de Paulo era novo? Ele era novo no sentido de ter o seu foco em Jesus, o Cristo. Era novo no sentido de ter recebido seu enfoque mais nítido na morte e ressurreição de Cristo como aquilo que fornece a chave decisiva de salvação. Era novo no sentido de entender sua dinâmica (o Espírito) pela referência a Cristo. Era novo na maneira como entendeu as nações em geral como receptoras da bênção que agora estava disponível através de Cristo.

Além disso, era novo em sua reivindicação de ter acontecido algo que jamais tinha acontecido antes – Deus está ativo na história, em e através de uma pessoa humana, de uma maneira já prefigurada, mas nunca antes realizada. O evangelho era novo na reivindicação de que, em Cristo, Deus cumpriu o ápice de sua vontade, sem o qual, pelo menos desde uma perspectiva cristã, aquilo que tinha acontecido antes permanecia incompleto e irrealizado.

Ainda assim, ao mesmo tempo e em todo caso, Paulo entendia a novidade como um desdobramento novo e final da antiga promessa – não tão nova no "o que", mas nova no "como". Sem a antiga promessa, o novo teria sido tão estranho e forasteiro que não poderia ter sido reconhecido ou pregado por Paulo como evangelho. Paulo era capaz de abranger ou de ser abrangido pelo novo porque tal era a revelação daquilo que estava na intenção divina desde o princípio. Em suma, nós podemos dizer que ele era a continuidade na descontinuidade, o ápice apocalíptico da história da salvação que constituía o coração de seu evangelho.

Capítulo 11

Paulo era contra a Lei?

A Lei em Gálatas e Romanos: um caso de teste para um texto em seu contexto

Dificilmente seria uma surpresa se alguém levantasse no cristianismo protestante a ideia de o judaísmo ser a antítese do cristianismo. A impressão está profundamente enraizada numa dialética básica da teologia luterana que entende o evangelho *versus* a Lei, onde "evangelho", de modo natural, é idêntico ao cristianismo; e a Lei, também de modo natural, é idêntica ao judaísmo. Até mesmo após a Segunda Guerra Mundial, quando a consciência cristã tinha sido sensibilizada pelo horror do *Holocausto*, a pesquisa cristã ainda se referia ao judaísmo pré-cristão como *Spätjudentum* [alemão: judaísmo tardio], a Jesus como quem marcara o fim do judaísmo e a Paulo como tendo sido convertido do judaísmo para o cristianismo.[1] A inconsistência do discurso sobre o judaísmo do primeiro século como "tardio" dificilmente parece ter ocorrido àqueles que se expressaram assim: se o judaísmo do *primeiro* século é *tardio*, como devemos chamar os últimos 19 séculos do judaísmo? É claro que este pensamento dúplice era consequência da ideia de que o único papel do judaísmo era o de ser o precursor do cristianismo; agora que o cristianismo tinha chegado, o judaísmo já não contava mais para nada.

---

[1] Cf., por exemplo, as críticas de C. Klein, *Anti-Judaism in Christian Theology* (Londres: SPCK, 1978) e J. T. Pawlikowski, *Christ in the Light of the Christian-Jewish Dialogue* (Nova Iorque: Paulist, 1982), cap. 3.

No último quarto de século, porém, a imagem começou a mudar rapidamente.

O termo "judaísmo tardio" já não aparece em círculos acadêmicos; agora, o mesmo período é geralmente, e mais apropriadamente, chamado "de judaísmo primitivo". A reivindicação judaica acerca de Jesus avançou rapidamente, e muitos especialistas em NT se referem agora à "terceira busca do Jesus histórico", em que o aspecto novo da busca tem sido enfocar Jesus dentro do contexto de seu próprio povo, Jesus, o judeu.[2] Em ambos os casos, a antiga linguagem foi completamente abandonada, e seu caráter inapropriado foi amplamente reconhecido.

Por outro lado, no caso de Paulo é diferente: enquanto estava acontecendo o mesmo processo de reavaliação, os resultados estavam longe da clareza. É verdade que havia poucas vozes solitárias que defendiam ser a experiência de Paulo na estrada para Damasco um chamado em vez de uma conversão,[3] vozes que ganharam o apoio de muitas outras. Mas a ideia de que Paulo tinha de abandonar o judaísmo para se tornar um cristão está ainda profundamente enraizada. E no caso de Paulo, não houve nada semelhante à atribuição de judaicidade feita a Jesus; para a maioria dos judeus, ele ainda é Paulo, o apóstata.[4] No entanto, será que a onda de reavaliações deve parar antes de alcançar Paulo? Será que a relação entre o cristianismo e o judaísmo, resumida na pessoa de Paulo, já foi reexaminada com o suficiente cuidado? O assunto é importante o suficiente para justificar uma maior investigação.

A questão ganha seu enfoque mais nítido na questão da Lei. A impressão que prevalece dentro da pesquisa do NT ainda é que Paulo rompeu com a Lei ou a abandonou quando se tornou um cristão. O texto que resume mais aquilo que é, novamente, uma perspectiva

---

[2] Cf., por exemplo, D. Hagner, *The Jewish Reclamation or Jesus* (Grand Rapids: Zondervan, 1984); S. Neill, T. Wright, *The Interpretation of the New Testament 1861-1986* (Oxford University, 1988), p. 379-403; J. H. Charlesworth (org.), *Jesus' Jewishness. Exploring the Place of Jesus in Early Judaism* (Nova Iorque: Crossroad, 1991); G. Vermes, *The Religion of Jesus the Jew* (Londres: SCM, 1993).

[3] Notavelmente K. Stendahl, "The Apostle Paul and the Introspective Conscience of the West", in *HTR* 56 (1963): 199-215, reimpresso como *Paul Among Jews and Gentiles* (Londres: SCM/Philadelphia: Fortress, 1977), p. 84-85.

[4] O assunto é tratado com simpatia por A. Segal, *Paul the Convert. The Apostolate and Apostasy of Saul the Pharisee* (New Haven: Yale University, 1990).

particularmente luterana, é Rm 10.4 – "Cristo é o fim da Lei [...]".[5] Típico é também o julgamento de que Paulo teria perseguido os helenistas por causa de sua ruptura com a Lei – uma inferência amplamente tirada da combinação de At 6.13; Gl 3.13 e Fl 3.6 – e assim ele teria se convertido ao que outrora tinha perseguido.[6] Particularmente veemente é HANS HÜBNER em sua tese de que Paulo era igualmente hostil à Lei em Gálatas, embora HÜBNER também afirme que Paulo modificou sua posição de certo modo ao escrever depois a Carta aos Romanos.[7] Outros estudiosos proeminentes na discussão recente contentam-se em ver Paulo inconsistente em suas visões sobre a Lei.[8]

Portanto, aqui está um tópico, Paulo e a Lei, em que o problema de relacionar o texto e o contexto está nitidamente posto em toda a sua complexidade. Será que o contexto dentro do qual a questão deveria ser avaliada é o da tradicional dialética luterana de evangelho *versus* Lei? Ou será que é o contexto histórico dentro do qual o próprio Paulo trabalhou, à medida que este pode ser recuperado? A questão deveria ser tratada "diante" do texto (um exercício hermenêutico), ou "oculta" no texto (um exercício exegético)? Novamente, no ponto em que dois textos parecem estar em certo nível de contradição, será que a questão levantada deveria ser tratada intertextualmente, intercontextualmente ou no nível do intertexto inserido em um contexto? E será que deveria ser procurada alguma coerência entre dois textos (Gálatas e Romanos) de um mesmo autor (Paulo), ou será que nós modernos deveríamos nos contentar em encontrar em cada texto por si tanto sentido quanto for possível, para que algum padrão nas conexões textuais não seja o resultado de nossa própria elaboração?

Para manter a discussão dentro dos limites de um único artigo, vou limitá-la à pergunta feita no título: Paulo era contra a Lei?, e às

---

[5] Cf., por exemplo, P. Stuhlmacher, "'Das Ende des Gesetzes'. Über Ursprung und Ansatz der paulinischen Theologie", in *Versöhnung, Gesetz und Gerechtigkeit* (Göttingen: Vandenhoeck, 1981), p. 166-191.

[6] Por exemplo, S. Kim, *The Origin of Paul's Gospel* (Tübingen: Mohr, 1981); C. Dietzfelbinger, *Die Berufung des Paulus als Ursprung seiner Theologie*. WMANT 58 (Neukirchen: Neukirchener, 1985).

[7] H. Hübner, *Law in Paul's Thought* (Edimburgo: T. & T. Clark, 1985).

[8] E. P. Sanders, *Paul, the Law and the Jewish People* (Philadelphia: Fortress 1984/ Londres: SCM, 1985); H. Räisänen, *Paul and the Law*. WUNT (Tübingen: Mohr, 1984/Philadelphia: Fortress, 1986).

duas cartas de Paulo nas quais a questão da Lei é tratada mais plenamente (Gálatas e Romanos). Procederemos pelo exame da maneira como a Lei é tratada em cada uma das duas cartas a partir de cada uma delas, antes de perguntar se, e se for o caso como as duas abordagens estão em uma relação coerente.

1. A Lei na Carta aos Gálatas

1.1. A Lei como um poder angelical

É fácil desenhar uma imagem muito negativa da Lei a partir de Gálatas. A impressão é extremamente forte na seção de Gl 3.19-4.11. Paulo tinha falado da promessa a Abraão, lembrando particularmente as promessas a Abraão em Gn 12.3 e 12.7 (Gl 3.8,16). A Lei veio 430 anos depois (no Sinai), mas não invalida a promessa anterior. "Pois, se a herança vem da Lei, já não vem da promessa; mas, a Abraão, Deus a deu gratuitamente através da promessa" (Gl 3.18). Já que as referências anteriores à Lei foram consistentemente refutacionais (Gl 2.16,19,21; 3.2,5,10-13 – "não de obras da Lei", "morto para a Lei", "pela Lei ninguém é justificado"), podemos argumentar plausivelmente que esta outra justaposição opositiva entre a Lei e a promessa prepara o leitor para uma avaliação totalmente negativa da Lei nos versículos que se seguem.

Gl 3.19 – "Por que, então, a Lei?" A resposta é: τῶν παραβάσεων χάριν προσετέθη – "foi acrescentada por causa das transgressões". A força empregada ao sentido de χάριν não fica imediatamente clara, mas uma referência cruzada (intertextual) com Romanos (contexto do pensamento de Paulo) permite avaliar o termo como reforço ao tom negativo do contexto imediatamente precedente. O paralelo de Rm 3.20 sugere o sentido "para trazer um conhecimento das transgressões", tornar um pecado um ato consciente,[9] uma vez que o paralelo mais estreito de Rm 5.20 ("a

---

[9] Assim, M. J. Lagrange, *Galates*, 2ª ed. EB (Paris: Gabalda, 1925), p. 82; E. D. Burton, *Galatians*. ICC (Edimburgo: T. & T. Clark, 1921), p. 188; F. Mussner, *Galaterbrief*, 3ª ed. HTKNT (Friburgo [Alemanha]: Herder, 1977), p. 245-246; R. N. Longenecker, *Galatians*. WBC 41 (Dallas: Word, 1990), p. 138; "tornar a transgressão uma ofensa legal" (NEB/REB).

Lei veio para aumentar a transgressão") sugere um sentido mais negativo, "para trazer transgressões".[10]

Gl 3.19 – "foi ordenada através de anjos pela mão de um intermediário". Como a maioria concorda, é inteiramente claro que a referência é a Moisés.[11] Novamente, o texto soa bastante inocente, mas o próximo versículo ("Ora, um intermediário significa que há não simplesmente uma parte; Deus, porém, é um") indica com suficiente clareza que o contraste entre a Lei e a promessa está sendo preservada: a promessa foi dada diretamente por Deus a Abraão, enquanto a Lei veio até Israel por meio de um deslocamento. No entanto, a alusão a "anjos" acrescenta mais uma complicação: será que significa que a Lei era ainda mais distante em relação a Deus, com a intervenção não somente de Moisés, mas também dos anjos? Ou será que é efetivamente uma tentativa de remover a Lei completamente do domínio de Deus? É assim que alguns argumentam: a frase é "uma negação categórica da origem divina da Torá";[12] a Lei "é o produto de poderes angelicais demoníacos".[13] Aqui, o raciocínio exegético aponta novamente para o tom negativo do contexto precedente. E embora a agudez repentina do antagonismo e o grau de hostilidade não fossem esperados, a interpretação cristã da Lei como o produto de anjos caídos pode ser demonstrada pelo menos em duas gerações de gálatas (Barnabé 9.4 – "erraram porque um anjo mau estava os desviando").

Depois de outro contraste entre a Lei e a promessa (Gl 3.21-22), o tom mais agudamente negativo parece ser resumido. 3.23 – "antes da vinda da fé estávamos mantidos em custódia e sob a Lei, confinados [...]" [ὑπὸ νόμον ἐφρουρούμεθα συγκλειόμενοι (...)]." Aqui, as características negativas vêm rápida e fortemente. A Lei é tratada como se fosse

---

[10] Assim, por exemplo, *BAGD*, χάριν 1; H. Schlier, *Galater*, 4ª ed. KEK (Göttingen: Vandenhoeck, 1965), p. 152-154; H. D. Betz, *Galatians*. Hermeneia (Philadelphia: Fortress, 1979), p. 163 – a expressão "deve ser entendida de modo totalmente negativa".

[11] Betz, p. 170, observa que "pela mão de Moisés" se tornou quase uma fórmula na LXX. Além disso, cf. Longenecker, p. 140-143.

[12] J. W. Drane, *Paul: Libertine or Legalist?* (Londres: SPCK, 1975), p. 34, 113; semelhantemente T. Zahn, *Galater* (Leipzig: Deichert, 1905), p. 171; Lagrange, p. 83; R. Bring, *Galater* (Berlim: Lutherisches, 1968), p. 144-146; R. B. Hays, *The Faith of Jesus Christ* (Chico: Scholars, 1983), p. 227.

[13] Hübner, p. 24-36.

um poder cósmico, assim como o pecado – a expressão ὑπὸ νόμον [sob a lei] de 3.23 é paralela ao ὑπὸ ἁμαρτίαν [sob o pecado] de 3.22. Em outras palavras, a própria Lei parece agora ser idêntica aos anjos (maus) de Gl 3.19. Além disso, o primeiro verbo (ἐφρουρούμεθα) podia ter um sentido muito negativo, "mantido em subjeção", e o segundo (συγκλειόμενοι) soa igual, "confinados" ou "aprisionados". Daí, por exemplo, a tradução da *New International Version* que corresponde a "mantidos prisioneiros pela Lei, trancados".[14]

Com esta imagem em mente, dificilmente nós teremos alguma surpresa com o próximo versículo, que evoca a imagem de um domínio tirânico e rude. Gl 3.24 – "de modo que a Lei se tornasse nosso aio (παιδαγωγός) para Cristo". A imagem é a familiar de um escravo que levava um menino para a escola e depois o buscava. A palavra (παιδαγωγός) aparece somente em uma única outra passagem dentro das cartas de Paulo (e do NT – 1Cor 4.15), onde ela claramente alude a uma figura familiar dentro da sociedade antiga; neste caso o exegeta tem pouca escolha – o vocábulo, para ser elucidado, deve ser considerado uma referência ao contexto da época. O que causa uma impressão mais forte, neste caso, é o fato de que o παιδαγωγός é, na literatura da época, uma figura frequentemente criticada por seu abuso de poder, ou então é tratado como uma figura cômica.[15] Consequentemente, tem sido natural considerar de forma negativa a referência feita aqui,[16] uma impressão reforçada ainda pela expressão ὑπὸ παιδαγωγόν [sob custódia, sob aio] em Gl 3.25.

O ápice vem em Gl 4.8-10, em que Paulo parece novamente igualar a Lei a um poder espiritual, mas agora para identificá-la com clareza ainda maior com os deuses que "não são absolutamente deuses" e com as "forças elementares desprezíveis". Quando os gálatas "observavam dias e meses e tempos especiais e anos", eles se colocaram novamente sob a escravidão de tais não-seres, ou sob seres radicalmente inferiores. Para captar a linha plena de pensamento, é mais uma vez

---

[14] Assim também R. Y. K. Fung, *Galatians*. NICNT (Grand Rapids: Eerdmans, 1988), p. 168.
[15] Betz, p. 177.
[16] Cf., por exemplo, Schlier, p. 168-170; A. Oepke, *Galater*, 3ª ed. THNT (Berlim: Evangelische, 1973), p. 121-122; Betz, p. 177-178 – "o pedagogo [...] uma figura repulsiva", "a desvalorização radical da Lei".

importante que o exegeta esteja ciente dos fatores contextuais, como a atitude judaica a respeito de outros deuses e a crença muito divulgada na Antiguidade de que a vida humana era influenciada pelas forças primordiais e cósmicas que moldavam e regulavam o mundo em sua totalidade.[17] Também é necessário estar atento ao fato de que os "dias e meses e tempos especiais e anos" são, quase com certeza, alusões às festas e às comemorações judaicas.[18] Para um judeu, negar a Lei de forma tão radical, declarar que ela é "farinha do mesmo saco" em relação aos não-deuses e em relação à matéria básica do cosmos, consistia uma reviravolta extraordinária, que já bastava em si para dar inevitavelmente uma resposta afirmativa à pergunta apresentada no título. Parece que Paulo se voltou totalmente contra a crença judaica tradicional de que Deus tinha estabelecido anjos para governar outras nações, mas tinha reservado Israel para si mesmo (Dt 32.15; Sir 17.17). Não!, diz Paulo – de fato, a Lei tem sido o anjo de Israel, e, assim como na variação hostil da tradição mais antiga em Jub 15.31-32, o objetivo de tal poder angelical, da Lei, era desviar o povo sobre o qual ela governa. O desdém dos judeus acerca das nações fora dirigido contra eles mesmos quando eles usaram a Lei como alavanca.

Portanto, este é o cerne da atitude de ler o texto de Gálatas como uma polêmica hostil contra a Lei. Contudo, será que a justificação é suficiente? Será que o contexto dentro do qual o texto foi lido e interpretado não é demasiadamente seletivo e restritivo? De fato, podemos levantar um argumento igual e efetivamente mais persuasivo em favor de ler e interpretar as mesmas passagens-chave de uma maneira muito mais positiva.

No caso de Gl 3.19a, a questão concentra-se no significado de χάριν. Aqui precisamos lembrar que a palavra está no acusativo de χάρις, "graça, favor", e que seu significado habitual, como atestado em outros textos da época, é "para o/pelo bem de, em nome de, à parte de".[19] Isto sugere um objetivo muito mais positivo para a Lei do que simplesmente "tornar consciente das transgressões", e certamente mais positivo do que "provocar transgressões". Sugere, de fato, um objetivo

---

[17] Cf., além disso, os principais comentários sobre Gálatas, que todos lutam com a referência exata desses termos, particularmente ἀ στοιχεῖα τοῦ κόσμου em Gl 4.3 e 4.9.
[18] Cf. meu livro *Galatians*. BNTC (Londres: A. & C. Black, 1993), p. 227-229.
[19] LSJ, χάρις VI.1.

da Lei como era geralmente reconhecido dentro das Escrituras (AT) e do judaísmo do tempo de Paulo: isto é, como um meio de lidar com as transgressões. Em outras palavras, a referência aqui feita era provavelmente dirigida a todo o culto sacrifical, em cujo centro estava a provisão de meios para cobrir pecados e remover culpas, meios de expiação. O fato de a Lei ser vista até este ponto em Gálatas em contraste com a promessa provoca a pergunta: "Por que, então, a Lei?" No entanto, o fluxo do pensamento está igualmente bem observado se a resposta à pergunta começa a explicar a função positiva da Lei. Aqui, poderíamos então dizer, há uma luta entre contextos: faz mais sentido ler e interpretar Gl 3.19a à luz de Rm 5.20, onde o pensamento é bem distinto e a palavra-chave χάρις tem uma função bem diferente? Ou nós devemos analisar o termo à luz da função positiva, como graça de fato, diante da qual a Lei servia, na verdade, para Israel desde o Sinai?

A respeito dos anjos de Gl 3.19b, é certamente verdade, como nós já notamos, que a expressão reforça o contraste com a promessa, que a expressão dupla, "através de anjos" e "pela mão de um intermediário", destaca o contraste com a forma imediata da promessa que Deus deu a Abraão. Contudo, tendo dito isso, também tem que ser dito que a própria referência não implica que os anjos em questão fossem hostis ou maus. Muito pelo contrário, qualquer pessoa familiarizada com a tradição judaica pensaria de forma absolutamente natural na crença judaica bem estabelecida de anjos estarem de fato associados à dádiva da Lei (Dt 33.2 LXX – "anjos estavam à sua direita, com ele" [isto é, com o Senhor]; Jub 1.29-2.1; Fílon, Som 1.143; Josefo, Ant 15.136; ApMos, prefácio).[20] E já que o motivo era também familiar em outras partes do cristianismo de fala grega (At 7.38,53; Hb 2.2), a inferência mais natural é que Paulo visava a mesma alusão. Em outras palavras, a alusão, ao mesmo tempo em que estabelecia o contraste com a promessa, certamente não negava que a Lei tenha sido dada por Deus – até mesmo se em uma ou duas intermediações. Também aqui, nós podemos dizer, uma consciência do contexto mais amplo da época inviabiliza uma interpretação dependente de uma leitura bastante estrita do texto.

Algo semelhante acontece com Gl 3.23 e 3.24. Aqui, nós notamos bem que o sentido principal de φρουρέω é "guardar, vigiar sobre", como

---

[20] Além disso, cf. *Str-B*, 3, p. 554-556; T. Callan, "Pauline Midrash: The Exegetical Background of Gal 3:19b", in *JBL* 99 (1980): 549-567.

no caso da guarnição de uma cidade (2Cor 11.32), ou então "proteger, preservar", como nas única duas outras ocorrências no NT (Fl 4.7; 1Pd 1.5). Isto quer dizer: aquilo que Paulo tinha em mente era provavelmente uma *custódia protetora*.[21] Isto se encaixa bem na imagem do παιδαγωγός em Gl 3.24, porque, também aqui, a imagem era essencialmente positiva – um escravo recebe a tarefa responsável de proteger seu jovem senhor e de instruí-lo em boas maneiras. É claro que a figura do pedagogo se tornou o tema de muitas piadas, como tem acontecido com governantas e professores escolares em gerações subsequentes. Mas o papel essencialmente positivo dificilmente pode ser negado, como confirmaram estudos recentes.[22] Aqui temos que concluir novamente a consciência do uso mais amplo da linguagem e da metáfora, assim como Paulo a podia pressupor por parte de seus leitores mais letrados, uso que evita uma leitura que pode ser justificada somente pela ignorância do uso mais amplo e pela opção por uma interpretação mais restrita do texto.

Em resumo, se Paulo de fato estava vinculando a Lei a anjos e pensando da própria Lei como de uma espécie de poder angelical, surge a ideia de que Paulo tivesse em mente a Lei como uma espécie de anjo da guarda. Esta conclusão provisória pede maiores análises.

1.2. O papel temporário da Lei como anjo da guarda

Como já observamos, a Carta aos Gálatas parece ter um impulso predominantemente negativo em todas as referências iniciais de Paulo à Lei. Para ser exato, as referências específicas à Lei são 14, tais como aparecem apenas a partir de Gl 2.16, mas, depois, entre 2.16 e 3.18. As primeiras referências são todas às "obras da Lei", e todas fazem parte da formulação negativa "por obras da Lei" [ἐξ ἔργων νόμου], expressão que ocorre na sequência seis vezes (Gl 2.16; 3.2,5,10). As outras se referem ao morrer para a Lei, negam que a justiça e a herança venham através da Lei, colocam a Lei e a fé em antítese e se referem à maldição da

---

[21] Assim Oepke, p. 120; P. Bonnard, *Galates*. CNT (Neuchâtel: Delachaux, 1953), p. 75; D. Guthrie, *Galatians*. NCB (Londres: Oliphants, 1969), p. 108; U. Borse, *Galater*. RNT (Regensburg: Pustet, 1984), p. 137.

[22] Cf. especialmente D. J. Lull, "'The Law was our Pedagogue': A Study in Galatians 3:19-25", in *JBL* 105 (1986): 481-98; N. H. Young, "παιδαγωγός: The Social Setting of a Pauline Metaphor", in *NovT29* (1987): 150-176.

Lei (Gl 2.19,21; 3.11-13,18). No entanto, é apenas em 3.19 que a questão do verdadeiro objetivo da Lei é abordada. Quando fica tão claro para o que a Lei não serve, surge a questão: por que então ela foi dada? No fluxo da argumentação de Paulo, a questão era fatal e inevitável.

Naturalmente, como já vimos (§ 1.1), a resposta dada por Paulo a respeito da *função* da Lei é contestada. Contudo, pode haver pouca discussão sobre o fato de Paulo considerar tal função como *temporária*. A Lei foi dada bem depois da promessa (430 anos) e por isso esta não pode ser confundida com a, ou aquela pode ser entendida como parte da promessa, ou mesmo anular e invalidar a promessa (Gl 3.17-18). E ela foi "acrescentada [...] até a vinda da semente a qual a promessa foi dada" (Gl 3.19), até que a fé pudesse ser direcionada à semente, Jesus Cristo.

> Antes da vinda de tal fé, nós fomos mantidos em custódia (ἐφρουρούμεθα)
> sob a Lei, confinados até que a fé que deveria vir fosse revelada,
> de modo que a Lei se tornou nosso aio (παιδαγωγός) para Cristo,
> a fim de que pudéssemos ser justificados da fé.
> Mas, com a vinda da fé já não estamos sob o aio (Gl 3.23-25).

Notável é o uso da primeira pessoa no plural, o que muito obviamente revela a perspectiva de uma pessoa que pensou em si mesma como um membro de Israel, como um judeu.[23] Certamente é a perspectiva de alguém que se lembra do passado como um de confinamento do qual agora foi liberto, a perspectiva de alguém que se viu tendo estado previamente sob um escravo que lhe tinha a custódia, mas que agora tinha alcançado uma idade da maturidade na qual o παιδαγωγός já não era necessário. Portanto, seja qual for o debate sobre os detalhes, o ímpeto principal deste parágrafo é certamente bastante claro: o papel da Lei como aio (para Israel) era de tempo limitado; era um papel que tinha se estendido desde o Sinai até a vinda da semente prometida e até a proclamação da fé nela.

O que tais ideias significam no âmbito do propósito salvífico de Deus é elaborado com uma metáfora correlacionada em Gl 4.1-7.

---

[23] Assim, W. M. Ramsay, *Galatians* (Londres: Hodder, 1900), p. 381; T. L. Donaldson, "The 'Curse of the Law' and the Inclusion of the Gentiles: Galatians 3.13-14", in *NTS* 32 (1986): 94-112, aqui: 98; Dunn, p. 197-8; contra a maioria.

Filhos e filhas de Abraão são herdeiros da promessa a Abraão (de semente e bênção). No entanto, enquanto são menores de idade, estão sob protetores e tutores apontados por seu pai. Somente quando alcançam a idade apropriada da maturidade, começam usufruir de sua herança – algo alcançado (também para os gentios) pela vinda de Cristo e do Espírito. Como 4.1-7 é de fato uma recapitulação do argumento de Gl 3.23-29,[24] no que diz respeito à Lei, o ponto está suficientemente claro. Estar sob a Lei é estar sob aio (παιδαγωγός), é estar sob protetores tutores (Gl 4.2). Em outras palavras, a Lei tem um papel temporário para Israel, porque a vinda do Messias e de seu Espírito marca o ponto no tempo/história em que ocorre a transição de Israel da infância para a idade (jovem) adulta – sendo consequência disto que, para um (jovem) adulto, a inspiração e a monitoração da vida são, agora, mais do Espírito do que simplesmente da Lei (cf. § 1.3).

Nós devemos notar que, na metáfora central, não é essencialmente negativo que Israel esteja sob a Lei. Muito pelo contrário, Israel sob a Lei ainda é herdeiro das promessas feitas a Abraão. A diferença é relativa – é a diferença entre um filho antes (pouco antes) de alcançar sua maioridade, e o irmão que já a alcançou (pouco antes). Paulo pode forçar a diferença aqui e mais fortemente depois (Gl 4.28-31), mas 4.19 mostra que ele estava também consciente de que a diferença era muito relativa: longe de já ter entrado plenamente na idade da maioridade como filhos e filhas de Abraão, os gentios que creem estão ainda no ventre (Gl 4.19)! Tampouco elas já entraram plenamente naquela herança (Gl 5.21).[25] O contraste entre os judeus não crentes (sob a Lei) e os judeus e gentios crentes não é absolutamente tão aguda como algumas as passagens, lidas isoladamente, podem indicar.

Portanto, é difícil evitar a conclusão de que, para Paulo, em tal tempo de ínterim, o papel da Lei em relação a Israel era essencialmente protetor. De fato, a imagem que Paulo esboça aqui está muito próxima à afirmada positivamente na Carta de Aristeias:

---

[24] Cf. meu livro *Galatians*, p. 210.
[25] Característica desse uso padronizado nas cartas do NT é a compreensão de que a herança do Reino ainda é futura (Gl 5,21; 1Cor 6,9-10; 15,50; Ef 5,5; Tg 2,5); cf., além disso, meu livro *Galatians*, p. 306-307.

Em sua sabedoria, o legislador (isto é, Moisés) [...] cercou-nos de paliçadas fechadas e muros de ferro, para impedir nossa mistura com qualquer dos outros povos e em qualquer aspecto, mantendo-nos assim seguros no corpo e na alma [...]. Assim, para impedir que fôssemos pervertidos pelo contato com outros ou por nos misturar com influências más, ele nos cercou por todos os lados com estritas observâncias vinculadas a carne e bebida e toque e ouvido e vista, segundo o jeito da Lei. (139; 142)

De fato, de diferentes maneiras, todas as principais expressões do judaísmo no tempo de Paulo deveriam ser percebidas sem dúvida como protegidas pela Lei, protegidas da ira divina, do pecado, da contaminação pelos impuros ou mesmo de todas essas coisas. Aqui, poderíamos dizer, a compreensão paulina da Lei era quintessencialmente judaica.

Mais controvertida é minha própria visão de que uma das expressões-chave da carta, "obras da Lei", deveria ser entendida dentro do mesmo contexto. Nos estudos do NT predomina ainda a interpretação caracteristicamente luterana de que a expressão significa efetivamente "boas obras alcançadas pelo esforço humano e expressão da autoafirmação humana".[26] No entanto, no contexto de Gálatas, é a função das "obras da Lei", que distingue os judeus dos gentios, que era provavelmente o elemento mais próximo à superfície da mente de Paulo. No primeiro uso (Gl 2.16), o contexto indica com certeza exatamente tal função, e a clara implicação de Gl 2.11-18 é que Pedro, um "judeu por natureza", tinha "se separado" dos crentes gentios em Antioquia ("pecadores gentios") com base na teologia das "obras da Lei". E isto combina com o papel protetor da Lei delineado depois, na segundo metade do cap. 3 – as "obras da Lei" preservam tanto a posição de Israel dentro da aliança,[27] quanto o caráter distinto de Israel em relação aos outros povos.[28]

Contudo, seja qual for a função exata da última expressão "obras da lei", é claro que, para Paulo, a função da Lei já não era mais neces-

---

[26] Cf., por exemplo, as citadas em relação a meu livro *Galatians*, p. 135, nota 1.
[27] A atitude descrita pela expressão de E. P. Sanders, "nomismo da aliança", cf. seu *Paul and Palestinian Judaism* (Londres: SCM, 1977), p. 75,180.
[28] Além disso, cf. meu texto "Works of the Law and the Curse of the Law (Gal. 3.10-14)", in *Jesus, Paul and the Law* (Londres: SPCK/Louisville: Westminster, 1990), p. 215-41, aqui: p. 219-225 (= p. 193-207s acima), p. 237-241; também "Yet Once More – 'The Works of the Law': A Response", in *JSNT* 46 (1992): 99-117 (= acima, Cap. 3).

sária. Agora que a promessa de que a bênção de Abraão seria compartilhada pelas nações tinha alcançando seu cumprimento escatológico, a Lei em seu papel de proteger e distinguir Israel das nações tinha chegado a seu fim. As marcas distintivas dos filhos e das filhas escatológicas de Abraão já não são as "obras da Lei", mas os marcadores inclusivos da fé de Abraão, Cristo e seu Espírito (Gl 3.1-14; 3.22-4.7).

Portanto, aqui nós podemos ver novamente que, ao colocar o texto dentro do contexto do pensamento judaico da época, como que iluminado por outros textos da época, emerge uma exegese que faz justiça mais plena às nuances do argumento de Paulo do que uma leitura do texto inflexivelmente hostil à Lei, que enfoca o caráter controverso dos argumentos de Paulo com maior nitidez do que a antítese direta entre o evangelho e a Lei.

1.3. Em outros aspectos, a Lei ainda tem uma função positiva

Surgem, a partir das ideias acima expostas, duas conclusões importantes. A primeira é que o contraste em Gl 3 entre a promessa e a Lei não implica uma atitude totalmente negativa em relação à Lei. Muito pelo contrário, a função da Lei delineada na resposta à pergunta "Por que, então, a Lei?" (Gl 3.19) é bastante positiva – a Lei dada por Deus é uma espécie de anjo da guarda para Israel. A segunda conclusão é que o papel da Lei era temporário, visando preencher a lacuna entre a dádiva da promessa a Abraão e o seu cumprimento na vinda de Cristo. Isto quer dizer que, antes da extensão da bênção de Abraão às nações através de sua semente, a Lei tinha o papel de preservar o caráter distinto de Israel como herdeiro da promessa, de proteger Israel em um mundo hostil – ela não servia para dar a vida (Gl 3.21), mas para demarcar o padrão e o estilo de vida do povo da aliança (3.12).[29]

É tal dupla conclusão que fornece uma chave para a mistura de comentários negativos e positivos em Gálatas a respeito da Lei os quais, ausentes, deixaria a compreensão do texto confusa. Na frente negativa fica agora claro que a preocupação de Paulo era a possibilidade de que seus convertidos gentios pudessem tratar a Lei como se o seu papel para Israel fosse permanente, tanto em sua validade escatológica

---

[29] Para o sentido e a distinção entre Gl 3.12 e 3.21, cf. meu *Galatians*, p. 175-176, 192-193.

contínua, quanto para o tempo que precedeu a vinda de Cristo. Ao realizar as "obras da Lei" como, por exemplo, festas judaicas (Gl 4.10), os gentios estavam de fato tratando a Lei como se ela fosse um de seus antigos deuses, um poder posto entre eles e Deus (Gl 4.8-10). Ao agir assim, deixaram de captar que tinha chegado ao tempo da maioridade, ao tempo do cumprimento (Gl 4.1-7). Estavam procurando a segurança como uma criança a quem sempre se diz o que deve ser feito, enquanto eles deveriam se rejubilar na liberdade da maturidade maior que o dom do Espírito tinha trazido como bênção de Abraão (Gl 3.2-3.14). Reerguer a Lei como um baluarte que continuava a distinguir e dividir judeus (crentes) das nações (crentes) era subordinar a promessa à Lei e tornar a morte de Cristo algo sem sentido (Gl 2.17-21).[30]

No lado positivo, o ponto argumentativo está ainda mais claro, pois a função temporária da Lei como uma proteção e um baluarte para Israel não era evidentemente a plenitude de sua função. O ímpeto negativo do argumento de Paulo está direcionado somente contra o fato de que a Lei está sendo relacionada de modo demasiadamente estrito a Israel como se ela fosse exclusivamente judaica. Tal papel, uma vez posto de lado e escatologicamente depurado, revela que há mais para ser dito. Ainda se pode falar da Lei como algo que tem uma função positiva em direção à vida. Isto está claramente indicado em Gl 5.14: para Paulo, "toda a Lei" era ainda uma obrigação para o crente, tanto o gentio quanto o judeu. A diferença é que "toda a Lei" não pode ser cumprida mediante a prática das "obras da Lei", como no tempo antes de Cristo, mas na singular palavra bem conhecida, "amarás teu próximo como a ti mesmo" (Lv 19.18), um amor que é também o fruto do Espírito escatológico (5.22).[31]

Sob o mesmo título deveríamos também incluir a referência à "Lei de Cristo" (Gl 6.2). É presumível que Paulo tivesse em mente aqui uma preocupação amorosa pela relação com o outro, preocupação que a tradição de Jesus documentava tanto para o próprio ministério de Jesus quanto no resumo do mandamento do amor (como fortemente sugere

---

[30] Para a correlação entre Gl 2.21 e 3.13-14, cf. meu *Galatians*, p. 147-149 e 176-180.

[31] Drane, p. 112-3, e Hübner, p. 36-40, não conseguem encontrar um sentido para 5.14, à luz de sua conclusão demasiadamente estreita, tirada anteriormente, de que Paulo em Gálatas tivesse rejeitado a Lei totalmente; cf. ainda meu livro *Galatians*, p. 288-292.

o paralelo com Rm 15.1-8). No entanto, como em Gl 5.14, Paulo não hesita em descrever tal atitude e tal *éthos* pelo mesmo termo "Lei". Como em 5.14, a implicação é que Paulo se refere de fato à mesma Lei – a Lei como vivida e resumida na vida e no ensinamento de Jesus, por isso "a lei de Cristo".[32] Talvez, nós possamos supor também que Paulo pensava particularmente na ênfase que a tradição de Jesus conferia ao fato de Jesus comer com "pecadores" (Mc 2.16-17; Mt 11.19/Lc 7.34), entendido por Paulo como um exemplo da maneira como Jesus vivia o mandamento do amor ("a lei de Cristo") e também como a justificação de sua própria posição diante das "obras da Lei" na carta (Gl 2.14-16). Se este for o caso, os vínculos intercontextuais presentes aqui são abundantemente ricos. E já que eles ajudam a explicar o equilíbrio entre o tratamento negativo e o tratamento positivo da Lei na própria Carta aos Gálatas, não podem ser descartados como meramente especulativos.

Em resumo, uma vez que o ímpeto negativo do tratamento paulino da Lei é esclarecido e inserido no contexto da própria carta e também do judaísmo do tempo de Paulo, torna-se evidente uma teologia coerente da Lei em Gálatas. As características mais negativas da Lei referem-se ao seu papel temporário como uma espécie de anjo da guarda para Israel no tempo antes da vinda de Cristo. No entanto, tal papel, resumido na expressão "obras da Lei", está cumprido. O que resta é a Lei entendida à luz da tradição de Jesus, resumida no mandamento do amor, e cumprida pela capacitação pelo Espírito.

2. A Lei na Carta aos Romanos

Em Romanos, o tratamento da Lei é mais pleno. De fato, a teologia da Lei é o verdadeiro tema subjacente à carta: consta em cada capítulo de 2 a 10. Inclusive, é o tema principal nos cap. 2 e 7 e a maneira como a temática é introduzida de modo geral mostra que tal constitui o contraponto principal à mensagem central do evangelho. Aqui, o espaço

---

[32] Cf. especialmente H. Schürmann, "'Das Gesetz des Christus' (Gal 6,2): Jesu Verhalten und Wort als letztgültige sittliche Norm nach Paulus", in J. Gnilka (org.), *Neues Testament und Kirche*. FS R. Schnackenburg (Friburgo [Alemanha]: Herder, 1974), p. 282-300.

nos permite apenas chamar a atenção para as características mais significativas para uma comparação com a Carta aos Gálatas.

2.1. A Lei como uma vara de medir

A função da Lei enfatizada mais consistentemente nos primeiros capítulos é a de ser uma vara de medir – ela tem a função de trazer a consciência acerca do pecado e medi-lo. Em cada caso, a referência está numa frase explicadora que alude à função que era ou tão familiar ou tão óbvia que não precisava de maiores explicações ou justificativas, mas podia ser considerada totalmente natural:

> [...] pois através da Lei vem o conhecimento do pecado (Rm 3.20);
> (pois) onde não há Lei também não há transgressão (Rm 4.15);
> Pois até a Lei, o pecado estava no mundo, mas o pecado não é contado na ausência da Lei (Rm 5.13);
> O pecado, para que possa aparecer como pecado, [...] para que o pecado através do mandamento possa ficar inteiramente pecaminoso (Rm 7.13).

O argumento é tão óbvio que não é alvo de debates na discussão moderna, de modo que ele não precisa de muita exposição: de acordo com a Carta aos Romanos, uma das funções principais da Lei é definir o pecado como pecado, isto é, indicar as linhas e os limites estabelecidos por Deus para a conduta apropriada de um israelita; ou seja, visa tornar um israelita consciente da sua conduta, tanto do que não é aceito por Deus, quanto em relação ao que é inapropriado em Israel. Assim, o israelita instruído na Lei sabia qual conduta tinha de ser evitada (Rm 3.19), sabia as consequências de tal conduta (4.15) e sabia também como ela tinha de ser expurgada (Rm 3.21). Tal teologia da Lei está no coração de dois tratamentos mais longos da Lei em Romanos: ganha sua expressão mais completa em 2.12-16 (a Lei como a medida de julgamento final), e é também o ponto de partida para o julgamento da Lei que começa em Rm 7.7 (cf. *abaixo*).

É interessante notar que tais funções da Lei não aparecem em Gálatas. Este fato ajuda presumivelmente a confirmar que não havia aqui o questionamento quanto à existência ou não de uma função ordinária ou básica para a Lei, mas havia quase que exclusivamente a tentativa de destacar a função da Lei de colocar os judeus apartados dos gentios. Em contraste, em Romanos, embora a questão de Gálatas não esteja ausente, o que é esboçado é uma exposição muito mais plena e coesa da Lei e de suas funções. Isto também reforça a visão de que a situação abordada em Roma não tinha absolutamente as mesmas proporções de crise que a situação enfrentada por Paulo junto às Igrejas da Galácia, de modo que uma resposta mais comedida era tanto desejável quanto possível.[33]

2.2. O julgamento da Lei

Não obstante as teses de DRANE e HÜBNER,[34] é em Romanos e não em Gálatas que ressoa a nota mais negativa em relação à Lei. Seja qual for o significado de Gl 3.19, é difícil negar o papel negativo atribuído à Lei em Rm 5.20: "A Lei veio para aumentar a transgressão". A escolha do verbo "enfiar, interpor" [παρεισῆλθεν] e o uso da voz ativa (a Lei como sujeito) parece aumentar o tom negativo subjacente e faz a Lei aparecer como um aliado traiçoeiro dos poderes opressores, a saber, o pecado e a morte – a Lei era um anjo da guarda (Gl 3.19), poderíamos dizer, subvertido pelos poderes do mal.

Isto é muito surpreendente em Romanos, já que, novamente em contraste com Gálatas, o tratamento inicial da Lei em Romanos tenha sido bastante objetivo e até mesmo positivo (Rm 2.13-15,25,27; 3.21,27b,31; 4.16). Exceto algumas indicações de uma relação insatisfatória com a Lei por parte do interlocutor judaico em Rm 2.17-29 (mas a Lei não é culpada), as únicas notas negativas ressoam novamente na expressão "obras da Lei", algumas vezes repetida (Rm 3.20,27a,28), e pelo contraste com a promessa a Abraão (Rm 4.13-15). Assim, a nota ferozmente negativa de 5.20 vem um tanto como uma surpresa.

Por que Paulo teria introduzido neste ponto uma nota tão negativa é uma questão apenas parcialmente clara. Deve ter sido intencional, pelo menos para destacar o contraste entre as duas eras da história da humanidade, delineadas em Rm 5.12-21. A era de Adão (Adão até

---

[33] K. P. Donfried (org.), *The Romans Debate. Revised and Expanded* (Peabody: Hendrickson, 1991); A. J. M. Wedderburn, *The Reasons for Romans* (Edimburgo: T. & T. Clark, 1988).

[34] Cf. *acima*, notas 7 e 12.

Cristo) está caracterizada como submetida aos poderes do pecado e da morte. A Lei foi introduzida nessa situação cruel não como uma maneira de melhorar a condição humana (como em Gl 3.19), mas como um aliado do pecado e da morte. Presumivelmente, o propósito era ao menos em parte retórico: por um lado, visava perturbar qualquer suposição facilitadora por parte do interlocutor judaico que antes aparecera na carta, no caso, a suposição de que a Lei protegesse Israel dos piores efeitos do pecado e da morte (como implicado em Rm 2.12ss e Gl 3.23-24);[35] e, por outro lado, para aumentar o contraste dramático com o efeito da graça divina em e através de Cristo (Rm 5.20-21; 6.14-15). No entanto, o efeito está ainda enervante e deixa pairar uma pergunta sobre a relação da Lei com o pecado e a morte. Sem dúvida, Paulo sentiu que podia fazer isto porque, dentro de poucos parágrafos, ele abordaria exatamente esta questão.

Logo, Romanos 7 (ou, mais exatamente 7.7-8.4) funciona de muitas formas como o ápice em relação às questões preocupantes acerca da Lei, levantadas por Paulo nos capítulos precedentes. Em Rm 7.7-13, a pergunta é feita explicitamente: "A Lei é pecado?" Será que o vínculo entre pecado e Lei expressado em Rm 5.20 chega a significar uma equação dos dois? A resposta de Paulo é imediata: não! E ele continua explicando como o pecado fez uso dos mandamentos da Lei para incitar transgressão e conseguir a morte em consequência da transgressão (Rm 7.7-13). Transfere-se aqui a culpa para o poder personificado do pecado; a Lei não é um aliado do pecado (como Rm 5.20 poderia ter implicado), mas seu joguete.

Outra razão para o poder do pecado, implícita, mas não desenvolvida em Rm 7.7-13, é a fraqueza da condição humana, uma fraqueza da carne, ou, para ser mais exato, uma fraqueza do "eu" enquanto carne. Assim, até mesmo o uso da Lei pelo pecado para demonstrar a pecaminosidade total do pecado (7.13) não deve ser entendido como uma crítica à própria Lei: "Sabemos que a Lei é espiritual; mas eu sou carnal, vendido sob o pecado" (7.14). Novamente, a culpa tem que ser atribuída inteiramente ao pecado (Rm 7.14-17).

Tendo introduzido todos os agentes (pecado, morte, Lei, "eu"), a análise da condição humana e do papel da Lei em relação ao pecado pode ser esclarecida e defendida. A chave é, antes de tudo, reconhecer

---

[35] Cf. também meu *Romans*. WBC 38 (Dallas: Word, 1988), p. 286.

que o próprio "eu" está dividido (Rm 7.18-20): o "eu" como carne faz o mal, ou, para ser mais exato, o pecado que habita o "eu" como carne faz o mal, enquanto, ao mesmo tempo, o "eu" deseja fazer o que é bom. Segundo, esta divisão interior e contradição do "eu" tem sua correspondência numa divisão e contradição equivalente na Lei (Rm 7.21-23): a Lei usada pelo pecado e a Lei indicando a vontade de Deus. E a correspondência é estreita: o "eu" querendo o que é bom é o "eu" instruído pela a Lei de Deus, o "eu" como o "homem interior" (7.22), o "eu" como mente (7.25); ao mesmo tempo, o "eu" entendido como carne permanece sob a agitação do pecado, cativo da Lei usada pelo pecado (da maneira explicada antes: Rm 7.23,25), da Lei do pecado e da morte (8.2-3).[36]

Não precisamos procurar nenhuma solução maior da questão muito discutida acerca da identidade do "eu".[37] Já que o argumento de Rm 7.7-8.4 é a defesa da Lei contra a acusação inicialmente levantada em 5.20, será suficiente observar que a explicação mais óbvia é vincular a rixa no "eu" à divisão das eras delineada em Rm 5.12-21 – o "eu" como carne, sob o poder de pecado e morte, como parte da era de Adão – e o "eu" como o "homem interior" e mente, representando o ser humano como Deus o desejou, com deleite na vontade de Deus indicada pela Lei, embora, na realidade, dependente da capacitação pelo Espírito para superar a fraqueza da carne e para cumprir a exigência da Lei (Rm 8.4). No entanto, seja qual for a exata referência do "eu", deveria estar suficientemente claro que a defesa da Lei termina com uma ênfase muito positiva no cumprimento das exigências da Lei.

Por isso, a importância de Rm 7.7-8.4 dentro do subtema da teologia da Lei de Romanos não deve ser subestimada. É esta passagem que

---

[36] Esse reconhecimento de uma rixa dentro da Lei como correspondente à rixa dentro do "eu" me parece oferecer um sentido melhor para a sequência que se refere à Lei em Rm 7.21-8.4 do que a visão alternativa e ainda predominante que entende as referências à Lei em Rm 7.21,3 e 8.2a no sentido de "princípio"; na pesquisa recente, cf. J. Ziesler, *Romans* (Londres: SCM/Philadelphia: TPI, 1989), p. 197-198.202; D. Moo, *Romans 1-8*. Wycliffe Exegetical Commentary (Chicago: Moody, 1991), p. 490-492,504-508; J. A. Fitzmyer, *Romans*. AB 33 (Nova Iorque: Doubleday, 1993), p. 131; cf., porém, meu comentário *Romans* 392-395,416-418, com maior bibliografia.

[37] A revisão recente mais completa é de J. Lambrecht, *The Wretched 'I' and its Liberation. Paul in Romans 7 and 8* (Lovânia: Peeters, 1992).

mostra melhor que todas as outras que Paulo não era contra a Lei como tal, pois é uma defesa hábil da Lei que a "retira do anzol". A acusação de que a Lei era pecado e funcionava como um poder quase celestial (assim como pecado e morte) era legitimada e até mesmo provocada pelo ápice provocante de Rm 5.12-21. No entanto, agora fica claro que, para Paulo, qualquer acusação da Lei visa somente destacar seu aspecto de ser abusada pelo pecado, e nesta acusação, a fraqueza da carne humana é igualmente, se não mais, provocadora de culpa. Mas o verdadeiro culpado é o pecado. Fora disso, porém, a Lei continua a funcionar como vara de medir e medida da vontade de Deus; ainda faz parte da vontade de Deus que as suas exigências sejam cumpridas – ele enviou seu Filho e deu seu Espírito exatamente para tal propósito (Rm 8.3-4).

A consequência hermenêutica que segue disso é o perigo de uma exegese atomística.[38] Nesse caso, considerar Rm 5.20 isoladamente, ou somente no contexto imediato de 5.12-21, pode facilmente levar à conclusão de que a atitude de Paulo acerca da Lei era inteiramente hostil, tão hostil quanto a sua atitude em relação ao pecado e à morte. No entanto, numa carta tão bem elaborada como Romanos, é importante considerar textos particulares no contexto da argumentação e retórica em desenvolvimento na carta inteira. E em outras partes está muito óbvio que uma parte da técnica de Paulo era constatar uma crítica radical no início, mas *não* como sua conclusão final, e sim como uma questão que deveria ser tratada depois (particularmente Rm 3.1-8). Assim acontece com Rm 5.20: levanta-se aqui uma questão que é tratada somente em Rm 7.7-8.4, a qual não pode ser entendida adequadamente a não ser pela referência ao texto de 7.7-8.4.

2.3. A contínua regra positiva da Lei

Portanto, ninguém que tenha captado o argumento de Rm 7.7-8.4 deve se surpreender com o papel positivo repetidamente atribuído à Lei em outros textos, e efetivamente ao longo da Carta aos Romanos. De fato, somente quando se capta o ímpeto verdadeiro de Rm 7, que é a defesa da Lei, é possível encontrar um sentido na repetida ênfase

---

[38] O método exegético de Räisänen em *Paul and the Law* mostra bem esse perigo e mina muito de sua própria exegese.

positiva da Lei em Romanos. Sem a chave fornecida por 7.7-8.4, a teologia paulina da Lei permaneceria um enigma, e seria difícil refutar o argumento de que tal teologia é repleta de incoerências e contradições.

O papel positivo permanente atribuído à Lei na Carta aos Romanos pode ser mostrado brevemente, sem maiores exposições, porque já tratamos do cerne do argumento:

> os cumpridores da Lei serão considerados justos (Rm 2.13);
> a circuncisão é benéfica se praticardes a Lei (Rm 2.25);
> [...] a justiça de Deus foi revelada, como atestada pela Lei e pelos profetas (Rm 3.21);
> o gloriar-se foi excluído (não pela Lei proveniente das obras, mas) pela a Lei da fé (Rm 3.27);
> estabelecemos a Lei (através da fé) (Rm 3.31);
> rejubilo-me na Lei de Deus, à medida que isso diz respeito ao homem interior (Rm 7.22);
> a Lei do Espírito da vida em Cristo Jesus vos libertou [...] (Rm 8.2);
> Deus enviou-vos seu Filho [...] para que a exigência da Lei possa ser cumprida em nós que caminhamos não de acordo com a carne, mas de acordo com o Espírito (Rm 8.3-4);
> deles é [...] a Lei (Rm 9.4);
> Israel, perseguindo a Lei da justiça, não alcançou a Lei;
> Por que assim? Porque eles agiam assim não por fé, mas como se fosse de obras (Rm 9.31-32);
> Não fiquem devendo nada a ninguém, exceto amor mútuo; porque quem ama o outro cumpriu a Lei. Porque o(s) mandamento(s) é(são) [...] resumido(s) nesta palavra, no mandamento "Amarás teu próximo como a ti mesmo". Amor não faz nada de mal ao próximo; por isso, o cumprimento da Lei é o amor (Rm 13.8-10).

É difícil entender como, depois dessa enxurrada de textos, alguém pode concluir que Paulo tivesse abandonado a Lei e negado a ela qualquer papel na instrução daqueles que chegaram a crer em Cristo. A chave está no reconhecimento de que o ímpeto mais negativo de Paulo contra a Lei não estava direcionado contra a Lei como tal, mas contra a Lei enquanto manipulada pelo pecado, contra a Lei considerada suficiente em si mesma para superar a fraqueza da carne, contra a Lei proveniente das obras. A Lei, uma vez libertada deste papel, e uma vez que os mandamentos fossem reconhecidos claramente, os quais serviam a este papel e o faziam de certa maneira, a exigência permanente da Lei como expressão da vontade de Deus podia ser reenfatizada. Assim, todas as exigências podiam ser manipuladas pelo pecado, podiam se tornar "obras da Lei". No entanto, enquanto se admitia que todas as exigências da Lei deveriam ser cumpridas através da fé e da capacitação pelo Espírito, e na linha do mandamento do amor, a fraqueza da carne podia continuar a ser superada e os mecanismos do pecado podiam ser derrotados.

Neste ponto manifesta-se também o contraste com Gálatas. Em Gálatas, a ênfase positiva no papel permanente da Lei está presente, mas apenas brevemente, e predomina o ímpeto mais negativo (contrastada com a promessa, a Lei é somente temporária), enquanto que aqui a ênfase é, antes de tudo, contrária. Nós podemos supor que foi o desafio dos outros missionários na Galácia, que procuravam empurrar os crentes na Galácia a viverem (novamente) "sob a Lei", que fez Paulo parecer tão crítico à Lei na Carta aos Gálatas. Se isto for correto, então a dedução igualmente lógica aqui é que, no modo mais reflexivo de Romanos, Paulo podia recuar e delinear o papel da Lei dentro de sua teologia em princípios mais amplos. Na situação menos ameaçadora de Romanos, o papel positivo da Lei para os crentes (tanto os gentios quanto os judeus) podia ser explanado de modo mais desapaixonado e efetivo.

Em resumo, a devida atenção para a abordagem completa da argumentação mostra que a Carta aos Romanos expressa uma compreensão totalmente coerente da Lei, e a devida atenção para as circunstâncias diferentes em que foram escritas a Carta aos Gálatas e a Carta aos Romanos é efetivamente suficiente para explicar as ênfases diferentes entre as duas cartas. As tensões e os problemas hermenêuticos acerca de tal tema, os quais emergiram no debate recente, surgiram principalmente porque as tarefas necessárias para colocar um texto dentro do seu contexto foram negligenciadas ou porque foram ignoradas importantes informações históricas contextuais.

Conclusão

Será que podemos integrar as abordagens da Lei em Gálatas e em Romanos numa única teologia coerente? Penso que sim. Com base nas duas cartas, é possível falar de uma "teologia paulina da Lei" – e nós não falamos de uma teologia incoerente, com muitos fios soltos e questões não resolvidas, nem de uma teologia que tenha mudado em cada um dos seus pontos mais significativos nas duas cartas.

É claro que cada uma das cartas tem suas próprias características distintivas, e em tais características é que nós nos concentramos aqui – principalmente a ênfase de Gálatas no papel temporário da Lei diante de Israel como seu anjo da guarda, a menção repetida em Romanos da função da Lei como vara de medir e a defesa sutil da Lei em Rm 7-8. A outra ênfase está no papel positivo da Lei, que continua a receber nas duas cartas pesos diferentes, mas está presente em ambas. Mais importante para nós, porém, é o fato de que as ênfases mais distintivas de cada carta são coerentes entre si, sem qualquer dificuldade real. Por isso, é bastante fácil extrair uma teologia coerente da Lei, assim como esta está expressa nas linguagens e nas circunstâncias distintas das duas cartas.

A primeira característica comum é o fato de que *o caráter e a função da Lei foram dados por Deus*. Isto está inteiramente explícito em Rm 7, na insistência da Lei como santa, justa e boa. No entanto, é também evidente o papel da Lei como protetor e aio de Israel, um papel evidentemente designado por Deus, embora tal papel forneça uma relação menos imediata com Deus do que a promessa (Gálatas). O papel da Lei também está evidenciado na ênfase que Romanos confere à função permanente da Lei como vara de medir e na Lei como a medida do julgamento final. Paulo continuava evidentemente pensando que a Lei era dada por Deus para ser obedecida e que a falha em obedecer à Lei provocava sérias consequências.

Segundo, podemos ver agora que a crítica à Lei tem, em cada carta, um alvo mais específico. Em Gálatas, ela se dirige contra a manutenção da função protetora da Lei para Israel como um meio de excluir gentios da participação da bênção de Abraão, apesar do cumprimento escatológico em Cristo e no Espírito. Uma vez que os gentios, mesmo mantendo esta condição, receberam também o Espírito, já não é mais necessário usar a Lei como guarda para proteger os judeus contra eles, como se eles ainda fossem "pecadores", fossem ainda uma fonte de impureza. Em Romanos, a crítica é contra a Lei usada pelo pecado para aumentar a fraqueza da carne, para preservar o domínio do pecado e da morte, como ocorrera na era de Adão.

De fato, as duas críticas estão intimamente relacionadas, já que, em ambas as cartas, Paulo considerava as tentativas por parte de outros judeus (cristãos) de preservarem a sua posição privilegiada distinta diante Deus como o alcovitar da carne, exatamente da mesma maneira que as "obras da carne" (Gl 3.2-3; 5.19; 6.12-13; Rm 2.28). E em ambas as cartas, a atitude criticada é resumida na expressão "obras da Lei" (Gl 2.16; 3.2,5,10; Rm 3.20,27-28; 9.32). Na Carta aos Romanos, a mesma apreciação da Lei é caracterizada como γράμμα – como, de fato, uma concentração da ideia de Lei no visível e carnal, isto é, na distinção étnica entre os judeus e os gentios, indicada particularmente pela circuncisão (Rm 2.27-29).

A Carta aos Romanos apresenta também um aspecto do papel temporário da Lei que não fora explorado na Carta aos Gálatas. Em Gálatas, o tempo antes e à parte de Cristo está descrito não somente como o tempo de Israel desde Moisés até Cristo, mas também como "a presente era má" (Gl 1.4) e, por implicação, como a "velha criação" (Gl 6.15). Em Romanos, elabora-se a ideia de era de Adão, sob o domínio do pecado e da morte (Rm 5.12-21). No entanto, enquanto Gálatas parece caracterizar o papel da Lei durante esse tempo como algo essencialmente positivo (protetor, aio, guarda), Romanos retrata o papel da Lei na era de Adão como essencialmente um joguete do pecado. Portanto, podemos dizer que Paulo mostra em Romanos como o papel protetor da Lei (Gálatas) foi pervertido pelo pecado e pelas fraquezas da carne em uma força negativa que impede a consequência plena do evangelho para todas as pessoas que creem. Em tal sentido, o "eu" de Romanos 7 é Israel,[39] preso entre os papéis conflitantes da Lei, manipulado pelo pecado, o qual visa prender Israel mais firmemente às preocupações essencialmente carnais, preocupações que esperam a libertação do Espírito para que seu papel possa ser cumprido. Além disso, já que Rm 10.4 termina com uma seção que critica Israel por continuar a pensar a respeito da Lei da justiça em termos de obras (Rm 9.32), e critica-o por continuar a defender ciumentamente seu relacionamento especial com Deus (Rm 10.2-3), nós podemos ainda deduzir que aquilo cujo fim é marcado por Cristo (Rm 10.4) é o papel temporário da Lei como protetor de Israel, a Lei enfraquecida pela carne e pervertida pelo pecado.

---

[39] Cf. especialmente D. J. Moo, "Israel and Paul in Romans 7:7-12", in *NTS* 32 (1986): 122-135.

Terceiro, uma vez tendo captado plenamente o perigo de que a Lei possa ficar presa ao nexo do pecado e da carne, é possível entender o papel positivo da Lei, que pode ser expresso em sua plenitude. A Lei continua a indicar a vontade de Deus. Deus continua a querer o cumprimento de suas exigências. Somente as pessoas que cumprem a Lei serão justificadas. No entanto, tais exigências são agora entendidas nos termos da fé, do Espírito e do amor, em vez de serem entendidas mediante as obras da Lei – isto é, a Lei é cumprida pela confiança em Deus (Cristo), pelo caminhar através do Espírito, pelo amor ao próximo.

Portanto, ao formular uma teologia coerente da Lei, expressa na Carta aos Gálatas e na Carta aos Romanos, é finalmente importante preservar a própria dialética paulina. Esta dialética não se dá simplesmente pela relação entre o evangelho e a Lei. Nós podemos observar que pensar assim seria demasiadamente prematuro. Mas é coerente pensar na Lei como a vara de medir daquilo que é bom, em oposição à Lei usada como joguete do mal; na a Lei (como a expressão) da fé em oposição à Lei resumida nas obras; na Lei (como a expressão) do Espírito em oposição à Lei como instrumento do pecado e da morte; na Lei como reveladora de como a vida da fé deveria ser vivida através do amor ao próximo em oposição à Lei que corre sempre o risco de se tornar γράμμα, enfatizando as marcas visíveis que distinguem o judeu do gentio. Em todos os casos, porém, é a mesma Lei – a Lei, que assim como o "eu", quer o Espírito, mas ainda é carnal, presa entre as eras, entre as reivindicações concorrentes do pecado e da graça, esperando junto com o resto da criação a libertação dos filhos e filhas de Deus (Rm 8.19-23).

Como um caso de teste para o(s) contexto(s) mais apropriado(s) nos quais e em relação aos quais um texto de Paulo deveria ser exposto, este estudo reafirmou a importância de ler especificamente os textos dentro do contexto mais amplo do documento ao qual pertencem, de elucidar o contexto do documento a partir do contexto mais amplo da época, e de correlacionar diferentes textos do mesmo autor de forma a considerar o intertexto inserido em um contexto. Naturalmente, é certo que há outros contextos dentro dos quais e em relação aos quais serão lidos os textos paulinos acerca da Lei. Contudo, quando nos referimos à teologia da Lei do próprio Paulo, o primeiro contexto deve receber prioridade. O fato de termos conseguido, ao fazer isto, extrair uma teologia coerente da Lei que pode ser atribuída como tal a Paulo, é simplesmente uma confirmação do caráter apropriado de tal procedimento.

Este estudo é dedicado a LARS HARTMANN. Lembro-me que o encontrei pela primeira vez numa estação de trem quando cada um de nós estava tentando encontrar seu caminho até o encontro anual de SNTS. O prazer dos encontros subsequentes foi sempre aumentado por sua presença. Teria gostado de oferecer uma contribuição mais diretamente ligada ao seu próprio trabalho, pois há vários pontos em que nossos vários escritos se sobrepõem, mas infelizmente ainda nem li o seu livro sobre o batismo, nem entendo suficientemente o sueco para fazer justiça ao seu comentário sobre a Carta aos Colossenses, embora eu tenha apreciado imensamente seus artigos sobre Colossenses. No entanto, o tema "Paulo e a Lei" foi efetivamente o assunto de minha palestra no *Exegetical Day* (Dia/Jornada da Exegese) em Uppsala em 1985 (repleto de memórias agradáveis), para o qual LARS me convidou amavelmente, e o *paper* em si foi apresentado como uma das duas palestras na *Menighetsfakultet* em Oslo em abril de 1993, de modo que espero que ele o julgue suficientemente próximo, como poderíamos dizer, tanto teológica como geograficamente, a seus próprios interesses. Para LARS: *ad multos annos*.

Capítulo 12
À procura do fundamento comum

A melhor maneira de confrontar as discussões abordadas no *Symposium*,[1] tanto os acordos quanto os desacordos, provavelmente seja a partir da questão da continuidade e da descontinuidade. Os próprios termos em que a questão é colocada indicam a extensão do problema e o alcance do acordo/desacordo. Nós estamos falando de continuidade/descontinuidade entre o AT e o NT, ou entre Israel e a Igreja, ou entre o evangelho e a Lei? Num encontro como este, a primeira formulação atrairia provavelmente um amplo acordo, já que a tradição cristã considera os Escritos judaicos como parte da Bíblia cristã, uma pretensão que depende de fato da maximização da medida de continuidade entre os Testamentos. A questão da continuidade/descontinuidade entre o evangelho e a Lei evoca a antítese clássica da Reforma: quanto maior for a luz lançada sobre a última, parece que a primeira é lançada inevitavelmente numa sombra mais profunda. No entanto, mesmo assim, a tensão entre o evangelho e a Lei em Paulo dificilmente pode ser entendida senão contra o pano de fundo das outras duas continuidades/descontinuidades, especialmente porque a Torá (Lei) se sobrepõe em grande medida à Escritura (AT) e tem sido significativamente constitutiva para a identidade de Israel.

---

[1] Este artigo foi minha tentativa de resumir os resultados do *Third Durham--Tübingen Research Symposium on Earliest Cristianity and Judaism on "Paul and the Law"*, realizado em Durham em setembro de 1994. Os artigos desse simpósio foram publicados como J. D. G. Dunn (org.), *Paul and the Mosaic Law*. WUNT 89 (Tübingen, 1996; Grand Rapids: Eerdmans, 2001).

É tal fato, porém, que nos dá alguma esperança de encontrar um maior grau de fundamentação comum à questão da relação entre Paulo e a Lei. E isto porque, para nós, estudiosos do Novo Testamento, a questão está focalizada em pontos da exegese, e significa inevitavelmente uma exegese que leve em consideração os fatores históricos e sociais do tempo de Paulo de modo tão pleno o quanto for possível. Esta foi de fato a tarefa do próprio *Symposium*, como indicado no programa e nos temas dos artigos. *Por isso, o fundamento comum que estamos procurando não é primeira e principalmente um consenso entre nós, mas, em alguma medida, o consenso naquilo que era o fundamento comum entre Paulo e os outros judeu-cristãos de seu tempo, com os quais ele estava em debate.* Ou, em nossos termos, qual era a continuidade/descontinuidade entre Paulo e os gentios por ele convertidos (atraídos pelo evangelho de Paulo) por um lado, e os judeus que como Paulo creram em Jesus como o Messias de Israel, por outro? Quanto mais clareza nós pudemos obter sobre este ponto, maior poderá ser o fundamento comum que descobriremos entre nós mesmos.

Nós devemos mencionar dois pontos preliminares, porque tais refletem boa parcela do consenso metodológico entre os participantes deste *Symposium*. Ao primeiro eu já aludi: que o principal tratamento paulino da Lei em suas cartas foi formulado em diálogo e debate não com os judeus não-cristãos, mas com outros judeu-cristãos. Isto elimina definitivamente muito da acusação de antijudaísmo levantada contra Paulo, uma questão que, de forma um tanto surpreendente, quase não surgiu neste *Symposium*. Ao mesmo tempo, é importante perceber que os protestos contra o evangelho de Paulo a respeito da Lei surgiram porque os crentes de origem judaica na época de Paulo sentiam que sua própria identidade como filhos e filhas de Abraão e sua herança como povo de Israel estavam sendo questionadas ou até mesmo ameaçadas pelo êxito da missão de Paulo. O outro é o problema da terminologia. Em vários momentos durante este *Symposium* ficamos tropeçando no problema da linguagem, particularmente na falta de clareza acerca de algumas palavras-chave. Por um lado, usamos palavras que têm evidentemente nuances (muito) diferentes em alemão e em inglês – por exemplo, "legalismo", "justiça própria", "aliança" e "político". Algumas das discussões estacionaram porque há aquilo que poderíamos chamar de "recifes" escondidos dentro de nossas diferentes tradições, patrimônios que pessoas pertencentes a outras tradições não têm consciência suficiente para entender. Por outro lado, havia termos-chave dentro do texto a respeito dos quais não conseguimos chegar a um pleno consenso a respeito dos sentidos – por exemplo, "pecado", "obras da Lei", "vida" e "salvação", e sua relação com a Torá. Outros termos, como "narrativa", provocaram respostas inesperadas. Um dos principais valores deste *Symposium* foi que, com tanto tempo na companhia uns dos outros, nós começamos a explorar tais questões com mais profundidade e começamos a penetrar nelas sob a superfície dos debates. Nós começamos a apreciar não somente as dimensões do debate (o "o quê"), mas também as razões pelas quais as visões alternativas podiam ser defendidas com tanta convicção e paixão (o "por que"). Em tais circunstâncias, qualquer base comum que possa ser percebido é provavelmente o mais importante e, assim espero, permitirá um grau de aproximação genuína maior do que jamais poderia ser alcançado por um único seminário ou por algumas concepções emolientes.[2]

2. O caráter da continuidade

2.1. É difícil negar o fato de que Paulo entendia seu evangelho como inteiramente consistente e em continuidade com sua herança judaica, isto é, em termos cristãos, com o ensinamento do AT. Como dificilmente precisa ser demonstrado ou documentado (refiro-me particularmente à Carta aos Romanos e à Carta aos Gálatas), ele obteve sua compreensão de seu *Hauptmotif* [alemão adaptado ao inglês: motivo principal], "a justiça de Deus", diretamente dos Salmos e do Segundo Isaías.[3] Seus textos-chave na exposição de seu evangelho

---

[2] No que segue, eu reduzirei as notas a um mínimo, já que os pontos principais de referência são os artigos anteriormente apresentados neste *Symposium* (mas agora revisados) e a discussão que tais desencadearam. No entanto, para evitar que este artigo se torne um mero diálogo dentro de si mesmo, acrescentei um número de notas explicativas, pensando em um círculo de leitores mais amplo.

[3] Cf., *p.ex.*, meu livro *Romans*. WBC 38 (Dallas: Word, 1988), p. 41 (com bibliografia), e P. Stuhlmacher, *Der Brief an die Römer*. NTD (Göttingen: Vandenhoeck, 1989), p. 31.

são Gn 15.6 e Hab 2.4. Abraão é seu modelo principal de uma pessoa que tem fé, que crê (Gl 3; Rm 4). Paulo se preocupa desesperadamente em mostrar que o evangelho pregado aos gentios não contradiz a fidelidade de Deus a Israel (Rm 3.1-8,21-26; 9-11). Gl 3.8 resume de fato o caso difícil que ele tinha de defender diante das objeções judeu-cristãs: a promessa dada a Abraão era de fato o *evangelho*, exatamente porque falava da bênção que chegaria para os *gentios*.

Os debates, porém, começam quando perguntamos se a continuidade está de fato somente entre Paulo e o próprio AT, saltando, portanto, o período intermédio do judaísmo do Segundo Templo. À medida que isso diz respeito à justiça e à Lei, será que nós devemos distinguir o tratamento bíblico do tratamento mais característico desde os macabeus (ou desde o exílio)? Será que o contexto do judaísmo do Segundo Templo na formação a respeito da Lei que o próprio Paulo recebeu diferia decisivamente do contexto bíblico? Afinal, a continuidade dificilmente podia ser completa ou óbvia, já que tão poucos judeus do tempo de Paulo se tornaram cristãos. E, como nos lembraremos mais plenamente depois, a crítica que Paulo fazia à Lei parece ser mais radical do que uma simples hipótese de continuidade pode explicar.

De muitas maneiras, esta foi a pergunta-chave discutida pelo *Symposium*: como explicar e elucidar o tratamento paulino da Lei à luz da compreensão da Torá que prevalecia no judaísmo do Segundo Templo? É uma pergunta inevitável, já que fora levantada pela "nova perspectiva" sobre Paulo, embora do lado oposto: que a visão da justiça de Deus no judaísmo do Segundo Templo não era tão "legalista" nem tão condizente à "justiça própria" como a exegese do NT tem tradicionalmente afirmado. Portanto, a partir de qualquer perspectiva, seja do enquadramento do tratamento paulino da Lei dentro de suas próprias pretensões de continuidade, seja da reação contra certa tendência cristã de conspurcar o judaísmo dos dias de Paulo nesse assunto, era essencial que o *Symposium* começasse com uma tentativa de esclarecer a compreensão da Torá dentro judaísmo no tempo de Paulo.

2.2. Por isso, o artigo de HERMANN LICHTENBERGER[4] teve uma importância particular para estabelecer o contexto histórico do

---

[4] H. Lichtenberger, "Das Tora-Verständnis im Judentum zur Zeit des Paulus. Eine Skizze", in *Paul and the Mosaic Law*, p. 7-23.

judaísmo do Segundo Templo e sua relação com o ensinamento paulino sobre a Lei, em cuja relação continuaria a discussão do *Symposium*. Suas descobertas podem ser resumidas assim: embora nós não possamos negar alguns elementos de legalismo no judaísmo do Segundo Templo, também não podemos concluir que o judaísmo do Segundo Templo em sua totalidade deveria ser rotulado de "legalista" (isto é, que a salvação ou a vida no mundo do porvir são merecidas pela obediência à Torá).

A diversidade dos ensinamentos do judaísmo do Segundo Templo sobre a Lei pode também ser resumida em expressões como "a obediência à Torá é o pressuposto da pertença à aliança", ou na expressão útil do próprio LICHTENBERGER: "*Weisung zum Leben und Lebens-Weise*" (alemão: instrução para a vida e modo de vida), isto é, não um ou outro, mas os dois juntos. A discussão resultante forneceu também algum consenso de que, enquanto nós podemos falar de salvação em termos individuais e corporativistas no judaísmo do Segundo Templo, a questão do *status* individual deriva do pertencimento ao povo da aliança. Importante foi também que não pareceu correto a ninguém a afirmação de que o judaísmo do Segundo Templo ensinava a necessidade de "perfeição" na observância de Lei.[5]

Integral à visão emergente da Torá é a afirmação dupla de que: 1) o pertencimento ao povo da aliança é um pressuposto (o Deuteronômio dirige-se àquelas pessoas que já são o povo de Israel). Consequentemente, a função da Lei (novamente, assim como expressa arquetipicamente no Deuteronômio) não é capacitar para "entrar no" povo da aliança nem tornar possível o merecimento da aceitação de Deus.[6] 2) a obediência à Torá é a exigência para continuar a pertencer à aliança, para viver com o povo e para ganhar a porção na vida do mundo do porvir.[7]

---

[5] Este mal-entendido, porém, continua a estimular a discussão em outros ambientes, como vemos em T. R. Schreiner, *The Law and its Fulfilment: A Pauline Theology of the Law* (Grand Rapids: Baker, 1993), *p.ex.*, p. 71,181.
[6] A linguagem do "entrar em" é emprestada de E. P. Sanders, *Paul, the Law, and the Jewish People* (Philadelphia: Fortress, 1983): "Muito daquilo que Paulo escreveu encaixa-se dentro de um quadro de referência que eu chamo de 'entrar e ficar em'" (p. 6).
[7] O *Symposium* precisava dedicar uma maior discussão ao caráter dessa dupla afirmação. De importância particular é o eco obviamente deliberado de Lv 18.5 em

Se isto for assim, surge a pergunta: contra qual das duas ênfases Paulo estava reagindo? Ou, melhor, qual das duas ênfases foi considerada aquela com a qual o evangelho de Paulo estaria em conflito, provocando a oposição ao evangelho de Paulo por parte dos outros judeu-cristãos, ênfase que se reflete em várias de suas cartas? Poderia ser a primeira, já que um evangelho para gentios provoca a pergunta sobre se e como os não-judeus "entram no" povo da aliança. Poderia ser a segunda, já que a questão do não-cumprimento da Lei por cristãos gentios provoca a pergunta sobre se e até que ponto a obediência à Torá é ainda necessária para um cristão judeu e para (ou em distinção de) um cristão gentio. De fato, porém, as duas ênfases não são tão facilmente separáveis na autocompreensão judaica. É esse fato que causa a confusão principal na exegese do NT, já que a importância que a obediência à Torá tem para a vida (2) pode facilmente ser ouvida como o fator decisivo que vincula a aceitação final por Deus à obediência.

Evidentemente, a questão da atitude paulina em relação à Torá não pode ser resolvida somente pela referência à compreensão da função da Torá no judaísmo do Segundo Templo. Isto podia ser encontrado somente nos escritos do próprio Paulo, e o *Symposium* voltou-se rapidamente para tal questão. No entanto, foi (e é) importante que os debates sobre a interpretação das cartas de Paulo permanecessem informados por, e em contato com as descobertas iniciais.

2.3. Igualmente, se não até mais crucial para nosso empreendimento, foi o esclarecimento da atitude de Paulo acerca da Lei no período entre a sua conversão até e inclusive o incidente em Antioquia (Gl 1-2). O artigo de MARTIN HENGEL[8] e a discussão resultante dele trouxeram um acordo geral de que a compreensão da Lei que Paulo teve como cristão estava enraizada no encontro com Cristo na estrada para Damasco, de modo que esse encontro mudou a atitude de Paulo frente

---

Ez 20.11,13,21: אֲשֶׁר יַעֲשֶׂה אֹתָם הָאָדָם וָחַי בָּהֶם. Como deixa claro o בָּהֶם, e também a formulação contrária em Ez 20.25, לֹא טוֹבִים וּמִשְׁפָּטִים לֹא יִחְיוּ בָּהֶם, o que se tem em vista aqui é *um modo de vida* ("ele viverá por eles"), não uma vida como recompensa ("ele ganhará vida em resultado de sua obediência").

[8] M. Hengel, "Die Stellung des Apostels Paulus zum Gesetz in den unbekannten Jahren zwischen Damaskus und Antiochien", in *Paul and the Mosaic Law*, p. 25-51.

à Lei, e tornou, em sua opinião, a fé em Jesus decisiva desde o início para o seu evangelho e para a sua teologia. No entanto, houve um desacordo significativo sobre a medida da mudança de atitude de Paulo, e sobre se e como houve um desenvolvimento em sua atitude acerca da Lei.

Para mim pessoalmente, a questão da conversão de Paulo, de que ele se converteu e para quê, é central, e não podemos encontrar uma reposta mais clara do que a oferecida pelo próprio Paulo em Gl 1.13-16.[9]

a) Aquilo *de que* Paulo se convertera era o "judaísmo" (Gl 1.13-14). Não o "judaísmo" como o definimos hoje na descrição sociológica contemporânea do judaísmo do Segundo Templo. Mas o "judaísmo" como definido nos únicos outros usos literárias do termo corrente no tempo de Paulo (2Mc 2.21; 8.1; 14.38; 4Mc 4.26), isto é, um rótulo cunhado ou usado para identificar a religião nacional que estava tentando se definir e se defender contra as influências do helenismo (2Mc 4.13). Isto é, "judaísmo" como marcado e caracterizado pela lealdade à Lei de Deus e de seus pais, no qual o caso de teste da lealdade era o sábado e as festas, a circuncisão e a recusa de comer carne proibida (2Mc 6).

b) Novamente, aquilo *de que* Paulo se converteu foi o "zelo", zelo por essas tradições (Gl 1.14), um zelo que o levou a "perseguir a Igreja de Deus" (Fl 3.6; cf. 1Cor 15.9)[10] na tradição de Fineias e dos macabeus (1Mc 2.19-28,49-64), isto é, como um reflexo humano do "ciúme de Deus" (Ex 20.4-5; 34.14; Dt 5.8-9; 6.14-15) e na tentativa violenta de preservar a condição de Israel como povo separado dos gentios e dos seus modos corruptores.

c) E novamente, aquilo *para que* Paulo se converteu foi o reconhecimento de que o evangelho de Jesus tinha de ser levado até os gentios (Gl 1.15-16); isto é, ele foi convertido para a fé (dos helenistas) que ele tinha perseguido.

---

[9] Para o que segue, cf. meu "Paul's Conversion – A Light to Twentieth Century Disputes", in J. Adna *et al.* (org.), *Evangelium – Schriftauslegung – Kirche*. FS P. Stuhlmacher (Göttingen: Vandenhoeck, 1997), p. 77-93 (= Cap. 15 abaixo).

[10] A repetição da expressão mostra quão profundamente ela estava enraizada na memória de Paulo. Gl 1.23 – ὁ διώκων ἡμᾶς – confirma que remonta provavelmente ao período da conversão de Paulo.

Se isto for assim, então a mudança na compreensão paulina da Lei, ocasionada por sua conversão, precisa ser relacionada à sua conversão assim como ele a entendia. Por isso, a mudança em sua atitude acerca da Lei destacava provavelmente o papel da Lei, que fora cristalizado e reforçado pela crise macabeia e depois se tornara fundamental para o "judaísmo" em meados do período do Segundo Templo. Isto é, a Lei em seu papel como demarcadora das fronteiras de Israel por todos os lados, protegendo-o das pessoas de fora, a Lei entendida como a exigência da separação de Israel dos gentios, a Lei consistindo de "paliçadas e muros de ferro para evitar a mistura (dele) com qualquer um dos outros povos em qualquer assunto" (nos termos usados pela Carta de Aristeias, 139-142). Em outras palavras, a questão não tinha nada a ver com ganhar ou merecer o favor de Deus, nem mesmo com o "entrar" dos gentios no povo da aliança. Se houvesse fosse este o sentido, seria mais correto dizer que a questão tinha a ver com os judeus (cristãos helenistas) que estavam derrubando os "muros" que separavam os judeus dos gentios. Paulo não necessariamente abandonou totalmente a Lei totalmente (afinal, foram os cristãos judeu-helenistas em Antioquia que mais tarde se juntaram a Pedro ao retirarem-se da comunhão da mesa com os gentio-cristãos – Gl 2.11-14), mas optou por levar a boa nova do Messias (judaico) Jesus em primeiro lugar até os gentios (At 11.20).

No que diz respeito à questão de um possível desenvolvimento na atitude de Paulo diante da Lei, pode ser impossível resolver tal questão. Será que Paulo viu as coisas desde o início com tanta clareza como indica o seu relato em Gl 1? Quando ele estava olhando à sua volta, as conclusões representadas em Gl 1 eram para Paulo provavelmente sempre óbvias. Mas será que isto foi uma retrospectiva, o produto de uma "reconstrução biográfica"?[11] Será que houve realmente um desenvolvimento em sua visão, ou somente um desdobramento daquilo que estava implícito, mas (ainda) não plenamente constatado desde o início? Se a reconstrução da conversão de Paulo (extraída de Gl 1.13-16) é algo que possa nos orientar, então a conclusão "para os gentios" parece ter sido a reação imediata à motivação anterior do perseguidor ("*não* para os gentios"). E isto sugeriria que, de fato, a reconstrução

---

[11] N. Taylor, *Paul, Antioch and Jerusalem: A Study in Relationships and Authority in Earliest Christianity*. JSNTS 66 (Sheffield: JSOT, 1992).

da visão que Paulo tinha da Lei, pelo menos a respeito de seu papel no estabelecimento da fronteira que separava os judeus dos gentios, formou-se na mente de Paulo como um resultado imediato de sua experiência de conversão.[12]

Por outro lado subsistem todos os quebra-cabeças dos anos desconhecidos entre Damasco e Antioquia:[13] quando foi que Paulo começou a se engajar num extensivo trabalho missionário (Gl 1.17?)? Será que ele foi diretamente para os gentios ou somente depois de pregar a seu próprio povo (cf. Gl 5.11)? Será que ele se dirigia geralmente (pelo menos em primeira instância) à penumbra dos tementes a Deus e prosélitos em torno da sinagoga da diáspora (como indica Atos)? O que foi realmente combinado na consulta em Jerusalém, à medida que dizia respeito à aceitabilidade e às obrigações da Torá para os convertidos gentios dentro da Igreja de Deus (Gl 2.1-10)? Por que Pedro e os outros judeu-cristãos, inclusive Barnabé, retiraram-se da comunhão da mesa com os cristãos gentios em Antioquia (Gl 2.11-14)? Será que houve uma crescente pressão nacionalista sobre Tiago e depois proveniente de Tiago a partir de Jerusalém? E, se este for o caso, até que ponto nós devemos considerar retórica a linguagem de Paulo?

O que está claro é que Paulo e Pedro não compartilharam em Antioquia a mesma compreensão da função contínua da Lei. O fato e a seriedade do debate entre os dois não é um mero floreio retórico. As consequências que cada um deles tirou do acordo de Jerusalém eram decisivamente diferentes quando surgiu o problema da continuação da comunhão da mesa entre os judeu-cristãos e os cristãos gentios. Aqui, a questão da continuidade é colocada de forma tão severa como em todos os outros textos. Pois Pedro e todos os outros judeu-cristãos concluíram evidentemente que a prática em Antioquia antes da chegada do grupo de Tiago constituía uma brecha na continuidade, e, no caso concreto, uma brecha inaceitável. Na prática debatida em Antioquia, a continuidade do propósito divino, atestada pela graça de Deus através do ministério de Paulo e Barnabé aos gentios, que tinha se comprova-

---

[12] Cf. H. Räisänen, "Paul's Call Experience and his Later View of the Law", in *Jesus, Paul and Torah. Collected Essays*. JSNTS 43 (Sheffield: Sheffield Academic, 1992), cap. 1.
[13] Para minha própria visão posso remeter a meu texto *The Epistle to the Galatians*. BNTC (Londres: A. & C. Black/Peabody: Hendrickson, 1993).

do decisiva na confrontação anterior (Gl 2.7-9), já não era evidente ou determinante para Pedro (contraste-se At 11.2-17) ou Barnabé (contraste-se At 11.23)! E isto nos leva para a próxima fase de nossa discussão.

2.4. A confrontação em Antioquia levou Paulo a formular sua posição teológica de um modo qualitativamente novo – Gl 2.15-16. Será que ele a tinha formulado assim antes? E se este for o caso, será que Pedro (e Barnabé!) a tinham rejeitado antes? Ou será que ele a elaborou assim pela primeira vez, optando por uma formulação provocada e aguçada pelo próprio incidente em Antioquia? A segunda opção parece oferecer um sentido melhor à narrativa.

A respeito do sentido do próprio texto, o que ele nos diz sobre o conflito básico (seja com Pedro em particular, seja agora de modo mais geral) a respeito da Lei como ela fora vista por Paulo? Aqui, as questões complicaram a discussão no *Symposium*, já que houve um profundo desacordo sobre o significado de ἁμαρτωλός em Gl 2.15 e 2.17, e sobre o significado de πίστις Χριστοῦ em Gl 2.16 e 2.20. Para mim pessoalmente parece extremamente improvável que ἁμαρτωλός em Gl 2.17 deveria ser entendido diferentemente da mesma palavra usada dois versos antes (Gl 2.15), onde (com licença de LAMBRECHT)[14] ela expressa claramente uma visão faccional e nacionalista que encontramos também em outros textos do judaísmo do Segundo Templo (*p.ex.*, 1Mc 2.44,48; SlSal 2.1-2).[15] E continuo não persuadido pela visão novamente popular de que πίστις Χριστοῦ se referiria à "fé (fidelidade) de Cristo" em vez de "fé em Cristo",[16] embora no próprio *Symposium* não tivéssemos tempo suficiente para entrar no debate sobre esta questão.

---

[14] J. Lambrecht, "Paul's Reasoning in Galatians 2:11-21", in *Paul and the Mosaic Law*, p. 53-74.
[15] Cf. meu "Echoes of Intra-Jewish Polemic in Paul's Letter to the Galatians", in *JBL* 112 (1993): 459-477, aqui: 462-465; toda a discussão em E. Kok, "*The Truth of the Gospel": A Study in Galatians 2.15-21* (Durham PhD, 1993), p. 207-212.
[16] Cf. meu "*Once More. PISTIS CHRISTOU*". *Society of Biblical Literature 1991 Seminar Papers*, publicado por E. H. Lovering (Atlanta: Scholars Press, 1991), p. 730-742, e ainda *abaixo*, 3.1. No entanto, retenho a expressão grega no texto, para que minha formulação possa oferecer tanto consenso quanto possível, já que a maior parte da questão de como entender e traduzir πίστις Χριστοῦ atinge apenas parcialmente a questão sobre Paulo e a Lei.

Um consenso que pode ser identificado com maior confiança é que Gl 2.15-16 reflete, sim, pelo menos em alguma medida, os argumentos ou conclusões paulinas a respeito do incidente de Antioquia. Aqui, o desacordo sobre a relação entre o evangelho e a Lei, como ele se expressa em Gl 2.15-16, reduz-se à pergunta se πίστις Χριστοῦ é suficiente em si e de si mesmo para garantir o pleno *status* cristão de uma pessoa que crê, tornando eficazmente completa a aceitabilidade (comunhão da mesa) entre os crentes. Paulo não tinha dúvida alguma de que a reposta era e deveria ser "Sim!". Pedro e os outros judeu-cristãos (inclusive Barnabé) estavam obrigados a concluir que, em todo caso, pelo menos para eles, outras condições tinham de ser cumpridas – pelo menos aquela espécie de regras alimentares que permitia aos judeus observantes em outras partes da diáspora a praticar pelo menos alguma comunhão da mesa com os parceiros de negócios e amigos.[17] Em 2.16, Paulo expressa tal política nos termos da πίστις Χριστοῦ, adicionada às "obras da Lei", obras que devem ter incluído no mínimo as regras que Pedro e os outros esperavam ser cumpridas para reger a prática da comunhão entre os judeu-cristãos e os gentio-cristãos, depois da chegada do grupo de Tiago.

Em outras palavras, o debate em Antioquia e a formulação resultante em Gl 2.15-16 foram ocasionados pelos dois "e" presentes no texto, na descrição da compreensão da Lei pelo judaísmo do Segundo Templo (§ 2.2). A atitude de cumprir a "Lei-para-viver" ali descrita é exatamente aquela atitude que Pedro e os outros judeu-cristãos em Antioquia deveriam voltar. No entanto, para Paulo, um princípio mais fundamental tinha surgido e relativizado o outro. Para Paulo, o termo πίστις Χριστοῦ tinha de ser entendido agora como uma condição não apenas necessária, mas também *suficiente* para a aceitabilidade em reuniões cristãs.

---

[17] Cf. especialmente S. J. D. Cohen, "Crossing the Boundary and Becoming a Jew", in *HTR* 82 (1989): 13-33; E. P. Sanders, "Jewish Association with Gentiles and Galatians 2.11-14", in R. T. Fortna, B. R. Gaventa (org.), *Studies in Paul and John*. FS J. L. Martyn (Nashville: Abingdon, 1990), p. 170-188; Dunn, *Galatians*, p. 119-121. P. F. Esler, "Sectarianism and the Conflict at Antioch", in *The First Christians in their Social World* (Londres: Routledge, 1994), p. 52-69, simplesmente descarta a evidência ali citada, tenta definir o ambíguo ἰουδαΐζειν unicamente a partir de Gálatas, em total desconsideração de seu uso em outros textos, e insiste em dizer que o problema em Antioquia deve ter sido exatamente o mesmo que na Galácia.

2.5. Isto nos leva à questão crucial. Para Pedro e os outros judeu-cristãos, πίστις Χριστοῦ era sem dúvida também um pré-requisito essencial para as pessoas que procuravam juntar-se ao grupo cristão em Antioquia (como indica de fato Gl 2.15-16 – sabemos que [...]"). Contudo, para eles, πίστις Χριστοῦ era também inteiramente consistente com a vida de um judeu devoto que observava as obras da Lei (os atos exigidos pela Lei).[18] Isto significa que Pedro e os outros estavam agindo segundo a suposição da continuidade entre a sua própria herança religiosa e o evangelho de Cristo. Tal continuidade exigia que eles insistissem em viver como bons judeus, isto é, separados dos gentios (até mesmo dos gentios cristãos), pelo menos nas questões relacionadas à comunhão da mesa. A πίστις Χριστοῦ, (e) sua fé em Cristo, evidentemente não fizeram nenhuma diferença para mudar a situação. Muito pelo contrário, para eles, πίστις Χριστοῦ era parte da continuidade entre o judaísmo do Segundo Templo e o novo movimento que enfocava Jesus, o Cristo.

Ora, será que devemos tirar então a conclusão de que Pedro e os outros judeu-cristãos eram os proponentes muito mais decididos da continuidade entre a herança judaica comum e a nova crença em Cristo? Que eles não viam conflito algum entre o evangelho e a Lei? E será que Paulo, ao insistir na πίστις Χριστοῦ como a única determinante do *status* cristão dos crentes gentios, estava efetivamente boicotando e minando tal continuidade? Será que ele via uma questão teológica muito mais profunda por detrás do conflito de evangelho *versus* obras da Lei que irrompeu em Antioquia? Evidentemente está na hora de nos voltarmos para o outro lado do motivo da continuidade-descontinuidade, tema que nós tornamos o nosso *leitmotiv* no afã de procurar a partir deste *Symposium* o máximo fundamento comum possível.

---

[18] F. G. Martínez, *The Dead Sea Scrolls Translated* (Leiden: Brill, 1994), p. 79,84, traduz o famoso מקצת מעשי תורה de 4QMMT 113 (= 4Q398 fr.2.2,3) como "alguns dos preceitos da Torá" (como também E. Qimron, J. Strugnell (org.), *Discoveries in the Judean Desert Vol. X: Qumran Cave 4 Vol. V: Miqsat Ma'ase Ha-Torah* [Oxford: Clarendon, 1994]). No entanto, no encontro da SBL em novembro de 1994 em Chicago, Martínez aceitou que a tradução feita por ele era insatisfatória e que a expressão deveria ser traduzida como "algumas das *obras* da Torá"; além disso, cf. meu "4QMMT and Galatians", in *NTS* 43 (1997): 147-153 (= Cap. 14 *abaixo*).

3. O problema da descontinuidade

3.1. Se o problema da descontinuidade tinha ficado menos importante à medida que foram descartados alguns estereótipos mais antigos como e sobre "judaísmo tardio" e "judaísmo legalista", tal problema parecia reemergir novamente com sentidos variados à medida que progredia a discussão dos artigos do *Symposium*.

Por exemplo, se πίστις Χριστοῦ efetivamente significa "a fé (fidelidade) de Cristo" (LONGENECKER),[19] então esse próprio significado seria um forte aspecto de continuidade: no centro do evangelho de Paulo estaria a afirmação de que o próprio Jesus era fiel, tinha fé, provavelmente como Abraão fora encontrado fiel, revelando a sua fé na prontidão em sacrificar Isaque (1Mc 2.52; Tg 2.21-23). Meu problema com tal tipo de exposição é que ela faria da expressão πίστις Χριστοῦ uma continuação consistente da ideia de fidelidade, em concordância com a fé judaica da necessidade de cumprir o que a Lei exige ("as obras da Lei"). Mas, mesmo assim, parece que Paulo coloca as duas concepções em antítese, sobretudo em Gl 2.16. Além disso, o exato modo como a fidelidade de Cristo contaria como decisiva para isentar cristãos gentios da demonstração de uma fidelidade equivalente é uma lógica que proponentes da tese de πίστις Χριστοῦ = "a fé de Cristo" precisariam explicar. Parece mais provável que πίστις Χριστοῦ deve ser computado no lado da *descontinuidade* (cf. Gl 3.23-24).

Talvez possamos dizer até mesmo que a tese de πίστις Χριστοῦ = "a fé de Cristo" confere um sentido melhor à posição de *Pedro* no confronto de Antioquia, um Cristo cuja fidelidade amparava o crente, o fiel, que preservava a sua distinção em relação aos gentios e assim confirmava os crentes judeus em sua recusa de comer com os crentes gentios. Por sua vez, a posição de Paulo tem mais sentido se πίστις Χριστοῦ denotar a fé *em* Cristo, que questiona a necessidade da fidelidade praticada por Pedro e os outros judeu-cristãos. Nós temos que novamente concluir que πίστις Χριστοῦ, como uma expressão das convicções do próprio Paulo, pertence mais ao lado da descontinuidade do que da continuidade.

---

[19] B. W. Longenecker, "Defining the Faithful Character of the Covenant Community: Galatians 2.15-21 and Beyond: A Response to Jan Lambrecht", in *Paul and the Mosaic Law*, p. 75-97.

Uma questão semelhante surge no outro desacordo a que já me referi, sobre o significado de ἁμαρτωλός em Gl 2.17. Se fosse, como parece ser o caso em Gl 2.15, uma questão de uso faccional de quem se considerava "reto" e negava a aceitabilidade diante de Deus do "pecador" que pertencia à outra facção, ou dos "pecadores gentios" em geral, seria primeiramente uma questão de relações humanas, e o debate permaneceria dentro dos debates faccionais que caracterizavam a literatura do judaísmo do Segundo Templo.[20] Em tal caso, pode se postular um grau maior de continuidade, se não com todas as facções dentro do judaísmo do Segundo Templo, pelo menos com o espírito faccional do judaísmo do Segundo Templo, e particularmente, com Pedro e os outros judeu-cristãos. Se, porém, como argumenta LAMBRECHT, a questão em 2.17 é mais profunda, relacionada ao pecado, tal como ele era caracterizado por Deus,[21] então ela tangencia o relacionamento entre Deus e os seres humanos, e o debate deve ser transferido para um plano diferente. Sendo assim, a mudança no uso paulino caracteriza a mudança de uma continuidade mais controlável para uma descontinuidade mais séria.

3.2. A Carta aos Gálatas levanta a questão da descontinuidade em termos muito agudos, como destacou o debate recente sobre a carta. Não é simplesmente uma questão da maneira como o próprio termo "Lei" é usado dentro da carta. Na discussão do artigo de GRAHAM STANTON[22] houve um consenso geral sobre o sentido negativo atribuído à Lei em Gl 3-4, e que as audiências/Igrejas às quais a carta era lida dificilmente podiam deixar de escutar a severa antítese entre Lei e fé. A força e o sentido da negativa eram debatidos, mas ninguém podia negar que estar "sob a Lei" estava vinculado a estar "sob o pecado" (Gl 3.22-23), e era equivalente ao *status* de um escravo, de

---

[20] Além disso, cf. meu artigo "Pharisees, Sinners, and Jesus", in J. Neusner *et al.* (org.), *The Social World of Formative Christianity and Judaism*. FS H. C. Kee (Philadelphia: Fortress, 1988), p. 264-289, reimpresso em meu livro *Jesus, Paul and the Law: Studies in Mark and Galatians* (Londres: SPCK/Louisville: Westminster, 1990), p. 61-86, aqui: p. 71-77; e novamente meu "Echoes of Intra-Jewish Polemic", p. 462-465 (= p. 339-343s *acima*).

[21] Cf. *acima*, nota 14.

[22] G. Stanton, "The Law of Moses and the Law of Christ – Galatians 3.1-6.2", in *Paul and the Mosaic Law*, p. 99-116.

fato, um estado de escravidão sob "as forças elementares débeis e desprezíveis" (Gl 4.3,8-10).

Ainda mais importante para a questão de continuidade/descontinuidade, porém, é o contexto apocalíptico dentro do qual a questão da Lei é evocada em Gálatas.[23] Tal aspecto está explícito tanto no início como no fim da carta: referências à "presente era má" (Gl 1.4), da qual crentes são redimidos, e ao mundo que é crucificado para Paulo e Paulo, para ele (Gl 6.14), indicam que "a revelação de Jesus Cristo" (Gl 1.12,16) envolvia uma mudança ainda mais radical na perspectiva de Paulo – não simplesmente uma passagem do "judaísmo" para a fé no Messias Jesus, mas de uma era para outra. E em tal esquema, a Lei parece pertencer à era passada (Gl 3.23-26). Daí, a agudez da antítese na alegoria das duas esposas de Abraão, ou seja, das duas alianças: a Lei está, junto com o Sinai/com Agar, na coluna oposta a Sara/"a Jerusalém do alto" (Gl 4.22-27). Isto evoca o mandamento radical de que as pessoas que são da Jerusalém contemporânea devem ser lançadas para fora de sua herança, como antigamente Agar e Ismael (Gl 4.28-30). Também a antítese entre a Lei e o Espírito (particularmente Gl 3.1-5 e 5.16-23) reflete uma perspectiva escatológica semelhante, o Espírito como o poder da era do porvir contra a Lei, o poder da era passada.

A questão que esta ênfase levanta para o debate a respeito da continuidade/descontinuidade é perfeitamente realçada pela referência à palavra "aliança".[24] É uma linha interpretativa atraente argumentar que Paulo via a fé (em Cristo) e o Espírito como o cumprimento da promessa a Abraão, e por isso ele descrevia a teologia de Paulo como uma "teologia da aliança". No entanto, esta não é a conclusão que a argumentação mais ampla de Paulo parece apoiar. Apesar de ser uma consequência convidativa do argumento de Gl 3.15-18, o próprio Paulo não coloca "aliança" e "Lei" em antítese. Muito pelo contrário, na alegoria do cap. 4, ele se refere às "duas alianças" (Gl 4.24), tanto a do

---

[23] J. L. Martyn, "Apocalyptic Antinomies in Paul's Letter to the Galatians", in *NTS* 31 (1985): 410-424; também "Events in Galatia", in J. M. Bassler (org.), *Pauline Theology Volume I* (Minneapolis: Fortress, 1991), p. 160-179; para minha própria discussão com Martyn, cf. meu livro *The Theology of Paul's Letter to the Galatians* (Cambridge University, 1993), Cap. 3.

[24] E. Christiansen, *The Covenant and its Ritual Boundaries in Palestinian Judaism and Pauline Christianity* (Durham PhD, 1994), p. 215-231; semelhantemente Martyn, in *Pauline Theology, Volume 1*, p. 179.

Sinai/da Torá quanto à promessa de um filho de acordo com o Espírito são designadas como "alianças", sem, contudo, usar as concepções de antiga aliança e nova aliança. Aqui, "aliança" funciona como um termo neutro, adequado para expressar tanto a descontinuidade como a continuidade. Portanto, contra as primeiras aparências, a Carta aos Gálatas não convalida a designação da teologia paulina da continuidade como "teologia da aliança".[25]

3.3. As mesmas questões foram reforçadas pelo artigo de Kertelge[26] e a subsequente discussão sobre 2Cor 3. Pode haver pouca dúvida de que Espírito e Lei estão em oposição: 2Cor 3.3,7 – "Espírito" *versus* "tábuas de pedra" (Ex 32.16; 34.1); 3.6 – Espírito *versus* γράμμα, ou de que Paulo pensava nas duas alianças, com o contraste entre a nova e a antiga desta vez bem explícita (2Cor 3.6,14). Ou, de fato, de que o contraste é estabelecido em termos muito radicais, como entre um ministério de morte e um ministério de vida (Espírito), e novamente entre um ministério de condenação e um ministério de justificação (2Cor 3.7-9). Ao mesmo tempo entendia-se geralmente que a primeira discussão no capítulo enfocava no ministério e que estava determinada pelo contraste entre Moisés e Paulo.

Aqui se ressaltava a questão particularmente pelo uso paulino da palavra "glória", de fato, a palavra-chave do capítulo, com no mínimo dez ocorrências. Será que ele amenizava o contraste que, de outra maneira, seria tão agudo? Afinal, Paulo atribui o conceito de glória também ao ministério de Moisés (2Cor 3.7,9). É verdade que se refere a ela como uma glória que desvanece, que era transitória e que está agora anulada/colocada de lado (2Cor 3.7,11,13,14 – mas como deveríamos traduzir o significado de καταργέω?). No entanto, apesar de tudo, ela era também a glória de Deus; na comparação (2Cor 3.9-11 – "sobre-excelente", "a glória ὑπερ-βάλλουσα"), a mesma realidade celestial está em ambos os lados. Tanto que Paulo pode usar a narrativa sobre Moisés, que vai para diante do Senhor (Ex 34.34) com a face sem véu, destacando o resultado: sua face refletiu a glória divina (Ex 34.35). Paulo compara Moisés com o judeu

---

[25] N. T. Wright, *The Climax of the Covenant* (Edimburgo: T. & T. Clark, 1991).
[26] K. Kertelge, "Buchstabe und Geist nach 2 Kor 3", in *Paul and the Mosaic Law*, p. 117-130.

(ou gentio) de seu próprio tempo que se voltou para o Senhor, o Espírito, e que assim contemplou a glória do Senhor e igualmente começou a refletir tal glória (2Cor 3.16-18).

Logo, houve no *Symposium* um desacordo acentuado sobre até que ponto se podia dizer que Paulo estava, em 2 Coríntios, falando da Torá com algum grau de desaprovação. Nós não deixamos de resolver apenas a questão se Paulo atribuiu glória a ela e qual seria o significado dessa atribuição. Deixamos por resolver também a questão da correlação entre o Espírito e a Torá em 2Cor 3.3 e 3.6, que ficou pendente em meio a uma sequência de questões interligadas e debatidas. Será que 3.3 e 3.6 ecoavam Jr 31.31-33?[27] Se for o caso, será que Paulo pensou que na "nova aliança" a Lei seria escrita nos corações (Jr 31.33), identificando no Espírito a função de escrevê-la no coração humano (3.3), tornando assim a Lei internalizada, uma circuncisão do coração (Dt 30.6; Fl 3.3)? E como correlacionar o conceito "Torá/Lei", que Paulo não usa em parte alguma de 2 Co, com o termo realmente usado ali, γράμμα [letra]? Tais perguntas, por sua vez, fizeram surgir questões referentes à relação entre a Torá e a γραφή [Escritura], e entre a Torá e νόμος Χριστοῦ [lei de Cristo] de Gl 6.2. Aqui, o problema para alcançar o equilíbrio certo entre a continuidade e a descontinuidade no pensamento de Paulo parecia se tornar tão insolúvel como qualquer outra questão referente aos escritos de Paulo, se não mais.

3.4. Os artigos e discussões sobre a Carta aos Romanos apresentaram evidentemente muitas questões parecidas. Da sessão sobre Romanos 2 (Wright)[28] surgiu um acordo substancial de que a acusação do "judeu" (Rm 2.17) veio no interior e como parte da acusação paulina contra a humanidade como tal (Rm 2 como continuação de Rm 1.18-32 e levando para 3.1-20), acusação de Paulo que incluía tanto o senso de privilégio (Rm 2.4,9-11,13-16,17-20,25) quanto a transgressão efetiva da Lei por parte "do judeu" (Rm 2.1-3,9,12-13,21-27) e que a ideia da

---

[27] Para uma resposta positiva e outra bibliografia, cf., *p.ex.*, V. P. Furnish, *II Corinthian*. AB 32A (Nova Iorque: Doubleday, 1984), p. 181,183-184,196-197; F. Thielman, *Paul and the Law* (Downers Grove: InterVarsity, 1994), p. 110-111 e nota 32.

[28] N. T. Wright, "The Law in Romans 2", in *Paul and the Mosaic Law*, p. 131-150.

justificação incluía tanto o ato decisivo do "já" quanto o julgamento que ainda seria final (Rm 2.12-13). Contudo, ficaram incertezas sobre o grau em que 2.16 (julgamento do evangelho) qualifica ou meramente constata novamente, porém de forma distinta, um julgamento mencionado em Rm 2.12-15 (julgamento da Lei).[29] E a discussão se restringiu na questão não resolvida: se o gentio que cumpre a Lei de Rm 2.14,26-27 era uma figura real ou hipotética, se ele era ou podia ser (na visão de Paulo) somente um gentio cristão.[30]

3.5. Com o artigo e a discussão sobre Romanos 3-4 (HAYS)[31] chegou-se a um acordo de que nós devemos falar a respeito de várias funções da Lei, inclusive a de definir Israel como o povo de Deus; igualmente, devemos tratar da importância das obras da Lei dentro desse quadro de referências. Houve também consenso sobre a riqueza do conceito da Lei: tal seria uma unidade, não um camaleão; νόμος é também γραφή. No entanto, a respeito da questão de continuidade/descontinuidade, as mesmas questões não podiam ser resolvidas: como relacionar as afirmações positivas de Torá/γραφή como uma testemunha do caminho da "retificação" de Deus (Rm 3.21; 4) como uma "retificação apartada da Lei", introduzida como um desenvolvimento novo/escatológico (νυνὶ δὲ [mas agora] – Rm 3.21)? E como correlacionar o νόμος πίστεως [lei da fé] de Rm 3.27 com a Lei/Torá-que-estabelece-a-fé de Rm 3.31 (uma questão para a qual precisamos voltar)?[32]

Um dos objetivos importantes não alcançados do *Symposium* foi a questão não resolvida de como relacionar o texto crucial de Rm 4.4-5[33] com o argumento constante de Paulo, particularmente com aquilo que ele diz sobre a Lei, o ímpeto tanto negativo quanto positivo dos versículos precedentes, aos quais acabamos de aludir.

---

[29] Cf. a discussão útil de Stuhlmacher, *Römer*, p. 44-46.
[30] Nos anos recentes, essa pergunta foi abordada de forma mais nítida por C. E. B. Cranfield, *Romans*. ICC (Edimburgo: T. & T. Clark, 1975), p. 156-157.
[31] R. B. Hays, "Three Dramatic Roles: The Law in Romans 3-4", in *Paul and the Mosaic Law*, p. 151-164.
[32] Cf. *abaixo*, § 3.7.
[33] É necessário sublinhar a centralidade deste texto para o debate sobre Paulo e a Lei, S. Westerholm fez o suficiente em seu *Israel's Law and the Church's Faith* (Grand Rapids: Eerdmans, 1988); cf. também Schreiner, p. 51-55.97-98.

Obviamente, é fundamental para o evangelho paulino da justificação a sua compreensão de Deus como "aquele que justifica o homem sem Deus", inclusive "a pessoa que não pratica obras, mas crê em" Deus. Contudo, será que tais concepções chocariam a ponto de serem propostas teológicas inaceitáveis para os judeus cristãos ou para os judeus de forma geral? Como os judeus ou Paulo relacionariam tais ideias com a sua compreensão da "justiça de Deus", baseada tão massivamente nas afirmações teológicas dos Salmos e do Segundo Isaías em particular?[34] Tivemos um debate interessante sobre o significado da narrativa neste ponto, e sobre o grau em que poderíamos falar mais de correspondência do que de continuidade (uma leitura sincrônica ou diacrônica do capítulo inteiro). No entanto, as questões iniciais tratadas no *Symposium* ficaram sobre a mesa.

3.6. O artigo de OTFRIED HOFIUS sobre Romanos 5[35] colocou a questão da descontinuidade com sua força costumeira, pois na aguda antítese entre Adão e Cristo, a Lei/Torá parece pertencer totalmente ao lado de Adão, ao lado do pecado e da morte. A Lei torna o pecado evidente e prende o pecador mais firmemente à morte (Rm 5.13-14). O mais incriminador de tudo, "a Lei veio para aumentar a transgressão", estabelecendo ainda mais firmemente o reino da morte e do pecado (Rm 5.20-21). Aqui, nós temos novamente uma antítese apocalíptica ou escatológica: duas eras/épocas diferentes em caráter e efeito, uma caracterizada pela Lei, que aumenta o pecado e reforça a morte, e a outra caracterizada por Cristo, que encarna a graça geradora de vida. Para Paulo, a nova era/época de Cristo já tinha superado a antiga era da Lei. Daí, Rm 10.4: "Cristo é o fim da Lei como um meio para a justiça para todas as pessoas que creem" (10.4).

Aqui, a discussão ficou prejudicada por não alcançar um acordo sobre a relação entre "pecado" como poder e "pecado" como ato pecaminoso; portanto, a relação entre pecado e morte. Como sempre, o sentido exato de ἐφ' ᾧ em Rm 5.12 ficou obscuro. O que era mais importante para os objetivos do *Symposium*, as questões cruciais, tais ficaram suspensas. Em particularmente, a seguinte questão: até que

---

[34] Cf. *acima*, nota 3.
[35] O. Hofius, "Die Adam-Christus-Antithese und das Gesetz: Erwägungen zu Röm 5,12-21", in *Paul and the Mosaic Law*, p. 165-206.

ponto podemos generalizar a antítese retoricamente marcada de Romanos 5 e aplicar tal generalização, como se ela fosse um princípio geral em Romanos?[36] Formulando o mesmo ponto de forma diferente, será que Rm 5.12-21 fornece uma afirmação equilibrada da visão paulina da Lei? Será que é o único aspecto da Lei que Paulo tinha aqui em mente ou será que este pode ser descrito como a essência da Lei? Como deveríamos relacionar a assertiva chocante de 5.20 com as afirmações positivas em outras partes da carta, sobretudo Rm 3.31; 7.12-13 e 8.4?

3.7. O grande número de questões levantadas por Romanos 7 (HÜBNER)[37] impediu uma discussão plena da passagem. Concordamos que a intenção de Paulo em Romanos 7 era defender a Lei, mas o *Symposium* não conseguiu chegar a um maior desenvolvimento deste consenso. Houve um debate interessante sobre a questão da leitura de Romanos 7 a partir de seu contexto, isto é, tanto em referência ao fluxo do pensamento do capítulo 5 para o capítulo 8, quanto em referência a um pano de fundo judaico e/ou filosófico. O primeiro deve ser claramente reconhecido: se Romanos 7 é uma defesa da Lei, deve funcionar como tal principalmente em relação ao retrato negativo da Lei que foi esboçado nos capítulos e versículos precedentes. Contudo, para nossa surpresa, Rm 7.1-6, com suas claras implicações de descontinuidade entre a época antiga e a nova, não entrou verdadeiramente na discussão, e a relação de Rm 5.20 com 7.7-8.4 não foi verdadeiramente acompanhada. Ao mesmo tempo, inserir Romanos 7 dentro de uma discussão filosófica mais ampla nos lembra que a questão de continuidade/descontinuidade do evangelho de Paulo com sua herança judaica é, por sua vez, parte de uma apreciação mais ampla e mais profunda da tensão antropológica entre o querer e o fazer. A discussão, porém, ficou presa no antigo debate sobre a extensão da retrospecção do capítulo – a visão cristã de Paulo de (sua antiga) vida sob o pecado (novamente implicando em uma maior descontinuidade) ou também de sua própria vida ainda como um crente (implicando em uma maior continuidade).[38]

---

[36] Além disso, cf. *abaixo*, § 4.5.
[37] H. Hübner, "Zur Hermeneutik von Röm 7", in *Paul and the Mosaic Law*, p. 207-214.
[38] J. Lambrecht, *The Wretched "I" and its Liberation: Paul in Romans 7 and 8* (Lovânia: Peeters, 1992).

Da minha parte, surgem duas questões cruciais. Primeiro, não pode ser evitada a pergunta se a defesa da Lei em Romanos 7 funciona também como uma defesa contra a acusação que o próprio Paulo levantou contra a Lei em Rm 5.20 (e, implicitamente, em 7.6). O argumento de 7.7 que continua até 8.4 e tem nele seu ápice – certamente tenta tirar a Lei "do anzol", não a retratando como uma aliada do pecado, mas antes como um instrumento (involuntário ou contra vontade) do pecado. Não obstante tudo o que Paulo dissera, a Lei ainda permanece "a Lei de Deus", "santa e justa e boa", desvelando o caráter enganoso e pecaminoso do pecado, e até mesmo quando a Lei é transgredida por ele (Rm 7.7-13), ela ainda é um deleite para o *self* interior e uma aspiração apropriada para o "eu" que a deseja (Rm 7.22,25). E acima de tudo, de acordo com 8.3-4, o propósito de Deus ao enviar seu Filho foi "para que a exigência da Lei possa ser cumprida dentro de nós que caminhamos [...] de acordo com o Espírito" – uma assertiva surpreendente, uma vez que a Lei pertencia tão exclusivamente à era de Adão e ao poder do pecado e da morte.

A outra questão é novamente a levantada acerca de Rm 3.27 – o sentido de νόμος πίστεως. Aqui, o problema é o sentido da expressão semelhante em 8.2, "o νόμος do Espírito da vida". A meu ver, tal expressão mostra que Paulo pode usar νόμος de modo muito positivo – "a Lei do Espírito da vida" (Rm 8.2) como uma maneira resumida de falar da Lei cumprida nas pessoas que caminham de segundo o Espírito (Rm 8.4), e 8.3-4 funcionando, como o γάρ indica, para explanar acerca da lógica e do sentido de 8.2. Para Paulo, existe uma função da Lei à parte de sua função como instrumento do pecado e da morte ("a Lei do pecado e da morte"). Na visão de RÄISÄNEN, porém, νόμος na expressão "o νόμος do Espírito da vida" não pode ser entendido no sentido de "regra" ou "princípio", ou mesmo como "ordem (salvífica)" (a preferência de RÄISÄNEN).[39] Seja como for, porém, a flexibilidade conceitual do termo νόμος é considerável, e isto deve ter importantes implicações para a teologia paulina, implicações de tal modo que a análise do vocábulo νόμος como "Lei" e "princípio" se tornam *alternativas* que podem não refletir o sentido adequado do termo.

---

[39] H. Räisänen, "The 'Law' of Faith and the Spirit", in *Jesus, Paul and Torah. Collected Essays*. JSNTS 43 (Sheffield: Sheffield Academic, 1992), Cap. 2; cf. também Schreiner, p. 35-36; Thielman, p. 183 com 293, nota 71, e 200 com 297, nota 24 (com a bibliografia).

3.8. A discussão de Romanos 9-11, iniciada pelo artigo de STEPHEN WESTERHOLM,[40] enfrentou problemas semelhantes. Foi útil ele lembrar que a questão da Lei era parte de uma questão muito mais ampla, embora isso significasse que a maior parte da discussão versasse sobre a questão mais ampla em vez de se deter na Lei![41] A pergunta salutar que atraiu a atenção para o horizonte do pensamento de Paulo: o ponto focal até pode ser *Israel*, mas o *horizonte* da questão mais ampla não é o caráter da misericórdia de Deus? O problema em Romanos 9-11 é Israel ou Deus? Aparentemente, é aqui o ponto em que a questão da continuidade/descontinuidade tem o impacto mais profundo para o pensamento do próprio Paulo. A implicação de continuidade em Rm 9.4-5 parece ser decisivamente contrariada ou qualificada pela afirmação temática da descontinuidade em 9.6 ("Não todos que são descendentes de Israel são Israel") e pelo crescente reconhecimento ao longo de três capítulos de que as pessoas agora presas à sombra do propósito do Deus que os elegeu parecem ser para Paulo os próprios israelitas contemporâneos. Mas, mesmo assim, Paulo pode ainda concluir que "todo Israel será salvo" (Rm 11.26), numa forte reafirmação da continuidade do propósito divino (Rm 11.29).

As tensões dentro dos capítulos e entre eles foram claramente realçadas pela resposta de RÄISÄNEN[42] em particular. Até que ponto a ideia da eleição em Paulo é típica para seu pensamento? Será que é tão típica quanto o seu ensinamento sobre a justificação pela fé (no qual a fé entra na denúncia final de Rm 11.26,31-32)? Romanos 9-11 contém uma súplica especial? Em resumo, os capítulos revelam que Paulo não consegue tratar ao mesmo tempo da integridade de seu evangelho e da sua fé intensa na fidelidade de Deus a Israel? Minha própria reposta, de que o "Israel" verdadeiro é, para Paulo, *definido* pela graça, pelo chamado divino (Rm 9.6-13),[43] é provavelmente, ao que parece, uma reposta parcial que não conseguiu convencer o *Symposium* como um todo.

---

[40] S. Westerholm, "Paul and the Law in Romans 9-11", in *Paul and the Mosaic Law*, p. 215-237.
[41] Devido à importância da antítese evangelho *versus* Lei, deveríamos ter dedicado maior atenção a Rm 10.4 do que o tempo permitiu no curso da discussão.
[42] H. Räisänen, "Faith, Works and Election in Romans 9: A Response to Stephen Westerholm", in *Paul and the Mosaic Law*, p. 239-249.
[43] Cf. meu livro *Romans*, p. 539-540.

Contudo, novamente, o *Symposium* não conseguiu elaborar com maior clareza o papel da Lei dentro deste campo complexo do debate. A Lei pertence ao lado da descontinuidade ou ao lado da continuidade? E se a exposição de Paulo está presa a uma inconsistência irreconciliável, será que o mesmo vale também para sua compreensão da Lei dentro do processo inteiro? A descontinuidade parece ser afirmada com todo vigor no famoso versículo Rm 10.4, embora, caso Paulo tivesse desejado conspurcar a Lei como o fez em 5.20, devêssemos esperar que ele vinculasse a Lei ao processo do endurecimento de Israel, a Lei como parte de seu aprisionamento (Rm 11.7-10). Em contraste, porém, Paulo tinha também afirmado que a Lei é um dos maiores privilégios de Israel (Rm 9.4). Além disso, para a surpresa de muitos tradutores e comentaristas, Paulo pode se referir ao "νόμος da justiça" como uma meta própria a ser buscada por Israel, meta que Israel deixou de atender somente porque a cumpriram de forma errada (Rm 9.31-32).[44]

E dificilmente pode ser uma coincidência que sua exposição de "a justiça que é da fé" usasse um trecho que tinha afirmado como é fácil cumprir a Lei (Dt 30.11-14) e que já fora interpretado em relação à sabedoria celestial encarnada na Torá (Br 3.29-30; 4.1).[45]

Ainda falta revisar as sessões finais do *Symposium*, mas as reflexões sobre a discussão de Romanos 9-11 oferecem um lugar particularmente apropriado para encaminhar a transição para a seção final deste artigo, já que a passagem expressa com muita clareza os problemas e as tensões com as quais um comentarista da teologia de Paulo tem que lutar.

4. Rumo a um fundamento comum?

4.1. A procura por um fundamento comum numa área tão controversa tornou-se difícil, e alguns poderiam dizer, impossível, devido a dois fatores que surgiram em momentos distintos nas discussões do *Symposium*.

RSV/NRSV tipificam a surpresa sentida por muitos comentadores quando traduzem νόμον δικαιοσύνης como "the righteousness which/that is based on (the) law" [a justiça que está baseada em (na) Lei].

[45] Além disso, cf. meu livro *Romans*, p. 603-605; Thielman, p. 208-210.

O primeiro é a pergunta se Paulo de fato conseguiu chegar a uma consistência completa naquilo que é efetivamente seu próprio apelo à continuidade. A questão foi levantada particularmente nas discussões de Romanos 2 e (como acabamos de perceber) Romanos 9-11. Em parte, é o problema de como nós hoje "ouvimos" um texto como Romanos 2. Será que a nossa suposição exegética deve ser necessariamente que o pensamento de Paulo no capítulo em questão era consistente com o que ele escreveu em outras ocasiões, e isto pode ser comprovado? Um lado da questão é a dificuldade em se reconhecer o caráter retórico daquilo que Paulo escreveu: como considerar criteriosamente um argumento cunhado para captar a atenção de um grupo particular, algo que poderíamos chamar de propaganda ruidosa ou de discussão sutil de amenidades em relação a um tema particular, um efeito dramático ou estilístico em passagens de formulação quase hermética, e assim por diante? Por outro lado, as nossas perguntas podem estar muito mais determinadas pelas questões subsequentes aos escritos de Paulo, de modo que não são imediatamente resolvíveis a partir do que Paulo diz efetivamente, e que podem ser de fato enganosas, caso queiramos desvendar a teologia de Paulo. Será que nossa procura constante por novas categorias analíticas ou sintéticas como o "nomismo da aliança" e a "narrativa" simplesmente extraem as linhas do pensamento de Paulo e as inserem num padrão distinto e proveniente de nossa própria criação?

Um segundo problema que surgiu com força lá pelo fim do *Symposium* foi a distinção entre a *intenção* de Paulo em sua teologia e o atual *efeito* de sua missão. Aqui, foram de interesse particular os artigos e as discussões sobre 1 Coríntios 9 (Barton)[46] e Rm 14-15 (BARCLAY)[47]. E foram interessantes não somente porque destacaram de novo a importância do contexto social e sua dinâmica para nossa própria compreensão da teologia de Paulo nas passagens escolhidas, mas também porque questionaram se a estratégia de Paulo provocava inevitavelmente uma *instabilidade social* que se voltaria

---

[46] S. C. Barton, "'All Things to All People': Paul and the Law in the Light of 1 Corinthians 9.19-23", in *Paul and the Mosaic Law*, p. 271-285.
[47] J. M. G. Barclay, "'Do we undermine the Law?': A Study of Romans 14.1-15.6", in *Paul and the Mosaic Law*, p. 287-308.

automaticamente contra seu *ideal teológico*. Será que a política de Paulo, assim como a constatamos em 1Cor 9.19-23, não teria inevitavelmente a aparência de ser sem integridade, causando confusão às pessoas cuja identidade era constituída por seu estar "sob a Lei"? E em Romanos 14, a aparência de imparcialidade é semelhantemente enganadora. Paulo parecia pedir mais dos crentes gentios (que já tinham realizado a mudança de um quadro de referência gentio), mas na verdade estava pedindo mais de crentes judeus (que ainda não tinham mudado de seu tradicional quadro de referência). Como Paulo podia afirmar tanto que a Lei é santa, quanto que nada é impuro? Ele via sem dúvida uma lógica maior atrás das duas afirmações, mas a realidade social era que seu ensinamento minava a integridade social e cultural do judeu-cristão observante.[48]

Ainda mais fundamental, ao colocar a circuncisão e a incircuncisão no mesmo plano de irrelevância (1Cor 7.19a etc.), Paulo cortou pela raiz a concepção de identidade daquelas pessoas que ele mesmo chamou simplesmente de "a circuncisão". Será que este era o único caminho para um judeu cristão? Será que a continuidade podia ser mantida somente pelas pessoas que seguiam o exemplo de Paulo? No caso, a reestruturação da identidade judaica exigida pelo evangelho de Paulo comprovou-se totalmente inaceitável para a grande maioria de seus colegas judeus. Em outras palavras, a questão teológica levantada pelo evangelho de Paulo não pode ser resolvida unicamente no nível das ideias e das doutrinas. E se a realidade social da identidade judaica se comprovou uma pedra de tropeço efetiva até mesmo entre os crentes judeus simpáticos à ideia, será que as esperanças de Paulo acerca de Israel como um todo não seriam muito menos realistas?

Por isso, a procura por um fundamento comum, seja como uma base comum entre intérpretes contemporâneos dos escritos de Paulo, seja como uma base comum entre o próprio Paulo e os outros judeu-cristãos, pode ser a procura por um ideal que o próprio Paulo seria incapaz de alcançar e que nós hoje somos incapazes de apreciar plenamente. Não obstante, alguma coisa pode e deve ser dita por respeito a Paulo e a grandeza de sua visão.

---

[48] F. Watson, *Paul, Judaism and the Gentiles: A Sociological Approach*. SNTSMS 56 (Cambridge University, 1986).

4.2. Vamos começar com aquilo que geralmente tem sido considerado uma expressão principal do evangelho de Paulo, a saber, a justificação pela fé.[49] Embora sua centralidade no pensamento de Paulo tenha sido questionada periodicamente, certamente foi o ensinamento de Paulo que tornou a Lei um problema para sua teologia, se é que questões como as levantadas em Rm 3.31 ("Tornamos a Lei inválida através da fé?") e Rm 7.7 ("A Lei é pecado?") sinalizam mais do que uma "mera retórica". E é a doutrina da justificação pela fé que continua a apresentar tal problema da maneira mais aguda para intérpretes contemporâneos de Paulo. Das discussões do *Symposium*, nós podemos reunir várias linhas de consenso.

a) A questão da justificação surge como uma questão nas cartas de Paulo dentro do contexto de sua missão aos gentios.[50] A questão assim como foi levantada, particularmente em Gálatas e Romanos, é se, e se for o caso como, os gentios podem ser aceitos por Deus; se, e se for o caso, como eles podiam chegar a compartilhar as bênçãos de Abraão e do povo eleito. Nós devemos notar o fato de que a questão, assim como discutida por Paulo, não é se e como gentios poderiam ser aceitos por Deus sem referência ao Pai Abraão e sua semente – uma interpretação possível de Romanos 2, mas somente se este texto for isolado do restante da carta. Nem é importante, neste ponto, quem levantou primeiro a questão da participação dos crentes gentios na semente e na herança de Abraão (o próprio Paulo ou outros missionários judaicos cristãos na Galácia).[51] Para nós, o ponto crucial é que esta questão é o contexto dentro do qual se dão as exposições mais importantes que Paulo desenvolve sobre a justificação.

---

[49] Basta lembrar como Lutero, e neste século Bultmann e Käsemann, consideraram a "justificação pela fé" o princípio fundamental do evangelho; cf. especialmente J. Reumann, *Righteousness in the New Testament* (Philadelphia: Fortress/Nova Iorque: Paulist, 1982).

[50] Aqui podemos dizer que vencedores são os argumentos de W. Wrede, *Paul* (Londres: Philip Green, 1907) p. 122-128, e K. Stendahl, *Paul Among Jews and Gentiles* (Philadelphia: Fortress, 1976/Londres: SCM, 1977), especialmente p. 1-7.

[51] J. L. Martyn, "A Law-Observant Mission to Gentiles: The Background of Galatians", in *SJT* 38 (1985): 307-324.

b) Subjacente a essa questão contingente específica (se e como gentios podem ser aceitos por Deus) está a assertiva teológica mais fundamental da iniciativa divina e da impotência humana. Isto está implícito na perspectiva apocalíptica a partir da qual Paulo vê todo o processo do propósito salvífico de Deus. O necessário não é simplesmente uma cura e uma purificação, mas todo um novo ato de criação, um dar vida aos mortos e um chamar para a existência o que não tinha existência (Rm 4.17). Isto está explícito na acusação universal de Romanos 1-3, assim como cristalizado, não por último, em Rm 4.4-5.

c) Ambos os aspectos refletem-se no termo "pecador". Em parte como a questão de judeus considerando gentios fora do povo de Deus ("pecadores" – Gl 2.15) e em parte também como a questão do pecado verdadeiro com a consequente suscetibilidade à condenação. A maneira como a questão é colocada em Ef 2.11-12 pode muito bem expressar uma síntese genuinamente paulina de ambos os aspectos: gentios incircuncisos eram por definição *tanto* alheios à comunidade nacional de Israel, estrangeiros em relação às alianças da promessa, *quanto* separados de Cristo, sem esperança e sem Deus no mundo.

4.3. O grau de continuidade entre o evangelho paulino da justificação e as ênfases centrais, não somente do AT, mas também dentro do judaísmo do Segundo Templo, pode também ser esboçado em linhas gerais, pois tais possuem um bom grau de consenso.

a) Característico tanto de Paulo quanto de sua herança judaica é o reconhecimento comum de que estar com Deus depende da iniciativa da graça divina. A identidade de Israel estava determinada desde o início pela eleição e pelo chamado divinos. O Deuteronômio como a expressão clássica do "nomismo da aliança" começa com o reconhecimento do *status* de escravo que Israel tinha, sem qualquer direito em relação a Deus, no momento da sua eleição (Dt 5.6; 6.21; 7.6-8 etc.). Como já notamos, a compreensão paulina da δικαιοσύνη θεοῦ [justiça de Deus] deriva diretamente das afirmações teológicas fundamentais sobre esse tema nas Escrituras de Israel (*acima*, nº 3).

b) Igualmente característico tanto de Paulo quanto de sua herança judaica é o outro lado do nomismo da aliança – isto é, a insistência de que há certas obrigações para as pessoas que foram receptoras da graça. Paulo insiste nos corolários e consequências éticas da eleição e da aceitação por Deus de forma tão intensa quanto a ênfase deuteronomista, com um reconhecimento igual da parte de ambos de que a obediência necessária tem de vir do coração. Tanto para Paulo quanto para o Deuteronômio, o termo "justiça" resume de fato ambos os lados do nomismo da aliança, tanto a ação salvífica de Deus quanto a obrigação de obediência em relação à justiça (*p.ex.*, Rm 6.18-19).[52]

c) Paulo certamente insistiria em dizer que seu próprio chamado para pregar o evangelho aos gentios se dava em cumprimento da obrigação do próprio Israel de ser uma luz para os gentios. Tal é a implicação de Gl 1.15-16, que apresenta um eco claro de Is 49.1-6 e Jr 1.5. Sua conversão é entendida por ele como inteiramente na tradição dos chamados e da missão dos profetas de Israel.[53] Como indica também Gl 3.8, ele enfoca a apologia de seu evangelho na terceira linha da promessa a Abraão: a promessa não é somente de semente e de terra, mas também de bênção para as nações (Gn 12.3 etc.). O que Israel ainda não tinha realizado plenamente, Paulo considerava tarefa sua, mas entendia a própria tarefa como o cumprimento da tarefa de Israel.

É dentro desta continuidade que se levanta a questão da descontinuidade, pois o que separa e destaca a teologia paulina da graça em comparação aos judeus que eram seus contemporâneos é seu senso (comum a outras vozes cristãs do NT) de que o ápice escatológico decisivo já veio na morte e ressurreição de Jesus. Digo "dentro da continuidade", já que Paulo dificilmente vê a vinda de Cristo como uma ruptura ou um abandono do propósito divino, como, por exemplo, o propósito expresso através de Abraão e Israel. Se a perspectiva apocalíptica sinaliza a descontinuidade, ela também

---

[52] Thielman, p. 238-241, faz parte desse consenso crescente sobre esses dois pontos; contraste-se Schreiner, p. 114-121.
[53] K. O. Sandes, *Paul – One of the Prophets*. WUNT 2.43 (Tübingen: Mohr, 1991), p. 56-69, capta este ponto apenas parcialmente.

sinaliza o ápice. Não obstante, apesar de todas as afirmações paulinas de continuidade que se encontram também aqui, o efeito prático era de que, em sua visão, os termos da graça, a base da aceitação diante de Deus, tinham mudado com a vinda do messias de Israel. Por mais parecida que a fé exigida fosse com a fé de Abraão, esta era agora uma fé enfocada em e através de Cristo Jesus, um motivo de tropeço para a maioria dos israelitas (Rm 9.32-33). E a descontinuidade teológica/cristológica espelhava-se na descontinuidade refletida em Rm 14-15, não obstante o ideal permanente de Paulo (15.7-12).

4.4. É no interior deste quadro teológico maior, com sua medida aberta de base comum e com pleno reconhecimento da tensão que ele contém, que a questão de Paulo e a Lei precisa ser resolvida, para que se tenha alguma chance de solução. Nós podemos começar com o ponto menos controverso: que há uma variação na referência que Paulo faz à Lei, uma variação que vai de algo que soa como uma aprovação altamente positiva até algo que soa como uma condenação altamente negativa. Por um lado, em sua defesa da Lei, Paulo não hesita em descrevê-la como "santa, justa e boa" (Rm 7.12), uma dádiva muito positiva de Deus (Rm 9.4). Devemos notar que o reconhecimento de uma afirmação tão positiva não depende da debatida interpretação da expressão "o νόμος do Espírito de vida" que ocorre depois na mesma secção (Rm 8.2). Por outro lado, ele fala claramente da Lei como um poder escravizante, que aumenta a transgressão e que é usada pelo pecado para produzir a morte (Gl 4.1-10; Rm 5.20; 7.5; 1Cor 15.56).[54]

Coordenado com tais concepções está o outro reconhecimento de que a Lei tinha para Paulo uma variedade de funções. Três delas pedem comentários.

A primeira é o papel da Lei na revelação da vontade de Deus, com a consequente sensibilização ou consciência acerca do pecado. Um tanto surpreendentemente, em Gálatas, Paulo não diz nada dessa função. E quando se refere repetidamente a ela em Romanos (Rm 3.20; 4.15; 5.13; 7.13), ele o faz como se a questão fosse um axioma estabelecido que ninguém questionaria, a respeito do qual ele,

---

[54] Cf., *p.ex.*, Schreiner, cap. 3.

portanto, não precisava argumentar. Esta função está obviamente relacionada à função de condenar o pecado, como indicado em Rm 4.15, e é, por isso, também a função visada em Rm 2.12-13.

Esta pode parecer a característica mais negativa da Lei – sua função de trazer a ira divina ao condenar a transgressão, ao amaldiçoar a quem deixa de fazer tudo que está escrito no livro da Lei (Gl 3.10). No entanto, esta é simplesmente uma parte de seu propósito dado por Deus, que Paulo considera natural. No coração do evangelho paulino está certamente a afirmação de que Cristo traz a redenção da ira futura (Rm 5.9), que não há condenação para quem está em Cristo (Rm 8.1), e que Cristo redimiu da maldição da Lei (Gl 3.13). Estes, porém, não são inteiramente pontos de descontinuidades. A própria Lei providenciou também perdão e expiação, como atestou Davi (Rm 4.7-8), e Abraão era justificado pela fé muito antes da vinda de Cristo. Também aqui há continuidade.

Será que essa atitude de considerar natural a função da Lei que faz do pecado uma transgressão consciente e o leva à condenação nos oferece alguma pista? Estamos aqui diante de uma função que a Lei tinha desde o início (Rm 5.13; 7.13) e que ela ainda tem evidentemente para Paulo (3.20; 4.15) e terá no Juízo Final. Isso parece ser indicado pelo argumento de Rm 2.12-16. Paulo continua a afirmar, ou melhor, a assumir essa função da Lei, até mesmo em meio a seus comentários mais negativos sobre ela. No entanto, já que tal função é parte do fundamento comum que ele compartilhara com os seus colegas judeus (cristãos), ele não via nenhuma necessidade de elaborá-la. Contudo, era contra os comentários mais controversos e negativos que ele tinha de argumentar e por causa dos quais ele tinha de construir uma defesa elaborada (embora tal seja, para nós, confusa) da Lei.

Assim se questiona se nós nos enganamos devido a essa falta de equilíbrio na exposição de Paulo. Isto quer dizer: será que nossa atenção ficou distraída pela maior ênfase dada à função negativa da Lei, e será que deixamos de atribuir peso suficiente à função contínua da Lei de tornar o pecado consciente e de condená-lo, simplesmente porque essa segunda função é mencionada tão brevemente no meio de outra argumentação? Em tratamentos clássicos, o papel da Lei de tornar o pecado consciente e de condenar o pecado leva diretamente para o seu papel de incitar o pecado (Rm

5.20; 7.7-11),[55] mas é somente a segunda sobre a qual Paulo constrói sua defesa da Lei (Rm 7.7-8.4). Será que as duas funções não deveriam ficar mais destacadas no pensamento de Paulo – uma afirmada por Paulo sem levantar qualquer questão, e outra vista por ele como uma questão que pede a defesa da Lei?

4.5. A segunda função da Lei, que foi geralmente reconhecida nas discussões do *Symposium*, foi seu papel de marcar e separar o povo de Deus. Isto fica claro, por exemplo, na distinção paulina entre as pessoas que têm e "as que não têm a Lei" (Rm 2.12-14), e no seu discurso sobre Israel como "sob a Lei" (como em Gl 3.23-25),[56] e sobre o "judeu" como indivíduo marcado e separado pelo seu ato de gloriar-se na Lei (Rm 2.23). Paulo obviamente é um crítico em relação aos papeis da Lei supracitados, um fato que faz surgir várias questões importantes.

a) Primeiro, quão negativa é sua crítica a essa função da Lei? O imaginário que ele usa em Gl 3.23-4.2 é essencialmente positivo: uma guarnição protetora, um aio/tutor [παιδαγωγός], um herdeiro sob curadores e protetores.[57] O imaginário não está longe daquele usado na Carta de Aristeias 139-42, já mencionado (§ 2.3).

b) Segundo, Paulo vê tal função da Lei claramente, considerando-a essencialmente *temporária*, durando até a vinda de Cristo e a possibilidade da fé nele (Gl 3.22-25; 4.3-7). Em que medida a avaliação negativa que Paulo faz da Lei é focada nessa função temporária da Lei? E será que sua crítica chega a ser uma crítica dos outros judeus que desejam preservar tal função e permanecer dentro da custódia protetora da Lei, como se eles fossem menores, não sendo nada mais que escravos quando veio o momento escatológico da transição para a plena filiação, para os herdeiros entrarem em sua herança?

---

[55] R. Bultmann, *Theology of the New Testament, Vol. 1* (Londres: SCM, 1952), p. 261-268; Cranfield, *Romans*, p. 846-848.

[56] A proposta de L. Gaston, "Paul and the Torah", in *Paul and the Torah* (Vancouver: University of British Columbia, 1987), p. 29-30, de que Paulo usa a expressão "sob a lei" para designar a situação dos gentios, é simplesmente inaceitável.

[57] Para uma explicação detalhada remeto a meu *Galatians*, para o versículo.

Aqui devemos observar que o problema da ideia de obras da Lei se levanta quando a questão muda para a pergunta sobre o que uma atitude assim diz da participação dos gentios na herança de Israel, como mostram os trechos Gl 2.15-16; Rm 3.27-30 e Rm 9.30-32; Gl 2.15-16 – a afirmação provocada por judeu-cristãos de que não comerão com cristãos gentios; Rm 3.27-30 – gloriar-se das obras da Lei como afirmação de que Deus é somente o Deus de judeus; Rm 9.30-32 – gentios alcançam a justiça pela fé, mas Israel falhou em alcançar a Lei da justiça porque a perseguiu como se ela pudesse ser alcançada mediante as obras. Será que esta é a razão principal para Paulo justapor a justificação pela fé à justificação pelas obras? A justificação pelas obras da Lei é outra maneira de dizer que Israel se agarrou por tempo demasiado ao *status* protetor da Lei, que separou Israel das outras nações? Até mesmo se tal não for a resposta completa, certamente deve ser uma parte significativa dela.[58]

Também Rm 5.20 deve ser vinculado sob este tema, pois, por um lado, visa a entrada da Lei dentro dos processos da história humana, isto é, a história de Israel através de Moisés (Rm 5.13). Sua função dentro da era de Adão não é diferente de seu papel em relação a Israel (cf. Rm 7.7-13).[59] E, por outro lado, como já observado, a defesa da Lei em Rm 7.7-8.4 deve se referir também à acusação de 5.20, portanto, deve servir como a reposta do próprio Paulo a essa acusação (*acima*, § 3.7) A Lei em seu papel como agente (involuntário) do pecado e da morte também não é distinguida de seu papel em relação a Israel.

---

[58] Neste ponto, apoio-me naturalmente em minha própria tese a respeito de "obras da Lei" em Paulo, embora eu espere que tal seja, aqui, isenta de controvérsias. Cf., *p.ex.*, meu artigo "'Yet Once More – The Works of the Law': A Response", in *ISNT* 46 (1992): 99-117 (= Cap. 8, *acima*); também "4QMMT and Galatians", in *NTS* 43 (1997): 147-53 (= Cap.14, *abaixo*). Que esta tese pode ser frutífera para a reavaliação judaica de Paulo, mostra A. E. Segal, *Paul the Convert: The Apostolate and Apostasy of Saul the Pharisee* (New Haven: Yale University, 1990) especialmente p. 124, e D. Boyarin, *A Radical Jew: Paul and the Politics of Identity* (Berkeley: University of California, 1994), *p.ex.*, p. 52-56.

[59] Mais do que em *Romans*, p. 383, estou agora aberto para a probabilidade de que Rm 7.9-11 inclua uma alusão de que o próprio Israel, assim como a humanidade em geral, sucumbiu ao pecado e à morte; cf., *p.ex.*, Thielman, p. 295, nota 15.

c) Terceiro, subjacente a essa questão mais específica que tanto absorvia Paulo está a questão mais fundamental da total dependência humana da graça divina. Aqui entra plenamente em cena o texto crucial de Rm 4.4-5. A questão é de tanta importância que justifica uma seção separada.

4.6. Junto com Rm 4.5-5 devemos fazer a pergunta: embora a seção anterior (Rm 3.27-31) estivesse centrada na relação entre judeus e gentios dentro dos propósitos justificadores de Deus, será que a questão aqui não é a impossibilidade do empreendimento humano de alcançar o favor de Deus e do caráter fundamentalmente deficitário da teologia que afirma algo diferente?[60] A reposta é provavelmente: Sim! A pergunta, porém, é se esta conclusão vai contra a teologia da Lei construída nos parágrafos precedentes. Temos em Rm 4.4-5 um conceito de "obras da Lei" em conflito com a correlação entre as "obras da Lei" e a questão da aceitabilidade de gentios que nós acabamos de perceber? Não necessariamente. Aqui entra também a pergunta anterior, já feita acima: essa afirmação (Rm 4.4-5) entraria em choque e constituiria uma proposição teológica inaceitável para os judeu-cristãos ou judeus em geral? Para mim, pessoalmente, a reposta mais provável tem sido: Não! E o grau de acordo notado acima (§§ 4.2b e 4.3a) aponta para a mesma conclusão.

Em outras palavras, a proposição de Rm 4.4-5 provavelmente *não* era o problema entre Paulo e seus colegas judeus cristãos (ou judeus em geral). Era parte do fundamento comum que Paulo podia considerar natural e pacífico, assim como a sua compreensão de "justiça de Deus" (§§ 2.1; 4.3a). Talvez seja por isso que Paulo não precisou argumentar acerca deste ponto, mas pode simplesmente afirmá-lo sem argumentação – ele estava confiante de que o tema não seria objeto de debate entre os leitores judeus. Ou seja, Paulo reafirma o teologúmeno em 4.4-5, não (tanto) porque era contestado por seus colegas judeus (cristãos), mas antes como um lembrete daquilo que também eles mesmos consideravam fundamental no estabelecimento da relação entre Deus e os seres humanos.

---

[60] Cf. *acima*, nota 33.

Nós podemos ver aqui um paralelo com o argumento ou a repetição da tática usada poucos versículos antes. Em Rm 3.27-30, Paulo coloca o problema de relacionar fé e obras diretamente no contexto da questão da aceitabilidade de gentios por Deus, e para resolver a questão, ele apela para o axioma judaico fundamental: que Deus é um (Rm 3.29-30). Foi exatamente por ser um axioma judaico que Paulo apelou para ele e Paulo pode nutrir boas esperanças de que seu argumento teria um efeito sobre os judeu-cristãos. De modo semelhante, em 4.4-5, o melhor sentido é supor que Paulo repetiu a tática de apelar novamente para um axioma judaico, para, a partir dele, deduzir o nível de aceitação que ele poderia esperar de seus colegas judeu-cristãos, até mesmo quando o axioma é aplicado à questão mais controversa das "obras da Lei", que culmina na discussão acerca da relação entre os judeus e os gentios.

Em outras palavras, deveria ser possível manter juntas as duas conclusões que foram colocadas em contraste. Uma é que a questão das "obras da Lei", assim como a justificação, surge em relação à questão se e como os gentios podem ser considerados ("contados") entre os aceitos por Deus, já que (aquilo que Paulo chama de) "obras da Lei" geralmente servia para reforçar o caráter separado de Israel em relação às outras nações. A segunda é que Rm 4.4-5 expõe uma questão mais fundamental, a qual LUTERO percebeu com razão – revela o erro de pensar que a aceitação de qualquer pessoa por Deus deve ser considerada nos termos da dívida com Deus, e não nos termos da graça divina. A única diferença é que o último provavelmente não fazia parte do debate entre Paulo e os outros judeu-cristãos; era mais provável que fizesse parte dos debates os fundamentos comuns, já que tais eram reafirmações de axiomas judaicos. O problema verdadeiro entre Paulo e os seus oponentes neste ponto era a implicação do axioma na continuidade das obrigações da Torá por parte dos judeu-cristãos e em sua relação com os gentio-cristãos. É exatamente este o axioma teológico fundamental; mas não era isto que estava em questão entre Paulo e os seus oponentes.

Em outras palavras, assim como a assertiva da primeira função da Lei, a assertiva de Rm 4.4-5, está também destinada a trazer a consciência do pecado (§ 4.4). Já que o ponto anterior não precisava ser comprovado, mas meramente constatado como um axioma (assim como o axioma do monoteísmo judaico), também aqui o ponto não precisa de argumentação, mas meramente de afirmação como um ponto que nenhum judeu que se fundamentasse biblicamente desejaria debater. Uma vez reafirmado o ponto de acordo básico, poderia ser enfrentada a questão de como a obediência à Torá se relaciona com a justificação, dado que Deus justifica pela fé. Ou, como poderíamos dizer, uma vez reafirmado o ponto de continuidade (o princípio básico da justiça de Deus como graça justificadora), podia ser enfrentada a questão da descontinuidade (o que significava uma nova manifestação do poder divino doador de vida na ressurreição para o *status* especial de Israel diante de Deus e sob a Lei).

4.7. Tendo assim clarificado o enfoque da crítica negativa que Paulo faz à Lei – como primeiramente direcionada contra a prolongação ou extensão de sua função temporária frente a Israel – fica mais fácil reconhecer a terceira função da Lei que Paulo vê também como permanente. É a sua função de fornecer a direção divina para a vida, agora distinta de sua função de manter Israel separado das outras nações. Que ela ainda tem uma função contínua está claramente implícito em 1Cor 7.19b: "nem a circuncisão é alguma coisa nem a incircuncisão, mas observar os mandamentos de Deus". O desafio deste texto foi nos imposto pelo artigo de Peter Tomson.[61] O que são "os mandamentos de Deus"? Se não são simplesmente os Dez Mandamentos, a Torá, então o que são? Será que Paulo tinha em mente outro tipo de halacá ou um conjunto diferente de "mandamentos" (de Cristo)? A questão é levantada também por Rm 13.9 e pelo fato de que a própria parênese (halacá?) de Paulo numa passagem como Rm 12.14-21 está completamente impregnada com uma parênese de sabedoria judaica.[62] E as assertivas de passagens como Rm 3.31, 8.4 e 13.8-10 certamente não podem ser descartadas ou reduzidas ao mandamento do amor, por mais que o mandamento do amor informe e infunde sobre a maneira em que as exigências da Lei devem ser cumpridas pela pessoa crente.[63]

---

[61] P. J. Tomson, "Paul's Jewish Background in View of His Law Teaching in 1Cor 7", in *Paul and the Mosaic Law*, p. 251-270.
[62] Para detalhes, cf. meu livro *Romans*, p. 738.
[63] Compare e contraste os outros vários debates com problemas muito maiores e, relação à conceituação paulina referente aos cristãos que "cumprem a Lei" –

Se isto for assim, ora, será que não estamos outra vez retornando para o ponto principal, a continuidade entre os Testamentos e para a própria Lei, pelo menos na sua função de ponte? Como observado acima (§§ 2.2; 4.3a.b), o fato é que o nomismo da aliança de Israel mantém a tensão entre a graça divina e a resultante obrigação humana, e que a tensão se parece notavelmente com a tensão no próprio ensinamento de Paulo, entre justificação pela fé e a "fé operando através do amor" (Gl 5.6). A vinda de Cristo mudou o enfoque, mas o equilíbrio em passagens como Rm 8.12-13 e Gl 6.8, entre *Gabe und Aufgabe* [alemão: dádiva e tarefa] não é tão diferente do equilíbrio na teologia da Torá do judaísmo do Segundo Templo, caracterizada em § 2.2 como *"Weisung zum Leben und Lebens-Weise"* [alemão: instrução para a vida e modo de vida]. Para Paulo, ocorrera realmente uma reviravolta nas eras, mas a tensão escatológica, familiar na ética de Paulo, entre o "já" e o "ainda-não" não é tão diferente daquilo que encontramos naqueles profetas e autores que denunciavam a obediência superficial e buscavam a obediência que vinha do coração.[64]

5. Conclusão

O que podemos concluir de tudo o que nós vimos acima? Se as linhas de reflexão acima apresentadas tiverem alguma pertinência, então nós temos de reconhecer uma linha de continuidade mais forte entre a função da Lei no judaísmo do AT e do Segundo Templo e a função contínua da Lei na nova era inaugurada por Cristo. Isto é evidente em duas funções da Lei, assim como as analisamos acima: (1) ao tornar consciente do pecado, na condenação da transgressão

---

H. Hübner, *Das Gesetz bei Paulus*, 2ª ed. (Göttingen: Vandenhoeck, 1980), p. 76-80; J. M. G. Barclay, *Obeying the Truth: A Study of Paul's Ethics in Galatians* (Edimburgo: T. & T. Clark, 1988), p. 135-142; Westerholm, p. 201-205; Schreiner, cap. 6.

[64] Mais atenção deveria ser dedicada à observação de M. D. Hooker, de que "de muitas maneiras, o padrão que Sanders afirma ser a base do judaísmo palestinense combina exatamente com o padrão paulino da experiência cristã: a graça salvífica de Deus exige em resposta a obediência do homem" ("Paul and 'Covenantal Nomism'", in *From Adam to Christ: Essays on Paul* [Cambridge University, 1990], p. 157).

e no Juízo Final; (2) ao fornecer orientação contínua para a conduta e ao expressar exigências de Deus que têm que ser cumpridas.

A respeito da descontinuidade, nós devemos dizer três coisas. Primeiro, da discussão acima apresentada segue-se que a antítese evangelho *versus* Lei é somente em parte uma característica da discussão sobre a continuidade/descontinuidade. A Lei sempre tem tido a função de condenar a transgressão (um função dada por Deus), e tal função é contínua para as pessoas que nela creem. Perdão e expiação sempre têm sido um *desideratum* necessário em consequência da função da Lei, mas o perdão e a expiação também estavam disponíveis antes de Cristo. A descontinuidade é o meio pelo qual a expiação se tornou agora efetiva (a morte e ressurreição de Cristo) e pelo qual o objetivo da expiação foi ampliado (tanto os gentios quanto os judeus). Mas não segue daí que o evento de Cristo devesse ser considerado uma negação ou uma rejeição da função da Lei.

Segundo, o ímpeto principal da atitude negativa de Paulo em relação à Lei parece se dirigir contra a sua função de separar Israel das outras nações. Aqui, a ironia é que o ideal teológico de Paulo ("Rejubilai-vos, ó gentios, com o seu povo", Rm 15.9) parece ter se detido na realidade social da identidade étnica e religiosa de Israel.

Terceiro, sendo assim, a principal questão teológica presente na continuidade/descontinuidade entre o AT e o NT não é tanto a Lei, mas Cristo. Será que até mesmo isto é muito exato? Afinal, Jesus é o "Cristo" exatamente por ser o messias de Israel. O problema surgiu, porém, porque sua vinda, e particularmente sua morte e ressurreição, parece ter levantado a questão dos gentios de uma maneira sem precedentes e parece ter estabelecido rapidamente uma lógica seguida pelos helenistas e inicialmente perseguida por Paulo, mas para a qual ele depois se converteu. O que nos leva de volta, talvez apropriadamente, para a conversão de Paulo, já que foi nela, pelos menos em sua própriamente, que os ingredientes cristologia, Israel, gentios e Lei foram misturados e começaram a fermentar em sua mente, em sua missão e em sua teologia.

Capítulo 13

"Nem circuncisão nem incircuncisão, mas..."

(Gl 5.2-12; 6.12-16; cf. 1Cor 7.7-20)

1. Introdução

A questão central nas passagens em questão é obviamente a circuncisão.[1] Na Carta aos Gálatas, Paulo enfrenta aquelas pessoas que estavam tentando persuadir os gentios convertidos por ele a irem além de (Paulo diria, a abandonar) seu evangelho. Até esse ponto na carta (5.2) não foi esclarecido o que exatamente os outros missionários[2] queriam dos crentes da Galácia (fora das dicas de 2.3,7-9 e 2.12). Agora, porém, Paulo esclarece a questão para além de qualquer dúvida. Os outros missionários queriam que os crentes gentios da Galácia fossem circuncidados. E Paulo não queria de modo algum que isto acontecesse.

O que é particularmente notável nas duas passagens de Gálatas é a agudez do contraste que Paulo esboça entre a circuncisão e a sua própria ênfase, a antítese total que Paulo estabelece entre a circuncisão e o seu evangelho. Em Gl 5.2-6, a *circuncisão* é posta em

---

[1] Em Gl 5.2-12 e 6.12-16, περιτομή ocorre três vezes e περιτέμνω, cinco; é a concentração mais alta em todo o NT.
[2] Suponho (junto com a maioria) que os "outros missionários" eram cristãos judeus enviados provavelmente por Igrejas judeu-cristãs mais conservadoras. Para minha própria reconstrução dos eventos, cf. meu livro *Galatians*. BNTC (Londres: A. & C. Black, 1993), p. 9-19.

antítese com *Cristo:* ser circuncidado significaria para os crentes da Galácia a anulação de qualquer benefício que Cristo lhes trouxera; elas ficariam alienadas de Cristo, cairiam fora da graça. E em Gl 5.11 e 6.12-14, *circuncisão* é posto em contraste repetido com a *cruz:* a circuncisão de gentios significa negar o escândalo da cruz, é uma maneira de evitar a perseguição por causa da cruz; a circuncisão envolve um gloriar-se que se dirige a um objeto errado – à carne e não à cruz.[3]

Até mesmo um esboço tão breve é suficiente para indicar que tais antíteses geminadas – circuncisão *versus* Cristo, circuncisão *versus* cruz – são uma abreviatura para conflitos mais amplos e mais profundos. Não é meramente um rito (circuncisão) que é colocado contra uma pessoa (Cristo) ou contra um evento (cruz). Em vez disso, tais termos representam crenças e práticas mais amplas e complexas. Ao mesmo tempo, é significativo que esses complexos possam ser, em sua amplitude, resumidos nesses termos e que as tensões entre tais complexos ganhem seu foco exatamente em tais antíteses. Por isso, é importante que nós esclareçamos o máximo possível por que e como tais termos (circuncisão, Cristo, cruz) podiam funcionar assim como funcionavam na exortação que Paulo faz nas passagens em questão, e o que estava em jogo nas mesmas. Em particular, nós desejamos esclarecer se Paulo estava reagindo com exagero diante da situação nas Igrejas da Galácia ou se ele tinha efetivamente percebido que estavam em jogo os princípios vitais, resumidos exatamente nos termos por ele utilizados.

Os desafios e os quebra-cabeças que estão diante de nós podem ser resumidos nas três citações da expressão "nem circuncisão nem incircuncisão", as quais parecem funcionar como um tipo de lema para Paulo[4] e que formam um vínculo comum entre as três passagens de nosso título:

---

[3] Para a importância da repetida antítese de circuncisão *versus* cruz no que é a conclusão da carta (Gl 6.11-18), cf. ainda meu texto *The Theology of Paul's Letter to the Galatians* (Cambridge University, 1993), p. 28-33.

[4] A brevidade da expressão não implica necessariamente uma máxima já estabelecida (H. D. Betz, *Galatians*. Hermeneia [Philadelphia: Fortress, 1979], p. 319, nota 79), e muito menos uma perspectiva judeu-cristã (R. N. Longenecker, *Galatians*. WBC 41 [Dallas: Word, 1990], p. 296), já que se resume a ênfase distinta da carta. Cf. também *abaixo*, nota 64.

Gl 5.6 – "em Cristo Jesus, nem a circuncisão conta para alguma coisa, nem a incircuncisão, mas a fé operando efetivamente através do amor";

Gl 6.15 – "nem a circuncisão conta para alguma coisa, nem a incircuncisão, mas a nova criação";

1Cor 7.19 – "circuncisão é nada e incircuncisão é nada, mas observar os mandamentos de Deus".

Como Paulo podia fazer as três afirmações acima? A segunda parece implicar uma descontinuidade apocalíptica entre o antigo e o novo que, se forçada, atribuiria a circuncisão e o judaísmo que ela representava à antiga criação, agora superada pela nova criação representada por Cristo, tendo a cruz como o ponto de ruptura apocalíptico entre elas.[5] Mas a terceira parece implicar um tipo de continuidade *heilsgeschichtliche* [histórico-salvífica] entre Cristo e o que aconteceu antes, uma continuidade marcada pela importância contínua dos mandamentos e de sua observância, uma continuidade que passa evidentemente pela cruz.[6] Não há dúvida de que as circunstâncias diferentes enfrentadas por Paulo na Galácia e em Corinto fornecem uma explicação suficiente para essas diferentes ênfases. Mas o fato de Paulo poder falar em 1 Coríntios tão positivamente a respeito da observância dos mandamentos nos leva a perguntar o quanto da agudez das antíteses estabelecidas em Gálatas foram o resultado de

---

[5] A ênfase particular de J. L. Martyn numa série de ensaios – especialmente "Apocalyptic Antinomies in Paul's Letter to the Galatians", in *NTS* 31 (1985): 410-424, e "Events in Galatia: Modified Covenantal Nomism versus God's Invasion of the Cosmos in the Singular Gospel", in J. M. Bassler (org.), *Pauline Theology Volume I: Thessalonians, Philippians, Galatians and Philemon* (Minneapolis: Fortress, 1991), p. 161.

[6] Uma ênfase bem representada a respeito de Gálatas, em certo contraste com Martyn, *p.ex.*, por R. B. Hays, *The Faith of Jesus Christ. An Investigation of the Narrative Substructure of Galatians 3.1-4.11* (Chico: Scholars, 1983), e por N. T. Wright, *The Climax of the Covenant. Christ and the Law in Pauline Theology* (Edimburgo: T. & T. Clark, 1991). Cf. a controvérsia mais antiga entre G. Klein, "Individualgeschichte und Weltgeschichte bei Paulus: Eine Interpretation ihres Verhältnisses im Galaterbrief", in Chr. Kaiser, *Rekonstruktion und Interpretation.* BEvT 50 (Munique, 1969), p. 180-224, e W. G. Kümmel, "'Individualgeschichte' und 'Weltgeschichte' in Gal. 2.15-21", in B. Lindars, S. S. Smalley (org.), *Christ and Spirit in the New Testament: Essays in Honour of C. F. D. Moule* (Cambridge University, 1973), p. 157-173.

um exagero retórico ou de uma reação exagerada alarmista de curta duração.

Por isso, nós precisamos, primeiro, tentar clarificar a razões pelas quais a circuncisão era para Paulo uma questão tão sensível, por que a "circuncisão" podia resumir e focalizar a ameaça que ele percebia em relação às pessoas que ele convertera na Galácia, e quais eram os problemas mais profundos que ele pensava estar em jogo. Segundo, precisamos clarificar o sentido do outro lado das antíteses, e particularmente esclarecer em que medida "Cristo" e "cruz" representam para Paulo uma ruptura completa com o que aconteceu antes, ou algo mais, como um realinhamento dentro de um padrão de continuidade. Os lemas de Gl 5.6 e 6.15 funcionavam ambos como conclusões ou consequências das antíteses estabelecidas em Gl 5.2-6 e 6.12-15, de modo que nós possamos depois estar em condições de alcançar uma compreensão mais adequada daquilo que Paulo quis dizer quando disse "Nem circuncisão nem incircuncisão, mas [...]".

2. Por que Paulo se opôs tanto à circuncisão dos gálatas?

A melhor maneira de responder essa questão é, primeiro, pela reflexão sobre a importância da circuncisão dentro do judaísmo. O judaísmo havia tornado a circuncisão um ponto fulcral e uma prova central sempre que era levantada a hipótese da aceitação dos gentios como coparticipantes plenos no interior da comunidade judaica. Segundo, nós precisamos tentar clarificar as duas objeções principais que o próprio Paulo levantou nas duas passagens aqui comentadas, ambas da Carta aos Gálatas.

2.1. A própria Carta aos Gálatas não explica por que a circuncisão era uma preocupação tão crucial para os outros missionários. No entanto, a razão é óbvia e, de fato, tão óbvia, que geralmente não gera muitos comentários por parte dos comentaristas. É simplesmente considerado natural e evidente que os outros missionários judeu-cristãos continuavam a pensar como judeus e a assumir que a conversão a Jesus significava que uma pessoa entrava no povo do Messias, tornando-se prosélito, isto é, submetendo-se à circuncisão. No entanto, se queremos apreciar plenamente como a circuncisão podia se tornar um ponto tão central nos problemas da Galácia e como ela podia ser colocada por Paulo numa antítese tão aguda em relação a Cristo e à cruz, nós precisamos investigar mais profundamente o significado da circuncisão para o judaísmo dos dias de Paulo.

O ponto básico é que a circuncisão estava vinculada inextrincavelmente à identidade judaica, isto é, à identidade dos judeus como povo de Israel, o povo eleito por Deus entre todas as outras nações para ser sua propriedade. E isto numa medida tão grande que Paulo podia identificar o povo judeu simplesmente como "a circuncisão" – não "os circuncisos", mas "a circuncisão", ἡ περιτομή, a característica mais distintiva ou tópica que representava (por metonímia) todo o conjunto. Isto já ficou claro nas referências à circuncisão feitas no cap. 2: a exigência da circuncisão de Tito era totalmente compreensível quando tal constituía uma questão na aceitabilidade ou não de Tito junto àqueles que são identificados como "a circuncisão" (Gl 2.3,7,9); Pedro separou-se dos crentes gentios em 2.12 sob a pressão das pessoas cuja identidade ou posição eram provenientes de sua circuncisão (οἱ ἐκ περιτομῆς [os da circuncisão]).[7] As mesmas referências (Gl 2.7,9; semelhantemente Rm 3.30; 4.9; Cl 3.11) lembram-nos que, desde uma perspectiva judaica, as outras nações do resto do mundo podiam ser categorizadas simplesmente como "a incircuncisão" – novamente, não "os incircuncisos", mas "a incircuncisão", ἡ ἀκροβυστία, sendo o prepúcio da criança do sexo masculino suficiente para distinguir os gentios dos judeus – uma única característica física representava todas as outras nações em toda sua diversidade.[8]

---

[7] Traduções inglesas modernas normalmente não captam o sentido e o significado da expressão em suas traduções – "*the circumcision party/faction/group* (o grupo/facção/partido da circuncisão; RSV/NRSV/NIV), "*the advocates on circumcision*" (os defensores da circuncisão, NEB), "*the Jews*" (os judeus, REB), "*the circumcised*" (os circuncisos, NJB). Qual seria a tradução adequada de οἱ ἐκ πίστεως?

[8] A ausência desses termos fora do grego bíblico sublinha a perspectiva essencialmente judaica que expressavam. O contraste de circuncisão/incircuncisão (judeu/gentio) não era uma idiossincrasia de Paulo, mas se expressava exatamente no ponto onde os primeiros judeus cristãos começaram a romper com as fronteiras entre judeus e gentios, como indicam At 11.3 e Gl 2.7 e 9 (onde pode estar citado algo como um acordo formal alcançado em Jerusalém).

O fato de que os judeus não eram o único povo que praticava a circuncisão torna tal ponto ainda mais poderoso. Apesar do fato dos egípcios, dos árabes e outros também circuncidarem os seus descendentes masculinos (cf. Jr 9.25-26; Fílon, SpecLeg 1.2; Josefo, Ant 1.214), a circuncisão era, não obstante, amplamente considerada uma característica distintiva dos judeus, uma característica que, mais do que qualquer outra, os marcava e os separava em relação a todas as outras nações. Assim, por exemplo, Josefo, Ant 1.192 – Deus ordena a Abraão a praticar a circuncisão "com o intento de que sua posteridade fosse impedida de misturar-se com os outros"; e Tácito, Hist 5.5.2 – "Eles adotaram a circuncisão para se distinguirem, por essa diferença, dos outros povos".[9]

Por que era a circuncisão um marcador de identidade tão importante para os judeus? Também aqui, a razão é bastante óbvia. A circuncisão era importante porque, de acordo com as condições estabelecidas pelo próprio Deus quando a aliança fora instituída pela primeira vez (Gn 17.9-14), a circuncisão era a marca da aliança, um sinal e uma garantia da relação especial entre Deus e a descendência de Abraão, um selo da aceitação divina de Abraão e de sua semente (assim também Rm 4.11-12). Muito típica para a atitude daqueles dias é a descrição da aliança dada a Abraão como "a aliança da circuncisão", no discurso atribuído a Estêvão em At 7.8. A elaboração da importância da circuncisão em Jub 15.25-34 é apenas uma expressão mais extrema da atitude já implícita em Gn 17: a circuncisão estabelece a distinção entre um membro do povo da aliança e alguém que está apartado do povo, uma diferença que pode ser traduzida quase que literalmente nos termos de vida e de morte.

Dois séculos antes de Paulo, a importância da circuncisão como o marcador de identidade essencial de Israel fora maciçamente reforçada pela crise macabeia, já que ela fora ocasionado pela tentativa, da parte dos senhores sírios de Israel, de destruir o caráter distinto de Israel exatamente pela proibição da circuncisão (1Mc 1.48,60-61). A defesa macabeia do judaísmo incluíra consequentemente entre suas principais prioridades a reassertiva da circuncisão como indispensável para todos os judeus (1Mc 2.46). Assim, para a grande maioria dos judeus, o

---

[9] Cf. também Petrônio, Satyricon 102.14; Fragmenta 37; e Juvenal, Sat 14.99 (textos em *GLAJJ*, §§ 194,195,281,301).

vínculo entre "judeu", "judaísmo" e circuncisão era axiomático; um judeu incircunciso era literalmente uma contradição terminológica. E já que a circuncisão era, dessa maneira, tão intrinsecamente vinculada às promessas da aliança dadas a Abraão e seus descendentes, certamente ninguém, nenhum gentio, podia pensar ter sua porção nessa herança sem ser primeiro circuncidado. Dificilmente podemos duvidar que este seja o raciocínio teológico dos outros missionários na Galácia.[10]

O fator crítico em tudo isso é provavelmente que, assim, a circuncisão denotava tanto o fato de estar separado *para Deus* quanto o fato de estar separado *das outras nações*. Portanto, já temos dicas vitais para entender por que Paulo se opôs tanto a uma circuncisão dos gálatas. Presumivelmente, não foi tanto por que ele objetasse à circuncisão como uma marca do povo da aliança: "a circuncisão" em Gl 2.7,9 é uma caracterização bastante neutra; e mais tarde, Paulo estava feliz em afirmar o sentido do "sinal ou selo" da circuncisão de Abraão (Rm 4.11; cf. Gn 17.11). O problema estava provavelmente antes, na função da circuncisão de colocar os judeus tão agudamente contra e acima dos gentios, que a própria afirmação da importância da "circuncisão" carregava consigo a consequência de que a "incircuncisão" era o acesso negado à graça e à vida da aliança. A separação *para* Deus do povo eleito significava para o resto a separação *de* Deus (cf. Ef 2.12), e, em consequência, exigia também a separação entre a circuncisão e a incircuncisão (cf. Gl 2.12).[11] O próprio Paulo fora antes inspirado por tal de

---

[10] Não precisamos decidir quem introduziu primeiro a questão de gentios compartilharem a herança de Abraão no contexto gálata – se foram os outros missionários (cf. especialmente C. K. Barrett, "The Allegory of Abraham, Sarah and Hagar in the Argument of Galatians", in *Essays on Paul* [Londres: SPCK, 1982], p. 118-131; e J. L. Martyn, "A Law-Observant Mission to Gentiles: The Background of Galatians", in *SJT* 38 [1985]: 307-324) ou o próprio Paulo. Para nosso atual propósito basta saber que a questão de como um gentio podia ser contado parte da semente de Abraão era central para o debate entre Paulo e os outros missionários (Gl 3-4). Dessa maneira, a questão dos "gentios justos", assim como era percebida a partir do interior do judaísmo, não é relevante para o conflito gálata.

[11] Uma característica notável do documento 4QMMT de Qumran, recentemente publicado, é a primeira ocorrência na literatura antiga da linguagem usada para denotar a "separação" de Pedro de outros membros da mesma comunidade religiosa – "nós nos separamos da multidão do povo" (4QMMT C7); além disso, cf. meu texto "4QMMT and Galatians", in *NTS* 43 (1997): 147-153 (= *abaixo*, Cap. 14).

zelo, a exemplo de Fineias, o zelo de manter a exclusividade da devoção de Israel a Javé e as fronteiras que marcavam e separavam Israel em relação às nações (Gl 1.13-14; Fl 3.6).[12] No entanto, agora, ele se via chamado para ser o apóstolo para as nações (Gl 1.15-16; cf. Rm 11.13), e era desafiado por esse chamado a resistir contra a política contínua de Pedro acerca da separação entre os judeus e os gentios (Gl 2.11-14). A reação em 5.2-12 expressa o mesmo ressentimento feroz de 2.11-14 e provavelmente compartilha da mesma motivação.

Sendo assim, nós podemos supor com razão qual era o grau em que a circuncisão estava tão intimamente vinculada à identidade de Israel, tão fortemente uma expressão da separação judaica dos gentios, tão claramente a demarcação das fronteiras da graça da aliança, que levou Paulo a reagir tão fortemente a uma exigência que os outros missionários colocaram sobre os gentios da Galácia. Podemos deduzir isto simplesmente ao fato de que a circuncisão era um ponto tão focal na crise enfrentada por Paulo.

2.2. A primeira razão clara alegada para a oposição de Paulo à circuncisão dos gálatas se expressa em 5.2-4. A antítese sumária do versículo 2, circuncisão *versus* Cristo, é repetida e elaborada nos versículo 3-4.[13] Entre as repetições emolduradoras da antítese – "Cristo não será nenhum benefício para vós" (v. 2) e "fostes alienados de Cristo" (v. 4) – consta a afirmação iluminadora: "Dou novamente testemunho a cada pessoa circuncidada que ela é obrigada a fazer toda a Lei" (v. 3). A primeira razão que Paulo registra para sua oposição à circuncisão é a que traz consigo a obrigação de observar toda a Lei.

O sentido do argumento que Paulo oferece aqui é frequentemente confundido. Alguns pensam que Paulo estava simplesmente expondo as táticas enganadoras dos outros missionários – isto

---

[12] Além disso, cf. meu livro *Galatians*, p. 55-62, e meu "Paul's Conversion – A Light to Twentieth Century Disputes", in O. Hofius et al (org.), *Evangelium – Schriftauslegung – Kirche* (Göttingen: Vandenhoeck, 1996), p. 77-93 (= *abaixo*, Cap. 15).

[13] O πάλιν em Gl 5.3 indica a repetição do versículo 2, não um alerta dado durante seu tempo na Galácia (assim a maioria, diferentemente E. W. Burton, *Galatians*. ICC (Edimburgo: T. & T. Clark, 1921), p. 274-275; F. Mussner, *Galaterbrief*, 3ª ed. HTK (Friburgo [Alemanha]: Herder, 1977), p. 347; U. Borse, *Galater*. RNT (Regensburg: Pustet, 1984), p. 180.

é, que os "agitadores" na Galácia faziam da circuncisão uma exigência isolada,[14] ou diminuíam as suas consequências,[15] ou não diziam nada a respeito da observância em relação ao restante da Lei,[16] ou mesmo apresentavam a questão simplesmente como um assunto de "algumas poucas observâncias rituais".[17] No entanto, tais sugestões demonstram uma consciência insuficiente acerca do significado que acabamos de mostrar (§ 2.1) da circuncisão. A circuncisão não era meramente um ato singular de observância da Lei. Era o primeiro ato do pleno pertencimento à aliança e da plena obrigação em relação à mesma.[18] "Circuncisão" podia significar metonimicamente uma alusão ao povo como um todo, exatamente porque caracterizava toda a existência do povo, todo um modo de vida. Assim como os cristãos hoje podem falar a respeito de uma "vida batismal", assim nós podemos falar aqui de uma "vida circuncisa".

Assim também para os prosélitos gentios. Para a maioria dos judeus, o ato de se circuncidar, realizado por um prosélito, tinha evidentemente também, por conseguinte, a obrigação de "judaizar-se", exigia a adoção de um modo de vida judaico em todos os aspectos (como em Est 8.17 LXX; Eusébio, PraepEvang 9.22.5; Josefo, Ant 13.257).[19] Ressalta-se, porém que para a maioria dos judeus,

---

[14] M.-J. Lagrange, *Galates*, 2ª ed. EB (Paris: Gabalda, 1925), p. 136.
[15] H. Schlier, *Galater*, 4ª ed. KEK (Göttingen: Vandenhoeck, 1965), p. 232.
[16] Burton, p. 274; G. S. Duncan, *Galatians*. Moffatt (Londres: Hodder, 1934), p. 155; R. Jewett, "The Agitators and the Galatian Congregation", in *NTS* 17 (1970-1971): 198-212 (207); Mussner, p. 347-348.
[17] H. Lietzmann, *Galater*, 4ª ed. HNT (Tübingen: Mohr, 1971), p. 37.
[18] P. Borgen, "Observations on the Theme 'Paul and Philo'", in S. Pedersen (org.), *Die Paulinische Literatur und Theologie* (Aarhus: Aros, 1980), p. 85-102 (88) = "Debates on Circumcision in Philo and Paul", in *Paul Preaches Circumcision and Pleases Men and Other Essays on Christian Origins* (Trondheim: Tapir, 1983), p. 15-32 (18).
[19] Deveríamos observar aqui o uso apropriado do termo traduzido "judaizar" (de "ἰουδαΐζειν"), como descrição das ações não-judeus que adotavam práticas judaicas distintivas ou se assimilavam ao modo de vida judaico. A criação do termo "judaizantes" no séc. XIX para descrever outros missionários (judeu-cristãos que desejavam fazer das pessoas convertidas por Paulo prosélitos plenos) infelizmente confunde e obscurece o ponto.

a política do "gradualismo"[20] teria normalmente desembocado na circuncisão como a exigência mais desafiadora (para um grego), o que deve ser considerado, em vez da concepção da adoção, pelos prosélitos, da circuncisão como um ponto de partida. O episódio muito citado da conversão de Izates, rei de Adiabene, como descrito por Josefo (Ant 20.34-48), mostra bem a questão. O comerciante judeu Ananias queria que Izates se judaizasse sem ser circuncidado. Eleazar da Galileia, por sua vez, não conseguia imaginar a adoção do modo de vida judaico a sem circuncisão. Todos os outros rituais e padrões judaicos de conduta não eram suficientes para fazer de Izates um judeu, um membro do povo de Deus. Somente a circuncisão podia garantir que alguém seria um membro da "circuncisão", mas exatamente como o ato definidor do compromisso com o todo, como o ápice de uma vida totalmente judaizada.

Tampouco é provável que Paulo tivesse raciocinado como segue: 1) aceitar a circuncisão é 2) aceitar a necessidade de se cumprir toda a Lei, e 3) supor que toda a Lei pode ser observada, e 4) tornar-se aceito por Deus, dependendo da observância de toda a Lei = legalismo.[21]

Este raciocínio tem um bom início (cf., afinal, Rm 2.25), mas começa a comprometer-se significativamente em 3). Não há aqui nenhuma implicação de que a lógica sob ataque assumisse a possibilidade (ou necessidade) da observância da Lei num sentido completo, isto é, perfeito.[22] Nós não conhecemos absolutamente nenhuma ideia de um perfeccionismo dentro do judaísmo dos dias de Paulo, nem qualquer grupo que se caracterizasse pela sua insistência na contrição e na possibilidade de reparação.[23] Como em outros contextos, o erro é individualizar o ensinamento, como se Paulo pensasse simplesmente em indivíduos, confrontando uns aos outros, tanto judeus e quanto gentios, sem qualquer senso da

---

[20] E. P. Sanders, *Paul, the Law, and the Jewish People* (Philadelphia: Fortress, 1983), p. 29.
[21] Cf. especialmente H. Hübner, *Law in Paul's Thought* (Edimburgo: T. & T. Clark, 1984), p. 18-19,36-39; F. F. Bruce, *Galatians*. NIGTC (Grand Rapids: Eerdmans/ Exeter: Paternoster, 1982), p. 230-231; J. Rohde, *Galater*. THKNT (Berlim: Evangelische, 1989), p. 215-216; "o Deus contador do legalismo" (Burton, p. 277).
[22] Assim com razão Sanders, *Law*, p. 27-29.
[23] Além disso, cf. meu "In Search of Common Ground", § 2.2, in J. D. G. Dunn (org.), *Paul and the Jewish Law* (Tübingen: Mohr, 1996) (= *acima*, p. 415-418).

dimensão corporativa da tradição, sendo que entendesse a salvação nos termos do pertencimento a um povo.

Muito pelo contrário, o que ele tinha em vista aqui era o conjunto de crenças e atitudes tão tipicamente judaicas a partir do que se entendia por "cumprir a Lei"; ele atentava para a obrigação das pessoas que faziam parte do povo da aliança, destacando o que o caracterizava, como o modo ("caminho") adotado na vivência na aliança (Gl 3.12).[24] "Cumprir toda a Lei" era adotar o modo de vida judaico total e inteiramente. Em outras palavras, "o modo de vida judaico" era um pacote completo,[25] embora as exigências de sua totalidade integrada ("obras da Lei", nomismo da aliança) pudessem enfocar uma questão singular tal qual a circuncisão, ou mesmo as leis alimentares (tanto aqui quanto em Gl 2.11-14). Confundir isto com o esforço de um indivíduo no afã de alcançar a perfeição (efetivamente) sem pecado é a conspurcação típica do judaísmo que tem causado tanta dor nas tentativas judaicas e cristãs de se entenderem mutuamente.[26]

Evidentemente, é a esse modo pleno de vida que Paulo se refere aqui. Ele lembra aos gentios passíveis de judaização que não se trata simplesmente de um ato singular de circuncisão, mas da adoção de um modo de vida pleno, de uma assimilação e absorção completa de uma identidade distinta da gentílica, da adoção do *status* de prosélito judaico.[27] Ele deve ter estado ciente de que era

---

[24] Lv 18.5, a que o texto se refere aqui, visa primeiramente o modo de viver em vez de uma promessa de vida eterna – como indica o primeiro comentário sobre o versículo (Ez 20.11,13,21,25); cf. novamente meu "In Search of Common Ground", § 2.2, nota 7 (= acima, p. 417-418, nota 7).

[25] Este é também o sentido de passagens como Mt 5.18-19, Tg 2.10 e mAbot 4.2. Outra pergunta é se podemos falar de uma halacá rabínica já estabelecida (como P. J. Tomson, *Paul and the Jewish Law. Halakha in the Letters of the Apostle to the Gentiles* [Assen: Van Gorcum, 1990], p. 88-89).

[26] Cf., *p.ex.,* os autores citados por E. P. Sanders, *Paul and Palestinian Judaism* (Londres: SCM, 1977), p. 5-6, e Longenecker, p. 227.

[27] É isto que Paulo tinha presumivelmente em mente quando se dirigia àquelas pessoas "que procuram ser justificadas pela Lei" [ἐν νόμῳ] (5.4). Isto é, elas estavam correndo o risco de fazer com que sua esperança de justificação dependesse do fato de viver dentro da Lei [ἐν νόμῳ], dentro das fronteiras que separavam os judeus dos gentios, ou de sua observância das obras da Lei que tinham o mesmo efeito (cf. 2.11-16). Além disso, cf. meu livro *Galatians*, p. 267-268.

exatamente tal identificação completa com o povo de Deus Israel que era atraente para muitos gentios envolvidos. Mas provavelmente ele queria que essas pessoas não tivessem dúvida alguma de que tal grau de assimilação não permitia nenhum resíduo de identidade gentia. Mais concretamente, para os gentios, a aceitação da necessidade da circuncisão mudava o fundamento de sua redenção para o pertencimento a um povo, tornando o seu compromisso prévio com Cristo (no batismo) um rito sem sentido (Gl 5.4).[28]

2.3. Uma segunda razão principal pela qual Paulo se opunha à circuncisão dos gálatas é apresentada em Gl 6.12-13: os que estavam tentando compelir os gálatas a se circuncidarem eram "os que querem fazer uma boa figura na carne"; "eles querem que vós vos circuncideis para que eles possam se gloriar na vossa carne".

Aqui, a explicação da circuncisão como circuncisão "na carne" oferece uma boa oportunidade de esclarecer a importância da circuncisão como a questão crucial tanto para os outros missionários quanto para Paulo. O termo adicional significativo é "carne". No entanto, também aqui, o termo se comprovou estranhamente enganador para a maioria dos comentadores. Sua importância pode ser ignorada, como se Paulo estivesse simplesmente protestando contra a submissão à circuncisão como tal (traduções inglesas da NEB/REB), ou meramente pensando em termos da aparência exterior (NJB). De fato, uma das principais críticas que devemos levantar acerca de traduções inglesas modernas das cartas de Paulo se refere a sua incapacidade de encontrar uma maneira satisfatória de traduzir σάρξ, já que sua função como uma palavra-chave na teologia de Paulo é obscurecida por uma ampla gama de expressões circunlocutivas.[29] Outros oferecem a suposição de que Paulo deve ter usado aqui "carne" como uma categoria moral: o pensamento em 6.13 seria uma referência ao gloriar-se no potencial humano[30]

---

[28] Além disso, cf. *abaixo*, § 3.
[29] Cf., *p.ex.*, em 6.12, REB "*outwardly in good standing*" [exteriormente em boa posição] e NIV "*a good impression outwardly*" [uma boa impressão exteriormente].
[30] P. Bonnard, *Galates*. CNT (Neuchâtel: Delachaux, 1953), p. 129.

ou ao mérito autoalcançado[31] ou a "alcances meramente humanos".[32]

De novo, o que não foi percebido é o significado da circuncisão já delineado acima (§ 2.1), a importância da circuncisão como um, e até mesmo *o* principal marcador físico do povo da aliança. Na autorização escriturística fundacional da circuncisão enfatiza-se repetidamente que a circuncisão está "na carne [...]" (Gn 17.11,14); "assim, minha aliança será na tua carne uma aliança eterna" (17.13). Aqui é de novo o Livro dos Jubileus que enfatiza esse ponto: "Qualquer pessoa que nasça e cuja carne não for circuncidada no oitavo dia não é dos filhos da aliança [...], (mas) dos filhos e filhas da destruição"; pessoas que deixam sua carne incircuncisa fazem-se como os gentios, e para elas não há perdão (Jub 15.26,34). Em outras palavras, é exatamente o fato de que a circuncisão está visível na carne que marcava Israel como distinto e separado das outras nações. É evidentemente isto que Paulo visava em suas várias referências à circuncisão como "na carne" (Rm 2.28; Fl 3.3-5; Cl 2.11,13). A integração estreita entre o significado religioso e étnico da circuncisão como circuncisão na carne está particularmente clara em Fl 3.3-5 e de novo em Ef 2.11-12 – os "gentios na carne", designados como prepúcio/incircuncisão pela auto-designada "circuncisão na carne", e como tais "excluídos da comunidade de Israel, estrangeiros à aliança da promessa, sem esperança e sem Deus no mundo".[33]

Por isso, o que vemos em Gl 6.12 é a avaliação característica e distintivamente judaica da circuncisão e da importância da circuncisão como um marcador positivo do *status* privilegiado de Israel no mundo. Tal ponto é tanto mais notável – afinal, quem mais consideraria a circuncisão algo que causa uma boa impressão "na carne"? Em contraste, numa conversa normal entre gregos, o discurso alusivo ao causar uma boa impressão "na carne" seria en-

---

[31] Como em Betz, p. 318; Bruce, p. 271; R. Y. K. Fung, *Galatians*. NICNT (Grand Rapids: Eerdmans, 1988), p. 306.

[32] Longenecker, p. 294. Mas cf. também H. Räisänen, *Paul and the Law* (Tübingen: Mohr, 1983), p. 169.

[33] Para o significado de "carne" como denotando a descendência e identidade étnicas em outros textos de Paulo, cf. também Rm 4.1; 9.3; 11.14; 1Cor 10.18 e aqui Gl 4.23,29.

tendido como referência à atratividade do corpo humano, na situação típica de ser desnudado para concorrer em competições atléticas; tal "aparência agradável na carne" está evidente até hoje em inúmeras estátuas, sejam as fragmentárias, sejam as inteiras, porém preservadas, provenientes do período helenístico. A maioria dos gregos consideraria a circuncisão uma mutilação (cf. Gl 5.12). O fato puro e simples é que somente os judeus considerariam a circuncisão algo capaz de "causar uma aparência agradável na carne". E eles assim pensavam porque a circuncisão era o marcador de identidade público de seu *status* como a nação mais favorecida por Deus. O fato de Paulo poder resumir mais uma vez a meta de seus oponentes na Galácia no objetivo único de fazer com que as pessoas que ele convertera na Galácia fossem circuncidadas confirma o tremendo poder simbólico que tal ato ritual singular tinha para os judeus em geral.

Dessa maneira, em Gl 6.13, o desejo dos outros missionários que os gálatas fossem circuncidados[34] "para que pudessem se gloriar na vossa carne" reflete quase que com certeza o mesmo senso de identidade tipicamente judaico – tanto o orgulho sobre sua escolha como o povo de Deus (caracterizada pela circuncisão na carne) quanto o desejo genuíno de que aqueles que desejassem participar das bênçãos da aliança de Israel o fizessem ao recebe-

---

[34] O termo οἱ περιτεμνόμενοι ("os que se deixam circuncidar") parece se referir mais naturalmente a quem está no processo de ser circuncidado. Isto é, Paulo pode estar pensando naquele grupo (provavelmente ainda pequeno) dentro das Igrejas da Galácia que já tinha sucumbido à propaganda dos outros missionários e que, com o zelo de convertidos, estava tentando agora persuadir outros a fazer o mesmo (cf. Gl 4.21; cf. Burton, p. 353, e Lietzmann, p. 44; outros citados por Bruce, p. 269; J. Munck, *Paul and the Salvation of Mankind* [Londres: SCM, 1959], p. 89, construíram a tese de que os "judaizantes" eram neste versículo as próprias pessoas que Paulo tinha convertido; semelhantemente L. Gaston, *Paul and the Torah* [Vancouver: University of British Columbia, 1987], p. 81). A alternativa é supor que a linguagem de Paulo é bastante livre e que ele quer dizer simplesmente "os circuncisos" (assim NRSV, NJB, NIV), aquelas pessoas para as quais a circuncisão é importante (*p.ex.*, T. Zahn, *Galater* [Leipzig: Deichert, 1905], p. 280; Mussner, p. 412, nota 23; Fung, p. 303; Longenecker, p. 292); ou que ele usa a voz média com um sentido causativo (Jewett, p. 202-203; Bruce, p. 270; J. B. Lightfoot, *Galatians* [Londres: Macmillan, 1865], p. 222 – "os defensores da circuncisão"), isto é, ele continua a atacar os outros missionários diretamente. O último deve ser provavelmente preferido.

rem a marca do pertencimento à aliança. À luz do que já foi dito, o discurso do "gloriar-se" recebe uma luz extremamente importante a partir de um discurso semelhante em Rm 2.17,23 e 3.27, e novamente de modo mais claro em Fl 3.3-5 e Ef 2.8-12. Isto é, o gloriar-se em questão era quase com certeza a de judeus confiantes em sua posição diante de Deus como o seu povo (Rm 2.17; 3.27-29; Fl 3.5; Ef 2.11-12) e dentro da Lei (marcados não por último pela circuncisão).[35] Em outras palavras, o gloriar-se que está em vista aqui, o "gloriar-se na carne", era o gloriar-se na identidade e nas prerrogativas étnicas, o gloriar-se de um "judeu pela natureza", confiante da aceitação por Deus contra o "pecador gentio" (cf. Gl 2.15).[36] É aqui particularmente "o gloriar-se em vossa carne", pois afirmar assim que sua aceitação por Deus dependia do ato de se tornar judeu, assumindo em si a marca da identidade do judeu, significava para os gentios afirmar a pretensão judaica de possuir prerrogativas distintivas em relação aos gentios.[37] Por isso, quando gentios subjugavam a *carne deles* ao rito *judaico* da circuncisão, eles davam aos *judeus* motivos de se gloriarem na *carne deles*, ficando assim subordinados e incorporados dentro da identidade distintivamente judaica.

Portanto, aqui nós vemos novamente que Paulo enfoca a questão da circuncisão antiteticamente, principalmente porque a circuncisão era uma expressão arquetípica da identidade judaica como o povo de Deus separado das nações. Foi pelo fato de a circuncisão ser uma expressão tão poderosa da identidade nacional que Paulo se opunha tanto à sua prática para os convertidos gentios. A identidade nacional e religiosa tinha ficado interligada de modo demasiadamente inextricável. O gloriar-se não acontecia simplesmente em Deus, mas em Deus e como Deus somente dos judeus, não dos gentios (cf. Rm 3.29). Era o gloriar-se na carne, na distinção física e étnica, ao que Paulo faz forte objeção.

---

[35] Assim também J. Barclay, *Obeying the Truth. A Study of Paul's Ethics in Galatians* (Edimburgo: T. & T. Clark, 1988), p. 197, nota 48.

[36] Totalmente implausível é o argumento de W. Schmithals, *Paul and the Gnostics* (Nashville: Abingdon, 1972), p. 55, de que a referência era ao "*desprezo* gnóstico pela carne" (grifos meus).

[37] Cf. A. Oepke, *Galater*, 3ª ed. THKNT (Berlim: Evangelische, 1973), p. 202; Rohde, p. 273.

Ora, por que Paulo achou ser tão importante objetar tal orgulho da identidade étnica, tal compromisso abrangente da vida na aliança como estabelecida pela Lei? Por que era, para ele, digno de objeção que a conversão dos gentios deveria ser a conversão para um modo de vida totalmente diferente e integrado, assim como tal modo era vivido pelo povo pioneiro da eleição e da aliança de Deus? Por que a conversão para Cristo deveria ceder ao simples proselitismo para o judaísmo? Será que era simplesmente a reação de alguém que era, ele mesmo, um convertido que tinha ido de um extremo para o outro? Será que era simplesmente a atitude de um universalista que se opunha ao que percebia ser uma filosofia estritamente nacionalista? Ou será que havia mais por detrás disso? Para responder tais questões, nós precisamos voltar para o outro lado da antítese que Paulo utiliza nas passagens analisadas.

3. Por que Cristo e a cruz eram tão antitéticos em relação à circuncisão?

Assim como no caso do lema "circuncisão", nós precisamos perguntar aqui primeiro por que "Cristo" e "cruz" servem como pontos centrais nas antíteses paulinas à circuncisão, e depois nós devemos concluir o que for possível a partir da elaboração de cada um dos lados das antíteses nos dois trechos da Carta aos Gálatas.

3.1. A radicalidade das antíteses (Cristo/circuncisão, cruz/circuncisão) pode ser explicada somente quando reconhecermos que Cristo e a cruz tinham se tornado tão fundamentais e axiomáticos para a identidade cristã quanto a circuncisão o era para a identidade judaica. Era o reconhecimento de Jesus como "o Cristo" que caracterizava e separava os primeiros seguidores de Jesus. De acordo com Atos, até mesmo antes que fosse cunhado o epíteto "cristão", era a relação entre o crente e Jesus que os identificava e distinguia: os crentes eram pessoas que seguiam o "caminho" estabelecido por Jesus (At 9.2; 22.4; 24.14), membros da seita do Nazareno (22.8; 24.5,14; 26.9), invocando seu nome no batismo e testemunhando-o como quem lhes deu a sua *raison d'etre* (razão de ser; 3-4). A primeira ocorrência do nome "cristãos" (At 11.26) confirma simplesmente que, aos olhos das autoridades romanas em Antioquia,[38] era possível distinguir claramente os membros do "partido/grupo de Cristo", "a facção de Cristo", um partido ou facção (entre os judeus) reunido em torno e leal a alguém conhecido como "Cristo". A esse respeito não é sem importância lembrar que o foco em Cristo, inerente ao evangelho paulino, não era simplesmente um produto da cristofania de Paulo na estrada para Damasco, nem dependia da teologia do "em Cristo" do próprio Paulo.

Tampouco deveríamos esquecer a importância do fato de ser esse mesmo termo, "Cristo", denotador do aspecto central envolvido no compromisso e na devoção cristã. É importante afirmar aqui que Jesus era designado assim como alguém que realizou a esperança de Israel por um messias, sendo os seus seguidores também designados assim, o que é um elemento distintivo dentro do judaísmo mais amplo da época. O que é tão fascinante neste ponto da evolução da autocompreensão cristã é o modo como a esperança judaica cumprida se tornou um axioma que não apenas passou a ser posto acima do axioma da circuncisão, como também tornou o axioma da circuncisão superado. O fato de que o sentido oficial do título (o Cristo) ter-se perdido amplamente de vista nas cartas de Paulo[39] não enfraquece tal argumentação. Antes, indica simplesmente que o título "Cristo", que denota o fator fundamental da identidade do novo movimento, já estava tão profundamente enraizado e estabelecido há tanto tempo que o seu uso já estava numa segunda fase, na qual os cristãos eram capazes de fazer o termo funcionar como um nome ou um identificador em uma variedade de combinações (Jesus Cristo, Cristo Jesus, o Senhor Jesus Cristo etc.).

Naturalmente, é tampouco acidental que o termo "cruz" funcionasse como a alternativa ou o complemento para "Cristo" na

---

[38] Devemos lembrar que Χριστιανοί é um latinismo (*Christiani*), construído como Ἡρῳδιανοί (*Herodiani*) e *Pompeiani*. Tais termos são alusivos aos adeptos da pessoa indicada.

[39] Mas não inteiramente; cf. especialmente Wright, cap. 3. O sentido de título está ainda evidente em vários pontos dentro da própria Carta aos Gálatas (1.6-7,10; 2.20; 3.16,24,29; 5.24; 6.2,12); cf. meu livro *Galatians*, para o versículo.

antítese com "circuncisão", pois não era a identificação de Jesus como o Messias que tornou a seita do Nazareno tão problemática dentro do judaísmo tardio do Segundo Templo, mas a identificação do Jesus *crucificado* com o Messias (cf. 1Cor 1.23). A razão disso já foi aludida na carta: o fato de que a crucificação de Jesus tinha facilitado a interpretação polêmica de sua morte nos termos de Dt 21.23 – "Maldita é cada pessoa que foi suspensa no madeiro" (Gl 3.13).[40] Para o judeu consciente da aliança (conscioncioso da aliança), a crucificação de Jesus significava que ele caiu sob as maldições do Deuteronômio (Dt 28-30), não podendo mais ser contado como participante das bênçãos da aliança. Em vez disso, Jesus era um excluído da terra e das promessas, um disperso entre os gentios, um com os gentios em sua alienação e seu afastamento de Israel e do Deus de Israel.[41]

Foi evidentemente tal confrontação com um Messias crucificado – Messias era um termo aceitável, mas Messias crucificado, jamais! – que tornou inevitável a antítese estabelecida por Paulo em Gálatas. Porque a ideia de um Messias crucificado era uma autocontradição demasiadamente forte para a grande maioria das comunidades fiéis à Torá. De fato, os outros missionários negaram a antítese ao absorver o pensamento de um Messias crucificado dentro de uma identidade judaica de outra forma imperturbada, marcada e separada pela fidelidade contínua à Torá, inclusive apartada da necessidade da circuncisão para todos os membros da seita de Cristo. Assim, diz a acusação de Paulo, eles tentaram escapar da perseguição por causa da cruz de Cristo (Gl 6.12),[42] diminuindo

---

[40] 4QpNah 1.7-8 e 11QT 64.6-13 mostraram com clareza suficiente que a aplicação de Dt 21.23 à crucificação não aconteceu pela primeira vez a respeito de Jesus; cf. especialmente J. A. Fitzmyer, "Crucifixion in Ancient Palestine, Qumran Literature and the New Testament", in *CBQ* 40 (1978): 493-513.

[41] Sem dúvida, a polêmica refletia também a ambiguidade da polêmica sectária judaica, como mostram com grande clareza os Escritos de Qumran – que outros judeus pertenciam aos Filhos das Trevas, mas sempre acalentando a esperança de que essas pessoas, junto com todos os filhos de Israel, voltariam um dia do exílio para a terra, da maldição para a bênção, como prometido em Dt 30.

[42] A perseguição aqui visada é presumivelmente aquela a que se referem também Gl 4.29 e 5.11; isto é, "perseguição" de judeus cristãos por (alguns) judeus, assim como Paulo a tinha realizado antes de sua conversão (1.13,23) e também experi-

ou evitando o escândalo da cruz (cf. 5.11).⁴³ Paulo, porém, aceitou a lógica e o sentido da maldição deuteronômica e via a absorção dessa maldição por Cristo na cruz como algo que exigia a reavaliação tanto daquilo que significava a fidelidade à Torá quanto da identidade de aliança em sua definição como a separação dos gentios. Daí, a função crítica da proclamação da cruz em um momento anterior da carta (particularmente em Gl 2.19-3.1 e 3.13-14), que chega a nossas passagens como um resumo que tem o caráter de ápice (Gl 5.11; 6.12,14). O axioma do Cristo crucificado, Cristo e cruz, significava que quando tais ideias entravam em conflito com o axioma da identidade da aliança etnicamente definida, com a ideia de circuncisão na carne, tais ideias tinham de ser redefinidas.

3.2. Em Gl 5.2-4, como vimos acima (§ 2.2), o lado da circuncisão na antítese de Cristo *versus* circuncisão foi elaborado em 5.3. De certa maneira, o lado de Cristo na antítese está elaborado semelhantemente em 5.4c-5. "Fostes alienados de Cristo" é uma expressão que significa "Vós caístes fora da graça" (5.4). E a explanação ("para, por") afirma que a esperança da justiça depende do Espírito e da fé (Gl 5.5). Sendo assim, a palavra-chave "Cristo" está elaborada pelos termos complementares de "graça", "Espírito" e "fé". Em cada caso, Paulo lembra de termos que desempenharam um papel crucial em sua exposição anterior. Em cada caso, ele lembra aos seus convertidos da Galácia a respeito de outra característica fundamental de sua própria autocompreensão como cristãos – a

---

mentado pessoalmente (2Cor 11.24). As implicações são bastante claras (apesar das dúvidas de Mussner): se eles (os outros missionários judaicos) tivessem êxito com a circuncisão dos gentios atraídos para dentro do movimento nazareno, escapariam dessa espécie de perseguição, presumivelmente porque seu êxito de atrair assim gentios totalmente para dentro do povo da aliança (como prosélitos) removia o motivo da perseguição. Além disso, cf. meu livro *Galatians*, p. 336-337.

⁴³ É muito discutido a que Paulo estava se referindo em 5.11 – "se eu ainda prego a circuncisão, por que sou ainda perseguido?". A explicação mais provável é que a disposição de Paulo para continuar a prática da circuncisão para pessoas convertidas ao judaísmo – como no caso registrado de Timóteo (At 16.3), e, em circunstâncias diferentes, das pessoas na Galácia – e para ele mesmo viver como alguém "sob a Lei" (1Cor 9.20-21), acarretava da parte de seus oponentes a crítica de inconsistência. Além disso, cf. novamente meu livro *Galatians*, p. 278-282.

saber, aquilo que eles mesmos tinham experimentado quando responderam ao evangelho pregado por Paulo.

"Graça" foi o termo que Paulo usara para resumir a experiência da conversão, tanto de sua própria quanto a dos outros (Gl 1.6,15), uma experiência de serem tomados por um poder diferente e efetivo sem condição precedente. A experiência de conversão era uma manifestação da aprovação divina (um senso de aceitação e capacitação divinas, concedido gratuita e abundantemente), que convencera os apóstolos de Jerusalém que a pregação paulina aos gentios estava divinamente sancionada (Gl 2.9), e que fazia do termo "graça", no pensamento de Paulo, um termo sintetizador muito apropriado para o propósito manifesto de Deus de conceder as suas bênçãos aos gentios, mesmo que eles estivessem apartados da Lei (Gl 2.21). Também aqui, a metáfora é muito vívida: as pessoas que aceitam a circuncisão "caíram fora [ἐξεπέσατε] da graça" (5.4). Sua nova vida, até então sustentada pela graça, seria como uma flor murcha que "cai" de sua haste (cf. Tg 1.11; 1Pd 1.24), ou como um navio "que não consegue manter" o curso que leva para a segurança e que "cai fora" do desastre (cf. At 27.26,29). Com Cristo, essa experiência incondicional do favor divino estava agora numa antítese aguda à tentativa de restringi-la dentro de um modo de vida tradicional e caracteristicamente judaico. Assim, aprisioná-lo era contradizer seu caráter como graça.

"Espírito" é outro termo sintetizador que descreve a experiência que levou os gálatas inicialmente ao movimento de Cristo e que, para Paulo, deveria continuar a caracterizar suas vidas como cristãos. Isso fica claro a partir do segundo apelo à experiência de conversão dos gálatas com que Paulo inicia um argumento central de sua carta – "Foi pelas obras da Lei que recebestes o Espírito ou pelo ouvir com fé?" (Gl 3.2).[44] Da mesma maneira, também em 3.14, o recebimento do Espírito é um resumo de todas as bênçãos prometidas aos gentios através de Abraão. Neste caso, é evidente, com clareza ainda maior do que no caso da "graça", que Paulo estava pensando não em uma experiência meramente racional de persuasão intelec-

---

[44] C. H. Cosgrove, *The Cross and the Spirit. A Study in the Argument and Theology of Galatians* (Mercer University, 1988), p. 2, entende 3.1-5 como "a dica decisiva para a visão que Paulo tinha do 'problema na Galácia'".

tual, mas na experiência na qual todos estavam engajados, inclusive em um plano profundamente emocional e motivacional (cf., *p.ex.*, Rm 5.5; 8.2; 1Cor 6.9-11; e anteriormente Gl 3.5 e 4.6-7).[45] Logo, é o mesmo Espírito que sustenta a esperança ansiosamente esperada[46] da justiça (Gl 5.5; cf. Rm 8.23; 2Cor 1.21-22).[47] Não deveríamos subestimar o fato de que era à realidade de sua experiência inicial e contínua que Paulo estava apelando neste ponto. Contra a exigência da circuncisão, ele era efetivamente capaz de dizer: não vos lembrais do milagre de vossa experiência com o Espírito de Deus? Contra a esperança de justiça dependente da execução contínua de "obras da Lei" do nomismo da aliança, Paulo os lembrou da alternativa da esperança da justiça, enraizada em sua experiência contínua do Espírito. Já que lhes fora dada a participação naquilo que já se expressara e que tal experiência dera a capacidade de participar em parte da plena bênção escatológica de Deus, o que mais poderia lhes dar a circuncisão? "Sois tão insensatos? Tendo começado com o Espírito, agora sois completados com a carne?" (Gl 3.3).

O terceiro termo realça simplesmente outro aspecto complementar das experiências iniciadoras que Paulo lembrara aos cristãos da Galácia – "fé". Da parte deles, a única coisa que eles demonstraram foi a capacidade de "escutar com fé" (Gl 3.2), isto é, a aceitação da oferta feita no evangelho e o compromisso com aquele que no evangelho é proclamado. Por isso, a lembrança de sua experiência de simplesmente terem crido tinha se tornado a base da

---

[45] Além disso, cf. meu texto *Jesus and the Spirit* (Londres: SCM/Philadelphia: Westminster, 1975), p. 201-205.

[46] Nota-se o sentido de excitação reprimida no outro uso do verbo por Paulo (Rm 8.19,23,25; 1Cor 1.7; Fl 3.20).

[47] Aqui se precisa notar aquilo que poderíamos chamar "o tempo futuro" da justificação, de que Paulo via a vida cristã como um assunto de justificação desde o início até o fim – primeiro aceito, depois sustentado ao longo da vida, e finalmente absolvido no julgamento final (cf. Schlier, p. 233-234; J. A. Ziesler, *The Meaning of Righteousness in Paul*. SNTSMS 20 [Cambridge University, 1972], p. 179-180; K. Kertelge, *"Rechtfertigung" bei Paulus*, 2ª ed. [Münster: Aschendorff, 1971], p. 147-150; Mussner, p. 350-351; Rohde, p. 217; contra Fung, p. 224-227,232-235, que introduz distinções e lutas impróprias para defender o sentido "a esperança das pessoa já consideradas justas"); o discurso sobre "justificação dupla" (cf. Betz, p. 262, nota 87) ou "duas justificações distintas" (Cosgrove, p. 150) é também demasiadamente estático.

exposição paulina a respeito da relação entre a justiça e a fé, tema que perpassa o restante de Gl 3. É a imediatez da correlação entre a fé e a justiça que Paulo reconstata no sumário em 5.5 – "pelo Espírito, da fé, esperamos ansiosamente a esperança da justiça".[48] Aqui estava outro termo que, em princípio, não precisava estar em antítese com o modo de vida judaico, com a Lei – a posição que a ação de Pedro em Antioquia tentara preservar (Gl 2.11-16). No entanto, os eventos, e não por último o próprio incidente de Antioquia, eram agora desafios lançados pelos outros missionários na Galácia, que tinham conspirado para fazer as duas dimensões da relação com Deus (fé e obras) entrarem em uma antítese. Em tal confronto, Paulo não tinha dúvida de que o princípio de "unicamente a fé", fundamento da aceitabilidade do homem por Deus, não deveria ser predicado (Gl 2.16).

Em resumo podemos dizer que Paulo, ao elaborar o lado de Cristo na antítese deste com a circuncisão, coloca uma dupla ênfase em dois dados preestabelecidos – poderíamos dizer: o fato objetivo da cruz e o fato subjetivo de sua experiência de crer e receber a graça e o Espírito. O que dava a Paulo essa confiança para pressionar a antítese com tanta agudez foi provavelmente a maneira como os dois aspectos antitéticos estavam tão intimamente entrelaçados em sua própria experiência, tanto a conversão quanto a pregação, e na experiência das pessoas que ele tinha convertido (Gl 3.1-5,13-14; 4.5-7). Pois exigir qualquer coisa adicional como fundamental, algo sem o que a participação na bênção da aliança não seria reconhecida, equivaleria a negar sua própria experiência e anular a cruz.

3.3. Portanto, uma vez que o gloriar-se na carne é uma elaboração do princípio da circuncisão (Gl 6.13), o gloriar-se na cruz é uma elaboração antitética do princípio da cruz (6.14). E o raciocínio é apresentado epigramaticamente: "a cruz de nosso Senhor Jesus Cristo, através de quem[49] o mundo foi crucificado para mim e eu, para o mundo".

---

[48] "Esperança" é um termo usado aqui no sentido derivado de "esperança cumprida" – "a justiça pela qual esperamos" (NIV), "justiça esperada" (Burton, p. 279); cf. Tt 2.13.

[49] Quase todos os comentaristas (e RSV/NRSV, NEB/REB, NIV) traduzem δι' οὗ por "através da qual", tratando "cruz" como o antecedente, embora esteja sepa-

O ponto é provavelmente o mesmo de Gl 6.12: Paulo gloria-se naquilo que os outros missionários procuravam evitar. Isto é, Paulo enfocava o seu evangelho no Messias crucificado, que para ele era a única coisa que fornecia fundamento suficiente para a aceitação por Deus e para o dom do Espírito (Gl 2.21-3.2; 3.13-14), uma concepção muito perturbadora para os que procuravam afirmar uma identidade judaica distintiva – e é exatamente por isso que Paulo se gloriava.

No entanto, o pensamento de Paulo é ainda mais profundo. O significado da cruz não era simplesmente resultante da reavaliação da prerrogativa judaica sobre os gentios, mas tal significava uma reavaliação do mundo inteiro e da relação que Paulo tinha com ele. Como aconteceu regularmente em Paulo, "mundo" denota a totalidade da criação (tanto humana quanto não-humana) em sua distância em relação a Deus e em relação ao estado de coisas não-redimido.[50] Aqui, deve ser entendido como equivalente à "presente era má" (1.4; assim também, *p.ex.*, em 1Cor 2.6-8 e 2Cor 4.4). O que Paulo quis dizer foi que *cada* raciocínio acerca da existência individual e corporativa que esteja independente de Deus (como em Rm 1.21-22), junto com seu sistema de crenças e valores e o estilo de vida correspondente, já estava condenado e morto, à medida que dizia a seu respeito; e que ficara até mesmo inoperativo, à medida que dizia respeito às atrações de tais raciocínios, crenças, sistemas de valores e estilos de vida. A linguagem ganha uma ressonância mais plena pelo discurso moderno do "mundo social" ou "mundo de sentido" individual, mas para ouvir sua ressonância plena devemos dar pleno peso aos tons cósmicos e escatológicos subjacentes.[51]

Este é um salto surpreendente feito por Paulo. Certamente combina com a forte perspectiva apocalíptica e escatológica que parece ter sido uma marca das comunidades cristãs mais antigas – vinculada,

---

rada de "através" pelas cinco palavras τοῦ κυρίου ἡμῶν Ἰησοῦ Χριστοῦ. Lightfoot, p. 223, e Lagrange, p. 165, porém, observam que uma referência a Cristo seria expressa mais provavelmente nas expressões "em quem" ou "com quem". NJB e Borse, p. 221, também preferem "através de quem". Mas dá na mesma, já que "através de quem" deve significar "através do Cristo crucificado" ou "através de Cristo na cruz".

[50] Cf., *p.ex.*, Rm 3.6,19; 5.12-13; 1Cor 1.20-21; 2.12; 6.2; 7.31-34; 2Cor 5.19; 7.10; e, além disso, H. Sasse, κόσμος, in *TDNT*, 3, p. 892-893.

[51] Martyn, "Antinomies", p. 412-413.

não por último, à compreensão da ressurreição de Cristo e ao derramamento do Espírito como as "primícias" da ressurreição geral que devia se consumar em breve (Rm 8.23; 1Cor 15.20,23). Aqui, Paulo compartilhava a perspectiva apocalíptica no sentido de olhar para além da imediatez da situação enfrentada por sua missão e enfrentada pelo Israel de Deus (Gl 6.16), e colocava a crise de identidade israelita, seja local ou nacional, dentro de um quadro de referência cósmico. A convicção que Paulo tinha de seu apocalipse pessoal (Gl 1.12,15-16) traz implícita a ideia de que a sua experiência e revelação tinha um sentido universal. Isto é, aquilo que ele reconheceu como realidade, à medida que dizia respeito à relação de aliança de Israel com Deus, era na verdade para todo o mundo. Nenhum *status* nacional ou étnico, ou, como nós poderíamos acrescentar, social ou de gênero (cf. Gl 3.28), fornecia uma base determinante para o favor de Deus ou para uma afirmação decisiva dele. E se isto era verdade para Israel, o povo eleito de Deus, era verdade para o mundo todo.

O que é ainda mais perturbador é que a perspectiva apocalíptica funcionava efetivamente com uma antítese alternativa à perspectiva mais tipicamente judaica. Enquanto Israel dividia o mundo entre judeus e gentios, circuncisão e incircuncisão (justamente como os gregos dividiram o mundo entre gregos e bárbaros), a perspectiva apocalíptica dividia o tempo em antiga era e nova era, sempre considerando que a antiga era inferior e oprimida, "a presente era má" (Gl 1.4), em contraste à promessa cumprida e do Espírito derramado da nova era, "nova criação" (Gl 6.15). Este é o lado obscuro da antítese apocalíptica: o esplendor da nova aurora da nova revelação lança o precedente para as trevas da noite. No entanto, na perspectiva apocalíptica como expressada por Paulo, isto significava que Israel, "a Jerusalém presente" (Gl 4.25), pertencia à era antiga, ela mesma presa na armadilha do mal. A lógica dessa perspectiva era que Israel antes de Cristo e à parte de Cristo tinha de ser caracterizado nos matizes obscuros da antiga era: Israel sob a Lei era o Israel mantido sob repressão, Israel da minoridade, Israel em escravidão sob as forças elementares do mundo (Gl 3.23-4.3). Por tal razão, a circuncisão era para os gálatas um passo tão retrógrado: não era meramente um passo de afiliação em um grupo diferente, nem meramente um passo de uma identidade étnica para outra. Era também um passo de volta para outra era, outro mundo, um mundo em que os outros poderes eram dominantes e cuja autoridade e influência já tinham sido superadas por Cristo na cruz (Gl 4.8-10).

Este é o caráter e o sentido da antítese alternativa oferecida por Paulo – não simplesmente Cristo e cruz *versus* circuncisão, mas nova era *versus* antiga era ainda dominada pelo mal, nova criação *versus* antiga criação, onde o orgulho na identidade étnica disfarçava uma dependência mais fundamental em relação aos poderes diferentes de Deus. E esta é a razão teológica mais fundamental pela qual Paulo resistia tão veementemente aos outros missionários em suas tentativas de circuncidarem os gálatas. A questão não era simplesmente Cristo e a cruz, não era simplesmente a realidade da experiência de graça, Espírito e fé dos próprios crentes na Galácia, mas Deus – o propósito de Deus para a humanidade como tal, o propósito de Deus através do curso contínuo da história, o propósito de Deus presente na revelação e na redenção. Ao se voltar tão resolutamente contra a circuncisão das pessoas convertidas na Galácia, Paulo não podia ter colocado metas mais altas do que estas.

4. "Nem circuncisão nem incircuncisão, mas..."

Ora, qual é o sentido do repetido lema paulino "nem circuncisão, nem incircuncisão, mas..."? Considerando o fato de ocorrer no fim (Gl 5.6; 6.15) de cada um dos dois parágrafos que elaboram as antíteses de Cristo/circuncisão e cruz/circuncisão (Gl 5.2-6; 6.12-15), por que será que Paulo resume assim o seu ensinamento, e o que será que ele deseja expressar com a repetição de tal lema? E o que acrescenta a repetição adicional do lema em 1Cor 7.19 à nossa compreensão da atitude de Paulo a respeito da circuncisão, da Lei e do modo de vida que tal atitude encapsulava?

4.1. Primeiro deveríamos notar o significado da primeira parte da formulação "nem circuncisão nem incircuncisão". Apesar do ímpeto de sua argumentação inteira em Gl 5.2-12, Paulo não se limita a rebaixar somente a circuncisão. Ele acrescenta: "nem incircuncisão". Há dois pontos dignos de nota.

a) Mais uma vez, o pensamento não está limitado ao efeito da ação ritual ou de sua ausência. Mais uma vez, "circuncisão" e "incircuncisão" representam, por metonímia, a identidade étnica, todo um modo de vida coletivo e nacional, epitomado por sua expressão que tinha a maior visibilidade física. Por tal razão, "nem circuncisão nem incircuncisão" não consiste na diminuição da importância da lei ritual em favor da lei moral, mas consiste na negação de que a identidade étnica conte para alguma coisa diante de Deus, na recusa de permitir que o estado incircunciso *per se* trouxesse mais desvantagens diante de Deus do que o estado da circuncisão *per se* traz vantagens diante de Deus. É um pensamento estritamente complementar aquele expresso por Paulo em Gl 3.28 quando diz "nem judeu nem grego" – como indica a elaboração do lema em Cl 3.11: "já não há grego nem judeu, circuncisão nem incircuncisão".

b) Ao mesmo tempo, a perspectiva implícita nos termos usados, circuncisão/ incircuncisão, é uma perspectiva inteiramente judaica. Como nós já notamos, somente judeus chamavam outras pessoas de "prepúcio" e atribuíam um significado à *ausência* da circuncisão. Por isso, Paulo fala como alguém que vem de dentro da visão de mundo de Israel, para quem Cristo e a cruz significavam uma ruptura com a perspectiva anterior, já que a circuncisão e a incircuncisão denotavam a separação entre o povo e entre o povo e Deus. Esta é uma característica fundamental do cristianismo e da identidade cristã – não é essencialmente uma mistura confusa, nem é essencialmente uma forma de universalismo independente, muito menos é uma nova religião[52] para uma terceira raça. Em sua essência, o cristianismo é uma forma de ruptura pela qual Israel (ou o judaísmo) rompe as fronteiras que o cercam, fronteiras que estavam expressas com tanta clareza nos valores respectivos atribuídos à circuncisão e à incircuncisão. Para Paulo, o cristianismo chegava à sua expressão mais própria quando este afirmava a aceitabilidade por Deus dos gentios como gentios (a incircuncisão), e, como consequência inescapável, negava a necessidade da circuncisão como a marca determinante da aceitação por Deus.

---

[52] Contraste-se a afirmação de Betz de que "Paulo de fato anuncia o estabelecimento de uma nova religião" (p. 320).

4.2. O que dizer, então, do "mas..." nas várias alternativas que Paulo levanta para a antiga perspectiva da circuncisão/incircuncisão? Se a visão de mundo e o modo de vida não devem ser determinados pela identidade e distinção étnicas, por qual aspecto eles devem ser determinados?

A primeira versão do tema parece bastante anódina – "pois em Cristo Jesus, nem a circuncisão conta [ἰσχύει] para algo,[53] nem a incircuncisão, mas a fé operando efetivamente [ἐνεργουμένη] através do amor". A função do lema, que parece uma conclusão de 5.2-6, está clara: reafirma-se nele o ponto focal de Cristo como a alternativa à circuncisão na antítese Cristo/circuncisão, e o mesmo vale para a ênfase na fé. O único fundamento "externo" da aceitação por Deus é Cristo, não o estado de circuncisão (ser membro da "circuncisão"). O único fundamento "interno" da aceitação por Deus é a fé, a simples aceitação do evangelho que tem centro em Cristo e na confiança devida a ele.

O termo novo é "amor" [ἀγάπη], um termo pouco usado que os primeiros cristãos adotaram e tornaram seu. Aqui, ela ocorre sem dúvida porque captava outra faceta vital do lado de Cristo na antítese entre Cristo e a circuncisão. O termo ἀγάπη foi escolhido em vez de qualquer outro vocábulo para "amor" porque este, e não os outros, conseguia expressar toda a preocupação generosa, sacrificial e ativa do percurso em direção às pessoas que Deus manifestou em Cristo (Gl 2.20). Estar do lado de Cristo na antítese Cristo/circuncisão significava acolher uma vida moldada pelo mesmo amor que Cristo tinha manifestado na cruz, cruz que é a vívida expressão do amor. O amor que era a base da aceitação do crente por Deus deveria ser também o seu veículo de expressão.[54]

Ainda mais notável é a correlação feita na expressão "fé operando através do amor".[55] Com ela, Paulo deixa claro que, na antítese entre

---

[53] O verbo ἰσχύω é geralmente intransitivo, tendo o sentido de "ser/estar forte, poderoso, competente", ou no uso paralelo legal mais próximo "ter força, ser válido" ou no uso contabilista de "valer" (LSJ e MM, ἰσχύω).

[54] Cf. também Mussner, p. 353-354.

[55] A expressão é quase um conceito único, fé-através-de-amor, fé-energizada-por-amor. Uma tradução na voz passiva, "fé energizada através do amor", é menos provável (cf. Oepke, p. 158-159; Schlier, p. 235, nota 1; Fung, p. 228-229); menos ainda "fé energizada pelo amor de Deus" (Duncan, p. 157-158), em vista da elaboração do pensamento em Gl 5.13-14. Nem devemos ver a fé como o início e o

fé/Lei, ele não queria que a fé fosse entendida simplesmente como uma atitude de confiança, muito menos como um momento de mera passividade. Ele não permite que a antítese Cristo/circuncisão se torne uma antítese demasiadamente simplificada entre dádiva e tarefa (alemão: *Gabe und Aufgabe*). Há uma consequência para a fé/conversão exatamente como há para a circuncisão/proselitismo: há uma vida para ser vivida, um caminho de vida para ser trilhado, um padrão de existência para ser realizado e, se os crentes quiserem, há uma alternativa ao "nomismo da aliança". A diferença é que, onde a circuncisão implicava um modo de vida típico e distintivo de judeus ("judaizar", "obras da Lei"), a fé implicava uma vida vivida a partir e através do amor que se fez corpo na cruz.

A característica mais notável do equilíbrio restabelecido entre pertencer e viver é que Paulo não o via como uma alternativa à observância da Lei, mas como o cumprimento daquilo para o que a Lei realmente servia. Como ele indica somente poucos versículos depois: "toda a Lei" [ὁ πᾶς νόμος] é cumprida em uma só palavra, no (bem conhecido) 'Amarás [ἀγαπήσεις] teu próximo como a ti mesmo'" (Gl 5.14; citação de Lv 19.18). Dificilmente escaparia a Paulo o contraste com Gl 5.3, e certamente tal deve ser proposital: "Testemunho a cada um que é circuncidado que está obrigado a fazer toda a Lei [ὅλον τὸν νόμον]".[56] Daquilo que nós já vimos, eu creio que já deve estar claro o que significa o contraste negativo: não constitui um repúdio sumário da lei (junto com a circuncisão em particular), nem uma espécie de antino-

---

amor como o resultado, como se fossem duas coisas separadas – e muito menos fé como teoria e amor como prática (cf. Betz, p. 264) – mas devemos entender a fé duradoura ganhando a sua expressão no e através do amor (Burton, p. 280).

[56] Contraste-se a tentativa inconvincente de Hübner de negar que a expressão em 5.14 se refira à Lei Mosaica (p. 36-40). Assim também J. W. Drane, *Paul: Libertine or Legalist?* (Londres: SPCK, 1975), p. 112-113, ignora efetivamente 5.14 quando argumenta que "a desvalorização do Antigo Testamento e, por isso, a rejeição da Lei em qualquer sentido para a comunidade cristã era um resultado inevitável do ensinamento de Paulo". Mas o "uma palavra" é obviamente da Lei Mosaica; o paralelo em Rm 13.9 (sem sequer mencionar Tg 2.8) aponta inequivocamente à Lei Mosaica (Barclay, 137), e o paralelo em Mateus a 5.14 usa ὅλος ὁ νόμος como em 5.3 (Mt 22.39-40). Tampouco é provável que Paulo pretendesse uma clara distinção entre "fazer" a Lei e "cumprir" a Lei (como Betz, p. 275; Barclay, p. 139-141; Longenecker, p. 242-243), já que ele pode falar em outras partes de "cumprir a Lei" num sentido totalmente positivo (Rm 2.14; cf. Gl 6.9).

mianismo; mas um repúdio da lei como Lei judaica, a Lei como caracterizadora de todo um modo de vida, como identidade coletiva, a Lei como elemento de distinção e separação entre os judeus e os gentios, a Lei como tipificada pela circuncisão. Consequentemente, nós podemos também reconhecer mais claramente o que significa o lado positivo do contraste: não o encorajamento da ética puramente espontânea, carismática, isenta de lei,[57] mas o encorajamento para reconhecer que o amor ao próximo, como ensinado por Cristo e demonstrado por ele,[58] é o coração do propósito da Lei, e que a fé-confiança no amor de Deus em e através do Cristo é a fonte da qual jorra o amor.

Sendo assim, a primeira forma do lema "nem circuncisão, nem incircuncisão, mas..." não significa uma negação da Lei como tal, mas constitui somente a avaliação da Lei expressa na divisão do mundo em circuncisos/incircuncisos. Ainda há o reconhecimento de que o pertencimento à semente de Abraão e a participação nas bênçãos abraâmicas trazem consigo algumas obrigações que moldam a vida cotidiana. Ainda há uma continuidade com a Lei em seu propósito fundamental de mostrar como o povo de Deus deve viver. Se Paulo não desejasse afirmar tal continuidade, ele certamente teria escolhido palavras muito diferentes para Gl 5.14. O contraste implícito não é entre a Lei e alguma outra coisa, mas entre as diferentes maneiras de cumprir a Lei, diferentes entendimentos daquilo que a Lei significava.[59] A diferença é que o modo apropriado de vida devia ser determinado não pela identidade étnica e pela herança nacional (viver como vivem judeus), mas pelo padrão de Cristo, pela confiança cotidiana em Deus através de Cristo e pelo amor inspirado e possibilitado pelo

---

[57] S. Westerholm, *Israel's Law and the Church's Faith* (Grand Rapids: Eerdmans, 1988), Cap. 10, inclina-se fortemente nesta direção.

[58] Para a visão de que Gl 5.14 se refere de volta ao ensinamento e exemplo de Jesus, cf. meu livro *Galatians*, p. 291-292, e mais plenamente "Jesus Tradition in Paul", in B. Chilton, C. A. Evans (org.), *Studying the Historical Jesus: Evaluations of the State of Current Research* (Leiden: Brill, 1994), p. 155-178.

[59] Este é presumivelmente o ponto por trás das acusações inquietantes de que "todas as pessoas que confiam na Lei" falham em obedecer àquilo que foi escrito na Lei (Gl 3.10), e que "aquelas próprias pessoas que se deixam circuncidar não cumprem a Lei" (Gl 6.13) – isto é, que uma observância da Lei focada e determinada etnicamente é na verdade uma falha de captar o propósito e a intenção plenas da Lei; cf. meu livro *Galatians*, para os versículos.

Espírito. A afirmação que Paulo faz acerca da sua herança judaica, bem como a sua reafirmação, são sublinhadas por sua constatação de que "a fé operando efetivamente através do amor" é um cumprimento mais efetivo de "toda a Lei", mais do que conseguira a vida enfocada na "circuncisão".

4.3. A segunda versão do lema aponta para uma direção bem diferente e torna ainda mais agudas todas as questões levantadas no fim do § 3 – "Pois nem a circuncisão conta para alguma coisa nem a incircuncisão, mas a nova criação" (Gl 6.15). Paulo retoma claramente o pensamento do versículo precedente ("através de quem o mundo foi crucificado para mim e eu, para o mundo") e o expressa numa linguagem apocalíptica ainda mais forte.[60] Como insistiu particularmente J. L. MARTYN, Paulo fala aqui em termos apocalípticos de "dois mundos diferentes".[61] O problema teológico reside no fato de que ele, ao fazer assim, insere na antiga criação a perspectiva judaica, representada pela distinção entre circuncisão/incircuncisão, com todo o déficit apocalíptico que tal distinção implica. Também aqui nós não devemos deixar de captar a aguda ironia da crítica de Paulo: para Paulo, o próprio louvor à circuncisão pela qual os judeus se viam tipicamente marcados e separados *do* mundo exterior (como se eles fossem especiais para Deus) era em si mesmo uma marca de seu pertencimento *ao* mundo, à antiga criação, com toda a distância em relação a Deus que lhe é própria e com todo o juízo por parte de Deus.

Tais asserções acarretam novamente as questões lançadas na Introdução. Paulo rompeu assim com a linha de continuidade com Israel? Ele desapropriou seu povo totalmente, confinando-o de modo sumário (como "a circuncisão") à antiga era ainda nas trevas, ao mundo que não conhecia Deus? Ele simplesmente substituiu a intolerância da

---

[60] O termo κόσμος é reservado por Paulo para a era presente, mas κτίσις (assim como αἰών) pode ser usado para a era do porvir (cf. Rm 8.19-22 e 2Cor 5.17 – "nova criação"). Com "nova criação", ele quer se referir presumivelmente ao mundo renovado, recriado da existência, para servir de contexto adequado aos filhos e filhas de Deus (Rm 8.21; para a bibliografia, cf. Betz, p. 319, nota 79). A palavra pode significar "criatura" (cf. especialmente Lietzmann, p. 45), mas o contraste com "mundo" sugere um sentido mais amplo (cf. Is 65.17; 66.22).

[61] Martyn, "Antinomies", p. 412; este versículo fornece a base para a exegese que Martyn faz de 4.21 e 5.16-17.

antítese entre circuncisão/incircuncisão pela antítese da antiga criação /nova criação, onde o lema "nem circuncisão nem incircuncisão" jamais poderia ser complementado pelo lema equivalente "nem antiga criação nem nova criação"? Será que esta é de fato a primeira expressão de antijudaísmo no NT, que teria então suas próprias raízes no coração da autocompreensão cristã – a saber, o povo de Cristo teria assumido o papel do povo de Israel e teria simplesmente reexpressado a mesma intolerância, a qual o próprio Paulo tivera objetado com tanta ênfase?

Este é o segundo uso do lema ("nem circuncisão nem incircuncisão, mas...") e seu primeiro uso foi deliberadamente cunhado para encorajar o reconhecimento da continuidade entre o antigo e o novo, continuidade fornecida pelo mandamento do amor (§ 4.2). Logo, é sugerido que nós precisamos lançar mão de pelo menos algum grau da retórica apocalíptica (assim como da alegoria polêmica de Gl 4.21-31). Além disso, nós precisamos lembrar que a própria apocalíptica era uma categoria característica dentro do judaísmo do Segundo Templo. Sendo assim, ao estabelecer um contraste entre a antiga era e a nova era, Paulo estava em sintonia com várias seitas apocalípticas e judaicas que realçavam a importância central daquilo que lhes fora revelado, fazendo-o também mediante o rebaixamento da sua herança mais antiga e pela rejeição dos judeus contemporâneos, sob a acusação de que eles estavam definhando sob a maldição do Deuteronômio (Qumran era o exemplo mais notável). Nós tampouco devemos ignorar o fato de que o próprio Paulo tinha levantado antes um ponto argumentativo que qualificava a agudez da antítese apocalíptica em relação ao seu efeito sobre os outros judeus, retratando-os como herdeiros da menoridade, detentores ainda de uma herança, embora o seu estado atual fosse como o de escravos, quando tal estado é comparado com aquilo que eles poderiam ser (Gl 4.1-3).[62]

---

[62] Para o papel muito mais positivo que Paulo atribui à Lei nas seções Gl 3.19-4.11, cf. meu livro *Galatians*, para os versículos, e mais amplamente "Was Paul Against the Law? The Law in Galatians and Romans: A Test-Case of Text in Context", in T. Fornberg, D. Hellholm (org.), *Texts and Contexts: Biblical Texts in Their Textual and Situational Contexts* (Oslo: Scandinavian University, 1995), p. 455-475 (= Cap. 11, *acima*).

A única maneira de resolver satisfatoriamente as tensões assim expostas entre os dois usos do lema "nem circuncisão nem incircuncisão, mas..." tem de ser o reconhecimento de que Paulo desejava manter ambos os usos juntos, como uma expressão de dois lados da mesma moeda. E quanto às demais soluções alternativas como, por exemplo, de insistir em conceder prioridade de uma expressão sobre a outra, de dizer que Paulo deve ter mantido uma descontinuidade apocalíptica que negava (à moda de Marcião) toda validade à herança de Israel, ou ainda, de dizer que ele deve ter mantido a continuidade total que reduzia a linguagem apocalíptica a um mero vozeio que não significava nada? Tais soluções alternativas equivaleriam a concluir frouxamente que Paulo era simplesmente inconsistente e que nenhum sentido coerente pode ser encontrado em suas várias afirmações sobre esse tema? Certamente parece ser mais satisfatório reconhecer que Paulo via em Cristo/cruz, Espírito/esperança, fé/amor, lados positivos das antíteses, a continuidade real com o cumprimento do propósito de Deus para Israel e da dádiva da Lei, e que via a descontinuidade real no fato de que as mesmas características marcavam tanto o ápice escatológico para aquilo que tinha acontecido antes, quanto o novo início, o qual cumpria e transcendia a melhor das esperanças de Israel.

4.4. Esta linha de exposição parece ser confirmada pelo terceiro uso paulino do lema "nem circuncisão, nem incircuncisão, mas..." em 1Cor 7.19 – "a circuncisão é nada e a incircuncisão é nada, mas observar os mandamentos de Deus". A formulação de "nem ... nem" é diferente, mas a primeira parte do lema é basicamente a mesma – a negação de que o *status* da circuncisão ou da incircuncisão, ou seja, marcar e separar, tenha qualquer significado dentro da comunidade das pessoas que estão sendo salvas. No entanto, há duas características notáveis que distinguem mais claramente o terceiro lema dos dois primeiros.

A primeira é que o repúdio da importância da circuncisão ou da incircuncisão está bem evidente. Em Gálatas, Paulo rejeitou uma avaliação essencialmente judaica da circuncisão e do mundo categorizado à luz da importância dos estados de circunciso/incircunciso, vistos desde a perspectiva judaica. O que se aborda aqui são as duas avaliações separadas dos estados de circuncisão/incircuncisão, as quais são igualmente criticadas (Gl 7.18). Uma era acerca do judeu que agora desprezava sua circuncisão, seja por razões helenistas (cf. 1Mc 1.15), seja como cristão: ele não deveria procurar a remoção da circuncisão. A outra era acerca dos judaizantes em potencial que vislumbramos em Gálatas – gentios crentes, atraídos pelo apelo contínuo do judaísmo como tal, que culmina na concepção de um cristianismo que não passava de uma mera forma de judaísmo. Tais gentios não deveriam se circuncidar. O segundo conselho está totalmente em sintonia com o apelo mais urgente de Gálatas. Mas o primeiro indica que a situação em Corinto era distinta.

De fato, até mesmo o paralelo com Gálatas na segunda parte do conselho causa equívocos. A situação que Paulo imaginava na Igreja de Corinto não era evidentemente a influência, por cristãos judeus, no sentido dos gentios por ele convertidos se submetessem à circuncisão. De outra forma, nos poderíamos esperar uma resposta mais vigorosa e virulenta na carta. Em vez disso, Paulo traz à tona o assunto a partir da discussão a respeito das diferentes porções que Deus tinha atribuído às diferentes pessoas que criam. Ele considera que o processo e o prospecto da salvação não eram afetados pela diversidade. Cada pessoa podia permanecer dentro do estado em que foi chamada. A seguir, Paulo considera a possibilidade de que um homem circunciso possa desejar remover a marca de sua circuncisão, por razões não comentadas; tal homem não deveria sentir a necessidade ou a compulsão de fazê-lo. Do mesmo modo, um homem incircunciso poderia desejar ser circuncidado, de novo por razões não comentadas; ele não deveria sentir a necessidade ou a compulsão de fazê-lo. Paulo considera evidentemente as possibilidades que poderiam emergir, e que sem dúvida emergiram, dentro do ambiente coríntio, tão mesclado quanto ao *status* social, cultural e quanto ao pano de fundo religioso; à diferença da Carta aos Gálatas, porém, ele não enfrenta desafios diretos acerca da questão.[63]

---

[63] Por isso, a observação conta contra a visão de que havia em Corinto um vigoroso partido judeu-cristão (Pedro?) que preservava políticas como aquelas de outros missionários na Galácia. Entre as pessoas que veem um partido ativo de Pedro por trás das cenas de Corinto estão J. Weiss, *Der erste Korintherbrief*. KEK (Göttingen: Vandenhoeck, 1910), T. W. Manson, "The Corinthian Correspon-

A segunda característica distintiva é a surpreendente expressão equilibradora de "mas..." na terceira citação do lema (surpreendente à luz dos paralelos em Gálatas) – "mas observar os mandamentos de Deus". A expressão é tipicamente judaica (Sir 32.23; Sb 6.18; cf. Mt 19.17).⁶⁴ Por tal razão, é improvável que Paulo pudesse usar a fórmula "cumprir toda a Lei" em Gálatas, mesmo nos termos do mandamento do amor – tal fórmula poderia ser, por outro lado, uma maneira de enfrentar a questão relacionada à exigência da circuncisão, considerada uma parte da Lei. Contudo, é difícil imaginar que a expressão "observar os mandamentos" pudesse não se imiscuir à questão da circuncisão em Gálatas, ou mesmo que ela pudesse evitar o enfraquecimento do argumento de Paulo. Porém, ao dirigir-se aos coríntios, ele sentia evidentemente que a sua exortação não corria esse risco. Logo, confirma-se a inferência já tirada de que não havia uma facção ativa de proselitismo dentro da Igreja de Corinto.

Contudo, a possibilidade de se usar a expressão final para rebater a segunda metade do conselho de Paulo pela referência a Gn 17 (circuncisão ordenada por Deus) ainda está presente.⁶⁵ Por que Paulo não demonstra ter qualquer consciência desse perigo? Seria possível que Paulo em sua pregação em Corinto nunca tivesse usado a ideia de que os crentes são como filhos e filhas de Abraão e participantes de sua herança? Uma referência como 10.11 (escrituras judaicas "escritas para nossa instrução") no novo uso do lema "nem judeu nem grego" em 12.13 e o episódio da coleta (16.1-4) tornam isto improvável. Em vez disso, nós temos de concluir, a partir da ênfase de Paulo na importância de se "observar os mandamentos de Deus", que ele queria insistir, de uma maneira não ameaçadora e não ameaçada, na importância das Escrituras e da

---

dence (1)", in *Studies in the Gospels and Epistles* (Manchester University, 1962), p. 190-209, e C. K. Barrett, "Christianity at Corinth" and "Cephas and Corinth", in *Essays on Paul* (Londres: SPCK, 1982), p. 1-27 e 28-39.

⁶⁴ Daí a sugestão de Weiss e outros de que a expressão tinha originalmente uma origem judaica; mas cf. W. Schrage, *Der erste Brief an die Korinther. 1 Kor 6,12-11,16*. EKK VIII2 (Solothurn e Düsseldorf: Benziger/Neukirchen: Neukirchener, 1995), p. 131, nota 458.

⁶⁵ Cf., *p.ex.*, C. K. Barrett, *First Corinthians*. BNTC (Londres: A. & C. Black, 1968), p. 169; G. D. Fee, *First Corinthians*. NICNT (Grand Rapids: Eerdmans, 1987), p. 313.

Lei judaicas como comunicação da vontade de Deus. Por causa da continuidade entre a fé cristã e a sua herança judaica, a responsabilidade dos crentes (tanto incircuncisos quanto os circuncisos) de "observar os mandamentos de Deus" tinha se tornado algo axiomático para Paulo.

Por isso, a dedução que devemos tirar da maneira não controversa com que Paulo justapõe os dois lados do lema – uma indiferença calma acerca dos respectivos méritos dos estados de circuncisão e incircuncisão, bem como a suposição de que aquilo que realmente conta é o "observar os mandamentos" – seja provavelmente outra. Seja que as pessoas convertidas por Paulo, pelo menos em Corinto, tinham entendido rapidamente que "observar os mandamentos de Deus" não deveria ser compreendido como simplesmente equivalente a viver um modo de vida judaico (judaizar), nem deveria estimular gentios a tornarem-se prosélitos comprometidos com a observância de toda a Lei. Havia uma observância dos mandamentos que era diferente do nomismo da aliança, uma observância dos mandamentos que era presumivelmente equivalente a "fé operando efetivamente através do amor (ao próximo)" (Gl 5.6,14). Isto incluía presumivelmente uma priorização das inúmeras leis da Torá, presumivelmente, com efeito, um reconhecimento do significado contínuo dos mandamentos morais no Decálogo (cf. Rm 13.9), mas também incluía o rebaixamento dos mandamentos acerca da circuncisão, dos sacrifícios puros e impuros, bem como outros assuntos indiferentes (pelo, se entendidos em sentido literal).[66] O ponto importante, porém, é que Paulo podia descrever essa compreensão desnacionalizada da Torá com a expressão "observar os mandamentos de Deus", sem que para isso tivesse que apresentar qualquer qualificação, e mesmo sem hesitação.

Quando nós retornamos finalmente para os textos da Carta aos Gálatas, nós podemos aprender pelo menos duas coisas do terceiro uso do lema "nem circuncisão nem incircuncisão, mas...". Primeiro, a agudez da antítese esboçada em Gálatas se deve em boa parte à retórica da apocalíptica, uma retórica que deriva da agudez da pressão particular que os outros missionários faziam

---

[66] Cf. Schrage, p. 136-137.

sobre aqueles que Paulo tinha convertido na Galácia. Isto não significa negar o caráter apocalíptico do evangelho de Paulo. Mas significa observar o perigo de generalizar os princípios teológicos da linguagem que Paulo usava em situações de crise.[67] Segundo, que até mesmo numa situação em que as pressões eram bem diferentes (Corinto), Paulo era capaz de afirmar tanto a indiferença entre a circuncisão e a incircuncisão, quanto a importância de se manter a continuidade com a fase anterior da revelação de Deus, assim como ela se expressava nos mandamentos. Onde não havia uma insistência na totalidade da continuidade (o cristianismo simplesmente como um judaísmo não modificado), Paulo continuava a considerar evidente que a continuidade era substancial, até mesmo nos termos da Lei.

---

[67] Há um amplo consenso entre os estudiosos da literatura apocalíptica a respeito da consideração de que o "apocalipse" é caracteristicamente uma "literatura de crise"; cf., *p.ex.*, J. J. Collins, "Early Jewish Apocalypticism", in *ABD*, 1, p. 287.

Capítulo 14
4QMMT e a Carta aos Gálatas

A ocorrência da expressão מקצת מעשי תורה em 4QMMT já suscitou comentários alguns anos antes da publicação oficial dos fragmentos do rolo.[1] Em uma das primeiras reflexões sobre a publicação oficial,[2] Martin Abegg sugeriu que o uso da mesma expressão por Paulo, ἔργα νόμου, na Cartas aos Gálatas e na Carta aos Romanos (Gl 2.16; 3.2,5,10; Rm 3.20.28), indica que Paulo estava "refutando a teologia de documentos como MMT [...], que Paulo estava reagindo a um tipo de teologia divulgado por MMT, talvez até mesmo por alguns convertidos cristãos que estavam comprometidos com um tipo de pensamento exposto em MMT".[3] Como nós veremos abaixo, Abegg ofereceu algumas outras razões para ver um paralelo ou até mesmo uma conexão entre o pensamento de 4QMMT e a argumentação de Paulo em Gálatas em particular, mas nem mesmo ele parece ter apreciado todos os pontos de possível conexão. Naquele momento inicial de avaliação do significado de 4QMMT para os estudos do Novo Testamento ("absolutamente revolucionário", conclui Abegg), pode valer a pena simplesmente resumir o que significam os pontos de possível conexão.

---

[1] Peço licença para me referir a meu próprio texto *Romans*. WBC 38 (Dallas: Word, 1988), p. 154.
[2] E. Qimron, J. Strugnell, *Discoveries in the Judean Desert, vol. X, Qumran Cave 4 Vol. V, Miqsat Ma'ase Ha-Torah* (Oxford: Clarendon, 1994); o texto e a tradução inglesa foram reimpressas em *BAR* 20.6 (1994): 56-61.
[3] M. Abegg, "Paul, 'Works of the Law' and MMT", in *BAR* 20.6 (1994): 52-55 (aqui: 54).

Felizmente não é necessário envolver-se em debates sobre a reconstrução de 4QMMT. Os pontos de possível conexão quase todos ocorrem em 4Q397 e 4Q398, num texto que é, de acordo com o consenso geral, a seção final do documento composto, caracterizada por Qimron e Strugnell como um epílogo contendo 32 linhas (Martínez, linhas 86-118).[4] Portanto, podemos passar para os pontos a partir dos quais nós estabeleceremos as comparações sem maior trabalho precedente. A sequência dos quatro pontos principais segue a sequência de MMT.

1. O primeiro ponto de interesse é a autodescrição do(s) autor(es) do rolo: [פרשנו מרוב העם]ש – "nós nos separamos da multidão do povo" (Qimron C7; Martínez 92). Qimron reconstrói a próxima expressão como "[e de toda sua impureza]". No entanto, até mesmo sem essa reconstrução, a partir do contexto, está bastante claro, especialmente quando considerado em conjunção com a segunda parte de MMT, que a separação era motivada por preocupações com a pureza (cf. CD 5-7).[5] Evidentemente, פרש é a raiz da qual se deriva geralmente o nome "fariseus" [פורשים = "os separados"], com a implicação de que eles eram chamados assim porque tentavam se separar dentro do ou em relação ao resto de Israel, novamente com a clara implicação de que a motivação era baseada na pureza.[6] No entanto, aqui não é menos interessante que o(s) autor(es) de MMT pleiteia(m) aquilo que fontes posteriores mostram ter sido a halacá saduceia, e que os oponentes em vista soam mais como fariseus.[7] Não obstante, aqui, o uso para expressar uma atitude claramente sectária é notável. E o fato de esta ser a primeira

---

[4] Cf. Qimron, Strugnell, p. 58-63; BAR 20.6: 60-61; F. G. Martínez, *The Dead Sea Scrolls Translated: The Qumran Texts in English* (Leiden: Brill, 1994), p. 79.84-85; G. Vermes, *The Dead Sea Scrolls in English*. 4ª ed. revisada e ampliada (Londres: Penguin, 1995), p. 182, inclui somente as últimas oito linhas; cf. também R. Eisenman, M. Wise, *The Dead Sea Scrolls Uncovered* (Shaftesbury: Element, 1992), p. 196-200.

[5] Qimron, Strugnell, p. 42-75.

[6] Cf. E. Schürer, *The History of the Jewish People in the Age of Jesus Christ*, 2, revisado e publicado por G. Vermes *et al.* (Edimburgo: T. & T. Clark, 1979), p. 396-397; cf., *p.ex.*, U. Kellermann, Verbete "ἀφωρίζω", in *EWNT 1* (1980), p. 443.

[7] Qimron, Strugnell, p. 115-117.

vez que o termo ocorra na literatura antiga[8] acrescenta ao texto um significado incomensurável.

Neste primeiro caso, o possível ponto de contato é a descrição que Paulo faz do ato de Pedro, imitado por outros judeu-cristãos, o qual "separou a si mesmo" [ἀφώριζεν ἑαυτόν] dos cristãos gentios em Antioquia, depois de ter comido com eles (συνήσθιεν). A sugestão de que o uso paulino de ἀφώριζεν em Gálatas faça eco à sua própria experiência anterior de autosseparação como fariseu já é antiga.[9] Contudo, o fato de termos agora um texto contemporâneo[10] que usa exatamente essa linguagem para descrever uma autosseparação sectária do resto da comunidade religiosa judaica maior[11] por motivos de pureza, para evitar "associação/participação com eles" (Martínez 93; Qimron C8), oferece-nos um paralelo sem precedentes e muito notável. É uma inferência apropriada supor que a motivação por trás da retirada de Pedro da comunhão de mesa com cristãos gentios em Antioquia (Gl 2.12) era de caráter e lógica semelhantes que a retirada do grupo de MMT da comunidade mais ampla.

2. O segundo ponto de comparação é a ênfase nas bênçãos e nas maldições escritas no livro de Moisés (Qimron C13-22, Martínez 99-108). A alusão refere-se claramente ao ápice famoso de Dt 27-30. MMT lembra as maldições que caíram sobre Israel no passado: "sabemos que algumas das bênçãos e maldições (já) se cumpriram" (Qimron C20). Obviamente, a compreensão é que essas bênçãos e maldições previamente cumpridas esperam por uma plenificação escatológica: "'e acontecerá, quando todas essas coisas [ca]irão sobre vós' (um claro eco de Dt 30.1), no fim dos dias, as

---

[8] Y. Sussmann, "The History of the Halakha and the Dead Sea Scrolls", Apêndice 1 a Qimron, Strugnell, p. 92.
[9] Cf. T. Zahn, *Der Brief des Paulus an die Galater* (Leipzig: Deichert, 1905), p. 61-62, com referência a Gl 1.15.
[10] Qimron, Strugnell datam a composição de MMT ao período de 159-152 a.C. (p. 121), mas notam também que os manuscritos datam de 75 a.C. a 50 d.C. (p. 109); isto é, a memória da "separação" estava sendo preservada viva em Qumran ao copiar o texto contemporaneamente.
[11] Abegg, p. 54, pensa que a palavra fragmentada הע][ם deve ser lida antes como הע][דה (a congregação).

bênçãos e a maldições [...]" (QIMRON C13-14). "E é no fim dos dias quando os de Israel voltarão para a Lei" [)לח(אל)בישר שישובו המים הוא וזה] (QIMRON C21-22).¹²

Os autores de MMT compartilhavam evidentemente de uma fascinação mais difundida com essa seção do Deuteronômio como uma maneira de encontrar sentido nos altos e baixos da história de Israel.¹³ Se isso significa que eles pensaram que eles mesmos estivessem ainda no exílio – uma linha de exegese que recentemente ficou popular¹⁴ – é outra questão. Os autores de CD 1.5-8 pensavam de si mesmos claramente como estando no fim do processo. E a impressão causada pelo trecho de MMT é que a escatologia dos autores era semelhante à escatologia cristã, na qual o realizado e o não realizado, o já/ainda-não, eram mantidos em tensão. Eles confiavam suficientemente em seu próprio *status* e na aceitação de Deus (o "já"), mas ainda mantinham viva a esperança de que outras pessoas de Israel se voltariam também para o Senhor e para a Torá.¹⁵

Sejam quais forem os detalhes mais específicos da escatologia de MMT (e de Qumran), o detalhe importante para nós é que essa seção de MMT indica uma linha de autorreflexão, ou de reflexão sobre Israel, sobre as bênçãos e maldições de Dt 27-30, que se

---

[12] Qimron traduz: "E isto é no fim dos dias quando eles voltarão para Israel"; cf. Martínez, p. 107-108 – "E este é o fim dos dias, quando eles caminham de volta para Israel para [sempre (...)]. No entanto, "para Israel" não é uma tradução óbvia de [אל]ביש; "voltar para" é classicamente expressado com אל ou ל, e frequentemente com a adição "em paz" [בשלום]. O ponto foi reconhecido por Martínez no encontro da SBL em Chicago em novembro de 1994. A tradução dos textos é a tradução revisada sugerida por ele naquela ocasião, na qual ele completa a lacuna no início da linha 108 (Qimron C22) como לתורה.

[13] Cf. especialmente J. M. Scott, "'For as Many as are of Works of the Law are Under a Curse' (Galatians 3.10)", in C. A. Evans, J. A. Sanders (org.), *Paul and the Scriptures of Israel*. JSNTS 83 (Sheffield: JSOT, 1993), p. 187-221 (aqui: p. 194-213); também "Paul's Use of Deuteronomic Tradition", in *JBL* 112 (1993): 645-665.

[14] N. T. Wright, *The New Testament and the People of God* (Londres: SPCK, 1992), especialmente p. 268-272; *acima*, Scott, na nota 13.

[15] A tradução equivocada de Qimron e Martínez (inicialmente) – "para Israel" – pode refletir a suposição de que a perspectiva dos autores era como se escrevessem desde o exílio. Mas a tradução melhor – "em Israel" – não apoia essa interpretação.

assemelha bastante à própria reflexão de Paulo sobre Israel em Gl 3.8-14. Neste caso é verdade que a bênção é a bênção prometida a e através de Abraão (Gl 3.8,9,14). Mas qualquer pessoa familiarizada com a linguagem deuteronômica a respeito da maldição pensaria inevitavelmente na linguagem da promessa que a contrabalançava – uma probabilidade esquecida ou negligenciada por muitos comentaristas, devido à dificuldade de encontrar um sentido na linguagem deuteronômica de maldição em Gl 3.10 e 13 (Dt 27.26; 21.23). Além disso, em ambos os contextos (Abraão e Deuteronômio) há uma interação entre as ideias de bênção e maldição: Gn 12.3 – "Abençoarei a quem abençoa a ti e amaldiçoarei a quem maldiz a ti"; Dt 30.1,7 – "Quando todas essas coisas acontecerem a ti, as bênçãos e as maldições [...]. O Senhor teu Deus colocará essas maldições sobre teus inimigos [...]." Paulo cria com sutileza considerável uma nova variação dessa interação, ao integrar a bênção abraâmica no padrão deuteronômico de bênção e maldição, mudando assim a ênfase do pensamento da maldição dos gentios para a bênção dos gentios.[16]

Em resumo, no coração da exposição de Paulo está uma preocupação semelhante à de 4QMMT: até onde devem se estender as bênçãos. MMT espera que todo Israel se volte para (a Lei) (QIMRON C21) e espera "o bem-estar de Israel" [לישראל למוב] (C31-32). Paulo tem em mente a bênção para os gentios, e talvez "Israel" seja redefinido nos termos dessa bênção (Gl 6.16).[17]

3. O terceiro ponto de comparação é a expressão na qual a maior parte da atenção tem se concentrado até agora: מעשי התורה. A proximidade desse paralelo à expressão paulina ἔργα νόμου foi infelizmente obscurecida pela tradução por enquanto adotada – "os preceitos da Torá" (QIMRON C27; MARTÍNEZ 113), "observâncias da Lei" (Vermes). Eisenman e Wise traduzem a expressão por "obras da Lei" (assim também ABEGG); mas o peso dos outros tradutores

---

[16] Nota-se a própria variação de Qumran na linguagem de bênção/maldição em 1QS 2 e 4Q266; cf. Eisenman & Wise, p. 197,215-217.
[17] Contudo, os problemas de interpretar a referência a "Israel" em Gl 6.16 são bem conhecidos; cf., p.ex., meu *Galatians*. BNTC (Londres: A. & C. Black, 1993), p. 344-346.

conta provavelmente contra a versão de Eisenman e Wise. No entanto, "feito" ou "ato" é o sentido mais natural de מעשה,[18] e seu caráter apropriado é comprovado aqui pelos vários paralelos que já nos são familiares nos Escritos de Qumran, particularmente 1QH 9[=1].26 (מעשי הצדקה) – "feitos justos" [Vermes]; "obras de justiça" [Martínez]); 12[=4].31 (מעשי צדוק) – "feitos justos" [Vermes]; "atos de justiça" [Martínez] e 4Q174/Flor 1.7 (מצשי תורה) – "obras da Lei" [Vermes]; "as obras da Lei" [Martínez]) (cf. 1QS 5.21.23; 6.18; 1QH 14[=6].9). De fato é notável que tanto Qimron quanto Martínez traduzam o mesmo termo quatro linhas antes em MMT (במעשי המה) como "os feitos deles". E no encontro da SBL em Chicago, em novembro de 1994, Martínez reconheceu novamente que a tradução impressa de (sua) linha 113 era menos satisfatória e que מעשי deveria efetivamente ser traduzido também aqui por "obras de", assim como nos outros textos dos Escritos de Qumran. Portanto, as traduções publicadas de Qimron e de Martínez não devem obscurecer a questão.

4QMMT também deixa bem claro o que os autores queriam dizer com a expressão מצשי התורה. A expressão plena, מקצת מצשי התורה, refere-se claramente ao objetivo do próprio documento: "Também vos escrevemos algumas das obras da Torá que pensamos serem boas para vós e para vosso povo" (tradução própria de Qimron C26-27, Martínez 112-113). A alusão que volta para a segunda parte do texto está acima de qualquer discussão: "Estas são algumas de nossas diretrizes [אלה מקצת דברינו] (...) que são (...) as obras [(ה)מעשים)] [...]" (Qimron B1-2; Martínez 3).[19] O que segue depois é uma série de diretrizes haláquicas, principalmente a respeito de templo, sacerdócio, sacrifícios e pureza, e regularmente introduzidas com a fórmula "somos da opinião de que" [אנחנו חושבים] – B8,29,36,37,42,55,73.

O paralelo com Gálatas é notável. Assim como em MMT, a expressão parece ser usada primeiro (em Gl 2.16) como uma referência sumária a uma série de diretrizes/práticas legais/haláquicas

---

[18] A ambiguidade surge porque מעשה pode significar "atos" como atos prescritos (daí "preceito") Qimron, Strugnell, p. 139, nota 41, notam que a LXX traduz מעשה em Ex 18,20 por τὰ ἔργα.

[19] Qimron, Strugnell, p. 110. Esta referência para o precedente diz, contra a tese de Eisenman e Wise, que C era um documento separado.

que estavam no centro dos parágrafos precedentes – circuncisão (Gl 2.1-10) e regras que determinam a comunhão da mesa com os gentios (Gl 2.11-15). É verdade que os מעשים de MMT são questões altamente técnicas, especialmente relacionadas ao culto, enquanto que, em Gálatas, os ἔργα νόμου parecem (desde a perspectiva cristã) concentrados em assuntos menos importantes.[20] Mais interessante para a nossa questão, porém, é o fato de que, em ambos os casos, as diretrizes e práticas (obras) foram pontos focais da discussão dentro da comunidade, efetivamente suficientes para causar uma separação na comunidade mais ampla – aqueles que seguiam uma interpretação mais rígida separando-se dos seguidores de uma prática menos estrita. Essa diferença entre os dois textos, a respeito das questões identificadas pelos termos (מעשים/ἔργα) pode simplesmente ser explicada pelo fato de ser em um caso o debate intrajudaico em que a questão da separação depende de pontos mais específicos da halacá, enquanto, em Gálatas, a questão era da separação entre judeus e gentios. No entanto, o ponto principal do paralelo permanece o mesmo, a saber, que tanto מעשי התורה como ἔργα νόμου parecem se referir às "obras da Lei" entendidas como definidoras da fronteira que demarca e separa os que têm fé/fiéis dos demais.

4. Não menos notável é o paralelo que ocorre na penúltima linha de 4QMMT.[21] O autor espera que "no fim dos tempos, poderás rejubilar-te ao ver que algumas de nossas palavras/práticas são assim/verdadeiras/corretas [מקצת דברינו כן]. E será contado para a tua justiça [ונחשבה לך לצדקה] fazer o que é direito e bom diante dele" (QIMRON C30-31; MARTÍNEZ 116-117; Vermes). Claramente estão diante dos olhos, por um lado, as diretrizes e práticas (obras) documentadas nos parágrafos precedentes (מקצת דברינו); cf. QIMRON B1-2; MARTÍNEZ 3, citados *acima*, no § 3). Com clareza igual refere-se, por outro lado, à formulação de Gn 15.6 – "ele (isto é, o Senhor) o contou para ele (isto é, Abraão) como justiça [ויחשב לו צדקה]", mas com a expressão entendida assim como o era subsequentemente no

---

[20] O fato de que a expressão em Paulo ocorre sempre sem o artigo definido (quase sempre na forma ἐξ ἔργων νόμου) é relativamente insignificante diante da forma semelhante em 4Q174/Flor 1.7.
[21] Notado também por Abegg, p. 55, e Eisenman & Wise, p. 183-185.

judaísmo primitivo, isto é, a justiça considerada como o reconhecimento da fidelidade à aliança: Sl 106.31 – a ação de Fineias para evitar a contaminação de Israel "contou-lhe para a justiça" [לו לצדקה ותחשב]";[22] 1Mc 2.52 – "Será que Abraão não foi encontrado fiel/com fé [εὑρέθη πιστός] quando testado, e que foi lhe contado para a justiça [καὶ ἐλογίσθη αὐτῷ εἰς δικαιοσύνην]?"; e Jub 30.17 – justiça atribuída a Simeão e a Levi por manterem a pureza e a separação dos filhos e filhas de Israel, assim como Fineias ao matar os siquemitas. Da mesma maneira, aqui, em MMT, a suposição é a de que a "justiça é atribuída" para os que são fiéis em observar as diretrizes e em seguir as práticas (obras) delineadas nos parágrafos precedentes.

Neste ponto, o paralelo com Gálatas está na referência à mesma expressão de Gn 15.6 que é usada em Gl 3.6: "Abraão creu em Deus, e isto lhe foi contado para a justiça [καὶ ἐλογίσθη αὐτῷ εἰς δικαιοσύνην]"; com a consequência para Paulo de que "as pessoas que são da fé [οἱ ἐκ πίστεως] são abençoadas com o fiel Abraão/da fé [σὺν τῷ πιστῷ Ἀβραάμ]" (Gl 3.9). A linguagem é a mesma – ἐλογίσθη εἰς δικαιοσύνην; em ambos os casos se faz um apelo, implícita ou explicitamente, a Abraão como um padrão normativo. A diferença é que Paulo atribui o fato de Abraão ser considerado justo somente pela sua fé, enquanto que o Sl 106, 1Mc 2, Jub 30 e MMT atribuem a Abraão um padrão de comportamento entendido, implícita ou explicitamente, como a demonstração de fidelidade às obrigações de aliança. O que é mais importante para nosso ponto, o argumento em Gl 3.6-9, é claramente uma elaboração da tese básica anunciada em 2.16: "Ninguém é justificado de obras da Lei, mas somente através da fé em Jesus Cristo".

Em outras palavras, Paulo objeta exatamente a um tipo de compreensão e atitude que encontramos expressa em 4QMMT. O MMT, e também em outras correntes do judaísmo do Segundo Templo, para as quais se entende "justiça" e "justificação" em relação com e em alguma dependência de מצשי התורה/ἔργα νόμου. A mesma compreensão determinava a decisão de Pedro e dos outros judeu-cristãos de se

---

[22] Como observa Abegg (55 n), Gn 15.6 e Sl 106.31 são os únicos versículos bíblicos que contêm tanto o verbo חשב quanto o substantivo צדקה. O apelo implicado a Gn 15.6 traz consigo a implicação de que a ação de Fineias era interpretada, assim como a de Abraão em 1Mc 2.52, como uma expressão de sua fidelidade à aliança.

retirarem da comunhão da mesa com os crentes gentios em Antioquia. Em oposição direta, Paulo insistiu que a πίστις Ἰησοῦ Χριστοῦ por si só era suficiente, exatamente como "fé em Jesus Cristo" e não como "fidelidade" às regras e às práticas que requeriam a separação dos infiéis, a separação entre os judeus e os gentios.[23]

5. Pelo bem da completude, nós podemos simplesmente mencionar ainda outro paralelo entre 4QMMT e Gálatas. Refiro-me ao fato de que a primeira parte de MMT é um calendário. Isso evidencia uma preocupação do judaísmo do Segundo Templo, conhecida de outros textos, de garantir que a observância das festas estabelecidas esteja de acordo com o calendário celestial – e o resultado era um debate faccional entre os que calculavam as datas das festas pelo sol e os que as calculavam pela lua (ver particularmente Jub 6.32-35; 1Hen 82.4-7; 1QS 1.14-15; CD 3.14-15).[24]

Aqui, o ponto de contato é Gl 4.10 – e isso indica com clareza suficiente que a observância das festas estabelecidas era igualmente uma preocupação daqueles que "perturbaram" os gálatas.[25] Isto quer dizer, a observância de festas (judaicas) era consistente com a ênfase em "obras da Lei", tanto em MMT como no ensinamento dos missionários (judeu-cristãos) na Galácia, contra quem Paulo polemiza na carta. No entanto, não está claro se esse ponto pode ter uma maior importância para um paralelo entre MMT e Gálatas.

Em suma, os quatro ou cinco pontos paralelos entre 4QMMT e Gálatas nos fornecem certamente uma base suficiente para concluir

---

[23] À medida que o contraste entre Gálatas e 4QMMT implica um contraste entre fé e fidelidade (cf. Tg 2.18-24), ele reforça a argumentação contra a tradução atualmente popular de πίστις Ἰησοῦ Χριστοῦ na Carta aos Gálatas e na Carta aos Romanos como "a fidelidade de Jesus Cristo". Somente pessoas que não percebem neste ponto uma diferença entre Paulo e Tiago podem confiar que Paulo entendesse a expressão como uma indicação da fidelidade de Jesus àquilo que ele *fazia*. Além disso, cf. meu texto "Once More, PISTIS CHRISTOU", em E. E. Johnson, D. M. Hay (org.), *Pauline Theology. Vol. IV: Looking Back, Pressing On* (Minneapolis: Fortress, 1997), p. 61-81, no debate com o artigo precedente por R. B. Hays, "PISTIS and Pauline Christology: What is at Stake?", p. 35-60.

[24] 4Q321 procura correlacionar dois calendários; cf. Eisenman & Wise, p. 109-116; Martínez, p. 454-455.

[25] É quase certo que a referência era às festas judaicas como tais; cf. meu livro *Galatians*, p. 227-229.

que MMT preserva uma espécie de atitude teológica e pratica haláquica que, na situação concreta, determinava a atitude e ação de Pedro e dos outros judeu-cristãos em Antioquia (Gl 2.11-14). Evidentemente não quero dizer que a Carta aos Gálatas foi escrita com conhecimento de MMT, ou que os "certos homens de Tiago" (Gl 2.12) eram eles mesmos qumranitas, ou mesmo influenciados por Qumran ou algo dessa espécie. Mas o peso da evidência parece sugerir que MMT preserva um vocabulário e uma maneira de teologizar que deixou suas marcas num conjunto mais amplo do pensamento e da prática judaicos, e que era exatamente essa espécie de teologia e prática que Paulo enfrentou em Antioquia e, no afã de combater, ele refutou através da Carta aos Gálatas.[26]

---

[26] Estou grato a meus colegas Robert Hayward e Loren Stuckenbruck pelo estímulo e pelos comentários sobre este assunto a partir do primeiro esboço deste artigo.

Capítulo 15

A conversão de Paulo: uma luz para as discussões do século XX

A discussão desencadeada pela assim chamada "nova perspectiva sobre Paulo" tem incluído uma boa medida de mal-entendidos e muitas vezes tem gerado mais calor do que luz. O volume em homenagem a Peter Stuhlmacher provavelmente seja uma oportunidade apropriada para esclarecer alguns desses mal-entendidos e para fazer algo para reverter essa lógica de calor/luz! Para todos os efeitos, eu escrevo este pequeno presente de aniversário com cordiais congratulações, esperança e os melhores desejos para ele, a quem os nossos primos norte-americanos chamam inquestionavelmente de *"the honoree"* (o honorável) e cujos escritos expressam aquilo que há de melhor na pesquisa do NT.

Uma boa passagem de análise é a "conversão de Paulo", para usar a descrição tradicional do evento que transformou Paulo de um perseguidor da "Igreja de Deus" (Gl 1.13) para um "apóstolo de Cristo Jesus". A discussão recente deu bastante atenção ao tema, mas no debate sobre a atitude de Paulo em relação à Lei e seu ensinamento sobre a justificação pela fé, o significado da conversão de Paulo, por mais que tenha sido explorado muitas vezes, ainda não pode simplesmente ser considerado evidente. Portanto, neste volume sobre o evangelho de Paulo, sua compreensão de sua herança como judeu e a consequente elaboração de ambas na Igreja, é apropriado perguntar novamente: em que a conversão de Paulo contribuiu com seu evangelho? Como ela mudou ou modificou a sua autocompreensão como judeu? Como ela ajudou a moldar a sua concepção da Igreja? Ou, para colocar a pergunta da forma mais simples possível: já que o verbo "converter-se" significa "voltar-se (dar uma volta)", *do que* Paulo se converteu e *para o que* ele se converteu?

Nós podemos proceder da maneira óbvia, ao rever as respostas tradicionais à questão antes de dar maior atenção à passagem que oferece a maior esperança de nos fornecer a resposta a partir do próprio Paulo, mas cujos recursos, surpreendentemente, até hoje ainda não foram suficientemente explorados.

1. Do que Paulo foi convertido? As visões tradicionais

Esta pergunta tem recebido uma variedade de respostas. Em cada caso, algum aspecto da imagem completa foi captado, mas nenhum parece ser inteiramente adequado em refletir a ênfase do próprio Paulo. Para cobrir o leque completo de nuances nós podemos levantar as tradicionais respostas sob cinco títulos.

1.1. Do judaísmo para o cristianismo

Esta é uma resposta dada muitas vezes no nível popular. Sua lógica popular é que a palavra "conversão" deve ser entendida como a saída da ausência de qualquer religião para a religião, ou a migração de uma religião para outra. Sua justificativa teológica era reforçada pela antiga suposição da pesquisa do NT, de que o judaísmo deveria ser entendido em termos teológicos simplesmente como o precursor do cristianismo. Daí a descrição, ainda prevalecente na geração passada, do judaísmo do Segundo Templo como "*Spätjudentum*"[1] [alemão: judaísmo tardio]: o judaísmo do primeiro século era o "judaísmo tardio" porque seu significado teológico se

---

[1] Assim, por exemplo, ainda um número antigo da prestigiada série WUNT – H. Bietenhard, *Die himmlische Welt im Urcristentum und Spätjudentum*. WUNT 2 (Tübingen: Mohr, 1951).

encerrou com a vinda de Jesus;[2] a antiga aliança foi completamente superada e substituída pela nova.[3]

Acima de tudo, o sentido dessa resposta está na própria linguagem de Paulo em Gl 1.13-14, a passagem à qual dedicaremos a seguir nossa atenção especial. Aqui, nos únicos versículos em que ele usa o termo "judaísmo", ele fala de seu "modo de vida previamente no judaísmo" e como ele tinha "progredido no judaísmo para além de muitos de seus contemporâneos". Evidentemente, o "judaísmo" descreve sua prática religiosa anterior – uma prática que ele agora tinha abandonado, em consequência direta de sua conversão. Isto fornece certamente algum fundamento para a resposta tradicional: Paulo foi convertido desse "judaísmo" para o cristianismo.

O problema é: assim como ela é normalmente entendida, a resposta reivindica demais; em sua forma tradicional, ela é um *overstatement*, uma afirmação exagerada. Nenhum estudioso do NT descreveria hoje em dia o judaísmo do Segundo Templo como "judaísmo tardio". Além de tudo mais, tal de descrição torna impossível falar sensatamente dos 19 séculos seguintes do judaísmo. Semelhantemente, a descrição de que "Paulo se converteu do judaísmo para o cristianismo" é, propriamente dito, um absurdo anacrônico. O termo "cristianismo" ainda nem sequer existia! Ele ocorre pela primeira vez, pelo menos em nossos registros escritos, com Inácio (Magn 10; Rm 3.3; Fl 6.1), somente oitenta anos depois da conversão de Paulo.

Esses anacronismos linguísticos são importantes porque tanto refletem quanto realçam uma atual reavaliação mais substancial do relacionamento entre os primeiros cristãos e seu judaísmo nativo. Evidentemente, não é uma reação adequada a essa primei-

---

[2] Cf., *p.ex.*, L. Goppelt, *Theologie des Neuen Testaments 1. Jesu Wirken in seiner theologischen Bedeutung* (Göttingen: Vandenhoeck, 1975): Jesus *"hebt das Sabbatgebot als solches und damit das Gesetz, die Grundlage des Judentums, auf"* [abole o mandamento do sábado como tal e com isto a Lei, o fundamento do judaísmo]; p. 146; "[...] *Jesus tatsächlich das Judentum von der Wurzel her durch Neues aufhebt"* [Jesus efetivamente abole o judaísmo desde a raiz por meio de algo novo]; p. 148. Cf. também as críticas de Pannenberg e Moltmann em J. T. Pawlikowski, *Christ in the Light of the Christian-Jewish Dialogue* (Nova Iorque: Paulist, 1982), p. 37-47.

[3] Assim já em Hb 8.13. Semelhantemente Barn 4.6-8; 13-14; Justino, Dial, *p.ex.*, 11.5 e 135.3,6; Melito, Peri Pascha, 39-45.

ra resposta dizer que "cristianismo" ainda não existia como um fenômeno linguístico. O verdadeiro ponto argumentativo é que Jesus e os primeiros cristãos eram judeus e permaneceram judeus. "Jesus o judeu" é hoje um lugar-comum entre os estudiosos do "Jesus histórico" e a principal pressuposição da assim chamada "terceira busca" pelo Jesus histórico.[4] No entanto, também Paulo permanecera judeu (cf. sua própria autodescrição de acordo de At 22.3 – "Sou um judeu"). Ainda em uma de suas cartas tardias, ele se descreveu como "um israelita" (Rm 11.1). Ninguém negaria para o período em que se deu a conversão de Paulo o fato de que aquilo que ficou depois conhecido como "cristianismo" era ainda um movimento *dentro* do judaísmo do Segundo Templo, descrito da maneira mais correta nesse período como uma forma de judaísmo messiânico, com seus adeptos marcados e distinguidos dentre os outros judeus por sua fé em Jesus e suas crenças acerca de Jesus.[5]

A conclusão é que a simples definição da conversão de Paulo como uma conversão do judaísmo ou para o cristianismo se comprova simples demais. Certamente, houve uma mudança, uma saída de algo e um retorno para algo. Contudo, no que consiste tal mudança requer claramente uma analise mais cuidadosa e uma definição mais exata.

---

[4] Cf., *p.ex.*, a revisão por N. T. Wright de S. Neill, *The Interpretation of the New Testament 1861-1986* (Oxford University 1988), p. 379-403; B. Witherington, *The Jesus Quest: The Third Search for the Jew of Nazareth* (Downers Grove: InterVarsity, 1995).

[5] O significado do nome "cristão" que, segundo At 11.26, foi cunhado pela primeira vez naquele tempo, não é claro. Se a informação de Lucas está correta, a formação latina do nome (*Christiani*) sugere que ele foi cunhado pelas autoridades romanas de Antioquia. No entanto, isto não precisa significar que esses "cristãos" eram designados assim para distingui-los da categoria mais ampla dos "judeus". Ao contrário, a formação indica simplesmente adeptos de Cristo, assim como *Herodiani* (Mc 3.6 etc.) denota adeptos de Herodes (partido de Herodes), e como os termos *Caesariani* e *Pompeiani* funcionavam simplesmente como nomes de partidos. Isto quer dizer, o nome pode simplesmente indicar que as autoridades romanas reconheceram que os "cristãos" em Antioquia eram uma facção específica dentro da comunidade dos judeus (com seus numerosos simpatizantes gentios – cf. Josefo, Guerra, 7,44-45).

1.2. De uma consciência perturbada para a paz com Deus

Esta é outra resposta tradicionalmente popular. Historicamente, tal resposta se baseou na suposição de que a conversão de Paulo era, se não é, um tipo clássico de conversão, do mesmo tipo que as conversões de Agostinho e de Lutero.[6] Exegeticamente, estava enraizada na recorrência do uso de "eu" que Paulo usa em Rm 7, em que a suposição tradicional dizia de que a impotência espiritual ali descrita era a de Paulo em seu estado pré-conversão. O uso que Agostinho faz da linguagem de Rm 7.22-25 para descrever as suas próprias lutas antes da conversão é um exemplo clássico.[7] A expressão popular de tal concepção passou a fazer parte de uma série de biografias romanceadas de Paulo e, sem dúvida, também de inúmeros sermões sobre a sua conversão, os quais têm oferecido descrições vívidas das lutas de Paulo com a sua consciência – atormentada (cf. At 26.14), sem dúvida, por sua memória do martírio de Estêvão e de sua própria participação nesse evento (At 7.58; 8.1).

Tal ideia, porém, teve de ser firmemente abandonada no curso do séc. XX. O problema é que o próprio Paulo não dá nenhum sinal de que ele tivesse sofrido de uma consciência atormentada no tempo anterior à sua conversão. Desde a abordagem clássica que Kümmel elaborou de Rm 7[8], a ideia de que a linguagem paulina de "eu" descrevesse a sua própria experiência pré-conversão foi agora abandonada. Ainda há tentativas de reavivar a antiga visão de uma forma modificada,[9] mas elas não conseguiram muito apoio. Geralmente se considera muito mais decisivo o fato de que, nas duas passagens em que Paulo expressa a sua própria perspectiva pré-conversão com a maior clareza, ele o faz em termos totalmente contrários à hipótese da "consciência angustiada". Em Fl 3.6, ele afirma

---

[6] Cf., *p.ex.*, w. James, *The Varieties of Religious Experience* (Glasgow: Collins Fontana, 1960), p. 176-177,244-245.
[7] Agostinho, *Confissões* 8,5.
[8] W. G. Kümmel, *Römer 7 und die Bekehrung des Paulus* (Leipzig: Hinrichs, 1929).
[9] R. H. Gundry, "The Moral Frustration of Paul Before his Conversion: Sexual Lust in Romans 7.7-25", in D. A. Hagner, M. J. Harris (org.), *Pauline Studies: Essays Presented to F. F. Bruce* (Exeter: Paternoster, 1980), p. 228-245; G. Theissen, Psychological Aspects of Pauline Theology (Edimburgo: T. & T. Clark, 1987), p. 228-250.

que, "a respeito da justiça sob a Lei", tinha sido "irrepreensível", e isto evidentemente no exato tempo em que estava perseguindo a Igreja com zelo. Aqui não se faz memória de nenhum tormento de consciência antes do encontro na estrada para Damasco. Semelhantemente em Gl 1.13-14, outra alusão extremamente explícita a seu estado de mente pré-conversão. Paulo simplesmente se lembra de seu êxito em observar e praticar as tradições de seus pais.[10]

Portanto, é claro que o modelo evangelizador, que considera ter havido uma conversão na alma angustiada de Paulo, que encontrara a sua paz em Deus, tem raízes no próprio autotestemunho de Paulo, mas tal testemunho é demasiadamente fraco para carregar tanto peso. Ele pode ainda ser reavivado em modelos psicanalíticos que procuram penetrar por debaixo de seu pensamento e memória conscientes – "o complexo inconsciente do cristianismo irrompeu na consciência".[11] No entanto, tal especulação fica cada vez mais remota ao texto, e se os próprios textos oferecem uma resposta mais satisfatória para nossa pergunta, eles devem ter maior prioridade.

1.3. Da negação para a afirmação de Jesus como Messias

A conversão de Paulo é retratada em Atos e lembrada pelo próprio Paulo como um encontro com o Cristo ressuscitado (At 9.22,26; 1Cor 9.1; 15,8; Gl 1.16; cf. 2Cor 4.4-6; Fl 3,7-8). Portanto, é natural concluir que a característica central do evento foi a transformação de sua compreensão de Jesus, pois ele percebera naqueles que ele tinha perseguido que havia ocorrido de fato a conversão para a crença acerca de Cristo, e havia genuína fé nele.

Esta última afirmação pode receber maior reforço exegético a partir de 1Cor 1.23 e Gl 3.13. A partir do primeiro texto, nós podemos inferir sem qualquer problema que, quando Paulo diz que a

---

[10] O artigo de K. Stendahl, "The Apostle Paul and the Introspective Conscience of the West", in *HTR* 56 (1963): 199-215, reimpresso em seu *Paul Among Jews and Gentiles* (Londres: SCM, 1977), p. 78-96, tem sido particularmente influente nesta questão.

[11] C. G. Jung, *Contributions to Analytical Psychology* (ET, 1945) p. 257, citado por C. S. C. Williams, *Acts*. BNTC (Londres: A. & C. Black, 1957), p. 123; cf. agora também G. Gager, "Some Notes on Paul's Conversion", in *NTS* 27 (1981): 697-704.

proclamação do Cristo crucificado era "para judeus um escândalo ou uma causa de ofensa", ele se lembra da sua própria atitude como judeu ofendido pelas reivindicações feitas acerca de Jesus pelos seus seguidores. A ofensa estava evidentemente na justaposição dos dois termos "messias" e "crucificado". E ainda mais, o conteúdo do escândalo é iluminado pela segunda passagem: Gl 3.13 – "Cristo tornou-se uma maldição por nós, porque está escrito: Maldita cada pessoa que foi suspensa no madeiro", uma citação de Dt 21.23. Novamente é uma dedução adequada a de que Paulo estava lembrando aqui a sua própria aplicação de Dt 21.23 como a razão de sua própria rejeição e perseguição anteriores da visão de que o Jesus crucificado era realmente o messias de Deus. Sabemos dos Escritos de Qumran que a mesma denúncia deuteronômica do criminoso exposto depois da morte ("Maldita cada pessoa que foi suspensa no madeiro") já tinha sido aplicada ao ato da crucificação (4QpNah 1.7-8; 11QT 64.6-13). Portanto, é inteiramente plausível que Paulo, o perseguidor, tenha usado o mesmo raciocínio para condenar a reivindicação dos nazarenos de que seu Jesus crucificado era, não obstante a crucificação, o Messias.

Se uma maior confirmação for necessária, podemos remeter também a 1Cor 15.3 e At 9.22. No primeiro texto, Paulo informa ou lembra sua audiência em Corinto que o evangelho, assim como ele mesmo o recebeu inicialmente, começou pela confissão de "que Cristo morreu por nossos pecados, de acordo com as Escrituras". Isto teria fornecido a Paulo uma resposta teológica suficiente (a morte de Cristo como um sacrifício pelo pecado) para o problema do messias crucificado. No segundo texto, Lucas narra que Paulo, logo depois de sua conversão, deixou os judeus de Damasco pasmos ao comprovar que Jesus era o Messias (At 9.22). A inferência justificada é que Paulo começou imediatamente a pregar aquela fé (no Messias Jesus) para a qual ele acabara de se converter.

Por isto, não é uma surpresa de que tal visão tenha sido bem sustentada a partir do impacto que o encontro na estrada para Damasco teve sobre a teologia do próprio Paulo. Nos anos de 1950, H. G. WOOD e PHILIPPE MENOUD expuseram assim o significado da conversão de Paulo.[12]

---

[12] H. G. Wood, "The Conversion of Paul: Its Nature, Antecedents and Consequences", in *NTS* 1 (1954-55): 276-282; P. H. Menoud, "Revelation and Tradition: The

Além do mais, embora tenha havido uma relutância compreensível por parte da maioria dos estudiosos em entender a cristologia de Paulo demasiadamente em relação a sua conversão, alguns não hesitaram em encontrar o desenvolvimento completo de tudo o que era necessário para sua cristologia na própria experiência na estrada para Damasco.[13] Por exemplo, J. A. T. ROBINSON entende que toda a teologia paulina do corpo de Cristo já estava presente nas palavras vindas do céu, assim como narradas por Atos – "Saul, Saul, por que me persegues?" (At 9.5; 22.7; 26.14) – a lógica é que, dessa maneira, o Cristo ressuscitado identificou a si mesmo ("me [persegues]") com a Igreja perseguida.[14] E mais recentemente, SEYOON KIM construiu toda uma tese a partir do eco provável do encontro na estrada para Damasco em 2Cor 4.4-6, afirmando que Paulo teria entendido sua visão do Cristo exaltado mais ou menos desde o início em termos da divina sabedoria e da epifania de "alguém como um ser humano" de Ez 1.26 e de Dn 7.13.[15]

Dificilmente é possível duvidar de que aqui haja algo interessante. É difícil entender o que a conversão de Paulo (de perseguidor para apóstolo) poderia ter significado, se não tivesse incluído pelo menos uma radical "mudança de mente" de sua parte, a respeito das reivindicações dos primeiros cristãos acerca de Jesus. Uma revelação cristológica é claramente indicada em Gl 1.16 (Deus revelou seu Filho em Paulo). E Fl 3.7-8 indica certamente uma transformação completa de uma vida centrada na piedade pessoal agora focada, de uma maneira bem influente, em Cristo. Portanto, a afirmação básica de Wood e Menoud tem que estar correta. Doutra forma devem ser entendidas as afirmações mais elaboradas de Robinson e KIM. Nós devemos, no mínimo, considerar a probabilidade de que a cristologia mais elaborada das cartas de Paulo (sendo a primeira delas ditada uns quinze anos

---

Influence of Paul's Conversion on his Theology", in *Interpretation* 7 (1953): 131-141.

[13] Ao referir-me à conversão de Paulo como "experiência na estrada para Damasco" uso simplesmente uma conveniência abreviada; a discussão não depende de uma particular visão do valor histórico da narrativa de Atos acerca do local da conversão de Paulo.

[14] J. A. T. Robinson, *The Body* (Londres: SCM, 1952), p. 58.

[15] Assim particularmente S. Kim, *The Origin of Paul's Gospel*. WUNT 2.4 (Tübingen: Mohr, 1981).

mais tarde) seja a consequência da elaboração da reflexão paulina ao longo do tempo, e isto sem dúvida. Tal elaboração devia incluir pelo menos a reflexão de Paulo a respeito da sua experiência na estrada para Damasco (como implica 2Cor 4.4-6), mas a elaboração também era nutrida, sem dúvida, por seu crescente conhecimento da tradição sobre Jesus e por leituras extensivas das Escrituras à luz de sua nova fé no Cristo crucificado.[16]

A única fraqueza da hipótese básica é que Paulo, em suas memórias mais explícitas de sua conversão, não menciona a transformação em suas crenças sobre Jesus (Gl 1.13-14 e Fl 3). E em suas cartas continua a ser um fator surpreendente que a reivindicação acerca de Jesus como Messias seja totalmente inconsciente. Como reconhecem todos os comentaristas, "Cristo" já se tinha tornado um nome próprio nos escritos de Paulo, já tinha perdido a maior parte (se não todo) de seu sentido titular. Isto só pode ser porque o apelo à messianidade já não era mais consciente – se é que ela foi um dia. E isto, por sua vez, pode simplesmente ser um reflexo do fato de que as cartas de Paulo foram escritas a Igrejas para as quais a reivindicação já não era mais causa de controvérsia. Mas se a reivindicação de que Jesus era o Messias estava de fato no coração da perseguição anterior de Paulo e continuava a ser uma questão principal entre os judeus e os cristãos, deveríamos esperar mais ecos e indicações do que nós encontramos nas cartas – ecos como os que nós encontramos a respeito da Lei.

Ora, será que a reivindicação cristã de que Jesus era o Messias não era tão controversa em círculos judaicos? De que outra maneira os judeu-cristãos, crentes no Messias Jesus, poderiam ter ficado um pouco perturbados em Jerusalém, como parece que foi o caso?[17]

---

[16] Além disso, cf. a minha crítica mais antiga a Kim em "'A Light to the Gentiles': The Significance of the Damascus Road Christophany for Paul", in L. D. Hurst, N. T. Wright (org.), *The Glory of Christ in the New Testament: Studies in Christology in Memory of G. B. Caird* (Oxford: Clarendon, 1987), p. 251-266; reimpresso em meu *Jesus, Paul and the Law: Studies in Mark and Galatians* (Londres: SPCK/ Louisville: Westminster, 1990), p. 89-104.

[17] Sigo o consenso geral de que a perseguição que segundo Atos se seguiu à execução de Estevão estava voltada principalmente contra os helenistas, deixando o resto dos nazarenos sem qualquer perturbação. Esse consenso foi recentemente desafiado por C. C. Hill, *Hellenists and Hebrews: Reappraising Division within the Earliest Church* (Minneapolis: Fortress, 1992), p. 32-40; mas ele ignora ou diminui

Evidentemente *não* foi a reivindicação acerca da messianidade de Jesus que ocasionou a perseguição movida pelos judeus, entre os quais Paulo era um dos protagonistas. Por isso, referências como 1Cor 1.23 e Gl 3.13 podem indicar menos uma denúncia consumada da reivindicação cristã e mais uma polêmica faccional entre os diferentes grupos judaicos, sendo as reivindicações cristãs indignas de uma maior aceitação dentro do judaísmo. Em outras palavras, a reivindicação de que o Jesus crucificado era o Messias não era, em princípio, um motivo para qualquer objeção entre os judeus; afinal, muitos judeus devotos e altamente estimados tinham sido crucificados naqueles tempos. O que se comprovou provavelmente ofensivo era, antes, a reivindicação cristã de que os outros judeus, todos eles, deveriam também aceitar Jesus como Messias.[18]

Para todos os efeitos, embora tal hipótese deva fornecer uma parte da resposta à nossa pergunta, está longe de estar correto que nós penetramos naquilo que estava para o próprio Paulo no coração da experiência de sua conversão.

1.4. Da Lei para o evangelho

Esta tem sido a resposta afirmada com maior consistência ao longo das últimas décadas da discussão acadêmica.[19] Com certeza, ela se apoia em certa medida na aguda antítese entre a Lei e o evangelho, que tem sido a força principal da maioria das (de todas as?) correntes da teologia reformada e pode se transformar rapidamente na antítese judaísmo *versus* cristianismo (Lei = judaísmo, evangelho = cristianismo),

---

muitos argumentos acumulativos que conferem grande força a essa posição consensual.

[18] Além disso, cf. a pergunta que reflete minha própria busca acerca do assunto: "How Controversial was Paul's Christology?", in M. C. De Boer (org.), *From Jesus to Paul: Essays on New Testament Christology in Honour of M. de Jonge*. JSNTS 84 (Sheffield: JSOT, 1993), p. 148-167.

[19] Cf., *p.ex.*, U. Wilckens, "Die Bekehrung des Paulus als religionsgeschichtliches Problem", in *Rechtfertigung als Freiheit: Paulusstudien* (Neukichen: Neukirchener, 1974), p. 11-32, especialmente 15.18.23-25; S. Kim, *The Origin of Paul's Gospel*. WUNT 2.4 (Tübingen: Mohr, 1981), p. 3-4 e *passim*; C. Dietzfelbinger, *Die Berufung des Paulus als Ursprung seiner Theologie*. WMANT 580 (Neukirchen: Neukirchener, 1985), *p.ex.*, p. 90,115,144.

que nós descartamos ao discutir a primeira resposta acima. No entanto, ela não depende de uma formulação tão aguda da antítese de Lei *versus* evangelho. O mais pertinente para nossa discussão é que esta antítese possui substanciosos fundamentos exegéticos. Nós podemos nos remeter a Gl 2.19-21 e dizer com bastante confiança que Paulo lembra ou inclui no texto uma referência à sua própria conversão: "Eu, através da Lei, morri para a Lei, para que eu pudesse viver para Deus [...]. Não anulo a graça de Deus, pois, se a justiça é através da Lei, então Cristo morreu em vão". No entanto, o texto mais influente que serve de resumo do que Paulo concluíra a partir do seu encontro na estrada para Damasco tem sido Rm 10.4: "Cristo é o fim da Lei."[20]

Geralmente se afirma como parte do argumento que Paulo perseguiu os helenistas porque eles já tinham abandonado a Lei. Presume-se aqui, inclusive em minha opinião, que a perseguição de Paulo estava direcionada principalmente contra os seus colegas judeus, cujas raízes estavam na diáspora, que falavam grego, que tinham se tornado discípulos batizados do Messias Jesus e cujo líder fora Estevão. Sendo assim, o fundamento exegético está em Fl 3.6 – "a respeito do zelo, um perseguidor da Igreja" – já que a maneira mais natural de entender "zelo" é como "zelo pela Lei" (cf. Gl 1.14 – "sendo excessivamente zeloso por minhas tradições ancestrais"; At 21.20 – "zelosos pela Lei").[21] Depois, a argumentação flui bem: Paulo converteu-se para a posição que ele tinha perseguido; assim como as pessoas que tinha perseguido, ele também abandonou a Lei. Se nós quisermos entender a lógica de Paulo, ela pode facilmente ser imaginada assim: a Lei aprovara o castigo de Jesus pela morte, mas o encontro na estrada para Damasco tinha revelado a Paulo que Deus tinha vindicado Jesus; por isso, "a Lei é inútil" e deveria agora ser descartada.[22] "Cristo é o fim da Lei".

---

[20] Neste caso concreto devemos mencionar naturalmente de maneira especial P. Stuhlmacher, "'Das Ende des Gesetzes'. Über Ursprung und Ansatz der paulinischen Theologie", in *Versöhnung, Gesetz und Gerechtigkeit: Aufsätze zur biblischen Theologie* (Göttingen: Vandenhoeck, 1982), p. 166-191; mas cf. também, *p.ex.*, Dietzfelbinger, p. 105-106,118,125,145.

[21] Cf., *p.ex.*, P. T. O'Brien, *Philippians*. NIGTC (Grand Rapids: Eerdmans, 1991), p. 375-376 e as obras ali citadas.

[22] Cf., *p.ex.*, os autores citados por H. Räisänen, *Paul and the Law*. WUNT 29 (Tübingen: Mohr, 1983), p. 249, nota 112.

Deve haver aqui novamente algo de interessante. Seria difícil ler Gl 2.21 sem um claro tom subjacente dessa espécie. No entanto, há dois problemas. Um é que as tradições que conhecemos acerca dos helenistas não apoiam a visão de que eles tivessem rompido com a Lei.[23] O discurso atribuído a Estevão em Atos 7 fala de modo extremamente positivo de Moisés, descreve a Lei como "oráculos vivos" e tem seu ápice na acusação de que são os ouvintes de Estevão que deixaram de observar a Lei (At 7.20-25,35-38,53). A crítica que o discurso faz ao judaísmo tradicional volta-se antes contra o templo "feito por mãos" (At 7.47-49). Isso, por sua vez, sugere que a acusação contra Estevão, de que ele falava contra Moisés, contra o lugar santo e a Lei (At 6.11,13-14), deve ser entendida, segundo a intenção de Lucas, como direcionada contra as visões do Templo defendidas por Estevão em particular, ou pelos helenistas (cristãos) em geral. Já que o culto e seu ordenamento correto estão no centro da Lei e dos costumes transmitidos por Moisés, uma visão hostil do culto no Templo seria considerada também uma ameaça contra a Lei. Em outras palavras, nós não podemos concluir a partir de nossas fontes que os helenistas tinham rompido com a Lei em sua totalidade, que Paulo os perseguia por essa razão e que ele fora convertido para a mesma visão. Nós precisamos de uma precisão um pouco maior para fazer jus às diferenciações dentro de nossas fontes.

O segundo problema é um que acossou por décadas avaliações da teologia de Paulo. Trata-se da visão (para alguns) notavelmente positiva a respeito da Lei que ele continua a manter em suas cartas. Basta nos referirmos a trechos como Rm 3.31; 8.4; 1Cor 7.19 e Gl 5.14. Quem fala assim como fala Paulo em tais passagens não pode ser acusado de ter abandonado a Lei. Portanto, seja qual for o sentido de Gl 2.21 e Rm 10.4, ninguém que acredite numa coerência básica na visão paulina da Lei pode ler tais textos como uma indicação de que Paulo tivesse abandonado a Lei completamente. Aqui, as questões vão muito além do objetivo deste artigo. Por isso, deve ser suficiente dizer que o ensinamento geral de Paulo sobre

---

[23] Cf., *p.ex.*, H. Räisänen, "The 'Hellenists': A Bridge between Jesus and Paul?", in *Jesus, Paul and Torah: Collected Essays*. JSNTS 43 (Sheffield: JSOT, 1992), p. 177; C. K. Barrett, *Acts 1-14*. ICC (Edimburgo: T. & T. Clark, 1994), p. 337-338.

a Lei deve acrescentar maior cuidado na avaliação do impacto que a conversão de Paulo teve sobre sua visão da Lei. Em Gl 2.21 fica bastante claro que alguma reavaliação da relação de Paulo com a Lei estava vinculada a sua conversão. No entanto, seu sentido exato ainda deve ser esclarecido.

1.5. De sua própria justiça para a justiça de Deus

Para muitas pessoas, esta é simplesmente uma variante da última resposta. Mas ela merece uma consideração separada. A resposta é evidentemente tirada de Fl 3.9 – "não tendo minha própria justiça que é da Lei, mas aquela que é através da fé em Cristo, a justiça de Deus para esta fé". Para nós sermos justos, devemos dizer que Paulo apresenta tal ideia como a sua esperança, em vez de apresentar algo já realizado em ou através da sua conversão. Não obstante, a justiça através da fé e não da Lei está tão claramente no centro do evangelho de Paulo exposto na Carta aos Gálatas e particularmente em Romanos 3-4 que é a coisa menos plausível argumentar que Paulo via sua conversão como uma transferência da "justiça sob a Lei" (Fl 3.6) para a justiça através da fé em Cristo (3.7-9).

Os problemas surgem quando a expressão "minha própria justiça" (Fl 3.9) é entendida como a justiça autoalcançada e quando a visão tradicional do judaísmo é evocada como o ensinamento de que a aceitação por Deus era algo para ser alcançado ou merecido pela obediência à Lei. Juntamente com isto, entende-se "a própria justiça deles" de Rm 10.3 da mesma maneira; o gloriar-se de Rm 2.23 e 3.27 é lido como o gloriar-se em tal justiça autoalcançada; e as "obras da Lei", rejeitadas em Gl 2.16, Rm 3.20 e outros textos, são entendidas como as boas obras que o judaísmo teria supostamente ensinado como necessárias para alcançar a justiça (cf. Rm 4.4-5).

Não é minha intenção entrar novamente no debate a respeito da exegese dessas passagens.[24] Aqui seria impossível. Deve ser suficiente observar as dificuldades que pesam sobre a interpretação da conversão de Paulo. Uma delas é a dificuldade de documentar

---

[24] Cf. meus comentários *Romans*. WBC 38 (Dallas: Word, 1988) e *Galatians*. BNTC (Londres: Black, 1993), para os versículos.

essa visão do judaísmo a partir da documentação judaica da época. O judaísmo ensinou a justiça autoalcançada? O ensinamento do Deuteronômio é antes que a eleição divina de Israel não estava de maneira alguma baseada no mérito de Israel e que a obediência à Lei era destinada a ser uma forma de vida dentro do povo da aliança, e não um instrumento para entrar no povo de Israel. Da mesma maneira, a provisão do sacrifício pelo pecado e o dia da expiação presumem o reconhecimento do frequente pecado com o qual a pessoa deve lidar por meio da provisão divina da expiação, mas não por meio do esforço humano. Por isso, quando Paulo afirma em Fl 3.6 ser "irrepreensível", a inferência que devemos tirar não é que ele estava sem pecado ou tinha mantido uma obediência perfeita, mas que ele tinha vivido dentro dos termos estabelecidos pela Lei da aliança, servindo-se da provisão da purificação e expiação quando necessário. Nós não devemos nos esquecer, tampouco, de que a compreensão que Paulo tinha da justiça de Deus, como em Rm 1.17, parece vir diretamente do uso do AT, particularmente dos Salmos e do Segundo Isaías.[25]

Há um problema semelhante com a expressão "minha/sua própria justiça" (Fl 3.9; Rm 10.3) e "gloriar-se" (Rm 2.17,23; 3.27). Em nenhum dos casos citados, o sentido mais natural é "(gloriar-se na) justiça autoalcançada". Em Rm 10.3, a tradução mais natural do grego é "a justiça deles", ou seja, pertencendo a eles e não a outras pessoas, a justiça que é de Israel e como tal não acessível aos gentios. E em Fl 3, a referência vem semelhantemente como o clímax da lista daquilo em que Paulo, como judeu, podia depositar a sua confiança – e em primeiro lugar, aparentemente, estão os privilégios do *status* de membro do povo de Israel. O mesmo vale para o "gloriar-se". A lista em Rm 2.17-20 é evidentemente uma lista de privilégios de Israel. E o argumento de 3.27-30 está claramente voltado contra um gloriar-se que significa fazer de Deus o Deus exclusivo dos judeus.

Aqui não é o lugar apropriado para uma discussão mais ampla das questões acima apontadas, embora nós possamos depois ter a oportunidade de aludir às tais (e à questão das "obras

---

[25] S. K. Williams, "The 'Righteousness of God' in Romans", in FBL 99 (1980): 241-290; Dunn, *Romans*, para o versículo.

da Lei"). Meu interesse aqui é simplesmente indicar que há motivos para os mal-entendidos acerca da maneira usual de avaliar as afirmações do próprio Paulo sobre como a sua compreensão de justiça foi transformada por seu encontro com Cristo. Eu admito prontamente, da minha parte, que alguma transformação em sua compreensão da justiça aconteceu efetivamente na ou como um resultado de sua experiência na estrada para Damasco. Mas é altamente questionável se ele a percebeu como uma conversão da sua justiça própria, entendida como algo obtido por ele, para a justiça de Deus, pela primeira vez concebida como um ato da graça divina. Também aqui nós temos motivos para nos perguntarmos se as interpretações tradicionais da conversão de Paulo não abandonaram em algum momento a tangente e deixaram de perceber alguns aspectos do evento que eram mais centrais para o próprio Paulo.

Em resumo, parece haver pelo menos algum motivo para questionar a gama usual de interpretações da conversão de Paulo. O mais notável de tudo é que o testemunho-chave do próprio Paulo não foi examinado de modo suficientemente detalhado. Refiro-me a Gl 1.13-16, e passemos agora para esta tarefa.

2. Gálatas 1.13-16

É um fato surpreendente que o testemunho mais direto que o próprio Paulo deu sobre sua conversão não tenha recebido maior atenção na discussão a respeito "do que" e "para que" em sua experiência na estrada para Damasco. Gl 1.13-14 fornece uma percepção mais clara do que qualquer outro texto acerca da atitude e do raciocínio do próprio Paulo como "perseguidor da Igreja". Notamos que "perseguidor" é a própria autodescrição de Paulo, tanto em Gl 1.13 quanto em Fl 3.6, e que foi como "perseguidor" que ele era comumente conhecido entre as Igrejas da Judeia, de acordo com Gl 1.22-23.[26] Além disso, não há afirmação mais explícita nas cartas de Paulo acerca do propósito divino no encontro na estrada

---

[26] Gl 1.23 é "uma das afirmativas teológicas mais antigas do cristianismo" – E. Bammel, "Galater 1.23", in *ZNW* 59 (1968): 108-112.

para Damasco do que Gl 1.15-16. Há três pontos que precisam ser realçados nesses versículos se quisermos entender o "do que" e o "para que" da conversão de Paulo nos termos que ele mesmo usou. Dois deles enfocam o "de" e o terceiro, o "para".

2.1. Do "judaísmo"

Hoje em dia, nós estamos tão acostumados a usar "judaísmo" como um título genérico ou comum para a religião dos judeus no primeiro século d.C. que nos esquecemos do quão *incomum* ele era justamente naquele período. Nós falamos do judaísmo do Segundo Templo, do "judaísmo primitivo" (assim como costumávamos falar de "judaísmo tardio"), do "judaísmo comum" ou de diversos "judaísmos", e nós esquecemos muitas vezes que tal título parece ter sido pouco usado como rótulo de identificação – pelo menos, é o que as nossas fontes informam.[27] Isto levanta a importante questão: até que ponto nossa percepção do séc. XX acerca do "judaísmo" do séc. I, assim como ela se expressa naquele título, reflete a autocompreensão dos judeus em geral, ou de uma ou mais facções dentro do povo judeu em particular? Há aqui evidentemente o perigo de que nossas tentativas de chegar a uma descrição sociológica exata da religião da terra de Israel no séc. I d.C. possam obedecer a critérios sociológicos modernos, em detrimento da nossa capacidade de entrar no conjunto de crenças e convicções dos judeus assim descritos. Em outro lugar, eu refleti a esse respeito de modo mais detalhado.[28] Aqui, nós precisamos nos concentrar nas consequências para a nossa compreensão daquilo que Paulo tinha em mente quando se referiu duas vezes a sua vida anterior "no judaísmo" [ἐν τῷ Ἰουδαϊσμῷ].

É possível afirmar, concretamente, que o título "judaísmo" começou a ser usado em fontes literárias em 2 Macabeus, geralmente datado por volta do fim do segundo século a.C.,[29] isto é, mais de

---

[27] Conheço somente oito exemplos do uso deste termo dentro e antes de nosso período: 2Mc 2.21; 8,1; 14,38 [duas vezes]; 4Mc 4.26; Gl 1.13-14; *CIJ* 537.
[28] Cf. meu "Judaism in the Land of Israel in the First Century", in J. Neusner (org.), *Judaism in Late Antiquity. Part 2 Historical Syntheses* (Leiden: Brill, 1995), p. 229-261.
[29] Cf., *p.ex.*, T. Fischer, in *ABD*, 4, p.441.

140 anos antes da conversão de Paulo. O importante nas quatro ocorrências ali atestados é que o contexto imediato oferece uma noção clara do motivo pelo qual o termo foi cunhado e de seu significado. Em cada caso (2.21; 8.1 [duas vezes]; 14.38; também 4Mc 4.26), "judaísmo" denota a religião nacional do povo da Judeia, sob ataque de seus dominadores sírios, e tornou-se um ponto central da resistência contra os sírios e em favor da preservação da identidade nacional como o povo da aliança do Senhor. Assim, nós lemos de um mártir "acusado de judaísmo" e de pessoas "que ardentemente lutaram em favor do judaísmo", "que continuaram (fiéis) no judaísmo" e que "tinham arriscado corpo e alma pelo judaísmo". Dito de modo alternativo, "judaísmo" como rótulo de identificação, recebeu claramente uma ênfase distintiva, constituindo uma antítese ao "helenismo" (2Mc 4.13).

Em outras palavras, o termo "judaísmo" parece ter sido cunhado como um meio de dar enfoque à determinação dos patriotas macabeus de defenderem uma identidade nacional distinta, conferida por sua religião ancestral. Não era simplesmente uma descrição neutra da "religião dos judeus". Desde o seu primeiro uso, o termo estava carregado de tons subjacentes, relacionados à identidade religiosa moldada e endurecida nos fogos e fogueiras da perseguição, constituindo uma referência à religião que identificava a si mesma por sua determinação em manter seu caráter distinto e de ficar isenta da corrupção de outras religiões e povos. Inteiramente compreensível é o fato de que a confrontação entre o judaísmo e o helenismo ganhou um enfoque particular em casos-chave que serviram de prova, em leis e tradições particulares que os sírios estavam determinados a suprimir e que, por isso, tornaram-se pontos decisivos para os legalistas, um "ou vai ou racha" que traduzia uma confrontação cujo resultado seria a vitória ou a derrota. 2Mc 6 indica tais pontos em sequência: Templo e, por conta dele, as festas tradicionais, a circuncisão e o consumo de carne de porco (cf. particularmente 1Mc 1.60-63).

Também é importante notar na literatura que chegou até nós do período que tal determinação de permanecer fiel ao Deus da aliança e à herança da aliança continuou após a revolta dos macabeus, e continuou a ser uma característica de vários grupos judaicos que emergiram naquele período. O faccionalismo que nós vislumbramos a respeito de várias questões, especialmente sobre a pureza haláquica e relacionada ao calendário, presente entre os essênios, entre os fariseus e entre os saduceus, bem como nas demais literaturas cuja autoria não podemos ter certeza, (particularmente 1Hen 1-5, vários textos nos Escritos de Qumran, Jubileus, Salmos de Salomão e Testamento de Moisés), indica a paixão muito difundida de manter a fidelidade à Torá como uma preocupação principal e dominante. Tal era a característica de muitos (da maioria dos?) grupos judaicos da época. A consequência era o desdém, a hostilidade ou até mesmo o ódio em relação aos outros judeus que observavam uma halacá diferente ou um calendário diferente. Entre estes, os fariseus destacavam-se evidentemente por seu desejo de separarem-se, isto é presumivelmente, separarem-se de seus contemporâneos menos fiéis ("fariseu" é um termo geralmente entendido como uma designação que começou como um apelido, cujo significado era "separatista"),[30] e por seu desejo de observar a Lei com acribia [ἀκρίβεια] e exatidão escrupulosa.[31]

É claro que não encontramos o termo "judaísmo" nas autodescrições de tais grupos – provavelmente porque essas confrontações eram todas internas ao judaísmo daquela época. A função do termo era evidentemente determinada por sua antítese com o "helenismo", para denotar a identidade judaica contra as outras nações e povos. É usado dessa forma na única ocorrência distinta que podemos datar com alguma certeza nesse período – uma inscrição funerária da Itália, em que há um elogio a uma mulher "que viveu uma vida graciosa no (dentro do) judaísmo" (a mesma expressão em 2Mc 8.1 e Gl 1.13-14) – judaísmo entendido como "uma espécie de área cercada, dentro da qual se vive o judaísmo".[32] Isto combina bem com a autocompreensão encontrada particularmente num documento da diáspora, a Carta de Aristeias: "Em sua sabedoria, o legislador (isto é, Moisés) [...] nos cercou de paliçadas fechadas e muros de ferro, para impedir nossa

---

[30] Schürer, 2.395-400.
[31] Josefo, Guerra 1.108-109; 2.162; Vida 191; Ant 20.200-1; At 22.3; 26.5.
[32] Y. Amir, "The Term *Ioudaismos*: A Study in Jewish-Hellenistic Self-Identification", in *Immanuel* 14 (1982): 35-36,39-40.

mistura com qualquer um dos outros povos e em qualquer aspecto [...]. Ele nos cercou por todos os lados com estritas observâncias vinculadas a carne e bebida [...], segundo a maneira da Lei" (139-142). Em outras palavras, podemos dizer que o "judaísmo" definia a si mesmo por sua separação do mundo e entendida a função da Torá, pelo menos em parte, como reforço e proteção desse estado de separação.

A consistência da imagem resultante do uso do termo "judaísmo" em Gl 1.13-14 é notável, já que a descrição paulina de seu modo de vida "no judaísmo" é concretizada em 1.14 em termos que fazem claramente eco à fidelidade quase competitiva à aliança, o que era uma marca muito importante do faccionalismo da época. Sua afirmação é notável: "Progredi no judaísmo para além de muitos de meus contemporâneos do povo [...]". Até mesmo quando fala a partir da consciência de conduzir sua vida "no (dentro do) (da proteção do) judaísmo", ele também expressa a satisfação de ter deixado para trás seus contemporâneos menos fiéis. De modo extremamente excepcional, ele expressa no mesmo instante a consciência da separação tanto *do* judaísmo, ou seja, em relação às *outras nações*, quanto *no* judaísmo, ou seja, em relação aos *outros judeus*. E quando continua "[...] sendo extremamente zeloso por minhas tradições ancestrais", é difícil evitar a conclusão, ao escutar tais palavras, de que tais termos refletem a autêntica voz de um fariseu do fim da época do Segundo Templo – aqui, Paulo se lembra da sua compreensão antes da conversão daquilo que para ele significava viver "no judaísmo".

Em poucas palavras, Gl 1.13-14 aponta-nos certamente a conclusão de que Paulo foi convertido "do judaísmo". Mas o "judaísmo" do qual ele fala não é o judaísmo das análises históricas e sociológicas modernas. É a visão "de dentro" do judaísmo do séc. I, ou, melhor, de uma compreensão e prática particulares da religião ancestral dos judeus na primeira metade do séc. I d.C. De fato, provavelmente seria mais correto falar do judaísmo farisaico como aquilo "do que" Paulo se convertera. A imensa importância desta conclusão aparecerá plenamente à luz dos dois outros pontos que surgem a partir de Gl 1.13-16.

2.2. Do "zelo"

Um fato importante e muito pouco observado é que Paulo usa a palavra "zelo" em ambas as passagens nas quais ele se refere mais claramente ao impacto de sua conversão: Gl 1.14 – "Progredi no judaísmo para além de muitos de meus contemporâneos do povo, sendo extremamente zeloso [ζηλωτής] por minhas tradições ancestrais"; Fl 3.6 – "segundo a Lei, um fariseu, segundo o zelo [ζῆλος], um perseguidor da Igreja". Ora, "zelo" é uma das palavras que podem ser usadas num sentido positivo ou num sentido negativo. E Paulo usa-a em ambos – positivo, denotando ardor (2Cor 7.7; 9.2; 11.2), e negativo, como item numa lista de vícios, denotando "inveja, ciúme" (Rm 13.13; 1Cor 3.3; 2Cor 12.20; Gl 5.20). No entanto, em ambos dos casos presentes, o contexto aponta para uma direção particular – "zelo" como uma característica de estar "no judaísmo", do faccionalismo competitivo que marcava o judaísmo do Segundo Templo desde os macabeus (Gl 1.14), da confiança na identidade judaica que Paulo expressa em Fl 3.4-6.

Sendo assim, nós podemos falar do zelo judaico como um eco do, ou resposta ao zelo divino, pois na consciência da eleição de Israel estava profundamente enraizado o reconhecimento de que seu próprio Deus era "zeloso" [ζηλωτής]. Que YHWH seja "um Deus ciumento", isto está firmemente documentado nos documentos fundacionais de Israel – Ex 20.5; 34.14; Dt 4.24; 5.9; 6.15 – tipicamente: "Não cultuarás outras divindades, porque eu, o Senhor, teu Deus, sou um Deus ciumento". Em cada um desses casos, o ponto importante é que Israel deve se abster por isso da idolatria ou do seguimento de outras divindades. O "ciúme" ("zelo") de Deus expressava-se em sua escolha de Israel para ser sua propriedade, e a conclusão tirada era de que Israel deveria manter a exclusividade de sua devoção a YHWH e o caráter distintivo de sua religião em face às outras nações e religiões. O "zelo" de Israel por YHWH e sua Torá era o reflexo do zelo de YHWH por Israel.

Sabemos também o que isso significava na prática. O "zelo" de Israel era exemplificado na memória popular de Israel por uma série de personagens que poderíamos descrever como "heróis do zelo".

1) Simeão e Levi, que vingaram o rapto de sua irmã Dina por Siquém, filho de Hamor, e defenderam a integridade da família dos

filhos de Israel pela matança dos siquemitas, embora estes tivessem se circuncidado (Gn 34). O episódio é lembrado em Judite 9.2-4 – Simeão e Levi "que ardiam com zelo por ti (YHWH) e abominaram a poluição de seu sangue". Também em Jub 30, em que a lição tirada é que Israel é santo para o Senhor e que seria uma vergonha a violação de qualquer filha de Israel, caso ela fosse dada a um gentio (30.8-14). Em contraste, Levi é lembrado por seu zelo em realizar a justiça, o julgamento e a vingança contra todos os que se levantaram contra Israel (30.18), e seu ato é contado como justiça para Levi e seus irmãos (30.17).

2) O maior herói do zelo é Fineias (Nm 25.6-13) que, ao ver um israelita levar uma mulher midianita para a sua tenda, tomou sua lança e os transpassou juntos, sendo por isso lembrado como "zeloso por seu Deus", realizando assim a expiação para Israel (25.13; Sir 45.23-24; 1Mc 2.54; 4Mc 18.12).

3) Elias também é lembrado pelo seu zelo (Sir 48.2-3; 1Mc 2.58), presumivelmente não simplesmente por causa de sua vitória no Monte Carmelo, quando pôs fim decisivamente às tendência de práticas sincretistas encorajadas por Acabe e Jezabel (1Rs 18), mas também pelo ápice de sua vitória na carnificina dos 450 profetas de Baal em Wadi Qishon (18.40).

4) Não menos importante é o fato de que a revolta macabeia é lembrada não apenas como uma expressão do zelo, mas também é baseada em um apelo para que os outros judeus fossem zelosos (1Mc 2; cf. 2Mc 4,2). Ela começou quando Matatias matou tanto um oficial sírio que tentou forçar as pessoas de sua aldeia a sacrificarem carne de porco a ídolos, quanto os judeus que sacrificaram (2.23-25). "Assim, ele ardia com zelo pela Lei, assim como Fineias fez contra Zambri, filho de Salu. Depois, Matatias gritou na cidade com voz alta, dizendo: 'Que saia comigo cada pessoa que for zelosa pela Lei e apoiar a aliança!'" (2.26-27; Josefo, Ant 12.271). E assim começou a Revolta Macabeia.

Há três características notáveis no "zelo" assim entendido. Primeiro, em cada caso, o zelo foi um compromisso incondicional com a preservação do caráter distinto de Israel, para evitar que a pureza de sua separação para Deus devido à aliança fosse adulterada ou maculada, para defender suas fronteiras religiosas e nacionais. Segundo, uma disposição de fazer isto com violência; em cada caso, o que merece a descrição "zelo" ou "zeloso" é o compromisso total expresso exatamente no massacre de pessoas que ameaçam o peculiar estado de aliança de Israel. E terceiro, o fato do zelo ser direcionado não somente contra os gentios que ameaçavam as fronteiras de Israel, mas também contra os judeus.

É óbvio que Paulo pensava nisto quando se referia a si mesmo como um "zeloso" e a seu "zelo" manifestado na perseguição da Igreja (Gl 1.13-14; Fl 3.6). Primeiro, seu zelo pelas tradições ancestrais era o outro lado da moeda de seu zelo como perseguidor. Sem dúvida, ele entendia seu zelo como um reflexo do zelo de Deus, um reflexo necessário se Israel quisesse manter seu estado de separação em relação a Deus. Segundo, seu zelo era certamente expressado de uma maneira fisicamente violenta: nós podemos até mesmo deduzir que os cristãos helenistas perseguidos foram mortos por ele, e corrobora para esta conclusão o fato de Paulo dizer que perseguiu a Igreja de forma excessiva, no afã de destruí-la (Gl 1.13). O verbo usado aqui, πορθεῖν, tem o sentido, em outros textos, de assalto, destruição ou devastação de cidades e territórios.[33] E terceiro, como nós já notamos, a perseguição movida por Paulo parece ter sido direcionada principalmente (unicamente?) contra os judeus helenistas. Em outras palavras, Paulo, o perseguidor, viu indubitavelmente a si mesmo como um "zeloso" na tradição de Fineias e dos macabeus.

A partir disso, nós passamos a ter uma imagem surpreendentemente clara da motivação de Paulo como perseguidor, mas uma imagem muito pouco notada na discussão contemporânea da conversão de Paulo. Sua motivação era a dos antigos heróis do zelo. Estava direcionada contra os cristãos helenistas porque eles eram vistos como uma ameaça à separação e às fronteiras de Israel. É inevitável deduzir que a ameaça fosse constituída pela atitude dos helenistas de levar o evangelho do Messias Jesus para os gentios. Ao abrir caminho para tal expressão particular da religião e da tradição judaica para os gentios, eles corriam o risco de comprometer a integridade e a pureza de Israel. Ao deixar de exigir dos gentios por eles convertidos a circuncisão e a prática das obras distintivas da aliança, sobre as quais os macabeus

---

[33] Um sentido que P. H. Menoud, "The Meaning of the Verb *porthein* (Gal. 1.13; Acts 9.12)", in *Jesus Christ and the Faith* (Pittsburgh: Pickwick, 1978), p. 47-60, reconhece, mas tenta amenizar. Cf. também M. Hengel, *The Pre-Christian Paul* (Londres: SCM, 1991), p. 71-72.

tinham fundado o "judaísmo", os helenistas estavam removendo os demarcadores das fronteiras e derrubando as paliçadas e muros de ferro pelos quais Moisés tinha cercado Israel por todos os lados (Aristeias 139-142).

Foi do zelo, e do "judaísmo" que exigia tal zelo, que Paulo se converteu na estrada para Damasco.

2.3. Para os gentios

A outra característica notável de Gl 1.13-16 é que tal texto nos revela a compreensão de Paulo acerca daquilo *para que* ele fora convertido: "Quando aquele que me separou desde o ventre materno me chamou através de sua graça para revelar em mim seu Filho, para que [ἵνα] eu o pregasse entre os gentios [...]". O sentido mais comum das orações com ἵνα é conclusivo: a ação divina na estrada para Damasco era a revelação do Filho de Deus nele (ou para ele); seu propósito era que Paulo pregasse Jesus entre os gentios.

Este é um dos pontos de concordância mais notáveis que Gl 1.13-16 e as três narrativas que Atos oferecem sobre a conversão de Paulo (At 9; 22; 26). Na primeira, Paulo, confrontado pela cristofania, recebe a ordem de ir até Damasco, onde lhe será dito o que ele deve fazer (At 9.6). Ao mesmo tempo, Ananias recebe a ordem de ir e ministrar a Paulo, porque "ele é um instrumento eleito meu para levar meu nome até os gentios [...]" (At 9.15). Em Atos 22, Ananias simplesmente lhe diz que ele será "uma testemunha (de Cristo) para todos os homens" (At 22.15), e a missão explícita para os gentios vem mais tarde em Jerusalém, como ápice do discurso (22.21). No entanto, em Atos 26, a missão vem diretamente do Cristo exaltado na estrada para Damasco: "Apareci a ti para esse propósito [...]. Eu te envio (aos gentios) para abrir os olhos eles, para que se voltem das trevas para a luz e do poder do Satanás para Deus [...]" (At 26.16-18).

Evidentemente, tanto Lucas quanto Paulo entendiam que a vocação de Paulo como apóstolo (1Cor 9.1; 15.8) dos gentios estava no coração da experiência da sua conversão. Se levarmos tal testemunho a sério, não podemos concluir que Paulo chegou a essa conclusão apenas numa fase posterior. Foi repetidamente afirmado que Paulo teria se voltado para os gentios apenas depois de falhar na tentativa de ganhar os outros judeus para sua fé, e o redirecionamento do foco de sua missão seria o resultado de tal fracasso.³⁴ Mas o testemunho aqui é bastante claro. E nós não podemos simplesmente diminuí-lo como uma retrospectiva a partir de uma conclusão posterior, como uma reconstrução autobiográfica,³⁵ porque o testemunho combina muito bem com o que vislumbramos agora a partir do restante de Gl 1.13-16: a convicção de que a boa nova de Jesus, o Messias, era também para os gentios foi o complemento exato da convicção anterior de que os helenistas tinham de ser impedidos de acessar a boa nova. Se entendermos a lógica de Paulo, o perseguidor, corretamente – e as deduções acima tiradas fizerem perfeitamente sentido tanto para a linguagem de Paulo quanto para a sua inserção na história judaica -, então faz também perfeito sentido que Paulo se percebia persuadido pela própria abertura para os gentios, abertura que ele tinha tentado suprimir tão zelosamente. Paulo fora convertido para aquilo que ele tinha perseguido. A psicologia da experiência da conversão é imediatamente discernível e não pode ser descartada facilmente.

O autotestemunho do próprio Paulo sobre aquilo para o que ele fora convertido fez surgir a pergunta a respeito da possibilidade de se falar aqui de "conversão". Será que Paulo entendeu sua experiência em tais termos? Será que ele não pensou em vez disso que sua experiência na estrada para Damasco fora uma vocação?³⁶ Tal ponto da argumentação é reforçado pelos ecos claros que Gl 1.15-16 faz aos chamados proféticos de Jeremias e do Servo do Senhor em Isaías.

> Jr 1.5 Antes mesmo de te modelar no ventre materno,
> eu te conheci; antes que saísses do seio, eu te consagrei.
> Eu te constituí um profeta para as nações.
> Is 49.1-6 Desde o ventre materno Javé me chamou,
> desde o corpo de minha mãe pronunciou meu nome.
> [...]
> Eu te darei como uma luz para as nações,
> a fim de que minha salvação chegue até as extremidades da terra.

---

³⁴ Assim particularmente F. Watson, *Paul, Judaism and the Gentiles*. SNTSMS 56 (Cambridge: CUP, 1986).
³⁵ Cf. N. Taylor, *Paul, Antioch and Jerusalem*. JSNTS 66 (Sheffield: Academic, 1992), cap. 1.
³⁶ Aqui, Stendahl foi novamente muito influente; cf. especialmente seu *Paul*, p. 7-23.

É extremamente notável não só a clara implicação de Paulo ter entendido seu encontro na estrada para Damasco como um chamado profético, assim como o chamado de Jeremias e do Servo, mas também entender que o chamado que ele recebera, como o deles, era uma missão "para as nações".[37]

Nós não precisamos entrar em maiores debates sobre este ponto; de fato, o debate (conversão ou vocação) é um tanto artificial. Houve claramente uma conversão, um caminho de algum ponto para outro; e houve evidentemente uma espécie de experiência remodeladora e transformadora, que continua a fazer da experiência de Paulo um modelo de experiência de conversão.[38] Contudo, se nós levarmos a sério o próprio testemunho de Paulo (e o de Atos), nós devemos falar também de um chamado ou uma vocação. Nós devemos concluir que, na mente de Paulo, as duas coisas eram uma só – tanto a conversão de perseguidor para apóstolo, quanto a conversão de uma "seita" bastante estrita dentro do judaísmo do primeiro século para outra "seita" de mente mais missionária. Em outras palavras, foi uma conversão, em cujo coração estava a convicção recentemente implantada de que agora havia chegado o tempo da bênção de Abraão para as nações, havia chegado a luz do Servo para as nações, e de que ele tinha de ser uma figura-chave na realização dessa bênção, na difusão dessa luz.

3. Conclusões e consequências

Fui bastante ambicioso ao intitular este artigo "A conversão de Paulo – Uma luz para discussões do séc. XX". Espero que agora esteja claro como ele pode auxiliar neste propósito. Se Paulo entendia sua conversão mais ou menos desde o início como uma conversão *do* judaísmo desejoso de preservar seu caráter distinto em relação à

---

[37] K. O. Sandes, *Paul – One of the Prophets?* WUNT 2.43 (Tübingen: Mohr, 1991), reconhece com razão que Paulo descreve sua cristofania na forma de um chamado profético (p. 56-59), mas deixa de destacar a dimensão "para as nações" inerente a essa vocação.
[38] A. E. Segal, *Paul the Convert* (New Haven: Yale University, 1990), especialmente cap. 4.

corrupção gentia, como conversão *de* uma determinação zelosa de defender as fronteiras de Israel definidas pela Torá, e como uma conversão *para* cumprir a missão escatológica de Israel para as nações, então isto deve nos dizer algo sobre o ensinamento que Paulo expressou subsequentemente sobre a Lei e sobre a justificação pela fé, como opostas à justificação pelas obras da Lei.

À luz de nossas descobertas acima descritas faz perfeitamente sentido concluir que a Lei se tornou uma preocupação principal para Paulo exatamente em seu papel de definir fronteiras (separação entre judeus e gentios); que a justificação através de fé emergiu na teologia de Paulo como a tentativa de Paulo explicar por que e como pessoas gentias eram aceitas por Deus e deveriam ser aceitas pelos outros judeu-cristãos; e que as obras da Lei que eram mais controversas para os judeu-cristãos eram exatamente as práticas que tinham definido o judaísmo mais claramente e distinguido os judeus dos pecadores gentios no tempo dos macabeus (circuncisão, leis alimentares e dias de festa/sábado).[39]

Portanto, não deveria causar surpresa que seja exatamente isto o que nós encontramos na primeira expressão que Paulo dá para os temas em Gl 2.15-16, onde é óbvio que o tema da justificação através da fé tem a ver exatamente com a aceitabilidade dos gentios pelos crentes de origem judaica nesses termos (fé), e onde as obras da Lei particularmente envolvidas eram claramente as que tinham sido a questão em Jerusalém (Gl 2.1-10 – circuncisão) e que tinham dividido a comunidade de Antioquia (2.11-14 – leis alimentares/comunhão da mesa entre judeus e gentios).

Semelhantemente em Rm 3.27-31, que traz mais uma das afirmações paulinas mais claras da justificação pela fé (Rm 3.28), o problema que se impôs para Paulo era o gloriar-se e as obras da Lei (Rm 3.27), e isto claramente encorajava em direção à implicação de que Deus era

---

[39] Remeto a minhas várias contribuições para o tema, ao longo das quais a minhas visões se tornaram mais claras (graças às reações críticas): particularmente de que "obras da Lei" não denota somente a circuncisão, as leis alimentares e o sábado ("obras da Lei" inclui tudo que a Lei exige), mas de que a questão central que Paulo levantara com "obras da Lei" ganhou sua expressão focal em tais leis particulares. Cf. agora particularmente "Yet Once More – 'The Works of the Law': A Response", in *ISNT* 46 (1992): 99-117 (= *acima*, Cap. 8); e "4QMMT and Galatians", in *NTS* 43 (1997): 147-53 (= *acima*, Cap. 14).

somente o Deus de judeus (Rm 3.29). Ou seja, elas eram uma expressão do mesmo conjunto de crenças e opiniões que o próprio Paulo tinha compartilhado "no judaísmo" e como perseguidor da Igreja, a saber, a Lei entendida em sua função de separar Israel das nações e de mantê-lo separado. E, semelhantemente, em Rm 9.30-10.4 é a mesma compreensão da Lei, enfocada nas obras da Lei (9.32) que caminhava de mãos dadas com o zelo e com a justiça, entendidas como exclusivas a Israel, inacessíveis aos gentios (Rm 10.2-3), compreensão que Paulo coloca em antítese com a fé. Portanto, quando ele fala de Cristo como o "fim" da Lei, Paulo está pensando quase com certeza na Lei, especialmente em seu papel de estabelecer fronteiras, de definir o que e quem é de Israel e de defender o judaísmo.

Apresentar os argumentos para elucidar tais adequadamente exigiria uma abordagem mais completa do que pode ser oferecida aqui.[40] Tampouco a sua validade consiste em algum tipo de negação das visões protestantes mais tradicionais da justificação pela fé. Neste ponto, a discussão contemporânea tem sido flagelada por mal-entendidos e falsos "ou isto – ou aquilo". Em outras palavras, o apelo não é para rebaixar uma ênfase, no afã de conseguir assim realçar outra. É, antes, para que haja o reconhecimento de uma ênfase que pode muito facilmente ser perdida de vista nas exposições sobre o pensamento de Paulo. Tal ênfase que corre o risco de perder-se consiste naquela que o próprio Paulo considerava evidentemente presente no coração de sua própria conversão e fundamental para a sua autocompreensão apostólica. Será que ela não merece uma maior ênfase hoje em dia?

---

[40] Basta eu me referir simplesmente ao meu tratamento de tais passagens em meus *Galatians* e *Romans*, para os versículos.

Capítulo 16
Paulo e a justificação pela fé

Como o ensinamento de Paulo sobre a justificação pela fé está relacionado com a sua conversão? A pergunta é importante para este *Coloquium* porque a justificação pela fé tem sido considerada frequentemente dentro da tradição cristã e na pesquisa do NT como a quintessência do evangelho e da teologia de Paulo. E exatamente porque o assunto é tão vital, já que toca no centro nervoso da fé pessoal, um desacordo nas respostas à pergunta facilmente pode causar turbulências, e a discussão pode ser interrompida por causa de pressupostos não declarados, ou mesmo pode reavivar sensibilidades adormecidas, com consequências desastrosas para um debate construtivo.

Os parâmetros do desacordo podem ser esboçados como segue. Por um lado, por uma série de razões, é lógico assumir que a teologia da justificação de Paulo era um resultado direto de seu encontro com o Cristo vivo na estrada para Damasco. No coração da lógica está a convicção de que aquilo que Paulo *experimentou* na estrada de Damasco fora a justificação pela fé, e que sua teologia da justificação era em grande parte simplesmente uma elaboração e consequência de sua experiência. Um texto-chave que sustenta tal ideia é Fl 3.7-9, em que a descoberta de Cristo é diretamente vinculada a uma nova apreciação daquilo que significa realmente a justiça de Deus através da fé. À luz disto, é natural vincular outros textos-chave como Rm 4.4-5 e 10.4 às outras expressões daquilo que Paulo descobriu em seu encontro com o Cristo ressuscitado.[1]

---
[1] Por exemplo, P. Stuhlmacher, "'The End of the Law'. On the Origin and Beginnings of Pauline Theology", Reconciliation, Law and Righteousness: Essays in Biblical Theology (Philadelphia: Fortress, 1986), p. 134-154 (especial-

Nós devemos notar que esta exposição básica não exige uma análise mais detalhada da experiência interior e do processo de pensamento de Paulo, nem mesmo depende dela. Por exemplo, não é necessário argumentar que Paulo já tivesse um grave problema de culpa antes de sua conversão: as passagens-chave nas quais Paulo se refere aos elementos que levaram a sua conversão (Gl 1.13-14; Fl 3.5-6) não oferecem pistas acerca de uma consciência atormentada (por causa de Estevão, ou seja, o que for); e Paulo nunca menciona algum "arrependimento" quando fala sobre a conversão ou a respeito da justificação. Tampouco depende de um relato detalhado sobre a maneira como a atitude de Paulo acerca da Lei pode ter mudado no processo (a Lei condenou Cristo; Deus ressuscitou Cristo; portanto, a Lei é uma inutilidade, e a justificação não é pela Lei). É claro que o sentido de Gl 2.19 ("Eu, através da Lei, morri para a Lei") tem de ser decifrado, mas o sentido específico não é elucidado por qualquer um dos escritos de Paulo sobre o assunto. A exposição tradicional da correlação entre a conversão de Paulo e seu ensinamento sobre a justificação não depende nem mesmo das construções de um texto como 1Tm 1.15-16 (a conversão de Paulo = seu recebimento de misericórdia como "o pior dos pecadores"), cuja falta de correlação com Gl 1.13-14 e Fl 3.5-6 torna o seu entendimento problemático caso se pense que tal testemunha sobre o modo como a autocompreensão do próprio Paulo foi transformada pelo evento na estrada para Damasco.

Por outro lado, uma minoria de vozes tem repetidamente chamado a atenção para duas características daquilo que Paulo diz sobre os dois assuntos (sua conversão e a justificação). Uma é que a doutrina paulina da justificação através da fé surgiu diretamente do e/ou dentro do contexto de sua missão aos gentios. Surgiu como sua resposta à pergunta: como gentios podem ser aceitos pelo Deus de Israel e por Jesus?[2] Esta é a clara implicação das principais exposições da justificação pela fé que Paulo oferece em Gálatas 2-3

---

mente p. 139-141); S. Kim, The Origin of Paul's Gospel (Tübingen: J. C. B. Mohr, 1981), p. 269-311; S. Westerholm, *Israel's Law and the Church's Faith. Paul and his Recent Interpreters* (Grand Rapids: Eerdmans, 1988), *passim*.

[2] Cf. especialmente W. Wrede, *Paul* (Londres: Philip Green, 1907), p. 122-128; K. Stendahl, *Paul Among Jews and Gentiles* (Philadelphia: Fortress/Londres: SCM, 1977), p. 1-7.

e Romanos 3-4. A outra é que o significado principal do encontro de Paulo com o Cristo ressuscitado parece ter sido o seu chamado para ser missionário/apóstolo dos gentios (Gl 1.15-16; 1Cor 9.1; 15.8-10; cf. At 9.15; 22.10; 26.16-18). Os ecos de Is 42.7, 49.1,6 e Jr 1.5 em algumas dessas passagens sublinham o fato de que, enquanto *nós* naturalmente pensamos ser uma conversão o seu encontro na estrada para Damasco, *Paulo* pensa dele mais naturalmente como uma vocação profética.[3]

Ao interpretar os dados assim, a sequência da reconsideração teológica que Paulo elaborou em consequência de sua experiência na estrada para Damasco é um tanto diferente. Era menos uma experiência pessoal de aceitação por Deus (apesar de ser um pecador) que levara à conclusão de que os gentios podiam compartilhar diretamente da mesma experiência para si, através da fé (e unicamente através da fé). Era mais a convicção de que Deus o estava chamando para cumprir a vocação de Israel (de ser uma luz para as nações), que levou à conclusão (para ele, cristalizada no incidente de Antioquia em Gl 2.11-16) de que isto podia ser realizado somente se a justificação fosse através da fé (e unicamente através dela).

Eu procurei oferecer a minha própria contribuição para esse debate em outro lugar e não quero me repetir aqui desnecessariamente.[4] Neste ponto, deve ser suficiente dizer que minha ênfase cai sobre a segunda das duas aproximações acima esboçadas, principalmente porque me parece haver expressões claras no resumo que o próprio Paulo faz do significado do encontro na estrada para Damasco (particularmente Gl 1.13-16) que têm sido demasiada-

---

[3] Cf., *p.ex.*, J. Knox, *Chapters in a Life of Paul*, 2ª ed. (1950; Mercer University, 1987/ Londres: SCM, 1989), p. 97-98; Stendahl, p. 7-12; H. Räisänen, "Paul's Conversion and the Development of his View of the Law", in *NTS* 33 (1987): 404-419 (especialmente 406-408).

[4] "Paul's Conversion: A Light to Twentieth Century Disputes", O. Hofius *et al.* (org.), *Evangelium – Schriftauslegung – Kirche*. FS P. Stuhlmacher (Göttingen: Vandenhoeck, 1996), p. 77-93 (= *acima*, Cap. 15); antes já "'A Light to the Gentiles', or "The End of the Law?" The Significance of the Damascus Road Christophany for Paul", in *Jesus, Paul and the Law: Studies in Mark and Galatians* (Londres: SPCK/ Louisville: Westminster, 1990), p. 89-107; também *The Partings of the Ways between Christianity and Judaism* (Londres: SCM/Philadelphia: TPI, 1991), p. 117-139.

mente ignoradas pela visão mais tradicional. Ao mesmo tempo, não vejo motivo para discutir – de fato, desejo fortemente afirmá-lo de minha própria parte – aquilo que a ênfase mais tradicional realça e sublinha como uma afirmativa teológica de importância fundamental, expressa particularmente em Rm 4.4-5, a saber, que a justificação pela fé está no centro do evangelho e da teologia de Paulo. O que está em jogo, em vez disso, no debate atual sobre o assunto, é garantir uma compreensão apropriadamente coesa e integrada do ensinamento de Paulo e, no presente caso, esclarecer o máximo possível quanto e como a conversão de Paulo contribuiu com esse elemento fundamental de sua fé.

Eu procurarei no que segue esboçar no coração da teologia paulina da justificação a pergunta sobre o porquê da controvérsia, pensando evidentemente em como ela era, e como a antítese particular entre a "justificação de fé, não de obras" remete à sua conversão.

2. Justificação – uma doutrina (judaica) escriturística fundamental

Como bem se sabe, a discussão deste assunto está prejudicada por causa de alguns problemas terminológicos. Refiro-me não só ao fato de que o inglês usa duas palavras diferentes, *"justify"* (justificar) e *"righteousness"* (retidão) para traduzir termos que são cognatos em grego *(dikaióō, dikaiosýnē)*, causando assim certa confusão inevitável para os leitores de língua inglesa.[5] Refiro-me também ao fato de que o pensamento hebraico subjacente em ambos os casos é diferente do grego. Na típica visão de mundo grega, "justiça" é uma ideia ou um ideal em relação ao qual se pode medir o indivíduo e suas ações. O uso contemporâneo em inglês reflete tal conjunto de crenças e convicções da Antiguidade em expressões como "a justiça tem de ser feita (satisfeita)". Em contraste, no pensamento hebraico, "justiça" é mais um conceito relacional – "justiça" como o cumprimento de obrigações postas sobre um indivíduo

---

[5] A questão é bem apresentada por E. P. Sanders, *Paul* (Oxford University, 1991), p. 44-47.

devido às relações das quais ele faz parte.⁶ Um exemplo clássico é 1Sm 24.17: o rei Saul não era justo porque tinha falhado com sua obrigação de rei; Davi era mais justo porque ele tinha se negado a levantar a mão para cometer violência contra o ungido do Senhor. Portanto, um fator-chave para que se tenha certeza a respeito do ensinamento paulino sobre a justificação, um fator cujas ramificações são muito pouco apreciadas em muitas discussões sobre o ensinamento de Paulo, é o reconhecimento de que o mundo intelectual expressado no termo inglês ("*justification*", justificação) tem um caráter consumadamente hebraico/bíblico/judaico.

A relevância da observação feita acima se torna ainda mais clara quando lembramos a afirmativa temática de Paulo sobre a justificação em Rm 1.16-17 como "a retidão de Deus [...] de fé para fé". Pois a retidão de Deus, junto com a compreensão de "retidão" acima delineada, denota que Deus cumpre as obrigações que assumiu ao criar a humanidade, ao chamar Abraão e ao eleger Israel para ser seu povo. Fundamental para tal conceituação da retidão de Deus é, portanto, o reconhecimento da iniciativa de Deus, que é precedente, tanto na criação quanto na eleição.⁷ Como afirma repetidamente o Deuteronômio: não havia nada em Israel que levasse Deus a elegê-lo como seu povo, que o estimulasse a entrar em aliança com ele. Deus escolhera Israel unicamente por causa de seu amor e fidelidade ao juramento feito aos patriarcas (Rm 4.32-40; 6.10-12,20-23; 7.6-8 etc.). Igualmente evidente deveria ser o porquê da retidão de Deus ser repetidamente entendida, particularmente nos Salmos e no Deuteroisaías, como a fidelidade de Deus a seu povo, o cumprimento das suas obrigações referentes à sua aliança com Israel ao redimi-lo e vindica-lo, não obstante as suas próprias falhas (*p.ex.*, Sl 51.14; 65.5; 71.15; Is 46.13; 51.5-8; 62.1-2).

---

⁶ Cf., *p.ex.*, G. von Rad, *Old Testament Theology Vol. I* (Edimburgo: Oliver & Boyd, 1962), p. 370-376; E. R. Achtemeier, Verbete "Righteousness", in *IDB*, 4, p.80-85; K. Kertelge, *"Rechtfertigung" bei Paulus*, 2ª ed. (Münster: Aschendorf, 1967.1971), p. 15-24.

⁷ Para a ênfase na justiça de Deus como criador, cf. C. Müller, *Gottes Gerechtigkeit und Gottes Volk: Eine Untersuchung zu Römer 9-11* (Göttingen: Vandenhoeck, 1964); P. Stuhlmacher, *Gerechtigkeit Gottes bei Paulus* (Göttingen: Vandenhoeck, 1965), p. 228-236.

Aqui, o ponto de argumentação é tríplice. Primeiro, o ensinamento paulino sobre a justificação é adotado imediatamente dessa compreensão veterotestamentária da justiça de Deus; o fato de que a linguagem de Romanos vem diretamente desse uso no AT é bem reconhecido e não discutido.[8] Segundo, e fundamental para a autocompreensão e para a teologia da aliança judaica reconhecer e afirmar que a posição de Israel diante de Deus se devia inteiramente à iniciativa da graça divina. O mesmo ponto está implícito em um sistema de aliança que fornecia a expiação pelos pecados através do arrependimento e do sacrifício. Terceiro, deveria estar igualmente claro que foi dali que Paulo extraiu sua ênfase acerca da iniciativa da graça divina dentro de seu ensinamento sobre a justificação. Tal ensinamento não surgiu primeiramente para Paulo como uma reação contra o seu passado de fariseu ou contra os oponentes "judaizantes", era simplesmente uma reafirmação dos principais princípios de sua própria fé ancestral.

Tudo isso precisa ser reafirmado contra uma suposição ainda prevalecente de que o judaísmo dos dias de Paulo era inerentemente e totalmente legalista e ensinava que as pessoas tinham que fazer por merecer para obter a aceitação divina por suas obras meritórias. De fato, uma característica profundamente inquietante da apologética cristã, pela primeira vez atestada claramente em Inácio e desde então firmemente fortalecida e reforçada pela polêmica da Reforma, tem sido que o cristianismo tende a entender a si mesmo em antítese ao judaísmo, tende a retratar o judaísmo como diametralmente oposto ao cristianismo, sendo o cristianismo o evangelho, em oposição ao judaísmo, qualificado como a Lei. Por isso precisa ser dito aqui com toda clareza que a justificação pela fé é, em seu cerne, uma doutrina judaica; que a dependência da graça divina permanece uma ênfase consistente que perpassa todo o pensamento judaico, pelo menos até o tempo de Paulo (aqui não precisamos de maior discussão) e que não há nenhum ensinamento claro na documentação judaica pré-paulina de que a aceitação por Deus tivesse de ser merecida.[9]

---

[8] Cf., *p.ex.*, S. K. Williams, "The 'Righteousness of God' in Romans", in *JBL* 99 (1980): 241-290; J. D. G. Dunn, *Romans*. WBC 38 (Dallas: Word, 1988), p. 40-42.

[9] Este reconhecimento é um elemento central da "nova perspectiva sobre Paulo", inaugurada particularmente por E. P. Sanders, *Paul and Palestinian*

Há uma ênfase na necessidade da obediência de Israel – a observância da Lei por Israel como sua resposta à iniciativa salvífica de Deus (texto clássico: Ex 20.2ss), a vida na aliança como ordenada e dirigida pela referência à Lei (Lv 18.5). Contudo, no seu mais íntimo, isto não é nada diferente da ênfase cristã/ paulina de que a fé também se expressa na obediência, de que a fé que não realiza obras através do amor não é fé (Rm 1.5; Gl 5.6).[10] Daí o caráter altamente judaico de Rm 2.6-16. Há também questões referentes à definição que necessitam de esclarecimento (quem é Israel? o que é "judaísmo"?), sem mencionar ainda a relação que vários grupos e documentos sectários judaicos surgidos nos duzentos anos antes de Paulo têm com a fé ancestral.[11] No entanto, subsiste o ponto básico, a saber, de que a justiça de Deus é um teologúmeno fundamental da religião e identidade judaicas, o que fica evidente no ato de Deus de eleger primeiro Israel para ser seu povo e de sustentar Israel na relação dessa aliança. O conceito de que a relação com Deus é primeira e principalmente uma dádiva e não algo que se obtenha por merecimento, um ato de graça e não o prêmio por um mérito realizado, era axiomático para qualquer judeu que levava a Torá e os Profetas a sério.[12]

Judaism (Londres: SCM, 1977); cf. meu "The New Perspective on Paul", *BJRL* 65 (1983): 95-122, reimpresso em *Jesus, Paul and the Law*, p. 183-214 (= acima, Cap. 2).

[10] Este argumento foi apresentado com toda sua força pela primeira vez por M. D. Hooker, "Paul and 'Covenantal Nomism'", in M. D. Hooker, S. G. Wilson (org.), *Paul and Paulinism: Essays in Honour of C. K. Barrett* (Londres: SPCK, 1982): p. 47-56.

[11] Procurei esclarecer essas questões especialmente em "Judaism in the Land of Israel in the First Century", in J. Neusner (org.), *Judaism in Late Antiquity: Part 2: Historical Syntheses* (Leiden: Brill, 1995), p. 229-261.

[12] Daí minha forte suspeita (com licença de Westerholm) de que Rm 4.4-5 não era uma afirmação controversa nem polêmica na discussão paulina com outros judeus cristãos, mas uma reafirmação de um primeiro princípio que todos eles teriam aceito; além disso, cf. meu "In Search of Common Ground" in J. D. G. Dunn, *Paul and the Mosaic Law*. WUNT 89 (Tübingen: Mohr Siebeck, 1996), p. 309-334 (aqui: p. 321.331-332) (= acima, Cap. 12, aqui: p. 429-430, 445-446).

3. Da (pela) fé – uma reafirmação do alcance universal da graça de Deus

Quanto mais enfatizamos a continuidade entre o ensinamento paulino sobre a justificação e a herança judaica de Paulo, mais urgente se torna a pergunta: por que o ensinamento de Paulo é formulado de uma maneira tão polêmica (como em Gl 2.16 e Rm 3.20)? Se ele não estava reagindo contra as suas convicções judaicas herdadas, se ele não estava reagindo (e exatamente como um resultado de sua experiência na estrada de Damasco) contra o seu próprio passado como fariseu, contra o que ele estava reagindo? Se ele não estava se opondo ao legalismo judaico, pelo menos no sentido de ser capaz de reclamar a salvação como um direito, uma justa retribuição em vez de uma dádiva, a que ele estava se opondo?

Em uma palavra, a resposta principal parece ser menos o legalismo judaico do que a *restritividade* judaica – uma tendência no judaísmo de restringir a graça da aliança de Deus, a justiça da aliança de Israel. Esse protesto ou reação ganha repetidamente uma expressão clara através do argumento de Romanos.

Primeiro é evidente na ênfase temática no "todos": o evangelho é para "todas as pessoas que creem" (Rm 1.16); a justiça de Deus é "para todas as pessoas que creem" (Rm 3.22); Abraão é o pai de "todas as pessoas que creem" (Rm 4.11); "Cristo é o *télos* [meta, cumprimento] da Lei como um meio de justiça para todas as pessoas que creem" (Rm 10.4) e assim por diante. "Todos" é realmente uma palavra-chave em Romanos (onde ocorre 71 vezes). E, como essas mesmas citações deixam claro em seu contexto, o "todas as pessoas", significa, com efeito, consistentemente "todos", tanto judeus quanto gentios, tanto o povo gentio quanto o povo judeu. Ao enfatizar tal ponto tão consistentemente, Paulo deve ter tido a intenção de derrubar o pressuposto da parte de seus colegas judeus de que eles estavam numa posição privilegiada diante de Deus contra as nações não judaicas. Este é manifestamente o ímpeto principal de Rm 2, como demonstra a pergunta provocada imediatamente (3.1): "Qual é, então, a vantagem do judeu?".[13] Paulo insiste em "todos, tanto gentios como judeus", porque os seus interlocutores ou oponentes do judaísmo entendiam que Deus aceitava "judeus, não gentios".

Segundo, que os argumentos de Paulo se voltam contra a restritividade judaica é evidente devido à maneira com que Paulo tira imediatamente a conclusão principal (para ele) de sua afirmativa central a respeito da justiça de Deus (3.21-26). Pois em Rm 3.27-31, a oposição polêmica entre a *"Lei de obras"* e a *"Lei de fé"* (3.27)[14] é elaborada pela antítese entre *"Deus só dos judeus"* e *"Deus também dos gentios"* (Rm 3.29). O fluxo da argumentação deixa claro que os primeiros membros de cada antítese estão em correspondência: "o gloriar-se é excluído através da *Lei de obras*? Não! [...] Se fosse assim, Deus seria o *Deus só dos judeus*"; isto é, afirmar a "Lei de obras" é o mesmo que afirmar que Deus é "Deus só dos judeus". Isto, porém, não pode ser, porque "Deus é um" – este é o credo fundamental do próprio Israel (Dt 6.4). Portanto, ele é "Deus também dos gentios". Aqui, e deve-se destacar este ponto, a antítese básica na formulação paulina da justificação – pela fé e não por obras – é elaborada exatamente como: "também gentios e não só judeus". "Só a fé" é uma afirmação da proposição "também os gentios", enquanto que as "obras (de Lei)" afirma sua contrapartida restritiva, a saber, "só dos judeus".

O texto em Romanos que faz o eco mais próximo a tal argumento central é Rm 9.30-10.13, a aglomeração mais intensa da terminologia de "justiça" nesta carta, excluindo-se Rm 3.21-4.22. Basta simplesmente notar de passagem a mesma antítese, como em Rm 3.27, entre a "Lei de obras" e a "Lei de fé", ou, mais exatamente,

---

[13] Além disso, cf. meu "What was the issue between Paul and 'Those of the Circumcision?'", in M. Hengel, U. Heckel (org.), *Paulus und das antike Judentum*. WUNT 58 (Tübingen: J. C. B. Mohr, 1991), p. 295-317 (= acima, Cap. 5); também "Yet Once More – 'The Works of the Law': A Response", in *JSNT* 46 (1992): 99-117, aqui: 106-109 (= acima, Cap. 8, aqui: p. 322-327).

[14] Para a opinião de que *nómos* deveria ser traduzido aqui por "ordem" ou "princípio", cf. H. Räisänen, "Paul's Word-Play on *nomos*: A Linguistic Study", in *Jesus, Paul and Torah: Collected Essays*. JSNTS 43 (Sheffield Academic, 1992): p. 69-94; para a opinião diferente cf. meu texto "'The Law of Faith,' 'the Law of the Spirit' and 'the Law of Christ'", in E. H. Lovering, J. L. Sumney (org.), *Theology and Ethics in Paul and his Modern Interpreters* (Nashville: Abingdon, 1996), p. 62-82.

entre "a Lei (da justiça!)" mal-entendida "como se fosse de obras" e a mesma Lei obtida com êxito "pela fé" (Rm 9.30-32). No entanto, o mais importante aqui é a elaboração desse mal-entendido da justiça na segundo parte do parágrafo: "não conhecendo a justiça de Deus e procurando estabelecer sua própria (isto é, justiça), eles não se sujeitaram à justiça de Deus" (Rm 10.3). Comumente, isto tem sido entendido como uma afirmativa clássica do legalismo judaico: eles consideravam a justiça "sua própria", no sentido de uma justiça cumprida ou alcançada por eles.[15] Contudo, o sentido do grego é claro: "sua própria" como denotando algo que lhes pertencia ou lhes era peculiar, isto é, a justiça como a prerrogativa da aliança de Israel, o privilégio exclusivamente de judeus e não de gentios.[16] Daí, mais uma vez, o repetido "todos" – "para todas as pessoas que creem" (Rm 10.4) –, e o clímax do parágrafo reforça esse ponto com acentos repetidos: "Porque a Escritura diz 'Cada pessoa que crê nele não será envergonhada'. Porque não há distinção entre judeu e grego, porque o mesmo Deus é Senhor de *todas as pessoas*, rico para *todas as pessoas* que o invocam. Porque '*qualquer pessoa* que jamais invocar o nome do Senhor será salva'" (Rm 10.11-13). Dificilmente a reafirmação da "justiça de Deus" como protesto contra a restritividade judaica poderia se expressar mais claramente.

Mais ou menos o mesmo ponto argumentativo deve ser apresentado a respeito da passagem que tem sido considerada a principal base da visão de que a doutrina paulina da justificação seria a consequência e a expressão imediatas de sua própria experiência de graça na estrada para Damasco – Fl 3.7-9. A linguagem é notavelmente semelhante a Rm 10.3: Paulo expressa seu ardente desejo de ser encontrado em Cristo, "não tendo minha própria justiça que é da Lei, mas aquela que é através da fé em Cristo,[17] a justiça de Deus para a fé" (Fl 3.9). Aqui, porém, os termos muito pessoais que

---

[15] A expressão clássica disso é de R. Bultmann, *Theology of the New Testament*, 1 (Londres: SCM, 1952) p. 285; e de C. E. B. Cranfield, *Romans*. ICC (Edimburgo: T. & T. Clark, 2 vols., 1975, 1979), p. 515.

[16] Cf. os autores citados e ainda meu livro *Romans*, p. 587-588.

[17] Aqui é inapropriado entrar na expressão novamente contestada *pístis Christoû*, se ela significa "fé em Cristo" ou "a fé de Cristo". Permaneço convencido da primeira tradução; cf. meu "Once More, Pistis Christou", in *SBL Seminar Papers 1991* (Atlanta: Scholars, 1991), p. 730-734.

Paulo usa para algo que era uma experiência intensamente pessoal (sua conversão) podem ter sido enganadores. Afinal, neste caso, ele não fala da "própria justiça deles", como em Rm 10.3, em que vem à tona a dimensão corporativa de Israel. Em vez disso, ele fala de "minha própria justiça", e assim pode ter encorajado a compreensão individualista de uma posse pessoal, alcançada e defendida pelo esforço pessoal.[18]

Essa interpretação tradicional, porém, teve a tendência de ignorar a linha da confissão pessoal que contribui com essa afirmação ambiciosa – Rm 3.4-6. O trecho é de fato uma afirmação de confiança pessoal, mas essa confiança não significa principalmente, se é que significa de alguma forma, um alcance pessoal. É antes novamente a confiança de Paulo como um membro de Israel, do povo da aliança – confiante em sua identidade étnica, confiante em seu quinhão na aliança marcada pela circuncisão, confiante de estar vivendo dentro dos termos da aliança como estabelecidos na Lei,[19] confiante não por último de estar defendendo o caráter distintivo de Israel e sua situação de ter sido separado das nações, como antes dele o zeloso Fineias e o zeloso Matatias.[20] Era isto que ele antes tinha estimado tanto (Rm 3.7-8) – sua posição diante de Deus como um membro devoto do povo eleito de Deus. Como tal, ele tinha se rejubilado numa justiça que outros (não-judeus) ignoravam; ela era "sua", era dele como alguém que fora "circuncidado no oitavo dia, do povo de Israel [...]". Em outras palavras, o pensamento não é essencialmente diferente daquele de Rm 10.3, e embora Paulo não insista em Fl 3 na linha de "todas as pessoas" (tanto gentios quanto judeus), o pensamento é exatamente o mesmo acerca da justiça de

---

[18] Cf., *p.ex.*, G. F. Hawthorne, *Philippians*. WBC 43 (Waco: Word, 1983), p. 141; P. T. O'Brien, *Commentary on Philippians*. NIGTC (Grand Rapids: Eerdmans, 1991), p. 394-396.

[19] Em Fl 3.6 pode haver um eco deliberado de Gn 17.1 – "irrepreensível acerca da justiça que está na Lei". Isto é, a pretensão era de um homem que tinha vivido dentro dos termos da aliança concluída com Abraão (nomismo da aliança), não de alguém que jamais pecou, mas como alguém que viveu uma vida de dedicação (Gl 1.13-14) e que tinha usado os meios de expiação e perdão dentro da aliança para remover seus pecados, e não como objeto de alcance pessoal.

[20] Para o significado do termo "zelo", cf. meu livro *Galatians*. BNTC (Londres: A. & C. Black, 1993), p. 60-62; também "Paul's Conversion" (*acima*, nota 4).

Deus, entendida como operante através da abertura da fé e já não restrita, como se fosse privilégio exclusivo de Israel.

Se essa linha de exposição nos aproxima de alguma forma do pensamento de Paulo acerca do assunto, então podemos de fato chamar a doutrina paulina da justificação uma expressão imediata de sua própria experiência de graça na estrada para Damasco. Mas não nos termos usuais, pois aquilo que Paulo experimentou foi menos sua aceitação como alguém que antes havia vivido sem Deus, mas primeiramente uma *destruição de sua suposição de que a justiça diante de Deus era um privilégio peculiar de Israel* e sua suposição consequente de que aqueles que ameaçavam a distinção de Israel em relação a Deus, ao pregarem o Messias Jesus aos gentios, tinham de ser perseguidos. Tal reviravolta não se reflete tão claramente em Fl 3, em que a aceitabilidade dos gentios por Deus não está em primeiro plano. Contudo, está clara naquilo que vem antes e depois da passagem paralela em Gl 1.13-16: Paulo fora antes um perseguidor para *impedir que um evangelho para gentios* adulterasse ou infringisse a santidade da aliança de Israel para com Deus (Gl 1.13-14); porém, o Cristo de Deus revelado a ele (na estrada para Damasco) o foi *para que Paulo o pregasse entre os gentios* (Gl 1.15-16).[21] E é evidentemente o mesmo ímpeto teológico que anima a exposição da afirmativa principal de Paulo sobre seu ensinamento acerca da justificação em Romanos – a justiça de Deus para "todas as pessoas", tanto para gentios como para judeus, e não só para judeus.

Como observação final, nós podemos abordar um ponto referido apenas de passagem no início do § 2: que a justiça de Deus denota o cumprimento das obrigações que Deus assumiu tanto ao criar a humanidade quanto ao chamar Abraão, e ao eleger Israel para ser seu povo. É fundamental reconhecer aqui que Deus tem uma justiça a cumprir, seja como criador, seja como o Deus da aliança com Israel. O que Paulo faz em Gálatas bem como em Romanos é voltar para antes das obrigações mais restritas da aliança (em relação a Israel), para as obrigações mais fundamentais da aliança (em relação à criação e à humanidade como um todo).

---

[21] Cf. novamente meu comentário *Galatians*, p. 62-68; também "Paul's Conversion" (*acima*, nota 4).

Ele volta para antes de Moisés, para Adão (Rm 5.12-21). Ele retrata Abraão como o protótipo das nações, sem qualquer aliança prévia à qual pudesse apelar, portador somente de sua confiança no Deus criador "que dá vida à morte e chama para existência coisas que não têm existência" (Rm 4.17). É a nova criação que relativiza tanto a circuncisão quanto a incircuncisão (Gl 6.15). Aqui está de outra maneira como Paulo chega para além da restritividade de Israel: o Deus único, que é tanto o Deus dos gentios quanto o Deus dos judeus, obriga a chegar à conclusão de que ele justifica cada um da mesma maneira através da fé (Rm 3.30). Da mesma maneira, a confissão do Deus criador exige o reconhecimento de que a justiça salvífica de Deus está aberta para toda a humanidade, dos judeus primeiro, mas também dos gentios.

Portanto, nós podemos dizer em resumo: foi isto que a conversão de Paulo o fez perceber. Ela não lhe ensinou algo sobre a graça de Deus, como se ele, um judeu, estivesse aprendendo a respeito dela pela primeira vez. Ela o fez perceber, porém, que sua própria atitude tipicamente judaica tinha obscurecido a graça e a pervertera em uma medida considerável. No entanto, novamente, a conversão não o levara a pensar que ele tivesse algum direito em relação a Deus em virtude de seus próprios méritos. O erro que ela o fez perceber na estrada para Damasco era muito maior do que uma reivindicação de Israel acerca de uma relação especial com Deus que pervertia uma percepção mais básica acerca da graça de Deus. A graça, gratuita, estava aberta para todos e não estava restrita em seus efeitos somente para os judeus e os seus prosélitos. Dessa maneira e nesse sentido, Paulo redescobriu a justificação pela graça na estrada para Damasco.

4. E não de obras – uma rejeição do estado separado judaico (judeu-cristão)

A outra metade da formulação polêmica de Paulo – "justificação de fé e não de obras" – é: "não de obras". Já nos referimos a algumas das passagens-chave nas em Paulo em que tais termos ocorrem. Mas, pelo bem de uma exposição mais completa, nós devemos esclarecer o seu sentido e a sua função de forma mais específica. Tal exigência apresenta-se a nós principalmente porque a expressão tem sido central para a visão tradicional da relação entre a conversão de Paulo e a justificação que questionamos acima. Na visão tradicional, como não precisamos lembrar a ninguém, o termo "justificação por obras" é entendido como a abreviatura para a convicção de que a aceitação por Deus é algo que tem de ser alcançado ou merecido pela obediência à Lei. A visão de que Paulo estava principalmente protestando contra tal crença depende quase que exclusivamente de uma interpretação de Rm 4.4-5.[22] No entanto, aquilo que nós dissemos acima já deveria ter colocado vários pontos de interrogação na visão tradicional.

É claro que a expressão plena é "obras da Lei"; ela se refere àquilo que a Lei exige. Nós devemos notar logo que não estamos falando aqui de qualquer lei. Esta observação é de certa importância, porque a tendência na visão tradicional é de ir nessa direção – ver na conversão de Paulo uma revolta geral contra o pensamento de que algum esforço ou alcance humano possa fornecer a base para a aceitação de Deus. No entanto, Paulo está falando da Torá, da Lei judaica. Por isso, para ser mais exato, nós deveríamos definir "obras da Lei" como aquilo que a Lei exige de *Israel como o povo de Deus*. De fato, nós abordamos as obras da Lei no fim do § 2 – a resposta de Israel à graça de Deus que primeiro elegeu Israel para ser seu povo, a obediência que Deus exigiu de seu povo, a maneira como Israel deveria viver como o povo de Deus. É isto que E. P. SANDERS descreve como "nomismo da aliança",[23] uma expressão regularmente presente nas discussões ao longo dos últimos anos, na qual ambas as palavras são importantes – a Lei, funcionando dentro da e em relação à aliança; a Lei como expressão da e salvaguarda para a aliança; a Lei como índice da parcela de Israel no acordo iniciado pela graça de Deus.

No entanto, o que tem sido demasiadamente ignorado é a maneira como a Lei assim entendida chegou a reforçar o senso do *privilégio de Israel*, a Lei como aquilo que marcava e separava o povo em condição de grupo separado para Deus. Assim, da mesma maneira que a eleição

---

[22] Cf. novamente Westerholm.
[23] Sanders, *Paul and Palestinian Judaism*, p. 75,236; também: *Judaism: Practice and Belief 63BCE-66CE* (Londres: SCM/Philadelphia: TPI, 1992), p. 262-278,377-378,415-417.

por Deus teve por consequência a atribuição restrita de graça salvífica em favor de Israel, o papel da Lei na definição da santidade de Israel para com Deus passou a exercer um papel decisivo na *separação entre Israel e as nações*. Logo, o sentido positivo de "obras da Lei" como equivalente ao discurso paulino sobre a obediência da fé, chega ao sentido mais negativo que encontramos em Paulo – o de obras da Lei como elementos preservadores do *status* da aliança de Israel,[24] mas também como protetoras do *status* privilegiado de Israel e de sua prerrogativa restrita em relação aos gentios.

Logo, está explicado nestes termos o horror à idolatria, tão profundamente enraizada na psiquê de Israel. Essa era, nós podemos afirmar, a suprema "obra da Lei" (Ex 20.3-6; Dt 5.7- 10), e embora a rejeição da idolatria não ocorra nas referências paulinas às obras da Lei (a hostilidade de Paulo à idolatria era tão implacável quanto a de qualquer judeu). Tal "zelo"/"ciúme" pela relação especial de Israel com Deus alimentara no Paulo de outrora o seu zelo perseguidor.[25]

Havia, porém, outras obras da Lei que caracterizavam, desde os primeiros tempos, o estado destacado de Israel em relação a Deus e a sua separação das nações. Os termos pelos quais a *circuncisão* fora primeiramente exigida a Abraão fizeram dela um marcador de identidade fundamental do povo da aliança (Gn 17.9-14): deixar de circuncidar uma criança do sexo masculino significava a sua exclusão da aliança e do povo da aliança. Por isso, não deve causar surpresa que Paulo, em seu próprio tempo, pudesse reduzir a distinção entre judeus e gentios à "circuncisão" e à "incircuncisão" (Rm 2.25-27; 3.30; 4.9-12; Gl 2.7-8). Da mesma maneira, a observância do *sábado* tornou-se a pedra de toque da identidade e fidelidade à aliança (Ex 31.12-17): já que o sábado era um sinal da condição especial de Israel, deixar de observar a lei do sábado constituía uma ofensa capital. Assim, por exemplo, a marca da participação dos gentios na aliança seria, para Is 56.6, a observância do sábado. De certa maneira, ainda mais arquetípicas eram as *leis de puro e impuro* que marcavam não somente uma separação de aves e animais puros e impuros, mas também uma separação entre Israel e os outros povos (Lv 20.22-26) – uma associação (alimentos impuros,

---

[24] Esta é a ênfase que Sanders atribui na compreensão de "nomismo da aliança"; cf. nota 23.
[25] Cf. *acima*, nota 20.

nações impuras) que, de acordo com At 10, foi questionada no cristianismo emergente através do encontro de Pedro com Cornélio (At 10.10-16,28).

Como bem se sabe, a crise macabeia reforçou o senso de Israel acerca do seu caráter distinto e também o foco nas leis particulares, tornando-as derradeiras na definição e na defesa do estado de exclusividade de Israel. Os sírios tentaram eliminar as características distintivas da religião de Israel para submergir os judaítas em um sincretismo religioso helenista, mediante o qual eles esperavam unificar o seu império em declínio. E, como enfatiza a literatura macabeia, a prática da circuncisão e as leis sobre puro e impuro se tornaram centrais no conflito:

> De acordo com o decreto, mataram as mulheres que mandavam circuncidar suas crianças, suas famílias e as pessoas que as circuncidavam; e suspenderam os nenês nos pescoços de suas mães. Contudo, muitos em Israel ficaram firmes e decididos em seus corações a não comerem alimento impuro. Escolheram antes morrer do que poluir-se pelo alimento ou profanar a santa aliança; e assim fizeram (1Mc 1.60-63).

Esse consenso de que as exigências da Lei (as obras da Lei) tinham como sua meta principal a preservação da distinção da aliança de Israel e a separação de Israel das nações é realçado em escritos judaicos desse período, particularmente no Livro dos Jubileus e na Carta de Aristeias.

> Separa-te das nações e não coma com elas, [...].
> Porque suas obras são impuras, e todos os seus caminhos são uma poluição e uma abominação e uma impureza [...]. (Jub 22,16)
> Em sua sabedoria, o legislador (isto é, Moisés) [...] nos cercou de paliçadas não quebradas e muros de ferro, para impedir nossa mistura com qualquer dos outros povos e em qualquer aspecto [...]. Assim para nos proteger contra a perversão pelo contato com outros ou por misturar-nos com influências más, ele nos cercou por todos os lados com estritas observâncias vinculadas a carne e bebida e toque e escuta e vista, segundo a maneira da Lei. (Arist 139.142)

O oráculo de Balaão tornou-se o paradigma para tais atitudes e crenças: Israel, "um povo que mora sozinho e não se conta entre as nações" (Nm 23.9), glosado por Fílon ao acrescentar a explicação:

"porque, em virtude da distinção de seus costumes peculiares, não se misturam com outros, para não se desviarem dos caminhos de seus pais" (Vida de Moisés 1.278).[26]

Até pouco tempo atrás, a própria expressão "obras da Lei" não estava atestada antes de Paulo, o que levou muitos comentaristas a se perguntarem se Paulo estava combatendo demônios que ele mesmo tinha criado. No entanto, o crescente reconhecimento de que a seita de Qumran parece ter usado a expressão (4QFlor 1.1-7; 1QS 5.20-24; 6.18) foi reforçado dramaticamente nos últimos anos pela publicação de um dos mais importantes Escritos de Qumran – 4QMMT. O documento, *Miqsat Ma'aseh Ha-Torah*, é uma carta em que alguém, presumivelmente um líder ou até mesmo *o* líder da seita, explica a outras pessoas em Israel a halacá distintiva da própria seita, isto é, a sua interpretação particular de várias leis que ele considera cruciais para que se cumpra a obrigação de Israel sob a aliança – nesse caso, principalmente as prescrições em relação ao templo, ao sacerdócio, aos sacrifícios e à impureza. São tais regulamentos que a carta resume pelo final como "algumas das obras da Lei", *miqsat ma'aseh ha-torah*, a expressão usada para estabelecer o nome (moderno) do documento. Ainda mais notável é que a carta deixa claro que as "obras da Lei" são a razão pela qual a seita se "separou" do resto de Israel, e que são essas "obras da Lei" que exigem a preservação dessa existência separada.[27]

É diante desse pano de fundo que nós encontramos o melhor sentido para o uso paulino da mesma expressão – "as obras da Lei". Primeiro, como expressão, refere-se evidentemente a tudo o que a Lei exige, ao nomismo da aliança como um todo. Contudo, num contexto em que se questiona a relação de Israel com outras nações, certas leis naturalmente estiveram mais em foco do que outras; mencionamos como exemplos a circuncisão e as leis alimentares. Na seita de Qumran, as questões sensíveis não eram as existentes entre os judeus e os gentios, mas aquelas que ocorriam

---

[26] Cf. também, *p.ex.*, P. Ackroyd, *Exile and Restoration. A Study of Hebrew Thought of the Sixth Century BC* (Londres: SCM, 1968), p. 235-237; J. Neusner, *Self-Fulfilling Prophecy. Exile and Return in the History of Judaism* (Atlanta: Scholars, 1990), p. 36.

[27] Além disso, cf. meu "4QMMT and Galatians", in *NTS* 43 (1997): 147-153 (= *acima*, Cap. 14).

entre judeus e judeus, portanto, aquelas discordâncias internas a respeito de questões como o sacrifício e a pureza. Em outros textos da literatura judaica da época, nós tomamos ciência do violento desacordo sobre o modo de calcular os dias corretos das festas, se deveria ser pela observação do sol ou pela lua. O desacordo era tão agudo que cada facção considerava que a outra falhava na observância das festas, ou mesmo denunciava que a facção rival observava as festas dos gentios e não as da aliança de Israel (Jub 6.32-35; 1Hen 82.4-7).[28] Hoje em dia, nós podemos pensar em questões como o aborto, o ministério feminino ou a inerrância das Escrituras. Ninguém que participa de tais controvérsias internas consideraria os pontos em questão a totalidade de sua fé ou até mesmo o elemento mais importante da mesma. Mas eles se tornaram focos de controvérsia numa extensão tal que pode ser questionado efetivamente o *status* da condição do oponente como um todo por causa de tais pontos.

Segundo, quando nós nos voltamos para o primeiro uso paulino da expressão em Gl 2.16, confrontamo-nos exatamente com tal tipo de questão. Paulo usa claramente a expressão para denotar as atitudes que ele rejeitou nos versículos precedentes. Os "falsos irmãos" que tentaram promover a circuncisão do gentio Tito (2.4) estavam insistindo nas obras da Lei; a fé em Cristo era, então, insuficiente. Assim também Pedro e os outros judeucristãos que se "separaram" (o mesmo verbo que em 4QMMT) dos crentes gentios, presumivelmente porque a Lei exigia que Israel mantivesse a separação pela observância de várias leis alimentares (Gl 2.12), estavam insistindo nas obras da Lei; logo, ter apenas fé não era suficiente. Por isso, Paulo tenta abrir os olhos de Pedro para que ele visse que "nenhum ser humano é justificado pelas obras da Lei, mas somente através da fé em Jesus Cristo", e por isso sua repetida insistência em 2.16 de que a fé, e não as obras, forneça a única base da aceitação do indivíduo por Deus em Cristo, e que o mesmo ocorra na aceitação mútua entre os que estão em Cristo.

O que é aqui relevante para nós é a maneira como tal formulação particular, a antítese entre fé e obras, parece emergir do in-

---

[28] Cf., além disso, meu *Partings*, p. 104.

cidente em Antioquia (Gl 2.11-14). Por que a questão não surgiu antes? Já fazia talvez 17 anos que Paulo fosse convertido. Ele fora ativo em trabalhos missionários entre os gentios na maior parte desse período. E, não obstante, a questão da comunhão e da integração de judeus e gentios dentro dos novos grupos domésticos ainda não tinha sido levantada. Até mesmo na consulta em Jerusalém, quando a questão da circuncisão, uma das principais obras da Lei, fora resolvida, não fora levantada a questão das (outras) obras que tinham tradicionalmente marcado a separação de Israel em relação às nações. Por isso, parece que era necessário um confronto específico em Antioquia para gerar em Paulo essa declaração fundamental. Portanto, o que tinha sido até então uma zona cinzenta, uma questão não percebida, uma questão não levantada, repentinamente teve os holofotes sobre si, e Paulo, num dos grandes momentos definidores da teologia cristã, pronunciou o que se tornaria seu princípio mais memorável e característico: nenhuma pessoa é justificada pelas obras da Lei, mas somente através da fé em Cristo.

No entanto, isto não quer dizer que este foi um princípio totalmente novo para Paulo, descoberto pela primeira vez no e através do incidente de Antioquia. Seria mais correto dizer que o princípio estava implícito na "revelação" que lhe fora feita na estrada para Damasco, pois, se nossa interpretação estiver certa, essa revelação centrou-se na percepção de que o Deus de Israel era também o Deus das nações, de que a boa nova do Filho de Deus não deveria estar restrita a Israel, mas que era também tão gratuita para os gentios quanto fora para os judeus (Gl 1.12-16), que (como ele expressa mais tarde) a promessa a Abraão constituía também uma bênção para as nações (Gl 3.6-14). O que os seus primeiros anos de trabalho missionário, com o ápice na consulta de Jerusalém e no incidente de Antioquia, fizeram Paulo entender era as ramificações dessa revelação básica. As controvérsias provocadas por sua pregação de Cristo entre as nações obrigaram-no a refletir e a expressar de maneira mais aguda e em termos antitéticos aquilo que a revelação significava, aquilo que estava em jogo no próprio evangelho. E ele resumiu o significado em um lema que se tornou clássico: a justificação se dá pela fé, e não por obras.

5. Conclusão

Ora, em que sentido nós podemos dizer que a doutrina paulina da "justificação pela fé" constituía parte do impacto da conversão de Paulo? Não podemos dizer no sentido de que Paulo, como alguém que há muito procurava a paz com Deus, finalmente tivera encontrado a paz para a sua consciência atormentada. Não no sentido de que ele tivesse se voltado contra ou se afastado de um judaísmo legalista, que tinha perdido todo senso e visão da graça divina, quando ele, Paulo, teve um encontro com Cristo e com o cristianismo. Mas, antes, nós podemos dizer que na estrada para Damasco ele descobriu de maneira qualitativamente nova as raízes de sua fé ancestral, baseada no reconhecimento de Deus como criador, enraizada no chamado de Abraão e na promessa feita a ele, e nascida do ato salvífico de Deus ao redimir o não-povo Israel da escravidão no Egito. Antes, podemos dizer que o encontro na estrada para Damasco o fizera perceber quanta preocupação seu povo e ele mesmo tinham com a preservação de sua condição exclusiva em relação às nações, e o quanto tal preocupação tinha se tornado uma perversão do chamado, promessa e eleição originais, uma subversão do caráter fundamental do chamado, da promessa e da eleição originais como um ato da livre graça. Foi aquele *insight* (revelação) básico e aquele chamado consequente (para os gentios) que ele procurou implementar, e no êxito e na controvérsia que tal tentativa gerou, estava aquele *insight* básico e aquele chamado que ele clarificou e cristalizou em seu lema mais memorável: justificação pela fé, e não pelas obras.

Capítulo 17

O que aconteceu com as "obras da Lei"?

Como cada estudioso de Paulo deve saber, "obras da Lei" [*érga nómou*] é uma expressão-chave da teologia de Paulo. Nas duas cartas que oferecem a exposição mais plena da "verdade do evangelho", tal expressão-chave é aquela que mais do que qualquer outra resume a alternativa da justificação pela fé (Rm 3.20,27-28; 9.32; Gl 2.16; 3.2,5,10). E se a justificação pela fé é o coração do evangelho de Paulo, como afirma ainda a maioria, então "obras da Lei" é um importante aspecto dela, no sentido de que a contrapartida negativa ou antítese realça o ímpeto positivo da teologia paulina da justificação, a saber, a salvação *pela fé e não por* obras da Lei.

Não obstante, esta é a última referência que nós temos dessa expressão. Depois de Gálatas e Romanos, ela parece desaparecer de vista. Não ocorre nas Cartas Paulinas Posteriores ou Deuteropaulinas, nem nos Padres da Igreja, até mesmo quando eles resumem o evangelho em termos semelhantes aos de Paulo (os mais notáveis são Ef 2.8-9, 2Tm 1.9, Tt 3.5-7 e 1 Cl 32.4).[1] Por que será?

A solução mais óbvia é que a expressão na verdade não desapareceu – ou, pelo menos, que o ponto argumentativo afirmado pela expressão permanece o mesmo. O que Paulo diz em Rm 3 e Gl 2-3 é o mesmo que é dito também em Ef 2, 2Tm 1, Tt 3 e 1 Cl 32. Nós encontramos nas cartas antigas:

---

[1] Lampe, *Patristic Greek Lexicon*, cita somente duas passagens relevantes – Macarius Aegyptius (séc. IV), *Homiliae* 37.9 (Migne 34.756C); e Hesychius Sinaiticus (séc. VI-VII), *Temperantia*, 1.79 (Migne 93.1504D).

Rm 3.20 – "Nenhuma carne será justificada de obras da Lei [*ex érgōn nómou*] diante dele (isto é, de Deus)";

Gl 2.16 – "Nenhuma pessoa é justificada de obras da Lei [*ex érgōn nómou*], mas somente através da fé [*dià pistéōs*]; e temos crido em Cristo Jesus, para que possamos ser justificados da fé em Cristo [*ek pistéōs Cristoû*][2] e não de obras da Lei [*ex érgōn nómou*], pois de obras da Lei [*ex érgōn nómou*] nenhuma carne será justificada".

Isto é de alguma forma diferente de formulações posteriores?

Ef 2.8-9 – "Pois por graça fostes salvos através da fé [*dià pistéōs*]; e isto não de vós mesmos, é uma dádiva de Deus; não de obras [*ex érgōn*], para que ninguém se glorie".

2Tm 1.9 – "Ele nos salvou e nos chamou com o chamado santo, não de acordo com nossas obras [*ou katà tà érga hēmôn*], mas de acordo com seu próprio propósito e graça, dados a nós em Cristo Jesus [...]".

Tt 3.5-7 – "Ele nos salvou não de obras em justiça [*ex érgōn tôn en dikaiosýnē*$_1$] que fizemos, mas de acordo com sua misericórdia, através da lavagem de regeneração [...] para que pudéssemos ser justificados pela graça [...]".

1Cl 32.4 – "Nós que fomos chamados através de sua vontade em Cristo Jesus não somos justificados através de nós mesmos nem através de nossa sabedoria ou entendimento ou piedade ou das obras que realizamos [*érgōn hôn kateirgasámetha*] na santidade do coração, mas através da fé, através da qual o Deus todo-poderoso justificou cada pessoa desde (o início d)a era".

A solução mais simples para o nosso pequeno enigma pareceria ser, portanto, que Paulo, quando fala de "obras da Lei", queria dizer "obras que fizemos", e que os escritos posteriores, apesar de omitir "da Lei", estavam de fato repetindo exatamente aquilo que Paulo tinha dito em Romanos e Gálatas. E isto é efetivamente a solução que a maioria defende – ou, para ser exato, que a maioria considera evidente. O mesmo tinha acontecido comigo, até que estudei essas cartas pauli-

---

[2] Não estou convencido com a moda atualmente presente entre os estudiosos de NT anglófonos, de ler essa expressão como uma referência à fé (fidelidade) de Cristo; cf. meu "Once More, *PISTIS CHRISTOU*", in E. E. Johnson, D. M. Hay (org.), *Pauline Theology IV* (Atlanta: Scholars, 1997), p. 61-81; *The Theology of Paul the Apostle* (Grand Rapids: Eerdmans/Edimburgo: T. & T. Clark, 1997), § 14.8.

nas cuidadosamente em seus detalhes. É minha crescente insatisfação com a solução consensual que está por detrás do presente artigo, dedicado em amizade e respeito a Petr Pokorny.

2. "Obras da Lei" na literatura paulina primitiva

Minha insatisfação com a solução consensual pode se expressar em três pontos.

2.1. Primeiro, há o fato de que, na forma paulina "obras da Lei", a segunda parte da expressão é crucial ("da Lei"). O que estava aqui em jogo para Paulo não era a categoria ampla de "obras" ou atos em geral, mas *a Lei*, isto é, aquilo que se pensava que a Lei exigisse de todas as pessoas que reivindicavam a participação na graça de Deus concedida pela aliança entre Abraão e Israel.[3] Este é indubitavelmente o significado da expressão, como reafirmou a recente discussão da tradução apropriada da mesma frase [*ma'ase ha-torah*] no rolo Qumran recentemente publicado, 4QMMT.[4] Quer dizer, essa formulação expressa uma obrigação considerada a obrigação característica e distintiva de *Israel* – observar a Lei (obedecer a seus mandamentos) dada através de Moisés como parte integral da aliança que Deus concluiu com Israel

---

[3] O fato de Paulo escrever em alguns trechos simplesmente "obras" e não "obras da Lei" não muda esta posição. Em cada ocorrência é suficientemente claro que ele está usando o termo "obras" como abreviatura para "obras da Lei". Assim, em Rm 4.2,6, a explicação é motivada pela discussão imediatamente precedente de "obras da Lei" (Rm 3.27-28); que Abraão era um modelo para o judeu devoto e observante da Lei já era considerado evidente (*p.ex.*, CD 3.2 – "contado como um amigo de Deus porque observava os mandamentos de Deus"). E em Rm 9.11 e 11.6, a discussão acontece inteiramente em termos judaicos, e novamente podemos considerar evidente que "obras" seja uma referencia às "obras da Lei", como confirma 9.32.

[4] Cf. meu artigo "4QMMT and Galatians", in *NTS* 43 (1997): 147-153, aqui: 150 (= *acima*, Cap. 14, p. 491). De acordo com isto, F. Garcia Martínez, *The Dead Sea Scrolls Translated: The Qumran Texts in English*, mudou a tradução de sua primeira edição (Leiden: Brill, 1994) de "os preceitos da Torá" para "as obras da Torá" (2ª ed., Leiden: Brill, 1996). Para mais detalhes, cf. *abaixo*.

no Sinai. O Deuteronômio expressa a teologia tanto no claro princípio amplo quanto nos detalhes (cf., *p.ex.*, Dt 30.9-10; 32.45-47). A formulação usada por E. P. SANDERS expressa o ponto básico efetivamente como "nomismo da aliança".⁵ Isto é, a Lei é predicada pela aliança e é parte dela, a obrigação de Israel em resposta à graça divina pela qual Israel fora eleito antes de tudo.⁶

O ponto deveria ter sido mais óbvio do que foi para gerações de comentaristas de Romanos e Gálatas, pois cada vez que é introduzida a expressão "obras da Lei", o contexto são as obrigações de Israel – aquilo que os judeus, inclusive judeu-cristãos, criam continuar ainda a ser a sua obrigação, seja qual for o sentido da vinda do Messias Jesus. Ninguém pode duvidar que a expressão "obras da Lei" em Gl 2.16-3.10 vise a Torá, ou que o problema em vista seja a suposição judaica (judeu-cristã) de que não é possível para eles isentarem-se das obrigações (obras) da Torá. É exatamente o choque de Gl 3.10 que coloca as pessoas que pensavam serem as mais fiéis em cumprir a Torá ("todas que são das obras da Lei")⁷ sob a maldição da aliança, maldição que alcança quem falha em viver pela Torá.

Em Romanos ocorre algo semelhante. Rm 3.19-20 é o clímax e resumo da acusação contra "todo o mundo". No entanto, para que a natureza universal da acusação possa ser apropriadamente considerada, foi necessário afirmar que o "judeu" de 2.17 reconhecesse que a acusação incluía também a ele. 3.19 resume uma acusação que se estende de

---

⁵ E. P. Sanders, *Paul and Palestinian Judaism* (Londres: SCM, 1977); ele continua a considerar a expressão um resumo apropriado para a teologia da aliança de Israel (*Judaism: Practice and Belief 63BCE-66CE* [Londres: SCM, 1992], p. 262-278,377-378,415-417).

⁶ "Nomismo da aliança é a visão de que o lugar de uma pessoa no plano de Deus é estabelecido com base na aliança e que a aliança exige como resposta apropriada do homem a obediência a seus mandamentos, enquanto providenciando meios para a expiação das suas transgressões [...]. A obediência mantém a posição de uma pessoa na aliança, mas não permite a obtenção da graça de Deus como tal" (*Paul and Palestinian Judaism*, p. 75,420).

⁷ A descrição ("todas que são das obras da Lei") marca e separa um grupo particular de pessoas em contraste com "aquelas que são da fé" (3.9). No contexto, é inteiramente óbvio que isto se refere menos aos judeus em geral do que àquelas pessoas (geralmente judaicas) que insistem que as "obras da Lei" são indispensáveis para participar nas bênçãos prometidas de Abraão (aqui particularmente os "agitadores" judeu-cristãos).

Rm 2.1 a 3.18, dirigida primeiramente a "aqueles que estão sob a Lei" (3.19). Também aqui, "obras da Lei" (3.20) é uma alusão às obrigações que a Torá de Israel estabeleceu sobre Israel. Era exatamente a posição de Israel "sob a Lei", "dentro da Lei", "tendo a Lei" (Rm 2.12,14), como manifestada pelas "obras da Lei", que lhe deu a segurança que Paulo tinha tentado minar em Rm 2.1-3.18. Se esse ponto ainda não estiver suficientemente claro, Paulo coloca-o além de qualquer discussão quando o lembra em Rm 9.30-32: tentar "perseguir a Lei da justiça"[8] como se isto pudesse ser realizado "por obras" era exatamente o erro de Israel.

Portanto, o primeiro ponto argumentativo que deve ser explanado é que "obras da Lei" é uma expressão muito específica e claramente demarcada. Refere-se a "obras *da Lei*". E isto não significa uma lei qualquer ou todas as leis, mas especificamente a Lei judaica.[9] Em outras palavras, seu alvo é uma atitude característica e distintamente judaica. É esta expressão que mais do que qualquer outra deixa claro que a doutrina paulina da justificação emergiu de um contexto específico e em resposta a uma pergunta particular: como os gentios podem reivindicar a aceitação pelo Deus de Israel? Como os gentios podem reivindicar os direitos e privilégios de Israel, sem assumir também as suas responsabilidades tal como elas são registradas na Torá?[10]

2.2. Podemos ser mais específicos. O que Paulo tinha particularmente em vista na expressão "obras da Lei" eram as exigências da Lei, que marcavam com a máxima clareza Israel como o povo da aliança de Deus em seu estado de separação para Deus, isto é, em

---

[8] Deve se notar o papel positivo que é aqui atribuído à Lei, um ponto muitas vezes negligenciado porque é tão inesperado para a visão tradicional; cf., *p.ex.*, a tradução da RSV, "*Israel who pursued the righteousness which is based on law*" [Israel que perseguia a justiça baseada na Lei; semelhantemente NRSV] – uma paráfrase não justificada do texto grego.

[9] Há muito tempo estabeleceu-se que a presença ou ausência do artigo definido não faz qualquer diferença; cf., *p.ex.*, W. Sanday, A. C. Headlam, *Romans*. ICC (Edimburgo: T. & T. Clark, 1895), p. 58; E. de WITT Burton, *Galatians*. ICC (Edimburgo: T. & T. Clark, 1921), p. 447-460.

[10] K. Stendahl; cf. especialmente seu *Paul Among Jews and Gentiles* (Londres: SCM, 1977).

sua separação daqueles fora da aliança, acima de tudo das outras nações (gentias).

Isto fica imediatamente claro em Gl 2. A primeira, e de muitas maneiras a mais definitiva, afirmação da teologia paulina da justificação (Gl 2.16) é formulada como a conclusão ou consequência imediata dos dois episódios precedentes (Gl 2.1-10,11-14). Nesses episódios, Paulo tinha resistido às tentativas dos colegas judeus (judeu-cristãos) de insistir que os gentios que criam no Messias Jesus deveriam ou ser circuncidados (Gl 2.3-6) ou observar as leis alimentares judaicas (2.12-14).[11] Eram exatamente estas exigências, ou pelo menos exigências como estas, que Paulo pensava quando denunciou Pedro por insistir efetivamente que as "obras da Lei" eram ainda necessárias se alguém quisesse ser justificado (Gl 2.15-16).[12] O importante aqui é que as duas "obras" (circuncisão e leis alimentares) eram exatamente as leis que se tornaram marcadores de fronteira cruciais na tentativa de Israel de preservar o seu caráter distinto dentro do mundo helenista, Tais ideias foram desenvolvidas a partir da revolta macabeia (1Mc 1.60-63).[13] E é exatamente essa atitude que ganha sua expressão em Gl 2.12 – a obrigação (obras) da Lei exigindo de judeus que eles se "separem" dos outros.

O mesmo ponto expressa-se também em Romanos. Dizer "obras da Lei" (Rm 3.20) é provavelmente a maneira paulina de expressar uma atitude criticada em Rm 2.17-29 – isto é, a suposição evidentemente característica judaica de que a Lei dava a judeus uma posição de vantagem (ou superioridade) sobre outras nações. Essa

---

[11] Para ser exato, a questão foi a necessidade dos judeus (cristãos judeus) de observar as leis alimentícias; mas a consequência era que os crentes gentios podiam continuar tendo uma comunhão de mesa com os judeu-cristãos somente se eles, por sua vez, observassem as mesmas leis; isto é, se "judaizassem".

[12] Cf. também, *p.ex.*, R. Heiligenthal, *Werke als Zeichen*. WUNT 2.9 (Tübingen: Mohr, 1983): "*Wenn Paulus von den 'Gesetzeswerken' redet, denkt er konkret an Speisegebote und Beschneidung*" [Quando Paulo fala de "obras da Lei", ele pensa concretamente em leis alimentares e circuncisão]; p. 133.

[13] Abordei a importância e o significado dessas duas leis em particular em vários outros lugares; cf., *p.ex.*, "What was the Issue between Paul and 'Those of the Circumcision?'", in M. Hengel, U. Heckel, *Paulus und das antike Judentum*. WUNT 58 (Tübingen: Mohr, 1991), p. 295-312, aqui: especialmente p. 303-305 (= acima, Cap. 5, p. 242-244); *Romans*. WBC 38 (Dallas: Word, 1988), p. 800-802; *Galatians*. BNTC (Londres: A. & C. Black, 1993), p. 117-124.

inferência impõe-se pela maneira como Paulo se volta para o tema "obras da Lei" em Rm 3.27-31. Dois pontos dignos de nota são evidentes, de acordo com o fluxo do pensamento. 1) Em Rm 3.27-28 é óbvio que "obras da Lei" (3.28) é também uma maneira de entender a Lei em termos de obras (3.27) – a única maneira de "estabelecer a Lei" (Rm 3.31) é fazer literalmente o que ela exige. Lembremo-nos de que esta era a maneira como Paulo repetira sua crítica a Israel em Rm 9.30-32. 2) Mais importante para o nosso ponto concreto é que o vínculo entre Rm 3.27-28 e 3.29-30 implica claramente que entender a Lei em termos de obras era o mesmo que afirmar que Deus é o Deus somente dos judeus (3.29), enquanto reconhecer que Deus o é também dos gentios (como indica o Sh^{e}ma) implica que a Lei pode ser estabelecida através da fé (Rm 3.30-31). Aqui novamente, as obras da Lei, a Lei entendida em termos de obras, funciona(m) para manter Israel distinto e separado das outras nações.

É interessante que o documento 4QMMT, recentemente publicado, use a expressão de maneira muito semelhante.[14] São "as obras da Torá" ilustradas pela carta (QIMRON C26-27; Garcia MARTÍNEZ 112-113) que explicam por que a seita de Qumran "se separou (literalmente: "nos separamos") da multidão do povo" (QIMRON C7; Garcia MARTÍNEZ 92). O importante é aqui não a separação de Israel das nações, mas o mesmo verbo [parash] usado em Gl 2.12 e a mesma atitude expressa por ambas as expressões ("obras da Lei", "separar-se"). Isto é, a Lei entendida como exigindo um padrão particular de conduta e ritual, de modo que a falha em observar esse padrão era o mesmo que romper com a Lei e com a aliança. É exatamente a função da Lei como fronteira, demarcando, separando e protegendo o povo da aliança da contaminação com outros povos, que se expressa em tais usos da expressão "obras da Lei" (cf. particularmente Aristeias 139.142; Jubileus 22.16). O alto grau em que a atitude expressa em 4QMMT confirma a atitude criticada em Gálatas permite inferir que o mesmo conjunto de crenças e convicções está presente em ambos os textos.[15]

---

[14] E. Qimron, J. Strugnell, *Miqsat Ma'ase Ha-Torah.* DJD 10.5 (Oxford: Clarendon, 1994) e F. Garcia Martínez (*acima*, nota 4).

[15] É muito interessante que a observância dessas obras da Lei seja claramente considerada o motivo para ser contado justo, onde a alusão a Gn 15.6 é clara

2.3. De tudo isso, segue que "obras da Lei" em Gálatas e Romanos não significa "boas obras" em geral. Ou, para ser mais exato, quando Paulo critica as "obras da Lei", ele não está atacando uma tentativa de alcançar a salvação por seus próprios méritos.[16]

Em primeiro lugar, esse tipo de interpretação deixa de considerar a teologia do nomismo da aliança.[17] Uma familiaridade mínima com o Deuteronômio, que é, por sua vez, uma afirmação clássica do nomismo da aliança, deveria ter alertado os comentaristas da visão de que a teologia da aliança (sinaítica) fosse essencialmente legalista; isto é, que a obediência à Torá era necessária para obter a aceitação por Deus, ou que a perfeita obediência às exigências da Torá era necessária para ser admitido no mundo do porvir. Muito pelo contrário, o ponto de partida para a teologia do Deuteronômio é a livre eleição de um povo escravo por Deus, sem qualquer coisa que o recomendasse além de sua própria promessa aos patriarcas (Dt 6.20-23; 7.6-8; 8.11-18). O ponto é expresso em Dt 9.4-5 em termos quase paulinos:

> Quando YHWH teu Deus as (isto é, as nações de Canaã) tiver removido de tua presença, não vás dizer em teu coração "É por causa de minha justiça que YHWH me trouxe para ocupar esta terra"; [...]. Não é por causa de tua justiça ou da retidão de teu coração que irás ocupar a terra delas, mas é por causa da perversidade dessas nações que YHWH teu Deus as expulsará da tua frente, e também para cumprir a promessa que YHWH deu com juramento a teus antepassados, a Abraão, a Isaque e a Jacó.

Este ponto deveria ter sido considerado mais plenamente do que tem sido o caso nos últimos 50 anos, já que os Escritos de Qumran, exatamente como parte do nomismo da aliança, expressam sua confiança na graça e justiça divinas nos mesmos termos paulinos (1QS 11.11-15; 1QM 11.3-4; 1QH 4[= 12].30-32).

(Qimron, p. C30-31; Garcia Martínez, p. 116-117); além disso, cf. meu "4QMMT and Galatians" (*acima*, nota 4), aqui: p. 151-152 (= *acima*, Cap. 14 [p. 492-495]).

[16] Contra o estudo clássico influente de R. Bultmann, *Theology of the New Testament*, 1 (Londres: SCM, 1952), p. 283 – "'obras da Lei' [...] representa obras em geral, qualquer e todas as obras como obras-de-mérito".

[17] Esta foi a preocupação particular de Sanders ao cunhar essa expressão – isto é, a própria expressão era destinada a encarnar a crítica à visão tradicional de que o judaísmo era inerentemente legalista.

Além disso, a ideia de que a religião de Israel ou o judaísmo do Segundo Templo ensinasse a necessidade de obediência perfeita é, da parte de gerações de intérpretes cristãos, uma espécie de anseio de ver seus desejos cumpridos. Isto é, nasceu muito provavelmente como um pressuposto necessário da hipótese do legalismo judaico que tem sido uma característica tão dominante da interpretação cristã da teologia paulina da justificação.[18] De fato, porém, a pressuposição carece de qualquer evidência sustentável. Pelo contrário, a provisão de um sistema de sacrifícios, particularmente de sacrifícios pelos pecados, uma provisão tão fundamental para a aliança de Israel, atesta por si mesma um sistema elaborado para lidar com pecado e falhas – isto é, um sistema não definido pela necessidade ou possibilidade de obediência perfeita. Não há, tampouco, qualquer texto daquele período que possa ser entendido facilmente como uma afirmação da crença judaica de que era necessária uma obediência 100% (basta contrastar 1QH 4[= 12].30-32 e Fílon, Virt 177), ou da visão cristã agora muito popular de que os fariseus (como típicos representantes do legalismo judaico) exigissem o acúmulo de méritos para contrabalançar e superar o demérito no que diz respeito à garantir a herança do mundo do porvir.[19]

A relevância desta linha de reflexão advém do fato de que a doutrina paulina da justificação, em relação à sua capacidade de assumir a teologia judaica da justiça como o seu ponto de partida, foi muito negligenciada. E foi exatamente por elaborar seu conceito da justiça divina (Rm 1.17) a partir das Escrituras de seu povo[20] que Paulo podia introduzir a expressão sem explicação. É a pressuposição do nomismo da aliança, ideia de que a justiça de Deus precede a qualquer resposta humana e sustenta até mesmo a Israel, uma insistência na "justiça salvífica", concepção que também é o ponto de

---

[18] Gl 3.10; cf., *p.ex.*, H. Hübner, *Law in Paul's Thought* (Edimburgo: T. & T. Clark, 1984), p. 18-20; T. R. Schreiner, *The Law and its Fulfilment: A Pauline Theology of the Law* (Grand Rapids: Baker, 1993), p. 60.

[19] Que o judaísmo do Segundo Templo *não* ensinava a necessidade de "perfeição" na observância da Lei tal foi um dos pontos de consenso no *Durham--Tübingen-Symposium* sobre *Paul and the Mosaic Law* (J. D. G. Dunn [org.], WUNT 89 [Tübingen: Mohr, 1996]), p. 312 (= *acima*, p. 417).

[20] Cf., *p.ex.*, S. K. Williams, "The 'Righteousness of God' in Romans", in *JBL* 99 (1980): 241-290.

partida da teologia paulina da justificação. Portanto, é difícil provar outro componente de sua doutrina – justiça vindo da fé e não das obras da Lei – tivesse a intenção de ser uma refutação daquele axioma básico da teologia da aliança de Israel. Em outras palavras, a expressão "obras da Lei" não deveria ser entendida como um ataque aos esforços humanos (obras). Como indicado acima (§ 2.2), a expressão tem um foco que conserva alguma relação com tal ideia, mas ainda assim, é distinto.

A meu ver, embora o ponto seja mais controverso, esse *insight* ajuda a explicar uma passagem geralmente considerada uma afirmação do legalismo judaico – Rm 4.4-5 – "para quem trabalha, o salário não é considerado um favor/graça, mas uma dívida/débito; porém, para quem não trabalha, mas crê naquele que justifica a pessoa sem Deus, sua fé é 'contabilizada para a justiça'".[21] O erro na exegese usual é a suposição de que "uma pessoa que trabalha por recompensa" corresponderia à descrição de uma atitude tipicamente judaica. O que tal exegese esquece é que a autocompreensão de Israel pressupunha o reconhecimento de que seu Senhor era "um Deus misericordioso e cheio de graça, tardio em irar-se e abundante em amor e fidelidade" (Ex 34.6). Isto é, a justiça de Deus era tida, tanto para Israel quanto para Abraão, "como um favor/uma graça" [*katà chárin*][22] e não como uma dívida/um débito. Em outras palavras, assim como no parágrafo anterior (3.30), Paulo parece citar aqui um teologúmeno que era tanto judaico quanto cristão, para tirar dele uma conclusão que servia para o seu debate mais imediato e mais restrito (considerando a função das obras da Lei a respeito de um evangelho tanto para os gentios quanto para os judeus).

2.4. Por isso, em suma: 1) Para nossa compreensão do ensinamento paulino sobre a justificação é importante observar a

---

[21] Na discussão recente, cf. especialmente S. Westerholm, *Israel's Law and the Church's Faith: Paul and His Recent Interpreters* (Grand Rapids: Eerdmans, 1988), que remete para este ponto repetidamente Rm 4.4-5.

[22] Embora a LXX tenha preferido *éleos* para traduzir o grande termo da aliança ḥesed ("amor fiel"), o termo *cháris* característico de Paulo tem o mesmo sentido; cf. ainda meu livro *Theology of Paul*, § 13.2.

expressão completa – obras *da Lei*. Sem a referência à Lei, o ponto argumentativo de Paulo se perderá. 2) É igualmente importante reconhecer o foco restritivo da expressão – como uma crítica à preocupação de Israel de viver sua existência distinta como um povo separado para o Senhor. 3) Isto significa também que a expressão não deveria ser considerada uma circunlocução para a visão legalista de que a aceitação por Deus tinha de ser merecida pela boa conduta.

Aqui, o argumento é perfeitamente resumido no debate sobre a crítica paulina ao "gloriar-se" (Rm 3.27). Tradicionalmente, tal tem sido entendido como o gloriar-se de seus próprios esforços, da justiça autoalcançada.[23] No entanto, uma referência mais óbvia é o "gloriar-se" de Rm 2.17,23: é o único outro "gloriar-se" mencionado por Paulo; e a abertura de 3.27 ("Ora, onde está o gloriar-se?") deve ser entendida obviamente como uma referência a esse gloriar-se mencionado antes. Nesse caso, diz imediatamente respeito à nossa discussão que o "gloriar-se" de Rm 2.17,23 é uma expressão da confiança de Israel em seu *status* e privilégio de aliança, contra outros povos (gentios) (Rm 2.17-20).[24] Por isso, dada a correlação imediata de "gloriar-se" e "obras da Lei" em 3.27, a crítica de Paulo ao "gloriar-se" reforça o fato dele pensar em "obras *da Lei*"; e a sua crítica dessas obras deve se voltar contra a presunção judaica de privilégio e contra a necessidade de salvaguardar aquele privilégio pela insistência naquelas obras da Lei que sustentavam sua separação em relação às outras nações.

---

[23] "Autoconfiança pecaminosa" (Bultmann, *Theology*, 1.242); "gloriar-se" (Hübner, *Law*, p. 116).

[24] O mesmo é geralmente desconsiderado em Rm 10.3, em que Paulo critica os outros judeus por "procurar estabelecer sua própria (*ídian*) justiça". Aqui se presume de novo regularmente que "sua própria" significa "adquirido por eles" (Bultmann, *Theology*, 1, p. 285; Hübner, *Law*, p. 121,128-129). No entanto, "sua própria" (*ídian*) significa corretamente "deles" e não de outros, isto é, a justiça judaica não disponível para gentios. Cf., além disso, novamente meu *Theology of Paul*, § 14.6b.

3. "Obras" na Carta aos Efésios, nas Cartas Pastorais e em 1ª Carta de Clemente

Como essa descoberta se reflete em nossa compreensão das subsequentes passagens acima citadas e geralmente consideradas equivalentes à teologia paulina mais antiga da justificação proveniente "de fé e não de obras da Lei"? O procedimento mais óbvio é examinar, uma após a outra, cada passagem acima citada.

3.1. Ef 2.8-9. De relevância imediata é o fato de que temos aqui "fé" e "obras" colocadas em antítese, e a afirmação de uma associação estreita entre "obras" e "gloriar-se". Igualmente notável é o fato de que encontramos no contexto imediatamente subsequente a expressão de um senso judaico que aponta para o privilégio sobre gentios (Ef 2.11-12), e uma concepção da Lei cuja funcionalidade corroborava para dividir/separar o judeu do gentio (Ef 2.14-15). Em outras palavras, parece que nós temos todos os elementos que construíram o ensinamento paulino mais antigo sobre a justificação, como "de fé e não de obras da Lei". Com base nesses dados, dificilmente causará surpresa o fato de que alguns tenham encontrado aqui uma simples reafirmação do ensinamento paulino mais antigo, com "obras" significando "obras da Lei", e "gloriar-se" indicando uma confiança (mal-)depositada em seus próprios esforços.[25]

Duas outras características, porém, precisam ser incluídas nessa discussão. Uma é que o imaginário parece ter se desenvolvido desde a mais antiga formulação do evangelho de Paulo. Nós devemos notar particularmente o forte senso daquilo que poderíamos chamar de "escatologia realizada". Refiro-me ao duplo fato de que tanto a ressurreição (e exaltação) com Cristo (Ef 2.6) quanto

---

[25] H. Schlier, *Der Brief an die Epheser* (Düsseldorf: Patmos, 1957), p. 116; M. Barth, *Ephesians*. AB 34 (Nova Iorque: Doubleday, 1974) 244; F. Mussner, *Der Brief an die Epheser*. OTKNT (Gütersloh: Gütersloher, 1982), p. 67; cf. I. H. Marshall, "Salvation, Grace and Works and the Later Writings of the Pauline Corpus", in *NTS* 42 (1996): 339-358 (aqui: 345-347). Mais cuidadosos na informação são J. Gnilka, *Der Epheserbrief*, 2ª ed. HThKNT (Friburgo [Alemanha]: Herder, 1977), p. 130; P. Pokorny, *Der Brief des Paulus an die Epheser*. ThHNT (Berlim: Evangelische, 1992), p. 110.

a salvação (2.5,8) são apresentadas como algo que já foi alcançado pelo crente. Ambas as afirmações estão em certo contraste com as formulações mais cuidadosas (reserva escatológica) de passagens-chave como Rm 6.5-8 e 8.11, onde a ressurreição com Cristo, ou como a de Cristo, é vista como algo que pertence ao "ainda-não". Mais típico de Paulo e em notável relação imediata com o seu ensinamento sobre a justificação é Fl 3.8-11 – a ressurreição como o ponto final de uma vida de sofrimento e de crescente conformidade com a morte de Cristo. Semelhantemente é característico do Paulo mais antigo que a "salvação" pertença ao "ainda-não", uma imagem da *completação* do propósito redentor de Deus (*p.ex.*, Rm 5.9-10).²⁶ Os dois pontos são coerentes e reforçam a impressão de que a perspectiva nessas passagens (seja de um discípulo pós-Paulo ou do Paulo tardio) é diferente da visão de Paulo em seus primeiros anos. Que diferença isto faz para a nossa questão?

A outra característica é de relevância mais imediata. É o fato de que o discurso sobre "obras" (Ef 2.9) não ocorre dentro ou como parte da superação da divisão entre judeus e gentios (Ef 2.11-22). Ao contrário, parece haver uma tentativa deliberada em 2.1-10 de universalizar a constatação do evangelho. A descrição de Ef 2.1-2 soa primeiro como uma visão muito judaica a respeito dos gentios. Contudo, o autor corrige essa impressão imediatamente (2.3): "todos nós vivemos antigamente assim"; "nós (cristãos de qualquer origem étnica) fomos por natureza filhos e filhas da ira, como todas as outras pessoas". O ponto ganha força quando lembramos que o autor parece ter separado os elementos da perspectiva judaica do seu modelo (Cl 2.13 – "mortos nas transgressões e na incircuncisão de vossa carne [...]").²⁷ Ele reutiliza a primeira expressão em Ef 2.1 ("mortos nas transgressões"). A segunda, porém, é incorporada como o início da segunda parte do capítulo

---

²⁶ Notável é o contraste com Rm 8.24: "fomos salvos (aoristo) *na esperança*"; apesar de toda confiança da esperança cristã, a salvação/redenção completa ainda está por vir (Rm 8.23).

²⁷ A classificação do mundo em circuncisão/incircuncisão (como em Rm 2.25-27; 3.30; 4.9-12; Gl 2.7-8; Cl 3.11) é uma perspectiva consumadamente judaica. Somente judeus consideravam a circuncisão um fator positivo de identidade (para gregos era antes uma forma de mutilação). E certamente não eram gentios que escolheram identificar a si mesmos como "prepúcio incircunciso".

– 2.11 ("vós, gentios na carne, chamados incircuncisão por aqueles que se intitulam circuncisos, na carne, por mãos humanas").[28] Isso indica uma tentativa delibera de separar a perspectiva dos dois parágrafos (Ef 2.1-10,11-22), particularmente de tornar 2.1-10 uma expressão mais universal do evangelho e de conferir-lhe uma aplicação mais específica à antiga divisão judeu *versus* gentio somente no segundo parágrafo (2.11-22).

A conclusão apropriada que devemos tirar disso é que Ef 2.8-9 *não* era pensado como uma reafirmação do ensinamento paulino sobre a justificação "de fé e não de obras da Lei". Muito ao contrário, Ef 2.8-9 expressa uma perspectiva diferente. Como devemos caracterizá-la? Provavelmente como uma tentativa de reafirmar o teologúmeno mais fundamental do próprio Israel (como em Dt 9.5): de que toda salvação começa pela graça de Deus e depende da graça de Deus, do início até o fim. Portanto, o ponto argumentativo de 2.1-10 seria que o princípio por trás da eleição de Israel como povo de Deus era um princípio que se aplicava a todos. E o ponto argumentativo de 2.11-22 seria que Deus tinha mostrado em Cristo que aquilo que fora formalmente o privilégio singular de Israel foi agora aberto para todos. Em outras palavras, Ef 2.8-9 pode estar voltando para os primeiros princípios, de maneira semelhante como o próprio Paulo fizera em Rm 4.4-5 e 9.7-13.

Portanto, isso significa que Ef 2.8-9 não é uma reafirmação da justificação proveniente "de fé e não de obras da Lei", mas uma reafirmação do princípio teológico mais fundamental que Paulo tirou de sua herança e compartilhou com as afirmações clássicas da religião de Israel. Significa também, por um lado, que Ef 2.8-9 não pode ser entendido como indicação do sentido e da argumentação da formulação paulina mais antiga; isto não anula as conclusões alcançadas na seção anterior. O fato de que a passagem se refere a "obras" e não a "obras da Lei" permanece de importância crucial

---

[28] "Circuncisão na carne" faz eco à descrição clássica da descrição como marcador da aliança de Deus com Israel em Gn 17.11-14 ("vossa carne" ocorre três vezes); cf. Rm 2.28; Gl 6.12-13; Fl 3.3-5. Aqui, a expressão "feita por mãos" (Ef 2.11) deve-se provavelmente ao contraste com a expressão "feita sem mãos" em Cl 2.11.

para a exegese de ambas as passagens. Por outro lado, porém, ao universalizar as preocupações particulares do Paulo mais antigo (Ef 2.1-10), e ao separá-las dessas preocupações particulares (2.11-22), o autor oferece uma das afirmativas clássicas da justificação pela fé como um princípio universal e fundamental que deveria estar subjacente a qualquer religião realista.

3.2. 2Tm 1.9; Tt 3.5. Podemos abordar esses dois textos juntos, já que eles têm características comuns e parecem argumentar em favor da mesma coisa. 1) Ambos são efetivamente "ditos de fé" – o último explicitamente (3.8a), o primeiro no sentido de compartilhar as características de outros "ditos de fé" (cf. particularmente 1Tm 1.15). Portanto, o que pode ser significativo aqui é que não expressam a própria perspectiva nova do(s) autor(es), mas são justamente citados porque formulam "fé", "verdade", e neles "ensinamentos são" estabelecidos. 2) Ambos falam da salvação como um ato de Deus já realizado (ambos usam "salvar" no aoristo). Ou seja, eles compartilham mais a perspectiva de Ef 2.5,8 do que a do antigo Paulo.

À medida que diz respeito a nosso interesse imediato, é significativo que ambas as formulações, assim como Ef 2.8, falam somente de "obras", não de "obras da Lei".[29] A formulação é levemente diferente (2Tm 1.9 – "não de acordo com nossas obras"; Tt 3.5 – "não de obras na justiça que fizemos"). Mas o ponto argumentativo é o mesmo. Notável é a ênfase na iniciativa e na graça divinas: "ele nos salvou"; "ele nos chamou"; "de acordo com seu próprio propósito e graça", "dada (como uma dádiva) em Cristo Jesus"; "antes de tempos imemoráveis" (2Tm 1.9); "a bondade e amabilidade amorosa de nosso Deus Salvador"; "de acordo com sua misericórdia, ele nos salvou" (Tt 3.4-5). Em outras palavras, nós temos aqui mais exemplos daquilo que já encontramos em Ef 2.8-9 – isto é, uma reafirmação do princípio mais fundamental da aceitabilidade humana

---

[29] Quando alguém nota a diferença, não a aprecia adequadamente (cf., *p.ex.*, J. D. Quinn, *The Letter to Titus*. AB 35 [Nova Iorque: Doubleday, 1990], p. 216). Mais cuidadoso é L. Oberlinner, *Die Pastoralbriefe: Zweiter Timotheusbrief*. HThKNT XI.2/2 (Friburgo [Alemanha]: Herder, 1995), p. 38-39.

diante de Deus, em vez de uma reafirmação da polêmica paulina de foco mais estreito.[30]

É igualmente importante notar que as cartas refletem uma situação e perspectiva bastante diferentes do contexto polêmico em que Paulo formulou pela primeira vez seu ensinamento sobre a justificação. Não há nenhum indício nas Cartas Pastorais de que a questão de "obras da Lei" fosse uma questão aberta. Tt 1.10 refere-se a oponentes, "especialmente àqueles da circuncisão" – a mesma expressão de At 11.2 e Gl 2.12. Assim como Ef 2.11 denota presumivelmente judeus, porque (como já observamos) somente judeus consideravam a circuncisão um marcador de identidade positivo – ou, para ser mais exato, judeu-cristãos que ainda continuavam a pensar como judeus, isto é, continuavam a acreditar que a forma dos gentios compartilharem das bênçãos da aliança de Israel (o messias!) era serem circuncidados (Gn 17.12-14) e se tornarem prosélitos. No entanto, há aqui, ainda que muito menos do que em Ef 2.8-9, alguma indicação de que a formulação do evangelho em Tt 3.4-7 (ou 2Tm 1.9-10) estava direcionada contra essa perspectiva. Há pouca indicação de que essa espécie de perspectiva estava presente nas Igrejas da Creta (ou de Éfeso): outras referências a características judaicas (a Lei -1Tm 1.8-9; "mitos judaicos" – Tt 1.14) não oferecem apoio; e a menção feita a "aqueles da circuncisão" pode simplesmente ser uma maneira formular de se fazer referência aos judeu-cristãos (como em Cl 4.11).

Ao mesmo tempo, a teologia dos ditos de fé é a teologia da aliança de Israel. "Chamados por uma santa vocação" (2Tm 1.9) tem uma forma hebraica e faz eco à compreensão de israelitas como "chamados para serem santos" (como também particularmente em Rm 1.7 e 8.27-28).[31] De novo, está implícita a continuidade da identidade com o propósito mais antigo de Deus, que caracteriza Israel

---

[30] A adição de "em justiça" (Tt 3.5) pode ter o sentido de uma expressão ainda mais aguda do princípio fundamental; cf. L. Oberlinner, *Die Pastoralbriefe: Zweiter Timotheusbrief*. HThKNT XI.2/2 (Friburgo [Alemanha]: Herder, 1995, citando P. Trummer, *Die Paulustradition der Pastoralbriefe* (Frankfurt, 1978), p. 187.

[31] A ideia do "chamado" de Israel é proeminente no Deuteroisaías (Is 41.8-9; 42.6; 48.12; 49.1; 51.2; 54.6) e nos Escritos de Qumran (1QM 3.2; 4.10-11; cf. 14.5; 1QSa 1.27; 2.2,11; CD 2.11; 4.3-4). Mais difundida é a ideia de Israel como "santos/sagrados" (*p.ex.*, 16.3; 34.9; Dn 7.18; 8.24; Tb 8.15; Sb 18.9; 1QSb 3.2-4; 1QM 3.5).

pelo chamado de Deus (cf. Rm 9.7-11.24). E o uso do termo "misericórdia" (*éleos*) em Tt 3.5 não é acidental, já que é a tradução grega normal desse forte termo judaico, que denota o "amor da aliança, a bondade amorosa" de Deus, é tão fundamental para a autocompreensão de Israel como o povo eleito de Deus (Ex 34.6-7).[32] Em outras palavras, é o teologúmeno básico da autocompreensão de Israel (o povo eleito por Deus para manifestar sua misericórdia) que se expressa novamente em 2Tm 1.9 e Tt 3.5. O evangelho é formulado no apelo à compreensão mais fundamental que Israel tinha da graça divina – não apesar de Israel, ou em contradição com o judaísmo.[33] Portanto, também aqui, as Cartas Pastorais parecem retornar para o período anterior à crítica paulina, chamada polemicamente de "obras da Lei" – chega à compreensão mais fundamental de que toda aceitabilidade humana diante de Deus depende não da atividade humana, mas da graça divina, do início ao fim.

3.3. 1Cl 32.3-4. Com 1 CLEMENTE, as linhas claras traçadas em Efésios e nas Cartas Pastorais tornam-se mais difusas. A reafirmação do evangelho em 32.3-4 faz certamente ressoar a mesma nota que já ouvimos claramente nas Cartas Paulinas Tardias. De fato, a afirmação de que a justificação é através de fé é mais explícita do que em qualquer uma das formulações das Cartas Pastorais. O caráter é difuso porque, à semelhança da Carta de Tiago, 1 Clemente considera necessário ser mais vago do que as afirmações mais distintivas de Paulo sobre a justificação, oferecendo uma parênese cuja formulação parece qualificar a afirmação direta da justificação pela fé e não pelas obras. Isso não quer dizer simplesmente que 1 Clemente recomendasse "boas obras" e a recompensa pela sua prática (33-35); as Cartas Pastorais já fizeram isso[34] (e antes delas, o próprio Paulo)[35] sem comprometer as afirmativas fundamentais do evangelho. Antes, 1 Clemente faz outras afirmações, a saber: Henoc fora "considerado

---

[32] Cf. *acima*, nota 22. O entre 2.11 e 3.4-5 confirma que os termos *éleos* e *cháris* eram entendidos quase como sinônimos.
[33] Cf. também Marshall, "Salvation", p. 350-351.
[34] 1Tm 2.10; 3.1; 5.10(duas vezes),25; 6.18; 2Tm 2.21; 3.17; 4.14; Tt 1.16; 2.7,14; 3.1,8,14.
[35] Rm 2.6-7; 13.3; 1Cor 3.13-15; 2Cor 9.8; Cl 1.10; 2Ts 2.17.

justo em sua obediência" (9.3); "por causa de sua fé e hospitalidade, um filho foi lhe dado (isto é, a Abraão) em sua idade elevada, e em sua obediência ele o ofereceu como um sacrifício a Deus na montanha" (10.7); "por causa de sua fé e hospitalidade, a prostituta Raabe foi salva" (12.1). No contexto imediatamente precedente a 32.3-4, o autor pergunta: "Por que nosso pai Abraão foi abençoado?" e ele mesmo responde: "Será que não foi porque praticou a justiça e a verdade através da fé?", referindo-se diretamente ao sacrifício de Isaac (31.2-3). O eco de Tg 2.21-25 é forte, sendo, porém, um eco também daquela espécie de raciocínio que precisava ser enfrentado (1Mc 2.52) e que Paulo provavelmente já abordara através de sua exposição de Gn 15.6 em Rm 4.[36]

Nesse caso, tudo o que nós podemos dizer é que não só se perdeu de vista o argumento específico e particular de Paulo, sobretudo em termos de "obras da Lei", mas até mesmo o principio evangélico mais fundamental: este, tão claramente formulado em Ef 2.8-9; 2Tm 1.9 e Tt 3.5, foi comprometido até mesmo quando foi reafirmado. A perspectiva está agora duplamente distante de Paulo, e nós podemos esperar poucos esclarecimentos adicionais a respeito daquilo que o próprio Paulo poderia ter desejado dizer.

4. Conclusões

O que podemos concluir de tudo isto?[37]

1) A expressão "obras da Lei" foi uma formulação do judaísmo do Segundo Templo. Não foi uma expressão nova cunhada por Paulo, nem representava uma visão exclusivista ou idiossincrática que Paulo tivesse do judaísmo do Segundo Templo. Muito pelo contrário, representava uma concepção característica do judaísmo do Segundo Templo – uma atitude nomista (não legalista) do "nomismo da aliança".

---

[36] Cf. meu livro *Romans*, p. 200-201.
[37] Confira-se e contraste-se Marshall, "Salvation", p. 355-357; espero que as conclusões esclareçam os meus pontos de acordo e desacordo com Marshall.

2) Como tal, a expressão "obras da Lei" era específica do argumento paulino particular e fora direcionada com exatidão, a saber, contra as consequências negativas para os gentios crentes, consequências sintetizadas nessa expressão.

3) Paulo não a usava como uma expressão do princípio fundacional da aliança (nomismo da aliança). De fato, a maioria dos judeus e muitos/quase todos os judeu-cristãos entendiam a necessidade de "obras da Lei" como derivada do princípio fundacional da aliança (*nomismo da aliança)*; mas, na visão de Paulo, o preconceito contra os gentios inerente à expressão constituía uma corrupção do princípio.

4) O princípio fundamental da justificação pela graça/bondade amorosa era também um princípio fundamental da aliança e da eleição de Israel, extraído conscientemente por Paulo dessa fonte.

5) Paulo considera esse princípio evidente (Rm 1.17, 4.4-5; Gl 2.15-16), mas foram as cartas paulinas tardias que lhe conferiram sua afirmação e formulação mais clara.

Em resumo, ao notar a distinção entre o discurso mais antigo de "obras da Lei" e as referências a "obras" em Ef 2.9, 2Tm 1.9 e Tt 3.5, nós temos mais condições de identificar a preocupação particular do primeiro uso paulino e podemos reorganizar o princípio mais fundamental expresso no segundo. Nós podemos também constatar através da distinção que os conceitos não são simplesmente os mesmos, e assim nós podemos reconhecer a importância dos dois para uma apreciação apropriada da teologia paulina, especialmente da sua teologia da Lei.

Capítulo 18

Jesus, o juiz: outros pensamentos sobre a cristologia e soteriologia paulinas

"Ele virá na glória para julgar os vivos e os mortos". São estes os familiares termos Credo Niceno, os quais são um desenvolvimento do Credo Apostólico: "de onde (isto é, da direita de Deus) há de vir para julgar os vivos e os mortos". O tema de Jesus, o juiz, é familiar aos cristãos, haja vista as repetições contínuas desse credo, a rica iconografia do cristianismo Oriental e a confissão mais elaborada do cristianismo Ocidental. Mesmo assim, este assunto parece ter atraído pouca atenção nos recentes estudos cristológicos.[1] Por qual motivo, já que o tema é em si mesmo bem interessante? Responder tal questão adequadamente envolveria demasiada especulação. Aqui, basta simplesmente perguntar se a ideia da (segunda) vinda de Cristo *(parousía)* é comprovadamente muito difícil, e isto sem que se inclua a imagem mais abrangente do julgamento por Cristo, e se o problema referente à reconciliação da ideia de Cristo como justificador com a ideia de Cristo como juiz comprovou ser mais tarde demasiadamente confusa.

Como especialista em Novo Testamento, é o ensinamento neotestamentário sobre o assunto que chama a atenção. E eu, que tentei recentemente apresentar um estudo abrangente sobre a

---

[1] Inclusive a obra do homenageado: *Christology: A Biblical, Historical, and Systematic Study of Jesus* (Oxford: Oxford University,1995). Até mesmo J. Moltmann, *The Coming of God: Christian Eschatology* (Londres: SCM, 1996), trata do assunto apenas em relação à sua discussão do universalismo.

teologia de Paulo, mas que talvez não tenha dedicado atenção suficiente a este aspecto dessa teologia,[2] aproveito esta oportunidade para fazê-lo; nesse ensejo, quero expressar o apreço que tenho por GERRY O'COLLINS, por todos os seus escritos sobre os temas cristológicos, estendendo a ele meu diálogo a respeito desta área difícil.

I

Não há dificuldade em identificar como a ideia do Juízo Final divino entrou no pensamento cristão. Ela era familiar no pensamento grego, mas particularmente proeminente na tradição judaica,[3] e especialmente na expectativa do "Dia do Senhor" como um dia de vingança e ira.[4] É claro que Paulo simplesmente adotou essa expectativa escatológica, como indicam suficientemente os capítulos iniciais de Romanos: "Sabemos que o julgamento de Deus é de acordo com a verdade naquelas pessoas que praticam tais coisas" (Rm 2.2); "o dia de ira e da revelação do julgamento justo de Deus" (2.5); "o dia quando Deus julgará" (Rm 2.16); "o mundo inteiro será sujeito ao juízo de Deus" (3.19).

Surpreendente, porém, é o fato de Cristo também aparecer na cena do julgamento e até mesmo no papel de juiz. Nos textos paulinos, tal característica é proeminente em 2Cor 5.10 ("Todos de nós devem comparecer diante do trono de julgamento de Cristo") e 2Tm 4.1 ("Cristo Jesus que julgará os vivos e os mortos").[5] Igualmente notável é o fato de Paulo poder adaptar a expressão veterotestamentária para falar do

---

[2] J. D. G. Dunn, *The Theology of Paul the Apostle* (Grand Rapids: Eerdmans/Edimburgo: T. & T. Clark, 1998); por isso incluo-me nos mencionados na nota 1.
[3] Além disso, cf. *TDNT*, 3, p. 933-935; *ABD*, 2, p. 82-83.
[4] Por exemplo, Is 13,9.13; 34.8; Ez 7.7-12; Jl 2.1-2; Sf 1.7-2.3; 3.8; Ml 4.1,5; cf. também, *p.ex.*, Dn 7.9-11; Jub 5.10-16; 1Hen 90.20-27.
[5] Cf. At 10.42 – "Jesus é aquele ordenado por Deus como juiz dos vivos e dos mortos"; 17.31 – Deus "determinou um dia em que fará o mundo ser julgado em justiça por um homem que ele estabeleceu". Rm 14.10 – "Todos nós estaremos de pé diante do trono de juiz de Deus"; muito cedo, *theoû* foi substituído por *Cristoû*, provavelmente sob a influência de 2Cor 5.10 (B. M. Metzger, *A Textual Commentary on the Greek New Testament* (Londres: United Bible Societies, 1975), p. 531.

"dia de Cristo" (Fl 1.6,10; 2.16), do "dia do Senhor (Jesus)" (1Cor 1.8; 5.5; 2Cor 1.14; 1Ts 5.2; 2Ts 2.2).[6] O "dia" em vista é claramente o dia do julgamento (Rm 2.16; 1Cor 3.13). Notáveis são também os dois outros textos que descrevem a vinda de Cristo para realizar o juízo: 1Cor 4.5 – "Não pronuncies o julgamento antes do tempo, antes que venha o Senhor que trará à luz as coisas agora ocultas na escuridão e revelará os propósitos do coração"; 2Ts 1.7 "quando o Senhor Jesus é revelado desde o céu com seus poderosos anjos em labaredas de fogo, infligindo vingança naqueles que não conhecem Deus e naqueles que não obedecem o evangelho de nosso Senhor Jesus [...]".

Diante desses dados surgem perguntas importantes: de onde Paulo tirou essa crença em Jesus como Juiz? E o que é o significado desses dados? Para a primeira pergunta há duas respostas óbvias.

II

No pensamento judaico pré-cristão, YHWH é geralmente representado como aquele que julgará.[7] Mas a ideia de que Deus *delega* o julgamento ou compartilha o julgamento com alguém já era bastante frequente no pensamento do judaísmo do Segundo Templo. A noção de que Deus delegava o julgamento a seus representantes na terra (*p.ex.*, Jz 2.16-18; 3.9-10; 2Cr 19.6-8) e os chamaria para prestar contas (Sl 82) já era antiga. Semelhante delegação de julgamento era esperada para os representantes de Deus no porvir. Por exemplo, o messias davídico julgaria (Is 11.3). E o Testamento de Levi espera que o Senhor "faça surgir um novo sacerdote a quem serão reveladas todas as palavras do Senhor. E ele realizará um julgamento verdadeiro na terra por muitos dias" (18.2).

A extensão dessa linha de pensamento sobre o juízo *final* não vem inesperadamente.

O papel de Henoc no julgamento era objeto de certa especulação. O Livro dos Jubileus apresenta-o como a pessoa estabelecida para "manter um registro de todos os atos de cada geração até o dia do julgamento" e que seria uma testemunha particular dos que foram

---

[6] Além disso, cf. *ABD*, 2, p. 76-77.
[7] R. H. Hiers cita Sl 58.11; 96.10,13; Eclo 11.9; 12.14; Is 33.22; Ez 11.8-11; Ml 3.5; TestBen 10.8-10; 1Hen 91.7 (*ABD*, 2, p. 80).

vigilantes (Jub 4.17-24). Semelhantemente, no primeiro livro do ciclo de Henoc, ele é descrito como o "escriba da justiça" que levou a sentença celestial de condenação até os vigilantes (1Hen 12-16). No Testamento de Abraão (Versão B), porém, Abraão é arrebatado ao céu e presencia uma cena de julgamento em que um julga e outro levanta as acusações dos pecados. Ele é informado pelo arcanjo Miguel que o juiz é Abel. "E o que traz (a evidência) é o mestre do céu e da terra e o escriba da justiça, Henoc. Pois o Senhor os[8] enviou até aqui para que pudessem registrar os pecados e os atos justos de cada pessoa" (TestAbr [B] 11.1-4). O que é aqui particularmente fascinante é o comentário adicional de Miguel: "Não é a tarefa de Henoc emitir a sentença, mas quem emite a sentença é o Senhor, e a tarefa daquele (isto é, Henoc) é somente escrever" (B 11.7).[9] Parece que o TestAbr está tentando corrigir ou esclarecer alguma confusão neste ponto: havia quem concluísse que Henoc participaria no julgamento final; em resposta, TestAbr deixa claro que o papel de Henoc seria mais limitado. É o papel de Henoc como escriba que é elaborado em 2 Hen (23.1-5; 40.13; 53.2; 64.5; 68.2).

Subsiste o fato de que o Testamento de Abraão descreve Abel como "o juiz" (TestAbr [B] 10). Miguel diz: "Tu vês o juiz? Este é Abel, que testemunhou primeiro, e Deus o trouxe aqui para julgar" (B 11.2). Igualmente interessante é a Versão A, onde Abel é novamente descrito como sentado para julgar, como explica o anjo Miguel. A passagem é intrigante e digna de citação completa – TestAbr [A] 13.3-10:[10]

> (Abel) está sentado aqui como juiz de cada criatura, examinando tanto os justos como os pecadores, porque Deus disse: "Não sou eu quem te julga, mas pelo homem cada homem será julgado". Por esse motivo, ele lhe entregou o julgamento, para julgar o mundo até sua própria vinda grande e gloriosa (*parousía*). E depois, ó justo Abraão, vai se seguir o juízo e a retribuição finais, eternas e inalteráveis, que ninguém poderá desafiar. Pois todos os homens têm sua origem no primeiro homem e

---

[8] O plural é enigmático. O contexto sugere que os dois são Henoc e Abel. Mas o mesmo contexto distingue o papel de Abel de julgar do papel de Henoc de registrar. Alguns manuscritos leem "ele" em vez de "eles".
[9] Tradução de E. P. Sanders in R. H. Charlesworth, *The Old Testament Pseudepigrapha, 1* (Londres: DLT, 1983), p. 900.
[10] Tradução de N. Turner em H. F. D. Sparks, *The Apocryphal Old Testament* (Oxford: Clarendon, 1984), p. 412; Sparks não inclui a Versão B.

assim serão julgados aqui primeiro por seu filho. Na segunda vinda (*deutéra parousía*), eles e cada espírito e cada criatura serão julgados pelas doze tribos de Israel. Na terceira fase, eles serão julgados pelo Deus Soberano de todos; e depois, finalmente, todo o processo chegará a seu fim.

A data da obra é incerta e pode ser posterior a Paulo, mas ambas as versões são certamente de caráter judaico (e não-cristão):[11] apesar do discurso sobre a "segunda vinda" não há elementos cristãos evidentes (Abel não é apresentado como um protótipo de Jesus); a *parousía* é presumivelmente do próprio Deus (cf. Ml 3.1-2).[12] O que é de interesse particular neste ponto é o discurso sobre os *três* julgamentos: um por Abel, um pelas doze tribos de Israel e um final, o Juízo Final pelo próprio Deus Soberano.

Certamente anterior a Paulo é o documento fascinante de Qumran que enfoca o misterioso Melquisedec – 11QMelc:

> Ele (Melquisedec), por sua força, julgará os santos de Deus (*El*), executando o julgamento como está escrito sobre ele no Cântico de Davi que disse "*Elohim* tomou seu assento no conselho divino; no meio de deuses (*Elohim*) ele realiza o julgamento" (Sl 82.1). E foi sobre ele que ele disse: "[...] Ele julgará os povos" (Sl 7.7-8). A respeito do que[ele disse: "Até quando tu] julgarás injustamente e demonstrarás parcialidade aos ímpios? *Selah*" (Sl 82.2), sua interpretação refere-se a Belial e aos espíritos de seu bando [que] se rebelou ao abandonar os preceitos de Deus para [...] E Melquisedec vingará a vingança do julgamento de Deus [...]" (11QMelc 9-13, Vermes).

Se há intenção de identificar Melquisedec com a figura igualmente misteriosa de Gn 14.18-20, ou possivelmente com uma figura celeste ("rei da justiça"), permanece assunto de discussão.[13] O que é claro, porém, é que o Sl 82 foi interpretado com referência a esse Melquisedec: os juízes (terrestres), por sua vez designados como "deuses" no próprio salmo (Sl 82.6 – "Eu digo: 'Sois deuses [*Elohim*] [...]'"), são identificados com Satanás e os anjos maus; e a figura inicial ("Deus", *Elohim*) é identificada com Melquisedec. A ousadia do discurso do pró-

---

[11] Sanders em Charlesworth, *OTP 1*, p. 871-875; Turner in Sparks, *AOT* 393-396.
[12] Sanders em Charlesworth, *OTP 1*, p. 890, nota 13a.
[13] Cf., *p.ex.*, J. D. G. Dunn, *Christology in the Making*, 2ª ed. (Londres: SCM, 1989), p. 152-153, e os autores ali citados.

prio salmo ("Sois deuses"; cf. Jo 10.34-35) é ultrapassada pela ousadia de sua interpretação em Qumran (Melquisedec é o primeiro *Elohim* mencionado). Seja qual for nossa interpretação da figura de Melquisedec, é bastante claro que ele recebe um papel no julgamento celeste, embora a linha final presumivelmente apresente o pensamento de que esse papel como juiz celeste lhe seja delegado por Deus.

Extremamente inspiradoras para essa espécie de reflexão foram as visões de Dn 7.9-14. A primeira visão referia-se a "tronos" (plural) – e sempre está implícito que o ocupante de um "trono" exerce o julgamento. A indicação de um segundo trono, vazio, foi evidentemente suficiente para inspirar a sugestão de Rabi Aquiba de que o segundo trono era para o Messias.[14] Embora, de acordo com as próprias visões, o candidato mais óbvio para o segundo trono seja uma figura humana ("um como um filho de homem") que viria com as nuvens do céu até o Ancião dos Dias e receberia o domínio e a realeza (Dn 7.13-14). No entanto, a implicação não foi adotada nas Similitudes de Henoc (1Hen 37-71), onde o Eleito se senta num trono de glória de Deus e julga "as coisas secretas" e os anjos rebeldes (1Hen 49.4; 55.4; 61.8-9). O Eleito é evidentemente também o Filho do Homem (69.27), subsequentemente identificado com Henoc (71.14). Novamente, há a questão complicada da datação: mas já que a visão de Daniel parece ter inspirado de maneira semelhante os autores de 4 Esdras e do Apocalipse de João (4Esd 12.32-33; 13.10-11.37-38; Ap 1.13-16; 14.14-16) na esteira da destruição de Jerusalém (70 a.C.), é bastante provável que as Similitudes sejam tardias demais para terem influenciado Paulo.[15]

É bastante curioso que a tradição sinótica evidencie um desenvolvimento semelhante a respeito do discurso sobre o Filho do Homem. Em sua forma escrita mais antiga, o Filho do Homem tem um papel crucial no Juízo Final, quando virá em glória (Mc 8.38; 13.26-27), embora esse papel não seja claro. Está claro também que o Filho do Homem está sentado à direita de Deus (Mc 14.62). Mas a forma escrita mais antiga da tradição sinótica não se refere em nenhum momento ao Filho do Homem como o responsável por exercer o julgamento no trono da glória. Apenas em Mateus tal ocorre (Mt 19.28; 25.31-32; compare-se 16.27 com Mc 8.38/Lc 9.26), e numa linguagem

---

[14] Cf. *b.Hagigah* 14a; *b.Sanhedrin* 38b.
[15] Dunn, *Christology*, p. 76-78.

que mostra a possibilidade de que a redação de Mateus reflita a influência das Similitudes.[16]

Paulo não revela nenhuma evidência de que ele estivesse usando ou que ele estivesse influenciado pelas tradições do Filho do Homem dentro do cristianismo primitivo.[17] Tal possibilidade específica não existe. A ideia de um agente divino seja um ser humano exaltado, seja um ser de origem celestial, participando do Juízo Final de Deus parece ter estado "no ar" por volta do tempo em que Paulo escreveu. O uso de Sl 110.1 em relação a Jesus já era bem estabelecido antes Paulo: Jesus era o Senhor a quem o Senhor Deus dissera: "Senta-te a minha direita até que eu faça de teus inimigos o descanso de teus pés".[18] A convicção expressa no imaginário aqui descrito dificilmente pode deixar de sugerir a conclusão: que o Cristo ressuscitado e exaltado teria alguma participação no dia escatológico do julgamento.

Devido ao conceito que o Testamento de Abraão apresenta, de um segundo (uma segunda etapa de) julgamento, a ser realizado pelas doze tribos de Israel (TestAbr [A] 13.6), nós devemos também nos lembrar de que tal motivo influenciou também o pensamento cristão mais antigo. Presumivelmente provém de Dn 7.22: a LXX tem o texto "Ele deu o julgamento aos santos do Altíssimo". A ideia desenvolveu-se para o pensamento de a tarefa de julgar os gentios seria dada a Israel: "eles (Israel) julgarão todas as nações" (Jub 32.19); "Deus realizará o julgamento das nações pela mão de seu eleito" (1QpHab 5.4), "eles (as pessoas justas) julgarão *(krínousin)* (os) gentios" (Sb 3.8).[19] A tradição de Jesus adota o mesmo motivo, mas com uma modificação do interesse, num dito que pode ser o último de Q: "Em verdade, eu vos digo, na renovação de todas as coisas *(palingenesía)*, quando o Filho do Homem estiver sentado em seu trono de glória, vós que me seguistes também estareis sentados em doze tronos, julgando as doze tribos de Israel" (Mt 19.28/Lc 22.30). É o mesmo motivo que Paulo transfere às pessoas (inclusive gentias)

---

[16] Semelhantemente, também Jo 5.27 pode refletir alguma influência das Similitudes (1Hen 69.27); além disso, cf. Dunn, *Christology*, p. 77-78.

[17] Dunn, *Christology*, p. 90-91.

[18] Mc 12.36 e par.; 14.62 e par.; At 2.34-35; Rm 8.34; 1Cor 15.25; Ef 1.20; Cl 3.1; Hb 1.3,13; 8.1; 10.12-13; 12.2; 1 Pe 3.22. Para a bibliografia, cf. Dunn. *Christology*, p. 309, nota 45.

[19] Sanders em Charlesworth, *OTP, 1*, p. 890, nota 13c.

que creem no Messias Jesus em 1Cor 6.2: "Não sabeis que os santos julgarão o mundo?" Se o pensamento de compartilhar o Juízo Final podia ser estendido para incluir os santos, mais natural e convincente seria ver aqui Jesus exaltado, com uma participação ou palavra determinante no Juízo Final.

O que surge desse breve levantamento são os vários pontos de importância fundamental para a nossa pesquisa.

a) A conceituação de que outros participam do Juízo Final era defendida com bastante frequência, e entre os tais que participam do juízo está Israel, os santos e os heróis exaltados da história de Israel.

b) Imaginavam-se papéis variados, inclusive a existência de vários ofícios no tribunal: um tipo de porteiro que chama ou reúne os participantes para o lugar do julgamento; aquele que documenta ou levanta as acusações; aquele que executa o julgamento do tribunal; mas também o do próprio juiz.

c) Todos os papéis, inclusive o último, eram caracteristicamente pensados como delegados por Deus; portanto, eles não são considerados uma usurpação da prerrogativa divina.

d) Pelo menos em alguns casos nós devemos falar a respeito de vários julgamentos, e de julgamentos por indivíduos santos e exaltados, que eram subordinados (um tribunal inferior?) ao julgamento final de Deus.

É fácil perceber diante de tal pano de fundo como a afirmação do senhorio exaltado do Cristo ressuscitado levaria à implicação, ou já a incluiria, de que esse Cristo exaltado participaria também do julgamento final de toda criação. Algo nas linhas acima expostas está indubitavelmente por trás do discurso paulino sobre Jesus como juiz.

III

A outra fonte da teologia paulina de Jesus como juiz são os seus conceitos referentes ao processo de salvação, advindos do imaginário de uma sala de tribunal – justificação, absolvição. Não é necessário dizer que este tem sido um dos principais assuntos da análise e discussão acadêmicas ao longo de vários séculos, e já escrevi sobre o assunto exaustivamente.[20] No entanto, ficou evidente que, ao enfocar o assunto no capítulo intitulado "*The Beginning of Salvation*" [O Início da Salvação; em *The Theologie of Paul the Apostle* (A Teologia de Paulo, o Apóstolo)], eu possa ter desviado a atenção do fato de que o imaginário tem essencialmente um caráter forense: é derivado da sala de tribunal, e não por último, do pensamento do Juízo Final. Quando voltei ao assunto em § 18 do mesmo livro, o foco tinha mudado (para as "tensões escatológicas"), de modo que os comentários sobre o tempo futuro da justificação podem ter passado despercebidos por qualquer pessoa que estivesse mais interessada na teologia da justificação.[21] Devo retificar aqui tal impressão equivocada.

O caráter forense do imaginário de "justificação" é suficientemente familiar e não precisa de maior exposição.[22] No entanto, o que precisa ser efetivamente enfatizado é que o fundamental para o conceito paulino de justificação é a sua orientação *futura*. "As pessoas que ouvem a Lei não são justas diante de Deus, mas as que cumprem a Lei serão consideradas justas [*dikaiōthḗsontai*]" (Rm 2.13); o contexto mostra claramente que isto visa o Juízo Final (Rm 2.5-13.15-16). "Por obras da Lei nenhuma carne será justificada/absolvida [*dikaiōthḗsetai*] diante dele" (3.20), e isto de novo se refere claramente ao Juízo Final. "'Deus é um', que justificará [*dikaiṓsei*] a circuncisão de fé e a incircuncisão através de fé" (Rm 3.30); de novo, a universalidade da afirmação prevê sua implementação no julgamento (final) universal.

Os usos mais frequentes do tempo presente devem provavelmente ser entendidos como uma descrição do caráter de Deus que justifica, não como indicação do momento. Deus é *ho dikaiôn*, "o que justifica" (Rm 3.26; 4.5; 8.33); daí também o tempo presente em 3.24 e 28. O conceito é de uma prerrogativa divina que será manifestada da forma mais plena possível no Juízo Final, como deixa claro a série de argumentos em Rm 3.4-6 e o contexto de

---

[20] Dunn, *Theology of Paul*, § 14.
[21] Dunn, *Theology of Paul*, p. 467,488,491.
[22] Cf., *p.ex.*, J. Reumann, *Righteousness in the New Testament* (Philadelphia: Fortress, 1982), o índice "*forensic sense of righteousness/justification* [sentido forense de retidão/justificação].

8.33. O mesmo ocorre com o occasional uso paulino do substantivo *dikaíōsis* ("justificação, vindicação, absolvição"): em ambos os casos, a associação do termo com a ressurreição (Rm 4.25 – "ele foi ressuscitado por causa da nossa justificação") e com a vida (5.18 – "através do ato justo de um para todos os homens para a justiça da vida"/"absolvição que traz vida" (*BAGD*) sugere que o pensamento se refere ao fim do processo de salvação (cf. Rm 6.5; 8.11; 11.15).

A mistura de tempos em Gl 2.16-17 indica semelhantemente que aquilo que pode ser uma afirmação no presente será (tem de ser) ratificado pelo veredito final da absolvição:

> Sabemos que nenhum ser humano é justificado (*dikaioûtai* – presente) por obras da Lei, mas somente através da fé em Jesus Cristo, e temos crido em Cristo Jesus, para que possamos ser justificados (*dikaiōthômen* – aoristo) pela fé em Cristo e não pelas obras da Lei, porque pelas obras da Lei nenhuma carne será justificada (*dikaiōthḗsetai* – futuro; como em Rm 3.20). Mas se, ao procurar ser justificado (*dikaiōthênai* – aoristo) em Cristo [...]

Semelhantemente, Gl 3.8,11,24. E em 5.4, o pensamento é de uma aspiração de justificação futura: "vós que procurais ser justificados (*dikaioûsthe*) pela Lei". Daí a alternativa cristã: "nós (em contraste) pelo Espírito, de fé, estamos esperando ansiosamente a esperança de justiça" (Gl 5.5); isto, é, a esperança se volta para a "justiça", o veredito da absolvição por Deus, como algo que ainda é um bem futuro.

Por isso, é importante não se deixar enganar pelos outros usos do verbo no aoristo, que poderiam parecer implicar um veredito já passado, completo e (por implicação) irrevogável. Mais notavelmente o famoso Rm 5.1: "Por isso, tendo sido justificados [*dikaiōthéntes*] de fé [...]" (semelhantemente Rm 4.2; 5.9; 1Cor 6.11; Tt 3.7). Tais textos poderiam nos levar a limitar a linguagem de justificação à fase inicial do processo da salvação, paralela à purificação e separação de 1Cor 6.11, e à linguagem de "salvação" semelhantemente limitada ao produto final do processo (como Rm 5.9-10).[23] De fato, porém, o uso paulino

---

[23] Cf. especialmente K. P. Donfried, "Justification and Last Judgment in Paul", in *ZNW* 67 (1976): 90-110.

mostra que ele realmente pensa da salvação como um processo (como confirma o tempo presente de 1Cor 1.18; 15.2; 2Cor 2.15 – "aqueles que estão sendo salvos"), com "salvação" como a meta em vista (Rm 5.9-10; 11.26; 13.11; Fl 1.19; 2.12; 1Ts 5.8-9), mas também com uma realização presente (Rm 8.24 – "em termos de esperança, estamos salvos [*esōthēmen*]"). Em tal sentido, "justificação" e "salvação" têm uma função soteriológica muito semelhante na teologia de Paulo: indicar um processo que já iniciou, mas que ainda não foi completado.[24]

À medida que diz respeito à nossa pesquisa atual, a soteriologia das duas fases (início e fim; já justificado, mas ainda não finalmente absolvido) espelha-se no papel duplo de Jesus no processo da justificação: justificado através da fé em Cristo e Jesus, o Juiz. Afirmar que Jesus é também o juiz escatológico é reconhecer que a justificação é um processo que não está completo no momento em que se põe a fé em Cristo, e que Cristo também sinalizará a sua plenitude; ao mesmo tempo, é a reafirmação de que o juiz é também o justificador. Algo assim é indicado em um texto já citado – Rm 4.25. Paulo cita o que é amplamente reconhecido como a variação de uma formulação cristã-primitiva bem estabelecida: "Jesus, nosso Senhor, que foi entregue por causa de nossas transgressões e foi ressuscitado por causa de nossa justificação"; as duas fases do evento crucial (a morte e a ressurreição de Jesus) espelham-se nas duas fases/nos dois aspectos do processo da salvação. Semelhantemente Rm 5.10: "Se, quando éramos inimigos, fomos reconciliados por Deus através da morte de seu Filho, quanto mais, tendo sido reconciliados, seremos salvos por sua vida". Mais explícito é Rm 8.33-34. A cena é do julgamento final. Paulo pergunta, em confiante afirmação: "Quem levantará acusações contra os eleitos de Deus? É Deus quem justifica. Quem está ali para condenar? É Cristo (Jesus) que morreu, melhor, que foi ressuscitado, que também está à direita de Deus, que também intercede em nosso favor." Aqui, os dois aspectos de 4.25 e 5.10 são contemplados juntos: juntos, a morte e a ressurreição de Jesus significam que ele é capaz de interceder efetivamente junto a Deus o Juiz em favor dos "eleitos por Deus", e que nenhum promotor será capaz de reverter isso.

Em resumo, o conceito de Jesus como juiz pode provir em parte de uma dupla convicção. a) A totalidade da história humana continua ine-

---

[24] Uma das ênfases principais em Dunn, *Theology of Paul*, § 18.

xoravelmente em direção a um julgamento final. b) O evento salvífico de Jesus (morte e ressurreição) não elimina a ideia do julgamento final ou da necessidade de um acerto final. Em vez disso, a crença na justificação pela fé deve ser integrada na crença no julgamento final. Isto acontece de maneira mais simples ao afirmar-se o papel do Cristo exaltado no julgamento, e a afirmação mais poderosa para tal efeito é a afirmação de Jesus como juiz. É claro que, ao argumentar assim, não desejo sugerir que as duas "fontes" da conceituação cristã de Jesus como juiz fossem alternativas ou independentes uma da outra. Muito pelo contrário, é muito provável que tenham interagido e se reforçado mutuamente mais ou menos desde o início. No entanto, se houver algo de correto nos argumentos acima apresentados, eles têm importantes consequências para nossa compreensão tanto da cristologia quanto da soteriologia de Paulo.

IV

As consequências cristológicas já deveriam ser óbvias. Particularmente duas merecem uma maior reflexão.

Primeiro, nós temos que notar que os diferentes textos atribuem ao Jesus exaltado diferentes papéis no julgamento. 2Cor 5.10 e 2Tm 4.1 (citados *acima* em § 1) não hesitam em atribuir a Jesus o papel de juiz como tal. Talvez o mesmo esteja implícito no discurso do "dia de Cristo", "dia do Senhor (Jesus)" (também elencados *acima*, em § 1).

Semelhantemente, a retratação do Senhor (Jesus) como revelando os propósitos do coração (1Cor 4.5) lembra claramente a descrição de Deus como quem reveste o coração (Rm 8.27)[25] e sugere a imagem do juiz que está discernindo. Por outro lado, o resultado de tal revelação é que "cada pessoa receberá a recomendação de Deus", Deus sendo presumivelmente uma autoridade superior. 1Cor 3.10-15 confunde essa imagem de certa maneira pela referência a Cristo como o fundamento (Rm 3.11- "esse fundamento é Jesus Cristo") sobre o qual as pessoas que creem têm de construir a superestrutura que será testada naquele "dia". Para o ponto que mais interessa aqui, Rm 5.9-10 e 1Ts 1.10 parecem sugerir Jesus como aquele que salva ou resgata da ira (judicial) de Deus. E Rm 8.33-34 (que acabei de citar) parece imaginar Jesus como o

---

[25] Cf., *p.ex.*, 1Sm 16.7; 1Rs 8.39; Sl 44.21; 139.1-2.23; Pr 15.11.

advogado de defesa que intercede pelos eleitos diante de Deus o Juiz. Menos claro é se 2Ts 1.7 (também citado *acima*, em § 1) se refere a alguém que realiza o julgamento do tribunal, ou se é alusivo ao juiz que exerce sua própria sentença, ou se de fato é formalmente independente do imaginário da sala de tribunal (o anjo vingador).

Em tudo isso, o uso paulino reflete em pelo menos alguma medida a variedade de papéis atribuídos a Henoc, Melquisedec, Abel, o Eleito/Messias e até mesmo aos santos. O que isto nos informa? No mínimo, que não havia no judaísmo dos tempos de Paulo um conjunto de conceitos claros e amplamente compartilhados do Juízo Final e de como os seres humanos deveriam participar desse julgamento. Dentro da firme convicção de um julgamento final divino, parece ter sido amplamente aceito que havia espaço suficiente para imaginar outros participando ou recebendo uma tarefa no julgamento, até mesmo o papel de juiz. À luz disso, a flexibilidade do imaginário do próprio Paulo em relação a este tema, em relação ao papel de Jesus como juiz, não deveria causar surpresa.

Como eu tentei indicar em meu *Theology of Paul*, tal variedade de imaginários e papeis é inteiramente típico da cristologia de Paulo.[26] Ele imagina o Cristo exaltado como o Senhor exaltado que virá em breve (sobre as nuvens), mas também como o último Adão e como a Divina Sabedoria. Contudo, ele pode falar também do "Cristo em mim" e de Cristo como um corpo, e pode falar dos crentes "em Cristo" funcionando como seu corpo. Jesus como juiz pertence obviamente ao primeiro grupo de imagens. No entanto, por causa da variedade do imaginário, nós devemos lembrar de que se trata de um *imaginário* – *não* devemos tentar atribuir-lhe um caráter literal que tornaria impossível integrar os diferentes papéis indicados pela linguagem usada. Assim como em outros assuntos,[27] Paulo estava tentando articular as convicções e as esperanças que iam além das limitações do discurso humano. Tentar ordenar e integrar as imagens em um padrão único e coerente significaria, provavelmente, forçá-las a entrarem em um molde inventado por nós mesmos. É melhor viver com a confusão do imaginário em sua ri-

---

[26] Dunn, *Theology of Paul*, p. 314-315.409-410.
[27] Para as metáforas paulinas de salvação, cf. novamente Dunn, *Theology of Paul*, p. 231-232,328-333.

queza e contentar-se com a convicção básica que se expressa numa diversidade tão rica. Tal convicção básica parece ser que Jesus terá uma participação determinante no julgamento final de Deus, ou até mesmo em termos menos precisos, que o Juízo Final de Deus será de acordo com o evangelho de Cristo (Rm 2.16).

Segundo, devemos notar também que outras partes do NT identificam o papel de Jesus como juiz explicitamente como apontado pelo próprio Deus. At 10.42; 17.31: "ele (isto é, Jesus) é aquele ordenado por Deus como juiz dos vivos e dos mortos"; "ele (isto é, Deus) determinou um dia em que ele fará que o mundo seja julgado em justiça por um homem que ele designou, e disso ele deu assertiva a todos, ao ressuscitá-lo da morte". Jo 5.22,27: "O Pai não julga ninguém, mas deu todo julgamento ao Filho"; "ele (isto é, o Pai) lhe deu a autoridade de executar o julgamento, porque ele é o Filho do Homem". Os textos paulinos de julgamento não são tão explícitos, mas, de qualquer maneira, o ponto pode estar também implícito. Isso seria tanto mais claro se o papel de Jesus como juiz surgisse para Paulo de sua exaltação como Senhor, já que era provável que a influência de Sl 110.1 passasse a gerar esse último papel: é no papel como Senhor, indicado por Deus, à direita de Deus, que o Jesus exaltado exercerá o julgamento. A importância de reconhecer o caráter delegado do senhorio de Cristo é certamente um aspecto central na afirmação mais clara de Paulo a respeito de tal assunto – 1Cor 15.24-28. Há alusão aqui a Sl 110.1: "Ele (isto é, Cristo) tem de reinar até colocar todos seus inimigos debaixo de seus pés" (15.25). Isto depois é glosado na citação de Sl 8.7: "Porque ele (isto é, Deus) colocou todas as coisas em subjeção sob os seus pés" (15.27).[28] Dificilmente seria excessivo o pensamento de incluir o papel de julgamento no conjunto de funções dadas ao Cristo exaltado. Contudo, Paulo continua a deixar claro que a expressão "todas as coisas", as quais estão submetidas ao Senhor Cristo, evidentemente não inclui aquele que as coloca na sujeição de Cristo (15.27). Em vez disso, o fim vem quando Cristo devolver a autoridade régia que lhe foi delegada (15.24) e quando o próprio Cristo for sujeitado a Deus "para que Deus seja tudo em todos" (15.28).

---

[28] A integração do Sl 110.1 com o Sl 8.7 é uma característica comum da apologética cristão-primitiva; cf. novamente Dunn, *Christology*, p. 108-109.

Para abordar o que é de fato o mesmo ponto a partir de outro ângulo, não há espaço para o pensamento de Jesus como juiz ter substituído Deus, e muito menos de ter usurpado o papel de Deus. Pelo contrário, Deus continua a ser juiz, como mostram claramente passagens como Rm 2.2-11; 3.6 e 1Cor 5.13. Em Rm 2.2-11 é notável que Paulo levante um argumento para reafirmar a tradicional ênfase judaica de que Deus "retribuirá a cada pessoa de acordo com suas obras" (2.6) e que "não há parcialidade em Deus" (2.11), isto é, em seu julgamento.[29] E em Rm 3.6 é óbvio que a justiça de Deus como juiz é o axioma fundamental do qual Paulo parte e que procura defender, apesar das consequências que poderiam ser tiradas da infidelidade de Israel (3.3-6). O mais notável nesse contexto é Rm 2.16, em que Paulo descreve "o dia quando Deus julgará os segredos da humanidade de acordo com meu evangelho através de Cristo Jesus". Como concorda a maioria dos comentaristas, o "através de Jesus Cristo" deve ser entendido como complemento do verbo "julgar": naquele dia final, Deus julgará "através de Cristo Jesus". Um equilíbrio semelhante é mantido em Rm 8.31-39. É Deus quem é "por nós", manifestado pela entrega de seu Filho (8.31-32). É Deus que justifica e Cristo, quem intercede à direita de Deus (8.33-34). O amor do qual nada pode nos separar é "o amor de Deus em Cristo Jesus nosso Senhor" (8.39).

Não é necessário dizer que o discurso mais explícito sobre Jesus como *juiz* não pode, ou não deveria, ser considerado independente da abordagem geral paulina de tais temas. 2Cor 5.10 ("o trono do julgamento de Cristo") não deveria ser considerado uma contradição ou inconsistência em relação a Rm 14.10 ("o trono do julgamento de Deus"). Aqui, visam-se julgamentos concebivelmente diferentes ou, melhor, diferentes fases no julgamento (final) (se é que TestAbr [A] 13 oferece algum tipo de paralelo). Ainda que aceitássemos a contradição, seria necessário reconhecer que mesmo assim Paulo não queria que o julgamento exercido por *Cristo* fosse percebido como algo diferente do julgamento de *Deus*. Dizer que o julgamento deve ser realizado pelo Jesus exaltado é uma maneira de dizer que o julgamento final de Deus será de acordo com o caráter de Deus revelado em Jesus. O texto paulino posterior de 2Tm

---

[29] Além disso, cf. Dunn, *Romans*, p. 85,88-89.

4.1 afirma a mesma ideia de sua própria maneira: a exortação é feita "na presença de Deus e de Cristo Jesus, que julgará os vivos e os mortos [...]", onde, pela implicação, Cristo Jesus é o único que fala e age por Deus.

Portanto, não há dificuldade de reconhecer que Paulo era bem capaz de manter sua cristologia dentro do quadro monoteísta de sua teologia em geral. Deus é o juiz final, mas ele compartilha esse julgamento com Cristo (como também com os santos); ele julga através de Cristo; ele julga com referência ao, e de acordo com o evangelho da morte e ressurreição de Cristo. Isto nos leva às consequências soteriológicas dessa linha de pensamento.

V

As consequências soteriológicas de qualquer reconhecimento do papel de Jesus como juiz merecem também alguma reflexão, porque, como já notamos no início, parece haver certa tensão entre o pensamento da justificação garantida através da fé em Cristo e o pensamento de Jesus como juiz também das pessoas que creem. Dito de modo alternativo, como é que Paulo conseguiu conciliar a imagem de Jesus como salvador e redentor da ira divina ou como advogado de defesa (Rm 5.9-10; 1Ts 1.10; Rm 8.34) com a imagem de Jesus como juiz?

Nós deveríamos notar aqui novamente que o problema não era novo. Estava inevitavelmente entrelaçado com os pensamentos da eleição de Deus dispensada a Israel e o papel de Deus como um juiz final. Uma resposta demasiadamente simples era a suposição de que todo Israel seria salvo. Tal convicção é o ponto de partida para o texto famoso de *Mishnah Sanhedrin* 10: "Todos os israelitas têm um quinhão no mundo que vem" (10.1), embora a tradição desenvolvida continue a elencar várias exceções. Outros tentavam lidar com o problema ao declarar que somente um "resto" de Israel seria salvo,[30] ou pelo recurso de uma definição sectária de "os justos" (*p.ex.*, Salmos de Salomão, Qumran). Outros ainda reconheciam o julgamento de Deus sobre Israel, mas entendiam esse julga-

---

[30] Detalhes em Dunn, *Romans*, p. 573-574,638, e mais amplamente em *TDNT*, 4, p. 196-214 e *IDBS*, p. 735-736.

mento como a disciplina de uma criança por seu pai, não como uma a punição semelhante à experimentada por não-israelitas.[31] No entanto, antes, os profetas clássicos tinham de lembrar Israel repetidamente de que também Israel não estava isento do julgamento divino por seus pecados.[32]

É importante reconhecer que Paulo estava profundamente perturbado pelo mesmo problema. Ele o realça em Rm 3.1-6, como uma consequência imediata de sua convicção de Israel estar sob a mesma condenação que toda a humanidade (Rm 2.1-3.20): o que o reconhecimento da *falta* de fidelidade de Israel a Deus diz sobre a *fidelidade* de Deus a Israel (Rm 3.3-4) e sobre o papel de Deus como juiz (3.5-6)? E a tentativa de Paulo de realmente enfrentar tal problema é o ápice de sua teologia exposta em Romanos (Rm 9.1), onde ele tenta integrar as ideias antigas do julgamento da ira divina sobre Israel (Rm 9.22; 11.7-10,25,28,31) com a redução de Israel a um resto (9.27-29; 11.5) dentro do propósito divino geral da fidelidade a Israel e da misericórdia a todos (Rm 11.28-32).

O problema de articular o pensamento da eleição divina de Israel com o julgamento divino de Israel pode ser concentrado no padrão soteriológico da religião de Israel. O padrão começa com o axioma da eleição divina, mas continua dali a esperar e exigir a obediência à Lei fornecida pelo Deus que elegeu e que manifesta tanto as promessas de vida longa para quem a obedece, quanto os alertas de consequências desastrosas para quem falha em obedecê-la. O Deuteronômio é a afirmativa arquetípica dessa soteriologia. É esse padrão que tem sido fortemente criticado por gerações de pesquisa cristã como "legalista" e que recentemente foi reavaliado por E. P. SANDERS em termos de "nomismo da aliança".[33] A perspectiva anterior pode ser certamente criticada por falhar em apreciar o "pressuposto da aliança" na observância da Lei por Israel. Alguns responderiam que a segunda perspectiva deveria ser igualmente

---

[31] Especialmente de novo SlSal 3.4-16; 7.1-10; 8.27-40; 13.4-11; também Sb 11.9-10; 12.22; 16.9-10. Paulo parece ter pensado em Rm 2.5 em passagens dessa espécie quando fala da "impenitência" e "dureza de coração" de Israel.

[32] Por exemplo, Is 1.2-9; 5.1-30; Jr 2.33-35; 5.1-9; Ez 7.2-27; 24.3-14; Os 5.11-12; 6.5; Am 7.4; 8.4-14; Mq 2.1-4; 3.9-12 (*ABD*, 2, p. 80).

[33] E. P. Sanders, *Paul and Palestinian Judaism: A Comparison of Patterns of Religion* (Londres: SCM, 1977).

criticada por uma falha equivalente de apreciar a "condicionalidade" da promessa de vida em relação à obediência de Israel.[34] No entanto, uma aproximação potencial entre as duas alternativas pode surgir ao descrever o papel da Lei na compreensão judaica como "um caminho de vida e um caminho para a vida".[35] Se isto for correto, nós podemos esperar um consenso maior acerca do padrão soteriológico de Israel como uma soteriologia de duas fases: a salvação final dependente *tanto* da eleição inicial de Israel *quanto* da consequente obediência de Israel à Lei que deveria ser demonstrada no Juízo Final.

O que nós precisamos destacar aqui com maior clareza é que essa soteriologia de duas fases é estreitamente paralela à soteriologia paulina de duas fases acima esboçada (§ III). O efeito determinante da eleição divina na soteriologia de Israel parece ser mais ou menos exatamente equivalente ao efeito determinante da morte de Cristo para o crente (*p.ex.*, Rm 6.3-4; 7.4; 8.3) na soteriologia de Paulo. Se este for o caso, então surge inevitavelmente a pergunta se a segunda fase na soteriologia paulina é igualmente equivalente à segunda fase na soteriologia de Israel. Em outras palavras: o papel de Jesus ao executar o julgamento sobre crentes dentro da soteriologia de Paulo é simplesmente o mesmo papel de Deus, exercido por ele ao executar o julgamento sobre Israel dentro de seus propósitos soteriológicos?

Nós não podemos ignorar aqui um paralelo entre Rm 2.2-16 e 2Cor 5.10. Eu consideraria Rm 2.6-16 uma válida descrição do julgamento final de Deus, válida tanto diante do evangelho quanto

---

[34] P. Stuhlmacher, "'*Christus Jesus ist hier, der gestorben ist, ja vielmehr, der auch auferweckt ist, der zur Rechten Gottes ist und uns vertritt*' (*Rom 8.34*)" [Aqui, Cristo Jesus é quem morreu, e mais ainda, quem também foi ressuscitado, quem está à direita de Deus e nos defende (Rm 8.34)] in F. Avemarie, H. Lichtenberger (org.), *Auferstehung – Resurrection*. WUNT 135 (Tübingen: Mohr Siebeck, 2001), p. 351-361.

[35] F. Avemarie, *Tora und Leben: Untersuchungen zur Heilsbedeutung der Tora in der frühen rabbinischen Literatur*. WUNT (Tübingen: Mohr Siebeck, 1996); também "Erwählung und Vergeltung: Zur optionalen Struktur rabbinischen Soteriologie", in *NTS* 45 (1999): 108-126. A conferência de Stuhlmacher (nota 34) sugere que a obra de Avemarie oferece uma possibilidade de aproximação. "*Weisung zum Leben und Lebens-Weise*" [instrução para a vida e modo de vida] foi o resumo de H. Lichtenberger da descoberta de Avemarie em "Das Tora-Verständnis im Judentum zur Zeit des Paulus", in J. D. G. Dunn (org.), *Paul and the Mosaic Law* (Tübingen: Mohr Siebeck, 1996), p. 7-23.

sob o evangelho: a descrição do julgamento de Deus "através Jesus Cristo" e "de acordo com meu evangelho" (Rm 2.16) está em continuidade com a descrição da justificação futura em Rm 2.12-13.[36] O mesmo julgamento está em vista quando Paulo fala em termos de boas obras e de más obras (Rm 2.6-7, 9-10) e quando fala do julgamento de acordo com o evangelho (Rm 2.16). Outros, porém, considerariam 2.12-13 os termos antigos do julgamento final, antes do evangelho e superado por Rm 3.21: "Mas, agora, à parte da Lei, a justiça de Deus foi revelada".[37] Não obstante, os termos de 2Cor 5.10 parecem fazer eco aos de Rm 2.6-13 numa medida significativa: "Todos nós temos de comparecer diante do trono de julgamento de Cristo, para que cada qual possa receber recompensa por aquilo que foi realizado no corpo, seja bem ou seja mal". Evidentemente, o evangelho não mudou a crença de Paulo de que o Juízo Final seria acerca daquilo que alguém fizera, os atos bons ou maus de alguém. Ora, se Jesus é, portanto, não somente o advogado de defesa (Rm 8.34), mas também o juiz (2Cor 5.10), o que isto diz respeito à soteriologia de Paulo?

1Cor 3.10-15 oferece uma possível resposta: Cristo é o fundamento indestrutível; somente a superestrutura será testada (a respeito da destruição) pelo fogo do julgamento; e até mesmo se "a obra de alguém é queimada [...], ele mesmo será salvo, mas pelo fogo" (3.15). Há aqui um eco da defesa especial evidente na anterior distinção judaica entre o sofrimento (de uma pessoa justa) que é disciplinar, e o sofrimento (de pecadores) que é destrutivo. Aqui, a soteriologia paulina de duas fases enfrentava de novo o mesmo tipo de questões como enfrentava a soteriologia de duas fases de Israel.

Minha própria tentativa de esclarecer a soteriologia paulina de duas fases tem foco no motivo da "tensão escatológica" e no "já/ainda-não", familiar aos estudiosos da teologia paulina,[38] conforme mencionado acima (§ III). Eu fiquei novamente impressio-

---

[36] Cf. P. Stuhlmacher, *Paul's Letter to the Romans* (Louisville: Westminster, 1994), p. 46; ele também observa que "em parte alguma de suas cartas conhecidas, ele (isto é, Paulo) esboça uma imagem sistematicamente aperfeiçoada do Juízo Final".

[37] Penso particularmente numa conversa particular com Friedrich Avemarie em setembro de 1999.

[38] Dunn, *Theology of Paul*, § 18.

nado pela extensão em que tal padrão paulino se adequava ao seu tratamento de Israel em Rm 9-11: Israel como o eleito de Deus, mas preso entre o já e o ainda-não, entre a sua própria desobediência (temporária) e o propósito final da misericórdia divina.[39] Em ambos os casos, o que está em vista é um processo iniciado (eleição, conversão/batismo), mas ainda não completado, cuja completude ainda não está evidente e ainda tem de ser garantida.

O mais notável no tratamento de Paulo são os frequentes "se" que ocorrem em suas exortações a si mesmo e as outras pessoas que creem. Cito somente os mais óbvios. "Se [ei] vós (as pessoas que creem) viveis de acordo com a carne, certamente morrereis; mas se [ei] pelo Espírito, pondes à morte os atos de vosso corpo, vivereis (Rm 8.13; cf. Gl 6.8)." "Herdeiros de Deus e herdeiros junto com Cristo, sob a condição de que [eíper] soframos com ele, para que possamos também ser glorificados com ele" (Rm 8.17).[40] "Se Deus não poupou os ramos naturais, não poupará a vós [...] a vós a bondade de Deus, se [eán] continuareis nessa bondade" (Rm 11.21-22). "O evangelho [...] através de que vós estais sendo salvos, se [ei] o mantivéreis firmemente [...] para que não [ektòs ei mḗ] tenhais crido em vão" (1Cor 15.2). "(Quero) conhecê-lo (isto é, a Cristo) e o poder de sua ressurreição e a comunhão com seus sofrimentos, sendo conformado a sua morte, se de alguma forma [eí pōs] eu possa receber a ressurreição dos mortos" (Fl 3.10-11).

Diante do número tão significativo de condicionalidades, nós somente podemos nos perguntar se o "se" paulino não equivale à expressão judaica "se vós obedecerdes à Lei". O termo "condicionalidade" pode não ser o melhor para descrever a cautela de Paulo, mas o "se" certamente deveria ter um lugar em qualquer tentativa de reafirmar sua soteriologia. E, vinculado à tensão escatológica, ou à reserva escatólogica, pode ser difícil escapar da conclusão de que Paulo entendia a salvação, pelo menos em alguma medida, dependente da perseverança e também considerou a possibilidade de que o processo da salvação não chegaria a se completar em alguns/muitos(?) casos.[41] É claro que o "se" precisa ser entendido

---

[39] Dunn, *Theology of Paul*, § 19.
[40] Cf. ainda Dunn, *Theology of Paul*, p. 482-487.
[41] Cf. novamente Dunn, *Theology of Paul*, p. 497-498.

junto á confiança que Paulo expressa em outros textos: de que Deus completará o que ele iniciou. Contudo, um texto como Fl 1.6 precisa ser equilibrado junto ao seu paralelo em Gl 3.3, em que a confiança do primeiro é espelhada pela ansiedade do segundo (cf. Gl 1.6; 5.4); e a certeza da cena final em Rm 8.28-39 não nega nem cancela os "se" anteriores (8.13,17). Uma solução teórica é argumentar que as pessoas que não perseveram simplesmente mostram que nunca começaram,[42] mas esta é antes a solução de um teólogo, como o que escreveu 1 João (em especial 2.19), não refletindo a teologia muito mais nuançada e cautelosa de Paulo. Tampouco faz qualquer jus à seriedade de suas exortações a seus leitores acerca da necessidade de viver em sua fé até o fim. Alternativamente há uma possível solução em termos de universalismo e uma teologia da cruz que afeta "a restauração de todas as coisas";[43] embora um argumento semelhantemente universalista a respeito da soteriologia de duas fases de Israel pudesse ser construído a partir de Rm 11.28-32. Mesmo assim, é difícil correlacionar tal "universalismo" com passagens como Rm 2.8-9 e 14.15; 1Cor 9.27 e 2Ts 1.7-9.

Em resumo, é difícil não aceitar as duas fases da soteriologia Paulo como paralelas à soteriologia de duas fases de Israel. Isto significa reconhecer um grau semelhante de confiança baseada na eleição por Deus em ambos os casos, ambos capazes de exclamar triunfantemente a respeito do Juízo Final "Quem levantará acusações contra as pessoas que Deus elegeu?" (Rm 8.33). No entanto, há também uma nota semelhante de reserva. A confiança não deveria se tornar presunção, uma falha pela qual Paulo critica seus colegas judeus (Rm 2.17-29), e contra qual ele alerta seus colegas crentes (11.17-24). Em vez disso, ela deveria se tornar a base e a fonte para viver de acordo com o Espírito e assim cumprir a exigência da Lei (Rm 8.1-4). Para Paulo havia evidentemente diferenças cruciais entre as duas, como efeito da morte e ressurreição

---

[42] J. M. Gundry Volf, *Paul and Perseverence: Staying in and Falling Away*. WUNT (Tübingen: Mohr Siebeck, 1990).

[43] Moltmann, *Coming of God*, p. 250-255. Cf. T. Eskola, *Theodicy and Predestination in Pauline Soteriology*. WUNT (Tübingen: Mohr Siebeck, 1998). Contraste-se Stuhlmacher: "Para Paulo não havia nenhuma possibilidade de salvação no caso de um crente que negava ou rejeitava o evangelho (Gl 1.8; 2Cor 11.4,13-15; Fl 3.18s)" (*Romans*, p. 47).

de Cristo e do dom do Espírito. Mas o fato dele imaginar Jesus também no papel do julgamento escatológico deveria ser suficiente para nos lembrar de que uma clara nota de reserva permanecia em parte de sua soteriologia.

VI

Resumindo. Jesus como juiz é uma característica muito negligenciada da teologia cristã mais antiga e, particularmente, da teologia paulina. Por isso, a importância do motivo precisa ser reafirmada.

Primeiro, em relação à cristologia e ao conceito paulino de Deus. Aqui, nós podemos simplesmente notar que, para Paulo, Cristo absorve todos os papéis-chave no julgamento final atribuídos no judaísmo do Segundo Templo às outras figuras salvíficas, tanto os seres-humanos exaltadas quanto os seres celestiais. O papel (os papéis) atribuídos a Jesus não infringem de maneira alguma o caráter absoluto da prerrogativa de Deus como juiz final e também como criador inicial. Contudo, tais papéis expressam efetivamente a convicção cristã-primitiva de que o julgamento final seria de acordo com o evento salvífico realizado pela morte e ressurreição de Jesus, de acordo com a ideia de que o caráter do Juízo Final de Deus seria idêntico à sua justiça e ao seu amor expressados em e através de Jesus. E não somente isso. Se a linguagem puder ser forçada, então os papéis expressam também a confiança de que o próprio Jesus estaria envolvido naquele acerto final de contas, como agente de Deus e intercessor diante de Deus.

Segundo, em relação à soteriologia de Paulo. Aqui, o pensamento de Jesus como juiz sublinha o "ainda não" da soteriologia de Paulo, os "se" que parecem integrais à sua soteriologia. Se o alerta de que Jesus será juiz realmente equivale aos alertas antigamente anunciados a Israel de que o próprio Israel eleito por Deus é passível de julgamento por sua desobediência, isto é algo que pede maiores pesquisas. E se há realmente alguma medida de provisoriedade na compreensão paulina do processo de salvação que equivalha à provisoriedade no nomismo da aliança de Israel, tal é igualmente algo que deveria ser discutido com maior profundidade. Mas, no mínimo, ninguém deveria fazer pouco caso da seriedade moral do chamado do próprio Paulo por "obediência de fé".

Capítulo 19

Noch einmal - Mais uma vez "obras da Lei": o diálogo continua

Debater com HEIKKI RÄISÄNEN questões da interpretação de Paulo tem sido uma das experiências mais estimulantes e agradáveis do meu trabalho sobre Paulo. Desde então, cada um de nós voltou sua atenção para outros assuntos, mas os debates e as discussões continuaram nesse meio tempo, e espero que HEIKKI goste desta breve tentativa de retomar algo de nosso antigo diálogo.

A sobreposição de nossos interesses foi bastante ampla,[1] mas espero que ele me perdoe quando volto para uma questão que se tornou uma preocupação particular minha e que parece às vezes ter gerado mais calor do que luz – o que Paulo quis dizer com a expressão "obras da Lei". O debate em andamento é de uma surpreendente vitalidade, e eu suponho que seja assim principalmente por duas razões. Uma é aquilo que costumo descrever como "a nova perspectiva sobre Paulo",[2] que já existe por tempo suficiente para que uma nova geração de estudiosos tratem-na como uma das opções mais "viáveis"; e, mediante a nova perspectiva, haja novas verificações – assim como minha própria geração, instruída por SANDERS[3] e desafiada por RÄISÄNEN,[4] considerou

---

[1] Como já mostram as sobreposições em tópicos de meu *Jesus, Paul and the Law: Studies in Mark and Galatians* (Londres: SPCK, 1990) e a obra de Heikki, *Jesus, Paul and Torah: Collected Essays*. JSNTS 43 (Sheffield: JSOT, 1992).
[2] "The New Perspective on Paul", in *BJRL* 65 (1983): 95-122, reimpresso em *Jesus, Paul and the Law*, p. 183-206 (= *acima*, Cap. 2).
[3] E. P. Sanders, *Paul and Palestinian Judaism* (Londres: SCM, 1977).
[4] Ao reler a obra de Heikki, *Paul and the Law*. WUNT 29 (Tübingen: Mohr-Siebeck, 1983), senti grande prazer em perceber novamente a extensão de nosso acordo

necessário submeter o "paradigma luterano" estabelecido a uma nova verificação. A segunda é a publicação do texto 4QMMT de Qumran, contendo, finalmente(!), um exemplo da expressão exata "as obras da Lei" em um documento quase contemporâneo de Paulo, e mesmo, no que se refere à atitude perante à Lei, análoga à expressão "as obras da Lei" em Paulo.

Já que minha formulação mais antiga do assunto de "obras da Lei" em Paulo pode ser incluída entre aquelas que podem ter gerado mais calor do que luz, pelo menos em alguns círculos,[5] talvez não seja demasiadamente autoindulgente se eu começar pela explicação de como cheguei à minha visão em relação ao sentido que essa expressão tem em Paulo. Já que eu encontrei posteriormente o uso de 4QMMT como apoio à minha interpretação da expressão de Paulo, será depois necessário entrar em diálogo com aqueles que acham que 4QMMT contaria uma história um pouco diferente. Também será apropriado refletir um pouco mais sobre o que as "obras da Lei" e as "obras" têm a ver umas com as outras no esquema paulino das coisas em relação às quais será realizado o Juízo Final.

I

A observação sobre "obras da Lei" provém de minha reação inicial à obra de E. P. SANDERS, *Paul and Palestinian Judaism*, como delineado na conferência *"T. W. Manson Memorial Lecture"* de 1982, *"The New Perspective on Paul"* (A Nova Perspectiva sobre Paulo). Naquela conferência enfoquei Gl 2.16, que pode ser considerado certamente o primeiro uso preservado da expressão "obras da Lei" nos escritos e

---

em seu capítulo sobre a "antítese entre obras da Lei e a fé em Cristo" (p. 162-177), embora, depois disso, nossas interpretações comecem a divergir (p. 177-191).

[5] Para tentativas mais antigas de esclarecer mal-entendidos: minhas "Notas Adicionais" em *Jesus Paul and the Law*, p. 206-214; na resposta a C. E. B. Cranfield, "'The Works of the Law' in the Epistle to the Romans", in *JSNT* 43 (1991): 89-101, cf. meu "Yet Once More – 'The Works of the Law': A Response", in *JSNT* 46 (1992): 99-117 (= acima, Cap. 8); em resposta a P. Stuhlmacher, *Biblische Theologie des Neuen Testaments 1: Grundlegung vo Jesus zu Paulus* (Göttingen: Vandenhoeck und Ruprecht, 1992), p. 264, cf. meu *The Theology of Paul the Apostle* (Grand Rapids: Eerdmans/Edimburgo: T. & T. Clark, 1998), p. 358, nota 97.

na teologia de Paulo.⁶ O que me intrigava naquela época era o fato de Paulo introduzir a expressão em algo que deve ser entendido mais obviamente como o resumo que ele faz das lições que ele tinha aprendido através dos debates que acabou de descrever, os debates em Jerusalém sobre a circuncisão de Tito (Gl 2,1-10) e o debate em Antioquia gerado pela negação de Pedro de comer com os crentes gentios (2.11-14). Se outros preferem dizer que Gl 2.16 representa aquilo que Paulo sempre tinha defendido e que motivava as posições que tomou em Jerusalém e em Antioquia, isso faz pouca diferença para o ponto argumentativo que eu gostaria de levantar.⁷ Pois, no ponto presente, o resultado é mais ou menos o mesmo: Paulo introduziu a expressão "obras da Lei" para expressar um elemento-chave dos princípios em cuja base ou pelos quais ele tinha lutado para salvaguardar "a verdade do evangelho" (Gl 2.5,14) em Jerusalém e Antioquia.

Eu destaco a importância de colocar assim a primeira referência de Paulo a respeito das "obras da Lei" dentro do seu contexto. Desde a época da Renascença tem sido um princípio sadio da hermenêutica a ideia de que um texto, para poder ser entendido adequadamente, precisa primeiro ser lido em seu contexto.⁸ No entanto, nós encontramos com grande frequência o fato de um texto como Gl 2.16 ser tomado como um artefato-prêmio de uma antiga campanha arqueológica (précientífica), sem que seja necessária qualquer consideração em relação à sua localização precisamente estratificada (contexto histórico), um texto pilhado do *insight* teológico oferecido por ele acerca das profundidades da teologia paulina, teologia esta entendida como verdades

---

⁶ As "Notas Adicionais" em *Jesus, Paul and the Law*, p. 206-209, já responderam à resposta que Heikki deu a essa conferência, "Galatians 2.16 and Paul's Break with Judaism", in *NTS* 31 (1985): 543-553, reimpresso em *Jesus, Paul and Torah*, p. 112-126. Ainda saboreio o seu elogio um pouco sarcástico: "Dunn descreve a posição de Paulo quase tão bem quanto o próprio Paulo teria gostado de ser entendido" (*Jesus, Paul and Torah*, p. 125). Para minha exposição mais recente, cf. *Theology of Paul*, especialmente p. 354-379, com bibliografia na p. 335.

⁷ Embora Räisänen e eu concordemos que a teologia de Paulo a respeito de "obras da Lei" fosse decisivamente moldada pelos eventos em Jerusalém e Antioquia.

⁸ Assim Schleiermacher, o pai da hermenêutica moderna: "O significado de cada palavra de uma passagem tem que ser determinado pelo contexto em que ela serve" (H. Kimmerle [org.], *Hermeneutics: The Handwritten Manuscripts by F. D. E. Schleiermacher* [ET Missoula: Scholars, 1977], excerto em: K. Mueller-Vollmer, *The Hermeneutics Reader* [Nova Iorque: Continuum, 1994], p. 90).

atemporais independentes de circunstâncias históricas particulares. As afirmações teológicas centrais de Paulo podem comprovar-se efetivamente como tais ("verdades atemporais [...]"), em uma medida ou em outra. Mas a *primeira tarefa é sempre ler Gl 2.16 na sequência de pensamentos que deram origem à sua formulação*. O âmbito hermenêutico inicial tem de ser o reconhecimento de que a expressão "obras da Lei" surgiu primeiro em algo que Paulo obviamente usava como uma expressão da "verdade do evangelho", que fora tão fortemente ameaçada em Jerusalém e Antioquia.

O ponto central é que as questões, em ambos os casos (Jerusalém e Antioquia), se concentravam naquilo que os judeus piedosos tinham considerado, pelo menos desde a resistência macabeia, fundamental e essencial para a prática de seu judaísmo,[9] a saber, a circuncisão e leis alimentares (basta citar 1Mc 1.60-63).

Evidentemente, os judeus tradicionais dentro das fileiras dos crentes no Messias Jesus[10] insistiam que essas leis continuavam a ser invioláveis para todos os judeus, e que esse fato precisava reger suas relações com aqueles gentios que também chegaram a crer em Jesus.[11] Dificilmente pode ser acidental, portanto, que Paulo optasse por introduzir exatamente a expressão "obras da Lei" em seu resumo daquilo que estava em jogo nos dois incidentes. Uma clara implicação de 2.16

---

[9] Uma das fraquezas da resposta de Räisänen a meu artigo "New Perspective" foi que ele usou "judaísmo" de uma maneira demasiadamente monolítica, indiferenciada ("a ruptura de Paulo com o judaísmo"). Não precisamos acompanhar completamente aquelas pessoas que pensam ser mais apropriado falar em termos de muitos/vários "judaísmos" (plural) nesse período. Basta notar as tensões dentro do termo "judeu" e "judaísmo" como denotando uma identidade étnica, ou uma religiosa, ou ambas. Além disso, cf. meu *Theology of Paul*, p. 347-349; S. J. D. Cohen, *The Beginnings of Jewishness: Boundaries, Varieties, Uncertainties* (Berkeley: University of California, 1999), especialmente os capítulos 3-4.

[10] Eles devem ser descritos assim, não obstante a descrição menosprezadora por Paulo como "falsos irmãos" (2.4) e alusiva como "alguns de Tiago" (2.12); contudo, em Jerusalém, eles certamente eram considerados discípulos do Messias Jesus (cf. 2.15-16).

[11] É desnecessário chegar a uma solução mais nítida do que esta na referência ao incidente em Antioquia. O que é claro é que as questões se concentravam nos aspectos corretos e errados de judeus comerem com gentios, como determinados pela referência a diversas leis alimentares que regiam as relações sociais na mesa da refeição.

é que Paulo via os tradicionalistas como exigindo "obras da Lei" em adição à fé em Jesus Cristo.¹² O que significa também que, ao formular a expressão "obras da Lei", ele pensava particularmente na circuncisão e nas leis alimentares. Isto não quer dizer que Paulo pensava somente e tais leis particulares; há quem tivesse entendido assim a formulação de meu artigo de 1983,¹³ mas espero que os esclarecimentos subsequentes tenham resolvido esse ponto.¹⁴ Novamente, o ponto decisivo é que essas duas leis em *particular* tinham feito com que a questão resumida em Gl 2.16 ficasse clara para Paulo, ou pelo menos ocupasse valor central em seu pensamento. *Seja o que for que Paulo tinha em mente, além disso, quando escreveu "obras da Lei" em 2.16, certamente ele estava se referindo à circuncisão e às leis alimentares.* Eu espero que esta observação esteja fora de qualquer debate razoável.

Por isso, a pergunta seria: por que essas duas em particular? De novo, o contexto imediato indica a resposta, já que a lógica acima esboçada funciona também ao inverso. Paulo tinha pensava exatamente nessas duas porque eram precisamente essas duas em que se insistia como essenciais em adição à fé em Cristo. Isto é, insistia-se nelas como regras que tinham que reger as relações entre judeus que criam e gentios que criam. No contexto de Gálatas 2, é simplesmente impossível evitar a questão judeus/gentios. As "obras da Lei" às quais Paulo se referia particularmente eram regras que, se não fossem abraçadas pelos gentios, impediriam a sua aceitação plena. Em outras palavras, ainda me parece impossível

---

¹² Deve-se perceber que continuo não persuadido pela moda norte-americana de entender *pístis Christoû* como uma referência a "a fé de Cristo"; cf. *Theology of Paul*, p. 379-385, e, além disso, *abaixo*, nota 39.

¹³ *BJRL* 65 (1983): 107 = *Jesus, Paul and the Law*, p. 191 (= *acima*, p. 163).

¹⁴ Cf. novamente *acima*, nota 5. J. C. R. de Roo, "The Concept of 'Works of the Law' in Jewish and Christian Literature", in S. E. Porter, B. W. R. Pearson (org.), *Christian-Jewish Relations Through the Centuries*. JSNTS 192 (Sheffield: Sheffield Academic, 2000), p. 116-147, aumenta a confusão ao me criticar por estar "reduzindo o conceito de 'obras da Lei' a uma mera ênfase em observâncias rituais" (p. 137). Sua expressão *"mera ênfase"* é reveladora e deixa de apreciar que "observâncias rituais" como a circuncisão e leis alimentícias podem se tornar casos de teste de "ou vai ou racha" de compromisso e identidade (1Mc 1,60-63!). Tampouco tenho a intenção de distinguir entre étnico e ritual como tal, como ela implica (cf. novamente meu *Theology of Paul*, p. 358-359).

evitar aqui a forte inferência de que as obras da Lei em vista eram consideradas importantes pelos judeus tradicionalistas para aquilo que chamei de "função de definir fronteiras". Elas marcavam a distinção entre a nação eleita e as outras nações (= gentias) e, ao observar tais leis, os judeus piedosos mantinham a fronteira entre Israel as outras nações. Isto quer dizer, elas salvaguardaram o estado separado de Israel para Deus, o estado santo de Israel como povo da aliança de Deus.[15]

Exegetas e intérpretes podem argumentar certamente a partir de tais observações básicas: 1) que "obras da Lei" tem de incluir cada lei e todas as leis em relação a qual se exige obediência como uma parte necessária do processo de salvação; 2) que o princípio expresso em Gl 2.16 é mais profundo e mais amplo do que simplesmente a questão das relações entre os judeus e os gentios que criam no Messias Jesus.

Em nenhum dos casos, eu discutiria. No entanto, onde eu quero ficar firme é na insistência de que o contexto que leva para Gl 2.16 deve receber mais atenção ao determinar o sentido imediato de 2.16. Além disso, se a referência de 2.16 é aprofundada ou ampliada para algum princípio mais fundamental, quero também insistir que a referência imediata a relações entre crentes judeus e gentios não deve ser marginalizada ou perdida de vista.

Permitam-me dizer um pouco mais sobre este último ponto. Há quem tenha expressado sua surpresa de que eu pudesse reduzir a hostilidade de Paulo à Lei a uma hostilidade em relação a uma atitude diante da Lei ou a uma atitude encorajada pela Lei.[16] Aceito que "atitude" é uma palavra fraca para aquilo que vejo em jogo. Vejo que o termo tem permitido uma antítese demasiadamente simplista entre "atitude" e "conduta que é expressão dessa atitude". Portanto, deixem-me tentar esclarecer o ponto decisivo de minha argumentação.

Meu argumento é que Paulo em ou como resultado de sua conversão reagia particularmente contra o exclusivismo judaico.[17] Não contra a

---

[15] Não penso que este ponto seja muito discutido; mas a atitude é bem ilustrada, *p.ex.*, por Lv 20.22-26; Nm 23.9 e pela atitude de Pedro e dos outros crentes judeus que precisava ser superada em At 10 (cf. novamente *Theology of Paul*, p. 355-356).

[16] Inclusive Räisänen, *Jesus, Paul and Torah*, p. 122.

[17] Para evitar mal-entendidos, eu deveria deixar claro que *não* estou levantando a antiga antítese de particularismo judaico contra universalismo cristão; cf. meu

crença fundamental na eleição de Israel como tal, mas contra o que tinha se tornado uma característica cada vez mais dominante da fé judaica nos duzentos anos anteriores – um zelo pela Lei que tratava outros judeus como pecadores e efetivamente apóstatas, e, em extensão desse mesmo zelo, considerava os gentios como povo "extra-fronteiriço".[18] Paulo expressa isto em Gálatas ao descrever sua conversão como uma volta de tal zelo para a convicção de que fora chamado para levar a notícia do Filho de Deus aos gentios (Gl 1.13-16) – a mais perfeita volta de 180 graus imaginável. Meu argumento aqui é que não devemos subestimar a seriedade da atitude exclusivista contra a qual Paulo reagia agora. Nós fomos lembrados da extrema seriedade que tal atitude pode adquirir pelos horrores do Holocausto e mais recentemente pelas horríveis selvagerias dos conflitos intra-étnicos e inter-étnicos da antiga Iugoslávia e de Ruanda. Em tais conflitos, há a mesma atitude, o mesmo "zelo" que tinha inspirado Paulo a "procurar a destruir a Igreja de Deus" (1.13; Fl 3.6). A seriedade de uma atitude exclusivista em relação à Lei é algo que leva inexoravelmente a uma conduta exclusivista. É uma espécie de fundamentalismo que consegue salvaguardar o caráter correto de suas crenças unicamente pela perseguição de quem discorda ou ao procurar eliminar (através de conversão ou outros meios) quem tem visões divergentes. Essa espécie de exclusivismo pode produzir uma gama completa de violência, desde a mais sutil pressão social até a violência física. Foi tal "atitude da Lei" que Paulo chegou a abominar.[19]

"Was Judaism Particularist or Universalist?", em J. Neusner, A. J. Avery-Peck (org.), *Judaism in Late Antiquity Part Three, Where we Stand: Issues and Debates in Ancient Judaism Vol. Two* (Leiden: Brill, 1999), p. 57-73.

[18] T. L. Donaldson, *Paul and the Gentiles: Remapping the Apostle's Convictional World* (Minneapolis: Fortress, 1997) argumenta que Paulo antes de sua conversão estava interessado em atrair prosélitos para o judaísmo (*p.ex.*, p. 78). A meu ver, isto confere um peso injustificado a uma interpretação possível de Gl 5.11, em detrimento de considerações muito mais amplas que fluem agora do fato do "zelo" de Paulo como perseguidor (cf., *p.ex.*, meu *Theology of Paul*, p. 346-354).

[19] V. M. Smiles, *The Gospel and the Law in Galatia: Paul's Response to Jewish-Christian Separatism and the Threat of Galatian Apostasy* (Collegeville: Liturgical, 1998) reconhece que "o separatismo judeu-cristão" era o problema enfrentado por Paulo, mas me censura afirmando que confundo a "função social" da Lei e sua "função teológica". Em vez disso, ele afirmou que de alguma maneira os gálatas estavam contestando "as exigências da Lei sobre o mundo inteiro" (p. 125-128), algo que insere em Gálatas mais que o texto quer dizer.

Novamente não precisamos esclarecer aqui quão rápido Paulo chegou a essas convicções, tampouco se ele entrou nas confrontações em Jerusalém e Antioquia com essas convicções já claramente formadas, inclusive não precisamos discutir a existência de alguma formulação envolvendo as "obras da Lei". No entanto, deveria estar claro que a crise de Paulo em tais confrontações se devia à consequência do mesmo antigo exclusivismo dentro das fileiras de quem cria no Messias Jesus: crentes gentios incircuncisos e inobservantes deveriam ser "excluídos, considerados fora" (*ekkleíō* – Gl 4.17). Em Jerusalém e em Antioquia, Paulo resistiu a essa política com a mesma franqueza que tinha demonstrado antes de sua conversão. E em 2.16 é esse exclusivismo que está, em certa medida, inerente à expressão "obras da Lei". Ele diz a Pedro, ou queria ter dito pessoalmente: "Tu deves admitir que nós não podemos considerar essas práticas exclusivistas como consoantes com o evangelho. Nós não podemos pensar que crentes gentios ou deveriam ainda sofrer com tais atitudes/práticas, ou que deveriam ser obrigados a ordenar sua própria conduta de acordo com elas".

Em resumo, seja qual for o sentido ou a compreensão mais ampla de Gl 2.16, certamente era pretendido a alertar contra as "obras da Lei" como constituindo ou erguendo barreiras para a livre difusão da graça de Deus aos gentios. A expressão não incluía nenhum aspecto evidente na superfície do argumento de que as "obras da Lei" eram necessárias para obter a aceitação inicial por Deus. O que Paulo rejeitava era o pensamento de que a Lei, particularmente expressa na circuncisão e nas leis alimentares ou epitomada por elas, continuava a ser uma exigência *sine qua non* para judeu-cristãos determinarem a sua aceitação de relações com crentes gentios; ou, em uma palavra, que as obras da Lei eram necessárias em adição à fé em Cristo.

II

Um dos desafios mais poderosos a essa visão das obras da Lei [*érga nómou*] foi elaborado por Michael Bachmann. Num artigo escrito em 1993, ele já tinha argumentado que as "obras da Lei" se referiam às regulamentações da própria Lei.[20] Seus argumentos mais fortes eram

---

[20] "Rechtfertigung und Gesetzeswerke bei Paulus", in *TZ* 49 (1993), p. 1-33, reimpresso em *Antijudaismus im Galaterbrief: Exegetische Studien zu einem polemischen*

que as referências a *érga* em outros textos (como em Tg 2.14-26) não são relevantes, já que a expressão paulina é *érga nómou*, não "obras" de uma pessoa. Com base na analogia de Jo 6.28-29 ("a[s] obra[s] de Deus"), a expressão mais plena deveria ser entendida como as obras ordenadas pela Lei,/por Deus, ou simplesmente como os mandamentos da Lei/de Deus. Além disso, "obras da Lei" e "Lei" são em Paulo muitas vezes paralelas (*p.ex.*, Rm 3.21 e 3.28), o que implica que Paulo entende por "obras da Lei" nada mais que as regulamentações da Lei.

Num artigo subsequente, BACHMANN força o texto de 4QMMT, agora famoso, para servir à mesma tese.[21] Assim como em Gl 2.16, a expressão-chave, *ma'ase hatorah*, é usada para resumir a argumentação no corpo da carta: "Escrevemos também a vós algumas das obras da Torá [*miqsat ma'ase hatorah*] que pensamos serem boas para vós e para vosso povo" (4QMMT C26-27).[22] Está fora de qualquer dúvida de que a alusão se refere de volta ao início da segunda parte/parte central do texto: "Estes são alguns de nossos regulamentos (*miqsat debarenu*) [...] que são [...] as obras (*ma'asim*) [...]" (B1).[23] Claramente, este é o conteúdo central da carta, a saber: "séries de regulamentos haláquicos,

---

Schreiben und zur Theologie des Apostels Paulus. NTOA 40 (Friburgo [Suíça]: Universitätsverlag, 1999), p. 1-31: "*Paulus meint mit dem Ausdruck 'Werke des Gesetzes' nicht etwas, was auf der durch das Tun gemäss den Regelungen des Gesetzes markierten Ebene liegt, insbesondere nicht: Gebotserfüllungen, sondern er meint mit dem Syntagma 'Werke des Gesetzes' die Regelungen des Gesetzes selber*" [Com a expressão "obras da Lei", Paulo não se refere a algo que se encontre no nível marcado pela prática de acordo com os regulamentos da Lei, particularmente não: cumprimentos de leis, mas se refere com o sintagma "obras da Lei" aos regulamentos da própria Lei], p. 14.

[21] "4QMMT und Galaterbrief, *ma'ase hatorah* und *ERGA NOMOU*", in *ZNW* 89 (1998): 91-113; reimpresso em *Antijudaismus*, p. 33-56; em resposta a meu "4QMMT and Galatians", in *NTS* 43 (1997): 147-153.

[22] Sigo a numeração dos versículos em E. Qimron, J. Strugnell, *Miqsat Ma'ase Ha-Torah*. DJD 10.5 (Oxford: Clarendon, 1994), mas vou me referir também a F. García Martínez, *The Dead Sea Scrolls Translated: The Qumran Texts in English* (Leiden: Brill/Grand Rapids: Eerdmans, 1994, 1996 [2ª ed.]); G. Vermes, *The Complete Dead Sea Scrolls in English* (Londres: Penguin, 1997).

[23] As distintas traduções completam o texto de maneiras diferentes: *p.ex.*, García Martínez: "Estes são alguns de nossos regulamentos [acerca da Lei de D]eus que são pa[rte d]as obras que nós [estamos examinando e] eles [to]dos se referem a [...] e pureza"; Vermes: "Estes são alguns de nossos ensinamentos [ ] que são [as] obras que n[ós pensamos, e to]dos deles se referem a [ ] e à pureza de [...]".

principalmente a respeito de templo, sacerdócio, sacrifício e pureza".[24] BACHMANN aceita minha abordagem sobre esse ponto e se refere particularmente à outra expressão sumária, "algumas de nossas palavras/ regulamentos (*miqsat debarenu*)" em C30.[25] Seu argumento, porém, é de novo que aquilo que está em vista não é o *cumprimento* desses regulamentos [...] mas o *julgamento* específico de questões haláquicas por parte do 'povo de Qumran'".[26] As "obras" em questão são nada mais que as *halacot* da seita.[27]

O argumento tem um peso óbvio. BACHMANN cita QIMRON e STRUGNELL que encontram o singular *ma'aseh* em Ex 18.20 em referência à Lei e em escritos do judaísmo do Segundo Templo, o "uso muito difundido do plural *ma'asim* como um termo designado a leis ou mandamentos".[28] QIMRON e STRUGNELL traduzem a expressão *ma'ase hatorah* como "os preceitos da Torá", e Vermes, como "as observâncias da Lei". GARCÍA MARTÍNEZ seguia inicialmente a QIMRON e STRUGNELL, mas em sua segunda edição mudou para "as obras da Torá".[29]

Minha única preocupação é a impressão de que BACHMANN esteja pondo uma cunha entre os dois sentidos de *ma'aseh/ma'assim*, algo inteiramente injustificado. O que é na verdade uma gama de significados é tratado por ele como dois significados desconectados e separados. O significado da raiz *'asah* é "fazer, agir". E a única razão pela qual *ma'aseh* pode se referir a "preceito" é porque aquilo a que alude é a *conduta e as ações assim prescritas*. Seria mais correto traduzir *ma'aseh como* "atos prescritos", já que é um significado estendido do sentido básico de "atos". A "observância" de Vermes capta bem o significado, já que a

---

[24] Bachmann cita aqui meu próprio sumário (Dunn, "4QMMT", p. 150).
[25] Ao argumentar que *ma'ase hatorah* se refere em C27 aos atos dos reis de Israel (C23) e não aos regulamentos haláquicos precedentes, Roo ("Concept", p. 142-144) ignora tanto as expressões que servem de parêntesis (B1 e C30) como a oração completa (C26-27): "Escrevemo-vos também algumas das obras da Torá (*miqsat ma'ase hatorah*) que pensamos boas para vós e vosso povo", que deixa claro que a alusão se refere de volta aos regulamentos em B.
[26] Bachmann, "4QMMT", p. 43-44.
[27] Bachmann, "4QMMT", p. 47.
[28] Bachmann, "4QMMT", p. 45-46; referindo-se a Qimron, Strugnell, "Miqsat Ma'ase Ha-Torah", p. 139.
[29] Narrei a mudança de opinião de García Martínez em Dunn, "4QMMT", p. 150 (= *acima*, p. 491-492).

"observância" tem mais ou menos a mesma ambiguidade ou gama de significados que *ma'aseh*.[30] Este ponto deveria ter ficado claro a partir de Ex 18.20: "Ensina-os os estatutos e instruções (*hatoroth*), e faze-os saber o caminho que têm que caminhar (*yelekhu*) e as coisas (*hama'ase*) que devem fazer (*ya'asun*)". A última expressão refere-se claramente a "os atos prescritos que eles têm de fazer". Introduzir uma cunha entre "preceito/prescrição" e "ato (prescrito)", como se o primeiro pudesse ser captado sem o pensamento do segundo, coloca uma distinção entre um regulamento e seu cumprimento, o que é bastante alheio ao sentido dos termos.[31]

Algo semelhante acontece 4QMMT. É evidente que os autores de 4QMMT estavam não apenas tentando realizar um ato de persuasão intelectual, meramente para convencer os destinatários a aceitarem a legitimidade dos regulamentos haláquicos contidos na carta. Aqui, novamente, o próprio termo halacá (de *halakh*, "caminhar") deveria receber seu peso apropriado: *halakhoth* refere-se a regulamentos sobre como eles devem caminhar (Ex 18.20 – *yelekhu*). Esses "regulamentos" indicavam como a Torá deveria ser *observada em conduta* nos vários assuntos da prática discutida. O que o(s) autor(es) da carta queria(m) era convencer os destinatários a seguirem as *halakhoth* da seita. Da mesma maneira, a esperança destacada no fim da carta é que "no fim dos tempos, podereis vos rejubilar em perceber que algumas de nossas palavras/práticas (*miqsat debarenu*) são verdadeiras/corretas. E será vos contado para a justiça, ao fazer o que é justo e bom diante dele" (C30-31). De novo é importante lembrar que *dabar* possui uma gama de significados – "palavra, dito, assunto (a coisa de que se fala)". A esperança é claramente de que as pessoas endereçadas percebessem

---

[30] Semelhantemente, J. L. Martyn, *Galatians*. AB 33A (Nova Iorque: Doubleday, 1997), traduz *érga nómou* por "observância da Lei" (para o versículo).

[31] Roo comete um erro semelhante ao argumentar somente no sentido do significado "obra" ou "ato", em nítida distinção de "preceito" ou "regulamento" ("Concept", p. 138-144); minha formulação em *The Partings of the Ways between Christianity and Judaism* (Londres: SCM, 1991), p. 136 (citada por Roo, p. 139), contribuiu evidentemente com a confusão, embora o contexto devesse ter deixado claro que não tive a intenção de levantar uma antítese entre preceito e ato. Cf. também D. Flusser, "Die Gesetzeswerke in Qumran und bei Paulus", in H. Cancik *et al.* (org.), *Geschichte – Tradition – Reflexion: Band I Judentum*. FS M. Hengel (Tübingen: Mohr-Siebeck, 1996), p. 395-403.

que "algumas de nossas palavras/regulamentos" são verdadeiros ao *realiza-los*, ao seguir as *halakhot* da seita.[32] Indubitavelmente, a esperança era não de que as pessoas às quais o texto era endereçado fossem "consideradas justas" simplesmente em virtude da mudança de suas opiniões acerca de alguns tópicos debatidos. Era de que somente fizessem "o que é justo e bom diante dele [de Deus]", isto é, ao *fazer* o que a seita ordenava, eles poderiam ter esperança pela vindicação final.

O mesmo acontece com o uso que Paulo faz dessa expressão "obras da Lei". Como os oponentes de Paulo entendiam "justificação pelas obras da Lei (*ex érgōn nómou*)"? Não trata de simplesmente pensar que a justificação seria concedida com base na posse da Lei, dos regulamentos da Lei, entendidos como uma espécie de talismã ou amuleto. Como eu mencionei ao comentar Rm 2.13, a observação de Paulo de que "não os ouvintes da Lei são justos diante de Deus, mas os cumpridores da Lei serão justificados" não seria discutida por nenhum judeu instruído na Escritura.[33] Neste ponto, a questão não era *se a* Lei deveria ser "cumprida", mas *como* deveria ser cumprida.[34] Minha objeção a BACHMANN não é que ele estivesse equivocado ao afirmar que as "obras da Lei" em Paulo podem significar "regulamentos da Lei". Minha objeção é antes que ele nega que a expressão se refira *também* à implementação desses regulamentos na vida cotidiana. Não mais do que em Qumran, a esperança debatida em Gl 2.16 ou Rm 3.20,28 pela vindicação final teria como base o ter sido persuadido acerca de certas minúcias haláquicas. A esperança, mais do que uma vida vivida de acordo com a Lei (manifestada nas obras da Lei), era uma vindicação de Deus.

BACHMANN dedica grande atenção ao quebra-cabeça de Gl 3.10.[35] O quebra-cabeça consiste em analisar como Paulo podia considerar "sob maldição" aqueles que são "de obras da Lei" (*ex érgōn nómou*).

---

[32] Qimron e Strugnell traduzem "algumas nossas práticas" (C30).
[33] *Romans*. WBC 38 (Dallas: Word, 1988), p. 97; cf. novamente Flusser, "Gesetzeswerke".
[34] Paulo vê a fé, o Espírito e o amor como a chave para o "como" (Rm 3.31; 8.4; 13.8-10; Gl 5.14); além disso, cf. meu livro *Theology of Paul*, cap. 8; cf. também C. Burchard, "Nicht aus Werken des Gesetzes sondern aus Glauben an Jesus Christus – seit wann?", in H. Cancik *et al.* (org.), *Geschichte – Tradition – Reflexion: Band I Judentum*. FS M. Hengel (Tübingen: Mohr-Siebeck, 1996), p. 405-415.
[35] Bachmann, "4QMMT", p. 53-55, referindo-se de volta à exposição mais plena de "Rechtfertigung", p. 23-26.

O que causa o problema é a interpretação usual de "obras da Lei" como uma referência à *realização* da Lei, já que a Escritura explicitamente pronuncia uma maldição sobre todas as pessoas que *falham em realizar* a Lei (3.10b). Em contraste, BACHMANN pensa que entender "obras da Lei" como referência a esses regulamentos da Lei resolve o quebra-cabeça: as pessoas que definem a si mesmas pela referência a tais regulamentos podem ser consideradas sob maldição exatamente em virtude de sua *falha em cumprir* esses regulamentos. Eu poderia responder ao explicar que esse raciocínio bastante tradicional importa uma consideração que não está presente no texto: a lógica de que é impossível para qualquer pessoa cumprir a Lei (por isso, todas estão sob maldição) tem que ser importada ao texto. No entanto, esta é outra questão que não posso abordar aqui.[36]

O único ponto argumentativo que devo apresentar aqui é o mesmo ponto já apresentado acima. Concordo que *hósoi ex érgōn nómou* pode bem ser explicado como "aquelas pessoas que se definem pela referência a *érga nómou*". Contudo, isto deve significar que elas se definem em termos de *obediência* à Lei. Que sentido tem apresentar judeus que definem a si mesmos pela referência à Lei da circuncisão, mas que excluíam com isto a afirmação de que eles mesmos foram, naturalmente, circuncidados? Quando Paulo categoriza judeus como "a circuncisão (*hē peritomē*)",[37] ele dificilmente se refere a uma apreciação intelectual do sentido do rito em sua distinção da realização do rito como tal. A expressão denota efetivamente as pessoas que definiam a si mesmas pela referência a *érga nómou*. Mas tem que significar aqueles que se definiam contra outras (gentios e outros judeus?) em termos das *halakhoth* pelas quais viviam. Esta é a base para minha própria interpretação de Gl 3.10, que entende que Paulo quer dizer que o próprio ato e estilo de vida de se definir contra os outros de uma maneira condenatória e depreciativa (exclusiva) é em si mesmo uma falha da tentativa de viver verdadeiramente o que o livro da Lei requer (cf. Rm 9.31-32).[38] No entanto, aqui, novamente, seguir esse debate nos levaria muito longe de nossa tarefa, necessariamente circunscrita.

---

[36] Cf. também meu comentário *Galatians*. BNTC (Londres: A. & C. Black, 1993), p. 170-174; *Theology of Paul*, p. 361-362.
[37] Rm 2.26-27; 3.30; 4.9; Gl 2.7-9; Cl 3.11.
[38] Cf. novamente *acima*, nota 36.

Em poucas palavras, a tentativa de BACHMANN de resolver a questão sobre o que Paulo quis dizer com "as obras da Lei" deve ser julgada mal-concebida. Não porque ele pleiteasse um sentido inadmissível do termo. De modo algum. Mas porque ele pensou que fosse possível distinguir e separar esse sentido ("os regulamentos da Lei") do sentido de obedecer a esses regulamentos ("fazer o que a Lei exige"). Paulo, por sua vez, certamente não entendia pessoas *ek pistéōs* como pessoas que acalentavam uma opinião particular sobre Cristo.[39] *Hoi ek pistéōs* eram as pessoas que expressavam e viviam a sua fé, como Abraão antes delas (Rm 4.16; Gl 3.7-9), e que consequentemente podiam ser definidas em termos dessa fé.

III

Uma crítica diferente veio de TOM WRIGHT – basicamente que o paralelo afirmado entre o uso paulino de *érga nómou* e 4QMMT C27 é desproporcional.[40] 1) "MMT define um grupo de judeus contra o resto. As 'obras' às quais Paulo se opõe, porém, definem todos os judeus e prosélitos contra o mundo gentio ou pagão". 2) MMT está preocupado com "regulamentos pós-bíblicos altamente sintonizados" acerca de fetos de animais, banimento de pessoas cegas e cochas do templo, da pureza ou de fluxos corporais e outros desse gênero, enquanto Paulo está preocupado com "as marcas bíblicas da identidade judaica (circuncisão, sábado, leis alimentares)". 3) Os regulamentos de MMT referem-se ao templo de Jerusalém e sua pureza. Mas nem Paulo nem seus oponentes mencionam o próprio templo ou os códigos de pureza exigidos para seu funcionamento. As duas situações estão relacionadas "apenas muito obliquamente".

---

[39] Aqui estou tentado apontar o paralelo entre a interpretação que Bachmann faz de *érga nómou* e a interpretação popular de *pístis Christoû* como "fé de Cristo". O que estaria em vista em ambos os casos seriam os meios de salvação (regulamentos, a fidelidade de Cristo), mas não sua implementação (atos, fé). Minha própria visão é, em contraste, de que a referência num caso não é simplesmente a *halakhah*, mas sua observância considerada necessária, e no outro caso não simplesmente um Cristo que salva, mas os meios pelos quais esse ato salvífico se torna efetivo nos casos individuais.

[40] N. T. Wright, "Paul and Qumran", in *Bible Review* 14/5 (1998): 18,54; o título original (de trabalho) de Wright foi "4QMMT and Paul: What Sort of 'Works'?".

Todos esses detalhes estão corretos. No entanto, mesmo assim, WRIGHT deixa de perceber o paralelo mais pleno e mais fundamental envolvido. Esse paralelo é indicado não só pela expressão "obras da Lei" como pelos dois outros pontos de contato entre MMT e Gálatas, para os quais dirigi a atenção.[41]

1) Os autores de MMT lembram os destinatários que "nós nos separamos da multidão do povo [e de toda sua impureza]" (QIMRON e STRUGNELL C7).[42] A própria carta é obviamente pensada, pelo menos em alguma medida, para fornecer uma explanação do motivo pelo qual eles se "separaram" dessa forma. O verbo usado é exatamente equivalente ao verbo usado por Paulo para descrever o ato de Pedro, seguido pelos outros crentes judaicos, que "se separaram (*aphōrízen heautón*)" dos crentes gentios em Antioquia, embora antes tivessem comido com eles (Gl 2.12-13). O ponto é que a atitude por trás de ambas as "separações" é a mesma. É verdade que os qumranitas se "separaram" do resto de Israel, enquanto Pedro e os outros judeu-cristãos se "separaram" dos crentes gentios. Contudo, em cada caso, a preocupação principal por parte dos "separatistas" foi sua própria pureza: eles se "separaram" porque temiam uma contaminação que contrairiam pela associação com aquelas pessoas que não mantinham o mesmo grau de pureza.[43] Em poucas palavras, a motivação e o raciocínio teológicos eram os mesmos em MMT e em Antioquia: que era necessário para judeus fiéis à Torá e à aliança separarem-se da impureza, seja da impureza de judeus apóstatas ou da impureza de gentios. É isso a que Paulo objetava.

---

[41] Dunn, "4QMMT", p. 147-148,151-152 (= *acima*, p. 487-489, 493-495).
[42] Seja a complementação da lacuna por Qimron e Strugnell certa ou não, a preocupação geral de MMT com a pureza dificilmente pode ser discutida.
[43] Provavelmente é necessário repetir o ponto argumentativo de que as leis de puro e impuro eram essencialmente preocupações com a pureza e refletiam exatamente a separação de Israel nas nações (Lv 20.24-26; At 10.14-15,28). Já que a pureza era um assunto diretamente correlacionado com o templo (estar suficientemente puro para participar do ritual do Templo), vale a pena notar que tais preocupações com a pureza eram evidentemente um fator que determinava a comunhão de mesa não só dentro da terra de Israel (fariseus e Jesus "comendo com cobradores de impostos e pecadores"), mas também além dela (Rm 14). Além disso, cf. meu *Partings*, p. 107-113,130-134; também *Romans*, p. 818-819,825-826, e a discussão de preocupações de pureza na diáspora em E. P. Sanders, *Jewish Law from Jesus to the Mishnah* (Londres: SCM, 1990), p. 258-271.

2) A paralela refere-se à ideia da justiça como dependente da observância desses regulamentos: "Isto vos será 'contado para a justiça' ao fazer o que é reto e bom diante dele" (C31), com o mesmo eco de Gn 15.6 que era central para o raciocínio de Paulo sobre o assunto (Gl 3.6; Rm 4.3-22). O(s) autor(es) da carta criam claramente que as pessoas que seguiam as *halakoth* de Qumran seriam "reconhecidas justas"; isto é, seriam "consideradas justas pela referência a seus *ma'ase hatorah*", ou, nos termos usados por Paulo, seriam justificadas *ex érgon nómou*. Em ambos os casos, isto quer dizer que aquilo que estava em jogo para os separatistas era a sua própria justiça/justificação; sua própria justiça/justificação estaria de alguma forma ameaçada pela associação com aquelas pessoas que não entendiam e praticavam a Torá da mesma maneira, isto é, pela impureza dessas outras pessoas. E, de novo, é exatamente essa atitude e prática que Paulo objeta.

De fato, WRIGHT está muito próximo do alvo quando indica que aquilo que estava em jogo em um caso era a autodefinição e no outro, a autoidentidade. Pois em cada um dos casos entendia-se que a integridade da própria identidade (como Israel, como crentes) era ameaçada pela associação com não-observantes (outros judeus e/ou gentios). Pelo mesmo motivo, a observância da Torá (*halakhoth*, leis alimentares) era vital para a autodefinição, para a manutenção da identidade. O que se comprovou tão interessante em 4QMMT neste ponto é que o texto usa exatamente a mesma expressão, "as obras da Lei", e a usa exatamente da mesma maneira que Paulo a utiliza para caracterizar a atitude de Pedro, e com exatamente a mesma implicação de que tais "obras da Lei" eram consideradas pelos observantes os baluartes necessários para sustentar e preservar sua autodefinição, sua identidade.[44]

---

[44] Roo deixa de perceber o elemento comum ("obras" que exigem "separação") que torna o discurso de obras como fatores de identidade e definição de fronteiras em ambos os casos apropriado; dentro do conceito de Gálatas podemos nos referir mais especificamente a marcadores da identidade judaica ou nacional ("Concept", p. 126-127). É claro que meu "Works of the Law and the Curse of the Law (Galatians 3.10-14)", in *NTS* 31 (1985): 523-542, reimpresso em *Jesus, Paul and the Law*, p. 215-236 (= *acima*, Cap. 3), no qual chamo pela primeira vez a atenção para a "função social da Lei", foi escrito antes que 4QMMT se tornasse amplamente conhecido.

Insisto tanto neste ponto simplesmente para sublinhar a maneira como ele reforça minha tese básica sobre "obras da Lei". Não obstante WRIGHT, o paralelo entre MMT e Gálatas é estreito e significativo. Não porque as questões/regulamentos/*halakhoth*/práticas específicas em vista fossem as mesmas. Mas porque a *atitude e as preocupações* expressas na formulação "obras da Lei" eram as mesmas. Os autores de MMT usaram a expressão para indicar aquelas *halakhoth* e práticas que eram para eles de tal importância que exigiam sua separação do resto do povo.[45]

Paulo usava a expressão para descrever as práticas fiéis à Torá que Pedro e os outros crentes judaicos consideravam tão importantes que exigiam sua separação do resto das pessoas que criam no Messias Jesus. Ambos os conjuntos de separação tornaram essas "obras da Lei" essenciais para alguém ser considerado justo por Deus. Não, para dizê-lo mais uma vez, porque essas "obras da Lei" fossem consideradas de alguma maneira algo pelo qual se alcançasse uma aceitabilidade inicial por Deus, mas porque essas "obras da Lei" impunham e realizavam a separação em relação aos outros grupos de Israel, em relação àqueles que possuíam outra fé.[46] Para Paulo, somente a fé, a fé em Cristo, era o fundamento de aceitação por Deus e para a comunhão social com outras pessoas que a compartilhavam.

---

[45] Minha reclamação anterior sobre não ler um texto dentro de seu contexto (*acima*, nota 8) aplica-se também à referência que MMT faz a "obras da Lei". Por exemplo, ao discutir minha visão, B. Witherington, *Grace in Galatia: A Commentary on Paul's Letter to the Galatians* (Grand Rapids: Eerdmans, 1998), p. 176-177, ignora tanto a inferência óbvia de que "algumas obras da Lei", "alguns de nossos regulamentos/práticas" (C27.30) se refere de volta aos regulamentos expostos na carta como se estes constituíssem uma linha de separação do resto do povo. T. R. Schreiner, *Romans* (Grand Rapids: Baker, 1998), p. 173, ignora o contexto totalmente. H-J. Eckstein, *Verheissung und Gesetz: Eine exegetische Untersuchung zu Galater 2.15-4.7*. WUNT 86 (Tübingen: Mohr-Siebeck, 1996) nem sequer menciona 4QMMT!

[46] Cf. agora também M. G. Abegg, "4QMMT C 27, 31 and 'Works Righteousness'", in *Dead Sea Discoveries* 6 (1999): 139-147.

IV

Há ainda outro aspecto que merece alguma atenção. O atual debate sobre "obras da Lei" em Paulo tem sido desenvolvido sem considerar suficientemente o fato de que a palavra-chave, "obras [*érga*]", ocorra em outras partes e em outras passagens que abordam a justificação/absolvição. É claro que me refiro ao fato de Paulo imaginar o Juízo Final determinado pela referência às "obras" das pessoas julgadas. Deus "retribuirá a cada pessoa de acordo com suas obras", seja para o bem, seja para o mal (Rm 2.6). "A 'obra' de cada pessoa será testada pelo fogo" (1Cor 3.13-15). "Porquanto todos nós temos que comparecer manifestamente perante o trono do julgamento de Cristo, a fim de que cada um receba a retribuição do que tiver realizado durante sua vida no corpo, seja para o bem, seja para o mal" (2Cor 5.10). BACHMANN neutraliza a questão ao fazer uma distinção aguda entre as "obras" humanamente lavradas e as "obras (= regulamentos) da Lei.[47] E. WRIGHT reconhece a importância do aspecto escatológico da discussão, embora ele o aborde de sua própria maneira característica.[48] No entanto, a questão não pode ser evitada nem de uma forma nem de outra. A questão é esta: se "obras da Lei" são efetivamente os atos prescritos pela Lei, então, como Paulo as relaciona com as "obras" em referência às quais será realizado o Juízo Final?

Esta questão é grave, especialmente para aqueles que entendem "obras da Lei" como uma referência ao conjunto de condutas exigidas pela Lei. Pois, nesse caso, as várias afirmações de Paulo sobre o assunto "obras" parecem entrar numa confusão completa. Certamente ele nega que a justificação/absolvição é "de obras (da Lei)". Mas depois, por outro lado, ele afirma que a Lei é cumprida no mandamento do amor ao próximo (Gl 5.14) e que crentes que "amam seu próximo" de fato cumprem a Lei (Rm 13.8,10). Será que aqueles que "amam seu próximo" *não* fazem "a(s) obra(s) da Lei"? Além disso, afirma que o julgamento/absolvição final é "de acordo

---

[47] Bachmann, "Rechtfertigung", p. 14-19.
[48] "Determinante para essas questões é a *escatologia bíblica* de MMT (algo até hoje ignorado pelos estudiosos) e a maneira como isso se relaciona a suas 'obras da Lei', por um lado, e às 'obras' de Paulo, por outro" (Wright).

com obras"; presumivelmente, o amor ao próximo é uma espécie de "obra(s)" que sobreviverá/sobreviverão ao feroz teste e em referência à qual/às quais a absolvição será registrada.

Nós encontramos, ironicamente, uma característica da teologia paulina que, para a surpresa de alguns, parece ser muito semelhante à teologia dos judeus que eram seus contemporâneos: que o julgamento será de acordo com obras. A pesquisa cristã tem sido geralmente tão ansiosa em marcar a diferença e a distância entre Paulo e o judaísmo do Segundo Templo na questão da justificação que tem negligenciado as semelhanças.[49] No entanto, a ênfase que o ensinamento de Paulo sobre a justificação dá ao futuro não deve ser negligenciada. Por exemplo, como já notamos, o pensamento de Rm 2.13 não difere das tradicionais ênfases do judaísmo do Segundo Templo: são "os cumpridores da Lei (que) serão justificados". E quando Paulo fala em Gl 5.5 sobre "estar esperando a esperança da justiça", isto dificilmente pode ser diferente da esperança da absolvição futura, de ser reconhecido justo no Juízo Final.[50] Aqui não podemos escapar da lógica ao argumentar que a referência ao evangelho em Rm 2.16 muda a imagem de 2.13 ou que o "mas agora" de 3.21 sinaliza uma mudança nos termos do julgamento, de modo que já não será "em termos de obras". Pois nós já notamos que Paulo esboça a mesma imagem típica do judaísmo do julgamento final segundo obras, segundo os atos realizados no corpo também para quem crê (1Cor 3.13-15; 2Cor 5.10). Nós não podemos deixar de perceber a ampla medida com que Paulo simplesmente adotou e integrou

---

[49] A acusação não deveria ser dirigida a Sanders, já que ele enfatiza a importância de "ficar em" em sua definição do "nomismo da aliança": "a aliança exige como resposta apropriada do homem sua obediência aos mandamentos dela [...]"; "a obediência preserva a posição de uma pessoa dentro da aliança [...]"; "no judaísmo, justiça é um termo que implica a preservação do *status* dentro do grupo dos eleitos" (*Paul and Palestinian Judaism*, p. 75.420.544). Minha própria abordagem em *Theology of Paul* pode ter encorajado uma inferência desse tipo, já que abordo "justificação pela fé" unicamente em termos do início do processo de salvação (cap. 14), e era provável que a questão da justificação final "de acordo com obras" no cap. 18 se perdesse de vista.

[50] Aqui não se deve ignorar o tempo futuro de *dikaioō* – Rm 2.13 (nota-se o contexto, 2.5-13,15-16); 3.20,30; o papel de Deus como justificador *ho dikaiôn* (3.26; 4.5; 8.33) vai se mostrar da maneira mais plena no Juízo Final 3.4-6; 8.33). Igualmente, somente no fim a salvação será alcançada plenamente (5.9-10; 11.26; 13.11; Fl 1.19; 2.12; 1Ts 5.8-9).

em sua própria teologia a compreensão judaica tradicional do Juízo Final "de acordo com obras", e isto não pode ser ignorado.[51]

O resultado é outra confirmação de que, ao negar que a justificação acontece *ex érgōn nómou*, Paulo não pode ter pretendido desencorajar seus leitores a fazerem "boas obras", já que também ele cria certamente que o julgamento teria sua referência exatamente a esse tipo de "bem (bons atos/boas obras)" realizado(s) durante a vida (Rm 2.7,10; 2Cor 5.10). Ora, sendo assim, o que estava sendo negado em Gl 2.16? A resposta parece ter duas partes.

1) A primeira reside obviamente na antítese entre a fé e as obras da Lei. Paulo afirma que somente a fé é necessária. Qualquer tentativa de exigir mais do que a fé é inaceitável para Paulo, pois nega "a verdade do evangelho". Isto, porém, como vimos, não significa que não se esperasse que crentes realizassem "obras". Deve significar simplesmente que as obras que serão testadas no julgamento final são obras que são, por sua vez, uma expressão daquela fé; obras, se nós quisermos dizer assim, *ek pistéōs*,[52] ou, como o próprio Paulo o coloca, "fé

---

[51] F. Avemarie, *Tora und Leben: Untersuchungen zur Heilsbedeutung der Tora in der frühen rabbinischen Literatur*. WUNT (Tübingen: Mohr/Siebeck, 1996), também "Erwählung und Vergeltung: Zur optionalen Struktur rabbinischen Soteriologie", in *NTS* 45 (1999): 108-126, enfatiza o aspecto ao descrever a "estrutura da soteriologia rabínica" como uma correção ou qualificação do "nomismo da aliança" de Sanders. Contudo, é também preciso notar a grande semelhança da "estrutura da soteriologia paulina" neste ponto. Desenvolvi o ponto em "Jesus the Judge: Further Thoughts on Paul's Christology and Soteriology", in D. Kendall, S. T. Davis (org.), *The Convergence of Theology*. FS G. O'Collins (Nova Iorque: Paulist, 2001), p. 34-54 (= acima, Cap. 18). Cf. agora K. L. Yinger, *Paul, Judaism and Judgment According to Deeds*. SNTSMS 105 (Cambridge: Cambridge University, 1999). Cf. P. Stuhlmacher, *Der Brief an die Römer*. NTD 6 (Göttingen: Vandenhoeck und Ruprecht, 1989): "*Die Paulusbriefe bieten keinen Anlass, diese Vorstellungswelt als 'vorchristlich' oder 'bloss jüdisch' abzutun. Der Apostel hat sie nicht als Widerspruch zu seiner Rechtfertigungsverkündigung empfunden, vielmehr sein Evangelium in eben diesem Erwartungshorizont entfaltet*" [As Cartas de Paulo não oferecem motivo para descartar esse imaginário como "pré-cristão" ou "meramente judaico". O apóstolo não o sentiu como contradição a seu anúncio da justificação, muito ao contrário, ele desenvolveu seu evangelho exatamente nesse horizonte de expectativa], p. 44. Roo recorre às antigas categorias polêmicas ao insistir em descrever "obras da Lei" como "meritórias" ("Concept", p. 145-147).

[52] Será fácil perceber que penso aqui no antigo rótulo protestante de que "obras são o fruto, não a raiz da fé".

operando através do amor" (Gl 5.6). O que Paulo condena é que Pedro deixa de reconhecer a fé única e constante, porque as "obras" como a expressão de fé são variáveis e não podem ser prescritas estreitamente. De outro modo, nós poderíamos dizer que Paulo insiste que a graça que estabeleceu primeiro a aliança com Israel permanece a única determinante da pertença à aliança (Rm 11.6), até mesmo não obstante sua expectativa de que a graça dê o fruto do bom caráter e relacionamento (Gl 5.22-23).

2) A segunda parte da resposta reside de novo no reconhecimento de que o termo "as obras da Lei" precisa ser circunscrito mais do que se pensa geralmente. Há "obras da Lei" que não fornecem nenhuma base para a justificação; e "obras" em referência às quais o Juízo Final será alcançado. Paulo não se pode referir em ambos os casos às mesmas "obras". O que está tão errado com "as obras da Lei" de Gl 2.16? Está evidente que elas se comprovaram antitéticas à abertura da fé, à abertura da reivindicação de que a fé de um gentio fornece uma base suficiente para a aceitação plena pelos judeus que creem, não por último, na mesa da refeição. Por isso, temos de levar em conta novamente a lógica do pensamento mais amplo de Paulo para chegar à conclusão de que ele se referia com "obras da Lei" àquela obediência aos preceitos da Lei que judeus crentes ainda consideravam necessária, particularmente no ponto onde significava tratar gentios crentes como excluídos da comunidade da salvação.

Se HEIKKI perseverou até aqui, eu posso imaginar perfeitamente que ele deu, neste ponto, um sorriso amarelo (se não tiver feito isso já bem antes). Certamente há questões mais importantes para a pesquisa e para a teologia bíblica do que perseguir esses pontos exegéticos mais finos numa extensão tal. Minha única defesa é que a questão "não de obras da Lei" era evidentemente importante para Paulo. E já que Paulo tem sido uma força criativa tão importante na teologia cristã, vale realmente a pena perseverar numa tentativa de afirmar que não se percam de vista nuances que eram importantes para Paulo quando ele introduziu essa expressão pela primeira vez em sua teologia. Contudo, essa defesa convida simplesmente para ampliar nosso diálogo para além daquilo que é aqui apropriado. Talvez na próxima. *Ad multos annos*, HEIKKI.

Capítulo 20

Tinha Paulo uma teologia da aliança? Reflexões sobre Romanos 9.4 e 11.27

I

O motivo da "aliança" desempenha um papel bastante perturbador na teologia de Paulo. O problema não é simplesmente a pouca recorrência no uso do termo por Paulo,[1] mas o fato do uso do termo denotar mais uma reação incisiva do que uma expressão de sua própria reflexão, o que culmina na dificuldade de fazer derivar de Paulo uma coerente "teologia da aliança" das passagens em que o termo ocorre. A tensão se reflete nas duas principais correntes da Reforma. Ambas extraem a sua inspiração teológica de Paulo: será que "aliança" é um meio de expressar a continuidade entre o Antigo Testamento e o Novo (como pensa CALVINO)? Ou será que sucumbe à antítese entre Lei e evangelho (*nova* aliança) que é tão paradigmática para a teologia luterana? E o problema é agravado pelos cem anos de debate na pesquisa do Antigo Testamento sobre se a aliança é um conceito tardio (deuteronômico; Wellhausen) ou fundamental para a autoconsciência de Israel mais ou menos desde o seu princípio (em particular, EICHRODT), já que cada alternativa, de sua própria maneira, corrobora ou com a antítese luterana, ou com a continuidade de CALVINO. Ou, para dizê-lo em termos mais diretamente aplicáveis às nossas preocupações do presente: contra o que, dentro de sua

---

[1] Rm 9.4; 11.27; 1Cor 11.25; 2Cor 3.6.14; Gl 3.15,17; 4.24; também Ef 2.12.

herança, Paulo estava reagindo? A que, dentro de sua herança, Paulo estava se referindo? E onde se encaixa a ideia ou a teologia da "aliança" – como parte daquilo contra o que Paulo reagia, ou como parte daquilo a que ele se referia?

Na esteira da crítica de E. P. SANDERS ao retrato tradicional do judaísmo contra o qual Paulo reagiu e de sua reafirmação do judaísmo do Segundo Templo em termos de "nomismo da aliança",[2] o pêndulo foi novamente para o lado da continuidade. Na reavaliação de SANDERS, o conceito de "aliança" tem sido entendido geralmente como um motivo de continuidade. Por exemplo, TOM WRIGHT pode intitular sua coletânea de estudos sobre a teologia de Paulo *"The Climax of the Covenant"* (O clímax da aliança),[3] e DAVID KAYLOR intitulou seu estudo de Romanos *"Paul's Covenant Community* (A comunidade da aliança de Paulo).[4] "Aliança" tornou-se também um termo decisivo em minha própria afirmação da "nova perspectiva sobre Paulo".[5] Reflexões maiores, porém, levantaram para mim a pergunta se a categoria está sendo usada de modo demasiadamente casual nas descrições da teologia de Paulo de uma maneira que deixe de destacar com suficiente clareza a ambivalência de seu uso, refletindo também a ambivalência de sua atitude para com sua religião ancestral.[6] Particularmente notáveis são as duas referências em Romanos que parecem estar a alguma distância do contraste característico entre "antiga aliança" e "nova aliança", tão familiar para a teologia cristã. Como entendê-las: estão em relação à "teologia da aliança" paulina ou são parte dela?

---

[2] E. P. Sanders, *Paul and Palestinian Judaism* (Londres: SCM, 1977), p. 75,420,544.
[3] N. T. Wright, *The Climax of the Covenant: Christ and the Law in Pauline Theology* (Edimburgo: T. & T. Clark, 1991).
[4] D. Kaylor, *Paul's Covenant Community: Jew and Gentile in Romans* (Atlanta: John Knox, 1988).
[5] J. D. G. Dunn, *Romans*. WBC 38 (Dallas: Word, 1988), p. lxviii. Cf. também W. L. Lane, "Covenant: The Key to Paul's Conflict with Corinth", in *TynB* 33 (1982): 3-29; W. J. Webb, *Returning Home: New Covenant and Second Exodus as the Context for 2 Corinthians 6.14-7.1*. JSNTS 85 (Sheffield: JSOT, 1993).
[6] Essa linha de reflexão foi estimulada particularmente pela pesquisa de E. J. Christiansen, *The Covenant in Judaism and Paul: A Study of Ritual Boundaries as Identity Markers* (Leiden: Brill, 1995).

II

A partir de uma determinada perspectiva pode haver pouca dúvida de que a teologia de Paulo pode ser justificavelmente descrita como "teologia da aliança". Nessa linha de pensamento, "aliança" denota o caráter fundamental da religião de Israel e enfatiza particularmente um povo eleito pela iniciativa divina e preservado pelo *chesed* (hebraico: graça) divino. E é exatamente essa ênfase que o evangelho de Paulo leva a um novo foco: o Deus que criou o cosmos e elegeu Israel livremente é o Deus da teologia de Paulo;[7] o termo central ("justiça") em seu ensinamento mais característico (justificação pela fé) refere-se diretamente à teologia da aliança de Israel como ela se expressou de forma mais clara nos Salmos e no Segundo Isaías.[8] É exatamente o reconhecimento da extensão em que o evangelho de Paulo pressupõe tais características fundamentais da religião da aliança de Israel que distingue a "nova perspectiva sobre Paulo" em relação às demais perspectivas.

O próprio conceito parece desempenhar um papel insignificante na teologia de Paulo, o que é surpreendente. Já que o conceito é tão fundamental na descrição dos modos relacionados à graça divina, nós poderíamos esperar que Paulo o tornasse central para sua própria exposição. Mas ele não o fez. E por que não?

Logo se oferece uma explicação provável, pois a teologia da aliança, à qual Paulo devia indubitavelmente seu conceito, não fora nunca formulada nos termos daquilo que nós poderíamos chamar de abstração calvinista da "aliança da graça". Ela ocorre quase sempre dentro de contextos mais específicos e em termos mais concretos. E só quando essas diferentes facetas da teologia da aliança são colocadas em justaposição é que as questões e os problemas começam a se manifestar, como a história da discussão desse assunto mostrou. Por exemplo, como relacionar o conceito como tal com aquilo que é geralmente descrito como diferentes alianças – a aliança com Noé, com Abraão e os patriarcas, com Moisés no Sinai, com Fineias, com Davi, e assim por diante? Dada

---

[7] Para uma abordagem mais plena, cf. meu livro *The Theology of Paul the Apostle* (Grand Rapids: Eerdmans/Edimburgo: T. & T. Clark, 1998), § 2.
[8] Cf. novamente meu *Theology*, § 14.2.

a ampla gama, desde a perspectiva universal da aliança com Noé[9] até o particularismo da aliança com Fineias,[10] como elas deveriam ser relacionadas umas com as outras? Será que uma delas deve ser considerada mais definitiva (Sinai?) do que as outras? Será que o Deuteronômio deve ser considerado uma afirmação paradigmática da teologia da aliança de Israel? Será que houve uma mudança de ênfase, do modelo de uma concessão régia incondicional, a aliança da promessa, para o de um contrato mais condicional entre soberano e vassalo, a aliança da obrigação,[11] ou, como nós poderíamos dizer, da religião de Israel para o judaísmo primitivo? Como a "nova aliança" profetizada por Jeremias (Jr 31.31-34) se relaciona com as suas predecessoras? Sobretudo, será que há uma única "teologia da aliança" que abrace todas essas diferentes facetas ou há somente uma sequência de ênfases e tensões em mudança?

Evidentemente nós não podemos discutir aqui todas as questões acima propostas, mas as questões que nós levantamos têm obviamente um impacto sobre qualquer "teologia da aliança" afirmada por Paulo. Será que ele mesmo estava trabalhando com uma teologia da aliança abstrata, ou será que ele simplesmente recorreu a uma corrente ou se apropriou somente de uma única ênfase? Será que a eleição de um povo particular, da nação de Israel, um tema tão proeminente dentro da teologia da aliança da Bíblia Hebraica, é também a característica da teologia do próprio Paulo, ou é uma pedra de tropeço para ela?[12] Será que o seu uso do conceito é arbitrário, um desenvolvimento idiossincrático da concreta teologia

---

[9] O aspecto universal da aliança com Noé é enfatizado no contexto onde ocorre o próprio termo (*bᵉrith/diathēkē*; Gn 6.18; 9.9-17), embora Gn 9.4-6, a base para as subsequentes Leis de Noé que os rabinos consideravam normativas para não-judeus, não use o termo e implique condições para a aliança.

[10] Nm 25.6-13; Eclo 45.23-24; 1Mc 2.54; Pseudo-Fílon 46-48; Fineias era o grande paradigma dos zelotas (cf. M. Hengel, *The Zealots: Investigations into the Jewish Freedom Movement in the Period from Herod I until 70 AD* (1961; 1976 [2ª ed.]; Edimburgo: T. & T. Clark, 1989), p. 149-177.

[11] Cf., *p.ex.*, M. Weinfeld, *TDOT*, 2, p. 265-276.

[12] Por exemplo, é notável que aqueles que apreciam muito a teologia da aliança de Paulo tendem a se expressar em termos de "povo de Deus", enquanto o próprio Paulo usa somente o termo "povo" (*laos*) em citações escriturísticas (Rm 9.25,26; 10.21; 11.1-2; 15.10,11; 1Cor 10.7; 14.21; 2Cor 6.16).

da aliança que ele herdou, ou será que pode ser considerado uma consequência apropriada do tema escriturístico?

É importante ter tais questões em mente quando nos aproximamos de passagens em que Paulo fala de "aliança", pois assim não vamos ouvi-las com ouvidos muito pré-condicionados pela tradicional perspectiva cristã de "novo testamento"/"antigo testamento", condicionamentos estes ligados aos debates prévios sobre o tema e relacionados ao discurso casual sobre a "aliança", debates característicos inclusive de grande parte da discussão mais recente. Já que o nosso objetivo é encontrar o melhor sentido para as duas referências na Carta aos Romanos, nosso procedimento óbvio é passar pelas referências paulinas anteriores até chegar a elas. Logo, nós procedemos ao exame do uso paulino naquilo que pode ser considerado a sequência cronológica mais provável.[13]

III

Carta aos Gálatas. Paulo usa o termo "aliança" (*diathēkē*) em duas passagens de Gálatas – 3.15,17 e 4.24.

1. Gl 3.15-17

15 Mesmo uma *diathēkē* humana uma vez ratificada, ninguém a invalida nem acrescenta. 16 Mas as promessas foram faladas a Abraão e a sua "semente". Não diz: a suas "sementes", como para muitas, mas a uma: "e a tua semente" – que é Cristo. 17 Meu ponto é este: uma *diathēkē* ratificada de antemão por Deus, a Lei que veio quatrocentos e trinta anos depois não a invalida, de modo a tornar inefetiva (*katargēsai*) a promessa.

O que se nota imediatamente é que Paulo usa aqui o termo *diathēkē* (a palavra comum para "aliança") primeiramente porque *diathēkē* significa também "vontade, testamento", portanto, permite um jogo efeti-

---

[13] Muitas pessoas presumem que a Carta aos Gálatas seja cronologicamente adjacente à Carta aos Romanos, isto é, depois das Cartas aos Coríntios. Minha própria visão é esmiuçada em meu *Galatians*. BNTC (Londres: A. & C. Black, 1993), mas a questão é amplamente irrelevante para nossas preocupações presentes.

vo de palavra.¹⁴ Claramente central para o jogo de palavras é o fato de uma vontade ou testamento humano ser unilateral: o que determina ou dispõe (dentro de sua própria competência), ninguém pode alterar.¹⁵ Assim, o jogo de palavras reforça a unilateralidade da iniciativa divina no compromisso que Deus estabelece com Abraão e, nesse sentido, serve para reforçar uma característica fundamental da "teologia da aliança". Não obstante, seria um erro concluir que Paulo estivesse pensando na *aliança* com Abraão como tal.¹⁶ Em vez disso, ele vê a promessa a Abraão como um tipo de *vontade* ou *testamento* – daí a formulação de 3.17 como "uma vontade ratificada por Deus" em vez de "a aliança feita com Abraão".

O termo-chave na passagem é efetivamente "promessa" (oito vezes em Gl 3.14-29).¹⁷ É o termo que indica o contraste com *nómos*,¹⁸ como indica claramente a sequência de 3.17-22: em 3.17, a *diathḗkē* é simplesmente a portadora da promessa.¹⁹ Se *diathḗkē* = "aliança" fosse mais central para sua exposição de Abraão, teria ocorrido quase com certeza novamente com alguma proeminência na reelaboração paulina do mesmo tema (a exposição de Gn 15.6) em Rm 4. No entanto,

---

¹⁴ Para as diversas traduções de *diathḗkē*, cf. Christiansen, *Covenant*, p. 235-236.
¹⁵ Para as nuanças necessárias nessa afirmação, cf. R. N. Longenecker, *Galatians*. WBC 41 (Dallas: Word, 1991), p. 128-130.
¹⁶ Pode ser relevante lembrar que o termo *bᵉrith/diathḗkē* não ocorra na promessa incondicional de Gn 12.1-3. Em relação a Abraão, o termo ocorre pela primeira vez em Gn 15.18 e é proeminente em Gn 17.1-21 (11 vezes) – notavelmente (e ominosamente?) com ênfase particular na circuncisão como condição (Gn 17.9-14).
¹⁷ O texto que Paulo tinha em mente (3.16) era presumivelmente a repetida promessa de Gn 13.15,17 LXX; 15,18; 17.8; 24.7.
¹⁸ Sem dúvida em contraste com os outros missionários na Galácia que defendiam que a Lei era simplesmente uma consequência da promessa, como sugere a linguagem "de aliança" do Gênesis (nota 16) (assim especialmente J. L. Martyn, *Galatians*. AB 33A [Nova Iorque: Doubleday, 1997], p. 337; também "The Abrahamic Covenant, Christ, and the Church", in *Theological Issues in the Letters of Paul* [Edimburgo: T. & T. Clark, 1989], p. 161-167 [aqui: p. 165-167]); cf. também *abaixo*, nota 19.
¹⁹ Novamente pode ser importante lembrar que o termo "promessa" não tivesse equivalente em hebraico e fosse uma cunhagem relativamente recente em grego. Isso não deslegitima absolutamente o seu paulino aqui; embora seja notável que o termo, quando começa a ocorrer na teologia judaica, ele esteja mais integrado à Lei (2Mc 2.17-18; SlSal 12.6; OrSib 3.768-769), uma tendência que Paulo parece deliberadamente contradizer; além disso, cf. meu comentário *Romans*, p. 212.

também ali o grande peso teológico está no tema da "promessa" (Rm 14.13-21), e o termo *diathēkē* nem sequer aparece.

Portanto, o fato de Paulo optar por construir seu argumento teológico em torno do tema da "promessa", embora o termo "aliança" estivesse facilmente à disposição e efetivamente em uso dentro do contexto imediato de seu argumento, deve dizer algo sobre a teologia de Paulo. A melhor maneira de descrever essa teologia é como "teologia da promessa" em vez de "teologia da aliança". Além disso percebemos que o termo "aliança" não é usado para o outro parceiro do contraste (a Lei); de fato, numa compreensão estrita do jogo de palavras, a Lei não era a *diathēkē*.[20] No entanto, esse tipo de inferência seria tão errado como a conclusão de que Paulo queria se referir à *aliança* abraâmica como tal. Ao contrário, evidentemente, ele não estava pensando absolutamente em alianças (propriamente dita), seja a aliança com Abraão, seja a aliança com Moisés. "Aliança" como tal não era neste ponto uma categoria orientadora nem organizadora de seu pensamento. Com grande probabilidade era exatamente o estreito vínculo entre a aliança e a circuncisão (*acima*, nota 16) que tornou "aliança" uma categoria demasiadamente perigosa para Paulo, demasiadamente presa dentro do conjunto de crenças e convicções acerca da circuncisão. Em contraste, o neologismo recente "promessa" (*acima*, nota 19) não evocava tons negativos subjacentes dessa espécie. O que significa também que as características e as ênfases que algumas pessoas tentaram reforçar dentro da teologia de Paulo ao categorizá-las como "teologia da aliança" podem ter sido categorizadas equivocadamente, com consequências equivocadas para nossa compreensão da "teologia da aliança" de Paulo. Contudo, nós deveríamos hesitar em tirar maiores conclusões possíveis antes de incluir em nossa discussão outras referências paulinas à "aliança".

---

[20] No imaginário usado por Paulo, a melhor maneira de entender a Lei seria como uma cláusula adicional; não obstante o uso da Torá, parece que Paulo não pensava na circuncisão (*acima*, nota 16) ou na Lei (Ex 19.5; 24.7-8; 31.16; 34.28; Lv 26.15; Dt 4.13,23; 5.2-3; 7.9,12 etc.) como uma vontade/aliança potencialmente substituída. E. Grässer vincula o tratamento aqui muito rapidamente à discussão sobre "nova aliança" e "antiga aliança" ("Der Alte Bund im Neuen", in *Der Alte Bund im Neuen*. WUNT 35 (Tübingen: Mohr, 1985], p. 68).

2. Gl 4.24-26

> 24 Essas coisas (isto é, os dois filhos de Abraão, um de uma moça escrava, outro de uma mulher livre; um nascido de acordo com a carne, outro nascido através da promessa) devem ser interpretadas alegoricamente. Pois essas mulheres são duas alianças; uma do Monte Sinai dá à luz para a escravidão – esta é Agar. 25 Essa Agar-Sinai [...] pertence à mesma categoria que a presente Jerusalém, porque ela está na escravidão com suas filhas e filhos. 26 Mas a Jerusalém do alto é livre; ela é nossa mãe.

O ponto que se nota neste caso imediatamente é o fato de Paulo falar explicitamente de "duas alianças". A passagem parece levar à conclusão de que Paulo reconhece assim dois exemplares daquilo que tem sido regularmente designado como "alianças" dentro da Bíblia Hebraica – a aliança com Abraão e a aliança concluída no Sinai. É claro que Paulo identifica a primeira aliança explicitamente como "aquela do Monte Sinai" (Gl 4.24). Dessa maneira, está aberto o caminho para uma exegese que contrasta a antiga aliança/Lei com a nova aliança/promessa, e estamos imediatamente de volta à formulação clássica da teologia da aliança em termos de Lei/evangelho.

Um problema acerca disto é que o termo "aliança" é usado em ambos os lados do contraste. Tanto Agar-Sinai, escrava, deve ser identificada com a "aliança", quanto Sara, a livre, sendo que nesse caso "aliança" não pode ter sido usada para distinguir entre a teologia da promessa, da graça e do evangelho e a teologia da Lei. A teologia da aliança abraça a ambas.

Esta observação é importante porque aponta também de volta para a passagem anterior (Gl 3.15-18). Ali, era certamente uma inferência possível que Paulo quisesse reservar a linguagem de "aliança" para a promessa a Abraão. Pela implicação, a Lei dada através de Moisés era uma categoria diferente ou, no melhor (ou pior) dos casos, uma cláusula adicional não autorizada. No entanto, se nesse caso a aliança posterior (a criança nascida livre de Sara) deve ser considerada agora substituindo ou tendo prioridade sobre a anterior (a criança nascida escrava de Agar), isto deixaria o argumento anterior numa confusão total. Pois, em 3.17, Paulo argumentou o exato contrário – que a promessa anterior não podia ser anulada pela Lei posterior. Essa linha de reflexão reforça a conclusão anterior de que o imaginário de "aliança" é acidental no argumento anterior e sugere fortemente que a linguagem de "aliança" não seja central para o argumento do capítulo 4. Em nenhuma das passagens Paulo está procurando desenvolver uma teologia da aliança propriamente dita.

Mais importante para o ponto aqui discutido é o fato de que a categoria principal neste caso não é a aliança, a Lei (Sinai) ou o evangelho, mas a relação com Abraão (as duas esposas) e particularmente com os descentes de Abraão (os dois filhos). Esta era a categoria que os outros missionários (cristãos judeus) tinham evidentemente introduzido aos gálatas,[21] com a consequência de que (na visão deles) os gálatas estavam reivindicando ilegitimamente a filiação de Abraão. Para ser mais exato, a categoria principal é a filiação de Isaque, porque a promessa alcançou seu efeito somente através dele. De fato, não havia nenhuma aliança feita com Agar ou Ismael (Gn 17.18-21 é bem explícito sobre tal ponto), e nenhuma das partes nas Igrejas de Galácia estava interessada em reivindicar a filiação de Abraão através de Ismael.[22] O problema era que ambos os lados estivessem reivindicando a filiação determinante, a filiação através de Isaque. E o problema teológico que o tratamento de Paulo provoca para nós é que o próprio Paulo, ao responder à tentativa dos outros missionários de excluir os crentes gentios da Galácia dessa filiação, parece excluir seus colegas nascidos judeus: a categoria de Ismael significa na verdade não outra aliança, mas a exclusão da relação determinante da aliança.[23]

Em resumo, realmente foi apenas uma única aliança que estava em questão – a aliança da filiação prometida a Abraão

---

[21] C. K. Barrett, "The Allegory of Abraham, Sarah, and Hagar in the Argument of Galatians", in *Essays on Paul* (Londres: SPCK, 1982), p. 154-170; Martyn, *Galatians*, p. 302-306.

[22] Martyn, *Galatians*, p. 436: "Não há nada mais claro nessas histórias do que a unicidade da aliança que Deus fez com Abrão e o fato de que essa aliança foi passada adiante através de Isaque e não através de Ismael. Portanto, não existe uma aliança de Agar."

[23] A reviravolta surpreendente é reforçada pelo uso paulino das palavras ásperas de Sara em Gn 21.9: "Joga fora essa moça escrava e o filho dela, pois o filho da moça escrava jamais herdará com o filho da mulher livre" (Gl 4.30).

(Gn 17.19-21). O que Paulo descreve aqui como duas alianças para fins argumentativos são de fato duas maneiras diferentes de entender a única promessa da aliança que Deus deu a Abraão a respeito da semente. Assim como aconteceu com a categoria "Jerusalém", em que Paulo divide uma categoria única, "Jerusalém", em duas colunas contrastantes (Gl 4.25-26), assim ele divide aqui a categoria única de "aliança" em duas colunas contrastantes.[24] "Aliança" é uma parte do fundamento comum, não uma parte da argumentação. A questão não é a "aliança" em antítese com alguma outra categoria (por exemplo, Lei), nem é propriamente a "nova" aliança colocada contra a "antiga" aliança (não obstante a referência explícita ao Sinai).[25] É a questão de como deve ser entendida e realizada a aliança única com e através de Abraão.

Portanto, vemos Paulo aqui novamente adotando uma categoria que estava convenientemente ao alcance como um meio de desenvolver o argumento difícil que ele tem de levantar para enfrentar a afirmação mais óbvia de seus oponentes, de que a filiação é garantida a Abraão através de um descente natural. Seu uso reflete a tradicional ênfase judaica tanto nas promessas dadas aos patriarcas quanto na aliança concluída no Sinai. E no contexto imediato, Paulo estava certamente preocupado em evitar que seus leitores se colocassem "sob a Lei" (Gl 4.21; 5.1). Mas a ideia da "aliança" como tal e uma teologia explicitamente "da aliança" não está no

---

[24] Cf. Martyn, *Galatians*, p. 447-457 = "The Covenants of Hagar and Sarah", in *Theological Issues*, p. 194-204.

[25] Christiansen, *Covenant*, p. 243-244; contra a exegese tradicional nesses termos (como, *p.ex.*, por H. D. Betz, *Galatians*. Hermeneia (Philadelphia: Fortress, 1979], p. 243-244; Longenecker, *Galatians*, p. 211) que provavelmente desvia o ponto da "alegoria" muito rapidamente para outra discussão; cf. Grässer, que transforma a antítese paulina que se refere especificamente ao contexto em uma antítese teológica permanente: "*Es fehlt in Gal. 4.21ff. jede Anspielung auf Jer. 31.31ff! Nicht die Vollendung des Alten Bundes im Neuen ist das Thema des Paulus. Es geht vielmehr darum, dass der Alte Bund im Gegenüber zum Neuen gleichsam seine Nichtigkeit zeigt* [...] *diametralen Gegensatz von* Altem und Neuen Bund" [Em Gl 4.21ss falta qualquer alusão a Jr 31.31ss! O tema de Paulo não é o cumprimento da Antiga Aliança na Nova. Antes, a Antiga Aliança frente à Nova demonstra, por assim dizer, sua *nulidade* [...] *oposição diametral* de Antiga e Nova Aliança], "Alte Bund", p. 74. 76. Contraste-se H. Merklein, "Der (neue) Bund als Thema der paulinischen Theologie", in *ThQ* 176 (1996): 290-308, aqui: p. 302-303.

primeiro plano de sua argumentação. E a casualidade de seu uso aqui, que de fato vai contra seu uso anterior poucos parágrafos antes, confirma simplesmente que "aliança" não era uma categoria teológica mais importante no teologizar do próprio Paulo.[26]

IV

Coríntios. De certa maneira é curioso que as duas passagens das Cartas aos Coríntios sejam as únicas dentro do *corpus paulinum* que usam tanto o conceito da "nova aliança" (1Cor 11.25; 2Cor 3.6) como o discurso contrastante de "antiga aliança" (2Cor 3.14). É tanto mais notável que, dentro das quatro *Hauptbriefe* [alemão: cartas principais], são Gálatas e Romanos que estão mais imediata e plenamente preocupadas com aquilo que em outras partes seria descrito como a relação entre a antiga aliança e a nova. Por isso, pode ser significativo que o discurso de "nova aliança" esteja limitado às Cartas aos Coríntios.

Não precisamos dedicar muito tempo à primeira referência – as palavras lembradas como as que Jesus disse ao inaugurar a Ceio do Senhor:

3. 1Cor 11.25

> Do mesmo modo o cálice, após a ceia, dizendo: "Este cálice é a nova aliança em meu sangue. Fazei isto, cada vez que o beberdes, em memória de mim".

Aqui, o que interessa é que a expressão ("a nova aliança") ocorra meramente numa citação. Paulo estava familiarizado com a versão lucana das "palavras da instituição da ceia" (Lc 22.20),[27] na qual a ênfase cai sobre o cálice como símbolo e expressão da nova aliança em vez de sobre o sangue (Mt 26.28/Mc 14.24). Isto quer dizer, a tradição com que Paulo estava familiarizado e que

---

[26] Cf. D. Lührmann, *Der Brief an die Galater*. ZB (Zurique: TVZ, 1978, 1988 [2ª ed.]), p. 79; Grässer, "Alte Bund", p. 56,77.

[27] Sobre a questão muito discutida da forma e do eco do texto lucano, cf., *p.ex.*, J. A. Fitzmyer, *Luke*. AB 28 (Nova Iorque: Doubleday, 1985), p. 1386-1395.

ele sem dúvida celebrava regularmente, retratava a morte de Jesus como um sacrifício (cf. Ex 24.8) que estabelecia uma nova aliança, ou a nova aliança (Jr 31.31) entre Deus e as pessoas que seguiam o Cristo Jesus.[28]

Por isso é presumivelmente significativo que Paulo não estabeleça tal vínculo em nenhum outro texto. Em lugar algum, ele se refere à Ceia do Senhor em termos de aliança. Isto pode parecer uma questão insignificante, já que ele diz tão pouco sobre a Ceia do Senhor como tal (1Cor 11.17-32). No entanto, ele poderia ter fornecido um ponto de apoio para o seu contraste entre a participação em Cristo e a parceria com ídolos, entre "o cálice do Senhor" e "o cálice dos demônios" (1Cor 10.14-22). Será que o fato de que a mesa do Senhor era uma refeição da aliança conferia um peso adicional que deveria sublinhar a exclusividade do compromisso com o Senhor que se expressa na Ceia do Senhor? Será que a ideia da "nova aliança" não sublinhava o caráter obsoleto das maneiras antigas?[29] No entanto, Paulo insere o pensamento da "nova aliança" meramente como parte da tradição que autoriza a refeição e não como um item de seu próprio teologizar.

O mesmo ponto surge quando pensamos nas outras passagens em que Paulo fala da morte de Jesus. Na maioria dos casos, o imaginário é de sacrifício, mas de sacrifício pelos pecados,[30] não de sacrifício de aliança. Aqui, o vínculo entre a morte de Cristo e o pensamento da nova aliança não é um vínculo central para o teologizar paulino sobre a morte de Cristo; esta, por sua vez, era fundamental para a sua teologia. Em outras palavras, aqui temos de novo a confirmação de que "aliança" não era uma categoria principal para Paulo, e que até mesmo o vínculo entre o seu evangelho e a ideia da "nova aliança" se localizava de certa forma na periferia de seu pensamento.

---

[28] De novo, Grässer, "Alte Bund", p. 119-121, questiona qualquer alusão ao discurso da "nova aliança" de Jr 31.31-34.
[29] Em contraste, Paulo estabelece um paralelo entre "a mesa do Senhor" e "Israel *katà sárka*" que come os sacrifícios da mesa como "parceiros do altar" (1Cor 10.18).
[30] Cf. meu *Theology of Paul*, §§ 9,2-3.

Contudo, será que a imagem muda com a segunda referência de Coríntios?

4. 2Cor 3.5-14

> 5 [...] nossa qualificação (como ministros) é de Deus, 6 que também nos qualificou como ministros da nova aliança, não da letra, mas do Espírito; porque a letra mata, mas o Espírito torna vivo. 7 Mas se o ministério da morte gravado em letras de pedra veio com glória, de modo que os filho e filhas de Israel estavam incapazes de olhar para a face de Moisés, porque a glória de sua face estava sendo anulada (*katargouménēn*), 8 quanto mais o ministério do Espírito será com glória [...]. 11 Pois se o que está sendo anulado (*katargoúmenon*) é através de glória, quanto mais será com glória o que permanece [....]. 13 Moisés colocava um véu sobre sua face para que os filhos e filhas de Israel não olhassem e vissem o fim daquilo que estava sendo anulado (*katargoúmenou*). 14 Mas suas mentes foram endurecidas. Pois até o dia de hoje, esse mesmo véu permanece não retirado sobre a leitura da antiga aliança, porque, em Cristo, ela é anulada (*katargeîtai*).

Parece a nós que temos aqui uma clara exposição daquilo que é geralmente considerado a teologia cristã normal da aliança, isto é, o contraste entre a antiga aliança e a nova. A antiga aliança está evidentemente relacionada a Moisés e à Lei, a nova aliança, ao Espírito vivificador reivindicado pelos primeiros cristãos. O contraste é realçado ao correlacionar a antítese de antiga aliança/nova aliança com outras antíteses, morte/vida (Gl 3.6-7) e condenação/justiça salvífica (3.9). O mais notável de tudo é o uso de *katargéō*, um termo comum em Paulo, para indicar o *status* atual (aos olhos de Paulo) da antiga aliança. Infelizmente, o sentido do verbo não está totalmente claro, mas central para a atribuição do seu uso é o sentido que ele assume aqui de "tornar inefetivo, abolir, anular", de modo que a implicação é que a antiga aliança foi tornada em algum sentido inefetiva, foi abolida, anulada, em favor da nova (Gl 3.11,13).[31] Esta é a maior aproximação paulina à lingua-

---

[31] Notavelmente, o mesmo verbo (*katargéomai*) parece ter diferentes referências dentro de poucos versículos. A primeira referência é à glória na face de Moisés (3.8); cf., *p.ex.*, os comentários de M. E. Thrall (*2 Corinthians Vol. 1*. ICC [Edimburgo: T. & T. Clark, 1994], p. 243-244) que concluem com a observação relevante:

gem mais enfática da Carta aos Hebreus: "Assim sendo, ao dizer 'nova (aliança)', ele declarou velha/obsoleta *(pepalaíōken)* a primeira (aliança); e o que se tornou obsoleto *(palaioúmenon)* e ficando velho está prestes a desaparecer" (Hb 8.13). À primeira vista, tal linguagem parece certamente apoiar uma teologia da aliança radicalmente supersessionista.

No entanto, a questão é mais complexa. Primeiro, novamente, "aliança" não é a categoria principal. A categoria principal é "ministério" – um conceito-chave que vincula 2Cor 3 com seu contexto (4.1; cf. 2.14-17)[32] – e a questão de "suficiência/competência" para o ministério.[33] O contraste estabelecido é entre dois tipos de ministério – o representado por Moisés e o representado pelo próprio Paulo. Além disso é notável que o contraste entre os dois não surja imediatamente da discussão precedente. Nós podemos deduzir disso que Paulo introduziu aqui o contraste porque as pessoas engajadas no outro ministério estavam em contraste consigo (2Cor 2.14-3.1), pois estimavam Moisés, tendo-o em grande medida o precedente e a norma de conduta. De fato, muito provavelmente eram esses outros ministros[34] que se referiam à imediatez da autorização de Moisés como um porta-voz de Deus, presumivelmente documentada pela narrativa a respeito de Moisés descendo do Monte Sinai com sua face repleta de

---

"É essencial notar que o particípio de *katargéomai* se refere aqui especificamente ao fulgor na face de Moisés e deve ser entendido dentro do contexto daquilo que teria acontecido no Sinai. Se Paulo estiver aludindo à abolição final da aliança com Moisés, o particípio teria sido relacionado com *diakonía*, não com *dóxa*. Além disso, seu argumento neste capítulo se refere tanto aos agentes pessoais das duas alianças como às duas alianças em sua abstração"; para uma crítica à tradução inadequada "desbotar, desvanecer", cf. S. J. Hafemann, *Paul, Moses, and the History of Israel*. WUNT 81 (Tübingen: Mohr, 1995), p. 301-309. O mesmo verbo em 3.11 e 13 refere-se provavelmente ao "ministério completo da antiga aliança, simbolizado por Moisés" (V. P. Furnish, *2 Corinthians*. AB 32A [Nova Iorque: Doubleday, 1984], p. 205), ou "à aliança mosaica em geral" (Thrall, *2 Corinthians, 1*, p. 252-253.257). Enquanto em 3.14 o mesmo termo se refere provavelmente ao véu (cf. Thrall, *2 Corinthians, 1*, p. 264-266).

[32] *Diakonéō* – 2Cor 3.3; *diakonía* – 2Cor 3.7,8,9(duas vezes); 4.1; *diákonos* – 2Cor 3.6.
[33] *Hikanós* – 2Cor 2.16; 3.5; *hikanótēs* – 3.5; *hikanóō* – 3.6.
[34] Alusão a eles em 2Cor 2.17 e 3.1. Note-se os paralelos: "não como aqueles muitos" (2.17); "não como alguns" (2Cor 3.1); "não como Moisés" (3.13).

fulgor ("porque ele tinha conversado com Deus") quando "ele lhes deu em mandamento tudo que o Senhor tinha falado com ele no Monte Sinai" (Ex 34.29-35).[35]

A importância dessa conclusão é que ela nos dá a provável razão para Paulo introduzir o discurso tanto sobre "aliança" quanto sobre o contraste entre as duas alianças. Foi pelo fato de o texto em questão (Êxodo 34) falar de aliança (Ex 34.10,12,15,27-28) que Paulo usou o termo (2Cor 3.6); as palavras faladas por Moisés (seu ministério) eram "as palavras da aliança" (Ex 34.28). Paulo também recorreu à identificação da aliança com "tábuas de pedra (*líthinos*)" em Êxodo 34 (Ex 34.1,4,28-29); daí a mesma expressão em 2Cor 3.3. Foi essa, presumivelmente, a caracterização da aliança de Moisés/Sinai a desencadeadora do contraste que Paulo estava procurando. Ela deve ter causado os dois contrastes em 2Cor 3.3 e 3.6: primeiro o contraste entre o "coração de pedra (*líthinos*)" e o "coração de carne" = "novo Espírito"/"meu Espírito" (isto é, de Deus) de Ez 11.19 e 36.26-27; e também o contraste entre a aliança do êxodo/Sinai e a "nova aliança" = a Lei de Deus escrita em seus corações de Jr 31.31-34.[36] Em outras palavras, Paulo parece ter introduzido o discurso da aliança e o contraste de nova aliança/antiga aliança não por causa da centralidade da temática em sua própria teologia e evangelho, mas porque fazendo assim havia uma maneira de contradizer a glorificação do ministério de Moisés que procurava rebaixar seu próprio.

Além disso, nós podemos notar características para as quais se chamou a atenção em outras partes.[37] Em primeiro lugar, o contraste entre as duas alianças não é tão agudo como poderia parecer inicialmente. Paulo reconhece a reivindicação presumivelmente feita pelos outros ministros de que o ministério de Moisés fora um ministério de "glória" (2Cor 3.7-11). Para enfrentar os outros ministros, ele alega que essa glória foi agora anulada – assumindo

---

[35] Cf. especialmente D. Georgi, *The Opponents of Paul in Second Corinthians* (1964; Philadelphia: Fortress, 1986), cap. 3. A discussão provocada por Georgi é brevemente revisada em Thrall, *2 Corinthians*, 1, p. 238-239,246-248.
[36] É difícil duvidar que a intenção fosse aludir a Jr 31.31-34; cf., *p.ex.*, meu *Theology of Paul*, p. 147, com maior bibliografia na p. 103.
[37] Refiro-me a meu livro *Theology of Paul*, p. 148-149.

que o fulgor na face de Moisés não foi permanente.[38] No entanto, ele continua a argumentação e aborda o fato de Moisés entrar na presença do Senhor (Ex 34.34) como se tal ato fosse um tipo de conversão cristã (2Cor 3.16).[39] A face de Moisés sem o véu, refletindo a glória do Senhor, pode ainda servir como um arquétipo para os crentes que são transformados na mesma imagem, de glória em glória (2Cor 3.18).

Segundo, a ambivalência a respeito daquilo que foi/daquilo que está sendo "anulado" (a glória, a aliança mosaica em geral, o véu que cobre a face de quem pertence à antiga aliança – cf. *acima*, nota 31) deveria servir de alerta de que a visão paulina a respeito daquilo que estava anulado dentro da antiga aliança era mais nuançado do que o nosso reconhecimento em geral.

Terceiro, deveríamos nos lembrar de que a promessa da "nova aliança" em Jr 31.31-34 não se referia a uma aliança diferente, à medida que dizia respeito à Lei. Muito pelo contrário, a promessa é que a Lei será "escrita em seus corações" – isto é, refere-se à maneira mais efetiva de observância da Lei, aquela que os deuteronomistas sempre tinham procurado.[40] Não há aqui meramente um simples contraste entre o evangelho e a Lei, ou entre o Espírito e a Lei.[41]

Isto combina, em quarto lugar, com o reconhecimento de que a palavra "Lei" nunca fora utilizada na passagem. O que Paulo coloca no lado do obsoleto da antítese é a "letra", *grámma*. O ponto decisivo de seu raciocínio é que *grámma* não é simplesmente um

---

[38] É evidente que Paulo inseriu essa ideia no texto.
[39] Cf. meu livro *Theology of Paul*, p. 326, e nota 40, p. 421-422.
[40] Dt 10.16; Jr 4.4; 9.25-26; Ez 44.9; 1QpHab 11.13; 1QS 5.5; 1QH 10(antes 2),18-19; 21(antes 18),20; Fílon, SpecLeg 1,305.
[41] Cf. a comunidade de Qumran que pensava já ter entrado na "nova aliança" (CD 6.19; 8.21; 19.33-34; 20.12) e ter recebido sua *halakha* mais rigorosa pelo Espírito (1QH 20[antes 12].11-12). É justamente porque Jr 31.31-34 *não* estabelece uma antítese entre nova aliança e Lei que Grässer duvida da alusão à "nova aliança" de Jeremias ("Alte Bund", p. 81). J. Murphy-O'Connor pode até mesmo argumentar que "Paulo não faz distinção entre a Nova e a Antiga Aliança, mas entre dois tipos de Nova Aliança, uma que ele percebe caracterizada pela Letra e outra, pelo Espírito ("A Ministry Beyond the Letter [2Cor 3.1-6]", in L. De Lorenzi (org.), *Paolo Ministro del Nuovo Testamento [2Cor 2.14-4.6]* [Roma: Abbazia di S. Paolo, 1987], p. 105-129 (aqui: p. 116-117).

sinônimo de "lei", *nómos*. O termo *grámma* focaliza, antes, a lei como algo grafado, visível aos olhos através da escrita. Na mente de Paulo, isto estava, sem dúvida, relacionado com a inabilidade de Israel em sua tentativa de entender Moisés adequadamente, ou seja, de captar a natureza temporária da época[42] (e por isso) do ministério representado por Moisés e considerado ainda válido pelos outros ministros (3.15-16). Foi a limitação do entendimento, pelo que parece, que deu à "letra" seu caráter de morte, em contraste àquilo que o Espírito escreve no coração humano (3.3,6-7).[43] Em outras palavras, *grámma* é a Lei, a Torá, mal-entendida como sendo de relevância suprema e permanente. A "antiga aliança" é aqui não a Lei, mas a *grámma*, a Lei mal-entendida. A "nova aliança", em contraste, é a Lei em sua intenção divina, a Lei escrita no coração, como prometeu Jeremias, o Espírito operando no coração de carne, como predisse Ezequiel.[44]

Em suma, nós vemos de novo que o discurso sobre a aliança não é central para o exercício teológico de Paulo,[45] nem um ponto de distinção dentro do judaísmo do Segundo Templo. Consequentemente, qualquer conclusão de que 2 Coríntios 3 implicasse na teologia de Paulo uma forte antítese de evangelho *versus* Lei é, no melhor dos casos, prematura e provavelmente equivocada.

---

[42] Além disso, cf. meu livro *Theology of Paul*, § 6.4-5.
[43] Quando não há uma vida que a Lei deve regular, então sua primeira função torna-se condenar (cf. novamente meu livro *Theology of Paul*, §§ 6.6 e 6.3).
[44] Cf. Merklein, "Der (neue) Bund", p. 294; e especialmente Christiansen, *Covenant*, p. 253-259, que argumenta que "'novo' é aquilo que leva o potencial do 'antigo' à existência, ao acrescentar uma nova dimensão cristológica e pneumatológica" (p. 259), e Hafemann, *Paul*, p. 156-173, que argumenta que "o contraste entre letra e Espírito é entre *a própria Lei sem o Espírito* [...] e *a Lei com o Espírito*" (p. 171, grifos do autor). Cf. também S. J. Hafemann, "The 'Temple of the Spirit' as the Inaugural Fulfillment of the New Covenant within the Corinthian Correspondence", in *Ex Auditu* 12 (1996): 29-42 (aqui: 32-33,36-39). Em contraste, Grässer, ao identificar simplesmente o ponto argumentativo aqui com o de Gl 4.21-31 ("Alte Bund", p. 84.95), deixa de captar as nuances que distinguem os dois trechos.
[45] Apesar de Hafemann, "Temple of the Spirit", p. 34.

V

Romanos. Assim chegamos finalmente à última das referências à "aliança" nas Cartas Paulinas de autenticidade não discutida.⁴⁶ Como as duas referências em Romanos se encaixam no que descobrimos até aqui? Que luz projetam nossas descobertas feitas até aqui sobre as referências à aliança naquilo que foi indubitavelmente a afirmação mais elaborada e mais cuidadosamente construída que Paulo conferiu a sua teologia?

5. Rm 9.3-5

> [...] meus compatriotas em termos da carne, 4 à medida que são israelitas: deles é a adoção, a glória e as alianças, a Lei, o serviço e as promessas; 5 deles são os pais e deles veio o Cristo, à medida que se considera a carne.

Dois detalhes chamam imediatamente nossa atenção. Um detalhe é o uso do plural ("alianças"). Será que o recurso ao plural significa que Paulo pensava numa sequência de alianças, às quais existiram desde o início – com Abraão (Gn 15; 17), com Israel no Monte Sinai (Ex 19.5-6), nas planícies de Moabe (Dt 29-31) e nos Montes Ebal e Gerizim (Js 8.30-35), com Fineias (Nm 25.12-13; Eclo 45.24; 1Mc 2.54) e com Davi (2Sm 23.5; Jr 33.21)?⁴⁷ Mais provavelmente, ele pensava na aliança dada primeiro a Abraão e depois renovada com Isaque e Jacó – a(s) aliança(s) com os pais.⁴⁸ Outra possibilidade, não por último em vista das duas passagens de Coríntios, é dele estar se referindo às duas

---

⁴⁶ A única outra referência no *corpus paulinum* é Ef 2.12, cujo plural ("as alianças da promessa") fornece uma comparação imediata com Rm 9.4. É digno de nota que, também ali, o termo "aliança" descreve o privilégio judaico e não é desenvolvido como um tema específico de Efésios.

⁴⁷ C. E. B. Cranfield, *Romans*, 2. ICC (Edimburgo: T. & T. Clark, 1979), p. 462; D. J. Moo, *Romans*. NICNT (Grand Rapids: Eerdmans, 1996), p. 563. Cf. também J. A. Fitzmyer, *Romans*. AS 33 (Nova Iorque: Doubleday, 1993), p. 546. Christiansen, *Covenant*, p. 220-225, argumenta vigorosamente em favor de *diathēkē* (singular).

⁴⁸ Dt 4.31; 7.12; SlSal 18.22 (plural); 2Mc 8.15 (plural); SlSal 9.10; CD 6.2; 8.18; 1QM 13.7; 14.8; TestMos 4.5; Pseudo-Fílon 10.2 (plural); 13.10 (plural); 19.2.

alianças, a antiga e a nova, já que tanto a última quanto a primeira foram dadas a Israel.

O segundo detalhe que chama a atenção é exatamente o fato de que essa referência às "alianças" ocorra numa lista de bênçãos dadas a Israel. Ao mesmo tempo é evidente que as bênçãos elencadas são aquelas nas quais os crentes em Jesus tinham entrado, tanto gentios quanto judeus. Isso está implícito desde o início da carta que Paulo escreveu para Roma, na designação dos crentes gentios como "amados de Deus, chamados santos" (Rm 1.7), uma implicação reforçada do parágrafo precedente – "santos", "as pessoas que amam a Deus", "os chamados", "primogênitos", "eleitos de Deus" (Rm 8.27-33) – todos termos tirados dos epítetos tradicionais de Israel.[49] E a inclusão de palavras-chave como "adoção", "glória" e "promessa" na lista de Rm 9.4, tão importantes no argumento precedente,[50] reforça este ponto ainda mais. Tais bênçãos são as bênçãos de Israel, das quais crentes gentios receberam sua participação. Elas não foram transferidas de Israel para alguma outra entidade. Os gentios não receberam sua participação delas em detrimento de Israel.

Pela implicação óbvia, o mesmo se aplica no caso das "alianças" de 9.4. A(s) aliança(s) aqui mencionada(s) é/são de Israel e continua(m) sendo de Israel.[51] Os crentes gentios receberam seu quinhão das bênçãos da aliança de Israel.[52] Não há nenhum pensamento de que crentes gentios tivessem substituído Israel, de que Israel tivesse perdido essas alianças ou que a nova aliança excluísse Israel, pois afirmar que os crentes gentios receberam a participação nas alianças significa que eles receberam a possibilidade de participarem do povo de Israel. Esta observação leva para outro ponto que muitas vezes é mal-entendido: que os cap. 9-11 não se referem a Israel e a outra entidade, a Igreja. A única abordada é o próprio

---

[49] Documentação em meu comentário *Romans*, p. 19-20,481-482,485,502.

[50] "Adoção" – Rm 8.15,23; 9.4; "glória" – 5.2; 8.18,21; "promessa" – 4.13-14,16.20.

[51] É igualmente notável que Paulo use o conceito correlativo de "eleição" quase exclusivamente em Rm 9-11 (*eklogé* – 9.11; 11.5,7,28; em outros textos só em 1Ts 1.4; embora se deva notar também *eklektós* – Rm 8.33; 16.13; Cl 3.12; *eklégomai* – 1Cor 1.27-28).

[52] É digno de nota que Paulo não tente distanciar o discurso sobre "alianças" de "dádiva da Lei", exatamente o próximo item da lista (9.4), nem tente negar a relevância permanente da última para crentes gentios.

Israel, a definição de Israel e da pertença a Israel, quem e como são constituídos os ramos da oliveira de Israel (Rm 11.17-24).[53]

Tal descoberta confirma a nossa hesitação anterior de falar da teologia da aliança como algo que distinguia a teologia de Paulo da teologia de seus contemporâneos judeus, que caracterizava o quão cristã era a sua teologia. Pelo contrário, Paulo fala aqui justamente como um judeu, ou, mais exatamente, como um israelita (Rm 11.1). Como tal, ele afirma as bênçãos contínuas de Israel, inclusive não por último a(s) aliança(s) da(s) qual/quais crentes agora se beneficiavam e que e/são antes de tudo de Israel e continua(m) a pertencer a Israel. Aqui temos efetivamente uma teologia da aliança, mas uma em certa distância aos termos tradicionais da teologia cristã supersessionista.

6. Rm 11.25-27

> 25 Não quero que ignoreis, irmãos, este mistério, para que não vos tenhais na conta de sábios, que um endurecimento veio sobre uma parte de Israel até entrasse o número total de gentios; 26 e assim todo Israel será salvo, como está escrito: "De Sião virá o libertador; ele afastará as impiedades de Jacó. 27 E esta será minha aliança com eles quando eu tirar seus pecados."

De algumas maneiras, esta é a distintiva de todas as referências de Paulo à aliança. Primeiro, é a única referência à "aliança" em Paulo que ocorre em e como uma citação escriturística.[54] E, mais para o ponto que interessa qui, ela parece se referir a uma aliança *ad hoc*, uma "aliança" como a maneira de falar do tratamento intencionado de Deus a seu povo, e não alguma das alianças que normalmente são designadas como tais.[55] Para um olhar mais atento, porém, fica evidente que o próprio discurso de aliança a que Paulo recorre aqui (Is 59.20-21) pressupõe por sua vez o discurso mais familiar de aliança. Is 59.21 continua a falar do ensinamento dado aos filhos e filhas, e aos filhos e filhas deles, que lembra

---

[53] Cf. ainda meu *Theology of Paul*, § 19, especialmente § 19.2.
[54] Grässer, "Alte Bund", p. 22.
[55] No entanto, esse tipo de uso era bem familiar no AT, especialmente no Deuteroisaías (Is 42.6; 49.8; 55.3; 59.21; 61.8).

evidentemente a exortação acrescentada à aliança do Sinai (Dt 4.9-10; 6.6-7). A variante que Paulo incorpora na linha final de sua citação ("quando eu tirar seus pecados")[56] é provavelmente pensada como um eco de Jr 31.34 ("Perdoarei sua iniquidade e já não lembrarei de seus pecados"). E pode não ser uma coincidência que Is 59.21 se refira ao Espírito de Deus sobre eles, o que soa muito como a equivalente promessa de Ez 36.27 ("Colocarei dentro de vós meu Espírito").

De tais observações surgem dois pontos importantes. Primeiro, todos os elementos que acabamos de mencionar têm o sentido de afirmar a observância efetiva da aliança – pela instrução cuidadosa, pela Lei escrita no coração, pelo novo Espírito dentro dele. Segundo, a promessa da nova aliança, explícita na alusão a Jr 31.31-34, é que a Lei escrita no coração será a maneira mais efetiva de observar a Lei, ou seja, uma maneira mais efetiva de cumprir a obrigação da aliança; semelhantemente Ez 36.27 ("Colocarei meu Espírito dentro de vós e farei que observareis meus ordenamentos cuidadosamente"). Em outras palavras, a aliança imaginada em Is 59.21 é uma variação da nova aliança de Jr 31.33, e a melhor maneira de descrever as duas é como renovações da aliança do Sinai ou de fato como a promessa da implementação mais efetiva da aliança anterior pela iniciativa divina.[57]

Ainda mais importante, a promessa é explicitamente para Israel: é seu cumprimento que constituirá a salvação escatológica de "todo Israel" (Rm 11.26). Assim, confirma-se a inferência tirada de Rm 9.4: a aliança abordada é ainda a aliança de Israel. A salvação prometida de Israel não virá por uma mudança para uma aliança diferente daquela já dada e reafirmada a Israel.[58]

---

[56] O consenso é de que a última linha da citação parece provir de (ou ser moldada de acordo com) Is 27.9 (além disso, cf. meu *Romans*, p. 682-684).

[57] D. Zeller, *Der Brief an die Römer*. RNT (Regensburg: Pustet, 1985), p. 199, nota a associação do perdão dos pecados com a renovação da aliança em Jub 22.14-15; SlSal 18.5 e Qumran. Cf. também Moo, *Romans*, p. 729.

[58] Cf. Merklein, "Der (neue) Bund", p. 306; Christiansen, *Covenant*, p. 226-227. Grässer, "Alte Bund", p. 18-19, questiona o vínculo/a equação entre a aliança de Rm 9.4 e a de 11.27, embora reconheça que 9.4 possa incluir uma referência a Jr 31.31,33.

A conclusão óbvia a que chegamos tem sido um quebra-cabeça complicado para a tradicional teologia cristã da aliança, de modo que muitos foram encorajados a resolver esse quebra-cabeça ao dividir a teologia da aliança de Paulo em duas: uma aliança com Israel que perdura e a nova aliança que é o meio de salvação do cristianismo; Israel será salvo em termos de sua própria aliança, enquanto os cristãos serão salvos pela graça do evangelho através da fé.[59] No entanto, isto não pode ser certo. Seria uma contradição à suposição universal que Paulo manifesta em outros textos, de que o evangelho é o desdobramento escatológico da justiça salvífica de Deus, não por último na afirmação temática da própria Carta aos Romanos (Rm 1.16-17). Na perspectiva de Paulo, o "libertador que vem de Sião" dificilmente poderia ser outro que Cristo.[60] O que quer dizer também que a aliança efetiva em vista em Is 59.21 dificilmente pode ser diferente da "nova aliança" de 1Cor 11.25 e 2Cor 3.6. Em outras palavras, é a mesma aliança que é abordada – não duas alianças, não uma aliança judaica diferente da aliança cristã, mas uma só. A aliança na qual a relação entre Deus e o cristão é estabelecida é a aliança dada a Israel, cuja implementação mais efetiva era aguardada por Jeremias e Ezequiel.[61]

Assim, emerge uma característica notável dessa carta, a mais paulina de todas as cartas de Paulo: na carta, Paulo não fala da "aliança" em Rm 1-8, mas somente em Rm 9-11; as duas únicas referências à aliança em Romanos são à(s) aliança(s) com Israel; Paulo usa o conceito de aliança em Romanos somente quando fala a respeito de seu próprio povo. Isto confirma que Paulo não usa o termo "aliança" como um bloco de construção maior para a edificação de sua própria teologia como apóstolo dos gentios.[62] Ou, para ser mais exato, ele não usa a linguagem da "aliança", exceto para reforçar o que

---

[59] Cf. os autores citados em meus *Romans*, p. 683, e em *Theology of Paul*, p. 528 nota 138, com maiores discussões.
[60] Apesar da sugestão de alguns de que "o libertador" em vista fosse YHWH (*p.ex.*, C. D. Stanley, "'The Redeemer Will Come *ek Sion*': Romans 11.26-27", in C. A. Evans, J. A. Sanders [org.], *Paul and the Scriptures of Israel*. JSNTS 83 [Sheffield: JSOT, 1993], p. 118-142 [aqui: p. 137-138]).
[61] Novamente à diferença de Grässer, "Alte Bund", p. 24-25.
[62] Aliança não é uma categoria de identidade modificada (Christiansen, *Covenant*, p. 232).

era evidentemente uma reivindicação importante para ele, a saber, que gentios que criam em Jesus Cristo eram aceitos por Deus exatamente nos mesmos termos que a aliança com os pais, a promessa a Isaque e o chamado de Jacó (Rm 9.7-12).

VI

O que podemos dizer em conclusão? Tinha Paulo uma teologia da aliança?

1. O uso que Paulo faz do termo "aliança" é surpreendentemente casual quando consideramos o peso da importância da subsequente teologia investida nele. Ele recorreu a esse termo porque forneceu um jogo de palavras em Gl 3, e em Gl 4, porque havia uma visão da filiação de Abraão que contrariava bastante seu evangelho. Nas Cartas aos Coríntios, ele se refere duas vezes à "nova aliança": em um caso porque ele encontrou o termo na tradição da Última Ceia, evitando, contudo, reelabora-lo; e no outro caso, para combater a interpretação do ministério de Moisés que estava sendo usada para diminuir o seu próprio ministério. Finalmente, em Romanos, ele usou o termo duas vezes, e ambas as referências estão dentro de sua exposição sobre Israel, mas nunca numa exposição mais concreta de seu evangelho. Em outras palavras, o tema de "aliança" não era uma categoria central ou maior dentro de seu próprio teologizar.

2. Em cada um dos casos, a referência é determinada pelas Escrituras de Israel e enfoca em um aspecto central da autoidentidade e esperança de Israel: a promessa da semente para Abraão; a promessa da nova aliança de Jeremias, ou seja, a promessa da implementação mais efetiva da aliança de Israel; as alianças de e com Israel, inclusive a aliança prometida da salvação escatológica. É importante reconhecer que o discurso de Paulo sobre a aliança está restrito dentro desses temas. Ele não o usou para desenvolver uma teologia de uma aliança diferente para cristãos. Até mesmo seu discurso da "nova aliança" está muito mais nuançado do que se reconhece geralmente. E em sua carta singular mais importante (Romanos), a única aliança em vista é (são) a(s) aliança(s) com Israel. As consequências para a identidade de Israel

dentro da teologia de Paulo são de suma importância, e as consequências para a identidade cristã como essencialmente compartilhantes da identidade de Israel são ainda mais profundas.

3. Portanto, se queremos falar da "teologia da aliança" de Paulo, tem que ser não simplesmente em termos de uma adoção paulina de categorias da aliança de Israel e sua aplicação a cristãos, mas em termos de uma afirmação paulina da aliança de Israel, e sobretudo em termos que Israel podia reconhecer. Tem que ser em termos de crentes, judeus primeiro, mas também gentios, que recebem a participação nas relações da aliança de Deus com Israel.

Onde tal herança era alvo de acirrada disputa, o que aconteceu certamente entre Paulo e os outros missionários, tratava-se de uma disputa dentro da herança, não dessemelhante dos termos e reivindicações disputados entre os novos pactuantes de Qumran e o resto de Israel. A disputa não era sobre o fato da aliança, ou sobre o fato de ser a aliança de Israel, ou mesmo o fato de estar aberta para gentios. A disputa era antes sobre seus termos e prazos, sobre como a filiação de Abraão era determinada e sustentada, sobre como Moisés funcionava como paradigma de ministério e sobre como sua promessa escatológica seria implementada. A teologia paulina da aliança é uma contribuição dentro da sua própria casa, dentro do escopo da compreensão que Israel tinha de si mesmo como o povo da aliança de Deus.

Capítulo 21

Paulo e a Torá: o papel e a função da Lei na teologia do apóstolo Paulo

Não há nada mais complexo na teologia de Paulo do que o papel e a função que ele atribui à Lei. Em meu livro *Theology of Paul the Apostle* tive de dedicar três seções diferentes à análise do que Paulo escreve sobre o assunto.[1] E ao longo da década passada apareceram várias abordagens de peso a respeito do tema.[2] Por esta razão, não é possível fazer adequadamente jus ao assunto em um único artigo. Em vez de gastar tempo para lembrar a respeito do panorama do debate mais antigo ou para revisar algumas das contribuições mais recentes, parece-me mais útil tentar uma breve visão geral do tratamento que o próprio Paulo dispensou a esse assunto. Minha esperança é poder retomar questões negligenciadas, esclarecer argumentos obscuros e responder visões alternativas que são críticas à minha própria visão através de notas de rodapé ou na discussão. Enfocarei as quatro *Hauptbriefe* [alemão: cartas principais] e as tratarei em uma ordem que é provavelmente a sua ordem cronológica – Gálatas, 1 e 2 Coríntios e Romanos.

---

[1] *The Theology of Paul the Apostle* (Grand Rapids: Eerdmans, 1998), §§ 6; 14; 23.
[2] Para a bibliografia, cf. especialmente J. D. G. Dunn (org.), *Paul and the Mosaic Law*. WUNT 89 (Tübingen: Mohr Siebeck, 1996); V. Koperski, *What are they saying about Paul and the Law?* (Nova Iorque: Paulist, 2001).

1. *Nómos* como "a Lei"

Meu ponto de partida é: *quando Paulo escreveu sobre a lei (nómos), ele quase sempre queria que os seus leitores pensassem particularmente na Lei de Moisés, na Torá.*

1.1. No que diz respeito à Carta aos *Gálatas*, há um claro consenso de que Paulo estava se dirigindo às Igrejas quase persuadidas pelos outros missionários judeus a aceitarem a circuncisão (Gl 2.2-4.1; 5.2-4,11-12; 6.12-16). Os convertidos de origem gentílica estavam sendo pressionados a aceitarem as obrigações colocadas sobre o Israel de Deus na Torá, a aceitar o modo de vida judaico (havia um verbo para tal mudança: "judaizar").[3] Assim sendo, quando Paulo usou o termo "lei" pela primeira vez na carta ("obras de Lei" – Gl 2.16), havia pouca dúvida dele estar se referindo àquilo que exigia a Lei de Moisés. Sua referência à chegada da Lei em Gl 3.17 não pode ser uma alusão a outra coisa a não ser ao dom da Lei no Sinai (cf. Gl 4.25). E seu desafio em 4.21 às pessoas que queriam estar "sob Lei" *(hypò nómon)* estava claramente direcionado aos gálatas que ele tinha convertido e que estavam sendo convencidos que deveriam se tornar prosélitos ao aceitarem as obrigações de Israel sob a Lei.[4]

Em *1 Coríntios*, Paulo fala de novo a respeito de pessoas "sob a Lei" (1Cor 9.20), evidentemente referindo-se a um estilo de vida típico e distintivamente judaico, e apela à "Lei" em várias ocasiões (1Cor 9.8-9; 14.21.34). Evidentemente, embora estivesse se dirigindo a uma congregação muito mista, ele podia ter certeza de que a sua audiência entenderia o termo "Lei" como alusivo à Torá judaica.[5]

---

[3] Uso "judaizar" em seu sentido antigo – "seguir um modo de vida judaico" (cf. meu comentário *Galatians*. BNTC (Londres: A. & C. Black, 1993], p. 129); o sentido contemporâneo de "judaizante" = um missionário judeu ou judeu-cristão tentando persuadir convertidos cristãos gentios a se tornarem prosélitos é uma adaptação do séc. XIX.

[4] Além disso, cf. para 5,3 meu comentário *Galatians*, p. 265-267.

[5] A referência à Lei como "poder do pecado" em 1Cor 15.56 visa presumivelmente tanto o efeito da Lei de estimular o pecado ("a Lei do pecado") como o seu papel de condenar o pecado à morte (como em Rm 1.32); além disso, cf. *abaixo*, § 4; meu *Theology of Paul*, p. 159; A. C. Thiselton, *1 Corinthians*. NIGTC (Grand Rapids: Eerdmans, 2000), p. 1303.

Em *2 Coríntios*, Paulo nunca menciona a "Lei" como tal. Mas é muito notável que a longa autodefesa nos capítulos 1-3 tenha o seu auge no contraste entre seu próprio ministério e o de Moisés, entre a "nova aliança" e a aliança escrita sobre "tábuas de pedra" (2Cor 3.3-11), onde dificilmente podemos duvidar da alusão a Ex 31.18 e 32.15.[6] Evidentemente, o papel e a Lei de Moisés forneciam um importante contraste na maneira de teologizar.

Romanos pode ser descrita como o "livro da lei" de Paulo, pelo menos no sentido de que *nómos* ocorre aqui mais do que em qualquer outro escrito do NT. E de novo deveria causar uma surpresa maior do que costuma causar que, ao escrever às Igrejas desconhecidas, amplamente gentias, Paulo podia se referir logo no início da carta à "Lei" sem qualquer explanação (Rm 2.12). A suposição era presumivelmente de que a linha de seu argumento contém implicitamente um diálogo com um interlocutor caracteristicamente judaico (Rm 2.1-11),[7] não deixando dúvidas nos leitores de que ele estivesse se referindo principalmente à Torá. E mesmo se o ponto não estivesse imediatamente óbvio para alguém, a continuação da exposição teria logo removido qualquer dúvida sobre o assunto: o "judeu" "repousa sobre *nómos*" e "gloria-se em *nómos*", mas deve ser desafiado pela referência aos Dez Mandamentos para verificar se realmente "pratica *nómos*" (Rm 2.17-27); a referência à Lei judaica está totalmente clara. Semelhantemente, Paulo resume sua grave acusação (Rm 1.18-3.18) que tem o seu auge no catálogo assustador de textos de juízo, extraídos principalmente dos Salmos (Rm 3.10-18), observando que aquilo que diz "a Lei", ela diz para as pessoas "dentro da Lei" (*en tô$_i$ nómō$_i$*), ou seja, presumivelmente às pessoas que consideravam os Salmos uma parte das Escrituras Sagradas de seu povo.

De modo semelhante, o cap. 5 aborda o tempo antes do *nómos*, e um tempo quando o "*nómos* entrou" (Rm 5.13,20), presumivel-

---

[6] Há um consenso substancial de que Paulo pretendia uma alusão à nova aliança prometida em Jr 31.31 (exemplos de bibliografia em meu livro *Theology of Paul*, p. 147, nota 103).

[7] Que 2.1 se dirija a um interlocutor judaico, a seguir explicitamente identificado (2.17), é novamente uma visão consensual; cf. novamente meu livro *Theology of Paul*, p. 115 nota 67; e acrescente-se D. Moo, *Romans*. NICNT (Grand Rapids: Eerdmans, 1996), p. 128-130.

mente pensando no tempo quando a Lei era dada no Sinai (como em Gl 3.17). O cap. 7 inicia com um apelo às pessoas que conhecem *nómos* (Rm 7.1), e há grande consenso de que Paulo se referia à Lei judaica, neste caso, mediante a consideração do *status* legal da esposa em relação ao seu marido.[8] E uma seção intensiva sobre *nómos, ho nómos,* começa ao identificar essa Lei como proibindo às pessoas cobiçarem, alusão ao décimo mandamento do Decálogo (Rm 7.7; Ex 20.17), e à insistência de que "a Lei" é "santa" (7.12) – indubitavelmente uma referência à Lei de Moisés.

Em resumo, é bastante claro que Paulo, quando se refere a "Lei" ou a "a Lei", presumia que seus leitores pensassem primeiro e antes de tudo na Torá. A presença ou ausência do artigo definido parece fazer pouca ou nenhuma diferença. Certamente não podemos deduzir que o *nómos* indefinido significasse algo como "o princípio da lei" e que somente *ho nómos,* "a lei", se referisse à Lei Mosaica.[9]

1.2. No entanto, são necessárias algumas qualificações ou clarificações.

Primeiro, Paulo pode usar *nómos* em um sentido *estrito*, mais ou menos como sinônimo de "mandamento", como em Rm 7.7-12. Mas, para o ponto que interessa aqui, ele pode ver a Lei resumida ou focada em um único mandamento, como "Não cobiçarás" (7.7), ou na exigência da circuncisão (Gl 5.3) ou na palavra "Amarás teu próximo como a ti mesmo" (5.14; Rm 13.9).

Ao mesmo tempo, ele pode usar *nómos* em um sentido mais *amplo*, para incluir aquilo que se encontra no material narrativo do Pentateuco (Rm 4 como elaboração de 3.31; Gl 4.22-30 como exposição de 4.21). Em Rm 3.10-19, "o que diz a Lei" refere-se ao catálogo de textos que acabei de citar e que não inclui nenhum que seja do Pentateuco. E em 1Cor 14.21, a passagem citada da "Lei" é de Is 28.11-12. Em outras palavras, há alguma flexibilidade no discurso paulino sobre "Lei/a Lei", embora o peso predominante esteja no

---

[8] Além disso, cf. meu comentário *Romans.* WBC 38 (Dallas: Word, 1988), p. 359-360; Moo, *Romans,* p. 411-412; T. R. Schreiner, *Romans* (Grand Rapids: Baker, 1998), p. 346-347.

[9] Além disso, cf. meu livro *Theology of Paul,* p. 131-133.

meio do conjunto de usos e denote primeira e principalmente a Lei de Moisés.

Há quem tenha o desejo de pressionar ainda mais essa flexibilidade no uso paulino de *nómos* porque acha difícil imaginar que Paulo tivesse vinculado "a Lei" aos motivos altamente positivos de sua teologia, "fé", "Espírito" e "Cristo" – 1. "a Lei da fé" (Rm 3.27); 2. "a Lei do Espírito" (8.2); 3. "a Lei de Cristo" (Gl 6.2). Para esses, faz mais sentido entender Paulo em seu uso de *nómos* no sentido de "princípio" ou "regra" do que no sentido mais específico de "lei"/"Lei judaica".[10] Este é certamente um uso bem possível de *nómos* no tempo de Paulo, como mostrou particularmente HEIKKI RÄISÄNEN.[11] O único problema é que, em cada um dos casos, o contexto mostra que Paulo está pensando em termos da Lei Mosaica como tal.

A argumentação pode ser breve. 1) Em Rm 3.27-31 temos uma *inclusio* que explicita "o *nómos* de fé" (3.27) como a Lei "estabelecida" *através de fé* (Rm 3.31), uma clara referência ao Pentateuco.[12] 2) Rm 8.2 é o clímax de um argumento em que Paulo defendeu a Lei ao descrevê-la como um instrumento usado pelo pecado (Rm 7.13-23) – daí "o *nómos* do pecado" (7.23; 8.2). Dificilmente pode ser errado deduzir que um poder diferente podia usar essa Lei essencialmente santa, boa e espiritual (Rm 7.12-14) de maneira positiva – daí "o *nómos* do Espírito" (8.2). Está indicado no fim da argumentação que a mesma Lei fora objeto dessa expressão posterior: "a Lei do Espírito de vida" visa o objetivo de "que a exigência da Lei

---

[10] Este é o consenso mais amplo, bem ilustrado por Moo, *Romans*, p. 247-250.

[11] H. Räisänen, "Paul's Word-Play on nomos: A Linguistic Study", in *Jesus, Paul and Torah: Collected Essays*. JSNTS 43 (Sheffield: Sheffield Academic, 1992), p. 69-94. Os artigos de Räisänen (também "The 'Law' of Faith and the Spirit", in *Jesus, Paul and Torah*, p. 48-68) têm sido especialmente influentes.

[12] Moo insiste que "Paulo separou totalmente 'fé' da Lei de Moisés" (*Romans*, p. 248), mas sua exposição subsequente de 3.31 (p. 252-255) está em certa tensão com esse argumento. A tensão é resolvida ao notar que o ímpeto negativo em 3.27-28 não se volta contra a Lei como tal, mas contra "obras da Lei". Contudo, isto ainda levantaria a pergunta em 3.31a (já que obras da Lei era o que a Lei exigia), mas a distinção permite tanto a afirmação negativa de Rm 3.27-28 como a afirmação positiva de 3.31 (além disso, cf. *abaixo*, § 5). Além disso, cf. meu *Theology of Paul*, p. 63-69; também P. Stuhlmacher, *Romans* (Louisville: WJK, 1994), p. 66-67; Schreiner, *Romans*, p. 201-202.

tem que ser cumprida" naquelas pessoas que caminham "de acordo com o Espírito" (Rm 8.4). Obviamente, o termo *nómos* está sendo usado flexivelmente, mas o ponto crucial é que "a Lei do Espírito" capacita o crente a cumprir a Lei.[13] 3) Em Gl 6.2, a melhor maneira de entender "a Lei de Cristo" é como a retomada do pensamento de Gl 5.14: a Lei resumida no mandamento de "amar teu próximo como a ti mesmo" (Lv 19.18) é igualmente resumida no ensinamento e vida de Cristo como vivência do mandamento do amor.[14] Foi muito pouco notado que o mandamento de "amar a teu próximo" é igualmente retratado como o resumo e o cumprimento de toda a Lei em Rm 13.8-10, igualmente refletido na referência ao exemplo de Jesus de "agradar" o próximo (15.1-3).[15]

Aqui, o argumento não deveria ser entendido num sentido estreito, como se *nómos* se referisse sempre à Lei de Moisés como tal, ou seja, aos mandamentos específicos contidos nas secções legais do Pentateuco. É bastante claro que Paulo podia usar *nómos* de maneira mais ampla do que esta e realmente o fez. O que considero mais provável é que o sentido *nómos/ho nómos* = a Torá era central para o conjunto de usos de *nómos*. *Para Paulo, a referência principal e normativa era a Lei de Moisés,* por mais amplo ou mais abrangente pudesse ser algum uso particular. Se essa percepção estiver de acordo com a mente de Paulo, ela pode ter outras consequências ou ramificações no que segue.

---

[13] Cf. meu livro *Theology of Paul*, p. 645-647; Schreiner, *Romans*, p. 399-400 (ambos com maior bibliografia); no encontro da SBL em Toronto (novembro de 2002), J. L. Martyn, "Deliverance from Illusion", pleiteou a mesma visão, embora sem referência a 8.4.

[14] O mais provável é que a referência seja ao ensinamento de Jesus sobre o assunto (Mc 12.28-31 e par.): referências explícitas a Lv 19.18 faltam na literatura judaica antes de Jesus, e alusões que existem não lhe dão uma proeminência particular (cf. meu livro *Romans*, p. 778-780; *Theology of Paul*, p. 655-656). Cf. também B. W. Longenecker, *The Triumph of Abraham's God: The Transformation of Identity in Galatians* (Edimburgo: T. & T. Clark, 1998), p. 85-87, com a bibliografia na nota 27.

[15] Paulo fala apenas em três ocasiões do "próximo" – Gl 5.14; Rm 13.9-10; 15,2. Por isso é pouco provável que ele tivesse pensado no mandamento de amar "o próximo" quando escreveu 15.2.

2. A Lei em Gálatas

Se realmente *nómos* = a Lei de Moisés nas Cartas de Paulo, então quer dizer também que *a função principal de "a Lei" para Paulo deve ter sido como "a Lei de Israel"*, ou, para ser mais preciso, *a Lei para Israel*. Essa função da Lei é explicitada por Paulo mais claramente em sua carta às Igrejas na Galácia.

Em Gl 3.19, Paulo pergunta explicitamente: "Por que, então, a Lei?" Previamente na carta, a Lei foi apresentada em termos bastante negativos: algo para o qual o próprio Paulo morreu (Gl 2.19), não o meio para a justiça (2.21; 3.11), não "de fé" (3.12), realizando uma maldição (Gl 3.10,13), de algum modo antitético à promessa e à herança de Abraão (3.17-18). Portanto, ele podia perguntar muito bem: neste caso, "por que a Lei?"

A reposta que Paulo dá a esta pergunta tem sido objeto de muito debate. Contudo, a resposta breve parece ser que a Lei fora dada por dois motivos proeminentes: 1) para proteger Israel (Gl 3.23-24); 2) até a promessa podia ser cumprida em Cristo (Gl 3.19,22,23-26,29).

2.1. O papel protetor da Lei é indicado com grande clareza em Gl 3.23-24: "Antes da chegada da fé, nós (judeus/Israel) fomos mantidos em custódia sob a Lei, confinados até que fosse revelada a fé que estava por vir, de modo que a Lei se tornasse nosso aio para Cristo [...]". O verbo traduzido por "mantidos em custódia" tem um papel mais positivo do que se reconhece geralmente. Seu sentido principal é "guardar, vigiar sobre, proteger".[16] Portanto, o que parece estar imaginado aqui é o que descreveríamos hoje como uma custódia *protetora* em vez de punitiva.[17] A imagem é elaborada pelo retrato da Lei como um *paidagōgós*, um escravo doméstico que conduzia um menino da casa para a escola e de volta para a casa, e cuja responsabilidade incluía tipicamente cuidar do menino, instruí-lo em boas maneiras

---

[16] Cf. meu comentário *Galatians*, p. 197-198.
[17] "Confinado" (Gl 3.22,23) tem um sentido mais negativo; mas tanto aqui como em Rm 11.32 (o único outro uso paulino do termo), o confinamento é temporário e visa um resultado que, ao longo prazo, é positivo dentro do propósito de Deus.

e discipliná-lo quando fosse necessário. A imagem é essencialmente positiva.[18] Que estamos na pista certa com esta interpretação é confirmado pelo fato de Paulo voltar para o imaginário do herdeiro de menoridade, sob a autoridade de guardiões e aios, como retratando o *status* de Israel antes da chegada de fé (Gl 4.1-2). Em outras palavras, o papel atribuído à Lei nesse trecho é o papel de proteger Israel, na imaturidade de sua juventude, de suas seduções e de suas confusões, particularmente da idolatria, da impureza e dos padrões morais mais baixos do mundo gentio mais amplo.

Se perguntarmos por maiores detalhes sobre como a Lei realizava essa função, então as melhores pistas vêm da primeira parte da resposta que Paulo dá a essa pergunta "Por que a Lei?" (Gl 3.19). A resposta imediata é que a Lei "foi acrescentada por causa das transgressões" (3.19). Isto pode significar "a fim de deixar claro o que constituía uma transgressão" – uma formulação mais antiga da função, depois repetidamente atribuída à Lei em Romanos.[19] Isto é, em termos da imagem da criança imatura que precisa ser instruída e treinada, a função da Lei era fornecer claras orientações para conduzir a criança, e fornecer limites para preveni-la de desviar-se do caminho reto.[20] A expressão "por causa [*chárin*] das transgressões" pode ter a intenção de indicar um papel ainda mais positivo: a fim de lidar com transgressões, isto é, referindo-se à provisão que a Lei oferecia acerca de arrependimento e expiação.[21]

Uma segunda pista é a negação de atribuir à Lei qualquer papel de dar vida: se a Lei tivesse sido capaz de dar vida [*dynámenos zō̦opoíēsai*], então a justiça seria da Lei (Gl 3.21). Nós devemos notar que essa afirmação é a resposta de Paulo à pergunta se a Lei está contra a promessa de Deus: "Claro que não!", diz Paulo, "pois se

---

[18] Além disso, cf. meu livro *Theology of Paul*, p. 141-142 (com maior bibliografia), também B. Witherington, *Grace in Galatia: A Commentary on Paul's Letter to the Galatians* (Grand Rapids: Eerdmans, 1998), p. 262-266; diferente J. L. Martyn, *Galatians*. AB 33A (Nova Iorque: Doubelday, 1997), p. 363.
[19] Assim Martyn, *Galatians*, p. 354-355; cf. *abaixo*, p. 648-653.
[20] A visão comum de "por causa das transgressões" significa para aumentar = provocar as transgressões, um papel inteiramente negativo (cf. os autores citados em meu livro *Theology of Paul*, p. 139, nota 57), dificilmente combina com o papel positivo da custódia protetora descrita poucos versículos depois.
[21] Além disso, cf. meu comentário *Galatians*, p. 188-190; e *Theology of Paul*, p. 139.

fosse dada uma Lei que estivesse capaz de tornar vivo, então a justiça certamente seria da Lei" (3.21). A negação é clara: a Lei não é antitética à promessa. Outra implicação é que a promessa e a Lei operam em diferentes planos: a vida é proveniente da *promessa*,[22] mas não é proveniente da *Lei*; a justiça vem da função vivificadora da promessa. Ora, qual é a função da Lei? A resposta breve óbvia é que a Lei foi dada para o exercício de uma função menor, mas sempre positiva, de ordenar a vida dada pela promessa; ela não *dá* vida, mas ela *regula* a vida. Isto combinaria certamente com o papel da Lei como explicitada caracteristicamente no livro da aliança proeminente de Israel (Deuteronômio) e com seu papel resumido em Lv 18.5 – a Lei fornece as regras pelas quais Israel deve viver (Gl 3.11).[23] Talvez mais para o ponto argumentativo que nos interessa aqui, essa função, indicada já em 3.11 e implicada pelo contraste em 3.21, encaixa-se melhor no papel da Lei como protetor e aio que está sendo elaborado em 3.23-24.

Assim, encontramo-nos de novo em um foco demasiadamente estreito da Lei de Israel, na Torá. Contudo, o interessante para nós é a maneira como Paulo cria outras variações da sua ideia básica do papel protetor da Lei em relação a Israel. A imagem muda gradativamente de "aio" [*paidagōgós*] (Gl 3.23-25), passa pela imagem

---

[22] Paulo expressa seus pensamentos quase nesses termos em Rm 4.16-18; naturalmente, quem dá vida propriamente é quem dá a promessa (referências em *Theology of Paul*, p. 154, nota 130).

[23] A compreensão normal de Lv 18.5, de inculcar uma vida vivida cumprindo os mandamentos, é indicada por Ez 20.5-26 (o comentário mais antigo sobre Lv 18.5); como confirmado por Dt 30.15-20; Pr 3.1-2; 6.23; Ne 9.29; Br 4.1; 1QS 4.6-8; CD 3.15-17; SlSal 14.2-3; Arist. 127; Fílon, Cong 86-87; LAB 23.10; 4Esd 7.21; mAbot 2.7; "a lei da vida" (Eclo 17.11; 45.5; 4Esd 14.30); "os mandamentos da vida" (Br 3.9). Parece ter surgido (em Qumran?) o pensamento de que a duração da vida assim prometida podia ser expressada em termos de (adquirir) "vida eterna" (1QS 4.7 – "paz abundante numa longa vida [...] alegria eterna com vida sem fim"; CD 3.20 – ele "adquirirá vida eterna"; 7.6 – "eles viverão por mil gerações"); cf. novamente mAbot 2.7. O pensamento da ressurreição para a vida eterna (Dn 12.2; 2Mc 7.9; cf. 4Mc 15.3) parece não estar ligado tão diretamente com Lv 18.5. S. J. Gathercole, *Where is Boasting? Early Jewish Soteriology and Paul's Response in Romans* 1-5 (Grand Rapids: Eerdmans, 2002), p. 66-67,100-102, trata os sentidos "caminho de vida/caminho para a vida" de modo demasiadamente antitético.

de "guardiões e aios" (4.1) e vai para a de "forças elementares" (*stoicheîa*) (4.3,9). E o *status* das pessoas "sob" tais figuras muda igualmente, pouco a pouco: do menino de idade escolar ("sob um *paidagōgós*" – 3.25) para o herdeiro que ainda é criança [*népios*] ("sob guardiões e aios" – 4.2) e que, apesar de ser um herdeiro, "não é diferente do escravo" (4.1), para a condição de escravidão "sob os *stoicheîa*" (Gl 4.3,9). Notável é o fato de que, no fim da transição, Paulo pode efetivamente equacionar a Lei aos *stoicheîa*: aceitar a circuncisão e o restante das obras da Lei nas quais insistiam os outros missionários judaicos equivalia voltar para trás e ficar de novo escravizado "fraca e miseravelmente pelas forças elementares" (Gl 4.9). Em outras palavras, o papel da Lei em sua capacidade de protetor e guardião de Israel é semelhante ao papel dos *stoicheîa*, popularmente pensados como determinantes do destino das pessoas e das nações.[24] A Lei, nós poderíamos dizer, funcionava para Paulo de certa maneira como o anjo da guarda de Israel. Seguindo as ideias de Dt 32.8-9, Deus tinha designado anjos da guarda para cada uma das nações, mas tinha reservado Israel para si mesmo.[25] Paulo pode ter elaborado esse pensamento em Gl 3.19-20 à luz de Dt 33.2-4,[26] com o resultado de que a Lei dada assim era um meio pelo qual Deus exercia a guarda sobre Israel, povo que ele tinha reservado para si mesmo.

Se nós estamos aqui seguindo as pistas certas, fica de novo claro que Paulo não hesitava em tratar *nómos* de uma maneira bastante flexível ou expansiva. O foco na Torá de Israel permanece firme, mas ele podia estreitar ou ampliar o foco. Ele o estreitou ao limitar seu papel em Gl 3-4 para o de proteger e provavelmente de regular a vida de Israel. Mas ele também o amplia ao colocar esse papel contra a perspectiva cósmica do propósito de Deus para as nações em sua totalidade e não meramente para Israel. Dentro desse quadro mais amplo, esse papel da Lei pode ser comparado ao papel de um anjo da guarda, equivalente ao papel protetor e diretivo dos anjos apontados como governantes sobre as outras nações. Aqui

---

[24] Detalhes em *Theology of Paul*, p. 107-108; Longenecker, *Triumph*, p. 127-128.
[25] Uma interpretação familiar em Dt 32.8-9 (LXX); Eclo 17.17; Jub 15.31-32; *1 Hen* 20.5; *Targum Pseudo-Jon.* sobre Gn 11.7-8.
[26] "YHWH veio do Sinai [...], e com ele estavam miríades de seres santos [...]".

não estamos longe da ideia de que a Torá incorpora a Lei cósmica, como uma expressão particular da ordem divina a qual todas as nações estão submetidas. A ironia é que os governantes angelicais das outras nações não podem ser corrompidos para o nível de *stoicheîa* escravizantes (cf. Jub 15.31-32; Barn 9.4) e que a tentativa de outras nações de se colocarem sob o governo da Lei, o anjo da guarda de Israel, é o mesmo que tratar a Lei como um dos *stoicheîa* e aceitar o *status* de escravidão sob a Lei.

2.2. Está ainda mais claro que Paulo considerava a função da Torá de proteger Israel *limitada em termos de tempo*. Paulo argumenta repetidamente: a Lei "foi acrescentada por causa das transgressões, até a vinda da semente" (Gl 3.19); seu papel protetor estava em vigor "antes da vinda dessa fé [...]; estávamos confinados até que fosse revelada a fé que estava para vir" (Gl 3.23); "mas com a vinda da fé, não estamos mais sob o aio" (Gl 3.25); um herdeiro que ainda é criança "está sob guardiões e aios, até o tempo estabelecido pelo pai" (Gl 4.2); "quando veio a plenitude do tempo, Deus enviou seu filho [...] nascido sob a Lei, a fim de que ele pudesse redimir os sob a Lei [...]" (Gl 4.4-5).

Evidentemente, a função protetora da Lei frente a Israel era pensada pelo legislador divino como uma *medida temporária*. Essa função estava limitada ao período antes da vinda de Cristo. Mas com a vinda de Cristo e com a nova possibilidade de fé[27] aberta por sua vinda, cessou a necessidade de um papel protetor. Esse *status* de proteção, "sob a Lei", "sob guardiões", era necessário para o herdeiro somente enquanto o herdeiro era criança. No entanto, a vinda de Cristo marcou para o povo do propósito de Deus a transição para a maturidade, quando eles podiam começar a entrar na herança plena (como realizada e atestada pelo Espírito) (Gl 4.5-7). *Dessa maneira já não havia necessidade para a Lei em seu papel de protetor*

---

[27] Ainda não estou convencido da visão atualmente popular de que "a vinda da fé" em Gl 3.23,25 se refira a "a fidelidade de Cristo"; a vinda da fé em Cristo, como uma possibilidade aberta pela vinda de Cristo, tipificava a nova era para Paulo numa medida tal que ele podia falar dela simplesmente como a vinda da fé; para o debate acalorado sobre o assunto, cf. ainda meu livro *Theology of Paul*, p. 379-385.

e regulador da criança imatura. E querer viver a vida completamente regulada pela Lei era querer voltar para aquela imaturidade e para seu *status* equivalente a um escravo (Gl 4.1,9).

Portanto, aqui vemos de novo como Paulo pode tratar a Lei tanto num sentido restritivo como muito mais amplo. A Lei como focada na circuncisão era a Lei em seu modo de distinguir e proteger Israel. Este papel estava obsoleto. Ao mesmo tempo, Paulo pode dizer também que a Lei focada no mandamento do amor (5.14) era ainda altamente relevante; e resumida e vivida por Cristo, como "a Lei de Cristo" (6.2), ela ainda acarretava obrigações para os crentes.

Por outro lado, ele pode colocar a Lei dentro do quadro cósmico do propósito divino para a criação. A vinda de Cristo, poderíamos dizer, marcou uma mudança cósmica nas eras, da "presente era má" de Gl 1.4 para a "nova criação" de 6.15. Dentro desse quadro universal, o papel da Lei pode ser entendido como não meramente equivalente ao governo angélico sobre as outras nações, mas como tendo um propósito firme e positivo em relação a Israel e na preparação para a "plenitude do tempo". Em resumo, o papel particularista da Lei como protetor de Israel pode ser entendido dentro do quadro mais amplo, tanto espacial como temporal, estabelecido tanto no plano cósmico quanto histórico-salvífico.

À luz dessas análises, fica mais claro o que significa realmente a objeção de Paulo à Lei, ou, mais precisamente, o que significa realmente a sua objeção aos gentios convertidos que desejam colocar-se sob a Lei. O problema estava na falha de Israel em ver que tudo tinha mudado com a vinda de Cristo. A vinda de Cristo tinha encerrado a necessidade do papel da Lei como protetor de Israel contra os gentios. O papel positivo previamente desempenhado pela Lei em relação a Israel fora superado por Cristo; a maturidade marcada pela vinda do Espírito significava que o período da infância restritiva fora deixado para trás (Gl 4.6-7). Ora, como as pessoas que tinham experimentado sua liberdade podiam querer voltar para a escravidão comparativa da vida restrita pela Lei e circuncisão, levada pelas pessoas que eram "na carne" descentes de Abraão (Gl 4.8-11; 4.21-5.1)? Em vez disso, a vida podia e devia agora ser vivida sob a condução do Espírito, da fé operando através do amor, uma vida de uma qualidade diferente da vida sob a Lei, sob os *stoicheîa* (cap. 5). Dessa maneira, o que tinha sido positivo na função da Lei durante a época pré-Cristo, pré-fé, não estava perdido. No novo quadro cósmico e histórico-salvífico, esse papel positivo fora superado por Cristo, e estava agora focado no mandamento do amor e podia ser resumido como "a Lei de Cristo".

Em resumo: inevitavelmente, a Lei tinha de ser vista principal e primeiramente como a Lei de Israel. No entanto, se a Lei era considerada somente para Israel, como garantidora da justiça unicamente para judeus, então era estéril e mais do que inútil. Somente no seu resumo no mandamento do amor interpretado e vivido por Cristo é que a Lei tinha ainda algum papel.

3. A Lei em Coríntios

As poucas referências relevantes nas Cartas aos Coríntios *confirmam tanto as atitudes negativas quanto as positivas em relação à Lei, documentadas em Gálatas.*

3.1. Em 2 *Coríntios* 3 nós vemos um contraste semelhante ao que domina em Gálatas 3-4. Em Gálatas, Paulo coloca um contraste agudo entre promessa e Lei, a Lei em sua relação com Israel como uma função temporária até que viesse o tempo para o cumprimento da promessa em Cristo. Tentar estender essa função para os gentios significava impor sobre esses uma forma de escravidão. Há em 2 Coríntios 3 um contraste entre a antiga e a nova aliança.[28] No entanto, o sentido da mudança escatológica é o mesmo: a antiga aliança mosaica foi substituída pela nova prometida pelos profetas.[29] Semelhante é também o contraste entre um benefício muito mais limitado (somente Moisés experimentou a glória, na época uma glória passageira – 2Cor 3.13) e um benefício mais aberto ("todos nós com faces sem véu" continuamos a experimentar uma glória transformadora – 2Cor 3.18).

---

[28] É digno de nota que o contraste entre antigo e novo falta em Gálatas (cf. 3.15,17; 4.24); além disso, cf. a minha contribuição em S. E. Porter, J. C. R. de Roo (org.), *The Concept of the Covenant in the Second Temple Period* (Leiden: Brill, 2003), p. 287-307 (= *acima*, Cap. 20).

[29] Cf. *acima*, nota 6.

Ao mesmo tempo, o contraste parece muito mais agudo: entre um "código escrito" [*grámma*] que mata e o Espírito que dá vida (3.6); entre o ministério da morte e da condenação, e o ministério do Espírito e da justiça (3.7,9). Mas deveríamos notar que o ministério de Moisés era de "glória" (3.7-11), embora de uma glória menor e agora abolida. E o fato de Moisés entrar na presença do Senhor (Ex 34.34) é apresentado como um tipo da conversão cristã (2Cor 3.6).[30] Para o ponto que interessa aqui, o fato de Paulo usar *grámma* e não *nómos* deveria receber mais peso do que acontece geralmente. O ponto é que *grámma* não é simplesmente um sinônimo de *nómos*. Antes, enfoca na Lei como algo escrito, visível na letra escrita. *Grámma* não é a Lei *per se*, mas a Lei em seu aspecto óbvio e visível, a antiga aliança em sua referência mais imediata como a aliança com Israel.[31]

Em outras palavras, o contraste entre Espírito e letra está muito próximo daquele entre promessa e Lei. A Lei à qual Paulo objeta aqui de fato não é a Lei como tal, mas a Lei em sua caracterização mais limitada como *grámma*, isto é, a Lei focada nos mandamentos que marcavam a aliança como a aliança de Israel, a Lei focada na circuncisão (Rm 2.28-29). Quando a Lei é lida de tal maneira restritiva, diz Paulo, ela é fatal em suas consequências.

3.2. Em 1Cor 7.19, porém, vemos um lado diferente do tratamento paulino da Lei, pois ele faz a afirmação surpreendente de que a "Circuncisão é nada, e incircuncisão é nada, mas observar os mandamentos de Deus". Deveria ficar imediatamente claro que *somente alguém que trabalhava com um conceito diferenciado de Lei/mandamento de Deus podia fazer essa distinção*. Paulo não precisava ser instruído por ninguém que a circuncisão era um dos "mandamentos de Deus". Ele estava plenamente ciente de que essa afirmação seria autocontraditória para um judeu devoto. Se não houvesse outro aspecto que o fizesse, pelo menos 1Cor 7.19 deveria deixar

---

[30] Além disso, cf. meu "2 Corinthians 3.17 – 'The Lord is the Spirit'", in *JTS* 21 (1970): 309-320; reimpresso em *The Christ and the Spirit, Vol. 1, Christology* (Grand Rapids: Eerdmans, 1998), p. 115-125.

[31] Este ponto fica ainda mais claro em Rm 2,28-29 (cf. meu comentário *Romans*, p. 123-125).

claro que Paulo *tanto* desvalorizou (aspectos d)a Lei quanto considerou (aspectos d)a Lei uma obrigação para as pessoas que ele tinha convertido.[32]

A solução óbvia para o enigma que ele cria é bastante fácil, pois o contraste "Nem circuncisão nem incircuncisão, mas [...]" já fora usado por Paulo antes, duas vezes em Gálatas (5.6; 6.15). É evidentemente o mesmo contraste ao qual ele faz eco em 1Cor 7.19.[33] Por isso, nós podemos deduzir que o lado negativo do contraste faz eco à ênfase que Paulo coloca em Gálatas: em cada um dos casos, ele estava alertando contra uma reivindicação de seus colegas judeus (crentes) de que a identificação com Israel (tornar-se um prosélito) por meio da circuncisão era essencial para partilhar a herança e a bênção de Abraão. O lado positivo dos contrastes está presumivelmente correlacionado de forma semelhante, embora com ênfases diferentes, de acordo com as situações diferentes às quais se dirigem. Em Gálatas, em que a ameaça de um evangelho diferente era iminente, Paulo insistia que a fé operando através do amor tornava a circuncisão desnecessária, que a "nova criação" tornava a circuncisão obsoleta. Em 1 Coríntios, texto em que a ameaça era diferente, Paulo não teve escrúpulos em enfatizar a importância de observar os mandamentos de Deus – enquanto estivesse suficientemente claro que o mandamento que marcava e separava Israel do resto das nações podia ser tratado com indiferença, *sem diminuir por isso a importância de se observar os mandamentos de Deus*.

Portanto, fica de novo evidente que Paulo trabalhava com um conceito diferenciado de *nómos*, que ele tinha diferentes atitudes para com a Lei de Israel, dependendo do aspecto ou da função da Lei que estava em vista. A chave parece ser a Lei em sua conexão com Israel, como a Lei de Israel. Onde tal aspecto central da Lei era sobreenfatizado, de uma maneira exclusiva e externa (o caso em questão sendo a circuncisão), Paulo não a considera-

---

[32] Cf. W. Schrage, *1 Korinther*. EKK 7/2 (Düsseldorf: Benziger, 1995): "*Das Ende des Gesetzes als Heilsweg (Röm 10,4) impliziert nicht sein Ende als Lebensweisung*" [O fim da Lei como caminho de salvação (Rm 10.4) não implica seu fim como orientação para a vida]; p. 136.

[33] Além disso, cf. meu "'Neither Circumcision Nor Uncircumcision, but ...' (Gl 5.2-12; 6.12-16; cf. 1Cor. 7.17-20)", in A. Vanhoye (org.), *La Foi Agissant par l'Amour (Galates 4.12-6.16)*. (Roma: Abbaye de S. Paul, 1996), p. 79-110 (= *acima*, Cap. 13).

va apropriada. Mas a Lei vista como a Lei/os mandamentos de Deus, diferenciada/os e não restrita/os à Lei que definia Israel, tal era ainda expressiva para a vontade que Deus tinha para a humanidade.

4. A Lei em Romanos

Em sua Carta aos Romanos, Paulo desenvolve sua visão da Lei, ou, o que é provavelmente mais correto, ele formula aspectos de sua compreensão do papel da Torá que ainda não tinha expressado (tão claramente) antes.

4.1. Primeiro, afirma que *o papel central e importante da Lei era servir como a medida do pecado:* isto é, para definir o pecado, para tornar os pecadores conscientes de sua transgressão e para fornecer uma vara de medir pela qual o pecado seria julgado. Rm 3.20 – "através a Lei vem o conhecimento do pecado"; 4.15 – "onde não há Lei, não há transgressão"; Rm 5.13 – "o pecado não é contado na ausência da Lei"; 7.13 – "a fim de que o pecado se tornasse inteiramente pecaminoso através do mandamento". Este papel pode ser aludido em Gl 3.19; mas o papel se torna explícito somente na posterior Carta aos Romanos. Sua repetida referência a esse papel em Romanos dificilmente implica que ele tivesse acabado de pensar nele(!). Em vez disso, Paulo pode ter explicitado essa função da Lei porque a sua relevância contínua estava sendo questionada em alguns círculos cristãos e porque a sua própria interpretação do papel da Lei dentro do propósito de Deus podia facilmente ser entendida como uma rejeição da Lei, como ficará claro a seguir.

É ao papel da Lei como a medida do pecado que ele confere proeminência na acusação inicial de Rm 1.18-3.20. O papel está explícito no cap. 2, especialmente em Rm 2.12-16. Primeiro parece que a função julgadora da Lei é apenas relevante para Israel: "Os muitos que pecaram sem a Lei perecerão também sem a Lei; e os muitos que pecaram dentro da Lei serão condenados através dela" (Rm 2.12). Afinal de contas, a Torá é a Lei de Israel (§ 2). No entanto,

Paulo já tinha apelado para uma consciência mais ampla (universal) acerca do "decreto justo de Deus" (Rm 1.32),[34] e ele continua a apresentar gentios que "fazem por natureza o que a Lei exige", que demonstram "a Lei escrita em seus corações" e que "observam as exigências da Lei" (Rm 2.14-15,26). Portanto, de novo, ele estava pensando no *nómos* de Deus como focado na Torá, mas não como limitado à Torá ou restrito dentro da mesma. Se as pessoas que não conhecem a Torá conhecem o decreto justo do *nómos* de Deus, então *nómos* não é simplesmente idêntico à Torá.[35] A obrigação humana diante de Deus é expressa da maneira mais completa possível na Lei de Israel, mas não é simples co-extensiva com a Torá e pode ser conhecida e respondida à parte dela. A lei, até mesmo enquanto Lei de Israel, transcende Israel.

Isto tem uma relevância particular para o auge da acusação em Rm 3.19-20. O ponto argumentativo de Paulo é que a Lei torna todas as pessoas responsáveis diante de Deus. Mas como é proeminentemente a Lei de Israel, é a Israel que se encontra especialmente endereçada pelas palavras da condenação. Aqui, Paulo estabelece de novo a tensão entre a ideia da Lei sendo peculiarmente de Israel, mas também a Lei fornecendo os parâmetros pela qual ela será a medida da humanidade.

4.2. O segundo papel da Lei que ganha destaque em Romanos é a maneira como a Lei é usada e abusada pelo poder do pecado para incitar o desejo/prazer e para produzir o que é contrário à vontade de Deus. A afirmação inicial do tema soa como uma grave acusação contra a Lei: "A Lei veio para aumentar a transgressão" (Rm 5.20). Isto poderia ser outra reafirmação do primeiro tema: a Lei torna consciente do pecado, produz mais pecado; ou torna consciente do pecado, fazendo-o parecer ainda mais hediondo. No entanto, quando Paulo volta para o tema anunciado em Rm 5.20, fica claro que ele estava pensando no papel da Lei como um agente que provoca

---

[34] Este "sabendo" (Rm 1.32) remete obviamente de volta ao "sabendo" de 1.19,21,28.
[35] Para a questão muito debatida se Paulo estava se referindo ao conceito de uma "lei não escrita" e para o recente surgimento do conceito de "consciência", cf. meu comentário *Romans*, p. 99-102.

paixões pecaminosas (Rm 7.5).³⁶ Ele parece acusar a Lei de ser um *instrumento* e não simplesmente a *medida* do pecado, o que está claramente implícito na inferência que Paulo considera lógica: que a própria Lei é pecado (Rm 7.7)?! Mas, assim que Paulo provoca sua audiência a enfrentar tal possibilidade, ele a nega e se dirige para algo que é uma defesa vigorosa da Lei (Rm 7.7-25). A culpa não é da Lei, mas da fraqueza da carne e do poder do pecado que (ab)usa (d)a Lei para instigar o desejo/prazer do "fruto proibido".³⁷

É esse papel de "agente involuntário" da Lei que Paulo resume na expressão "Lei do pecado" (Rm 7.23,25; 8.2), à qual já nos referimos (§ 1.2). Ela é análoga ao papel da Lei em Gálatas, em que a Lei é descrita como protetora de Israel e começa a funcionar em relação aos gentios convertidos demasiadamente como um dos *stoicheîa*, aos quais tinham sido escravizados antigamente (§ 2.2). E em Gálatas, a Lei é colocada contra um pano de fundo cósmico – não meramente como um código de exigências imposto sobre Israel pelo Deus de Israel, mas como um código capaz de desempenhar um papel no palco maior e no coração da humanidade. Nós poderíamos até mesmo dizer que, do mesmo modo que por trás de pecados individuais está o (poder do) pecado, está por trás da Torá o princípio mais elevado da vontade de Deus. Para todos os efeitos, a Torá funciona não simplesmente como a medida do certo e do errado, mas pode ser manipulada pelos outros poderes – infelizmente o poder do pecado, mas também o poder do Espírito (Rm 8.2). Em tudo isto, a Lei permanece como a expressão e a medida da vontade de Deus, e o cumprimento de suas justas exigências permanece a meta daquelas pessoas que caminham "de acordo com o Espírito" (Rm 8.4).

4.3. As muitas faces da Lei que foram assim enfocadas ficam bem visíveis em Rm 9.30-10.12. Por um lado, Paulo fala da Lei em

---

³⁶ Presumivelmente, já que se pensa na Lei como dada especificamente a Israel, as paixões pecaminosas incluem uma mistura estranha de orgulho nacional e autoindulgência, acusada em 2.17-24 (cf. *abaixo*, p. 653-655).

³⁷ O eco de Gn 3.13 em Rm 7.11 deixa de fora qualquer dúvida que se trata aqui de uma alusão à história primitiva de Adão (cf. meu comentário *Romans*, p. 384, e as p. 379-381; *Theology of Paul*, p. 98-100).

relação a Israel em termos mais positivos. A Lei era uma meta a ser perseguida por Israel, "a Lei de justiça" (Rm 9.31).[38] Paulo está presumivelmente pensando na função da Lei como um padrão e uma medida da vontade de Deus para Israel. Israel não alcançou a Lei (9.31), mas isto não diminuiu o papel da Lei de Israel como dada por Deus e como expressão da vontade de Deus. O pensamento é aqui consistente com a ideia em Gálatas de que a Lei funciona como o guardião protetor de Israel (§ 2.1). Contudo, como em Gálatas, a vinda de Cristo e a necessidade da fé em Cristo marcaram o encerramento dessa fase (Rm 9.33-10.4).[39] Em consequência, o papel mais limitado da Lei de fornecer direção para a vida de Israel (Rm 10.5)[40] estava também encerrado.

Neste ponto, Paulo faz uma de suas interpretações mais ousadas, pois em Rm 10.6-10, ele cita Dt 30.11-14 como uma expressão da "justiça de fé", como distinta da justiça da Lei expressada em 10.5/Lv 18.5. Mas Deuteronômio 30 é o clímax do "livro da Lei" (Deuteronômio), a afirmação clássica do "nomismo da aliança".[41] Toda a sua intenção era insistir que a obediência à Lei era inteiramente possível para Israel: "O mandamento não é difícil demais para ti; [...] a palavra está em tua boca e em teu coração, de modo que tu podes fazê-la" (Dt 30.11,14). Em quase todas as linhas de interpretação judaicas, Lv 18.5 e Dt 30.11-14 eram ouvidas como a expressão de uma só voz. Mas Paulo recorre a uma interpretação da passagem do Deuteronômio que já era corrente em círculos judaicos e que vê a Lei abordada aqui como a expressão de uma

---

[38] Para o mal-entendido dessa expressão, cf. meu comentário *Romans*, p. 581; J. A. Fitzmyer, *Romans*. AB 33 (Nova Iorque: Doubleday, 1993), p. 578.

[39] Em Rm 10.4, *télos* pode significar tanto "fim" como "cumprimento", mas um cumprimento que põe um fim a um papel anterior (cf. meu comentário *Romans*, p. 589; Moo, *Romans*, p. 636-642).

[40] Não é por acaso que Paulo cite Lv 18.5 (cf. *acima*, nota 23) tanto em Gl 3.11 como em Rm 10.5, e de uma forma que diminua o papel da Lei em ordenar a vida em certo contraste à justificação pela fé.

[41] A expressão que se tornou popular a partir de E. P. Sanders, *Paul and Palestinian Judaism* (Londres: SCM, 1977) pretendia substituir a visão mais tradicional do judaísmo como estreitamente legalista por outra que equilibrava melhor entre o senso de eleição que Israel tinha (aliança) e a consequente obrigação de obediência (nomismo).

sabedoria ou de um bem mais universal.[42] E ele entende a passagem como referência a algo que ele considerava uma expressão mais transcendente da vontade de Deus do que a Lei entendida (meramente) como a Torá de Israel. O "mandamento/palavra" de que fala o Deuteronômio é "a palavra da fé que pregamos" (Rm 10.8). Aqui, assim como acontece com "a Lei de Cristo" (Gl 6.2) e "a Lei do Espírito" (Rm 8.2), a Lei pode ser considerada uma expressão da justiça salvífica, um evangelho! O pensamento é muito semelhante ao de Rm 3.27 ("a Lei da fé"): a Lei como uma expressão da fé. É isto que torna Rm 10.6-10 uma verdadeira *inclusio* com 9.31: a Lei era a Lei de justiça para Israel, mas Israel não a alcançou porque não a perseguia "desde a fé" (Rm 9.32). No entanto, a Lei ouvida como palavra da fé (10.8) é um meio de justiça para todas as pessoas que creem (Rm 10.4,9-10).

Em suma, mais uma vez vemos que a Lei pode ser entendida estreitamente, enfocada exclusivamente sobre Israel e sobre o que Israel tinha de fazer. Isto era para Paulo exatamente a mesma coisa que a Lei traída pela fraqueza da carne e abusada pelas distorções das paixões pecaminosas. Mas a Lei transferida para fora dessa perspectiva restritiva e restringidora, a Lei como algo que invocava a fé e era usada pelo Espírito em prol da vida, continuava a servir como a medida da vontade e do julgamento de Deus.

5. As obras da Lei

O resultado mais notável desta sondagem inicial é a tremenda flexibilidade do discurso paulino sobre a Torá. Vamos recapitular. 1) Por *nómos*, Paulo entende quase sempre *a Lei per se*, a Torá de Israel. Mas a referência pode ser mais estreita, pode ser feita a um mandamento particular, ou pode ser mais ampla, feita à Escritura em geral, ou à vontade e sabedoria de Deus expressadas através da Escritura. 2) Como *Lei de Israel*, ela pode ser vista como enfocada em um mandamento particular (circuncisão, mandamento de amor) ou como

---

[42] Br 3.39-40; Fílon, *Post* 84-85; cf. *TargNeof.* sobre Dt 30.11-14 (detalhes em meu comentário *Romans*, p. 603-605).

uma espécie de anjo da guarda que protege Israel. Ambos os papéis podem ser negativos ou positivos: um poder escravizante, em que o seu papel protetor é preservado para além do tempo devido; *grámma*, interpretando os mandamentos de Deus de maneira exclusiva e restritiva em relação a Israel e assim impedindo que fosse reconhecida a sua aplicabilidade mais ampla e contínua. 3) Como *a medida do pecado*, a Lei de Deus é explicitada da maneira mais clara na Torá, mas está também conhecida de modo mais amplo. 4) Embora a Lei expresse a vontade de Deus, ela pode ser usada de forma prejudicial por causa do *poder do* pecado. Mas ela pode também ser usada pelo *Espírito e permanecer* como *uma meta a ser alcançada*. Israel deixou de alcançar essa meta, falhou em ver que ela só podia ser alcançada através da *fé;* o evangelho que expressou a sabedoria mais plena de Deus na palavra da fé tornou possível que os gentios alcançassem essa meta.

Em tudo isto, nós ignoramos quase que inteiramente uma das expressões-chave usadas por Paulo – as "obras da Lei". Deixei a discussão da expressão até este ponto, porque é mais fácil captar seu significado e importância quando a imagem mais ampla do papel da Lei está clara. Abordar essa expressão prematuramente pode facilmente distorcer esta imagem mais ampla. Portanto, o que Paulo quer dizer quando fala de "obras de Lei"?

5.1. A expressão *érga nómou* é usada por Paulo somente em Gálatas e Romanos.[43] Estas são as duas cartas em que Paulo se dirige mais plenamente à questão de como é que pessoas crentes das nações fora de Israel podem reivindicar seu quinhão da promessa e da herança de Abraão. Assim, nós podemos presumir que Paulo se referia com a expressão "obras da Lei" especificamente à Lei de Israel e àquilo que a Torá exige desse povo. Isto se expressa no discurso regular na Bíblia Hebraica sobre a obrigação de Israel de "cumprir" a Lei.[44] Daí a expressão "atos ou obras da Lei", aquilo que a Lei exige do povo da Lei. Se o termo "nomismo da aliança", por mais inadequado que possa ser, descrever o equilíbrio na soteriologia judaica entre o povo eleito pela

---

[43] Gl 2.16 (3 vezes); 3.2,5,10; Rm 3.20,28; *érga* sem *nómou*, mas provavelmente implícito (Rm 4.2,6; 9.12,32; 11.6).
[44] Especialmente no Deuteronômio – Dt 27.26; 28.58; 29.28; 31.12; 32.46; além disso, cf. Gathercole, *Where is Boasting?*, p. 92-93.

graça e a obrigação colocada sobre esse povo de obedecer à Torá,[45] então "obras da Lei" denota essa obrigação dentro do quadro da aliança de Deus com Israel. Antecipando um pouco as coisas, podemos definir "obras da Lei" mais plenamente como aquilo *que os membros da aliança tinham de fazer para atestar sua pertença, para viver sua vida como o povo de Deus, para garantir a absolvição no Juízo Final, e* (quando emerge o conceito de vida além da morte) *para garantir a participação na vida da era que vem.*[46] Deve-se notar que o pensamento não se refere tanto a merecer um prêmio quanto a receber uma herança já prometida.[47]

Se este for um resumo adequado do estado atual do debate sobre "obras da Lei", então podemos perguntar a que Paulo estava objetando quando afirmava tão enfaticamente que "ninguém é/ será justificado de obras da Lei" (Gl 2.16; Rm 3.20).

5.2. Uma dica pode ser encontrada no que parece ser o uso mais antigo atestado da própria expressão – isto é, o hoje famoso escrito 4QMMT, a carta escrita pela figura de liderança (ou uma de-

---

[45] D. A. Carson, P. T. O'Brien, M. A. Seifrid (org.), *Justification and Variegated Nomism. Volume 1: The Complexities of Second Temple Judaism.* WUNT 140 (Tübingen: Mohr Siebeck, 2001), verificam a aplicabilidade da expressão em todo conjunto de escritos do judaísmo do Segundo Templo. Carson interpreta as evidências negativamente (p. 543-548), mas as ocorrências mostram na verdade que a maioria dos escritos examinados insistia efetivamente em um equilíbrio entre as duas ênfases. F. Avemarie, *Tora und Leben: Untersuchungen zur Heilsbedeutung der Tora in der frühen rabbinischen Literatur.* WUNT (Tübingen: Mohr Siebeck, 1996), alerta com razão contra a tentativa de encontrar em textos rabínicos uma consistência acerca desse equilíbrio.

[46] No meu trabalho, eu enfatizei particularmente os dois primeiros elementos desse objetivo quádruplo; cf. meu livro *Theology of Paul*, p. 354-359 (bibliografia na p. 335; acrescente-se "Noch einmal 'Works of the Law': The Dialogue Continues", in I. Dunderberg *et al.* (org.), *Fair Play: Diversity and Conflicts in Early Christianity*. FS H. Räisänen (Leiden: Brill, 2002), p. 273-290 (= *acima*, Cap. 19). Gathercole, *Where is Boasting?*, enfatiza apropriadamente os dois últimos, mas cf. *acima*, nota 23.

[47] Uma das características do volume Carson *et al.* (org.), *Justification*, é a constante negação por parte dos contribuintes de que o "mérito" continuava a ser a base da relação de Israel com Deus (p. 9,29,41-42. 218, 222,238,324,331,353,396-397). Para o pensamento, nós deveríamos comparar antes a preocupação do próprio Paulo em alcançar o prêmio (1Cor 9.24-27; Fl 3.14).

las) da seita de Qumran, que explica a outros em Israel um conjunto distintivo de halacá. O contexto deixa claro que a expressão *miqsat ma'ase ha-torah* (113/C27),[48] "algumas das obras da Lei", se refere à interpretação que a seita faz de várias leis a respeito do Templo, do sacerdócio, dos sacrifícios e da pureza (3-5/B12).[49] A seita considerava evidentemente suas diferenças de interpretação uma razão suficiente para se "separar" do resto de Israel (92/C7).[50] A própria carta termina urgindo os destinatários a seguirem as *halacot* da seita, afirmando-os que ao cumprirem-nas isto será contado para a justiça (116-118/C30-32). O que interessa aqui é o mesmo fenômeno que nós encontramos em Paulo, no seu discurso mais amplo sobre a Lei. Isto é, o autor da carta pensava sem dúvida em *ma'ase ha-torah* como "as obras da Lei" em geral, todos os atos exigidos pela Lei de Israel. No entanto, a referência específica é mais estrita, sendo designativa de uma série de leis específicas, assim como a seita as interpretava. O princípio geral de que Israel tinha de fazer o que exigia a Lei (as obras da Lei) ganhou seu foco nas regras haláquicas que distinguiam a seita do resto de Israel e fizeram com que ela se separasse dos demais com base na teoria de que o restante de Israel estivesse falhando na prática das obras da Lei. Se o resto de Israel não realiza as obras da Lei, ele não seria "contado justo" no fim dos tempos.

Assim, o pensamento é de vindicação final. Mas é menos de mérito do que de absolvição. É mais o pensamento de garantir uma absolvição afirmada somente para os que seguem a halacá de Qumran – antes uma justiça exclusiva do que uma justiça alcançada, merecida.

---

[48] Referências à tradução de F. G. Martínez, *The Dead Sea Scrolls Translated*, 2ª ed. (Leiden: Brill, 1996), p. 77-79, e ao texto crítico de E. Qimron, J. Strugnell, *Miqsat Ma'ase Ha-Torah*. DJD 10.5 (Oxford: Clarendon, 1994).

[49] A série das *halacot* é introduzida assim: "Estes são alguns de nossos regulamentos [...] que são [...] as obras [...]" (3-5/B1-2); e os regulamentos que seguem são regularmente introduzidos pela fórmula "somos da opinião de que" (11; 32; 39; 40; 45; 58; 76/B8; 29; 36; 37; 42; 55; 73).

[50] O verbo usado, *parash*, é atestado inequivocamente nesse sentido pela primeira vez na literatura antiga; um eco da definição característica dos fariseus (*parushim* = "os separados") dificilmente passaria despercebido por Paulo.

5.3. O paralelo com o primeiro uso de Paulo da expressão em *Gálatas* é surpreendente,[51] porque Paulo fala pela primeira vez de "as obras da Lei" (Gl 2.16) na esteira da descrição de sua resposta às duas tentativas da parte dos judeu-cristãos de coagirem os gentios a adotarem as práticas judaicas – circuncisão (Gl 2.1-10) e leis alimentares, que de outra forma teriam impedido que os judeus comessem com os gentios (Gl 2.11-14). A insistência nas últimas por Pedro e pelos outros crentes judaicos em Antioquia tinha sido uma base suficiente para eles *"se separarem"* (Gl 2.12) dos crentes gentios (a mesma palavra usada pela seita de Qumran). Ao levar sua resposta mais adiante, na própria carta, Paulo tira desses episódios o princípio geral, repetido enfaticamente, de que "ninguém é/será justificado de obras da Lei" (Gl 2.16). E poucos versículos depois, ele continua a apontar que era a partir da fé que a *justiça foi atribuída a* Abraão (Gl 3.6 – fazendo eco ao mesmo texto que a carta de Qumran utiliza, Gn 15.6).

Tudo isto sugere que Paulo estava usando "obras da Lei" de uma maneira semelhante ao único uso conhecido da expressão na época. Isto é, ele estava pensando no princípio geral (a obrigação de cumprir a Lei que era atribuída a Israel), mas pensava em tal princípio no tocante à sua aplicação às questões particulares. Assim, da mesma forma que os regulamentos haláquicos de Qumran eram controversos em Israel, Paulo considerava controversos os regulamentos dos judeu-cristãos sobre a circuncisão e sobre a comunhão de mesa com os gentios. Qumran insistia que a observância dos regulamentos haláquicos, das obras da Lei, era necessária para a justificação final. Semelhantemente, na visão de Paulo, os seus oponentes, ao insistirem que os crentes gentios tinham de aceitar a circuncisão e observar as leis de puro e impuro, tornaram a justificação por Deus dependente das obras da Lei.[52] Aqui, o pensamento é novamente a justificação exclusiva (as pessoas que assim falhassem ao "cumprir" a Lei não seriam justificadas) em vez de justificação merecida.

---

[51] Cf. meu "4QMMT and Galatians", in *NTS* 43 (1997): 147-153 (= *acima*, Cap. 14).
[52] Witherington, *Grace in Galatia*, p. 176-177, confunde o paralelo; em ambos os casos foi o *"algumas* das obras da Lei" que constituía a questão mais fundamental.

Uma pergunta pode ajudar a esclarecer melhor o pensamento de Paulo. Será que ele teria dito o mesmo sobre outros mandamentos, por exemplo, sobre a proibição da Torá acerca de idolatria ou *porneía*? Não inteiramente, porque seus alertas contra ambas mostram quão tradicional Paulo podia ser.[53] Ele não teria considerado a rejeição dessas duas atitudes um motivo para a salvação, embora ele provavelmente temesse que a prática de cada uma delas colocasse a salvação em perigo. Mas provavelmente ele não teria falado delas como "obras da Lei". Em outras palavras, a denúncia negativa de "obras da Lei" não deveria ser entendida como a denúncia da prática da Lei em geral. Para Paulo, estava em jogo um princípio: que a aceitação do evangelho dependia somente da fé. Contudo, o foco particular do ímpeto negativo do princípio geral está contra a insistência de que certas leis tinham de ser observadas para garantir a justificação. Em vista de nossas descobertas anteriores sobre o uso paulino flexível de *nómos*, essa ambiguidade em seu discurso sobre "obras da Lei" deveria causar pouca surpresa.

Provavelmente, o uso de um princípio mais geral na aplicação mais específica explica a outra ocorrência da expressão "obras da Lei" em Gálatas. Paulo lembra as pessoas que ele converteu na Galácia que elas receberam o Espírito sem qualquer cumprimento das exigências feitas pelos seus oponentes (Gl 3.2,5). E sua referência a "muitos que são de obras da Lei" em 3.10 refere-se presumivelmente aos mesmos oponentes.[54] Nós podemos provavelmente deduzir adequadamente que, quando Paulo se refere na linha da argumentação de Gl 2.11-21 ao fato dele ter morrido para a Lei (2.19), ele se referia a esse aspecto da Lei – isto é, a suposição de seus colegas judeu-cristãos de que todos os crentes tivessem de assumir o modo de vida distintivamente judaico; *esta* foi a Lei para a qual ele tinha morrido.[55] E já que a carne está tão fortemente vinculada à circuncisão (Gl 3.3; 4.23; 6.12-13), não forçamos o pensamento de Paulo

---

[53] Cf. meu livro *Theology of Paul*, p. 32-33,121-123,690-692,702-705.
[54] Cf. meu comentário *Galatians*, p. 170-174; *Theology of Paul*, p. 361-362; e, além disso, J. R. Wisdom, *Blessing for the Nations and the Curse of the Law: Paul's Citation of Genesis and Deuteronomy in Gal. 3.8-10*. WUNT 2.133 (Tübingen: Mohr Siebeck, 2001).
[55] Cf. meu comentário *Galatians*, p. 143; Longenecker, *Triumph*, p. 111-113.

demasiadamente quando sugerimos que é nesse sentido que a expressão "obras da carne" (Gl 5.19) está sendo usado no esquema das coisas que, para Paulo, não estão tão distantes das "obras da Lei".[56]

Por tal razão, é muito lógico que Paulo visava com a sua expressão a mesma exclusividade e insistência judaicas a respeito de um quadro de crenças e convicções sobre as obras da Lei que ele subsequentemente atacou pelo argumento de que o papel da Lei como guardião protetor de Israel tinha chegado a seu fim pela vinda de Cristo (§ 2). Insistir em obras da Lei era voltar para a escravidão de minoridade de uma herança reservada aos legítimos herdeiros de Abraão.

5.4. Em *Romanos*, Paulo estava em condições de dar um pequeno passo para trás e de insistir no princípio fundamental de que a justificação é somente pela fé e não pelo cumprimento do que a Lei estabelece. No entanto, o foco da expressão "obras da Lei" ainda permanece bastante estrito na compreensão judaica daquilo que a Lei exige como inaceitável para o evangelho. Rm Rm 3.20 oferece o mesmo anúncio universal de Gl 2.16. Mas, de novo, nós notamos que as palavras de Paulo estão direcionadas particularmente às pessoas "(com a) na Lei" (Rm 3.19). E já que 3.19-20 resume a acusação de Paulo (1.18-3.20), ele presumivelmente pensava, especialmente, em sua acusação da presunção judaica em Rm 2.17-29. Isto quer dizer que a expressão "obras da Lei" dificilmente descreve a suposição judaica de ter um privilégio em relação às outras nações (2.17-20), mas a mesma presunção está provavelmente presente na insistência judaica nas obras da Lei – de que crentes gentios deveriam cumprir a Lei, inclusive as práticas judaicas distintivas que vem à tona em Gálatas.[57] A mesma implicação está presente poucos versículos depois,

---

[56] Em *Theology of Paul*, p. 68-70, observo que Paulo usa frequentemente "carne" quando se refere a uma ênfase judaica na identidade étnica.

[57] Minha leitura de Rm 3.20 à luz de 2.17-29 é uma das interpretações mais controversas em meu comentário *Romans*, p. 153-155. Para a crítica, cf. especialmente Moo, *Romans*, p. 206-217; mas ele não leva suficientemente a sério que a intenção de 3.19-20 é incluir judeus dentro da acusação geral de toda carne ou que o sumário de 3.19-20 enfoca nas obras da Lei em vez de em brechas na Lei (como em 2.21-27).

na segunda referência a "obras da Lei" (Rm 3.28), já que a linha argumentativa deixa claro que insistir nas obras da Lei é o mesmo que dizer que Deus é unicamente o Deus dos judeus (Rm 3.27-29).[58] Portanto, seja qual for o sentido mais amplo de "obras da Lei", elas atestam ou são particularmente exemplificadas na insistência judaica de que a Lei separou Israel das nações, e que tal separação tinha de ser preservada.

Em Rm 4.4-5, Paulo desenvolve o princípio geral que ele considerava em jogo em tudo isso: que a maneira como Deus justifica não é como um contrato entre um empregador e um empregado, no qual era estabelecido o trabalho a ser realizado e o salário a ser pago, pois Deus justifica os ímpios e atribui a fé para a justiça. Não fica claro se ele estava acusando seus interlocutores judaicos de tal mal-entendido contratual, ou se ele afirma um princípio básico no coração do conceito da eleição de Israel.[59] Seja como for, o tipo de obras evocadas é de novo a circuncisão em particular, como deixa claro a sequência (Rm 4.9-12). Como acontece com *nómos*, a expressão *érga* (*nómou*) é utilizada por Paulo tanto como uma referência mais ampla, quanto como uma referência mais estreita. Por isso, a lógica é negar que a obediência piedosa à Lei, caracterizada pela circuncisão, seja suficiente para atestar a justiça ou para garantir a justificação final.

Nas referências restantes, nós podemos ver as mesmas características. Rm 9.12 e 11.6 evocam o princípio mais amplo: pelo chamado divino, não de obras; pela graça, não de obras.[60] Mas, em Rm 9.32, a crítica é que Israel falhou em alcançar a Lei da justiça porque a procurava "não de fé, mas de obras". Nós percebemos aqui de novo a implicação de que a Lei da justiça poderia ter sido alcançada se fosse perseguida "de [a partir de] fé". E a implicação igual de que, por ter perseguido a Lei em termos de obras (obras da Lei), Israel falhara em alcançar a justiça. De novo, o pensamento

---

[58] Cf. a afirmação mais ampla em *Theology of Paul*, p. 363-364.
[59] A opinião consensual é que Paulo estava atacando a teologia da justiça por obras, proeminente entre os judeus de seu tempo (*p.ex.*, S. Westerholm, *Israel's Law and the Church's Faith* [Grand Rapids: Eerdmans, 1988], cap. 8; Moo, *Romans*, p. 263-265).
[60] Moo, *Romans*, p. 582-583,678.

é da Lei de Israel como oposta ao evangelho, porque era considerada a Lei de *Israel*; o pensamento de que a justiça era estabelecida por obras da Lei como a justiça de *Israel* (sua própria e não aberta a outros – 10.3); a justificação final como disponível somente às pessoas que obedecem a Lei, como geralmente foi entendido pela maioria dos judeus. O que se comprovara tão calamitoso foi o fato de as obras estarem tão estreitamente vinculadas com Israel, e a negação da justiça às pessoas que somente criam.[61]

5.5. A reflexão final necessária refere-se ao fato de Paulo não condenar as "obras" como tais. Ao contrário, ele encoraja a boa obra (2Cor 9.8; Cl 1.10). Afirma que o Juízo Final será "de acordo com obras", e que a boa obra será premiada com glória, honra e vida eterna (Rm 2.6-7; 2Cor 5.10). No mesmo contexto, ele não hesita em falar sobre "recompensa" (1Cor 3.8,14). Aqui se concebe de novo "obras" em um sentido mais geral; mas já que o princípio do julgamento "de acordo com obras" é inteiramente judaico (Sl 62.12; Pr 24.12) e já que muitas boas obras serão uma realização do "amar teu próximo como a ti mesmo" (Lv 19.18), nós podemos falar de "obras *da Lei*" sem forçar o sentido da expressão.

Acima, eu perguntei se Paulo teria considerado a abstinência da idolatria e a *pornéia* como "obras da Lei" e sugeri que ele teria evitado o uso dessa expressão para tal obediência à Lei. Mas nós deveríamos notar que Paulo tanto continua a chamar para essa obediência, quanto continua a afirmar que essa obediência pode ser descrita como o cumprimento da Lei, sendo exemplos da espécie de obediência que a Lei requeria; exemplos, em outras palavras, de "obras da Lei" definidas amplamente como aquilo que a Lei exige. Não há certeza quanto à distinção de Paulo entre o caminhar pelo Espírito e tal espécie de obediência à Lei. Não é certo que a justificação pela fé dispense tal obediência. Portanto, *a visão diferenciada que Paulo tinha da Lei podia manter unidas a afirmação de que a justificação final será "de obras da Lei" e o pensamento de que o julgamento final*

---

[61] Para a crítica, cf. novamente Moo, *Romans*, p. 622-627, especialmente nota 49; mas ele entende o pensamento que liga as críticas de 9.32 e 10.3 diferente (p. 634-636, nota 24) e não reconhece em 10.3 o eco da atitude expressada em 1Mc 2.27 (cf. meu livro *Romans*, p. 588).

será de acordo com "obras (da Lei)". Em outras palavras, o conceito paulino de obras a serem necessariamente realizadas pelos crentes e formando a base para o Juízo Final era pouco diferente daquele conceito comumente defendido no judaísmo de seus dias.[62]

Por isso, somos levados a uma dupla conclusão a respeito da teologia paulina de "obras":

1) *o princípio da justificação pela fé não exclui a obrigação das obras, até mesmo da prática das obras da Lei; e*

2) *quando Paulo nega que a justificação dependa das obras da Lei, ele se referia a um alvo mais limitado, particularmente à insistência dos outros crentes judaicos de que as práticas que tradicionalmente definiam Israel tinham de continuar a serem realizadas por todas as pessoas que reivindicavam a descendência de Abraão.*

Conclusão

1) Para Paulo, *nómos* não era um termo estreitamente restrito, mas funciona em sua teologia de várias formas. No centro de tais formas está a Lei de Moisés, a Lei que especificava como Deus quis que o povo de Israel vivesse.

2) Esse papel da Lei podia ser e estava sendo interpretado de maneira demasiadamente estreita – não somente protegendo Israel, mas definindo Israel, como *grámma*. Igual e seriamente, podia ser e estava sendo usada pelo pecado para incitar paixões egoístas e estritamente nacionalistas.

3) A necessidade do papel anterior da Lei e a dispensa desse papel em um período posterior foram encerradas pela vinda de Cristo e de seu Espírito. Tal vinda continua a dar um sentido para essa função da Lei, o que implicava na prática das obras da carne, na insistência nas obras da Lei como necessárias para a salvação.

---

[62] Cf. Stuhlmacher, *Romans*, p. 45-47; e especialmente K. L. Yinger, *Paul, Judaism and Judgment According to Deeds*. SNTSMS 105 (Cambridge: Cambridge University, 1999), que reconhecem que o judaísmo do Segundo Templo e Paulo compartilhavam neste ponto uma tensão semelhante.

4) No entanto, a Lei podia ser entendida também de uma forma tal que transcendia a particularidade de Israel, como expressão da vontade e da sabedoria de Deus para Israel, mas também para além dele. Entendida como palavra da fé, como a fonte para uma confiança mais profunda em Deus (e não de paixões pecaminosas), ela poderia ser um instrumento do Espírito. Ela permanecia, como sempre, a medida da vontade e do julgamento de Deus, mas não de maneira estrita ou restritiva, e sim como exemplificada por Cristo e capaz de ser cumprida por aqueles que caminham no Espírito.

Capítulo 22

Filipenses 3.2-14 e a Nova Perspectiva sobre Paulo

1. Introdução

O debate ocasionado pela "nova perspectiva" sobre Paulo tem se concentrado principalmente nas cartas que Paulo escreveu aos gálatas e aos romanos. Isto se deve em grande parte a dois fatores. Um é o fato de Paulo dificilmente usar o verbo "justificar" [*dikaióō*] fora dessas duas cartas.[1] Consequentemente, Romanos e Gálatas fornecem o principal fundamento para a doutrina da justificação pela fé, a característica-chave da "antiga perspectiva" sobre Paulo. O outro é o fato dessas duas cartas enfocarem tão fortemente aceitação dos gentios por Deus (e pelos judeus). Consequentemente, também forneceram o fundamento principal para a insistência da nova perspectiva de que um elemento integral e uma motivação principal da formulação da doutrina da justificação por Paulo era o seu chamado para pregar o evangelho aos gentios e a sua defesa desse evangelho.

Filipenses 3 não recebeu essa mesma atenção.[2] Isto é lamentável, já que fornece os recursos para uma aproximação entre a antiga e a

---

[1] *Dikaióō* – Romanos 15; Gálatas 8; em outras cartas: 1Cor 4.4; 6.11; também 1Tm 3.16; Tt 3.7; e cf. Tg 2.21,24-25.

[2] Como notado por D. Marguerat, "Paul et la Loi: le retournement (Philippiens 3.2-4.1)", in A. Dettwiler *et al.* (org.), *Paul, une théologie en construction* (Genebra: Labor et Fides, 2004), p. 251-275 (aqui: p. 254). Foi o artigo de Marguerat (especialmente p. 270-271) na *Lausanne Consultation* sobre *Paul and the Law* (Paulo e a Lei) em março de 2003 que me fez perceber com maior clareza que Fl 3 fora demasiadamente negligenciado no debate atual sobre Paulo e a Lei e que era um recurso importante para levar o debate além do impasse em que ameaçava ficar.

nova perspectiva. Ou, melhor, permite-nos passar para além da tendência de polarizar as diferentes ênfases no debate numa espécie de "ou isto, ou aquilo" e reconhecer a importância de manter junto algo que de outra forma pode ser visto como linhas discrepantes e até mesmo inconsistentes da teologia de Paulo.

A função precisa de Fl 3.2-16 dentro da Carta aos Filipenses é objeto de certa discussão constante.[3] No entanto, há um consenso geral de que, por uma razão ou por outra, o alerta abrupto "Cuidado com os cães, cuidado com os maus obreiros, cuidado com a mutilação" (3.2) serve para Paulo se voltar para um desafio em sua missão que é muito semelhante ao desafio que ele enfrentou em sua Carta aos Gálatas. O desafio é normalmente atribuído às pessoas descritas como "judaizantes", que enganam e confundem,[4] isto é, os judeus cristãos[5] que procuravam completar a obra missionária de Paulo ao garantir que as pessoas por ele convertidas fizessem "o caminho completo" ao aceitar a circuncisão e o *status* pleno de prosélitos. Foi claramente tal espécie de preocupação que tinha motivado os "agitadores" ou "mestres"[6] na Galácia. O modelo extrabíblico diretamente relevante é do rei Izates de Adiabene, que desejava se converter ao judaísmo (Josefo, Ant 20.38). Disseram-lhe inicialmente que ele poderia praticar a religião dos judeus sem ser circuncidado (Ant. 20.41-42). Contudo, a seguir, ele foi firmemente aconselhado por um judeu, Eleazar, "que tinha a reputação de ser extremamente estrito [*akribés*] a respeito das leis ancestrais", de que a circuncisão era indispensável (Ant 20.43-45). Foi a mesma preocupação ou foi uma muito semelhante que presumivelmente é

---

[3] Cf., *p.ex.*, U. Schnelle, *The History and Theology of the New Testament Writings* (1994; ET com material adicional, Londres: SCM, 1998), p. 135-138; R. E. Brown, *An Introduction to the New Testament* (Nova Iorque: Doubleday, 1997), p. 496-498; e, além disso, Marguerat, "Paul et la Loi", p. 254-259.

[4] Confunde e engana porque o verbo *ioudaízein*, do qual o termo foi efetivamente derivado, significa na verdade "viver como judeu", isto é, refere-se a *não-judeus* vivendo como judeus, e *não* a judeus que exigem que gentios o fizessem (cf. *acima*, p. 168).

[5] Mas judeus e não judeus cristãos; cf. K.-W. Niebuhr, *Heidenapostel aus Israel: die jüdische Identität des Paulus nach ihrer Darstellung in seinen Briefen*. WUNT 62 (Tübingen: Mohr Siebeck, 1992), p. 88-92.

[6] O último é a designação preferida de J. L. Martyn, *Galatians*. AB 33A (Nova Iorque: Doubleday, 1997), p. 18.

mencionada em Mt 23.15. De acordo com At 15.5, havia uma ala de fariseus no movimento cristão primitivo que exigia a circuncisão de gentios convertidos (cf. Gl 2.3-4). Portanto, sejam quais forem os detalhes exatos da situação enfrentada em Filipos, ou, dito de maneira alternativa, da relação de Fl 3.2-16 com o restante da carta, é suficientemente claro que a passagem em vista é um paralelo estreito da defesa paulina de seu evangelho isento da Lei na missão aos gentios. Por isso merece uma atenção tão cuidadosa como foi dedicada à Carta aos Gálatas, igualmente feroz, e à Carta aos Romanos, mais refletiva sobre o assunto.

Procederei da maneira mais direta possível ao verificar as passagens em sua sequência.

2. Fl 3.2-4

Os versículos de abertura deixam claro que foi algum tipo de choque entre as identidades cristã e judaica que provocou a sequência que começa em 3.2. Ao chamar seus oponentes de "os cachorros", "os maus obreiros" e "a mutilação",[7] Paulo parece se voltar contra uma atitude tipicamente judaica a respeito dos gentios e contra seus oponentes[8] judeus adotando uma paródia bem cruel dos seus valores.[9] "Cachorros" denota provavelmente o vocabulário judaico utilizado para denegrir os gentios, pois estes últimos eram julgados incapazes de distinguir entre o puro e o impuro, entre o limpo e o sujo (cf. Mt 7.6; 15.26-27; Ap 22.15), "aquelas pessoas que, a partir da imaginada superioridade de seu *status* e prática judaicas, rejeitam a associação com cristãos gentios, cuja indiferença às leis

---

[7] A maioria dos exegetas concorda que todos os três termos se referem ao mesmo grupo. "[...] a recorrência do artigo definitivo nas três expressões – 'os cães, os maus operários, a circuncisão – mostra que São Paulo está aludindo a um partido bem conhecido e bem destacado dentro da Igreja" (J. B. Lightfoot, *Saint Paul's Epistle to the Philippians*, 4ª ed. [Londres: Macmillan, 1868, 1878], p. 143).

[8] Um pouco como ele faz na série de Rm 3.10-18; cf. meu *Romans*. WBC 38 (Dallas: Word, 1988), p. 149-151.

[9] "[...] inversão do gloriar-se judaico" (P. T. O'Brien, *Commentary on Philippians*. NIGTC [Grand Rapids: Eerdmans, 1991], p. 354); epítetos que "viram a mesa" contra eles (G. D. Fee. *Paul's Letter to the Philippians*. NICNT [Grand Rapids: Eerdmans, 1995], p. 295).

de puro e impuro fazia com que eles fossem como cães".[10] "Maus obreiros" pode ser um jogo de palavras que põe em xeque a insistência dos judeu-cristãos nas "obras da Lei", ideia que provocou o ataque violento mais antigo de Paulo contra esses "judaizantes" (Gl 2.11-18; cf. 2Cor 11.13 – "obreiros enganadores").[11] E "mutilação" [*katatomḗ*][12] é obviamente um jogo com a circuncisão; "em outras palavras, a circuncisão que não é a do coração[13] não é melhor do que a dilaceração ritual pagã".[14]

Se todos os três epítetos podem ser forçados tanto quanto nós sugerimos aqui, o que estava em jogo no choque das identidades era o significado da circuncisão: "*nós somos* a circuncisão" (3.3). Mais notável ainda é a repetida referência à expressão "em carne" [*en sárki*]: "Não temos confiança *na carne*, embora eu também tenha (motivos para a) confiar *na carne*. Se alguma outra pessoa pensar que tem confiança *na carne*, eu tenho mais" (Gl 3.3-4). Paulo estava sendo evidentemente confrontado por um número de pessoas (3.2) que consideravam a si mesmas "a circuncisão", sem dúvida com base no fato de terem cumprido a obrigação que tinha suas raízes em Gn 17.9-14: tinham sido "circuncidados na carne"; tinham cumprido uma das exigências-chave para preservar seu *status* como participantes da aliança concluída com Abraão e seus descendentes (Gn 17.13-14).[15]

---

[10] M. N. Bockmuehl, *The Epistle to the Philippians*. BNTC (Londres: A. & C. Black, 1997), p. 185-187; semelhantemente O'Brien, *Philippians*, p. 354-355. Cf. a interpretação do episódio da mulher sirofenícia em Clemente, Hom 2.19 (citado por Lightfoot, *Philippians*, p. 143).

[11] G. F. Hawthorne, *Philippians*. WBC 43 (Waco: Word, 1983), p. 125; Bockmuehl, *Philippians*, p. 187-189. A probabilidade de Paulo pretender essa alusão é reforçada pela referência quase imediata ao "gloriar-se": enquanto o "judeu" típico se "gloriava" em Deus como o Deus de Israel, na Lei e nas obras da Lei (Rm 2.17,23; 3.27-29) – não gloriar-se fundamentado em autoconfiança (O'Brien, *Philippians*, p. 362) – Paulo, o cristão, gloriava-se em Jesus Cristo (Fl 3.3).

[12] *katatomḗ* ocorre no NT somente aqui. *BDAG* traduz "mutilação, cortar em pedaços" e tira a conclusão óbvia de que se pretende um jogo de palavras com *peritomḗ* (circuncisão), "provavelmente para denotar as pessoas para as quais a circuncisão resulta numa destruição (espiritual)" (p. 528).

[13] Cf. *abaixo*, nota 17.

[14] Bockmuehl, *Philippians*, p. 189; seguindo Lightfoot, *Philippians*, p. 144; "[...] somente muito pouco mais sutil que aquilo expressado pouco anos antes em Gl 5.12" (Bockmuehl).

[15] Sobre a importância da circuncisão para o judaísmo do Segundo Templo e como problema provocado pela missão paulina aos gentios, cf., além disso, *acima*, Cap. 5.

Além disso, a afirmação paulina de que *"nós somos* a circuncisão" faz eco a sua própria caracterização dos judeus em geral como "a circuncisão" (Rm 3.30; Gl 2.8-9), inclusive de seus colegas judeus que se opunham à sua missão, a qual isentava os gentios da Lei (Gl 2.12). A circuncisão era evidentemente considerada um rito distintivamente judaico, tão distintivo que se podia definir a identidade judaica como "a circuncisão".[16] Essa metonímia (um aspecto particular usado na representação do todo) estava tão firmemente estabelecida para Paulo que ele podia introduzir o assunto por um jogo de palavras, *katatomê* em vez de *peritomê*, "mutilação" em vez de "circuncisão", e ter certeza de que o jogo de palavras e sua implícita desvalorização da circuncisão seriam imediatamente reconhecidos. De novo, o ponto importante é que ele não diz "os mutilados", exatamente como não diz "os circuncisos". Já que os judeus podiam ser identificados simplesmente como "a circuncisão", a opinião de Paulo sobre a pressão que eles fizeram sobre as pessoas que ele tinha convertido em favor da circuncisão está resumida em seu jeito de descarta-los e de descartar os seus argumentos ao defini-los como "a mutilação". Assim, como nós podemos dizer, Paulo descarta aqueles que parecem apoiar uma política desastrosa – "são um desastre", como atesta o julgamento de Paulo sobre os missionários judeus e a sua exigência da circuncisão para os crentes gentios. Tais judeus e sua conduta são resumidos no epíteto depreciativo "a mutilação".

Digno de nota é o fato de Paulo considerar necessário contestar a circuncisão como um marcador de identidade crucial, ou pelo menos contestar essa compreensão do marcador de identidade. Ele não nega que a circuncisão era de fato uma evidência essencial que marcava o membro da aliança. Em vez disso, era evidentemente importante para ele exigir essa evidência para sua própria missão, a qual era dirigida, em grande parte, para os gentios. Sim, a circuncisão é importante, é um *sine qua non* do povo da aliança de Deus. Mas a circuncisão verdadeira é obra do Espírito que capacita para o serviço a Deus (3.3); a circuncisão verdadeira é do coração! Aqui, Paulo retoma o antigo e tradicional reconhecimento de que a circuncisão "na carne" era inadequada sem a circuncisão interior, um reconhecimento profundamente enraizado no pensamento

---

[16] Rm 2.26-27; 3.30; 4.9; Gl 2.7-9; Ef 2.11.

religioso judaico.¹⁷ Contudo, em vez de negar o próprio conceito da circuncisão, afirmando que ele era obsoleto, Paulo insiste que ele era movido pela mesma preocupação com o povo a aliança que o Deuteronomista e Jeremias tinham. O que contava realmente era a circuncisão *interior*; a teologia é obviamente a de Rm 2.28-29.¹⁸ Paulo afirma que essa prioridade fora alcançada em e através da obra do Espírito em e sobre as pessoas que ele tinha convertido. E não hesita em tirar a conclusão de que, uma vez alcançada a prioridade principal (a circuncisão do coração), a prioridade secundária (a circuncisão na carne) fica redundante.

Em contraste, a intenção do povo a que se refere 3.2 era claramente negar a participação da aliança com Deus a qualquer pessoa que não fosse circuncidada na carne. Por isso, Paulo optou por frustrar o principal argumento deles ao reivindicar o marcador de identidade da circuncisão para o êxito de sua própria missão. O fato de que os gentios estavam cultuando Deus pelo Espírito, assim como os judeus faziam, era para Paulo uma prova suficiente de eles terem recebido a circuncisão interior,¹⁹ de poderem ser chamados agora apropriadamente de "a circuncisão". Novamente, o argumento é que Paulo considerava importante manter a *continuidade da identidade* com os descendentes de Abraão ("a circuncisão"). Não era suficiente que as pessoas gentias que ele tinha convertido estivessem capazes de cultuar a Deus plena e livremente. Ele não quis se gloriar em Jesus como o fundador de uma nova religião, diferente e distinta de seu judaísmo nativo (e o de Jesus). A questão da continuidade era de suma importância e, nos termos do marcador-chave da identidade judaica, a circuncisão era fundamental.²⁰

Essa exigência podia ser lida em termos supersessionistas: *nós* (os cristãos) somos a circuncisão; vocês (os judeus) já não são

---

[17] Dt 10.16; 30.6; Jr 4.4; 9.25-26; Ez 44.7,9; Jub 1.23; 1QpHab 11.13; 1QS 5.5; 1QH 10(= 2).18; 23?(= 18),20; Fílon, *SpecLeg* 1.305.
[18] Além disso, cf. meu livro *Romans*, p. 123-125.
[19] Esta foi a vitória alcançada por Paulo na consulta de Jerusalém (Gl 2.7-9; cf. At 15.7-11) e aproveitada em Gl 3.1-5, de fato 3.1-14.
[20] Cf. F. Thielman, *Paul and the Law: A Contextual Approach* (Downers Grove: InterVarsity, 1994): "Portanto, até mesmo dentro de um trecho que afirma que a Lei Mosaica é 'perda' e 'lixo' (sic), a Lei continua a fornecer o padrão para as fronteiras que demarcam o povo de Deus" (p. 155).

o povo de Deus. Pode ser assim, como tem sido lido através da maior parte da história do cristianismo.[21] Não obstante, é uma leitura injustificada. Em vez disso, o ponto argumentativo de Paulo é que a vinda de Jesus Messias e do Espírito para os corações dos crentes em Jesus tinha cumprido a esperança de Israel pela era que deveria vir. Cumpriu-se a esperança que Israel tinha em mente, tal esperança não fora substituída por outra. O que ele tentava fazer era manter a continuidade com seus antepassados em vez de provocar uma ruptura. Ele se opunha tanto ao orgulho gentio frente aos judeus, quanto ao orgulho judaico frente aos gentios (Rm 2.17-24; 11.17-24).

Isto nos leva de volta para o ponto-chave desse ensaio: que o ponto de partida para uma das afirmações paulinas mais expressivas sobre a justificação (ou, mais exatamente, sobre a justiça de Deus como distinta da justiça da Lei) era a questão judeus/gentios. Os missionários judeus estavam evidentemente insistindo que as pessoas que Paulo tinha convertido tinham de ser circuncidadas se quisessem exigir seu quinhão nas bênçãos da aliança com Abraão. Paulo estava evidentemente insistindo que o seu evangelho implicava no fato dos gentios poderem compartilhar essas bênçãos através da fé em Cristo, sem recorrerem à circuncisão na carne. Ele insistia no fato de que aqueles que receberam o Espírito eram "a circuncisão" à qual a aliança tinha sido prometida. Na mente de Paulo, tudo isto estava evidentemente vinculado à sua teologia da justificação. A conclusão é que o ensinamento paulino sobre a justificação pode estar de fato mais vinculado à questão judeus/gentios do que tem sido reconhecido tradicionalmente.

3. Fl 3.4-5a

Se a reflexão sobre Fl 3.2-4 mostra como a nova perspectiva sobre Paulo pode ser importante para compreendermos melhor o evangelho da justificação, o ponto é reforçado por aquilo que Paulo continua a dizer sobre a sua própria experiência. "Se alguém

---

[21] Cf. O'Brien: o argumento de Paulo "é que 'a circuncisão' não deveria ser aplicado de modo algum a Israel. [...] Esse título e tudo que significa já não se aplica a Israel *katà sárka*" (*Philippians*, p. 358).

pensa ter confiança na carne, eu tenho mais: circunciso no oitavo dia; (um membro) do povo de Israel; (um membro) da tribo de Benjamin [...]" (Fl 3.4-5). Nó temos claramente aqui uma expressão de "confiança" [*pepoíthēsis*] diante de Deus,[22] de confiança "na carne" – isto é, não na força humana ou nos alcances mundanos, mas nas vantagens de estar na lista.[23] A confiança (o orgulho) estava no *status*, *status* como um membro do povo da aliança Israel, como um dos descendentes físicos ("na carne") de Abraão, como herdeiros das promessas da aliança feitas para e através de Abraão (como confirmadas pela circuncisão "na carne"). Paulo elenca suas qualificações, seu motivo para ter confiança, em algo que pode ser percebido rapidamente como uma lista de sete itens. Comecemos com os três primeiros.

a) Primeiro item de sua lista – "circuncidado no oitavo dia". O eco de Gn 17.12 é óbvio: "cada macho entre vós será circuncidado quando faz oito dias". Nós poderíamos esperar que Paulo começasse com o segundo item (nascimento como israelita), já que é cronologicamente anterior e mais fundamental. Mas ele começa com a circuncisão: presumivelmente porque era o ponto principal na sua discussão com os intrusos na Igreja de Filipos; mas também, sem dúvida, porque a circuncisão não era meramente um rito de entrada para o gentio prosélito, mas uma (se não *a*) característica que definia o membro do povo da aliança,[24] e era assim também um "sinal de distinção contra o mundo circundante não-judaico".[25] Nós deveríamos nos lembrar de que a circuncisão não era para um descendente de Abraão um rito de entrada na aliança. Isto era dado com sua descendência de Abraão. A circuncisão era antes o primeiro ato da observação da aliança pelo membro recém-nascido do povo da aliança. Para usarmos os termos introduzidos por E. P. SANDERS, a circuncisão no oitavo dia era o primeiro ato de "manutenção" da posição do judeu recém-nascido dentro da aliança, uma primeira realização de uma vida de nomismo da aliança.

---

[22] Como em Fl 1.14; 2.24; também 2Cor 1.9; 2Ts 3.4; Ef 3.12.
[23] J. Gnilka, *Der Philipperbrief*, 2ª ed. HTKNT 10.3 (Friburgo [Alemanha]: Herder, 1976), p. 187.
[24] Cf. novamente *acima*, § 2.
[25] Niebuhr, *Heidenapostel*, p. 105; além disso, cf. *acima*, Cap. 5.

b) Segundo item da lista – "(um membro) do povo de Israel" – de descendência direta de Abraão, Isaque e Jacó, não um prosélito. Aqui, o fundamento da confiança de Paulo diante de Deus era claramente sua *identidade étnica*. Ele era um israelita, pertencendo àquele povo que Deus tinha elegido para si mesmo de todas as nações (Dt 32.8-9). Em Rm 9.4-5, ele elabora com mais detalhes a base da confiança de israelitas diante de Deus: Deus tinha lhes dado "a adoção, a glória e as alianças, a Lei, o serviço e as promessas [...]". Era essa espécie de sinais do favor divino, da eleição de Israel por Deus para ser seu povo peculiar, que dava ao israelita a sua confiança diante de Deus. Também aqui, assim como acontece com a circuncisão, Paulo mostra-se sem disposição de abandonar seu título premiado da eleição divina, ele continuava a pensar de si mesmo como um israelita (Rm 11.1; 2Cor 11.22). Mesmo sendo um crente no Jesus Messias, ele não renunciou a sua herança étnica, mas entendia seu evangelho em continuidade direta com ela e até mesmo como a sua afirmação.[26]

c) Terceiro item da lista – "(um membro) da tribo de Benjamin". É de certo interesse que Paulo sabia sua identidade tribal e que ela lhe era um motivo de orgulho, um motivo adicional para sua confiança diante de Deus. Dos doze filhos de Jacó, somente Benjamin nasceu na terra prometida (Gn 35.16-18), e somente a tribo de Benjamin tinha permanecido fiel a Judá e à casa de Davi quando os reinos se separaram depois da morte de Salomão.[27] O ponto que deve ser notado aqui é, mais uma vez, que era *algo que lhe fora dado* com o seu nascimento, não algo alcançado ou merecido por ele. Assim como acontece com sua identidade étnica de israelita, assim acontece também com sua identidade tribal de benjamita: o que lhe deu confiança foi o fato dele ser um beneficiário da eleição proveniente do Deus de Israel. Neste ponto, sua confiança é simplesmente a de alguém que pertence ao povo eleito, que começou sua vida como um membro de uma das tribos de Israel.

---

[26] Cf., além disso, Romanos 9-11 e meu livro *Romans*, p. 526-528,538-540,681-686; também meu livro *Theology of Paul the Apostle* (Grand Rapids: Eerdmans/Edimburgo: T. & T. Clark. 1998), § 19.

[27] Lightfoot, *Philippians*, p. 146-147; Hawthorne, *Philippians*, p. 132-133: O'Brien, *Philippians*, p. 370-371; Bockmuehl, *Philippians*, p. 196. Certamente há uma forte possibilidade de Paulo (Saulo de Tarso) ter recebido seu nome em memória do primeiro rei de Israel (Saul ou Saulo).

Até aqui, a confiança expressada se dá claramente em termos étnicos. A implicação é evidentemente que os *não*-circuncidados, os que *não são do* povo de Israel, *não* podiam compartilhar da mesma confiança. A outra implicação, o lado mais negativo da mesma moeda, era que o não-israelita estava em desvantagem diante de Deus e era efetivamente alvo da ira de Deus, em vez de ser da sua misericórdia. Paulo ressalta o primeiro em Rm 2.17-24 e luta com o segundo em Rm 9-11 (particularmente 9.13-24; 11.7-12,25-31). Era o mesmo raciocínio de uma missão de misericórdia que impelia os outros missionários a trazerem gentios dispostos como prosélitos para dentro de Israel. Paulo reconhece efetivamente a teologia por trás dessa missão. Era uma que funcionaria muito bem em seu próprio caso. Contudo, logo mais ele deixará claro que já tinha abandonado essa teologia (Fl 3.7-8). O ponto do debate ocasionado pela nova perspectiva sobre Paulo que deve ser notado, porém, é que aquilo que Paulo rejeita assim até aqui é a *confiança na identidade* étnica, a confiança em ter sido circuncidado e, dessa forma, até mesmo aos oito dias de vida, ter sido fiel à aliança. Ao falar da confiança judaica diante de Deus, ele não se voltou primeiro para os pensamentos de autoalcance de obras ou para os atos que permitem obter os méritos. Em vez disso, ele era contra o orgulho da identidade étnica, contra a ideia de ser israelita em detrimento dos outros, contra a compreensão da oposição entre o judeu e o gentio. Contra tudo isto ele registrou o seu primeiro protesto ao começar a expressar novamente o que significava para ele o evangelho da justiça divina.[28]

---

[28] Embora reconheçam claramente a diferença entre os elementos anteriores e os posteriores da lista, O'Brien e Fee procuram diminuir a importância do caráter étnico dos primeiros, particularmente quando o primeiro resume a lista como "realizações religiosas" (*Philippians*, p. 365) e o segundo resume os motivos para a "confiança na carne" como "tendo motivos para gloriar-se diante de Deus com base em alcances humanos, a última expressão 'autocentrada' da vida" (*Philippians*, p. 303.323). Semelhantemente T. Laato, *Paulus und das Judentum: Anthropologische Erwägungen* (Helsinki: Abo, 1991): "*Das* pepoithenai en sarki *bedeutet nichts anderes als das Selbstvertrauen des Menschen*"; "*das Sich-Rühmen der Selbstgerechtigkeit*" [O *pepoithénai en sarki* não significa nada menos que a autoconfiança do ser humano; o gloriar-se da justiça própria], p. 259, 263. Também T. R. Schreiner, *Paul, Apostle of God's Glory in Christ* (Downers Grove: InterVarsity, 2001): "O problema era a fixação em suas próprias realizações e justiça. Ele se dedicava à Lei como um meio de fortalecer seu próprio ego e sua própria glória" (p. 123). C. G. Kruse, *Paul, the Law and Justification* (Leicester: Apollos, 1996), é mais equilibrado (p. 257-258).

O ponto forte da nova perspectiva é o fato dela ter feito sobressair tal aspecto do evangelho e da teologia de Paulo.

4. Fl 3.5b-6

d) O quarto item do elenco paulino de motivos para a sua confiança diante de Deus é a expressão "um hebreu dos hebreus". "O nome 'hebreu' estava convencionalmente associado ao tradicionalismo ou conservadorismo".[29] A intensificação da afirmação – "um hebreu dos hebreus" – em vez de exatamente "eu sou um hebreu" (como em 2Cor 11.2) – deve refletir a antiga determinação de Paulo de manter sua identidade étnica. De fato, não meramente mantê-la, mas se identificar mais completamente com as antigas origens e com o caráter de seu povo.[30] Aqui há uma avaliação um tanto fundamentalista das origens: o original é o melhor; somente o original é verdadeiramente autêntico; voltar para as raízes, para os inícios, como um modo de permanecer mais fiel e verdadeiro à respeito de sua herança.

É neste ponto que nós começamos a ver a transição na lista de sete itens, no item central da lista de sete elementos. Pois, embora "hebreu" seja uma identidade linguística, quase tão "dada" quanto a identidade étnica "israelita", a língua não é inteiramente dada e tem de ser aprendida. O que nos interessa aqui é que a expressão "um hebreu dos hebreus" indica a escolha deliberada de manter e reforçar a identidade linguística, da mesma maneira como um galês poderia afirmar a sua identidade ao se negar a responder algo a não ser em língua galesa. Aqui, nós temos uma atitude e realização que vão para além das dimensões normais do nomismo da aliança e que indicam que o Paulo pré-cristão se colocou deliberadamente neste curso.

A lista dos motivos para a confiança paulina pré-cristã diante de Deus continua: "quanto à Lei, um fariseu; quanto ao zelo, um perseguidor da Igreja; quanto à justiça que está na Lei, irrepreensível"

---

[29] G. Harvey, *The True Israel: Uses of the Names Jew, Hebrew and Israel in Ancient Jewish Literature and Early Christian Literature*. AGAJU 35 (Leiden: Brill, 1996), p. 146.

[30] Assim a maioria; cf., *p.ex.*, Gnilka, *Philipperbrief*, p. 189-190; "um tipo de clímax dos diferentes elementos de sua identidade judaica" (Niebuhr, *Heidenapostel*, p. 106-108).

(Fl 3.5-6). A transição de itens de identidade étnica fica constantemente mais marcada.

e) O quinto item na lista, "quanto à Lei, um fariseu", leva-nos mais adiante no mesmo caminho. Ser um fariseu não era um dado basilar para um judeu, era uma questão de escolha. Os fariseus, nos termos usados tanto por Atos como por Josefo, eram uma "seita" judaica (At 15.5; 26.5; Josefo, Guerra 2.162; Ant13.171,288; 20.191,197). Paulo tem de ter optado por associar-se ou aderir a essa seita. Mais especificamente, para se tornar um fariseu, o jovem Saulo deve ter optado por ir até Jerusalém (se é que ele não estava ali).[31] Se ele tinha vivido em Jerusalém, ele deve ter procurado um mestre fariseu; o retrato de At 22.3 é completamente plausível.

O argumento fulcral e o motivo pelo qual Paulo levanta tal ponto é que os fariseus eram particularmente devotos em relação à Torá. Eles eram conhecidos por seu escrúpulo [akríbeia] em observar as exigências da Lei.[32] Já seu nome, originalmente um a apelido (?), "fariseus", "os separados",[33] indica um compromisso de manterem a santidade do povo de Deus o mais incontaminada possível pela impureza. A lógica teológica expressava-se na severidade de sua comunhão da mesa e nas críticas à comunhão da mesa de Jesus com "pecadores" que as tradições jesuânicas lhes atribuem (Mc 2.15-16; Mt 11.19; Lc 15.2). A mesma lógica teológica estava evidentemente por trás da "separação" dos judeu-cristãos em Antioquia que se distanciaram de seus companheiros crentes gentios em Gl 2.11-14.[34] Em outras palavras, Paulo deixa claro que ele conhece a lógica rigorista "por dentro", desde o seu interior; ele pessoalmente tinha vivido por essa mesma lógica.

---

[31] Jerusalém era o único lugar óbvio onde Paulo pode ter-se formado como fariseu, como argumentou convincentemente M. Hengel, *The Pre-Christian Paul* (Londres: SCM, 1991); semelhantemente Niebuhr, *Heidenapostel*, p. 55-57.

[32] *Akríbeia* – At 22.3; 26.5; Josefo, Guerra 1.108-109; 2.162; Ant 20.200-201; Vita 191.

[33] P^{e}rushim, de *parash*, "separar"; cf. E. Schürer, *The History of the Jewish People in the Age of Jesus Christ*, 2 (revisado e publicado por G. Vermes e F. Millar; 4 volumes; Edimburgo: T. & T. Clark, 1973-1987), p. 396-397; S. J. D. Cohen, *From the Maccabees to the Mishnah* (Philadelphia: Westminster, 1987), p. 162; A. J. Saldarini, *Pharisees, Scribes and Sadducees in Palestinian Society* (Edimburgo: T. & T. Clark, 1988), p. 220-225.

[34] Cf. *acima*, Cap. 1, §§ 2 e 3.

E o ponto importante para o presente debate é que a observância farisaica da Lei não pode ser simplesmente descrita como o típico "nomismo da aliança". Sem dúvida, os fariseus consideravam a maneira como viviam e se comportavam como aquilo que se exigia para que eles fossem membros fiéis do povo da aliança. Mas o próprio fato deles serem identificados como uma seita dentro do judaísmo do Segundo Templo indica que eles não eram típicos representantes do judaísmo do Segundo Templo ou do nomismo da aliança de tal judaísmo. Para Paulo, não era suficiente identificar-se como um israelita, ele vai além. Assim como sua confissão de ser "um hebreu dos hebreus" intensificava o *status* mais amplo de "hebreus", a sua confissão de ser um "fariseu" marca a opção deliberada de ir além da observância da Lei no "judaísmo comum" e a sua fé na necessidade de agir assim.

Em outras palavras, nós passamos aqui da confiança na identidade étnica para a confiança no compromisso extra, opção que Paulo fizera ao se tornar um fariseu.

f) Sexto item da lista que elenca os motivos da confiança do Paulo pré-cristão diante de Deus: "quanto ao zelo, um perseguidor da Igreja". Nós vemos aqui mais uma intensificação: Paulo evidentemente esboçou a segunda metade da lista para potencializar os seus motivos de confiança. O termo "zelo" pressupõe algo que está além daquilo que a maioria dos judeus via como obrigação sob a Lei. Não se deve entender aqui somente que ele tinha sido "zeloso pelas tradições ancestrais" (Gl 1.14), pois isto fazia parte de seu ser fariseu. O zelo de Paulo era de um tipo extremo, impelindo-o para agir com violência contra as pessoas que ele percebia estarem transgredindo a Lei: ele tinha perseguido a Igreja e tentado destruí-la (Gl 1.13). Talvez como os macabeus antes dele e os zelotas depois, seu herói era Fineias, cujo ato violento contra uma flagrante desconsideração para com a Lei fizera dele o modelo do zelo devoto (Nm 25.6-13; Sl 106.28-31; Sir 45.23-24; 1Mc 2.26,54; 4Mc 18.12).

Portanto, aqui está de novo algo bem além da confiança no *status* étnico. Ao mesmo tempo, porém, devemos notar que o zelo de Fineias não era uma preocupação com sua situação pessoal diante de Deus. Era antes provocado pela preocupação em manter e proteger a identidade de Israel como o povo separado para Deus; a preocupação, em outras palavras, com a santidade Israel em contraste com as outras nações.³⁵ Foi a brecha nessa barreira que inspirou o zelo de Fineias (Nm 25.6-8; Sl 106.28-29), como também o de Elias na destruição dos profetas de Baal (1Rs 18.40; 1Mc 2.58), como também o dos macabeus na matança dos judeus helenizantes e dos sírios (1Mc 2.23-24).³⁶ Que o zelo de Paulo se expressava na disposição de "destruir" colegas judeus sugere para mim que uma grande parte de seu zelo perseguidor era motivada pela mesma preocupação de manter e proteger a santidade de Israel contra as incursões de "pecadores gentios" (Gl 2.15).³⁷ Se eu estiver seguindo a pista certa, isso significa que não podemos justapor este sexto item totalmente contra os três primeiros porque, embora esse zelo seja de fato uma intensificação, é uma intensificação do mesmo orgulho da identidade étnica, com as consequências negativas de desdém para com as outras nações.³⁸ Em todos esses casos, a preocupação com a situação do povo diante de Deus era a motivação principal.

g) Sétimo e último item da lista – "quanto à justiça que está na Lei, irrepreensível". Isto deve ser lido quase com certeza como uma expressão da confiança de alguém que se via vivendo diante de Deus de acordo com as exigências da Lei de Deus. A Lei estabelecia um padrão de vida, e o Paulo pré-cristão reivindicava viver de acordo com

---

³⁵ Refletindo o próprio zelo de YHWH em insistir que Israel não deveria cultuar outras divindades, mas ficar dedicado somente a ele (Ex 20.5; 34.14; Dt 4.23-24; 5.9; 6.14-15; 32.21). E. Reuter nota que a relação entre YHWH e seus adoradores "é caracterizada por uma exigência intolerante de exclusividade: é a vontade de YHWH 'ser o único Deus para Israel, e [...] ele não está disposto a compartilhar sua reivindicação de culto e amor com qualquer outro poder divino'" (*qn'*, in *TDOT 13*, p. 54, citando G. von Rad, *OT Theology 1*, p. 208). Hengel não reconhece esta dimensão suficientemente (*Pre-Christian Paul*, p. 84).
³⁶ "Pecadores e homens sem Lei" em 1Mc 1.34; 2.44,48 certamente incluía aquelas pessoas que os macabeus consideravam judeus apóstatas, israelitas que tinham abandonado a Lei; cf. ainda meu texto "Pharisees, Sinners and Jesus", in *Jesus, Paul and the Law* (Londres: SPCK/Louisville: Westminster John Knox, 1990), p. 61-86 (aqui: p. 74).
³⁷ Além disso, cf. *acima*, Cap. 15; semelhantemente Bockmuehl, *Philippians*, p. 199-200.
³⁸ Com licença de S. Kim, *Paul and the New Perspective*. WUNT 140 (Tübingen: Mohr Siebeck, 2002), que insiste em categorizar os três últimos itens sob o título de "alcances pessoais" (p. 76-77).

este padrão.³⁹ Duvido que o termo *ámemptos*, "irrepreensível", deva ser entendido como equivalente de "sem pecado", isto é, nunca ter transgredido qualquer mandamento, por mais ínfimo que fosse.⁴⁰ Pois os termos da Lei da aliança incluíam a exigência de arrependimento e a provisão de sacrifício e expiação pelo pecado.⁴¹ Dessa maneira, viver de acordo com a Lei deve ter incluído servir-se das provisões rituais e cúlticas da Lei quando a impureza e o pecado manchavam a vida da aliança.⁴² Imagino que eram esses o caráter e a qualidade da vida atribuída a Zacarias e Isabel em Lc 1.6.⁴³ E Paulo presumivelmente não imaginava que as pessoas convertidas por ele estavam isentas dos pecados ("irrepreensíveis") em Fl 2.15 e 1Ts 2.10 e 3.13. Esse padrão de vida conduzida pela Lei é bem captado na expressão de SANDERS, "nomismo da aliança".⁴⁴

---

³⁹ S. Westerholm, *Perspectives Old and New an Paul* (Grand Rapids: Eerdmans, 2004), comenta secamente: Paulo "não sofria de autoestima baixa nem era sua consciência de um tipo introspectivo e perturbado" (p. 403).

⁴⁰ "*Ámemptas* não deveria ser pressionado no sentido de significar que Paulo cumpria a Lei completamente ou que evitou totalmente transgressões" (O'Brien, *Philippians*, p. 380); Lightfoot parafraseia a afirmação: "Não omiti nenhuma observância, por mais trivial que fosse" (*Philippians*, p. 148).

⁴¹ Este é um dos pontos importantes para os quais E. P. Sanders, *Paul and Palestinian Judaism* (Londres: SCM, 1977) chamou nossa atenção; cf. também seu *Judaism: Practice and Belief 63BCE-66CE* (Londres: SCM, 1992), especialmente p. 107-110, 271-272. Kim responde: "Será que Fl 3.2-6 não traz antes a mensagem de que ele tentou observar os mandamentos da Lei com tanta perfeição como possível, para precisar de um mínimo possível de arrependimento? Se isto for certo, então, em Fl 3.2-6, Paulo não está muito consciente das provisões da expiação". Mas ele reconhece que, nos Escritos de Qumran, a perfeição podia caminhar de mãos dadas com a confissão do caráter inadequado e da falha, e sugere neste ponto uma analogia entre Paulo o fariseu e os pactuantes de Qumran (*Paul and the New Perspective*, p. 149-150).

⁴² Cf. Thielman: "Ele quer dizer provavelmente que observava os mandamentos com a maior consciência possível e que, quando os transgredia, usava os meios prescritos pela própria Lei para expiar seu pecado (*Paul and the Law*, p. 155).

⁴³ Cf. já meu *Theology of Paul*, p. 349-350.

⁴⁴ "[...] não uma afirmação de estar sem pecado, mas da total sintonia com a Torá interpretada em termos de aliança, através da qual eram disponíveis o perdão e a purificação" (M. A. Seifrid, *Justification by Faith: The Origin and Development of a Central Pauline Theme*. NovTSupp 68 (Leiden: Brill, 1992], p. 174. "A Lei como modo de vida era amplamente pensada como viável e praticável: pois a maioria dos judeus fiéis teria considerado absurdo pensar que Deus tivesse dado

Ao mesmo tempo, nós devemos nos lembrar do alto grau de intensificação que Paulo estabeleceu no elenco dos motivos pré-cristãos que traziam para ele grande confiança diante de Deus. Isso sugere que o paralelo mais claro com o pensamento de Paulo aqui expresso é o clímax de Gl 1.13-14. Ali, Paulo lembra: "eu progredi no judaísmo além de muitos de meus contemporâneos no meu povo, sendo excedentemente zeloso por minhas tradições ancestrais" (Gl 1.14). Aqui estamos novamente às voltas com o fariseu zeloso, que vai *além* do estilo de vida do judaísmo comum. Nós percebemos de fato um elemento de *competitividade* no Paulo pré-cristão, que procurava *ultrapassar* os seus contemporâneos em sua devoção zelosa às *halacot* mais escrupulosas dos fariseus e em sua aplicação, ultrapassando até mesmo muitos de seus colegas fariseus, inclusive em sua perseguição da Igreja. Isso vai agora bem além da confiança no *status* étnico.[45] Aqui há pelo menos um elemento de autoalcance e de orgulho no autoalcance, tanto em Gl 1.14 como, pela implicação, em Fl 3.6.[46]

---

uma revelação que não podia ser vivida na realidade. Também nesse aspecto, Paulo não diz que ele estava 'sem pecado', mas meramente que ele era reto e irrepreensível segundo o padrão que estava seguindo" (Bockmuehl, *Philippians*, p. 202). Semelhantemente N. T. Wright, "Romans", in *The New Interpreters Bible Vol. 10* (Nashville: Abingdon, 2002), p. 461. Ora, o que é melhor – falar de justiça "atingida" e "alcançada" (Kim, *Paul and the New Perspective*, p. 77-78), ou de justiça vivida e exemplificada?

[45] "[...] um alcance que o separou de outros judeus" (M. A. Seifrid, *Christ, our Righteousness: Paul's Theology of Justification* [Downers Grove: InterVarsity, 2000], p. 27). Eu não dei importância suficiente a isto em meu "Paul and Justification by Faith", in R. N. Longenecker (org.), *The Road from Damascus: The Impact of Paul's Conversion on His Life, Thought, and Ministry* (Grand Rapids: Eerdmans, 1997), p. 85-101 (aqui: p. 93-94) (= *acima*, Cap. 16, p. 534-536).

[46] Por isso qualifico meu argumento mais antigo de que os três últimos itens na lista de Paulo "não podem ser considerados 'autoalcance'" (*Theology of Paul*, p. 370), em que eu estava mais preocupado em não perder de vista a "justiça" como prática da aliança em vez de uma meta a ser ainda "alcançada". A maioria dos comentaristas recentes reconhece a necessidade de reconhecer o sentido pleno da lista em 3.5-6 e o caráter integrado dos "privilégios herdados" e "alcances pessoais", usando os termos de P. T. O'Brien, "Was Paul Converted?", in D. A. Carson *et al.* (org.), *Justification and Variegated Nomism. Vol. 2: The Paradoxes of Paul* (Tübingen: Mohr Siebeck, 2004), p. 361-391 (aqui: p. 372-373); privilégios de nascimento e prática ativa da Lei (Marguerat, "Paul et la Loi", p. 266); I. H.

Em resumo, se a primeira metade da lista dos motivos pré-cristãos de Paulo para ter confiança diante de Deus confere substância ao *insight* e ênfase da nova perspectiva, então nós podemos dizer igualmente que a segunda metade da lista confere a mesma substância à ênfase da antiga perspectiva.

5. Fl 3.7-9

O versículo 7 marca a reviravolta, a conversão de Saulo, o fariseu, para se tornar Paulo, o cristão. A primeira característica notável é a intensidade de sua volta. "O que era *ganho* para mim, essas coisas cheguei a considerar *perda* em virtude de Cristo. Mais do que isto, considero tudo uma *perda* em virtude do valor maior de conhecer Cristo Jesus, meu Senhor. Em virtude dele, eu *sofri a perda de* tudo, e eu considero isto um *lixo*, a fim de que eu possa ganhar Cristo e possa ser encontrado nele, não tendo minha própria justiça que é da Lei, mas aquela que é através da fé em Cristo, a justiça de Deus com base na fé [...]". Paulo não nega o benefício de sua situação prévia: ela tivera um "ganho", alguma vantagem – ele usa a mesma palavra (*kérdos*) em Fl 1.21 para afirmar que a morte seria para a sua própria vantagem. Ao renunciar a esse "ganho" prévio, ele tinha "sofrido uma perda", com a implicação de *zēemióō*: passar necessidade ou sofrer em consequência de algo.[47] O sentido era o de ter perdido *tudo* – outra lembrança de sua vida como fariseu zeloso: ela deve ter sido abrangente; a sua vida como fariseu significara tudo para ele.

Marshall, *New Testament Theology* (Downers Grove: InterVarsity, 2004), p. 446-447. O tipo de exegese contra o qual eu estava objetando é bem explicitado pela citação de Marguerat (p. 260), proveniente de G. Bornkamm, *Paul* (Londres: Hodder & Stoughton, 1971): "O exemplo paulino do prisioneiro do pecado é o próprio judeu ciumento em relação à Lei. Sob a ilusão de ser devoto, em sua busca por justiça ele imagina que o acesso a Deus, para o qual ele está barrado e sem esperança, esteja agora aberto, ou imagina que ele o possa abrir por suas obras" (p. 123).

[47] *BDAG*, p. 428.

Mas agora ele considera a sua vida anterior um "lixo", despojada de valor, semelhante a "excrementos" [tà skýbala].[48] O impacto de Jesus, o Cristo,[49] fora tão esmagador que ele relativizou completamente qualquer outro conjunto de valores revelados e tradicionais pelos quais tinha vivido até então. A completude da reversão dos seus valores dificilmente poderia se expressar de forma mais aguda. Mesmo assim, porém, isto não precisa significar que Paulo agora negasse qualquer valor a essas coisas que tinha considerado anteriormente tão importantes. Isto é improvável diante de sua tentativa de manter o valor da circuncisão indicado pelo Deuteronômio e por Jeremias (3.3), de sua afirmação do valor contínuo da circuncisão em Rm 3.1-2, assim como das bênçãos continuas de Israel (Rm 9.4-5), e de seu próprio *status* como israelita (Rm 11.1; 2Cor 11.22). *A radicalidade do contraste não está tanto em denegrir aquilo que ele tinha anteriormente considerado um ganho, mas em realçar na mais alta medida o valor que ele agora atribuía a Cristo, ao conhecimento de Cristo e à perspectiva de obter a Cristo.*

É preciso notar que aquilo para o que Paulo se voltou não era simplesmente a competitividade de sua vida antiga como indicada pelos últimos quatro itens de seus antigos motivos para ter confiança (Fl 3.5b-6). Não era simplesmente que ele agora se abstivesse de sobrepujar os seus colegas judeus e fariseus (Gl 1.14). Ele também pensava evidentemente nos três primeiros itens da sua lista de confiança – o *status* do pertencimento à aliança, dado a ele pelo nascimento e afirmado por sua circuncisão no oitavo dia (Fl 3.5a). Também isto tinha sido um ganho para ele, um motivo de confiança diante de Deus. É *todo este pacote* que ele vê agora sem qualquer vantagem – o nomismo da aliança, que considerava a pessoa incircuncisa constitucionalmente incapaz de ter essa confiança diante de Deus, bem como o nomismo da aliança intensificado pela radicalidade de um fariseu irrepreensível; o zelo, que o motivava à perseguição de judeus que pareciam ameaçar a separação de Israel das (outras) nações, bem como o zelo pelas tradições dos pais, nas quais ele ultrapassava os seus contemporâneos (Gl 1.14).

---

[48] BDAG, p. 932.
[49] O artigo definido em 3.7 contém o sentido da descoberta de que Jesus, apesar de ter sido crucificado, realmente era o Messias/Cristo da esperança judaica.

Segue-se disso igualmente que Paulo provavelmente não estava pensando na justiça como algo alcançado por ele quando afirmou: "minha justiça que está na Lei" (3.9). Sem entrar nos debates revisados anteriormente,[50] o termo "justiça" pode ser definido como um *status* ou uma atividade em conformidade com aquilo que Deus considera justo, ou que leva isto em conta. Isto inclui a eleição divina de Israel e a exigência divina da circuncisão para as crianças israelitas do gênero masculino, assim como inclui a prescrição realçada pelos fariseus daquilo que é exigido para que se mantenha a justiça do povo da aliança. A qualificação de "justiça" neste ponto como *"minha* justiça" não deveria nos enganar.[51] Refere-se ao mesmo conjunto de valores que Paulo tinha previamente reclamado para si mesmo (Fl 3.5-6), *"eu* mais" (3.4), e que ele tinha afirmado como um "ganho *para mim"* (Fl 3.7) – isto é, uma vantagem que Saulo, o fariseu, tinha apreciado como um israelita circunciso, assim como a vantagem competitiva que ele tinha obtido sobre os seus contemporâneos.[52]

O contraste é duplo: entre "minha justiça" e "aquela (justiça) que é através da fé em Cristo [...] com base na fé";[53] e entre a justiça que é "da Lei" (*tèn ek nómou*) e a justiça que é "de Deus" (*tèn ek theoû*).

---

[50] Cf. *acima,* p. 110-113.
[51] O'Brien corre este perigo ("Was Paul Converted?", p. 373).
[52] Cf. *acima,* p. 303, nota 36. R. H. Gundry, "Grace, Works, and Staying Saved in Paul", in *Biblica 66* (1985): 1-38, vê nessa lista somente "o pecado atitudinal da justiça própria" (p. 13-14). O'Brien opta por enfatizar somente o posterior: *"dikaiosýnē* descreve o alcance moral do próprio Paulo [...]. *emēn dikaiosýnēn* era nada mais que a justiça própria" (*Philippians,* p. 394-395). Kim deixa de apreciar o alto grau em que Paulo se identificou com a herança e o *status* de aliança de Israel – "uma justiça humana, uma justiça alcançada por seres humanos [...] esta qualidade humana (isto é, carnal) e não uma qualidade nacionalista" (*Paul and the New Perspective,* p. 77-79).
[53] Não é necessário se envolver no debate atualmente popular sobre o sentido de *pístis Christoû* ("a fé em Cristo" o "a fidelidade de Cristo"), já que a segunda "fé" é certamente a da pessoa que crê, como concordam O'Brien (*Philippians,* p. 400) e Bockmuehl (*Philippians,* p. 211-213) que preferem ambos o sentido "a fidelidade de Cristo". No entanto, deve-se notar que a repetição por efeitos retóricos ("cuidado", 3 vezes; "confiança na carne", 3 vezes; "perda", 3 vezes; "em virtude de Cristo", 3 vezes; "manter", 3 vezes) é uma característica dessa passagem.

O primeiro contraste coloca em antítese o *status* justo e a fidelidade da aliança que Paulo podia reclamar como israelita, um hebreu dos hebreus, um fariseu zeloso; e a justiça entendida como a aceitabilidade diante de Deus, dada somente através ou com base na fé. Este é um axioma central do evangelho de Paulo em outros textos – que o movimento salvífico de Deus é para *todas as pessoas* que creem, tanto as gentias quanto as judias (Rm 1.16-17), e que esse *insight* central não devia ser adulterado ou comprometido por nenhuma tentativa de insistir que os crentes tinham que viver como judeus (Gl 2.14-16). Aqui se perde de novo o sentido quando se considera a justiça anterior como algo merecido ou alcançado.[54] O enfoque do argumento de Paulo é que apenas a fé é a base para uma relação efetivamente justa com Deus – a confiança em Deus e a certeza de Deus, que Abraão tinha exemplificado tão bem a respeito da promessa de um herdeiro (Rm 4.16-21) como o meio através do qual e com base em que a vida deveria ser vivida (Rm 14.23).[55] Paulo opunha-se a qualquer coisa que depreciava, diminuía ou obscurecia esse *insight* religioso fundamental. E isto incluía tanto a confiança no nascimento e na tradição religiosa, quanto a confiança por ser um praticante radical da tradição.

O segundo contraste coloca em antítese a "justiça da Lei" e a "justiça de Deus". De novo, é óbvio que Paulo se referia com o primeiro claramente à lista de Fl 3.4-6. A justiça era aquela que ele tinha desfrutado como um judeu, e como um judeu fiel, um *status* derivado da pertença ao povo a quem Deus tinha dado a Lei, um *status* mantido por seu compromisso farisaico de viver como um justo entre os membros do povo de Deus. Ver aqui de novo a "justiça da Lei" como justiça autoalcançada significa ignorar o contexto da confiança prévia de Paulo. "Justiça proveniente da Lei" deve denotar antes uma posição diante de Deus, entendida como derivada "da Lei", isto é, do fato de ser um membro do povo da Torá, do

---

[54] Cf. N. T. Wright, *What Saint Paul Really Said* (Grand Rapids: Eerdmans, 1997): "O que ele nega na primeira metade do versículo 9 não é uma justiça moralista ou autoalcançada, mas o *status* do pertencimento à aliança judaica ortodoxa" (p. 124).

[55] "A fé não deve ser entendida como algo alcançado [...]. O pronunciamento da justiça é unicamente o ato de Deus, e a fé não pode ser separada da graça, mas é abraçada por ela (Gnilka, *Philipperbrief*, p. 194).

povo marcado e separado pela Lei de Moisés, posição proveniente da prática zelosa daquela Lei.[56]

O contraste disso é, para Paulo, a "justiça de Deus", a atitude de Deus de atrair uma pessoa para o relacionamento com ele e de afirmar tal pessoa como justa. Ao colocar essas duas compreensões de justiça em contraste, Paulo presumivelmente não pretendia afirmar que a Lei não era de Deus, ou que Israel não fora o povo eleito de Deus. Sua afirmação em outros textos, pelo contrário, é suficientemente clara (Rm 7.12; 9-11). Ele não pretendera negar o valor da circuncisão, ou mesmo o "ganho" inerente a ser israelita, apesar do valor esmagadoramente superior de conhecer a Cristo (Rm 3.1-2). O contraste é provavelmente o de Gl 3.19-4.7: a Lei tivera um papel valoroso, mas inferior, na relação entre Deus e Israel, em comparação com a relação de fé.[57] O contraste é entre a *imediatez* da relação com Deus através da fé (como em Rm 5.2) e a interposição da Lei, vista como mediadora dessa relação. Paulo continua a afirmar que a Lei continuava efetivamente a desempenhar um papel nessa relação, pelo menos em alguma medida.[58] Portanto, o que ele rejeitou, tanto aqui quanto em outros momentos, era a suposição de que a Lei em seu pleno alcance ainda tivesse um papel mediador essencial, até mesmo para aquelas pessoas que já tinham experimentado a plena relação com Deus através da fé. Contentar-se com uma justiça mediada "a partir da Lei", em um tempo em que a justiça "de Deus" já está diretamente disponível para a fé, já era suficientemente ruim. Mas insistir que os crentes que já se rejubilavam na justiça de Deus tinham que se submeter necessariamente à justiça da Lei era ameaçar, se não destruir, a justiça de Deus. Sem dúvida, Paulo estabelece o contraste com exagero retórico (3.7-8), mas também porque a sua

---

[56] Seifrid sugere que o sétimo item da lista, "enquanto à justiça que está na Lei, irrepreensível", "é mais provavelmente um resumo de todos esses benefícios", isto é, dos elencados em 3.5-6: "minha justiça" de 3.9 não é "uma justiça ganhada por seus próprios esforços", embora o Paulo pré-conversão tinha "atribuído um valor salvífico à obediência" (*Justification*, p. 173-175).

[57] Cf. *acima*, Cap. 1, § 3.3 (7).

[58] Cf., além disso, meu *Theology of Paul*, § 23. Cf. também, *p.ex.*, P. J. Tomson, *Paul and the Jewish Law: Halakha in the Letters of the Apostle to the Gentiles*. CRINT 3.1 (Assen/Maastricht: Van Gorcum, 1990); B. S. Rosner, *Paul, Scripture and Ethics: A Study of 1 Corinthians* 5-7 (Leiden: Brill, 1994).

própria experiência tinha causado uma revolução profunda em sua compreensão de como funcionava a justiça divina, e não por último porque ele via agora que voltar para a sua antiga maneira de pensar seria uma corrupção grave da compreensão essencial do evangelho (Rm 1.16-17).

6. Fl 2.7-11

A característica mais notável da passagem mais completa (Fl 3.7-11) é a centralidade de Cristo. Fica nesta passagem evidente a descoberta que Paulo fez de Cristo, do significado de Jesus, o Cristo, que tanto o levara a reavaliar completamente os seus motivos para ter confiança diante de Deus, quanto resultou na centralidade de Cristo em sua soteriologia revisada. A variedade das maneiras como ele expressa tal centralidade recém-encontrada de Cristo pode ser notada, mas o tem sido apenas insuficientemente.

Ele usa a expressão *diá* + acusativo não menos que três vezes nos versículos 7-8: "em virtude do Cristo"; "em virtude do valor sobressalente de conhecer Cristo Jesus meu Senhor"; "em virtude dele". Para Paulo, é bastante incomum o uso de *diá* + acusativo em relação a Cristo;[59] muito mais típico em seu pensamento é a aparição de *diá* + genitivo ("através de Cristo").[60] No entanto, usar *diá* + acusativo tão intensamente nos versículos em questão não pode indicar senão que Paulo está levantando um argumento que ele considerava importante no contexto. A formulação é usada cada vez como a maneira de expressar a reavaliação que sua conversão tinha provocado: "essas coisas, eu cheguei a considerá-las como perda *em virtude de Cristo*"; "Considero tudo uma perda *em virtude do valor sobressalente de conhecer Cristo Jesus meu Senhor*";[61] "*em virtude dele* sofri a perda de tudo". Portanto, a formulação era evidentemente a maneira de Paulo descrever e realçar o que tinha sido aquilo que o levara a considerar seus motivos anteriores

---

[59] Em outros textos somente 1Cor 4.10; *dià Iēsoûn* (2Cor 4.5,11).
[60] Rm 1.5,8; 2.16; 5.1,9,11.17-18,21; 7.25; 8.37; 16.27; 1Cor 15.57; 2Cor 1.20. Além disso, cf. meu livro *Theology of Paul*, p. 406.
[61] *To hyperéchon* ("valor sobressalente") realça naturalmente ainda mais o contraste com aquilo que fora "ganho" (3.7) e que agora era valorado como nada mais que "lixo" (3.8).

de ter confiança algo semelhante a lixo. A luz de Cristo lançou todas as outras coisas na sombra. Isto incluía presumivelmente o seu reconhecimento de que Jesus era de fato *o Cristo* e que ele fora exaltado como *Senhor*. Contudo, sem dúvida, isto incluía ou chegou a incluir também uma apreciação da importância da morte de Jesus. A expressão sugere a referência a algo realizado fora dele mesmo *(extra nos)*, enquanto *diá* + genitivo sugere um engajamento de Deus com o indivíduo e vice-versa, através de Cristo. Dessa maneira, o primeiro motivo para a confiança de Paulo diante de Deus neste novo momento era o que Cristo tinha realizado, particularmente a sua morte e a sua ressurreição.

A formulação de "em virtude de Cristo" é complementada pela formulação paulina familiar "em Cristo" – no v. 9, mas também já no v. 3. Isto denota uma relação muito mais íntima com Cristo e com aquilo que Cristo fez – uma referência não simplesmente àquilo que Cristo fizera totalmente à parte de Paulo, mas a algo que equivale a um lugar físico dentro de Cristo. Isto é, não simplesmente uma definição do lugar de si mesmo *pela referência à* vida, morte e ressurreição e Cristo, mas um envolvimento pessoal *dentro* da realidade contínua de Cristo, do Cristo ressuscitado e exaltado.[62] O mesmo tom de relacionamento pessoal é usado em seu discurso do *"conhecimento de* Cristo Jesus meu Senhor", com sua conotação de relacionamento pessoal íntimo com a pessoa conhecida.[63] De fato, no v. 10, "para *conhecer* a ele (Cristo)" é estabelecido por Paulo, talvez como o resultado e objetivo principal de sua reversão de valores,[64] como um aspecto para o qual precisamos voltar.

O que é particularmente notável na presente discussão é a maneira como Paulo combina o pensamento de "ter a justiça da parte de Deus" com o "nele": "a fim de que eu pudesse ganhar Cristo e *ser encontrado nele*, não tendo minha própria justiça que é da Lei, mas aquela que é através da fé em Cristo, *a justiça vinda de Deus com base na fé*". Estas eram evidentemente *duas correntes entrelaçadas* na soteriologia de

---

[62] Para o significado da linguagem paulina de "em Cristo", cf. novamente meu livro *Theology of Paul*, § 15.2.

[63] O'Brien, *Philippians*, p. 388-389, e Bockmuehl, *Philippians*, p. 205-206, que notam, *inter alia*, que esta é a única vez em suas cartas preservadas que Paulo usa a expressão "meu Senhor".

[64] "Por isto, 'conhecer Cristo' é a última meta em direção a qual o apóstolo encaminha sua vida" (Hawthorne, *Philippians*, p. 143).

Paulo – aquilo que tem sido chamado de linguagem participacionista e de terminologia forense. Supondo que o olhar para frente se dirija para o julgamento final ("que eu possa ser encontrado nele [...]"),evidentemente era importante para Paulo que sua esperança se expressasse não simplesmente em termos forenses – como se a sua esperança residisse inteira e exclusivamente naquilo que Cristo tinha realizado em favor dele ("em virtude de Cristo"). Sua esperança estava também em ser encontrado "em Cristo". Nós podemos até mesmo reforçar este ponto ao observar que o "nele" era a base de sua esperança de ter "a justiça de Deus"; *era somente estando "em Cristo" que a sua esperança de ser reconhecido justo por Deus podia ser realizada;* e nós devemos acrescentar que *era somente tendo "a justiça da parte de Deus" que seria realizada a sua esperança de ser encontrado "em Cristo".*[65]

Isto gera um maior reconhecimento de nossa parte do "ainda-não" implícito na formulação de Paulo através destes versículos: "a fim de que eu pudesse ganhar Cristo e ser encontrado nele"; "para conhecer a ele e o poder de sua ressurreição e a comunhão com seus sofrimentos, sendo conformado com sua morte, se eu puder de alguma forma ganhar a ressurreição dos mortos". O "em virtude de Cristo" se refere, sem dúvida e talvez inteiramente, àquilo que fora realizado no passado. O "em Cristo" em outros textos refere-se certamente à situação presente de Paulo, e o "ganhar" Cristo e o "ser encontrado nele" são considerados certamente pelo menos já em estado inicial desde a sua conversão. Afinal, ele já tinha afirmado: "Para mim, viver é Cristo" (1.21; cf. Gl 2.20). Paulo afirmaria presumivelmente também, pelo menos em alguma medida, que já "conhecia" Cristo e gozava de alguma participação da vida do Cristo ressuscitado (Rm 6.4; 7.6; 8.2). Mas a intenção principal dos versículos 10-11 é claramente descrever uma aspiração: conhecer (ainda mais) Cristo e o poder de sua ressurreição, ser (constantemente mais e mais) confor-

---

[65] Gnilka cita Stuhlmacher que percebe que "para Paulo, 'os ensinamentos jurídicos e místicos sobre a redenção' não podem ser separados" *(Philipperbrief,* p. 195); cf. O'Brien, *Philippians,* p. 393,415-417. Gnilka observa também que "o estar em Cristo fundamenta-se na *dikaiosýnē theoû*" (p. 195), e O'Brien objeta com razão a qualquer sugestão de que a linguagem da "justiça" estivesse um tanto estranha ao contexto (p. 416-417), embora não deixe de ser verdade que o clímax de 3.8d-11 se dá em termos "participacionistas"; cf. Fee, *Philippians,* p. 314,326,337.

mado com sua morte, com a esperança final de chegar aonde Cristo já tinha chegado: à ressurreição dos mortos.[66]

A soteriologia cristológica de Paulo novamente qualifica e esclarece a sua linguagem de justificação. Por mais que ele já tivesse gozado da "justiça de Deus", esta não era uma descrição completa nem final do processo de salvação. Por mais que ele colocasse a ênfase no caráter decisivo daquilo que Cristo tinha realizado na cruz e já em sua própria vida (Rm 6.3-4; 7.4-6; 8.1-2), Paulo não pensava disso como se fosse toda a história ou como se fosse uma história cujo final já estivesse alcançado ou garantido. Se o "em Cristo" indica em abreviatura a esperança paulina de ser encontrado (no Juízo Final) tendo a justiça da parte de Deus, os v. 10-11 explicitam mais claramente como o "em Cristo" gerava e garantia este final.

Particularmente notável é a clara afirmação de que esse processo era um de crescente conformidade com Cristo. O poder da ressurreição de Cristo podia já estar em evidência na vida de Paulo e através de sua missão, mas os sofrimentos de Cristo ainda tinham que ser compartilhados. Paulo ainda tinha que ser plenamente conformado à morte de Cristo. Ele não participaria plenamente da ressurreição dos mortos, a não ser no clímax e fim de sua vida (Rm 8.11; 2Cor 4.16-5.5) ou na *parousía* (1Cor 15.50-52). Isto é, ele não seria plenamente conformado à ressurreição de Cristo e a sua morte até sua própria morte ou até "a última trombeta" (Rm 6.5; 1Cor 15.49; Fl 3.20-21). Integral a esse pensamento é que *era necessária uma transformação pessoal* e que ela viria somente "em Cristo", "através de Cristo" (*diá* + genitivo) e "com Cristo".[67] Não era simplesmente uma questão do veredito judicial já dado provisoriamente (ou até mesmo definitivamente) ou ainda a ser dado (mas dado com certeza, "em virtude de Cristo") no julgamento final. A metáfora forense da justificação era por si mesma inadequada para descrever a intenção e o caráter do processo da salvação, tanto o "já" quanto o "ainda-não". Ela tinha de ser complementada por uma compreensão do processo de transformação, para tornar-se como Cristo em seus sofrimentos

---

[66] Cf. O'Brien, *Philippians*, p. 391-392,402,411.
[67] Uma característica notável da soteriologia de Paulo, muito pouco notada, são suas formulações distintivas e características com *sýn-* ("com" Cristo), elencadas em meu *Theology of Paul*, p. 402-403, nota 63.

e em sua morte, como uma etapa necessária no caminho para a ressurreição como a de Cristo.⁶⁸ Para repetir este argumento: a efetividade da morte de Cristo a que Paulo se refere aqui não está em sua função de um sacrifício de expiação; este evento passado em si não abarcava tudo o que tinha de acontecer a respeito das pessoas que criam. O pleno efeito salvífico da morte de Cristo era o seu efeito de transformar o crente para ele compartilhar essa morte de modo cada vez mais pleno, isto é, aquilo a que Paulo se refere em outros textos como morrer de/jogar fora o "nosso homem exterior" [*ho éxō hēmôn ánthrōpos*] (2Cor 4.16).⁶⁹

Se tudo isto for assim, tem uma consequência muito importante para os debates ocasionados pela nova perspectiva. Uma lição a ser aprendida é que a compreensão paulina da salvação não pode ser apreciada adequadamente somente ou até mesmo principalmente em termos de justificação, como se, por exemplo, ela pudesse ser afirmada somente nos termos de uma "justiça alheia" imputada a cada pessoa crente; ou, em outros termos, ela pudesse ser afirmada apenas pela efetividade da cruz como instrumento de expiação – por mais indispensáveis e cruciais que estas sejam. Igualmente fundamental para a compreensão de Paulo era a sua compreensão do processo de estar "em Cristo" (participação, se quiserem), presente em sua própria mente plenamente integrada com sua compreensão sobre como opera a justiça de Deus, mas também um processo de aprofundamento "em (para dentro de) Cristo", ou de plenificação e conformação à imagem de Deus em Cristo.

7. Fl 3.12-14

Os textos e traduções causam uma ruptura entre os versículos 11 e 12, e compreensivelmente, já que o versículo 11 forma um grande clímax para a sequência de Fl 3.7-11, e já que 3.12-16 leva

---

⁶⁸ Marguerat, "Paul et la Loi", p. 271-272, exemplifica uma tendência contemporânea de ver 3.7-11 em paralelo a 2.6-11; eu iria mais longe ao ver 3.4-6 em paralelo aos dois aspectos de 2.6.

⁶⁹ Além disso, cf. meu *Theology of Paul*, § 18 (especialmente § 18.5), e antes disso *Jesus and the Spirit* (Londres: SCM, 1975), § 55.

adiante o pensamento com um imaginário bem diferente. Ao mesmo tempo, porém, a abertura do novo parágrafo tem a clara intenção de retomar e esclarecer a afirmação anterior. "Não que eu já o tivesse obtido ou já alcançado a meta (*teteleíōmai*)"[70] – isto é, a meta visada em Fl 3.9-11 (não somente "a ressurreição dos mortos", mas "todo o pacote"). O ponto era importante para Paulo, porque ele o repete por fins de ênfase: "Não me conto como alguém que já o tivesse alcançado" (Fl 3.13). A dupla negação sugere que Paulo temia que o sentido daquilo que ele acabou de afirmar pudesse ser entendido errado, que talvez estivesse sendo compreendido de forma equivocada. Isto é, o sentido da aspiração do "ainda-não" de Paulo, apresentado em Fl 3.9-11, poderia ser enfraquecido criticamente por aqueles que colocassem mais peso no "já" realizado, a cruz e a conversão. Seja qual for a linha exata de seu pensamento, Paulo apressa-se em desautorizar e descartar enfaticamente qualquer diminuição do sentido do fim do "ainda-não" do processo de salvação. Para que o propósito da justiça salvífica de Deus fosse completado, havia ainda muito a ser feito. Paulo expressa-se em termos pessoais (Fl 3.12-14), mas é claro que a sua mensagem era para todos (3.15-16).

A característica notável neste caso é *a intensidade do foco e esforço pessoal* que Paulo considera necessária para poder alcançar a meta descrita em Fl 3.9-11. Como em outros textos, ele retrata o curso de sua vida de cristão como uma corrida, a modelo das que costumavam ser realizadas em muitos jogos nacionais e internacionais promovidos em toda a região do Egeu (cf. particularmente 1Cor 9.24-

---

[70] Aqui pode haver uma olhada de volta para sua antiga atitude, já que a pretensão de ser "perfeito" era uma característica do judaísmo do Segundo Templo no elogio aos heróis do passado como Noé (Eclo 44.17) e na afirmação dos pactuantes de Qumran de que eram "perfeitos" em sua compreensão e observância da Torá (1QS 1.8; 2.2; 3.9-11; 8.18; 9.8-9,19); além disso, cf. S. J. Gathercole, *Where is Boasting? Early Jewish Soteriology and Paul's Response in Romans 1-5* (Grand Rapids: Eerdmans, 2002), p. 182-190. No entanto, deveríamos notar também que, de acordo com Cl 1.28, o próprio Paulo esperava apresentar as pessoas que tinha convertido *"téleios* ["completos", "maduros", "perfeitos"] em Cristo" e que se dirige aqui imediatamente a "todos que são *téleioi"* (Fl 3.15)!

27).⁷¹ "Eu prossigo/pressiono [*diṓkō*], de modo que, de qualquer maneira [*ei kaí*], eu possa alcançá-lo [*katalábō*]" – isto é, o prêmio mencionado no v. 14 (como de novo em 1Cor 9.24). "A única coisa que faço" [*hèn dé*]; poderíamos até mesmo traduzir: "A única coisa com que eu me importo", "minha única meta" (Fl 3.12).⁷² E qual é essa "única coisa"? A resposta: "[...] esquecendo o que está atrás de mim (não somente os *skýbala de* Fl 3.5-6) e jogando-me no máximo [*epekteinómenos*], eu prossigo/pressiono em direção da meta [*katà skopón*] para o prêmio [*brabeîon*] do chamado do alto, de Deus em Cristo Jesus" (Fl 3.13-14).

O argumento que Paulo evidentemente quis apresentar é claro. Ele não pensava na salvação como algo que já tinha sido completado. Ele não pensava que todas as coisas em direção àquela meta já estivessem feitas, dispensando que ele participasse ou se esforçasse. Ele não hesitava em usar uma imagem de intenso empenho pessoal, sugerindo por meio dela que sem o empenho ele poderia deixar de alcançar a linha de chegada da corrida que fazia –possibilidade que ele afirma explicitamente em 1Cor 9.27: "[...] para que, apesar de ter pregado para os outros, eu mesmo não ficasse desqualificado [*adókimos*]". Ele não hesitava em falar de salvação/vida eterna/vida na era do porvir⁷³ como um "prêmio" a ser ganho. O "prêmio" seria a mesma coisa que "a ressurreição dos mortos" (Fl 3.11), e ele expressa – "se eu de alguma forma possa alcançar a ressurreição dos mortos". O "se de alguma forma" indica "um degrau de contingência", que, como observa BOCKMUEHL, é não obstante "muitas vezes subestimado pelos comentaristas".⁷⁴

---

⁷¹ Ninguém duvida da alusão a esses jogos; detalhes em J. R. C. Couslan, "Athletics", in C. A. Evans, S. E. Porter (org.), *Dictionary of New Testament Background* (Downers Grove: InterVarsity, 2000), p. 140-142.

⁷² "A obstinação do atleta para quem nada conta fora disso" (Bockmuehl, *Philippians*, p. 222).

⁷³ Se o "chamado do alto" for o "chamado" inicial da conversão ou as convocações "na altura" (discussão em O'Brien, *Philippians*, p. 430-433), o próprio "prêmio" é evidentemente o ato final no processo da salvação aqui dramatizado como uma corrida que dura a vida toda.

⁷⁴ Bockmuehl, *Philippians*, p. 217. "O apóstolo constata não uma afirmação positiva, mas uma esperança modesta" (Lightfoot, *Philippians*, p. 151). Diferente O'Brien, *Philippians*, p. 412-413.

A humildade aqui expressada faz também parte do contraste que Paulo via entre sua antiga "confiança" e a sua fé em Cristo.[75]

Se esta ênfase claramente importante de Paulo pudesse ser correlacionada com disputas e termos posteriores, seria fascinante ouvir a resposta do próprio Paulo àquelas pessoas que pensavam que essa linguagem e imaginário estivessem demasiadamente abertos a uma interpretação semipelagiana ou corressem o perigo de minar a justiça de Deus como uma "justiça alheia". Aqui, nós notamos de novo que o clímax a ser alcançado é "o chamado do alto, de Deus em Cristo Jesus". O chamado é de Deus. O meio para a sua efetividade é Cristo Jesus. Afirmar, ao mesmo tempo e na mesma sentença, que o empenho dedicado pelo crente era também necessário, tal não era inconsistente com o, nem era uma ameaça ao resultado final dado por Deus e centrado em Cristo.

Há uma lição aqui para todas as partes do atual debate ocasionado pela nova perspectiva sobre Paulo e a respeito do ensinamento de Paulo sobre a justificação pela fé e a participação em Cristo.

8. Conclusão

Fl 3.2-16 contribui com o atual debate sobre a nova perspectiva sobre Paulo? Muito, em todos os sentidos.

1) A passagem confirma que um problema central, que encontrou a sua solução na compreensão paulina de como operava a justiça de Deus, era a confiança judaica em sua identidade étnica como Israel, o povo de Deus, o povo da Torá, "a circuncisão". A implicação é bastante óbvia: essa confiança na identidade étnica acarretava a consequência de que os gentios, "a incircuncisão" como tal, estavam impedidos de receber os benefícios da aliança de Deus com Israel. Garantir que a separação entre judeus e gentios fosse mantida apropriadamente pode ter sido efetivamente a motivação principal do zelo perseguidor de Paulo.

---

[75] Gnilka, Philipperbrief, p. 197.

2) A passagem confirma também que o Paulo pré-cristão depositava grande confiança no fato de ter-se conformado à Lei e de estar fiel à aliança de Deus com Israel num grau superlativo. Sua descoberta da justiça de Deus como uma dádiva dada diretamente para e através da fé foi uma descoberta de que a "justiça própria", praticada mediante a devoção e zelo judaicos, a justiça entendida nos termos do viver totalmente de acordo com a Lei, era, em comparação com a justiça exigida por Deus, uma compreensão sem valor e inteiramente insatisfatória.

3) A passagem indica, além disso, que a participação em Cristo era para Paulo uma expressão fundamental de sua nova compreensão da salvação. Foi o que Cristo tinha realizado e Cristo mesmo como o intermediário de sua aceitação por Deus e do seu relacionamento com ele que fizeram toda a diferença. Sua justiça da parte de Deus e seu estar em Cristo eram os dois lados da mesma moeda, plenamente integrados em sua própria compreensão da justiça salvífica de Deus. Qualquer tentativa de jogar uma contra a outra ou de colocar uma acima da outra teria sido certamente contestada com severidade pelo próprio Paulo.

4) Ainda mais clara é a ênfase de Paulo de que a salvação era um processo contínuo e que a meta da salvação estava ainda por ser alcançada (ser encontrado nele tendo a justiça de Deus; conhecendo-o; tendo conformidade completa com a sua morte, com a ressurreição dos mortos e com o prêmio do chamado do alto). Duas características de sua esperança não devem ser ignoradas.

a) A meta seria alcançada somente pelo processo de Paulo ser conformado à morte de Jesus, a fim de que ele pudesse compartilhar também plenamente sua ressurreição. Isto implica claramente que ele imaginava uma transformação pessoal e não simplesmente uma afirmação de *status*.

b) Paulo não hesitava em enfatizar o compromisso pessoal e o esforço supremo, ambos exigidos se a meta quisesse ser alcançada ou mesmo para descrever a meta como um "prêmio" a ser concedido à pessoa que completasse a corrida com sucesso.

Nas quatro ênfases, nós podemos ver os destaques fundamentais que deveríamos ter em mente no atual debate sobre a nova perspectiva sobre Paulo.

Bibliografia*

ABEGG, M. A. "4QMMT C 27,31 and 'Works Righteousness'". In *DSD* 6 (1999): 139-147.
ALEXANDER, P. S. "Torah and Salvation in Tannaitic Literature". In *Justification and Variegated Nomism, Vol. 1: The Complexities of Second Temple Judaism*. WUNT 2.140, editado por D. A. CARSON *et al.*, pp. 261-301. Tübingen, Mohr Siebeck, 2001.
AVEMARIE, F. *Tora und Leben: Untersuchungen zur Heilsbedeutung der Tora in der frühen rabbinischen Literatur*. TSAJ 55. Tübingen, Mohr Siebeck, 1996.
_____. "Bund als Gabe und Recht". In *Bund und Tora: Zur theologischen Begriffsgeschichte in alttestamentlicher, frühjüdischer und urchristlicher Tradition*, editado por F. AVEMARIE, H. LICHTENBERGER, pp. 163-216. Tübingen, Mohr Siebeck, 1996.
_____. "Erwählung und Vergeltung. Zur optionalen Struktur rabbinischer Soteriologie". In *NTS* 45 (1999): 108-126.
_____. "Die Werke des Gesetzes im Spiegel des Jakobusbriefs: A Very Old Perspective on Paul". In *ZTK* 98 (2001): 282-309.
AVEMARIE, F.; LICHTENBERGER, H. *Bund und Tora: Zur theologischen Begriffsgeschichte in alttestamentlicher, frühjüdischer und urchristlicher Tradition*. WUNT 92. Tübingen, Mohr Siebeck, 1996.
BACHMANN, M. *Sünder oder Übertreter: Studien zur Argumentation in Gal 2,15ff*. WUNT 59. Tübingen, Mohr Siebeck, 1992.
_____. "Rechtfertigung und Gesetzeswerke bei Paulus". In *TZ* 49 (1993): 1-33, reimpresso em *Antijudaismus im Galaterbrief Exegetische Studien zu einem polemischen Schreiben und zur Theologie des Apostels Paulus*. NTOA 40, pp. 1-31. Friburgo (Suíça), Universitätsverlag, 1999.
_____. "4QMMT und Galaterbrief, *ma'ase hatorah* und ERGA NOMOU". In *ZNW* 89 (1998): 91-113, reimpresso em *Antijudaismus im Galaterbrief*, pp. 33-56.
BACHMANN, M. (org.). *Lutherische und Neue Paulusperspektive*. WUNT. Tübingen, Mohr Siebeck, 2005.

---

* Nota da Tradutora: corrigi erros do original sem realce, inclusive a indicação de páginas num artigo de Dunn.

BARCLAY, J. M. C. "Paul and the Law: Observations on Some Recent Debates". In *Themelios* 12 (1986-1987): 5-15.

_____. *Obeying the Truth: A Study of Paul's Ethics in Galatians*. Edimburgo, T. & T. Clark, 1988.

_____. "'Neither Jew Nor Greek': Multiculturalsim and the New Perspective on Paul". In *Ethnicity and the Bible*, editado por M. G. BRETT, pp. 197-214. Leiden, Brill, 1996.

BARRETT, C. K. "Christocentricity at Antioch". In *Jesus Christus als die Mitte der Schrift*. FS O. Hofius, editado por C. LANDMESSER *et al.*, pp. 323-339. Berlim, de Gruyter, 1997; reimpresso em *On Paul: Essays on his Life, Work and Influence in the Early Church*, editado por BARRETT, pp. 37-54. Londres, T & T Clark, 2003.

BECKER, J. *Paul: Apostle to the Gentiles*. Louisville, John Knox, 1993, em Port. *Paulo vida e pensamento*, São Paulo, Ed. Academia Cristã/Paulos, 2010.

BEKER, J. C. *Paul the Apostle: the Triumph of God in Life and Thought*. Philadelphia, Fortress, 1980.

BELL, R. H. *No One Seeks for God: An Exegetical and Theological Study of Romans 1.183.20*. WUNT 106. Tübingen, Mohr Siebeck, 1998.

BERGMEIER, R. *Das Gesetz im Römerbrief und andere Studien zum Neuen Testament*. WUNT 121, pp. 31-102. Tübingen, Mohr Siebeck, 2000.

BLOCHER, H. "Justification of the Ungodly *(Sola Fide)*: Theological Reflections". In *Justification and Nomism, Vol. 2: The Paradoxes of Paul*, editado por D. A. CARSON *et al.*, pp. 465-500. Tübingen, Mohr Siebeck, 2004.

BOCKMUEHL, M. "Antioch and James the Just". In *James the Just and Christian Origins*. NovTSup 98, editado por B. CHILTON, C. A. EVANS, pp. 155-198. Leiden, Brill, 1999.

BOERS, H. *The Justification of the Gentiles: Paul's Letters to the Galatians and Romans*. Peabody, Hendrickson, 1994.

BORNKAMM, G. *Paul*. Londres, Hodder & Stoughton, 1971, em Port. *Paulo vida e obra*, São Paulo, Ed. Academia Cristã, 2009.

BOVON, F. "The New Person and the Law According to the Apostle Paul". In *New Testament Traditions and Apocryphal Narratives*, pp. 15-25. Allison Park, Pickwick, 1995.

BRUCE, F. F. *Paul: Apostle of the Free Spirit*. Exeter, Paternoster, 1977.

_____. "Paul and the Law in Recent Research". In *Law and Religion*, editado por B. LINDARS, pp. 115-125. Cambridge, James Clarke, 1988.

BURCHARD, C. "Nicht aus Werken des Gesetzes gerecht, sondern aus Glauben an Jesus Christus - seit wann?". In *Geschichte - Tradition – Reflexion. Vol. 3. Frühes Christentum*. FS M. Hengel, editado por H. CANCIK *et al.*, pp. 405-415. Tübingen, Mohr Siebeck, 1996.

BYRNE, B. "Living out the Righteousness of God: The Contribution of Rom 6:1-8:13 to an Understanding of Paul's Ethical Presuppositions". In *CBQ* 43 (1981): 557-581.

_____. "The Problem of *Nomos* and the Relationship with Judaism in Romans". In *CBQ* 62 (2000): 294-309.

_____. "Interpreting Romans Theologically in a Post-'New Perspective' Perspective". In *HTR* 94 (2001): 227-242.

_____. "Interpreting Romans: The New Perspective and Beyond". In *Interpretation* 58 (2004): 241-252.

CAIRUS, A. E. "Works-Righteousness in the Biblical Narrative of Josephus". In *ExpT* 115 (2003-2004): 257-259.

CALVERT-KOYZIS, N. *Paul, Monotheism and the People of God: The Significance of Abraham Traditions for Early Judaism and Christianity*. JSNTS 273. Londres, T. & T. Clark International, 2004.

CAMPBELL, W. S. *Paul's Gospel in an Intercultural Context: Jew and Gentile in the Letter to the Romans*. Frankfurt, Peter Lang, 1991.

CARSON, D. A. *Divine Sovereignty and Human Responsibility*. Atlanta, John Knox, 1981.

_____. "Mystery and Fulfilment Towards a More Comprehensive Paradigm of Paul's Understanding of the Old and the New". In *Justification and Variegated Nomism, Vol.2*, editado por CARSON et al., pp. 393-436.

CARSON, D. A. (org.). *Right With God: Justification in the Bible and the World*. Carlisle: Paternoster, 1992.

CARSON, D. A.; O'BRIEN, P. T.; SEIFRID, M. A. (org.). *Justification and Variegated Nomism, Vol. 1: The Complexities of Second Temple Judaism*. WUNT 2.140. Tübingen, Mohr Siebeck; Grand Rapids, Baker, 2001.

_____. *Justification and Variegated Nomism, Vol. 2: The Paradoxes of Paul*. Tübingen, Mohr Siebeck, 2004.

CORLEY, B. "Interpreting Paul's Conversion - Then and Now". In *The Road to Damascus* 1-17, editado por LONGENECKER.

COSGROVE, C. H. "Justification in Paul: A Linguistic and Theological Reflection". In *JBL* 106 (1987): 653-670.

CRANFIELD, C. E. B. "Paul and the Law". In *SJT* 17 (1964): 43-68.

_____. "'The Works of the Law' in the Epistle to the Romans". In *JSNT* 43 (1991): 89-101, reimpresso em *On Romans and Other New Testament Essays*, editado por CRANFIELD, pp. 1-14. Edimburgo, T. & T. Clark, 1998.

CRANFORD, M. "The Possibility of Perfect Obedience: Paul and an Implied Premise in Galatians 3:10 and 5:3". In *NovT* 36 (1994): 242-258.

_____. "Abraham in Romans 4: The Father of All Who Believe". In *NTS* 41 (1995): 71-88.

CROSSLEY, J. G. *The Date of Mark's Gospel: Insight from the Law in Earliest Christianity*. JSNTS 266, pp. 141-154. Londres, T & T Clark International, 2004.

DAHL, N. "The Doctrine of Justification: Its Social Function and Implications" (1964). In *Studies in Paul*, pp. 95-120. Minneapolis, Augsburg, 1977.

DAS, A. A. "Another Look at *ean me* in Galatians 2:16". In *JBL* 119 (2000): 529-539.

_____. *Paul, the Law, and the Covenant*. Peabody, Hendrickson, 2001.

_____. *Paul and the Jews*. Peabody, Hendrickson, 2003.
DAVIES, W. D. *Paul and Rabbinic Judaism*, 4a ed. Philadelphia, Fortress, 1981.
_____. "Paul and the People of Israel". In *NTS* 24 (1977-1978): 4-39, reimpresso em *Jewish and Pauline Studies*, editado por W. D. DAVIES, pp. 123-52. Londres, SPCK, 1984.
_____. "Paul and the Law: Reflections on Pitfalls in Interpretation". In *Paul and Paulinism*. FS CK. Barrett, editado por M. D. HOOKER, S. G. WILSON, pp. 4-16. Londres, SPCK, 1982.
DAVIES, O. N. *Faith and Obedience in Romans: A Study of Romans* 1-4. JSNTS 39. Sheffield, JSOT, 1990.
DETTWILER, A.; KAESTLI, J.-D.; MARGUERAT, D. (org.). *Paul, une théologie en construction*. Genebra, Labor et Fides, 2004.
DONALDSON, T. L. "The 'Curse of the Law' and the Inclusion of the Gentiles: Galatians 3.13-14". In *NTS* 32 (1986): 94-112.
_____. *Paul and the Gentiles: Remapping the Apostle's Convictional World*. Minneapolis, Fortress, 1997.
DONFRIED, K. P. "Justification and Last Judgment in Paul". In *ZNW* 67 (1976): 90-110, reimpresso em *Paul, Thessalonica and Early Christianity*, editado por K. P. DONFRIED, pp. 253-278. Londres, T. & T. Clark, 2002, com a reflexão posterior "Justification and Last Judgment in Paul - Twenty-Five Years Later" (pp. 279-292).
DRANE, J. W. *Paul: Libertine or Legalist?* Londres, SPCK, 1975.
DUNN, J. D. G. "The Relationship between Paul and Jerusalem according to Galatians 1 and 2". In *NTS* 28 (1982): 461-478, reimpresso em *Jesus, Paul and the Law: Studies in Mark and Galatians*, pp. 108-126. Londres, SPCK; Louisville, Westminster   John Knox, 1990.
_____. "The Incident at Antioch (Gal. 2. 11-18)". In *JSNT* 18 (1983): 3-57, reimpresso em *Jesus, Paul and the Law*, pp. 129-174, e em *The Galatians Debate*, editado por M. D. NANOS, pp. 199-234. Peabody, Hendrickson, 2002.
_____. "'Righteousness from the Law' and 'Righteousness from Faith': Paul's Interpretation of Scripture in Rom. 10.1-10". In *Tradition and Interpretation in the New Testament*. FS E.E. Ellis, editado por G. F. HAWTHORNE, O. BETZ, pp. 216-228. Grand Rapids: Eerdmans / Tübingen, J.C.B. Mohr, 1987.
_____. "Pharisees, Sinners, and Jesus". In *The Social World of Formative Christianity and Judaism*. FS H.C Kee, editado por J. NEUSNER *et al.*, pp. 264-289. Philadelphia, Fortress, 1988; reimpresso em *Jesus, Paul and the Law*, pp. 61-86.
_____. "The Theology of Galatians". In *Jesus, Paul and the Law*, pp. 242-264.
_____. "Paul and 'Covenantal Nomism'". In *The Partings of the Ways between Christianity and Judaism*, editado por J. D. G. Dunn, pp. 117-139. Londres, SCM/Philadelphia, TPI, 1991.
_____. *A Commentary on the Epistle to the Galatians*. BNTC. Londres, Black, 1993.

_____. *The Theology of Paul's Letter to the Galatians*. Cambridge University, 1993.

_____. "Should Paul Once Again Oppose Peter to his Face?". In *The Heythrop Journal* 34 (1993): 58-65.

_____. "Anti-Semitism in the Deutero-Pauline Letters". In *Anti-Semitism and Early Christianity: Issues of Polemic and Faith*, editado por C. A. EVANS, D. A. HAGNER, pp. 151-65. Minneapolis, Fortress, 1993.

_____ (com A. M. SUGGATE). *The Justice of God. A Fresh Look at the old doctrine of Justification by Faith*. Carlisle, Paternoster, 1993; Grand Rapids, Eerdmans, 1994.

_____. "Deutero-Pauline Letters". In *Early Christian Thought in its Jewish Context*, editado por J. BARCLAY, J. SWEET, pp. 130-144. Cambridge, Cambridge University, 1996.

_____. "'The Law of Faith', 'the Law of the Spirit' and 'the Law of Christ'". In *Theology and Ethics in Paul and his Interpreters. V. P. Furnish*, editado por E. H. LOVERING, J. L. SUMNEY, pp. 62-82. Nashville: Abingdon, 1996.

_____. "Two Covenants or One? The Interdependence of Jewish and Christian Identity". In *Geschichte - Tradition – Reflexion. FS M. Hengel*, editado por H. CANCIK et al., pp. 97-122. Tübingen, J. C. B. Mohr, 1996.

_____. "Jesus and Factionalism in Early Judaism". In *Hillel and Jesus: Comparisons of Two Major Religious Leaders*, editado por J. H. CHARLESWORTH, L. L. JOHNS, pp. 156-175. Minneapolis, Fortress, 1997.

_____. *The Theology of Paul the Apostle*. Grand Rapids, Eerdmans, 1998.

_____. "Whatever Happened to Exegesis? In Response to the Reviews by R. B. Matlock and D. A. Campbell". In *JSNT* 72 (1998): 113-120.

_____. "Paul: Apostate or Apostle of Israel?". In *ZNW* 89 (1998): 256-271.

_____. "Who Did Paul Think He Was? A Study of Jewish Christian Identity". In *NTS* 45 (1999): 174-193.

_____. "The Jew Paul and his Meaning for Israel". In *Paulinische Christologie: Exegetische Beiträge. FS H. Hübner*, editado por U. SCHNELLE, T. SÖDING, pp. 32-46. Göttingen, Vandenhoeck und Ruprecht, 2000.

_____. "A Response to Peter Stuhlmacher". In *Auferstehung – Resurrection*. WUNT 135, editado por F. AVEMARIE, H. LICHTENBERGER, pp. 363-368. Tübingen, Mohr Siebeck, 2001.

_____. "The Narrative Approach to Paul: Whose Story?". In *Narrative Dynamics in Paul: A Critical Assessment*, editado por B. W. LONGENECKER, pp. 217-230. Louisville / Londres, Westminster John Knox, 2002.

ECKSTEIN, H. J. *Verheissung und Gesetz: Eine exegetische Untersuchung zu Galater 2,15-4,7*. WUNT 86. Tübingen, Mohr Siebeck, 1996.

EGO, B. "Abraham als Urbild der Toratreue Israels. Traditionsgeschichtliche Überlegungen zu einem Aspekt des biblischen Abrahambildes". In *Bund und Tora*, editado por AVEMARIE, LICHTENBERGER, pp. 25-40.

ELLIOTT, M. A. *The Survivors of Israel: A Reconsideration of the Theology of Pre-Christian Judaism*. Grand Rapids, Eerdmans, 2000.

ELLIOTT, N. *The Rhetoric of Romans: Argumentative Constraint and Strategy and Paul's Dialogue with Judaism*. JSNTS 45. Sheffield, Sheffield Academic, 1990.

ESKOLA, T. "Paul, Predestination and 'Covenantal Nomism': Re-assessing Paul and Palestinian Judaism". In *JSJ* 28 (1997): 390-341.

_____. *Theodicy and Predestination in Pauline Soteriology*. WUNT 2.100. Tübingen, Mohr Siebeck,1998.

_____. "*Avodat Israel* and the 'Works of the Law' in Paul". In *From the Ancient Sites of Israel: Essays on Archaeology, History and Theology*, editado por T. ESKOLA, E. JUNKKAALA, pp. 175-197. Helsinki, Theological Institute of Finland, 1998.

ESLER, P. F. "Making and Breaking an Agreement Mediterranean Style: A New Reading of Galatians 2:1-14". In *BibInt* 3 (1995): 285-314.

_____. *Galatians*. Londres, Routledge, 1998.

_____. *Conflict and Identity in Romans: The Social Setting of Paul's Letter*. Minneapolis, Fortress, 2003.

FITZMYER, J. A. *Romans*. AB 33, pp. 131-135. Nova Iorque, Doubleday, 1993.

_____. "Paul's Jewish Background and the Deeds of the Law". In *According to Paul: Studies in the Theology of the Apostle*, pp. 18-35. Nova Iorque, Paulist, 1993.

FLUSSER, D. "The Dead Sea Sect and Pre-Pauline Christianity" (1958). In *Judaism and the Origins of Christianity*, pp. 23-74. Jerusalem, Hebrew University, 1988.

_____. "Die Gesetzeswerke in Qumran und bei Paulus". In *Geschichte - Tradition – Reflexion, Vol. I Judentum*. FS M. Hengel, editado por H. CANCIK et al., pp. 395-403. Tübingen, Mohr Siebeck, 1996.

GARLINGTON, D. B. *"The Obedience of Faith": A Pauline Phrase in Historical Context*. WUNT 2.38. Tübingen, Mohr, 1991.

_____. *Faith, Obedience and Perseverance: Aspects of Paul's Letter to the Romans*. WUNT 79. Tübingen, Mohr, 1994.

_____. *An Exposition of Galatians: A New Perspective/Reformational Reading*. Wipf and Stock, 2002.

GASTAN, L. "Paul and the Torah". In *Antisemitism and the Foundations of Christianity*, editado por A. T. DAVIES, pp. 48-71. Nova Iorque, Paulist, 1979, reimpresso em *Paul and the Torah*. Vancouver: University of British Columbia, 1987.

GATHERCOLE, S. J. *Where Is Boasting: Early Jewish Soteriology and Paul's Response in Romans 1-5*. Grand Rapids, Eerdmans, 2002.

_____. "A Law unto Themselves: The Gentiles in Romans 2.14-15 Revisited". In *JSNT* 85 (2002): 27-49.

_____. "Torah, Life, and Salvation: Leviticus 18.5 in Early Judaism and the New Testament". In *From Prophecy to Testament: The Function of the Old*

Testament in the New, editado por C. A. EVANS, pp. 126-145. Peabody, Hendrickson, 2004.

_____. "Justified by Faith, Justified by his Blood: The Evidence of Romans 3:21-4:25". In *Justification and Variegated Nomism, Vol. 2*, editado por CARSON et al., pp. 147-184.

GEORGE, T. "Modernizing Luther, Domesticating Paul: Another Perspective". In *Justification and Variegated Nomism, Vol. 2*, editado por Carson et al., pp. 437-463.

GORMAN, M. J. *Cruciformity: Paul's Narrative Spirituality of the Cross*. Grand Rapids, Eerdmans, 2001.

GUNDRY, R. H. "Grace, Works and Staying Saved in Paul". In *Biblica* 66 (1985): 1-38.

_____. "The Nonimputation of Christ's Righteousness". In *Justification*, editado por HUSBANDS, TRIER, pp. 17-45.

GATISS, L. "Justified Hesitation? J. D. G. Dunn vs. The Protestant Doctrine of Justification". In *Churchman* 115/1 (2001): 29-48.

HAACKER, K. "Paulus und das Judentum im Galaterbrief". In *Gottes Augapfel: Beiträge zur Erneuerung des Verhältnisses von Christen und Juden*, editado por E. BROCKE, J. SEIN, pp. 95-111. Neukirchen-Vluyn, Neukirchener, 1986.

_____. "Der 'Antinomismus' des Paulus im Kontext antiker Gesetzestheorie". In *Geschichte - Tradition - Reflexion. Band III: Frühes Christentum. FS M. Hengel*, editado por H. LICHTENBERGER, pp. 387-404. Tübingen, Mohr Siebeck, 1996.

_____. *Der Brief des Paulus an die Römer*. ThHK 6, pp. 39-42. Leipzig, Evangelische, 1999.

HAFEMANN, S. J. *Paul, Moses, and the History of Israel*. WUNT 81. Tübingen, Mohr Siebeck, 1995.

HAGNER, D. A. "Paul and Judaism. The Jewish Matrix of Early Christianity: Issues in the Current Debate". In *BBR* 3 (1993): 111-130.

_____. "Paul and Judaism: Testing the New Perspective". In *Revisiting Paul's Doctrine of Justification: A Challenge to the New Perspective*, editado por P. STUHLMACHER, pp. 75-105. Downers Grove, InterVarsity, 2001.

HAHN, F. "Das Gesetzesverständnis im Römer- and Galaterbrief". In *ZNW* 67 (1976): 29-63.

_____. *Theologie des Neuen Testaments*. Tübingen, Mohr Siebeck, 2002.

HANSEN, O. W. *Abraham in Galatians: Epistolary and Rhetorical Contexts*. JSNTS 29. Sheffield, Sheffield Academic, 1989.

HARTMAN, L. "Bundesideologie in und hinter einigen paulinischen Texten". In *Paulinische Literature und Theologie*, editado por S. PEDERSEN, pp. 103-118. Göttingen, Vandenhoeck und Ruprecht, 1980.

HAYS, R. B. *The Faith of Jesus Christ: The Narrative Substructure of Galatians 3:1-4:11*, 2a ed. Grand Rapids, Eerdmans, 1983, 2002.

_____. "Three Dramatic Roles: The Law in Romans 3-4". In *Paul and the Mosaic Law*. WUNT 89, editado por J. D. G. DUNN, pp. 151-164. Tübingen, J. C. B. Mohr, 1996; Grand Rapids, Eerdmans, 2001.
HEILIGENTHAL, R. *Werke als Zeichen: Untersuchungen zur Bedeutung der menschlichen Taten im Frühjudentum, Neuen Testament und Frühchristentum*. WUNT 2.9. Tübingen, Mohr, 1983.
HENGEL, M. *The Pre-Christian Paul*. Londres, SCM; Philadelphia, TPI, 1991.
_____. "The Attitude of Paul to the Law in the Unknown Years between Damascus and Antioch". In *Paul and the Mosaic Law*. WUNT 89, editado por J. D. G. DUNN, pp. 25-51. Tübingen, J. C. B. Mohr, 1996; Grand Rapids, Eerdmans, 2001 = "The Stance of the Apostle Paul Toward the Law in the Unknown Years Between Damascus and Antioch". In *Justification and Variegated Nomism, Vol. 2*, editado por CARSON *et al.*, pp. 75-103.
HENGEL, M.; SCHWEMER, A. M. *Paul Between Damascus and Antioch*. Londres, SCM, 1997.
HOFIUS, O. "Das Gesetz des Mose und das Gesetz Christi". In *Paulusstudien*, 2ª ed. WUNT 51, pp. 50-74. Tübingen, Mohr Siebeck, 1989, 1994.
_____. "Gesetz und Evangelium nach 2. Korinther 3" (1989). In *Paulusstudien*, pp. 75-120.
_____. "'Rechtfertigung des Gottlosen' als Thema biblischer Theologie" (1987). In *Paulusstudien*, pp. 121-147.
_____. "Zur Auslegung von Römer 9,30-33" (1993). In *Paulusstudien II*. WUNT 143, pp. 155-166. Tübingen, Mohr Siebeck, 2002.
HOLLAND, T. *Contours of Pauline Theology*. Fearn, Mentor, 2004.
HONG, I.-G. *The Law in Galatians*. JSNTS 81. Sheffield, JSOT Press, 1993.
HOOKER, M. D. "Paul and 'Covenantal Nomism'". In *Paul and Paulinism*. FS C. K. Barrett, editado por M. D. HOOKER, S. G. WILSON, pp. 47-56. Londres, SPCK, 1982, reimpresso em *From Adam to Christ: Essays on Paul*, editado por HOOKER, pp. 155-164. Cambridge, Cambridge University, 1990.
HORN, F. W. "Der Verzicht auf die Beschneidung im frühen Christentum". In *NTS* 42 (1996): 479-505.
HOWARD, O. E. "Christ the End of the Law: The Meaning of Romans 10:4". In *JBL* 88 (1969): 331-337
_____. *Crisis in Galatia*. SNTSMS 35. Cambridge, Cambridge University, 1979.
HÜBNER, H. *Law in Paul's Thought* (ET da primeira edição). Edimburgo, T. & T. Clark, 1984.
_____. "Pauli theologiae proprium". In *NTS* 26 (1980): 445-473.
_____. "Was heisst bei Paulus 'Werke des Gesetzes'?". In *Glaube und Eschatologie*. W.G. Kümmel, editado por E. GRÄSSER, O. MERK, pp. 123-133. Tübingen, Mohr Siebeck, 1985.
HUSBANDS, H; TRIER, D. J. (org.). *Justification: What's at Stake in the Current Debates*. Downers Grove, InterVarsity Press, 2004.

KAISER, W. C. "Leviticus 18:5 and Paul: 'Do This and You Shall Live' (Eternally?)". In *JETS* 14 (1971): 19-28.
KÄSEMANN, E. "'The Righteousness of God' in Paul". In *New Testament Questions of Today*, pp. 168-182. Londres, SCM, 1969.
KERTELGE, K. *"Rechtfertigung" bei Paulus: Studien zur Struktur und zum Bedeutungsgehalt des paulinischen Rechtfertigungsbegriffs*. Münster, Aschendorff, 1967.
_____. "Zur Deutung des Rechtfertigungsbegriffs im Galaterbrief". In *BZ* 12 (1968): 211-222, reimpresso em seu *Grundthemen paulinischer Theologie*, pp. 111-122. Friburgo (Alemanha), Herder, 1991.
_____. "Gesetz und Freiheit im Galaterbrief". In *NTS* 30 (1984): 382-394, reimpresso em *Grundthemen*, pp. 184-196.
_____. "Rechtfertigung aus Glauben und Gericht nach den Werken bei Paulus" (1989). In *Grundthemen*, pp. 130-147.
KIM, S. *The Origin of Paul's Gospel*. WUNT 2.4. Tübingen, Mohr Siebeck, 1981 / Grand Rapids, Eerdmans, 1982.
_____. *Paul and the New Perspective: Second Thoughts on the Origin of Paul's Gospel*. Grand Rapids, Eerdmans, 2001.
KLEIN, O. "Ein Sturmzentrum der Paulusforschung". In *VuF* 33 (1988): 40-56.
KOK, E. H. *The Truth of the Gospel: A Study in Galatians 2:15-21*. Hong Kong, Alliance Bible Seminary, 2000.
KRUSE, C. *Paul, the Law and Justification*. Leicester, Apollos, 1996; Peabody, Hendrickson, 1997.
KUSS, O. *Paulus: die Rolle des Apostels in der theologischen Entwicklung der Urkirche*. Regensburg, Pustet, 1971.
KUULA, K. *The Law, the Covenant and God's Plan: Vol. 1. Paul's Polemical Treatment of the Law in Galatians*. Göttingen, Vandenhoeck und Ruprecht, 1999.
LAATO, T. *Paul and Judaism: An Anthropological Approach*. Atlanta: Scholars, 1995.
_____. "Paul's Anthropological Considerations: Two Problems". In *Justification and Variegated Nomism, Vol. 2*, editado por CARSON *et al.*, pp. 343-359.
LAMBRECHT, J. "Gesetzesverständnis bei Paulus". In *Das Gesetz im Neuen Testament*, editado por K. KERTELGE, pp. 88-127. Friburgo (Alemanha), Herder, 1986.
_____. "Paul's Reasoning in Galatians 2:11-21". In *Paul and the Mosaic Law*, editado por J. DUNN, pp. 53-74.
LAMBRECHT, J.; THOMPSON, R. W. *Justification by Faith: The Implications of Romans 3:27-31*. Wilmington: Glazier, 1989.
LICHTENBERGER, H. *Studien zum Menschenbild in Texten der Qumrangemeinde*. Göttingen, Vandenhoeck und Ruprecht, 1980.
_____. "Paulus und das Gesetz". In *Paulus und das antike Judentum*. WUNT 58, editado por M. HENGEL, U. HECKEL, pp. 361-378. Tübingen, Mohr, 1991.

_____. "The Understanding of the Torah in the Judaism of Paul's Day: A Sketch". In *Paul and the Mosaic Law*. WUNT 89, editado por J. D. G. Dunn, pp. 7-23. Tübingen, Mohr Siebeck, 1996; Grand Rapids, Eerdmans, 2001.
LIEBERS, R. *Das Gesetz als Evangelium: Untersuchungen zur Gesetzeskritik des Paulus*. Zurique, Theologischer, 1989.
LIMBECK, M. *Die Ordnung des Heils: Untersuchungen zum Gesetzesverständnis des Frühjudentums*. Düsseldorf, Patmos, 1971.
LINCOLN, A. T. "From Wrath to Justification: Tradition, Gospel and Audience in the Theology of Romans". In *Pauline Theology Volume I: Romans*, editado por D. M. HAY, E. E. JOHNSON, pp. 130-159. Minneapolis, Fortress, 1995.
LINCOLN, A. T.; WEDDERBURN, A. J. M. *The Theology of the Later Pauline Letters*. Cambridge, Cambridge University, 1993.
LOHSE, E. *Paulus*. Munique, C. H. Beck, 1996.
_____. "Theologie der Rechtfertigung im kritischen Disput: Paulus". In *Göttingische Gelehrte Anzeigen 249* (1997): 66-81.
_____. *Der Brief an die Römer*. KEK, pp. 126-127.140-145. Göttingen, Vandenhoeck und Ruprecht, 2003.
LONGENECKER, B. W. *Eschatology and Covenant: A Comparison of 4 Ezra and Romans I-II*. JSNTS 57. Sheffield, JSOT, 1991.
_____. "Contours of Covenant Theology in the Post-Conversion Paul". In *The Road from Damascus: The Impact of Paul's Conversion on His Life, Thought, and Ministry*, editado por R. N. LONGENECKER, pp. 125-146. Grand Rapids, Eerdmans, 1997.
_____. *The Triumph of Abraham's God*. Edimburgo: T. and T. Clark, 1998.
LONGENECKER, R. N. *Galatians*. WBC 41. Dallas, Word, 1990.
LONGENECKER, R. N. (org.). *The Road to Damascus: The Impact of Paul's Conversion on His Life, Thought, and Ministry*. Grand Rapids, Eerdmans, 1997.
MCGRATH, A. *Iustitia Dei: A History of the Christian Doctrine of Justification*, 2ª ed. Cambridge, Cambridge University, 1986.1998.
MARGUERAT, D. "Paul et la Loi: le retournement (Philippiens 3,2-4,1)". In *Paul, une théologie en construction*, editado por A. DETTWILER *et al.*, pp. 251-275. Genebra, Labor et Fides, 2004.
MARSHALL, I. H. "Salvation, Grace and Works in the later Writings in the Pauline Corpus". In *NTS 42* (1996): 339-358.
_____. *New Testament Theology*. Downers Grove, InterVarsity, 2004.
MARTYN, J. L. *Galatians*. AB 33A. Nova Iorque, Doubleday, 1997.
_____. "God's Way of Making Right What is Wrong". In *Theological Issues in the Letters of Paul*, pp. 151-156. Edimburgo, T. & T. Clark, 1997.
MATERA, F. J. "Galatians in Perspective: Cutting a New Path through Old Territory". In *Interpretation 54* (2000): 233-245.
MATLOCK, R. B. "Almost Cultural Studies? Reflections on the 'New Perspective' on Paul". In *Biblical/Cultural Studies: The Third Sheffield Colloquium.*

JSOTS 266, editado por J. C. EXUM, S. D. MOORE, pp. 433-59. Sheffield, Sheffield Academic, 1998.

_____. "A Future for Paul?". In *Auguries: The Jubilee Volume of the Sheffield Department of Biblical Studies*. JSOTS 269, pp. 144-183. Sheffield, Sheffield Academic, 1998.

_____. "Sins of the Flesh and Suspicious Minds: Dunn's New Theology of Paul". In *JSNT* 72 (1998): 67-90.

MERKLEIN, H. "'Nicht aus Werken des Gesetzes ...': Eine Auslegung von Gal 2,15-21" (1993). In *Studien zu Jesus und Paulus II*. WUNT 105, pp. 303-315. Tübingen, Mohr Siebeck, 1998.

MIJOGA, H. B. P. *The Pauline Notion of Deeds of the Law*. San Francisco, International Scholars Publications, 1999.

MOO, D. "'Law', 'Works of the Law', and Legalism in Paul". In *WTJ* 45 (1983): 73-100.

_____. "Paul and the Law in the Last Ten Years". In *SJT* 49 (1987): 287-307.

_____. "Paul, 'Works of the Law', and First-Century Judaism". In *The Epistle to the Romans*. NICNT, editado por D. MOO, pp. 211-217. Grand Rapids, Eerdmans, 1996.

_____. "Israel and the Law in Romans 5-11: Interaction with the New Perspective". In *Justification and Variegated Nomism, Vol. 2*, editado por CARSON *et al.*, pp. 185-216.

MOULE, C. F. D. "Jesus, Paul and Judaism". In *Tradition and Interpretation in the New Testament*. E. E. Ellis, editado por G. F. HAWTHORNE, O. BETZ, pp. 43-52. Tübingen, Mohr Siebeck/ Grand Rapids, Eerdmans, 1987.

MÜLLER, H. M. "'Evangelium latuit in lege': Luthers Kreuzespredigt als Schlüssel seiner Bibelhermeneutik". In *Jesus Christus als die Mitte der Schrift*. BZNW 86, O. Hofius, editado por C. LANDMESSER *et al.*, pp. 101-126. Berlim, de Gruyter, 1997.

NANOS, M. D. *The Mystery of Romans: The Jewish Context of Paul's Letter*. Minneapolis, Fortress, 1996.

NANOS, M. D. (org.). *The Galatians Debate*. Peabody, Hendrickson, 2002.

NIEBUHR, K.-W. "Die paulinische Rechtfertigungslehre in der gegenwärtigen exegetischen Diskussion". In *Worum geht es in der Rechtertigungslehre*, editado por SÖDING, pp. 106-130.

O'BRIEN, P. T. "Justification in Paul and Some Crucial Issues in the Last Two Decades". In *Right with God: Justification in the Bible and the World*, editado por D. A. CARSON, pp. 69-95. Carlisle, Paternoster, 1992.

_____. "Was Paul a Covenantal Nomist?". In *Justification and Variegated Nomism, Vol. 2*, editado por CARSON *et al.*, pp. 249-296.

_____. "Was Paul Converted?". In *Justification and Variegated Nomism, Vol. 2*, editado por CARSON, *et al.*, pp. 361-391.

ODEN, T. C. *The Justification Reader*. Grand Rapids, Eerdmans, 2002.

OROPEZA, B. J. *Paul and Apostasy: Eschatology, Perseverance, and Falling Away in the Corinthian Congregation.* WUNT 2.115. Tübingen, Mohr Siebeck, 2000.

RÄISÄNEN, H. "Legalism and Salvation by the Law: Paul's Portrayal of the Jewish Religion as a Historical and Theological Problem". In *Die Paulinische Literatur und Theologie,* editado por S. PEDERSEN, pp. 63-83. Göttingen, Vandenhoeck und Ruprecht, 1980.

_____. *Paul and the Law.* WUNT 29. Tübingen, Mohr, 1983.

_____. "Galatians 2.16 and Paul's Break with Judaism". In *NTS 31* (1985): 543-553, reimpresso em *Jesus, Paul and Torah: Collected Essays.* JSNTS 43, editado por RÄISÄNEN, pp. 112-126. Sheffield, Sheffield Academic, 1992.

_____. "Paul's Call Experience and his Later View of the Law". In *Jesus, Paul and Torah,* pp. 15-47.

RAPA, R. K. *The Meaning of "Works of the Law" in Galatians and Romans.* Nova Iorque, Peter Lang, 2001.

REINMUTH, E. *Geist und Gesetz: Studien zu Voraussetzungen und Inhalt der paulinischen Paränese.* Berlim, Evangelische, 1985.

RENGSTORF, K. H. *Das Paulusbild in der neueren deutschen Forschung.* Darmstadt, Wissenschaftliche Buchgesellschaft, 1964.

REYMOND, R. L. *Paul Missionary Theologian.* Fearn, Mentor, 2000.

RIDDERBOS, H. *Paul: An Outline of his Theology.* Grand Rapids, Eerdmans, 1975.

ROLOFF, J. "Die lutherische Rechtfertigungslehre und ihre biblische Grundlage". In *Frühjudentum und Neues Testament im Horizont Biblischer Theologie.* WUNT 162, editado por W. KRAUS, K.-W. NIEBUHR, pp. 275-300. Tübingen, Mohr Siebeck, 2003.

ROO, J. C. R. de. "The Concept of 'Works of the Law' in Jewish and Christian Literature". In *Christian-Jewish Relations Through the Centuries.* JSNTS 192, editado por S. E. Porter, B. W. R. Pearson, pp. 116-147. Sheffield, Sheffield Academic, 2000.

SANDERS, E. P. "On the Question of Fulfilling the Law in Paul and Rabbinic Judaism". In *Donum Gentilicum.* FS D. Daube, editado por C. K. BARRETT et al., pp. 103-126. Oxford: Clarendon, 1978.

_____. *Paul and Palestinian Judaism.* Londres, SCM, 1977.

_____. *Paul, the Law and the Jewish People.* Philadelphia, Fortress, 1983, em Port.: *Paulo a Lei e o povo judeu,* São Paulo, Ed. Academia Cristã/Paulus, 2009.

_____. *Paul.* Oxford University, 1991.

SCHÄFER, R. *Paulus bis zum Apostelkonzil.* WUNT 2.179. Tübingen, Mohr Siebeck, 2004.

SCHLIER, H. *Grundzüge einer paulinischen Theologie.* Friburgo (Alemanha), Herder, 1978.

SCHNELLE, U. *Paulus: Leben und Denken.* Berlim, de Gruyter, 2003, em Port.: *Paulo vida e pensamento,* São Paulo, Ed. Academia Cristã/Paulous, 2010.

SCHREINER, T. R. "The Abolition and Fulfilment of the Law in Paul". In *JSNT* 35 (1989): 47-74.
_____. "'Works of Law' in Paul". In *NovT* 33 (1991): 214-244.
_____. *The Law and Its Fulfilment: A Pauline Theology of Law*. Grand Rapids, Baker, 1993.
_____. *Romans*. BECNT. Grand Rapids, Baker, 1998.
_____. *Paul Apostle of God's Glory in Christ: A Pauline Theology*. Downers Grove, 2001.
SEIFRID, M. A. *Justification by Faith: The Origin and Development of a Central Pauline Theme*. NovTSupp 68. Leiden, Brill, 1992.
_____. "Blind Alleys in the Controversy over the Paul of History". In *TynBul* 45 (1994): 73-95.
_____. "The 'New Perspective on Paul' and its Problems". In *Themelios* 25.2 (2000): 4-18.
_____. *Christ, our Righteousness: Paul's Theology of Justification*. Downers Grove, InterVarsity, 2000.
_____. "Righteousness Language in the Hebrew Scriptures and Early Judaism". In *Justification and Variegated Nomism, Vol. 1: The Complexities of Second Temple Judaism*. WUNT 2.140, editado por D. A. CARSON *et al.*, pp. 415-442. Tübingen, Mohr Siebeck, 2001.
_____. "Paul's Use of Righteousness Language Against its Hellenistic Background". In *Justification and Variegated Nomism, Vol. 2*, editado por CARSON *et al.*, pp. 39-74.
_____. "Unrighteous by Faith: Apostolic Proclamation in Romans 1:18-3:20". In *Justification and Variegated Nomism, Vol. 2*, editado por CARSON *et al.*, pp. 106-145.
SILVA, M. "The Law and Christianity: Dunn's New Synthesis". In *WTJ* 53 (1991): 339-353.
_____. "Faith Versus Works of Law in Galatians". In *Justification and Variegated Nomism, Vol. 2*, editado por CARSON *et al.*, pp. 217-248.
SLOAN, R. B. "Paul and the Law: Why the Law Cannot Save". In *NovT* 33 (1991): 35-60.
SMILES, V. M. *The Gospel and the Law in Galatia: Paul's Response to Jewish-Christian Separatism and the Threat of Galatian Apostasy*. Collegeville, Liturgical, Glazier, 1998.
SMITH, R. "Justification in 'The New Perspective on Paul'". In *Reformed Theological Review* 58 (1999): 16-30.
_____. "A Critique of the New Perspective on Justification". In *Reformed Theological Review* 58 (1999): 98-112.
_____. *Justification and Eschatology: A dialogue with "The New Perspective on Paul"*. Reformed Theological Review Supplement Series, 1. 2001.
SNODGRASS, K. R. "Justification by Grace - to the Doers: An Analysis of the Place of Romans 2 in the Theology of Paul". In *NTS* 32 (1986): 72-93.

_____. "Spheres of Influence: A Possible Solution to the Problem of Paul and the Law". In *JSNT* 32 (1988): 93-113.
SÖDING, T. (org.). *Worum geht es in der Rechtfertigungslehre: das biblische Fundament der "Gemeinsamen Erklärung" von katholischer Kirche und lutherischem Weltbund*. Friburgo (Alemanha), Herder, 1999.
STENDAHL, K. "The Apostle Paul and the Introspective Conscience of the West". In *HTR* 56 (1963): 199-215.
_____. *Paul Among Jews and Gentiles*. Londres, SCM, 1976.
STRECKER, C. "Paulus aus einer 'neuen Perspektive': der Paradigmenwechsel in der jüngeren Paulusforschung". In *Kirche und Israel* 11 (1996): 3-18.
STRECKER, G. *Theology of the New Testament*. Nova Iorque, de Gruyter, 2000. STUHLMACHER, P. "The Law as a Topic of Biblical Theology". In *Reconciliation, Law and Righteousness: Essays in Biblical Theology*, pp. 110-133. Philadelphia, Fortress, 1986.
_____. *Biblische Theologie des Neuen Testaments. Band 1: Grundlegung von Jesus zu Paulus*. Göttingen, Vandenhoeck und Ruprecht, 1992.
_____. "Christus Jesus ist hier, der gestorben ist, ja vielmehr, der auch auferweckt ist, der zur Rechten Gottes ist und uns vertritt". In *Auferstehung – Resurrection*. WUNT 135, editado por F. AVEMARIE, H. LICHTENBERGER, pp. 351-361. Tübingen, Mohr Siebeck, 2001.
_____. *Revisiting Paul's Doctrine of Justification: A Challenge to the New Perspective*. Downers Grove, InterVarsity, 2001.
SYNOFZIK, E. *Die Gerichts- und Vergeltungsaussagen bei Paulus: Eine traditionsgeschichtliche Untersuchung*. Göttingen, Vandenhoeck und Ruprecht, 1977.
TALBERT, C. H. "Paul, Judaism, and the Revisionists". In *CBQ* 63 (2001): 1-22.
THIELMAN, F. *From Plight to Solution: A Jewish Framework for Understanding Paul's View of the Law in Galatians and Romans*. NovTSupp. Leiden, Brill, 1989.
_____. "The Coherence of Paul's View of the Law: The Evidence of First Corinthians". In *NTS* 38 (1992): 235-253.
_____. *Paul and the Law: A Contextual Approach*. Downers Grove, Inter Varsity, 1994.
_____. "Paul as Jewish Christian Theologian: The Theology of Paul in the Magnum Opus of James D.G. Dunn". In *Perspectives in Religious Studies* 25 (1998): 381-387.
THEOBALD, M. "Der Kanon von der Rechtfertigung (Gal 2,16; Rom 3,28)". In *Studien zum Römerbrief*. WUNT 136, pp. 164-225. Tübingen, Mohr Siebeck, 2001.
THOMPSON, M. B. *The New Perspective on Paul*. Cambridge, Grove Books, 2002. THURÉN, L. *Derhetorizing Paul: A Dynamic Perspective on Pauline T heology and the Law*. Tübingen, Mohr Siebeck, 2000.
TOMSON, P. J. *Paul and the Jewish Law: Halakha in the Letters of the Apostle to the Gentiles*. CRINT III/1. Assen/Maastricht: Van Gorcum, 1990.

_____. "Paul's Jewish Background in View of His Law Teaching in 1 Cor 7". In *Paul and the Mosaic Law.* WUNT 89, editado por J. D. G. DUNN, pp. 251-270. Tübingen, J. C. B. Mohr, 1996; Grand Rapids, Eerdmans, 2001.
TYSON, J. B. "'Works of the Law' in Galatians". In *JBL* 92 (1973): 423-431.
WANDER, B. *Gottesfürchtige und Sympathisanten: Studien zum heidnischen Umfeld von Diasporasynagogen.* WUNT 104. Tübingen, Mohr Siebeck, 1998.
WATERS, G. P. *Justification and the New Perspectives on Paul.* Phillipsburg, Presbyterian and Reformed, 2004.
WATSON, F. *Paul, Judaism and the Gentiles: A Sociological Approach.* SNTSMS 56. Cambridge, Cambridge University, 1986.
_____. "The Triune Divine Identity: Reflections on Pauline God Language, in Disagreement with J. D. G. Dunn". In *JSNT 80* (2000): 99-124.
_____. *Paul and the Hermeneutics of Faith.* Londres, T. & T. Clark International, 2004.
WATSON, N. M. "Justified by Faith: Judged by Works-An Antinomy?". *NTS* 29 (1983): 202-221.
WEDDERBURN, A. J. M. "Paul and the Law". In *SJT 38* (1985): 613-622.
WENDEL, F. *Calvin: The Origins and Development of his Religious Thought.* 1950; ET Londres, Collins Fontana, 1965.
WESTERHOLM, S. "Letter and Spirit: The Foundation of Pauline Ethics". In *NTS 30* (1984): 229-248.
_____. "On Fulfilling the Whole Law (Gal. 5.14)". In *SEA 51-52* (1986-1987): 229-237.
_____. *Israel's Law and the Church's Faith: Paul and His Recent Interpreters.* Grand Rapids, Eerdmans, 1988.
_____. "Paul and the Law in Romans 9—11". In *Paul and the Mosaic Law.* WUNT 89, editado por J. D. G. DUNN, pp. 215-237. Tübingen, J. C. B. Mohr, 1996; Grand Rapids, Eerdmans, 2001.
_____. "Sinai as Viewed from Damascus: Paul's Reevaluation of the Mosaic Law". In *The Road from Damascus: The Impact of Paul's Conversion on His Life, Thought, and Ministry,* editado por R. N. LONGENECKER, pp. 147-165. Grand Rapids,   Eerdmans, 1997.
_____. *Perspectives Old and New on Paul: The "Lutheran" Paul and His Critics.* Grand Rapids, Eerdmans, 2004.
_____. "The Righteousness of the Law and the Righteousness of Faith in Romans". In *Interpretation* 58 (2004): 253-264.
_____. "The 'New Perspective' at Twenty-Five". In *Justification and Variegated Nomism, Vol. 2,* editado por CARSON et al., pp. 1-38.
WILCKENS, U. "Was heisst bei Paulus: 'Aus Werken des Gesetzes wird kein Mensch gerecht'?" (1969). In *Rechtfertigung als Freiheit: Paulusstudien,* pp. 77-109. Neukirchen-Vluyn, Neukirchener, 1974.
_____. "Zur Entwicklung des paulinischen Gesetzesverständnis". In *NTS* 28 (1982): 154-190.

WILLIAMS, S. K. "The 'Righteousness of God' in Romans". In *JBL* 99 (1980): 241-290.
WINNINGE, M. *Sinners and the Righteous: A Comparative Study of the Psalms of Solomon and Paul's Letters*. CBNTS 26. Estocolmo, Almqvist & Wiksell, 1995.
WINTLE, B. C. "Justification in Pauline Thought". In *Right With God: Justification in the Bible and the World*, editado por D. A. CARSON (org.), pp. 51-68. Carlisle, Paternoster, 1992.
WISDOM, J. R. *Blessing for the Nations and the Curse of the Law: Paul's Citation of Genesis and Deuteronomy in Gal. 3.8-10*. WUNT 2.133. Tübingen, Mohr Siebeck, 2001.
WITHERINGTON, B. *Grace in Galatia: A Commentary on Paul's Letter to the Galatians*. Edimburgo, T. & T. Clark, 1998.
WOLTER, M. "Eine neue paulinische Perspektive". In *ZNT* 14.7 (2004): 2-9.
WRIGHT, N. T. "The Paul of History and the Apostle of Faith". In *TynBul* 29 (1978): 61-88.
_____. *The Climax of the Covenant*. Edimburgo: T. & T. Clark, 1991.
_____. *The New Testament and the People of God*. Londres, SPCK, 1992.
_____. "Romans and the Theology of Paul". In *Pauline Theology Volume III: Romans*, editado por D. M. HAY, E. E. JOHNSON (org.), pp. 30-67. Minneapolis, Fortress, 1995.
_____. *What St. Paul Really Said: Was Paul of Tarsus the Real Founder of Christianity?* Grand Rapids, Eerdmans, 1997.
_____. "The Law in Romans 2". In *Paul and the Mosaic Law*. WUNT 89, editado por J. D. G. DUNN, pp. 131-150. Tübingen, Mohr Siebeck, 1996; Grand Rapids, Eerdmans, 2001.
_____. "The Letter to the Romans". In *NIB* 10 (2002): 395-770.
YARBROUGH, R. W. "Paul and Salvation History". In *Justification and Variegated Nomism, Vol. 2*, editado por CARSON *et al.*, pp. 297-342.
YINGER, K. L. *Paul, Judaism, and Judgment According to Deeds*. SNTSMS 105. Cambridge: Cambridge University, 1999.
ZAHL, P. F. M. *Die Rechtfertigungslehre Ernst Käsemanns*. Stuttgart, Calwer, 1996.
_____. "Mistakes of the New Perspective on Paul". In *Themelios* 27/1 (outono de 2001): 5-11.
ZELLER, D. "Zur neueren Diskussion über das Gesetz bei Paulus". In *ThPh* 62 (1987): 477-499.
ZIESLER, J. *The Meaning of Righteousness in Paul*. SNTSMS 20. Cambridge, Cambridge University, 1972.
_____. "Justification by Faith in the Light of the 'New Perspective' on Paul". In *Theology* 94 (1991): 189-194.

Artigos originais

1. *The New Perspective on Paul: whence, what, wither?*
2. "The New Perspective on Paul". In *BJRL 65* (1983): 95-122; reimpresso em *Jesus, Paul and the Law: Studies in Mark and Galatians*, pp. 183-214. Londres, SPCK, 1990.
3. "Works of the Law and the Curse of the Law (Gal. 3.10-14)". In *NTS 31* (1985): 523-542; reimpresso em *Jesus, Paul and the Law*, pp. 215-241.
4. *The New Perspective on Paul: Paul and the Law*. In *Romans*. WBC 38, J. D. G. DUNN, pp. lxiv-lxxii. Dallas, Word, 1988; reimpresso em *The Romans Debate*, editado por K. P. DONFRIED, pp. 299-308. Peabody, Hendrickson, 1991, = "Die neue Paulus-Perspektive. Paulus und das Gesetz". In *Kul 11* (1996): 34-45.
5. "What was the Issue between Paul and 'Those of the Circumcision'?". In *Paulus und das antike Judentum* (1988 Tübingen Durham Research Symposium), editado por M. HENGEL, U. HECKEL, pp. 295-312. Tübingen, Mohr Siebeck, 1991.
6. "The Theology of Galatians: The Issue of Covenantal Nomism". In *Pauline Theology Vol. 1: Thessalonians, Philippians, Galatians, Philemon*, editado por J. M. BASSLER (org.), pp. 125-146. Minneapolis, Fortress, 1991; uma versão levemente ampliada encontra-se em *Jesus, Paul and the Law*, pp. 242-264.
7. "The Justice of God: A Renewed Perspective on Justification by Faith" (The Henton Davies Lecture, Oxford 1991). In *JTS 43* (1992): 1-22.
8. "Yet Once More – 'The Works of the Law': A Response". In *JSNT 46* (1992): 99-117.
9. "Echoes of Intra-Jewish Polemic in Paul's Letter to the Galatians". In *JBL 112* (1993): 459-477.
10. "How New was Paul's Gospel? The Problem of Continuity and Discontinuity". In *Gospel in Paul: Studies on Corinthians, Galatians and Romans for Richard N. Longenecker*. JSNTS 108, editado por L. A. JERVIS, P. RICHARDSON, pp. 367-388. Sheffield, Sheffield Academic, 1994.

11. "Was Paul against the Law? The Law in Galatians and Romans: A Test--Case of Text in Context". In *Texts and Contexts: Biblical Texts in Their Textual and Situational Contexts.* L. Hartman, editado por T. FORNBERG, D. HELLHOLM, pp. 455-475. Oslo, Scandinavian University Press, 1995.

12. "In Search of Common Ground". In *Paul and the Mosaic Law.* WUNT 89, editado por J. D. G. DUNN, pp. 309-334. Tübingen, Mohr Siebeck, 1996; Grand Rapids: Eerdmans, 2001.

13. "'Neither Circumcision Nor Uncircumcision, but ...' (Gal. 5.2-12; 6.12-16; cf. 1 Cor. 7.17-20)". In *La Foi Agissant par l'Amour (Galates 4.12-6.16),* editado por A. VANHOYE, pp. 79-110. Roma, Abbaye de S. Paul, 1996.

14. "4QMMTand Galatians". In *NTS* 43 (1997): 147-153.

15. "Paul's Conversion - A Light to Twentieth Century Disputes", in *Evangelium - Schriftauslegung – Kirche.* P. Stuhlmacher, editado por J. ÅDNA et al., pp. 77-93. Göttingen, Vandenhoeck und Ruprecht, 1997.

16. "Paul and Justification by Faith". In *The Road from Damascus: The Impact of Paul's Conversion on His Life, Thought, and Ministry,* editado por R. N. LONGENECKER, pp. 85-101. Grand Rapids, Eerdmans, 1997.

17. "Whatever Happened to 'Works of the Law'?". In *Epitoayto.* FS P. Pokorny, editado por J. KERKOVSKY et al., pp. 107-120. Praga, Mlyn, 1998.

18. "Jesus the Judge: Further Thoughts on Paul's Christology and Soteriology". In *The Convergence of Theology.* G. O'Collins, editado por D. KENDALL, S. T. DAVIS, pp. 34-54. Nova Iorque, Paulist, 2001.

19. "Noch einmal 'Works of the Law': The Dialogue Continues". Versão revisada do artigo in *Fair Play: Diversity and Conflicts in Early Christianity.* FS H. Räisänen, editado por I. DUNDERBERG, C. TUCKETT, pp. 273-290. Leiden, Brill, 2002.

20. "Did Paul have a Covenant Theology? Reflections on Romans 9.4 and 11.27". In *The Concept of the Covenant in the Second Temple Period,* editado por S. E. Porter, J. C R. de ROO, pp. 287-307. Leiden, Brill, 2003; também em *Celebrating Romans: Template for Pauline Theology.* FS R. Jewett, editado por S. E. McGINN, pp. 3-19. Grand Rapids, Eerdmans, 2004.

21. "Paul and the Torah" – a versão inglesa de "Paul et la Torah: le rôle et la fonction de la Loi dans la théologie de Paul l'apôtre". In *Paul, une theologie en construction,* editado por A. DETTWILER, J.-D. KAESTLI, D. MARGUERAT, pp. 227-249. Genebra, Labor et Fides, 2004.

22. *Philippians 3.2-14 and the New Perspective on Paul.*

Índice de Autores

A

Abegg, M. G. – 46, 487, 489, 491, 493, 494, 603
Achtemeier, E. R. – 29, 529
Achtemeier, P. J. – 29, 280
Ackroyd, P. – 541
Adna, J. – 43, 419
Alexander, P. S. – 33, 105, 107, 109, 115, 116, 264
Amiot, F. – 17
Amir, Y. – 224, 239, 514
Avemarie, F. – 25, 59, 67, 89, 105, 106, 108, 109, 111, 116, 117, 120, 121, 122, 123, 582, 583, 606, 654
Avery-Peck, A. J. – 593

B

Bachmann, M. – 57, 58, 63, 594, 595, 596, 598, 600, 604
Bainton, R. – 30, 51, 289
Bakker, J. T. – 11
Bammel, E. – 180, 511
Barclay, J. M. G. – 25, 71, 73, 104, 124, 129, 233, 264, 267, 269, 272, 274, 277, 282, 345, 436, 448, 465, 478
Barrett, C. K. – 77, 140, 156, 180, 218, 251, 267, 274, 457, 276, 280, 484, 508, 617
Barth, K. – 15, 208
Barth, M. – 299, 556
Barton, S. C. – 436
Bartsch, H. W. – 290
Bassler, J. M. – 38, 246, 249, 270, 360, 363, 375, 427, 453
Bauckham, R. – 109
Baumgarten, J. – 375
Baur, F. C. – 12, 14, 71
Beck, C. H. – 56
Becker, J. – 42, 45, 79, 204
Beker, J. C. – 156, 271, 173, 362, 375
Bell, R. H. – 39, 46, 59, 87, 94, 124, 136, 140, 145
Berger, K. – 279

Bergmeier, R. – 35, 46, 56, 58, 59, 63, 86, 98, 124, 132, 134, 138
Berkouwer, G. C. – 11
Bertram, G. – 304
Betz, H. D. – 68, 157, 205, 207, 209, 211, 214, 260, 272, 281, 338, 344, 357, 391, 392, 452, 463, 471, 476, 478, 480, 618
Betz, O. – 127, 256
Bietenhard, H. – 498
Billerbeck, P. – 250
Black, M. – 29, 297
Bligh, J. – 357
Blocher, H. – 36, 57, 63, 66
Bockmuehl, M. – 47, 109, 666, 671, 676, 678, 681, 685, 690
Boer, M. C. de – 79, 366, 506
Bonnard, P. – 357, 395, 462
Bonsirven, J. – 28
Borgen, P. – 234, 239, 268, 459
Bornkamm, G. – 10, 17, 216, 302, 679
Borse, U. – 395, 458, 473
Bousset, W. – 19, 28
Bottger, P. C. – 348
Bouwman, G. – 274
Bovon, F. – 149
Boyarin, D. – 71, 444
Bradenburger, E. – 17
Brett, M. G. – 71
Brien, P. T. O. – 669, 671, 672, 677, 678, 681, 685, 686, 687, 690, 691
Bring, R. – 208, 391
Brocke, E. – 281
Brooke, G. H. – 304
Brooke, G. J. – 320, 346
Bruce, F. F. – 156, 204, 207, 210, Bruce, F. F. – 156, 204, 351, 353, 356, 460, 463, 464, 501
Brunot, A. – 17
Bultmann, R. – 15, 16, 17, 18, 19, 29, 39, 52, 66, 159, 172, 198, 290, 293, 301, 303, 438, 443, 534, 552, 555
Burchard, C. – 60, 77, 598
Burton, E. D. – 343, 352, 357, 390
Byrne, B. – 41, 57, 64, 66, 89, 132, 134, 209
Bywater, K. – 25

C

Callan, T. – 275, 394
Calvert-Koyzis, N. – 91, 92
Campbell, D. A. – 65
Campbell, W. S. – 63

Cancik, H. – 597, 598
Carson, D. A. – 25, 33, 36, 40, 41, 49, 54, 59, 64, 66, 70, 88, 92, 96, 108, 109, 110, 111, 112, 126, 127, 129, 131, 143, 654, 678
Catchpole, D. R. – 348
Cavallin, H. C. C. – 207
Cerfaux, L. – 18
Chadwick, H. – 377
Charlesworth, J. H. – 38, 114, 225, 240, 381, 388, 568, 569, 571
Chilton, B. – 47, 479
Christiansen, E. J. – 427, 610, 614, 618, 625, 629
Cohen, S. J. D. – 337, 423, 590, 674
Collins, J. J. – 217, 237, 262, 362, 486
Corley, B. – 49
Cosgrove, C. H. – 132, 253, 470, 471
Couslan, J. R. C. – 690
Cranfield, C. E. B. – 39, 50, 59, 65, 82, 87, 127, 199, 208, 229, 253, 303, 309, 315, 316, 318, 319, 320, 321, 322, 326, 327, 328, 329, 331, 332, 334, 345, 430, 443, 534, 588, 626
Cranford, M. – 83, 90, 92
Cremer, H. – 30, 307, 308, 309
Crossley, J. G. – 67
Cumont, F. – 14

D

Dahl, N. A. – 31, 52, 61, 182, 214, 215, 249, 265, 365
Das, A. A. – 45, 58, 65, 79
Davies, A. P. – 17
Davies, A. T. – 197, 215
Davies, W. D. – 157, 159, 180, 214, 275, 281, 362
Davis, S. T. – 118, 606
Delling, G. – 351
Dettwiler, A. – 41, 60, 663
Dieterich, A. – 14
Dietzfelbinger, C. – 286, 389, 506
Dillenberger, J. – 51
Dodd, C. H. – 17, 220, 235
Donaldson, T. L. – 57, 76, 85, 214, 396, 593
Donfried, K. P. – 105, 120, 127, 130, 132, 145, 156, 403, 574
Douglas, M. – 189, 190
Drane, J. W. – 156, 275, 391, 400, 403, 478
Dunderberg, I. – 58, 654
Dunn, J. D. G. – 9, 11, 18, 20, 21, 32, 34, 39, 45, 49, 60, 65, 66, 76, 77, 81, 82, 84, 93, 100, 123, 143, 165, 166, 179, 199, 211, 217, 223, 233, 238, 239, 244, 253, 258, 259, 316, 320, 327, 396, 413, 423, 460, 510, 530, 531, 553, 566, 569, 570, 571, 573, 575, 577, 578, 579, 580, 582, 583, 584, 589, 596, 601, 610, 633

E

Eckstein, H-J. – 59, 79, 603
Ego, B. – 89
Eichrodt, W. – 30, 112, 308, 609
Eisenman, R. – 488, 491, 492, 493, 495
Elliott, M. A. – 44, 46, 107, 113, 114, 115
Elliott, N. – 55
Engberg-Pedersen, T. – 135
Enns, P. – 109, 126, 127
Eskola, T. – 39, 41, 49, 59, 62, 67, 114, 123, 126, 127, 133, 140, 585
Esler, P. F. – 25, 47, 59, 96, 99, 278, 423
Evans, C. A. – 47, 104, 120, 479, 490, 630, 690
Exum, J. C. – 57

F

Faber, F. W. – 73
Fascher, E. P. – 17
Fee, G. D. – 484, 665, 686
Feld, H. – 343
Fischer, T. – 513
Fitzmyer, J. A. – 40, 50, 60, 210, 362, 405, 468, 619, 626, 651
Flusser, D. – 31, 59, 597
Fornberg, T. – 95, 481
Fortna, R. T. – 342, 423
Fredriksen, P. – 339
Frey, J. – 25
Fridrichsen, A. – 250, 362, 371
Fuchs, E. – 17
Fung, R. Y. K. – 65, 357, 392, 463, 464, 471, 477
Furnish, V. P. – 429, 622

G

Gager, J. G. – 240, 502,
Garlington, D. B. – 25, 35, 131, 132, 149, 217, 237
Gaston, L. – 183, 197, 199, 214, 215, 232, 275, 443, 464
Gathercole, S. J. – 25, 40, 41, 42, 59, 66, 83, 86, 87, 89, 90, 91, 92, 93, 105, 118, 119, 120, 121, 122, 124, 126, 134, 137, 138, 140, 641, 143, 653, 654, 689
Gatiss, L. – 49, 51, 55
Gaventa, B. R. – 270, 273, 342, 423
George, T. – 15, 33, 54, 57, 64, 73
Georgi, D. – 623
Gnilka, J. – 401, 556, 670, 673, 682, 686, 691
Goppelt, L. – 10, 295, 499
Gordon, T. D. – 264, 272, 276
Gorman, M. J. – 25, 148

Grässer, E. – 615, 618, 619, 620, 624, 625, 628, 629, 630
Gundry, R. H. – 41, 60, 126, 132, 501, 585, 681

H

Haacker, K. – 39, 40, 41, 89, 281, 287
Haenchen, E. – 17
Hafemann, S. J. – 622, 625
Hagner, D. A. – 80, 104, 125, 126, 133, 149, 388, 501
Hahn, F. – 30, 77, 95, 137, 218, 229
Hainz, J. – 368
Halewood, T. – 25
Hansen, G. W. – 90, 345
Hanson, P. D. – 379
Harnack – 56
Harris, M. J. – 501
Hartmann, L. – 95, 228, 412
Harvey, G. – 673
Hawthorne, G. F. – 127, 303, 535, 666, 671, 685
Hay, D. M. – 72, 84, 495, 546
Hays – 211
Hays, R. B. – 63, 84, 89, 208, 270, 271, 282, 363, 391, 430, 453, 495
Hayward, R. – 496
Headlam, A. C. – 549
Heckel, U. – 38, 323, 533, 550
Heidegger – 16
Heiligenthal, R. – 37, 344, 550
Heitmüller, W. – 14
Hellholm, D. – 95, 481
Hengel, M. – 12, 38, 59, 61, 76, 260, 300, 323, 418, 518, 533, 550, 597, 598, 612, 674, 676
Herford, R. T. – 297
Hiers, R. H. – 567
Hill, C. C. – 505
Hill, D. – 204
Hofius, O. – 50, 56, 91, 98, 134, 256, 431, 458, 527
Holland, T. – 42, 43
Holsten, K. – 12
Holtz, T. – 348
Holtzmann, H. J. – 12, 13
Hong, I.-G. – 45, 62, 67, 85, 129
Hooker, M. D. – 35, 73, 125, 156, 162, 218, 298, 448, 531
Horn, F. W. – 77
Horsley, R. A. – 10
Howard, G. E. – 41, 157, 199, 206, 208, 271, 275, 347, 348
Hübner, H. – 39, 98, 156, 160, 162, 173, 198, 204, 205, 215, 218, 229, 232, 249, 275, 277, 389, 391, 400, 403, 432, 448, 460, 478, 553, 555

Hurst, L. D. – 272, 505
Husbands, M. – 111, 131, 132

J

James, W. – 501
Jaspert, B. – 16
Jaubert, A. – 204, 217, 237
Jeremias, J. – 32
Jervis, L. A. – 71
Jewett, R. – 156, 157, 279, 459
Johns, L. L. – 114
Johnson, E. E. – 72, 84, 495, 546
Johnson, L. T. – 335
Jung, C. G. – 502

K

Kaestli, J.-D. – 60
Kaiser, W. C. – 120, 453
Käsemann, E. – 17, 71, 125, 131, 159, 173, 198, 290, 301, 302, 362, 438
Kaylor, D. – 610
Kee, H. C. – 44, 239, 426
Kellermann, U. – 488
Kendall, D. – 118, 606
Kertelge, K. – 31, 132, 166, 172, 195, 196, 233, 345, 428, 471, 529
Kiefer – 347
Kim, S. – 49-50, 62, 65, 75-78, 84, 110, 126, 143, 156, 286, 389, 504-506, 526, 676-678
Kimmerle, H. – 589
Kittel, G. – 20
Klein, C. – 295, 297, 387
Klein, G. – 453
Knox, W. J. – 72, 79, 295, 527, 676
Kok, E. H. – 45, 422
Koperski, V. – 633
Kraus, W. – 30
Kruse, C. G. – 39, 62, 79, 85, 672
Kugler, R. A. – 109
Kümmel, W. G. – 10, 51, 98, 292, 453, 501
Kuss, O. – 156, 215, 232
Kuula, K. – 50, 84, 99, 147

L

Laato, T. – 59, 83, 86, 126, 132, 133, 135, 147, 672
Ladd, G. E. – 302
Lagrange, M.-J. – 357, 390, 391, 459, 473
Lambrecht, J. – 45, 137, 233, 344, 345, 405, 422, 426, 432

Landmesser, C. – 55, 98
Lane, W. L. – 610
Lang, F. – 98
Lapide, P. – 220
Lars – 412
Lategan, B. – 273
Leenhardt, F. J. – 28, 216, 302
Levine, B. A. – 121
Lichtenberger, H. – 31, 61, 89, 106, 111, 120, 123, 416, 417, 582
Liebers, R. – 63
Lietzmann, H. – 459
Lightfoot, J. B. – 352, 357, 464, 665, 473, 666, 671, 677, 690
Limbeck, M. – 204, 215, 217, 227, 232, 234, 244
Lincoln, A. T. – 101
Lindars, B. – 233, 264, 453
Lindemann, A. – 156
Livingstone, E. A. – 163, 219
Lohmeyer, E. – 195
Lohse, E. – 38, 50, 56, 57, 60, 61, 65, 76
Longenecker, B. W. – 25, 41, 49, 68, 72, 82, 129, 332, 357, 360, 391, 425, 461, 463, 464, 478, 618, 638, 642, 657
Longenecker, D. – 363, 377
Longenecker, R. N. – 28, 48, 71, 315, 344, 362, 390, 452, 614, 678
Lorenzi, L. De – 624
Lovering, E. H. – 365, 422, 533
Lüdemann, G. – 156, 273
Lüdemann, H. – 12
Lührmann, D. – 619
Lull, D. J. – 270, 272, 276, 395
Lutero, M. – 11, 12, 13, 18, 19, 30, 49, 51, 52, 54, 56, 57, 66, 73, 101, 129, 140, 142, 145, 146, 150, 152, 159, 161, 163, 168, 172, 216, 289, 290, 291, 292, 293, 294, 296, 306, 307, 313, 314, 438, 446, 501
Luz, U. – 204, 208

M

Machen, J. G. – 17, 65
Macleod, D. – 49
MacMullen, R. – 192
Manson, T. W. – 36, 483, 588
Marcus, J. – 252
Marguerat, D. – 41, 60, 65, 663, 664, 678, 688
Marshall, I. H. – 67, 82, 100, 101, 102, 103, 556, 561, 562, 679
Martin, D. B. – 354
Martínez, F. G. – 424, 488, 489, 490, 491, 492, 493, 495, 547, 551, 552, 595, 596, 655
Martyn, J. L. – 42, 45, 46, 47, 59, 61, 68, 75, 76, 77, 79, 81, 83, 84, 262, 266, 270, 271,

274, 275, 342, 357, 360, 363, 369, 372, 375, 423, 427, 438, 453, 457, 473, 480, 597, 614, 617, 618, 638, 640, 664
Matera, F. J. – 62
Matlock, R. B. – 57, 65, 73, 87
Mattison, M. – 25
McEleney, N. J. – 243
McGrath, A. – 11, 54, 55, 57, 130, 131, 137, 142, 146
McKim, D. K. – 51, 56
McKnight, S. – 339
Meeks, W. A. – 191, 223, 227, 238
Menoud, P. H. – 503, 518
Merklein, H. – 68, 79, 618, 625, 629
Metzger, B. M. – 566
Meyer, R. – 275
Mijoga, H. B. P. – 28, 40, 59, 60, 94, 127
Millar, F. – 674
Minear, P. S. – 376
Moberly, R. W. L. – 382
Mohr, J. C. B. – 66, 526, 533
Mol, H. – 189
Moltmann, J. – 295, 565
Montefiore, C. G. – 19, 33, 297
Moo, D. J. – 39, 40, 41, 66, 82, 90, 93, 94, 98, 112, 132, 140, 233, 315, 323, 332, 345, 405, 410, 626, 629, 635, 636, 637, 651, 658, 659, 660
Moore, G. F. – 19, 33, 34, 297
Moore, S. D. – 57
Morgenstern, J. – 352
Moule, C. F. D. – 127, 377
Mueller, K. – 589
Müller, C. – 529
Müller, H. M. – 55
Munck, J. – 464
Mundle, W. – 17
Murphy-O'Connor, J. – 624
Mussner, F. – 80, 166, 167, 174, 178, 182, 204, 336, 344, 352, 353, 357, 390, 458, 459, 464, 469, 471, 477, 556

N

Nanos, M. D. – 32
Neill, S. – 388, 500
Neuhaus, R. J. – 295
Neusner, J. – 35, 37, 38, 44, 71, 160, 171, 193, 223, 233, 238, 250, 263, 266, 337, 426, 512, 531, 541, 593
Neyrey, J. H. – 277
Nicholson. E. W. – 222, 235

Niebuhr, K.-W. – 30, 57, 67, 81, 107, 664, 670, 673, 674
Nolland, J. – 243
Norton, W. W. – 18
Noth, M. – 295

O

O'Brien, P. – 25, 59, 81, 92, 109, 110, 125, 131, 143, 507, 535, 654, 665, 666
O'Collins, G. – 119, 606
Oberlinner, L. – 559, 560
Oden, T. C. – 54
Oepke, A. – 204, 356, 392, 395, 465, 477
Oropeza, R. J. – 136
Osborn, E. – 259
Osten-Sacken, P. von der – 335, 336

P

Pannenberg, W. – 295
Parkes, J. – 33, 158, 297
Pawlikowski, J. T. – 295, 387, 499
Pearson, B. W. R. – 58, 591
Pedersen, S. – 162, 218, 228, 268, 459
Pelikan, J. – 11
Pfleiderer, O. – 12
Pokorny, P. – 100, 556
Porter, S. E. – 58, 94, 591, 645, 690
Powers, D. G. – 148

Q

Qimron, E. – 46, 424, 487, 488, 489, 490, 491, 492, 493, 551, 552, 595, 596, 598, 601, 655
Quinn, J. D. – 559

R

Rad, G. von – 30, 112, 307, 529, 676
Räisänen, H. – 36, 37, 50, 58, 64, 82, 120, 125, 139, 140, 141, 162, 163, 187, 188, 191, 192, 194, 196, 200, 201, 202, 204, 205, 209, 210, 211, 212, 217, 218, 219, 229, 233, 245, 250, 253, 278, 374, 375, 389, 406, 421, 433, 434, 463, 507, 508, 527, 533, 587, 589, 590, 592, 607, 637, 654
Ramsay, W. M. – 396
Rapa, R. K. – 40, 59, 61, 89
Reinmuth, E. – 134
Reitzenstein, R. – 14
Rengstorf, K. H. – 52, 340
Reumann, J. – 309, 438, 573
Reuter, E. – 42, 676
Reymond, L. – 127

Richardson, P. – 71
Riches, J. – 193
Ridderbos, H. – 13, 172, 216
Riesenfeld, H. – 353
Robinson, J. A. T. – 504
Rohde, J. – 204, 332, 344, 352, 357, 460, 465, 471
Roloff, J. – 30, 43, 52
Roo, J. C. R. de – 58, 94, 591, 596, 597, 602, 606, 645
Rosner, B. S. – 683

S

Sabatier, A. – 17
Sacks, J. – 70
Saldarini, A. J. – 336, 674
Sanday, W. – 549
Sanders, E. P. – 18, 19, 20, 32, 33, 34, 35, 36, 37, 38, 41, 43, 48, 57, 59, 60, 74, 85, 90, 105, 106, 107, 108, 109, 110, 111, 112, 113, 114, 115, 117, 120, 123, 126, 127, 130, 141, 147, 157, 158, 160, 161, 162, 163, 167, 169, 172, 173, 180, 182, 183, 184, 187, 188, 191, 192, 194, 195, 198, 199, 200, 201, 202, 204, 205, 209, 211, 214, 215, 216, 217, 218, 219, 227, 232, 233, 234, 237, 244, 245, 255, 262, 267, 268, 287, 295, 297, 298, 309, 317, 342, 344, 362, 374, 379, 389, 398, 417, 423, 448, 460, 461, 528, 530, 538, 539, 552, 568, 569, 571, 587, 588, 601, 605, 606, 610, 630, 651, 670, 677
Sanders, J. A. – 490
Sandes, K. O. – 440, 521
Sandnes, K. O. – 440
Sandmel, S. – 220, 297
Saperstein, M. – 51, 294, 296
Sasse, H. – 473
Schäfer, R. – 32, 45, 61, 79, 80, 85, 260
Schäfer, P. – 59, 259
Schechter, S. – 33, 158, 220, 235, 297
Schiffman, L. H. – 242, 304, 320, 346
Schleiermacher – 589
Schlier, H. – 156, 166, 205, 208, 352, 353, 357, 360, 391, 392, 459, 471, 477, 556
Schmitals, W. – 17
Schmithals, W. – 17, 274, 326, 328, 465
Schnackenburg, R. – 71, 401
Schnelle, U. – 43, 62, 75, 134, 146, 664
Schoedel, W. R. – 157
Schoeps, H.-J. – 17, 33, 218, 220, 222, 223, 235, 297
Schrage, W. – 484, 485, 647
Schreiner, T. R. – 34, 39, 40, 50, 59, 65, 84, 87, 89, 92, 93, 113, 124, 127, 131, 133, 136, 316, 417, 323, 329, 332, 430, 433, 440, 441, 553, 603, 636, 637, 638, 672
Schürer, E. – 19, 28, 243, 336, 352, 488, 674
Schürmann, H. – 401

Schwartz, D. R. – 210
Schweitzer, A. – 15, 80, 147, 293
Schwemer – 76
Scott, J. M. – 490
Scroggs, R. – 270
Segal, A. E. – 296, 336, 388, 444, 521
Seifrid, M. A. – 25, 40, 43, 44, 64, 78, 88, 98, 109, 110, 111, 112, 113, 117, 126, 132, 133, 135, 145, 654, 677, 678, 683
Sein, J. – 281
Seyoon Kim, S. – 504
Silberman, N. A. – 10
Silva, M. – 34, 64, 66, 79, 83, 84, 148, 316, 329, 331
Smalley, S. S. – 453
Smend, R. – 204
Smiles, V. M. – 64, 65, 593
Smith, R. S. – 65, 70, 135, 139, 148
Snodgrass, K. R. – 105, 124, 245
Söding, T. – 57
Sparks, H. F. D. – 568
Stanley, C. D. – 630
Stanton, G. N. – 43, 426
Stendahl, K. – 9, 18, 35, 37, 49, 51, 65, 71, 80, 119, 159, 161, 184, 214, 215, 292, 294, 296, 298, 388, 438, 502, 520, 526, 527, 549
Stern, M. – 169, 191, 244
Stolle, V. – 52
Stowers, S. K. – 247, 250
Strack, H. L. – 250
Strecker, C. – 35, 48, 57, 69, 75, 131, 364
Stroumsa, G. – 43
Strugnell, J. – 46, 424, 487, 488, 489, 492, 551, 655, 596, 598, 601
Stuckenbruck, L. – 496
Stuhlmacher, P. – 25, 43, 60, 56, 59-80, 82, 105-106, 118-120, 132, 134, 139, 144-145, 220, 257-258, 364, 389, 415, 419, 430, 497, 507, 525, 527, 529, 582-583, 585, 588, 606, 637, 661, 686
Stumpff, A. – 42, 299
Suggate, A. – 52
Suhl, A. – 156, 281, 340, 344
Sumney, J. L. – 533
Sussmann, Y. – 489
Sweet, J. – 104
Synofzik, E. – 246

T

Talbert, C. H. – 106, 127
Taylor, J. – 43
Taylor, N. – 420, 520

Taylor, S. – 25
Theissen, G. – 156, 501
Theobald, M. – 79, 81
Thielman, F. – 124, 345, 429, 433, 435, 440, 444, 668
Thompson, M. – 25
Thompson, R. W. – 137
Thornton, T. C. G. – 124, 353
Thrall, M. E. – 621, 622, 623
Thurén, L. – 40, 65
Tomson P. J. – 100, 447, 461, 683
Trier, D. J. – 111, 131, 132
Trocmé, E. – 250
Trueman, C. – 49, 51, 53, 54
Tuckett, C. – 58
Turner, N. – 568
Tyson, J. B. – 62, 183, 195

V

Vanhoye, A. – 46, 647
Vermes, G. – 144, 243, 336, 388, 488, 595, 674
Vielhauer, P. – 17
Volf, J. M. G. – 136
Vollmer – 589
Vouga, F. – 62

W

Wander, B. – 77
Wannenwetsch, B. – 56, 140, 149
Waters, G. P. – 53, 59, 82, 92, 105, 117, 131, 136, 137, 141, 146
Watson, F. – 25, 29, 55, 58, 62, 67, 82, 84, 85, 86, 89, 92, 110, 121, 140, 143, 215, 216, 232, 277, 280, 282, 285, 437, 520
Webb, W. J. – 610
Weber, F. – 19, 33, 107, 158
Wedderburn, A. J. M. – 101, 233, 275, 403
Weder, H. – 211
Weinfeld, M. – 612
Weiss, J. – 483
Wendel, F. – 53, 126, 146
Wesley, C. – 141
Westerholm, S. – 18, 33, 49, 45, 52, 54, 57, 59, 62, 63, 65, 66, 69, 75, 79, 86, 87, 88, 93, 99, 105, 108, 110, 120, 121, 127, 134, 136, 137, 140, 150, 220, 233, 236, 275, 276, 282, 329, 430, 434, 479, 526, 531, 538, 554, 659, 677
Wilckens, U. – 38, 40, 166, 182, 194, 338, 506
Wilcox, M. – 209
Wilken, R. L. – 157

Williams, C. S. C. – 502
Williams, S. K. – 113, 167, 272, 510, 530, 553
Wilson, G. – 156, 218, 298, 531
Wilson, R. McL. – 156
Winninge, M. – 45
Wintle, B. C. – 41
Wisdom, J. R. – 83, 85, 657
Wise, M. – 488
Witherington, B. – 46, 60, 95, 500, 603, 640, 656
Wollaston, I. – 295
Wood, H. G. – 503
Wrede, W. – 13, 52, 80, 293, 298, 438, 526
Wright – 38, 40, 41, 49, 53, 59, 60, 63, 72, 82, 87, 89, 95, 113, 114, 140, 429, 467, 600, 601, 602, 603, 604
Wright, N. T. – 9, 25, 35, 39, 73, 114, 177, 227, 272, 338, 363, 428, 429, 453, 490, 500, 505, 600, 610, 678, 682
Wright, R. B. – 341
Wuellner, W. – 157

Y

Yarbrough, R. W. – 70
Yee, T. L. – 102
Yinger, K. L. – 61, 89, 105, 123, 125, 136, 140, 606, 661
Young, N. H. – 276, 395

Z

Zahl, P. F. M. – 49, 64, 74, 126
Zahn, T. – 336, 347, 348, 391, 464, 489
Zeller, D. – 629
Ziebritzki, H. – 25
Ziesler, J. A. – 112, 217, 322, 328, 329, 405, 471

Índice dos Textos Bíblicos

ANTIGO TESTAMENTO

Gênesis
Gn 2.1-10 – 61
Gn 2.3 – 171
Gn 2.11-14 – 61
Gn 2.14 – 62
Gn 3.6-9 – 84
Gn 3.13 – 650
Gn 6.18 – 612
Gn 9.4-6 – 612
Gn 9.9-17 – 612
Gn 9.13,15 – 242
Gn 11.7-8 – 354
Gn 12 – 390
Gn 12.1-3 – 614
Gn 12.3 – 176, 295, 380, 440, 491
Gn 12.7 – 390
Gn 13.15 – 70
Gn 13.15,17 LXX – 614
Gn 14.18-20 – 569
Gn 15 – 626
Gn 15.6 – 47, 84, 89, 90, 91, 119, 305, 307, 329, 330, 367, 416, 493, 494, 551, 562, 602, 614, 656
Gn 15.18 – 70, 614
Gn 17 – 90, 170, 234, 242, 243, 256, 456, 484, 626
Gn 17.1 – 535
Gn 17.1-21 – 614
Gn 17.8 – 70, 614
Gn 17.9-14 – 46, 61, 170, 191, 242, 456, 539, 614, 666
Gn 17.11 – 457

Gn 17.11,14 – 463
Gn 17.11-14 – 558
Gn 17.12 – 670
Gn 17.12-14 – 560
Gn 17.13 – 463
Gn 17.13-14 – 666
Gn 17.18-21 – 617
Gn 17.19-21 – 618
Gn 18.8 – 176
Gn 18.18 – 380
Gn 21.9 – 617
Gn 24.7 – 614
Gn 26.5 – 90, 221, 329
Gn 28.13-14 – 368
Gn 34 – 42, 300, 356, 517
Gn 35.16-18 – 671
Gn 38.24,26 – 112

Êxodo
Ex 7.12 – 636
Ex 9.27 – 308
Ex 12.49 – 221
Ex 13.10 – 351
Ex 18.20 – 596, 597
Ex 19.5 – 615
Ex 19.5-6 – 626
Ex 19-20 – 34
Ex 19s – 256
Ex 20 – 221
Ex 20.17 – 636
Ex 20.2s – 309, 531

Ex 20.3-6 – 539
Ex 20.4-5 – 300, 419
Ex 20.5 – 42, 355, 516, 676
Ex 20.8-11 – 171
Ex 23.7-8 – 308
Ex 23.14,17 – 351
Ex 24.7-8 – 615
Ex 31.12-17 – 539
Ex 31.16 – 615
Ex 31.16-17 – 351
Ex 31.18 – 635
Ex 32.15 – 635
Ex 32.16 – 428
Ex 34 – 623
Ex 34.1 – 428
Ex 34.1,4,28-29 – 623
Ex 34.6 – 554
Ex 34.6-7 – 561
Ex 34.10,12,15,27-28 – 623
Ex 34.12-16 – 300
Ex 34.14 – 42, 355, 419, 516, 676
Ex 34.23-24 – 351
Ex 34.28 – 615, 623
Ex 34.29-35 – 623
Ex 34.34 – 428, 624, 646
Ex 34.35 – 428

Levítico
Lv 5.22 – 400
Lv 10.5 – 217
Lv 11.1-23 – 170, 191
Lv 18.5 – 45, 83, 120, 121, 122, 125, 207, 208, 217, 418, 461, 531, 641, 651
Lv 3.12 – 83
Lv 19.15 – 308
Lv 19.18 – 400, 478, 638
Lv 19.18,34 – 312
Lv 20.22-26 – 67, 539, 592
Lv 20.24-26 – 223, 238, 601
Lv 20.26 – 67
Lv 23.4 – 351
Lv 25.1-7 – 351
Lv 26.15 – 615
Lv 26.46 – 221

Números
Nm 9.3 – 351
Nm 10.10 – 351
Nm 11.29 – 42
Nm 23.9 – 67, 191, 540, 592
Nm 25.6-8 – 676
Nm 25.6-13 – 42, 356, 517, 612, 675
Nm 25.10-13 – 300
Nm 25.11 – 42
Nm 25.11-13 – 42
Nm 25.12-13 – 626
Nm 28.11 – 351

Deuteronômio
Dt 1.7-8 – 70
Dt 4.1 – 121
Dt 4.1,10,40 – 262
Dt 4.1,5-6,13-14 – 248
Dt 4.8 – 221
Dt 4.9-10 – 629
Dt 4.13,23 – 615
Dt 4.23-24 – 676
Dt 4.23-4 – 300
Dt 4.24 – 42, 355, 516
Dt 4.31 – 262, 626
Dt 4.32-40 – 92
Dt 5 – 221
Dt 5.1 – 221
Dt 5.9 – 42
Dt 5.2-3 – 615
Dt 5.6 – 439
Dt 5.6s – 309
Dt 5.7-10 – 539
Dt 5.8-9 – 300, 419
Dt 5.9 – 355, 516, 676
Dt 5.12-15 – 171
Dt 5.15 – 351
Dt 5-28 – 235
Dt 5.29-33 – 262
Dt 5.32-33 – 121
Dt 6.1-2.18,24 – 262
Dt 6.4 – 533
Dt 6.6-7 – 629
Dt 6.10-12,20-23 – 92
Dt 6.14-15 – 300, 419, 676

Dt 6.15 – 355, 516
Dt 6.20-23 – 552
Dt 6.21 – 439
Dt 6.24 – 121
Dt 7.1-11 – 67
Dt 7.6-8 – 92, 439, 552
Dt 7.9,12 – 615
Dt 7.12 – 626
Dt 8.1 – 121
Dt 8.11-18 – 552
Dt 8.17-18 – 92
Dt 9.5 – 558
Dt 10.16 – 256, 624, 668
Dt 10.17 – 246
Dt 10.17-19 – 247
Dt 10.21 – 250
Dt 11.24 – 70
Dt 11.26 – 211
Dt 14.3-21 – 170, 191
Dt 15.11 – 312
Dt 21.23 – 208, 468, 503
Dt 21.23 – 491
Dt 24.10-22 – 124, 311
Dt 27.26 – 203, 204, 205, 206, 208, 210, 333, 348, 491, 653
Dt 27-28 – 85, 210
Dt 27-30 – 489, 490
Dt 28-30 – 468
Dt 28.58 – 653
Dt 29.28 – 653
Dt 29-30 – 379
Dt 29-31 – 626
Dt 30 – 468, 651
Dt 30.1,7 – 491
Dt 30.6 – 137, 256, 429, 668
Dt 30.10 – 221
Dt 30.11,14 – 651
Dt 30.11-14 – 248. 435, 651, 652
Dt 30.12-14 – 221
Dt 30.15-20 – 121, 211, 641
Dt 30.9-10 – 548
Dt 31.12 – 653
Dt 32.15 – 393
Dt 32.21 – 676
Dt 32.45-47 – 548

Dt 32.46 – 221, 653
Dt 32.8-9 – 236, 275, 298, 328, 354, 642, 671
Dt 33.2 – 275, 394
Dt 33.2-4 – 642

Josué
Js 1.3-4 – 70
Js 8.30-35 – 626
Js 24.19-20 – 300

Juízes
Jz 2.16-18 – 567
Jz 3.9-10; – 567

1 Samuel
1Sm 12.7 – 308, 576
1Sm 24.17 – 308, 529

2 Samuel
2Sm 23.5 – 626

1 Reis
1Rs 2.3 – 221
1Rs 8.39 – 576
1Rs 18 – 42, 517
1Rs 18.40 – 42, 300, 676
1Rs 19.10,14,40 – 356

2 Reis
2Rs 4.23 – 351

1 Crônicas
1Cr 16.14-22 – 92
1Cr 23.31 – 351

2 Crônicas
2Cr 2.4 – 351
2Cr 19.6-8 – 567
2Cr 19.7 – 246
2Cr 31.3 – 351

Esdras
Esd 7.6,10,12,14,26 – 221
Esd 8.17 – 263

Esd 9-10 – 222
Esd 10 – 238
Esd 10.11 – 67, 223
Esd 11 – 238

Neemias
Ne 8.14 – 221
Ne 9.14,34 – 221
Ne 9.29 – 121, 641
Ne 10.33 – 351
Ne 13.3 – 223, 238

Ester
Est 14.17 LXX – 341
Est 8.17 – 459

Jó
34.11 – 246

Salmos
Sl 5.11 – 250
Sl 7.7-8 – 569
Sl 8.7 – 578
Sl 9.17 – 44, 281, 340
Sl 27.2 – 281
Sl 28.3 – 224, 239
Sl 31.1 – 308, 365
Sl 35.24 – 308, 365
Sl 37.28 – 224, 239
Sl 44.21 – 576
Sl 50.16-20 – 340
Sl 50.16-21 – 250
Sl 51.14 – 365, 529
Sl 54.3 – 281
Sl 55.3 – 224, 239
Sl 58.11 – 567
Sl 62.12 – 246, 660
Sl 65.5 – 365, 529
Sl 71.15 – 308, 529
Sl 71.2,15 – 365
Sl 73.3 – 224, 239
Sl 81.3 – 351
Sl 82 – 567, 569
Sl 82.1 – 569
Sl 82.2 – 569

Sl 82.6 – 569
Sl 89.17 – 250
Sl 92.7 – 224, 239
Sl 96.10,13 – 567
Sl 98.2 – 365
Sl 103.10 – 31
Sl 104.35 – 224, 239
Sl 105.7-15 – 92
Sl 106 – 494
Sl 106.28-29 – 676
Sl 106.28-31 – 675
Sl 106.31 – 494, 494
Sl 109.2-7 – 340
Sl 110.1 – 571, 578
Sl 119.53,155 – 340
Sl 119.105 – 250
Sl 125.3 – 224, 239
Sl 139.1-2.23 – 576
Sl 143 – 80
Sl 143.2 – 31, 165, 178, 283
Sl 143.11 – 308, 365

Provérbios
Pr 3.1-2 – 121, 641
Pr 6.23 – 121, 641
Pr 15.11 – 576
Pr 24.12 – 246, 660

Isaías
Is 1.13-14 – 351
Is 1.2-9 – 581
Is 3.14-15 – 250
Is 5 – 311
Is 5.1-30 – 581
Is 5.23 – 308
Is 11.3 – 567
Is 13,9.13 – 566
Is 27.9 – 629
Is 28.11-12 – 636
Is 33.22 – 567
Is 34.8 – 566
Is 41.8-9 – 560
Is 42.6 – 560, 628
Is 42.6-7 – 250
Is 42.7 – 250, 527

Is 45.14 – 279
Is 45.8,21 – 365
Is 45.21 – 308
Is 46.13 – 365, 529
Is 48.12 – 560
Is 49.1 – 560
Is 49.1-6 – 295, 440, 520, 527, 250
Is 49.8 – 628
Is 51.2 – 560
Is 51.5,6,8 – 308, 365
Is 51.5-8 – 529
Is 52.7 – 364
Is 54.6 – 560
Is 55.3 – 628
Is 56.6 – 351. 539
Is 56.6-8 – 171
Is 59.20-21 – 628
Is 59.21 – 628, 629, 630
Is 60.5-17 – 279
Is 61.1-2 – 364
Is 61.6 – 279
Is 61.8 – 628
Is 62.1-2 – 308, 365, 529
Is 63.1,7 – 365
Is 65.17 – 480
Is 66.22 – 480

Jeremias
Jr 1.5 – 295, 440, 520, 527
Jr 2.33-35 – 581
Jr 4.4 – 624, 668
Jr 5.1-9 – 581
Jr 7.8-11 – 250
Jr 9.23-4 – 250
Jr 9.25-26 – 243, 456, 624, 668
Jr 17.10 – 246
Jr 31.31 – 635
Jr 31.31,33 – 429, 629
Jr 31.31-34 – 137, 612, 620, 623, 624, 629
Jr 31.31ss – 618
Jr 31.33 – 134, 429, 629
Jr 31.34 – 629
Jr 32.23 – 221
Jr 33.21 – 626

Ezequiel
Ez 1.26 – 504
Ez 7.2-27 – 581
Ez 7.7-12 – 566
Ez 11.8-11 – 567
Ez 11.19 – 623
Ez 16.38,42 – 42
Ez 18.5-9 – 124, 311
Ez 20.5-26 – 121, 641
Ez 20.11,13,21 – 418
Ez 20.11,13,21,25 – 461
Ez 22.6-12 – 250
Ez 24.3-14 – 581
Ez 36.6 – 42
Ez 36.26 – 134
Ez 36.26-27 – 137, 143, 623
Ez 36.26s – 134
Ez 36.27 – 629
Ez 38.19 – 42
Ez 44.7,9 – 668
Ez 44.9 – 238, 624
Ez 46.3,6-7 – 351

Daniel
Dn 1.3-16 – 238
Dn 1.8-16 – 170, 341
Dn 2 – 370
Dn 2.18-19. 27-30 – 371
Dn 4.27 – 278
Dn 7 – 370
Dn 7.9-11 – 566
Dn 7.9-14 – 570
Dn 7.13 – 504
Dn 7.13-14 – 570
Dn 7.18 – 560
Dn 7.22 – 571
Dn 8.24 – 560
Dn 9.16 – 308
Dn 9.16-18 – 31
Dn 10.3 – 238
Dn 12.2 – 370

Oseias
Os 2.11 – 351
Os 5.11-12 – 581

Os 6.5 – 581
Os 12.2 – 246

Joel
Jl 2.1-2 – 566
Jl 3.17 – 238

Amós
Am 5 – 311
Am 7.4 – 581
Am 8.4-14 – 581
Am 9.7 – 306

Miqueias
Mq 2.1-4 – 581
Mq 3 – 311
Mq 3.9-12 – 581
Mq 6.5 – 308
Habacuc
Hab 2.4 – 29, 83, 207, 208, 416
Hab 3.11 – 83

Sofonias
Sf 1.7-2.3 – 566
Sf 3.8 – 566

Zacarias
Zc 7.9-10 – 311, 312

Malaquias
Ml 3.1-2 – 569
Ml 3.5 – 250, 567
Ml 4.1,5 – 566

APÓCRIFOS DO ANTIGO TESTAMENTO

Baruc
Br 3.9 – 121, 641
Br 3.29-30 – 435
Br 3.36-4.4 – 225, 240, 262
Br 4.1 – 121, 435, 641
Br 4.1-4 – 192
Br 4.4 – 250

4 Esdras
4Esd 3.19 – 226, 241
4Esd 3.28-36 – 226, 241
4Esd 4.23-24 – 226, 241
4Esd 5.23-30 – 226, 241
4Esd 6.9 – 370
4Esd 6.55-59 – 226, 241
4Esd 7.12-13,50,113 – 370
4Esd 7.21 – 121, 641
4Esd 8.1 – 370
4Esd 8.12 – 250
4Esd 8.34-36 – 31
4Esd 9.31 – 226, 241
4Esd 10.38 – 371
4Esd 12.32-33 – 570
4Esd 13.10-11.37-38 – 570
4Esd 14.30 – 641
4Esd 14.5 – 371

Judite
Jt 9.2-4 – 42, 356, 517
Jt 9.4 – 300
Jt 10.5 – 170, 341
Jt 12.1-20 – 170, 341
Jt 12.2 – 238
Jt 19 – 238
Jt 30.5-20 – 300

1 Macabeus
1Mc 1.15 – 243, 483
1Mc 1.34 – 44, 281, 340, 676
1Mc 1.48,60-61 – 243, 456
1Mc 1.57 – 222, 236
1Mc 1.60-63 – 190, 263, 305, 318, 513, 540, 550, 591
1Mc 1.62-63 – 170, 341
1Mc 11.25 – 224, 239
1Mc 13.48 – 248
1Mc 14.14 – 224, 239
1Mc 2 – 494, 517
1Mc 2.16 – 274
1Mc 2.19-27 – 356
1Mc 2.19-28,49-64 – 419
1Mc 2.23-24 – 676

1Mc 2.23-26 – 300
1Mc 2.23-27 – 42
1Mc 2.26,27,50,58 – 356
1Mc 2.26,54 – 675
1Mc 2.26-27,50,58 – 222, 236
1Mc 2.27 – 300, 303, 660
1Mc 2.27,50 – 222, 236
1Mc 2.44 – 281
1Mc 2.44,48 – 44, 239, 340, 422, 676
1Mc 2.46 – 243, 456
1Mc 2.48 – 281
1Mc 2.52 – 89, 329, 425, 494, 562
1Mc 2.54 – 42, 300, 356, 517, 612, 626
1Mc 2.58 – 42, 300, 356, 517, 676
1Mc 2.67 – 248
1Mc 3.5-6 – 224, 239
1Mc 4.13 – 279
1Mc 7.5 – 224, 239
1Mc 9.23,58,69 – 224, 239

2 Macabeus
2Mc 1.2-4 – 222, 236
2Mc 2.17-18 – 614
2Mc 2.21 – 249, 263, 419, 512
2Mc 2.21-22 – 222, 236
2Mc 4.2 – 42, 222, 236, 356, 517
2Mc 4.13 – 419, 513
2Mc 5.15 – 222, 236
2Mc 6 – 419, 513
2Mc 6.10 – 243
2Mc 6.21,24 – 338
2Mc 7.2,9,11,37 – 222, 236
2Mc 8.1 – 249, 263, 419, 512, 514
2Mc 8.15 – 262, 626
2Mc 8.21 – 222, 236
2Mc 13.14 – 222, 236
2Mc 14.38 – 249, 263, 419, 512

Eclesiástico (Errata: cf. tb.*Sirácida*)
Eclo 11.9 – 567
Eclo 12.14 – 567
Eclo 16.12-14 – 246
Eclo 17.11 – 641
Eclo 17.11-17 – 222
Eclo 17.17 – 298

Eclo 24.23 – 222
Eclo 24.27 – 250
Eclo 28.7 – 222
Eclo 35.12-13 – 246
Eclo 39.8 – 222
Eclo 42.2 – 222
Eclo 44.17 – 689
Eclo 44.19-20 – 222
Eclo 45.5 – 641
Eclo 45.5,7,15,17.24-25 – 222
Eclo 45.17 – 250
Eclo 45.23-24 – 42, 612
Eclo 45.24 – 626
Eclo 48.2-3 – 42
Eclo 50.20 – 250

Tobias
Tb 1.10-12 – 238
Tb 1.10-13 – 170, 341
Tb 13.6 – 44, 224, 239, 340
Tb 13.11 – 279
Tb 4.9-11 – 247
Tb 4.10 – 279
Tb 8.15 – 560
Tb 12.9 – 279
Tb 14.10-11 – 279

Sabedoria
Sb 1.1 – 44
Sb 1.8 – 44
Sb 2.1-2 – 44
Sb 2.3 – 44
Sb 2-5 – 239, 263
Sb 2.23 – 122
Sb 5.15 – 122
Sb 6.18 – 122, 484
Sb 7.2 – 44
Sb 8.12-13 – 44
Sb 11-15 – 324
Sb 11.9-10 – 324, 581
Sb 12.22 – 324, 581
Sb 15.1ss – 247
Sb 15.1-6 – 247
Sb 15.2-3 – 250
Sb 16.9-10 – 324

Sb 18.4 – 250
Sb 18.9 – 560
Sb 16.9-10 – 581
Sb 17.5-8,23 – 44

PSEUDEPÍGRAFOS JUDAICOS, FLÁVIO JOSEFO, FÍLON

ApMos 13.3 – 370
ApMos 28.4 – 370
ApMos 41.3 – 370
ApMos 43.2 – 370

2 Baruc
2Br 13.8 – 246
2Br 14.13 – 370
2Br 15.8 – 370
2Br 44.4 – 246
2Br 44.11-15 – 370
2Br 48.22-24 – 250
2Br 50.2 – 370

1 Henoque
1Hen 1-5 – 286, 514
1Hen 1.1,7-9 – 44, 224, 239, 263
1Hen 5.6-7 – 44, 224, 239, 340
1Hen 12-16 – 568
1Hen 20.5 – 275, 354
1Hen 37-71 – 570
1Hen 49.4 – 570
1Hen 51.1-2 – 370
1Hen 55.4 – 570
1Hen 61.8-9 – 570
1Hen 63.8 – 246
1Hen 69.27 – 571
1Hen 82.4-5 – 340
1Hen 82.4-7 – 44, 224, 239, 352, 495, 542
1Hen 82.7,9 – 352
1Hen 90.20-27 – 566
1Hen 90.34-38 – 115
1Hen 91.7 – 567
1Hen 100.7 – 246
1Hen 103.2 – 371
1Hen 105.1 – 250

1Hen 106.19 – 371

2 Henoque
2Hen 23.1-5 – 568
2Hen 24.3 – 371
2Hen 40.13 – 568
2Hen 53.2 – 568
2Hen 64.5 – 568
2Hen 68.2 – 568

José e Asenet
JosAs 7.1 – 238, 341
JosAs 8.5 , 341
JosAs 28.3 – 246

Jubileus
Jub 1.4-5,9-10,12,14,29 – 222
Jub 1.15-25 – 115
Jub 1.23 – 668
Jub 1.29-2.1 – 394
Jub 2.9 – 352
Jub 2.21 – 222
Jub 4.17-24 – 568
Jub 5.10-16 – 566
Jub 5.16 – 246
Jub 5.17-18 – 247
Jub 6.4-16 – 222
Jub 6.32-35 – 44, 224, 239, 263, 352, 495, 542
Jub 6.35 – 280
Jub 12.1-21 – 91
Jub 14.17-20 – 222
Jub 15.4-16,19-21,25-29,34 – 222
Jub 15.25-34 – 242, 456, 463
Jub 15.30-32 – 298
Jub 15.31-32 – 275, 328, 354, 393, 643
Jub 15.34 – 280
Jub 16.14 – 222
Jub 16.17-18 – 274
Jub 17.15-18 – 329
Jub 18.16 – 329
Jub 19.8 – 329
Jub 19.29 – 222
Jub 20.3 – 222
Jub 21.4 – 246

Jub 22.14-15 – 629
Jub 22.16 – 67, 238, 263
Jub 23.16,26 – 224, 239
Jub 23.23-24 – 224, 239
Jub 30 – 42, 494
Jub 30.5-20 – 356
Jub 30.16 – 246
Jub 30.17 – 494
Jub 32.19 – 571
Jub 33.16-20 – 247
Jub 33.18 – 246
Jub 33.23-24 – 44, 340

3 Macabeus
3Mc 3.4 – 223, 238

4 Macabeus
4Mc 18.12 – 42, 356, 517, 675
4Mc 4.26 – 419, 512, 513
4Mc 6.15,17 – 338

Salmos de Salomão
SlSal 1.1 – 224, 239, 281
SlSal 2.1-2 – 224, 239, 281, 340, 422
SlSal 2-5 – 224
SlSal 2.18 – 246
SlSal 3 – 226, 241
SlSal 3.3-12 – 224, 239, 263
SlSal 3.4-16 – 581
SlSal 3.9 – 324
SlSal 4.8 – 224, 239, 340
SlSal 4.20,22 – 338
SlSal 5.7-9 – 324
SlSal 7.1 – 250
SlSal 7.1-10 – 581
SlSal 8.8-14 – 250
SlSal 8.13 – 280
SlSal 8.27-35 – 324
SlSal 8.27-40 – 581
SlSal 9.3-5 – 247
SlSal 9.10 – 262, 626
SlSal 9.11-15 – 324
SlSal 10 – 226, 241
SlSal 10.4 – 237
SlSal 11.1 – 364

SlSal 12.6 – 614
SlSal 12.18 – 247
SlSal 13 – 226, 241
SlSal 13.4,6,9 – 324
SlSal 13.4-11 – 581
SlSal 13.5-12 – 224, 239, 263
SlSal 13.6-11 – 226, 241, 262
SlSal 13.6-12 – 340
SlSal 15.1-13 – 224, 239
SlSal 16.11-15 – 324
SlSal 17.21-46 – 115
SlSal 17.22-25 – 224, 239
SlSal 17.28 – 223, 238
SlSal 18.5 – 629
SlSal 18.22 – 626

OrSib 3.195 – 250
OrSib 3.768-769 – 614

TestAbr [B] 11.1-4 – 568
TestAbr [A] 13.3-10 – 568
TestAbr [A] 13.6 – 571

TestMos 12.10 – 121

TestBen 10.8-10 – 567

TestLev 14.4 – 250
TestLev 14.4 – 251

Ant 12.271 – 42
Ant 13.257 – 459
Ant 20.34-48 – 460
Ant 20.43-45 – 664
Ant 20.41-42 – 664

Sirácida (Errata: cf. tb. *Eclesiástico*)
Sir 17.11 – 121
Sir 17.11-17 – 236
Sir 17.17 – 275, 328, 354, 393
Sir 24.23 – 225, 240
Sir 28.7 – 236
Sir 29.12 – 279
Sir 32.15 – 338
Sir 32.23 – 484

Sir 33.2 – 338
Sir 39.8 – 236
Sir 40.24 – 279
Sir 42.2 – 236
Sir 44.19-20 – 236
Sir 44.20 – 329
Sir 45.5 – 236
Sir 45.23-24 – 300, 356, 517, 675
Sir 48.2 – 300, 356
Sir 48.2-3 – 517

MANUSCRITOS DE QUMRAN

CD (Documento de Damasco)
1.4-8 – 115
1.4-5 – 222
1.5-8 – 490
1.13-21 – 224
1.14-17 – 336
1.15-18.20 – 237
2.11 – 260
3.2-4 –
3.2 – 247
3.10-16 – 237
3.14-15 – 352, 495
3.15-17 – 641
3.20 – 199, 641
4.3-4 –
4.7-10 –
6.2-5 –
6.2 – 262, 626
6.10.14 – 371
6.16-17 – 251
6.19 – 624
7.6 –
8.18 – 262, 626
8.21 – 624
10.14-11.18 – 192, 351
12.8-11 – 349
12.23 – 371
13.14-16 – 349
19.33-34 – 624
20.12 – 6224

1QH
4.30-32 – 552
9.26 – 492
10.8-19 – 224, 239
10.8-12 – 340
10.10.12 – 44
10.18-19 – 624
10.18 – 668
10.24 –
12.27-28 – 373
12.29-31 – 31
12.29-37 – 31
12.30-32 –
12.34 – 44
13.5-6 – 31
14.9 – 492
14.20-21 – 242
15.16-19 – 31
15.27 – 373
17.14-15 – 31
20.11-12 – 624
21.20 – 624
23.14 – 364
23.20 – 668

1QpHab
5.4-8 – 340
5.4 – 571
5.5 – 44
5.7 – 371
7.4-5 – 373
7.5 – 371
7.11 – 248
11.13 – 624, 668
12.4-5 – 248

1QM
3.2 – 560
3.5 – 560
4.10-11 – 560
11.3-4 – 31, 552
12.13-15 – 279
13.7 – 626
14.5 – 560
14.8 – 626

1QS
1.7-8 – 222, 237
1.8 – 689
1.14-15 – 352, 495
2.2 – 689
2.4-5 – 224, 239
3.6-12 – 135
3.8-12 – 193
3.9-11 – 689
3.13-4.26 – 380
3.23 – 371
4.6-8 – 122, 641
4.7 – 641
4.18 – 371
5.1-3 – 222, 237
5.5 – 624, 668
5.8 – 193
5.20-24 – 222, 304, 541
5.21.23 – 195, 346
6.18 – 195, 304, 541
8.4-9 – 346, 380
8.16-9.2 – 222
8.18 – 689
9.8-9.19 – 689
10.6-8 – 351, 352
11.2-3 – 109
11.11-15 – 31, 552

1Q28a/Sa
1.1 – 114
1.27 –

1QSb
3.2-4 – 560
4.27 – 250

4QFlor/4Q174
1.1-7 – 265, 304, 320, 346, 541
1.7 – 195

4QMMT – 346, 424, 457, 487

1Q507 – 31

4Q511 – 31

4QpNah
1.7-8 – 210, 468, 503

11QMelch
9.13 – 569
18 – 364

11QT
64.6-13 – 468, 503

NOVO TESTAMENTO

Mateus
Mt 3.9 – 306
Mt 5.16 – 124
Mt 5.17-20 – 99, 124
Mt 5.18-19 – 348, 461
Mt 5.3-4 – 364
Mt 5.43-48 – 312
Mt 5.47 – 44, 224, 239, 281, 340
Mt 6.1-6 – 125
Mt 7.6 – 665
Mt 8.10-12 – 306
Mt 10.41-42 – 125
Mt 11.19 – 44, 341, 401, 674
Mt 11.5 – 364
Mt 12.32 – 371
Mt 15.26-27 – 665
Mt 16.27 – 124, 246
Mt 16.27 – 570
Mt 19.17 – 484
Mt 19.28 – 570
Mt 22.40 – 99
Mt 23.15 – 665
Mt 25.31-32 – 570
Mt 25.34-40 – 125
Mt 27.52-53 – 370

Marcos
Mc 2.15-16 – 674
Mc 2.16 – 341
Mc 2.16-17 – 401
Mc 2.17 – 44
Mc 2.23-3.5 e par. – 351
Mc 3.6 – 500
Mc 8.38 – 570
Mc 10.17 e par. – 122
Mc 10.30 – 371
Mc 10.45 par. – 344
Mc 12.28-31 e par. – 638
Mc 12.36 e par. – 571
Mc 13.13 – 125
Mc 14.62 – 570
Mc 14.62 e par. – 571
Mc 13.26-27 – 570

Lucas
Lc 1.6 – 677
Lc 4.18 – 364
Lc 6.20-21 – 364
Lc 6.33 – 44, 224, 239, 281, 340
Lc 7.22 – 364
Lc 7.34 – 341, 401
Lc 9.26 – 570
Lc 12.8-9 e par. – 146
Lc 10.28 – 124
Lc 15 – 144
Lc 15.2 – 674
Lc 19.1-9 – 124
Lc 20.34-35 – 371
Lc 22.20 – 619

João
Jo 3.36 – 125
Jo 5.24 – 125
Jo 5.22,27 – 578
Jo 5.27 – 571
Jo 5.28-19 – 124
Jo 5.29 – 94
Jo 6.28-29 – 595
Jo 6.47-48,53-54 – 125
Jo 10.28 – 125
Jo 10.34-35 – 570
Jo 17.2-3 – 125

Atos
At 1.21-22 – 285
At 2.34-35 – 571
At 6.11,13-14 – 508
At 6.13 – 389
At 6.14 – 286
At 7 – 286, 508
At 7.8 – 456
At 7.20-25,35-38,53 – 508
At 7.38,53 – 275, 394

At 7.47-49 – 508
At 7.58 – 501
At 7.38,53 – 286
At 8.1 – 501
At 9 – 43, 519
At 9.2 – 466
At 9.5 – 504
At 9.6 – 519
At 9.15 – 301, 519, 527
At 9.22 – 503
At 9.22,26 – 502
At 10 – 540, 592
At 10.10-16,28 – 540
At 10-11 – 43, 68, 342
At 10.11-16 – 68
At 10.14 – 342
At 10.14-15,28 – 601
At 10.28 – 68
At 10.36 – 364
At 10.42 – 566, 578
At 10.44-48 – 272
At 11.2 – 231, 560
At 11.2-17 – 422
At 11.3 – 342, 455
At 11.5-10 – 68
At 11.15-18 – 272
At 11.19-21 – 43
At 11.20 – 420, 422
At 11.26 – 467, 500
At 13.1 – 284
At 13.2-3 – 285
At 14.4,14 – 285
At 15 – 77
At 15.1,5 – 66
At 15.5 – 665, 674
At 15.7-11 – 668
At 16.3 – 469
At 17.31 – 578
At 21.20 – 355, 507
At 22 – 519
At 22.3 – 43, 500, 514, 674
At 22.4 – 466
At 22.7 – 504
At 22.8 – 466
At 22.10 – 527

At 22.14-15 – 301
At 22.15 – 519
At 22.21 – 519
At 24.5,14 – 466
At 24.14 – 466
At 26 – 519
At 26.5 – 514, 674
At 26.9 – 466
At 26.14 – 292, 501
At 26.16-18 – 301, 519, 527
At 26.14 – 504
At 27.26,29 – 470

Romanos
Rm 1.1-2 – 366
Rm 1.1s – 324
Rm 1.3-4 – 370
Rm 1.4 – 370
Rm 1.5 – 123, 130, 131, 136, 531
Rm 1.5,8 – 684
Rm 1.7 – 560, 627
Rm 1.9 – 366
Rm 1.16 – 55, 74, 378, 532
Rm 1.16-17 – 365
Rm 1.16-18 – 113
Rm 1.17 – 11, 48, 289, 365, 510, 553, 563
Rm 1.18 – 253, 321, 324
Rm 1.18-3.18 – 635
Rm 1.18-3.20 – 66, 257, 322, 326, 658, 648
Rm 1.18-31 – 210
Rm 1.18-32 – 247, 321, 429
Rm 1.18ss – 257
Rm 1.19,21,28 – 649
Rm 1.21-22 – 473
Rm 1.32 – 97, 634, 649
Rm 2 – 124, 429, 438
Rm 2 – 59, 88, 140, 201, 228, 245, 246, 252, 254, 255, 257, 258, 259, 323, 429, 436, 532
Rm 2.1 – 321, 324, 328, 549
Rm 2.1ss – 324
Rm 2.1-11 – 246, 248, 253, 635
Rm 2.1-3 – 247
Rm 2.1-3,9,12-13,21-27 – 429

Rm 2.1-3.18 – 549
Rm 2.1-3.20 – 327, 581
Rm 2.2 – 566
Rm 2.2-11 – 579
Rm 2.2-16 – 582
Rm 2.3 – 324
Rm 2.4,9-11,13-16,17-20,25 – 429
Rm 2.5 – 324, 581, 566
Rm 2.5-13.15-16 – 573
Rm 2.6 – 140, 247, 604
Rm 2.6-7 – 561, 660
Rm 2.6-7, 9-10 – 583
Rm 2.6-10 – 94
Rm 2.6-11 – 124, 128, 138, 140
Rm 2.6-13 – 583
Rm 2.6-16 – 531, 582
Rm 2.7 – 125, 140, 140
Rm 2.7-10 – 134, 606
Rm 2.8-9 – 585
Rm 2.12 – 197, 248, 325, 635, 648
Rm 2.12,14 – 302, 549
Rm 2.12,17-18 – 221
Rm 2.12-13 – 430, 442, 583
Rm 2.12-14 – 228, 443
Rm 2.12-15 – 430
Rm 2.12-16 – 97, 248, 249, 253, 325, 402, 442, 648
Rm 2.12-16.26-29 – 140
Rm 2.12ss. – 218, 258, 404
Rm 2.13 – 92, 221, 208, 257, 407, 573, 598, 605
Rm 2.13-15 – 201
Rm 2.13-15,25,27 – 403
Rm 2.14 – 140, 248, 322, 325, 478
Rm 2.14s – 258
Rm 2.14,26-27 – 430
Rm 2.14-15 – 140
Rm 2.14-15,26 – 649
Rm 2.14-15,26-27 – 188, 202, 206
Rm 2.15 – 322
Rm 2.16 – 257, 258, 430, 567, 578, 579, 583, 605, 684
Rm 2.17 – 249, 328, 429
Rm 2.17,23 – 88, 302, 510, 555, 666
Rm 2.17-20 – 39, 302, 328, 510, 555

Rm 2.17-20,23 – 197
Rm 2.17-23 – 38, 103, 228
Rm 2.17-24 – 202, 249, 253, 325, 669, 672
Rm 2.17-27 – 635
Rm 2.17-29 – 181, 274, 403, 550, 585, 658
Rm 2.18 – 135, 250
Rm 2.18ss – 248
Rm 2.19 – 250, 252
Rm 2.21-23 – 202
Rm 2.21-27 – 323
Rm 2.23 – 251, 328, 509
Rm 2.25 – 252, 407
Rm 2.25-3.1 – 232
Rm 2.25-7 – 252
Rm 2.25-9 – 252, 253
Rm 2.25-27 – 337, 539, 557
Rm 2.25-29 – 197, 228, 325
Rm 2.26 – 251, 319
Rm 2.26-27 – 124, 208, 599
Rm 2.26-29 – 133, 140, 199, 410
Rm 2.28 – 198, 199, 410, 463, 558
Rm 2.28-29 – 137, 252, 322, 333, 646, 668
Rm 2.29 – 202
Rm 3 – 258, 302, 545
Rm 3.1 – 253, 532
Rm 3.1-2 – 680, 683
Rm 3.1-6 – 581
Rm 3.1-8 – 255, 406
Rm 3.1-8,21-26 – 416
Rm 3.1-9 – 208
Rm 3.1-20 – 429
Rm 3.2 – 256
Rm 3.3 – 253, 499
Rm 3.3-4 – 324, 581
Rm 3.3-5 – 30
Rm 3.3-6 – 113, 579
Rm 3.4 – 258
Rm 3.4-6 – 535, 574, 581
Rm 3.6 – 579
Rm 3.6,19 – 473
Rm 3.7 – 224
Rm 3.7-8 – 535

Rm 3.9 – 253, 257
Rm 3.9-18 – 144
Rm 3.9ss – 257
Rm 3.10-18 – 322, 635, 665
Rm 3.10-19 – 636
Rm 3.11 – 576
Rm 3.18 – 549
Rm 3.19 – 273, 322, 328, 402, 549, 566, 658
Rm 3.19-20 – 196, 328, 548, 649
Rm 3.19-21 – 197, 218
Rm 3.19s – 257
Rm 3.20 – 31, 80, 83, 86, 97, 104, 178, 228, 316, 321, 322, 323, 326, 330, 390, 402, 441, 509, 532, 546, 550, 574, 648, 654, 658
Rm 3.20,27-28 – 410, 545
Rm 3.20,27a,28 – 403
Rm 3.20,28 – 94, 487, 598, 653
Rm 3.20ss – 321
Rm 3.21 – 98, 273, 366, 402, 407, 430, 583, 595, 605
Rm 3.21-4.22 – 533
Rm 3.21,27b,31 – 403
Rm 3.21-26 – 65, 327, 328, 533
Rm 3.21ss – 255
Rm 3.22 – 299, 532
Rm 3.23 – 321
Rm 3.24 – 573
Rm 3.26 – 573
Rm 3.27 – 39, 88, 92, 94, 207, 219, 301, 328, 330, 407, 430, 433, 509, 510, 522, 533, 555, 637, 652
Rm 3.27ss. – 218, 327
Rm 3.27-4.22 – 128
Rm 3.27-4.25 – 327
Rm 3.27-9– 250
Rm 3.27-28 – 89, 92, 197, 198, 547, 551, 637
Rm 3.27-29 – 659, 666
Rm 3.27-30 – 39, 40, 444, 446, 510
Rm 3.27,31 – 201
Rm 3.27-31 – 98, 99, 219, 227, 445, 522, 533, 551, 637
Rm 3.28 – 40, 55, 101, 201, 304, 306, 551, 522, 595, 659
Rm 3.29 – 465, 523, 533
Rm 3.29-30 – 40, 92, 302, 328, 446, 551
Rm 3.30 – 89, 91, 251, 319, 337, 366, 455, 537, 539, 557, 573, 599, 667
Rm 3.30-31 – 551
Rm 3.31 – 131, 137, 407, 430, 432, 438, 447, 508, 551, 598, 636, 637
Rm 4 – 128, 184, 234, 245, 293, 329, 366, 375, 416, 430, 562, 614, 636
Rm 4.1 – 235
Rm 4.1-5 – 92
Rm 4.1-8 – 92
Rm 4.1,10,40 – 221
Rm 4.2 – 92, 94, 197, 198, 301, 574
Rm 4.2,6 – 94, 101, 330, 547, 653
Rm 4.3 – 89, 92
Rm 4.3-22 – 602
Rm 4.4-5 – 82, 86, 89, 94, 102, 216, 255, 305, 329, 331, 430, 439, 445, 446, 509, 525, 531, 554, 558, 563, 659
Rm 4.5 – 216, 573
Rm 4.5,7-8 – 224
Rm 4.5-5 – 445
Rm 4.6 – 93
Rm 4.6-8 – 92
Rm 4.7-8 – 93, 442
Rm 4.8 – 235
Rm 4.9 – 251, 319, 455, 599
Rm 4.9-11 – 90
Rm 4.9-12 – 337, 539, 557, 659
Rm 4.9-18 – 92
Rm 4.13ss. – 218
Rm 4.11 – 299, 457, 532
Rm 4.11-12 – 456
Rm 4.12 – 234
Rm 4.12,16 – 367
Rm 4.13 – 70
Rm 4.13-14 – 627
Rm 4.13-15 – 403
Rm 4.13-16 – 93
Rm 4.14,16 – 197
Rm 4.15 – 97, 402, 441, 442, 648
Rm 4.16 – 403, 600
Rm 4.16-18 – 641

Rm 4.16-21 – 682
Rm 4.17 – 439, 537
Rm 4.17-21 – 131
Rm 4.18-22 – 329
Rm 4.25 – 574, 575
Rm 4.32-40 – 529
Rm 5 – 432
Rm 5.1 – 101, 119, 120, 144, 145, 293, 574
Rm 5.1-5 – 66
Rm 5.1,9,11.17-18,21 – 684
Rm 5.2 – 683
Rm 5.2-3 – 221, 235
Rm 5.4 – 136
Rm 5.5 – 471
Rm 5.9 – 442, 574
Rm 5.9-10 – 101, 557, 575, 576, 580
Rm 5-8 – 255
Rm 5.10 – 147, 575
Rm 5.12 – 431
Rm 5.12-13 – 473
Rm 5.12-21 – 403, 405, 406, 410, 432, 537
Rm 5.13 – 97, 402, 441, 442, 444, 648
Rm 5.13,20 – 635
Rm 5.13-14 – 431
Rm 5.18 – 574
Rm 5.20 – 98, 201, 218, 390, 403, 404, 406, 432, 433, 441, 443, 444, 649
Rm 5.20-21 – 404, 431
Rm 5.29-33 – 221, 235
Rm 6.1-2,18,24 – 221, 235
Rm 6.3 – 40
Rm 6.3-4 – 582, 687
Rm 6.3-6 – 370
Rm 6.4 – 125, 686
Rm 6.4b – 149
Rm 6.5 – 147, 574, 687
Rm 6.5-8 – 557
Rm 6-8 – 383
Rm 6.9 – 166, 370
Rm 6.10-12,20-23 – 529
Rm 6.12-19 – 135
Rm 6.14-15 – 373, 374, 404
Rm 6.18-19 – 123, 440
Rm 6.22-23 – 146

Rm 7 – 98, 292, 404, 432, 501
Rm 7.1 – 636
Rm 7.1-6 – 432
Rm 7.2 – 221
Rm 7.4 – 582
Rm 7.4-6 – 370, 687
Rm 7.5 – 98, 373, 441, 650
Rm 7.6 – 135, 199, 433, 686
Rm 7.6-8 – 529
Rm 7.6b – 149
Rm 7.7 – 98, 402, 433, 438, 636, 650
Rm 7.7-11 – 201, 443
Rm 7.7-12 – 636
Rm 7.7-13 – 404, 433, 444
Rm 7.7-8.4 – 404, 405, 406, 432, 443, 444
Rm 7.7-25 – 98, 650
Rm 7.9-11 – 444
Rm 7.11 – 650
Rm 7.12 – 201, 441, 683
Rm 7.12-13 – 221, 235, 432
Rm 7.12-14 – 637
Rm 7.13 – 97, 402, 441, 442, 648
Rm 7.13-23 – 637
Rm 7.14-17 – 404
Rm 7.14-25 – 219, 228, 292
Rm 7.18-20 – 405
Rm 7.21,3 – 405
Rm 7.21-23 – 405
Rm 7.21-8.4 – 405
Rm 7.22 – 407
Rm 7.22,25 – 433, 501
Rm 7.23 – 219, 637
Rm 7.23,25 – 97, 405, 650
Rm 7.25 – 684
Rm 8.1-2 – 687
Rm 8.1-4 – 98, 585
Rm 8.2a – 405
Rm 8.2 – 29, 97, 219, 407, 433, 441, 471, 637, 650, 652, 686
Rm 8.2,6,10 – 125
Rm 8.2-3 – 405
Rm 8.2-4 – 218
Rm 8.3 – 582
Rm 8.3-4 – 406, 407, 433
Rm 8.4 – 99, 124, 133, 135, 137, 149, 201,

333, 374, 405, 432, 433, 447, 508, 598, 638, 650
Rm 8.4,13 – 139
Rm 8.7 – 333
Rm 8.8 – 333
Rm 8.9 – 373
Rm 8.9,14 – 272
Rm 8.11 – 557, 574, 687
Rm 8.11,23 – 147
Rm 8.12-13 – 448
Rm 8.13 – 125, 135, 584
Rm 8.13,17 – 585
Rm 8.15,23 – 376, 627
Rm 8.17 – 147, 584
Rm 8.18-23 – 383, 411
Rm 8.19,23,25 – 471
Rm 8.19-22 – 480
Rm 8.21 – 480
Rm 8.23 – 101, 376, 471, 474, 557
Rm 8.24 – 557, 575
Rm 8.24-25 – 101
Rm 8.25-32 – 248
Rm 8.27 – 576
Rm 8.27-28 – 560
Rm 8.27-33 – 627
Rm 8.28 – 166
Rm 8.28-39 – 585
Rm 8.29 – 147
Rm 8.31-34 – 144
Rm 8.31-39 – 579
Rm 8.33 – 573, 574, 585, 627
Rm 8.33-34 – 106, 575
Rm 8.34 – 571, 580, 583
Rm 8.37 – 684
Rm 9 – 256, 258
Rm 9.1 – 581
Rm 9.1-3 – 327
Rm 9.1,16 – 102
Rm 9.3-5 – 626
Rm 9.4 – 407, 435, 441, 609, 627, 629
Rm 9.4-5 – 368, 434, 671, 680
Rm 9.4-6 – 163
Rm 9.6 – 224
Rm 9.6-10.13 – 114
Rm 9.6-13 – 184, 434
Rm 9.6-8 – 306
Rm 9.7-11.24 – 561
Rm 9.7-12 – 631
Rm 9.7-13 – 558
Rm 9.8 – 333
Rm 9.8,11 – 199
Rm 9.9-11 – 306
Rm 9-10 – 209
Rm 9-11 – 253, 255, 286, 368, 416, 434, 434, 436, 547, 584, 627, 630, 672, 683
Rm 9.11-12 – 82, 86, 93
Rm 9.12 – 93, 330, 659
Rm 9.12,32 – 94, 101, 653
Rm 9.13-24 – 672
Rm 9.16 – 94
Rm 9.22 – 581
Rm 9.25,26 – 612
Rm 9.27-29 – 581
Rm 9.30ss – 83
Rm 9.30-10.4 – 40, 219, 228, 331, 523
Rm 9.30-10.12 – 650
Rm 9.30-10.13 – 533
Rm 9.30-32 – 101, 306, 444, 534, 549, 551
Rm 9.31 – 219, 651, 652
Rm 9.31-10.5 – 218
Rm 9.31-32 – 201, 207, 407, 435, 599
Rm 9.32 – 40, 99, 200, 410, 523, 545, 652, 659
Rm 9.32-33 – 441
Rm 9.33-10.4 – 651
Rm 10 – 140
Rm 10.2 – 41, 355
Rm 10.2-3 – 331, 410, 523
Rm 10.3 – 41, 199, 250, 254, 299, 509, 510, 534, 534, 535, 555
Rm 10.3-5 – 99
Rm 10.4 – 161, 188, 219, 299, 389, 410, 431, 434, 435, 507, 408, 525, 532, 534, 647
Rm 10.4,9-10 – 652
Rm 10.5 – 221, 651
Rm 10.5-13 – 221
Rm 10.6-10 – 99, 651, 652
Rm 10.8 – 652

Rm 10.9 – 370
Rm 10.11-13 – 534
Rm 10.12 – 74
Rm 10.15 – 364
Rm 10.21 – 612
Rm 10.40 – 235
Rm 11 – 163
Rm 11.1 – 500, 628, 671, 680
Rm 11.1-2 – 612
Rm 11.2 – 40
Rm 11.5 – 581
Rm 11.5,7,28 – 627
Rm 11.6 – 94, 102, 306, 330, 547, 653, 607, 659
Rm 11.7-10 – 435
Rm 11.7-10,25,28,31 – 581
Rm 11.7-12,25-31 – 672
Rm 11.13 – 458
Rm 11.13-15 – 371, 377
Rm 11.15 – 574
Rm 11.16 – 101
Rm 11.16-24 – 368, 376, 585, 628, 669
Rm 11.21-22 – 584
Rm 11.25 – 70, 377
Rm 11.25-27 – 628
Rm 11.25-32 – 115, 368
Rm 11.26 – 434, 575, 629
Rm 11.26,31-32 – 434
Rm 11.27 – 609, 629
Rm 11.28-32 – 581, 585
Rm 11.29 – 434
Rm 11.32 – 639
Rm 12.1-15.6 – 228
Rm 12.2 – 135, 136
Rm 12.9-13.10 – 124
Rm 12.9-21 – 129, 312
Rm 12.14-21 – 447
Rm 13.3 – 561
Rm 13.8-10 – 98, 99, 187, 201, 219, 333, 407, 447, 598, 604, 638
Rm 13.9 – 447, 478, 485, 636
Rm 13.9-10 – 638
Rm 13.10 – 201
Rm 13.11 – 101, 147, 575
Rm 13.11-12 – 371

Rm 13.13 – 516
Rm 14 – 135, 437, 601
Rm 14.10 – 566, 579
Rm 14.1-15.6 – 70, 228
Rm 14.1-15.7 – 124
Rm 14.1-15.9 – 312
Rm 14.2,5 – 228
Rm 14.13-21 – 615
Rm 14.14 – 67
Rm 14.14,20 – 377, 378
Rm 14.15 – 585
Rm 14.23 – 131, 140, 682
Rm 14-15 – 436, 441
Rm 15 – 663
Rm 15.1-3 – 638
Rm 15.1-8 – 401
Rm 15.2 – 638
Rm 15.2-3,7-8 – 344
Rm 15.5 – 99
Rm 15.7 – 70
Rm 15.7-12 – 441
Rm 15.8 – 53
Rm 15.9 – 449
Rm 15.9-12 – 70
Rm 15.10,11 – 612
Rm 15.18 – 123, 136
Rm 15.19 – 366
Rm 16 – 234
Rm 16.19 – 136
Rm 16.20 – 627
Rm 16.25-27 – 70
Rm 16.27 – 684

1 Coríntios
1Cor 1.12 – 12
1Cor 1.18 – 101, 147, 575
1Cor 1.20 – 371
1Cor 1.20-21 – 473
1Cor 1.23 – 468, 502, 506
1Cor 1.27-28 – 627
1Cor 1.29,31 – 103
1Cor 1.30 – 147
1Cor 1.7 – 471
1Cor 1.8 – 145, 567
1Cor 2.12 – 473

1Cor 2.6,8 – 371
1Cor 2.6-8 – 473
1Cor 2.7 – 371
1Cor 3.3 – 516
1Cor 3.6-8 – 376
1Cor 3.8 – 124
1Cor 3.8,14 – 660
1Cor 3.10-15 – 576, 583
1Cor 3.11-15 – 139
1Cor 3.13 – 567
1Cor 3.13-15 – 567, 604, 605
1Cor 3.14 – 125
1Cor 3.14-15 – 125
1Cor 3.15 – 101
1Cor 3.17 – 135
1Cor 4.1 – 463
1Cor 4.4 – 663
1Cor 4.5 – 567, 576
1Cor 4.9 – 371
1Cor 4.15 – 376, 392
1Cor 5.5 – 567
1Cor 5.13 – 579
1Cor 6.2 – 473, 572
1Cor 6.9.19 – 40
1Cor 6.9-10 – 397
1Cor 6.9-11 – 471
1Cor 6.11 – 574, 663
1Cor 6.17 – 376
1Cor 7.7-20 – 451
1Cor 7.17-20 – 46, 647
1Cor 7.19 – 96, 99, 100, 124, 126, 137, 453, 475, 482, 508, 646, 647
1Cor 7.19a – 437
1Cor 7.19b – 447
1Cor 7.29-31 – 371
1Cor 7.31-34 – 473
1Cor 8.6 – 366
1Cor 9 – 436
1Cor 9.1 – 285, 502, 519, 527
1Cor 9.3 – 463
1Cor 9.8-9 – 634
1Cor 9.12 – 366
1Cor 9.19-23 – 182, 377, 437
1Cor 9.20 – 197, 634
1Cor 9.20-21 – 197, 278, 469

1Cor 9.21-22 – 286
1Cor 9.24 – 690
1Cor 9.24-25 – 125
1Cor 9.24-27 – 135, 654
1Cor 9.27 – 585, 690
1Cor 10.7 – 612
1Cor 10.12 – 135
1Cor 10.14-22 – 620
1Cor 10.18 – 463, 620
1Cor 11.14 – 463
1Cor 11.16 – 136
1Cor 11.17-32 – 620
1Cor 11.25 – 609, 619, 630
1Cor 11.27-29 – 135
1Cor 14.21 – 612, 636
1Cor 14.21.34 – 634
1Cor 15.1-12 – 381
1Cor 15.2 – 125, 139, 146, 575, 584
1Cor 15.3 – 503
1Cor 15.7-11 – 285
1Cor 15.8 – 371, 502, 519
1Cor 15.8-10 – 527
1Cor 15.8-9 – 380
1Cor 15.9 – 419
1Cor 15.10 – 146
1Cor 15.50 – 397
1Cor 15.17 – 370
1Cor 15.20,23 – 474
1Cor 15.24-28 – 578
1Cor 15.25 – 571
1Cor 15.44-50 – 147
1Cor 15.49 – 147, 687
1Cor 15.56 – 97, 634, 441
1Cor 15.57 – 684

2 Coríntios
2Cor 1.9 – 670
2Cor 1.14 – 567
2Cor 1.20 – 684
2Cor 1.21-22 – 471
2Cor 2.9 – 136
2Cor 2.12 – 366
2Cor 2.14-17 – 622
2Cor 2.14-3.1 – 622
2Cor 2.15 – 101, 147, 575

2Cor 2.16 – 622
2Cor 2.17– 622
2Cor 3 – 97, 201, 428, 622, 625
2Cor 3.1 – 622
2Cor 3.1-6 – 624
2Cor 3.3 – 622, 429, 623
2Cor 3.3,6 – 137
2Cor 3.3,7 – 428
2Cor 3.3-11 – 635
2Cor 3.5 – 622
2Cor 3.5-14 – 621
2Cor 3.6 – 429, 619, 622, 623, 630, 646
2Cor 3.6,14 – 428, 609
2Cor 3.6-7 – 199
2Cor 3.7,8,9 – 622
2Cor 3.7-9 – 428
2Cor 3.7,11,13,14 – 428
2Cor 3.7-11 – 623
2Cor 3.9-11 – 428
2Cor 3.13 – 622, 645
2Cor 3.14 – 619
2Cor 3.16 – 624
2Cor 3.16-18 – 429
2Cor 3.18 – 136, 147, 148, 624, 645
2Cor 4.1 – 622
2Cor 4.4 – 371, 473
2Cor 4.4-6 – 371, 502, 504, 505
2Cor 4.12 – 125
2Cor 4.14 – 166
2Cor 4.16 – 136, 688
2Cor 4.16-5.5 – 147, 148, 687
2Cor 4.17-18 – 147
2Cor 5.10 – 94, 124, 128-129, 142, 246, 566, 576, 579, 582-583, 604, 605, 606, 660
2Cor 5.16-21 – 370
2Cor 5.17 – 148, 370, 480
2Cor 5.17-21 – 377
2Cor 5.19 – 473
2Cor 6.1 – 139
2Cor 6.16 – 612
2Cor 7.7 – 516
2Cor 7.10 – 473
2Cor 8.23 – 285
2Cor 9 – 124
2Cor 9.2 – 516

2Cor 9.6-12 – 312
2Cor 9.8 – 124, 561, 660
2Cor 9.9-10 – 124
2Cor 9.13 – 366
2Cor 10.14 – 366
2Cor 10.5-6 – 136
2Cor 11.2 – 145, 376, 516, 673
2Cor 11.13 – 666
2Cor 11.15 – 124
2Cor 11.22 – 671, 680
2Cor 11.24 – 286
2Cor 11.32 – 395
2Cor 12.20 – 516
2Cor 12.21 – 135
2Cor 13.4 – 147
2Cor 13.5 – 135

Gálatas
Gl 1 – 420
Gl 1 1-18 – 342
Gl 1.3-14 – 42
Gl 1.4 – 271, 370, 410, 427, 474, 644
Gl 1.5 – 334
Gl 1.6 – 378, 585
Gl 1.6,15 – 470
Gl 1.6-7 – 266, 336
Gl 1.6-7,10 – 467
Gl 1.6-9 – 269, 271, 335, 372
Gl 1.7 – 366
Gl 1.11-2,10 – 269
Gl 1.12 – 287
Gl 1.12,15-16 – 474
Gl 1.12,16 – 76, 371, 376, 427, 543
Gl 1.13 – 497, 511, 518, 675
Gl 1.13.23 – 42
Gl 1.13-14 – 32, 286, 292, 294, 300, 331, 333, 356, 380, 419, 458, 499, 502, 505, 511, 512, 514, 515, 518, 526, 535, 536, 678
Gl 1.13-16 – 419, 420, 511, 515, 519, 520, 527, 536, 593
Gl 1.14 – 43, 206, 287, 299, 355, 419, 507, 515, 516, 675, 678, 680
Gl 1.15 – 295, 489
Gl 1.15-16 – 43, 211, 214, 271, 272, 287,

301, 380, 381, 419, 440, 458, 512, 520, 527, 536
Gl 1.16 – 266, 502, 504
Gl 1.17 – 76, 421
Gl 1.21-23 – 76
Gl 1.22-23 – 511
Gl 1.23 – 419, 511
Gl 2 – 191, 200, 212, 550, 591
Gl 2.1-10 – 77, 164, 206, 278, 283, 285, 304, 421, 493, 522, 589, 656
Gl 2.1-10,11-14 – 550
Gl 2.1-12 – 37
Gl 2.1-14 – 190, 318
Gl 2.1-16 – 60, 75
Gl 2.2 – 79, 283
Gl 2.2,6,9 – 335
Gl 2.11 – 164, 336
Gl 2.11-14 – 32, 78, 266, 278, 285, 317. 358, 420, 421, 458, 461, 496, 543, 522. 589, 656, 674
Gl 2.11-15 – 304, 493
Gl 2.11-16 – 128, 268, 472, 527
Gl 2.11-17 – 70, 336, 350, 359
Gl 2.11-18 – 32, 191, 206, 398, 666
Gl 2.11-21 – 69, 657
Gl 2.12 – 37, 46, 47, 67, 68, 231, 278, 336, 337, 489, 496, 542, 550, 551, 560, 656, 667
Gl 2.12 – 451
Gl 2.12-13 – 165, 345, 601
Gl 2.12-14 – 20, 176, 271, 550
Gl 2.12a – 286
Gl 2.13 – 337, 338
Gl 2.13,14,25,26 – 87
Gl 2.14 – 37, 47, 83, 94, 165, 183, 266, 280, 281, 332, 338, 339, 347, 354
Gl 2.14-15 – 353
Gl 2.14-16 – 280, 365, 401, 682
Gl 2.14-21 – 269
Gl 2.14ss – 285
Gl 2.15 – 44, 87, 110, 224, 239, 271, 273, 305, 318, 327, 340, 344, 422, 426, 439, 676
Gl 2.15-16 – 79, 101, 165, 422, 423, 424, 444, 522, 550, 563

Gl 2.15-17 – 68
Gl 2.15ss – 75
Gl 2.16 – 28, 31, 36, 37, 46, 47, 60, 63, 69, 75, 76, 79, 80, 81, 82, 86, 94, 164, 167, 168, 173, 174, 177, 178, 181, 183, 196, 202, 206, 207, 267, 271, 273, 282, 304, 317, 330, 331, 332, 344, 345, 365, 395, 398, 410, 422, 425, 472, 487, 492, 494, 509, 532, 542, 545, 546, 550, 588, 589, 591, 592, 594, 595, 598, 607, 634, 653, 654, 656, 658
Gl 2.16,19,21 – 390
Gl 2.16-17 – 574
Gl 2.16-3.10 – 548
Gl 2.16a – 266
Gl 2.16bc – 267
Gl 2.16s – 319
Gl 2.17 – 44, 45, 96, 147, 319, 343, 344, 422, 426
Gl 2.17-20,23 – 88
Gl 2.17-21 – 400
Gl 2.17-29 – 88
Gl 2.18 – 96
Gl 2.18-20 – 269
Gl 2.19 – 96, 147, 370, 376, 526, 639, 657
Gl 2.19,21 – 396
Gl 2.19-20 – 66
Gl 2.19-21 – 271, 319, 507
Gl 2.19-3.1 – 469
Gl 2.20 – 66, 146, 180, 422, 467, 477, 686
Gl 2.21 – 212, 213, 266, 273, 400, 470, 508, 509, 639
Gl 2.21-24 – 87
Gl 2.21-3.2 – 473
Gl 2.2-4 – 66
Gl 2.2-4.1 – 634
Gl 2.25 – 88
Gl 2.25,27 – 87
Gl 2.2-5,7-8,15-17 – 271
Gl 2.3 – 232
Gl 2.3 – 281
Gl 2.3,14 – 69
Gl 2.3,7-9 – 451, 455
Gl 2.3,7-9,12 – 20
Gl 2.3-4 – 37, 665

Gl 2.3-6 – 550
Gl 2.3s – 283
Gl 2.4 – 81, 85, 317, 335, 339
Gl 2.5 – 285
Gl 2.5,14 – 69, 81, 589
Gl 2.6 – 284
Gl 2.6-9 – 269, 284, 342
Gl 2.7,9 – 455, 457
Gl 2.7-8 – 337, 539, 557
Gl 2.7-9 – 76, 251, 422, 319, 599, 668
Gl 2.8-9 – 667
Gl 2.9 – 266, 284, 285, 470
Gl 2-3 – 209, 527, 545
Gl 3 – 83, 128, 245, 293, 366, 399, 416, 472, 631
Gl 3.1 – 271
Gl 3.1-14 – 84, 282, 399, 668
Gl 3.1-5 – 269, 427, 668
Gl 3.1-5,13-14 – 472
Gl 3.2 – 470, 471, 666
Gl 3.2,5 – 203, 657
Gl 3.2,5,10 – 94, 273, 330, 395, 410, 487, 545, 653
Gl 3.2,5,10-12 – 267
Gl 3.2,5,10-13 – 390
Gl 3.2,5,14 – 84
Gl 3.2-3 – 410
Gl 3.2-3.14 – 400
Gl 3.2-4 – 131
Gl 3.2-5 – 208, 272, 274
Gl 3.3 – 136, 184, 203, 266, 267, 273, 333, 471, 657
Gl 3.3,14 – 372
Gl 3.3-4 – 666
Gl 3.3-5 – 87
Gl 3-4 – 176, 234, 426, 457, 642
Gl 3.5 – 471
Gl 3.6 – 494, 602, 656
Gl 3.6-14 – 543
Gl 3.6-14.29 – 360
Gl 3.6-29 – 367
Gl 3.6-7 – 621
Gl 3.6-9 – 84, 203, 270, 494
Gl 3.7,29 – 367
Gl 3.7-9 – 600

Gl 3.8 – 85, 176, 270, 366, 416, 440
Gl 3.8,11,24 – 574
Gl 3.8,13-14,16,27-29 – 271
Gl 3.8,14 – 84
Gl 3.8-14 – 491
Gl 3.8,16 – 390
Gl 3.8-9,14 – 85, 491
Gl 3.9 – 86, 494, 621
Gl 3.10 – 45, 83, 182, 188, 206, 209, 213, 259, 274, 277, 332, 333, 348, 442, 479, 491, 548, 553, 598, 599, 657
Gl 3.10,13 – 85, 639
Gl 3.10-12 – 188
Gl 3.10-13 – 85
Gl 3.10-14 – 82, 84, 187, 202, 203, 212, 270, 273
Gl 3.10-18 – 87
Gl 3.11 – 182, 207, 639, 651
Gl 3.11,13 – 621
Gl 3.11-12 – 188, 213
Gl 3.11-13,18 – 396
Gl 3.12 – 45, 399, 461, 639
Gl 3.13 – 85, 389, 442, 468, 502, 503, 506
Gl 3.13-14 – 213, 270, 287, 319, 400, 469, 473
Gl 3.14 – 85, 271, 277, 470
Gl 3.14,28-29 – 271
Gl 3.14-29 – 614
Gl 3.15,17 – 609, 613
Gl 3.15-18 – 427, 616
Gl 3.15-20 – 269
Gl 3.16 – 271
Gl 3.16,24,29 – 467
Gl 3.17 – 634, 636
Gl 3.17-18 – 396, 639
Gl 3.18 – 390, 395
Gl 3.19 – 274, 275, 276, 390, 392, 396, 399, 403, 404, 639, 640, 643, 648
Gl 3.19,22,23-26,29 – 639
Gl 3.19,23,24 – 354
Gl 3.19-20 – 86, 642
Gl 3.19-22 – 96
Gl 3.19-4.11 – 353, 354, 390, 481
Gl 3.19-4.7 – 683
Gl 3.19a – 393

Gl 3.19b – 394
Gl 3.20 – 87
Gl 3.21 – 45, 63, 276, 399, 640
Gl 3.21-22 – 391
Gl 3.21-26 – 88
Gl 3.22,23 – 639, 426
Gl 3.22-24,26 – 271
Gl 3.22-25 – 443
Gl 3.23 – 69, 275, 357, 374, 391, 394, 643
Gl 3.23,25 – 643
Gl 3.23-24 – 276, 404, 425, 639
Gl 3.23-24,27 – 373
Gl 3.23-25 – 96, 396, 443, 642
Gl 3.23-26 – 427
Gl 3.23-29 – 83, 397
Gl 3.23-4,10 – 275
Gl 3.23-4.11 – 267
Gl 3.23-4.2 – 443
Gl 3.23-4.3 – 474
Gl 3.23-4.5 – 277
Gl 3.23-4.7 – 276
Gl 3.24 – 392, 395, 394
Gl 3.25 – 97, 392, 643
Gl 3.25-26 – 97
Gl 3.26 – 299
Gl 3.27 – 88, 181
Gl 3.28 – 474, 476
Gl 3.29-4.7 – 84
Gl 31-32.36-38 – 285
Gl 4 – 631
Gl 4.1 – 642
Gl 4.1,9 – 644
Gl 4.1-10 – 83, 441
Gl 4.1-2 – 354, 640
Gl 4.1-3 – 481
Gl 4.13-14 – 179
Gl 4.1-5 – 96
Gl 4.1-7 – 354, 384, 396, 400
Gl 4.2 – 88, 397, 643
Gl 4.3 – 393
Gl 4.3,8-10 – 96, 427
Gl 4.3,9 – 642
Gl 4.3-7 – 443
Gl 4.3-7,29 – 272
Gl 4.4 – 197

Gl 4.4-5 – 210, 271, 643
Gl 4.4-5,21 – 275
Gl 4.4-7,28-29 – 97
Gl 4.5 – 197, 209, 277
Gl 4.5-7 – 472, 643
Gl 4.6 – 376
Gl 4.6,29 – 272
Gl 4.6-7 – 471, 644
Gl 4.8-10 – 210, 274, 275, 392, 400, 475
Gl 4.8-11 – 269, 644
Gl 4.9 – 393, 642
Gl 4.9,24 – 97
Gl 4.10 – 20, 169, 268, 350, 354, 400, 495
Gl 4.11 – 139
Gl 4.17 – 355, 594
Gl 4.19 – 384, 397
Gl 4.21 – 197, 464, 618, 634, 636
Gl 4.21-27 – 335
Gl 4.21-31 – 70, 267, 274, 372, 383, 481, 625
Gl 4.21-5.1 – 644
Gl 4.21ss – 618
Gl 4.22-27 – 427
Gl 4.22-30 – 636
Gl 4.23 – 657
Gl 4.23,29 – 179, 463
Gl 4.24 – 427, 609, 613, 616
Gl 4.24-26 – 616
Gl 4.25 – 372, 474, 634
Gl 4.25-26 – 618
Gl 4.28-30 – 427
Gl 4.28-31 – 397
Gl 4.29 – 468
Gl 4.30 – 335, 617
Gl 5.21 – 397
Gl 5.2-12 – 46
Gl 5.1 – 29, 97, 618
Gl 5.1-12 – 269
Gl 5.2 – 20, 451, 454
Gl 5.2-4 – 458, 469
Gl 5.2-4,11-12 – 634
Gl 5.2-5 – 335
Gl 5.2-6 – 451, 475
Gl 5.2-12 – 232, 451, 458, 475, 647
Gl 5.3 – 83, 260, 268, 333, 458, 478, 636

Gl 5.3,6 – 135
Gl 5.4 – 136, 146, 180, 266, 271, 277, 462, 574, 585
Gl 5.4-5 – 268
Gl 5.5 – 167, 272 471, 469, 574, 605
Gl 5.5-6 – 272, 282
Gl 5.6 – 73, 99, 128, 130, 131, 140, 177, 334, 448, 453, 454, 475, 531, 607, 647
Gl 5.6,11 – 271
Gl 5.6,13-14 – 267
Gl 5.6,14 – 137, 278, 485
Gl 5.11 – 76, 421, 452, 468, 469, 593
Gl 5.12 – 335, 464, 666
Gl 5.13-6.10 – 269, 270
Gl 5.13-14 – 477
Gl 5.13-15 – 124
Gl 5.13-26 – 97
Gl 5.14 – 99, 129, 208, 273, 374, 400, 401, 478, 479, 508, 598, 604, 636, 638
Gl 5.14-15 – 333
Gl 5.16 – 135
Gl 5.16,18,25 – 135
Gl 5.16-17 – 179
Gl 5.16-23 – 427
Gl 5.16-26 – 267
Gl 5.18 – 275
Gl 5.18,23 – 135
Gl 5.19 – 179, 410, 658
Gl 5.19,24 – 273
Gl 5.20 – 516
Gl 5.21 – 384, 397
Gl 5.22-23 – 607
Gl 5.24 – 180, 467
Gl 6.1-4 – 267
Gl 6.1-5 – 129
Gl 6.2 – 129, 208, 400, 429, 637, 638, 652
Gl 6.2,12 – 467
Gl 6.7-8 – 136
Gl 6.7-9 – 267
Gl 6.8 – 125, 128, 147, 179, 272, 273, 448, 584
Gl 6.9 – 478
Gl 7.18 – 483
Gl 8 – 663
Gl 9 – 455

Gl 6.12-16 – 46
Gl 6.11-18 – 452
Gl 6.12 – 271, 463, 473, 469
Gl 6.12,14 – 469
Gl 6.12-13 – 46, 179, 267, 274, 335, 410, 462, 558, 657
Gl 6.12-14 – 452
Gl 6.12-15 – 454, 475
Gl 6.12-16 – 451, 634, 647
Gl 6.13 – 199, 274, 333, 464, 472, 479
Gl 6.14 – 427, 472
Gl 6.14-15 – 271, 360, 369, 376
Gl 6.15 – 148, 410, 453, 454, 474, 475, 480, 537, 644, 647
Gl 6.16 – 360, 368, 474, 491

Efésios
Ef 1.9 – 371, 373
Ef 1.9-10 – 70
Ef 1.20 – 571
Ef 2 – 102, 103, 545
Ef 2.1 – 557
Ef 2.1-2 – 557
Ef 2.1-10 – 557, 559
Ef 2.1-10,11-22 – 558
Ef 2.5,8 – 557, 559
Ef 2.6 – 557
Ef 2.8-9 – 104, 545, 546, 556, 558, 560, 562
Ef 2.8-10 – 82, 100, 103, 147
Ef 2.9 – 103, 557, 563
Ef 2.11 – 558, 560
Ef 2.11-12 – 102, 439, 463, 556
Ef 2.11-22 – 104, 319, 557, 559
Ef 2.12 – 298, 457, 609
Ef 2.13-16 – 211
Ef 2.14 – 299
Ef 2.14-15 – 556
Ef 2.14-16 – 71, 102
Ef 2.17-22 – 71
Ef 3.3-4.9 – 371
Ef 3.3-5.10 – 373
Ef 3.3-6 – 70
Ef 3.6 – 71
Ef 3.12 – 670

Ef 5.5 – 397
Ef 5.16 – 371
Ef 6.19 – 373

Filipenses
Fl 1.6 – 136
Fl 1.6,10 – 145, 567
Fl 1.11 – 124
Fl 1.14 – 670
Fl 1.19 – 575
Fl 1.21 – 679
Fl 1.27 – 366
Fl 2.7-11 – 684
Fl 2.12 – 136, 575
Fl 2.12-13 – 136
Fl 2.13 – 146
Fl 2.14-16 – 139
Fl 2.15 – 677
Fl 2.16 – 567
Fl 2.24 – 670
Fl 2.25 – 285
Fl 3 – 505, 535, 663
Fl 3.2-14 – 23, 25
Fl 3.2-16 – 664, 665, 691
Fl 3.2-4 – 665, 669
Fl 3.2-6 – 677
Fl 3.3 – 137, 232, 251, 429, 666
Fl 3.3-4 – 333
Fl 3.3-5 – 463, 558
Fl 3.4 – 322
Fl 3.4-5 – 670
Fl 3.4-5a – 669
Fl 3.4-6 – 76, 516, 682
Fl 3.4ss – 303
Fl 3.5-6 – 299, 526, 674, 681, 690
Fl 3.5a – 680
Fl 3.5b-6 – 673, 680
Fl 3.6 – 42, 206, 286, 287, 300, 333, 356, 389, 419, 458, 507, 509, 510, 511, 518, 535, 593, 678
Fl 3.6-8 – 148
Fl 3.7 – 681
Fl 3.7-11 – 684, 688
Fl 3.7-8 – 502, 504
Fl 3.7-8 – 672

Fl 3.7-9 – 509, 525, 534, 679
Fl 3.8-11 – 557
Fl 3.8-14 – 148
Fl 3.9 – 99, 147, 148, 161, 303, 509, 510, 534
Fl 3.9-11 – 689
Fl 3.10-11 – 584
Fl 3.11 – 690
Fl 3.12 – 135, 690
Fl 3.12-14 – 150, 688, 689
Fl 3.12-16 – 688
Fl 3.13 – 689
Fl 3.13-14 – 690
Fl 3.14 – 125, 128, 654
Fl 3.15 – 689
Fl 3.15-16 – 689
Fl 3.20 – 129, 471
Fl 3.20-21 – 687
Fl 3.21 – 147
Fl 4.7 – 395
Fl 4.13 – 146
Fl 6.1 – 499

Colossenses
Cl 4.3 – 70
Cl 1.10 – 124, 561, 660
Cl 1.22,28 – 145
Cl 1.22-23 – 136
Cl 1.23 – 125
Cl 1.26-27 – 70, 371
Cl 1.27 – 373
Cl 1.28 – 136, 689
Cl 2.2 – 70, 371
Cl 2.11 – 558
Cl 2.11,13 – 463
Cl 2.13 – 557
Cl 2.16 – 351
Cl 3.1 – 571
Cl 3.5-4.1 – 129
Cl 3.10 – 136
Cl 3.11 – 251, 455, 476, 557, 599
Cl 3.12 – 627
Cl 3.24 – 125
Cl 3.25 – 124, 246
Cl 4.3 – 371

Cl 4.11 – 560
Cl 4.12 – 136

1 Tessalonicenses
1Ts 1.3 – 130
1Ts 1.4 – 627
1Ts 1.9-10 – 20
1Ts 1.10 – 576, 580
1Ts 2.10 e 3.13 – 677
1Ts 2.12 – 124
1Ts 3.2 – 366
1Ts 3.5 – 139
1Ts 3.13; 5.23 – 145
1Ts 4.5 – 348
1Ts 5.2 – 567
1Ts 5.8 – 147
1Ts 5.8-9 – 575

2 Tessalonicenses
2Ts 1.7 – 567, 577
2Ts 1.7-9 – 585
2Ts 2.2 – 567
2Ts 2.14 – 366
2Ts 2.17 – 561
2Ts 3.4 – 670
2Ts 3.14 – 136

1 Timóteo
1Tm 1.8-9 – 560
1Tm 1.15 – 559
1Tm 1.15-16 – 526
1Tm 2.10 – 561
1Tm 3.1 – 561
1Tm 3.16 – 663
1Tm 5.10,25 – 561
1Tm 6.18 – 561

2 Timóteo
2Tm 1 – 545
2Tm 1.9 – 545, 546, 559, 560, 561, 562, 563
2Tm 1.9-10 – 82, 103, 560
2Tm 2.21 – 561
2Tm 3.17 – 561
2Tm 4.1 – 566, 576, 579

2Tm 4.8 – 125
2Tm 4.14 – 246, 561

Tito
Tt 1.10 – 231, 560
Tt 1.14 – 560
Tt 1.16 – 561
Tt 2.7,14 – 561
Tt 3 – 545
Tt 3.1,8,14 – 561
Tt 3.4-5 – 559
Tt 3.4-7 – 560
Tt 3.5 – 559, 560, 561, 562, 563
Tt 3.5-6 – 82
Tt 3.5-7 – 103, 545, 546
Tt 3.7 – 574, 663

Hebreus
Hb 1.3,13 – 571
Hb 2.2 – 275, 394
Hb 2.4 – 307
Hb 8.1 – 571
Hb 8.13 – 499, 622
Hb 10.12-13 – 571
Hb 12.2 – 571

Tiago
Tg 1.11 – 470
Tg 2 – 128
Tg 2.5 – 397
Tg 2.8 – 478
Tg 2.10 – 348, 461
Tg 2.14-26 – 90, 128, 595
Tg 2.18-24 – 495
Tg 2.18-26 – 270
Tg 2.21,24-25 – 663
Tg 2.21-23 – 425
Tg 2.21-25 – 562
Tg 2.23 – 89, 329

1 Pedro
1Pd 1.2 – 123
1Pd 1.5 – 395
1Pd 1.17 – 246
1Pd 1.24 – 470

1Pd 2 – 14
1Pd 3.22 – 571

2 Pedro
2Pd 3.15 – 14

1 João
1Jo 2.19 – 585
1Jo 5.13 – 125

Apocalipse
Ap 1.13-16 – 570
Ap 2.23 – 246
Ap 10.7 – 371
Ap 14.14-16 – 570
Ap 20.11-15 – 124
Ap 22.15 – 665

**OUTROS ESCRITOS DO CRISTIA-
NISMO PRIMITIVO E ANTIGO**

Barnabé
Barn 9.4 – 391, 643

1 Clemente
1Cl 9.3 – 562
1Cl 32 –545
1Cl 32.3-4 – 561
1Cl 32.4 – 545, 546